新聞出版改革發展項目庫（項目號：0020121580）
財政部文化產業發展專項資金重點資助項目
天一閣藏古籍珍本數字出版工程

龔延明　主編

天一閣藏

明代科舉録選刊

鄉試録（五）

寧波出版社

本册目録

嘉靖四十三年河南鄉試録

河南鄉試録序

嘉靖甲子是爲皇上御極之四十有三年而天地一元之太始也景運載啓帝道遐昌上方疇咨俊乂共翊隆平而是歲天下復當鄉試巡按河南監察御史顏鯨實惟監臨申飭所司考慎典制視諸故事前因虔毖焉先期走幣敦聘四方文儒之粹與簾以外諸臣咸極一時之選如期畢至比入院躬率庶采矢諸天地衆心悚惕其風肅如乃合提學副使陳應和所選士二千鎖闈三試之得士八十人録其文之優者以獻遵制也楚以職事得序首簡則以身所見聞者爲多士誦之惟兹中原文獻之傳乃古記之矣其地則殷周之墟而春秋宋衛陳蔡晋楚之舊疆也比因應聘所至歷覽古人陳迹慨然興懷嘆曰昔孔子以大聖人之道世莫宗予轍迹幾遍天下至削迹伐木於宋衛之邦絶糧陳蔡欲往晋楚又弗果竟不得試而歸見遇之難也如此然猶生於叔代其時則然耳傳説當商宗之世可謂幸矣乃築傳巖渾迹賤工若將終身焉使非帝感良弼之夢則審象旁求者誰耶不可謂不難矣然然此猶在商之中葉伊尹生遇成湯則殷之始造也然樂堯舜之疲乏而耕於有莘之野在今陳留境内及後元聖登聞久而幣聘猶且往來五就始合故好事者尚遺割烹之疑其於遇也不益難乎今多士長育明時涵煦祖宗二百年道化之久恭遇皇上敬一傳心獨紹古帝王之統綸奎離炳燦若日星凡有血氣者罔不衣被而親炙之可不謂大幸與士生羈貫能通章句以上有司即舉以禮表衿峩冠紆餘而游庠校復其身家無所事事以遂其絃誦游息之業非有版築胼胝之勞也餼廩醞庖月給歲支里宰執以聽命非有躬耕沾塗之困也每三歲賓興賢能大張綱羅僅占一經嘗坐而取高第起家徒步致卿相之榮非有周流歷聘陳蔡之阨不�於魯衛也是孔子伊傳之所不能得者今皆盡得之矣夫感知遇之難荷遭逢之盛不思所以勉力圖報者非夫也孔子曰臣事君以忠説命曰非知之艱行之惟艱伊尹之言曰臣罔以寵利居成功三者言殊而理則一明此可與事君矣夫忠者盡其心之謂也士伏蓬茅日誦孔子之言誰有不願爲忠者譬諸處子未字貞素猶全一旦立乎其位漸習移人忘其舊學或借六藝以文奸

言有知其不可而卒蹈之者行之惟艱不其然乎此無他寵利之習壞之也故自私自利之念重則患得患失之心生而淺之乎爲臣矣諸士自顧平生所得何如仲尼伊傅學不如仲尼伊傅而遇且過之可不以仲尼伊傅之教是繩是趨與其尚除去陋習一乃心猷毋行吾所疑而生悔吝毋忽人不見而欺隱微毋從我嗜好而忘民物竭股肱作耳目公家之事知無不爲是謂社稷之隸邦其永孚於休而忠成矣將俾後之人亟稱之曰國家萬年治平之運自嘉靖甲子衍之而彌長中州百年豪杰之期亦自今甲子繼之而益盛則諸士之遇之榮雖過於仲尼伊傅可也以答明時也主司者亦永有所光藉焉是役也楚與蔡光祖以教諭來典校事嘗學詩禮有一得焉其同考試則學正龔起鳳劉汝翺教諭陳巽言盧大元李貞各以易詩名周冲王念以書名鄧林材以春秋名分經而校弗敢淆也提調則左布政使趙希夔右布政使朱大器監試則按察司副使楊準僉事林大春飭度經物祇肅憲程弗敢懈也前巡撫河南右副都御史胡堯臣約法樹防澤流教遠士有興也今户部右侍郎巡撫河南右僉都御史遲鳳翔風猷綏靖文武握憲大和民也總理河道工部右侍郎右僉都御史陳堯撫治右僉都御史康朗儀矩咸貞遐邇則也訪求祕書御史王大任先後巡鹽御史熊迥胡鑰馮善督馬御史吴守紀殖倫清表樹卓也其區畫于外則左參議章世仁聶瀛右參議劉行素副使梁夢龍楊一鶚徐貢元僉事朱卿黄紀楊芷王學謨署都指揮僉事顧承勛張子鯨宣力協恭勞勚均也其以入賀行則左參政楊挺高僉事黎德充署都指揮僉事何汝棟其新膺簡命則右布政使王崇古其近經遷秩則右參政范惟一左參議張蕙右參議耿隨卿按察司副使石茂華始事贊襄亦有緒也其以奉使至則行人石星羅大玘蔚元康將事展采觀感繫也法得并書

直隸應天府溧陽縣儒學教諭林楚謹序

嘉靖四十三年河南鄉試

監臨官

巡按河南監察御史顔鯨（應雷浙江慈溪縣人　丙辰進士）

提調官

河南等處承宣布政使司左布政使趙希夔（一卿山西長治縣人　乙未進士）

河南等處承宣布政使司右布政使朱大器（自充江西南城縣人　甲辰進士）

監試官

河南等處提刑按察司副使楊準（汝宅直隸宜興縣人　癸丑進士）

河南等處提刑按察司僉事林大春（邦陽廣東潮陽縣人　庚戌進士）

考試官

直隸應天府溧陽縣儒學教諭林楚（德春福建漳浦縣人　戊午貢士）

直隸揚州府江都縣儒學教諭蔡光祖（以文湖廣麻城縣人　乙卯貢士）

同考試官

直隸真守府定州儒學學正龔起鳳（瑞周直隸太倉州人　戊午貢士）

山東濟南府武定州儒學學正劉汝翱（應鳳江西萬安縣人　乙卯貢士）

直隸常州府宜興縣儒學教諭陳巽言（汝悦江西宜春縣人　丙午貢士）

山東濟南府德州德平縣儒學教諭周冲（升甫湖廣江夏縣人　癸卯貢士）

山西平陽府趙城縣儒學教諭王念（汝脩陝西盩厔縣人　辛酉貢士）

直隸河間府青縣儒學教諭鄧林材（子培四川内江縣人　辛酉貢士）

湖廣承天府沔陽州景陵縣儒學教諭盧大元（則立廣東新會縣人　丙午貢士）

山西平陽府蒲州河津縣儒學教諭李貞（吉甫陝西鳳翔縣人　戊午貢士）

印卷官

河南等處承宣布政使司經歷司經歷茅艮（静夫浙江歸安縣人　監生）

河南等處提刑按察司經歷司經歷李佐（汝忠山東滋陽縣人　監生）

收掌試卷官

開封府知府王宗徐（子敏江西泰和縣人　癸卯貢士）

汝寧府知府曹科（淑四山西寧夏縣人　癸丑進士）

南陽府知府彭繼業（大芳山東膠州千户所籍江西龍泉縣人　庚戌進士）

歸德府知府羅復（子貞江西南昌縣人　癸丑進士）

受卷官

彰德府同知王期吉（克淳山西潞州衛人　己未進士）

開封府推官孫以仁（學元山東登州衛籍直隸崑山縣人　壬戌進士）

南陽府推官祝尚義（質甫騰驤左衛籍直隸淮安衛人　壬戌進士）
汝寧府光州知州紀濂（宗周浙江烏程縣人　丙午貢士）
汝寧府信陽州知州潘德元（懋生直隸太倉州人　甲午貢士）
汝州伊陽縣知縣安守魯（汝確貴州水德江長官司籍陝西咸陽縣人　壬子貢士）

彌封官

南陽府通判戴甫（相周浙江昌化縣人　庚子貢士）
歸德府推官羅青霄（子虛四川忠州人　壬戌進士）
開封府許州知州成鍾音（本諧直隸遵化縣人　壬戌進士）
開封府鄭州判官金甌（汝相直隸六安州人　丙辰進士）
汝寧府新蔡縣知縣鄒廷望（道吾湖廣新化縣人　壬戌進士）
開封府陳留縣知縣王克肖（踐甫四川夾江縣人　癸卯貢士）

謄録官

河南府推官王時舉（晋鄉直隸通州籍江西金溪縣人　壬戌進士）
南陽府鄧州同知鄭舜臣（希仁浙江山陰縣籍上虞縣人　丙辰進士）
開封府祥符縣知縣蹇達（汝止四川重慶衛人　壬戌進士）
汝寧府光州光山縣知縣張問明（子明山西猗氏縣人　壬戌進士）
汝寧府確山縣知縣馬文煒（仲韜山東安丘縣人　壬戌進士）
南陽府唐縣知縣李可久（之德山西陽城縣人　壬戌進士）

對讀官

彰德府推官張鎰（伯重陝西醴泉縣人　丙午貢士）
河南府宜陽縣知縣李荀（子藎山東壽光縣籍臨朐縣人　壬戌進士）
南陽府泌陽縣知縣陶采（子素湖廣黄陂縣人　癸卯貢士）
開封府鄭州滎陽縣知縣高世儒（仲醇四川内江縣人　丙午貢士）
懷慶府河内縣知縣康清（寅甫浙江餘姚縣人　癸卯貢士）
開封府太康縣知縣徐大經（正夫直隸興化縣人　丁酉貢士）

巡綽官

宣武衛指揮使孫良臣（惟忠直隸巢縣人）
懷慶衛指揮同知卞永（子延直隸江都縣人）
陳州衛指揮僉事賈國禎（子兆直隸長垣縣人）
河南衛指揮僉事陳邦裕（克順直隸滁州人）

搜檢官

南陽衛指揮同知邢謙（子亨直隸新城縣人）

睢陽衛指揮僉事雍來臣（子卿直隸鳳陽縣人）

宣武衛指揮僉事董允縉（子信湖廣江夏縣人）

穎川衛指揮僉事武纘緒（善繼交趾峽山縣人）

供給官

河南等處承宣布政使司理問所理問陸豫卿（子順直隸崑山縣人監生）

河南等處承宣布政使司照磨所檢校范楫（子濟江西南城縣人監生）

河南等處提刑按察司經歷司知事周城（仲宗直隸常熟縣人　監生）

河南等處提刑按察司照磨所照磨蕭學顏（亞夫湖廣長沙縣人監生）

河南等處提刑按察司照磨所檢校彭世堪（參莆江西安福縣人監生）

河南都指揮使司經歷司經歷藺鏜（士鳴萬全都司人　監生）

開封府同知盛賚汝（以善直隸常熟縣人　辛卯貢士）

衛輝府同知喬誥（世欽直隸上海縣人　癸卯貢士）

開封府通判田佐（弼卿直隸鳳陽縣人　癸卯貢士）

開封府尉氏縣知縣袁思忠（子孝山東齊東縣人丙午貢士）

河南府偃師縣知縣盧學韶（子聞山西臨汾縣人　丙午貢士）

時德府永城縣知縣李元芳（應春山東膠州人　丙午貢士）

河南府孟津縣知縣馮嘉乾（宗健山東東平州人　丙午貢士）

開封府許州長葛縣知縣蔡紹先（伯孝直隸成安縣人　監生）

衛輝府照磨所檢校陳弼（良佐直隸武邑縣人　儒士）

開封府許州判官彭良壽（天植湖廣黄陂縣人　監生）

開封府祥符縣縣丞鄒應垣（汝甫浙江餘姚縣人　儒士）

開封府中牟縣縣丞秦世臣（汝敬直隸趙州人　監生）

河南府澠池縣縣丞胡純（天粹浙江嘉興縣人　監生）

汝州郟縣典史吕璨（德昭直隸常熟縣人　吏員）

汝寧府汝陽縣典史張俱（允之直隸寶應縣人　吏員）

懷慶府河内縣典史薛侃（汝直山西榮河縣人　吏員）

開封府大梁驛驛丞萬廷相（汝弼江西南昌縣人　承差）

開封府許州馬驛驛丞魏天應（惟德江西南昌縣人　承差）

第一場

四書

克己復禮爲仁一日克己復禮天下歸仁焉爲仁由己而由人乎哉顔淵曰請問其目子曰非禮勿視非禮勿聽非禮勿言非禮勿動　唯天下至誠爲能盡其性　始條理者智之事也

易

應乎天而時行是以元亨　上九鼎玉鉉大吉无不利象曰玉鉉在上剛柔節也　利用出入民咸用之謂之神　説萬物者莫説乎澤

書

汝作秩宗夙夜惟寅直哉惟清伯拜稽首讓于夔龍　惟天佑于一德
立政任人準夫牧作三事虎賁綴衣趣馬小尹左右携僕百司庶府大都小伯藝人表臣百司太史尹伯庶常吉士　公其惟時成周建無窮之基亦有無窮之聞

詩

采荼薪樗食我農夫　祀事孔明先祖是皇神保是饗孝孫有慶報以介福萬壽無疆　其香始升上帝居歆　赫赫厥聲濯濯厥靈壽考且寧

春秋

單伯至自齊（文公十有五年）　秋九月楚子圍宋（宣公十有四年）夏五月宋人及楚人平（宣公十有五年）六月癸酉季孫行父臧孫許叔孫僑如公孫嬰齊帥師會晋郤克衛孫良夫曹公子首及齊侯戰于鞌齊師敗績己酉及國佐盟于袁婁（俱成公二年）　公會晋侯宋公衛侯曹伯齊世子光莒子邾子滕子薛伯杞伯小邾子伐鄭（襄公十年）公會晋侯宋公衛侯曹伯齊世子光莒子邾子滕子薛伯杞伯小邾子伐鄭公會晋侯宋公衛侯曹伯齊世子光莒子邾子滕子薛伯杞伯小邾子伐鄭（襄公十有一年）　齊人歸讙及闡（哀公八年）

禮記

虎豹之皮示服猛也　著不息者天也著不動者地也一動一静者天地之間也　無所不順者之謂備言内盡於已而外順於道也　臣下竭力盡能以立功於國君必報之以爵禄故臣下皆務竭力盡能以立功是以國安而君寧

第二場

論

世躋仁壽之域

詔誥表（内科一道）

擬漢議可以佐百姓者詔（後元年）　擬唐以許孟容爲京兆尹誥（元和四年）　擬宋命看詳學制儒臣謝表（元祐元年）

判語五條

舉用有過官吏　丁夫差遣不平　致祭祀典神祇　公侯私役官軍　失時不修堤防

第三場

策（五道）

問　帝王之御世也莫不以知人安民爲先務而知人又所以安民昔者四岳之咨九官之命聖人固自盡其吉凶與民同患之心其效至於澤被動植鳳凰來儀治之極也夏后殷周之盛未有不由斯道者也國家聖祖開基列聖繼統尤克謹於知人安民之謨以成久安長治之福洪惟皇上神智炳靈生照萬物仁恩汪濊煦嫗群生顧虚心求治猶恐不及伏讀聖制曰我欲聞是知人之方能官之智此所清問於蓬茅葦帶之士者也又曰念斯民動擾之易而撫綏之難此因徐房水患播告于來朝官員者也近復以吏不得人民受其病有曰欺謗也不無而貪肆甚矣國虧民苦祖宗法度視爲眇耳是又特札於館閣公孤之臣者也聖謨赫赫諄諭再三不啻堯舜之用心矣夫庶尹之諧與百獸率舞同紀於虞書今奇祥靈貺岳貢川輸則已格及鳥獸草木矣况學士大夫乎不識中外之臣自此皆能洗心宣力仰追虞廷允諧之風否乎吏治不稱德愧古人其病源又安在與今考察之典屢歲加嚴所不足者非法也所以轉移化導使官皆得人民無失所其道將何從與願詳著于篇以觀二三子之志

問　古者以德行興賢後世以文章造士三代而上士或隱於耕牧陶釣負販版築之間至躬聘旁搜而後出漢初設四科取士而孝弟力田得與賢良文學并進猶有先王遺意唐以後始專重明經進士科矣好古君子每憂科舉之不足以盡人議欲更之然敷納以言肇於虞書春誦夏絃合語言揚本之周禮與今明經文學之科不識有同之者否與試舍明經文學之選復古德行之科則其所得或即今庠校衿珮之人與抑别有一種殊尤絶迹异乎今之所謂

士者與使誠有之則其人皆安在與昔吕伯恭以舉業教浙東朱子以書規之伯恭答書云若不開此一路則法堂前草深一丈其言是與非抑其情亦有甚不獲已者與兹欲明經文學之舉而兼得乎先王德行道藝之意取士者必得其人蒙録者不負所舉若何而可諸子懷奇售試於有司則必以古豪杰自期待也豈無以復我

問　先儒有言纔爲學便當知用力處纔用力又當知得力處此名言也即如大學論古人爲學次第自明明德於天下推本於家國身心又推極於誠意致知而約之於格物則此二字乃至精至一之妙而古今學術最先用力處也朱子以察之念慮之微驗之事爲之著求之文字之中索之講論之際均屬格物工夫此曾經體認言之必真近世知道之士又或厭其支離未免向外尋討朱子晚年乃亦自悔日前爲學不得要領然則所謂格物之物竟何所指乎易謂多識前言往行以畜其德又謂窮理盡性精義入神所謂窮理精義與多識之功淺深當何所辨斯三者得無即大學格物之旨矣乎程子謂學家者須識仁體識得此理以誠敬存之存久自明不須窮索其於格物之説有相异同否與夫進學在致知而格物乃入門第一義也於此不早辨則途轍一差終身無得於道矣以朱子之精義猶有晚年之悔然則其從前豈嘗錯用功與抑恐其門人末流入於泛博顧謙已以挽其趨與今欲求格致歸一之指以觀諸子平日所用力得力者果安在也

問　夷狄爲患盛世不免三代以前且不暇論漢高祖開基之主乘誅秦滅項之威而有冒頓之患文帝治平之朝烽火通於甘泉長安及元成之世漢業已衰呼韓奉其國珍款塞來朝唐太宗雖擒頡利然回鶻土番數反覆爲患而河湟之復乃在宣武晚唐之時以此言之則夷狄之横固無損吾中國之盛也要在禦得其道而已我太祖迅掃胡元成祖三犁虜庭真自古所未睹其盛者恭惟皇上威熏同天頃歲蠢兹犬羊敢擾疆埸仰賴聖筭神明旋即驅剪今廟堂殫慮攬收群策幾無餘蕴矣大率修烽截隘築堡捍障所以守也標兵選將哨敵出奇所以戰也二者果孰爲長與今總督久往懷來而精甲守南山一帶自謂拱護神京此爲先策事未及效已有議其非便者矣其果便與否與如欲規恢萬全之策以紓當寧之懷畢竟如何而可耶夫雅歌投壺猛將從出長嘯却胡亦儒者事毋徒曰軍旅之事未之學也

問　士生其鄉必習其事居其地則憂其民姑以河南最切者與士商之陝洛西鄰秦晋多深山絶巘嵩盧新澠之間礦徒動輒呼聚可持挺而相抵抗葉裕内鄉亦時發焉何以銷之使安其生理不爲害乎歸德南連鳳潁北

接蕭碭徐沛巨窩劫盜乘間而爲梗光羅鄧州壤交湖廣亦稱多盜雖隨時撲剪而蘖牙未拔也何以弭之使永綏教化不爲虞乎大河西來自底柱析城王屋東過孟津入開封之境地平土疏怒雷走電蕩嚙爲灾歲弗埽卷以萬計民膏竭矣河患依然殊非治可上策而又不可廢也夫知其非計而猶爲之智者不爲也將何以收長便之策乎宗室生齒日繁即如周府宗禄原額止四萬有奇而歲給當三十三萬加徵則勢不行設處則謀無措節經奏討部議又以内儲未充而不得請夫知其因追而不爲之所仁者不爲也將何以爲經久之圖乎四者非細故也諸子負俊杰之望切枌榆之思其所得於長老先生者必有以告我也

中式舉人八十名

第一名　閻邦寧　原武縣學生　詩
第二名　來必上　河南府學生　書
第三名　高言　祥符縣學生　易
第四名　尚芾　羅山縣學增廣生　春秋
第五名　秦師湯　淇縣學生　禮記
第六名　方九功　南陽縣學生　詩
第七名　趙永禄　洛陽縣學附學生　易
第八名　林民莊　杞縣學附學生　書
第九名　田子堅　永寧縣學生　春秋
第十名　蘇時雨　衛輝府學生　禮記
第十一名　焦子春　登封縣學生　易
第十二名　朱光宇　祥符縣學生　詩
第十三名　孟應禎　遂平縣學生　書
第十四名　徐爚　固始縣學生　詩
第十五名　劉不盈　祥符縣學附學生　易
第十六名　王雲鷺　夏邑縣學增廣生　易
第十七名　喬之翰　偃師縣學生　詩
第十八名　姚繼可　襄城縣學生　書
第十九名　劉致中　延津縣學生　詩
第二十名　胡希舜　原武縣學附學生　詩

第二十一名　連格　鈞州學生　書
第二十二名　李根　孟津縣學生　易
第二十三名　劉若水　洛陽縣學附學生　詩
第二十四名　張道　羅山縣學生　春秋
第二十五名　劉光　南陽縣學生　書
第二十六名　謝慶　南陽縣學生　易
第二十七名　周西　彰德府學生　詩
第二十八名　蕭卿　永城縣學增廣生　易
第二十九名　王極　夏邑縣學生　書
第三十名　陳大綱　開封府學生　易
第三十一名　張鳴南　臨漳縣學生　春秋
第三十二名　尹杰　夏邑縣學生　詩
第三十三名　袁桂蓁　河南府學附學生　易
第三十四名　孟兆龍　開封府學附學生　詩
第三十五名　宋祉　許州學生　書
第三十六名　劉自存　扶溝縣學生　詩
第三十七名　楊時譽　祥符縣學增廣生　易
第三十八名　許光祖　彰德府學生　詩
第三十九名　桑東陽　開封府學生　禮記
第四十名　陳朴　陳州學生　易
第四十一名　于世恩　鄭州學增廣生　書
第四十二名　胡峻德　光州學生　詩
第四十三名　周庠　柘城縣學生　易
第四十四名　郝維喬　開封府學附學生　詩
第四十五名　胡以智　虞城縣學生　易
第四十六名　黄添華　汝寧府學增廣生　易
第四十七名　張四科　汝陽縣學生　詩
第四十八名　楊梓　磁州學生　書
第四十九名　郭東光　歸德府學生　詩
第五十名　胡三德　郟縣學附學生　書
第五十一名　熊上林　開封府學生　詩
第五十二名　張輅甫　開封府學增廣生　春秋

第五十三名　李一心　輝府學生　禮記
第五十四名　賈一鳴　光州學附學生　易
第五十五名　邊靖　汝寧府學生　詩
第五十六名　馮露　襄城縣學附學生　書
第五十七名　趙行易　衛輝府學生　易
第五十八名　李臣之　嵩縣學增廣生　易
第五十九名　李金相　鄭州學增廣生　詩
第六十名　王中逵　祥符縣學生　易
第六十一名　林大節　開封府學生　詩
第六十二名　吴三畏　開封府學生　易
第六十三名　冉夢松　中牟縣學生　書
第六十四名　阮國信　睢州學生　春秋
第六十五名　王梓　商城縣學增廣生　詩
第六十六名　田樂義　蘭陽縣學增廣生　書
第六十七名　牛應宿　孟津縣學生　易
第六十八名　楊節　祥符縣學生　詩
第六十九名　都維新　開封府學附學生　禮記
第七十名　賀一孝　魯山縣學生　詩
第七十一名　于孟陽　河南府學生　易
第七十二名　桂時芳　通許縣學生　詩
第七十三名　胡誥　懷慶府學生　書
第七十四名　張懋德　洛陽縣學附學生　易
第七十五名　段可學　舞陽縣學生　春秋
第七十六名　余繼善　固始縣學增廣生　詩
第七十七名　閻自成　鹿邑縣學生　易
第七十八名　李秉謙　涉縣學生　詩
第七十九名　李贇　新安縣學生　易
第八十名　李蔭　内鄉縣學生　詩

第一場

四書

克己復禮爲仁一日克己復禮天下歸仁焉爲仁由己而由人乎哉顔淵曰請問其目子曰非禮勿視非禮勿聽非禮勿言非禮勿動

高言

同考試官教諭盧批（題若涣散其實不出克己此作獨得之故録以式）

同考試官教諭陳批（通篇以克己立意而歸仁由已處尤得孔門傳授之旨是嘗留心理學者）

同考試官學正劉批（發盡克己之妙孔顔授受宛然在目）

考試官教諭蔡批（説出克己妙處）

考試官教諭林批（理明詞暢）

聖人詳告大賢之爲仁惟純於克己之功而已矣夫君子之所以去仁者已私累之也克己則事無非禮我欲仁而仁至矣夫子告顔淵之意如此且夫仁也者人之心也純乎禮而不雜以欲者也回也苟志於仁矣乎非必舍其固有之心而求所以爲之功也亦非舉其本無之心而求所以復之地也惟戒有我之私則研幾於將萌而還吾天理之正充不讓之勇則遏欲於已發而復吾心德之純斯可以爲仁矣然則不患仁之不能爲也患已之不能克也一日克己而復於禮則通天下而爲一心可也天下有不歸仁者乎一己任仁而用其力則先天下而自得其心可也其機有不由己者乎顔淵聞夫子之言已判然於理欲之辨而直請其克復之目子告之曰物感本無常形人心貴於有主知所自克斯無適非爲仁之功矣爾於非禮勿視焉勿聽焉而用力於視聽者皆仁也爾於非禮勿言焉勿動焉而用力於言動者皆仁也則隨事省察而天理周流於一身因心自觀而人欲盡消於克念其於仁也不可勝用矣吁嚴天人之介合内外之道惟一克己而仁存焉顔氏之子其殆庶幾乎噫游於聖人之門者孰非求仁之人然因人而藥一事之仁也惟顔子明睿所照有不善未嘗不知知之未嘗復行克復之訓實舉全體之仁告之他日爲邦之問備舉四代禮樂亦此意也使諸賢能自省察亦何莫非克復之教哉故雍之敬恕雍之克己也牛之訒言牛之克己也聖言本無上下要在深思而自得之耳

唯天下至誠爲能盡其性

來必上

同考試官教諭王批（發揮至誠盡性之意殆盡是可與言性者）

同考試官教諭周批（見理精詳措詞明確蓋究心於至誠之學者）

考試官教諭蔡批（雅健春容自有餘味）

考試官教諭林批（深探本源字字精瑩）

中庸以盡性歸之聖人欲人誠之於思也夫性者人生所同得之理也而聖人獨能盡之者惟其誠而已矣學者其可不致思乎且夫誠也者天之所以爲命而人之所以爲性者也自夫心有不實則人欲得以間之而成性於是乎漓矣唯天下至誠德之所備先立乎無妄之源而湛然其一者即天地之爲物不貳者也心之所存自得其不欺之理而確然其信者一天地之恒久不已者也是以心源澄澈而疏觀之不蔽有以察夫天命之精德器有恒而至信之不移有以體夫民彝之極涵之爲未發之中而天下之大本常立發之爲中節之和而天下之達道自行其良知之有覺者以誠而明也雖由此通天下之志而全體之昭融是亦萬物皆備於我其初本如是焉吾特充之而已矣豈能有加於賦畀之外耶其良能之有爲者以誠而動也雖由此成天下之務而兼體之不遺是亦惟皇降衷於民其初本如是焉吾特順之而已矣豈能有加於禀受之常耶大哉盡性之學乎非天下之至誠其孰能與斯噫人外無性性外無人天地之化工聖人之德業人見其盛大流行若不可幾也然不過一當然之理而已矣當其有爲則雖唐虞之光天禹稷之救民而於性不加焉當其不爲則雖夷齊之窮餓孔顏之不試而於性不損焉所遇不同盡性一也善語性者當於此觀之

始條理者智之事也

閻邦寧

同考試官教諭李批（以樂配智精切簡當亦文之有條理者）

同考試官學正龔批（紬繹聖智造妙入微較諸時義皦焉迥别）

考試官教諭蔡批（發揮條理前此未聞）

考試官教諭林批（是得孟子取譬之旨）

大賢即樂之所由作以例聖人成始之道焉蓋聖人所以見道之精者莫先於智也比之作樂之始條理何异哉昔孟子因論孔子爲聖之時而以樂道明之若曰善觀聖人者固當有以識其大而善論聖學者尤貴有以探其源吾嘗例之於樂矣今夫天下之道恒待人而後行知德之深必先明而後至則智也者固聖人之始事也彼作樂者群音未播而鎛鍾之擊預流動於宫懸鍾聲既宣而凡音之生因次第而交作人知金聲之爲始條理矣而不知聖人之心

亦有條理之始焉蓋太虚之靈有以鍾聖人之全哲而天下之聰明萃焉如神之志有以開事理之先幾而天下之精義出焉道不可以執一則觀萬物之數而知其情清不爲夷和不爲惠所以析其精微之奥而秩乎有倫者是亦聖人之心之條理也時不可以預圖則觀天地之運而知其變可以清亦可以任所以通乎消息之因而昭然不昧者是亦條理之始於聖心者也樂之有金也而精神性術之變有開必先聖人之有智也而仕止久速之宜自然先覺其理一而已矣吁觀智爲條理之始則欲見道之有者當知所從事矣雖然三子之聖豈其獨無智乎求仁於首陽樂道於畎畝辨志於士師其於是非義利之關未嘗不見之早矣而獨在智歸之孔子何哉三子之智清有任之智也孔子之智全體周流之智也譬諸水鑒能不隱萬物之形終不若日月之有明照臨萬國容光無私偏全之勢殊也知此者可與語智矣

易

應乎天而時行是以元亨

高言

考試官教諭盧批（應天便是時行此篇獨能言之是深於時義者故録以式）

同考試官教諭陳批（説盡保有之道忠愛之意藹然）

同考試官學正劉批（是深於潔净精微之教者宜録）

考試官教諭蔡批（詞理精當得彖傳之義）

考試官教諭林批（發揮透徹）

人君以道法天而治之所由善焉夫道莫大於法天也大有六五以之此君德之妙用而治體之善也有由然哉昔夫子傳彖之意若曰人君之出治也所以與天同道而兼體不累者德也所以與天同用而并行不悖者時也大有之爲卦也乾健而離明是人君固有剛健文明之德矣再觀卦體六五居尊而應乎乾焉則是法乾道之變化而損益盈虚之政有隨時善用之宜體天行之順布而張弛緩急之因有與時敷施之妙時其剛健而行焉一天行之健而不至於亢也時其文明而行焉一天神之明而不至於察也此君德之極盛者也而占之元亨不以是乎蓋道之得統於天者有以備神化之極而天下日入於大順之中政之不違於時者有以臻善善之休而天下交伸於盡利之域萬事得其理而無太過不及之偏蓋决之至健燭之貞明一天之神運而高明不可窮焉此治之至而道之極也萬物得其所而無有餘不足之分蓋剛無不斷明無不照一天之大生而覆幬不可量焉此善之大而吉之先也不謂之元亨而

何是知大有之運天之篤厚於人也大有之治人之克承於天也天人相與以有成如此占斯卦者可以存義矣抑時幾之歌不忘於太和之世而日中之戒致謹於豐大之時大有之世若無可虞者矣然少有不慎則釁孽萌於其間此應天而時行所以不容以自己也嗚呼應天而時行人君之所以事天也應君而時行人臣之所以事君也所以保其自有者其道一而已矣此又爲臣者所當知

利用出入民咸用之謂之神

焦子春

同考試官教諭盧批（發揮神字精妙入神必學易而有得者）

同考試官教諭陳批（才氣清奇詞理精絶深得夫子作易之意）

同考試官學正劉批（發明易用詞藻蔚然可以爲文矣）

考試官教諭蔡批（形容神字最爲真切）

考試官教諭林批（平正通暢）

大傳即易用之宜民而名其爲神焉夫易以前民用也蓍龜制而民皆之有不可致思者矣不謂之神而何哉大傳推言卜筮至此若謂蓍龜之生也會天地之精而涵象數之理者也是故聖人則之以制法而利用之原啓矣其妙當何如哉但見以之作外利用於出也而民之出者資之爲攸往之宜以之作内利用於入也而民之入者守之爲安貞這吉建卜以稽疑不惟聖人之有利也長善寡過而五行五兆之徵殆舉一世而胥賴之矣因蓍以求卦不惟聖人之有能也開物成務而用九用六之占殆盡斯人而咸藉之矣是固不良於法也而非法之所可名不私於民也而非民之所可知將不謂之神乎蓋其出也若或闢之一自然之神用而尸其功於感通之微其入也若或闔之一自致之神機而顯其道於往來之變紹天明而受命如響可使天下决嫌疑定猶豫而莫知乾坤之爲撰也一付之何思何慮而已矣合鬼謀而問焉以言可使萬世知吉凶明得失而莫測陰陽之爲精也一付之不識不知而已矣斯其所以爲神也歟吁蓍龜之功用其大矣哉雖然神亦非精也法亦非粗也聖人明於天之道察於民之故恐世之迷焉而莫悟也故制之卜筮以教天下故天下至廣生民至衆日囿於道化而不知焉者法之盡善使之也是非神則法不能以自行法不能知則神亦幾乎息矣可見神法一理也精粗一致也學者合而觀之而後可見聖人贊化之妙

書

汝作秩宗夙夜惟寅直哉惟清伯拜稽首讓于夔龍

來必上

同考試官教諭王批（聖世命官之重大臣引類之公鋪張親切）

同考試官教諭周批（寅字克闡事神之心讓字足破經生之惑非深於書不能到）

考試官教諭蔡批（敬讓之旨各盡其精）

考試官教諭林批（虞廷君臣婉然在目）

聖君嚴典禮之命而大臣不自能其官焉蓋夷能敬德此帝所以有秩宗之命也乃不自以爲能而讓于夔龍焉無非慎重典禮之意歟昔帝舜懋建官惟賢之典而衆賢懷引類報國之誠蓋不特教養之得人工虞之相遜而已也是故秩宗之官所以嚴郊社宗廟之祀者也乃咨四岳而命之伯夷焉蓋謂吾人之心與天地鬼神相爲流通而禮官之所以稱其職者惟此心之敬也爾惟夙夜之間嚴恭自度善養其直大之情而非僻不得以干之戒慎恒存預立夫感孚之本而慢易不得以入之則心源澄澈而全體昭融純乎敬德之流行以此祀上下可以啓神祇之格也志氣清明而表裏一致湛乎誠精之無雜以此承宗廟可以惠宗公之靈也汝之作秩宗也何忝焉是帝之於夷可謂知之深信之篤矣乃伯夷猶有不敢當者於是承帝命臨若有不勝隕越之意而拜稽首以致其恭知典禮之重又有不自滿假之心而舉夔龍以致其記以爲禮之爲職崇非敢不克共也廷臣有夔焉中和之允殖尚可以當三禮之司敬之爲道大非敢不自勉也廷臣有龍焉明信之素昭猶足以備四岳之荐惟時舉咸秩其有賴乎是則舜之爲禮擇官而不輕於任人夷之推賢讓能而不輕於自用聖世君臣其氣象可想見矣噫典禮命於秩宗寅清戒於夙夜可謂嚴矣而聖人之心温恭允塞蓋自有無體之禮焉烈風雷雨之弗迷上帝百神之用享有由然哉故知純心爲任賢之本而有虞之臣又皆得統於舜之心法者歟

惟天佑于一德

林民莊

同考試官教諭王批（天人之際理定而幾微是作能闡其祕且一德咸有不失其倫妙手也）

同考試官教諭周批（佑字德字俱切篇旨意不假合辭不補綴至精之文）

考試官教諭蔡批（天佑歸重於君諸作未到）

考試官教諭林批（發伊尹之心思精辭健）

大臣原天之所以眷商才惟其德之純焉夫德底於一德之盛也天之眷商以此而已君天下者可不念哉且夫帝王之撫有大統也能知先王所以得天之由則知今日所以格天之實何則奄九有以宅師人知我商承天之命矣而不知臨下有赫之心蓋有取爾焉不可得而幸也主百神以立極人知先王荷天之休矣而不知自求多福之道蓋有致是焉不可得而强也惟聖人之德有以凝其純粹之精而一德之交足以當乎眷求之意不邇不殖湯有無欲之心與天之爲物不貳者合也而尹亦以之交修焉馨香升聞而玄默之表自不能已其純佑之勤日新又新湯有不息之善與天之於穆不已者同也而尹亦以之僇力焉精誠孚契而主宰之中自不能違其寵綏之澤澄然於念慮之隱而感通於太虚之靈湯之所以七十里而爲政於天下者天蓋佑之爲一德之大君也非人之所能爲也渾然於成性之懿而昭假於明命之嚴湯之所以十一征而無敵中國者天實佑之爲一德之天吏也非數之所偶合也孰謂天之佑商有所私哉吁賢王欲求祈天永命之道可不於一德加之意哉雖然未易言也一者何也是堯舜禹之傳心湯之所以懋昭於夙夜而伊尹所以預修於畎畝者也蓋必戒懼之儆嚴而後嗜欲之機息學問之功至而後天人之道通一疵無累表裏洞然以此享天天必格矣以此治民民必和矣一之時義大矣哉有商所以世有濬哲之君而長發其受命之祥者非此爲之本歟

詩

其香始升上帝居歆

閻邦寧

同考試官教諭李批（周人格天之由意在言外涵咏此篇迥异時作）

同考試官學正龔批（天難格而能速格之此作可想見周家郊配之善）

考試官教諭蔡批（意味明雅）

考試官教諭林批（天然之作）

周人郊祭格天之速其必有以致之矣蓋奉稷配天周之郊祭禮也而所以歆帝之速者其道不本於此哉想昔詩人之意若曰體天心而興美利者稷之所以生萬民也肇有國而開祀典者稷之所以詒後王也今日禮行於郊不尚亦有賴哉誠以至尊而無對者帝之神也雖備物以將之尚不敢必其享矣况未備乎幽而難感者帝之心也雖久道以孚之尚不敢度其至矣况欲速乎惟我今日之祭恒豆之菹禮有以少爲貴矣臭味升而委曲之意猶未之宣焉固無望於上帝之是皇也太古之羹禮有以素爲貴矣馨香甫達而繁縟之儀

猶未之修焉固無望於天神之我監也然機之相爲感通者不待禮行之久而自有以速其昭假之休精之相爲默契者不待歷時之深而自有以致其淵微之應洋洋乎如在其上也如在其左右也恍惚神明之及交殆與后稷之親相爲陟降者矣勿勿乎格之而格也享之而享也依稀上帝之臨女殆與明堂之祀同爲光昭者矣吁不有思文之稷克配彼天何以致居歆之利哉噫嘉種之不降則毛血之俗無以革其陋也農師之不官則平成之績無以續其終也飽煖之無時則敬敷之教無以開其源也此稷之成功所以爲大周之明德所以爲遠而帝之歆之也不亦宜乎故知天之與祖其道本一而法祖之德即所以契天之心周人登歌南郊若自幸其歆帝之速者蓋深望後王之念祖也夫

赫赫厥聲濯濯厥靈壽考且寧

方九功

同考試官教諭李批（商宗著聲靈而享壽考曰且寧者即於赫濯見之此作殊善形容中興氣象）

同考試官學正龔批（詩意主美盛德而告成功此作能揄揚其盛深得頌體）

考試官教諭蔡批（寫出中興氣象壯哉）

考試官教諭林批（蒼郁之光）

商人贊賢王中興之烈而有通天人之感焉蓋聲靈著於人難乎其爲盛而壽寧出於天尤不可幸致者也高宗兼得之此其爲可頌也歟且夫明王之御世也奮之以無競之烈則業可大申之以有秩之祜則治可久我高宗之中興蓋有以得此矣今夫王者中天下而立内而諸侯外而夷狄不有顯比之道未易使之服也惟高宗盛德大業之垂光昭於天地長駕遠御之略震於臣民赫赫乎厥聲而非若夫人之爲聲也濯濯乎厥靈而非若夫人之爲靈也所以華夷殊勢而向慕之心同中外异情而畏懷之義一大哉聲之與靈乎而萬方之廣此其遍服之矣王者繼數世而興上而天命下而人心不有悠久之徵未易使之固也惟高宗享靈長之祚而聖躬頤恭默之神覃寧謐之休而殷邦享嘉靖之福蓋壽考恒於斯而無窮之聞也安寧恒於斯而有無窮這靈也所以湯孫在位而繼序不忘商道浸昌而皇圖益永大哉壽之與寧乎而萬年之運此其長撫之矣吁由湯至於武丁賢聖之君六七作高宗其最賢者乎然其所以不可及者不在於赫濯之服人而難於壽考之且寧也蓋美業莫貴於永終而君道當同於天道高宗神武中興而享國長久有隆無替是其德剛健而文明爲能遠追武湯仰體天行者也宜

乎千萬世之下語中興者必以高宗爲首推云

春秋

秋九月楚子圍宋（宣公十有四年）夏五月宋人及楚人平（宣公十有五年）六月癸酉季孫行父臧孫許叔孫僑如公孫嬰齊帥師會晋郤克衛孫良夫曹公子首及齊侯戰于鞌齊師敗績己酉及國佐盟于袁婁（俱成公二年）

尚芾

同考試官教諭鄧批（叙華元國佐抗節事如在目前可爲人臣懷二心者之愧矣録豈徒文耶）

考試官教諭蔡批（舉華元國佐責季孫得旨）

考試官教諭林批（斷案密緻）

春秋紀二臣抗敵之績所以彰謀國之善也于以見華元之抗楚國佐之抗晋均之爲善謀而季孫之辱國有餘愧矣且夫人臣所以衛社稷之靈起敵國之畏者禮義也而强弱之勢不與焉春秋之時于宋吾得華元焉楚以申舟之釁爰興投袂之師而兵圍於宋也當時易子而食析骸而爨宋之爲勢憊甚矣使國無其人欲免城下之盟得乎幸有華元者乘堙而諭以紓難之情登床而勵以受盟之誓國斃不從之語有凛乎不可辱者由是子反知懼楚莊回心而許之平焉人徒見宋之能不屈於楚也而不知元之能以禮義自强也否則劍及寢門車及蒲胥祀且幾不保矣况能退三十里而結成耶于齊吾得國佐焉晋以房帷之笑致勤投璧之旅而戰交於鞌也當時封畝欲東蕭同欲質齊之爲勢孔棘矣使國無其人欲免城下之盟得乎幸有國佐者申孝子錫類之情明先王疆理之制背城借一之言有毅然不可撓者由是魯衛氣阻郤克意平而與之盟焉人徒知齊之足以抑晋也而不知佐之能以禮義勝敵也否則茨焚雍門車侵東海君且幾不保矣况能追五十里而矢盟耶夫二子謀國之善如此若泗上三遷之吴非有楚晋之暴幕庭三踊之魯非有宋齊之危季孫不能振國耻而遂負萊門之載視二子何如耶故春秋深諱吴盟以志貶也雖然使宋無假道之戮楚不兵也齊匪郤克之恨鞌無戰也禍自已生而復僥幸于萬一元佐二臣之謀國特彼善於季孫者耳

齊人歸讙及闡（哀公八年）

田子堅

同考試官教諭鄧批（經義謹嚴詳核不費辭而理自足僅見此篇）

考試官教諭蔡批（書外歸於表内善是正意）

考試官教諭林批（筆健而雅）

春秋紀大國歸地之順所以表内君遷善之美也于以見齊之歸地由哀之歸益以感之也春秋所以美之與昔讙闡嘗藉于齊矣至是而歸于魯者以益之歸于邾耳然則齊之賢也而君子以爲美魯者何蓋美其過而能改也自邾益俘而二邑取是惡不在齊而在魯也所幸亳社獻而内訟隨萌負瑕釋而自治益切由是我以順感人以順應而讙闡故宇齊人以歸魯焉蓋在齊非有心以與之也而不容不與於歸邾之日在魯非遽期於得之也而自有以得於改過之餘人見其喪地之辱哀可洒矣而不知哀之所以洒於辱者由益之歸以致之耳否則茅鴻之請既行而龜蒙之患尤烈封境之削殆未已也何以失而復還人見其取地之罪悼將免矣而不知悼之所以免於罪者由哀之善以來之耳否則孟綽之辭未致而臨淄之怒方深疆埸之啓不足厭也奚獨弃而弗取故今日自魯觀之謂之一人之改過一國之遷善可也自齊觀之謂之同歸於無過同歸於達善可也通人已於改過則大孰如之成兩國以遷善則優孰如之故春秋於讙闡而書曰歸者非獨以美齊也固以美魯哀也雖然哀亦不能無罪東陽之克曲在我也而舟師之會於齊何尤吴師之辭直在齊也而于鄎之戈於魯何詞故君子于其歸地有以見改過之賢于其被伐有以見省躬之昧

禮記

無所不順者之謂備言内盡於已而外順於道也

秦師湯

考試官教諭蔡批（無所不順即於内外句見之盡已順道只就祭上發揮尤爲得旨）

考試官教諭林批（順備内外講有斟酌）

記者申言備之爲義合内外而一於順焉夫道本無間於内外者也内盡而外順則既備矣非賢者之所謂福乎此記祭統者之意也若謂賢者之奉祭也本無求備之心而實有能備之理吾嘗於備之爲義而觀其深矣夫備而名之以百順則非有所順有所不順者矣必其一理之潛孚隨所遇而值亨嘉之會足乎此通乎彼而天下之大順於是乎出也天機之充積惟所施而無失得之虞舉其一該其全而天下之至利於是乎生也則聚衆美以凝無疆之休妙萬化以篤有秩之祜而渾然完具之不虧也可謂備也已矣何以言之蓋道通内外之謂全體備情文之謂極二者闕一焉吾未見其爲順也惟内焉竭情盡

慎而三重十倫之義皆有以明諸心而踐諸已齊莊中正之德蓋内之爲尊也善之爲至也曾有一之未盡者乎外焉遵道從時而五禮六樂之修皆有以達諸天而徵諸人繁縟委曲之儀蓋外之爲樂也時之爲大也曾有一之不順者乎内之能盡所以爲達順之基外之爲順所以爲體信之驗内外交孚而幽明胥格物我兼盡而上下感通所謂無所不順而無所不備者此矣吁不有賢者其孰能知之抑鬼神之精難測而君親之倫甚大非知德之深者未易言也是故疏食菜羹之必齋與咸秩明禋之典大小不必同而均爲内之盡玄酒太羹之不和與明堂大饗之禮豐約不必同而均爲外之順惟其誠而已矣噫明此者可與議禮樂矣

臣下竭力盡能以立功於國君必報之以爵禄故臣下皆務竭力盡能以立功是以國安而君寧

蘇時雨

考試官教諭蔡批（以忠禮立説而推出人臣無望報之心他日出而用世必無所爲而效忠者也）

考試官教諭林批（深得教忠之義）

人臣能盡其道而有益於君者大矣夫安寧之福人君之至願也然非人臣盡忠以獲上焉抑何以致是哉記燕義者其旨如此意謂燕禮之行也君舉旅賜爵而臣皆再拜稽首者固所以明臣禮矣然豈無義而漫爲之者耶誠以臣事君以忠而所藉以爲效忠之具者則在於力與能也君使臣以禮而所賴以降禮臣之典者則存乎爵與禄也惟臣之功有未立斯無以致君之報而安寧之化遠矣今焉爲臣下者力惡其不出於身而靖共以樹邦國之勛則君必錫之爵命之榮以酬其力也能惡其不盡於已而篤棐以效社稷之役則上必養之禄秩之厚以詔其能也由是庶明勵翼皆務居其位而業其官孰有愛已之力而不自效者乎百職奮庸皆思食其食而敬其事孰有隱已之能而不自獻者乎夫然則治具張於明良之遇有以納斯民於雍熙唐皋之休德業成於上下之交有以舉明主於安富尊榮之美百姓允升於大猷而内患外侮之不明萌殆永繫苞桑之固矣國不以之而安耶一人端拱物穆清而用人行政之皆得殆永履泰階之平矣君不以之而寧耶是知安寧之效不自致也由於人臣立其功也人臣之功不自立也由於燕禮明其義也欲爲臣盡臣道者其知所勉哉大抵君臣之相與也以心而已唐虞之世九德咸事相忘於都俞吁咈之間不言施報而上下一心豈必假燕禮以明其義哉記禮者亦道其常而已

矣否則純臣之心迂其身有益於君者皆爲之敬其事不獲其所者猶安之豈望報乎

第二場

論

世躋仁壽之域

趙永禄

同考試官教諭盧批（推明聖人禮教之微遠可謂至論若其文體宏博變化則凌厲原道馳西京矣）

同考試官教諭陳批（懇測之心精粹之學蓋真達仁壽之源者）

同考試官學正劉批（學蘊弘博筆力高古讀之如登崑崙見瀛海作者胸次非特八九雲夢而已）

考試官教諭蔡批（議論精切而瑰辭大章變化百出直追先秦古漢此豈可於時文中求之）

考試官教諭林批（文古意高）

聖王以天下爲一身以萬世爲一時者也故其生民也厚而成民也不窮何則聖王非能以身爲天下後世役也其所以生之之因成之之道皆有以制於聖人之心而範之使不過經緯區處之使不傷群天下而趨之不至於徇天下之欲而天下皆以爲安群萬世而由之不至於徇萬世之人而萬世皆以爲宜則謂吾能生天下而成之可也謂吾能生萬民而成之可也而聖王者民安而已得以不勞治久而道得以不設噫此其禮之所以爲大制之所以爲美而躋斯世於仁壽之域者無以易此矣昔漢臣王吉陳政事之疏蓋嘗言及之而當時不能用也吉蓋漢臣之知道者乎請得而申論之夫民含血氣心知之性而有喜怒哀樂愛惡慾之情是非之相奪也利害之相攻也情僞微曖之相淆也强弱衆寡之相軋也貴賤尊卑大小之相錯也於是有淫僻暴殄之虞詐力侵陵搏噬之毒釁孽之患生焉非上之人有以制以豈能一日群居而不亂乎又况五行雜揉七政殊性陰陽之易於失和也風雨之易於失節也寒暑之易於失侯也獸蹄鳥迹之异其類也水旱灾傷之异其氣也剛柔燥濕之异其質也遲速緩急贏縮之异其勢也於是有饉饑札瘥之憂雍瘀蒸厲殰殈之感逆氣之應生焉非上之人有以防之豈能一日安寧而無事乎聖王者出爲天地立生成之心爲斯民同吉凶之患爲萬世握治亂安危之機修五事平七情奉三無私建中和之極平好惡之衡揆事理之當嘗自立於無過之地以爲天下

萬世之先乃述聖人之舊禮而大爲之坊明先王之善制而曲爲之範高者抑之卑者舉之多者裒之寡者益之虚者實之鬱者通之相天之時分地之利民之中是故爲之嚴城郭山川溝地之限而人不敢越疆焉爲之嚴乾坤尊卑簾陛堂階之等而人不敢越分焉爲之嚴父子兄弟嫡庶親疏之體而人不敢越倫焉爲之嚴宫室章服都鄙井邑之規而人不敢越度焉爲之嚴婚姻冠笄男女之交而人不敢越節焉爲之嚴祭祀燕享養老助弱慈幼之典而人不敢越次焉爲之嚴征伐平討流竄誅殛之法而人不敢越志焉人見聖人之禮品節如此之嚴先王之制區畫如此之辨而不知所以立萬民之命壽天下後世者至深且遠也禮也者先王所以禀於天地以爲民也禮之所興衆之所治也制之所盡衆之所安也故其品式程度界限之明足以寢其侵軼逾涯無已之私而成順軌守法之俗其糾虔隆厲章赫之威足以消其驕悍陵亢難御之氣而成安意易使之民其整齊嚴肅縝密之意足以養其齋莊中正之德其周旋登降上下之文又足以化其粗鄙槌魯之失其委曲撙節紆餘退讓之象又足以融其優柔平中從容不迫之心然後單車之使可以適萬里之遠一札之書可以退百萬之師片言之正可以奪三軍之師三尺之童可以回蓋世拔山之勇上下相安大小相恤内外相維强弱相守老有所終幼有所長鰥寡孤惸有所養而天下之民各得熙熙焉保其生聚全其性命以共躋於仁壽之域而無有邪氣奸其間一夫敢於横行者是誰之所爲乎以此達於天地則天地之氣感而大和焉風雨調寒暑時三光寧五氣順山川鬼神亦莫不寧鳥獸魚鼈咸若景星見慶雲呈甘雨降醴泉生山出器車河出馬圖鳳凰麒麟皆在郊藪龜龍在宫沼其餘鳥獸之卵巢皆可俯而窺也此之謂大順之世其治效見於當時而流風懿範想聞於後世後世之人相與守之民安而物阜國治而君寧有太山磐石之宗有悠久靈長之祚大哉聖人之禮明王之制乎不特躋一世之民於仁壽之域將舉萬世而仁壽之也而聖人者亦得與民物同泰與天地俱生與古今齊壽何者心常存而禮不可朽也天不變而道亦不可變也當其盛也干羽可以北三苗玉帛可以戮汪罔揖讓可以化虞芮修教可以降崇虎壇坫可以兵萊夷而吾得壽其民於禮至之不争禮行於燕故有觴酒豆肉讓而坐下六十者坐五十者立侍以聽政役而人不以爲拘也禮行於祭故有執玉捧盈洞洞屬屬如恐弗勝而人不以爲難也禮行於道途故有斑白不提挈耆老不徒行而人不以爲泰也而吾得壽其民於禮得之無恐逮其衰也周禮可以寒省難之大夫王德可以折問鼎之楚子殽蒸可以愧强國之上卿野賜可以辭逆女之公子冠冕可以反争田之穎俘疆理可以抑危國之元帥而猶得壽

其民於禮存之無亂暨其末也秉禮之家守文之吏博古之士抗節之臣亂得陳説禮法執先王之遺制以争於江河移徙堅冰嚴雪歳寒之日壞諸侯之館墮强家之城收大夫之甲落悍將之膽褫奸雄垂涎無忌憚之心卒至於不敢動而吾猶得延民命於舊坊之勿壞引類而求之殆不可勝窮凡此孰非先王禮制之所留以仁壽斯世者哉不然三家之市十室之邑囂然有且有争心其弊至於父兄不敢畜其子弟民人不敢保其室家糜爛干戈蕩滅三代之遺而不以爲悔者皆生於禮制之廢而已矣故曰民之由生禮爲大又曰古之無聖人則生人之類滅也久矣若是乎舊禮之不可以不述也先王之制不可以不明也而欲躋斯世於仁壽者其道莫之違焉耳矣雖然禮不可以虚行也制不可以徒作也有虞氏未施信於民而民信夏后氏未施敬於民而民敬殷人作誓而民始畔周人作會而民始疑苟無忠信誠慤之心以涖之而徒規規焉於禮制器數之末以爲粉藻潤澤之具則民有聽聽於庭廷出而違之者矣唯唯於面從去而非之者矣豈亦可以躋世於仁壽乎故必有聖人在上而後可以議禮明王建極而後可以盡制噫嘻齊國之志吾必以仲子爲臣擘焉事猶淺乎知禮者

表

擬宋命看詳學制儒臣謝表（元祐元年）

閻邦寧

同考試官教諭李批（説自詳學制處忠懇詳盡當時敷奏亦不過是蓋嘗究心於造士之術者）

同考試官學正龔批（人君以右文爲盛節儒臣以興學爲至榮此作蓋并見之恐宋表中亦未易多得也）

考試官教諭蔡批（用事切實措詞典雅）

考試官教諭林批（蔚然玉光舍章富矣）

元祐元年五月某日伏蒙聖恩特命官自詳學制者伏以聖世右文必先首善之地明王建極宏開心法之源規條振古希聞矩矱從兹始正菁莪棫咸濡時雨之深桃李芝蘭共挹春陽之麗臣等誠懽誠忭稽首頓首竊惟三代之教見於經惟稽古以正學千聖之傳本諸道貴崇雅而黜浮由藝祖訖於神皇從熙寧溯於開寶士無异論家傳孔孟之書治本同倫户習唐虞之化自字説頒於博士争誇拾紫之榮困禁綱密於黌宫漸長雌黄之隙束經高閣避忌衆而卷舌不談捷徑巍科功名勝而揚眉目得廢春秋爲朝報豈仲尼之没文不在兹乎借泉府以理財抑周公之志吾衰其甚矣滿庭茂草國子之舍久虚一

樹梅花廣文之氈長冷青衿絶蒙求之迹白晝無晋接之英不悔當年之面牆幾成一時之目路夙習實因人壞泰運復自天開玆蓋伏遇乾元剛健離炳文明毓德青宫純孝懋聞於天植握符紫籞聖心勉敬於日躋詢黄髪以無愆人惟求舊軫蒼生之有望法盡罷新仁急親賢智先當務乃者念成均之業不振於國都則道德之閫孰窺其堂奥爰頒綸綍特飭儒紳咨爾數十常員公同二三諸子重恢格制鐫削煩苛惟禮義以相先改考試而爲課待賓與吏師并建芳齋遠邁蘇湖觀光與解額俱釐宗指裁成河洛十年迷復之悔一旦幹蠱之功玉粹金精雲晴日朗登辟雍之舍經正則庶民興游聖人之門道問而百家廢真清朝之盛舉而大聖之作爲也臣等蓬茅蕪陋樗櫟疏庸蚤歲從師未闚圖書之祕衰齡苦志尚慚禮樂之宗懼模範之或偏力挽江河之習慶遭逢之非偶期承洙泗之流志於道據於德依於仁矯叔代月露風雲之步興於詩立於禮成於樂順先王春秋冬夏之宜棟梁榱桷時成簠簋琮璜并就庶涓滴助深於滄海羽毛補大於穹霄伏願乃聖乃神乃文乃武學每稽於中德不競不絿不剛不柔政惟體於純王通寰宇千八百國爲一身撫瑶圖億萬斯年如一日外威内順鼎鉉吉而金甌永寧小往大來泰階平而玉繩常直臣等無任瞻天仰聖激切屏營之至謹奉表稱謝以聞

第三場

策（五道）

第一問

高言

同考試官教諭盧批（對揚聖祖皇上知人安民之謨忠愛懇切到他日必能其官）

同考試官教諭陳批（赫赫聖謨諄諭臣民者場中類不能言子能敬述而揚厲之可以觀所養矣宜式）

同考試官學正劉批（敷陳切至非服膺聖化者不能）

考試官教諭蔡批（鋪張鑿鑿有據非苟作者）

考試官教諭林批（條答殆盡）

聖王之仁猶天也雷霆之摧擊與雨露之濡潤并行而益彰其覆幬之恩聖王之智猶神也聲色之不大與聰明之四達互藏而不失爲照臨之哲斯二者無他焉惟先於知人而已矣惟急於安民而已矣民安而天下之元氣以充人知而天下之神氣以振此我太祖列聖之鴻謨皇上疇咨之彝訓實惟宗祖

靈長之慶而凡爲臣子者所當承聽而繹思也歟執事先王發策秋闈首問及之豈非望諸生以是訓是行者乎愚非其人也請述所聞以對焉昔者時雍風動之休光天海隅罔不率俾矣而洪水懷襄寇賊奸宄之害切切焉若痌瘝之剥膚甚矣民之不易安也詢咨岳牧之賢夔龍朱虎罔不登庸矣而方命圮族讒説殄行之憂恐恐焉若豐蔀之蔽目甚矣人之不易知也知人安民堯舜其猶病諸况後世乎降自唐虞若夏之籲俊尊帝商之丕釐宅俊周之克知灼見其心未嘗一日不軫於小民之咸和俊乂之旁招也國朝太祖開基列聖繼統職掌分於諸司而名實之辨明考課詳於功過而黜陟之法信采望以待异材循資以核常秩而所以審於知人者無遺良也祥刑慎清讞之法而幽枉之必宣灾傷勤檢踏之條而逋負之屢貸逃移則多方招撫老窮則所在收養而所以惠於安民者無屯膏也於萬斯年中外乂寧天人愛戴豈偶然之故哉洪惟皇上神智炳靈先萬物而熙兼照之量仁恩汪濊覆群生而隆并育之休人已知矣而猶以爲未知民已安矣而猶以爲未安伏讀聖制曰我欲聞是知人之方能官之智其所親策於蓬茅韋帶之士者是唐堯清問之勤也徐房水患則捐内帑之錢而廣賑恤之惠其播告來朝官員又曰每念斯民動擾之易而撫綏之難當時至仁下布長活溝壑者殆萬計焉吏多貪肆則屬冢宰之官而申黜幽之典其特札館閣公孤之臣有曰國虧民苦悉此等物所爲祖宗法度視爲眇耳惟時天語赫彰澄汰不肖者殆千計焉傳曰仁者愛人故惡人之害之也義者正人故惡人之亂之也皇上覆幬煦嫗之恩昭蘇庶類而於貪肆之吏則懲癉特嚴噫雷電與雨澤并行霜雪與陽光交麗此及天之所以爲至仁也皇上淵微玄默之德端委法宫而於賢否之章則秋毫洞鑒噫太虚高運而五行宣其職上帝主宰而三光耀其精此乃天之所以爲至神也知人安民二者交盡而知人又所以安民在今日尤爲獨隆焉邇來百官洗惕群枉移風比之數年以前氣象漸不同矣執事又謂庶尹允諧與百獸率舞同紀於虞書今奇祥上瑞岳貢川輸則所以格及鳥獸草木者亦若堯舜之澤被動植矣而執事顧疑中外之臣未能如虞廷之庶尹得無憂古今風氣之殊而九德咸事之盛或未之逮與又謂吏治不稱德愧古人病源安在得無憂古今學術之偏而百僚師師之美或未之能與愚則曰世有升降而人心之堯舜無古今一也政由俗革而考課之唐虞無古今一也今之賢者稍進矣而懷忠抱朴不務近名之人寧無鬱鬱於下僚者乎今之不肖者稍黜矣而矯情飾貌依光取寵之人寧無揚揚於在位者乎賢者既未盡進而雌黄雄白之口疑亂石實或毛舉細故并其人之可者而誤去之不亦比於慢乎不肖者既未盡黜而小材淺見之士

暗於大道或翹能自喜併其人之不可者而誤進之不亦傷於過乎古者入其疆土地辟田野治養老尊賢則有慶漢初課試郡縣長吏專以户口增減墾田多寡爲殿最故其時官有劍牛刀犢之政民興桑枝麥穗之歌此其氣象可想見矣今之課吏者吾惑焉四海之廣人材之富其間豈無聰明材辨者上之人每以簿書期會沾沾敏贍爲能而下之人所以應之者亦以伺察聰明斷獄小善爲已足田野不聞勞來之令州里不聞勸教之術流移不識招撫之仁計月而筭秩按歲而待遷如此而望吏治之稱德如古人自生民以來未有能濟者執事必欲使官皆得人民無失所人皆曰考核之貴明也愚則曰明則是矣而何以用其明乎人皆曰去取之貴公也愚則曰公則是矣而何以用其公乎無已則有四焉一曰招流亡課農桑以勤拊字之仁二曰絶科罰禁糜費以敦廉靖之節三曰清刑獄息追呼以明保息之方四曰廣儲畜聯保甲以需緩急之備盡此者之爲循吏力此者之爲勤官闕此者之爲紕政悖此者之爲淺夫如其野荒民散逃移不復雖有小善弗録也俗敝教衰但倡導無法雖有他勞弗録也則考課之法得其要領而人知當務之急州縣之長心勤嚮往而政無苟且之私彼匹夫匹婦苟無實惠不可以虚懷逋播遺黎非有誠心不可以徒附故觀户口之增減則其拊字之仁不仁者可見矣問墾田之多寡則其勸課之勤不勤者可知矣官有循良之實德而人材之不如古者未之有也人沾牧御之實恩而民生之猶失所者未之有也如此則考察之法不必加嚴而善治可與循吏繼踵矣請以是復明問而執事自擇焉

第二問

來必上

同考試官教諭王批（歷代取士之法考究詳明而根極要領之論出人意表子其豪杰士耶）

同考試官教諭周批（博古通今之學經世達道之論子盡得之可占德行文章矣）

考試官教諭蔡批（議論精確讀之令人爽然）

考試官教諭林批（進退古今之學）

古今之風氣异齊也故法先王者法其意而已矣必欲今之盡同於古是矯世變俗之人其道太泥而不可行也古今之性天一致也故慕先王者慕其實而已矣必謂今之不同於古是隨衆習非之人其道太漓而不可長也知乎此者可與論德行文章之科矣今夫德行之選可以盡天下之賢乎釋莘野之耕而調割烹之鼎離傅岩之築而具濟川之舟卷磻溪之綸而成牧野之陣德行舉士此其

效之章章較著者也引類而求之不可得而窮也讀伊訓説命之篇可以爲萬世立言之法誦丹書敬義之旨可以爲百王光訓之遺則長於德行者又未始不兼乎文章矣文章之選可以盡天下之賢乎天人三對而識淵源純粹之學治安一策而知通達國體之材賢良文學鹽鐵之議而想見其發憤吐懣據經明道之心文章取士此其效之章章較著者也引類而求之亦不可得而窮也許景先備中和之性其文温潤夏侯湛惇孝弟之行其文豐美則長於文章者又未始不兼乎德行矣三代而上士不易業而安於素位故耕牧可居陶釣可居負販版築可居不以爲耻也上之人所以求之者或得之夢卜或得之幣聘或得之躬訪不以爲疑也至周則養之以家族州黨之教登之以鄉舉里選書升之法漢初去古未遠在郡國則有孝廉賢良在學校則有茂才明經四科終漢世不變而孝弟力田得與賢良文學并進猶有先王敦朴之遺風焉唐以後詩賦經義論策之科代相祖述而明經文學之選始重矣論其因革則聘召降而爲周之書升書升降而爲漢之四科四科又變爲明經文學而不能使之不變者勢也論其差等則明經不如漢之四科四科不如周之書升書升又不如古之聘召而不能使之必同者亦勢也論其趨向惟上之人重德行則以德行應重文章則以文章應重隱逸聘召則以隱逸聘召應而不能使之并重者亦勢也數者法殊而意則同途异而人則一古今風氣人事之變猶春夏秋冬之流行於天地間也猶忠質文之迭尚於三代也要在識其時而順治之法其意而善用之可矣執事謂好古君子憂科舉之不足以盡人議欲更之不知敷納以言見於虞書合語言揚本諸周禮而所謂樂正崇四術修四教順先王詩書禮樂以造士春秋教以禮樂冬夏教以詩書獨非今之學校明經乎執事又謂試舍明經文學之選復古德行之科則其所得或即今庠校衿珮之人抑别有一種殊尤絶迹异乎今之所謂士者此特設以難諸生而執事固知之矣唐之王魏姚宋裴李陸贄韓愈之賢皆興於文學而唐之材豈復有賢於數子者乎宋之韓范富歐明道晦庵之賢皆出於科目而宋之臣豈復有賢於數子者乎即有桐江之釣河汾之隱南陽之卧彭澤之歸是亦晨天之稀宿而不可謂文學之果不足以盡人也有嗜溪流之紺寒翫先天之消息坐關中之皋比嚴河洛之師道是亦聖世之逸民而不可謂科目之果不足以得人也使居今之世而復古德行之科則士之方軌而出者豈能有外於庠校衿珮之人乎其聰明材辨足以達變而從時其禮樂文章可以修身而踐性譬諸蘭閨靚女治容艷服與淡妝輕抹惟適所宜以應上之所求而其質未嘗易也又譬諸王公貴人重裘大帶與輕縑纖羅惟時所便以從容吾之所好而其人未嘗更也文章之於德行誠有本末之殊而論其情僞之因雖德行未必無弊方命圮族之鯀非四岳

之所咸荐者乎華士少正卯之流非當時之所謂賢者乎要之惟務其實而已矣如欲於明經文學之舉而兼得乎德行道藝之意不必舉今之法而變之也士所讀固孔孟之書也其所習者孔孟之教也其所稟者孔孟之心也其所講而明之者孔孟之倫也振篤實之風則浮薄化奬恬退之節則奔競消先行義之崇則名檢飭重廉耻之守則頑鄙遠其法固盡載於卧碑上之人可行而不能行士之不慤初非士之罪也今之時可舉而不能舉法之不善亦非科目病之也此蓋在於實與不實得不得人之間初不必較計於德行文章之同异也若吕東萊草深一丈之語則近於姑息調停之意不霸不王是爲騎墻之勢恐反失本色而未爲真切歸一之論也吾何取焉雖然文章固德行也世亦有厚於德而不足於言者未可謂無其人也漢令郡國長吏歲舉孝廉一人祖宗朝屢嘗行之矣獨不可修而兼用之乎科目固聘召也世亦在韜光林壑不售有司者未可謂無其人也宋令升朝文臣各舉所知以勵士行示不專取文學之意舉非其人者罪坐舉主毋赦祖宗詔書亦嘗及之矣獨不可修而間行之乎此又愚生一得之見以備執事之問者也伏惟進而教之幸甚

第三問

閻邦寧

同考試官教諭李批（爲學用力得力之處發揮精切子蓋獨得程朱之傳心者與）

同考試官學正龔批（格致學術子能辯極而歸於一非素有所養者不能也）

考試官教諭蔡批（精切詳當深於理學）

考試官教諭林批（析理明澈僅見此篇）

知夫子博文約禮之訓則格致之學可得而明矣知大易窮理盡性至命之旨則格致之論可得而定矣夫道一而已矣見之偏者二之也夫學亦一而已矣見之淆者疑之也執事以格物下詢承學大哉問乎此聖學王道之關不可以易言也愚生也陋何足以知之雖然羈貫成者童已聞大學之教矣敢自諉於無知不爲長老先生質乎夫人者天地之心也天地以虚爲德故徧覆包含而萬物絪緼於其中矣是天地之所以爲大也納萬物非天地之礙無萬物非天地之虚有是分量則有是範圍不待安排一自然而然者也人心亦以虚爲德故文理密察萬物皆備於我矣此人心之所以爲大也備萬物而此心未嘗有物格萬物而此心未嘗有外有此虚靈則具此物理不待勉强亦自然而然者也格致本無内外而不可離也知行本無先後而不可分也道理本無粗

而不可擇也大學自明明德於天下推之治國而近推之齊家而近推之修身而近又推之正心誠意而近卒約之致知而歸於格物焉理之所寓謂之物無有遠近淺深大小上下之間也功之所至謂之格無有探索體驗講求思慮之殊也天下國家身心意念莫不各有天理之當然而誠正修齊治平莫不本於此心之運用分言之則有天下國家身心意知之别合言之不過一明明德之心則所謂格物云者豈若俗儒記誦訓詁博聞强識誇多門靡角一日之長忘終身之短者之所爲乎又豈若東書游談群居終日言不及義侮聖人之言而無所忌憚者之所爲乎又豈若淩高厲空談虚説幻自托於不立文字可以即心見性不讀一書可以神解妙悟者之所爲乎亦惟以吾心之明窮事物之理以去吾所疑决吾所行而已矣理在天下何以平之則格其平之之理焉理在國家何以齊治則格其齊治之理焉理在身心何以修正則格其修正之理焉理在意念何以誠實則格其誠實之理焉隨事精察隨處體義固非分先與後當其格物也則置身心國家天下於不問亦非分知與行當其誠正修齊治平也則廢格物之學於不講孔子曰博學於文約之以禮以其事之燦可見謂之文以其理之有所輳泊謂之物博文而約以禮禮者理也約歸於天理也博而約之是即孟子之所謂反説約也其在聖門有不善未嘗不知知之未嘗復行求仁則辨理欲之幾爲邦則達禮樂之藴此顔子之格致也隨事精察而幾微已著真積力久而功收一原變禮有問省身有三此曾子之格致也朱子解格致之義而察之念慮之微驗之事爲之著求之文字之中索之講論之際均屬格物工夫所謂察驗求索總之不離於心固已合内外知行而一之矣若謂病涉支離未免向外尋討者或其門人如陳北溪饒雙峰之徒失其宗指而鑽研筆硯糜費精神故朱子有晚年定論之作蓋爲其門人定之也有自悔生前爲學不得要領之説蓋深自謙抑亦爲其門人悔之也居敬窮理精義無二乃朱子之所以爲朱子而謂其生前錯用功者非也易曰多識前言往行以畜其德又曰精義入神以致用也窮理盡性之至命也多識之功即精義窮理之學上下貫通本乎一而多識乃所以畜其德精義即所以致其用窮理即所以至於命先後始終亦無二致程伯子不云乎由洒掃應對便可至精義入神窮理盡性至命三者一時俱了又曰學者湏識仁體識得此理以誠敬存之存久自明是亦與格物之旨相爲發揮蓋講摩於師友質此心之理也考索於古今稽此心之理也體驗於行事考此心之理也不思不索澄然惺然而回觀獨覺亦養此心之明也無分合無動静無久暫皆以明諸心而知所往其究一也要歸於自得而已矣在歸於當然而已矣執事欲求格致歸一之指愚以爲其指未嘗

不一而人之見有二程朱孔顔大學易書之言未嘗不同而人之議自异即如象山與近世知道之士其言亦原符合而間有疑之者其失皆原於不以窮理精義解格物而以後世口耳記誦者當之不以居敬實踐求朱子而以其訓解諸經言或有小出入者病之遂致紛紛焉不知言之差失者誠不能爲朱子掩而朱子之不朱子不在注解也外之尋討者誠不足以言格物而格物之爲格物非并遺外也請以爲明問復

第四問

尚芾

同考試官教諭鄧批（練達邊理諸所條畫皆可施行子豈徒習文事者耶）

考試官教諭蔡批（區畫邊務甚當）

考試官教諭林批（經濟真材）

夷狄犬羊之性也視已之肥充以爲角噬而於吾中國之盛無累焉要在禦得其道而已矣夷狄疥癬之疾也乘時之風濕以爲疴癢而地吾元氣之實無損焉要在治得其方而已矣執事以邊事下詢鯫生且欲規恢萬全之策生固章句之腐儒也愧無以稱塞明問然亦願有言焉中國之有夷狄猶陽之有陰君子之有小人其不可化誨而懷服也以唐虞三代之隆而有蠻夷猾夏之警鬼方玁狁之師其不可較計而鬥争好也以秦皇漢武之强北築長城登臨瀚海而胡輒報之中國之民疲焉故當其盛也以漢高之威而有冒頓之患文帝治平之朝烽火通於甘泉長安唐太宗雖擒頡乎而回鶻土番數及覆爲患及其弱也元成之世漢業已衰而呼韓奉其國珍款塞來朝宣宗之時唐風已晚而河湟次第收復享其成功可見夷虜驕得其降附不足喜以其無益吾中國之興也被其侵軼不足怒以其無損吾中國之治也所貴乎智勇攄忠來則驅而出之去則備而守之使不遺吾地方之憂而已矣昔人有言雖稽顙執贄而邊城不弛固守雖强梗爲寇而兵革不加遠征可謂知要矣我太祖迅掃明元成祖三犁虜庭真自古所未睹其盛者恭惟皇上威熏同天頃歲蠢兹犬羊敢擾疆埸仰賴廟謨雄繼群帥用命連戰於孤山伏擊於古北所以褫强胡之魄而振我華百般之氣者誠快於人心矣然折膠之威猶未盡立跳梁之志猶未遽已也廟堂虚延攬而屈群策君子聽鼓鼙而思將帥今之爲計者幾無餘蘊矣然盈廷衆議不如制越之一奇數年聚謀不如借筯之片畫大率修烽截隘築堡捍障所以守也標兵選將哨敵出奇所以戰也忠言嘉謨之臣所論不出乎二者而已矣備邊禦戎之計所行亦不出乎二者而已矣熊羆之士有懷馬革之心而志馳狼望之北則以善戰爲功夫胡騎雲屯風雷交作將營星列

神鬼效靈此無常之形而戰不可預設也持重之臣有懷桑土之慮而思固虎卧之關則以善守爲本夫亭障相錯堡聚相聯軍實先蒐險阻先據此有常之勢而守可以預待也戰不可預設而寄戰於善守之中則敵不知其所故守可以預待而寄守於善戰之内則敵不知其所乘李牧之備北邊也匈奴入盗則急收保數歲無所亡失日擊牛饗士久之無所用皆樂於效戰乃多張奇陣一決而殺胡十萬遂滅襜襤而走月氏何者擊水漂石峻阪走丸其勢然也趙充國之誅先零也留兵屯田持重深堅弗爲急擊先降罕幵以孤其黨羌遂斬楊玉以降爲置金城屬國何則豶豕去牙解牛先腠其機然也由此觀之上兵先定謀而不可輕動禦戎貴防守而不專主戰明矣今本兵於内者有方叔之老之猷制閫於外省者有南仲之謀之勇似無容慮矣愚則曰添標兵於督撫選邊兵於各鎮備援兵於近邊明哨探於境外皆所以爲戰謀也其勢足以支近歲而難於常繼議總兵之駐劄議墻内之埋伏議州縣之屯堡皆所以爲守謀也其勢足以垂永久而難於實行謀可以用而難於常繼者恐民之貧於力也勢可以久而難於實行者恐下之應以文也於此有一焉多方召募則各邊精鋭歆利而來此實彼虚其道不可繼也不若據見在總督鎮巡參游之兵嚴加挑選依法訓練補足常額使兵知將意將識士情則臂運指使之義明或不必務添標騎亦可常恃而無恐矣廣調客兵則千里奔命易成疲憊數年之後愈難支吾其勢亦不能行也不若將古北口潮河川薊鎮虜入之衝區畫險要多築堡壘兵用士著使子弟衛父兄手足捍頭目則人自爲守之計定或不必遠藉他援亦可熟講而實行矣何也虜可以計勝而不可以力争守可以常備而戰不可以必圖也要在於擇將而已矣將得其人則見兵亦可以取勝將非其人雖有百萬之衆悉用言者之計亦未必其有濟也虜之擁衆初入也其氣方鋭利在速無遽交鋒急令人收堡自固高壘深溝野無所獲覘彼氣阻或分兵設伏而掩擊其惰或募勇出奇而夜斫其營則守即所以爲戰戰又可以爲守而安邊保民長久可恃之道在是矣陽和當宣大兩鎮之交總督從中節制則遠近之勢既均緩急之應亦便即有緊報星馳未晚今乃擁聚兵馬久住懷來虚費歲月坐耗軍儲虜未及乘而力已匱矣其見不亦左乎南山在宣府近京之地精兵宜守邊隅則對壘之戒日嚴長駕之威亦壯俟有信檄響應何難今乃外遺上谷單守南山消薄籓籬近防堂奥效未及收而短先見矣其計不亦後乎彼爲此者皆有老成深堅高世之智宜亦慮及而必爲之者無乃有不得已之意乎不然勝筭奇猷或别有一種道理非書生可得而策也惟執事者可否焉謹對

第五問

秦師湯

考試官教諭蔡批（究極弊源而議論復可見之於行允宜高薦）

考試官教諭林批（有用實學與勦説浮辭者迥矣）

執事五策諸生乃舉四事之切於河南者問焉噫嘻此吾門庭之計崦枌榆之至念也敢不條析以對執事之言曰陜洛西鄰秦晋多深山絶巘嵩盧新澠之間礦徒動輒呼聚而葉裕内鄉亦時發焉是願聞治礦之策也愚則曰礦徒固良民也其初首事者二三角腦而已矣山林之實有以歆其見利之心接引之徒有以便其往來之迹前此有犯者夫既或治之矣何害之敢生即有生焉鄰里互察之令村落嚴禁爐之條河梁絶津渡之黨則勢將自阻散其徒而詰其首一告諭之間涣然離耳此不必有意督過之也執事之言曰歸德南邊鳳潁北接蕭碭徐沛巨盗乘間爲梗而光羅鄧州亦時有焉是願聞弭盗之方也愚則曰盗賊亦吾民也其間怙惡者幾處積窩之家而已矣持刀劍忘牛犢之思脅貨財充衣食之業前此有屢犯者夫既或殲之矣何事之足虞即有虞焉鄉邑條保甲之法閭里重藏匿之科官司謹詰捕之實則其風自消檎真犯而戒株邊一展布之間帖然定耳此不必用意深治之也雖然此以道其常耳而非所以語於義之精也齊其末耳而非所以語於治之本也明問所及而豈徒哉無恒産而無恒心者凡民之夙習也饑寒切於肌膚慈母且不能保其子者人情之大凡也河南地居中土供應多方徵輸百出年豐而無終歲之飽時平而無一日之安驅迫如此之甚欲其不爲礦且盗不可得也古之君子不有裕民止盗者乎夫國額不可減也而額外之徵如商税魚課陂塘水堰民兵買馬日支紙札火耗車牛之費獨不可量爲末減之乎歲例不可缺也而例外之徭如河夫稍草堡夫火夫青衣甲首之類獨不可量爲扣省之乎寬一分則民受一分之賜受一分則民安一分之心孔子曰苟子之不欲雖賞之不竊周官曰以公滅私民其允懷如得其道則礦徒可得而消也盗賊可得而弭也不然迫之愈至而生之愈窮治之愈深而犯之愈衆豈特河南之民能爲礦且盗乎其所可憂者尚多也執事曰大河西來自底柱析城王屋東過孟津入開封之境地平土疏蕩嚙爲灾歲費埽卷以萬計民膏竭矣河患依然誠哉是言夫知其非計而猶爲之智者不爲也請以已試之明驗質之可乎漢時河決内黄河決金堤河決酸棗河決黎陽屢決屢塞殆無虚歲東漢以後弃不復築而河之帖然安流者垂數百年治與不治之效蓋彰彰矣今之治河者以一九之土遏漲天之流以疏柳之條禅排雲之岸農功有盡巨浪無窮不幾點雪於洪爐乎

或者曰然則廢埽卷與曰何可廢也相其勢而順導之則其所省者歲不下數千亦何憚而不爲乎執事曰宗室生齒日繁即如周府宗禄原額止四萬有奇而歲給當三十三萬加徵則勢不行設處則謀無措奏討則又不得請誠哉是言也夫知其困迫而不爲之所仁者不爲也請以已窮之事勢論之可乎今時一府爲郡王者六十焉爲將軍者以千焉爲中尉者郡縣君者數千焉其財愈匱而其生愈繁數年以後且將盈萬勢方窮蹙自當變通識與不識之人皆知之矣今之當事者明例有嚴既不敢議坐需其迫又爲不可袖手旁觀掩目長嘆不幾刻劍於行舟乎或者曰然則變條例與曰何敢變也酌其宜而取裁之則其所省者歲當不下萬金亦何憚而不爲乎雖然相勢以治河而所以爲相之之實者策將安出酌宜以制禄而所以爲酌之之方者義又何居明問所及而豈徒哉達節而不拘者上智之事也善世而博化者聖人之弘也河南歲苦治河而民之脂膏已竭人苦宗禄而時之經營無良畜縮如此之甚欲必循常調不可得也古之君子不有更化以善治者乎夫河薄城市量與埽卷而大豬之野廣漠之墟去城遥遠原無民居縱有衝蕩害亦未甚聽其自流可也柳稍大户報擾紛紜而儀封以下考城以西沿堤官柳百里成林歲伐餘條還充官用柳性耐折無傷本根量爲取之亦可也如此則所省豈止倍蓰哉此則可省而人不能省也例關大體或難更改而縣主以下止給冠服儀賓疏遠許賜衣巾其俸資不可省乎法有厲禁或礙施行而王官冗秩盡革制副員中尉各宗聽從生理其廩餼不可汰乎如此則所省豈千萬哉此則可行而今亦未之行也法窮則變惟然後可通法通則久惟久然後相守易曰益之損之與時宜之記曰協諸義而協則禮雖先王未之有可以義起也善用之則治河之策未嘗無也制禄之良未嘗乏也不然裹足而計程膠柱而調瑟豈特河南之民迫於河患與宗禄乎其所可慮者尚多也斯四者皆救時之急務善治之宏綱愚生所陳粗發其端而風簷寸楮難難盡委曲惟與其進焉尚有調停經緯之方精微詳密之藴非更僕不可悉也

河南鄉試録後序

河南甲子鄉試時八郡一州之士僅二千人比舊稍減選士得八十人解額視舊其諸職官儀矩悉如故事而一時奎文光華之盛若增鉅焉光祖等之典試也分經而校握數以登亦無改於舊而嘉豫快足之意若胥適焉登壇白戰糊名硃書夙夜以計亦無异於舊而人士蒸蒸然殆庶幾有所謂古名世之

流出於其間焉若此者何也遇其時也時也者天寔爲之聖皇所以撫五辰齊七政斂諸福之物而隆無疆之休者也夫和氣就而鳴鳥聞陽德亨則江蘺化當時者盛物理尚然而况於人乎皇上履玄德之極握紫宸之符歲當甲子貞元會合黄帝所以迎長日唐堯所以登泰階也多士適際此彙征遐靈悠久之禎光被獨先豈非萬世一時哉乃今閲諸士之文有渾雅天成苞房元氣味之爲玄酒太羹器之則玉琴山罍曰此其德性渾融不倚削以爲厲者也録焉有經制嚴密條理井辨秋水之浸蒹葭閬風之度石室曰此其廉隅卓樹不屑不潔者也録焉有藴藉涵虚鬱蒼沉耀天禄之祕圖書器府之韜瑰麗曰此其充養中固老成深堅足以處大事宣遠猷者也録焉有礲琢自攻良工獨苦梓慶之削木甘公之步星曰此其敬慎小心確守家法不敢侈大惟恐失之者也録焉凡窮二十晝夜所得皆足當乎其心而遠有所待猗與休哉此中州之極觀而利賓之上瑞也苟不遇聖人之時鍾元氣之會豈能遽致是與邵子謂三皇之世如春五帝之世如夏惟是明聖并作元凱重光時爲之也今運際熙明協氣交應奇祥靈貺有瑞牒所不勝書者韋帶草莽之臣罔有小大皆得敷賁光天與時雨化豈非如春之世乎是多士之所以獨擅其盛者亦時爲之也春者何仁是也仁者何心是也感通天人流光今古綏懷民物皆此心之用也諸士其尚克宅厥心事上費欺臨下費虐窮達可齊夷險可一而心常存毁譽不知勢利不疚而心常存光明粹白從容以和如此則無忝於聖朝之良而永永游如春之世矣孟子曰大人者不失其赤子之心者也赤子之心人孰無之多士荷國家覆幬之恩而欲自靖自獻於吾君則舍精白之初心恐無用力處矣光祖於其録之成也特舉以申告云

直隸揚州府江都縣儒學教諭蔡光祖謹序

隆慶元年河南鄉試録

河南鄉試録序

隆慶改元歲在丁卯當天下大比士于鄉聖天子體元正始思得奇杰之士與天下維新海内懷忠待用者首應期觀光國誠千載一時也河南巡按監察御史成守節受命監監虔弗寧處執憲矢公塞違振靡視往昔加慎焉乃以前巡按御史李文續聘至教授子臣教諭鎦礴爲考試官教授劉一惇唐應鯨教諭梅友竹陸通霄陳應徵張敷潛宋崇獻張學詩爲同考試官分經而校簾以内罔不敬以慎也提調則左布政使萬衣右布政使陳典監試則按察使李敏德僉事邵夢麟暨諸執事咸慎選以充靖共以承簾以外罔不戒以肅也合提學副使達其道所簡士二千有奇鎖院三試之遵制額拔其雋八十人并録其文以獻子臣猥以典役得叙諸首簡及進多士而告之曰夫聖主待賢臣以弘功業而賢士亦俟明主以顯其德其所修于家乘時而奮興者豈直爲爾身榮侈耶孟軻氏曰有王者興其間必有名世者信斯言也而豈徒哉夫河洛當天地之中會陰陽之粹賢哲代興所從來遠矣阿衡耕莘即以天民自任而堯舜之道親見其行仲山甫于宣于蕃爲周良翰而正已格君陳善閑邪至今倡明道學者以程氏爲宗前哲高風炳炳可睹也我聖祖以神武開基略定中原首敷文教列聖相承興賢育德中州人士彬彬輩出載在名臣者可少耶迨于先皇壽考作人道久成化菁義棫樸涵濡醞釀者四十五年于兹薄海内外家絃誦而户詩書超越古今于斯爲盛語曰人君之計惟在樹人人者一樹而百穫者也於戲此其所甄陶長養期望而需待之者信非一朝夕之積矣今皇上以天縱之聖握符崇治聖作物睹之時也思皇多士生此南國密邇熙化乘奮彙征以應龍飛景運濟濟蹌蹌挾策攄猷者孰非先帝之所遺哉乃縱觀士藝率多憲經剿史権古揚今體軌而識洽詞茂而能裁經濟謨謀如示諸掌斯爲奇杰名世章章矣夫文以發志文華也本實之枝葉也今於多士得見者文耳吾懼文勝而枝葉繁也邇者皇上敕司文之臣崇雅黜浮刊華斂實用忠救文藹然從先進之意也爾多士對揚伊邇必有浚明亮采之責其尚飭躬根實仰止前修能自任天民之重宣力内外啓沃忠懇追古賢哲者流耶矧先皇所樹

藝士將以貽之百稷也則又何以辭焉允若兹豈惟乃言底績將必曰隆慶改元惟中州取士得人之盛而褎然爲一代稱首主司者不與有榮藉已乎乃若言與行相背而馳或希世獵名曲學阿世奸利不顧其義先身圖而後國家之急則今日之文功利之媒聲華之餌矣吾懼之未釋也爾諸士載贊伊俶可不爲永終哉斯役也巡撫河南都御史劉應節暨前任都御史孟養性綏教右文功弘康濟總理河道太子少保工部尚書朱衡拯世亨屯勞先底績撫治鄖陽都御史劉秉仁威遠寧邇乂阜民甿巡鹽御史劉翾趙睿印馬御史顧廷對清查御史趙岩經國裕民詰回敕法布政司左參參政王紹元右參政沈寅左參議朱卿李淑按察司副使鄭伯興鮑承蔭僉事湯彬姜國華董文宷梁綱劉得寬都司署都指揮僉事聶大經馬承勳李夢孫敷政飭戎崇禮興讓而泰寧侯陳良弼右通政王正國都督周于德刑部郎中黄國華户部主事王宇行人司行人周以敬陳文燧各以使事先後戾止樂觀厥成若右參政莫如忠先以督賦行副使李廷龍適以履任至法得并書云

直隸揚州府儒學教授熊子臣謹序

隆慶元年河南鄉試

監臨官

巡按河南監察御史成守節（子安山東曹州籍山西太谷縣人　癸丑進士）

提調官

河南等處承宣布政使司左布政使萬衣（章甫江西德化縣人　辛丑進士）

河南等處承宣布政使司右布政使陳典（子厚直隸保定中衛人庚戌進士）

監試官

河南等處提刑按察司按察使李敏德（伯脩山西長治縣人　丁未進士）

河南等處提刑按察司僉事邵夢麟（道徵直隸滁州人　己未進士）

考試官

直隸揚州府儒學教授熊子臣（國良江西新昌縣人　乙丑進士）

浙江金華府武義縣儒學教諭鍣礦（攻玉江西南昌縣人　乙卯貢士）

同考試官

陝西漢中府儒學教授劉一惇（宗典四川滎人　癸卯貢士）

直隸池州府儒學教授唐應鯨（子魚廣西柳州衛人　乙卯貢士）

陝西延安府綏德州米脂縣儒學教諭梅友竹（仲節四川墊江縣人　庚子貢士）

江西九江府德化縣儒學教諭陸通霄（汝冲湖廣江夏縣人　辛酉貢士）

浙江台州府天台縣儒學教諭陳應徵（汝亮福建閩縣人　辛酉貢士）

湖廣武昌府崇陽縣儒學教諭張敷潛（存昭福建晋江縣人　壬子貢士）

山西平陽府蒲縣儒學教諭宋崇獻（汝徵武功中衛籍山東武定州人　辛酉貢士）

山西平陽府洪洞縣儒學教諭張學詩（子言陝西盩厔縣籍鎮原縣人　甲子貢士）

印卷官

河南等處承宣布政使司經歷司經歷陳讓（爲國直隸長洲縣人　監生）

河南等處提刑按察司經歷司經歷顧正泰（仲舒直隸華亭縣人　監生）

收掌試卷官

開封府知府王期古（克淳山西潞州衛人　己未進士）

歸德府知府王天爵（子修直隸吴縣籍歙縣人　己未進士）

汝寧府知府葛邦典（敘卿直隸常熟縣人　丙辰進士）

河南府知府張大業（原德直隸蘇州左衛官籍山東陽信縣人　丙辰進士）

彰德府知府陳應麟（仁卿錦衣衛籍浙江鄞縣人　己未進士）

受卷官

開封府通判吴鳳瑞（舜徵湖廣蘄州人　乙卯貢士）

河南府推官李鳴謙（德卿直隸桐城縣人　乙丑進士）

開封府許州知州甯錝（大受直隸廣德州人　乙丑進士）

汝寧府信陽州知州葉朝陽（文楨浙江秀水縣籍嘉善縣人　乙丑進士）

汝寧府光州光山縣知縣丁懋儒（聘卿山東聊城縣人　乙丑進士）

開封府陳州項城縣知縣魏勳（世卿山東臨朐縣籍山西陽曲縣人　乙丑進士）

河南府登封縣知縣鄧南金（廷獻江西奉新縣人　戊午貢士）

彌封官

南陽府通判范愛衆（同人直隸遵化縣籍山西臨汾縣人　壬戌進士）

開封府推官許守謙（子受直隸藁城縣人　乙丑進士）

開封府陳州知州戴時雍（逢堯江西浮梁縣人　癸丑進士）

彰德府安陽縣知縣申維岱（國楨直隸遵化衛人　乙丑進士）

衛輝府汲縣知縣左熙（夏伯陝西耀州人　乙丑進士）

河南府宜陽縣知縣李日强（元莊山西曲沃縣人　乙丑進士）

汝寧府光州固始縣知縣丘騰（子雲湖廣□陽州人　壬戌進士）

謄録官

南陽府推官張更化（德孚山西汾州人　乙丑進士）

衛輝府推官鄧林材（子培四川内江縣人　辛酉貢士）

開封府杞縣知縣王象坤（子厚山東新城縣人　乙丑進士）

開封府許州郾城縣知縣吴道明（行甫直隸元城縣人　乙丑進士）

歸德府商丘縣知縣翟繡裳（汝衷山西聞喜縣人　壬戌進士）

南陽府泌陽縣知縣龔芝（應生浙江會稽縣人　丙辰進士）

衛輝府胙城縣知縣王誥（汝榮江西清江縣人　壬子貢士）

對讀官

彰德府推官章甫端（子相直隸任丘縣人籍丹徒縣人　乙丑進士）

歸德府推官錢志學（遜甫直隸華亭縣人　庚子貢士）

開封府祥符縣知縣岳維華（汝西直隸曲周縣人　乙丑進士）

開封府陳留縣知縣王嘉祥（兆興山東莘縣人　壬戌進士）

南陽府唐縣知縣田成法（子憲湖廣蘄州人　壬戌進士）

汝寧府確山縣知縣張孔脩（允治直隸大名縣人　乙丑進士）

彰德府湯陰縣知縣李芝（瑞卿山西澤州人　癸卯貢士）

巡綽官

宣武衛指揮使馮銘（德注直隸興化縣人）

懷慶衛指揮同知卞永（子延直隸江都縣人）

彰德衛指揮僉事張森（仲培直隸大興縣人）

歸德衛指揮僉事王堯相（克雍河南封丘縣人）

搜檢官

河南衛都指揮同知尚萬言（淑獻河南息縣人）

宣武衛指揮使王邦憲（德夫山東沂州人）

睢陽衛指揮同知羅繼統（效先直隸懷遠縣人）

陳州衛指揮僉事劉震川（本之直隸唐縣人）

供給官

河南等處承宣布政使司理問所理問陸豫卿（子順直隸崑山縣人　監生）

河南等處承宣布政使司理問所副理問温大韶（紹之福建上杭縣人　監生）

河南等處提刑按察司照磨所照磨蕭學顔（希聖湖廣長沙縣人　監生）

河南都指揮使司斷事司斷事朱孔兆（文行直隸清江縣人　監生）

開封府通判趙雲程（汝登直隸通州人　己未進士）

衛輝府通判薛選（舜仁陝西洋縣人　乙卯貢士）

開封府延津縣知縣陳彝（惟叙山東清州衛籍直隸合肥縣人　己酉貢士）

開封府照磨所照磨王筵（子經山東武定州籍德州人　監生）

開封府鄭州同知于廷光（伯謙直隸井陘縣人　監生）

開封府祥符縣縣丞陳儒相（子弼山東濟寧州人　監生）

開封府鄭州汜水縣縣丞黄揚（一枝直隸休寧縣人　吏員）

開封府祥府縣典史李尚用（國器江西南昌縣人　吏員）

開封府陳留縣典史李時（克新直隸當塗縣人　吏員）

開封府延津縣典史程功（惟勛山東曹州人　吏員）

開封府蘭陽縣典史嚴思莊（敬之直隸穎上縣人　吏員）

開封府大梁驛驛丞安廷敬（汝止貴州龍泉長管司人　承差）

開封府鈞州清穎驛驛丞葛宗亮（一清江西豐城縣人　吏員）

第一場

四書

爲君難爲臣不易　修身也尊賢也親親也　盡其心者知其性也知其性則知天矣

易

飛龍在天乃位乎天德　象曰萃聚也順以説剛中而應故聚也王假有廟致孝享也利見大人亨聚以正也用大牲吉利有攸往順天命也觀其所聚

而天地萬物之情可見矣　成性存存道義之門　雨以潤之日以晅之

書

允若兹嘉言罔攸伏野無遺賢萬邦咸寧　今王嗣厥德罔不在初　謀及乃心謀及卿士謀及庶人謀及卜筮汝則從龜從筮卿士從庶民從是之謂大同身其康强子孫其逢吉　則亦有熊羆之士不二心之臣保乂王家

詩

蠶月條桑取彼斧斨以伐遠揚猗彼女桑七月鳴鵙八月載績　夜如何其夜未央庭燎之光君子至止鸞聲將將夜如何其夜未艾庭燎晣晣君子至止鸞聲噦噦夜如何其夜鄉晨庭燎有煇君子至止言觀其旂　無念爾祖聿修厥德　允也天子降于卿士實維阿衡實左右商王

春秋

元年（隱公元年）春公會戎于潛（隱公二年）　諸侯遂圍許（僖公二十有八年）諸侯伐鄭（宣公十有四年）　叔孫州仇帥師墮郈季孫斯仲孫何忌帥師墮費十有二月公圍成公至自圍成（俱定公十有二年）

禮記

君入門介拂闑大夫中棖與闑之間士介拂棖　律小大之稱比終始之序以象事行　禮之於正國也猶衡之於輕重也繩墨之於曲直也規矩之於方圜也　故君子與其使食浮於人也寧使人浮於食

第二場

論

孔子太和元氣

詔誥表（内科一道）

擬漢舉賢良方正直言極諫之士詔（建元元年）　擬唐以張九齡爲中書令誥（開元二十二年）　擬宋以程頤爲崇政殿説書謝表（元祐元年）

判語五條

官吏給由　賦役不均　鄉飲酒禮　優恤軍屬　修理倉庫

第三場

策（五道）

問　帝王之統天御極也有厚德深仁以敷被當時天下尊而親之有聖

訓神謨以佑啓來裔天下頌而戴之然莫爲之後雖盛弗傳體先以達孝成德以廣仁又在善繼述者之所繹思於不匱也洪惟世宗肅皇帝以上聖之德紹列聖之統久道孚化巍然成功煥然文章爲天下所尊親者殆難殫紀邇者遺詔一頒追惟往事拳拳望皇上以守成之道真湯之自責武之貽謀其視漢文之遺詔武帝之自悔有不足言矣天下臣民聞者莫不感涕非聖人而能若是乎我皇上嗣登大寶克承先德如録用諫臣開言路也明正刑章禁邪術也停止采買恤民隱也躬親郊廟復典禮也其餘推類以盡義通變以宜時莫非善繼善述之事所得於快睹傳聞者可備舉以對揚之歟夫勵精初政咸稱盛美矣謹始慎終之道正本澄源之學不知今以何者爲要急歟爾多士爲時黎獻懷共臣之念久矣其亦有能從容推本以贊聖政於萬一者乎幸詳著于篇行將采之以獻于上

問　君心唯在所養所以輔養君心者莫大于講學今之經筵進講是也稽古守成業而致盛治者莫如周成王其所以成德則由乎諸臣之夾輔涵養薰陶之道具在詩書周禮可考而知之與自漢而下鋭志於學代不乏君有講論於石渠虎觀者有講論於弘文延英者有講論於邇英崇政者然竟未見其以令主稱而治終不古若何與洎我太祖高皇帝聖祖文武超邁百王乃於萬幾時暇即與輔臣講究經史如御華蓋殿論易武英殿論書左闕論宋史隨幸輒講初無常所也至正統初年著爲禮儀定式講學御於文華列聖承而因之今我皇上仁孝天植學問夙成勤視朝之典復面奏之規至於御經筵開日講又惓惓不敢後焉此帝王兢業之心元后緝熙之學生靈長久之慶宗社無疆之福也然大明會典載講書之後凡遇五府軍政六部要務俾詹事等官詳悉敷陳則講讀之地有都俞吁咈之風今日可兼而復之耶昔宋儒之在經筵有畫書無逸爲圖以進者有必欲以所言感悟人主者有反覆開道覬有所啓悟者有進講莊嚴每繼以諷諫者今能無有進於是與諸士際遇明時咸願觀國之光也請颺言之以鳴國家之盛

問　立人之道曰仁與義大梁之墟自孟軻氏不遠千里而來首舉仁義以啓迪惠王者其由來舊矣試以仁義之説相與質之鄒孟七篇雖云詳説仁義矣然求其大旨惟仁人心也義人路也二言示人最爲切要初未嘗名言其體用爲何如至朱子訓解則曰仁者心之德愛之理義者心之制事之宜始該體用而形容之先儒以爲有功於學者求於七篇之中何者爲似其説耶仁包四德孔門專言夫仁孟子則兼義而對言之豈以仁義爲性之體用二者初未嘗相離與抑以戰國之時性學不明孟氏有所爲而別言之與原道之篇以博

愛謂仁行而宜之謂義程門固嘗非之周子則以愛曰仁宜曰義似與原道同也何周之言是而韓之説非與孟子説仁義禮智則在第二太極圖以義配利則在第三抑果各有其説與仁是柔今屬陰也何以屬陽義是剛合屬陽也何以屬陰禮配夫亨於時爲夏也何以爲仁之著智配夫貞於時爲冬也何以爲義之藏先儒皆論之備矣果可得而發明之與凡此皆諸士所習聞而誦説之者也盍究言之以覘所性之藴

問　三代而下稱漢治烝烝近古蓋以守令者吏民之本也史稱河南守吴公治平爲天下第一今吴公之行載籍無所見如京兆南陽穎川渤海皆以治行稱可并舉而言之與唐法不刺史不得任侍郎不郡縣不得任臺省是以冀州瀛州滄州武陽昌邑至今言吏治者歸焉然其間亦有以僞增户口而受賞以政拙催科而被抑豈核實之道有未盡歟我祖宗設官分職守令之選尤重今天子御極嘉惠元元特下明詔首飭吏治一時長吏争自濯磨喁喁嚮風矣然人才難得賢不肖殊料豈無飭實眩名盜隆虚譽者兹欲求吏治如吴公輩以稱我皇上重本之意不知吴公者何如人也抑何施而得此耶今之議者必曰久任必曰超陟不知其法果可行於今與抑别有其説歟爾諸士行有民社之寄幸悉言之以觀用世之學

問　黄河之患所從來遠矣古稱神禹治水封山浚川任土作貢萬世永賴今考其行水之法載在史籍不知亦可行于今與先儒論古今治河者莫如賈讓之三策而所以用其策者又莫出於賈魯之三法焉不知亦有合于禹治水之道否也今之時勢果皆鑿鑿可行與我國家建都上游東南財賦皆仰給于漕運然二洪梗澀必資河流頃因雨溢决于徐之飛雲浦美逆流而上淤沙百餘里先帝憂之特遣大臣别治新河比有成績矣乃議者又以萬里轉折東下之勢而乘之以雨水交發百川灌集之威出之以秦溝一股其勢必至於衝溢欲於上流開支河以殺其勢不知其説然乎夫下流不浚則上流必壅況末流巨匯勢逼皇陵全河北徙則曹武金單皆爲巨浸也不又可深慮耶兹欲有濟漕之利而無墊溺之憂執畫一之策而不惑於紛紛之議必如何而後可試詳言之毋讓

中式舉人八十名

第一名　李希召　蘭陽縣學生　詩

第二名　温源　河南府學生　易

第三名　齊國儒　唐縣學生　書
第四名　王夢麒　歸德府學生　春秋
第五名　高尚忠　開封府學增廣生　禮記
第六名　石楠　汝寧府學生　詩
第七名　何常春　祥符縣儒士　易
第八名　劉魯　安陽縣學生　書
第九名　胡自化　鄭州學生　詩
第十名　黄通理　鄭州學生　春秋
第十一名　魯希曾　確山縣學生　易
第十二名　李四維　開封府學生　詩
第十三名　張省度　泌陽縣學增廣生　書
第十四名　劉之衡　光州學生　詩
第十五名　陳世德　夏邑縣學生　易
第十六名　侯應徵　杞縣學生　詩
第十七名　馬翰如　陳留縣學生　禮記
第十八名　王光祖　南陽縣學生　書
第十九名　葉大有　信陽州學生　詩
第二十名　舒景　杞縣學附學生　易
第二十一名　馬堯　林縣學生　詩
第二十二名　青鼎　洛陽縣學生　易
第二十三名　張前光　彰德府學增廣生　書
第二十四名　高世雨　原武縣學生　春秋
第二十五名　劉寅　永城縣學增廣生　詩
第二十六名　姬自脩　太康縣學附學生　易
第二十七名　劉黄鼎　光州學生　詩
第二十八名　王來徵　鄢陵縣學增廣生　易
第二十九名　趙崇德　鈞州學增廣生　書
第三十名　李三畏　杞縣學附學生　詩
第三十一名　梁許　孟津縣學生　易
第三十二名　何出圖　扶溝縣學生　詩
第三十三名　單可大　真陽縣學增廣生　易
第三十四名　趙祜　杞縣學生　詩

第三十五名　葛登名　　泌陽縣學生　書
第三十六名　韓杲　光山縣學增廣生　春秋
第三十七名　張國紀　洛陽縣學增廣生　易
第三十八名　陳明經　光州儒士　詩
第三十九名　康廷珍　祥府縣學附學生　禮記
第四十名　孫瀾　洛陽縣學附學生　易
第四十一名　陳九成　杞縣學增廣生　書
第四十二名　王三槐　柘城縣學增廣生　詩
第四十三名　王職　河南府學生　易
第四十四名　孟陳堯　彰德府學生　詩
第四十五名　陳齊　祥府縣學增廣生　易
第四十六名　劉焕　睢州學增廣生　書
第四十七名　董仕　汝寧府學生　詩
第四十八名　劉萃　洛陽縣學生　易
第四十九名　孫究　固始縣學增廣生　詩
第五十名　劉僎　郟縣學生　書
第五十一名　李好問　魯山縣學增廣生　詩
第五十二名　陳東皋　洛陽縣學附學生　易
第五十三名　吴同春　固始縣學附學生　詩
第五十四名　姜師古　祥符縣學生　易
第五十五名　袁大猷　新蔡縣學生　詩
第五十六名　杜其漸　輝縣學生　書
第五十七名　閻廷梓　項城縣學生　易
第五十八名　杜應春　磁州學生　禮記
第五十九名　劉任　穎川衛軍生　詩
第六十名　喬巖　歸德府學生　易
第六十一名　白一鳳　磁州學附學生　詩
第六十二名　胡來相　南陽府學生　易
第六十三名　汪景莘　嵩縣學生　書
第六十四名　李履正　杞縣學生　春秋
第六十五名　杜爲棟　祥符縣學生　詩
第六十六名　張輔湯　郟縣學附學生　書

第六十七名　張其化　洛陽縣學附學生　易
第六十八名　張國弼　懷慶府學增廣生　詩
第六十九名　王守誠　嵩縣學生　春秋
第七十名　郭效程　郟縣學生　書
第七十一名　郭邦充　新鄭縣學生　禮記
第七十二名　王旋　太康縣學生　易
第七十三名　王啓光　上蔡縣學生　詩
第七十四名　劉若時　鄭州學附學生　書
第七十五名　王自脩　磁州學生　詩
第七十六名　常自新　蘭陽縣學生　易
第七十七名　劉澤厚　上蔡縣學增廣生　詩
第七十八名　王浴　祥符縣學增廣生　春秋
第七十九名　武大寧　偃師縣學增廣生　易
第八十名　孫守業　開封府學附學生　易

第一場

四書

爲君難爲臣不易

同考試官教諭張批（格局嚴整詞彩精明入講處句句不脱難字尤爲完密而一結歸重君身上尤見責難之意）

同考試官教諭張批（發明難與不易處精切懇到瑩潔圓融而通篇貫講皆不外天命人心之意非素有定見者不能至此）

考試官教諭鏋批（格調渾雄詞氣簡古於凡時義之冗罄以滌洗是能力去浮靡敦崇大雅者）

考試官教授熊批（見理明切屬詞嚴整而純粹之學俊逸之才精一之思具見此作）

論君臣之責而盡之皆惟其艱也蓋君臣均以天下爲任責至重也知其重而思以盡之不亦艱哉昔夫子告定公之意蓋謂王道本無近功人言亦有至理君欲興邦也盍於人言觀之乎彼其意以體元居正者君也君以制命爲尊勢若無難爲矣然以一人爲天下之主則必以一身理天下之繁上而天命何以凝之而靈承之道不敢忽下而人心何以維之而保乂之澤不容緩正直

難以邇也便佞難以遠也必一用人而克當天心焉然後天眷之斯隆也所欲難與聚也所惡難勿施也必一行政而允協人情焉然後人心之可保也否則命爲難諶而民罔常懷矣可無懼乎此其位之所在固有無疆之休而責之所在實切無疆之恤也孰謂爲君之不難哉代君弘化者臣也臣以分理爲務職若易於稱矣然以一身任天下之重則必以一心先天下之憂爲上爲德何以堯舜其君而迓天休於滋至爲下爲民何以堯舜其民而固邦本於有孚王躬不易保也王言不易司也必啓沃贊襄之責塞而後可以語天工之亮也四方不易發也百辟不易式也必經營屏翰之績奏而後可以言帝載之熙也否則上負天子而下失民望矣寧無愧乎此其無成之分若可自處其逸而有終之代則固獨居其勞也孰謂爲臣之爲易哉吁君臣之位雖不同而克艱之道一而已矣時人之言如此君欲興邦可不知爲君之難乎雖然君臣一體也然總乾綱者則其責愈重爲君尤難於爲臣也創守一道也然撫盈成者則其心易忽守成尤難於創業也是故繼猶判涣是繼體之初固當存其難之慮而鮮克有終則人君之心殆無時而可易也然君之難難於禮臣臣之難難於忠君觀夫子他日之告定公者與此蓋互相發也有君臣之責者其尚致省於斯以相成與

修身也尊賢也親親也

同考試官教諭陸批（發揮本題步驟聯屬且以修身爲聖學而尊賢親親爲天德王道所從出蓋究心體要之學者宜録以式）

考試官教諭鎦批（文雖三段氣實貫通整而不略詳而有體）

考試官教授熊批（有脉絡有精神足覘一貫之學録之）

中庸列常道之目而先其要之所在也蓋修身尊賢親親九經之要也於斯三者而知所先務焉何政之有不舉哉想夫子告魯君之意蓋謂治道固貴有以會其全圖治尤貴有以識其要凡爲天下國家有九經矣而其要維何彼君身者萬化之原也不有以修之則皇極之未建斂錫之無本而取人立政之基隳矣故必中正以大其觀而愼厥身修懋昭夫綏猷之度反躬以體其道而率履不越克防乎邪動之辱夫是則一人既協於元良而百度自貞於順應舉而措之將無不得其理者矣修身非九經之首務乎修身以道明道必資於賢也賢有不尊則俊乂之未庸啓沃之無自身不可得而修矣其必擴翕受之懷而尊德以降其禮篤籲俊之誠而樂道以忘其勢大賢以爲師也次賢以爲友也由是群賢既得於夾輔君德自懋於交修而身之修者爲益進矣尊賢非修

身之次者乎修道以仁敦仁莫先於親也親有不親則彝倫之未叙化理之或乖道不可得而進矣其必隆一本之恩而緣分以盡其倫洽宗盟之情而因心以廣其愛於諸父則孝也於昆弟則友也由是敦睦既裕於和親王化自行於善則而道之進者將益遠矣親親又非尊賢之次者乎是則修身者聖學也尊賢則天德由之有成矣親親則王道由之托始矣人君知所重而兼體焉文武之政何患有不舉哉抑是道也各言之則爲三總言之實九經之全體也蓋尊賢有等推之而大臣之敬群臣之體者此也親親有殺推之而庶民之子百工之來遠人柔而諸侯懷者此也而又修身以端二者之本焉則齊治均平之道一以貫之矣故曰純心要矣用賢急焉而治天下觀於家也後之欲行九經之道者可泛而寡要哉

盡其心者知其性也知其性則知天矣

同考試官教諭宋批（此題惟於知性處挑剔明白而盡心知天一以貫之矣此作認理真切而措詞典雅是深造自得之士也）

同考試官教授唐批（近時過于雕斫者或失之萎弱而逞詞藻者又難于精美是卷説理縝密而氣復昌大録之）

同考試官教授劉批（天人一貫之學難言也而子獨能發明透徹可與論性矣）

考試官教諭鏳批（理明詞暢而氣復俊逸有養之士也）

考試官教授熊批（簡明平正體認真切可以式矣）

大賢原心之所由盡而因推其達諸天焉夫性具于人而出於天者也窮理以知性則心無不盡矣達天之妙豈外是哉孟子言此示人以窮理之學也蓋曰天下之理原于性而心者性之統會者也天者性之所從出者也自夫性有未知則心有未盡而於天始不相通矣夫惟于此心也昭廣之原以廓而湛然至虚者有以完其體高明之量以充而瑩然至靈者有以復其常是心無不盡矣而非心之自盡也必其道融於研窮之後而性之原于一本者有以疏觀其藴奥之深理會于格致之餘而性之散于萬殊者有以洞徹其幾微之故性之無遺知者斯心之無遺理也是盡心固由於知性矣不可以知天乎蓋天人一理也性命一道也達民秉之彝者自有以通神明之德昭成性之存者自足以會繼善之精命之渾淪即性之體統也不必求端於天而其機自可以旁通矣命之流行即性之散見也不必仰觀于天而其理自可以默識矣謂之曰知天信乎吾性之中已具乎天載之神而於穆之妙不出乎吾性之理矣是則莫

難盡者吾之心莫難知者天之道一性盡而貫通之無遺焉君子事心之功大矣哉抑此孔門授受之心法也窮理盡性孔子發其端矣格物致知曾子闡其微矣盡心知性孟子其有所受之也夫何异端者起不曰盡心而曰明心不日知性而曰見性使吾道之正晦焉而不明可慨已噫吾心之性自瑩吾性之天自徹也善學者當自得焉

易

飛龍在天乃位乎天德

同考試官教諭張批（德位自有輕重作者多欠妥帖此篇體認精切措辭昌大宜録以式）

同考試官教諭張批（識見卓越體格宏遠聖人在天子之位發揮殆盡佳士也）

考試官教諭鎦批（純正）

考試官教授熊批（明確）

文言申乾爻之象而原其君道之備也蓋聖人在天子之位君道莫備於是矣乾之九五以之其所以取象于飛龍也歟今夫人君之御世也孰不有位以大一統之權而每難於有德以端萬化之本備是二者其惟乾之九五乎彼周公繫之詞曰飛龍在天云者固以其得時行道而擬諸象也其果何所取義也耶蓋以乾之九五也剛健中正以居尊位則以言其位固天所與也而以之昭德者有其具以言其德則天所縱也而以之正位者有其基握乾符以凝命固以一人而撫萬邦矣而乾元之善此其體之聰明之克亶乃其作元后以無忝者也嚮陽明以圖治固以四海而仰一人矣而陽道之純此其全之帝德之罔愆乃其履帝位於不疚者也先天而弘開創之仁則凡彌綸參贊以沛乘龍御天之澤者勢之所得爲孰非德之所優爲乎大觀之在上非徒萃有位而匪孚矣後天而敷茂育之政則凡裁成輔相以終雲行雨施之功者其權之所獨運孰非德之所廣運乎皇極之攸建非徒屯上施而未光矣要之德以基位則位非虚器一龍之飛焉而神明之莫測也位以施德則德非終窮一龍在天而神功之顯行也此九五之象所由取而占之利見也有以哉噫周公繫詞至蓋亦深幸世道之隆也歟大抵乾天也君道也故卦之六陽皆以龍稱問學于二以充養此天德也進修于三以涵育此天德也奮于潛試于躍而變化于飛焉此九五所以爲萬世君道之極也雖然行健不已者天道所以成化也自强不息者人君所以成治也欲繼天以立極者又不可不法天以立道

成性存存道義之門

同考試官教諭張批（聖學之妙最能發揮此篇是理明透敷詞純確用易之精者其孰能之）

同考試官教諭張批（成性道義皆根智禮作者類能言之而純雅精瑩無逾此篇）

考試官教諭鎦批（得潔静精微之旨是必深於易者録之）

考試官教授熊批（通暢）

聖人盡性而妙用出焉用易之極功也夫性爲天下之大本也智禮純于内則性無不盡矣而道義之用有不以時出之者乎大傳贊易之至而及聖人用易之極功也至此若謂大哉易乎以神造化之功者此也以妙聖學之全者此也是故兩儀奠位而變化行天地則有然者聖人之智禮成性也其妙果何如哉彼性莫不有是智也聖人之智崇效乎天則高朗之有融者緝熙之罔間一高明之無疆焉亦莫不有是禮也聖人之禮卑法乎地則敦厚之有常者至誠之無息一博厚之無窮焉藴之爲夫衷之降者非有所存而自不忘也亹亹乎道心之爲主私欲不得以間之矣本之爲天命之良者非有所理而自不亂也肫肫乎德性之常用外誘不足以撓之矣此固聖人自盡其性也而何以爲道義之門耶殊不知性非内也道義之所爲存主者也道義非外也成性之所爲散殊者也今性既存矣吾知性立其有者情效其動而措則正施則行其履之爲道者莫不由是以妙率循之則體貞夫一者用達夫順而以守經以行權其裁之爲義者莫不由是以啓推行之機其涵智之理于吾心也所以周知乎道義而不遺者取之逢源而不匱也萬感雖紛紜而性其樞紐之矣其裕禮之體于吾内也所以允迪乎道義而不過者出之有本而不窮也百爲雖泛應而性其宰制之矣至是則成性之渾淪者猶天地之奠位也道義之時出者猶變化之顯行也聖人之德業斯其有全功歟然皆有資于易焉易道不其至哉抑此知行合一之學也智以崇德禮以廣業聖人盡性之妙從容中道者也致知以爲入門踐履以爲實地學者致曲之功擇善固執者也誠能由勉而安希賢而聖則知行并進而德業有基易不在聖人而在吾心矣善學易者當自得之

書

允若兹嘉言罔攸伏野無遺賢萬邦咸寧

同考試官教諭陸批（講效中歸重君臣克艱意深得本章旨趣可録）

考試官教諭鎦批（平正通達）

考試官教授熊批（渾厚典雅）

聖君推言君臣克盡其艱而獲效爲甚大焉蓋克艱貴于實盡也果能此道矣則治效之大也不可以預期哉昔舜推廣禹謨也意曰君臣之分不同而當盡之責則一誠如禹言上下交修而精神之運于内者罔非克艱之實心明良協濟而事業之措諸外者罔非克艱之實政則效之所臻豈止于政治民化而已哉吾知天下之嘉言因時而爲顯晦也今吾克艱而虚受之有地矣則善論入陳攄其忠以熙帝載也昌言日贊效其直以沃君心也無復自甘退默而以言爲諱矣夫何有于伏乎天下之賢相時而爲行藏也今吾見克艱而感召之有機矣則奮迹于潛出而爲勵翼之臣也觀光于國起而爲浚明之助也無復自責丘園而以隱爲高矣夫何有于遺乎以至萬邦則盡乎民矣然亦視上以爲休戚者也今吾克艱則文命四訖合九有以同仁德澤誕敷冒萬物而并育樂利溥而生成遂也亨嘉會而熙皥成也將無一夫之不獲矣又何有于弗寧哉是則治道至是而後謂之大道治功至是而後謂之成功爲吾君臣者容可不盡克艱之實哉抑舜應運而興紹堯而治而禹以大聖之資輔之則當時治道宜無足慮者然克艱之謨禹則惓惓而舜亦深契焉何哉蓋賢臣嘗危明主而聖人則憂治世是以臣告君而非傷于瀆若契臣而不嫌于同上下勤恤交修益至此有虞之治所以已隆而益隆也與

今王嗣厥德罔不在初

同考試官教諭陸批（謹始意説得詳盡得伊尹告君口氣）

考試官教諭鎦批（深得伊尹慮始之意）

考試官教授熊批（瑩徹明爽誠爲作手）

大臣勉後王之繼先德而當致慎於其始焉蓋慎始所以善終也後王嗣德而能於始焉圖之君道有不盡哉伊尹訓太甲及此若曰人君之爲治也固以法祖爲先尤以虔始爲要先王之位以德而受於天者也今王嗣之維何是故承丕基之授則先德之締造者不可無駿惠之心仰令緒之貽則先德之凝承者不可忘作求之念敬德而克配上帝一代之心法存焉而吾則善繼之昔以之創業者今嗣之以守成也懋德而垂裕後昆一代之家法存焉而吾則善述之昔以之開國者今嗣之以承家也夫嗣德如此然其時奚以哉蓋出震履乾萬民正始之初也凡丕承先志而作則于天下者惟因其可爲之時體元居正百官承式之初也凡克紹前烈而敷治于四方者惟乘其一新之會上而天命於兹而繫其去留焉祈天永命而延國祚于靈長者在斯時也失此而不知法祖以敬天焉是始之不慎矣而能善其終于無窮也何可得哉下而民心於

兹而决其向背焉保民圖治而致世道之雍熙者在斯時也失此而不知法祖以勤民焉是初之不謹矣而能保其後之無悔也又可得哉是則嗣德則能端本以善則矣虔始則能因時以圖治矣後王盡斯道也於天下也何有哉抑人臣事君貴防其漸君子修德則慎于微古之聖帝明王德業懋隆而爲萬世法者凡用是道焉耳太甲即位伊尹知其初志之未定也而以虔始之道望之不可謂善于迪君而忠愛之至矣乎後世人臣輔繼體之君者是可以式矣

詩

夜如何其夜未央庭燎之光君子至止鸞聲將將夜如何其夜未艾庭燎晣晣君子至止鸞聲噦噦夜如何其夜鄉晨庭燎有煇君子至止言觀其旂

同考試官教諭宋批（發明周王警惕之心宛然在目）

同考試官教授唐批（説出王者勤政意而詞不纏擾宜録以式）

同考試官教授劉批（詞理透徹）

考試官教諭鎦批（發揮明盡）

考試官教授熊批（精確典雅渾然天成）

觀賢王屢審視朝之期而警惕之心見矣蓋勵精圖治人君之盛節也王者於視朝之期而屢致其審焉警惕之心不可見乎想其意以君人者萬化之原也憂勤者興王之本也故於將起視朝之際不安於寢而問夜之早晚曰雞鳴而起君臣會朝之時也今夜如何哉意者其未央乎然庭燎之設已燦然其有光矣君子之鸞聲已將然其載道矣即此推之殆不止於未央也不然燎之光也鸞之鳴也何爲而遽有耶載寢載興或者未可安乎儆戒之心未已恐晚之念益勤又問之曰宵衣求理人君視朝之節也今夜如何哉意者其未艾乎然庭燎之明久而晣晣矣君子之鸞近而噦噦矣即此推之殆不止於未艾也不然燎之晣晣也鸞之噦噦也何爲而遽變耶乃安乃寢或者可以興乎憂惕之意愈深審候之言愈切又問之曰夜如何哉夜已向晨而離明可見也庭燎有輝而煙光相雜也斯時也君子之集於朝者無不萃其止矣龍旂之建於車者可以辯其色矣事不可廢時之不可失也向可以甘寢乎是則由未央未艾以至於鄉晨時以漸而移矣自一問再問以至於三問心以漸而切矣憂勤惕勵之懷終夜弗寧如此不觀有周王者孰知爲君之難乎説者謂此爲宣王之詩夷考其時室家之聚見於無羊復古之規見於車攻以至蒸民之任相采芑之任將内治外嚴業稱中興則此詩之憂勤基之而脱珥之助亦不可誣也雖然文之不遑暇食武之以敬勝怠其心法之傳遠矣欲求帝王之盛治者宜於此觀之

無念爾祖聿修厥德

同考試官教諭宋批（説理渾融措詞雅健經義之佳者）

同考試官教授唐批（説周公進戒之意藹然溢于言表）

同考試官教授劉批（詞不煩而意自足取之）

考試官教諭鎦批（典實）

考試官教授熊批（雅鬯）

大臣戒君以法祖亦惟自昭其德而已矣夫德者凝命之本也嗣王之法祖舍修德其奚以哉此周公追述文王之德以戒成王至此蓋曰大興王之業者固有開而必先守盈成之運者在體志而無違是故假哉天命爾祖之德格天者至矣爾荷申錫之慶得無駿惠之志乎侯服於周爾祖之德得人者深矣爾承燕翼之休得無繹思之心乎要必仰前修以致愛念兹皇祖而陟降之不忘也懷世德以作求永言孝思而羹墻之如見也然念之也而豈徒哉亦惟修德而已矣蓋德也者爾祖之所由以凝命而亦爾之所賴以保命者也不修其德命無自而保矣是必兢業以自持而明德之懋昭者遠宗乎緝熙之範時幾以自敕而天德之允迪者上遡乎敬止之傳以端心法則翼翼恒存焉皇極之建獨觀乎萬化之源務使祖以德而開國爾亦以德而承家斯可矣以端身法則亹亹罔間焉道揆之立懋建夫四方之極務使祖以德而垂統爾亦以德而守成斯可矣如是則厥德允修既本諸身而無愧則祖訓是式是自質之先而有光上以承靡常之天命者此也下以萃侯服之人心者此也多福之求不於此而有本耶嗣王其念之哉抑周公陳説於君獨舉文王受命之事諄諄不置何耶蓋人君之德莫大於法天與法祖法天則必思所以祈天永命之本法祖則必求所以善繼善述之道他日成王學有緝熙基命宥密卒能明文昭定武烈爲有周令主嗚呼其得於周公啓沃者深矣

春秋

元年（隱公元年）春公會戎于潛（隱公二年）

同考試官教諭梅批（講王德王道體用處氣格渾成而傳意自見乃深於是經者）

考試官教諭鎦批（點化體用處有典則）

考試官教授熊批（古雅）

聖人修經有紀元以明王德之體者有外戎以明王道之用者夫德無不容道則有别王者所以爲體用也春秋紀元而外戎有以哉今夫王人者中天地而主華夷者也不有以容天下則無以昭理之一不有以别天下則無以明

分之殊是故於隱公首年之紀而見王德之體焉蓋天下有大分量天地覆載是已此乾元以資始稱大坤元以資生稱至易所以發其義也王者體乾坤之元以爲職其可以無容乎故疆域异制雖不無内外之殊而華夷一統實有以擴包荒之量中國吾莅之也四夷吾撫之也曰夏曰夷莫不各得其所而德之渾然無間者固有洋溢中國而施及蠻貊者矣其斯爲王者之體乎春秋於隱公首年之紀而謂一爲元義蓋如此其舜典紀元日商訓稱元祀之意歟於我公會潛之戎而見王道之用焉蓋天下有大界限華夷内外是已此内陽外陰爲泰内陰外陽爲否易所以著其象也王者察否泰之幾以爲治其可以無别乎故覆載所及雖欲并生於化育之中而政教不加實當嚴斥於要荒之地中國吾内之也四夷吾外之也曰夏曰夷莫不各止其所而道之井然不紊者固有内則順治而外則威嚴者矣其斯以爲王者之用乎春秋於隱公會潛之戎而以號舉義蓋如此其大禹叙西戎周公膺戎狄之意歟雖然無不覆載可也而以天可汗自稱者失則亂經内夏外夷可也而使幕南無王庭者失則黷武是皆不講於春秋之義者也周禮九服之制職方氏掌之柔遠之典懷方氏司之道德并運體用不遺嗚呼盡之矣然則春秋之法其周公之志乎故曰孔子欲行周公之道

叔孫州仇帥師墮郈季孫斯仲孫何忌帥師墮費十有二月公圍成公至自圍成（俱定公十有二年）

同考試官教諭梅批（以禮政二字發揮聖人用魯甚是）

考試官教諭鏐批（詞嚴意雋）

考試官教授熊批（莊重）

即望國革僭有從違而其機皆決於聖人焉甚矣聖人有關於魯甚大也爲國以禮而得政未專此三邑之墮所以有從違歟且郈費成者何三家之邑也其城之以自固也久矣乃定公十有二年者州仇倡之於先斯忌隨之於後將以上卿帥以大從而郈費於是迭墮焉魯何以得此於二氏哉君子曰其聖人爲國之以禮乎禮國之坊也是經世之大本也大夫植私以固其城陪臣效尤以逆其主此其患亦已極矣而聖人者以先王治世之禮律我魯衰世之臣不曰家不藏甲則曰邑無百雉二氏之同心以相從也此其機之相感者也非聖人而能若是乎郈費墮則成當從矣夫何我公圍之也其攻也若敵國其返也若外至邑强於下主危於上而成於是獨不墮焉魯何以致此於孟氏哉君子曰其聖人得政之未專乎政國之柄也是用世之大權也行乎季孫而三月

不違墮乎名城而二家效順此其兆足以行矣而聖人者顧專得魯政之未能則辯言亂政之猶在不曰乎僞不知則曰我將不墮孟氏之違二家以相抗也此其機之相悖者也使魯專用聖人而豈至是乎是故二邑之墮吾不曰二氏而曰孔子成邑之不墮吾不曰孔子而曰定公蓋其所能者人也其所不能者天也聖人如彼何哉雖然此未足以爲夫子病也昔舜伐苗弗克至班師修德而後格焉則以用大禹之言也使魯終用孔子而需以歲月則感德格心成將不兵自墮矣惜乎孔子有大禹之德而其君不舜焉女樂受而冕且不暇脱矣安望其從容以終革僭之功哉噫此君子所以爲魯慨也

禮記

律小大之稱比始終之序以象事行

同考試官教諭陳批（象事行處多體認未真而詞涉浮晦維此作就題發揮明暢典實可取）

考試官教諭鐂批（深得題意佳士也取之）

考試官教授熊批（典贍）

樂得其節而理因寓焉可以觀其義之深矣甚矣樂通倫理者也先王廣樂以教人而寓事行於法象焉其義不亦深乎樂記君子之意蓋曰先王作樂其始也固原于本文之具備其既也尤妙於感化之及人則夫廣樂以成教於天下豈止於繩德厚哉彼樂音有大小其辨分於損益之异數者本若是乎不齊也今則以法度整齊之羽音至小使宫之大者無相凌奪焉而商而角猶是也宫音至大使羽之小者無相凌僭焉而徵而商猶是也斯則整飭以協其宜若有所配合而彼此之相稱矣非律小大之稱矣乎樂音有始終其辨析於先後之异宜者本若是乎不紊也今則以次序聯合之始於黄鍾而非止於黄鍾焉他律亦以次而相應終於仲吕而非止於仲吕焉其次亦循環而無端斯則播比以聯其間若有所嗣續而先後之互根矣非比始終之序矣乎夫樂得其節如此是豈徒爲娱樂之具哉止以法象其事之所行耳蓋事行皆倫理所寓其初固隱於難知也今則器數之中秩然不亂而以類聚者以群分自莫掩其得失之彰節奏之内皦然不雜而以統同者以辨异自各歸其善惡之分不惟八音克諧無相奪倫者吾得而知之也事之所施或有自從於匪彝者亦必於小大之稱見之矣有能自循其情哉不惟正聲感人順氣成象者吾得而知之也行之所成或有自入於回邪者亦必於始終之序見之矣有能自掩其微哉謂之曰象事行信乎存之則爲倫理發之則爲事行越之聲音則爲大樂其感人動物一至此也樂之所觀不既深乎雖然此特自其樂之感化言之耳究其

原則根之性情以端其本歸於天人以達其和兹所以致率神敦和樂行倫清之化而後有作者弗可及已後世不知出此乃徒求事應於鍾律之間察高下於絲竹之末導欲增悲正樂亡而天下無風俗矣惜哉

禮之於正國也猶衡之於輕重也繩墨之於曲直也規矩之於方圜也

同考試官教諭陳批（此題認引喻看者非是惟此作通就體上説而規格詞氣俱有可觀宜録以式）

考試官教諭鎦批（衡繩墨等處講甚得體）

考試官教授熊批（詞理兩備非苟作者）

記者論禮切於治國以示君子之當審也甚矣禮爲治國之本也觀器以利用而禮之所關亦大矣君子可不審所尚哉見於經解者若謂君人之道在能治其國而已矣治國之要在能謹於禮而已矣是禮也豈曰器數之末無關於治道已哉蓋其本之天然自有之中而品節詳明誠爲軌衆齊物之具達爲中正無邪之理而經制大備允爲治世宰物之宜修諸朝廷之上而經緯有章則出入起居由之終身而不可斯須去焉形諸邦國之間而軌物不亂則辨分定志資以周旋而不可頃刻離焉擬而議之其諸器之可以前民用者乎蓋禮有大小與物之有輕重一也以禮正國則大者不可損有以飾亨嘉之會小者不可益有以崇白賁之規其視衡之稱物低昂屢變而不失其平者無异矣是禮其正國之衡也哉禮有煩簡與物之有曲直一也以禮正國則煩者從其煩式示多儀之美簡者從其簡不失要約之歸其視繩墨之準物卷舒有定而各得其宜者無异矣是禮其正國之繩墨也哉禮有常變與物之有方圜一也國而有禮則可以體常而守經以立本可以盡變而行權以趨時誠猶用規以爲圜而圜不至於若窳用矩以爲方而方不至於不觚者矣禮非正國之規矩矣乎夫知物之有資於器則知國之有資於禮矣知器之爲萬物式則知禮之爲萬民式矣信乎安上治民莫善於禮而隆禮由禮固存乎人焉耳彼以虛文視之者謂之何哉然則隆而由之宜何如亦曰盡其敬讓之道而已蓋敬讓本諸心者也無體之禮也吾能先以是存諸心而流藻於制作則惟吾所施可以持情合危可以同民强世而多變之人情亦將就吾條理而不亂矣否則出乎身加乎民將有千里之外違之者况望其能正國乎哉故曰有純王之心而後有純王之政詎不信夫

第二場

論

孔子太和元氣

同考試官教諭張批（體格俊偉辭氣暢裕博大春融有如元氣周流渾然無迹秩然有條宜録以式）

同考試官教諭張批（推明孔子太和元氣之義以神化一貫時中作主可謂善發聖人天道之藴者）

考試官教諭鎦批（措詞雅健議論精詳）

考試官教授熊批（議論醇正）

聖人之道天道也天之道何道也流行者其化也充周者其神也神不可測體之所以立也其在聖人則爲存主之心焉化不容間用之所以行也其在聖人則爲妙應之事焉是心也是事也聖人之所同也顧道有偏全分有多寡一念之純皆聖人之心也而非所以語莫測之體一節之高皆聖人之事也而非所以語無間之化猶之四時之序莫非天道之所在要之默運於太虛之中而神不可測流通於四序之內而化不容間則太和元氣之所以爲妙也是故四時莫不有元氣各具一太極也元氣流行於四時統體一太極也則夫合聖人之心而機緘之不露是即元氣之藴四時之所統也所謂神之不可測者此也合聖人之事而時出之不窮是即四時之行元氣之所運也所謂化之不容間者此也分之爲萬善之各足合之爲一理之完具此孔子所以爲太和元氣之流行於四時而非伯夷伊尹柳下惠之若是班也請因朱子之言而論之易曰大哉乾元萬物資始至哉坤元萬物資生此元氣之説所由始也又曰乾道變化各正性命保合太和乃利貞此太和之説所由始也是氣也根柢於無物之先而流通於有物之後自此氣之動也則爲春而萬物以生自此氣之暢也則爲夏而萬物以長自此氣之斂也則爲秋自此氣之肅也則爲冬而萬物以收萬物以藏人見夫春之主於生而不能長不能收不能藏也以爲春有春之氣耳而不知春之氣即夏之氣秋之氣冬之氣也流行於春則爲春耳人見夫夏之主於長而不能生不能收不能藏也以爲夏有夏之氣耳而不知夏之氣即春之氣秋之氣冬之氣也流行於夏則爲夏耳又見夫秋之主於收而不能生不能長不能藏冬之主於藏而不能生不能長不能收也以爲秋有秋之氣冬有冬之氣耳而不知秋之氣即春之氣夏之氣冬之氣冬之氣即春之氣夏之氣秋之氣也流行於秋則爲秋流行於冬則爲冬耳然由元氣而言之則四時會通於一由四時而言之則元氣各彰其化是故春有春之令焉生之不可

以爲長不可以爲收不可以爲藏猶長與收藏之不可以爲生也夏有夏之令焉長之不可以爲生不可以爲收不可以爲藏猶生與收藏之不可以爲長也秋有秋之令冬有冬之令焉收之不可以爲生不可以爲長不可以爲藏猶生長與藏之不可以不收藏之不可以爲生不可以爲長不可爲收猶生長與收之不可爲藏也元氣不息其運而四時各有所寄運者其全也寄者其偏也運者其合也寄者其分也運者其一也寄者其萬也謂元氣有外於四時固不可但就其一時之化而謂元氣盡於此焉亦不可也觀此而孔子之於伯夷伊尹柳下惠不有可言者乎天以元氣四時之理而畀之於人本至一而不二至完而不缺至純而不雜也但五生之生也各一其性稟受不同而成就亦异伯夷得之而爲清焉不視惡色不聽惡聲非君不事非民不使夷之清蓋極其清矣伊尹得之而爲任焉何事非君何使非民治亦進亂亦進尹之任蓋極其任矣柳下惠得之而爲和焉不羞污君不卑小官佚逸不怨阨窮不閔惠之和蓋極其和矣夫夷之清聖人之清也而曰任曰和則有所不足尹之任聖人之任也而曰清曰和則有所未備惠之和聖人之和也而曰清曰任則有所未全此豈其道有不同哉道無爾我而見有通塞清之理即任之理和之理也夷則有見於清而無見於任與和焉耳任之理即清之理和之理也尹則有見於任而無見於清與和焉耳和之理即清之理任之理也惠則有見於和而無見於清與任焉耳譬則春夏秋冬莫非元氣但得之而爲春者則成其所以爲春不能通乎夏通乎秋通乎冬也得之而爲夏者則成其所以爲夏不能通乎春通乎秋通乎冬也得之而爲秋者則成其所以爲秋不能通乎春通乎夏通乎冬得之而爲冬者則成其所以爲冬不能通乎春通乎夏通乎秋也雖其生生化化形形色色無非化育流行之用要之各司其職各司其化終非太和元氣之全體也孔子之聖固無外於清任與和也外清任與和亦無所謂聖人也但其天縱之能太極之所由以全也一貫之妙陰陽之所由以會也時中之道動静之所以無端也曰清曰任曰和以一心而會其精矣曰夷曰尹曰惠以一身而備其德矣自其道之流行於夷者言之吾見其清矣而清固不足以盡之也自其道之流行於尹者言之吾見其任矣而任固不足以盡之也自其道之流行於惠者言之吾見其和矣而和固不足以盡之也當其清時任之理和之理未嘗不在也時清而清無意於清焉伯夷之清莫非孔子之清也當其任時清之理和之理未嘗不在也時任而任無意於任焉伊尹之任莫非孔子之任也當其和時清之理任之理未嘗不在也時和而和無意於和焉柳下惠之和莫非孔子之和也明日去衛接淅去齊不脱冕而去魯孔子之清豈伯夷之所謂清哉未

嘗不清而不倚於清清矣而有任與和存乎其間也夢見周公志英三代知其不可而猶爲孔子之任豈伊尹之所謂任哉未嘗不任而不倚於任任矣而有清與和存乎其間也陽貨可往南子可見魯人獵較而可從孔子之和豈柳下惠之所謂和哉未嘗不和而不倚於和和矣而有清與任存乎其間也故自其全者而言之謂之曰清不可謂之曰任不可謂之曰和亦不可自其分者而言之謂其爲夷可也謂其爲尹可也謂其爲惠亦可也不猶之太和無象元氣無心而四時之流行循環無端者哉然孔子之元氣非特流行於四時而已也祖述憲章流行於帝王矣上律下襲流行於天地矣繼往開來流行於古今矣太和元氣奚獨在成周宇宙間哉嗟夫元者天地生物之心其在聖人則爲仁是故四時莫非元氣則亦莫非生物也三德莫非元理則亦莫非仁心也生於春長於夏而肅殺於秋冬肅殺亦所以生之也任以救民和以容衆而清操以獨善獨善亦所以兼善也然則太和元氣之説不惟見孔子之道兼全乎三子且足以見孔子之心常在於仁天下

表

擬宋以程頤爲崇政殿説書謝表（元祐元年）

同考試官教諭陸批（忠愛溢於鋪叙之外規諷含於陳謝之中渢渢乎不獨詞藻之工而已用録以式多士）

考試官教諭鎦批（玩之蒼然而有光讀之鏗然而有節是四六之優者）

考試官教授熊批（駢麗典則得宋人陳謝之體録之以式）

元祐元年某月某日伏蒙聖恩以臣頤爲崇政殿説書稱謝者明王圖治親賢推重於格心聖主崇文畜德聿先於稽古爰慎師儒之選庸資啓沃之功道與時行感隨愧至臣頤誠惶誠恐稽首頓首竊惟帝王之學與韋布不同精一之傳厥淵源有自成湯元聖惟先學於有莘大武丕承遂訪書於尚父周禮所載官屬滋多慎起居必擇前後左右言道德非獨師保疑丞迨正學之既湮乃講議之徒事稱制親决漢何取於横經入侍質疑唐竟更於直日恭逢熙代克舉曠儀藝祖崇儒開寶肇延於便殿神皇重道太平繼啓乎經筵闢龍圖建資善列聖傳心直秘閣侍禁中累朝盛事暨傳景祐拓舊館以更崇政之名載命昌拜講官而兼説書之職地聯蘭省官列蓬瀛誦禮樂詩書之文上窺蘊奥嘉唐虞商周之治直接真傳面丹扆以談經萬卷光浮几席對黼筵而論道九重恩動縹緗道德進斯勢分俱忘觀聽專則威儀益肅寔以假輔導之寄非止備顧問之資恭惟英資神授睿質天志毓德青宫懋者燕貽之表則握符紫籞聿昭龍德之正中甫當踐祚之初已鋭勵精之志謂明道有資講學弘開延訪

之誠以輔德必賴儒臣益廣聘徵之典是宜旁求碩彦豈意録及疏庸校理之司方承恩而入對講幃之任復荷命以兼榮竊念臣頤伊洛寒儒章縫末品雖師承之有在愧聖道之未聞學究誠明竊傳主静之旨治分王霸僭陳立政之書猥私授於家庭詎明揚於朝寧顧興道致治必始夫一心而君子小人難與之雜進况幽閑得肆之地實兢惕喫緊之圖惟聖明時富春秋乃道德日勤講讀臣敢不殫心論述畢力敷陳嘉謨嘉猷必入告于元后有典有則冀上對乎先王思孫奭之圖忠慕昭素之銘直倘陳一得少助萬幾忠信不欺雖罔諧於時好莊嚴自勵或仰契乎宸衷伏願皇猷允塞聖德緝熙虚受於咸楚語勿咻齊傳辨幾於豫一暴無間十寒用舊人而舊業愈光克盡言繼善述之道罷新法而新猷益壯用弘可久可大之規臣無任瞻天仰聖激切屏營之至謹奉表稱謝以聞

第三場

策五道

第一問

同考試官教諭張批（我皇考啓佑之仁皇上繼述之孝蓋曠古僅見者子能揄揚其盛而末復以心與幾爲致治要務蓋涵濡聖化而有得者録之以式多士）

同考試官教諭張批（我世宗皇上聖聖相傳授守一道天下臣民傳聞快睹矣而以凝帝命以迓天休萬世無疆者端在於是子能仰窺而對揚之是亦涵濡泰和而能識其大者）

考試官教諭鎦批（我皇考皇上仁孝相承後先濟莫真繪天地者難爲工也子能闡揚其盛而末所敷陳尤見忠君之悃可嘉）

考試官教授熊批（揄揚我世宗皇上仁孝最爲精詳至謹始慎終正本澄源處復以世宗敬一心法獻之尤者親切玩之有餘味其必素懷忠愛而思以自效者）

帝王之垂裕後昆也固貴有燕貽之仁而其克紹前烈也尤貴有駿惠之孝夫先天下而作之者嗣服所由以昭也使垂裕之未善則無以盛其傳矣豈燕貽之仁乎後天下而述之者世德所由以延也使克紹之未光則無以彰其美矣豈駿惠之孝乎然仁曰燕貽非專指當時之政言之也凡夫作於前而冀於後著於謨而垂於訓者亦莫非其仁之可傳者也孝曰駿惠非專指已成之迹言之也凡夫不同其迹而同其心不協其事而協其理者亦莫非其孝之可

盡者也是故有燕貽之仁則後昆於此乎裕矣有駿惠之孝則前烈於此乎光矣知此則我世宗肅皇帝之遺詔望我皇上以守成之道及我皇上之善繼善述以克承先德者可以對揚其盛而所謂謹始慎終之道正本澄源之學亦不出乎此矣請因明問而敬陳之書曰有典有則貽厥子孫夫啓之賢聖守成之令主也而猶以典則貽之者蓋前王之謨訓异世以之爲視效者也是故不以其賢而忘典則以貽此正大禹垂裕之道盡善美而爲仁之至也傳曰武王周公其達孝矣乎夫武之制作先王之未爲也而獨以達孝稱之者蓋後王之施爲先業賴之以纘承者也是故不以迹异而阻因心之孝此正武王成先之德善繼善述而爲孝之至也夫惟知禹之所以貽典則也而可以語我世宗肅皇帝燕貽之仁矣知武周之所以爲達孝也而可以語我皇上駿惠之孝矣嘗觀世宗肅皇帝以剛健中正之資聖神文武之德自辛巳之夏入繼大統四十餘年其深仁厚澤浹洽人心者未暇殫述姑舉其大者如正郊丘分合之規崇朝日夕月之制作欽天之頌隆祈報之典所以篤敬天之誠也著明倫之典制大狩之録纘興都之誌賦祖德之詩所以昭孝思之心也名豳風之亭續念農之詩作喜雨之吟製農桑之賦所以憫農家之苦也幸國子監易先師像重道崇儒之義也建無逸殿作敬一箴憂勤惕勵之念也在内申三覆之規在外重審録之典好生矜恤之仁也敕輔臣與言官以開言路防壅蔽之心也諭輔臣察貪官以懲黷貨清政本之意也其久道孚化巍然成功焕然文章信足以遠紹三皇五帝之規近接二祖七宗之統而爲天下臣民尊而親之者矣雖神化已臻其極而謙冲猶厪於懷載睹遺詔略曰朕遠奉列聖之家法近承皇考之身教一念惓惓惟敬天勤民是務祇緣多病過求長生郊廟之祀不親朝講之儀久廢蓋愆成美端仗後賢又曰自即位至今建言得罪之臣悉從録用方士誑惑之徒悉正刑章齋醮工作采買不急之務悉皆停止噫是詔也大哉洋洋乎其真湯之六事自責武之貽厥孫謀而漢文之遺詔武帝之自悔殆不足以彷彿其萬一矣此其燕貽之仁所以啓我皇上纘承之烈者不其盡善而盡美矣乎我皇上以聰明睿智之資恭儉温文之德自内寅之冬遵奉遺詔出震握乾其盛德至善藴於淵衷者未易窺測姑即其大者如録用建言得罪之臣開言路也明正方士誑惑之罪禁邪術也停止采買工作不急之務恤民隱也躬親郊廟之祀復典禮也其所以恪遵遺詔光紹前烈信乎真足以仰體我世宗圖治未遑之心而爲繼體守成之令主矣其他推類以盡義通變以宜民如踐祚之初屢却群臣勸進之章非即世宗孝思之心乎登極之詔盡蠲遠年逋負之租非即世宗憫農之意乎於開經筵之講幸先師之廟即世宗重道崇儒之義

也勤視朝之典復面奏之儀即世宗憂勤惕勵之念也申赦宥之條辯冤抑之獄即世宗好生矜恤之仁也噫是心也一哉淵淵乎真有以默會世宗之心而不泥於迹永惟成憲之監而不拘於事矣此其駿惠之孝所以嗣我世宗永終之譽者不其善繼而善述矣乎夫有是燕貽之仁則固可以俟之後而不惑有是駿惠之孝則亦可以考之前而不謬前聖後聖殊途同歸授守一道矣此固宗社無疆之福生靈長久之慶也執事又謂謹始慎終之道正本澄源之學此誠惓惓愛君無已之心也夫天下之治不能於始而難於終治亂之幾不始於著而始於微我皇上大德天縱學問夙成致治保邦之圖謹始慎終之道固已裕養即中矣然無已而言之惟在純心與察幾而已夫心者萬化之原而幾者動之微言之先見者也要必於是心也主敬以涵養之閑邪以固守之遠左右嬖幸之昵懼以淫吾之心也絶宫至輿馬之好懼以侈吾之心也戒游畋狩獵之行懼以馳吾之心也却奇巧玩好之供懼以蕩吾之心也拒左右近習之讒懼以惑吾之心也於是幾也至明以察之至健以決之禁外戚之乞恩防僭妄之幾也戒内竪之進言杜竊柄之幾也去浮浪之費止奢侈之幾也總獨斷之權防下移之幾也黜扶同之訛禁黨與之幾也夫然後能純其心者自可以臻純王之治而能察其幾者自可以慎未然之防而與世宗敬一之心法可以异世同符矣否則心有不純則謹於始者怠於終幾有不察則所謂端本澄源之道亦徒言而無益於實用也雖然純心察幾斯二者則又有賴於親賢焉蓋賢者所以講明吾心之理而剖析是非之幾者也不親乎賢吾恐一心之微衆欲攻之引之而去不能矣又安能以辨天下之幾乎故曰純心要矣用賢急焉噫此聖學致治之要機善繼善述之先務也愚敢以是爲今日獻

第二問

同考試官教諭陸批（我皇上緝熙聖學媲美皇祖超軼成周子能闡揚而歸重格心足占忠悃）

考試官教諭鎦批（條答詳悉對揚得體殆窺聖學之藴奥者）

考試官教授熊批（闡揚聖學始終詳盡歸本心忠愛藹然宜録以式）

人君有純王之道者有達天之德者也人臣有輔德之功者有格心之學者也蓋天德者王道之本君心者萬化之原是故人君修德以致治者必以務學爲急人臣輔君以成德者必以正心爲要不然則其涵養本源之地者無以達乎天德又何以輔理成化而致主於王道之隆也哉嗚呼知此則知我皇上之經筵日講必有以輔養聖德而弼成盛治矣請得而詳言之夫天下之治君爲之也人君之治天下心爲之也人君以一心之微當衆欲之攻聲色貨利乘

間而竊發便嬖使令伺隙而暗投使非輔導之以正人講明之以正學則本源一偏末流滋甚是心也烏可不知所以養之也哉稽古創業之君若堯舜禹之精一執中湯文武之懋德建極卓乎不可尚矣至於守成令主則莫如周成王而當時所以涵育薰陶之者實由於輔導之力今考之於周禮有保氏以諫其惡矣有師氏以詔其美矣而又有矇誦瞽箴士傳民語使之隨事因時以致其規戒之益焉考之周書有三公以論之於前矣有三孤以弼之於後矣而又有綴衣虎賁趣馬小尹使之旦夕侍御以致其承弼之助焉由是其德之成也則詩人頌之曰成王不敢康夙夜基命宥密又曰日就月將學有緝熙于光明此在敬之與昊天之章者可考也由是其治之盛也則詩人歌之曰昭明有融高朗令終又曰公尸燕福禄來成互在既醉與鳧鷖之章者可考也降是而漢風斯下矣宣帝非不講論於石渠閣也而無補於甘露之治章帝非不講論於白虎觀也而無裨於元和之政唐太宗嘗講於弘文館矣而不免有慚德之羞宋哲宗嘗講於崇政殿矣而不能無虛拘之弊若此者君或志於治而輔養之非其道臣或得其人而所遇之非其主何怪乎治不古若而終不能與成王以令主并稱於天下後世也哉洪惟我太祖高皇帝定鼎中夏混一區宇聖德神功已超越百王之上矣然尤於萬幾之暇咨訪儒臣講究經史愚嘗莊誦聖政日曆皇明政要而有仰窺其萬一矣自其論易於華蓋殿而於頤卦得養民之職於家人悟誠實威嚴之道焉自其論書於武英殿而於無逸知兢業之方於洪範得天人類應之理焉自其論宋史於左閣而於太宗則譏其治内藏於真宗則鄙其爲天書所惑焉是其隨幸輒講初無間斷亦無常所也惟講讀御於文華則正統元年始爲禮儀定式其後列聖相承率循無怠兹遇皇上聰明天啓仁孝夙成嗣登大寶勵精圖治嘗勤視朝之典復面奏之規而於經筵日講又惓惓不敢後焉此與我皇祖聖不自聖之心古帝王兢兢業業之念蓋先後一揆者今日侍從經筵之臣所以精白承休者當何如耶抑嘗觀宋諸儒之在經筵者矣有畫書無逸爲圖以進者孫奭也有遇講日必焚香静坐俗以所言感悟人主者范祖禹也有反履開道覬有所啓悟者蘇軾也有講色莊嚴每繼以諷諫者程頤也夫此四臣者陳善閉邪豈非一代之良哉又嘗觀我朝儒臣之在經筵者矣有學貫天人若宋濂者有節秉堅貞若楊士奇者有掌經綸而擁佑三朝若楊榮者有任學士而望冠一時若朱善者有陳列十事若劉定之者夫此數臣者謨明弼諧又豈非四臣之儔哉在今侍從諸臣所以匡贊匹休者又何如耶夫上之承休乎聖君下之匹休乎賢佐其道豈有他哉亦曰以講學爲功以正心爲要耳蓋性之所主原切於理而難於存養是即所謂道心情之

所向多溺於欲而易於縱逸是即所謂人心然於道心而不時爲之培植則微者愈微於人心而不嚴爲之克制則危者愈危故當進講之時必析理欲之分嚴敬肆之辨指其方動之初決其流弊之極約其幾於獨知之地舉其要於克己之功自不睹不聞之中以至於應事應物之際務使道心爲主而人心聽命焉則萬化之本原已端矣由是於講書之後凡遇五府軍政六部要務一遵大明會典條陳而悉數之軍伍如何以實之吏治如何以飭之財賦如何以足之禮樂如何以敷之兵威如何以張之刑辟如何以明之興作如何以省之善則都之否則吁之是則俞之非則咈之知之者無不言言之者無不盡如此則知行并進内外交修聖學緝熙純一不已虚靈澄澈義理昭明聖德日躋于大成盛治日臻于熙皡矣其於我聖祖也則爲善繼善述於堯舜禹湯文武也則爲同治同道雖成王且駕軼其上矣而况漢唐宋之諸君也哉愚何幸躬逢其盛

第三問

同考試官教諭宋批（發明仁義异同之故有根據有體驗其獨得孔孟之宗旨者歟）

同考試官教授唐批（論仁義而本之心匪析理者不能爲此説宜録以式）

同考試官教授劉批（剖析仁義精深詳盡是知性者也録之以示來學豈惟以其文哉）

考試官教諭鎦批（根極理要灼見指歸）

考試官教授熊批（議論純正）

夫性之在吾心也一而已矣諸儒之論性也亦一而已矣何也理有异名而性無殊貫也夫惟其有异名也則其立言自不能以强而同夫惟其無殊貫也則其論性也亦不容以岐而二是故仁義者性之德也而异同者理之辨也必有盡性之功者而後可以達所性之藴必有析理之精者而後可以辨同异之旨儒者以盡性之學倡天下而不免於立論之殊豈故立异説以惑人哉要之其言之殊者時之异也而未始不同者心之一也達性德於异論之中通妙旨於微詞之内非盡性之極析理之精者其孰能之吁此之謂性學也而愚生烏足以語此雖然仁義吾性也盡性吾分也請因明問而分析其同异之故可乎今夫天下之理其始則一太極也太極分而有動静則爲陰爲陽爲剛爲柔皆太極之分見也故天得之以立命則曰陰與陽地得之以奠形則曰柔與剛惟其分見於天地也故名不得不殊惟其同出於太極也則理未始不一仰觀天文則晝夜一氣也上下一化也俯察地理則南北异勢而同運也高深异齊而同機也時乎陰時乎陽時乎柔時乎剛而實非判而爲二者也嗚呼觀天地

則知吾人觀陰陽剛柔則知仁義之性矣彼立人之道曰仁與義則仁義之理本乎天道之陰陽地道之剛柔而合之以成性者也其分則有先有後其質則有偏有全其具則有體有用其機則有内有外其實一也非二物也是故自其渾然合一者而言之曰仁人心也義人路也初未名言其體用爲何物也此孟子之説也自其融會貫通者言之曰仁者心之德愛之理義者心之制事之宜則始該體用而形容之此朱子之説也孟子論性之本故此二言者形容最爲切要朱子論性之用故此六字者乃先儒之所未發而文公始發之故有功於學者孟子也朱子也其言各有攸當耳究而言之則孟子未發之旨即涵乎朱子之已發而朱子已發之旨即擴充孟子之未發也七篇之中無非此理觀其論惻隱而以爲仁之端論辭讓而以爲義之端非體用之謂乎自其專言則仁包四德此孔門之言也自其并言之則義對仁者而言此孟子之言也夫仁爲統體專言之固可以包夫四德仁義同體而异用偏言之則一事而義可以對仁是則仁之所以包夫四者固未嘗離夫偏言之一事亦未有不識夫偏言之一事而可以驟語專言之統體也故曰仁義之道常相須而孟子之言淵源於孔子者也况戰國之時性學不明於天下以仁義爲性中之所無者有之以仁義分内外而不復以集義爲事者有之杞柳湍水之喻無善無不善之説紛紛籍籍著赤幟於天下此孟子别而言之正以指其迷途而引之於正大高明之域先儒謂其開關啓鑰而有功於聖人之門詎不信夫至若韓子原道之篇以博愛言仁以行而宜之言義是反以小吾仁義者也程子非之是矣而周子德愛曰仁宜曰義之語則亦指仁義一事之用言之耳况原道之作愈爲闢佛老而發也通書之作周子指五行而言也要之言有純疵而理無加損也孟子説仁義禮智義在第二太極圖以義配利則義在第三禮是陽故曰亨智是陰故曰貞仁義禮智猶言東西南北孟子指其相對言之也元亨利貞猶言東南西北周子指其一邊言之也其言雖异其理則一安得有先後之間哉仁是柔底物合屬陰義是剛底物合屬陽而不知舒暢發達便是剛底意思此仁之所以屬陽也收斂藏縮便是柔底意思此義之所以屬陰也禮配夫亨於時爲夏夏則春之長也造化之顯諸仁也智配夫貞於時爲冬冬則秋之收也造化之藏諸用也孔子也孟子也周子也韓子程子也言之或詳或略或離或合或深或淺而其道理則未始不相值也是故諸儒之論隨時以明道而未嘗有叛於道觀諸儒之論者要皆得意以通言而不可泥言以滯道也理之在人心一而已矣諸儒豈有异言哉雖然非盡仁義之性者不足以語此亦非盡仁義之功者不足以及此蓋仁義之存於吾心顯於事爲有定理無常形最不可以易識也

君子由窮理之功以造於力行之地由體驗之學以至於神而明之之境則内外交孚體用互發仁義之變化在我矣又何有於同异也哉故曰衆言淆亂折諸聖愚則曰衆言淆亂折諸心

第四問

同考試官教諭梅批（條析久任超陟利弊精確詳明是必留心民牧者）

考試官教諭鎦批（條答無遺且有經晝）

考試官教授熊批（是有知人安民之略者）

人君之用人也固不可無鼓舞之方而尤貴乎有甄别之智鼓舞之方激勸之而已矣甄别之智綜核之而已矣蓋激勸之典不昭則賢者無所勉而不肖者無所懲綜核之法不明則不肖者得詭迹以取譽而賢者反不得以自見其何以振勵才賢而奔走豪杰也哉今夫生民之休戚天下之治亂關焉守令之賢否生民之休戚係焉蓋守令者於民最親其惠易流而其虐亦易及故吏民之本守令爲急而其選不可不慎在上之人所以風勵而化導之者不可無其具耳執事下問慨然思古循良之吏欲得其人以弘化理顧非承學所敢知也然嘗考其世論其人矣請因明問而敬陳之自封建之法廢而郡縣之制興秦罷侯置守裂天下而爲郡縣漢因其故設刺史二千石長吏以分治天下當是時天子數召見問治效下璽書褒美增秩賜金公卿缺則選諸所表以用之故三代而下稱漢之吏治烝烝近古是以一時得人之選如吴公之於河南廣漢之於京兆信臣之於南陽延壽之於穎川龔遂之於渤海皆彰彰表著者也由漢而唐尤重其往不歷刺史不得任侍郎不歷郡縣不得任臺省故一時循良之吏若賈敦頤之於冀州鄭德本之於瀛州薛大鼎之於滄州又有令武陽而孜孜惠愛令昌邑而以俸代輸者皆籍籍可稱者也不可謂不盛矣然以漢之宣帝而有王成之奸以僞增户口而受賞豈非采名之過而巧於飭名者遂得以售其欺耶以唐之德宗而有陽城之賢以催科政拙而被抑豈非求治之過而勞心撫字者反不得以聞於上耶若此者激勸之典雖行而綜核之法未盡無怪乎賢不肖之混淆也已我國家仿古爲治設官分職而於守令之選爲尤重今天子臨御之初勤恤民隱嘉惠元元登極一詔首飭吏治一時郡縣之吏争自濯磨喁喁嚮風矣中間如召父杜母循良卓异者固多而竭澤而漁飭實眩名以盜隆虚譽者未敢謂盡無也兹欲求吏治如吴公輩以稱皇上重本之意豈無其道乎夫吴公治行載籍無所見然史稱治平第一帝召以爲廷尉夫文帝好文之主專務以德化民躬行節儉庶幾成康不知其臣其君可行也蓋守令者牧民者也牧民者勿擾之而已吾民苟安悶悶之政民之福也又何

必有赫赫之聲事督責之法哉夫廷尉天下之平也召以郡吏而豈徒哉吴公之政其務以德化民而不欲以能自見者耶其爲天下第一信文帝有以成之也故曰上有好者下必有甚焉者矣其所以風勵化導之機謂不有所在乎今之建議者必曰久任以責其成矣夫計日而遷視如傳舍雖有黄魯亦無由以竟其施久任之説是矣然不責之以安養拊循之實政而徒繩之以簿書期會之煩文吾恐卓异無以日見而賢者亦將解體矣又曰超陟以异其寵矣夫循資而擢以待中才豪杰之士非優异無以表其賢超陟之説是矣然不考古課功核實之法而徒采聽於聲譽風聞之間吾恐君子未必見知而巧宦者反得以受其賞矣夫淑慝無所分則相率而爲矯飭之歸孰肯有長厚之行如是而欲守令之賢如吴公輩者得乎誠能仿古考成之意如果德澤及人烹鮮著績者則嘉奬而優待之不責以歲月之近功則必殫心竭慮益圖爲久安之計矣此於責成之中而寓激勸之典如是而久任也不亦可行乎又能遵會典所載薦舉之法如果政績彰聞賢聲茂著者則超擢而寵异之不同以儔人之常典則必感恩思奮益篤其報主之忱矣此於旌异之中以寓甄忒之意如是而超陟也不亦可行乎雖然猶有説焉超擢之典不可以濫施而奸貪之罰不可以姑息也夫惟其濫施也則矯僞者日益滋固有以終南爲捷徑者矣夫惟其姑息也則貪墨者無所忌固有以溪壑爲歸囊者矣是故奸貪者必嚴追奪之令如王成之僞增户口與夫竭澤而漁者不惟罷黜之而已必律以詐僞之罪重以追没之贜則矯僞貪墨者無所容其奸而敦廉之行成矣超擢者必于久任之中如陽城之政拙催科與夫召父杜母者不惟循資而已必簡之以公卿之職待之以不次之寵則要之以歲月之久者實政不可襲取而循良之風著矣今其人之賢也一人譽之固嘗超擢之矣政績未久安保其不變乎即變而察之則名器已濫加矣是其超也不足以勸賢而適足以遂奸也今其人之不賢也貪墨之行固嘗黜罷之矣即褫其職滿載而歸無所顧惜人將效尤而無忌矣是其黜也不足禁暴而適足以長惡也其何以鼓舞天下而奔走豪杰也哉欲得循良之吏如吴公輩布列有位以成熙皥之治不亦難乎吾故曰上之人所以風勵化導之者不可無其具也若曰一郡一邑不足以廑當寧之憂則非愚生之所敢知矣草茅之見惟執事者采焉

第五問

同考試官教諭陳批（相時勢以治水方今急務也子能條析明白可謂知要矣録之）

考試官教諭鎦批（區畫詳盡）

考試官教授熊批（精切）

善治河者固貴於相古今之時以通天下之變尤貴於審輕重之勢以成天下之功蓋時一也而有古今之不同其勢之趨者爲之也不有以相之則膠於定之迹而天下之變於是乎不可通矣勢一也而有輕生之不齊其時之會者起之也不有以審之則惑於淆亂之言而天下之功於是乎不可成矣故善治河者相時以施通變之方而不泥時以病夫勢審勢以協趨時之宜而不拂勢以執夫時如是則黄河之變會通於一心而疏浚之役自可以成天下之功矣執事以治河之道策諸生誠當時之急務也顧識要俊杰愚生何足以知之雖然黄河之源流與今日之時勢亦嘗聞之矣請掇拾以復明問可乎粤考黄河之源出自星宿逾崑崙九曲而入於中國此河之所自來也禹之治河自積石鑿龍門歷華陰下砥柱抵孟津洛汭至於大伾澌爲二渠過洚水至於大陸播爲九河蓋方大伾以下河始出峻而就平地則析之而爲二自大陸以下地平土疏水益善潰則播之而爲九故歷三代之久免衝决之患者禹之功也此所謂相時審勢得治水之道者也自周定王時河始南徙已非禹之故道迨漢元光以後或徙東郡或决瓠子或决館陶或分而爲二或合而爲一遷徙不常而河之患於是乎日益甚是非禹績之替也時勢之變爲之也自漢以來明智之君每廣詢而博訪宣力之臣恒竭思以效勞是雖倡議疏治者代不乏人然河無常處治無定策卒皆托諸空言而已若夫賈讓當哀平之世陳上中下三策丘浚嘗稱其治河之法莫備於此矣夫謂增築堤防約攔水勢使不汜濫者其法固無容議也至於上策放河使北入海是即禹之故智今妨運道已不可行中策據堅地作石堤開水門分殺水勢然自漢至今千數百年中州大名之境泥沙填委無復堅地而河流與水門每平相值讓之策蓋就漢之時勢論爾而今豈可以盡行乎賈魯任河防之職言疏浚之塞三法丘浚嘗稱其治河之法莫要於此矣然殺河之流因而導之之謂疏去河之淤因而深之之謂浚抑河之暴因而扼之之謂塞是二者疏爲上浚次之塞之法又不得已而用之爾而豈可以一概行乎故浚又以爲賈讓諸人皆隨時制宜之策今日亦未必便者蓋有見於時勢之不同耳我國家建都上游漕會通之河輸東南之賦以給京師邇因二洪梗澀取濟黄流合於汶上諸泉滔滔乎舟浮水面不煩牽挽之勞以濟我國家漕運之利誠天啓之會也比歲大雨水溢河决於徐之飛雲浦逆流而上横衝運河沙淤百里中外驚惶莫知所措先帝特敕總督大臣畢集群策鳩工分理懼水之東奔也而挑新河以讓其地懼水之北徙也而築長堤以遏其衝所以相時權勢而爲目前濟運便民之計者誠善矣然或者猶以爲

河從西北極高之地建瓴而下以萬里轉折之勢而乘之以雨水交發百川灌集之威而出之以秦溝一股不溢而北徙則溢而東奔况芝蔴莊崔家壩等處倒灣崩岸是北徙之勢方殷曹單之堤一失則南陽魯橋一帶運河淤塞之患不免議欲於上流别開支河以殺其勢是亦永圖久大之謨以濟邦民之患者也執事又謂使有濟漕之利而無衝决之患孰畫一之策而不惑於紛紛之議然事關大計非愚生之所敢議也考之宋儒任伯雨曰河流混濁淤沙相半久而必决者勢也安可以人力制哉惟宜寛立堤防約攔水勢使不至大叚漫流耳朱熹氏曰禹之治水只是從低處下手下面之水既殺則上面之水必洩是故通乎任朱二君子之言而可以知支河之不必開矣歐陽脩曰黄河已弃之故道自古難復蓋河流既久底岸皆高水行漸壅自不能行乃弃而他徙非若人力堵塞之河渠道猶存也吕祖謙曰禹不惜數百里之地疏爲九河以分其勢善治水者不與水争地也是故通乎歐吕二君子之言而可以知舊河之不必復矣蓋黄河之流其東趨固一也而時不能無古今之异其利害相對也而勢不能無輕重之殊以今日之時言之河自孟津而下經中州平坦之地迤邐而東洩於徐沛之間大河南北悉皆故道土雜泥沙善崩易决非若禹引水自大伾兩山極高之地而下矣此其時之有不同也而欲效疏九河之法將見河流細分則益緩而易淤矣而古今可以并論耶以今日之勢言之取河水以濟徐吕之洪而又阻其東奔以免祖陵之害制其北决以防運道之淤况徐沛之間復多阻山治之倍難非若禹播九河弃數百里之地爲受水之區矣此其勢之有不同也而欲圖萬全之策吾恐利之所在害之所伏也而輕重可以弗審耶噫此當事諸臣雖有謀國之忠長顧之慮而卒紛紛莫之定也雖然知時勢之難而不有以處其難不可也知治河之無上策而卒諉之無策不可也今惟相古今之時權輕重之勢師禹之意而不泥禹之迹如秦溝一股果可以納大河之流也則效禹所行無事之智焉疏其下流以導其自然之歸固其長堤以防其衝决之害而又以芝蔴莊崔家壩等處下樁捲埽以抑其北徙之勢各於沿河南岸去淤撈沙以疏其壅塞之患使水由地中行而不至於氾濫斯已矣支河固不必開也如秦溝一股不能容全河之水也則效禹决排之法焉淺者浚之使遂其就下之性隘者疏之使緩其湍迅之威務使上無所激而接河濟洪之道如故下有所納而由清達淮由淮入海之道如斯已矣支河亦不必開也如此則不惟運河疏通獲轉漕之利久役疲民獲蘇息之休而東奔之流既阻則陵寢無衝决之慮北徙之勢既防則曹單免墊溺之患庶乎永賴之績可復見於今日而三策三法之説亦會通於异世之下矣否則徒知用古人之法

而不能相古今之宜泥一定之迹而不能權輕重之勢則膠柱鼓瑟徒勞而罔功也烏足以語通天下之變而成天下之功耶語曰以馬爲御者不盡馬之情以古制今者不盡事之變其此之謂歟書生之見如此而已惟執事進而教之幸甚

河南鄉試録後序

隆慶丁卯河南鄉試監臨御史督諸執事業有成勞矣行將進多士歌鹿鳴而賓興之也礦不佞濫佐校文之選當叙諸末簡乃申之曰礦聞徵物於聚徵士於儔物聚則良士儔則應古今之大較也余觀於洛而嘆河岳孕靈厥稱區奥宏朗彪炳湛泓渟淵其褎然洩之人者固以類聚而漸漬於俗久矣即質行純駸間以世殊總厥誕畀孰非明智之期而天民之秀哉余所睹記如摯甫翊祚殷周秦冉曹恤原憲司馬牛顓孫師漆雕開之稱聖門高弟尚已及周道闕而横議興學術流爲老聃莊周列禦寇韓公子非之倫各以其説爲百氏宗而降自漢魏潤飾以文辭則招客梁園論才鄴下兢雕龍而工藻繢者學士且靡然鶩焉蓋至有宋理學大明諸儒輩出倡自二程夫子而謝上蔡吕侍講尹處士群起和之又何其斌斌也因斯以言洛豈儉士哉夫挹水於河鑽火於燧求楩柟桐梓於豫章鄧林之野誠貴其聚也洛其士之豫章鄧林耶何産之良也國家稽令甲申典制張賢羅蓋已迹至韓魏陳衛之墟亦惟士是急今所群而校之者且盱眡燭照磨瑕吹疵衡計錙銖量程影撇計所入彀十不一讎可謂精矣匪徵於聚其誰應之爾多士起屈蠖而附飛龍昭明盛之上瑞飈至雲蒸旁午殷溱皆是其選也倘亦有如摯甫之儔出而名世者乎余甚欲觀之夫海内學術純一號章縫者類能褒刺王霸摽剥儒墨以明趨舍吾知其必爲聖人之徒而不惑於百家之指章矣所懼者有司方程士以藝而士匪藝亦莫由介紹而謁之有司此其趨容不無摭華病實浸以文敝而與梁園鄴下之風罔裨世教者同轍乎國家得士將翼爲亮采是資俾施名實如以藝而已矣辟石田安所用之且以有宋諸賢陸沈獻納之司研核异同之辨於力勤矣猶或詆之議論滋多而寡成事然自今觀之直諸賢之不遇時也爾多士於時遇矣其何以志古之道而自鏡乎夫物有同聚而殊品士有同類而殊能者在審處之一决也爾多士勖哉其無負於洛産之良矣

浙江金華府武義縣儒學教諭錙礦謹序

隆慶四年河南鄉試録

河南鄉試録序

主上御極四年復當大比士子鄉禮官申飭科條請下郡國郡國有司靡不偲偲三五約東以祗若德意博士弟子亦靡不争思濯礪來應有司之求於是巡按河南御史楊家相奉詔愯然曰是役也家相實監臨之敢不虔毖以重詒子大夫憂乃以前巡按御史蔣機聘至教諭艾穆學正何其中暨學正張步雲教諭王大田陳文雷沛劉朝孚王承休楊叔京職考校布政司左布政史陳應和右布政史劉曰材職提調按察司按察使孫一正僉事徐雲程職監試下至百執事遴選分置使良材班事而取提學副使楊俊民所程士試之拔八十人以獻穆惟賢哲之興匪其禀質獨茂也其所資於氣化者殊焉舉古今風氣所會而被帝王教化爲最深者詎不謂兹地哉滎河温洛是圖書之府也傅巖伊莘是聖賢邁迹之自也汝鄧鄢謝河朔瀍澗是文武所過化而浹於天下者也是故河嵩鍾其清淑氣會際其淳龐化澤流其漸靡固宜名世蹶生而邁德樹烈者彬彬於三正之朝也我皇祖肇造區夏駐蹕豫州命將略定河北乃誕敷文教率先是地我成祖龍輅三幸以震曜視聽而作新之至我主上紹天繹祖觀化人文不數祀而天下禀印彝訓歸於周行夫熙洽累朝聲教布濩即疏逖者猶得晰於光明而矧其爲大明之所首照也寧無有待文武而興者乎今且設綱頓紘以招方聞之士雖片長寸善莫不思以自效而巖野之奇獨無崛起者乎九區克咸斯文載郁而協氣所啓天人將交應焉緑圖赤文幾或可復睹乎然則倫比之士擢英耀彩宜自今日而盛也夫開程試之科以旌簡俊髦者主上之惠也夙夜怔營蒿目焦思期得人以靖獻有司之責也感時圖奮騰茂實揚休聲而不負所舉者藻士之偉摹也士方跧伏草野輒談説先王高山在念詎不慕版築之風晞耜耒之躅而欲挹豐鎬之清芬哉誠戚戚不遇用也今既褎然録諸有司亦嘗懷所以徵見乎典謨具在其則不遠政治之林足以自鏡其不第爲具臣而惟先民是程也庶幾哉與伊周埒矣或將占籍榮次遂落前修行而不如其言是説鈐也竅言無當不適於用是漏卮也泥古人之陳言而罔克變通是墨守也媚言取售而徼射寵榮卒乃負公家以自殖是賈行

也有一於斯蔑以酬天施而徯昌時矣是不爲士辱且辱有司乎昔者先王試士澤宫嘗令之曰毋或不適也是故不知而不舉蔽賢者罰無赦舉之而人不稱所舉者罪無赦今主上所需於士甚厚即借箸更僕而數之纚纚不既也士不能當主上意脱或修澤宫之典以論及舉者即有司其何以自解也夫射者儀毛而失墻畫者儀髪而易貌言慎用也鄭朴不可以爲寶昭明不可以爲鳳言擇處也有司不能慎而失之罰不可逭而士於此亦自擇其必不爲朴乎不爲昭明乎是則勉之而已勉之而蔚爲時棟將毗重廟堂而福澤海寓否則遂至隕墜勉之則茂績洪伐榮鏡宇内且千載有雄名否則不免黜戮斯二者將奚擇焉易曰君子慎始差之毫釐謬以千里諸士有不慎於始而終致大謬者是不獨辱有司其負我主上旌簡意甚矣諸士勉哉時則若巡撫右僉都御史李邦珍握憲壯猷以翊文教總理河道右副都御史今陞兵部右侍郎翁大立撫治鄖陽右僉都御史汪道昆奠土靖疆以隆治化監察御史印馬謝廷杰巡鹽部永春蘇士潤李學詩肅紀清倫以樹士程左參政吴道直右參政高察陳于陛左參議王宗舜邵夢麟右參議吴兑副使查志立陳忠翰董文寀僉事李鶚姜廷珪夏易晋應槐矢心協恭以宣勞勩陞任副使方良曙右參議陳善道僉事梁綱蕭大亨先事贊襄咸與有力而署都指揮僉事張應龍韓國鎮王世儒振武緝奸閑衛惟飭以奉使至者兵科右給事中胡价行人司行人黄德洋其以督賦至者户部主事宋豸將事展采觀感攸繫法得共書

直隸真定府阜平縣儒學教諭艾穆謹序

隆慶四年河南鄉試

監臨官

巡按河南監察御史楊家相（舜卿應天府江寧縣籍山西岢嵐州人　乙丑進士）

提調官

河南等處承宣布政使司左布政使陳應和（鳴盛浙江歸安縣人　庚戌進士）

河南等處承宣布政使司右布政使劉曰材（汝成江西南昌縣人　癸丑進士）

監試官

河南等處提刑按察司按察使孫一正（格卿陝西渭南縣人　癸丑進士）

河南等處提刑按察司僉事徐雲程（允登江西清江縣人　乙丑進士）

考試官

直隷真定府阜平縣儒學教諭艾穆（純卿湖廣平江縣人　戊午貢士）

直隷和州儒學學正何其中（行可廣東高要縣人　乙卯貢士）

同考試官

山西太原府平定州儒學學正張步雲（子龍湖廣廣濟縣人　辛酉貢士）

山西平陽府趙城縣儒學教諭王大田（希稷錦衣衛籍山東齊東縣人　甲子貢士）

湖廣黄州府黄梅縣儒學教諭陳文（載道江西靖安縣人　辛酉貢士）

浙江紹興府蕭山縣儒學教諭雷沛（澤卿湖廣江陵縣人　戊午貢士）

直隷徐州碭山縣儒學教諭劉朝孚（獻忠廣東順德縣人　辛酉貢士）

直隷真定府深州衡水縣儒學教諭王承休（子協山西蒲州人　辛酉貢士）

陝西西安府乾州武功縣儒學教諭楊叔京（舜建四川酆都縣人　辛酉貢士）

印卷官

河南等處承宣布政使司經歷司都事趙三聘（元□山西河津縣人　戊辰進士）

河南等處提刑按察司經歷司知事費懋申（民宣江西鍇山縣人　監生）

收掌試卷官

開封府知府張夢鯉（汝化山東萊陽縣人　丙辰進士）

歸德府知府羅大玘（惟節江西南昌縣人　己未進士）

衛輝府知府朱應時（子中羽林左衛籍浙江餘姚縣人　壬戌進士）

彰德府知府陳應麟（仁卿錦衣衛籍浙江鄞縣人　己未進士）

河南府知府劉永寧（以德山西長子縣人　丙辰進士）

汝寧府知府陳廷芝（□馨忠義後衛籍山東黄縣人　壬戌進士）

受卷官

南陽府知府雷鳴春（肇元直隷懷寧縣人　己未進士）

懷慶府知府王澤（子仁燕山前衛籍山西臨汾縣人　壬戌進士）

開封府同知李學詩（叔言山東東阿縣人　乙丑進士）

南陽府同知李元芳（應元山東膠州人　丙午貢士）

彰德府推官王三錫（懷國浙江金華縣人　乙丑進士）

懷慶府推官魏雲霄（子冲陝西藍田縣人　戊辰進士）
衛輝府推官沈應坤（厚甫山西猗氏縣人　癸卯貢士）
河南府推官周易（尚占山東臨清州人　戊辰進士）

彌封官

汝寧府推官劉倬（原檢直隸長洲縣人　戊辰進士）
歸德府推官劉延齡（仁甫山東德州人　壬子貢士）
開封府許州知州喬因阜（思綿陝西耀州人　戊辰進士）
開封府鈞州知州殷建中（子道直隸吴縣人　戊辰進士）
汝寧府光州知州陳王道（敬甫直隸崑山縣人　乙丑進士）
南陽府裕州知州胡養正（繼功陝西南鄭縣人　戊辰進士）
南陽府裕州知州署淇縣事李尚實（子虚山西潞安府籍陝西靈臺縣人　壬子貢士）
汝寧府信陽州知州宋堯武（季鷹直隸華亭縣人　戊辰進士）

謄録官

南陽府鄧州淅川縣知縣陳柏（子秀山西絳州人　乙丑進士）
河南府永寧縣知縣高一登（汝薦山東清平縣籍應天府句容縣人　戊辰進士）
河南府陜州靈寶縣知縣秦崢（思謙直隸長垣縣人　壬戌進士）
開封府鈞州新鄭縣知縣匡鐸（淑教山東膠州守禦所籍直隸贛榆縣人　乙丑進士）
懷慶府濟源縣知縣張修吉（慎之山東高苑縣人　戊辰進士）
懷慶府武陟縣知縣任芹（汝獻山東萊陽縣人　戊辰進士）
彰德府安陽縣知縣胡汝欽（子敬直隸定興縣人　戊辰進士）
汝州郟縣知縣趙應元（文宗陝西三原縣籍涇陽縣人　乙丑進士）

對讀官

開封府扶溝縣知縣王大用（擢之直隸東勝左衛人　戊辰進士）
河南府宜陽縣知縣白希珩（汝佩山西寧鄉縣人　戊辰進士）
汝寧府上蔡縣知縣羅奎（明漢陝西淳化縣人　戊辰進士）
南陽府裕州葉縣知縣趙允升（吉甫山西代州人　戊辰進士）
汝寧府遂平縣知縣郭思極（致中直隸魏縣籍山西襄垣縣人　戊辰進士）
汝寧府光州光山縣知縣周世科（彦濟四川内江縣人　戊辰進士）

河南府洛陽縣知縣鮑希顔（叔愚山西長子縣人　戊辰進士）
河南府盧氏縣知縣紀克一（貞甫山東膠州人　戊辰進士）

巡綽官

陳州衛指揮僉事賈國禎（子兆直隸長垣縣人）
陳州衛指揮同知薛映本（子賢直隸合肥縣人）
陳州衛指揮同知青若水（子澄湖廣桃源縣人）
南陽衛指揮僉事胡大忠（元輔河南長葛縣人）

搜檢官

宣武衛署指揮僉事王世勳（均業福建長樂縣人）
宣武衛指揮僉事藍汝忠（以誠山後全寧路人）
彰德衛指揮僉事張森（仲培直隸大興縣人）
彰德衛指揮使吳芹（均□直隸昌黎縣人）

供給官

河南等處承宣布政使司理問所副理問朱允載（惟厚浙江歸安縣人監生）
河南等處承宣布政使司照磨所照磨潘銘（國新江西臨川縣人知印）
河南等處提刑按察司照磨所照磨汪文中（布禹湖廣崇陽縣人監生）
河南都指揮使司經歷司經歷藺鎧（士鳴陝西華陰縣籍萬全都司人監生）
開封府通判金石（汝介湖廣興國州人監生）
開封府通判賈一之（斗南直隸蠡縣人乙卯貢士）
歸德府通判何如□（純夫湖廣夷陵州人監生）
懷慶府河内縣知縣康用賢（惟治四川合州人乙卯貢士）
開封府照磨所檢校李子郁（克文山東樂陵縣人儒士）
開封府鄧州判官劉少衮（時補江西安福縣人吏員）
開封府祥符縣縣丞郭道欽（文甫湖廣常寧縣籍江西安福縣人監生）
開封府鄭州汜水縣縣丞羅斐（以文四川南川縣人監生）
開封府祥符縣典史朱鈺（廷器福建邵武縣人吏員）
歸德府商丘縣典史劉元臣（子忠湖廣蘄水縣人吏員）
懷慶府河内縣典史葛名卿（廷甫直隸當塗縣人吏員）
開封府大梁驛驛丞李承階（日陞福建長樂縣人承差）
衛輝府衛源水馬驛驛丞楊政興（汝勳貴州平頭長官司人承差）

第一場

四書

定公問君使臣臣事君如之何孔子對曰君使臣以禮臣事君以忠　故君子之道本諸身徵諸庶民　是求有益於得也求在我者也

易

雲從龍風從虎　六五元吉自上祐也　二篇之策萬有一千五百二十　巽者入也入而後説之故受之以兑兑者説也説而後散之故受之以渙

書

欽哉惟時亮天功三載考績三考黜陟幽明庶績咸熙　慎乃儉德惟懷永圖　曰肅時雨若曰乂時暘若曰晢時燠若曰謀時寒若曰聖時風若　懋昭周公之訓惟民其乂我聞曰至治馨香感于神明黍稷非馨明德惟馨爾尚式時周公之猷訓

詩

二之日其同載纘武功言私其豵獻豜于公　君子至止福禄如茨韎韐有奭以作六師　混夷駾矣維其喙矣　豐年多黍多稌亦有高廩萬億及秭

春秋

紀子伯莒子盟于密（隱公二年）　夏單伯會伐宋（莊公十有四年）晉欒書帥師救鄭（成公六年）夏曹公孫會自鄸出奔宋（昭公二十年）夏齊侯衛侯胥命于蒲（桓公三年）秋八月諸侯盟于首止（僖公五年）九月戊辰諸侯盟于葵丘（僖公九年）公會晉侯宋公衛侯曹伯齊世子光莒子邾子滕子薛伯杞伯小邾子伐鄭會于蕭魚（襄公十有一年）

禮記

天子乃與公卿大夫共飭國典論時令以待來歲之宜　三牲魚腊四海九州之美味也籩豆之薦四時之和氣也　君子於是語於是道古修身及家平均天下　唯天子受命于天士受命于君

第二場

論

帝王治天下之大經大法

詔誥表（内科一道）

擬漢舉賢良方正直言極諫之士詔（建元元年）　擬唐加左僕射房

玄齡太子太師誥（貞觀十一年）　擬聖駕大閱禮成群臣賀表（隆慶三年）

判語（五條）

官員赴任過限　錢糧互相覺察　禁止師巫邪術　軍民約會詞訟　稱日者以百刻

第三場

策（五道）

問　自古帝王繼天撫世靡不并用文武以登鴻化往牒所紀燦然矣試舉其大者視學述於戴記大閲制於周禮二事尤揆文奮武之要故明王重焉抑其順治威嚴而曆過其卜者固在兹與後世之君有過魯祀聖者有臨雍拜老者有釋奠命講孝經者有幸學親贊孔颜者有立秋肄兵水南門者有仲冬講武都墠者有親擐戎服於驪山者有築講武堂於西郊者視隆古帝王亦可以同語否與洪惟我朝右文宣武超軼往代聖祖神宗先後一揆猗與休哉可得而恭述之與我皇上膺圖建極謨烈重光紀元之初駕幸太學儒風丕振復俞輔臣之請大閲六師天威赫張誠纘祖宗之盛兼帝王之隆而度越漢唐宋遠矣乃聖衷尤惓惓焉經文緯武是圖爾諸士抱策而來豈無覲光揚烈之猷爲九重獻者乎其悉心以對

問　文章與時高下讀墳典者見淳龐之風誦謨訓者識渾噩之象世道係之矣然未有以文取士者後世乃以對策射策詞賦制誥之文爲試士之法是亦因時立制之道與漢賢良方正詔對闕庭皆與熟計天下大政似又不專尚詞章者何與論唐之文則有爲之伯者有擅其宗者有造其極者而卒之溺于詞章悉昧本源如趙臣之議殊爲有見論宋之文有渾厚者有中正者有矯激者而要之力除險怪歸于醇雅如歐陽脩之知貢舉號爲得體至於六説三等四科三易之論藝苑之體裁品格備矣亦可指而言之與我國家設科首明經術而尤重論策二百餘年得人之盛比隆古昔由此道也夫何邇年士之爲文者以剽奪爲徑省以浮靡爲富麗經義治體寡陋無聞識治之臣奏行文體限字之法嚴飭中外遵行惟謹亦激於趙臣之議而仿歐陽之旨者也兹欲盡返故習一歸簡實闡明聖賢之藴剴切經濟之猷咸期施用有效其爲文將安取衷諸士閎覽洽聞諒有定見其何以復我

問　地靈則人杰信斯言也河南當寰土中域形勝甲於他方靈秀孕毓篤生賢哲不暇備舉兹特以相業彪炳載在往牒者評之夫樂堯舜而佐阿衡名實震於萬世其所養所施何所本與伊訓一篇與典謨并列其旨可得聞與

出納王命式是百辟周人爲賦烝民其保躬補闕之績何在爲政而百姓誦其德相楚而莊王因以霸此春秋之良也功烈何居交歡絳侯卒用安劉同心宋璟輔治開元此漢唐之佐也謀猷何若遇事敢言三居相位與儉約好學至老不倦者科第勛庸若是班乎唱名雲見位兼將相與使虜抗詞功存社稷者人品功業將無同乎我國家稽古建治不設丞相然召選卿佐入閣輔政即宰相職也先朝如李文達劉文靖諸臣表表一時其德業勛望追配古賢哲者可指而言與諸士子通今博古諒必有概於中矣請詳言之以觀尚友之志

問　當孟子時邪説之誣民者衆矣若莊列若甲商若蘇張若孫吴以至公孫鄒慎宋尹之流不可以一二數孟子未嘗過而問焉楊墨之術視諸家爲近理乃孟子極力詆之不置至斥以禽獸何與戰國之世爲民害者大率前數家爲甚楊墨之害未有徵也孟子顧舍彼攻此其説安在與漢用董子之言罷黜百家專尚孔氏道術可謂一矣乃班固藝文志復以儒與九流并述何與魏晋而降佛老之説浸以昌熾唐韓愈氏出而詆排之自謂與孟子同功夫楊墨孟子拒之甚嚴愈往往以孔墨并稱其書中又稱有人道似楊朱者果與孟氏同功否也佛氏之説至宋益談理入細儒者悦其言多陽排而陰附之甚者取以緣飾經傳子程子朱子爲之辨析其毫芒而推極其流弊害用熄矣乃今復有取其殘賸而張皇之者果使其説遂行則爲害豈在楊墨下耶諸生苟有孟子之志願聞所以正人心息邪説閑先聖之道者

問　農國之本也地財之源也故自古重之周禮井田之制書爲溝洫川澮時疏浚以備旱澇出于遂人匠人之所掌者可考已厥後井田法廢而水田亦井田之遺也江南藉之而財賦稱饒故漕運大計多賴焉乃江北多長川廣野非井田故墟耶顧寥寥不講豈地利有不同與抑亦人力有未盡與河南古中州地在昔有居鄴有令名而或者責其不仁不智以其不知用漳水也其説是與否與厥後有開稻田數百頃政化大行而有天降神明君之歌者有通溝瀆起水門歲溉田至三萬頃繼之者復修治陂池廣拓土田而民有召父杜母之語者有激用滍淯諸水以浸原田萬餘頃分疆刻石衆庶賴之者有帥軍于蒼陵立堰溉田千餘頃歲收穀百餘萬石以充儲備兼贍貧人者率在兩河境内傳記所載可睹也乃其人與所疏導之方可得聞與方今京儲空虚兵餉缺乏而東南民力亦漸困竭矣説者欲稽元學士虞集之議開京東近海之田以充積貯若是而河南諸省亦不可後也其施爲措置之方將安出與夫興水利裨國計經世之急務也其爲我言之

中式舉人八十名

第一名　劉慎　宜陽縣學生　易
第二名　陳嘉賓　商城縣學附學生　詩
第三名　王憲　淇縣學增廣生　禮記
第四名　蘇民表　湯陰縣學生　書
第五名　馬化龍　新野縣學生　春秋
第六名　張鏌　通許縣學生　易
第七名　劉鹿鳴　開封府學生　詩
第八名　王汝訓　太康縣學生　書
第九名　徐渭　開封府學生　詩
第十名　史紀勳　祥符縣學附學生　禮記
第十一名　劉昇　杞縣學生　易
第十二名　高份　陳留縣學生　詩
第十三名　趙舉廉　睢州學附學生　書
第十四名　王九德　開封府學生　詩
第十五名　王國弼　開封府學增廣生　易
第十六名　申自天　磁州學增廣生　詩
第十七名　宋言　祥符縣學附學生　春秋
第十八名　吴永裕　許州學增廣生　書
第十九名　范守己　洧川縣學生　詩
第二十名　李楠　永城縣學生　易
第二十一名　司光乾　開封府學增廣生　詩
第二十二名　任位　宜陽縣學生　易
第二十三名　張可久　鞏縣學生　書
第二十四名　王四維　歸德府學附學生　禮記
第二十五名　陳煜　鄢陵縣學生　詩
第二十六名　黄克念　寧陵縣學生　易
第二十七名　王立道　磁州人監生　詩
第二十八名　張四術　沈丘縣學生　易
第二十九名　陳東陽　鈞州學生　書
第三十名　沈時敘　祥符縣學增廣生　詩
第三十一名　楊初東　河内縣學生　易

第三十二名　韓養敬　汝寧府學附學生　詩
第三十三名　熊元　光州學生　易
第三十四名　劉任　商城縣學生　詩
第三十五名　趙完璧　鄭州學生　書
第三十六名　馬河圖　開封府學生　春秋
第三十七名　張重恩　祥符縣學附學生　易
第三十八名　李字　杞縣學增廣生　詩
第三十九名　李生芳　河南府學附學生　易
第四十名　高化　嵩縣學生　書
第四十一名　李秉祝　湯陰縣學生　詩
第四十二名　翟永宜　開封府學生　易
第四十三名　張鳳習　杞縣學附學生　詩
第四十四名　崔士棨　彰德府學生　易
第四十五名　王敬民　西華縣學生　書
第四十六名　羅英　磁州學生　春秋
第四十七名　何倬　杞縣學生　詩
第四十八名　董繼祖　河南府學生　易
第四十九名　劉周南　新蔡縣學生　詩
第五十名　馬驥　原武縣學生　書
第五十一名　許郯　固始縣學生　詩
第五十二名　申思科　洧川縣學生　易
第五十三名　耿争光　杞縣學生　詩
第五十四名　劉澤演　河南府學生　易
第五十五名　羊可立　汝寧府學生　詩
第五十六名　余鏜　睢州學生　書
第五十七名　張問善　祥符縣學增廣生　易
第五十八名　張木　南陽府學生　春秋
第五十九名　郭炤　彰德府學增廣生　詩
第六十名　賈生漢　裕州學生　易
第六十一名　何允升　開封府學生　詩
第六十二名　田野臣　裕州學增廣生　易
第六十三名　連得意　鈞州學增廣生　書

第六十四名　侯大節　衛輝府學生　詩
第六十五名　杜楠　彰德府學生　書
第六十六名　盧懋德　許州學增廣生　易
第六十七名　馬一廉　彰德府學增廣生　詩
第六十八名　毛節　新鄭縣學增廣生　禮記
第六十九名　王依信　柘城縣學生　詩
第七十名　王鶴齡　鄢陵縣學生　易
第七十一名　胡環　彰德府學增廣生　書
第七十二名　吴商霖　商城縣學生　詩
第七十三名　王堯相　洛陽縣學附學生　易
第七十四名　由義路　杞縣學附學生　詩
第七十五名　周梧　裕州學生　書
第七十六名　曾一侗　陳州學生　春秋
第七十七名　王居仁　河南府學附學生　易
第七十八名　楊嘉言　胙城縣學生　詩
第七十九名　和震　祥符縣學增廣生　易
第八十名　王三宅　汲縣學生　詩

第一場

四書

定公問君使臣臣事君如之何孔子對曰君使臣以禮臣事君以忠

劉慎

同考試官教諭劉批（發揮禮忠二字精切深得夫子告君之意可以式矣）

同考試官教諭王批（發明君臣大義極其真切末復歸重無所爲尤爲正論宜録以式）

考試官學正何批（精邃典雅宜冠多士）

考試官教諭艾批（理明詞達）

時君詢君臣之相與聖人告以各盡其道焉甚矣君臣相待以有成也盡禮而盡忠君臣相與之道無餘藴矣且君非臣罔使臣非君罔事此古今不易之分也君以禮馭下臣以忠奉上此古今不易之道也定公未達而以是問焉蓋身處乎君臣之際而心切乎事使之宜者也夫子乃告之曰吾君加志于事使乎夫亦

各盡其道而已矣彼君尊也以尊臨卑勢亢而易至于簡簡非使臣之禮也故必聯之以一體之愛而洽其情于分之中隆之以一德之交而孚其心于迹之外雖大臣小臣其所使不能以盡同要皆協諸此理之不可逾者而無少易焉蓋思所以責臣之忠則必盡所以厚臣之道不徒爲位分之是崇而已也如是而下交斯其無歉矣乎臣卑也以卑承尊情隔而易至于欺欺非事上之忠也故必精白以承休而内焉無不竭之心鞠躬以盡瘁而外焉無不竭之力雖在□在職其所事不能以盡同要皆求諸此衷之不容已者而無敢慢焉蓋思所以報君之禮則必盡所以愛君之心不徒爲承順之是尚而已也如是而上交斯其無負矣乎夫禮盡則君道立矣而臣之忠爲益至忠盡則臣道純矣而君之禮爲益隆君臣之事使信不越此矣公其知所以自盡乎大抵禮以使臣君之分也而或因忠以致禮則其禮必不周忠以事君臣之分也而或因禮以效忠則其忠必不篤均非道之純也然則欲爲君盡君道欲爲臣盡臣道必要諸無所爲而爲斯至矣

故君子之道本諸身徵諸庶民

蘇民表

同考試官教諭陳批（融會題意而吐詞瑩潔是能究制作之原者録之）

考試官學正何批（理瑩氣暢）

考試官教諭艾批（雋永可傳）

中庸論王者之盡制德隆于己而化孚于民焉夫道合人己而後善也君子德隆而化洽一統之制何善哉中庸之意謂夫帝王之馭世也非德無以爲出治之大本非位與時無以爲運治之大機彼無徵不尊民將不信不從矣故王天下之君子也應昌期以際一代維新之會既非上焉者之無徵擁神器以承百王禮樂之統又非下焉者之不尊矣其措之爲三重之道也則何如哉蓋身者治之本斯民之從違所由係焉使議道而不本諸身非善也君子則由心極以建皇極而章程所布莫非至德之流通緣身法以運治法而軌物所昭要皆性真之洋溢以議三重于朝廷一本諸心思之所藴者以議之非爲粉飾之虚文也以頒三重于邦國一本諸學術之所貫者以頒之非爲敷張之治具也斯則存之爲德行者發之爲事業而純王之道立矣是不有以啓民心之感乎民者治之徵君德之修否所由稽焉使置法而不從于民非善也君子則道因時顯而仰王化以信從者不戒而自孚德以位彰而睹聖作以尊從者不期而自合三重議于朝廷而天下之道德一焉固莫非吾心思之感召也三重頒于邦國而天下之風俗同焉亦莫非吾學術之感孚也斯則錫極于上者歸極于

下而純王之政溥矣是不可以觀德化之成乎夫自道之有本也則惟王盡制而有以建一代之大法自化之有徵也則惟民從義而有以成一統之大治由是出入造化進退古今罔不協應矣君子之制作如此而天下有不寡過也哉大抵帝王之治本于道帝王之道本于心故德位與時雖王天下者之當兼而純心之學尤不可不講也必尊德性以存此心道問學以明此心然後德修道凝而措之天下裕如矣故曰不聞性與天道而能制禮作樂者末也其知言乎

是求有益於得也求在我者也

陳嘉賓

同考試官教諭楊批（見理精明而詞復暢達是深於時義者）

同考試官教諭王批（讀是文反求之志可以油然興矣）

同考試官學正張批（□晰文腴非有得者不能作）

考試官學正何批（融會注意發明精切可式多士）

考試官教諭艾批（詞意精絶）

大賢即求之有獲者而指其爲所性之理焉夫所性之理我固有之也以是求之而何有於弗得哉孟子因天下之妄求者衆也故言此若曰天下之理具於性君子之學求諸心夫人之昧焉而不知求者豈以求爲無益也哉彼凡求之而未必得舍之而未必失者謂之有益於求未可也兹焉求則得之是得係於求也舍則失之是失係於下求也志之所至氣必副焉功之所加效即隨焉即其始之求也雖無望獲之心而要其終之得也自有必獲之驗矣求之不有益於得乎若是者非天下之物凡有所求即有是得也亦惟求在我者耳蓋天之所以命於我者本無不備而我之所以受於天者亦無不全故本吾心之良知以求知則察之在我者自有以析斯理之精本吾心之良能以求能則由之在我者自有以踐斯理之實合之爲四端固吾性之統會也誠一反求焉則理之渾然于我者將得于我之一心而其益爲無方矣否則雖役志以爲求容有不得于心者況求之即得如此哉充之爲萬善固吾性之散殊也誠一敏求焉則理之燦然于我者將得于我之一身而其益爲無窮矣否則雖殫力以爲求容有無益于身者況求之有益如此哉是則觀在我者之可求則舍我以爲求者是妄求也觀在我者之可得則舍我以有得者是幸得也夫人莫不有是在我之性也則亦莫不有是求益之心也而顧昧所求焉抑獨何哉大抵性學之不明皆功利之心□之也所以然者蓋以夫人徒知勢分之可貴而不知性分爲可貴耳苟知所貴則足乎已自無待于外而膏粱文繡不足願矣惜乎内

外得失之論孟子恒諄諄以告天下後世而一飽之羡稽古之誇在誦法者猶不免焉其可慨也夫

易

雲從龍風從虎

劉愼

同考試官教諭劉批（雲龍風虎處發揮透徹宛然盛世氣象宜録之）

同考試官教諭王批（君臣會合之意形容殆盡末又責望以無負是素懷心蓋之志者）

考試官學正何批（精瑩雅飭）

考試官教諭艾批（醇整可録）

文言兩即造化之協應一機之相感也蓋造化物理相爲流通者也然則雲龍風虎之協應孰非機之出於自然者哉文言申乾九五象傳意謂勢之睽者不容於强同而機之合者自神於默應九五之利見豈特見於聲氣之相求水火之相就已哉言天下之至神者莫如龍而雲則天地絪緼之氣也龍有時而興焉固未嘗有期于雲也而雲自從之騰翔于六合而積氣之布濩者將依之以成其能奮迅于兩間而和氣之凝結者將麗之以妙其用是雖雲上於天初非因龍而後有也然龍之所在雲必至焉而一氣之潛孚若或有機以維之而莫得其故矣然則大人際時乘之運而龍興於九重之上則天下之雲合嚮應者當何如哉言天下之至猛者莫如虎而風則天地發散之氣也虎有時而嘯焉固未嘗有期於風也而風自從之神威所奮而氣機之披拂者恒與之相爲鼓舞猛勢所激而大化之流衍者每與之相爲動蕩是雖風行天上初非因虎而後有也然虎之所在風必生焉而一理之默感若或有機以運之而莫測其端矣然則大人會乾德之交而虎變干五位之尊則天下之風動承休者當何如哉夫龍鱗之首也興則雲不能外焉而龍無心也虎獸之首也嘯則風不能外焉而虎無心也觀此九五利見之義可例□矣雖然和風慶雲天地萃合之氣也龍翔虎奮天地間生之物也聖人撫運而興又千載明良之會而肇雲龍風虎之出者也夫子申乾五爻發此固爲世道慶也實爲天下君臣慶也當斯時而際斯會者求無負焉可也

二篇之策萬有一千五百二十

張鏌

同考試官教諭劉批（題入數學便難發揮此作一洗陳言理趣具足邃

於易者也）

同考試官教諭王批（闡明易數無一冗詞深得潔凈精微之旨）

考試官學正何批（嚴整）

考試官教諭艾批（雅健可式）

大傳舉全經過揲之策而極言其數之備焉夫天下之數以萬爲極也二篇之策而數溢于萬之外焉策數其大備矣乎且易之爲數也昉于河圖衍于蓍策推極于二老之過揲而其變無窮矣然所謂過揲者豈惟乾坤爲可計哉稽之全經則亦有可言者矣彼二百一十有六自乾六爻言之也然陽爻不止于乾卦則陽數亦不止于乾爻而由奇之所積以究陽策之變夫固可得六千九百一十有二矣百四十有四自坤六爻言之也然陰爻不止于坤卦則陰數亦不止于坤爻而由偶之所積以盡陰策之藴夫固可得四千六百有八矣若是而數其有不備乎使數限于乾也而不合之以坤則止于六千九百有奇而已不可以言萬也未備也使數偏于坤也而不合之以乾則止于四千六百有八而已亦不可以言萬也未備也今以陽數之饒而加以陰數之乏則過揲者無遺策而數于此乎會其全以坤策之縮而加以乾策之盈則推筭者無遺數而策于此乎極其變數至于千亦已多矣况積而至于萬有餘焉則所以托始于天地之生成者至是其悉呈于問易之餘而無盡藏矣乎數至于萬亦已極矣况積而至于萬一千五百有餘焉則所以造端于天地之參兩者至是其盡露于考占之際而無紀極矣乎吁謂之二篇則卦爻備而蓍之策盡于此矣謂之萬有一千五百二十則過揲全而蓍之數極于此矣數法之詳一至于此使非萬物其何以當之哉雖然策有盡也而策之理則無盡數有窮也而數之理則無窮苟不泥夫策而求其策之妙不泥夫數而求其數之神則神明之德通矣豈特可以類萬物之情哉學易者無徒以策數視之也

書

欽哉惟時亮天功三載考績三考黜陟幽明庶績咸熙

蘇民表

同考試官教諭陳批（遣詞清逸説理精到宜録之以爲多士式）

考試官學正何批（任人任法之效發揮明盡）

考試官教諭艾批（詞氣順達意趣雋永）

聖君任人以圖治而因立法以要其成焉夫爲政在人而法則可善于不窮者也聖世而兼舉之治功其有成乎且夫治天下者固先于輔弼之有人而尤貴于維持之有法吾嘗稽古帝舜而有以見其盛矣彼人君代天以理物君

之工亦天之工也苟不得人以敬亮之不亦曠天工乎舜則于二十二人而總命之使各恭厥職而輔相其宜共效夫敬事之誠往慎乃司而裁成其道同致乎弘化之烈内外相承而事功之有章也大小相維而治績之有緒也斯則代君之終者實所以代天之工而無負于君者亦無負于天矣是安可以弗戒哉然舜猶恐無法以維持之人情久而或玩也敬相之功其孰繼之乎又爲考績黜陟之法以行之三載爲一考而勤惰以分稽察之詳有以振夫率作之大權九載爲三考而功罪以定黜陟之嚴有以昭夫旌别之大典但見賞罰明而人心思奮内外之事功擴然其修舉也激勸公而庶僚明作大小之治績沛然其敷賁也斯則熙庶績者即所以亮天工而命于一時者因垂戒于可久矣是何立法之善哉是則有治人則不爲徒法有治法則不爲徒善有虞之治所以獨隆也與嘗觀君臣者治之紀也而其要則歸于君元首明則股肱良而庶事康此其機在上而不在下然執簡御煩之道又非急急于督率之術者不然何衡石程書衛士傳食可謂有考成之勤而識治者弗之稱也

懋昭周公之訓惟民其乂我聞曰至治馨香感于神明黍稷非馨明德惟馨爾尚式時周公之猷訓

王汝訓

同考試官教諭陳批（善體成王口氣且立意清新措詞剴切蓋讀書而得其精華者）

考試官學正何批（詞暢意達）

考試官教諭艾批（純雅）

賢王欲大臣用訓以治民而指言其當用焉甚矣古訓之易于化民也况訓之精微如此而可以弗用也哉成王告君陳之意若曰圖治以宜民爲要而以法古爲先爾今欲慎乃司以率常也豈有他哉亦惟以周公師保萬民固嘗垂訓以貽之後而民懷其德今方思慕而不能忘爾于此知民之所欲者在周公之訓也即其方策之所載而播告于遠邇皆其久而安之者也自翕然而聽順本其條教之所陳而頒布于邦國皆其習而服之者也自歡然而率從蓋我能如周公以訓乎民斯民亦以懷周公者懷乎我矣其訓維何我聞曰至治馨香感于神明黍稷非馨明德惟馨意以黍稷之馨香不過假此以爲明禋之具而明德之升聞實所以達夫昭格之誠是訓也可謂精微矣周公以明德而成至治也非此訓已然之驗乎爾尚念所治者殷之頑民既不可無德以爲感通之本而所由者周公之訓尤不可無德以爲出治之原思其立言之意而端本以弘化者惟成憲之是遵玩

其垂訓之旨而懋德以敷治者惟舊章之是由期于至治成而神明格始見明德之感不誣而果非黍稷之馨矣如是而後謂之懋昭也民之乂也又奚足言哉抑論民可與樂成而不可與慮始故繼治世者其道同誠不輕于變更也成王于君陳惓惓惟欲繼周公之政則二公之治宜較若畫一矣自今觀之則周公克慎厥始君陳克和厥中則又若未嘗法周公者蓋與世推移雖少有損益而協心同道先後實一揆也尤見君陳善法周公之心

詩

君子至止福禄如茨韎韐有奭以作六師

陳嘉賓

同考試官教諭楊批（機軸嚴整詞華富麗是善形容周家中興氣象）

同考試官教諭王批（善言周王安不忘危之心是有憂治危明之忠者）

同考試官學正張批（鋪張盛世之烈詞整而氣雄結歸重内修可謂知本矣）

考試官學正何批（周王講武遠猷發揮殆盡）

考試官教諭艾批（舂容典雅）

詩人美周王之莅東都承天休而振武備也蓋治安之休不可以常恃也周王會同獲福而猶於武備振之其斯爲保泰之道乎此諸侯美天子之詩也意謂人君統天下而享無虞之治當先天下而爲有備之圖吾王今日之舉不有見於此乎是故吾王自鎬京而至洛水之上率諸侯而舉會同之典蓋大彰夫一統之義而實寓夫萃涣之機者也但見曠典一修而百辟協朝宗之志卜天眷於人心而諸福之咸集殆戬穀而罄宜者矣新令一頒而萬邦懷拱極之誠徵帝祉於人歸而百禄之攸同殆單厚而多益者矣福禄不如茨乎夫福固厚矣肯恃此而無遠慮哉故垂衣而治非不可自居於逸也然安不忘危服韎韐以講武而奭然其鮮明者有以示難犯之威端冕而朝非不可坐享其成也然治不忘亂服韋弁以臨戎而奭然其輝煌者有以寓無敵之勢嚴紀律於久廢之餘而聖武布昭足以鼓六軍之鋭氣舉其懈弛者而振飭之俾皆踴躍以效忠以此禦侮不將遠追維揚之遺烈乎勖止齊於大閲之時而皇靈赫奕足以倡六師之勇敢即其玩愒者而激勵之俾皆奮發以從事以此敵愾不將遠紹永清之丕緒乎吁制治於未亂則可弭亂於未萌周王得之豈不成安攘之績而保有周之業乎抑嘗謂武以戡亂而黷武非所以善治周諸侯之告宣王乃惓惓于講武而車攻吉日相繼侈一時之盛何哉蓋天下雖安忘戰必危而况中葉之後又非繼治世者其道可同也噫善圖治者必有宣王内修之實而

後可以行宣王外攘之事

豐年多黍多稌亦有高廩萬億及秭

劉鹿鳴

同考試官教諭楊批（作此題者不冗則略是作意精詞雅説出豐年氣象宛然在目録之以式）

同考試官教諭王批（不事藻飾而詞意自足冲然菽粟味佳士佳士）

同考試官學正張批（豐年景象闡揚殆盡是善言詩者）

考試官學正何批（典暢可則）

考試官教諭艾批（旨融氣昌）

詩人極言有年收入之富以見神功之當報也蓋力農以豐登爲慶也有年之所八而積之極其富焉非神錫之休而能若是乎此秋冬報賽田事之樂歌也意謂稼穡之勤固存乎人力豐穰之獲尤賴乎神休今吾有此收入之富其敢忘所自耶彼百穀之中惟黍稌之性本有高下之异宜故西成之際惟黍稌之多則知百穀之皆熟今上帝溥率育之仁而雨暘維時大田之稼則既同也黍之宜高而寒者吾見其多焉則凡同黍之性者可知矣維天篤降康之惠而陰陽以和萬寶之成何甚盛也稌之宜下而暑者吾見其多焉則凡同稌之類者可知矣是穡人成功而穫之濟濟也均足乎有秋之利同時人穀而積之栗栗也遂侈乎高廩之儲以廩計之不特有萬爾也而且維億焉公私極富有之盛將隨所用而無不給者也是萬億之入皆明賜之我受矣彼千倉之求又何足擬哉不特有億爾也而且維秭焉積貯昭大有之祥將隨所取而無不繼者也是廩之有秭皆美利之咸入矣彼百室之盈又何足言哉是則豐年收入之富如此由是而祀典修焉百禮洽焉雖天錫之惠實神相之力也則夫行報賽之禮以答神貺者奚容已乎抑農事始咏於豳風繼詳於豐年諸頌不以小人之事爲可緩而每亟言之且致謹於先農方社之祀焉蓋人君能念小民之依則憂勤圖治之心自勃然矣矧周以農事開國而無逸一篇又歷代相傳之心法此所以成有道之長也迨至稼穡卒痒而周道其衰矣有天下者其可忽諸

春秋

晉欒書帥師救鄭（成公六年）夏曹公孫會自鄸出奔宋（昭公二十年）

馬化龍

同考試官教諭雷批（春秋欲世臣必如欒書曹會而後可用者以其功與賢也此篇體認真切筆力老健録之）

考試官學正何批（有斷制）

考試官教諭艾批（明盡）

春秋紀世官有録功臣之後者有録賢臣之後者此見二國之用人得是道矣彼華孫之世宋奚取哉夫庸施於社稷績載於國史者是之謂功與國同休戚者也國有功臣則所以免於敵國外患之加而培其精神折衝之勢夫人永其思而不忘者也而可以泯其世乎於晋得欒書焉胄乎欒枝者也枝之在晋錫膺乎大路而城濮之霸業以彰行成於子人而衡雍之載書繼定所以頌其功者也書也紹之克光前烈繞角之遇桑隊之還八人之衆無敢撓其專制之義誠世濟厥美晋之諸族固莫之與班也若華孫以逆臣之後而宋任之主兵使世操國柄豈世功如欒書耶以書例宋而其失益彰矣夫行負絶俗之孤貞守堅不奪之大節是之謂賢與世爲軌則者也時有賢臣則所以興廉頑立懦之風而息覬覦非望之萌天下所以觀其德而化焉者也而可以没其後乎於曹得公孫會焉裔乎子臧者也臧之在曹守節而不從乎衆辭千乘之大國逃宋而不覲乎王振百世之高名天下所以仰其行者也會也嗣之克繩祖武待放而行賜玦而去顛沛之際不敢忘臣子之恭誠篤守先訓春秋諸臣莫之與并也若華孫以賄立之裔而宋縱之來魯專主國盟豈世德如曹會耶以會例宋而其罪益著矣此義行則崇德報功而厚道敦選賢任能而承弼賴亂何由萌哉奈何喬木之世既微家父之刺有作由是而爲三家之專由是而爲六卿之分而潛逾之轍相尋矣君人者可不深懼之哉

夏齊侯衛侯胥命于蒲（桓公三年）秋八月諸侯盟于首止（僖公五年）九月戊辰諸侯盟于葵丘（僖公九年）公會晋侯宋公衛侯曹伯齊世子光莒子邾子滕子薛伯杞伯小邾子伐鄭會于蕭魚（襄公十有一年）

宋言

同考試官教諭雷批（晋昭平丘之失只當於收束處見之作者類多冗雜獨此篇明爽簡潔宜録以式）

考試官學正何批（嚴整）

考試官教諭艾批（得旨）

信好迭講而皆有其善春秋悉美之也此見首止葵丘之盟于蒲蕭魚之信其有裨於世道多矣春秋悉書以美之也宜哉自夫盟載掌於周官而大道之公泯私盟叛於列國而衰世之弊滋盟非春秋所貴也審矣乃若齊衛之命蒲也齊桓之盟首止葵丘也晋悼之會蕭魚也而春秋悉美之者何蓋盟以結

信雖非盛世之公而事有可取者聖人亦不得而概廢之也以予觀於齊衛桓悼之事蓋有善可褒而不容概廢者矣何則于蒲之胥命齊衛相推以牧霸也斯時也周旋於壇坫之間咸得乎中孚之義即其無詐無虞之心殆信由衷出者矣古者結言而退齊衛其庶幾乎至於桓公翼戴襄王而首止盟焉誓同於八國仰戴乎一人崇正抑邪而惠王之謀寢子鄭之位定矣俾天下曉然知父子君臣之倫者多此羽翼之助也及再合諸侯而葵丘盟焉修一王之禁令宣五命之訓詞大畏小懷皆言歸于好而諸侯之心喻矣俾天下昭然知修齊治平之道者賴此約束之功也逮夫蕭魚會而鄭伯請成焉悼於是時鑒亳北而從武子之嘉猷禮鄭囚而遣叔肸以播告即其背楚從晋之久可謂誠在令外者矣昔者城濮之績豈越是乎是知首止葵丘明道義也而威力非所計矣命蒲蕭魚尚誠信也而詐僞非所先矣彼晋昭平丘之盟而以威詐莅之果若是班乎是故春秋特書同盟以著其競力不道爲後鑒耳彼善有可取而世道攸賴者烏可以是例論哉噫尊周室攘夷狄春秋教也故齊衛桓悼雖囿於習俗苟可善焉春秋取之莫非尊攘意也奈何黄徐不救而桓德衰大夫聽命而君權失其尊攘之業吾不知所終矣故春秋好而知其惡其欲有國者敦不息之誠乎

禮記

君子於是語於是道古修身及家平均天下

王憲

考試官學正何批（説理精明措詞純雅是深知古樂者録之）

考試官教諭艾批（意婉詞暢）

賢者明君子論樂之正而因推其效之大也蓋中和不偏此古樂之所以可道也推之而成修己治人之效樂之觀不其深乎此君子有取於古樂之正而子夏述以告文侯也若曰大哉古樂之用乎繹其理固有不容言之妙徵諸治實有不可誣之功是故當樂之終而君子聽之可但已哉八音既闋時則餘音未絶也而嘉樂益深不覺其揄揚之至萬舞既畢時則遺容可想也而契慕愈切自極其擬議之真然是語也豈今之所謂鄭衛之音也耶敬而出之以和真上古之徽音也所以爲英爲莖者在是矣又豈所謂齊宋之音也耶和而濟之以敬真盛世之遺響也所以爲章爲韶者在是矣君子之道樂若此豈徒取聲容之可觀而無補於治化之盛哉吾知其在樂也優柔平中之理既徹其淵微則其在身也恭敬温文之德自底於純粹情和而不累於欲也志正而不納於邪也身不於是而修乎身既修矣由是舉而措之家也則樂行倫清敦睦之

風成焉恩以相愛者不至于相瀆也文以相接者不至于相離也是家齊雖本于修身而所以致其齊者一古樂之化浹洽於家而已矣家既齊矣由是舉而措之天下也則廣樂成教雍熙之治溥焉道德一而百姓平章也風俗同而萬國咸寧也是天下平雖本于家而所以致其平者一古樂之化洋溢于天下而已矣吁古樂之功用至于如此吾君聽之恐卧亦獨何哉大抵治化之極致固原于樂感然而樂之所由生又吾心爲之本也誠能審一以定其和然後比物以飾其節則氣和形和而大和流通天地且爲昭矣豈但平天下哉故曰先王慎所以感之者

唯天子受命于天士受命于君

史紀勳

考試官學正何批（發揮君臣受命之原融徹詳盡可以式矣）

考試官教諭艾批（用意周悉遣詞暢達）

記者推君臣受命之原見敬之不容已也夫君之命出于天臣之命出于君其責至重矣思以克承其命容可已於敬乎表記述夫子之言意謂天統元氣君統元化其尊同也君奉乎天臣奉乎君其道同也吾嘗稽其受命而知之矣彼天子以一人而操統理之權命若由己制也不知君者憲天以弘化者也皇猷之顯設莫非奉帝則以周旋神化之誕敷要皆本天機以順應典禮之敦庸固自我出也而究其秩叙之原一承乎上天之明命焉而我無與也賞罰之用舍固自我出也而要其勸懲之本一順乎維天之休命焉而我無爲也是雖於穆默運天固未嘗諄諄然以命乎君也然君之分則統于天者分之所在自儼若鑒命之我受而不可違矣則夫欽崇其命以來無負于天者寧容已哉人臣以一身而任輔理之責令若由己行也不知臣者代君以有終者也化理之敷宣無非將順乎我后之德意謀猷之措注一皆奉若乎大君之明威以一民德人見其典禮之敷也而推其敦庸之命則受之天子焉而下不敢專也以齊民行人見其賞罰之布也而原其予奪之命則受之天子焉而下不敢僭也是雖恭默無爲君固未嘗屑屑然以命乎臣也然臣之分則統于君者分之所在自凜乎簡命之我受而不可忽矣則夫祗承其命以求無負于君者寧容已哉夫觀君受命于天則不可無格天之道道有不盡是褻天也觀臣受命于君則不可無效君之忠忠有不盡是慢君也有君臣之責尚其交儆于斯乎大抵天命靡常爲臣不易克艱之道惟在一敬而已君能顧諟天命而存以兢業臣能顧諟君命而懷以勿欺則上下交而德業成矣噫主敬之功亦未勿言也其端

在于養心心純則敬立敬立而事天事君之道無餘藴矣

第二場

論

帝王治天下之大經大法

劉慎

同考試官教諭劉批（文勢波瀾詞旨開闔而議論變幻悉中肯綮録之以式多士）

同考試官教諭王批（據題立說而文詞闔闢曲盡其妙殆潛心而有得者録之）

考試官學正何批（議論條暢識見老成）

考試官教諭艾批（剴切古雅可式）

論曰聖人所以成天下之治者其有道乎要惟本諸心而已夫聖人之心何心哉天地之心也天下同然之心也聖人以同然之心推之天下而天下亦以同然之心應聖人是以經正而民作孚法立而民用式而帝王之治斯成矣不然天下至大也天下之民至弗齊也苟弗自其同然者以一之即推之弗準動之弗應其何以立萬世之經而爲法于天下也哉善乎蔡氏叙傳曰帝王之治本於道帝王之道本於心知此可以語帝王之大經大法矣書曰維皇上帝降衷于下民若有恒性傳曰民受天地之中以生夫天之所降民之所受皆中也即皆恒性也恒性同出于天是天下固無不同之心也惟聖人者先得天下之所同然者耳而天下之民有弗各得其心焉維皇降衷之心孤矣聖人爲天地立心者其能以自已哉故精一執中堯舜禹之相授惟一心而所以治唐虞夏后之民者弗容已也建中建極商湯周武之相傳惟一心而所以治商周之民者弗容已也是故舉吾之心以加諸天下之心而大經立焉大法行焉是經也非藝極之粗迹也本諸聖人之心而表極於天下者也率履不越天下之大法在是矣經固不離於法也是法也非品式之彌文也出諸聖人之心而丕式於天下者也恒久不易天下之大經在是矣法亦豈外於經乎經也法也莫非帝王之道則亦莫非帝王之心也是故其著於大經大法之間者曰親九族曰敷五典曰修紀惇倫帝王以德教天下者何至焉而莫非吾心之秩叙也曰粒烝民曰則三壤曰康功田功帝王以政養天下者何至焉而莫非吾心之懷保也以至咨岳建牧佑賢輔德克宅克俊帝王所以亮天下之工也一吾心之權衡也五刑五就兼弱攻昧庶獄庶慎帝王所以防天下之淫也一吾心之裁制

也仰焉欽昊授時在衡齊政歲月日時之無易俯焉封山浚川敷土隩宅金木水火土穀之惟修帝王所以財成天地以盡參贊之能者也一吾心之經緯也聖人之心既通天地民物而無外以故聖人之道自範圍天地而不過曲成民物而不遺建之爲大經而萬世不易者此也布之爲大法而四海率從者此也由是時雍風動綏猷迪德之俗成而天下若其教由是利用厚生允殖乃粒之利興而天下安其養由是九德咸事俊乂在官而衆賢和于朝由是蠻夷率俾慆淫罔縱而庶民和於野由是平成永賴雨暘時若而天地得其位帝王致治之盛一至于此孰非大經大法之宣昭也哉抑孰非聖人以心運天下而天下亦以心孚聖人者哉何者蓋經法出於聖人之心皆同乎民心者也聖人固本其民之所自有者爲之經與法耳非於民心之外有加也天下之民亦率吾之所固有者迪其經與法耳亦非於吾心之外有加也故聖人因民心以出治即治以天下而聖人無心也天下順聖心以達化即化以聖人而天下亦無心也故曰聖人之心見於經猶化工之妙著於物蓋因物付物化工所以盡利以人治人聖治所以盡神知化工之妙則知聖人之心矣

同前

趙舉廉

同考試官教諭陳批（理趣精深筆力蒼古是讀秦漢之文而有得者宜録以式）

考試官學正何批（不事雕琢而蒼然之光自不可掩諭之絶佳者）

考試官教諭艾批（雄健古雅當是名筆）

帝王之以道治天下也本其受於天者也天一中而已矣人受天之中以生而具於心道之體也帝王統天立極舉天下有待於其法制使法立而不本於道道不本於心是亦泛然鋪張之具而徒以私意擾天下是故經與法者帝王治天下之迹也中也者帝王所受於天而澄涵淵懿宰制群動者也舉其受於天與其治天下者交相流焉而後天下相率以安於法而不吾變斯其爲帝王有本之治歟蓋嘗觀於帝王處生民之初矣視天下之生倥侗顓蒙如璞未雕也帝王且與天下安焉耳而何有所謂經與法耶迨夫風氣開矣天下日多事矣帝王挈宇宙於其身而奉天之無私以勞天下則必有措爲法制而使天下萬世遵之以長治者彼芻狗萬民者欲殫殘治法一切以虚無導之夫虚無豈足以治天下哉帝王不然矣然使徒有是經與法而無所以爲之本其受於天與其治天下者戛戛不相入而惟操其具以率天下也天下其誰從之不觀

之天乎行以四時臨以二曜布以五行七政若造物者盡是矣而不知一中之主張流貫於亭毒者固乾坤之所以不毁也帝王以天道治天下者乃徒操其具而精不流焉豈所謂以道治天下者哉是故天地未平也而曆象璣衡封山浚川之法立四時日月未理也而協時正日之法立人倫未明也而敦典修紀叙疇之法立典則法制未備也而定賦制刑設官分土同律度量衡之法立帝王之以道治天下而措設創造者若是乎其井井綸綸枚枚秩秩至周矣而不知此固治天下之迹也至其受於天而爲心法之精者又旁皇周浹於經與法之中而通之天下萬世者也是故精一執中建中建極堯舜禹湯文武之心法也中以立心心以會道爲能以天地爲本以太極爲柄以鬼神爲徒以萬物爲容而澄涵淵懿宰制群動者冲然邃矣由是出之以正天度平地軸天下日覆載於大經大法中而不知帝王以其中爲清寧之紀也以理四時日月天下日順其寒暑晝夜於大經大法中而不知帝王以其中爲陰陽之官也以明人倫天下日惇叙於大經大法中而不知帝王以其中爲綱常之統也以備法制典則而使百王有率循焉天下日用於大經大法中而不知帝王以其中爲古今之會也是故帝王之道穆乎造物與游而神運四遐若是也夫是以經與法即其受於天者而朗然與風雨晦□并行宇宙也歟孰謂帝王徒以私意擾天下也哉嗚呼此王道也亦天道也爲而不用運而不宰有創造而無創造者也繇之則天下治不則亂者也如權準之行天下而豪商大賈莫得鼓舌與三尺童子争低昂輕重也豈惟天下後世不能低昂輕重之雖帝王亦不能自以己意低昂輕重之也何者以受於天也故當其時雨暘時矣山川奠矣鬼神寧矣鳳儀獸舞矣魚鼈若庶草繁矣至是而帝王且以其受於天者贊乎天矣向使徒法而不本於心則五伯之建樹非不赫赫也而何以精明果鋭之氣一振而無餘味乎吾故曰帝王之以道治天下也本其受於天者也雖然帝王之中中於學也彼兢業祇台懋昭敬止敬義者如天運於上而不少息此聖以益聖而治益隆也後之君天下者惟務學以致中則一帝可三三王可四而經與法皆吾心物矣噫此固帝王純天之治也

表

擬聖駕大閲禮成群臣賀表（隆慶三年）

徐渭

同考試官教諭楊批（我皇上保泰之意鋪張殆盡子其亦有先憂後樂之志者乎）

同考試官教諭王批（詞藻焕發矩度森嚴是工於四六者）

同考試官教諭張批（駢麗中寫揄揚之意且典則可嘉録之）

考試官學正何批（美不忘規足占忠悃）

考試官教諭艾批（雅麗可觀）

隆慶三年某月某日具官臣某等恭遇聖駕大閲禮成謹奉表稱賀者伏以天仗霜嚴聖武應金秋而肅令龍旂風動皇靈開寶曆以宣威仰萬乘之雲從振六師而虎奮江山壯色寰宇騰歡臣等稽首頓首上言竊惟國家保治之機在安内而攘外帝王持盈之要必緯武以經文唐虞不廢詰戎夏商尤勤簡乘伐崇遏密文德彌光吉日車攻英聲茂著圃原習戰日聞車馬之音具囿觀兵時見羽旄之美降延季世浸墜前修未閑攻圍擊刺之方莫辨鼓鐸鐲鐃之用會都試武技原非有備之謨平樂整軍容奚取不虞之戒睠兹令典有待明君恭惟皇帝陛下智勇天授睿哲性成際百年開泰之期應□葉重華之運經筵日御聿昭文治之光疆圉秋防載纘武功之緒嗣丕基於有永圖至治於無疆爰念先朝首剏營制興衛閑於部伍樞筦典自勛臣顧世際承平致人趨玩愒非申蒐閲之令罔裨久大之猷特軫宸衷重煩聖慮允輔臣之獻疏斷在必行諭司馬以陳兵筭無遺策翠華遥莅欣瞻玉輅以臨戎黄道弘開喜見天颜之閲武羽林星列近羅虎賁三千車騎雲屯厚集貔貅百萬鵝鶴魚麗迭見縱横繁弱僕姑各輸巧力雲□黄幄驚□斧鉞流光日映朱鑾快睹旌旗耀彩師徒驃健同懷裹革之心將佐鷹揚共奮請纓之義氣横千里何須鳴劍伊吾紀肅三營不數屯軍細柳從此揚威伐叛電掃風馳由是保大定功外威内治允矣承皇考纘圖之志廓二祖創業之勛者也臣等幸遇昌期恭逢盛事技有慚於鳥陣何起沉砂謀寔乏乎龍韜奚堪拔幟伏願九德日新五兵歲偃握制勝之長策無怠無荒周防患之訏謀有嚴有翼垂裳堯殿祥光永麗乎宸樞舜羽舜階佳氣常浮□帝座履至尊以馭六合固千載之金甌莅中國而撫四夷調萬年之玉燭臣某等無任瞻天仰聖欣躍屏營之至謹奉表稱賀以聞

第三場

策（五道）

第一問

劉慎

同考試官教諭劉批（我皇上右文宣武光紹祖宗蕩蕩乎難□而幸學大閲尤其鉅者子能揄揚□盛可謂識其大矣録之）

同考試官教諭王批（我祖宗暨皇上聖文神武未易名言子能鋪張揚

厲之末又歸本於敬蓋涵濡聖化而有得者）

考試官學正何批（我祖宗皇上文武聖神未易頌揚子能以天推其妙以敬要其極可謂仰觀其深者）

考試官教諭艾批（我祖宗暨我皇上文謨武烈敷陳切至殆服膺而有得者録之）

聖人之繼天撫世也有憲天之政以昭經文緯武之烈必有純天之心以爲揆文奮武之原於穆不已天之神也聖人存其神而剛柔不偏心則純乎天矣陰陽迭運天之化也聖人達其化而德威并懋政則憲乎天矣神以運化而鈞陶乎萬彙天所以成大造之功心以宰政而彌綸於兩間聖人所以弘配天之治天與聖人其致一也知此可以論古帝王之治而我祖宗之垂統貽謨皇上之覲光揚烈其聖文神武與天無間者可以揄揚其盛矣粤自結繩之政代而文運漸闢往牒所紀帝王之文燦然矣試自明問興學者言之唐虞典樂教胄夏商校序明倫蓋莫非崇文之化而周之制爲備焉自今觀之師氏有三德三行之教保氏有六藝六儀之教大司樂有樂德樂語樂舞之教大胥掌版小胥掌徵令有觥撻之教而又春秋詩書冬夏禮樂崇其術也□年考校九年大成稽其業也家塾黨庠術序國學廣其教也其制信云備矣及考戴記則天子視學大昕鼓徵衆至然後天子至乃命有司行事興秩節祭先聖先師焉必若是親之者何也天子建維皇之極臣民所觀化者此也以故明王重焉然又以關雎麟趾之意敷菁莪棫樸之教其化皆從心出兹所以天下順治而享祚於靈長與自涿鹿之戰興而武功漸啓往牒所紀帝王之武燦然矣試自明問閲武者言之禹征苗而誓師湯伐夏而格衆蓋已肇訓武之端而周之法爲詳焉自今觀之大司馬中春有振旅之典中夏有茇舍之典中秋有治兵之典中冬則通三時之教有大閲之典而且坐作進退習其節也鼓鐸鐲鐃審其聲也龍虎鳥龜辨其象也其法信亦詳矣載考周禮振旅以苗王執路鼓治兵以獮王載太常一歲四時之教天子蓋再臨焉必若是親之者何也天王爲紀法之宗華夷所瞻仰者此也以故明王重焉然又天保以上治内采薇以下治外其政皆由心立所以天下威嚴而保泰於綿遠與裔是而後漢高過魯祀聖知崇道矣而自□□上之治明帝臨雍拜老知敦禮矣而□侈稽古之榮釋奠命講孝經者唐太宗也而增廣生員罔裨仁義之效幸學親贊孔顔者宋太祖也而州郡立學未遑先事之圖其於古帝王純心之學爲文教之本者概乎未之聞也又烏能與之儷美哉乃若立秋肄兵水南門此漢制也而中平一講致貽蓋勛之譏立冬講武都墠此唐制也而府兵三變竟滋杜牧之嘆唐玄宗躬擐戎衣

講武驪山而持鎗立陣不幾於褻乎宋太宗堂名講武築於西郊而劍舞鼓噪不比於戲乎其於古帝王純心之學爲武功之本者藐乎未之得也又奚能與之媲烈哉恭惟我太祖高皇帝繼天立極道冠皇王經緯天地之文未易殫述而崇儒廣化尤軫宸衷國子之學建於登極之前三年州縣之學建於開國之次年黌宫垂卧碑之訓大誥著社學之章洋洋乎皇極之敷也仰稽設兵之制則京營嚴操練之律邊省備屯戍之規兵權統於夏卿戎務隸於五府兵政有統謨高千古其先天下以開創者巍乎成底定之大業矣蓋我高祖觀心有亭存心有録其所存者皆純天之心則夫軼三五而獨隆者譌不有本與我世宗肅皇帝應運嗣基德超元始昭回雲漢之章未易罄陳而弘道作人尤廑聖慮文華崇祀而繼道統以綏猷翊學有詩而惕心傳以範世敕諭鎸於胄監箴注布於膠庠煌煌乎懿德之肆也伏睹詰戎之猷則咨邊計於大臣時蒙宣召遴干城於武科屢詔甲嚴革監鎗坐營之蠹飭會官閲視之規經武有要動出萬全其後天下以守成者焕乎光紹述之丕圖矣蓋我世宗敬一有箴五箴有注其所存者即太祖之心則夫協先後於一揆者又不有自與我皇上誕膺寶曆君師萬邦憲章哲王匹休先烈以文言之改元恩詔昭垂日月之光御講經筵妙契聖賢之蘊拔貢儒英而章縫荷澤釐正文體而鈎棘還淳文治則既熙矣竊聞紀元之年駕幸太學諭師生而絲綸闡奥謁先聖而俎豆增輝儒臣膺坐講之榮多士蒙衣鈔之賚一時臣庶環橋門而觀聽者宛然游成周之都聽奏公之美也禮臣因集之爲聖駕臨雍録昭示罔極化暢八埏不其紹祖宗之聖文邪以武言之軫懷九邊而頒賜帑金更立三營而光復祖制博選邊才以儲督撫慎遴邊吏以資保障武烈則既揚矣復俞輔臣之請大閲六師祭告行而百靈佑綏鑾輿動而兩儀澄霽將士欽諭戒之嚴中外服賞罰之允一時臣民見羽旄而喜告者儼然際虞帝之廷睹舞干之化也本兵因集之爲大閲録流播無窮威覃九有不其纘祖宗之神武邪愚又聞之天之陰陽非二也動而爲陽而獨陽則不生静而爲陰而獨陰則不成觀此而文武相須之義可識也天之陰陽固一也陽主生育而聖人恒扶之陰主肅殺而聖人恒抑之觀此而先德後威之義可識也陰陽流行真實無妄其天之誠乎必文非彌文武非黷武而後爲憲天之政焉陰陽動静無非太極其天之心乎必文思内蘊武毅中涵而後爲純天之心焉史臣之贊堯也曰乃武乃文而放勛不越乎欽詩人之咏文王也曰文武維后而緝熙不外乎敬然則敬也者聖人希天之學而皇上所以纂祖宗之盛兼帝王之隆者其本固在兹也愚生跧伏草茅懷芹曝之忱久矣敢因執事爲九重獻

第二問

吴永裕

同考試官教諭陳批（近時文體多尚浮靡子能折衷歷代文章歸於簡實録之）

考試官學正何批（文章之實用子能闡發其切要而篇末轉移機括尤爲有見宜録以式）

考試官教諭艾批（邇來士習浮靡奉詔釐正誠復古之會也子欲敦本濟世其有志敬應者邪）

文章之體貴敦本實而不以富麗炫工能貴濟世務而不以浮靡事虚談此皆教化之所係而治體之所趨也蓋文不根于本實則雕蟲之技耳雖連篇累牘以侈其盛而非所謂文也文罔裨于世務則虚車之飾耳雖掇英擷華以萃其美而非所謂文也故君子重有本之學治世無枝葉之言而人才之盛衰世道之隆汙胥於文焉驗之矣自今觀之尚書所載典謨訓誥唐虞三代之文也讀其書于數千載之下猶可以仰見其淳龐渾噩之氣象然説者謂六經無文法三代無文人何也在上者以德行用人未嘗以文舉士在下者以德行自立亦不知以文趨時故無意于求工也譬之風行水上自然成文所以爲文之至也周衰至于戰國學校之政不修游士持縱横之議而上書求用策對之事已肇其端漢以四科取士始爲對策射策遂成科舉之習然經術時義固在也至隋始有進士雖孝廉秀才未嘗廢舉而相沿至唐詞賦之科愈盛至宋則兼詞賦而又益以制誥厥後罷明經而專重進士詞章之風日靡靡焉無止極矣蓋上以此待天下之士而天下之士亦以此應上之求昔人所謂今之科舉不可如何之法也是亦因時之制也然漢廷親策賢良方正皆因事而舉若置朔方問鹽鐵均輸榷酤罷行之宜皆當時大事令建議之臣與之反覆詰難卒用其言罷榷酤而天下稱便此豈取其文辭已哉蓋漢儒去古未遠所學即所言所言即可用非若後之徒事于文者也唐藝文傳論唐之文無慮三變王楊爲之伯燕許擅其宗韓柳造其極然務求巧麗以此爲賢溺于所習悉昧本源趙臣病其有五弊而唐之文可知已趙子直論宋之文淳厚見于立國之初中正作于慶曆之際矯激起于熙寧之後然必如歐陽脩知貢舉而後變鈎棘爲渾厚革險怪爲醇雅則宋之文可知已至于文辭奇叙意通宜深宜易當對不當對非文之六説乎如成周如七國如西漢非文之三等乎宜雅宜理尚實尚麗非文之四科乎易見易識易讀非文之三易乎是皆論爲文之體裁品格而移風救弊之道亦在其中矣我國家設科取士首崇經術以明經爲第一義觀其

心得義理之學繼用策論詢以古訓時務而究其博通古今明體適用之效二百餘年豪俊之士垂功名于竹帛勒勛業于鼎彝雲蒸霧集率登是選即古師師濟濟籲俊菁莪之盛亦何以過之顧邇年以來漸异昔時士爲文自質實爲華麗自華麗而浮泛自簡勁而暢達自暢達而繁冗不繹聖賢之旨而崇記誦之時義習爲故常剽竊成風甘心籬下之寄而不耻不察時勢之宜而泥口耳之舊聞采其近似鋪叙成篇咸老生之常談而自爲博雅經義靡所發明治體殊無考見士習吏治亦因之日就草略而國家設科之美意竟爲虚文此亦趙臣之所患而歐陽之所欲釐正者也近言官習見時弊奏行文體限字之式我皇上業已俞允行令嚴飭彰示學校之士而輔臣又奏令人臣建白章疏悉歸簡明我皇上復賜俞允即行禁諭昭布中外臣工蓋欲盡返故習一歸簡實共明時復古之會乎愚則以爲性理之文宜精研議論之文尚簡切大羹玄酒以爲味一唱三嘆以爲音温潤和粹以爲氣淡泊平中以爲辭剴切直陳以爲義而悠然渾然者不可變也厲之以穀梁暢之以孟荀肆之以老莊博之以國語致之以離騷著之以太史公而淵然蒼然者不可易也如朱子所謂治世之文可也如程子所謂名世傳世之文可也寧爲菽粟布帛而不爲玉珮瓊琚寧爲灝灝噩噩而不爲長江大河如是而敷陳經義闡明理道之精微論議治體有裨時勢之切要所言皆可實用而文非操觚之藝矣此愚之所願學者也雖然又有説焉漢武好浮誇而相如以浮誇應魏武好浮靡而曹植以浮靡應此興彼效捷如影響可見轉移變易之機括在上不在下矣仰惟朝廷重體要之辭崇責實之政鼓舞之機真足以示代之章程而激天下之敬應由是喜議論者息其浮言競詞藻者還于淳朴挽士習而復隆古人文之化端在斯矣愚何幸躬逢其盛

第三問

陳嘉賓

同考試官教諭楊批（敷答明悉趨向端正是能志伊甫之志者）

同考試官教諭王批（尚論古賢哲而歸本才德合一真知要之言也録之）

同考試官學正張批（發先哲之藴晰王霸之幾子其深有志於尚友者乎）

考試官學正何批（條答允當）

考試官教諭艾批（品藻詳明）

嘗謂古之大臣懋建勛猷光昭聲實而惠澤流於當時風烈垂于後世者豈有他哉要惟本之以德而濟之以才焉耳何謂德契理道之藴而戴仁抱義以成天下之大忠者是也何謂才攄經濟之略而宣力效能以弘天下之大業

者是也故有德以達才則見諸寅亮者不爲無本有才以宣德則蓄諸淵懿者不爲無具此古之名卿鉅輔所以弼成有道之治而至今仰休光者不衰也執事策士而以中土相業下詢承學毋亦以諸生中有夙抱先憂式追往哲者乎而愚非其人也敢不掇拾以對嘗聞有一代帝王之興必有一代帝王之佐雲龍風虎勢相景從蓋自古已然矣惟兹河南古豫州也居天地四方之中帶嵩邙河洛之勝孕靈毓秀賢哲挺生以故理學闡其淵源經制擅其勛烈文章燁其精華剛大抒其節氣其間元臣碩輔柄鈞衡而翼贊鴻業者誠聲光相望更僕未易數矣姑即明問相業彪炳者陳之吾於商得伊尹焉耕莘守一介之節應聘任天下之重伊訓一書爲法萬世非天民之先覺乎於周得山甫焉進能保王德之美退能補袞職之闕蒸民一詩光輔中興非周邦之良翰乎聽政三年而日百姓頌其德子産所以見稱于孔子也位居令尹而楚王因以伯叔敖所以見重於虞丘也春秋之功業其容掩乎交歡周勃卒能安劉陳平六出奇計之餘也同心宋璟輔治開元姚崇十事要説之效也漢唐之謀略孰能先乎遇事敢言三居相位者吕蒙正也儉約好學至老不倦者宋庠也二人皆以狀元位宰相不愧科名克樹大節論者信不能優劣矣唱名雲見位兼將相者韓琦也使虜抗詞功存社稷者富弼也二人皆以元老建奇功國之蓍蔡民之父母論者亦不容軒輊矣凡此數君子者或崛起於千百載之上而隆古仰其烈或興起于千百載之後而當世揚其休雖事功不能盡同而要皆才德爲之用也逮及我朝稽古定制革前代丞相中書之府召選卿佐入輔大政即宰相職也列聖以來人文丕著一時輔弼諸臣應運而生者其在憲宗時則有若李賢其人焉初典銓司荐陟政府雖閎業之著於兩朝者不暇悉舉即如政本十事稱爲至論安邊十策多見施行非所謂嘉謀嘉猷入告爾后者乎其謚文達宜矣在孝宗時則有若劉健其人焉蚤儲翰苑尋簡内閣雖偉績之昭於兩朝者不暇悉陳即如憫四方之荐灾而屢疏時宜當貂璫之内訌而抗章力諫非所謂邦國儀刑老成馮翼者乎謚以文靖當矣夫即此二君子者以考諸前代其亦聞伊甫之風而興起者乎而韓富諸臣誠不得專其美矣乃執事猶欲責諸生以尚友之學顧生也不敏孰從而學之蓋兼多才者所以會其全而集衆善者爲能成其大乃若文達文靖二臣耳目未遠儀刑具在無容贅矣至于韓琦吾取其定策之勛焉富弼吾取其使虜之節焉蒙正吾取其量宋庠吾取其直焉陳平姚崇吾取其應變之略焉叔敖之執法吾取其貞焉子産之愛人吾取其惠焉等而上之仲山甫之柔亦不如剛亦不吐伊尹之先知覺後知先覺覺後覺是則王者之佐三代之英也能無景行之思乎詩曰德輶如毛仲山甫舉

之書曰惟尹躬暨湯咸有一德則德也者二臣勛業之本也推之而伐夏救民相湯以王天下推之而保王躬式百辟賦明命于四方莫非德之用也而王佐之才不能外矣故嘗爲之説曰王道之所以爲純者才德出於一也伯道之所以爲雜者才德出於二也斷王伯之幾庶可以定尚論之學矣管見如斯不識執事以爲然否

第四問

馬化龍

同考試官教諭雷批（深得闢邪崇正之意）

考試官學正何批（議論持正足挽近習）

考試官教諭艾批（意正而氣昌）

道之不明也异端亂之也夫异端何足以亂吾道我以其正彼以其邪若方員之异狀也鸞梟之异音也凡有耳目者可得辨之彼安足爲吾道病然道有時而不明焉則异端之似吾道者亂之也夫天下物理唯似足以亂真彼一异端也其説乃與諸异端者流不類而與吾道類非深於道者孰能察之然以彼似此猶二之也又其甚焉陰用异端之實文以儒者之言□儒者之口而談异端之宗旨曰聖人之道本如是也此則取蜾蠃而螟蛉之化而一矣學聖人者方苦于從入之難而忽得其超詣自便之説莫不翕然從之曰吾聖人之道固在是也其究將化天下之爲儒者盡爲异端舉衣冠而左衽之矣此其爲害又豈若似之者猶有迹之可尋哉儒者苟有衛道之心又烏容置之而不辨也夫道原于天地具于人心本之爲五常之性發爲四端之情麗爲五品之倫著爲飲食衣服宫室器械之宜達爲禮樂刑政之具此人之道也萬物雖與人雜然并生不得而有者也人既具此數者必于其中各盡其所當然之理然後無愧於爲人故學也者所以學盡此人道也而不可以易言也由灑掃應對而達之于經義致用由視聽言動食息之節而達之人倫日用酬酢之間由格致誠正而擴之於齊治均平之效由幼學志道以要之于終身之履歷蓋天賦人之理本自完備人之爲學必如是而後可以踐形故儒者之道人道之當然也聖賢之所以爲教帝王之所以爲治非二物也昔周之衰聖王不作孔子懼道之隱也爲之删詩書定禮樂贊周易修春秋與弟子相與講明以詔後世比七十子喪而大義遂乖矣至孟子時去孔子僅百有餘歲而百家之説競鳴于世是故荒唐諔詭則有若莊周列禦寇名實開塞則有若申不害商鞅孫武吴起則以其術交鬬天下之兵蘇秦張儀則以其辯離合七國之勢以至騶衍之談裨海公孫龍之析堅白與夫宋鈃尹文田駢慎到惠施之流紛紛然各徇其偏見

而自爲一方道術之爲天下裂也甚矣孟子以孔子之道自任是宜于諸説者排根塞竇摧陷而廓清之爲急今觀七篇之中略不經見其汲汲觝排而不置者則楊朱墨翟而已夫楊氏爲我近義墨子兼愛近仁孟子固以仁義爲訓者乃斤二子爲無父無君至擬於禽獸有説也夫人道之有仁義猶天道之有陰陽廢一不可者也二子各執其一則爲我者推其自私之極必且敢于陷天下之至不義兼愛者推其無辨之極必且歸于天下之至不仁使不辭而闢之人將曰是固爲仁義者乃其盭繆若此將不病吾之所謂仁義而疑之哉故孟子之攻楊墨以其异端而似吾道恐其亂真也莊列之徒固不足深辨爾矣由孟子而後能尊信孔子之道者莫若董仲舒勸武帝能黜百家表章六經漢之儒者宜審於道術矣乃班固叙藝文以儒與名法等家通爲九流者蓋世主徒有崇儒之名而未敦教化之本雖當世所稱大儒亦多專門守章句鮮睹道真又何疑于區區文墨之士哉由董子而後能尊信孔子之道者莫若韓愈于時佛老之教布濩中國自天子達于庶人鮮不震動崇奉愈乃昌言排之瀕死不慴且自任與孟子闢楊墨同功夫孟子之闢楊墨嚴矣愈之書往往以孔墨并稱其傳王承福復稱其道似楊朱是尚未明孟子深拒之意矧當其時緇□之徒第以禍福報應恐脅流俗愈之所以闢之亦徒以是故耳不足多也迨至□宋濂洛關閩諸儒出始有以發揮人道之大經闡明聖賢之本旨辨學者用工之先後以著人道之次第蓋自孟子之後道之湮廢千有餘年而復明可謂盛矣然當其時忽領餘教幻發禪宗而吾黨之士譎誕好奇者初攘莊列之緒餘繼仿儒道之形象爲之累架中間微辭隱義有近於六經之旨矣故程子曰古釋氏只是崇設像教其害至小今日之風便先言性命先驅耳智者才愈高明則陷溺愈深朱子曰釋氏之書極有高妙處句句與自家个同吾儒多有析而入之當時若王介甫之學張無垢之學庸解吕氏之大學解大段以佛義文儒道駸駸然布彗孛而翳日月引支孽而亂宗系矣夫釋者之害近吾道固足病矣然人知其爲釋氏之言也則有識者尤得而決擇也今也以談道之儒析聖賢之旨而所述者皆翻達磨彗可之窠臼改□能宗杲之面目使后生晚進汨没其中終身不知人之所以爲道儒之所以爲學者則其害豈在洪水猛獸下哉故程朱二子不專攻二氏而必先極力辨明于此者以其流患之若是甚也嗚呼數子者之繆得程朱之説闢之亦既有瘳矣今世之士莫不誦法孔孟析義程朱使皆明于人道之當然而從事于儒者之學豈非儒教世風之一大幸惜也程朱不作而世儒之高邁不羈厭聖學之嚴密而憚于始終條理之難者乃不勝一切自便之私拾楊簡陸九淵之賸餘而宗祖于張吕作弄精神驅駕氣

勢借先儒之文字傳黠僧之衣鉢將鼓一世而悉异教之從未能下學也而徑求上達世豈有今日適越而昔至者哉未能循迹也而自謂安心世豈有外肆跳踉而中致肅者哉詖淫邪遁靡所底止使後學之士猖狂恣肆而不肯使辟近裏從事□切己之實學其究足以壞人心蠹國政□晋玄虚之效往事可明鑒矣有世道之責者誠不可不深辨而力挽之也挽之何如亦曰明人道之本原陳聖學之次第以先于自治而已

第五問

王憲

考試官學正何批（深識裕民足國之計子其有適用之學者録之）

考試官教諭艾批（經濟之略籌畫允當）

天下有自然之利也貴乎有以導而布之是故上焉國用之足者足以此也下焉民用之裕者裕以此也乃上下兼利之道誠盛世之首務而臣工之所當亟亟焉以究心者也故欲足國而不求諸自然之利則爲權謀爲術數國用必不可得而足矣欲裕民而不求諸自然之利則爲私恩爲小惠民用必不可得而裕矣惟以利之自然者導而布之則國不期足而自足蘇子所謂萬世之計者是也民不期裕而自裕孔子所謂不費之惠者是也則利豈國家之諱言哉此大學生財之大道所以爲治平天下之要也執事策士終篇而以水田詢及蓋欲爲斯民堵厚生之本而爲國家立裕用之原甚盛心也愚也敢不悉心以對且水田之説何所昉乎井田之遺也井田莫備於周而非始于周也虞書曰予决九川距四海浚畎澮距川是也亦非始於虞也通典曰黄帝時八家爲井井開四道而分八宅鑿井於中是也蓋井田之説其來遠矣至周而其法始詳有遂人十夫爲溝百夫爲洫千夫爲澮萬夫爲川之制焉有稻人以潴畜水以防止水以溝蕩水以遂均水以列舍水以澮瀉水之制焉又有匠人氏辨其深廣之度通其蓄洩之宜焉□至善矣當其時三年耕餘一年之食□年耕餘三年之食以三十年之通制國用民安物阜公私充足太和在成周宇宙間矣自阡陌既開而井田之法廢經界不正而溝洫之制湮識治體者往往慨古法之善而無可復之期此執事所以深致意于水田之利非謂其得古之遺意乎黄帝之教曰有石城十仞湯池百步帶甲百萬而無粟弗能守也晁錯之説曰珠玉黄金饑不可食寒不可衣然而衆貴之者以上用之故也粟米布帛生於地長於時聚於力非可一日成也一日弗得則饑寒至是故明君貴五穀而賤金玉由是觀之農非國之本而地非財之源乎民生國計之攸關可概見矣我國家定鼎燕京百官六軍群工吏胥所食米粟歲計何啻億萬皆漕運于東南

給焉非以有水田之饒乎夫農之致力於田也水陸訂不相遠而其收穫也則或相十倍焉以陸田懸命于天而水田取必于人其利□大相徑庭者東南之饒于財賦有以也邇來東南民力漸以困竭綱運削弱司農告匱乏三歲之計有識者無隱憂耶夫天下之勢譬之一家也有富民焉而城居負郭之田無可資惟取足以別業焉其無遠圖可知矣東南偏處一隅國家之別業也河南諸省附近郊圻國家之負郭也以東南一隅而獨當國家之全結無怪乎力之竭而用不裕也諸省姑無論已河南民生耳目所睹擊者殆可痛也高阜之地間種菽麥而鞠爲榛莽者彌望也潢污沮洳則視爲無用而輕弃之一遇旱澇則束手無策甘流邪僻以苟旦夕之生而已夫地之爲道高下相因皆以資生萬物養育萬民本無分於南北東西矧南方山坡峻薄較之北方土厚水深平原接壤尤爲不同且三代井田之制皆起于此豈南可以爲水田而北獨不可爲耶惟民有遺力斯地有遺利而民之所以有遺力者特在上之人鼓舞勸相之無術耳仰稽前代興水利於兩河之内者豈鮮其人哉魏西門豹之爲鄴令也太史公稱其問民疾苦鑿渠灌田而傳漢書者乃載史起責之之言曰魏氏之行田也以百畝鄴獨二百畝漳水在其旁豹不知用是不知也知而不興是不仁也魏于是以起爲鄴令遂引漳水溉鄴以富河内而民歌賢令史氏所載雖有不同豈豹以先民未之爲而不知其可以有爲乎抑豹開其始而未竟起則更加疏鑿以成之乎厥後開稻田數百頃視事七年政化大行而有天降神明君之歌者則汲縣令崔瑗也通溝瀆起水門歲溉田至三萬頃繼之者復修治陂池廣拓土田而民有召父杜母之語者則南陽守召信臣杜詩也激用淯諸水以浸原田萬餘頃分疆刻石衆庶賴之者□大將軍杜預乎帥軍于蒼陵立堰溉田千餘頃歲收穀百餘萬石以充儲備兼贍貧人者非豫州刺史夏侯夔乎之數人者或度其高下而導引之或尋其成迹而修浚之咸以致富强于當時垂休聲于後世取而法之顧不可歟元泰定間學士虞集議用浙人之法築堤捍水溉京東瀕海之田其法非不鑿鑿可行也竟爲浮言所阻及至正間海運不至京師乏食宰臣思集之言于是乎有海口萬户之設雖以紓一時之急然幾會已失事勢已去不可爲矣嗚呼豈非後世之永鑒哉先正丘文莊謂當如集之策起取閩浙知田事者講究而行之内以實京師外以實邊儲且推極以爲治國平天下之要道不出於此信矣其在於今國計乏而民生困以故□□經營中外之條議至出□切權宜無餘術矣是病已七年矣而三年之艾不及今蓄之可乎愚嘗反覆思畫水田之利非但藉以足國亦民之自厚厥生者顧常人安於故俗小民難於慮始每聞開田之議猶有倡爲阻撓之説者其

施爲措置之方要在招徠而鼓舞之以漸而不驟耳是故其務有五曰始近水之地也曰先有力之家也曰任督率之官也曰募教習之人也曰布鼓勸之令也夫田宜灌溉以時而因水之便尤易爲力必擇於溝瀆湖蕩之間以導以激焉庶不苦難易止而浚塘鑿池可漸次舉矣故曰地之近水者始焉開溝塍備桔槔既勞且費非無力者可任也必酌其力而計畝限之一歲有獲則利之所在即貧者趨之莫禦矣故曰家之有力者先焉古有勸農之官今水田始興必於州縣佐貳中遴委南人知水利者專任其事其□封無官之處併屬之俾往來循行率作興事考厥成功而優叙之故曰督率之官所當任焉漬種插秧備器具測泥塗俱有節度惟南人習之必多方招致厚其廪餼或授閑田俾耕以自食諸凡事宜咸聽指畫仍繪圖刻畫昭示久遠故曰教習之人所當募焉勸而後興民情也試移檄諸郡邑曰地可塘可池可佈田而業主無力者官量處給牛種或以贖鍰佐其工費凡開田之家照畝免差三年田成而後役之人將争相墾種水利大興故曰鼓勸之令所當布焉五事既盡則數歲之後稼穡成功不惟田畝多收而賦税易辦不惟常歲可飽而凶荒有備由是而寬東南之民由是而阜西北之財將焉往而不利哉雖然此尤守令之責耳蓋守令最爲親民利澤易於及下凡夫因天時而相地勢各悉其區畫之方宜土俗而合人情不失乎潤澤之□斯水利之興有攸賴矣是故有召杜而□可以成陂池之功有西史而後可以底漳水之績固其徵也此又在監司一加之意焉相與責成之以期後效愚生何足以與此

河南鄉試録後序

隆慶庚午秋八月河南鄉試事竣其中叨典校藝例當序諸末簡乃進多士申告曰昔孟軻氏應招大梁首舉仁義對惠王而竟以不遇去今諸生抱藝而至一旦録名登之天府行將用其言冀以遠大行業視孟氏不爲良遇耶顧諸生夙所誦法者孟氏書也其引觚吐詞而粹然淵然充有司之目者則孟氏仁義之説也操孟氏仁義之説以貢於有司而遭遇過之不識异日者何以建之用而仰贊聖天子明盛之理耶夫發揮聖謨恢張王略而照耀簡册者藝也樹厥節志表世範俗或出而當天下事奠宗社靖疆圉以昭明于不朽者行與業也行業修矣藝絀焉可也惟藝之工而行業卒盭則録士者其何以有辭於天下公輸氏采材於名山大壑得參天干雲之榦矍然喜而轉之洪河以歸謂

是可棟而梁也迨梓人登場操引而運斤焉則蠹其中而腹若敗絮九方皋相馬于燕市也曰臣力不加焉於中選其一二耳乃御者駕之而横奔絶轡即王造不之良矣梓人御者指而讓公輸方皋公輸方皋各諤諤瞪目相嚮以爲吾初采而相者也詎謂有是耶士今以藝進而有司亦以藝録士者竊恐其類是也夫二氏擅天下之絶鑒者也而猶若此今余之鑒謝二氏萬萬矣能保諸生中無敗絮横奔者哉余誠願諸生以藝進者務端其行業究王道仁義之用以光孟氏未有之遺而俾録士者得脱于梓人御者之讓斯幸矣不則不知之罪無赦雖然士之于世也猶金之在冶惟所鎔範也諸生生當昌熙景運在聖天子大冶鞠鎔中其爲紫磨之金而不與礦石陶瓦埒也審矣异日贊王道精金而致明盛之理使天下嘖嘖稱得人曰是大梁仁義士其庶乎不辱良遇哉余故於諸生之始進也期之行業因舉其平時首所誦法者勖之

直隷和州儒學學正何其中謹序

萬曆元年河南鄉試録

河南鄉試録序

副使曹子登于是合提學副使李汶副使嚴大紀先後所簡士二千六百有奇鎖院三試之遵制額得八十人并録其文之優者以獻九臯猥以執事當序諸首粤惟河南古豫州域當天地之中爲陰陽之所和是以士人生于其間得中和之氣爲多在昔名世代作彪炳前聞不可尚已迨我國朝對祖開基略定中原誕敷文教暨列聖紹統累洽重熙建中協和之化遍于寰區惟此邦之彦埒于上國而甲諸省固地靈致然亦以主德茂而沾被渥也兹蓋伏遇皇上誕膺昊眷光撫洪圖邇者涣頒宸翰凛數百言首以士習澆漓爲念又嘉與臣民更始惓惓于無黨無偏之訓期底于平平蕩蕩之歸所以建天下中和之極者如日中天嗚呼庥哉一時僻壤章縫咸烝烝然會于皇極漸爲泰龢矧密邇幾輔嚮德最先如中州之士人者不將有和其聲以鳴國家之盛者與九臯幸從校文後獲睹多士之文類能根極圖書之藴奥指陳訓命之精微淵源伊洛之正脉其辭遜而不阿峻而不亢辯而不訟核而不誣言人人殊乃其中和之氣勃不容遏卒澤于道則較然一也因相與次第録之爲之喜而不寐曰兹多士也异日者服于有位是將能協恭和衷庶幾哉可少裨聖天子中和之化矣乎已而愯然懼曰兹多士也得無有静言庸違陷于頗僻果于幸戾者或奸其間乎審如是國家何賴焉主司又曷以逭其罪也載惟多士篤生中和之隩區沐浴中和之新化所遭固已厚幸矧中和之氣業已發爲文辭矣固知必爾爲不已也以多士豫産也故不厭以中和之説申告云是舉也巡撫河南右副都御史朱綱總理河道兼提督軍務兵部左侍郎兼右僉都御史萬恭提督撫治鄖陽右副都御史湯賓宣昭義問丕翼文謨監察御史清軍余乾貞印馬梁許巡鹽張道解學禮王琢王肅度維風章軌貞教布政使司右參政楊俊民温純左參議部大經朱紹舜按察司副使楊吉毛汝賢僉事郭孝王謡徐學詩計坤亨聶廷璧都司署都指揮僉事趙夢祐葉鎧綜理内外防範惟勤右布政使方良曙僉事徐汝翼署都指揮僉事胡忠以入賀行右參政董文寀副使章時鸞以督賦治河出其以奉使至春通政使司右通政原執禮光禄寺少卿袁三接

户部主事劉鳳朝中書舍人劉天衢行人司行人吴之美李丁泰寧侯陳良弼新寧伯譚國佐皆樂觀中土人文之盛者法得并書

湖廣郴州宜章縣儒學教諭黎九皋謹序

萬曆元年河南鄉試

監臨官

巡按河南監察禦史褚鈇（民威山西榆次縣人　乙丑進士）

提調官

河南等處承宣布政使司左布政使吴道直（敬甫直隸定州人　癸丑進士）

河南等處承宣布政使司左參政馮敏功（元卿浙江平湖縣人　壬戌進士）

監試官

河南等處提刑按察司按察使鮑承蔭（子傳山西長治縣人　丙辰進士）

河南等處提刑按察司副使曹子登（以漸直隸興州後屯衛籍長洲縣人　壬戌進士）

考試官

湖廣郴州宜章縣儒學教諭黎九皋（聞遠廣西臨桂縣人　甲子貢士）

應天府六合縣儒學教諭吴邦（子經浙江錢塘縣人　甲子貢士）

同考試官

直隸永平府儒學教授趙崇典（懋章廣東東莞縣人　壬子貢士）

直隸廣平府儒學教授高鵬霄（鯤化山東丘縣人　丙午貢士）

山西平陽府儒學教授紀會（應期陜西洋縣人　壬子貢士）

陜西西安府涇陽縣儒學教諭陳一濂（子浚四川巴州人　癸卯貢士）

廣西柳州府洛容縣儒學教諭何鐈（尚采廣西懷集縣人　戊午貢士）

印卷官

河南等處承宣布政使司經歷司經歷成敏覺（任卿湖廣石首縣人監生）

河南等處提刑按察司經歷司知事桂學斯（用信江西上饒縣人監生）

收掌試卷官

開封府知府曹當勉（可賢湖廣江夏縣人　壬戌進士）

歸德府知州鄭旻（世穆廣東揭陽縣人　丙辰進士）
衛輝府知府王天爵（子脩直隸吴縣籍歙縣人　己未進士）
彰德府知府劉寅（伯亮直隸博野縣人　壬戌進士）
懷慶府知府賈待問（學淑直隸威縣人　戊辰進士）
河南府知府覃應元（德芳山西行都司馬邑守禦千户所人　乙丑進士）
南陽府知府雷鳴春（肇元直隸懷寧縣人　己未進士）

受卷官

開封府同知張崇謙（思光山西蒲州人　戊午貢士）
衛輝府同知胡槵（子材山西永寧州人　戊午貢士）
開封府通判楊惟喬（幼植四川富順縣人　乙丑進士）
彰德府推官吴汝倫（文敘直隸無錫縣人　辛未進士）
懷慶府推官敖鯤（化甫江西新喻縣人　戊辰進士）
河南府推官陳大科（思進直隸通州人　辛未進士）
南陽府鄧州知州嚴汝麟（子仁浙江歸安縣人籍直隸嘉定縣人　乙丑進士）
汝寧府光州知州陳王道（敬甫直隸崑山縣人　乙丑進士）

彌封官

開封府陳州知州洪烝（惟進浙江平湖縣人　辛未進士）
河南府陜州知州方揚（思善直隸歙縣人　辛未進士）
南陽府裕州知州楊士元（仁甫直隸太倉州人　辛未進士）
汝寧府陽州知州余良樞（士中江西奉新縣人　辛未進士）
開封府杞縣知縣李梯（子高直隸任丘縣人　辛未進士）
衛輝府輝縣知縣張一通（汝達直隸寧津縣人　乙丑進士）
河南府鞏縣知縣韋以誠（立夫直隸定興縣人　戊辰進士）
汝寧府光州光山縣知縣周世科（濟卿四川内江縣人　戊辰進士）

謄録官

開封府尉氏縣知縣黄策（嘉猷陜西咸寧縣人　辛未進士）
開封府中牟縣知縣王緘（伯默順天府文安縣人　辛未進士）
開封府許州郾城縣知縣王胤祥（邦瑞直隸撫寧衛人　辛未進士）
開封府許州襄城縣知縣黄茂（淑才湖廣武昌縣人　乙丑進士）
懷府府武陟縣知縣徐應聘（任卿湖廣黄岡縣人　戊辰進士）
南陽府裕州葉縣知縣曹昉（子明陜西安化縣人　戊辰進士）

汝州魯山縣知縣苗煥（爾章山西澤州人　辛未進士）
汝州郟縣知縣許樂善（修之直隸華亭縣人　辛未進士）
對讀官
開封府許州臨穎縣知縣劉應元（子春山西洪洞縣人　辛未進士）
懷慶府濟源縣知縣劉啓元（乾初山東武城縣人　戊辰進士）
河南府洛陽縣知縣張維翰（邦楨山東茌平縣人　辛未進士）
河南府登封縣知縣孫秉陽（夢旭直隸懷遠縣人　辛未進士）
河南府永寧縣知縣秦紳（子佩錦衣衛籍江西建昌縣人　辛未進士）
南陽府南陽縣知縣程遜（惟謙直隸長垣縣人　辛未進士）
南陽府鎮平縣知縣翁金堂（升伯浙江錢塘縣籍臨安縣人　戊辰進士）
南陽府泌陽縣知縣陳長祚（以介福建長樂縣人　辛未進士）
巡綽官
陳州衛指揮同知青若水（子澄湖廣桃源縣人）
陳州衛指揮僉事劉震川（本之直隸唐縣人）
陳州衛指揮僉事陳嘉言（子諫陝西渭南縣人）
彰德衛指揮僉事樊智（希舜河南涉縣人）
搜檢官
河南衛都指揮同知尚萬言（淑獻河南息縣人）
宣武衛指揮使夏胤（繼先直隸徐州人）
宣武衛指揮僉事藍汝忠（以誠山後全寧路人）
懷慶衛指揮僉事武守節（效蘇直隸桐城縣人）
供給官
河南等處承宣布政使司經歷司都事孫舜咨（懋中江西德興縣人　監生）
河南等處承宣布政使司照磨所檢校張鵬（養裕山西興化縣籍陝西神木縣人　壬子貢士）
河南等處提刑按察司照磨所照磨孫岩（汝瞻陝西莊浪縣人　監生）
河南都指揮使司斷事司斷事喬芝（汝禎直隸内丘縣人　監生）
河南都指揮使司斷事司斷事萬善（民彝江西新建縣人　戊午貢士）
開封府同知薛選（舜仁陝西洋縣人　乙卯貢士）
開封府通判趙鉉（節卿雲南太和縣籍四川成都縣人　戊午貢士）
衛輝府推官衛生（易之山西河津縣人　乙卯貢士）

開封府鈞州知州楊作舟（弘濟湖廣江陵縣人　辛酉貢士）
彰德府磁州知州秦邦彦（子美直隸曲周縣人　甲子貢士）
衛輝府新鄉縣知縣于應昌（名世山西洪洞縣人　辛酉貢士）
衛輝府胙城縣知縣何自道（汝復直隸新安縣人　壬子貢士）
開封府陳州同知何器（汝玉湖廣景陵縣人　監生）
開封府祥符縣縣丞馮愈（遜卿福建永安縣人　監生）
開封府蘭陽縣縣丞蔡錮（克純浙江鄞縣人　吏員）
開封府永寧縣縣丞蔡田（仲玉浙江餘姚縣人　吏員）
南陽府裕州葉縣主簿盧浩（養之順天府通州人　監生）
開封府新鄭縣典史連應第（汝捷陝西涇陽縣人　吏員）
懷慶府武陟縣典史馮堯年（子順直隸句容縣人　承差）
河南府鞏縣典史任仕宗（紹先山西澤州人　吏員）
河南府宜陽縣典史駱繼芳（茂蘭浙江鄞縣人　吏員）
開封府鄭州管城驛驛丞申景光（德昭直隸内丘縣人　承差）
開封府杞縣雍丘驛驛丞張惟正（汝德順天府薊州人承差）

第一場

四書

君賜食必正席先嘗之　齊明盛服非禮不動所以修身也　民事不可緩也詩云晝爾于茅宵爾索綯亟其乘屋其始播百穀

易

聖人作而萬物睹　利見大人亨聚以正也　問焉而以言其受命也如嚮无有遠近幽深遂知來物　天地之大德曰生

書

九叙惟歌戒之用休董之用威勸之以九歌　伊洛瀍澗既入于河　監于先王成憲其永無愆惟説式克欽承旁招俊乂列于庶位　小大之臣咸懷忠良其侍御僕從罔匪正人以旦夕承弼厥辟

詩

游環脅驅陰靷鋈續　鶴鳴于九皋聲聞于天魚在于渚或潛在淵樂彼之園爰有樹檀其下維穀他山之石可以攻玉　昭兹來許繩其祖武於萬斯年受天之祜　成王不敢康夙夜基命宥密

春秋

春齊侯宋人陳人蔡人邾人會于北杏（莊公十有三年） 冬十月不雨（僖公二年）春王正月不雨夏四月不雨 六月雨（俱僖公三年） 秋楚公子壬夫帥師侵宋（襄公元年） 元年春王正月（俱隱公元年） 楚屈完來盟于師（僖公四年）齊人來歸鄆讙龜陰田（定公十年）

禮記

趨以采齊行以肆夏週還中規折還中矩進則揖之退則楊之然後玉鏘鳴也 大人舉禮樂則天地將爲昭焉 以事天地山川社稷先古以爲醴酪齊盛 於是乎取之敬之至也 故臣下皆務竭力盡能以立功是以國安而君寧

第二場

論

仁者以天地萬物爲一體

詔誥表（内科一道）

擬漢春和議賑貸詔（文帝元年） 擬唐以裴度爲中書侍郎同平章事誥（元和十年） 擬輔臣進帝鑒圖説表（萬曆元年）

判語（五條）

封掌印信 轉解官物 服舍違式 優恤軍屬 冒破物料

第三場

策（五道）

問 聖方待賢臣而弘功業俊士俟明主以顯其德其相須亦甚殷矣考之唐虞三代君臣交儆都俞吁咈載在典謨訓誥者邈乎不可尚已嗣是英君賢臣有講論經理夜分乃寐者有論道延英日昃不倦者有日御經筵重陽不輟者有進講無逸直至終篇者果如唐虞三代之君之諮其臣否乎有選賢良而陳射擊傷業者有對玉階而諫日昃方起者有召講御閣而對以剛健決事者有賜坐崇政而對以明王愛民者果如唐虞三代之臣之啓其君否乎洪惟我太祖高皇帝聘四儒而賜坐延訪成祖文皇帝嘉六臣而寵賚億厚列聖相承丕隆繼述明良交際遠追唐虞三代之盛矣迨我皇上秉上聖之資撫中光之運日御文華時親講幄繹聖經而講解不倦灑宸翰而納誨是期一時廷臣莫不感激思以自獻至於繪圖分類啓沃聖心其與君臣交儆之風實同一轍然忠臣愛君無已所以涵養君心贊襄聖化者不知於經筵之外更有所當務

者與願詳言之以爲聖天子保治之助

問　宗藩帝室之裔自昔敦睦九族推恩莫先焉漢初諸侯王置吏握兵而末大不掉唐鑒前轍流播民間至宋聚族京師騷然繁費制有厚薄而流弊因之其何道而可與我太祖高皇帝開天啓運成祖文皇帝定鼎奠基乃分建諸王環鞏疆宇制禄之法皆歲給五萬石其恩施固孔渥矣厥後大司農告艱不數歲而減至萬石今熙洽二百餘年瓜瓞綿衍不啻百倍竭編甿之力以爲供則十室九空舉支庶之衆以望哺則束手枵腹即桑孔握籌必不能兩利而兼得也説者謂宜限爵似矣然繫名玉牒者皆天潢系胤使無一命之榮可乎謂宜限禄似矣然子姓鱗列賂軀告哀使無計口之儲可乎謂宜弛其出城諸禁似矣然越關四出疲於奔命能保無他虞乎兹一時權宜之計其於祖宗成法合與否耶抑通變宜時亦有必不得已者與今欲補偏救弊使經久可行必何如而後可宗冑之繁中州爲最爾諸士目擊心惟抱杞人之憂久矣請詳著於篇以觀經濟之學

問　周禮一書周公致太平之法也其綱領見於周官其條目載於六典大經既舉庶務畢張聖王制治之良規燦然備矣或者乃指爲成周理財之書其説果何所據而甚則詆之爲戰國陰謀之書又何其敢於誣聖也好古之士購其全而不得乃以考工記補之是果足爲周禮之全書乎今以周官考之則六官之職固自有在其果缺耶否耶即以六屬計之則三百六十之官各有攸司又何五官之復多餘羡耶後世亦有仿而行之者而卒無裨於治豈古今之不相爲謀抑此書之不足於用耶夫窮經將以致用諸士子近成周之居學周公之道久矣請詳著之以觀用世之學

問　黄河之患自古有之禹績以來在殷商時已被其害及徙砱礫勢益變遷自漢而後講求頗詳無能出賈讓三策者宋人都汴防禦益切自天聖迄於宣和聚訟盈庭國是靡定我國家轉漕東南以餉京邊所藉尤重然自張秋以後勞費滋大中土之患亦至殷矣迨於近歲河患在徐邳間中土稍得休息然運道數阻廟議孔艱乃以部臣親出經理一時大小河臣矢心宣力殫悉疏防幸底安流漕艘畢達向者欲開膠河泇河通運之説已無容議矣然河性不常乍淤乍決何以俾河道之常安河流迅駛險惡萬狀何以保運艘之無失又謂海口沙墊欲開浚以導其流又謂河勢浩猛欲分疏以殺其勢其説果可行乎抑别有救時之策可以爲經久之規矣乎其他自漢而下治河之議亦有可采而行之者乎諸士生於中土目擊河患當必有博詢遠計以輔吾聞見之所不逮者幸詳言之毋忽

問　將者三軍之司命擇之貴豫任之貴專昔之論將者言人人殊試舉

一二與諸士子商之武成王曰將有五才而孫吴之説則又有曰仁智信勇嚴理備果戒約者何若是其不同也又有分之爲賢將才將者夫將一也而乃有賢將才將之分果當與否與自漢以下若寄食淮濱者功成垓下奴隸主家者勛勒狼胥豈其儲之亦豫乎若市租入府而備邊破狄三科募士而增竈破羌豈其任之者别有其道乎方今聖皇慎德四夷咸賓邊塵固已敉寧矣然思患豫防尤聖世所當先圖者邇者特廑宸慮遣大臣行邊親閱又屢允言官之請令九卿百司各舉所知但不識其所選者果以何者爲準與其任之者果有得于古人之法否與諸士子志在匡時願悉言之以副當寧拊髀之思毋曰非其職也諉之

中式舉人八十名

第一名　任啓元　河南府學附學生　易
第二名　吴定　安陽縣人監生　詩
第三名　何洛書　信陽州學生　書
第四名　鄭祖教　温縣學生　春秋
第五名　李復初　新野縣學增廣生　禮記
第六名　胡大化　寧陵縣學生　詩
第七名　王价　孟津縣人監生　易
第八名　宋惟俊　新鄭縣學生　書
第九名　孟化鯉　新安縣人監生　春秋
第十名　劉均　開封府學生　禮記
第十一名　蔡叔遴　衛輝府學生　易
第十二名　張問行　歸德衛人監生　詩
第十三名　關廷訪　泌陽縣學增廣生　書
第十四名　宋從益　杞縣學附學生　詩
第十五名　王正脩　河南府學生　易
第十六名　高一夔　陳留縣人監生　詩
第十七名　高斗位　確山縣人監生　易
第十八名　劉志遠　唐縣學生　書
第十九名　王錫類　獲嘉縣學增廣生　詩
第二十名　杜津　扶溝縣學生　詩

第二十一名　高進孝　獲嘉縣人監生　書
第二十二名　張信古　鹿邑縣學生　易
第二十三名　江汝楫　内鄉試縣學生　詩
第二十四名　劉世德　羅山縣學增廣生　春秋
第二十五名　胡萃　陳州學生　書
第二十六名　劉廷棟　裕州學增廣生　易
第二十七名　艾田　開封府學增廣生　詩
第二十八名　張維新　汝州學生　易
第二十九名　馮大梁　裕州學生　書
第三十名　楊四知　開封府學生　易
第三十一名　卓世彦　開封府學生　春秋
第三十二名　張司　彰德府學生　詩
第三十三名　梁雲梯　太康縣學生　易
第三十四名　張樞　開封府學附學生　詩
第三十五名　陳經濟　鈞州學附學生　書
第三十六名　王上聞　祥符縣學附學生　詩
第三十七名　劉不息　祥符縣學附學生　易
第三十八名　田廓　固始縣學附學生　詩
第三十九名　王聘用　鄭州學增廣生　禮記
第四十名　朱賓　河南府學附學生　易
第四十一名　張蒲　偃師縣學生　書
第四十二名　田勸　穎川衛軍生　詩
第四十三名　彭健吾　夏邑縣學生　易
第四十四名　王前聞　開封府學生　詩
第四十五名　魏體乾　陳州學生　易
第四十六名　張志道　閿鄉縣學生　易
第四十七名　郝持　林縣學增廣生　詩
第四十八名　韓養大　彰德府學生　書
第四十九名　祁學古　固始縣學生　詩
第五十名　陳王政　睢州學生　書
第五十一名　劉學曾　汝寧府學生　詩
第五十二名　馬步雲　開封府學生　春秋

第五十三名　亢松　盧氏縣學生　禮記
第五十四名　陳稷思　洛陽縣學附學生　易
第五十五名　孔學易　祥符縣學增廣生　詩
第五十六名　魏守登　彰德府學增廣生　書
第五十七名　鄭魚化　偃師縣學附學生　易
第五十八名　徐紹稷　河南府學附學生　易
第五十九名　趙士悦　偃師縣學增廣生　詩
第六十名　郭顯忠　太康縣學附學生　易
第六十一名　趙衍福　武安縣學生　詩
第六十二名　劉斯原　臨潁縣學生　易
第六十三名　劉莊　睢州學生　書
第六十四名　褚順　祥符縣人監生　春秋
第六十五名　高薦　懷慶府學生　詩
第六十六名　范藻　新鄭縣學生　書
第六十七名　徐學可　陜州學生　易
第六十八名　張以翔　開封府學生　詩
第六十九名　李敷榮　開封府學附學生　詩
第七十名　王之屏　衛輝府學生　詩
第七十一名　李惟中　開封府學附學生　易
第七十二名　袁仁澤　杞縣學附學生　詩
第七十三名　郭在德　衛輝府學增廣生　書
第七十四名　陳諫　河南府學附學生　易
第七十五名　張養忠　陳州學增廣生　春秋
第七十六名　謝維屏　汝陽縣學生　詩
第七十七名　楊時馨　祥符縣學增廣生　易
第七十八名　黄凝道　鄧州學生　易
第七十九名　蕭察　汝寧府學生　詩
第八十名　張禮化　彰德府學生　詩

第一場

四書

君賜食必正席先嘗之

任啓元

同考試官教諭何批（發夫子敬君之容不事雕琢而天之得體）

考試官教諭吴批（詞簡意盡風骨儼然）

考試官教諭黎批（調雅詞精）

聖人承賜食而其禮周焉敬君之至也甚矣聖人事君盡禮也一賜食而禮無不周正非敬君之至而何且夫人君有賜於臣即一食亦惠也人世事君以敬即拜賜亦禮也夫子之爲人臣也其在朝廷固無往不敬矣至於承君之賜何如蓋其道行於見可之時則奠令於朝者臣有常數禮出乎公養之外則推食於下者君有特施此蓋食頒君庖恐其餘也固不敢奉以薦先賜由君命昭其寵也亦不敢遽以頒下夫子則明惠方承於拜受而恭肅以就其位者自凛乎咫尺之嚴殊貺方接於登嘉而祇恪以飫其馨者自翼乎對揚之度侍食先飯其在君所則然也而食隆於晋錫此何賜也顧可忽耶對其賜即對其君此身之不正不坐者蓋雖當夫退食之頃而靡敢自寧矣變色而作其於盛饌則然也而食分於鼎養此何品也顧可虛耶敬其君即敬其食此心之不敢不飽者蓋愈謹於授餐之際而罔敢或後矣斯則拜餽之節既已篤於尊君而廣惠之仁復因之以逮下由是賜腥賜生莫非推吾之敬以達吾仁孝之心耳夫子事君之禮其曲而中哉雖然夫子之於君賜如此乎其恭也穆公亟餽子思何獨以僕僕爲勞乎蓋國君養賢固自有道非所以語官守之義也夫子仕有官職其於君食之微猶曲盡其禮如此非萬世人臣之所當法與

齊明盛服非禮不動所以修身也

何洛書

同考試官教諭陳批（明暢典雅不落筌麃文之佳者）

考試官教諭吴批（氣和語莊雅有體認）

考試官教諭黎批（腴潤明確）

中庸言君身之修一於敬而已矣夫敬者聖學之要也一敬立而身無不修矣兹非九經之首務哉且夫天下之道本諸身吾身之德聚於敬修身固道立矣而修之果何以哉彼心者身之主也則齊明以潔其内而無貳無雜不失吾純一之常中心無斯須之不敬焉服者身之章也則盛服以飭其躬而有嚴

有翼毋褻其居尊之體外貌無斯須之不敬焉又必致謹於念慮之發而以禮制心一毫非禮之念不以之動於中也祇慎於威儀之著而以禮治躬一毫非禮之事不以之動於外也斯内外交養而所以檢束乎此身者既有以立之於中正之矩動静不違而所以防範乎此身者又有以約之於軌物之閑聖敬日躋而德自臻於罔覺其所藴之爲天德之精者於是而豫其體矣敬修可願而道自積於厥躬其所達之爲王道之大者於是而涵其用矣吁以此修身則身無不修而以之用人以之行政皆無施而不當矣尚何文武之政之難舉乎抑斯言也帝王相傳之心法也精一危微昉於唐虞而端本之化有自來矣然必有緝熙而後可以言敬止必有睿聖而後可以言皇極此明善所以爲誠身之要而學問思辨之功夫蓋諄諄焉故曰明君以務學爲急

民事不可緩也詩云晝爾于茅宵爾索綯亟其乘屋其始播百穀

吴定

同考試官教授紀批發邠人重農之意婉曲詳盡而題意躍然）

考試官教諭吴批（氣充詞婉能發人所不發取之）

考試官教諭黎批（用意精深造語明㿣起繳處尤爽剴緊切讀之從耳然）

大賢啓時君農事之當重必引詩以明之焉蓋農事國之本也徵諸詩而民之重農可見矣人君顧可緩乎哉孟子以王道迪滕君而先之以此若曰天之立君以爲民也君之奉天以子民也君欲爲國盍於民事加之意乎是故經國之始他務未遑也思民生之宜厚而汲汲於田功之即莅政之初庶績未舉也思養道之宜先而切切於力穡之圖時乎春則省乎耕焉勵東作之勤不可以爲小人之事略之矣時乎秋則省乎斂焉督西成之務不可以爲農夫之憂忽之矣若此者豈無所見而顧爲是以自勞哉蓋嘗和徵於豳見之詩矣其曰晝爾于茅宵爾索綯亟其乘屋其始播百穀即其詩也繹其旨也備物於蚤夜以亟乘屋之舉因農而急於工也執功於歲晚聿興俶載之思因工而念乎農也三時之逸不自知其逸取茅于晝急就以爲來歲之計豳民無一日不心乎農矣人君將善體民心者烏可緩哉安居之樂不自知其樂索綯于宵速成以先于耜之謀豳民無一時不心乎農矣人君將憂恤民隱者又可緩哉是知農者民之命重農所以裕也也民者邦之本裕民所以寧邦也君欲爲國其尚三復於斯抑農者帝王傳心之要周以農事開國孟子於滕君惓惓致意且引周公戒成王之詩以告之正歆之以王道啓之以法祖也夫何井地之間雖少興其善念而許子之説又從而惑之竟使孟子復古之政托諸空言也

易

聖人作而萬物睹

任啓元

同考試官教諭何批（雄渾精潔宛然聖作景象末二股空中樓閣讀之斂衽）

考試官教諭吴批（平正通達結歸體仕尤見芹悃）

考試官教諭黎批（精采燦自卓越諸子録之）

文言著聖人繫天下之望可以觀感應之機矣蓋聖人天下之宗也興起於上而天下仰之寧非感應之自至者哉且夫帝王之於天下相懸者其勢也而其相感者則機也物類之感且有然者而況於聖人乎今夫聖人統天德以作元后而正位凝命躬膺乎曆數之傳握乾符以臨兆民而乘龍御天弘敷其寵綏之化恭已無爲雖無心於萬物之觀也然所存者神而天下之心志一焉舉斯世之類相國者咸啓其景從之願嚮明而治若不期於萬物之從也然所過者化而天下之耳目新焉舉斯世之性相同者悉動其拱向之誠欽垂裳之度而戴之者有元后之尊焉無一物而非其所怙冒則亦無一物而不快睹其休也覲錫極之光而愛之者有父母之親焉無一地而非其所涵育則亦無一地而不對揚其盛也盍聖人與天地合其德者也囿於覆載之中未有不仰其生成之德者矣其與聲氣水火之應不其异類而同機也哉與日月合其明者處於照臨之下未有不瞻其光輝之盛者矣其與雲龍風虎之從不其异事而同神也哉噫此九五之所以爲大人而爲人所利見也與抑此利見之聖人非他也即體仁之君子也故堯仁如天巍巍蕩蕩史臣紀其事而贊之曰望之如日就之如雲德不可名而以仰望於天下者形狀之則仁者其帝王之所以格天致治者與故觀大人之利見取其體仁之功可也

天地之大德曰生

王价

同考試官教諭何批（通篇一洗塵詞臨風之誦即有浮氣不能干矣）

考試官教諭吴批（發明天地生物之心切實可録）

考試官教諭黎批（理明詞鬯易義之最佳者）

大傳發造化之藴必指其生物者以見之也夫天地以生物爲心者也觀其所生而天地無餘藴矣且夫參贊者聖人之能而天地者群物之祖聖人制易固皆原於天地矣天地之大何如今夫天位乎上而無不覆幬孰不曰此天

之大也不知所以爲大者非徒以其職覆而已也地位乎下而無不持載孰不曰此地之大也不知其所以爲大者非徒以其職載而已也然天地之大不可名所可名者德也故可以一言以盡之曰生而已蓋其易簡文相爲用渾涵乎立命之原凡天下之有性情者皆其所賦予也陰陽互發其機默運乎太和之化凡天下之有形體者皆其所發育也根柢乎一的之微而兼統乎萬象之表無處非物則亦無一處而非其所生也惟生以爲萬物之命則亦惟生以見天地之心以此言天地不可以徵其德之大哉充周於一息之間而流通乎萬世之遠無時非物則亦無一時而非其所生也惟生以達造物之用則亦惟生以觀天地之情以此言大德不可盡天地之妙哉夫天地之大如此故以此爲物象之宜則卦爻於是乎立矣以此爲民用之通則吉凶於是乎生矣信乎天地爲易書之原而聖人與之合德也與雖然天地固以生物爲大德矣然秋冬爲肅殺之令亦謂之生可乎蓋天地之道不翕聚則不能發散而滅息者所以爲生息之本以此見其生物之心無時不存雖肅殺亦生也聖人仁覆天下而亦不廢刑威其亦法天地以爲生者哉故曰何以守位曰仁

書

九叙惟歌戒之用休董之用威勸之以九歌

宋惟俊

同考試官教諭陳批（體莊詞暢三復誦之有遺音矣高薦）

考試官教諭吴批（宛奏太平之歌者可取）

考試官教諭黎批（精潔弘大祐歸韶樂更見出人）

大臣述至治徵於有聲而因聲以保其治也蓋聲音之道與政通也即歌之於民者而因以勸之至治其有終乎大禹欲舜念益之言蓋謂帝王之致治也以養民爲善政尤以保泰爲成功今府事底於修和則所以養民者既得其叙矣其徵諸民情何如荷天地自然之利而涵濡於覆載者皆歌咏以發其休被帝王博濟之仁而沐浴於生成者咸揄揚以鳴其盛六府之修歌其所自修洋洋乎擊壤之餘音也三事之和歌其所自和渢渢乎康衢之遺響也斯蓋養民之政安以順故聖世之民樂而歌所謂無虞者如此不有以勸之則治其可常保乎故勤於九功者必戒諭而休美之作其勤也然猶激之使慕耳怠於九功者必董責而戒勉之懲其怠也然猶督之使從耳又必據其歌咏太平之音以宣諸節奏而日與斯民相鼓舞焉以必感心凡勸於用休者至此其益勤矣本其揄揚太和之韻以葉諸律吕而日與斯民相提撕焉以機觸機凡惕於用威者至此其無怠矣必如是而後修者常修和者常和而謂之儆戒無虞者此

也帝其念哉雖然聲以化民末也禹顧惓惓於歌勸何蓋人心之動因聲以宣審樂之音可以知政虞廷君臣賡歌以至閭里下民罔不謳歌頌德和氣洋溢此樂之原也典於后夔而盡善盡美不有自哉後之陳詩而觀見者當執此以獻矣

小大之臣咸懷忠良其侍御僕從罔匪正人以旦夕承弼厥辟

關廷訪

同考試官教諭陳批（造詞嚴整用意精深自獻之忠溢于言外高取）

考試官教諭吴批（忠良正人詞多針線宜録以式多士）

考試官教諭黎批（切實不浮）

聖世多賢臣而尤賴近臣以輔德焉甚矣近臣有關于君德也忠良極盛而尤賴其承弼如此斯文武之所以益聖與周王命伯冏之意蓋謂君德不可不修也是治之本也邇臣不可不慎也是治之輔也不觀之文武乎蓋其聰明齊聖德也罔愆矣維時之爲小臣大臣者精白以承休各效夫致身之節靖恭以自獻共矢乎報國之忱以迪彝教固五臣爲之夾輔也凡服勞王家而惓惓于篤教棐者皆三宅三俊之士以迪有禄固四人爲之昭明也凡布列有位而孜孜于服采者咸一德一心之臣夫聖如文武而忠良咸事亦云盛矣然而侍御僕從則近君者也近則相親君身之所易狎也則俊乂之登朝夕王所而匪人無以參其間近則相習君心之所易昵也則正直之選夙夜在庭而憸人無以與其側以詔王美而將順其美者有協恭焉服役以揚休蓋與小大之臣相爲後先也以補王闕而匡救其失者無遺力焉左右以弼違蓋與忠良之佐相爲贊襄也此則不出宫闈而聰明益擴不離近習而齊聖益光文武所以爲我周之聖主而萬邦咸休有由然矣予則克繩祖武者寧不于僕正有賴哉噫此非穆王訓也成王繼文武之謨烈而輔以周公猶惓惓于虎賁綴衣之諫至于内庭厮役必以太宰掌之慮至遠也卒之基命宥密而成萬邦作孚之化厥有自哉故曰君心惟在所養正君者其審諸

詩

昭兹來許繩其祖武於萬斯年受天之祜

胡大化

同考試官教授紀批（本章雖説後王法祖祈天其實著明武王裕後之遠此作得之宜録以式）

考試官教諭吴批（氣冲詞雅而末以仁孝一理感通一機立説有見取之）

考試官教諭黎批（詞古意精）

詩人美聖君光前之孝因垂裕後之慶焉蓋孝以光裕爲至也聖君以之此繼體者所當法與下武之詩美武王作也蓋曰人君既以身任承前啓後之責必以德爲光前裕後之基我武王其備是矣乎彼其求世德而永孝思則古今之孝萃於一人克紹丕顯之謨成王孚而式下土則一人之孝敷於四海懋著丕承之烈武王孝極昭明所以爲法祖祈天者已肇於此特患來世不能繩其武爾誠使爲後王者仰前修以作範不徒繼其位也而上下於庭者欽崇其配命之矩景先哲以率循不徒承其統也而陟降於家者恪守其嗣服之規是德修於己既有以立昭受之本祐畀於天自有以隆敷錫之休鼎命凝於五位今固貴爲天子矣自此而長守其貴焉保定之祉歷萬年而孔固也天祐寧有已乎玉帛貢於萬方今固富享天禄矣自此而長守其富焉寵綏之命歷萬世而常新也天祐寧有窮乎由是觀之孝以光前則先王之孝至此而會其極孝以裕後則後王之孝自此而衍其傳武王可謂通古今會百王而獨躋其盛矣下武登歌豈容已哉抑天人一道也仁孝一理也故仁以承天必能孝以事親而善法者斯善事天者也周人以法祖爲祈天之本豈特爲周王頌哉蓋誠有見於天人一理感通無二道爾噫後之君天下者其尚忽於斯

成王不敢康夙夜基命宥密

張問行

同考試官教授紀批（通篇理明詞暢而講宏深静密處尤精是體認而有得者録之）

考試官教諭吴批（說得成王不敢康意出而結歸本於夾輔是知本者）

考試官教諭黎批（莊重簡潔文之佳者）

詩人美賢王心存無逸而積德極其至焉夫德者凝命之本也成王存心修德而極其至永承天命有以哉此祀成王之詩也意曰一代之興固必有創業者以開其基尤貴有守成者以繼其統天祚周以天下文武既受之矣繼之者不有賴於我成王哉是故際重熙累洽之運其時若可安矣成王則不以爲安兢兢焉思天命之難諶而無一時之敢忽當治定功成之侯其事若可暇矣成王則不以爲暇業業焉思駿命之不易而無一事之敢懈時乎夙則見天命於動焉仰師昭事之規以敬持之敬於夙者欲其動與天游而基命於夙也時乎夜則見天命於静焉遠宗執兢之矩以敬將之敬於准者欲其静與天俱而基命於夜也將見功深於積累而矜持至於渾化理融於深造而勉强者至於

精微德之所至吾見其宏以深焉充周而不窮也淵微而莫測也向之夙夜惟寅者至此有成效矣命之受於祖者不將保於孫哉德之所積吾見其静以密焉湛一而不淆也純一而不雜也向之夙夜匪懈者至此有全功矣命之受於考者不將保於子哉是則有積德之心斯有積德之功有積德之功斯有積德之效一存心而君德成矣成王真守成之令主與抑嘗論之帝王之治本於心帝王之心本於敬成王當繼體守成之日存不敢康寧之心其與文之小心武之敬勝實同一轍則德成宥密而治臻安静不偶然也然周公夾輔之功亦豈可誣乎觀諸豳風無逸諸篇而知成王之賢有所本矣

春秋

春齊侯宋人陳人蔡人邾人會于北杏（莊公十有三年）

鄭祖教

同考試官教授趙批（用意周匝詞多感慨束處尤見聖人不得已之意）

考試官教諭吴批（意精詞勁最得聖人予齊桓誅四國之旨録之）

考試官教諭黎批（得謹嚴體取之）

春秋致意於始霸故於創之戴之者示法焉此北杏之會王降而霸矣春秋之爵齊桓而人四國也其慮深哉昔齊桓始霸諸侯戴之於是乎有北杏之會則皆四國之君也其人之何君子曰此王霸消長之會也黍離降而周道衰戚戚乎王運其式微矣桓雖平宋然非受命之霸也四國之君乃胥從而宗之自是而會盟而征伐惟霸令之從而不復知有周室矣水木原之思諸君獨無是心乎何齊之厚而周之薄也宋晋秦楚之更霸又皆接踵而代興王迹其終熄乎噫匪風之詩傷天下之無王也而諸侯之背而干之者自四國始故貶而人之正其法也若然則亦齊桓之責也其爵之何君子曰此世道安危之機也板蕩憂而王綱解岌岌乎世故其日棘矣桓非受命猶有救時之略也斯世之亂猶胥賴以匡之自是尊王室安中國惟業之攸係而始獲免於左衽矣簡書衣裳之績桓其於今爲列乎固罪之魁而功之道也文武成康之天下猶幸維持而未墜霸功其可少乎噫下泉之咏傷天下之無霸也而諸國之創而圖之者自齊桓始故進而爵之許其霸也吁聖人爲王道憂故正以誅四國而又不得不爲世道慮故權以予齊桓聖人之情其有甚不得已也夫抑桓公之霸管仲之力也學焉後臣桓公任之如彼其專而作内政鹽筴仲以其術富强齊國而威服諸侯惜其不能致主於王道也噫桓公之於管仲則學焉猶足以霸而况以堯舜君民之道成阿衡一德之乎其不勞而王也固宜

元年春王正月（俱隱公元年）楚屈完來盟于師（僖公四年）齊人來歸鄆讙龜陰田（定公十年）

孟化鯉

同考試官教授趙批（此題全重書浩易至空疏此作平正典實而發揮明切可式）

考試官教諭吴批（其意精其事核其詞文）

考試官教諭黎批（以天字立説得旨）

聖人之達天合古今人已而一之也此春秋立法無間於古今序績不嫌於人已何莫非聖心合天之妙乎夫天者理而已矣無古無今無人無我一運之聖心者也是故吾於元年春王正月之書而知其酌古今之事矣夫人君之始年何以謂之元也舜紀元日商稱元祀於是乎祖述焉乾元坤之贊此其徵諸大用矣每歲首月何以係之春王也夏數得天周命未改於是乎創法焉得夏從周之心此其見諸行事矣是乎創法焉行夏從周之心此其見諸行事矣噫道有當沿則述之古而不以爲拘義有當作則創之今而不以爲异惟其宜而已矣聖人所以會百世於同神者不在是哉吾於屈完來盟齊人歸田之績而知其合人已之公矣夫屈完何以書來盟也齊桓仗義責楚而楚人行成此其以義服焉九合一匡之烈於斯有成績矣歸田何以亦書曰來也孔子以禮責齊而景公謝過此其以誠感焉俄頃期月之化於斯有明徵矣噫績在於人則序乎人而不以爲媚績在於已則序乎已而不以爲嫌惟其公而已矣聖人所以合萬象於同體者不在是哉吁此春秋所以爲古今之繩墨人物之權衡也非聖人以天自處其孰能與此哉抑夫子之作春秋蓋以天道著教也天故公公故無分於人已天故神神故無間於古今此其權度出於聖衷精義根於性命而兼總帝王出入造化何莫非吾性之流行也故曰春秋盡性之書

禮記

大人舉禮樂則天地將爲昭焉

李復初

同考試官教授高批（此作融會本色語成文而發明天地爲昭處尤親切宏暢可誦）

考試官教諭吴批（能發聖人制作之妙用可式）

考試官教諭黎批（語意精密氣象宏大可取）

記者原聖人之制作將以宣化育之妙也夫禮樂與天地相爲流通者也大人舉之而化育之功將爲之宣著矣夫豈小補之哉記者之意蓋曰禮樂之

在天下其始也效法於兩間而其終也參贊乎造化吾觀大人之制作而知其功用之大矣彼大人者亶聰明而作元后既有以秉制作之權履中正而樂和平又有以得制作之本於是法天地自然之序而即夫理之不可易者以制夫禮焉凡其著誠去僞之經咸闡之爲敘秩之典而一王之定法自我而肇舉之矣法天地自然之和而本夫情之不可變者以作夫樂焉凡其窮不知變之精悉達之爲節奏之文而四海之元聲自我而振舉之矣若是者而豈徒哉蓋天地有化育不得不藉聖人以成其能聖人有制作不容不爲天地以終其用自其禮之序也而天地之序將自此而感召之高下散殊之體於是乎呈其用而成物之功顯焉俯仰於覆載之間何莫非神功之昭著也耶自其樂之和也而天地之和將自此而發揚之周流合同之化於是乎洩其機而生物之功著焉宣暢於宇宙之内何莫非化工之敷賁也耶吁禮樂之用其有助於造化也如此而聖人之制作豈其微哉雖然心思必通乎性命然後可以言禮樂是故知禮樂之情者能作識禮樂之文者能述大人具明聖之德而制作之本立矣是故舉禮樂至於贊化育參天地則盡性之道歸焉耳故曰不聞性與而能制禮樂者末矣

故臣下皆務竭力盡能以立功是以國安而君寧

劉均

同考試官教授高批（發揮皆務字明切又以國安君寧串講尤爲有見）

考試官教諭吴批（發揮明透氣象冠冕佳作也）

考試官教諭黎批（得燕禮明君臣之義本旨）

記者即群臣報禮之重而有裨於君也大矣蓋人臣固以盡職爲心者也况報主而皆務於立功焉則國安而君以寧矣臣禮之寓於無義也深哉且夫燕禮之行固人君所以厚下而亦人臣所以作忠者也是故人臣盡職於君君既報之以爵禄矣而爲之臣者又將何如荷知遇之隆而凡自效於明時者莫不感恩而思奮懷寵錫之惠而凡自獻於君上者莫不矢志而效忠向焉臣固竭其力矣至此則不但一人之竭力而人人咸竭其力於以樹勞績於邦家者濟濟乎其咸飭也向焉臣固盡其能矣至此則不但一人之盡能而人人各盡其能於建績庸於社稷者彬彬乎其可紀也吾知人君之休戚每係於國家之安危今則庶明勵翼而宗社爲之奠安君身自協於優游之慶庶績咸熙而邦基爲之鞏固君心自適於伴奂之休以言乎内則以法以廉而日見其順治焉百官各效其勞而一人身履其逸所以坐享夫盈成之運者不其宴如已乎以

言乎外則以畏以懷而日見其威嚴焉群工各獻其猷而九重身斂其福所以安享夫豐亨之運者不其泰然已乎夫所謂臣禮者如此而皆於拜君之賜者得之則夫燕禮之行非以明君臣之義而何雖然人臣忠義之心根於天性固不必報禮而後有也然感其恩者愈重則圖其報者愈深一燕飲之間而明良相濟君臣交泰盛世之氣象可想見矣此正大光明之業所由以成而雍熙太和之治所以永孚于休也與

第二場

論

仁者以天地萬物爲一體

任啓元

同考試官教諭何批（一洗漫語而體格森嚴識見超卓論之鵠也録之）

考試官教諭吴批（正大老健煒然有光聖人一體之義一發無遺自可録）

考試官教諭黎批（體認精切詞意蒼古用録以式）

聖人之視天下甚切而其愛天下甚周故雖勢有所限而不足以病聖人之心何也天下至大也聖人之心至微也以其一心之微而博濟乎天下之衆固非聖人之所及因其不及而遂至於恝然忘情焉又豈聖人之所忍哉是故其視天下也如視吾身則天地萬物莫非我也而其爲愛也至切其愛吾身也如愛天下則我亦莫非天地萬物也而其用愛也至周周則弘而不隘切則公而不私故勢之所及咸取足於聖人之仁而勢之所不及者亦可以諒其心之所存而不足爲聖人病矣子程子曰仁者以天地萬物爲一體其善言仁者之心乎請申之今夫天不言而人推高焉地不言而人推廣焉萬物蠢蠢而繁且育焉聖人生於其間亦天地之一人而萬物之一物也而何以通之爲一體也不知判者天地萬物之迹而同者天地萬物之心也易曰復其見天地之心乎是心也即天地生物之仁而聖人得之以位天地育萬物者也理本無二而勢常如一身者也是故咸以人身取象而繫其辭曰觀其所感而天地萬物之情可見矣是天地萬物於吾身何其切近而不離也萃以萃聚爲義而繫其辭曰觀其所聚而天地萬物之情可見矣是吾身於天地萬物何其渾合而無間也人惟心之不公則私私則視吾身也至切而視天地萬物也若不相關量之不洪則隘隘則其用愛也有所及有所弗及而不能合天下以成其大惟仁者之心渾然天理其静也與天地萬物相爲游衍也其動也與天地萬物相爲流通也故不以天地視天地而以吾身視天地不以萬物視萬物而以吾身視萬物

乾天稱父吾身之所生也坤地稱母吾身之所養也大君吾身之元首而大臣吾身之股肱也合德之聖秀出之賢與夫濟惡不才顛連無告者皆吾之兄弟一體而分者也九州之中八荒之外若動若植浮沉升降雖萬有不齊皆與吾肖形於宇宙而統體一大極者也其體本一故視之不容或緩而愛之不容或遺斂之則爲一身而擴之則爲天地萬物是故以心代天意口代天言手代天工身代天事彌綸參贊輔相裁成雖爲天地立心也而莫非吾身之宇宙也老有所終幼有所長疲癃殘疾皆有所養胎生不殰卵生不殈夭喬飛走之屬無一不得其所雖爲萬物立命也莫非吾身之化工也何也吾之一體與天地萬物同出於一原未有愛其身而忍遺於天地萬物者也彼疾痛疴癢之於身也雖至愚者皆知愛之而於天地萬物則視之如秦越焉非其本體若是其懸絶也自私則有所恐焉而不切自隘則有所遺焉而不周一體者岐而二之宜乎視天地萬物若不相屬也仁者不然故勢之所及雖有限而心之所存則無窮一民饑曰我饑之也一民寒曰我寒之也一人有罪曰我陷之也焦勞其心痌瘝其身孳孳急急而罔敢自暇自逸者思天地萬物之不得其所猶疾痛疴癢之在吾身也是故惠此中國矣綏此四方矣而九夷八蠻之在荒服之外者尤申之以文告之詞開之以賓貢之路雖政朔不及語言不通者亦莫不欲其引恬而引養焉而後聖人之如始慰也譬諸天地寒暑灾祥人雖有憾而天地之心則未嘗一日而不在乎生物也知寒暑灾祥不足爲天地病則博施濟衆豈足以病堯舜之心哉老氏未識仁體既以芻狗萬物爲天地聖人之不仁若手足之痿痺而不相聯屬佛氏又以天地爲幻化併形體聰知而外之則吾之一身尚不管攝又何望其通天地萬物爲一體哉雖然天地萬物者仁之量也能近取譬者仁之方也親親仁民而愛物者仁之等也恩及禽獸而功不加於百姓者固爲倒行而逆施若摩頂放踵而愛無差等者又務爲一體而反失之者也故孔子之求仁也不騖高遠而孟之行仁也善推所爲合而觀之而後足以盡仁者之量

同前

何洛書

同考試官教諭陳批（此篇用意淵邃立局古健浮塵俗套一洗而新之是知一體者故録）

考試官教諭吴批（根極至理而精實明暢略無斧鑿痕是以深於仁道者首薦何忝）

考試官教諭黎批（詞氣蒼然論之杰出者）

仁其統於乎聖人所以擴同仁之量而能通天下爲一身者亦惟其心之公而已矣蓋天以一元之理賦於人而人得之以爲仁即天地之所立心而萬物之所以爲心者也故天無私覆地無私載聖人奉無私以仁天下而天下者皆取足於聖人之仁非聖人不能心天下以大其仁而非至公不能仁天下以擴其量故存之爲仁心以之爲仁政足以範圍天地曲成萬物聖人不自知其仁而天下亦不知其所以爲仁聖人之心天地萬物之心也否則隘於有我之私則此身與仁此仁與心已漠然有外矣而况天地萬物哉昔夫子論博施濟衆而曰仁者已欲立而立人已欲達而達人程子則曰仁者以天地萬物爲一體味哉其善言仁者之心也易曰天地之大德曰生又曰大哉乾元萬物資始至哉坤元萬物資生而於復則曰復其見天地之心乎是仁者主宰於天地各具於萬物而爲吾心之生理其量本如是其大其心本如是其公者也聖人者鍾天地萬物之秀天固將以仁天下之責畀之聖人思有以仁天下必先有以公其心於天下而後天下始囿於聖人之仁於不窮聖人以天地者吾之父母而亦萬物之父母也天地塞吾其體帥吾其性則民吾則胞物爲吾與其體同出於一原本不容岐而二之者故照臨而爲日月錯行而爲四時沾濡而爲雨露與夫山岳之所以凝峙河海之所以流行孰非天地之仁乎而皆吾一體之法象也仁義禮智信之异其性親義序别信之异其倫樂教化慶賞刑威之异其政與夫草木之所以蕃育昆蟲之所以變化孰非萬物之仁乎而皆吾一體之散殊也朱子曰天地萬物本吾一體是以聖人以己視天下而亦以天下視己以己視天下則吾之心即天地萬物之心也以天下視己則天地萬物之心即吾之心也人惟奪於攻取紛於利欲始視天地爲大塊而不以吾心視天地視萬物爲糟粕而不以吾心視萬物自一身之外其呼吸運動觸之弗覺疾痛疴癢覺之弗應雖以其身育於天地萬物之中而不能公其心以體天地萬物之理若秦越之視肥瘠而吾身與天地萬物不相關矣豈聖人至公以仁天下之心哉聖人以仁者通天地萬物以爲心則體天地萬物以爲量善養體者必使元氣充周身之使臂臂之使指四肢百骸靡所不通不忍其痿痺而病於不仁則善體仁者必使生理周流天下一家中國一人天地萬物靡所不貫不忍其痌瘝而無所不用其仁立欲俱立達於俱達聖人廓然太公之心即與天地以合德先萬物以立極而弘施不匱之量自包天地以爲度合萬物以爲懷自其仁以天地爲一體也則日月之照臨其心之明覺乎四時之錯行其心之運用乎雨露之沾濡其心之生息乎心之鎮静山岳之凝峙也心之潤澤河海之

流行也而聖人之仁體於天地者莫非心之公也自其仁以萬物爲一體也則盡性以盡人之性者心之仁義禮智信也盡倫以盡人之倫者心之親義序别信也建極而天下歸其極者心之禮樂教化賞刑威也心之滋長其草木之蕃育乎心之茂對其昆蟲之變化乎而聖人之仁體乎萬物者莫非心之公也惟其有是太公無我之心斯有是充周不禦之仁必欲無一人之不立無一人之不達凡舉天下并生於覆載之間者悉俾其熙熙然生養安全之域然後聖人同仁之量始盡而天之望於聖人也不孤由是七政順軌五岳奠位四瀆順流九有歸心萬類咸若天地萬物莫不統體於聖人之仁而聖人之仁有以通乎天地萬物之大豈非聖人至公之心哉推是心也若或化育一有未順物生一有未遂聖人又將視爲一體之龐贅而凡所以盡吾之心者無所不用其極稽古帝堯其仁如天矣而一民饑則曰我饑之一民寒則曰我寒之一民有罪則曰我陷之惟舜好生之德亦然而夫子老安少懷之仁其既堯舜之所以爲心者乎信哉聖人能擴天地萬物爲一體而能體天地萬物爲一心也世之煦煦以爲仁是徒愛共尺寸之膚者也而何有於一體之仁乎雖然聖人之仁天下其心也而有不能盡如聖人之意勢也故天地之大人猶有所憾而人之悖德害仁者不足以爲聖人仁在下之病而益足以見聖人之無我猶之萬物之傾覆乃自外於天地而何病於天地之仁哉苟必欲博施濟衆爲仁將見求之愈遠得之愈難堯舜猶病之矣故曰能近取譬可謂仁之方也已

表

擬輔臣進帝鑒圖説表（萬曆元年）

吴定

同考試官教授紀批（造語用事贍而蔚核而不浮忠懇之意溢於言外子其切於愛君者乎）

考試官教諭吴批（以忠悃發爲駢詞有關君德匪文而已）

考試官教諭黎批（駢麗有體）

萬曆元年某月某日具官臣某等謹以所撰帝鑒圖説上進者伏以聖主承基治起維新之運愚臣納牖圖陳稽古之規事雖采於前聞言實關於後法爰抒一得兼集衆思謹殫力以成編敢齊心而進御臣等誠惶誠恐稽首頓首竊惟三代而上道備六經列國以來事存諸史憂勤惕厲聖哲所以升隆盤樂荒淫狂愚由兹傾覆著興衰於既往垂勸戒於將來疑信孔昭典刑具在然連篇累牘雖經生尚費於窮搜況一日萬幾在人主奚遑於遍識臣等備員輔導殫慮贊襄思方册之昭垂有關啓沃懼簡編之浩瀚無裨論思乃取唐宗以古

爲鑒之言仍仿羲皇制器尚象之法自陶唐迄於汴宋上下三千餘年由堯舜逮乎徽欽先後百十餘主數分九六類别陰陽據事圖形因文衍義言欲明而不嫌於俚俗迹顯而必假乎丹青誼主熙朝備寫太平之景象庸君弊政彷模衰季之儀容按圖即睹其妍媸開卷不殊於形影僭名帝鑒用達宸旒兹蓋伏遇皇帝陛下聰明天縱仁孝生知早毓德於青宫蒙泉養正敷錫民於皇極離照貞明慈闈躬膳寢之儀講幄切咨詢之益百神效職萬國來同梯山航海之夷獻俘南徼侯月占風之虜款塞西陲治無虞而桑土其防道有見而羹墻在念孳孳遜志邁商宗典學之忱抑抑虞懷追夏禹拜言之度如臣駑劣竊荷優容彤管霜毫數捧奎章之燦爛平臺煖閣時承天語之丁寧感激徒深涓涘靡報恭陳龜鑒仰贊鴻猷善惡具在目前興亡視諸掌上高山不遠宜景行於芳規下流難居當省躬於覆轍或同道而同事抑作聖而作狂倘蒙乙夜之觀少助九重之聽昔開元獻録曲江之懿範猶存嘉祐成編涑水之遺風尚在名皆取乎鑒古志各在於匡時才愧前賢心同往哲負蚊測蠡雖無益於高深土壤涓流或有增於毫末非敢望銘於户牖惟求常置於座隅蒭菲自慚冰淵是懼伏願取人爲善能自得師明鏡澄心罔溺情於宴逸軒圜納諫怕虚己於忠貞求古今治亂之源察陰陽消長之會配天立極永保丕丕之基法祖勤民快睹明明之后臣等無任瞻天仰聖激切屏營之至謹以所撰帝鑒圖説隨表上進以聞

第三場

第五道

第一問

任啓元

同考試官教諭何批（我皇上初服即孳孳交儆保治良謨蔑以加矣子敷揚盛美更效箴規必素抱忠悃者）

考試官教諭吴批（敷對詳明篇末更見忠愛）

考試官教諭黎批（我皇上推心馭臣風隆喜起子獨闡揚盛事而耿耿芹曝其有志自靖者與）

君臣之相臨也必聯之以情而後可以隆一體之交必成之以義而後可以鳴一德之盛蓋情也者所以聯乎其分而相爲一體者也義也者所以成乎其志而咸有一德者也君以下交則必任賢以圖治凡其體天弘化以建萬世之業者無不賴之以匡弼矣臣以上交則必盡忠輔治凡其代君弘化以敷一

人之治者無不由之以贊襄矣此古昔盛時所以德隆於上治洽於下而喜起之風於今爲烈知乎此而帝王之所以致治祖宗之所以垂休皇上之所以光啓中興而謀謨之協贊德業之比隆者可得而敷張其盛矣靖因明問而敬陳之粤稽唐虞三代之君所以待其臣者有臣鄰弼直之訓有納誨輔德之求有下車訪道之勤所以下交於臣而資其協贊者何至也唐虞三代之臣所以輔其君者有儆戒無虞之贊有多聞學古之誨有敬德弘訓之陳其所以上交乎君而保其治安者何切也裔是而降唐宋諸君若光武引公卿講論經理至夜分而不寐憲宗與宰相論道延英雖日旰而不遑英宗日啓經筵遇重陽亦不輟講哲宗親臨國學講無逸直至終篇固未嘗不諮於其臣也然諸君非正心以出治又安望其純心以用賢無惑乎不足以成唐虞三代之治也漢唐宋諸臣若賈山諫獵殿庭而有朝不失禮之議劉栖楚碎首玉階而有令聞未彰之陳賈昌朝召講御閣而有剛健决事之對種放賜坐崇政而有明王愛民之言固未嘗不啓乎其君也然諸臣無啓心之資又安望其格心之益無惑乎不足以贊唐虞三代之治也洪惟我太祖高皇帝啓運開天網羅豪杰而禮賢館建於創業之初時則有若劉基之才兼王佐宋濂之學貫天人章溢之風紀素持葉琛之忠貞自許皆得從容賜坐延訪時政蓋雖當草昧之初而其上下之交已足以爲一代禮賢之法矣成祖文皇帝定基肇業簡任英賢而文淵閣開於定都之後時則有若胡廣之從容講論解縉之文學擅長黄淮之庶務綜密楊榮楊士奇金幼孜之帷幄與謀皆入直史局寵賚金綺蓋適值文明之會而其君臣之遇已足以定一代親賢之制矣是以君臣道合德業相成而存心省躬之録其所以開一代之治體者即危微精一之旨也聖學心法之書其所以定一代之治統者即建中建極之規也嗣是列聖相承盡制盡倫迨我皇上以神聖之資撫中興之運首親儒碩日御經筵每論帝王政治國祚興衰問辯不已又召見輔臣平臺煖閣孜孜詢訪復親灑宸翰兼金文綺騈蕃寵錫其所以聯上下之交而通其情者固已無不至矣維時密勿之臣稽古正學隨事納忠而又即歷代人君聖狂之迹分類列書繪圖著説燕閑之暇一展册而勸懲具在所以養成君德而贊成聖治者豈非千載之一時哉然以帝堯之世而猶有無怠無荒之戒以文王之聖而猶有望道未見之誠則忠臣之所以愛其君聖主之所以養其德者容有已耶嘗考成周之時綴衣虎賁皆爲俊乂侍御僕從罔非正人則朝夕於君所者莫非承弼厥辟之資也今欲於朝廷之上凡左右前後服勞趨事者皆遴選以充之可乎朦誦工規户箴牖銘則布列於君前者莫非涵養君心之助也今欲於黼扆之前凡動作居處言語器什皆訓詞以警之

可乎李沆以人主少年欲其知四方之憂勤乃取郡邑水旱日奏之今欲以四方灾傷之數隨時上陳使知下民之疾苦庶可常保其憂勤惕厲之心乎李吉甫以時際艱難欲其知經費之出入乃取元和國計簿上之今欲以國家歲用之數指實上陳使知國用之匱詘庶幾常保其制節謹度之意乎如此則不但經筵或以進聖學而奏事陳言無往非進學之助不但講官可以進聖德而退居燕息無處非進德之人明良之會可以上繼乎唐虞三代而熙和之治將益光於二祖列宗之盛矣草茅耿耿請以是達諸當國者而爲聖天子助焉

第二問

何洛書

同考試官教諭陳批（我國家至重且大者莫如宗藩是策指陳利害區畫詳明子其經濟才歟）

考試官教諭吴批（宗藩一議討論紛紛無定主未有處置得宜如此篇者可以訂金石矣）

考試官教諭黎批（學問洪博識見高朗他日定大疑決大計端於子有望焉宜録以式）

帝王之御親親也有因心惇睦之至仁有隨時裁制之大義夫仁以聯天下之親而厚禄崇爵使之各得其分願者此推恩之典情不容已也義以裁天下之變而制節謹度使不至於濫觴者此濟時之窮勢不容已也法以制情權以達變帝王經綸之要莫是過矣今夫分封之制衆建支庶屏翰王室所以鞏磐石之固也食租衣税世世勿絶所以隆昭禄之恩也畫一之法載在祖訓世守久矣然法久則敝時變則窮計臣之謀盈庭莫辯當事之勢厝火爲眠目擊時艱而猶泄泄莫决何以挽極重難反之勢而塞衝决不救之患哉請試言之漢之諸侯王置吏授兵同制天子固已尾大不掉矣厥後列侯庶子去而爲民而强大漸消則武帝限封之法以制之也唐之流播民間離涣不屬宋之聚食京師縻費無紀厥後袒免以下不復賜名而縻費漸省則熙寧明序之詔以救之也相時以通其變立法以節其流豈非今日之殷鑒也哉我高皇帝開天之初首建宗封寧遼上谷諸王皆秉鉞部兵崇權怙勢絶塞有垣翰之强中原有藩屏之勢貴盛極矣文皇帝靖難之後齊谷惟譯趙漢鼓孽于是或懲或貸兵權盡釋朝廷無懿親之迹府僚無内補之階而裁抑稍加焉方是時親郡王將軍纔四十九位永樂中增封四十一位尚未滿百也而當時禄入已損於前况於今日乎二百年來熙洽綿延而布滿宇内而宗支造入玉牒者共四萬五千有奇見存者二萬八千四百有奇其視國初不啻百倍總計歲給之禄當有八九百萬天

下王府之禄多於歲供京師之米即使盡廢上供之輸猶不足以供王禄之半以致人多禄寡日不聊生乃有共蓬而居分餅而膳四十而未婚念載而不窆强梁者關弓躍馬劫奪郊衢懦弱者擁杖潛身没入輿早語中篝則言之可耻視溝瘠則睹之可哀爲今之計欲裁宗胄之禄則支庶奔奔徹於骨髓欲加小民之賦則閭閻嗷嗷蹙于眉額守祖宗之法則先今异勢而窒礙難行爲趨時之計則變亂成法而干典可懼乃使宗人之衆迫於饑寒之切身束於條例之密綱摇手觸禁俯仰難施夫饑寒至身雖慈母不能保其子欲其無爲奸邪不可得也即今之勢身之病入於肝腑矣木之蠹及於根蒂矣尚可膠先世之法而坐視其潰哉夫睹成法之敝而不濟以救之方是猶御車於險而弛其轡也施裁抑之法而不開其可生之路是猶驅鳥於林而火其木也今欲仰體親親之情以蘇元元之命法祖訓之意以爲通變之圖其要有四焉曰爵禄之當限也城禁之當弛也任官之當行也宗學之當建也夫揚湯止沸不如釜底抽薪五世祖免之法可行於祖亦可行於孫也親王世及矣其次封郡王者可限也郡王世襲矣其次封鎮國將軍者可限也□而下之單封之外差可已焉則坐食有限而禄無虞靡此限爵可行也夫摘金於山采珠於淵治生者無禪涉也城關之禁宗人病之故有行商之技者雖驅車揚帆任其迴易可也有力本之能者東疇南畝任其耕穫可也或工或賈皆將各趨其業而生計自裕矣此城禁之可弛也古者公族皆仕於朝今觀麟趾螽斯之裔多藏器待時之人惟致用無地故有窮困終身者矣今使登名於仕則懷才者有展采之期抱藝者無家食之嘆有志之士争相奮勵而常禄非所覬矣此仕路之可闢也古者王公子弟莫不有學今觀總角丱髪之童多才美英俊之子然教導不加將有挾才爲惡者矣近有議建宗學者果使博雅之宗羽翼正學世禄之子執經問難則家詩書而户禮樂常禄非所屑矣四者皆有資於宗人皆可紓乎民力乃進言者終懷疑畏而圖事者苟幸旦夕不其築舍道傍也哉或者謂宗學之建恐奸親藩之柄任官之舉恐啓窺覦之私越關之弛難核奸宄之徒限爵之法不免骨肉之慘然以親疏限之如列侯庶子去而爲民之例則疏者不敢以起怨以有司治之如蘇軾所謂禁以刑威之例則越關者不敢以爲奸任官所以選賢才也如宗親不與京官之例則何私可容建學所以聯師儒也如辟雍設儒臣之例則何柄可奸由是觀之制法者莫良於此矣惟我聖皇登極之初遍下爾書晋錫孔厚親親之情蔑以加矣然於此安危之機洞燭其微與天下更新以救末流之弊毅然行之不摇於衆口不泥于成法則東平河間之賢當必陶鎔于其間而仰屋竊嘆之民無復舍哀於下矣中興之化不在兹乎此則聖皇更化於上賢相贊化於下實有歸焉非草茅之所敢知也

第三問

吴定

同考試官教授紀批（周禮六官原未嘗缺此作發明今官職屬詳悉無遺庶幾復見周禮之全末以豫養君心爲説尤得獻納之體）

考試官教諭吴批（説周禮制度纖悉無遺而議論通達直得周公致治本意子其有志用世者如或知爾執此以往）

考試官教諭黎批（事核辭文識明慮遠）

聖王之治天下不惟運之以心而又維之以法法者聖人所以維持天下之具而繼心思之用於不窮者也後世不能見聖王之心而猶得見聖王之法於此而能善學之能善用之則聖王維持天下之具固在而聖王平治天下之心思猶可復繼於不窮嗚呼周禮之亡也非真亡也雜之者誣之也周禮之不果行也非不可行也泥之者累之也以周禮之僅存而亡於不善學者之雜廢於不善用者之泥也則聖王之法將遂至於壞亂而其心思之所繼於是乎益窮古先聖王治天下之大經大法其可見於今日者莫如周禮周公相成王明聖述作躋世太和一時生養斯民之道固已備矣然猶慮天下之大後世之遠無經制以維之則其勢必不能無敝於是兼三王施四事夜以繼日竭吾精神心術而爲之舉其大綱則其建官以六典其兵農以井田其取民以什一其養士以學校其治天下以封建其威民以肉刑及其節目則八法八柄九貢九兩之序祭祀朝覲冠昏喪紀師田行役之詳内而王宫閽寺嬪御絲枲之事外而畿甸侯衛要荒蠻貊之宜繁而星躔卜筮醫巫工什之技細而昆虫魚鱉鳥獸草木之微罔不具備彼其處心積慮上徹唐虞下垂萬世縱嗣有辟王而其法制猶可維持而未墜者賴有周禮在也孔子去周公未遠而曰文武之政布在方策當時周禮在魯所謂方策者豈即周禮耶孟子當戰國時始言諸侯去先王之籍豈周禮在戰國時諸侯即已去其籍耶遭秦焚書經籍散逸漢人得之煨燼之餘斷簡殘篇帙散亂而冬官遂亡河間獻王購以千金不得劉德輩乃以考工記補之夫使冬官而果亡也則其補之也固無不可鄭玄又從而注之夫使考工記而果可以補冬官也則其注之也亦宜今以周官考之自冢宰司徒宗伯司馬司寇而下曰司空掌邦土居四民時地利則掌邦土者司空職也又以六典考之自治典教典禮典政典刑典而下曰事典以富邦則富邦國者司空事也夫所掌而曰邦土則凡任土度地封域之廣輸民物之衆寡井牧之所經畫焉者皆邦土之職也而所謂建邦土地之圖與其人民之數制其畿域設其壇壝與夫土會土圭之法井邑丘甸之制正冬官之所專掌也而何以雜

於地官之職乎以至載師封人遂人里宰之類此任土之職也何以屬之邦教土方形方之類此封域之職也何以屬之邦政野廬蜡氏墓大夫之類此道路塋域之職也何以屬之邦禮禁其他如掌次掌舍幕人之類則皆以居舍供王之役者又何以屬之邦治乎觀此則其掌邦土之職散見於五官者可知矣邦國而曰富則凡山林川澤百材所自生庶物所自出財用之所取給焉者皆富國之事也而所謂辨九土之名物制天下之地征教之樹藝斂其財賦與夫土宜土均之法鳥獸草木之繁正司空之所有事也而何以概之司徒之事乎以至虞衡獸漁場圃司稼稻人之類則樹畜之事也何乃屬之安邦國山師川師之類則珍貢之事也何乃屬之服邦國雍氏萍氏仆氏薙氏之類則藪澤之事也何乃屬之詰邦國其他如巾車典路司裘司服追師染人之類則皆製車服以供王之用者又何乃屬之平邦國和邦國乎觀此則其富邦國之事雜出於五官者可知矣且以小宰所掌之六屬考之一曰天官其屬六十二曰地官其屬六十三曰春官其屬六十四曰夏官其屬六十五曰秋官其屬六十六曰冬官其屬六十六官之屬合三百六十大事從長而小事專達未嘗有餘欠也今以周禮所載之五官觀之天官之屬六十而羡其三教官之屬六十而羡其十有九政官之屬六十而羡其尤刑官之屬六十而羡其六冬官之屬乃獨全闕焉餘羡於彼而全闕於此獨不可取盈乎故冬官錯雜於五官而其職尚在是名雖爲亡而實未嘗亡也漢儒補以考工記而其職遂亡是名雖爲補而實則已亡也蓋徒以司徒之爲地官遂以土地物産之事盡歸地官職掌之中而不知司徒之掌邦教豈以度地居民之職皆爲司徒教化之事乎矧以司空之官而概之以飭化八材之事則其所以率屬者其止於百工之職已乎以冬官之典而盡之於審曲面勢之能則其所以佐王者其止於工事之式已乎或者因此遂指爲漢儒附會之説不知其所附會者止考工記一編而不可以病此書之全也或者又謂爲文王治岐之書不知其所載者皆爲天子之事而不可以言侯國之舊也或又因其九伐正邦四時教戰遂詆爲戰國陰謀之書不知寓軍政明教化此先王仁義之師也豈可以陰謀毁哉或又因其九賦斂財九式均用遂指爲成周理財之書不知倡九牧阜兆民此先王惠養之政也豈專爲理財設哉井田世業萬世之良法也而王莽以之稔新都之亂則以王田亟奪既失民心而泉府市司擾害流於市里大非先王養民之本意矣況其以篡竊之奸而播毒痛之政其致亂豈特不善用周禮之失哉阜通貨賄九職之所任也而王安石以之釀靖康之禍則以均輸專利已非國體而青苗手實搜括遍於閭閻大非先王足國之常經矣況其以偏執之資而引凶邪之黨其釀禍豈

特不善用周禮之失哉善學者誠能因其缺以求其全師其意而不泥其迹則先王之治法復明而聖人之心法可見矣嗚呼有關睢麟趾之意然後可以行周官之法度周公之制禮其仁天下之心爲之也欲求聖人之法者求之聖人之心而已矣我國家稽古建官六卿分職禮樂明備典則昭垂其於成周建邦立極之意固已得之而損益盡善至於冬官之書則俞庭椿吴幼清諸先正相繼申明之而聖王仁天下之心可復睹其全矣雖然周公以内宰嬪婦宫正宫伯皆領於天官而内府外府之出入服御庖膳之上供亦皆與焉其意微矣人君之寢處起居食息賜予冢宰莫不與聞而所以防微杜漸者得以豫爲之所至於師氏保氏之職所以詔王美而諫王失者又諄諄焉其所以養君心而正朝廷以及天下者固大臣職也成王之爲令主也有由然哉請以是而備今日之用

第四問

鄭祖教

同考試官教授趙批（河策類勦陳言此作歷歷有據鑿鑿可行非經略有素者不能道也）

考試官教諭吴批（言古人河出及防禦事且甚悉）

考試官教諭黎批（有學識有議論有經濟）

中土之患莫大於河國家漕運之利害亦莫大於河夫患莫大於河則所以弭其患者圖之不可以不豫利害莫大於河則所以防其害而全其利者慮之不可以不周圖之豫慮之周而所以下保生民上裨國計者胥此焉攸賴矣嘗考黄河自西域行萬里合西戎靈夏北狄諸境之水南注中國復合雍梁并冀衮豫諸流而盡趨于淮以入于海其源遠故其合派也多其派多故其爲流也浩猛而不可制然自砥柱而上山麓相聯崖石峭立大河盤束不能爲患自此而下地勢寬衍岸高于地河流决嚙爲患不常當堯之世龍門未鑿水壅不下懷襄山谷是其時河患在於冀州禹受命首事壺口既鑿龍門遂趨而南復折而北自是豫衮之間多河迹矣乃商之時始都于亳隨河所至輒遷都以避之其時河患在於豫州周定王時梁山壅河遂徒硂礫漸移而東後復折而東北自是豫衮以下多河患矣漢塞瓠子築宫宣防而東决於平原北泛于信都曾不獲數歲之安時則河患在於冀青而唐則損之魏鄆河患若不聞矣宋决陽武北流遂絶或欲導北流以復故迹或請修二股以順水勢竟無一定之議時則河患更在豫徐而元則由亳泗合淮以入海矣國家定鼎燕京歲漕東南粟四百萬石以給京邊黄河初自正陽入淮繼自渦口合淮在運道固無恙也

正統中河决張秋弘治中再决張秋運道遂奪時則患在北河矣嘉靖初河决曹單至末年河决□□運道艱阻時則患在南河矣隆慶間河决邳睢黄水行於田廬故道於游爲平陸生民蕩析無居運艘阻絶無路所賴廟堂成筭臣庶矢心復已淤之故道塞横决之洪濤而又思患豫防夾河爲堤延時郡邑植草柳以護其根備物料以待其用設官夫以時其守建堡舍以奠其□分地界以專其職明約束以定其規信賞罰以肅其志於是河流受束漕艘復通生民奠安而兩河之間稍休息矣向者膠河之議是慮運河之阻而求河於砂磧也而分水嶺之不可鑿南北地勢之不可平張魯邦都泊之不可常沽膠濰穴之不可引既已疏而止之矣泇河之議是慮運河之阻而求河於嶺硐也而葛墟嶺之不可平良城侯家灣之不可鑿十里泉誉河砂之不可禦吕孟鰻蛤諸湖之不可堤亦既疏而止之矣然黄河之水夾雜泥沙流急則□隨水滚而遂下稍緩則水漫沙停而漸於淤淤沙日積河底漸高乘决而趨不可復制今惟嚴河堤修守之法令諸河職皆於暇時聚土急則巡堤遇有决嚙旋即乘時修築毋使散漫且新口未深爲功尚易如此則水力專而河流急縱有淤沙隨即滚刷可以無淤塞他徙之慮矣黄河之水□□險惡未發則水勢稍平而易行既發則水勢洶猛而莫測迅流逆挽跬步難前遇險而傾不可復救今惟及水勢未發之前令諸運艘必以春初渡江夏初入閘及至水發則漕艘已過不復冒險况乘直上爲力更易如此則河勢平而舟行速既出險阻自能保全可以無覆溺阻滯之慮矣若謂海口沙墊欲開浚以導之夫下流不速則上流必壅導之誠是也然海口沙洲去海岸且二十里今欲浚之豈將以此二十里之廣爲不足以洩黄河之水乎如□□浚於中流則中流未易以測其深也况海洲潮落即見潮長即没縱欲開之將何所施功乎此其所不可爲者也又謂河勢浩猛欲分疏以殺之夫河流既分則水勢自減疏之誠是也然河流至入海且數百里今欲疏之其能於此數百里之間别爲一入海之道乎如欲分匯於他澤則何□□弃以居此水也况河水勢專則速而利力分則漫而淤縱欲分之能使其不淤乎此其所不必爲者也蓋嘗即黄河之勢而統觀之古之黄河自西而東自東而即北其取道也稍近今則自西而東自東而北而又東而南其取道也視昔又遠矣古之黄河河自爲河淮自爲淮其合流也尚少今則河入於汴汴入於泗泗入於沂而同會於淮其合流也視昔益多矣故以今日之河較之前代則其治之爲尤急以今日之治河較之前代之治則其治之爲尤□□昔人謂昔之治河止去其害今之治河兼資其利故難愚則謂昔之治河止去其害今之治河兼資其利故易蓋於治河之中寓通漕之法是治河即所以治漕

害去而利即存矣不然則河自河而漕自漕將奔命之不暇矣昔人謂復黄河已弃之故道也難愚則謂復黄河新淤之故道也易蓋淤沙新集而易刷故道得水而可衝則引水即可以衝沙沙去而河即復矣不然則舍其故而新是謀將徒勞而無益矣彼賈讓之三策若放大河以入渤海多漕渠以分水勢皆今日之所不可行者惟繕完故堤增卑倍薄彼之所謂下策乃今之所謂長策也賈魯之三法若釃河流而因導之抑河暴而因扼之皆今日之所不必行者惟去河之淤因而深之彼之所謂浚法乃今之所謂要法也雖然河在徐邳經流未及夾河之堤築基實土之上苟能慎□□足制水若夫中州之境則久被河患地積浮沙沙隨水嚙頃刻數十丈堤面猶存而其下空洞平沉矣故徐邳河患土足制之而中州則非聯巨埽不可禦朴此其工力之當倍者也河在徐邳運道所經沿河之職皆爲漕艘而設所當協濟不可獨累若夫中州之境則久被河患民不聊生河□歲溢計費數千金自繕不暇而無暇爲人防捍矣故徐邳之河役諸省當濟之而中州則僅可自給不能濟人此其工費之當計者也嗚呼下流緊束則上流之勢可虞徐河既狹則汴河難消下而虞考上而陽蘭皆可慮也急處既防則緩處之防當豫汴河若溢則閘河被侵北而張秋南而曹單皆可憂也則夫節夫役以存不盡之力計財費以待不時之需時挑浚以保不切之業治遥堤以備不虞之患嚴守哨以防疏潰之灾平稍芻以抑侵耗之弊而又□退灘以贍失業之民蠲租課以撫流移之衆上裨國家之大計下紓生民之隱憂今日之所當豫圖者也當事者其毋以中州河患之稍緩爲可諉哉

第五問

李復初

同考試官教授高批（今談邊者先論將每以乏才爲請蓋選之任之未盡也子援古證今切中時弊或可采之而禦干城矣）

考試官教諭吴批（贍而切辨而裁論將無逾子矣）

考試官教諭黎批（論將獨歸以忠是知大體者）

執事發策首論將才而因及選將任將之術其思患豫防先事注意甚遠慮也愚生請先舉將才之實而後及選之任之之術可乎夫自古介胄之士所以克敵樹勛以垂名竹帛者豈惟其才致然哉竭力盡能心之忠爲之也夫將者國之幹而忠則幹國之本才則所以濟之者也古今論兵法者比太公其言曰勇仁智信忠夫其列勇仁智信而歸之于忠彼其意固欲使後之爲將者以心事不徒以才事君也夫惟其心之主于忠也而後其勇也非剛愎其仁也非

市恩其智也非詭譎其信也非私約故勇加于天下而莫不威仁也施于天下而莫不愛智運于天下而莫不服信結于天下而莫不用情其在上則孚于君而無所疑其在下則孚于民而無所貳其在當時則社稷賴其安在後世則旂常衍其慶古之賢將所以德備于身功昭于國者由此其選也孫武之論將則曰仁智信勇嚴夫不曰忠而曰嚴彼徒恃法令以爲整肅之具而不本之于心以爲報國安民之基故其用之僅足以定霸而視王者鷹揚之佐則有間矣吴起之論將則曰理備果戒約夫不曰忠而曰約彼徒恃政務以爲應敵之資而不根之于德以爲尊主庇民之本故其用之僅足以取勝而視王者神武之師則更遠矣夫其曰勇仁智信而本之于忠者此將德也智仁信勇而加之以嚴與夫理果戒備約者此將才也才備而德亦備焉者蘇洵所謂賢將也周之方叔召虎漢之寇恂馮异唐之李靖郭子儀宋之曹彬岳飛是也此社稷之將也才備而德不及焉者蘇洵所謂才將也秦之白起王翦漢之英布彭越唐之薛萬徹侯君集宋之黨進楊業是也此忠雖未至而才足以運之者也此封疆之將也故得千兵易得一將難將而能也則兵卒皆可赴敵矣得才將十不如得賢將一將而賢也則才者皆爲我用矣然其選之也貴豫是故探之窮居以觀其養較之騎射以觀其藝詢之籌策以觀其謀試之政事以觀其能激之以怒以觀其量醉之以酒以觀其度内舉則不避親外舉則不避讎緐舉則不避于夷狄盗賊以此而豫儲之則國家有虎豹在山之勢以此而授用之則戎旅有熊羆不二之臣何者其所以選之者豫也然韓信楚亡卒也高帝一見拜爲大將而卒以滅項衛青主家奴也武帝一見擢爲將軍而卒以敗胡此二將者非有儲選之素也二君用之皆能成功今之選將者豈能拔士于行伍乎世胄延踵于簪纓即行伍有人焉弗能振也其能取人于奴隸乎紈袴競耀于戎行即奴隸有人焉將自廢也斯則雖有淮陰長平弗能用也選將之道其猶有未盡乎其任之也貴專是故寵之爵禄以尊其位予之事權以盡其才推之腹心以安其志假之體貌以壯其勢寛之文法以任其用專之號令以肅其威借之誅賞以重其君命可以不受進退可以自由用舍予奪可以自制以此而結士則愛卒甚于愛子以此而赴鬬則畏將甚于畏敵何者其所以任之者專也若李牧北邊將也邊市租税皆入幕府牧日饗士而後用之卒以破胡虞詡武都長也攻劫傷盗皆在募科詡既得士而後進之卒以定羌此二將者皆出規格之外也二君假之卒能樹績今之任將者能縱其錢穀而不較乎用一財焉册籍少錯文法繩之矣其何以養士耶能任其召募而不計乎用一人焉來歷少誤勘核隨之矣其何以得士耶斯則雖遇李牧虞詡弗能展也任將之道其猶有

未盡乎方今皇上當大德受命之初正聖作物睹之會薄海内外罔不臣服雖俺答素雄漠北亦歸心輸款奉貢稱臣四海無虞休哉盛矣然狼子野心非我族類窺覘虛實無日無之則除戎器戒不虞固今日之當務而選將材備任用尤今日之所當豫圖者也邇者聖謨加恤廟議協心分遣大臣巡行各邊飭諸將閱戎行視城堡備貯積申嚴之政視昔有加此即成王制治保邦之良規周公克詰張皇之懿軌也復允言官之請令内而九卿百執事外而兩畿十三省卿士牧伯各舉所知其求之固云廣矣然其所選之者必得忠賢之將而舉之以爲國用下則秉忠以立身上則盡忠以報國不以朝廷之爵禄私吾身而以吾之一身爲朝廷效力功之未立不敢愛吾身而畏縮功之既成不敢縱吾身而驕怠心乎爲國而吾身之死生以之則所謂智仁信勇嚴理備果戒約者皆得以效于時而後其所以選之者爲不虛矣若夫營營于鑽刺者是武弁中之細人也矜矜于文墨者是武弁中之迂士也如是而欲置諸大用可乎其所任之者必得忠賢之將而專委之閫外内則不惑于浮言外則不制以遥斷不以武弁之粗率輕其任而以三軍之事爲將帥作氣勿以拘攣執滯而阻其雄心勿以禮節文移而責其細過重其責任而以邊事之安危付之則所謂智仁信勇嚴理備果戒約者皆得以盡其用而後其所以任之者爲不輕矣若以一衣一食而檢之是使之無以爲生也以一人一馬而稽之是使之無以爲用也如是而欲得其死力可乎雖然内有張仲而後吉甫得以成其功内有魏相而後充國得以盡其策然非周宣之賢漢宣之明有以主之于上則亦未有能濟者也然則忠賢之將所以選之任之而鼓舞之以成其用者惟吾君吾相留意焉愚生行當繼江漢之詩作鼓鐃之歌以獻執事其肯轉聞之否

河南鄉試録後序

今天子萬曆紀元之秋天下復當鄉舉士于時巡按河南監察御史褚鈇秉憲貞度終始乃罔不肅既已竣事成録邦不佞濫從校藝之役敢附言末簡以申告于多士夫上之所需于士者才也士之所以厚自負以需用于上者亦才也才之難蓋自古然矣故百里一士不异比肩而立乃梁豫之士顧彬彬如此也何哉才之産也未有不本于地而成于時者干霄之木植必崇岡連城之璧毓必靈壤百卉春華蜉蝣陰出夫物則亦有然者矣九域分州而豫適當陰陽風雨之所交會蓋稱天地中焉是以河洛啓文明之瑞崧高標峻極之神詩書所述自古爲烈矣歷代翼運興邦陳謨佐治燁然光史册爲世望者以大都

論不啻得什五焉豈與夫逖陬僻區必間代乃才一見者偶哉若是雖謂梁豫爲才藪可也國朝文治融朗聲教四暨薄海内外罔弗喁喁嚮風而豫介在二都之中浸灌薰陶既深且速是豪俊挺生人文煥發若鈞陽宣屏翰之烈媲盛甫申河内繹性命之精紹宗伊洛祥符信陽舍風咀雅則藝苑之雄也安陽浚儀規言矩行則人倫之範也炳耀鏗鍧震眩耳目有更僕未易數者多士沉酣醲化加以淵源所漸觀感所興又非一朝夕故其蔚然競爽固其所也夫有司者爲國掄才其始也蓋皆惴惴焉以求之不得爲懼既而縱觀多士之所以自獻者若啓武庫之藏而璵璠溢璧游鄧林之區而楩楠彌野則又大喜過望而復惴惴焉以有才而不獲盡舉之爲憂夫果才之衆也而不能盡舉之有司雖患之無如何也制也設若以才舉矣眂厥終乃罔才焉則有司者不明之辠將安逭之故願諸士之能自成其信也蓋多才之域匪獨有司者品藻之難即士之自立蘄以才稱于鄉黨亦難昔周之東魯宋衛鄭號爲知禮之國其卿士出入容止辭命類恂雅有度一或舉足出口毫髮有愆則不崇朝而傳詬四國矣秦使適至始終鮮戾于儀而東國君臣至動色敬异夫西鄙紹介縱能矜持中禮亦豈若東卿士之從容哉東卿士而若斯將中猶不免有傳詬者在而奚至舉國敬异之也此其故可行也布衣韋帶之士有能自奮于畎畝者苟行能修潔即見稱于閭井若夫衣冠故家之裔雖偉自表樹但其勛積稍有不逮前人則世必以爲不克紹厥家聲爾矣多士之才于此中邦也是東國卿士之于禮儀也是故家子弟之于世德也人之責備不以他邦域論矣而可不矢所以自殖乎有其質必思有以成其質有其言必思有以踐其言懋德勵行績學廣業必以古今先正所以爲天下望者自待庶幾哉東卿士之動容卒度而衣冠裔之克世其家也有司者之獲從事于多士之域不其爲大幸乎否則無論隳窳不修即沾沾自喜而靳于宏到雖亦隨時取聲譽乃所就卑卑將不免傳詬四國而貽不克紹之誚有司者之懼滋深矣嗚呼多士尚敬勖之毋以才自恃也

應天府六合縣儒學教諭吴邦謹序

萬曆四年河南鄉試録

河南鄉試録序

萬曆丙子河南復當賓興士巡按御史趙焕寔監臨之先是上寤寐賢喆嘉慕古作人之道謂科條未備而士習稍媮用帷幄大臣言赫然下璽書布功令廣厲學官郡國有司靡不兢兢然奉上德意冀得真才以塞明詔學官弟子亦靡不喁喁然引領企踵冀攄所蘊蓄以自獻蓋一時人文之盛視昔改觀云于時御史遵故事聘有敷暨教諭俞應星司考試學正齊柯教諭林長清蔣養成王同任朱廷輔余純然張汝翎同考試提調則左布政使周鑒左參政吴國倫監試則按察使鄭雲鎣僉事徐學詩暨百執事皆就列受約束維愢維脊乃合提學副使趙奮所簡士二千四百人有奇三試之拔其俊八十人并録其文貢于廷有數不佞以職事宜宣言于首簡粤稽古昔郡國任土成賦徵其名物以輸將于天府命之曰貢而諸侯造士于天子亦曰貢蓋貢之言供也出地之所有以供上用故咸謂之貢往讀禹貢其述九州之賦至詳别矣獨豫州得稱錯上中及考班史古今人表則伊尹傅説蘧瑗國僑甯俞之倫又并列于上中其他莫敢望焉是數聖賢者固皆豫産也豈非河岳儲祥中和孕秀故人物并盛較然符合如此乎夫高山景行先民是程者哲人之逸軌也懷奇抱异乘時飈奮者良士之芳猷也主上統一聖真化隆縣宇萬幾之暇輒御經幄延儒碩講求治緒雅以親賢籲俊爲首務頃復盛法駕臨幸太學無論縫襻方領之士即四夷陪臣質子莫不襲冠帶稽首橋門以望下風英聲茂實不崇朝而布八埏矣豫邇畿輔爲天下中文教先洽晨風鬱比林巨魚縱大壑蓋其時也兹所貢士得無有若伊傅諸人者出供上用以答甚盛隆際哉古稱豫州人士常半天下要其實非侈談也全豫幅隕千里編户之民以百萬數而群于黌校者百不得一士占一藝以上以萬數而待試有司者十不得一操觚搦管昂首雲霄之會以千數而推轂與計偕者又三十而不得一士之與兹選亦難矣智過千人爲豪才倍萬人爲杰士拔于千萬人之中而不以豪杰自命者非夫也豪杰之士雖無聖人猶興况上以神聖臨之乎有敷固信諸士之必能興也方士之未遇也有司之欲知士急于士之求知及其既遇也有司之期待士甚于士之

自待顧語有之薑桂因地而生不因地而辛女因媒而嫁不因媒而貞有司者固士之媒也敢遽謂士之必貞哉蓋言行之判久矣古之觀人者九徵五視猶然病其難乃今所據以知諸士者言耳頃得遍閱諸士所爲文信絀儒墨褒剌王伯綜古今之變而晰道德之塗亦既斐然厭心矣使執此以往能躡景伊傳贊軌豪杰期無愧豫人士夫誰得而呰之假令膠守舊聞無適于用窾言也高自標許以眩俗駭聽而遠于事情奓言也發匪由衷乘人而效其捷莠言也借六藝市榮寵舉生平而弁髦之静言也有言若此雖工奚益即諸士何以稱上意矧于有司有司將安所傳其罪邪豫有棠溪馮池良劍所自出也設劍人竊其名以獻而用無當于剸割則劒人必蒙不共之罰有敷之懼亦猶是矣諸士始登進譬諸吹劍首者廑一吷耳懋之哉願毋以一吷而自滿也是役也巡撫河南右僉都御史孟重風猷夙著人士景從總理河道右僉都御史傳希摯提督撫治鄖陽右副都御史前王世貞今徐學謨綏寧疆宇翼宣文教監察御史印馬孫成名巡鹽陳用賓雷嘉祥王曉振揚法紀釐正士風布政使司左參議凌琯孫光祜按察司副使唐汝迪杜輅姜繼曾僉事張應福趙思誠王錫命李之茂聶廷璧都指揮使司署都指揮僉事惠承恩朱家將鄧都綜理庶務遠邇協恭右參政吴□佳僉事徐汝翼署都指揮僉事徐欽以入賀行右參政楊樞副使田汝穎僉事黄猷吉以督賦視邊治河出其以使事至者太常寺少卿賈三近翰林院編修劉楚先户科右給事中李邦佐刑部郎中蔣致大户部主事段邦寵中書舍人蔡夢説行人司左司副孫從龍行人孫健何汝登皆樂觀人文之盛故事得并書書之

山東濟南府長清縣儒學教諭孫有敷謹序

萬曆四年河南鄉試

監臨官

巡按河南監察御史趙焕（文光山東掖縣人　乙丑進士）

提調官

河南等處承宣布政使司左布政使周鑒（子明陝西平凉儀衛司籍江西萍鄉縣人　癸丑進士）

河南等處承宣布政使司左參政吴國倫（明卿湖廣興國中人　庚戌進士）

監試官

河南等處提刑按察司按察使鄭雲鎣（邦用福建閩縣人　丙辰進士）

河南等處提刑按察司僉事徐學詩（子言留守中衛籍直隸靈璧縣人　戊辰進士）

考試官

山東濟南府長清縣儒學教諭孫有敷（時達福建惠安縣人　丁卯貢士）

直隸鎮江府丹陽縣儒學教諭俞應星（以明浙江新昌縣人　甲子貢士）

同考試官

直隸和州儒學學正齊柯（文則江西南昌縣人　乙卯貢士）

福建汀州府武平縣儒學教諭林長清（茂甫廣東四會縣人　乙卯貢士）

湖廣永州府祁陽縣儒學教諭蔣養成（邦杰廣西杜平縣人　丁卯貢士）

湖廣荆州府江陵縣儒學教諭王同任（陞甫福建晋江縣籍永春縣人　甲子貢士）

直隸揚州府高郵州寶應縣儒學教諭朱廷輔（子忠湖廣江陵縣籍浙江鄞縣人　庚午貢士）

山東青州府益都縣儒學教諭余純然（性甫直隸婺源縣人　戊午貢士）

山西平陽府蒲州萬泉縣儒學教諭張汝翎（伯起陝西涇陽縣人　乙卯貢士）

印卷官

河南等處承宣布政使司經歷司經歷孫以似（克肖山西靈丘縣人　監生）

河南等處提刑按察司經歷司經歷吴道敷（于治福建政和縣人監生）

收掌試卷官

開封府知府薛綸（汝爲山西天城衛人　戊辰進士）

歸德府知府賴庭檜（而舟福建晋江縣人　乙丑進士）

河南府知府覃應元（德芳山西馬邑守禦所人　乙丑進士）

衛輝府知府暴孟奇（純甫山西屯留縣人　乙丑進士）

懷慶府知府胡汝欽（子敬直隸定興縣人　戊辰進士）

南陽府知府霍維藎（愛夫直隸曲周縣人　乙丑進士）

汝寧府知府宋豸（思直直隸容城縣人　乙丑進士）

彰德府知府劉寅（伯亮直隸博野縣人　壬戌進士）

受卷官

南陽府同知萬通（汝思江西南昌縣人　乙丑進士）

彰德府同知楊震宇（一清四川保寧守禦所籍陝西南鄭縣人　癸卯貢士）

開封府通判毛似蘇（夢鶴山東掖縣人　丙午貢士）

開封府推官侯世卿（國輔直隸武强縣人　戊辰進士）

南陽府推官王見賓（懋欽山東濟南衛人　甲戌進士）

汝寧府推官趙南星（夢白直隸高邑縣人　甲戌進士）

開封府陳州知州洪烝（惟進浙江平湖縣人　辛未進士）

開封府禹州知州張之屏（憲夫山西沁水縣人　甲戌進士）

彌封官

開封府祥符縣知縣朱道南（統文雲南臨安衛籍直隸合肥縣人　甲戌進士）

開封府許州郾城縣知縣王胤祥（邦瑞直隸撫寧衛人　辛未進士）

開封府中牟縣知縣李士達（伯順陝西三原縣人　甲戌進士）

開封府儀封縣知縣顧夢鯉（仲龍直隸崑山縣人　甲戌進士）

開封府太康縣知縣孫維城（宗甫山東丘縣人　辛未進士）

開封府原武縣知縣雙鳳鳴（維禎陝西慶陽衛人　辛未進士）

開封府陳州丘縣知縣宋存德（惟一南京錦衣衛籍吴縣人　辛未進士）

開封府杞縣知縣李梯（子登直隸任丘縣人　辛未進士）

謄録官

河南府洛陽縣知縣于翰（憲甫直隸井陘縣人　甲戌進士）

河南府嵩縣知縣李化龍（于田直隸長垣縣人　甲戌進士）

河南府登封縣知縣孫秉陽（夢陽直隸懷遠縣人　辛未進士）

河南府永寧縣知縣秦紳（子佩錦衣衛籍江西建昌縣人　辛未進士）

懷慶府温縣知縣張第（汝登山東茌平縣人　辛未進士）

衛輝府輝縣知縣聶良杞（子實江西金溪縣人　戊辰進士）

汝州魯山縣知縣苗焕（爾章山西澤州人　辛未進士）

汝州郟縣知縣許樂善（脩之直隸華亭縣人　辛未進士）

對讀官

彰德府安陽縣知縣馬允登（□先直隸東光縣籍山西陵川縣人　辛未進士）

南陽府南陽縣知縣程遜（惟謙直隸長垣縣人　辛未進士）
南陽府唐縣知縣劉懋中（可參直隸魏縣人　甲戌進士）
南陽府鎮平縣知縣翁金堂(升伯浙江錢塘縣籍臨安縣人　戊辰進士）
汝寧府汝陽縣知縣李承志（道甫山西曲沃縣人　甲戌進士）
汝寧府新蔡縣知縣楊允中（祖堯直隸遵化縣人　乙丑進士）
汝寧府上蔡縣知縣莊鵬舉（萬里直隸東光縣人　辛未進士）
汝寧府光州光山縣知縣韓志道（汝立山東章丘縣人　甲戌進士）

巡綽官

宣武衛指揮使夏胤（繼先直隸徐州人）
南陽衛指揮同知邢謙（子亨直隸新城縣人）
陳州衛指揮同知青若水（子澄湖廣桃源縣人）
潁川衛指揮僉事梁大任（體仁直隸興州人）

搜檢官

河南衛都指揮同知尚萬言（淑獻河南息縣人）
宣武衛指揮同知吴國輔（惟忠直隸灤州人）
陳州衛署指揮僉事黎民安（胥慶雲南支羅縣人）
南陽衛署指揮僉事庹五常（大體湖廣慈利縣人）

供給官

河南等處承宣布政使司理問所理問王育仁（延化江西泰和縣人　己未進士）
河南等處提刑按察司照磨所檢校薛朝楨(寧甫直隸江陰縣人　儒士）
河南都指揮使司經歷司經歷王茂松（惟秀浙江定海縣人　吏員）
河南都指揮使司斷事司斷事馬萬（仲理浙江會稽縣人　監生）
開封府同知薛選（舜仁陝西洋縣人　乙卯貢士）
開封府通判王珦（玉夫陝西延安衛人　乙卯貢士）
汝州知州楊躍川（子化山西蒲州人　乙卯貢士）
歸德府永城縣知縣鄭東昇（暘甫直隸景州人甲子貢士）
彰德府湯陰縣知縣陳大立（汝極雲南廣南衛籍直隸江寧縣人　甲子貢士）
汝寧府光州固始縣知縣邵甄（世昭浙江餘姚縣人壬子貢士）
開封府許州同知李佳徵（吉甫湖廣施州衛籍江陵縣人　監生）
開封府祥符縣縣丞陳王道（大敬陝西高陵縣人　監生）

開封府鄭州汜水縣縣丞王秀民（子進直隸内丘縣人　監生）
開封府鄭州滎陽縣縣丞陳訪（嘉徵陜西蘭州人　監生）
開封府祥符縣主簿王行道（宗太直隸邢臺縣人　監生）
懷慶府武陟縣主簿朱紱（廷寵直隸涇縣人　吏員）
開封府蘭陽縣典史胡俊（惟杰湖廣麻城縣人　吏員）
彰德府安陽縣典史鄧棠（子愛順天府通州籍浙江紹興衛人　吏員）
開封府禹州密縣典史崔進忠（良臣直隸灤州人　吏員）
開封府大梁驛驛丞趙繳（子莊陜西涇陽縣人　承差）
歸德府虞城縣石榴固驛驛丞張玉（國寶湖廣襄陽縣人　吏員）

第一場

四書

子曰我非生而知之者好古敏以求之者也　君子之道四丘未能一焉所求乎子以事父未能也所求乎臣以事君未能也所求乎弟以事兄未能也所求乎朋友先施之未能也庸德之行庸言之謹有所不足不敢不勉有餘不敢盡言顧行行顧言君子胡不慥慥爾　有布縷之征粟米之征力役之征君子用其一緩其二

易

六三觀我生進退象曰觀我生進退未失道也六四觀國之光利用賓于王象曰觀國之光尚賓也九五觀我生君子无咎象曰觀我生觀民也　聖人感人心而天下和平　日新之謂盛德　君子知微知彰知柔知剛萬夫之望

書

欽哉慎乃有位敬脩其可願　王懋乃德視乃烈祖無時豫怠奉先思孝接下思恭視遠惟明聽德惟聰　曰其稽我古人之德矧曰其有能稽謀自天　惟敬五刑以成三德

詩

蒹葭蒼蒼白露爲霜所謂伊人在水一方溯洄從之道阻且長溯游從之宛在水中央　有渰萋萋興雨祁祁雨我公田遂及我私　文王嘉止大邦有子　聖敬日躋昭假遲遲上帝是祗

春秋

叔孫州仇帥師墮郈季孫斯仲孫何忌帥師墮費（定公十有二年）春

齊國書帥師伐我（哀公十有一年）　晋侯伐秦（文公四年）　楚屈完來盟于師盟于召陵（僖公四年）夏四月己巳晋侯齊師宋師秦師及楚人戰于城濮楚師敗績（僖公二十有八年）晋欒書帥師救鄭（成公六年）夏五月甲午遂滅偪陽（襄公十年）　公會晋侯齊侯宋公衛侯曹伯莒子邾子杞伯救鄭（成公七年）

禮記

以百官之成質於天子百官齊戒受質　動則左史書之言則右史書之　致樂以治心則易直子諒之心油然生矣易直子諒之心生則樂樂則安安則久久則天天則神天則不言而信神則不怒而威致樂以治心者也　悝拜稽首曰對揚以辟之勤大命施于烝彝鼎

第二場

論

孟軻述唐虞三代之德

詔誥表（内科一道）

擬漢舉賢良文學詔（始元五年）　擬唐以陸贄爲中書侍郎同平章事誥（貞元八年）　擬宋幸國子監令博士李覺講周易泰卦賜綵段謝表（端拱元年）

判語（五條）

官吏給由　脱漏户口　同姓爲婚　申報軍務　冒破物料

第三場

策（五道）

問　虞夏之書渾渾商書灝灝周書噩噩夫是三者何居或曰兢兢業業一日萬幾四代之所以隆也豈以其敬戒相授守言則爲命書則爲訓耶蓋嘗稽之虞作布政之宫曰總章夏作簨簴之銘曰五音聽治商作器用之銘曰自警三風十愆曰警于有位周作十銘曰予一人所聞以戒後世子孫兹其所爲敬戒者蓋萬世帝王之龜鑒也故曰聖人之言炳若丹青匪文之也秦漢以來此道微矣越數千年四代帝王之運再造我國家神聖繼作典則具存而存心省躬二録與敬一之箴五箴之注允我祖宗傳心至語與典謨訓誥同文兹我皇上冲睿作聖德邁周成臨御以來嘉言善政未易更僕舉大者論正人心數

百言敷自皇極頃又於講勸之暇親書敬戒十二句頒之政府以詔四方夫言心聲也昔心畫也諸士陳説古今能矣有能奉訓命而知聖天子敬戒之心者乎其詳著于篇以鳴我國家之盛

問　郊祀大禮自古帝王隆之而其制至于周大備今考周禮所載冬夏殊時圜方异位與諸器數儀文莫不有精意存可指而陳之與後世事不師古若咸陽四時渭陽五帝與夫武德乾封太清景靈其説不經勿談矣即其間一二英主慕古而興然分祭合祭并配特配議論紛特典制屢易其孰爲當與我高皇帝稽古定制亦先分而後合卒以祖宗并配歲惟一舉至肅皇帝復定分祭之禮建大享殿而特配聖祖歲凡四舉其分合繁簡之由可得聞其概與我皇上嗣服之初肇舉郊祀輔臣因進祀禮圖考具載祖宗分祭合祭之規并配特配之制與諸器數儀文至詳且悉矣然謂合祀爲便并配爲順一舉爲宜俱昉高皇帝定制行之而於世廟之禮不嫌异同即同禮亦有不必盡泥者何與兹俎豆之事也諸士其折衷以告我毋諉曰其義難知

問　謚法創自周公書法斷自孔子尚矣乃若所謂大行受大名細行受細名使孝子慈孫莫能改褒有榮於華衮貶有嚴於鈇鉞使亂臣賊子莫不懼其旨可得繹與且周公謚法與汲冢周書互异孔子春秋三傳各一其説又安執以爲是與後之爲謚者十有五家爲書者二十一史無論仰窺二聖即不謬於是非大較得無有足采與夫徵往鑒來此兩端者萬世不可廢也士豈以爲不急乎頃朝廷厭請謚之濫亟戒禮官勿輕予詔復起居注日令史官載筆從左右記事記言則謚法書法之復明兹千載一時也如欲脩周孔之舊以光贊聖化士豈無更端可進乎願有聞矣

問　自封建既廢語親民者不曰守令哉西京循良爲盛班孟堅氏别爲傳以紀之夷考其樹功名以自表見多在中州若守南陽而勸課農桑守潁川而力行教化尤杰然者乃治平爲天下第一者史何以失其名而民不敢欺與教吏觧筒者何乃略弗載與國初吏稱其職民樂其業二百年來神聖繼體日以計安元元爲務非有道德溺職武健愉快之异也而吏治顧日以窳惰何與异時吏苦屢遷一切爲炟耀目前苟簡歲月之計士議者謂不久任不足以改絃成理今郡縣之任往往有五六年不得調者而民生猶未阜教化猶未宣亦無以大异於舊何與説者明明賞罰核功實申按部破恒格亦有可爲久任之助者與陸贄氏有言漢武好英風故其時富環偉立名之士漢宣精吏治故其時萃循良核實之能豈吏亦在乎倡之者與頃聖天子舉增秩賜金故事且發德音褒勵卓越之績視前世璽書不啻重之兹欲使政平訟理主德宣民風厚

化行俗美日以烝烝是何所施設與願籌之以爲計吏者助且以觀所負焉

問　士舍奥渫而際風雲則辨志不可後矣儒者論士之品三曰志道德志功名志富貴然則三者不相爲謀與或謂今之道德即古之功名今之功名即古之富貴信爾安在其爲道德與士以周貴以秦賤固也漢興若酇侯絳侯輩其人皆貪冒富貴頑鈍無耻而其功名亦赫然稱盛何與東京始建則富春畊釣大原辭禄嗣是否入會稽浮遼海耽泉石而逃軒冕者不可勝數作史者别爲立傳以紀之其視功名富貴不啻敝屣亦可謂志道德否與夫道德士所有也至於功名則竹帛旂常世之所謂偉男子者多歸焉而富貴則上之所懸以詔德詔功者亦可併廢與諸子尚志非始今日而藉以行志則自今日始也願聞其撰毋遜毋隱

中式舉人八十名

第一名　楊鳳　開封府學生　詩
第二名　曾曰唯　光山縣學附學生　易
第三名　賈待價　歸德府學生　書
第四名　韓果　光山縣學增廣生　春秋
第五名　馬鐘粹　新蔡縣學附學生　禮記
第六名　安文壁　安陽縣學生　詩
第七名　史善言　河南府學生　易
第八名　李文郁　禹州學生　書
第九名　馬猶龍　汝寧府學生　春秋
第十名　高第　開封府學附學生　禮記
第十一名　劉不溢　祥符縣學附學生　易
第十二名　劉夢京　彰德府學生　詩
第十三名　劉鞏　葉縣學生　書
第十四名　周官　鄭州學生　詩
第十五名　田一鳳　祥符縣學生　易
第十六名　傅崇明汲縣學生　詩
第十七名　方誠　洛陽縣學附學生　易
第十八名　李持衡　寶豐縣學生　書
第十九名　孔宗魯　信陽州學生　詩

第二十名　李如松　扶溝縣學增廣生　詩
第二十一名　黄存義　延津縣學生　易
第二十二名　温澤　河南府學附學生　易
第二十三名　趙建中　汝寧府學附學生　詩
第二十四名　熊燦　羅山縣學生　春秋
第二十五名　李用中　杞縣學增廣生　詩
第二十六名　楊唐龍　睢州學生　書
第二十七名　張鶴鳴　潁川衛軍生　易
第二十八名　李時冬　汝州人監生　詩
第二十九名　劉紹弟　河南府學生　易
第三十名　陳所職　禹州學增廣生　書
第三十一名　李寧一　睢州學附學生　易
第三十二名　韓廷榦　新安縣學生
第三十三名　劉廷揚　汝州學生　詩
第三十四名　崔應夏　鹿邑縣學生　易
第三十五名　李本固　汝寧府學生　詩
第三十六名　李炳　盧氏縣學生　書
第三十七名　徐元　杞縣學生　詩
第三十八名　彭應參　光山縣學增廣生　易
第三十九名　甯中立　潁川衛軍生
第四十名　李慎幾　商丘縣學附學生　禮記
第四十一名　王誥　潁川衛軍生　易
第四十二名　楊鎬　歸德府學生　書
第四十三名　高世芳　河内縣學附學生　詩
第四十四名　田一麟　開封府學生　易
第四十五名　王邦静　祥符縣學附學生　詩
第四十六名　王邦才　盧氏縣學生　易
第四十七名　許世貴　河南府學生　易
第四十八名　余思明　固始縣學增廣生　詩
第四十九名　賈應墀　安陽縣學增廣生　書
第五十名　李體嚴　衛輝府學生　詩
第五十一名　李惟和　祥符縣學附學生　書

第五十二名　楊東明　歸德府學生　詩
第五十三名　高芳　葉縣學增廣生　春秋
第五十四名　冀守謙　輝縣學生　禮記
第五十五名　張弘道　陳州學生　易
第五十六名　方端　固始縣學生　詩
第五十七名　耿臣　開封府學生　書
第五十八名　郭逵　密縣人監生　易
第五十九名　許源　洛陽縣學附學生　易
第六十名　李汝華　睢州學增廣生　詩
第六十一名　高汝登　洛陽縣學附學生　易
第六十二名　張同德　祥符縣學生　詩
第六十三名　閻鶴年　開封府學附學生　易
第六十四名　馬慤　禹州學生　書
第六十五名　胡孟清　光山縣學生春秋
第六十六名　汪朝聘　信陽州學生　詩
第六十七名　李梯　彰德府學生　書
第六十八名　王獻臣　夏邑縣學附學生　易
第六十九名　劉芳久　安陽縣學生詩
第七十名　趙之德　偃師縣學生　詩
第七十一名　劉尚禮　祥符縣學附學生　詩
第七十二名　李希閔　河南府學生易
第七十三名　張有德　祥符縣學生詩
第七十四名　李孺寧　開封府學生
第七十五名　史可述　偃師縣學生　易
第七十六名　謝善教　陳州學生春秋
第七十七名　王都　汝州學生詩
第七十八名　王守忠　確山縣學增廣生易
第七十九名　郭焜　彰德府學生詩
第八十名　杜冠時　汝州學生詩

第一場

四書

子曰我非生而知之者好古敏以求之者也

曾曰唯

同考試官教諭朱批（知由於學夫子至不自聖之心也作者不窘則誕子獨發揮精切殆好古有得者歟）

同考試官教諭林批（得夫子自道意且知好學非其遜詞蓋有深識矣取之）

考試官教諭俞批（文義渾厚志在復古者）

考試官教諭孫批（見理獨到可式）

聖人望人以學因表已之所由知焉夫聖人本生知者也猶不敢以自居而謂得之好學焉學其可以已乎夫子之意若曰夫人之於道莫不欲知也然不求其所以知而徒委諸質此知道之所由鮮乎自我言之天下有生而知之者上也我非其人也不知而作我無是也然而非生知也忠信之資與十室同禀焉而擬諸生而神靈則無思無不通也夫何敢以自誣仁聖之理與群弟子共明焉而謂之天縱將聖則不慮無不獲也又安得而自信亦惟以道無古今而覺有先後前言往行皆可以爲吾博聞多識之地者也於是心契乎千載之秘即從其心之所嘉樂者而誦其詩讀其書亹亹乎學之不厭焉夫固持循而後入未始由天啓也神而明之則吾豈敢哉志切乎三代之英即從其志之所愛慕者而學其大學其小孳孳乎求之不已焉夫固積累而後通未始由性生也默而識之何有於我哉是蓋好之深則學之自無不至求之敏則知之自無不真我之有知知以學而已矣而人之不學者乃以我爲生知不亦過乎噫此聖學之所以爲大也聖不自知故其中益虚而學益不息忘食忘寢非自疲也問禮問官非示遜也祖述憲章非鶩博也而空空如也乃其所以爲一貫之實際也然則非聖人而不學者其斯道之棄乎

君子之道四丘未能一焉所求乎子以事父未能也所求乎臣以事君未能也所求乎弟以事兄未能也所求乎朋友先施之未能也庸德之行庸言之謹有所不足不敢不勉有餘不敢盡言顧行行顧言君子胡不慥慥爾

賈待價

同考試官教諭將批（講自貴目脩宛然夫子語氣且不泥陳説尤有卓見宜録以式）

考試官教諭俞批（格調高古結意更精實）

考試官教諭孫批（渾融峻潔可佳）

聖人以常道自責而因詳其慎脩之實焉蓋君子之道常道也責諸已而慎脩之是亦君子而已矣何以遠人爲哉中庸引言之意如此謂夫道本不遠於人學貴反求諸已雖聖如孔子亦有不能外者焉彼其言曰君子依乎中庸者也而其道則有四丘也願學君子者也而其一尚未能四者非他也君臣父子兄弟朋友天下之大倫也事親事君從兄交友天下之大道也吾以是而求諸人固欲其兼盡而不遺何其重以周也及以是而反諸已則歉與躬行之未得又何其輕以約也然是道也合人已而一之者也君子能之而我獨不能道豈遠乎哉亦爲之而已矣故道體諸身庸德也吾行之而尤勉其所不足道見乎辭庸言也吾謹之而尤約其所有餘斯則不必遠人以爲言而言皆有物可言亦可行也不必遠人以爲行而行皆有恒可行亦可言也文之以君子之辭而德足以立其誠實之以君子之德而文有以足其志豈不慥慥乎君子哉蓋至是則自脩者爲有成而自責爲不虚矣在聖人且不敢求諸遠也而況於學者乎嘗謂無聲無臭性道之極也而其實則庸德庸言蔽之以爲庸而忽焉故未有能詣其極者觀堯舜之道盡於孝弟三代之學止於明倫率性之旨思過半矣孔子方以是爲未逮而脩之彼棄其庸而高遠其説者皆欲賢於孔子者也尚可與入道乎

有布縷之征粟米之征力役之征君子用其一緩其二

楊鳳

同考試官教諭張批（取民有制先王愛民之實心也子能發之而未復歸重節儉尤爲有識）

同考試官學正齊批（發揮明悉一結尤見經濟有養之士也録之）

考試官教諭俞批（格高詞整）

考試官教諭孫批（警拔之作）

制天下之賦有三而取之則以時也夫三賦皆出於民制也而以其時取之庶不病民耳孟氏之言其有感乎且夫先王志於民也不得已而制賦尤不得已而用之是故其制之有法而用之有道焉上焉者計一國之所需而取乎下以爲經用之常下焉者量一歲之所有以輸乎上而共惟正之義自任嬪以織而九幣興也於是布縷有征焉不必織而衣矣自任農以耕而九穀生也於是粟米有征焉不必耕而食矣自任力以夫而九夫有餘力也於是力役有征

焉則又以佚道使之矣夫是三者法也廢一焉不可也而善用法者君子也兼取焉不可也故夏入其布縷矣而粟米之賦必俟乎有秋秋斂其粟米矣而力役之徵必乘乎農隙相天時之消息以爲後先而用其一者非所以厲民也國計存焉雖欲不用不可得也而况用之猶有所緩乎度民力之盈虚以爲伸縮而緩其二者非所以病國也邦本繫焉雖欲不緩不可得也而况緩之將有所用乎此君子於斂民之中而存愛民之仁也彼其取民無藝者亦獨何哉抑用一緩二之道行則盈常在民詘常在國即國用有不繼奈何曰食之以時用之以禮先王以儉德爲永圖不繼非所患也故易曰節以制度不傷財不害民而取民有制惟恭儉之君能之戰國諸侯以侈相尚其勢不得不横斂於民卒之民貧而國益蹙可鑒哉

易

六三觀我生進退象曰觀我生進退未失道也六四觀國之光利用賓于王象曰觀國之光尚賓也九五觀我生君子无咎象曰觀我生觀民也

曾曰唯

同考試官教諭朱批（題意本難檃括作者故易支離獨此篇辭日朗然首尾關鍵得法可佳可佳）

同考試官教諭林批（説君臣未觀處語意聯絡氣象森嚴杰作也録之）

考試官教諭俞批（是易義之精者取之）

考試官教諭孫批（渾融古雅學識俱到）

二聖歷發觀爻之義而君臣之爲觀備矣夫觀我觀光臣道也而君之觀民則有大於是者宜二聖歷發其義與且觀之爲道達乎上下者也顧爻之所值時位异焉觀亦區以别矣彼六三六四皆以柔順而位乎九五之下有臣道焉然三遠而在野觀光猶非其時也故惟觀其所行焉以吾道之通塞爲行藏而始進之正蓋知所自重矣而象以未失道與之人臣量入之義其庶乎四近而在國觀民猶非其事也故得觀國之光焉以吾身之親見爲慶幸而文治之休固其所樂睹矣而象以尚賓申之人臣遇主之心其慰乎至若五以剛中居上天下之大觀在焉爻知天下之不易觀也而以觀我生先之蓋必天德之無疵而後帝位爲不疚君子其寡過矣乎象知我生之不易觀也而以觀民先之蓋徵諸民者既詳則本諸身者益信君子其自考矣乎兹又四之所觀以爲光而三之所恃以彙進者也要之臣有所觀則道行而君益有所輔君有所觀則道立而臣益知所尊周孔之繫易也其爲世道計遠哉雖然君爲觀者也臣觀乎君者也事君以自顯其六四乎則君以自治其六三乎故聖人在上近臣式

德遠臣希風萬化之原在上不在下也神道以設教中正以觀天下則固於君身先圖之易之爲訓昭昭矣

日新之謂盛德

史善言

同考試官教諭朱批（筆力簡勁體裁森整誦之鏗然巾宫商可以言文矣）

同考試官教諭林批（發明日新盛德意精詞雅易義之佳者）

考試官教諭俞批（善發陰陽之道）

考試官教諭孫批（精確）

仁顯而不息造化之盛德昭矣蓋仁自内顯其機故不息也造化之爲德其盛矣乎大傳以天地明道若曰道生於陰陽之迭運而神於德業之互根是故天地之大業固由富有而名矣至以顯仁爲盛德豈無謂哉使仁藏而未顯德固無徵也或顯而易窮德猶未盛也惟夫化育流行兩間之妙用日著機緘呈露天下之美利日彰統觀之則大生焉廣生焉乾坤不毁而仁之顯於乾坤者無止息也析觀之則形化焉氣化焉萬物散殊而仁之顯於萬物者無終窮也日新若此不謂之盛德乎蓋天地之大德不可見而見於流行者如彼而卒無紀極也則絪緼化醇之本益以昭大德之敦化本無形而形於呈露者如斯而卒莫消長也則翕受敷施之原益以顯有生者必有所以生生者而無聲無臭之中一元之實理涵焉故仁愈顯而德愈不可窺也何如其盛也耶有化者必有所以化化者而惟玄惟默之表一元之真氣宰焉故仁愈新而德愈不可量也孰能逾其盛耶夫德盛於内而顯者日新陽之根乎陰也仁顯於外而新者日盛陰之根乎陽也以此觀道不亦彰彰矣乎要之德業一理顯藏一機故以用爲業而曰藏用莫非仁也以仁爲德而曰顯仁莫非用也天地鼓萬物聖人鼓萬民不同憂而同功者也然則保大業者莫如盛德昭盛德者莫如日新古有日新其德者其深於易乎

書

欽哉慎乃有位敬脩其可願

賁待價

同考試官教諭蔣批（述帝王告戒之意警敏透切無一冗字繁詞讀之惟恐其盡）

考試官教諭俞批（發明敬德簡練出群）

考試官教諭孫批（典則可誦）

人君之謹天位在敬其德而已矣甚矣天位之不可不謹也即可願之德而敬脩之君道其至矣乎帝舜命禹之意若曰帝王之保治也以中而其協中也以敬今爾居可愛之位而臨可畏之民其可以不敬乎是必思天位之惟艱也一日二日有萬幾焉而兢業之懷不以可愛而或忽思邦本之至重也匹夫匹婦若勝予焉而警惕之念益以可畏而常存是心惕乎上下而致慎即所以致欽也幾謹於危微而保邦即所以保位也其何所事事乎亦敬脩其可願而已矣蓋可欲之善在吾心而達之天下即所謂中也忽之而不脩與脩之而不敬非所以言慎也於是謹時幾之敕不必遠有慕也而務之所急惟以全吾好德之良懋緝熙之功不必外有求也而圖之所先惟以復吾同然之理以脩其内則無敢逸豫也此中之生於心者益以敬而存而精一之旨庶幾其不悖乎以脩其外則無敢怠荒也此中之見於事者益以敬而聚而聽察之用庶幾其不淆乎至是則主敬之實功既盡慎位之大道無遺君益見其可愛而民將不復有可畏矣汝其念之哉抑禹克勤儉而又不自滿假豈復有所不敬而舜惓惓戒之若是耶蓋中者帝王傳心之要而敬則聖學之所以成始成終者也他日禹之戒舜亦曰無若丹朱傲君臣皆不自聖而其心常相警也後有作者虞帝其不可及信然哉

曰其稽我古人之德矧曰其有能稽謀自天

李文郁

同考試官教諭蔣批（形容老成人語語精到而結重周召同心尤非諸經生可及）

考試官教諭俞批（識力老成□華暢竭）

考試官教諭孫批（平正而有锋芒）

觀老成之達於事理其不可遺見矣夫事備于古而理原於天者也老成皆有以稽之有國者其可遺乎召公致誥成王若曰敬德不可不懋是治之本也老成不可不任是德之輔也吾欲王之無遺壽耇者豈無謂哉亦曰事之已然者有古人之德而實今之師也古人往矣而疇其能稽之惟是壽耇閱歷深而聞見博前言往行則多識焉遺風舊政則多考焉遠稽諸夏而祗德以聞基者可信而述也近稽諸殷而懋德以永世者可指而陳也蓋今人與居而實古人與稽國有壽耇古人之典蒙具在矣王欲師古以建事舍是其奚倚哉矧曰理之自然者有天之道而實政之憲也天道遠矣而疇其能稽之惟是壽耇諳練久而計慮精窮神足以繼天志焉知化足以述天事焉用之開人而成始之

謀以建先天而天弗違也用之立政而成終之謀以臧後天而奉天時也蓋人謀爲能而實天謀爲能國有壽耉上天之明命如臨矣王欲憲天以致理舍是其奚從哉夫稽古則敬德爲有徵稽天則受命爲有本甚矣老成之有益於人國也嗣王其敬念之哉抑成王以幼冲嗣位師保之責在周召故召不以疏而嫌於自任周不以親而嫌於夾輔王雖幼冲卒能用壽耉以祈天永命而爲守成令主他日周公之語召公亦曰冀其以耉造之德延長天命此不惟君臣同心而大臣又自同心也周業之隆固有自哉

詩

有渰萋萋興雨祁祁雨我公田遂及我私

楊鳳

同考試官教諭張批（上下一體之意發明親切而語意温醇是深于詩者）

同考試官學正齊批（盛世太和之景象讀之宛然在目）

考試官教諭俞批（微婉可誦）

考試官教諭孫批（雅揚）

詩人望天澤而明於公私之義焉夫天普物而無心者也詩人望雨而義先乎公其殆有以感之乎大田之雅農夫所以答君也意謂農人之易其田也能盡其力而不能必其成成之者天也而得天者其吾君乎今也苗盛而害除正百穀仰膏之時而三農卒歲之望甚殷也安得渰然作雲而氣之絪緼于山川者萋萋乎其上浮沛然下雨而澤之霑被于田野者祁祁乎其有漸夫雲雨興於天而其盛其徐皆上帝之賜也感通田於人而雲行雨施皆君德之徵也顧我農夫豈敢貪天功而忘帝力哉吾願神明之貺先足於公卿之大田而後同井八家均得以沾夫普遍之澤冲漠之施先暨於曾孫之多稼而後一夫百畝均得以沐夫優渥之恩蓋天以君之故而降雨其眷顧乎君者亦因以敷錫于民也民以君之故而遂私其徼福于天者實所以受賜于君也君之格天有素而天之惠我無窮農人其將何以爲報耶噫此盛世太和之象也上之言曰食我農人曰穀我士女此其心固無一日不厚下者而下之懷德而思報則又于公義焉先之仁施義報豈不藹然上下一體哉此固三代流風之遠而可以興思於後世者也

聖敬日躋昭假遲遲上帝是祗

安文壁

同考試官教諭張批（事天□敬聖學也子能發抒其藴可以占所養矣）

同考試官學正齊批（説聖王事天處精切不浮）

考試官教諭俞批（純正充融）

考試官教諭孫批（得頌聖之體）

商人頌聖祖敬德之至見受命之有自也夫敬而久於格天敬之至也帝命之受豈偶然哉商人祫祭之詩若曰帝王之興皆受命於天也然天之所命在德而德之所聚在敬我湯既應時而生矣而其事天之敬寧有所不至乎是故兢業以自持不以帝命不違爲可恃也而所以顧諟乎明命者日勵夫嚴翼之誠時幾以自敕不以天錫勇知爲足多也而所以緝熙乎敬德者允底於高明之極制事制心聖域雖優入矣而内外交脩之功尤有遲遲乎日新而月盛者蓋天之命不已而湯之心乎敬亦不已也不邇不殖六德雖懋昭矣而始終惟慎之心尤有遲遲乎日就而月將者蓋天之命不息而湯之格乎天亦不息也克敬惟親天何心也湯即以此心昭事之簡在方殷而欽崇之益至静與俱動與游上帝其陟降矣奚俟於明禋之薦而後格耶惟德是輔天何心也湯即以此心祗若之眷顧方切而對越之益恭繼其志述其事神明其合德矣奚俟於黍稷之馨而後享耶至是則浚哲之德以全而長發之祥自應其受命而式九圍也宜哉抑斯敬也精一之心法也湯固得統于三聖而弼贊之功尹居多焉觀其言曰以祗承上帝神祇罔不祗肅可知已然則敬固受命之本而佐命保邦所頼於一德之臣者豈其微哉

春秋

晋侯伐秦（文公四年）

同考試官教諭余批（書録秦誓取穆公善彌過也子於春秋不責晋兵處互發之而辭復高古嚴正當是异才）

考試官教諭俞批（題難而作更古雅）

考試官教諭孫批（高簡磊落可愛）

春秋善强國之改過故不責霸兵以致意焉夫改過不吝王者事也觀秦穆之受晋兵其賢足稱矣春秋不貶晋以深善之固宜且晋曷伐秦報王官之役也而秦師不出自是二國之兵争絶焉然則不報者秦也必報者晋也春秋宜罪襄矣而爵之何君子曰襄何足責哉穆之賢因以著矣蓋立於無過惟聖者能之過而能改亦君子之所難也穆公初敗於殽悔過自誓亦知所自新矣使在今日晋曰伐秦亦曰戰穆何以賢於襄乎乃能審致師之由而深悔其前事之失堅自誓之義耳不敢爲怙終之非邧邑之圍晋之脩怨深矣而惟堅壁以自全非百二之險不足憑也念責人之不如自責而所謂詢黄髪以罔愆者

其克踐乎新城之取秦之受侮亟矣而惟固圍以退避非三帥之力不足恃也悟勇夫之不如良士而所謂思彦聖以職利者其允蹈乎噫昔日之貳過一秦也今日之改過又一秦也穆也賢乎哉春秋大改過嘉釋怨故晋以爵稱非貸晋也以常情待襄而以王事賢穆也君子謂不譏晋爲予秦蓋得聖人録秦誓之意與且穆何以能賢哉蓋思蹇叔用孟明而子桑百里彬彬在位視先軫諸臣過之是故襄之不穆以佐之者非也雖然穆亦未爲得焉濟河之忿已逞而新城止師不出其悔過也誠耶僞耶即霸非君子所談而況不終爲盟主耶

楚屈完來盟于師盟于召陵（僖公四年）夏四月己巳晋侯齊師宋師秦師及楚人戰于城濮楚師敗績（僖公二十有八年）晋欒書帥師救鄭（成公六年）夏五月甲午遂滅偪陽（襄公十年）

馬猶龍

同考試官教諭余批（叙桓文善兵書罃善將詞簡而意進可佳可佳）

考試官教諭俞批（剀達之文結意正大）

考試官教諭孫批（詞格嚴正得春秋體）

春秋之所均予有用兵得其道者有主將得其道者此見桓文之善用兵而書罃之善主將也春秋均予之而失道者可以愧矣自易有師貞之訓則知惟謀乃臧者用兵之善經也吾於桓文得之方楚之始而伐鄭繼而圍宋也敵勢亦孔張矣使無謀者處之其何以制勝乎乃桓也結江黄爲掎角而義聲赫奕於陘亭文也携曹衛之黨援而兵威振叠於四國其猷壯其慮周誠有凛乎其不可犯者楚人安所用其强乎卒之屈完納款子玉喪氣而鄭宋之不俘於江南者桓文力也偉哉二霸之績乎彼救江之處父失之固宜其無功也已自易有長子之命則知惟斷乃成者主將之微權也吾於書罃得之當書之救鄭罃之滅偪陽也謀夫亦孔多矣使無斷者處之其何以底績乎乃書則遷戮是戒而不徇夫人人之請罃則必克是令而不奪於二卿之疑其命專其權一誠有屹乎其不可動者三軍敢不用其命乎卒之桑隧全師武宫獻捷而進退之不辱乎君命者書罃能也美哉二子之功乎彼于邲之林夫失之固宜其不免也已吁此義行而後之將將將兵者其知所法乎雖然召陵美矣如非王命何城濮克矣如用詭道何欒書完師而親匠氏之惡知罃取勝而蹈通吴之疏故曰桓文之節制不足以敵湯武之仁義而書罃之權詐豈文武吉甫其匹乎君子於是取節焉可也

禮記

動則左史書之言則右史書之

馬鐘粹

同考試官教諭王批（此題全重天子自防之禮而作者類多忽此獨子體認真切措詞簡古可以式矣）

考試官教諭俞批（爾雅之作）

考試官教諭孫批（理明詞典）

備史職以紀言動天子之自防亦周矣蓋君身貴立於無過也一言動而史得書之自防之禮其嚴乎玉藻記此蓋曰君身敬肆之間天下治忽之幾也使夾輔之無其人鮮有不疚者矣於是有自防之禮焉彼天子將納民于軌物不動而敬其道也使防之少懈能必其無過動乎故惟無動而動則左史書之蓋左史以記事爲職動有臧否彼皆得直其文以爲王詔曾不敢以近臣之故而用其私無虚美焉無隱惡焉是措諸躬行者將布之史册也君雖欲忽於動而有史在左寧不惕然其有警乎天子將樹民之風聲不言而信其道也使防之少疏能必其無過言乎故惟無言而言則右史書之蓋右史以記言爲職言有善否彼皆得正其詞以爲王箴亦不敢以近臣之故而易其法觀省備焉鑒戒昭焉是著之話言者將垂之載籍也君雖欲忽於言而有史在右寧不懔然其有畏乎如是則左右交儆無一人非師資也言動交脩無一念非敬德也此天子之所以動不過則言不過辭得之豫養者深也自防之禮可少乎哉大抵人情喜逸豫而不樂拘檢而况地有可肆欲爲易攻古之帝王知其然故以禮自防禁於未發而交儆之助則又隨寓而存如工誦御規士傳民語之類皆是不特左右史而已今其禮具載周典舉而行之存乎其人

致樂以治心則易直子諒之心油然生矣易直子諒之心生則樂樂則安安則久久則天天則神天則不言而信神則不怒而威致樂以治心者也

高第

同考試官教諭王批（題長而氣脉聯絡作者爲難此篇詞意清新而主張布置出於常格殆深於樂者）

考試官教諭俞批（詞理通暢）

考試官教諭孫批（是知樂之情者録之）

觀致樂養心之妙而樂之切于人益明矣蓋樂由心生者也致此以治心而自得之妙豈容已乎樂記之言曰樂也者非他也人心之和也先王本人心

之和以作樂即亦由太和之理以養心是故其爲教至切也君子欲治其心其必由樂乎誠能窮性術之變以爲脩内之資察聲氣之元以致養心之實則吾心之真機一觸而吾心之真樂自融由是和順於道德而衆善啓焉爲易爲直爲慈爲良機之有感而遂通者莫不油然生矣生則惡可已乎由是交暢於性情而衆妙臻焉以安以久以天以神理之相生而無窮者皆將渾然化矣化則惡可測乎惟天則至誠妙於不息天下之大信也不必假言而後彰焉惟神則篤恭妙於不顯天下之德威也不必假怒而後震焉夫治心之妙一至於此非致樂其能然哉蓋樂由中出而衆善之自生固樂之所以導其和也心與樂乎而衆妙之自致固心之所以通其極也故曰致樂以治心觀此則知樂之不可斯須去矣抑心與樂非有二也而治心者亦非取諸樂以助之也蓋太和流行於宇宙具之人則爲心宣之聲容則爲樂故樂之感人也微而君子樂得其道蓋至於天且神焉而心體未嘗益也大哉樂乎昔舜命胄教而以典樂盡之要其歸於和神人治心之道備矣

第二場

論

孟軻述唐虞三代之德

曾曰唯

同考試官教諭朱批（得孟子重自任意議論層出中多感慨非博雅不能也録之可以服多士矣）

同考試官教諭林批（體裁高古色象渾涵蓋自命意處超然有精詣豈獨工於文哉吾爲子斂衽矣）

考試官教諭俞批（意高語新敬服敬服）

考試官教諭孫批（辯博渾成是一手筆）

聖賢思以道易天下故不敢以天下易其道何也道不可易也道不可易而後可與易天下也蓋道原於天而備於人天下之人與聖賢同今之人與古之人同焉者也夫是以不可易也乃人之不聖賢也今之不古也則非有道者莫與易之使欲易其道以徇天下而求易是以今治今以衆人傳衆人猶之投膏止燎揚湯止沸也無益明矣卒之天下不可易而道已先爲天下裂豈盡天下之過與故聖賢無一日不欲用其道於天下而天下之用與否不可必吾道在焉不與世爲污隆不因人爲枉直非過自高也重道所以重天下也然則孟軻氏身處戰國而述唐虞三代之德豈無意乎詩云天生烝民有物有則民之

秉彝好是懿德是德之在人天畀之也天畀之則恒性惟均非有餘於聖賢而不足於衆庶者也非仁義於唐虞三代而功利於春秋戰國者也顧豈有時而可易乎乃風會下趨人心不古知德者鮮悖德者多而聖賢者則固守唐虞三代之德而有易天下之具焉其具在我而世不唐虞三代則其心曾未能以一日安是故孔子不能不春秋也而轍環列國思以唐虞三代之德易之耳孟子願學孔子亦不能不戰國也而傳食諸侯思以唐虞三代之德易之耳是孟子之心孔子之心也孔子之心唐虞三代之心也夫唐虞三代何心也曰民饑我饑之也民寒我寒之也民溺我溺之也民罪我陷之也匹夫不獲予辜也一人衡行予耻也數聖人之視天下無一非我則其自視無一非天下所以爲閔安强教者無不至焉故其時卒無饑寒無陷溺無不獲無衡行者以有是心而位又足以行其德也孟氏明數聖人之德於戰國而無其位其視饑寒於攻伐者甚矣而不能爲之衣食陷溺於水火者甚矣而不能爲之拯援衡行於天下不獲於溝中者滔滔是矣而不能爲之廓清保息勢既有所不能致而其心又不敢以自已其言曰天欲平治天下當今之世舍我其誰誠知其道在我責固不容辭也嗟乎孟氏之心不可識乎是故不忍挾其道以自賢亦不能貶其道以自售齊梁滕魯不必皆賢也鞅起儀衍之徒不必皆豪杰也富國强兵弗敢答也合從連衡弗敢聞也知有唐虞三代之德而已矣是德也幼而學之壯而欲行之行之不得以自致則惓惓焉述之以告人庶幾有聞而行之者功利不足以勝仁義而戰國猶可挽而爲三代進而爲唐虞也孔子奚取於桓文以其猶有尊周之名也仁義充塞之時得仁義之似者而可也安知戰國無桓文乎又安知其止於似而已乎兹其望天下甚仁而自任甚重是故舉天下之少者而庠序之舉天下之壯者而孝弟忠信之舉天下之老者而肉帛之舉天下之望雲霓者而時雨之舉天下之疾首蹙頞者而歡樂之則天下定於一而周益尊蓋孟氏之心也非用唐虞三代之德不可也乃地醜德齊者狃於富强則見以爲迂緩而不急放恣横議者馳於從衡則見以爲闊略而無當兹所謂急小喜而忘大憂餌近功而貽遠患適足以塗炭其民而肘足人國也豈知孟氏所述爲萬世不易之道乎夫大匠不易拙工廢繩墨羿不易拙射變彀率是不易於所不能也師曠不以晋平好新聲而棄其五音之節王子期不以趙襄好易馬而改其六御之法是不易於所不尚也戰國之人所尚在彼所不能在此而孟氏終不能舍所學以從之而猶日述其所不欲聞而止其所必不可已豈爲是不近人情哉誠翼夫太陽之明無爝火洪鐘之響無擊缶道其常耳而合不合則人也遇不遇則天也寧枘鑿不相入而唐虞三代之德不可使少貶焉如以

爲合之難而委曲以幸一遇而姑卑其説以就之則出乎仁義功利之而已矣功利而可爲也鞅起儀衍之徒不少矣安在孟氏以戰國而易戰國哉又何以异於勸燕伐燕助粤攻粤哉故進而不遇於七國仁義暫蝕於一時退而作孟子七篇仁義大明於萬世使萬世之下較然别邪正之塗晰王霸之辨黜功利正人心而知尊君親上之大道者孟氏之訓在也唐虞三代之遺也史遷叙而傳之其知孟氏哉雖然似矣三騶同傳而以淳于荀卿之間遇之淺之乎知孟氏哉

表

擬宋幸國子監令博士李覺講周易泰卦賜綵段謝表（端拱元年）

楊鳳

同考試官教諭張批（對楊之辭類多靡受兹作就題命意陳古諷今是博學而抱忠愛者高薦之）

同考試官學正齊批（作表欲句切事要語關君身而又應手中倫誦之若出金石如此篇者蓋難矣取之取之）

考試官教諭俞批（典麗可誦）

考試官教諭孫批（美不忘規表之佳者）

端拱元年八月二十六日國子監博士臣李覺恭遇車駕幸學命臣進講周易泰卦伏蒙恩賜綵段伏以三陽啓泰聖人作而文運昌五服有章天命昭而德施普幸睹臨雍之典俄分在笥之珍輝映六符懽騰八裔臣覺誠惶誠恐稽首頓首上言粤自虞廷命胄司存四德之和周室尊師禮重三雍之對緊明倫爲立教之本而太學乃賢士所關天王問道於澤宫樂正升歌於璧水摳衣鼓篋萃東西南北之英敬業樂群備春夏秋冬之訓譽髦育德思服流聲惟兹懿軌既湮遂爾庥風罕繼詩書罔事虚敦闕里牲牢更老徒尊祇飾橋門觀聽況人易稱五經之祖而聖人脩十翼之辭象爻組織於玄黄奇耦樞機乎造化圖藏古壁幸秦燼之未殘業侈顓門慨漢箋之互异丘賀膏肓於讖緯殊忝褒書京房墨守其家林無裨衮職豈陰陽之未泰致上下之不交雖勤卜蔡之思竟負拔茅之志事誠有待文不在兹兹蓋伏遇聖學日新文明天啓性耽圖籍開卷忘勞躬履儉純澣衣求舊崇聖賢之封襲功德邁於表章念機杼之艱勞仁愛溢於綸綍分陰希禹雖退食而靡遑中昃師文真望道而未見爰諳舊典夙駕乘輿遵槐市以鳴鑾望杏壇而駐蹕儒臣委佩争依弁冕之光相辟垂紳凛列簪纓之序釋奠之儀甫畢談經之命斯申謂説天莫辨乎易書而保治尤資於泰卦考成均之鼓召及庸流展帝乙之編陳斯奥義上行下濟神明之德

用彰小往大來消長之機具見俯攄臆説仰瀆宸聰道尚中行冀沃心之有補占孚元吉感虛受之不遺前席增輝下堂思懼何意綺紋之貺特加韋布之微彩挹鳳苞奚俟霞生九色織同蟬翼居然星繞七襄匪朱紱之爲華惟玄纁其比重尚方傳錫恩踰漢祖之解衣東序欽承榮并唐皇之賜錦丑累絲尚難成匹而敝袴宜待有功曾無尺寸之勞忝藉冠裳之會寵靈優渥愧汗繽紛伏念臣覺一介孤寒九流佔俾起家將作旋膺墨綬之榮進秩膠庠竊效青衿之咏韈線之長雖竭無益經綸箕裘之業未荒僅資縫掖六龍在御喜堯雲舜日之共瞻一象粗陳慚孔思周情之尚遠受服猶虞其三褫自公無斁於互□蓋聖人之心下交故君子之道日長被兹輕煖慶乃遭逢臣敢不仰止宫墻溯真精于秘畫希聲竹帛期黼黻乎皇猷伏願德合坤乾文成經緯垂旒塞纊勿自用其聰明負扆臨軒期廣延乎俊杰政擬結繩而治道不下帶而存極財成輔相之能奠生靈於衽席謹往復平陂之戒繫國祚於苞桑天地交而萬物通永保垂裳之化明良會而庶事舉於昭廣被之庥臣覺無任瞻天仰聖激切感戴之至謹奉表稱謝以聞

第三場

第（五道）

第一問

劉不溢

同考試官教諭朱批（我皇上敬德性生書法亦自天授此作揄揚得體末復歸重謹微美不忘規忠矣録之可不謂得士乎）

同考試官教諭林批（前代帝王垂教萬世暨我祖宗并美古初皆以持敬爲聖功非獨其言善也今皇上以英年默切尤爲最難自能悉舉□闡揚之爛然有第可取可取）

考試官教諭俞批（闡揚聖敬爲持盈守成之本最是文更博雅當是鴻儒）

考試官教諭孫批（四代之典謨本□之敬載千古一□也吾子能博綜面約説之可録哉）

聖人之心至敬也是故躬天下之至德而不有履天下之至尊而不居德爲聖人何不有也進德之功無已不敢以自盈也尊爲天子何不居也保尊之道惟艱不敢以自暇也有厥善者喪厥善危其心者安其身幾固爾也聖人知幾於豫而防欲於微故春冰之履常若陷而九軌之所以平也朽索之馭常若驚而六馬之所以調也是不有其德不居其尊者莫如聖人而常有其德常居

其尊者亦莫如聖人彼爲恣睢桎梏其説者豈足與論聖人之心哉今夫聖人所恃以宰制天下者心也而所資以訓命天下者言也脩省惕於中儆戒設於外防逸欲節性情以帝以王用是道也匪是則畫脂鏤冰而黼藻其盤盂辭雖工壯夫不爲也而况聖人乎楊子之言曰虞夏之書渾渾爾商書灝灝爾謂忠質之化未漓而其辭淳也周書噩噩爾謂禮樂之文日開而其辭察也蓋擬其氣象若此耳要之兢兢業業則商不能改乎虞夏周不能改乎商相授一道相守一心其帝王之德業所由弘而訓命所由著乎嘗觀作總章以布政者舜也其辭曰畏天而愛民恤遠而親近好問而好察隱惡而揚善至於惟危惟微之命尤懔懔焉銘簨簴以聽治者禹也其辭曰教以道者擊鼓諭以義者擊鐘告以事者振鐸語以憂者擊磬有訟獄者摇鞀至於禽荒色荒之戒尤諄諄焉比虞夏之文文其心之敬而已也湯作諸器用之銘書不盡載其銘盤以自儆則曰苟日新日日新又日新旁求後彦啓迪後人其爲官刑警于有位則曰惟兹三風十愆卿士邦君不可有一于身武王聞丹書之言惕若恐懼退而銘其席之前左端曰安樂必敬右端曰毋行可悔後左端曰一反一側亦不可以忘右端曰所監不遠視爾所代銘於鑒曰見爾前慮爾後銘於盥盤曰與其溺於人也寧溺於淵銘於楹曰毋曰胡害其禍將大毋曰胡傷其禍將長銘於杖曰烏乎危於忿嚏失道於嗜欲相忘於富貴銘於席曰慎戒必恭恭則壽銘於劍曰帶之以爲服動必行德銘於矛曰造矛造矛少間弗忍終身之羞子一人所聞以戒後世子孫是商周之文亦文其心之敬而已也而所謂渾渾灝灝噩噩者其天下之至文乎故丹青於一時而龜鑒於萬世舜禹巍巍乎湯武身之也四代之所以隆也豈惟四代前乎此而帝堯有之矣立木而使天下得盡其言建旌而使天下得盡其才置鼓而使天下得攻其過是何心耶前乎堯而黄帝又有之矣作輿几之箴以警宴安作金几之銘以戒逸欲不自高其道不自聖其躬是何心耶由古以來聖人享國長久令名無窮者固未始不自其心之敬戒始也安所容其恣睢而又奚至以天下爲桎梏哉天造我明神聖繼作典則明備輝映三辰若軼中世而追前古兼列聖以光十朝則又今天子事也請就執事所及先陳祖宗之盛而後揄揚其萬一可乎存心省躬二録作自高皇帝義起於祀事而道切身心感觸於灾祥而機嚴觀省告天下萬世之君則欲其以天心爲心而專精勵志以感之必自責如成湯懼灾如周宣以實不以文也告天下萬世之臣則欲其以君心爲心而慎微脩職以應之必法魏相輩之不欺戒安石輩之自用罪已不罪歲也夫高皇帝以神武取天下於胡元之朝日月重明而乾坤再闢豈惟功高萬古而德實邁之乃猶兢兢業業操危慮深屈萬

乘之尊而躬韋布之勞若是者豈不近人情哉所爲詒燕萬世計至深遠矣肅皇帝用英斷之資而脩中興之業毅然總攬獨斷綱舉目張蓋四十餘年中外寧謐而臂鷹之娛指鹿之細曾不敢從旁一嘗之乃又能折節而從事聖學作敬一箴曰匪敬弗聚匪一弗純勿貳以二勿參以三蓋從其心之所自得而言也作五箴注原心體之本端而發視聽言動之由禮蓋從其學之所自致而言也兹祖宗之文祖宗之心也即典謨訓誥何以加焉今天子踐祚以來繩祖武而精意太平天下莫不謂周成再作然考成王時周公居東二年而後感金匱而郊迎之藉令公無納册之事天無偃禾拔木之警主少國疑周公且不得以自信王室其誰夾輔之然則成王之得爲令主亦危矣豈足以望今天子萬一乎初天子以冲睿之資端拱臨朝奮攬乾綱政無旁出而宫府肅然一體此雖舜禹歷試之後難也已乃委心碩輔召用舊臣日御講筵質問疑義探帝王之奥旨咨求祖宗良法而表章行之察民艱核吏治信賞必罰奬功勸能北款南俘幾致銷甲嘉言善政真未易殫述矣往年諭下文武群臣大要以正人心爲治本丁寧告戒之曰其尚精白乃心恪共乃職毋懷私以罔上毋持禄以養交毋依阿澳涊以隨時毋噂沓翕訿以亂政期臻師師濟濟之風而歸之蕩蕩平平之域兹所爲與天下更始也頃歲又從講勸之暇親灑宸翰大書自儆十二句曰謹天戒任賢能親賢臣遠嬖佞明賞罰慎出入慎起居節飲食收放心存敬畏納忠言撙節用兹所爲以身教天下也今繹其義皆持盈守成之道天子得之乎心師而裁之乎手墨警之乎宫幃之密而揭之乎朝著之功殆千古异傳也而得諸天者厚矣哉是故近之可與存省并録敬一同箴遠之無异聽治於虞庭而作銘於三代草茅之士雖欲復效其愚豈得爲知量乎雖然亦有聞矣人之情不蹶於山而蹶於垤非垤危於山也其孰易忽也今夫巨防容螻捧土有餘力也忽而不塞不漂邑不止矣洩突一燥杯水有餘力也忽而不戢不燎原不止矣是故欲動於微過生於細而其究將不可窮故古之帝王先自其易忽者圖之遏於未萌禁於未發持久而不懈交養而不偏夫是以德常新位常尊此帝王之所以不可及也今天子敬戒之心固帝王之步趨也豈嘗有所不慎於忽乎而芻蕘之言過矣過矣惟執事潤澤之

第二問

楊鳳

同考試官教諭張批（敷陳郊祀大禮援古證今對揚我祖宗製作之精藴是不離章絳而問朝廷之闕議者録式多士允宜）

同考試官學正齊批（我祖宗分祀合祀禮雖變通意實不悖於□典而

我皇上事天真誠諸大臣秉禮慎恪其爲不易之議必有出圖考外者非漢文謙讓比也是作獨能窺見藴奥而詞復渾厚典雅忠愛藹然可嘉可嘉）

考試官教諭俞批（條答歷代祀禮最爲明悉未尤歸重仁孝可以爲我皇上昭格之助矣取之）

考試官教諭孫批（發揮仁孝爲饗祀之本明備切當可以式矣）

執事發策而以郊祀大禮下詢承學甚嘉惠也顧愚生迹未篋於駿奔目未睹乎鴻典至於制作之原尤未嘗涉涯涘而窺毫渺也何以塞明問哉姑以所聞請質記曰王者事父孝故事天明事毋敬故事地察郊祀之禮所以因天事天因地事地大報本而反始也祭法有虞氏禘黄帝而郊嚳夏后氏禘黄帝而郊鯀殷人禘嚳而郊冥所從來遠矣周公成文武之德而郊祀大禮至爲明備冬至祀天於圜丘大司樂用圜鐘於震宫舞雲門而禮蒼璧所以順陽位而象天也夏至祭地祇於方澤大司樂用函鐘於坤宫舞咸池而禮黄琮所以順陰位而象地也牲用騂尚赤也用犢貴誠也掃地而祭於其質也器用陶匏以象天地之性也天垂象聖人則之是郊祀之義也此其通天地之故究神明之藴仁人孝子之極淵乎穆穆而未易窺者也三代而下若秦置四畤於咸陽四仲舉祀祀每用駒三年一郊郊則尚白蓋惑於文公獲龍之妖而欲以水德厭之是東海巡游之餘誕也安在其能享帝漢建五廟於渭陽郊見五帝神氣若人冠冕尚赤火光屬天蓋惑於新垣平望氣之詐而欲以火德王志是宣室受釐之陋習也安在其能事天武德之分郊分配似矣而五行六天其説何盈庭耶乾封之祈穀祀天似矣而上帝五帝其禮可錯舉耶卜禘先事於頖宫魯行之矣乃天寶之後先朝太清宫而後享廟享天并不卜日稽何典也卜郊受命於祖廟周記之矣乃天聖以來先舉南郊禮而後告景靈宫謂之恭謝遵何説也宜執事以爲不經勿論已其間英君誼辟與夫儒臣耆輔講求异同之故而考證分合之典者不啻備也大都漢唐主合而宋主分其間合而復分者如建武采元始中故事合祀雒陽復命營北郊是也分而復合者泰始中定郊祀北郊後復親祀南郊方澤不别立是也逮至元祐紹聖間集百官議禮卒亦未聞有確然定見可以上契制作之精夫帝王之事天地也昭格遲遲陟降不違至於視無形而聽無聲於是爲之崇報薦享者其精神素與對越也而後世討論不過儀文度數之間趨蹌將事之節亦何以潛通重玄而仰答靈貺哉其大者既未足以通神明之德則分祀合祀并配特配亦文具焉耳洪惟我太祖高皇帝受命之初首命陶安考正祀典酌諸古訓斷自聖衷始制爲分祀之禮建圜立於鐘山之陽建方立於鐘山之陰以冬至祀天夏至祀地而奉仁祖配焉後

因雨暘未若洪休愆應於是感父母之義剛柔之配卒定爲合祀之禮一祀於奉天殿再祀於大祀殿舉以歲首卜以上辛而仍奉仁祖配焉宸慮淵微所以凝乎冲漠之精獨觀典禮之奥化裁變通而靈承祇順契周公之制作於千載之上而立聖子神孫千萬世之極者至章章也列聖相承肅將無替成祖合祀則以太祖特配仁宗合祀則以二祖并配百六十餘年未之有改豈非以睿謨玄遠所當世守而不可易者乎至我世宗肅皇帝稽古定禮從國初之制南爲圜丘祀天於冬至北爲方澤祀地於夏至配以太祖特崇隆報至孟夏又有祈穀之祀季秋又有大享之典歲凡四舉大抵皆周公之舊也後復行祈穀大享於大内而圜方二祀中世以後多弗親行肆我皇上誕膺玄祐光纘洪圖淵衷所達天地爲昭矣邇者肇舉禋祀大典輔臣因進祀禮圖考首叙分合沿革之由壇壝陳設之略次列儀注樂章之繁繪之圖盡繕寫成册所以議復合祭之舊兼隆并配之典者蔚乎詳已愚竊謂制作如周公議禮制度如我高皇帝至神極聖萬世莫能加焉夫肅皇帝寅若昊天朝夕匪怠躬至勤也分祭建於初年更數歲而後定慮至遠也大經大法悉仿周官而獨於大祀之禮不嫌异同制至周也記曰祭不欲數數則煩煩則不敬祭不欲疏疏則怠怠則忘由我高皇帝之先分而後合肅皇帝之四舉而中寢觀之甚矣疏數之不可繼也聖人蓋慮之矣誠由高皇帝之心以求高皇帝之心由高皇帝之心以求周公之心則合祭之爲便也并配之爲順也一舉之爲宜也雖一時未定之制而實萬世議禮之權愚嘗反復圖考而知其概矣其曰古今异宜適時爲順故舉以歲首卜以時和歲惟一出爲屋而祭此推高皇帝之心而言也安見合祭之不便乎其曰文皇帝再造宇宙功同開闢一朝而罷之人情大有不安此推肅皇帝之心而言也安見并配之不順乎其曰冬至極寒夏至盛暑六飛再駕時義爲乖此又體皇上之心而言也安見一舉之非宜乎何也禮求其可繼也昔者夫子蓋曰仁人事親如事天事天如事親又曰仁人爲能饗帝孝子爲能饗親饗也者鄉也鄉之而後能饗也夫所謂如也鄉也是仁孝之實不假壇壝而肅不待黍稷而馨乎於殷薦之前而通乎於穆之表者也即監于周公而損益乎肅廟之制奚异同哉我皇上聰明睿知天寔縱之敬天法祖尤出至性頃秉禮大臣方以積誠致潔之義進上即嘉納之以爲具見忠敬君臣交儆上帝如臨蓋所謂建中和之極而端制作之原也即大議未遑請得拭目以俟

第三問

賈待價

同考試官教諭蔣批（謚法書法聖人公天下萬世之微權也子能考證

詳明評騭精當且知誦説今上復古德意可不謂通儒哉録之）

考試官教諭俞批（精核書謚而謂周孔之法至今可行殆有深見者）

考試官教諭孫批（義正辭嚴有關世教）

聖人之所以公是非於天下後世者有二謚法也書法也謚主一人之事在于考德易名論行定概其旨貴精以當書載一國一世之事在于因辭互見徵往詔來其旨貴核以嚴謚非苟爲榮辱已也以人爲鑒則觀戒寓焉書非徒爲紀載已也君舉必書則脩省寓焉聖人以此二者參互相維使自吾身以及天下後世莫不兢兢然於軌物若有所制而不得肆是綱紀世道激勸人心之大權也所從來遠矣羲農堯舜號也而亦謚也顧謚之名未立也周公相成王制禮作樂乃義起而作謚焉記曰謚以尊名節以壹惠耻名之浮於行也是故大行受大名細行受細名所謂孝子慈孫百世不能改者也典謨訓誥史也而亦書也顧書之法未立也孔子生周末憫王迹熄不得已而作春秋焉其言曰我欲托諸空言不如見諸行事之深切著明也是故一字之褒榮於華衮片言之貶嚴於鈇鉞所謂春秋成而亂臣賊子懼者也是二聖人者以爵賞刑威可行於一時而不可及於後世於是因人心之公而定天下後世之議所以誅奸諛於既往發潛德之遺光徵見聞於往昔别邪正於將來使善有所勸而惡有所沮其義若是而已儒者議謚謂周公謚法與汲冢周書互异如均一聖也謚法則曰揚善賦簡周書則曰稱善口間均一神也謚法則曰民無能名周書則曰一人無名諸如此類同异可稽也然周公謚法則史記蓋獨宗之而汲冢其詞近俚後世好事者爲之耳折衷權衡吾其以謚法爲準乎議書謂孔子春秋三傳各自爲一説如小白入齊左氏以爲正而穀梁以不納子糾爲惡内宋執祭仲左氏以爲惡而公羊以突歸于鄭爲知權諸若此類得失可稽也然左氏則去孔子猶爲未遠而公穀則傳其師説不無失真者矣張本繼末吾其以左氏爲據乎嗣是而爲謚者有春秋謚法有廣謚有世本有獨斷其後散之爲十五家大率飾古名而附以已意去周公益遠矣雖然數千載間中智之士耻無令名猶多惕焉自好者諸謚與有力焉就而論之若沈約采劉宋之新會蘇洵定嘉祐之謚法後世所必用者惡可盡少之耶爲史者有吴越春秋有楚漢春秋有晋春秋有唐春秋其後累之爲二十一史大率紀時事而托之書法去孔子益遠矣雖然數千載間沿革廢興文獻具在不至若存若亡者諸史與有力焉就而論之若司馬遷之文直事核班固之不虚美隱惡後世稱良史才惡可盡廢之耶國初賜謚武臣自徐武寧達常忠武遇春始文臣自朱文恪善宋文憲濂始諸君子非以佐命大勛則以名世耆碩謂足以稱其實也嗣後請乞

日繁議予稍濫易名之典公論惜之高皇帝初年設起居注官日侍左右記録實古左右史記事記言之制久之官制互更國無實録每有纂脩不過取六曹故事稍加潤色而已此其初豈不兢兢乎重哉而末流稍以不繼則奉行者之過也邇者主上厭陳乞之非申戒禮官勿輕與謚復允輔臣之請詔復起居注令日講侍臣載筆專紀言動此皆累朝曠典而上以初政首舉行之中外臣工益信大聖人之所作爲超然遠覽而逖乎改觀也周孔之意於兹復明矣乎而執事欲令更端以進則愚安知也蓋嘗竊窺我皇上隆重謚典非有粹德懿行不得受謚其欲大小臣工進德脩業之意淵乎隆也以爲非是不足以示勸矣乃内外百執事罔不精白一心以永終譽者誠由是而仰體聖懷益勤無替密勿贊襄者竭志於啓沃分職率屬者矢誠於奉公旬宣屏翰者盡瘁於勞來守國嬰城者宣力於封疆則庶幾哉名與岳岱争崇而業與天壤俱敝也上之所以重謚者必如是而後無負也又嘗竊窺我皇上復起居注自制詔玉音至謀猷嘉納小大畢紀其欲出入起居罔有不欽發號施令罔有不臧之意淵乎隆也以爲非是不足以自儆矣即今踐祚甫四載而神謨睿政蓋有史不勝書者誠由是而日懋聖功敬脩無怠居宫闈如處明廷對贊御如親師保天命常凝而曰明曰旦不懈夙夜人心永保而匹夫匹婦常恐勝予則雖詩書不足以頌聖德而彤管不足以揚聖政也上之所以重起居者必如此而後爲至也蓋謚自唐宋而上率兼美惡國朝賜謚皆有美無刺是故謚重而又求所以重則下有純臣書自遷固以來兼一代事迹而起居注則專主言動是故書重而又求所以重則上有純政循斯二者萬世不易之道也今兹聖君賢相所以交脩相成而公諸天下萬世者固自周孔其心同焉耳愚何能贊一辭哉

第四問

韓果

同考試官教諭余批（久任守令治道要務諸士類能言之子獨歸重倡率鑒可行殆留心經濟者）

考試官教諭俞批（守令於民最親是作發明剴切且論倡率處尤爲知本）

考試官教諭孫批（論吏治切當有用才也）

聖王之所以綱紀吏治者其道有二有整齊之法焉有鼓無之權焉人情安於其所便而循於其所習不有以整齊之則法守之途斯紊豪杰之士喜於自效而樂乎上之見知不有以鼓舞之則激勸之機易阻人主之所藉以爲治者莫切於守令而其最親近民者亦莫如守令維之以法紀申之以德意而遠近之吏莫不竦心滌慮以承休德者此則上之所使也漢宣帝曰庶民安其田

里而無嘆息愁恨之聲者政平訟理也與我共此者其惟良二千石乎斯言也可不謂深達治本者哉是故裂百十里而爲縣縣有令環數縣而爲郡郡有守朝有便焉下之民夕達之矣夕有便焉下之民朝達之矣其視四封之内皆其家也其家人子弟之衆與其器用財賄可以耳目習而頤指使之也故其膏澤易及而教化易行也而其本則在於上焉司馬遷有言法令者治之具而非制治清濁之源也尚寬和則道德齊禮之俗成崇法罔則武健嚴酷之士進循斯以談豈惟士之自靡哉亦其勢使之然也以漢事論之漢初天子加惠元元思與休息尤重守令之選數召見二千石問治效下璽書褒美增秩賜金公卿缺則選諸所表用之故三代下漢治號爲近古夷考其時若河内守吴公治平爲天下第一而史失其名彼蓋循循悶悶不以名自見也嗣是而京兆渤海表表一時若循吏傳所紀者未易悉數其在中州則黄次公守潁川而力行教化召信臣守南陽而勸課農桑究其所務心不出乎鷄豚米鹽之細而身不越乎阡陌泉渠之間蓋庶乎家視郡邑而子視蒸黎矣當時神爵之集召父之稱豈虚也哉若治鄴投巫民不敢欺智足稱也而近於譎矣教吏鉅筩破散豪杰能足稱也而近於徼矣史氏之不傳於循吏者不爲過也嗟夫民之望治於守令也甚矣其親之以父母而尊之以師帥寒欲其衣饑欲其食勞苦疾困欲其噢咻嗷嗷然一有不得則以爲父母者之棄已况望其殘肌膚以自逞哉倫理欲其教争奪欲其治奸宄矯虔欲其鋤剪睊睊然一有不遂則以爲師帥者之遺已况望其剥膏髓以自封哉而世之君子顧有慮不動於閭閻情不切於痌瘝顓擊搏於鷹鸇而立威名於屠伯者朝廷亦何取於斯人而用之也明興高皇帝生長民間習知民隱尤精察吏治郡縣之吏不十餘年不遷其廉能最著卓有成效者召對稱旨輒超拜卿貳無問資格尤重贓墨之懲不少寛假以故吏稱其職民樂其業二百年餘道洽方外化被群生致治之盛有由然也後以士樂速遷銓叙立法調停二千石令長往往三歲一代於是吏多爲烜赫目前苟簡歲月之計溫仁多恕蒲鞭示辱固亦有焉而張急揚沸以爲能者未始無也下車問俗敬老恤孤固亦有焉而察淵竭澤以爲智者未始無也柱後之意勝則甘棠之德衰乳虎之習多則騶虞之化遠其下者逼怵無聊剥民爲利而已天士君子欲以興利除害化民成俗固非數歲所能也而三載之内業不能待其成不有希奇曷所自見薦剡名譽逼於後而優秩尊遇誘於前自非學道愛人寵辱不驚之君子亦安能甘心積薪忘情枳棘鬱龐眉之都尉而挫猿臂之將軍哉則所以驅天下而窳惰者亦非獨吏之過也近者廟堂之上燭見弊源力破舊習疏行久任郡縣長吏有五六年不得調者於是士無苟簡之心民有寧

一之望矣而民生猶未阜教化猶未宣者何也議者曰是在明賞罰核功實申按部破恒格斯固一道也亦有不可盡恃者夫功高蒙厚賞故烈士争趨罪著有顯戮故貪夫改行此賞罰之所宜明者也而巧於掩覆者能保無漏網耶某廉吏以某事知廉故廉非矯飾某能吏以某事知能故能非誣善此功實之所宜核者也而工於暴著者能保無匿情耶多指亂視多聽亂聰是故舉劾貴專也而諸道直指理不得不重之事權當事者業已難之矣久試以責其成厚報以勵其志是故恒格宜破也而欲以新進之人加之老成之上人情且有所不堪矣大抵法可以防奸而不可以盡奸激勸行於君子而刑威不能化乎小人况上用目則下飾形上用耳則下飾聲隱微之地能一一而察之哉陸贄氏有言漢武好英風故其時富環偉立名之士漢宣精吏治故其時萃循良核實之能夫吏亦在乎倡之而已聖天子舉增秩賜金故事且發德音褒勵卓越之績視前世璽書不啻重之一時大小臣工莫不改觀易聽惟上所令冀以宣主德而厚民生蓋凛凛如也執事者猶欲議吏於儒生顧儒生豈有知乎抑有説焉龔遂拜渤海找見請毋拘文法故得以盡生渤海之民近世如張益州亦得便宜從事而方面之績稱最今銅章墨綬之長衆庶所俯伏而敬畏者也而嚬息以上不能自主即欲問疾苦教樹畜而簿書期會有餘功乎欲行阡陌巡郊野而約束要結敢擅越乎况敢置數十萬反側不問也謂宜稍寬其文法使得於筐篋之外有所樹立庶豪杰不困於掣肘而异績可施也士固有輕千乘薄萬鐘而靳於史册之名者兩漢傳循吏至今猶艷慕焉國朝名臣如楊廉彭惠安所撰述郡守自况蘇州外亦寂寂爾矣謂宜令翰苑儒臣采外乘遺思最著者隆仿循吏傳編爲成書播之中外庶循良之績益彰而思齊者争力也漢文帝諭季布曰河東吾股肱郡故特召君耳光武褒崇卓傅且詔厲郡國後世觀其君臣相得欣然願生其時人主一言固榮於華衮也請於萬幾之暇上時宣召三輔牧吏問所疾苦而諸長吏考績入覲見者時賜諮詢且以考其材能庶銜恩知報而感遇益奮也聞之故老宣弘間風淳俗厚禁防疏闊□亦廉潔重自愛後稍陵夷矣今主上勵精圖治日考百官圖以計安元元爲務而公卿大臣同心協德明學術正風俗以佐之羔羊素絲之風可復而唐虞三代之治不難見矣

第五問

馬鐘粹

同考試官教諭王批（道德功名富貴三者本祖爲用如子所論不激不隨聖賢求志達道之學不過如此）

考試官教諭俞批（議論□□尚志有素者）

考試官教諭孫批（識超議正足覘所養）

許昌靳裁之氏論士而其言曰士之品有三志於道德者功名不足以累其心志於功名者富貴不足以累其心有味乎其言之也然猶有未盡焉夫士脩之於奥渫而養之於衡茅非以自爲也所以爲天下也道德所自有也秉而立之功斯立矣載而行之名由彰焉雖欲不富貴已胡可得也是三者非二物也譬之於水流爲川止爲澤通氣爲雲非二物也而論士者岐之爲三且以是定士品則亦士有以取之也語曰志燕而燕志越而越士固有志可不早辨哉是故周之士也貴上貴之也秦之士也賤上賤之也因上以爲貴賤是功名富貴士也非所與議於道德者也先王之於士也於四民之中而特寵异之爲其有是道德也道成德尊而功立焉王功曰勛國功曰功民功曰庸事功曰勞治功曰力戰功曰多銘之太常書之竹帛天下後世曾不得攀躋而望焉名赫然顯矣是功名者世以此視士士固不知有功名也而况於富貴乎彼知有功名富貴者皆不升其堂不嘗其胾者也世士德衰徒見阿衡起畎畝而陑升尚父出磻溪而爲帝者師以爲乘時遘會得之而不深求其本於是好名喜功之徒争致力焉其下言者不過誇駟馬之榮侈名位之寵都厚貲據崇秩以自豐苟富貴而已矣由是觀之始亦未嘗不相須以致用而其後遂判然離也士亦與有責焉耳矣漢興鄼侯絳侯依日月之末光何謹守關中轉餉以成帝業赫然佐命元勛天下既平絳侯誅諸吕匡復社稷即袁盎亦不得訾其功是二子者於漢家勛周召而下孰能遠過然治未央王諸吕稱制大率皆阿諛順旨而械繫下獄且靦然不愧其去患得患失無幾耳殆功名富貴之間乎東京始建則富春畊釣萬乘不能加是所謂泥塗軒冕昭揭日月者太原周黨辭禄食貧亦各行其志也梁鴻傭會稽而義行於妻子冀缺恭精昭德何以尚焉管寧度遼入海潔身去亂曹氏不能汙斯亦高士之大概已諸若申屠投傳於河龎德公肥遁於鹿門韓伯休逃名於藥肆徐孺子高蹈於南州彬彬未易悉數是豈不謂亭亭物表皎皎塵外度白雪而干青雲者哉雖然謂之能遺功名富貴則可謂之道德則不可夫所不有於功名者謂其隨世以就也使建立必本於道德則功名何可後即匪功名道德奚自見也所不有於富貴者謂其貧位以苟也使名寵恒稱乎事業則富貴何可輕即匪富貴功名奚自顯也而兩漢之士方且甘於其所慕而仇於其所棄弃其下焉者既以爲重器大寶而其高焉者且以爲腐鼠土苴斯二者皆過也巢許洗耳而論士於唐虞者不以箕潁之高而薄皋夔稷契伯夷叔齊耻周粟而餓首陽而論士於周者不以卑畢散周召何

至甘華麗之悦心望非常之絶世希蹤竹帛而馳情大蒸者哉亦何至慷慨絶俗瀟灑外方厭煩情於飄聲而耻受污於名姓者哉蓋嘗論之有功名之功名有道德之功名有富貴之富貴有道德之富貴用之而道德則功名富貴亦道德也用之而功名則道德亦功名也用之而富貴則功名亦富貴也後車數十乘從者數百人在孟氏則爲食功在儀秦則爲妾婦千乘之國六七十里之邦在孔門則爲行義在漢儒則爲宦達亦顧其所志何如耳是故存乎始辨焉不爲威怵不爲利回所以貞介也寧爲蠖屈不爲尋直所以明守也其文易詩書禮樂春秋其倫君臣夫子夫婦昆弟朋友其德仁義禮智所以盡性也十年離經辨志又十年知類通達又十年强立不反所以厚養也不特此耳飽仁義以爲膏粱而蒿目怵中常有當世之憂令聞廣譽以爲文繡而側身常若不及師友羲皇蜉蝣宇宙一琴一瑟足以自樂而必於轍環天下席不暇煖巖居川觀侣烟霞而友泉石足以自適而必於胝無胈雨膚不毛是豈有藉於人哉凡以爲道德也士君子固非能遺人倫逃宇宙也非能鳥獸之爲群而草木之與同朽也食不求飽而未嘗不食居不求安而未嘗不居功名富貴不以爲吾性累而非能外功名富貴以爲性是皆生民之不可一日無者也無之是無人類也譬之雲飛川流唐虞事業孔孟述作吾無容心焉耳矣伊尹之幡然而出也堯舜君民以先知覺後知以先覺覺後覺也雖五就湯五就桀而不以爲煩論者曰是固一介不取與之伊尹也柳士師三黜不去油油然與之偕齒於後世以爲不恭富貴之人耳孟子乃稱其不以三公易介田斯以談功名富貴亦何必岐道德而二之哉嗟夫依乎中庸君子爲難而紛華靡麗常情易動求士於三代之下何容易哉上之人縣富貴以待之恐恐然惟懼其不稱也毋論道德即功名不敢以信士下之人望富貴而企之恐恐然惟懼其不得也毋論道德即功名不敢以自信父以詔子兄以詔弟自非卓然自信鮮不駸駸入之矣至謂今之道德即古之功名今之功名即古之富貴不幾于輕天下士而視道德爲殊絶耶然則士宜何如曰志伊尹之所志又曰先天下之憂而憂後天下之樂而樂噫微斯人吾誰與歸

河南鄉試録後序

今皇帝臨御天下甫四年而天下郡國鄉貢士再舉矣頃中州之役御使趙焕實奉明命臨之業已按故實申約束其自藩臬長貳以及庶官百執事罔不夙夜寅恭翌襄盛典已得士成賢能書應星當屬一言其後昔梅福慨選舉

之法不足以得當世士鄉凝以爲然今乃知其無當福漢人也狹小漢制有激乎其言之耳我國家三歲一比士昉于周官而以三日竭其兼才則劉邵有之彼所爲一論道德一論法制一論策術蓋秩秩今日事而與書德行道藝獻天府者其旨固同然則士患其負所舉耳舉何負於士哉乃中州之士則有舉之不能盡者才以地杰亦以時盛也夫翫沙磧而不窺玉淵者不知驪龍之所蟠也習邑屋而不睹上邦者不知豪杰之所躔也中州中天地而和氣萃焉其人龍之淵乎按五岳而崧高鎮其中九州而豫冀聯其二十五國豐而二南以下居其九兹豈獨以形勝甲天下即帝王故都聖賢遺蹟披圖不可勝攬而龍圖龜書神筴寶鼎之類則又异靈所鐘杳妙莫測天之開斯文也千古其一日乎我國家都燕撫有萬國中州首當其南面承瓴水之埶而爲天下職貢先雖班固頌明堂張衡擬天府未盡也以故鴻儒碩輔忠臣烈士類多代興其鄉風業光美先後爲國家重今皇帝又以神聖之資履熙洽之運稽古敬學明目達聰日親師保大臣脩舉祖宗朝實政明詔屬下側席天下真才與之分猷共理諸士褎然起中州雲蒸霧合嚮用聖明之世其視四方之選爲盛豈偶然哉然予猶謂舉士於中州誠易而士不負所舉則中州爲獨難蓋中州造自羲禹湯文而伊傅周召所嘗經營者也其道不泯故其風足以興人於千百世後無論見知聞知即有待而興亦豪杰之徒也猶之粤無鎛夫人而能爲鎛也燕無函夫人而能爲函也爲中州士者不已難乎今數聖人遐不可望矣士有賢如仲山甫國僑蘧瑗其人者乎得一二輩以應皇上側席之求固無异圖書再出而鼎筴朝暮見也才難不其然乎且士有先資必有成信用士有敷言必有試功尚父不曰有馬其狀如驥天下之至良也然驅之不前却之不止左之不左右之不右則臧獲雖賤不托其足夫馬不能欺人以駑良而士之名實可知已今士以文遇有司有司亦即以文之名遇士一日受事則朝廷之所委者實政而其所急者真才也士自度苟非其真雖日口實數聖人爲名高而其究曾樊侯鄭衛二大夫不逮焉其下者干澤自潤無所賴於公家抒文罔而已安在其爲中州士乎故圜丘之器不玉明堂之木不琱貴其質而有用也石田千里不可耕象人百萬不可使耻其多而無用也夫士許國在今日而自許乃身亦在今日故敢以名實之義申告之

直隷鎮江府丹陽縣儒學教諭俞應星謹序

國朝河南舉人名録（一）

國朝河南舉人名録序

嵩渚子輯河南歷科進士名録成復欲輯舉人名録以示邑子顧弘治以後咸有鄉試録可考自洪武庚戌始開鄉舉以迄于成化丙午歲遠録亡莫可尋究乃多方蒐訪極其勤瘁逾二朞稽索明備所闕略者國初二三科而已兩河士大夫聞之咸走牘借觀嘖嘖嗟嘆以爲難且曰嵩渚子亦勞甚矣乎余笑曰探計舊聞罔敢墜佚固吾黨事也苟克成編亦足以補誌乘之闕勞何足恤哉輯已將鋟梓以傳或曰事以少貴類以多賤矧我朝位通顯者多繇進士科先生已輯其名氏矣緊舉人名氏十倍于進士可勿輯也余應之曰不然舉人之於進士也固繫乎學然亦有幸不幸焉仰惟先朝用人惟賢是使弗限資格是故進士舉人胄監保薦一體拔擢無所軒輊以兹奮揚事功天下熙然稱治此非立賢無方之明驗邪余少侍教於鄉長者每聞其亟稱吾鄉前輩繇舉人出身有聲於時者如太子太保兵部尚書臨漳石公璞太子少保户部尚書祥符馬公昂刑部尚書祥符趙公玒工部尚書信陽孫公顯兵部侍郎洛陽李公郁工部侍郎祥符張公信右都御史鄭州王公彰翰林學士磁州藺公從善其餘登九卿列侍從爲給事中御史者濟濟其人乃若倡明理學歸然爲聖代真儒稱首則有澠池曹公端孝行純篤詔旌其門則有光州劉公進洛陽閻公禹錫外而位方伯官憲使守大郡自左布政使祥符張公斌蘭陽丘公陵按察使歸德徐公永達而下寔不可以一二數也嗚呼學行如諸君子宦業如諸君子鄉評推重如諸君子皆所謂生有益於時死有聞於後者也惡可以其鄉貢而少之哉宋儒劉子宣有言場屋之文朝廷假以取士與學優則仕者异矣士大夫以此高下人物更相矜傲更相景慕亦可悲矣斯言也頗中近世抑揚科目之病而繇舉人出身者逴逴自畫鮮能振立又何怪俗論云爾乎竊聞士君子自立於一世亦惟以其人弗以科目也抑徐孺子管幼安二子皆田野之布衣耳非有巍科甲第之榮巖廊樞省之貴而其高風峻節鏗鍧千古然則以科目而論人者無乃有遺論邪或聞余言慙而退遂書之卷首以袪衆惑

嘉靖二十六年丁未秋七月嵩渚山人李濂漫書

歷科河南舉人總目

洪武庚戌科　辛亥科　壬子科　甲子科二十七人　丁卯科五十五人　庚午科四十五人　癸酉科四十人　丙子科五十六人　己卯科五十七人

永樂癸未科八十九人　乙酉科九十一人　戊子科六十五人　辛卯科一百三十七人　甲午科一百五十三人　丁酉科一百六十五人　庚子科一百九十五人　癸卯科一百九十七人

宣德丙午科三十五人　己酉科三十五人　壬子科三十五人　乙卯科三十五人

正統戊午科三十五人　辛酉科五十人　甲子科五十人　丁卯科五十人

景泰庚子科一百人　癸酉科一百五人　丙子科八十人（河南鄉試定額八十名實自是科始）

天順己卯科八十人　壬午科八十人　成化乙酉科八十人

戊子科八十人　辛卯科八十人

甲午科八十人　丁酉科八十人　庚子科八十人　癸卯科八十人　丙午科八十人

弘治己酉科八十人　壬子科八十人　乙卯科八十人　戊午科八十人　辛酉科八十人　甲子科八十人

正德丁卯科八十人　庚午科九十五人　癸酉科八十人　丙子科八十人　己卯科八十人

嘉靖壬午科八十人　乙酉科八十人　戊子科八十人　辛卯科八十人　甲午科八十人　丁酉科八十人　庚子科八十人　癸卯科八十人　丙午科八十人　己酉科八十人　壬子科八十人（此處底本缺頁——編者注）

河南人名録凡例（十條）

一聖朝鄉試之制三年一舉以子午卯酉爲期惟革除壬午文皇帝渡江不及試明年永樂元年癸未始鄉試其後皆如期矣

一科舉成式及取士名額洪武庚戌與甲子所定及後屢次頒行者各有不同具載會典至景泰丙子始定今額每科八十名惟正德庚午科增十五名次科

癸酉以後仍遵舊制云

一洪武庚戌辛亥壬子甲子癸酉丙子己卯凡七科舉人姓名原無試録可考今按河南總志及各郡邑志并前輩各家文集考得數十人惟解元冠于其首名次先後無從稽察姑依一統志州縣次第書之

一監臨御史舊時稱董督官或稱總督官或稱按臨官具見貢院題名記今亦附著各科之後以存其實

一監臨及提調監試等官各科事體間有不同今考之貢院題名記及各科鄉試録可考者附書各科之後其不可考者闕之一科舉事例見諸會典者甚詳今恭録其概于是編之首以便參考

一舉人或有更名復姓貫址不一及出身不由學校者并著之其不可知者抑多矣

一凡京闈及别省中式者間亦有之不能悉知今止據所知者附見各科之後

一舉人位登孤卿者如太子太保兵部尚書石璞太子少保户部尚書馬昂刑部尚書趙玨工部尚書孫顯諸前輩序引中略見數人其餘不能盡録也詳見河南總志

一自洪武庚戌至今凡河南舉人名氏俱己刋刻以後每科續刻于左凡例（畢）

國朝科舉事例

洪武三年詔開科舉以今年八月爲始使中外文臣皆由科舉而選京師及各行省鄉試八月初九日試初場復三日試第二場又三日試第三場初場經義二道四書義一道第二場論一道第三場策一道中式者後十日復以騎射書筭律五事試之洪武四年詔各行省連試三年自後三年一舉著爲定例洪武六年詔科舉暫且停罷别令有司察舉賢才必以德行爲本文藝次之

洪武十七年頒行科舉成式

一凡三年大比直隷府州縣試於應天府外府州縣試於各布政司舉人不拘額數從實充貢八月初九日第壹場試四書義三道每道三百字以上經義四道每道三百字以上未能者許各減一道四書義主朱子集注經義易主程朱傳義書主蔡氏傳及古注疏詩主朱子集傳春秋主左氏公羊穀梁胡氏張洽傳禮記主右注疏（後四書五經主大全）十二日第二場試論一道三百字以上判語五條詔誥表内科一道十五日第三場試經史時務策五道

未能者許減二道俱三百字以上

一應試國子學生府州縣學生員之學成者儒士之未仕者官之未入流而無錢糧等項粘帶者皆由有司保舉性資敦厚文行可稱者各具年甲籍貫三代本經縣州申府府申布政司鄉試其罷閑官吏倡優之家隸卒之徒與居父母之喪者并不許應試

一考試官皆訪明經公正之士於儒官儒士内選用官出幣帛先期敦聘主文考試二員文幣各二表裏同考試官四員文幣各一表裏在内應天府請在外各布政司請提調官在内應天府官一員在外布政司官一員監試官在内監察御史二員在外按察司官二員供給官在内應天府官一員在外府官一員收掌試卷官一員彌封官一員謄録官一員書寫於府州縣生員人吏内選用聖讀官四員受卷官二員已上皆選居官清慎者充之巡綽監門搜檢懷挾官四員在内從都督府委官在外從守禦官委官

一舉人試卷及筆墨硯自備每場草卷正卷各紙十二幅首書姓名年甲籍貫三代本經前期在内赴應天府在外赴布政司印卷置簿附寫於縫上用印鈐記將仍印卷官姓名置長條印記用於卷尾各還舉人

一試前二日圖畫東西行席舍間數編排開寫某行間係某處舉人某人坐又於間内貼其姓名出榜曉示

一試之日黎明舉人入場每人用軍一人看守禁講問代冒黄昏納卷未畢者給燭三枝燭盡文不成者扶出

一文字迴避御名廟諱及不許自叙辛苦門地謄録官檢點得出送提調監試官閲過不録

一考試官及簾内簾外官許各將不識字從人一名不許從令出入

一試官入院之後提調監試官封鑰内外門户不許私自出入如送試卷或供給物料提調監試官眼同開門點撿送入便封鑰

一舉人作文畢送受卷官收受類送彌封官撰子號封記送謄録所謄録畢送對讀所對讀畢送内院省試提調監試官不得干預

一搜檢懷挾官凡遇每場舉人入院一一搜檢除即過試卷及筆墨硯外不得將片紙隻字搜檢得出即記姓名扶出仍行本貫不許再試

一巡綽官凡遇舉人入院并須禁約喧閧如已入席舍常川巡綽不得私相談論及覺察簾内外不得漏泄事務

一受卷所置立文簿凡遇舉人投卷就於簿上附名交納以憑稽數毋致遺失

一彌封所先將試卷密封舉人姓名用印關防仍置簿編次三合成字號照樣於試卷上附書母致漏泄

一謄録所務依舉人原卷字數謄録相同於上附書某人謄録無差毋致脱漏添换

一對讀所一人讀紅卷一人讀墨卷須一字一句用心對同於後附書某人對讀無差毋致脱漏

一舉人試卷用墨筆謄録對讀受卷皆用紅筆考試官用青筆其用墨處不許用紅用紅處不許用墨毋許混同

一在京及各布政司搭蓋試院房舍并供用筆墨心紅紙劄飲食之類皆於官錢文給資報户部

一凡試官不得將弟男子姪親屬入試徇私取中違者許指實陳告

洪武二十四年定文字格式

一凡出題或經或史所問須要含蓄不顯使答者自詳問意以觀才識

一凡對策須参詳題意明白對答如問錢糧即言錢糧如問水利即言水利孰得孰失務在典實不許敷衍繁文遇當寫題處亦止曰云云不□重述

一凡作四收經義致承之下便人大講不許

重寫官題

洪熙元年定取士額數河南三十五名　正統二年令開科不拘額數五年復定取士額河南五十名　景泰元年令開科不拘額數四年復定取士額河南增三十名

天順八年奏准依親監生從提學官考就本處鄉試　咸化十三年令小録不許開寫掌行科舉文字及謄録對讀生員姓名　弘治五年奏准吏部聽選監生給假在家者許就本處鄉試醫士醫生在册食糧執役者方許在京應試

弘治七年又定科舉條件

一考官不許聽囑濫請各將舉王職名咨呈禮部

一作文務要純雅通暢不許用險怪艱澀之詞答策不許引用繆誤雜書

一舉人止憑文字高下去取不得論其地方中式多寡臨時偏徇進黜以廢公論

一小録考試等官各開職名不許稱張公李公字樣

國朝河南舉人名録

洪武三年庚戌科解元（闕）

孫卓（滎澤縣人）　劉中（孟縣人）　趙斗（南鞏縣人）　黄敬張堂（安

陽縣人）　王誼（鄧州人）

國朝實以是年開科而河南總志作己酉誤矣志中亦無舉人名數獨其下注此六人皆舉進士者而黄敬不見登科録其貫址亦無可孝兹録名次姑依總志書之提調監試官并闕

洪武四年辛亥科解元張唯

張唯（大明會典洪武四年）詔各行省連試三年自後三年一舉著爲定例是科提調監試官并闕祥符人滕克恭以前元進士累官集賢院學士家居實爲考試官其中式舉人都無可考姑闕之　解元張唯江西廬陵人流寓河南以尚書領首薦會試南宫未試除國史編修仍俾肄業于文華堂師事宋景濂見潛溪文集唯父光遠暨劉徐生墓誌銘

洪武五年壬子科解元（闕）是年中式舉人都無可考提調監試官并闕六年詔科舉暫罷至十七年復行科舉

洪武十七年甲子科解元吴謙二十九人

吴謙　許州人

魏安仁　祥符縣人

蕭義　祥符縣人

蔣冕　祥符縣人

馬通　祥符縣人

劉貴　祥符縣人

解敏　陽武縣人

張輔　許州人

郜迪　鈞州人

郭資　武安縣人

□輔　湯陰縣人

刑冕　新鄉縣人

馬魁　武陟縣人

胡俊　脩武縣人

朱俊　脩武縣人

蔣義　洛陽縣人

曹鎰　洛陽縣人

趙玉　鞏縣人
程友文　確山縣人
陳丕　新蔡縣人
熊澤　西平縣人
敖德（一作林德）　光山縣人
陸皋　息縣人
孟納　息縣人
張翥
周璿
高敏
邢矩
吴惟

自六年罷科舉至是始復開科而滕學士克恭復爲考試官按河南總志是科吴謙等二十七人今考之各郡邑志凡得二十九人不知孰爲誤耳姑俱存之提調監試官并闕

洪武一十年丁卯科解元董恂五十五人

董恂　洛陽縣人　易
孔杞　虞城縣人　書
黄祺　杞縣　詩
魏敏　鞏縣人　春秋
許彬　滎澤縣人　易
頓欽　睢州人　書
金耀　汝州人　詩
陳儀　洛陽縣人　易
鄭紹　息縣人　書
姜良　理問所案牘　詩
丁鐸　祥符縣人　易
楚銓　杞縣人　書
胡瓘　洛陽縣人　詩

吴徵　洛陽縣人　易
蕭泉　舞陽縣人　書
朱岩　臨潁縣人　詩
王爲政　唐縣人　春秋
張濬　沔池縣人　易
朱懋　安陽縣人　書
王紀　尉氏縣人　詩
高瞻　洛陽縣人　易
鄭凱　睢州人　書
馮郁　滎澤縣人　詩
張瀫　祥符縣人　易
張迪　沔池縣人　書
許敏　滎澤縣人　詩
段懋　陽武縣人　易
張純中　密縣人　書
楊謙　西華縣人　易
趙玨（時年十八歲）　祥符縣人　易
焦潤　新鄭縣人　書
王彰　鄭州人　詩
駢哲　葉縣人　春秋
嚴節　臨潁縣人　易
李忠　鈞州人　書
劉登　洛陽縣人　易
王藻　洛陽縣人　詩
孫顯　信陽縣人　書
張庸　洛陽縣人　詩
賈誼　洛陽縣人　易
張輔　許州人　書
高友常　長葛縣人　易
楊炳　洛陽縣人　書
張申　涉縣人　詩
閻冀　中牟縣人　書

陳善　新安縣人　春秋
李節　洧川縣人　易
王佐　鞏縣人　書
李恒　襄城縣人　詩
李珉　宜陽縣人　書
王政　祥符縣人　易
楊珪　祥符縣人　書
陳質　虞城縣人　書
李塤　鞏縣人　春秋
辛驥　陽武縣人　書

是科提調官爲鄭居貞試左參政監試官爲謝思義以監察御史著按察司事按河南總志歸德人吴伯章以儒官爲是科考試官又按是科暨次科鄉試録舉人姓氏下俱有年歲今削去之從簡實也是科中式舉人五十五人绝無治禮記者而第十名姜良藩司理問所案牘也浙江嘉興府海鹽縣人

洪武二十三年庚午科解元成儀四十五人

成儀　洛陽縣人　易
侯俊　確山縣人　春秋
劉英　陳州人　詩
魏珪　中牟縣人　書
陸籲　安陽縣人　書
趙懋　沔池縣人　易
楊昱　祥符縣人　春秋
戴士學　臨漳縣人　詩
潘擴　中牟縣人　書
卜貞　洛陽縣人　易
李囊　新鄉縣人　詩
董克己　西平縣人　春秋
劉儀　睢州人　詩
梁義　靈寶縣人　書

楊溥　葉縣人　易
杜端　偃師縣人　詩
楊琛　盧氏縣人　書
陳顒顒　祥符縣人　春秋
孟鏞　陳州人　詩
王鐸　祥符縣人　易
夏倫　光山縣人　詩
張翼　新鄭縣人　書
楊復　孟津縣人　春秋
馬健　滎澤縣人　詩
馬翼　武陟縣人　易
劉傑　中牟縣人　書
張輗　蘭陽縣人　詩
李滎　武安縣人　春秋
蕭會　偃師縣人　詩
楊安仁　商水縣人　易
李守約　項城縣人　書
程顺　祥符县人　詩
李博　儀封縣人　詩
李粹　脩武縣人　春秋
張讓　嵩縣人　易
孫敏　蘭陽縣人　詩
宋欽　洛陽縣人　易
劉憲　儀封縣人　詩
耿貫　息縣人　書
王敏　祥符縣人　易
趙良　淇縣人　禮記
鄭允　靈寶縣人　書
張淳　涉縣人　詩
張交　蘭陽縣人　詩
王敏　洛陽縣人　書

國朝洪武年間鄉試録歳遠鮮有存者余訪求三十餘年蓋嘗遍叩藏書之家咸無有也獨是科猶有抄本謹備録有事于場屋者姓名于後以見舊時刻録之制弗同于近科者如此是科提調官一員仍爲左參政鄭居貞新安人監臨官一員（今稱監試官）按察司副使徐士涓浙江會稽縣人主文官儒二人（今稱考試官）宜陽縣儒士劉良甫平陽府學教授程彦初江西樂平縣人同考試官三員定興縣主簿饒仲恭江西臨川縣人滁州學學正王子謙浙江會稽縣人壽州學訓導許彦達浙江天台縣人印卷官一員布政司都事王邦興受卷官二員沔池縣主簿曹孟恂盧氏縣主簿主權彌封官二員蘭陽縣學教諭黄敬滎澤縣學訓導張鬳謄録官二員閿鄉縣學教諭王肅中牟縣學教諭王時傑對讀官四員河内縣試主簿雄僉固始縣學教諭唐永新睢州學訓導王弘杞縣學訓導洪純原收掌試卷官一員偃師縣主簿孫思傑試録自左參政鄭居貞而下皆不著出身前序乃主文教授程彦初撰其略曰洪武二十三年秋朝廷命天下大比興賢河南布政司左參政鄭居貞莅其事預聘師儒之經明行修者俾司文衡擇公廉明敏者以供職事凡入試者三百有七人莫不聚精會神展其所藴左參政鄭公憲副徐公以文章頭德躬宿於院以竟其事入選而登名天府者四十有五人有司以其姓名輯爲小録俾子序其端洪武初幾科鄉試會試録不升文字是科亦止姓名

洪武二十六年癸酉科解元藺從善四十人

藺從善　磁州人

郭睿　祥符縣人

張柔　祥符縣人

梁聚　祥符縣人

嶽麟　祥符縣人

周存　祥符縣人

劉涣　祥符縣人

許淳　祥符縣人

高起　祥符縣人

趙郁　祥符縣人

魏以仁　祥符縣人

李傑　陳留縣人

高靖　尉氏縣人
孫永固　扶溝縣人
陳貫　睢州人
王儀　陳州人
魏翀（總志作芮翀）　鄢城縣人
劉泰　滎澤縣人
宋輔　林縣人
李翥　磁州人
李徵　涉縣人
張英　涉縣人
辛民　汲縣人
馬良　汲縣人
靳義　淇縣人
楊茂　淇縣人
路確　河内縣人
牛斗　脩武縣人
劉榦　脩武縣人
馬英　脩武縣人
馬麟　鞏縣人
劉敬　盧氏縣人
仝希顔　遂平縣人
藍英　光山縣人
蔡才　光山縣人

按河南總志是科四十人藺從善爲第一今考之諸志得三十五人闕其五其名第先後不可考兹惟冠以解元餘悉以州縣次序書之提調監試官并闕

洪武二十九年丙子科解元劉順五十六人

劉順　鄢城縣人
劉琰　祥符縣人
楊振　祥符縣人

孔美　祥符縣人
毛詵　祥符縣人
邵忠　祥符縣人
賈悦　祥符縣人
王瑾　祥符縣人
祁準　祥符縣人
吕讓　祥符縣人
王詮　祥符縣人
趙恒　祥符縣人
王瑄　祥符縣人
周禮　通許縣人
劉琰　蘭陽縣人
徐永　達歸德州人
楊斌　許州人
羅瑛　臨潁縣人
耿俊　臨潁縣人
李智　臨潁縣人
孫禎　長葛縣人
苑恕　安陽縣人
馬驥　磁州人
宋繪　偃武縣人
王鐸　偃武縣人
李郁　洛陽縣人
李瑒　洛陽縣人
趙王　鞏縣人
董克昌　信陽縣人
衛岳　西平縣人
陳敬　西平縣人
李敬　光山縣人
胡璉　固始縣人
趙文　息縣人
趙義　西平縣人

張壽　曹博　李泰

按河南總志是科五十六人劉順第一今考之諸志中得三十八人其他無考提調監試官并闕

洪武三十二年己卯科解元張信五十七人

張信　祥符縣人
張昱　祥符縣人
張諮　祥符縣人
王賢　祥符縣人
張欽　祥符縣人
孔善　祥符縣人
傅麟　祥符縣人
顧佐　太康縣人
李冲　洧川縣人
常宜善　蘭陽縣人
方蘄　歸德州人
韓禎　項城縣人
周詡　許州人
張穀　襄城縣人
許廓　襄城縣人
閻敏中　郾城縣人
馬驤　郾城縣人
劉綱　鈞州人
祝銘　鈞州人
李耿　臨漳縣人
曹瓊　磁州人
程禮　河内縣人
陳賓　河内縣人
牛麟　孟縣人
許善　孟縣人

武義　孟縣人
王約　汝陽縣人
趙徵　息縣人

按河南總志是科張信等五十七人今考之諸志中得二十八人餘皆闕提調監試官并闕是科解元張信由太學授禮科給事中尋轉刑科都給事中超拜工部右侍郎轉兵部左侍郎而太師英國公張輔奏公同族親支乞改就武職録功世襲乃轉爲錦衣衛指揮同知擢指揮使會蜀寇倡亂擢四川都指揮僉事賜爾書往鎮其地尋擢都指揮使在蜀十五年以廉静著稱卒于官賜葬録其子世襲指揮使詳見祥符鄉賢傳

永樂元年癸未科解元張忠八十九人

張忠　太康縣學生　詩
張季　許州學生　易
孫確　開封府學生　書
王侃　鈞州學生　春秋
刁鵬　開封府學生　易
曹博　祥符縣學生　詩
周彧　内鄉縣學生　禮記
戴興　開封府學生　書
楊鍈　祥符縣學生　詩
庾朏　項城縣學生　易
鮑存禮　延津縣學生　書
瞿達　杭州府儒士　春秋
周楫　杞縣學生　詩
張疇　孟津縣學生　易
張宜　睢州學生　書
李恕　洧川縣學生　詩
仵欽　衛輝府學生　詩
劉冕　河南府學生　春秋
田繼賢　新鄭縣學生　易

白威　新野縣學生　詩
張謙　開封府學生　詩
崔浩　延津縣學生　書
陳懋　鈞州學生　春秋
韓直　鈞州學生　易
王文　洧川縣學生　書
胡鈞　光州學生　詩
楊莅　通許縣學生　詩
劉恭　宜陽縣學生　春秋
張謹　開封府學生　易
李本　延津縣學生　書
鄧穀　懷慶府學生　詩
楊旭　祥符縣學生　春秋
劉鑒　寧陵縣學生　易
馬政　西平縣學生　詩
楊珪　杞縣學生　詩
滕遠　鈞州學生　詩
張復　懷慶府學生　易
劉登　鞏縣學生　書
張常　鄧州學生　詩
李輔　臨漳縣學生　春秋
蘇忠　南陽縣學生　禮記
楊瓛　襄城縣學生　易
徐浩　南陽府學生　書
李昌　衛輝府學生　書
楊本　孟津縣學生　詩
趙登　祥符縣學生　詩
士名善　蘭陽縣學生　春秋
徐敏　原武縣學生　易
許恕　信陽縣學生　易
申達　武陟縣學生　（經闕）
畢安　歸德州學生　易

李繪　洛陽縣學生　書
申郁　孟縣學生　詩
楊（名闕）　（貫址闕）　（經闕）
張謙　陳留縣學生　春秋
趙貫　扶溝縣學生　易
趙寧　西華縣學生　書
种善　中牟縣學生　詩
劉質　鈞州學生　詩
劉瑢　河内縣學生（經闕）
王琰　許州學生　（經闕）
張忠　（貫址闕）　（經闕）
張士祥　河内縣學生　易
陳泰　睢州學生　書
吴褱　河南府學生　詩
李矩　開封府學生　詩
王善　鈞州學生　春秋
趙恕　考城縣學生　（經闕）
侯斌　（貫址闕）　（經闕）
高止　永寧縣學生　（經闕）
郭順　鈞州學生　易
潘性　光山縣學生　書
鄭俊　鄢陵縣學生　詩
周寅　河南府學生　春秋
陳耀　河陰縣學生　易
劉擇　睢州學生　書
趙弘　脩武縣學生　書
張睿　遂平縣學生　詩
錢禮　鄧州學生　詩
田耔　西華縣學生　易
王焕　尉氏縣學生　書
石英　永城縣學生　詩
張志　脩武縣學生　春秋

李曄　閿鄉縣學生　易
楚鑒　杞縣學生　書
劉俊　滎陽縣學生　詩
吴孜　永寧縣學生　詩
史諶　杞縣學生　詩

是科始設董督官見貢院題名而其職銜姓名并闕提調官左參政歐陽以恭江西吉水縣人監生監試官僉事魏本立江西新建縣人貢士是科自第五十四名以下姓名貫址并經間有闕者無可考證仍闕之内第十二名瞿達杭州府儒士次年甲申進士牛肆項城縣人不知何年鄉試姑附于此

永樂三年乙酉科解元王輝九十一人

王輝　睢州學生　詩
王淪　太康縣學生　書
尚志　新鄉縣學生　易
周弘　歸德州學生　春秋
霍敬　河南府學生　詩
毛鵬霄　西平縣學生　書
張敏　内鄉縣學生　禮記
熊彪　羅山縣學生　易
趙旭　河南府學生　書
王童　陳留縣學生　春秋
時忠　開封府學生　書
牛麟　蘭陽縣學生　書
嚴肅　孟縣學生　詩
李儼　永寧縣學生　詩
程禮　河内縣人監生　易
張昜　郾城縣學生　書
吴整　永寧縣學生　書
任旺　歸德州學生　詩
王瑄　閿鄉縣學生　易

李貞　安陽縣學生　詩
李文翰　西平縣學生　詩
籍珹　懷慶府學生　書
喬良　睢州學生　書
張泰　彰德府學生　春秋
馮毅　葉縣學生　易
王暹　鄭州學生　春秋
南孚　盧氏縣學生　書
劉鏞　虞城縣學生　書
張福　衛輝府學生　禮記
高嵩　偃師縣學生　詩
蘇温　扶溝縣學生　易
于觀　永城縣學生　書
張安　鄭州學生　書
李會　寧陵縣學生　詩
黄中　羅山縣學生　詩
韓春　原武縣學生　春秋
張駿　閿鄉縣人監生　書
左忠　蘭陽縣學生　書
趙珪　沔池縣學生　易
李昂　新野縣學生　詩
范宣　歸德州人監生　書
馬忠　確山縣學生　書
周讓　閿鄉縣學生　易
于文通　磁州學生　詩
趙精　項城縣學生　書
張隆　開封府學生　詩
尚信　歸德州學生　春秋
方舉　密縣學生　書
劉諶　歸德州學生　書
王琩　長葛縣學生　易
黄裳　内鄉縣學生　禮記

黄理　鈞州學生　詩
樊俊　鈞州學生　詩
孔夔　原武縣學生　春秋
李仲人　羅山縣學生　易
蘇澤　嵩縣學生　書
賈進　歸德州學生　書
周順　祥符縣學生　詩
吴謙　葉縣學生　易
趙琰　嵩縣學生　書
于喆　洛陽縣學生　書
路儒　滎陽縣學生　春秋
張震　封丘縣學生　詩
商賓　洛陽縣學生　易
邵觀　開封府學生　書
申璠　脩武縣學生　春秋
鄭平　葉縣學生　易
盧獻　通許縣學生　詩
魏宗彜　永城縣學生　書
王瑀　魯山縣學生　書
鞏繹　洛陽縣學生　易
梁蝀　舞陽縣學生　書
潘福　舞陽縣學生　詩
盛遴　襄城縣學生　易
焦忠　汝州學生　詩
吕志道　光州學生　詩
張敏　葉縣學生　易
李文　歸德州學生　詩
馬騕　滎陽縣學生　易
李良　鈞州學生　詩
伊俊　河南府學生　書
張觶　葉縣學生　易
田耕　鈞州學生　詩

李俊　虞城縣學生　詩
郗敷　郏縣學生　書
閻珏　原武縣學生　春秋
仝犹　汜水縣學生　詩
岳禎　武陟縣學生　詩
唐儀　登封縣學生　禮記
胡璉　羅山縣學生　書
姚蟠　郾城縣學生　詩

是科董督提調監試官并闕次年丙戌進士魏智劉靖俱祥符縣人其鄉舉不可考姑附于此

永樂六年戊子科解元郭濟六十五人

郭濟　太康縣學生　春秋
曹端　澠池縣學生　詩
范弘　懷慶府學生　易
馮謹　項城縣學生　書
李振　衛輝府學生　禮記
邊寧　鈞州學生　詩
杜矩　鞏縣學生　易
程濟　祥符縣學生　詩
劉敬　懷慶府學生　書
張璡　獲嘉縣學生　春秋
陳瑞　南陽府學生　詩
周珉　宜陽縣學生　易
丁志方　西平縣學生　詩
張□　宜陽縣學生　書
李性　鈞州學生　詩
衛鎮　歸德州學生　春秋
李定鼐　嵩縣學生　詩
周敏　新野縣學生　書

張昱　懷慶府學生　易
黄黼　嵩縣學生　詩
李讓　杞縣學增廣生　書
楊衢　夏邑縣學生　易
李朴　澠池縣學生　詩
王覬　河南府學生　書
曹貫　封丘縣學生　詩
張鵬　河南府學生　易
張安　開封府學生　書
劉哲　鈞洲學生　春秋
崔敬　偃師縣學生　書
李純　永寧縣學生　詩
康榮　開封府學生　易
王麟　祥符縣學生　春秋
董信　新野縣學生　書
文琰　陳留縣學生　詩
白寧　開封府學生　書
張有常　長葛縣學生　易
劉清　淇縣學生　詩
張賛　光山縣學生　書
朱晟　太康縣學生　春秋
張參　中牟縣學生　詩
蘇復亨　懷慶府學生　書
王鵬　新安縣學生　易
郭魁　臨潁縣學生　詩
劉俊　許州學生　書
王鏞　長葛縣學生　禮記
單忠　舞陽縣學生　詩
王寬　濟源縣學生　書
張紹　汝州學生　易
王貫　滎陽縣學生　春秋
韓（闕）　（闕）州學生　易

張謙　鄢陵縣學生　書
劉進　洧川縣學生　易
邵鑒　羅山縣學生　書
褚清　安陽縣學生　書
夏永　陽武縣學生　書
徐進　上蔡縣學生　春秋
李芳　鞏縣學生　詩
張裕　温縣學生　易
孫日新　西平縣學生　詩
范愬　陳留縣學生　易
程蕭　新野縣學生　書
耿立　中牟縣學生　易
韓凖　洛陽縣學生　書
徐益　汝州學生　詩
馬彦　鈞州學生　易

是科董督提調監試官并闞自解元而下五名各取一經謂之五經魁實自是科始以後四科皆然至十八年庚子科又復不論矣增廣生中試自是科始

永樂九年辛卯科解元郭堅一百三十七人

郭堅　汲縣學生　書
陳盟　開封府學生　易
張復　寧陵縣學生　詩
耿昭　太康縣學生　春秋
潘恕　内鄉縣學生　禮記
時永　許州學生　詩
梁佐　開封府學生　書
李時　遂平縣學生　易
劉容　懷慶府學生　書
唐振　睢州學生　詩
王訥　鄧州學生　易

劉吉　虞城縣學生　春秋
鄭嵩　寧陵縣學生　禮記
邵旻　蘭陽縣學生　書
孟愉　臨潁縣學生　詩
任吉　閿鄉縣學生　易
高舉　開封府學生　書
許幹　西平縣學生　詩
楊復　許州學生　易
王諶　永寧縣學生　春秋
楊暉　内鄉縣學生　禮記
鄭勖　臨潁縣學生　書
夏忠　睢州學生　詩
李忠　鹿邑縣學生　易
張闢　孟縣典史　書
劉登　武陟縣學生　詩
張旭　温縣學生　易
元英　湯陰縣學生　春秋
劉傑　新鄉縣學生　禮記
王慶　陝州學生　書
徐瓊　祥符縣學生　詩
何淵　鞏縣學生　易
衛昭　汝州學生　書
王達　磁州學生　詩
王輔　沔池縣學生　易
道中　鄭州學生　春秋
趙鼐　内鄉縣學生　禮記
李學　祥符縣學生　書
于驥　滎澤縣學生　詩
宋獻　脩武縣學生　易
陳逵　許州學生　書
王楫　許州學生　詩
樊敦　閿鄉縣學生　易

姚漢　永城縣學生　書
朱芾　中牟縣學生　詩
劉俊　新安縣學生　易
許承　永寧縣普學生　春秋
陳固　光州學生　禮記
韓敬　郾城縣學生　書
楊盛　延津縣學生　詩
李鑒　河内縣學生　易
萬碩　杞縣學生　書
程翔　臨潁縣學增廣生　詩
陳焕　脩武縣學生　易
王絪　河陰縣學生　書
王禮　鄧州學生　詩
齊敬　偃師縣學生　易
張嚚　汝寧府學生　書
張楫　郾城縣學生　詩
晁宗　胙城縣學生　易
彭翔　項城縣學生　春秋
張琬　南陽縣學生　禮記
劉覬　彰德府學生　書
張玉　信陽縣學生　詩
張翬　遂平縣學生　易
趙浦　懷慶府學生　書
桑整　祥符縣學生　詩
路亨衢　彰德府學生　易
劉俊　裕州學生　書
陳諫　祥符縣學生　詩
党銘　延津縣學生　易
戚詡　虞城縣學生　春秋
周廉　鄭州學生　禮記
張志善　蘭陽縣學生　書
袁亨　鈞州學生　詩

劉聰　新安縣學生　易
趙吉　衛輝府學生　書
石璞　臨漳縣學生　詩
郭敏　濟源縣學生　易
潘敬　洛陽縣學增廣生　書
姚仲道　泌陽縣學生　易
王文　孟津縣學生　易
謝禮　開封府學生　書
靳庸　陽武縣學生　詩
吕通　長葛縣學生　易
邢恭　鄭州學生　春秋
方馴　衛輝府學生　禮記
董翔　南陽縣學生　書
吉安　彰德府學生　詩
孔矩　尉氏縣學生　易
王寧　河南府學生　書
李祐　閿鄉縣學生　詩
董威　洛陽縣學生　易
劉肇　鄧州學生　書
馬驥　上蔡縣學生　詩
原潔　林縣學生　易
景瞻　衛輝府學生　書
朱全　安陽縣學生　詩
王振　汝州學生　易
袁義　裕州學生　書
尚文　臨潁縣學生　禮記
張紀　太康縣學生　春秋
吕貴　中牟縣學生　書
劉義　延津縣學生　詩
陳良　衛輝府學生　禮記
黄琰　襄城縣學生　易
陳敘　夏邑縣學生　書

薛眞　祥符縣學生　詩
王瑾　儀封縣學生　書
馬聰　信陽縣學生　易
柴望　長葛縣學生　禮記
楊以恭　彰德府學生　書
尹聰　西平縣學生　詩
嶽山　鄭州學生　易
劉源　光山縣學生　易
李固　内鄉縣學生　書
李澤　祥符縣學生　詩
路義　河内縣學生　易
李實　唐縣學生　書
王義　南陽縣學生　禮記
張亹　河内縣學生　易
王傷　永寧縣學生　詩
巢安　杞縣學生　書
陳恭　許州學生　易
朱亹　固始縣儒士　禮記
張誼　開封府學生　書
常温　偃師縣學生　詩
馬洤　郊縣學生　書
方昭　祥符縣學生　詩
曲紳　陜州學生　書
馬良　新鄉縣學生　詩
閻壽　懷慶府學生　書
陳紀　鄭州學生　詩
封澤民　洧川縣學生　易
耿定　南陽府學生　詩
楊鼎　扶溝縣學生　書
周鼐　孟津縣學增廣生　詩

是科董督官監察御史三員李琳四川定遠縣人己卯貢士李偉山東臨

淄縣人戊子貢士朱敏湖廣荆門州人乙酉貢士提調官右參議程新江西新城縣人丙子貢士監試官副使宋文山西懷仁縣人監生内第二十五名張闢孟縣典史亦山西懷仁縣人

永樂十二年甲午科解元趙冕一百五十三人

趙冕　開封府學生　書
韓肅　祥符縣學生　詩
柴璉　洛陽縣學生　易
靳宣　湯陰縣學生　春秋
許聰　葉縣學生　禮記
史鑒　開封府學增廣生　易
趙寬　汝陽縣儒士　書
張輔　開封府學生　詩
祝茂　太康縣學生　春秋
馮盛　開封府學生　禮記
李詢　項城縣學增廣生　易
杜義　南陽縣學生　書
趙端　許州學生　詩
胡昇　睢州學生　書
孟英　鞏縣學生　詩
朱子　方光州學生　春秋
劉謙　開封府學生　書
馬良　睢州學生　禮記
魏昭　偃師縣學生　易
劉嵎　洛陽縣學增廣生　書
王忠　鄢城縣學生　詩
李瑜　開封府學生　書
王振　襄城縣學生　詩
邵翔　舞陽縣學生　春秋
傅仕　清光州學生　禮記
徐泰　遂平縣學生　易

史彬　寧陵縣學生　易
焦能　洛陽縣學增廣生　書
彭善　南陽府學生　詩
燕忠　遂平縣學增廣生　易
种銘　項城縣學生　書
黄璲　郾城縣學生　詩
杜整　河南府學生　書
楊禮　考城縣學生　詩
張庠　鹿邑縣學生　易
馬良　葉縣學生　書
朱葵　睢州學生　詩
耿暉　開封府學增廣生　書
李璨　祥符縣學生　詩
申毅　磁州學生　春秋
吴旻　臨潁縣學生　禮記
田厚　河内縣學生　易
曹安　睢州學生　詩
宋通　開封府學生　詩
趙琰　洛陽縣學生　書
姜永　歸德州學生　易
曹銘　新野縣學生　書
李衷　許州學生　詩
劉遜　洛陽縣學生　書
張振　儀封縣學增廣生　（經闕）
孔昭　太康縣學生　春秋
李維　内鄉縣學生　禮記
臧善　洪縣學生　易
賈方　開封府學生　書
袁潔　尉氏縣學生　詩
甘源　郾城縣學生　書
李節　封丘縣學生　詩
唐遵　考城縣學生　易

孟眞　開封府學生　書
賈玉　郾城縣學生　詩
路恂　汝陽縣學生　書
丁儀　嵩縣學生　詩
馬服　永寧縣學生　春秋
張珩　淇縣學生　禮記
周濟　河南府學增廣生　易
葉琮　郾城縣學生　書
李吉　沔池縣學生　詩
許麟　葉縣學生　書
王俊　睢州學生　詩
馬同　西華縣學生　（經闕）
閻昇　陳州學生　書
劉衡　原武縣學生　詩
杜斌　新野縣學生　書
于昇　通許縣學生　詩
郭亮　胙城縣學生　春秋
程瑀　湖廣蘄州儒士　禮記
趙禮　洛陽縣學生　易
郭文惇　懷慶府學生　書
璩璨　輝縣學增廣生　詩
張孚　蘭陽縣學生　書
李運　鈞州學生　詩
董聰　密縣學生　易
霍恭　陝州學生　書
袁端　上蔡縣學生　詩
王綬　開封府學生　書
王文　儀封縣學增廣生　詩
季觀　羅山縣學生　春秋
李贇　登封縣學生　禮記
劉瑀　靈寶縣學生　易
張軏　安陽縣學生　書

何清　鞏縣學生　詩
張英　陳州學生　書
高遠　祥符縣學生　詩
喬忠　陳留縣學生　易
張頊　河南布政司吏　書
杜裕　儀封縣學生　詩
李貫　開封府學增廣生　書
張泉　歸德州學生　詩
張玘　陜州學生　易
焦顯　泌陽縣學生　書
韓藻　睢州學生　詩
申著　河南府學生　易
尚志　儀封縣學生　詩
郭烍　林縣學生　春秋
張鑒　陜州學生　禮記
陳麟　淇縣學生　易
彭寧　封丘縣學增廣生　書
趙忠　杞縣學生　詩
焦翕　武安縣學生　書
姜熊　許州學增廣生　詩
田畊　武陟縣學生　易
趙玹　原武縣學生　書
孫誠　鹿邑縣學生　詩
蘇廉　商水縣學生　易
孔滋　柘城縣學生　書
韓安　祥符縣學生　詩
丁宣　太康縣學生　春秋
衛儀　汜水縣學生　書
李良　安陽縣學生　書
賈能　祥符縣學生　書
陳策　洧川縣學生　易
苗振　光州學生　春秋

王貴　登封縣學生　禮記
張彦昨　河南府學生　易
單庠　睢州學生　書
李良　新蔡縣學生　詩
吴通　襄城縣學生　易
李琦　蘭陽縣學生　書
王衡　鄭州學生　詩
李節　祥符縣學生　春秋
侯宗　舞陽縣儒士　禮記
侯勝　胙城縣學生　易
馮狷　葉縣學生　書
韓玘　鎮平縣學生　書
李極　開封府學生　春秋
張時　叙息縣學生　書
高榮　杞縣學生　詩
劉銓　虞城縣學生　春秋
劉瑶　陽武縣學生　禮記
盧約　孟縣學生　易
董諄　中牟縣學生　書
徐釗　固始縣學生　詩
金鏞　開封府學生　禮記
牛興　新鄭縣學生　易
揣本　輝縣學生　詩
李讓　武陟縣學生　易
李式　孟縣學生　詩
馬肄　鞏縣學生　易
郭郁　湯陰縣學生　春秋
張璲　新鄉縣學增廣生　禮記
姚福　涉縣學生　書
趙徽　懷慶府學生　書

是年更董督官稱總督官亦用監察御史三員邵玘浙江蘭溪縣人丙戌進

士張斌直隸江都縣人監生王時習江西南康縣人壬辰進士提調官始用二員
左布政使周文襄浙江永嘉縣人辛卯貢士左參政黄澤福建閩縣人壬辰進士
監試官亦始用二員僉事楊鈍陜西鄜州人己卯貢士何器湖廣道州人己卯貢
士次年乙未進士侯軏安陽縣人當是張軏豈復姓邪俟再考内第七十七名程
瑀湖廣蘄州儒士第九十六名張項河南布政司吏江西樂平縣人

國朝河南舉人名録（二）

永樂十五年丁酉科解元閻端　一百六十五人

閻端　河南府學生　易
葛泰　開封府學增廣生　書
李傑　衛輝府學生　詩
齊讓　尉氏縣學生　詩
趙仲德　汜水縣學生　春秋
趙禮　臨潁縣學增廣生　書
崔鏞　脩武縣學生　易
辛鼎　襄城縣學生　詩
李敬　林縣學生　春秋
楊輝　臨潁縣學生　禮記
李安　延津縣學生　書
鮑準　遂平縣學生　易
張璉　河内縣學生　詩
汪敬　羅山縣學生　禮記
孫脩　蘭陽縣學生　春秋
陳敏　開封府學增廣生　書
郭原　蘭陽縣學生　書
張顒　襄城縣學生　詩
緱瑶　彰德府學生　易
顔豫　陳州學生　易
趙賢　中牟縣學生　易
李瑄　獲嘉縣學生　春秋
員紀　許州學增廣生　書
劉湍　河南府學生　書
董英　温縣學生　易

張溎　遂平縣學增廣生　易
張詵　太康縣學生　禮記
王欽　安陽縣學生　詩
陳信　信陽縣學生　詩
趙瑀　開封府學生　書
賈進　盧氏縣學生　書
盧貴　鄧州學生　易
耿俊　汝州學生　易
靄郁　唐縣學生　詩
張璉　鞏縣學生　詩
鄭顔　汜水縣學生　春秋
史載　洧川縣學生　禮記
常習　開封府學生　易
李素　偃武縣學增廣生　書
婁恪　通許縣學生　書
李紳　開封府學生　書
劉肅　鞏縣學生　詩
楊潤　嵩縣學生　詩
關諒　河内縣學生　易
彭程　偃師縣學生　易
田疇　永寧縣學生　春秋
馬遠　葉縣學生　易
張仝　密縣學生　易
續新　偃武縣學生　書
侯顯　許州學增廣生　書
孫智　鄢陵縣學生　詩
王裕　輝縣學生　詩
蘇洪　南陽縣學增廣生　書
盧賜　南陽府學生　易
程赫　南陽府學生　書
儲吉　開封府學生　易
常庸　滎澤縣學生　詩

張鑒（復姓田） 儀封縣學增廣生 易
宋極 河南府學增廣生 易
游藝 新安縣學增廣生 易
蔚經 洛陽縣學增廣生 書
李瓊 洛陽縣學增廣生 書
張璲 鄭州學生 詩
楊琮 滎陽縣學生 詩
方亨 歸德州學增廣生 易
黄欽 陽武縣學增廣生 易
常庸 脩武縣學增廣生 書
于奎 陳州學生 書
魯崇 洧川縣學生 書
孫胤 羅山縣學生 春秋
陳政 裕州學生 書
馮善 儀封縣學生 詩
安然 鈞州學增廣生 禮記
劉溥 長葛縣學生 書
張裕 鄧州學生 書
賈奎 開封府學生 書
班子超 鄢陵縣學生 易
胥員 鄢陵縣學增廣生 易
馬騤 新野縣學生 書
樊福 信陽縣學生 易
張温 杞縣學生 春秋
宋莊 考城縣學生 詩
景庸 寧陵縣學生 易
常靖 脩武縣學增廣生 易
戴昇 滎陽縣學生 禮記
蔡幹 濟源縣學生 書
孫嚴 滎澤縣學生 書
王繼宗 孟津縣學生 易
崔侃 郟縣學生 詩

陳常　延津縣學增廣生　書
陰鷺　滎陽縣學生　禮記
劉滙　洧川縣學增廣生　春秋
王瑄　延津縣學生　書
王寧　通許縣學生　書
劉瑄　南陽府學生　禮記
王哲　孟縣學生　書
翟雲　鹿邑縣學生　易
武讓　偃師縣學生　易
李昇　光州學生　禮記
李聰　儀封縣學生　詩
盛瑄　襄城縣學生　詩
湯銘　開封府學生　書
常瑑　洛陽縣學增廣生　書
耿九疇　盧氏縣學增廣生　書
魏瓊　林縣學生　易
崔獻　滎陽縣學生　禮記
張瓚　開封府學生　易
劉鏞　項城縣學生　春秋
李方　杞縣學增廣生　詩
李通　祥符縣學生　詩
齊英　陝州學生　書
張師智　鞏縣學生　書
楊敏　汲縣學生　易
宋彬　郾城縣學生　詩
郭敏　淇縣學生　書
朱宣　延津縣學生　詩
趙成驥　嵩縣學生　詩
丘昇　蘭陽縣學生　書
王英　長葛縣學生　禮記
楊擴　郟縣學增廣生　易
姜禮　陝州學生　禮記

曹約　鄭州學生　詩

閻整　杞縣學增廣生　書

賀慶　偃師縣學生　詩

王傑　西華縣學生　詩

徐璟　光山縣學增廣生　易

楊勉　磁州學生　書

黄敏　新蔡縣學生　禮記

馬謙　河陰縣學生　詩

陳善　脩武縣學生　書

毋俊　鹿邑縣學生　詩

宋澄　開封府學生　書

高進　南陽府學生　禮記

禄存　汝州學生　易

黄中　閿鄉縣學生　詩

譚哲　彰德府學生　書

張瑛　祥符縣學生　詩

王愈　脩武縣學生　書

王俊　祥符縣學生　詩

耿泉　遂平縣學生　易

凃廉　羅山縣學生　禮記

蔡宣　湯陰縣學增廣生　詩

吴黝　南陽縣學生　詩

孫誠　洧川縣學生　春秋

茹公用　滎陽縣學生　禮記

蕭廣　鈞州學增廣生　易

張存　新鄉縣學生　書

吕賓　淇縣學生　詩

師懋　洧川縣學生　易

賀宗源　蘭陽縣學生　書

翟善　嵩縣學生　詩

焦瑾　彰德府學生　書

徐瑛　睢州學生　詩

趙鏞　鄢陵縣學生　易
楊敦　汝陽縣學生　書
唐鑒　河南府學生　詩
劉信　新野縣學生　書
菇幹　沔池縣學生　易
薛謙　杞縣學增廣生　詩
蘇寧　河内縣學生　詩
劉謙　封丘縣學增廣生　書
崔宣　杞縣學增廣生　春秋
翟賢　信陽縣學生　書
賈進　河南府學生　書
張蟠　蘭陽縣學生　書

是科更總督官仍稱董督官監察御史三員吴斌直隸五河縣人辛卯貢士武彦陝西成縣人監生雷吉生福建建安縣人辛卯貢士提調官止用一員左布政使杜智直隸蕪湖縣人監生監試官二員副使彭進湖廣黄岡縣人僉事文振陝西淳化縣人俱監生是科復有楊理祥符縣人中京闈鄉試

永樂十八年庚子科解元薛瑄　一百九十五人

薛瑄　鄢陵縣學生　書
趙欽　祥符縣學生　詩
張允中　陽武縣學生　易
趙順　祥符縣學生　禮記
衛淳　歸德州學生　書
韓耀　林縣學生　春秋
王璣　祥符縣學生　禮記
韓患　開封府學生　書
劉義　中牟縣學生　易
徐顯　内鄉縣學生　禮記
葉清　信陽縣學生　書
胡斌　靈寶縣學生　易

朱昇　舞陽縣學生　書
員璿　武陟縣學生　詩
李貞　遂平縣學生　易
楊茂　盧氏縣學生　禮記
周銘　開封府學生　書
董徵　虞城縣學生　禮記
張亮　永寧縣學生　詩
張禮　郾城縣學生　書
郭敦　河内縣學生　易
柳應春　臨漳縣學生　書
秦雍　尉氏縣學生　詩
李懋　脩武縣學生　書
翟善　襄城縣學生　詩
趙縉　閺鄉縣學生　易
張瑾　鹿邑縣學生　禮記
侯牧　彰德府學生　書
焦宏　葉縣學生　詩
胡甫　祥符縣學生　書
馬馴　孟縣學生　易
李瑾　裕州學生　書
楊志　懷慶府學生　詩
梁材　開封府學生　書
賈暹　鈞州學生　禮記
王懋　脩武縣學生　易
王郁　祥符縣學生　詩
李崇　鹿邑縣學生　書
郭寧　許州學生　書
馬骕　磁州學生　春秋
張遜　葉縣學生　詩
孟英　開封府學生　易
陸藝　安陽縣學生　書
荆璞　武陽縣學生　詩

楊博　南陽府學生　書
張迪　信陽縣學生　易
田春　襄城縣學生　禮記
沈翔　郾城縣學生　詩
張鑒　林縣學生　書
王琳　溧陽縣學生　易
張宏　鹿邑縣學生　詩
齊整　祥符縣學生　書
李健　柘城縣學生　易
王坦　林縣學生　春秋
李埜　臨穎縣學生　禮記
郭禮　武陟縣學生　詩
張忠　河南府學生　書
張鵬　南陽縣學生　詩
唐�華　南陽府學生　書
周瑨　脩武縣學生　易
馮欽　滎澤縣學生　詩
李頊　汝州學生　書
郭玨　新安縣學生　易
趙鑒　南陽縣學生　詩
王孚　孟縣學生　書
秦安　洧川縣學生　春秋
張翼　新鄉縣學生　書
高昶　杞縣學生　詩
薛鏞　陜州學生　禮記
張質　柘城縣學生　書
陳韶　光山縣學生　易
張中　臨穎縣學生　書
張用　光州學生　書
馬泰　新野縣學生　書
魯昭　襄城縣學生　詩
陳將　夏邑縣學生　書

時敏　尉氏縣學生　易
封礪　内鄉縣學生　書
崔亨　魯山縣學生　詩
李容　宜陽縣學生　書
田盛　尉氏縣學生　易
馬馴　開封府學生　書
蘇暢　鞏縣學生　易
趙璵　河南府學生　詩
王昶　洛陽縣學生　書
蘇斐　原武縣學生　禮記
楊舫　靈寶縣學生　書
李璇　祥符縣學生　詩
張驥　鹿邑縣學生　易
潘剛　儀封縣學生　詩
普讓　新鄉縣學生　書
張純　安陽縣學生　書
宋秉彝　封丘縣學生　詩
鄭方　陜州學生　書
傅彬　襄城縣學生　易
羅俊　扶溝縣學生　禮記
詹萬里　當塗縣儒士　書
胡溥　信陽縣學生　詩
高擢　新安縣學生　易
劉肅　確山縣學生　詩
梁濟　宜陽縣學生　春秋
李繼昌　光山縣學生　書
姬鐸　河南府學生　詩
軒輗　鹿邑縣學生　易
丘添祖　光山縣學生　書
吕昭　鎮平縣學生　禮記
姜豫　祥符縣學生　詩
張宏　夏邑縣學生　書

康鏞　商水縣學生　詩
劉良　開封府學生　易
郭恭　安陽縣學生　書
吴亨　原武縣學生　詩
韓昱　彰德府學生　易
孔彬　衛輝府學生　書
趙諒　新野縣學生　書
史鑒　偃師縣學生　詩
康顒　南陽府學生　禮記
傅諒　開封府學生　書
陳經　儀封縣學生　詩
王綸　扶溝縣學生　易
雷祥　息縣學生　書
周禮　滎澤縣學生　詩
趙麟　輝縣學生　書
衛忠　葉縣學生　易
徐恭　儀封縣學生　禮記
宋安　信陽縣學生　詩
楊玉　許州學生　書
許勉　河内縣學生　易
賈悫　河南府學生　易
龐綸　通許縣學生　詩
郭森　磁州學生　易
智明　武安縣學生　詩
懷敬　長葛縣學生　禮記
郭堅　開封府學生　詩
吴浩　彰德府學生　春秋
姬慶　儀封縣學生　詩
許忠　新鄉縣學生　書
郭賢　河内縣學生　詩
戴振　沔池縣學生　詩
王倫　靈寶縣學生　易

邵温　新鄭縣學生　書
馬傑　陝州學生　書
金鼎　武陟縣學生　詩
安泰　閿鄉縣學生　易
柴高　陝州學生　禮記
馬驤　安陽縣學生　書
卜慶　鄢陵縣學生　詩
武茂　河南府學生　書
嚴曾　安陽縣學生　易
傅銓　鄭州學生　禮記
王浩　睢州學生　詩
馮琮　衛輝府學生　書
韓亨　祥符縣學生　禮記
馬勁　臨漳縣學生　詩
鄭得貞　鄢陵縣學生　易
馮僭　滎陽縣學生　詩
高良　陳留縣學生　詩
曹玢　襄城縣學生　禮記
梅興　尉氏縣學生　詩
潘伯通　光山縣學生　易
張瑛　太康縣學生　禮記
馮智　固始縣學生　詩
邢端　蘭陽縣學生　書
高啓　滎澤縣學生　詩
劉亮　洛陽縣學生　易
荆森　衛輝府學生　禮記
李廉　郟縣學生　詩
馮智　莆田縣儒士　詩
張鵬　臨漳縣學生　禮記
姜昀　脩武縣學生　詩
閻剛　太康縣學生　禮記
劉智　羅山縣學生　詩

詹益　遂平縣學生　詩
楊信　陽武縣學生　詩
石瑛　通許縣學生　禮記
韋志　郟縣學生　詩
李泉　林縣學生　易
曹幹　獲嘉縣學生　禮記
孫貞　尉氏縣學生　詩
趙清　沔池縣學生　書
趙敏　汝陽縣學生　禮記
孟嵓　温縣學生　易
孫弼　南陽縣學生　易
程達　汝寧府學生　書
李中　汝寧府學生　易
鄭禄　湯陰縣學生　詩
衛俊　孟津縣學生　易
路昇　胙城縣學生　易
劉顗　鄧州學生　禮記
耿璿　淇縣學生　易
許希顔　延津縣學生　詩
趙銘　考城縣學生　詩
張騏　密縣學生　詩
翁仲舉　汝寧府學生　書
王弼　嵩縣學生　詩

是科董督官用監察御史四員謝忱浙江永康縣人壬辰進士陳治浙江定海縣人辛卯貢士李綸福建上杭縣人乙未進士宋準直隸任縣人貢士提調官右參議李永年江西南昌縣人甲辰進士監試官副使陳善直隸儀真縣人監生僉事傅啓讓湖廣石首縣人壬辰進士是科解元薛瑄本山西河津縣人父禎任鄢陵縣學教諭慮無功蹟乃以子瑄入籍鄢陵爲邑學生遂舉解元事見河南總志及李文達公賢撰瑄神道碑内第五十名王琳溧陽縣儒士第九十七名詹萬里當塗縣儒士第一百二十七名楊玉進士登科録作楊昱第一百六十八名馮智莆田縣儒士

永樂二十一年癸卯科解元王學　一百九十七人

王學　開封府學增廣生　春秋
王亨　郾城縣學生　書
秦顒　彰德府學增廣生　禮記
王睿　脩武縣學增廣生　易
孫傑　襄城縣學生　詩
祝暹　開封府學增廣生　書
張淵　歸德州學生　詩
軒和　睢州學生　易
張志銘　光州學生　春秋
許智　祥符縣學增廣生　禮記
張彬　陳留縣學生　詩
牛瑾　蘭陽縣學增廣生　書
劉釗　泰和縣儒士　經闕
安磐　開封府學生　禮記
吕郁　許州學生　書
齊士禄　輝縣學增廣生　易
牛丙　嵩縣學生　詩
張真　衛輝府學生　禮記
趙暹　林縣學生　春秋
張善　彰德府學生　書
劉偉　祥符縣學增廣生　詩
李彬　開封府學生　易
張傑　偃師縣學生　詩
楊英　固始縣學增廣生　書
李逵　新鄉縣學生　易
單啓　商水縣學生　春秋
魯善　開封府學生　禮記
上官忠　沔池縣學生　詩
王瓛　懷慶府學生　書
王珉　汝州學增廣生　易
苑藪　林縣學增廣生　禮記

曹衡　郟縣學增廣生　易
張真　安陽縣學生　書
梅壽　河南府學增廣生　易
郭振　杞縣學增廣生　詩
李瑛　輝縣學生　書
王麟　鞏縣學增廣生　易
亢舉　祥符縣學增廣生　書
王鄷　陜州學增廣生　詩
趙全　開封府學生　書
張晟　長葛縣學增廣生　春秋
姚勤　汝州學增廣生　禮記
劉恪　許州學生　書
劉恭　中牟縣學生　詩
王溢　商水縣學生　易
汪璽　固始縣學增廣生　書
羅寧　安東縣儒士　詩
張師文　鞏縣學增廣生　易
李紋　襄城縣學增廣生　禮記
陳珪　裕州學生　春秋
崔璿　懷慶府學生　書
徐謙　滎澤縣學增廣生　詩
柳銘　鄢陵縣學增廣生　易
武脩　中牟縣學增廣生　禮記
胡璉　湯陰縣學增廣生　詩
鄭良　蘭陽縣學增廣生　書
張復　陽武縣學生　易
齊政　河南府學生　書
楊威　夏邑縣學增廣生　詩
王岩　光州學生　春秋
王紀　洛陽縣學生　書
張徽　杞縣學生　詩
劉宗源　鈞州學增廣生　詩

趙牧　郟縣學生　易
魏敬　襄城縣學增廣生　禮記
王賢　葉縣學生　禮記
劉濵　信陽縣學生　詩
郭復　滎陽縣學生　書
曹平　輝縣學生　書
桑睿　寧陵縣學生　詩
趙智　新安縣學生　易
任嵩　商水縣學生　易
楊企　陜州學生　書
王演　太康縣學生　書
劉恩　汝陽縣學生　書
牛良　鄢陵縣學增廣生　禮記
牛順　彰德府學生　禮記
陸奇　光州學生　春秋
李瑢　獲嘉縣學生　書
田寧　稷山縣儒士　書
高璉　登封縣學生　詩
朱暉　睢州學生　詩
李霖　杞縣學增廣生　易
王恂　開封府學生　易
魯敏　滎陽縣學生　禮記
睢安　確山縣學生　春秋
王藻　太康縣學生　書
翟逵　安陽縣學生　書
張本　懷慶府學生　書
張選　宜陽縣學生　詩
胡應奎　光山縣學增廣生　詩
李剛　安陽縣學生　書
彭程　太康縣學生　易
武賢　通許縣學生　禮記
李謙　湯陰縣學生　詩

馬驥　滎陽縣學增廣生　書
李輔　彰德府學增廣生　書
衛嶧　河南布政司通吏　易
邵永　太康縣學生　禮記
張謹　陽武縣學生　禮記
柴望　杞縣學增廣生　詩
趙基　滎陽縣學生　詩
李節　新野縣學生　書
李睿　永寧縣學生　書
朱中　洧川縣學生　春秋
孔郊　濟源縣學生　詩
李沆　汜水縣學生　書
黄甫　許州學生　易
段祥　泌陽縣學生　易
高琛　陳留縣學生　易
周冕　登封縣學生　詩
王昌　河内縣學生　書
石監　南陽縣學生　書
胡志高　光州學增廣生　易
吕璘　陳州學增廣生　禮記
劉浩　中牟縣學增廣生　詩
桂正　南陽縣學增廣生　禮記
原意　武陟縣學生　易
孟俊　武陟縣學生　易
李琰　宜陽縣學增廣生　詩
劉詵　通許縣學生　詩
李毅　衛輝府學生　書
王勤　武安縣學生　書
趙紳　鄢陵縣學生　詩
司正　襄城縣學生　易
耿明　河南府學增廣生　易
馬逵　彰德府學增廣生　禮記

王恭　淇縣學生　禮記
劉濬　新鄉縣學生　禮記
陳彜　開封府學生　書
張斐　洛陽縣學生　書
潘麟　光州學生　春秋
董俊　河陰縣學生　詩
許昌　祥符縣學生　書
王庸　固始縣學生　書
張億　唐縣學生　書
陳佑　彰德府學增廣生　春秋
趙愍　原武縣學生　禮記
陳獻　滎陽縣學生　禮記
蔡晟　宜陽縣學生　春秋
柴高　郟縣學生　易
陳璧　孟縣學生　易
郭玄　上蔡縣學生　易
韓敏　河内縣學增廣生　書
賈肅　西華縣學生　書
李筠　寧陵縣學生　詩
郭携　鹿邑縣學生　書
高志　磁州學生　書
魏良　杞縣學生　詩
張簡　胙城縣學生　易
王介　開封府學生　禮記
張璉　襄城縣學生　禮記
劉孚　彰德府學生　書
闕聰　延津縣學生　書
高謙　裕州學增廣生　春秋
周鑒　尉氏縣學增廣生　詩
趙鏞　安陽縣學生　禮記
胡璔　泌陽縣學生　禮記
杜宣　沔池縣學生　書

安止　睢州學增廣生　春秋
姜禮　裕州學生　禮記
吕正　葉縣學生　禮記
楊英　開封府學生　易
李濟　新鄉縣學生　禮記
田登　祥符縣學增廣生　詩
黄良　汲縣學生　書
盧恒　陳州學增廣生　詩
李宗　儀封縣學生　易
張銑　泌陽縣學增廣生　易
朱濂　陳州學生　詩
秦齡　閿鄉縣學生　易
陳善　虞城縣學生　春秋
王琄　永寧縣學生　書
王綱　開封府學生　書
孟安　祥符縣學生　詩
馬振　鄭州學生　易
趙孜　儀封縣學生　詩
李和　鞏縣學生　易
羅敏　遂平縣學生　易
黄謙　扶溝縣學生　詩
吴希哲　永城縣學生　易
丁閏　柘城縣學生　易
蘇璟　開封府學生　書
李端　鈞州學生　春秋
褚茂　新鄭縣學生　禮記
包含　羅山縣學生　詩
袁伯昂　西平縣學生　書
孫顯　封丘縣學生　易
劉安　開封府學增廣生　易
李縉　汝寧府學生　書
丁璉　開封府學增廣生　禮記

班璘　汲縣學生　禮記
田臻　開封府學生　書
吕智　鄢陵縣學生　易
魏健　輝縣學增廣生　禮記
馮茂　開封府學增廣生　詩

是科更董督官稱按臨官用監察御史二員朱仲安浙江蕭山縣人庚午貢士張勤直隸山陽縣人監生提調官二員右參政史翼浙江蕭山縣人（不著出身）左參議胥必彰湖廣龍陽縣人癸酉貢士監試官二員僉事楊鈍陝西鄜州人已卯貢士劉咸江西泰和縣人壬辰進士其收掌試卷彌封謄録對讀官猶用所屬儒學官鄉試録止刋四書義二篇五經各一篇一論一誥而表不刋策止刋第二問第五問前序刻一篇乃考試官教授孫惠訓導彭琚撰後序乃同考試官甘肅行太僕寺主簿李永思撰内第十三名劉釗泰和縣人第四十七名羅寧安東縣人第八十一名田寧稷山縣人俱儒士第九十九名衛嶧河南布政司通吏

宣德元年丙午科解元房威　三十五人

房威　洛陽縣學生　易
郝繪　洧川縣學生　春秋
時中　汝寧府學生　詩
常貞　新安縣人監生　易
王英　開封府學增廣生　禮記
王護　鹿邑縣學增廣生　詩
劉俊　臨潁縣學增廣生　書
韓謙　胙城縣學生　易
張巖　開封府學生　易
王濟安　懷慶府學生　詩
楊□　盧氏縣學增廣生　書
趙縉　彰德府學生　春秋
楊銘　河南府學生　易
洪範　孟縣學增廣生　書

劉通　郟縣學增廣生　詩
高亮　封丘縣學生　書
陳貴　永寧縣學生　禮記
孟莊　中牟縣學生　易
李宣　歸德州學生　詩
郭瑺　新安縣學增廣生　易
劉錦　洧川縣學增廣生　易
端中　新鄭縣學生　詩
張祐　洧川縣學生　書
馮驥　林縣學生　禮記
鄭安　河南府學增廣生　易
孫顒　偃師縣學生　詩
常懋　杞縣學生　易
弓藎　鄭州學生　禮記
何海　舞陽縣學生　書
張先　固始縣學生　詩
時泰　襄城縣學增廣生　禮記
龐清　南陽府學生　易
田潤　太康縣學增廣生　書
閻謹　懷慶府學增廣生　禮記
柳本　祥符縣學生　易

是科吏按臨官始稱監臨官其職名及提調監試官俱闕

宣德四年己酉科解元丘陵　三十五人

丘陵　蘭陽縣學生　書
羅綺　磁州學生　易
張睿　鄢陵縣學生　詩
吾豫　汝寧府學生　春秋
張翥　祥符縣學生　禮記
陳信　偃師縣學生　易

華文　魯山縣學生　書
費永年　滎陽縣學生　詩
張源　開封府學生　易
艾禮　磁州學生　禮記
方顯　封丘縣學生　書
夏宇　光山縣學增廣生　詩
楊和　開封府學生　易
時紀　通許縣學生　書
井源　襄城縣學生　禮記
宗銘　原武縣學生　春秋
焦芳　新野縣學生　易
張斌　開封府學生　書
朱寬　滎澤縣學生　詩
王瑾　夏邑縣學生　禮記
杜潛　祥符縣學生　易
方泰　新安縣學生　易
龔良　汝陽縣學生　書
李智　鄧州學生　詩
鹿謙　杞縣學生　詩
秦端　光州學生　易
吳琇　輝縣學生　書
范俊　虞城縣學生　禮記
元寅　湯陰縣學生　書
吉慶　滎陽縣學生　詩
劉慶　太康縣學生　書
焦璟　扶溝縣學生　春秋
馬獻　滎澤縣學生　詩
李芳　林縣學生　禮記
黄正　臨穎縣學生　書

是科監臨御史嚴烜福建懷安縣人乙未進士提調官一員右參議邢旭浙江金華縣人甲申進士監試官一員僉事陳治浙江定海縣人辛卯貢士自解元

而下五名分取五經魁至是科始定以前或然或否考之歷科鄉試録可見

宣德七年壬子科解元李賢　三十五人

李賢　鄧州學增廣生　禮記
劉泓　南陽府學增廣生　易
李瀚　固始縣學增廣生　書
史儀　儀封縣學生　詩
楊鐸　原武縣學生　春秋
馬嵩　陳州學生　詩
萬宣　信陽縣學生　易
韓儀　儀封縣學生　書
李鼎　項城縣學生　詩
趙能　温縣學增廣生　易
甯鐸　滎陽縣學生　禮記
程瓛　新蔡縣學生　書
陳鼎　鄢陵縣學增廣生　詩
張用瀚　郟縣學增廣生　書
裴翙　河南府學生　禮記
沈耀　開封府學生　易
沈韶　陝州學生　書
張英　宜陽縣學生　詩
盧欽　開封府學生　書
張謹　淇縣學生　易
馬容　孟縣學生　詩
王翰　中牟縣學生　書
劉傑　睢州學生　春秋
趙愨　太康縣學生　易
石齡　封丘縣學生　書
朱本　歸德州學生　易
李約　襄城縣學生　禮記
田澍　陽武縣學生　易

劉鐸　懷慶府學生　書
趙徵　裕州學生　詩
楊志學　河内縣學生　易
樊英　彰德府學生　書
毛倫　蘭陽縣學生　春秋
李儼　泌陽縣學生　詩
王景　鹿邑縣學生　書

是科監臨御史韓偉浙江瑞安縣人監生提調官一員右參議邢旭監試官二員副使鄭柱浙江永嘉縣人丙戌進士僉事朱理直隷東鹿縣人丁酉貢士旭邊二科俱爲提調云收掌試卷用鄭州知州林厚受卷用都司都事張琛儀封縣學教諭任才其彌封謄録對讀俱用所屬儒學官

宣德十年乙卯科解元李春　三十五人

李春　鄭州學生　書
蔚智　襄城縣學生　詩
張楫　中牟縣學生　易
尚褫　羅山縣學增廣生　春秋
王隆　陳留縣學生　禮記
高謙　儀封縣學生　書
王瑾　衛輝府學生　詩
王弁　開封府學生　易
李通　光山縣學生　書
焦寬　葉縣學生　詩
韓璜　彰德府學生　禮記
張瑛　鄭州學生　易
賈賓　項城縣學生　書
孔谞　杞縣學生　詩
崔岩　襄城縣學生　禮記
張崙　扶溝縣學生　春秋
楚鑒　洧川縣學生　書

竇昶　永城縣學生　詩
毛祥　西平縣學生　易
鞠恭　光山縣學生　禮記
張維　開封府學生　書
張鉞　河南府學生　詩
孟釗　泌陽縣學生　易
叚復禮　舞陽縣學生　詩
楊鏞　唐縣學生　書
朱禋　祥符縣學生　禮記
田志茂　磁州學生　易
謝寧　封丘縣學生　書
曹官　睢州學生　春秋
申璲　涉縣學生　詩
薛瑄　原武縣學生　春秋
程式　温縣學生　書
陳銓　汜水縣學增廣生　詩
石琰　脩武縣學生　禮記
辛釗　固始縣學生　書

是科監臨御史二員李懋山東濟寧州人辛卯貢士吴誠直隸遷安縣人監生提調官一員仍是邢旭旭至是三事場屋矣監試官二員僉事鄭雍言浙江鄞縣人乙未進士孔謨山東曲阜縣人宣聖五十七代孫也

正統三年戊午科解元王宇　三十五人

王宇　祥符縣學增廣生　書
賈恪　通許縣學生　易
王僖　羅山縣學生　詩
郝璜　光州學生　春秋
許皥　固始縣學生　禮記
王吉　商水縣學生　書
房景敫　汝寧府學生　易

張肅　魯山縣學生　書
黄福　鄭州學生　春秋
李瓚　祥符縣學生　禮記
房景廠　汝寧府學生　書
何宗盛　息縣學生　詩
陳瓚　陽武縣學生　易
張璧　懷慶府學生　詩
孟瑛　歸德州學軍生　禮記
鄭瑾　新安縣學生　書
吴寧　遂平縣學生　詩
李鳳　祥符縣學生　春秋
李恂　武安縣學生　易
喬瑛　睢州學生　詩
郝敬　祥符縣學生　禮記
陳善　羅山縣學生　書
王信　汝寧府學生　書
黄敏　閿鄉縣學生　易
劉溥　鈞州學增廣生　書
張麟　羅山縣學生　春秋
王澤　汝州學生　禮記
李宏　磁州學生　詩
傅文　登封縣學生　書
喬昇　河南府學生　詩
吴振　襄城縣學生　禮記
尹衡　洛陽縣學生　書
吴偘　睢州學生　春秋
劉學　儀封縣學生　詩
姚慧　洛陽縣學生　易

是科監臨御史吴昌衍江西臨川縣人辛丑進士提調官一員右參政孫原貞江西德興縣人乙未進士監試官二員副使鄭柱前宣德壬子科曾爲監試官至是再典其事僉事劉性同浙江麗水縣人丙戌進士是科登進士第者

十人而王宇爲最著詳見祥符鄉賢傳

正統六年辛酉科解元熊璘　五十人

熊璘　羅山縣學生　春秋
吴禮　南陽府學生　書
李奎　汲縣學生　禮記
羅貴　長葛縣學生　詩
薛雄　河南府學生　易
張韶　魯山縣學生　書
劉琰　新鄉縣學生　詩
鍾成　原武縣學生　禮記
李綸　彰德府學生　春秋
房端　汝陽縣學生　易
婁良　通許縣學生　書
張祐　中牟縣學生　詩
馮本　鄭州學生　禮記
楊方　光州學生　春秋
徐鵬　汲縣學生　易
雷震　睢州學生　書
饒起　固始縣學生　詩
何濬　靈寶縣學生　禮記
李榮　彰德府學生　春秋
馬貞　陝州學生　易
鄭寧　開封府學生　書
閻威　汝州學生　詩
李偉　封丘縣學生　書
李永昌　西平縣學生　易
舒玘　光州學生　禮記
賀申　盧氏縣學生　書
劉湧　信陽縣學生　詩
邵進　新鄭縣學生　書

晁銓　封丘縣學生　詩
楊玘　盧氏縣學生　書
尚佐　新鄉縣學生　禮記
王佐　許州學生　書
謝讓　靈寶縣學生　詩
趙璵　安陽縣學增廣生　易
胡珍　原武縣學生　春秋
李俊　延津縣學生　書
曹祥　衛輝府學生　詩
劉達　陳留縣學生　書
張琉　息縣學生　書
强宏　汝寧府學生　禮記
陳範　汝寧府學生　易
馮敬　盧氏縣學生　書
王宣　淇縣學生　詩
楊愸　歸德州學軍生　禮記
米有年　滎陽縣學生　春秋
滕昭　汝州學增廣生　詩
朱福　歸德州學生　書
周中　歸德州學軍生　禮記
馮本誠　滎澤縣學生　易
高進　偃師縣學生　易

是科無監臨官以後二科并同提調官一員左參議吴杰直隸撫寧縣人辛卯貢士監試官二員副使張志文江西上饒縣人辛卯貢士僉事顧侃浙江慈谿縣人乙未進士是年又有耿亮祥府縣人以監生中京闈鄉試

正統九年甲子科解元王廷　五十人

王廷　祥符縣學生　書
張廡　温縣學生　易
耿顯　杞縣學生　詩

朱珉　固始縣學生　春秋
張奎　汝寧府學生　禮記
蔣宣　鈞州學生　書
王瓖　襄城縣學生　詩
張宣　河南府學生　易
焦鈍　葉縣學增廣生　春秋
史儀　河南府學生　禮記
李巽　開封府學生　易
吴翯　祥符縣學生　書
王彦　洛陽縣學生　詩
徐廷章　羅山縣學生　春秋
韓俊　脩武縣學生　易
韓昭　新安縣學生　書
陳鈍　汜水縣學生　詩
姚俊英　涉縣學生　書
牛俊　尉氏縣學生　詩
王覽　陳留縣學生　易
古統　鈞州學生　禮記
李敏　襄城縣學增廣生　書
田臻　襄城縣學增廣生　詩
曹恂　光州學增廣生　春秋
閻禹錫　河南府學生　易
王靖　嵩縣學生　詩
郭誠　羅山縣學生　書
丁純　湯陰縣學生　禮記
朱俊　沔池縣學生　書
趙瑛　懷慶府學生　詩
劉鑒　陳州學軍生　易
李恕　新鄉縣學生　禮記
嚴泰　内鄉縣學生　春秋
馬馴　原武縣學生　書
魏本　偃師縣學生　詩

郭泰　鄧州學生　易
侯琰　汝州學生　書
田軫　滎陽縣學生　詩
孟璉　祥符縣學生　禮記
張遂　開封府學生　易
王吉　上蔡縣學生　書
盛忠　汝州學生　詩
賈懋　柘城縣學官生　禮記
皇甫容　安陽縣學生　書
張瑢　彰德府學生　詩
李僖　河南府學生　易
孫安　許州學生　書
吕文　延津縣學生　易
牛俊　彰德府學生　書
李永寧　胙城縣學生　禮記

是科提調官一員右參政宋琰浙江奉化縣人乙未進士監試官二員副使丘俊廣東程鄉縣人甲辰進士僉事王俊應天府上元縣人庚子貢士主考鳳陽府學教授胡灝江西吉水縣人乙未進士同考常州府學訓導聶大年江西臨川縣人儒士是年四書止刋二篇五經義各刋一篇策刋第一問第二問第五問聶大年列同考之永而作後序

正統十二年丁卯科解元郭安　五十人

郭安　襄城縣學增廣生　書
畢亨　河南府學軍生　易
辛訪　襄城縣學生　詩
孔纓　太康縣學增廣生　春秋
劉清　河南府學增廣生　禮記
李蕃　開封府學生　詩
趙鏞　開封府學生　書
霍達　南陽府學生　易

李堅　唐縣學生　詩
傅原　睢州學生　書
戚寧　新鄉縣學生　易
吕益　祥符縣學生　書
李奎　開封府學生　易
汪清　汝寧府學生　禮記
王杲　襄城縣學生　詩
艾俊　祥符縣學生　春秋
吴庚　洛陽縣學生　書
殷宏　滎澤縣學生　易
劉欽　葉縣學生　詩
李泰　裕州學生　書
熊瓚　陜州學軍生　詩
韓槩　彰德府學生　書
何鑒　封丘縣學生　詩
吴俊　光山縣學生　易
黄錦　鄭州學生　禮記
嚴憲　扶溝縣學增廣生　書
馬文升　鈞州學生　詩
蔡昇　祥符縣學生　書
劉槩　新鄭縣學生　詩
楊頊　開封府學生　易
董恭　通許縣學生　春秋
韓儼　懷慶府學生　書
李灌　沔池縣學生　詩
秦晟　彰德府學生　書
董晟　靈寶縣學生　詩
黄端　項城縣學生　禮記
王廉　鄢陵縣學生　書
李玉　上蔡縣學生　書
白良輔　河南府學生　詩
王潤　汝州學生　書

胥聰　商水縣學生　詩
王儼　内鄉縣學生　春秋
陳清　儀封縣學生　書
張俊　武安縣學生　詩
萬恢　杞縣學生　書
左源　汲縣學生　易
江溥　魯山縣學生　詩
王道　武陟縣學生　禮記
安釗　歸德州學軍生　書
董琮　蘭陽縣學生　禮記

是科提調官一員右布政使年宣直隷懷遠縣人丁酉貢士監試官二員副使茅惟揚浙江慈谿縣人乙未進士許資直隷富唐縣人丁酉貢士同考試官有福建邵武縣學教諭金淵直隷武進縣人監生收掌試卷以下俱始用合屬縣佐官及雜職各一員是年四書止刋二篇五經各刋一篇策止刻第一問第二問第五問

景泰元年庚午科解元羅綱　一百人

羅綱　羅山縣學增廣生　春秋
王璠　脩武縣學增廣生　易
白福　開封府學生　書
張慶　鈞州學生　詩
王澤　開封府學生　禮記
耿珍　開封府學生　易
李儒　中牟縣學增廣生　書
石旻　彰德府學增廣生　春秋
王榮　商水縣學生　詩
趙鋭　脩武縣學生　書
侯輔　河南府學生　易
孟顒　密縣學生　禮記
王塤　許州學生　詩

宋玉　河南府學生　易
高昇　開封府學生　書
胡福　儀封縣學增廣生　詩
張翰　林縣學生　書
甯靖　湯陰縣學生　禮記
張諒　河南府學生　易
楊威　汝寧府學生　書
孫賢　杞縣學生　詩
李璵　開封府學生　春秋
高誼　裕州學生　書
周鳳　汲縣學生　詩
陳文　汝州學生　詩
徐茂　新野縣學生　書
陳良　原武縣學生　易
馮禎　開封府學生　禮記
何玘　羅山縣學增廣生　春秋
翟紹　襄城縣學生　書
岳璿　祥符縣學生　詩
盛澈　襄城縣學增廣生　書
程鵾　鄢陵縣學生　易
丁信　祥符縣學生　詩
郝哲　洧川縣學生　書
羅廣　固始縣學增廣生　春秋
胡復　滎澤縣學生　易
孟璡　祥符縣學生　禮記
劉瑛　息縣學增廣生　書
毛整　河陰縣學生　詩
王曦　衛輝府學生　詩
任佐　盧氏縣學生　易
原睿　武陟縣學生　禮記
潘禮　歸德州學軍生　書
高瓊　信陽縣學軍生　詩

王禎　臨穎縣學生　書
黄琦　睢州學生　易
吴與寧　光山縣學生　春秋
翟善　睢州學生　書
吴英　裕州學生　詩
楊顯　臨漳縣學生　易
劉涣　洧川縣學生　禮記
郭鈍　蘭陽縣學生　書
邢琉　洛陽縣學生　詩
黄愷　滎縣學生　書
張凱　扶溝縣學生　詩
郭盛　彰德府學生　書
姬震　柘城縣學生　易
張能　輝縣學生　書
叚清　鄭州學生　詩
陰瑁　滎陽縣學生　詩
曹本　柘城縣學生　書
王鏞　南陽縣學軍生　禮記
夏昂　通許縣學生　易
郭倫　襄城縣學生　詩
王倫　上蔡縣學生　書
嶽聰　臨漳縣學生　易
李讓　鄧州學增廣生　春秋
何宗　舞陽縣學生　書
沈瑀　郾城縣學生　詩
李和　安陽縣學生　詩
俞信　河南府學軍生　易
楊宣　通許縣學生　書
張昇　儀封縣學生　書
于琛　滎澤縣學生　詩
常寧　襄城縣學生　禮記
王豫　祥符縣學生　書

楊惠　項城縣學生　詩
楚綸　滎陽縣學生　詩
王佐　偃師縣學生　易
李貴　内鄉縣學生　春秋
牛健　温縣學生　書
戴琰　沔池縣學生　詩
姬廉　偃師縣學生　詩
劉斌　新鄉縣學生　書
張玘　脩武縣學生　易
王預　汝州學生　詩
岳峻　衛輝府學生　書
周和　封丘縣學生　春秋
胡清　羅山縣學生　春秋
傅安　杞縣學生　詩
王瑢　鄭州學生　易
劉俊　新鄉縣學生　書
戴珙　沔池縣學生　詩
李璧　懷慶府學生　禮記
陳芳　脩武縣學生　易
王瓘　陜州學生　詩
王安　許州學生　禮記
徐德　新鄭縣學生　書
趙源　鈞州學生　詩

是科監臨御史陳价四川銅梁縣人己未進士提調官仍是年富時遷左布政使矣監試官副使歐陽哲江西泰和縣人辛丑進士是科及次癸酉提調監試官各用一員是年復用李珣祥府縣人中京闈鄉試

景泰四年癸酉科解元于琇　一百五人

于琇　通許縣學生　書
王瓚　陜州學生　詩

李傑　開封府學生　春秋
陳滄　汝寧府學生　易
潘凱　河南府學生　禮記
劉濟　懷慶府學增廣生　書
李瑁　歸德州學生　詩
王道　汝寧府學增廣生　春秋
徐紳　杞縣學生　易
田禋　祥符縣學生　禮記
許顒　安陽縣學生　詩
郇英　陳留縣學生　易
李嵩　汝寧府學生　書
常俊　開封府學生　春秋
金鋭　脩武縣學生　易
安鈍　睢州學生　禮記
陳興　許州學生　書
賈恭　歸德州學生　詩
崔儀　滎陽縣學生　禮記
路迪　河南府學生　易
徐禄　泌陽縣學生　春秋
郇靖　汝州學生　詩
董亮　信陽縣學軍生　書
白珍　脩武縣學生　易
張拱　新鄭縣學生　詩
趙廵　汝陽縣學生　春秋
李義方　鄧州學軍生　禮記
翟政　安陽縣學生　詩
王煦　太康縣學生　書
李瓚　湯陰縣學生　詩
馬震　汲縣學生　書
李鞏　武陟縣學生　禮記
陰璽　滎陽縣學生　書
黄端　項城縣學生　易

吾升　汝寧府學生　春秋
李海　武陟縣學生　禮記
石磐　汜水縣學生　書
劉健　洛陽縣學增廣生　易
武震　淇縣學生　詩
張寧　夏邑縣學生　禮記
張潛　鄴城驛驛丞　詩
紀逵　洛陽縣學增廣生　易
黄綱　南陽縣學軍生　禮記
盛海　襄城縣學增廣生　詩
趙瑄　汝寧府學生　易
王相　泌陽縣學生　書
楊效　固始縣學生　詩
張威　河南府學生　易
李謙　鄧州學生　禮記
楊德　夏邑縣學生　詩
皇甫節　彰德府學生　書
李俊　磁州學生　禮記
李岷　陳州學官生　易
王濬　商水縣學生　書
徐崇祖　盧氏縣學生　詩
王鵬　彰德府學生　禮記
焦欽　葉縣學增廣生　春秋
崔珽　通許縣學生　書
張仁　彰德府學生　詩
甯錞　滎陽縣學生　禮記
潘瑄　河南府學生　易
楊鍈　羅山縣學生　春秋
王鑒　磁州學生　易
申明　武陟縣學增廣生　禮記
蔡哲　光州學生　書
高斐　偃師縣學增廣生　易

韓宏　彰德府學生　禮記
周寧　汲縣學生　詩
劉進　陳留縣學生　易
毛振　西平縣學增廣生　春秋
王臣　彰德府學生　詩
吴增　陳州學生　易
張琳　汝寧府學生　禮記
楊盛　臨漳縣學生　書
方興　固始縣學生　詩
王錞　固始縣學增廣生　春秋
餘清　光州學生　易
李侃　胙城縣學增廣生　書
張遇　祥符縣學生　詩
賈讓　河南府學軍生　易
張鐸　獲嘉縣學生　春秋
靳藝　新鄭縣學生　詩
秦海　汜水縣學生　書
毛存誠　蘭陽縣學生　春秋
張傑　汲縣學生　詩
李仁　郾城縣學生　春秋
熊瑋　羅山縣學生　春秋
袁愷　魯山縣學生　書
劉謙　淇縣學生　詩
姜清　閿鄉縣學增廣生　春秋
張福　鈞州學生　詩
趙通　汝陽縣學生　禮記
廖廷　涉縣學增廣生　詩
郭禮　洛陽縣學生　書
劉潺　安陽縣學生　詩
趙慤　原武縣學生　書
孫銘　洛陽縣學生　春秋
李欽　通許縣學生　書

屈騰霄　汝寧府學增廣生　春秋
杜綱　河南府學生　書
劉和　彰德府學生　詩
陳奎　汲縣學生　詩
郭昇　潁州學軍生　易
王佐　安陽縣學生　詩
張禎　歸德州學生　書
李寬　鄧州學生　春秋
燕慶　汝寧府學生　禮記
王瓘　泌陽縣學生　易
張儉　祥符縣學生　詩
謝樂山　固始縣學生　春秋
徐麒　睢州學生　書
李灝　固始縣學增廣生　詩
張翼　中牟縣學生　易
石璘　蘭陽縣學生　書
張元冲　光山縣儒士　春秋
劉祥　盧氏縣學生　書
吴昂　汝寧府學生　詩
顧鏡　太康縣學生　易
張嵩　潁州學官生　書
申安　彰德府學生　禮記
朱昇　歸德州學生　易
馬英　衛輝府學生　書
易升　固始縣學生　詩
殷泰　彰德府學生　書
陳瑾　光山縣學增廣生　易
李琰　洛陽縣學生　書
李冲　安陽縣學生　詩
杜浩　祥符縣學生　易
張文　臨潁縣學生　禮記
張賑　開封府學生　書

李雄　許州學生　詩
徐與憲　光山縣學增廣生　春秋
張祐　儀封縣學生　書
李翀　河内縣學軍生　易
白鳳　儀封縣學生　詩
祝茂　開封府學生　詩
傅允　儀封縣學生　詩
邊完　杞縣學生　書
宋寬　祥符縣學生　春秋
朱蘭　蘭陽縣學生　書
黄宣　脩武縣學生　易
周峻　河南府學生　書
尹成　祥符縣學生　詩
陳玉　脩武縣學生　書
蕭瑛　陜州學生　詩
盛懋　襄城縣學生　書
李用　項城縣學生　詩
李厚　襄城縣學生　書
劉温　許州學生　詩
李恭　淇縣學生　書
劉濟　郟縣學生　書
張溥　南陽府學生　禮記
劉振　封丘縣學生　書
陳翰　光山縣學生　春秋
胡琛　光山縣儒士　禮記
顔福　襄城縣學增廣生　書
王正　開封府學生　詩
吴方　固始縣學生　詩
何讓　汝州學生　詩
康信　祥符縣學增廣生　書
張琨　靈寶縣學生　詩
邢曙　臨穎縣學生　詩

呂振　光州學生　易
張通　光山縣學生　書
李智　河南府學生　詩
薛方　杞縣學生　詩
韓敏　脩武縣學生　春秋
劉瑛　陳州學生　禮記

是科監臨御史高明江西貴溪縣人辛未進士提調監試自是始各用二員提調官右參政曾翬江西泰和縣人癸丑進士右參議姚龍浙江桐廬縣人壬戌進士監試官歐陽哲仍爲副使僉事鄭敬廣東東莞縣人壬戌進士是年四書止刋二篇策止刋第二問第四問第五問

天順三年己卯科解元劉鎰　八十人

劉鎰　羅山縣學生　春秋
楊徽　河内縣學生　易
王文瀚　陳留縣學生　書
程濬　蘭陽縣學生　詩
毛志　陽武縣學生　禮記
成實　光州學增廣生　書
胡仲舒　光山縣學生　春秋
張佐　固始縣學生　詩
趙文　陜州學生　易
趙欽　脩武縣學生　書
趙瑛　武陟縣學生　禮記
趙從　沔池縣學生　詩
婁玄　原武縣學生　書
袁英　新鄉縣學生　易
申安　祥符縣學增廣生　詩
鄧眞　息縣學增廣生　禮記
婁恕　通許縣學生　書
陳紀　開封府學生　禮記

陳海　河南府學增廣生　詩
翟庭蕙　河南府學生　易
汪棨　固始縣學增廣生　書
趙雄　永城縣學生　詩
李恩　蘭陽縣學增廣生　書
潘貴　開封府學增廣生　春秋
李達　河南府學生　禮記
張孟賢　彰德府學生　書
左輔　儀封縣學生　詩
王章　鞏縣學生　易
張珏　彰德府學生　詩
張恕　歸德州學生　書
王文善　河内縣學生　書
沈瑁　祥符縣學生　詩
李瓊　孟縣學生　禮記
羅綺　羅山縣學生　春秋
杜懋　鄢陵縣學生　易
黄傑　洧川縣學生　易
閻恕　滎陽縣學生　詩
張綸　長葛縣學生　書
姜宣　蘭陽縣學生　易
王琦　郟縣學增廣生　書
楊盛　臨潁縣學生　詩
辛玉　懷慶府學增廣生　春秋
史黽　新鄭縣學生　書
藺澄　陽武縣學生　禮記
李珍　河南府學生　詩
劉清　陳州學生　易
譚慶　陝州學生　書
于顯　登封縣學生　詩
韓謹　封丘縣學增廣生　春秋
馬鐸　固始縣學生　詩

袁端　蘭陽縣學增廣生　禮記
郝冕　光州學增廣生　禮記
劉璋　汲縣學官生　詩
衛頊　葉縣學生　書
馬隆　鞏縣學生　易
賀暹　河南府學生　詩
閻倫　息縣學生　春秋
楊宣　舞陽縣學生　書
張昇　湯陰縣學生　詩
王繼　開封府學生　禮記
郭滋　濟源縣學生　書
賈宣　封丘縣學生　詩
許翔　孟縣學生　書
張騰霄　息縣學生　書
王謂　祥符縣學增廣生　易
李莊　永寧縣學生　詩
楊儉　儀封縣學生　詩
陳倫　祥符縣學生　書
韓賢　鄧州學生　春秋
任亮　偃師縣學生　詩
張蒽　扶溝縣學生　詩
劉永　柘城縣學生　書
周寧　睢州學生　禮記
張羽　開封府學生　詩
李莊　鞏縣學生　易
喬聰　河内縣學生　書
王鉞　衛輝府學生　詩
焦芳　泌陽縣學生　春秋
陰豫　滎陽縣學增廣生　詩
連祥　鈞州學生　書

是科監臨御史邢宥廣東文昌縣人戊辰進士提調官右布政使豐慶浙

江鄞縣人已未進士左參議黃廷儀福建侯官縣人丙辰進士監試官副使項璁直隸崑山縣人僉事王紹山西屯留縣人俱乙丑進士

天順六年壬午科解元杜鴻　八十人

杜鴻　裕州學生　詩
朱洪　歸德州學生　書
戴瑶　汝陽縣學生　春秋
焦福　河南府學生　易
鄭宏　光山縣學生　禮記
鄭宏　光山縣學生　禮記
史相　偃師縣學生　詩
李孟暘　睢州學生　書
耿鑒　信陽縣學武生　春秋
趙志學　脩武縣學牛　易
李志　林縣學生　禮記
常瑄　西華縣學生　詩
蕭綸　太康縣學生　書
王準　獲嘉縣學生　春秋
姜鄗　脩武縣學生　易
許進　靈寶縣學生　禮記
梁偉　柘城縣學生　詩
黃麟　密縣學生　書
李鑒　懷慶府學生　詩
陳忠　許州學生　書
劉振　扶溝縣學生　春秋
柳豸　睢州學生　書
李釗　洛陽縣學生　易
羅貫　扶溝縣學生　書
党茂　靈寶縣學生　詩
陸和　汝寧府學生　禮記
張潭　靈寶縣學生　詩

何斌　唐縣學生　書
孫儉　偃師縣學生　詩
白繩武　陝州學生　書
胡智　光山縣學生　易
唐昭　開封府學生　詩
李鸞　確山縣學生　春秋
趙恭　新鄉縣學生　書
藍洪　鄧州學生　禮記
張瑛　儀封縣學生　詩
徐霖　襄城縣學生　書
甯汝愚　滎陽縣學生　詩
李唐　鞏縣學生　書
張寧　河南府學生　易
王定　鈞州學生　書
何倫　上蔡縣學生　詩
胡寛　舞陽縣學生　書
劉文　孟縣學生　易
孫震　濟源縣學生　詩
聶聰　脩武縣學生　書
孟綱　歸德州學軍生　禮記
周道　新鄭縣學生　書
戚遜　汜水縣學生　詩
白濴　磁州學生　詩
曹鑒　汜水縣學生　書
王謙　淇縣學生　易
宋聲　登封縣學生　書
崔昇　舞陽縣學生　詩
馬政　滎陽縣學生　書
杜明　祥符縣學生　詩
石焕　偃師縣學生　詩
張仲簡　羅山縣學增廣生　春秋
安静　武安縣學生　詩

馬輅　滎陽縣學生　書
李榮　信陽縣學武生　易
張孜　永城縣學生　詩
費顯　鞏縣學生　書
許英　洛陽縣學生　詩
趙傑　儀封縣學生　詩
黄慶　鄭州學生　春秋
馬健　杞縣學生　詩
王節　太康縣學生　書
熊翀　光州學生　詩
黄琮　睢州學生　書
毛泰　蘭陽縣學生　詩
袁江　開封府學增廣生　詩
崔振　葉縣學增廣生　春秋
耿義　杞縣學生　詩
程普　臨漳縣學生　禮記
王槐　閿鄉縣學生　書
郝文宗　光州學增廣生　禮記
余鐸　南陽府學增廣生　書
屈泰　許州學生　春秋
袁俊　項城縣學生　易
古紳　鈞州學生　書

是科監臨御史梁覲山東東平州人丁卯貢士提調官左布政使侯臣浙江臨海縣人癸丑進士右布政使蕭儼四川内江縣人壬戌進士監試官按察使吴中四川眉州人乙丑進士僉事劉瑄直隸深州人甲戌進士是年僉事劉瑄與御史梁覲有隙疑中式舉人袁江少一舉輒第暨同榜唐昭杜明皆疑爲梁所私奏之奉旨下舘閣覆試咸入格得釋乃罪瑄誣奏覲復職江等舉人如故明年癸未會試河南壬午榜止中袁江一人厥後唐昭中乙未進士杜明中戊戌進士而公論益白云

國朝河南舉人名録（三）

成化元年乙酉科解元周冕　八十人

周冕　彰德府學生　書
趙淳　祥符縣學生　詩
聶榮　南陽府學生　禮記
曹琦　光州學生　春秋
謝智　濟源縣學生　易
李昱　内鄉縣學增廣生　書
彭鉉　固始縣學生　詩
尚絅　睢州學生　禮記
余文章　汝寧府學生　春秋
葉茂　汝寧府學增廣生　易
袁禄　杞縣學生　書
張澍　河南府學生　詩
陳永昌　汝寧府學生　禮記
雷以時　西平縣學生　春秋
張綱　衛輝府學生　易
李鑒　南陽縣學生　詩
朱謙　睢州學生　書
蕭性和　潁上守禦千户所軍生　詩
王佐　汝州學生　禮記
王嵩　衛輝府學生　書
亢霖　宜陽縣學生　詩
張鶴　脩武縣學生　書
劉鏜　鄭州學生　詩
王表　西平縣學生　春秋
杜昇　盧氏縣學生　易

劉盈　臨潁縣學生　書
戴經　儀封縣學生　詩
索雄　靈寶縣學生　書
陳琚　確山縣學生　禮記
張尹　魯山縣學增廣生　詩
樊忠　温縣學生　書
高崧　襄城縣學生　詩
楊正宗　睢州學生　書
倪鏞　南陽府學生　春秋
虞鋭　息縣儒士　易
楊謐　儀封縣學生　詩
張淮　襄城縣學生　書
耿瑛　杞縣學生　詩
李文惠　夏邑縣學生　禮記
閻宣　脩武縣學生　書
許昇　嵩縣學生　詩
劉宇　鈞州學生　書
張政　鄭州學生　詩
徐文昌　羅山縣學生　春秋
姚經　汝州學生　易
孫春　開封府學生　書
崔恩　襄城縣學生　詩
余琥　光山縣學生　禮記
胡潭　鄢陵縣人國子生　禮記
丁璘　項城縣學生　書
李文　衛輝府學生　詩
張璟　臨漳縣學生　書
侯敬　靈寶縣學生　詩
王浩　南陽府學生　春秋
王溥　内鄉縣學增廣生　易
馮廣　鄭州學生　書
李聰　杞縣學生　詩

王寬　杞縣學生　書
李瑞　鄧州學生　禮記
李文　柘城縣學生　書
張增　河陰縣學生　詩
原潔　胙城縣學生　書
高瑢　新鄭縣學生　詩
李善　鄧州學生　春秋
于永仁　洛陽縣人國子生　易
李景繁　儀封縣學生　詩
丘璐　蘭陽縣學生　書
崔陞　彰德府學生　詩
趙章　武陟縣學生　禮記
韓楷　安陽縣人國子生　詩
柴山　郾城縣學生　書
王錦　襄城縣學增廣生　詩
李顯　彰德府學生　書
陳時　汝寧府學生　春秋
買源　衛輝守禦千户所人國子生　詩
焦理　考城縣學增廣生　書
張盛　汜水縣學增廣生　詩
楊楷　閿鄉縣學生　書
李文　彰德府學生　詩
曹瑄　洛陽縣學生　易

是科監臨御史趙敔直隸武進縣人甲戌進士提調官右布政使章繪浙江鄞縣人己未進士右參議史敏浙江定海縣人乙丑進士監試官副使歐陽熙江西泰和縣人辛未進士僉事王齊江西安福縣人甲戌進士是科監生中式者四人皆稱國子生

成化四年戊子科解元劉紳　八十人

劉紳　汝陽縣學生　禮記

韓鎬　盧氏縣學生　易
楊懋　温縣學生　書
喬縉　河南府學生　詩
吕璋　許州學生　春秋
高安　睢州學生　書
王聘　上蔡縣學生　詩
朱紳　祥符縣學增廣生　禮記
陳通　汝寧府學生　春秋
孟述　泌陽縣學生　易
李孟晊　睢州學生　書
李誠　儀封縣學生　詩
穆軏　武陟縣學生　禮記
李文　項城縣學生　春秋
劉漢　通許縣學生　易
唐鼒　彰德府學生　詩
扈鐸　睢州學生　書
王慶　息縣學生　詩
蕭盛　陽武縣學生　禮記
應傑　鄧州學生　書
張啓　信陽縣學生　詩
李興　河南府學生　書
張瓛　鄢陵縣學生　詩
朱概　固始縣學生　春秋
王釗　河南府學生　易
孟璇　郾城縣學生　書
何鈞　靈寶縣學生　詩
張澄　開封府學生　書
朱宗　睢州學生　禮記
吴賢　儀封縣學生　詩
吴雄　封丘縣學生　書
王廣　滎陽縣學生　詩
樊璽　新鄉縣學生　書

李曉　内鄉縣儒士　春秋
李偉　開封府學生　易
盛德　汝州學生　詩
樊祉　胙城縣學生　書
白文晟　鄭州學生　詩
岳嵩　武安縣學生　書
杜忠　河陰縣學生　詩
王熙　湯陰縣人監生　書
毛鳳鳴　汝寧府學生　詩
楊舟　孟縣學生　詩
孔雄　鄧州人監生　春秋
張瓚　湯陰縣學生　易
劉鳳　開封府學生　書
孫盪　洛陽縣學生　詩
周杲　汝州學生　書
吴誠　固始縣學生　詩
郭錞　蘭陽縣學生　書
李瑞　汲縣學生　詩
盛瓛　襄城縣學生　書
易鶚　固始縣學生　詩
羅暹　羅山縣學生　春秋
陳鐸　閿鄉縣學生　易
孫濂　滎澤縣學生　書
辛鼎　陜州學生　詩
李裕　彰德府學生　書
張紹　汜水縣學生　詩
高照　裕州學生　書
耿珣　杞縣學生　詩
馮清　彰德府學生　書
熊槩　固始縣學生　詩
胡顯　原武縣學生　春秋
王琮　脩武縣學生　易

秦瀚　磁州學生　詩
胡驥　陳州學生　書
魏璋　鄢陵縣學生　詩
蔡晟　睢州學生　禮記
蔚澤　襄城縣學生　詩
陳佑　長葛縣學生　書
茹藝　滎陽縣學生　詩
劉珩　封丘縣學生　書
劉鳳翔　光山縣學生　春秋
楊遇春　陳留縣學生　詩
孫玘　洛陽縣學生　易
楊春　開封府學生　書
沈理　通許縣學生　詩
吴鑒　信陽縣學生　禮記
康偉　鞏縣學生　書

是科監臨御史賈俊直隸束鹿縣人庚午貢士提調官左布政使孫遇山東福山縣人丙辰進士右參政史敏浙江定海縣人乙丑進士監試官仍是吴中時遷按察使矣副使高宗本直隸雄縣人甲戌進士

成化七年辛卯科解元段應　八十人

段應　固始縣學生　詩
陳讓　光山縣學增廣生　春秋
宋禮　葉縣學生　易
高騰　臨潁縣學生　禮記
趙璉　歸德州學生　書
田畊　儀封縣學生　詩
胡瀛　羅山縣學生　春秋
麥榮　衛輝守禦千户所人監生　易
吕澤　靈寶縣學生　書
王慶　陽武縣學生　禮記

何寧　光州學生　詩
李琚　杞縣學生　書
張滿　羅山縣人監生　春秋
牛緩　鄢陵縣學生　易
彭倫　光州學生　禮記
張仁　杞縣學生　詩
張九功　陜州學生　書
孫傑　鄢陵縣學生　易
劉鑌　南陽府學生　詩
趙恩　歸德州學生　書
王勉　羅山縣學生　春秋
鄭哲　封丘縣學生　書
張璁　祥符縣學生　詩
李端澄　懷慶府學生　禮記
賈定　通許縣學生　易
李良　固始縣學生　詩
姬能　封丘縣學生　書
王偉　開封府學生　詩
徐憲　彰德府學生　書
謝玉　光山縣學生　詩
張文佐　西平縣學生　春秋
宋守約　懷慶府學生　詩
王鯨　祥符縣學增廣生　禮記
楊琉　新鄉縣學生　詩
趙全　陜州學生　易
楊錬　靈寶縣學生　書
張泰　彰德府學生　詩
孫安　彰德府學生　書
李鐩　湯陰縣學生　詩
于宏　河南府學生　春秋
王守正　臨漳縣學生　詩
王訪　祥符縣學生　易

王鵬　祥符縣學增廣生　詩
陳灌　汝寧守禦千户所儒士　書
姚綸　汝州學生　禮記
楊林　汲縣學生　詩
曹文通　睢州學生　易
劉鵬　開封府學生　書
武尚信　磁州學生　詩
陳貴　汝寧府學生　春秋
李容　祥符縣學生　詩
劉禄　夏邑縣學生　書
張瀾　新安縣學生　詩
楊守性　光山縣儒士　禮記
楊瓚　原武縣學生　詩
杜學　登封縣學生　易
胡溥　湯陰縣學生　詩
程鋭　湯陰縣學生　書
熊紀　固始縣學生　春秋
紀傑　磁州學生　詩
李春　光山縣學生　易
高舉　魯山縣學生　詩
吕韶　汜水縣學生　書
陳志文　上蔡縣學生　詩
李政　葉縣學生　易
范浩　鞏縣學生　詩
王瓚　確山縣學生　禮記
常清　祥符縣學生　詩
潘哲　歸德州學生　書
藺琛　滎陽縣學生　詩
李鋭　歸德州學生　春秋
劉震　鈞州學生　書
李潑　開封府學生　詩
孫价　鄢陵縣學生　詩

李輔　太康縣學生　書
周宗　裕州學生　詩
張訓　汲縣人監生　易
柳聰　睢州學生　書
史記　汝州學生　禮記
柴雍　輝縣學生　書

是科監臨御史劉謙山西陽曲縣人癸酉貢士提調官左布政使王用江西泰和縣人右參議李清直隸上海縣人俱甲戌進士監試官按察使宋欽陝西乾州人乙丑進士副使陳選浙江臨海縣人庚辰進士選以提學副使監試舊無避嫌之例考試官進士陶元素應天府江寧縣人乃丙辰登第者至是三十六年矣猶爲進士未授官而膺聘主考未詳其故

成化十年甲午科解元張表　八十人

張表　鹿邑縣學生　書
李欽　内鄉縣人監生　詩
馬琇　羅山縣學生　春秋
鄭紀　中牟縣學生　易
王槐　固始縣學增廣生　禮記
傅相　考城縣學生　書
蘇椝　南陽縣學生　詩
郭賢　汝寧府學生　春秋
劉廷璽　光州學生　易
毛詩　葉縣學生　禮記
和暲　河陰縣學生　詩
韓琚　新安縣學生　易
帥鑒　懷慶衛人監生　書
任繼祖　項城縣學生　詩
劉鉞　息縣學生　書
高鑒　信陽縣學生　詩
張溥　河南府學生　易

孫驥　夏邑縣學生　書
張玉　陜州學生　詩
尚信　鈞州學生　書
滕進　汝州學生　詩
趙時中　羅山縣學生　春秋
毛鳳來　汝寧府學生　書
常遵　蘭陽縣學生　詩
李海　開封府學生　禮記
李希哲　鄭州學生　詩
張瀚　南陽府學生　易
李鼎　郟縣學生　書
萬稷　祥符縣學增廣生　詩
康厚　祥符縣學增廣生　書
李暹　輝縣學生　詩
劉廷瓚　光州學增廣生　易
葉永蕃　信陽縣學生　春秋
周仁　上蔡縣學生　詩
陳仲成　裕州學生　書
劉璟　鄢陵縣學生　詩
昝鳳翔　郟縣學生　書
范鞏　汲縣學生　禮記
楊福　安陽縣學生　詩
張聰　裕州學生　書
劉楫　密縣學生　詩
范英　虞城縣學生　易
孫清　陜州學生　詩
王廷章　杞縣學生　書
王珏　胙城縣學生　詩
賈盛　胙城縣學生　書
畢孝　河南衛儒士　詩
黄祥　羅山縣學生　春秋
閻敬　汝州學生　詩

席鑒　睢州學生　書
戚慶　西平縣學生　詩
石山　裕州學生　易
劉淳　通許縣學生　詩
高璡　封丘縣學生　書
范忠　懷慶府學生　詩
鄭瓚　光州學生　禮記
張弼　鄢陵縣學生　詩
楊元方　汝寧府學生　書
齊班　固始縣學生　詩
車明理　長葛縣學生　易
李啓　杞縣學生　詩
竇祥　鞏縣學生　書
蔡鐸　開封府學生　詩
徐政　光山縣學生　春秋
劉忠　陳留縣儒士　詩
孫瓚　汝州學生　書
盛奎　襄城縣學生　詩
元守直　湯陰縣學生　書
楊璡　祥符縣學生　詩
金梁　夏邑縣學生　易
袁友　永城縣學生　詩
胡瑄　内鄉縣人監生　禮記
馮鎬　信陽縣學生　詩
閻煒　鹿邑縣學生　書
鄭源　許州學生　詩
嚴威　羅山縣學生　春秋
常經　蘭陽縣學生　詩
馬昂　陳州學生　易
李海　魯山縣學生　書
岳思忠　儀封縣學生　詩

是科監臨御史甄希賢陝西麟游縣人丙戌進士提調監試各一員提調官左布政使楊浩山東濟寧州人甲子貢士監試官按察使何喬新江西廣昌縣人甲戌進士

成化十三年丁酉科解元李源　八十人

李源　開封府學生　□
張守和　沔池縣學生　□
侯明　河南府學生　易
王瑞鳳　靈寶縣學生　春秋
吴道寧　懷慶府學生　禮記
武定　彰德府學生　詩
丘珙　開封府學生　書
顔景　息縣學生　春秋
王相　商水縣學生　易
趙進　郾城縣學生　禮記
楚荆瑞　滎陽縣學生　詩
郭綬　新鄭縣學生　書
彭紹　靈寶縣學生　易
楊復初　潁川衛武生　詩
鄭珏　歸德州學生　書
朱裕　泌陽縣學生　春秋
張日升　項城縣學生　詩
楊璲　開封府學增廣生　禮記
柴昇　南陽府學生　書
沈瀚　虞城縣學生　詩
劉永淮　裕州學生　易
許亨　汝州學生　書
陰縉　滎陽縣學生　易
陳鳳　光山縣學增廣生　春秋
張賢　開封府學生　□
沙璧　商城縣學生　□

孫譽　臨潁縣學生　禮記
謝鵬　衛輝守禦千户所人監生　詩
王時敩　永寧縣學生　書
賈通　蘭陽縣學生　易
路談　懷慶府學生　詩
李曦　安陽縣學生　書
吴廷貴　濟源縣學生　詩
高尚禮　祥符縣學生　書
李守經　汝陽縣學生　春秋
段紳　蘭陽縣學生　易
曹鳳　新蔡縣學生　詩
王良臣　陳州學生　書
馬輅　陳留縣學生　詩
李鳳　郾城縣學增廣生　禮記
朱洽　蘭陽縣學生　詩
張時懋　鈞州學生　書
李文泰　輝縣學生　詩
吴道寧　汝寧府學生　易
張漢　歸德州學生　詩
馮誨　衛輝府學生　書
李澄　西華縣學生　詩
李德敏　祥符縣學生　書
史簡　河南府學生　□
李環　祥符縣學生　□
李珉　襄城縣學生　書
杜純　襄城縣學生　詩
王礦　鄧州人監生　書
孫信　信陽州學生　春秋
張崇　偃師縣學生　詩
常新　襄城縣學生　禮記
嚴紹祖　歸德州學生　書
盛茂　汝寧府學生　易

高需　商水縣學生　詩
賈錠　彰德府學生　書
賈時　歸德州宫生　詩
時中　通許縣學生　易
郭堅　彰德府學生　書
喻仁　汝寧府學生　春秋
崔溱　襄城縣學生　詩
田滋　遂平縣學生　書
張恒　河南府學生　易
張璨　陳留縣學生　詩
程綸　嵩縣學生　書
尚縉　睢州學生　禮記
王璉　西華縣學生　詩
甯閲　湯陰縣學增廣生　易
劉綜　扶溝縣學生　□
連紋　鄭州學生　□
劉用章　許州學生　春秋
李遜學　上蔡縣學生　詩
王璋　鈞州人監生　書
馮顯　滎澤縣學生　易
張瑜　鄢陵縣學生　詩
馮鼐　光山縣學增廣生　詩

是科監臨御史曹宏應天府句容縣人甲申進士提調官左參政沈敬浙江錢塘縣人戊辰進士左參議蔡誌順天府大興縣人丁丑進士監試官副使王璘江西廬陵縣人甲戌進士僉事吴伯通四川廣安州人甲申進士鄉試録前序云副使陳選職專學政又能以身爲教而師帥之自來試録序無有如此稱提學者蓋以其實勝也故人亦莫得而議焉是科鄉試録五經義各刊三篇前後科皆各刊二篇

成化十六年庚子科解元陰纓　八十人

陰纓　滎陽縣學生　書
徐木　杞縣學增廣生　易
賈晶　歸德州學生　詩
程文　確山縣學生　春秋
馬龍　陽武縣學生　禮記
劉洋　上蔡縣學生　詩
張儀鳳　尉氏縣學生　□
李瑋　南陽府學生　□
胡瑞　内鄉縣學生　禮記
王翔　彰德府學生　詩
安庠　儀封縣學生　春秋
王廷瑞　杞縣學增廣生　詩
劉鑒　蘭陽縣學生　書
尚賓　衛輝府學生　詩
路宗　彰德府學生　書
游璋　汝寧府學生　詩
蔣忠　歸德州學生　書
楊蔚　睢州人監生　禮記
李高　虞城縣學生　詩
張文　河南府學生　易
馬圖　林縣學生　詩
蘇遠　歸德州學生　書
紀經綸　蘭陽縣學生　春秋
王永　陳留縣學生　詩
曹文道　睢州學增廣生　易
張雲霄　河南府學生　詩
聶珂　扶溝縣學生　書
李倫　陳州學增廣生　詩
任倫　睢州學生　禮記
成憲　光州學生　書
李蓉　安陽縣學增廣生　□

張瑶　汝寧府學生　□
劉淮　開封府學生　書
田墀　祥符縣學生　詩
陳暐　衛輝府學生　易
林洪道　祥符縣學軍生　詩
李鎰　祥符縣學增廣生　書
劉弼　安陽縣學生　詩
楊純　開封府學生　書
王愷　固始縣學生　詩
李時清　歸德州學生　書
王琄　光州學生　禮記
高惟貞　偃師縣學生　易
馬昇　上蔡縣學生　詩
于宣　西平縣學生　春秋
張汝寬　河内縣學生　詩
白汝舟　開封府學生　書
張遇　項城縣學生　詩
禹凱　汜水縣學生　易
徐士彬　鈞州學生　書
盧鍇　蘭陽縣學生　詩
盧琮　開封府學生　易
亢憲　宜陽縣學生　詩
劉湘　延津縣學生　書
劉道立　杞縣學增廣生　□
劉仲綱　羅山縣學生　□
李奇　光山縣學增廣生　禮記
郭廷珪　儀封縣學生　詩
王良佐　淇縣學生　書
楊寅　磁州學生　詩
嚴恭　光山縣學生　易
孫良　祥符縣學增廣生　詩
陸宜春　嵩縣學生　書

李綬　鄢陵縣學生　詩
韓玉　通許縣學生　詩
黃元澤　息縣學生　易
李振綱　封丘縣學生　書
凌景　河南府學生　詩
鄧鉞　睢州學生　書
賈欽　魯山縣學生　詩
王嵩　武陟縣學生　易
郭緒　太康縣學生　書
錢貫　衛輝府學生　詩
李定　襄城縣學生　書
王邦用　祥符縣學生　禮記
衛永昌　寶豐縣學生　易
馬文輝　鄭州學生　春秋
馮祥　新蔡縣學生　詩
王文□　裕州學生　□
賈昶　開封府學生　□

是科監臨御史王浩應天府上元縣人丙戌進士提調官左参政閻鐸陝西興平縣人辛未進士右参政吴節四川眉州人甲戌進士監試官按察使陳相浙江金華縣人庚辰進士副使胡謐浙江會稽縣人丁丑進士

成化十九年癸卯科解元王鴻儒　八十人

王鴻儒　南陽府學生　書
張冲　潁川衛軍生　易
閻行恕　汝州學生　詩
吴浩　西平縣學生　春秋
許詔　靈寶縣學生　禮記
辛哲　陝州學生　詩
王諮　開封府學生　易
王冕　開封府學生　書

史舉　儀封縣學生　詩
劉淮　羅山縣學生　春秋
李盛　磁州學生　書
孫經　湯陰縣學生　易
任鑒　臨潁縣學生　禮記
李凱　洛陽縣學生　詩
黄志憲　夏邑縣學生　易
方德懋　封丘縣學生　書
李宇　磁州學生　□
榮節　遂平縣學生　□
李葵　潁川衛軍生　詩
單教　陽武縣學生　易
丁幹　汝寧府學生　詩
路漢　歸德州學生　書
楊經　夏邑縣學生　詩
劉相　郟縣學生　書
楊璉　河南布政司吏　詩
張什　新蔡縣學生　詩
戴浩　襄城縣學增廣生　詩
張時清　彰德府學生　書
劉時禎　陳州學生　詩
史載德　新鄭縣學生　書
郭檄　脩武縣學生　易
吾應麒　汝陽縣學生　春秋
王緯　祥符縣學生　詩
張守亨　潁川衛軍生　詩
楊惠　伊陽縣學生　易
喻嶽　光州學生　詩
王綰　鄢陵縣學生　詩
王洪　原武縣學生　春秋
劉江　汝州學生　禮記
張朴　磁州學生　詩

張雲鵬　睢州學生　易
馮瑄　襄城縣學生　書
房預　汝寧府學生　詩
丁順　許州學生　詩
謝廷璡　商城縣學生　春秋
尚鸞　儀封縣學生　詩
翟銘　魯山縣學生　書
晏紳　光州學生　易
王鑾　襄城縣學增廣生　詩
嚴蘭　扶溝縣學生　書
陳璽　開封府學生　春秋
張恕　胙城縣學生　詩
董能　安陽縣學生　書
劉淮　陳留縣學生　易
劉文　彰德府學生　詩
劉一清　陳州學生　書
張珍　河南府學生　易
黄得成　郾城縣學生　禮記
郭秀　湯陰縣學生　詩
樊鉞　襄城縣學生　書
豐儉　洛陽縣學增廣生　易
楊潤　祥符縣學生　詩
趙希魁　儀封縣學增廣生　詩
胡振遠　鄧州人監生　書
張克恭　磁州學軍生　禮記
李珠　光山縣學生　易
徐與初　光州學生　春秋
朱智　滎澤縣學生　易
劉珮　鄢陵縣學生　詩
游汝昌　通許縣學生　書
李槐　鄧州學生　禮記
李舉　汝寧府學增廣生　書

范學　扶溝縣學生　詩
杜縉　河南府學生　易
諶銘　鄧州學生　春秋
曹聰　柘城縣學生　詩
周全　彰德府學生　書
劉文宗　汝州學生　禮記
邊溥　鈞州學生　書
劉廷壁　汝陽縣人監生　詩

是科監臨御史戴中江西新淦縣人丙戌進士提調官仍爲吴節蔡誌吴已遷左布政使蔡已遷右參政矣監試官按察使葉淇直隸山陽縣人甲戌進士僉事朱漢江西高安縣人丙戌進士是科第二十五名楊璉河南布政司吏

成化二十二年丙午科解元羅玹　八十人

羅玹　扶溝縣學生　書
梁錦　臨潁縣學生　詩
閻肅　歸德州學生　易
王鑿　確山縣學生　禮記
高惠　鎮平縣學生　春秋
侯俸　儀封縣學生　詩
沈潮　歸德州學生　書
張景純　南陽府學生　易
强晟　汝寧府學生　詩
官仲魁　光山縣學增廣生　禮記
張瑞　羅山縣學生　春秋
李寅　裕州學生　詩
陳理　睢州學生　書
吴仲金　新鄉縣學生　易
陳雲逵　陝州學生　詩
王寶　開封府學生　書

周尚文　永城縣學生　詩
時相　開封府學生　易
劉宗尹　裕州學生　書
王文瑶　陜州學生　詩
宋琉　光州學生　易
李英　洧川縣學生　書
符章　新鄭縣學生　詩
趙珍　臨潁縣學生　禮記
何銑　靈寶縣學生　詩
郭聰　磁州學生　書
高達　扶溝縣學生　詩
武□　偃師縣學生　易
盛鵬　襄城縣學生　詩
劉彝　羅山縣學生　春秋
王幖　汝州學生　詩
張轂　舞陽縣學生　書
李禄　湯陰縣學生　詩
尚繻　睢州學生　禮記
劉瑄　許州學生　詩
宋時儒　武陟縣學生　易
何景韶　信陽州學生　書
牛宣　汝寧府學生　詩
劉大鉉　孟縣學生　易
邊寅　杞縣學生　詩
安岩　睢州學生　書
曹宗璉　鄭州學生　詩
張珍　光州學生　易
蔡宇　開封府學增廣生　詩
汪景芳　陜州學生　書
劉輔　安陽縣學生　詩
顧雲　太康縣學生　禮記
宋珣　延津縣學生　書

嚴玘　陳州學生　易
高魁　新鄭縣學生　詩
郭洪　新鄉縣學生　書
徐永　鈞州學生　詩
韓進　通許縣學生　易
張轀　睢州學生　書
周爵　固始縣學生　春秋
李全　扶溝縣學生　詩
魯信　襄城縣學生　書
蘇玹　懷慶府學生　詩
莊宗錫　南陽府學生　易
戴儉　祥符縣學生　詩
冉鼎　中牟縣學生　書
李志賢　祥符縣學生　詩
馮進　河南府學生　易
氈壐　宜陽縣學生　詩
段錦　舞陽縣學生　書
林洪博　祥符縣學增廣生　詩
李廷直　盧氏縣學生　書
田耘　祥符縣學生　詩
楊守清　光山縣學生　禮記
喬恕　寧陵縣學生　詩
王寶　陽武縣學生　春秋
余欽　汝寧府學增廣生　易
蕭聰　新野縣學生　書
楊潤　儀封縣學生　詩
金聲　光山縣學生　書
王紀　濟源縣學生　詩
秦環　開封府學生　易
戴鑾　沔池縣學生　詩
靄霞　唐縣學生　書
申高　葉縣學生　易

是科監臨御史謝綱湖廣巴陵縣人己丑進士提調官復用左布政使吴節左參政徐恪直隸常熟縣人丙戌進士監試官按察使劉珂江西安福縣人甲戌進士僉事高銓直隸江都縣人己丑進士

弘治二年己酉科解元賈咏　八十人

賈咏　臨潁縣學生　詩
金山　夏邑縣學生　易
劉湜　太康縣學生　書
李玭　南陽府學生　春秋
辛璋　陜州學生　禮記
顧臣　汲縣學生　詩
胡蘭　泌陽縣學生　易
陳玉　衛輝府學生　書
李宗仁　儀封縣學生　詩
翟銓　洛陽縣儒士　春秋
張繼　汲縣學生　詩
岳勉恕　祥符縣學生　易
王潤　臨潁縣學生　禮記
李光翰　新鄉縣學生　詩
李宜泰　開封府學生　書
王進賢　鄧州學生　詩
周道　鞏縣學生　易
杜宏　臨潁縣學生　書
楊懷　鄭州學生　詩
李序　光山縣學生　書
許廷弼　蘭陽縣學增廣生　詩
徐有　羅山縣學生　春秋
魏訥　鄢陵縣學增廣生　易
谷鍾仁　臨潁縣學生　詩
歐陽周　密縣學生　書
王希賢　開封府學生　詩

馬瑀　信陽州學生　易
汪壁　商城縣學生　詩
賀永福　光州學生　禮記
王汝清　中牟縣學生　書
郭郁　新鄉縣學生　詩
賈忠　獲嘉縣學生　易
胡璋　彰德府學生　詩
崔繼學　滎陽縣學增廣生　書
孫廉　河内縣學生　詩
劉瀾　開封府學生　易
閻魁　許州學生　春秋
張文淵　通許縣學生　詩
甯聞　湯陰縣學生　書
史緒　偃師縣學生　詩
韓暹　通許縣學生　易
陳蒼　泌陽縣學生　書
徐注　陳州學生　詩
鄭倫　寧陵縣學生　書
顧霖　太康縣學生　禮記
牛瀛　汝州學生　詩
張恕　河南府學生　易
曹昂　衛輝府學生　詩
張翰　洛陽縣學生　書
李頎　考城縣學生　詩
劉東　洛陽縣學增廣生　易
張奇　光州學生　書
袁永年　中牟縣學生　春秋
王希夔　盧氏縣學生　詩
熊紀　南陽府學生　書
李情　靈寶縣學生　詩
張奎　裕州學生　易
尹信　陳留縣學生　詩

閻爵　鹿邑縣學生　書
吴英　陽武縣學生　禮記
高環　襄城縣學生　詩
李拱　濟源縣學生　易
趙威　洧川縣學生　詩
陳進　杞縣學生　書
姜鵬　息縣學生　詩
鄧琦　河南府學增廣生　易
周璛　延津縣學生　書
李彦成　磁州學生　詩
吴九成　襄城縣學生　書
閻傑　内鄉縣學生　詩
李隆　河南府學生　易
張賢　睢州學生　春秋
劉儒　鈞州學生　書
哈佐　光州學生　詩
陳璋　睢州學生　書
趙琨　永城縣學生　詩
張激　衛輝府學生　易
楊同　新鄭縣學生　書
張文　獲嘉縣學生　禮記
熊驂　固始縣學生　詩

是科監臨御史文貴廣寧左屯衛人乙未進士提調官仍用徐恪時遷左布政使矣右布政使王宗彝直隸束鹿縣人丙戌進士監試官按察使張文昭山東平山衛人甲申進士副使傅希説山東武城縣人丙戌進士

弘治五年壬子科解元崔文　八十人

崔文　臨潁縣學生　書
張儒　汝寧府學增廣生　禮記
許庭光　河陰縣學生　詩

張禄　衛輝府學生　易
朱經　羅山縣學增廣生　春秋
孫綬　鄭州學生　書
高璿　襄城縣學增廣生　詩
任高　裕州學生　易
丘曙　蘭陽縣學生　書
張澄　洛陽縣學生　詩
王文華　武安縣學增廣生　禮記
楊景星　光山縣學增廣生　春秋
解理　臨潁縣學生　詩
陳鎣　閿鄉縣學生　易
李需　衛輝府學生　詩
徐朝元　衛輝府學生　書
史纓　祥符縣學增廣生　易
李廷光　靈寶縣學生　詩
戚綸　新鄉縣學生　書
田易　開封府學生　詩
尚侃　羅山縣學增廣生　春秋
張恂　滎陽縣學生　易
劉瑞　衛輝府學生　詩
萬貝　太康縣學生　書
王璽　虞城縣學生　詩
史倫　武陟縣學生　易
齊雲　新野縣學生　詩
張錦　睢州學生　禮記
李文敏　汲縣學生　書
徐拱元　衛輝府學生　詩
楊鉞　桐柏縣學生　易
趙景鸞　臨潁縣學生　詩
梅寧　歸德州學官生　書
郜崧　登封縣學生　詩
董華　確山縣學生　易

湯良　羅山縣學生　春秋
王懋　封丘縣學增廣生　詩
張維　陳州學生　書
袁震　開封府學生　詩
陳傑　光山縣學生　易
袁昂　魯山縣學生　書
朱錦　新鄉縣學增廣生　詩
何惟洪　開封府學生　書
李紳　内鄉縣學生　禮記
王靚　涉縣學生　詩
薛宗德　懷慶府學生　易
武鉞　蘭陽縣學生　詩
王時□　鈞州學生　書
馮肅　光山縣學生　詩
解經　河南府學生　易
楊瑀　靈寶縣學生　書
謝珍　息縣學生　春秋
丁焕　商城縣學生　詩
傅民極　鄭州學生　書
馬文　陝州學生　詩
陳義　確山縣學生　易
李鉞　祥符縣學生　詩
張翰　中牟縣學生　書
彭興　盧氏縣學生　禮記
朱麟　彰德府學生　詩
劉志道　陳留縣學增廣生　易
孫麒　襄城縣學生　詩
劉遜　鞏縣學生　書
段珍　鄭州學生　詩
胡永芳　汝寧府學增廣生　易
辛冪　陝州學生　書
楊黟　商城縣學生　詩

張鋭　鞏縣學生　書
鄭興　上蔡縣學生　詩
王繼禄　河南府學生　易
余用　羅山縣學生　春秋
李昂　鄧州學生　書
馮迪　太康縣學生　詩
袁冲　蘭陽縣學增廣生　書
潘鐸　新鄉縣學生　詩
史瑭　偃師縣學生　易
徐繡　舞陽縣學生　書
趙珣　蘭陽縣學生　詩
陳惘　陝州學生　禮記
周朱　西華縣學生　詩

是科監臨御史王槐山西陽曲縣人辛丑進士提調官左布政使孫仁江西新淦縣人己丑進士右布政使陸淵之浙江上虞縣人丙戌進士監試官副使吴雄浙江仁和縣人戊戌進士鄧庠湖廣宜章縣人壬辰進士

弘治八年乙卯科解元李鑾　八十人

李鑾　南陽府學生　書
李茂元　祥符縣學增廣生　易
郝綰　懷慶府學生　詩
胡止　羅山縣學增廣生　春秋
許讃　靈寶縣學生　禮記
楊惟康　靈寶縣學生　書
張原明　儀封縣學生　詩
路直　河南府學生　易
連世禄　鄭州學生　書
吴昂　洛陽縣學增廣生　詩
申環　洛陽縣學生　易
王翊　許州學生　書

馬卿　林縣學生　詩
楊鵾　商城縣學生　春秋
彭滋　商城縣學生　詩
孟大通　洛陽縣學生　易
蕭惟翰　光州學生　書
張士隆　安陽縣學生　詩
許誥　靈寶縣學生　禮記
張道　陽武縣學生　易
曹來旬　鄭州學生　詩
韋春　太康縣學生　書
夏瑭　鄢陵縣學生　詩
李希濂　河南府學增廣生　易
吴尚志　開封府學生　書
袁道　寶豐縣學生　詩
楊廷芝　舞陽縣學生　書
畢宗厚　河南府學生　易
李應辰　儀封縣學生　詩
阮吉　衛輝府學生　禮記
何鉽　靈寶縣學生　詩
馬龍　衛輝府學生　書
皮正　商城縣學生　詩
孫鳳　洛陽縣學增廣生　易
任昂　項城縣學生　詩
田洫　寶豐縣學生　書
袁岱　開封府學增廣生　詩
任賢　裕州學生　易
王璧　商城縣學生　詩
常惠　彰德府學生　書
梁榘　柘城縣學生　詩
宋汝澄　武陟縣學生　易
王廡　太康縣學生　書
朱僊　杞縣學生　詩

賈昌　祥符縣學增廣生　書
李進　獲嘉縣學生　易
李滿　湯陰縣學增廣生　詩
苗雲　彰德府學生　書
許諫　洛陽縣學增廣生　詩
翟瑚　河南府學生　易
謝瓊　商城縣學生　春秋
雷雯　上蔡縣學生　詩
靳章　衛輝府學生　書
李紳　陝州學生　詩
王尚絅　郟縣儒士　禮記
趙聰　衛輝府學生　易
張瀾　洛陽縣學增廣生　書
安仁　太康縣學生　書
陳英　衛輝府學生　詩
夏古淵　西平縣學生　春秋
孫贇　杞縣學增廣生　詩
陳素　靈寶縣學生　書
何延吉　靈寶縣學增廣生　詩
秦泰　河南府學軍生　易
王宣　内鄉縣學生　詩
韓澤　泌陽縣學生　書
李志學　通許縣學生　詩
張文琳　陝州學生　易
陳標　汝陽縣學生　詩
張雲　信陽州學生　禮記
楊澤　儀封縣學生　詩
李顯　泌陽縣學生　書
梁嶽　裕州學生　易
和春　開封府學增廣生　詩
徐冒　彰德府學生　書
范金　武陟縣學增廣生　易

趙瑢　宜陽縣學生　詩
王廷相　儀封縣學增廣生　詩
李開　河陰縣學生　書
彭洪　信陽州學生　詩

是科監臨御史陸完直隸長洲縣人丁未進士提調官左布政使高銓銓前成化丙午以僉事監試至是兩事場屋矣右參政王珣山東曹縣人己丑進士監試官按察使李鏡江西弋陽縣人己丑進士副使鄧庠即上科監試者再典其事

弘治十一年戊午科解元李東熙　八十人

李東熙　儀封縣學生　詩
宋汝濂　武陟縣學生　易
何景明　信陽州儒士　書
王光　陽武縣學生　禮記
袁鎔　信陽州學增廣生　春秋
杜昌　祥符縣學增廣生　詩
李希夔　彰德府學生　書
閻禮　河南府學生　易
何景暘　信陽州學生　書
張希宗　通許縣學生　易
陰盈　汝寧府學生　詩
高節　睢州學生　禮記
鄧興仁　河南府學增廣生　易
朱崇學　懷慶府學生　詩
戴誼　信陽州學生　書
邢良　汝陽縣學生　詩
郭禎　陝州學生　書
桑蓁　原武縣學生　詩
李天叙　河南府學生　易
張珌　羅山縣學生　春秋

李雄　開封府學生　書
倪琰　開封府學生　詩
蔡天祐　睢州學增廣生　易
劉奎　寶豐縣學生　詩
邵鵬　開封府學生　書
謝在　南陽縣學增廣生　詩
張磊　洛陽縣學軍生　易
盛琛　商城縣學生　春秋
宋□　延津縣學生　書
李應禎　儀封縣學增廣生　詩
賈希周　開封府學增廣生　易
李霆　衛輝府學生　詩
張鑾　彰德府學增廣生　書
安邦　汝寧府學生　詩
劉節　信陽州學生　禮記
曹進善　柘城縣學生　詩
馬圖　衛輝府學生　書
張衍瑞　汲縣學生　詩
高惟賢　偃師縣學生　易
王徹　商水縣學生　書
師存智　太康縣學生　詩
劉仁　鈞州學生　禮記
田汝耔　開封府學增廣生　詩
黄宣　湯陰縣學生　易
胡冲霄　光州學生　詩
徐昌　彰德府學增廣生　書
徐環　羅山縣學生　春秋
黄廷珍　杞縣學生　詩
俞鼎　河南府學增廣生　易
牛佐　固始縣學生　詩
王希孟　汲縣學生　書
蔡銓　開封府學生　詩

劉璨　懷慶府學生　易
閻茂　河南府學增廣生　詩
趙文鳳　開封府學生　書
侯錫　儀封縣學生　詩

是科監臨御史李瀚山西沁水縣人辛丑進士提調官仍爲王珣右布政使徐鏞湖廣興國州人己丑進士監試官仍爲鄧庠時遷按察使凡三事場屋矣副使張鼐山東歷城縣人乙未進士是年御史瀚以舊貢院湫隘始議拓新之七月落成八月遂試士事見劉文靖公健撰重修貢院記及楊邃菴撰貢院題名記蓋貢院凡三遷而定于藩司巨盈庫餘地至是規模始宏敞完備云

弘治十四年辛酉科解元何瑭　八十人

何瑭　河内縣學生　詩
李昇　鈞州學生　書
鄭選　光州學生　易
朱琰　固始縣學生　春秋
許汝進　睢州學生　禮記
李緋　固始縣學生　詩
焦鵬　河南府學生　易
姚諒　開封府學生　書
盧盤　汝寧府學生　禮記
吴道純　信陽州學生　春秋
張伊　汝寧府學生　詩
馮世昌　獲嘉縣學生　書
馮澤　儀封縣學生　詩
喬木　新野縣學生　易
李鉉　蘭陽縣學生　詩
藺珮　陽武縣學生　書
馬鑛　信陽州學生　易
李漇　許州學生　詩
張沂　南陽府學生　書

李勛　葉縣學生　易
吴魯　固始縣學增廣生　詩
安廉　鈞州學生　春秋
孟洋　信陽州學附學生　書
翟賢　陳留縣學生　詩
孔慶　宜陽縣學生　易
徐嵩　鈞州學生　書
陶倖　開封府學生　詩
張澤　安陽縣學生　書
柴郁　孟縣學生　禮記
方富　内鄉縣學生　詩
王傑　脩武縣學生　易
何玠　開封府學生　書
郭鏡　磁州學生　詩
馬録　信陽州學生　易
藺澤　汝寧府學增廣生　書
張大威　布政司候缺吏　詩
韓宣　湯陰縣學生　易
崔遇　鞏縣學生　詩
張璿　羅山縣學生　春秋
萬玘　歸德州學生　詩
李教　洛陽縣學生　書
王友　確山縣學生　詩
彭公溥　靈寶縣學生　易
馬舫　西華縣學生　詩
宋誼　洛陽縣學增廣生　易
楊來鳳　洛陽縣學生　詩
袁澤　原武縣學生　書
喬儀　襄城縣學生　詩
劉國翰　睢州學生　禮記
李時用　衛輝府學生　詩
任祐　南陽縣學生　書

底藴　考城縣學生　詩
袁昆　魯山縣學生　易
崔景山　考城縣學生　詩
梁緒　新鄉縣學生　易
杜雄　永寧縣學生　詩
毛鳳翱　西平縣學生　書
劉鳳儀　新鄉縣學生　詩
劉堅　鈞州學生　書
孔銓　太康縣學生　詩
李鵬　新蔡縣學生　春秋
胡瓚　信陽州附學生　詩
張秉彝　鄧州學生　易
鄭繼宗　鞏縣學生　詩
袁文光　鄭州學生　書
王金　臨潁縣學生　詩
陳瀾　武陟縣學生　易
崔冕　輝縣學生　詩
武信　蘭陽縣學增廣生　書
王相　光山縣學生　詩
李緯　鈞州學生　禮記
曾槐　商城縣學生　詩
馬瑾　淅川縣學生　易
楊昭　陝州學生　詩
趙瀾　脩武縣學生　書
李鑾　汝寧府學生　詩
李廷俊　鄭州學生　易
趙彦璋　靈寶縣學生　詩
郭珍　宜陽縣學生　易
劉宗敬　懷慶府學生　詩

是科監臨御史羅賢山西清源縣人庚戌進士提調官左布政使李進山西曲沃縣人己丑進士右布政使曹元大寧前衛人乙未進士監試官按察使

文貴僉事彭綱江西清江縣人俱乙未進士貴前己酉科監臨者也此後則有沁水李瀚弘治戊午監臨甲子以副使監試餘姚陳克宅嘉靖乙酉監臨辛卯以按察使監試皆與貴同云是年第三十六名張大威布政司候缺吏附學生中試自是科始

弘治十七年甲子科解元王鴻漸　八十人

王鴻漸　南陽府學生　書
張啓　中牟縣學生　易
熊遇　汝寧府學生　詩
朱冠　固始縣學增廣生　春秋
王卿　陜州學軍生　禮記
胡湘　内鄉縣學增廣生　易
聶鉛　杞縣學生　詩
宋思明　汜水縣學生　書
李泰　開封府學生　易
黄鍾　商城縣學生　詩
董弼　鈞州學生　書
胡嵩　光山縣學生　春秋
潘中矩　沔池縣學生　詩
衛桓　葉縣學生　易
汪鑾　陜州學生　禮記
李坤　中牟縣學生　書
胡禎　汝寧府學生　詩
馬瀾　脩武縣學生　易
范師曾　衛輝府學生　書
劉司直　汝寧府學生　詩
馬希仁　鈞州學生　書
陳鏜　泌陽縣學生　易
王璇　蘭陽縣學增廣生　詩
邢惠　舞陽縣學生　書
申弘　延津縣學生　詩

薄廷輔　睢州學增廣生　春秋
劉茂　魯山縣學生　易
鞏釗　南召縣學生　詩
孟邦直　開封府學生　易
張衍慶　衛輝府學生　詩
張介　寶豐縣學生　書
劉時泰　杞縣學增廣生　詩
翟珊　河南府學生　易
蘇子實　汝寧府學生　詩
常景春　鄭州學生　書
劉時用　杞縣學增廣生　詩
劉淮　睢州學生　禮記
韓涇陽　西華縣學增廣生　詩
朱簡　光州學生　易
陳溥　鄢陵縣學增廣生　詩
馬睿　淇縣學生　書
秋允　汝寧府學生　詩
詹永　睢陽衛軍　易
裴堯服　新鄉縣學生　詩
董信　羅山縣學生　春秋
牛相　西華縣學生　詩
陸載　孟津縣學生　易
范廷儀　寧陵縣學生　詩
劉思恭　扶溝縣學增廣生　書
張鳳儀　太康縣學生　詩
楊璉　宜陽縣學生　禮記
易謨　固始縣學增廣生　詩
蔡賢　湯陰縣學生　書
劉悦　彰德府學生　詩
張瑶　通許縣學生　易
尚傑　湯陰縣學生　詩
常經　唐縣學生　書

焦希韓　泌陽縣學增廣生　詩
楊徽　河南府學生　易
王友直　温縣學生　詩
李睺　内鄉縣學生　春秋
高福　陳留縣學生　詩
蕭麟　新野縣學生　書
王璣　河内縣學生　易
孫璉　新蔡縣學生　詩
楊士魁　蘭陽縣學增廣生　書
鎖綸　永寧縣學生　詩
燕洧　蘭陽縣學增廣生　易
朱緯　祥符縣學生　禮記
蘇汝礪　湯陰縣學生　書
雷啓東　儀封縣學增廣生　詩
王庭　鄧州學生　易
胡福　陳留縣學生　詩
劉鳳儀　杞縣學生　書
婁志德　項城縣學生　詩
韓信　河内縣學生　易
李可登　輝縣學生　詩
谷高　開封府學生　書
王介　西華縣監生　詩

是科監臨御史陳策湖廣武陵縣人丁未進士提調官左布政使吴文度應天府江寧縣人壬辰進士歐信順天府薊州人甲辰進士監試官按察使顧源直隸長洲縣人辛丑進士其一則副使李瀚也是年解元王鴻漸前成化癸卯解元鴻儒之弟河南人兄弟俱登解元者惟南陽王氏云是年題准各省許聘京官一員爲主考惟浙江聘光禄寺少卿楊廉山東聘刑部主事王守仁而它省仍用教職云

正德二年丁卯科解元劉啓東　八十人

劉啓東　羅山縣學生　春秋
趙繼英　祥符縣學生　詩
李謨　鈞州學生　書
韓宗福　汝寧府學生　易
張傅　汝寧府學生　禮記
李獻　洛陽縣學生　詩
曹來聘　鄭州學生　書
王尚志　淅川縣學生　春秋
劉乾亨　河南府學增廣生　易
紀純　磁州學生　詩
何岩　扶溝縣學生　禮記
周棠　新鄭縣學生　書
方仕　固始縣學增廣生　詩
郭鳳翱　祥符縣儒士　易
邢城　臨潁縣學生　詩
吴江　睢州學生　書
張凌霄　裕州學生　易
熊榮　光山縣學增廣生　詩
郭鳳　蘭陽縣學生　書
侯宜正　河南府學生　易
許逵　固始縣學生　詩
魏謐　汝寧府學生　春秋
戴冠　信陽州學附學生　書
陳璟　汜水縣學生　詩
管世禄　河南府學生　易
時應璧　商水縣學生　書
王選　尉氏縣學生　詩
周欒　新鄭縣學生　書
馬希龍　鈞州學生　禮記
周汝勤　上蔡縣儒士　詩
黎良　河南府學增廣生　易

牛士元　唐縣學生　書
姚鳳　彰德府學生　詩
張經　南陽府學生　易
宋昌隆　裕州學增廣生　書
李文　宜陽縣學生　詩
李逢陽　光山縣學附學生　易
趙孜　汝寧府學生　詩
高自修　原武縣學生　春秋
王應禎　上蔡縣學生　詩
朱鸞　睢州學增廣生　書
李惠　祥符縣學生　詩
王騰　河南府學增廣生　易
孫昌　陜州學生　詩
柴士元　商水縣學生　易
張志道　蘭陽縣學生　詩
王道生　衛輝府學生　書
張漢卿　儀封縣學增廣生　詩
李愈　祥符縣學生　禮記
趙文奎　開封府學生　詩
劉棐　郟縣學生　書
陳紳　孟縣學生　詩
王俊　河南府學增廣生　易
張文魁　蘭陽縣學生　詩
胡瀚　内鄉縣學生　易
賈蘭　臨潁縣學生　詩
劉進學　襄城縣學增廣生　春秋
易訪　固始縣學附學生　詩
趙邦域　裕州學生　書
唐釗　汝寧府學生　詩
張昂　長葛縣學生　書
杜遇霖　開封府學增廣生　詩
陳以道　湯陰縣監生　易

谷鐘英　臨潁縣學生　詩
袁咨　蘭陽縣學生　書
王言　陝州學增廣生　禮記
董正　鄧州學增廣生　易
蔡翠　光州學生　詩
何純　光州學增廣生　春秋
余璣　固始縣學增廣生　詩
張進德　睢州學生　詩
孟宗孔　永城縣學生　易
王汝衡　鄭州學生　詩
許儒　靈寶縣監生　禮記
温琦　武安縣學生　書
楊魁　儀封縣學增廣生　詩
董和　洛陽縣學增廣生　易
朱良　夏邑縣學生　詩
孔孟富　汝寧府學生　詩
田璋　登封縣學生　易

是科監臨御史鄭陽直隸安肅縣人丙辰進士提調官左布政使張子麟直隸藁城縣人右布政使南鏜陝西商州人監試官按察使朱恩直隸華亭縣人俱甲辰進士僉事仲本直隸寶應縣人庚戌進士是年第二名趙繼英其曾祖欽以永樂庚子科祖淳以成化乙酉科至繼英凡三世俱第二名稱世亞元云

正德五年庚午科解元高尚賢　九十五人

高尚賢　新鄭縣學生　詩
林時　汝寧府學生　易
史筆　南陽府學生　書
任洛　鈞州學生　禮記
于守準　西平縣學生　春秋
陳萬言　汜水縣學生　詩
廖鎧　祥符縣人監生　易

尹璜　泌陽縣學生　書
王鼎　汝州學生　禮記
王瀾　西華縣學生　春秋
李士允　開封府學增廣生　詩
党以平　鈞州學生　書
王璣　杞縣學生　詩
劉謙亨　河南府學生　易
王景明　臨潁縣學生　詩
常隆　泌陽縣學生　書
梁綸　新鄉縣學生　易
蔡俸　開封府學生　詩
張仁　鈞州學生　書
白松　新野縣學生　易
郭五常　西平縣學生　詩
許伸　靈寶縣學生　禮記
馮應元　鄭州學生　書
葛覃　磁州學生　詩
楊旦　郾城縣學生　易
韓鎏　封丘縣學生　書
張朗　磁州學生　詩
陳江　許州學生　書
吕哲　羅山縣學增廣生　春秋
李恕　祥符縣學生　詩
劉校　郾城縣學生　易
彭岱　陳州學生　書
胡洲　潁川衛軍生　詩
丁璋　洛陽縣學生　易
陳大叙　衛輝府學增廣生　書
蘇民　滎陽縣學增廣生　詩
葛蘭　信陽州學生　易
曹珮　新蔡縣學生　詩
鄭交　汜水縣學增廣生　禮記

宋官　汜水縣學生　詩
李材　郟縣學生　書
蔡鳳翾　光山縣學生　詩
畢張　裕州學增廣生　易
黄永錫　蘭陽縣學生　詩
曹嘉　扶溝縣學附學生　易
劉訒　鄢陵縣學生　詩
王尚志　鈞州學生　書
何寬　杞縣學生　詩
鄭節　汝寧府學生　春秋
王昱　杞縣學增廣生　詩
連登　鄭州學生　書
馬紀　鈞州學生　詩
常經　洛陽縣學生　易
景仲光　偃師縣學生　詩
劉濟　夏邑縣學生　易
戴纓　衛輝府學生　詩
耿希顯　臨潁縣學生　禮記
張鵬　河内縣學生　詩
閻熙　衛輝府學生　書
管宗颜　蘭陽縣學生　詩
蘇漢　祥符縣學生　書
蘇文　南陽府學生　詩
李景蕃　汝寧府學生　易
杜昺　祥符縣學生　詩
李學　南陽府學生　書
彭祥　光山縣學增廣生　春秋
衛鈺　許州學生　易
任德　衛輝府學增廣生　詩
盧元愷　沈丘縣學生　禮記
易鴻　固始縣學增廣生　詩
牛鳳　葉縣學生　易

梁沂　臨潁縣學生　詩
董相　嵩縣學生　易
李世臣　儀封縣學附學生　詩
李達　安陽縣學生　書
孫宥　新蔡縣學生　詩
王致中　河南府學附學生　易
梁英　開封府學生　詩
趙繼勲　汝寧府學生　春秋
劉思信　虞城縣學生　詩
王潺　磁州學生　書
黄廷璽　尉氏縣學生　易
潘倣　洛陽縣學生　詩
强斌　南陽縣學生　易
駱奎　太康縣學生　書
潘倣　洛陽縣學增廣生　詩
薛瑭　河南府學生　易
吴守中　懷慶府學生　禮記
廉明　南陽府學生　詩
王良臣　衛輝府學生　易
李經　汝陽縣學生　春秋
馮興　西平縣人監生　詩
于宗堯　濟源縣學生　書
李淮　河南府學生　易
鄭越　開封府學生　書

是科監臨御史張麒錦衣衛籍乙丑進士提調官左布政使張勛直隸完縣人乙未進士右參議王冠陝西鳳翔縣人庚戌進士監試官按察使張禎山東平度州人辛丑進士僉事張璡山西澤州人丙辰進士是科解額之外增十五名共九十五名時逆瑾用事增陝西舉人至百名而北方省皆增有差後瑾誅仍復舊額已中十五人得不革云内第六名廖鎧乃鎮守太監堂家人鵬之子冒籍祥符以監生入試既登第而給事中陳鼎劾之遂除名

國朝河南舉人名録（四）

正德八年癸酉科解元李濂　八十人

李濂　開封府學生　書
李茂元　河南府學生　詩
吴瀚　洛陽縣學生　易
張景　汝寧府學生　春秋
尹倫　汝州學生　禮記
車富　開封府學生　易
杜桐　臨潁縣學增廣生　詩
田滋　開封府學生　書
李汝梅　上蔡縣學生　詩
鄭重　固始縣学增廣生　春秋
車寵　開封府學生　易
谷鍾麟　臨潁縣學生　詩
王前　鈞州學生　禮記
耿瑶　盧氏縣學生　書
郭鍾秀　汝寧府學生　詩
張鳳翼　裕州學生　易
邊彦駱　杞縣學生　詩
李紳　祥符縣學附學生　書
王邦瑞　河南府學附學生　易
王迴　尉氏縣學生　詩
李金　原武縣學生　書
藍瑞　鄧州學生　易
張儒　南陽府學生　詩
劉可　羅山縣學生　春秋
羅玶　扶溝縣學生　書

賈□淮　臨潁縣學生　詩
高義　葉縣學生　易
朱錦　信陽州學生　詩
張榮　祥符縣學生　書
賈虆　臨潁縣學增廣生　詩
白清　靈寶縣學生　禮記
倪守仁　汝陽縣學增廣生　詩
陳情　河南府學附學生　易
楊世祥　汝陽縣學增廣生　書
王良輔　獲嘉縣學生　詩
吴瀛　洛陽縣學附學生　易
許經　彰德府學生　書
衛道　葉縣學生　詩
辛東山　河南府學生　易
張九陽　獲嘉縣學生　詩
陳師夔　光山縣學生　春秋
劉鳳岐　衛輝府學增廣生　詩
李正　鎮平縣學生　書
王泮　磁州學生　詩
于淳　河南府學增廣生　易
許濟時　杞縣學生　詩
袁冕　魯山縣學生　易
朱旒　信陽州學增廣生　詩
李璿　鈞州學生　書
王輔臣　陳留縣學生　詩
高鳳鳴　祥符縣學生　禮記
王湏　沈丘縣學生　詩
徐固　郾城縣學生　書
劉林　汝寧府學生　詩
吴鉞　光山縣學生　易
胡東魯　鄢陵縣監生　詩
曹彪　河南府學增廣生　易

畢伸　儀封縣學生　詩
魏河　羅山縣學增廣生　春秋
楚儒　滎陽縣學生　詩
張鍾　臨漳縣學生書
孫貴　汝陽縣學生　詩
王舜民　陳州學生　書
張國儒　鄧州學生　詩
張績　確山縣學生　易
魯教　羅山縣學生　詩
楊自勤　新鄭縣學生　書
張淵　信陽州學生　詩
劉萬　鄭州學生　易
彭危行　固始縣學附學生　詩
高士　臨潁縣學生禮記
孫懷綸　杞縣學附學生　詩
趙應式　郾城縣學生　易
張鶚信　陽州學增廣生　書
張相　汝陽縣學生　詩
張惟恕　汝寧府學增廣生　易
趙永亨　杞縣學生　詩
傅仰賢　洧川縣學生　書
谷遠　開封府學生　詩
何士　信陽州學生　書

是科監臨御史陸鰲直隸吴江縣人壬戌進士提調官左布政使楊子器浙江慈谿縣人丁未進士左參政何孟春湖廣郴州人監試官按察使陳璘山西陽曲縣人俱癸丑進士副使沙鵬直隸江都縣人己未進士是科五經魁皆登進士李濂甲戌科李茂元吴瀚尹倫俱辛巳科張景癸未科

正德十一年丙子科解元盧焕　八十人

盧焕　光山縣學附學生　易

温新　河南府學增廣生　詩
李天成　河南府學附學生　禮記
丁方　羅山縣學生　春秋
姚宗祀　衛輝府學生　書
王教　祥符縣學生　詩
王冕　河南府學生　易
杜柟　臨潁縣學生　詩
樊鵬　信陽州學增廣生　書
張嘉績　河陰縣學生　詩
鄭觀　光州學增廣生　易
左國璣　開封府學生　詩
翟鏡　河南府學附學生　易
劉希龍　衛輝府學生　詩
趙光　臨潁縣學生　禮記
傅夢弼　湯陰縣學生　書
田汝粠　開封府學增廣生　詩
劉瑩　信陽州學增廣生　春秋
王科　涉縣學生　詩
郭崇文　睢州學生　書
馬敭　上蔡縣學生　詩
楊濟　磁州學生　書
胡九功　尉氏縣學生　詩
劉璧　泌陽縣學生　易
莊文學　南陽府學生　詩
李僎　睢州學生　書
陳价　汝寧府學增廣生　詩
李尚年　陳州學生　易
甘澤　南陽縣學生　詩
黄綰　息縣學增廣生　春秋
馬國頁　儀封縣學增廣生　詩
周謐　鈞州學生　禮記
丁人　陳留縣學生　詩

李秉仁　寶豐縣學生　書
李廷璽開封府學增廣生　詩
郭應元　潁川衛軍生　易
丁昌平　杞縣學附學生　詩
陳相　河南府學增廣生　易
王表　彰德府學生　詩
朱可宗　南陽縣學生　書
王家士　光山縣學附學生　詩
李天倫　河南府學增廣生　禮記
薛汲　鈞州學生　詩
鍾恕　南陽縣學附學生　易
楊國卿　考城縣學生　詩
李調元　息縣學生　春秋
高襐　陳留縣學生　詩
劉良卿　新野縣學生　易
鈔秀　彰德府學生　書
熊爵　祥符縣普學生　詩
劉富　睢州學生　易
尼江　臨潁縣學生　詩
范安　懷慶府學生　易
李木　開封府學生　詩
張鯤　鈞州學增廣生　書
杜紹　扶溝縣學生　詩
鄭瑚　南陽縣學生　書
李聰　磁州學生　詩
張德　信陽州學生　易
王自　周湯陰縣學生　書
郝敨　睢州學生　禮記
杜鳳鳴　安陽縣學增廣生　詩
李玦　安陽縣學生　書
胡來庭　信陽州學附學生　詩
姚汝霖　襄城縣學生　書

王繼祖　襄城縣學附學生　詩
劉祚　信陽州學生　書
曾大吉　陳州學生　春秋
劉崇儒　通許縣學生　詩
杜永昌　河南府學附學生　易
桂祥　汝陽縣學生　詩
姚汝皋　襄城縣學生　書
吴潮　洛陽縣學生　易
王胤賢　中牟縣學生　詩
謝朝陽　郾城縣學生　書
諶良魁　鄧州學增廣生　易
吴本固　商城縣學增廣生　詩
燕國寶　蘭陽縣學生　易
賈敞　太康縣學生　書
陳樾　泌陽縣學生　易

是科監臨御史毛伯温江西吉水縣人戊辰進士提調官左布政使童瑞四川犍爲縣人庚戌進士右参政陳琳福建莆田縣人丙辰進士監試官副使鄺約廣東南海縣人壬戌進士僉事汪正湖廣麻城縣人己酉貢士自汪之後由鄉貢官藩臬者無復事場屋者矣

正德十四年己卯科解元蘇清　八十人

蘇清　開封府學生　書
鄭坤　光州學生　易
李汝楫　汝寧府學生　詩
許論　靈寶縣學生　禮記
方禄　羅山縣學生　春秋
焦希程　泌陽縣學附學生　易
饒秀　固始縣學增廣生　詩
張楫　南陽府學生　書
毛鴻之　衛輝府學增廣生　詩

王金章　睢州學生　禮記
孫應奎　河南府學生　易
李宸　開封府學生　詩
劉一經　羅山縣學生　春秋
王政　睢州學增廣生　書
陳鈞　祥符縣學生　詩
郭鳳儀　開封府學附學生　易
吴崇儒　光山縣學增廣生　詩
朱重光　鈞州學生　書
蔣堯賓　嵩縣學生　易
李福　彰德府學生　詩
李承恩　祥符縣學生　書
高叔嗣　祥符縣學增廣生　易
張芹　許州學生　詩
黄世隆　蘭陽縣學增廣生　春秋
周卿　延津縣學生　書
盛本謙　河南府增廣生　詩
朱鳳　陳州學生　易
吴傑　杞縣學附學生　詩
劉遵　南陽府學生　書
徐道存　儀封縣學增廣生　詩
郭重　武安縣學生　禮記
熊選　汝寧府學生　詩
蔡復元　河南府學附學生　易
李愚　開封府學增廣生　書
王誥　西平縣儒士　詩
史臣　通許縣學生　易
武重光　蘭陽縣學附學生　書
秦川　汝州學生　詩
朱篪　光州學生　易
姚志達　淅川縣儒士　詩
白旆　開封府學生　春秋

翟居仁　安陽縣學生　詩
陳界　泌陽縣學生　書
張治　潁川衛軍生　詩
張惟易　汝寧府學生　易
鄭德成　上蔡縣學生　詩
陳穀　信陽州學增廣生　易
陳官　商城縣學生　詩
李祥　安陽縣學生　書
余紳　汝陽縣學增廣生　詩
高拱辰　睢州學生　禮記
魯周　信陽州學生　詩
柳江　睢州學生　書
楊本仁　杞縣學增廣生　詩
李易　鎮平縣學生　易
胡浩　商城縣學生　詩
黄嘉緒　羅山縣學增廣生　易
王守訓　臨潁縣學增廣生　詩
楊真　考城縣學生　春秋
爼琚　磁州學生　詩
柳律　睢州學生　書
毛麟之　汲縣學生　詩
王豫　布政司候缺吏　書
彭存誠　郾城縣學生　詩
孫良輔　河南府學生　易
荆鸞　汝寧府學生　詩
郭伸　南陽府學生　書
閻鳳　汝州學增廣生　詩
陳師皋　光山縣學生　易
李維機　開封府學增廣生　詩
楊梅　陝州學生　禮記
李應春　河陰縣學生　詩
傅宗魯　尉氏縣學增廣生　易

張葵　潁川衛軍生　書
郭堅　鄧州學生　詩
李孔儀　開封府學生　易
曾光　商城縣學增廣生　詩
王卿　鈞州學生　書
李有隆　衛輝府學生　詩
蕭體元　新野縣儒士　書

是科監臨御史王以旂應天府江寧縣人辛未進士提調官左布政使李承勛湖廣嘉魚縣人左參政秦文浙江臨海縣人俱癸丑進士監試官副使陶照浙江秀水縣人庚戌進士王鏜營州中屯衛人乙丑進士是科第六十三名王豫布政司候缺吏

嘉靖元年壬午科解元王蓼旭　八十人

王蓼旭　開封府學生　詩
張元孝　汝寧府學生　春秋
傅明　弼泌陽縣學生　易
張晏　洛陽縣學生　書
馮時隆　湯陰縣　禮記
王琇　開封府學生　詩
温秀　河南府學增廣生　易
曹來賓　鄭州學生　書
郭寶　衛輝府學生　詩
胡淪　河南府學生　易
王納言　信陽州學生　詩
陳璣　郾城縣學生　書
戴玉　儀封縣學生　詩
孔泗　河南府學生　易
盧輔　許州學生　春秋
崔應極　通許縣學生　詩
王濬　磁州學生　書

閻滿　信陽州學增廣生　易
王胤明　中牟縣學生　詩
楊儒　孟津縣學生　禮記
郭孔完　新鄉縣學生　易
周仁　商城縣學生　詩
王家相　永寧縣學生　書
李凝忠　杞縣學生　詩
吕瑩　開封府學附學生　易
王浙　商城縣學增廣生　詩
劉鑾　唐縣學生　書
曹祖儒　衛輝府學生　詩
黄棟　湯陰縣學生　易
羅肅　商城縣學生　春秋
劉光遠　杞縣學增廣生　詩
張朝銃　沔池縣學生　書
張木　中牟縣學生　易
張時興　鄢陵縣學增廣生　詩
鈔奇　彰德府學生　書
常淶　鄭州學生　詩
寇學禮　洛陽縣學增廣生　易
王賓　扶溝縣學生　詩
牛沈度　葉縣學生　書
李軒　開封府學生　禮記
高鉞　信陽州學生　詩
異獻　河南府學生　易
馬豸　滎澤縣監生　詩
白廷珪　唐縣學生　書
蘇紳　考城縣學生　詩
張輝　洛陽縣學增廣生　易
張梅　陜州學生　詩
李天然　洛陽縣學增廣生　書
趙友書　靈寶縣學生　詩

王傅　洛陽縣學生　易
李禄　汝寧府學生　春秋
崔滂　彰德府學增廣生　詩
許遷喬　睢州學生　書
李玠　襄城縣學生　詩
陳可　郾城縣學生　易
吴鳳　固始縣學增廣生　詩
謝泳　鈞州學生　書
馬路　裕州學生　詩
周南　郟縣學生　書
趙迎　鞏縣學生　詩
馬充　陳留縣學生　禮記
王埅　輝縣學生　詩
李繼賢　裕州學生　易
張承祚　汝寧府學生　詩
來同　衛輝府學生　書
陳繡　扶溝縣學生　詩
楊雲　洛陽縣學增廣生　易
李枝　開封府學生詩
楊得仁　鈞州學增廣生　書
戚大英　羅山縣學生　春秋
胡守中　寧陵縣學生　詩
張相　衛輝府學生　易
張璉　延津縣學生　詩
劉聰　嵩縣學生　書
尤時熙　河南府學增廣生　詩
張爵　洛陽縣學增廣生　易
王同　郟縣儒士　禮記
劉格　彰德府學生　詩
孫恪　信陽州學生　書
張琛　商城縣學生　詩

是科監臨御史王溱直隸開州人辛未進士提調官左布政使閔楷直隸任丘縣人乙丑進士左參議徐文溥浙江開化縣人辛未進士監試官按察使余祐江西鄱陽縣人己未進士副使王綖直隸開州人乙丑進士

嘉靖四年乙酉科解元谷宇齡　八十人

谷宇齡　祥符縣學生　禮記
劉希召　衛輝府學生　詩
喬祐　洛陽縣學生　書
高仲嗣　祥符縣學生　易
柳本明　光山縣學增廣生　春秋
王康　開封府學生　詩
王鋭　信陽州學生　書
趙弘　滎陽縣學生　易
李壂　杞縣學生　詩
董漢儒　考城縣學生　禮記
馬鴻　淅川縣學生　詩
高采　郟縣學生　書
趙鎰　歸德州學生　詩
楊東山　祥符縣學附學生　易
喻希立　光山縣學生　春秋
李磐　固始縣學增廣生　詩
冉崇儒　中牟縣學生　書
張鏖　遂平縣學生　易
楊煦　彰德府學生　詩
沈弘彝　陳州學生　書
張守約　確山縣學生　易
陳誥　内鄉縣學生　詩
胡琦　祥符縣學生　書
李世德　開封府學生　詩
李福　洛陽縣學增廣生　易
馬太延　開封府學生　詩

牛楊　祥符縣學附學生　易
謝拱辰　息縣學生　詩
李櫝　許州學生　易
鄭吉甫　羅山縣學生　春秋
王質　開封府學增廣生　詩
饒中　固始縣學生　書
路珠　新鄉縣學生　易
王堂　衛輝府學生　詩
孫漸　鄭州學生　書
左翼　儀封縣學生　詩
楊世相　潁川衛軍生　易
陳時熙　上蔡縣學生　詩
井震　襄城縣學生　書
劉鎮　息縣學生　禮記
劉東　杞縣學增廣生　詩
楊允　新鄉縣學生　易
劉渭　潁川衛軍生　詩
郭冠　郟縣學生　書
陳卜　杞縣學生　詩
胡士淳　光山縣學生　易
穆永吉　懷慶府學生　詩
康紹光　鞏縣學生　書
婁樞　懷慶府學生　詩
張文明　祥符府學生　易
丘陽　光山縣學生　春秋
丁時政　許州學生　詩
高古　商水縣學生　書
徐守義　杞縣學生　詩
彭中美　夏邑縣學生　易
王齊　新蔡縣學生　詩
鄧鰲　輝縣學生　書
張曰翼　河陰縣學生　詩

孟梅　信陽州學增廣生　書
尤時雍　河南府學增廣生　詩
鄭雍　汜水縣學生　禮記
張纘　安陽縣學生　詩
戴梗　沔池縣學生　易
王子麒　汝陽縣學生　詩
董琦　郟縣學生　書
徐泮　固始縣學生　詩
司繼祖　陳州學生　易
周道　河内縣學生　詩
李光　睢州學生　書
方仲　固始縣學生　詩
王錫爵　尉氏縣學生　易
田貴　潁川衛軍生　詩
李文芳　安陽縣學增廣生　書
毛鎧　南陽府學生　詩
高薦　開封府學增廣生　易
王懷衮　商水縣學生　書
崔欽　彰德府學生　詩
董文吉　陜州學生　書
倪聰　汝寧府學生　詩
薄民貢　睢州學生　春秋

是科監臨御史陳克宅浙江餘姚縣人甲戌進士提調官左布政使杭淮直隸宜興縣人己未進士右參政許復禮順天府東安縣人辛未進士監試官按察使張淮直隸南皮縣人副使王應鵬浙江鄞縣人俱戊辰進士試録刊論二篇

嘉靖七年戊子科解元陳大壯　八十人

陳大壯　洛陽縣學生　易
陳爼　封兵縣學生　詩

王朝良　信陽州學生　書
胡經　磁州學生　春秋
高拱　新鄭縣學增廣生　禮記
趙錀　祥符縣學生　書
陳乙　杞縣學增廣生　詩
張浹　河南府學增廣生　易
劉東　扶溝縣學生　詩
丁鵬程　夏邑縣學生　書
杜學易　祥符縣學生　春秋
賈希顔　開封府學增廣生　詩
李希程　蘭陽縣學生　易
葛臣　汝寧府學生　禮記
李華魯　開封府學生　詩
楊廷臣　信陽州學增廣生　書
袁方　開封府學生　易
張爃　潁川衛軍生　詩
范守平　鈞州學生　書
高惟孝　偃師縣學生　易
王朝賢　太康縣學增廣生　詩
高璉　祥符縣學生　書
王訓　西平縣學生　詩
張誥　汝寧府學增廣生　易
張檀　潁川衛軍生　詩
李當　河南府學增廣生　易
黄縉　密縣學生　詩
宋時俊　祥符縣學生　易
韓永齡　武安縣學生　春秋
馬尚德　裕州學生　詩
任肅　裕州學生　書
劉鈞　河南府學生　易
陳璋　光州學增廣生　詩
楊大器　遂平縣學生　書

符仕　寧陵縣學生　詩
李尚時　河南府學增廣生　易
張樞　郟縣學生　詩
姚汝籽　襄城縣學生　書
許詩　靈寶縣學生　禮記
谷雍　臨潁縣學生　詩
蔡復貞　河南府學生　易
賈曉　臨潁縣學生　詩
張守中　開封府學生　書
李蓁　開封府學附學生　詩
陳與音　衛輝府學生　易
胡慥　南陽縣學生　詩
楊亨　鈞州學生　書
趙紀　宜陽縣學生　詩
胡鯨　汝寧府學生　易
陳情　杞縣學增廣生　春秋
郭學書　鈞州學生　詩
佘棠　開封府學生　書
高雲鵬　安陽縣學生　詩
張汝基　唐縣學生　易
江麗　信陽州學生　詩
曾釗　河内縣學教諭　書
李鯨　永寧縣學生　詩
趙應元　汜水縣學生　書
鄧鳳　開封府學生　詩
陳萬言　懷慶府學生　禮記
劉喬桂　杞縣學生　詩
吴景晨　陽武縣學生　易
閻周民　密縣學生　詩
冉崇禮　中牟縣學生　書
毛珣　蘭陽縣學生　詩
董汝豫　洛陽縣學生　易

張曰可　河陰縣學增廣生　詩
馬允升　睢州學生　書
張鵬翼　虞城縣學生　春秋
孫應辰　考城縣學生　詩
牛綱　祥符縣學生　易
張四術　考城縣學生　詩
劉沛然　商水縣學生　書
王汭　祥符縣學增廣生　詩
陳大有　洛陽縣學附學生　易
張士奇　郟縣學生　詩
楊自效　新鄭縣學生　書
李宋　開封府學附學生　詩
朱家相　歸德州學生　詩
朱徵　唐縣學生　春秋

是科監臨御史譚纘四川蓬溪縣人丁丑進士提調官仍是右參政許復禮其一爲右參政伍全江西安福縣人戊辰進士監試官按察使張翰騰驤右衛人乙丑進士僉事王洙浙江臨海縣人辛巳進士是年大學士張璁奏差京官主考文體用國初舊制限以字數試録必刊士子真作時河南主考者則吏部主事蕭璆湘廣辰州衛人癸未進士刑部主事袁袠直隸吴縣人丙戌進士試録刊論二篇是年題准教官未入流者許就各省鄉試而河内縣教諭曾釗得中式云

嘉靖十年辛卯科解元劉繪　八十人

劉繪　光川學生　詩
魏尚倫　鈞州學生　書
貴仁　汝寧府學生　易
李時春　光州學增廣生　春秋
劉志仁　睢州學生　禮記
喻時　光州學生　詩
彭震　鈞州學生　書

謝弼　沈丘縣學生　易
劉儒　汝陽縣學增廣生　詩
姚汝稷　襄城縣學生　書
胡賓　光州學生　詩
皇甫鍾秀　睢州學生　書
秋逢慶　汝陽縣學生　詩
樊問仁　裕州學生　春秋
蕭聲敭　信陽州學增廣生　書
解茂魁　河南府學生　易
王用賢　鈞州學生　詩
李東　輝縣學生　書
魏尚純　鈞州學生　禮記
武宣　信陽州學生　詩
程九萬　汝陽縣學生　易
許檖　蘭陽縣學生　詩
李杜　信陽州學增廣生　書
劉潤　河南府學生　詩
徐汶　葉縣學生　易
鄭鎬　安陽縣學增廣生　詩
楊瑭　商城縣學生　春秋
陳器　衛輝府學生　書
劉訓　汝陽縣學增廣生　易
秋逢吉　汝陽縣學生　詩
周密　延津縣學生　書
李僑　汝寧府學生　易
楊應　奇夏邑縣學生　詩
賈文煥　舞陽縣學生　書
郭厚　開封府學增廣生　易
宋科　西華縣學生　詩
馬汝彰　汲縣學生　書
許復禮　安陽縣學生　詩
喻希純　光山縣學生　春秋

何麟　汝寧府學生　易
郭金　南陽縣學生　詩
張祉　固始縣學生　書
陳棐　鄢陵縣學生　禮記
彭大有　陳州學增廣生　易
陳嘉治　汝寧府學生　詩
游汝爵　汝陽縣學生　易
王洁　安陽縣學生　詩
李乘雲　鈞州學生　書
王嘉賓　固始縣學生　詩
陳效古　息縣學生　易
周相　光州學附學生　春秋
高承恩　開封府學附學生　詩
張惟瀛　汝寧府學生　易
楊中啓　靈寶縣學生　書
馬懋元　陜州學生　詩
李志宗　淇縣學生　書
郭朴　彰德府學生　詩
劉一德　汝寧府學增廣生　易
郭東　西平縣學生　詩
張大先　唐縣學生　書
楊根　開封府學生　詩
尚爵　潁川衛軍生　易
李畫　林縣學生　詩
李增　潁川軍生　詩
毛孔㓰　裕州學生　書
許一貫　磁州學生　詩
劉自强　扶溝縣學生　詩
李奇男　郟縣學生　書
魏廷萱　許州學生　易
楊蓁　羅山縣普通股　春秋
羅士賢　泌陽縣學生　易

謝江　河南府學增廣生　禮記
張纓　彰德府學增廣生　詩
李實　靈寳縣學生　易
張廷相　南陽縣學生　書
彭燦　靈寳縣學增廣生　易
賈希周　安陽縣學增廣生　詩
張應時　懷慶府學生　詩
孟鵬年　洛陽縣學附學生　易
李吾　祥符縣學生　詩

是科監臨御史王儀順天府文安縣人癸未進士提調官左布政使于湛直隷金壇縣人辛未進士右布政使林大輅福建莆田縣人甲戌進士監試官按察使陳克宅前乙酉科監臨官也其一則僉事韋商臣浙江長興縣人與主考刑部員外郎潘恩直隷上海縣人俱癸未進士禮部主事王汝孝山東東平州人丙戌進士而御史與二主考皆書散官試録刊論二篇

嘉靖十三年甲午科解元吴三樂　八十人

吴三樂　洛陽縣學生　易
劉敏政　寳豐縣學生　書
王嘉言　杞縣學附學生　詩
張應　光山縣學增廣生　春秋
李檀　汲縣學生　禮記
王曰然　衛輝府學增廣生　詩
祝永順　太康縣學生　書
陸東　祥符縣學生　易
王堯日　鹿邑縣學生　詩
李凌雲　鈞州學附學生　書
朱用　河南府學生　詩
高捷　新鄭縣學生　書
李春　彰德府學增廣生　詩
張東銘　開封府學生　春秋

尹樂堯　鈞州學生　書
張四維　開封府學增廣生　易
王納謨　信陽州學生　詩
尹樂舜　鈞州學附學生　書
孟淮　開封府學附學生　禮記
張良魁　西華縣學生　詩
彭應壽　光山縣學附學生　易
曹亨　新蔡縣學生　詩
李洛　祥符縣學生　書
張孝　汝寧府學生　詩
李天寵　孟津縣學生　易
徐自得　杞縣學生　詩
黎黔　羅山縣學生　春秋
李登雲　鈞州學生　書
李之本　河南府學增廣生　易
周鎬　衛輝府學生　詩
周誥　汲縣學生　書
熊希豸　杞縣學生　易
鄒臣　安陽縣學增廣生　詩
王繼洛　鄭州學生　書
牛珠　通許縣學生　易
劉濟民　河南府學增廣生　詩
藺子充　汝寧府學生　書
孟鏜　洛陽縣學附學生　詩
胡自化　羅山縣學生　春秋
毛尭　南陽縣歲貢生　易
張溱　彰德府學生　詩
李良能　郟縣學增廣生　書
趙汝大　汲縣學增廣生　禮記
劉志洢　衛輝府學生　易
沈文玉　光州學生　詩
馬錫　尉氏縣學生　易

魏廷芹　許州學生　詩
孫良心　滎澤縣學生　書
高尚仁　新蔡縣學生　詩
韓維翰　河南府學增廣生　易
張九棘　羅山縣學生　春秋
甯友直　湯陰縣學生　詩
黄如帶　睢州學生　易
齊君問　偃師縣學生　書
何思經　杞縣學生　詩
劉一鵬　寧陵縣學生　書
楊嘉績　衛輝府學生　詩
吴道南　布政司候缺吏　易
戴延容　衛輝府學增廣生　詩
胡賓　光山縣學生　春秋
王家賓　光山縣學生　詩
張翊　光州學生　易
黄堂　内鄉縣歲貢生　詩
張洧　彰德府學生　詩
陳東　光鈞州學生　書
張養德　歸德州學增廣生　詩
李秦　彰德府學生　詩
宋時　鈞州學生　書
李筵　湯陰縣歲貢生　易
魏鐸　汝寧府學生　春秋
岳東升　信陽州學附學生　易
顧詔　陝州學生　禮記
温伯仁　儀封縣學生　詩
蔡楊金　衛輝府學生　易
王真儒　滎陽縣學生　書
方鯨　祥符縣學生　易
許際可　固始縣學附學生　詩
徐行　開封府學生　詩

王庇　尉氏縣學生　易
楊傑　汝寧府學生　詩

是科監臨御史蔡瓔直隸寧晋縣人己丑進士提調官左布政使孫懋浙江慈谿縣人右布政使邊憲直隸任丘縣人俱辛未進士監試官副使朱槪江西豐城縣人戊辰進士唐符直隸常熟縣人甲戌進士是年革京官主考仍用教職而中式舉人内毛筅黄堂李鋌俱歲貢生吴道南布政司候缺吏前此吏登科者間亦有之然未有登進士者惟道南登戊戌進士是年又有荆應春武陟縣人董宗舒真陽縣人俱以歲貢生順天中式

嘉靖十六年丁酉科解元王西星　八十人

王西星　洛陽縣學生　易
劉選　汝寧府學生　詩
楊冀龍　襄城縣學生　書
盧際可　許州學附學生　春秋
魯東周　睢州學生　禮記
陳周　祥符縣學生　詩
黄正色　光山縣學附學生　易
張恩　開封府學增廣生　詩
許遷職　睢州學生　書
楊龍光　衛輝府學生　詩
何學禮　陳州學生　易
谷嵩　臨潁縣監生　詩
胡宗信　洛陽縣學生　易
宋守志　延津縣學生　詩
張翔　開封府學生　書
陰秉暘　衛輝府學增廣生　詩
李嵩　歸德州學增廣生　易
張循　固始縣學生　詩
馮時雨　裕州學生　書
朱惟一　光州學附學生　春秋

王雍　衛輝府監生　詩
孔弘化　陳留縣學生　易
扈廷相　儀封縣學生　詩
張牧　裕州學訓導　易
史策　鈞州學生　書
劉修己　新蔡縣學生　詩
魯夔　睢州學增廣生　易
吴昺　羅山縣學附學生　春秋
樊從簡　祥符縣學生　詩
王承蔚　陜州學生　禮記
趙遷　固始縣學生　詩
宋魯　葉縣學生　易
周輔　新蔡縣學生　詩
彭好古　夏邑縣學生　易
牛沈裕　葉縣學生　書
李從今　内鄉縣學生　詩
趙珮　鈞州學生　書
高汝鑒　確山縣學生　詩
喻希學　光山縣學增廣生　春秋
黄景熙　光山縣學生　易
劉涇　懷慶府學附學生　詩
王世光　河南府學生　易
李景賢　汲縣學生　詩
劉希仁　鈞州學生　書
甯管　懷慶府學生　禮記
袁永爵　開封府學增廣生　易
海宇康　上蔡縣學生　詩
劉太實　確山縣學生　易
劉師孟　臨漳縣學生　春秋
王守身　上蔡縣學生　詩
潘繼光　汲縣學生　易
何可能　衛輝府學生　詩

楊栢　歸德州學附學生　易
朱禮　南陽縣學生　書
冀國　輝縣學生　詩
張松　河南府學生　易
甯策　河内縣學生　詩
馮九韶　鈞州學生　書
温沛然　汲縣儒士　詩
喬岱　河南府學增廣生　春秋
陳嘉言　開封府學生　易
沈良　祥符縣學教諭　詩
陳大化　睢州歲貢生　書
張淵　陳州學附學生　易
黄廷言　衛輝府學增廣生　詩
劉瑶　胙城縣學生　易
林晓　開封府學附學生　詩
薛彦　安陽縣學生　書
楊灝　汝陽縣學增廣生　詩
馬載道　尉氏縣學增廣生　春秋
王璣　鄢陵縣學生　易
賈淮　臨潁縣學生　詩
汪洋　嵩縣學生　書
陳聞詩　柘城縣學生　詩
李梁　磁州學增廣生　易
孔惟經　汝陽縣學增廣生　詩
李希歐　胙城縣學生　書
趙文翰　信陽州學生　易
韓尚義　陳州學增廣生　禮記
趙蘭　上蔡學生　詩

是科監臨御史王鎬直隸灤州人己丑進士提調官左布政使姚文清山西陽曲縣人辛未進士右布政使陳講四川遂寧縣人辛巳進士監試官按察使楊銓江西豐城縣人甲戌進士僉事張恂山東陽穀縣人辛巳進士主考嚴

州府學教授末天民福建莆田縣人壬辰進士是科中式舉人内有裕州訓導張牧浙江山陰縣人祥符縣學教諭沈良直隸當塗縣陳大化歲貢生魯東周魯變父子同科亦近時所未有者

嘉靖十九年庚子科解元尚維持　八十人

尚維持　羅山縣學附學生　春秋
孫科　睢州學生　詩
何維　太康縣學生　易
劉第　扶溝縣學增廣生　書
馬斯臧　鈞州學生　禮記
許廷用　許州學學正　易
劉戈　光山縣學增廣生　詩
楊諧　鈞州學生　書
郭中　開封府學附學生　易
王字民　西華縣學增廣生　春秋
彭嘉謨　固始縣學增廣生　詩
劉誨　汝陽縣學生　易
李潤　懷慶府學增廣生　詩
馬應辰　汝寧府學增廣生　易
程大用　河内縣監生　詩
劉服膺　鈞州學生　書
謝夢顯　儀封縣學生　詩
張鈿　沔池縣監生　易
王左達　衛輝府學生　詩
董治　洛陽縣學附學生　易
吕尚古　靈寶縣學生　書
何岑　扶溝縣學生　禮記
余士登　永城縣學生　詩
陳錡　洛陽縣學附學生　易
周漢　羅山縣學生　春秋
趙守義　鈞州學生　詩

宋伊　裕州學生　書
胡淳　潁川衛軍生　詩
張永錫　河南府學生　易
吴過　汝陽縣學生　詩
任淮　宜陽縣學生　易
李一經　睢州學生　書
李履繩　杞縣學生　詩
劉時進　祥符縣學生　易
李宗木　内鄉縣學生　春秋
李約　彰德府學增廣生　詩
楊璘　葉縣學生　易
安九思　太康縣學生　書
王胄孺　獲嘉縣學生　詩
馬鈇　睢州學增廣生　禮記
田可徹　上蔡縣學生　詩
張天叙　永寧縣學生　易
徐衍祚　鈞州學生　書
黄嘉猷　寧陵縣學生　詩
黄鑾　光州學生　春秋
吴崇文　光山縣學附學生　易
張襲賢　光州學附學生　詩
劉永康　河南府學增廣生　易
王家士　永寧縣學生　書
丁尧相　汝州學生　詩
劉輔興　光山縣學附學生　易
王言大　衛輝學增廣生　詩
盧煌　鄭州學生　易
牛拱辰　胙城縣學生　書
戚仲義　羅山縣學生　春秋
閻應綸　汝陽縣學生　詩
陶汝弼　郾城縣學生　易
黄謐　汝陽縣學生　禮記

徐洛　許州學生　詩
張化　安陽縣學增廣生　書
黄鈞　歸德州學生　詩
蔡承舉　洛陽縣學附學生　易
黄梅　獲嘉縣學生　詩
王堯弼　河南府學附學生　易
董威　信陽州學增廣生　書
劉容　羅山縣學增廣生　春秋
熊麟　歸德州學增廣生　詩
李濳　開封府學附學生　易
貴儒　汝陽縣學生　詩
翟鏕　河南府學附學生　易
柴肱　南陽府學生　書
丁堯莢　汝州學附學生　詩
李復亨　河南府學附學生　易
蕭侶　彰德府學增廣生詩
都文奎　開封府學生　禮記
王嘉孝　鈞州學生　書
胡景暘　内鄉縣學增廣生　春秋
張守介　確山縣學生　易
葉珠　南陽縣學生　書
趙秉中　儀封縣學生　詩

是科監臨御史陳蕙福建晋江縣人己丑進士提調官左布政使范鏓瀋陽中衛人丁丑進士左參議周相浙江鄞縣人癸未進士監試官按察使龍大有湖廣茶陵州人丁丑進士副使張承恩直隸易州人辛巳進士是科第六名許廷用許州學生福建晋江縣人

嘉靖二十二年癸卯科解無元曹金　八十人

曹金　開封府學生　詩
孫觀　鈞州學增廣生　易

張養性　南陽府學生　書
謝孟金　陳州學生　春秋
孟澤　開封府學生　禮記
劉大恩　新蔡縣學生　詩
林密　汝寧府學生　易
孫域　睢州學增廣生　書
李仕　睢州學生　詩
婁炯　懷慶府學附學生　春秋
邢守庭　臨潁縣學生　詩
張四知　汝寧府學生　易
楊守綸　汲縣學生　書
田鰲　汝寧府儒學訓導　詩
陳耀文　確山縣學增廣生　易
符載　内鄉縣學增廣生　詩
任思恭　睢州學生　禮記
周詔　延津縣學生　書
張德恭　光山縣學附學生　易
羅進兆　内鄉縣學附學生　詩
劉溱　彰德府學附學生　書
任照　信陽州學增廣生　易
孫洙　考城縣學生　詩
賀賁　靈寶縣學生　春秋
王懷忍　商水縣學生　書
吕孔良　河南府學附學生　易
祝安　洛陽縣學附學生　詩
韓爵　河南府學生　易
何立　信陽州學生　書
韓以孚　汝陽縣學附學生　易
彭範　靈寶縣學生　春秋
孫東　開封府學增廣生　詩
邢泗　河南府學生　易
楊仲經　儀封縣學附學生　詩

宋宸　汜水縣學生　書
翟濤　安陽縣人監生　詩
李九功　裕州學生　易
張鹵　儀封縣學增廣生　詩
李秉魯　陳留縣學生　禮記
張四隅　汝寧府學生　詩
馮應昌　偃師縣學生　易
劉芳聞　陳州學附學生　書
王惠　開封府學增廣生　詩
趙誥　睢州學增廣生　易
王天祐　偃師縣學生　詩
賈濂　夏邑縣學生　春秋
吴思誠　陳州學生　易
張宗信　河内縣學生　詩
張禩　開封府學生　書
王思夔　彰德府學生　詩
許世道　河内縣學生　易
盧尚志　陳州學生　詩
林梓　杞縣學生　春秋
李邦臣　陽武縣學生　詩
王堯卿　河南府學附學生　易
宋儒　安陽縣學生　詩
郭從義　鈞州學增廣生　書
陳邦瑞　孟津縣學生　易
王世業　偃師縣學生　禮記
王汝　彰德府學增廣生　詩
張進舉　洛陽縣人監生　易
王明汲　懷慶府學生　詩
王欽理　衛輝府學生　書
劉棐　河南府學生　易
張孟容　汝寧府學生　春秋
齊埸　新野縣學生　詩

李法　安陽縣學生　書
沈應時　河南府學附學生　易
馮三接　汲縣學增廣生　詩
連琱　汝州學生　禮記
房楠　汝寧府學附學生　詩
荀天常　洛陽縣學附學生　易
王可贈　内鄉縣學生　詩
李嘉禄　鈞州學生　書
翟希魯　洛陽縣學附學生　易
蕭淮　商水縣學生　春秋
衛東吴　葉縣學增廣生　詩
戴冕　洛陽縣學生　易
齊先之　偃師縣學增廣生　書
郭佑　彰德府學增廣生　詩

是科監臨御史楊勉學山東茌平縣人提調官左參政馮亮浙江金華縣人俱壬辰進士右參政李充濁直隸永平衛人丙戌進士監試官按察使雒昂陜西三原縣人副使李仁山東東阿縣人俱癸未進士中式舉人有汝寧府學訓導田鰲直隸滁州人

嘉靖二十五年丙午科解元申嘉瑞　八十人

申嘉瑞　葉縣學生　易
劉淮　衛輝府學生　詩
孫榮仁　鄭州學生　書
何思　光山縣學生　春秋
楊永貴　睢州學生　禮記
賈選　開封府學生　詩
温如春　洛陽縣學附學生　易
李希孔　開封府學生　書
劉希尹　汲縣學生　詩
孫文登　淇縣學生　春秋

林桂　中牟縣學生　詩
董遂　嵩縣學生　易
侯欽　彰德府學生　書
楊枚　開封府學生　詩
劉贄　洛陽縣學生　易
牛麟　偃師縣學生　詩
張冲霄　封丘縣學生　禮記
任應龍　鈞州學生　書
王聘　靈寶縣學生　易
馬德懋　汝州學增廣生　詩
董世彦　鈞州學增廣生　書
羅田　光山縣學生　易
張思正　汝寧府學附學生　詩
朱繼立　羅山縣學增廣生　春秋
張廷槐　陳州學生　書
曹楠　睢州學生　易
朱大紀　中牟縣學生　詩
劉思問　孟縣學生　易
白梅　陳州人監生　書
李士元　洛陽縣學增廣生　易
黄文選　滎澤縣學生　易
王嘉賓　磁州學生　詩
王雲鸞　夏邑縣學生　易
衛東楚　葉縣學生　詩
陳九疇　歸德府學生　書
許可學　歸德府學增廣生　詩
王用　汝寧府學附學生　易
郭之屏　開封府學增廣生　詩
馬時泰　陳留縣學附學生　禮記
田維樂　開封府學生　詩
范崇儒　歸德府學增廣生　易
李朝陽　信陽州學生　書

馬嘉謀　上蔡縣學附學生　詩
王正國　宜陽縣學生　易
賈學禮　淇縣學生　詩
楊逢節　固始縣學附學生　春秋
侯州武　陟縣學附學生　易
陳嘉道　獲嘉縣學生　詩
李芬　鈞州學生　書
楊桐　祥符縣學附學生　詩
朱本固　河南府學生　易
李維喬　開封府學附學生　詩
舒惟春　祥符縣學附學生　春秋
魏卯　許州學生　詩
陳嘉慶　潁上千户所軍生　易
張鏞　懷慶府學附學生　詩
吴宗堯　睢州學生　書
吴三聘　洛陽縣學生　易
孟津　開封府學生　禮記
劉衍祚　洛陽縣學生　詩
王卿　内鄉縣學生　易
李應元　開封府學增廣生　詩
董堯封　洛陽縣學附學生　易
劉賡　鈞州學生　書
王惟善　新蔡縣學生　春秋
郭郊　衛輝府學增廣生　詩
宋國用　鈞州學生　書
張守愚　夏邑縣學生　易
王大經　南召縣學生　詩
靖四方　淇縣學附學生　禮記
王鳳翥　開封府學附學生　詩
王同人　葉縣學附學生　易
熊勉學　汝寧府學生　詩
王天敘　孟津縣學生　書

韓恩　河南府學生　易
王濟美　汝寧府學生　春秋
劉光迎　杞縣學附學生　詩
嚴肅　汲縣學生　易
白鶴　安陽縣學生　書
都温　獲嘉縣學生　詩

是科監臨御史侯度山東東阿縣人壬辰進士提調官左參政金清應天府上元縣人己丑進士右參政兵茂中福建莆田縣人辛巳進士監試官按察使朱良浙江慈谿縣人甲戌進士副使陳洙浙江上虞縣人己丑進士是年又有秦時雍永城縣人以歲貢生京闈中式

嘉靖二十八年己酉科解元魯邦彦　八十人

魯邦彦　睢州學增廣生　書
董選　嵩縣學生　易
李邦器　寧陵縣學生　詩
徐養相　睢州學生　禮記
張道充　歸德府學生　春秋
吴三省　洛陽縣學增廣生　易
張注　新蔡縣學生　詩
馬斯徂　鈞州學附學生　書
劉選　祥符縣學生　易
高才　新鄭縣學生　詩
李惟勤　許州學生　禮記
王陽生　洛陽縣學生　易
李思選　杞縣學附學生　詩
李用賓　鈞州學生　書
劉貞一　通許縣學生　詩
牛若愚　開封府學生　易
蔚元康　祥符縣學附學生　春秋
堯允和　衛輝府學生　詩

陸陽　嵩縣學生　易
皇甫鍾岳　睢州學生　書
賀國定　獲嘉縣學生　詩
傅朴　洧川縣學生　易
劉東立　潁川衛軍生　詩
王寀　洛陽縣學生　春秋
苗自碩　鈞州學生　書
秋良幹　汝寧府學附學生　易
黎來　真陽縣學增廣生　詩
王永亨　河南府學生　易
劉調鼎　睢州學生　書
陳璐　洛陽縣學附學生　易
鄭東　歸德府學生　春秋
趙江　開封府學增廣生　詩
朱裳　温縣學生　易
穆鐸　扶溝縣學生　詩
李春馨　開封府學附學生　書
胡魁　汝寧府學附學生　詩
王廷弼　陳留縣學生　易
皇甫鍾乙　睢州學生　禮記
石漢　汝陽縣學增廣生　詩
唐時雍　汝寧府學增廣生　詩
丁寧　郾城縣學生　易
郝守業　鈞州學生　書
沈鯉　歸德府學增廣生　詩
李際觀　潁川衛軍生　易
蔡光　光山縣學生　詩
周汝器　羅山縣學附學生　春秋
陳楓　許州學生　易
劉繼芳　封丘縣學生　詩
崔楝　泌陽縣學生　書
辛自脩　襄城縣學附學生　詩

師宗魯　太康縣學附學生　易
關紳　扶溝縣學生　詩
焦冕　靈寶縣學生　春秋
李逢時　涉縣學生　書
閻忠信　孟津縣學增廣生　易
馬思誠　淅川縣學生　詩
張智望　太康縣學生　書
劉欲仁　陳留縣學生　易
孫以德　懷慶府學生　禮記
徐可觀　衛輝府學增廣生　詩
史官　河南府學生　易
王獻圖　寧陵縣學生　詩
劉滂　開封府學附學生　易
高等　開封府學附學生　書
王嘉臣　羅山縣學生　春秋
張臻　新鄉縣學生　詩
王廷儒　真陽縣學生　書
梁鑛　鹿邑縣學生　易
王佐才　封丘縣學生　詩
白元　寶豐縣學生　書
賈實　祥符縣學生　詩
王弘化　睢州學生　易
李柟　許州學生　詩
何永慶　河内縣學附學生　禮記
温如璋　河南府學生　易
魏琯　淅川縣學生　詩
金鏡　洛陽縣學生　易
徐方　虞城縣學增廣生　詩
王家相　汲縣學生　詩
宋國祚　鈞州學增廣生　書

是科監臨御史張英福建莆田縣人辛丑進士提調官左布政使王汝孝

山東東平州人左參政馮岳浙江慈谿縣人監試官按察使陳燿直隸静海縣籍浙江山陰縣人俱丙戌進士僉事王言山東登州衛籍招遠縣人辛丑進士

嘉靖三十一年壬子科解元紀朝宗　八十人

紀朝宗　陳州學附學生　詩
鈔介　彰德府學生　書
張九一　新蔡縣學生　易
鞏邦固　通許縣學生　禮記
李貞　潁川衛軍生　春秋
王來濟　澠池縣學生　易
李一原　澠池縣學生　詩
楊謐　延津縣學生　書
韓三接　懷慶府學生　易
梁梧　汝陽縣學生　詩
楊旍　延津縣學生　禮記
藍偉　鄧州學生　易
劉希稷　汲縣學生　詩
杜謙　裕州學生　書
黑士元　磁州儒學訓導　詩
董繼文　睢州學生　易
趙維紳　羅山縣學增廣生　春秋
段文清　開封府學生　詩
王用予　祥符縣學生　易
高鈞　襄城縣學生　書
李向陽　温縣學生　詩
陳銓　洛陽縣學增廣生　易
周文進　陳留縣學生　詩
黄家棟　息縣學生　春秋
宋惟馨　長葛縣學生　書
軒尚朱　鄢陵縣學生　易
李群英　郟縣學生　詩

衛陽和　葉縣學增廣生　易
宋儒　裕州學生　書
孟洙　開封府學生　易
崔岩　陜州學生　春秋
徐鳴鶴　杞縣學附學生　詩
陸槐　懷慶府學生　易
張綢　安陽縣學生　詩
高鐙　襄城縣學生　書
傳鳳　臨漳縣學生　詩
方時學　河南府學生　易
張士愚　信陽州學生　禮記
胡子田　歸德府學生　詩
馮善　汝寧府學生　詩
鄭逢乾　鄢陵縣學生　易
劉孝　彰德儲學生　書
張珊　開封府學生　詩
王可賓　内鄉縣學生　易
劉楠　郟縣學生　詩
李蓘　内鄉縣學附學生　春秋
王三聘　開封府學附學生　易
王可賜　内鄉縣學生　詩
金作礪　閿鄉縣學生　書
趙晴　杞縣學生　詩
宋纁　歸德府學增廣生　易
高尚志　睢州學附學生　詩
喬寵　寧陵縣學生　春秋
倪佳僎　鈞州學生　書
姚隆　河南府學增廣生　易
孔惟德　汝陽縣學生　詩
周壎　郟縣學生　書
馮鎰　河南府學生　易
張承禮　鄭州學生　禮記

陳魁　安陽縣學生　詩
許乾　河南府學生　易
許光大　彰德府學增廣生　詩
徐濂　蘭陽縣學生　易
張藎臣　長葛縣監生　書
盧脩可　許州學生　春秋
張培　潁川衛軍生　詩
朱潤　南陽縣學增廣生　書
程純　光山縣學增廣生　易
劉自養　扶溝縣學生　詩
高殿　歸德府學生　書
趙義　彰德府學增廣生　詩
朱桂芳　裕州學附學生　易
盧嘉慶　開封府學生　詩
王夢賢　睢州學生　禮記
陳麟　河南府學增廣生　易
羅夢麟　睢州學生　詩
馮鑰　河南府學生　易
白夏　潁川衛軍生　詩
王宗禮　光山縣學生　詩
韓希龍　安陽縣學生　書

是科監臨御史浦之浩山東登州衛人辛丑進士提調官左布政使高世彦四川内江縣人壬辰進士左參議黄洪毗福建莆田縣人戊戌進士監試官按察使鄒守愚福建莆田縣人丙戌進士副使傳鎮福建中左千户所籍福清縣人壬辰進士中式舉人有磁州儒學訓導黑士元鳳陽府臨淮縣人

成化七年陝西鄉試録

陝西鄉試録序

洪惟聖朝以至公御天下三年一開科取士然士之進用南北京闈及諸方岳所取有差公天下之道也自我太祖高皇帝應天啓運稽古圖治其造士也本於六經蓋以六經爲載道之公器而近代駢麗浮靡之習悉黜不用其取士也專於科目蓋以科目乃進身之公道而庠序胄監韋布之士皆得以與焉列聖繼作率循是道于兹百餘年矣前後所得名臣碩輔布列中外丕植化源恢弘治體以綿國家億萬年太平之運於不拔者豈非由其造士也以公器而取之也以公道歟皇上出震繼離制治保邦一遵祖宗大公至正之弘規而於造士取士尤注意焉乃成化辛卯歲當大比之秋先期巡撫陝西左副都御史馬文升巡按監察御史劉瑀偕諸藩臬重臣秉公禮聘儒紳以司考較而又有巡撫右副都御史張鎣余子俊右僉都御史徐廷章鎮守太監劉祥都督白玉監察御史馬震張瑋激昂士風鎮肅綱維於外内而提調監試則左布政使婁良按察使宋有文副使王朝遠參議嚴憲外而防範贊襄則右布政使干璠參政胡欽周斌龐勝賈杰副使鄭安李玘鄧本端梁覲馮定參議李奎楊壁崔忠僉事胡德盛荆綸孫逢吉吕燦楊冕王塤王瀛趙文粹至若端本澄源於先則又有提學僉事伍福凡百執事亦皆懋簡以充而巡按實總理之是蓋同一薦賢爲國之公心可以質諸天地鬼神而無愧曁鎖院合所部八郡士三試之如制額取其文之澤於理而弗戾經旨者凡六十五人極公選也夫修於家資於師友推於有司然後拔於憲臣公選其尤者始得試於場屋蓋十之一一鄉之公論也既而偕一方之士各售所藴角勝於衡度之下公選其尤者始得雋於科第蓋二十之一一方之公論也今尔諸士子以賢能賓興取捷鄉闈歌鹿鳴而偕上計使將與天下之士較於禮闈公選其尤者俾敷對於天子之庭而登庸之蓋三十之一則又極天下之公論也雖然天下事公私不兩立心乎公者則爲國爲民布公道持公議心乎私者反是諸士子自此而升將享有禄位其必公以宅心公以集事毋狃於近利而昧於遠猷必如先儒所謂一身之利無

謀也而利天下者則謀之一時之利無謀也而利萬世者則謀之使後之人睹斯録而景仰其人曰忠貞於國者曰惠愛於民者曰布公道持公議者夫如是庶足以增科目之重榮莫大焉脱或以私滅公依阿澳涊舍所學以徇所欲匪直玷科目而取辱其如一鄉一方天下之公論何嗚呼一心術公私之微而榮辱於是乎判焉可不畏哉可不慎哉信叨預公秉文衡故因録成敬序諸首簡以爲策名於是選者規

河南開封府洧川縣儒學教諭淮陰陳信序

成化七年陝西鄉試

監臨官

巡按陝西監察御史劉瑀（汝器直隸保定府蠡縣人　丙戌進士）

提調官

陝西等處承宣布政使司左布政使婁良（至善河南通許縣人　壬戌進士）

陝西等處承宣布政使司右參議嚴憲（廷章河南扶溝縣人　辛未進士）

監試官

陝西等處提刑按察司按察使宋有文（顯章四川資縣人　甲戌進士）

陝西等處提刑按察司副使王朝遠（朝遠江西進賢縣人　甲戌進士）

考試官

河南開封府洧川縣儒學教諭陳信（彦實直隸山陽縣人　庚午貢士）

江西撫州府臨川縣儒學教諭朱旻（希仁直隸崑山縣人　甲子貢士）

同考試官

河南開封府許州襄城縣儒學教諭王昉（日章浙江會稽縣人　庚午貢士）

直隸真定府獲鹿縣儒學教諭熊瑋（文奇河南羅山縣人　癸酉貢士）

直隸揚州府寶應縣儒學教諭夏質（尚本四川峨眉縣人　丙子貢士）

河南彰德府磁州武安縣儒學教諭包綺（宗皓福建閩縣人　丙子貢士）

河南衛輝府獲嘉縣儒學教諭段讓（遜之山西洪洞縣人　己卯貢士）

印卷官

陝西布政司經歷司經歷李鏞（鳴遠直隸山陽縣人　癸酉貢士）

陝西按察司經歷司經歷孫貴（廷爵河南魯山縣人　監生）

收掌試卷官

西安府知府孫仁（世榮直隸貴池縣人　辛未進士）

鳳翔府同知劉玠（廷寶直隸清苑縣人　癸酉貢士）

受卷官

平凉府涇州知州劉侃（克剛浙江嘉善縣人　庚午貢士）

鞏昌府徽州知州孫蕃（維翰直隸江都縣人　甲申進士）

彌封官

延安府綏德州知州郝清（源潔山西陽曲縣人　癸酉貢士）

漢中府金州知州王玶（信之順天府大興縣人　丙戌進士）

謄録官

西安府乾州知州王鳳（鳴時直隸阜城縣人　己卯貢士）

西安府華州渭南縣知縣周寧（遂安河南睢州人　己卯貢士）

對讀官

蘭州衛經歷司經歷李哲（希賢河南鈞州人　監生）

西安府耀州三原縣知縣李景繁（邦泰河南儀封縣人　己丑進士）

巡綽官

西安左衛指揮同知李禎（廷瑞湖廣棗陽縣人）

西安前衛指揮僉事蔣琛（清玉浙江諸暨縣人）

搜檢官

西安左衛指揮使張雄（彦威山東武定州人）

西安後衛指揮同知馬隆（文盛直隸含山縣人）

供給官

西安府通判何本（宗元湖廣江夏縣人　癸酉貢士）

西安府長安縣縣丞袁貞（秉正河南杞縣人　監生）

西安府咸寧縣主簿曲經（履常山東聊城縣人　監生）

掌行科舉文卷

陝西布政司禮房令史袁綬（涇陽縣人）

陝西按察司禮房典吏羅節（涇陽縣人）

謄録對讀生員李琬等一百三十三名

第一場

四書

伯夷叔齊何人也曰古之賢人也曰怨乎曰求仁而得仁又何怨　道前定則不窮在下位不獲乎上民不可得而治矣獲乎上有道不信乎朋友不獲乎上矣信乎朋友有道不順乎親不信乎朋友矣順乎親有道反諸身不誠不順乎親矣誠身有道不明乎善不誠乎身矣　尊賢使能俊杰在位則天下之士皆悦而願立於其朝矣市廛而不征法而不廛則天下之商皆悦而願藏於其市矣關譏而不征則天下之旅皆悦而願出於其路矣耕者助而不税則天下之農皆悦而願耕於其野矣廛無夫里之布則天下之民皆悦而願爲之氓矣

易

初九潛龍勿用九二見龍在田利見大人九三君子終日乾乾夕惕若厲無咎九四或躍在淵無咎九五飛龍在天利見大人　直其正也方其義也　是故四營而成易十有八變而成卦八卦而小成引而伸之觸類而長之天下之能事畢矣　八卦成列象在其中矣因而重之爻在其中矣

書

爾尚一乃心力其克有勛三旬苗民逆命益贊於禹曰惟德動天無遠弗届　若升高必自下若陟遐必自邇無輕民事惟難無安厥位惟危慎終于始有言逆于汝心必求諸道有言遜于汝志必求諸非道　惟兹四人昭武王惟冒丕單稱德　惟克天德自作元命配享在下

詩

罄無不宜受天百禄降爾遐福維日不足　有俶其城寢廟既成既成藐藐王錫申伯四牡蹻蹻鉤膺濯濯王遣申伯路車乘馬我圖爾居莫如南土錫爾介圭以作爾寶　徐方既同天子之功　不僭不濫不敢怠遑命于下國封建厥福商邑翼翼四方之極赫赫厥聲濯濯厥靈

春秋

會齊侯宋公陳侯衛侯鄭伯許男滑伯滕子同盟于幽（莊十六年）公伐邾入邾以邾子益來（哀七年）　齊侯宋公江人黄人會于陽穀（僖三年）公會晋侯宋公衛侯曹伯齊世子光莒子邾子滕子薛伯杞伯小邾子伐鄭會于蕭魚（襄十一年）公會齊侯于夾谷（定十年）　鄭伐許（成三年）鄭伯伐許（四年）取鄆（昭元年）叔孫舍如晋晋人執我行人叔孫舍（二十三年）叔孫舍至自晋（二十四年）　公及邾儀父盟于蔑（隱元年）齊侯衛侯胥命于蒲（桓三年）

禮記

乃命太史次諸侯之列賦之犧牲以共皇天上帝社稷之饗乃命同姓之邦共寢廟之芻豢命宰歷卿大夫至於庶人土田之數而賦犧牲以共山林名川之祀凡在天下九州之民無不咸獻其力以共皇天上帝社稷寢廟山林名川之祀　此之謂大當然後聖人作爲父子君臣以爲紀綱　君子力此二者以南面而立夫是以天下太平也　天降時雨山川出雲

第二場

論

孟子有大功於世

詔誥表

擬漢賜三老孝悌力田帛詔（二年）　擬唐以李勣爲兵部尚書誥（貞觀十五年）　擬宋進士王堯臣謝聞喜宴賜詩及中庸篇表

判語（五條）

子孫違犯教令　僧道不務祖風　任所置買田宅　卑幼私擅用財　官員赴任違限

第三場

策

問　易曰同歸而殊塗一致而百慮誠以天下事物之理未嘗不會通於一也夫河圖洛書八卦九章數蓋殊矣究其所以同者何在先天之易後天之易數蓋异矣考其所以合者何指周禮作於周公寓一王之法春秋修於夫子弘萬世之規固非成於一手也何先儒謂周禮春秋相爲表裏曾子傳大學以教人子思作中庸以明道亦非出於一人也何先儒謂大學中庸相爲表裏天啓皇明聖神代作太祖高皇帝誕膺天命開創丕基繼而太宗文皇帝宣宗章皇帝洪謨大訓昭示海宇若大誥三編爲善陰騭孝順事實五倫書皆本乎躬行心得之餘發於精神心術之微所以迪民彝扶皇極躋斯世於雍熙泰和之域者有此具也同歸一致表裏相通諒有攸在尔諸子遠稽前古近誦聖訓登堂睹奥蓋有年矣請敷于篇用觀貫通之學

問　文章關乎氣運尚矣夫自六經不作之後文人墨客雄辭杰筆馳騁於翰墨之場者未易枚舉姑以一二質之如作醉翁亭記者平生最爲得意何

乃有用賦體之譏作岳陽樓記者世稱爲佳作何乃有傳奇體之誚有記六經閣而終不愜意者有批答魯仲明而謂非詔體者以醉白堂記爲韓白優劣論以處州學記而擬爲學校策其所以或稱贊或正救之不一者果相短而然否歟有喜其詩識趣可尚而又有鄙其識趣最淺者有稱其詩爲靈丹一粒而又有薄其爲村夫子者家藏萬卷惟以其文爲舊物何又有譏之晚年愛碑而以其文爲絶妙何又有人議之其所以或去取或優劣之不一者果相反而然否歟數子之文亦可謂杰然者矣然皆不三代鄒魯若者何歟尔諸生鋭情經史其於文章高下去取必有定見請陳于篇用觀博洽之學

問　書曰欽哉欽哉惟刑之恤哉誠以刑者司民命禁奸慝先王不得已而用之非所恃以爲治也自古掌刑之官若皋陶明刑弼教蘇公式敬由獄豐功偉績不可尚已嗣是而後若張釋之于定國蓋表表者釋之爲廷尉天下無冤民定國爲廷尉自以不冤二子所以得此者必有以也然考之於史犯蹕罰金之議似矣胡爲啓文帝之怒怒果是否乎趙蓋韓楊之誅慘矣何未聞定國之諫諫果可已乎後之人爲廷尉者或稱其有可方定國者誰歟或稱其仁恕有遠過于張者又誰歟先儒有言朝廷立法不可不嚴有司行法不可不恕果何義歟漢唐典獄之官有以恕求情者有一切用法者孰可爲法孰可爲戒歟洪惟聖朝法古圖治尤重用刑之典内設刑部都察院以捴天下之刑憲外置按察司以清一道之刑獄宜乎政平訟理感召和氣刑措不用可也夫何所在犯者接踵繫者盈獄是果人心不古迫於飢寒之故歟抑别有其説歟兹欲政平訟理感召和氣以副朝廷期于無刑之意若之何而可尔諸生積學有年行將柄用於此宜講之熟矣請陳于篇用觀刑名之學

問　孔子曰安上治民莫善於禮移風易俗莫善於樂誠以禮樂二者治天下之大法也經曰知禮樂之情者能作識禮樂之文者能述曰知曰識曰作曰述其義何在述作禮樂徵諸往古其人何指昔在有虞伯夷典禮后夔典樂迨至成周宗伯司樂悉屬春官周道衰微禮樂在魯韓起得見周禮季札得觀周樂周之經制破壞于秦漢定朝儀雜采秦制魯兩生謂禮樂必百年而后可興禮樂之作誠非易事何文中子乃謂孔明若在禮樂可興則又若易易然者夫魯兩生之于叔孫通則却之文中子之於孔明則許之或却或許有其説歟我國家應天啓運開創洪業迄今百有餘年矣禮樂之作此其時也抑不知今之禮樂監于前代同歟异歟尔諸士子皆志於禮樂者請陳于篇用觀考古之學

問　張子曰君子於天下之事無所不當究况於兵者世之興廢生民之大本存焉其可忽而不講蓋善用兵者不急於治兵而急於擇將昔人未嘗不

用民兵也然既募之後則有紀律焉古有行之者歟方募之始則有差擇焉古亦有行之者歟兵法曰凡步兵與車騎戰者必依丘陵險阻林木則勝古有以步戰而勝者歟凡騎兵與步兵戰者須得平易之地進退無礙則剋古有以騎戰而剋者歟兵法又曰欲戰者無迎水流此其以舟戰者也廣地則用軍車此其以車戰者也古有用之而取勝者歟他如衆戰寡戰强戰弱戰之形法非不良也風戰雪戰水戰火戰之勢法非不善也古有用之而成功者歟我聖朝以仁立國不專在兵然安不忘危治不忘亂故凡於天下重鎮必屯以兵用固根本聖謨深遠比隆前古矣今兹北虜入據河套連年用兵糜費不貲兵困於戰民疲於餉致廑當寧西顧之慮其故安在伊欲制敵取勝掃彼腥膻靖我疆場其策何長尔諸生生長于斯備諳虜情有懷不吐是負所志請敷于篇用觀講武之學

中式舉人六十五名

第一名　陳祥　蘭縣學生　易
第二名　王存禮　階州學軍生　書
第三名　張拱端　會寧縣學生　詩
第四名　閻鉦　涇州學增廣生　禮記
第五名　胡宗道　鳳翔府學增廣生　春秋
第六名　張琡　鎮原縣學生　易
第七名　張繼　鳳翔府學增廣生　書
第八名　李英　郃陽縣學生　詩
第九名　杜縉　臨潼縣學生　春秋
第十名　張玹　涇陽縣學生　禮記
第十一名　張賓　涇陽縣學增廣生　詩
第十二名　田霨　洛川縣學生　書
第十三名　謝恩　咸寧縣學生　易
第十四名　王紳　慶陽府學生　禮記
第十五名　亢得雨　岐山縣學生　詩
第十六名　東思誠　華州學生　書
第十七名　孫俊　安化縣學生　書
第十八名　吕濟　鳳翔縣學生　易

第十九名　習顯　乾州學生　詩
第二十名　張璣　中部縣學生　詩
第二十一名　王昚　朝邑縣學生　易
第二十二名　王翔　長安縣學生　春秋
第二十三名　王儒　鄠縣學生　書
第二十四名　王寧　鳳翔府學生　詩
第二十五名　劉震　蒲城縣學生　書
第二十六名　張政　蘭縣學軍生　詩
第二十七名　師惠　同州學生　禮記
第二十八名　孟熊　朝邑縣學生　易
第二十九名　倪英　慶陽府學軍生　書
第三十名　盧安　涇陽縣學生　詩
第三十一名　潘永嘉　西安府學生　春秋
第三十二名　李全　盩厔縣學生　詩
第三十三名　劉濬　綏德州學生　書
第三十四名　羅華　洵陽縣學生　書
第三十五名　李玘　寧州學生　詩
第三十六名　張聞　鄜州學生　易
第三十七名　關釗　寶雞縣學生　禮記
第三十八名　劉聚　永壽縣學生　詩
第三十九名　魏傑　鄠縣學生　書
第四十名　聊堂　蘭縣學生　詩
第四十一名　楊熙之　扶風縣學生　易
第四十二名　原性　蒲城縣學生　書
第四十三名　任福　耀州學生　禮記
第四十四名　劉琰　長安縣學生　詩
第四十五名　劉璽　臨洮府依親監生　書
第四十六名　張羽　涇陽縣學增廣生　春秋
第四十七名　張銑　岐山縣學生　詩
第四十八名　王世安　寶雞縣學生　書
第四十九名　馬傑　西安府學生　易
第五十名　王鐸　岷州衛學生　書

第五十一名　劉安　邠州學生　詩
第五十二名　王輅　西安府學生　易
第五十三名　萬全　秦州學生　春秋
第五十四名　孫鑄　渭南縣學生　詩
第五十五名　魏璽　武功縣學生　書
第五十六名　郝彦明　鳳翔縣學生　易
第五十七名　文儀　狄道縣學生　書
第五十八名　桑桂　平凉縣學生　詩
第五十九名　邵錦　西安府學生　書
第六十名　屈敏　延長縣學生　詩
第六十一名　郝杰　綏德州學生　易
第六十二名　謝鐸　郃陽縣學生　詩
第六十三名　郝滋　高陵縣學生　禮記
第六十四名　劉著　岐山縣學生　詩
第六十五名　劉海　郃陽縣學生　易

四書義

道前定則不窮在下位不獲乎上民不可得而治矣獲乎上有道不信乎朋友不獲乎上矣信乎朋友有道不順乎親不信乎朋友矣順乎親有道反諸身不誠不順乎親矣誠身有道不明乎善不誠乎身矣

閻鉦

同考試官教諭包批（題本平易場中作者不泛則略此作詞理俱到故録之）

考試官教諭朱批（作中庸者多偏枯不稱此篇行文齊整優於衆作允宜録出）

考試官教諭陳批（中庸一題作者多繁簡失宜惟此篇措詞均稱可取）

中庸論道素定乎誠而無窮必推言素定之意也甚矣道本乎誠固不可以不素定也道既素定乎誠而無窮矣不推言素定之意抑何以知其然哉昔夫子答哀公之問政而言及此蓋謂道惟無物不有若言之與行皆道之所在也然必素定夫誠則道爲有本而酬酢萬變不竭焉道惟無乎不在若行之與事亦道之所寓也然必前定乎誠則道爲有體而千變萬化無窮焉然道素定

乎誠而無窮如此得不有以推言其素定之意哉彼其在下位而不獲乎上則無以安其位而行其志欲治其民豈可得乎然欲獲乎上不可以諛悦取容也其道在於信友而已不信乎友則志行不孚而名譽不聞故不可得而獲乎上矣然欲信乎友又不可以便佞苟合也其道在於悦親而已不悦乎親則所厚者薄而無所不薄故不可得而信乎友矣然欲順乎親豈可阿意而曲從哉其道在於誠身耳反身不誠則外有事親之禮而内無愛敬之實其何以悦其親乎然欲誠身豈可襲取而强爲哉其道在乎明善耳不明乎善則未能察於人心天命之本然而真知至善之所在尚何以誠其身乎中庸推言素定之意如此則道之本於誠者於是而可見矣大抵誠者中庸一書之樞紐也上文論達德而曰行之者一所以實其德也論九經亦曰行之者一所以實其事也此言凡事而亦曰素定以見道無古今事無大小無一而不本於誠也吁學者欲潛心於道烏可不以誠之爲貴哉

尊賢使能俊杰在位則天下之士皆悦而願立於其朝矣市廛而不征法而不廛則天下之商皆悦而願藏於其市矣關譏而不征則天下之旅皆悦而願出於其路矣耕者助而不税則天下之農皆悦而願耕於其野矣廛無夫里之布則天下之民皆悦而願爲之氓矣

陳祥

同考試官教諭段批（此題頗長場中作者多失冗泛此篇簡當切實必老於行文者是宜録出）

考試官教諭朱批（長題難於收拾而此篇簡净明白可取）

考試官教諭陳批（説理詳明宜用表出）

惟王政無不舉則人心無不歸蓋王政之所在人心之所在也苟不能行夫王政又安能得人心之歸也哉大賢歷舉而言之意有在矣昔孟子論王政謂夫賢有德者尊之而與共夫天位能有才者使之而與治夫天職則俊杰在位而九德咸事矣曰是天下之士莫不樂於進用而願立於其朝焉賦其市地之廛而不征其貨治以市官之法而不賦其廛則征斂有藝而下無過取矣由是天下之商莫不樂於懋遷而願藏於其市焉關所以禦暴也但察其异言异服之人而不征商賈之税則天下之旅豈不皆心悦而願出於其路乎耕所以力農也但使出力以助耕公田而不復税其私田則天下之農豈不皆心悦而願耕於其野乎至若宅不毛者有里布民無職事者出夫家之征一切取之民不堪命也故市宅之民賦其廛而不征夫里之市則天下之民又孰不愛戴歸

往願受一廛而爲之□哉吁王者之政行於上而人心樂歸於下者如此是豈威力驅之而致然哉孟子以是爲言其所以曉時君之意切矣大抵戰國之世王道不明人心陷溺諸侯惟務侵凌以肆過取之私而於行先王之法蔑如也故孟子於此而歷言之蓋欲除過取以奉私之弊而一行之以先王之法皆所以遏人欲而擴天理也旨哉言乎

易義

初九潛龍勿用九二見龍在田利見大人九三君子終日乾乾夕惕若厲無咎九四或躍在淵無咎九五飛龍在天利見大人

張琡

同考試官教諭段批（此篇以隱顯立説而知所歸重且象占明白辭無冗雜他卷未易及也故録之以冠本房）

考試官教諭朱批（此篇於爻位象占節節講説明白得周公係爻之意宜在所取）

考試官教諭陳批（能發明五爻之象占且文辭簡潔録出爲是）

爻位由隱而漸顯故聖人各著其象占焉蓋乾之初爻至五由隱而漸顯也繫爻聖人得不各著其象占以示人哉嘗觀乾之諸爻皆陽由隱至顯初九以陽居下未可施用故其象爲潛龍其占曰勿用占者遇此但當安静於下未可有爲於時焉九二出潛離隱澤乃於物故其象爲見龍在田其占爲利見大人占者值此則有德澤之被故宜見此大人焉爻至九三重剛不中性體剛健有乾乾惕厲之象也占者能終日乾乾而夕猶惕若則雖處危地而過可補矣爻至九四居上之下進退未定有或躍在淵之象也占者能審於上進而安於下退則進退隨時而咎可免矣迨夫爻當九五剛健中正以居尊位故其象爲飛龍在天其占爲利見大人龍而曰飛則非潛見惕躍之可比飛而曰在天則非在田在淵之可倫以龍而飛于天如以聖人之德而居聖人之位故人之争先快睹者不啻雲龍風虎之相從焉趨前利見者不啻水濕火燥之相就焉是則爻由初之隱而漸至於顯象由初之潛而漸至於飛占由初之勿用而漸至於有爲周公因爻著象因象著占厥旨精哉抑論周公繫乾之爻固各以人而應也而孔子文言皆以聖人明之何歟蓋以純陽之德剛健之至以義類推之則爲聖人之象而其六位之高下又有似於聖人之進退故因潛見躍飛自然之文而以聖人之迹各明其義位有高下而德無淺深也學易者當各以意求之

是故四營而成易十有八變而成卦八卦而小成引而伸之觸類而長之天下之能事畢矣

陳祥

同考試官教諭段批（此題本義注略啓蒙説詳場中作者不考啓蒙故於小成引伸觸類多講不明此篇合本義啓蒙之説融會成文明白通暢可謂熟於本領之學者宜置高選）

考試官教諭朱批（作此題者多於引伸觸類處駕空臆説殊戾本旨此篇詞簡而理備必邃於易學者置之優選公論攸歸）

考試官教諭陳批（體認真切得潔静精微之旨宜取之）

論揲蓍求卦有定法惟有以極乎卦變故有以盡乎事變蓋四營十八變此揲蓍求卦之定法也則夫由小成以極於卦變之無窮者豈不有以盡天下之事變哉嘗觀揲蓍求卦之法始以四十有九之策既分二而掛一復揲四而歸奇四度經營而後一變成焉一變之後復如前營積三變而成一爻積十八變而成六爻六爻既備而後一卦成焉然方其三十六營而九變也則成夫三畫之卦得夫八卦之一而内體之爲貞者立矣此八卦但爲小成而已自是而往引而伸之又三十六營而九變也則三畫重爲六畫内體加以外體而外卦之爲悔者備矣三畫重内外備而六十四卦之别可見由是觸類而長視其爻之變與不變以爲動静觀其卦之動與不動以爲消息則一卦可變而爲六十四卦六十四卦可變而爲四千九十六卦殆見天下之吉凶以之而定天下之亹亹由之而成或涉川而攸往或建侯而行師事雖萬變也一皆於此而斷焉或卜田而遷國或祭祀而婚媾事雖萬殊也一皆於此而决焉所謂定天下之業者在是所謂成天下之務者在是何莫而非卦變有以盡之哉抑考此章首言天地大衍之數次言揲蓍求卦之法然數也法也皆變化之道神之所爲也故曰知變化之道者其知神之所爲乎

書義

若升高必自下若陟遐必自邇無輕民事惟難無安厥位惟危慎終于始有言逆于汝心必求諸道有言遜于汝志必求諸非道

張繼

同考試官教諭夏批（進德矯情本一串事人多忽略惟此發越透徹取冠本房公論攸歸）

同考試官教諭朱批（允如初考）

考試官教諭陳批（發明伊尹畫一告君之旨曲臻於妙其壁經中之巨

擘乎)

大臣之於君既告以進德之序復勉以矯情之偏蓋人君之修德固當循序而漸進也然於其情之偏者不有以矯之亦何以正其心而進於德哉思昔伊尹當太甲改過遷善之初畫一以告之若曰懋敬厥德者先王成湯也今王嗣有令緒可不法之以進其德乎然非一蹴之可至要必循序而進有如升萬仞之高自下而始焉聖敬日躋者烈祖成湯也今王纘承大統可不監之以修其德邪然非跬步之可到要必以漸而至有如陟萬里之遠自近而始焉夫進德固有其序然不矯乎情之偏亦安能造其極乎是故勤勞稼穡小民之事至難也情或偏而以爲輕未有不至於虐民者矣必當思夫民事至重而不以爲輕可也德治否亂元后之位至危也情或偏而以爲安未有不至於縱欲者矣必當思夫天命靡常而不以爲安可也人情固欲善其終然安於縱逸以爲今日姑若是而他日固改之者情之偏也故欲善其終必慎於其始欲謹其後必謹於其初也至若鯁直之言人所難受也若遽以爲逆于心而拒之亦情之偏矣必求諸道苟合乎理雖逆于心而不可拒焉巽順之言人所易從也若遽以爲順于志而聽之亦情之偏矣必求諸非道苟弗乎理雖順于志而不可聽焉夫如是則情無或偏而德無不進豈不有以成元良之德而爲明明后歟嗟夫太甲不義有若性成因伊尹之訓既而翻然改悟處仁遷義伊尹尤慮其不能謹終故於此畫一以告之語其德之進也欲其循乎序慮其情之偏也欲其歸於正元老大臣拳拳忠愛言有盡而意無窮如此厥後太甲果能克終允德而爲有商令王得非伊尹訓導之力歟

惟克天德自作元命配享在下

王存禮

同考試官教諭夏批(此題本平易作者多忽略自作元命一句此篇説理詳明允爲佳作)

考試官教諭朱批(寫出穆王宛然訓刑之意可佳)

考試官教諭陳批(説出用刑至公配天之德極明可羡可羡)

惟己德有以純乎天故制命有以合乎天夫天者至公而已典獄者既能純乎天德則其制命又豈不有以合乎天哉昔穆王訓刑意謂大公無私者天德也有虞典獄者非訖于威惟訖于富廓然大公而無毫髪私意之雜純乎天德而與天爲一矣至正無偏者亦天德也虞廷司刑者敬忌之至罔有擇言在身粹然至正而無纖芥物欲之累渾乎天德而與天無間矣惟其天德在我則

大命豈不自我作乎是故栽者培之傾者覆之此天之元命也今焉生所當生殺所當殺而生殺之大命不在天而在我矣善者福之淫者禍之亦天之元命也今焉刑所當刑賞所當賞而刑賞之大命不在天而在我矣誠以天能制人之大命而典獄者亦能制人之大命非克配在下乎天能折民之邪妄而典獄者亦能折民之邪妄又非克配在下乎用刑之極功而至於與天爲一者如此又孰有加于此哉大抵刑者凶器也死者不可復生斷者不可復續所係莫大焉故穆王訓刑上文既曰有德惟刑而此又曰惟克天德無非欲其以德而爲用刑之本也既曰作配在下而此又曰配享在下無非欲其敬天而盡用刑之心也有虞典獄之官用刑之極功蓋能無間於天斯能無負於君矣穆王以是爲言何莫而非欲當時典獄之官取法也歟

詩義

徐方既同天子之功

張拱端

同考試官教諭王批（此篇形容宣王服遠之功不由於征伐深得詩人之旨誠深於文而老於學者也是宜録出）

考試官教諭朱批（發明宣王服遠有道允宜録出）

考試官教諭陳批（説理詳明取之以冠本經）

致遠人之咸服此王者之功也夫遠人未易服也今焉王道大而遠人之咸服詩人安得不歸功以美之哉是詩宣王自將以伐淮北之夷詩人美之謂夫淮夷背叛患我中國也久矣宣王命皇父整我六師以伐之然而來同之心初何有乎今則上下一心莫敢不諾而無一人之逆命焉徐方倡亂侵我邊疆也甚矣宣王命休父戒我師旅以征之然而來庭之意亦何有乎今則内外一志莫不率從而無一夫之梗化焉夫遠人之咸服如此將以爲太師皇父之功歟彼特整我六師而已功何與焉實我有嚴天子推赤心以置諸腹中而致其來同也非天子之功而何將以爲程伯休父之力歟彼特戒我師旅而已功何有焉寔我明明天子用□□以化其心志而致其咸服也又非天子之功而何吁宣王服遠有道而不專恃乎兵威如此詩人歸功以美之其褒美之中而寓規戒之意也爲何如哉抑又孝之前篇召公帥師以出歸告成功故備載其褒賞之辭此篇王實親行故反覆其辭以歸功於天子言王道大而遠方懷之非獨兵威然也序所謂因以爲戒者其以此歟

不僭不濫不敢怠遑命于下國封建厥福商邑翼翼四方之極赫赫厥聲濯濯厥靈

張拱端

同考試官教諭王批（此篇破合題意講亦條暢高宗中興氣象宛然如在目睫高薦何忝）

考試官教諭朱批（形容高宗中興氣象殆盡宜取爲冠）

考試官教諭陳批（得詩人之旨）

詩人之於賢君既言其致中興之道復言其著中興之盛蓋王業之興不偶然也有商賢君公刑賞以致中興而又有以極其盛也如此詩人播諸聲歌以美之不亦宜乎是詩□人祀高宗之樂想夫登歌之頃意其若曰惟我商王畏天敬民有功者賞之而賞當其可未嘗至於或僭有罪者刑之而刑適其宜未嘗至於或濫然賞雖不僭也使或少慢其不至於僭乎必其難其慎始終如一而不敢怠刑雖不濫也使有不謹其不至於濫乎無怠無荒先後一致而不敢忽故皇天眷命奄有四海而爲天下君荷天之龍百禄是總而大建其福此其所以受命而中興也爲何如哉夫大業于焉而聿興則王都翼然而整敕政教號令焕乎一新天下之大莫不於此而取正焉典章法度燦然畢舉四方之廣罔不於是而表正焉以言其風聲也則赫赫然而顯盛有以洋溢乎天下以言其威靈也則濯濯然而光明有以聳動乎人心則其著中興之盛也又何如哉吁高宗致中興而極其盛如此商人於登歌之際以是美盛德而告成功也宜矣大抵致一代中興之意固本於天眷之隆尤本於人君之德故宣王以德膺天眷而周祚爲之中興高宗以德受天命而商業爲之再造吁宣王也高宗也皆中興之令主是宜詩人各致其美而形諸歌咏也歟猗歟盛哉

春秋義

會齊侯宋公陳侯衛侯鄭伯許男滑伯滕子同盟于幽（莊十六年）公伐邾入邾以邾益來（哀七年）

胡宗道

同考試官教諭熊批（此題乃先事而致褒貶屬辭比事傳有可據場中作者殊失本旨惟此卷詞理俱優宜表出之）

考試官教諭朱批（褒貶得宜允協輿論）

考試官教諭陳批（深得筆削之旨）

望國講信而失信春秋特以諱詞書望國爲惡而去惡春秋特以直詞録此所以諱公於于幽之盟直書以邾子益來而不隱聖人筆削之嚴爲何如哉

且夫以信易食聖人答子貢也民而無信則不立矣今也齊桓主伯仗義尊周因人心所大欲講于幽之同盟内外列辟既聞風而至止我君莊公亦俯首以相從諸侯之觀瞻者在是王室之倚賴者在是其信可謂著矣夫何莊公不恒其德罔中于信未盟之先既懷寮一之疑既盟之後復有逋逃之受尊安之信義既虧甥舅之歡好何有故春秋於于幽諱公不書者欲見後書鄭詹逃來之爲失信而惡之也豈非望國講信而失信春秋特以諱詞書乎若夫不善不改聖人之所憂也過而能改不亦善乎今也邾國弱小魯欲并吞遂帥三軍之師旅直造東婁之邦域范門之役既暴執君之辱已甚處公宫而晝夜掠獻亳社而負瑕囚其惡可謂極矣所幸哀公聞義能徙改過不吝方吴克東陽而深懲既往之咎及齊取二邑而遂改前日之爲魯既知去其惡邾亦幸免於禍故春秋書以邾子益來而不諱者欲見後書歸邾子之爲能去其惡而與之也又非望國爲惡而去惡春秋特以直詞録乎吁失信於講信之後者魯莊也去惡於爲惡之餘者魯哀也觀春秋所書而褒貶之情見矣雖然魯哀之背齊非矣不數年而從後幽之盟遂成齊伯焉魯哀之釋邾善矣不旋踵而會吴伐齊實爲邾故焉噫莊公足以掩前日之愆哀公之所爲若此其能免於適越之會歟

鄭伐許（成三年）鄭伯伐許（四年）取鄆（昭元年）叔孫舍如晋晋人執我行人叔孫舍（二十三年）叔孫舍至自晋（二十四年）

胡宗道

同考試官教諭熊批（此篇以禮義立説深合傳意是宜録出以式來學）

考試官教諭朱批（理明詞暢可取）

考試官教諭陳批（予奪適宜）

不義而陵人者春秋著其惡以禮而制身者春秋表其節此鄭伯父子之伐許叔孫父子見執晋春秋備書而予奪之意見矣且夫義者制事之宜以義而誅暴禁亂者有矣况於小國而以不義陵暴乎今也鄭襄附楚一年再興伐許之師悼公嗣位幾歲又舉伐許之兵襄之稱干比戈既非抑强扶弱之義不過肆爲强暴爾悼以吉禮從戎亦非仗義執言之舉不過恣爲陵虐爾且襄乃悼之父也父子不義陵人如此春秋胡不可責乎故於襄伐許則狄之所以懲其惡悼伐許則爵之所以著其惡其責之也爲何如哉若夫禮者守身之要以禮而事上使下者有矣况於執辱而能以禮制身乎今也季孫取鄆豹會號而遺請戮邾人訴魯婼聘晋而被執止豹也有欲求貨爲請則我以貨免魯必受師而後請戮之辱罷婼也晋使與邾大夫坐執以周制不屈强國而後執止之

刑釋且婼乃豹之子也父子以禮制身若是春秋□可不予乎故於取鄆則諱魯而不書執以明叔孫豹之守節於執舍則人晋而書至以見叔孫婼之制身其予之也又何如哉吁不觀鄭兩伐許無以知鄭伯父子不義而陵人不觀取鄆執舍又何以知叔孫父子以禮制身哉雖然鄭伯父子不義頻年伐許不足論矣獨惜夫豹婼父子以禮制身此社稷之衛魯之良大夫也使昭公稍有動心忍性强於爲善之意舉國以聽豈其奔於乾侯奈何安於不競坐視强臣之脅制以至於亡悲夫

禮記義

此之謂大當然後聖人作爲父子君臣以爲紀綱

張玹

同考試官教諭包批（場中作樂記者率冗雜可厭求其見理真而遣辭順無逾是篇）

考試官教諭朱批（辭理俱到允如初考）

考試官教諭陳批（理有定見而辭足以發之禮經之表□者也）

當天下大化均調之時正聖人制禮垂範之日夫治定制禮必然之理也苟於大化均調之時而不序之以禮焉其何以垂範於世哉昔子夏答魏文侯問樂及此蓋謂聖人之樂必作於禮教大行之時而禮必制於天下大當之日大當者大化之均調也彼其天地順而四時不當豈大當乎民有德而五穀不昌亦豈大當乎今焉以言乎天地四時則天地順而四時當大化均調於天地四時矣以言乎民與五穀則民有德而五穀昌大化均調於民與五穀矣疾疢不作妖祥靡有合是數者無適不當非大當而何聖人於斯時也得不制禮以垂範乎故禮莫大於父子内焉制爲父子之禮使閨門之内秩如也禮莫大於君臣外焉制爲君臣之禮使朝廷之上肅如也以之爲三綱之目則尊而曰君曰父曰夫有以統乎卑卑而曰臣曰子曰婦有以隸乎尊以之爲六紀之目則同姓而諸父族人昆弟必有善有序而有親异姓而諸舅師長朋友必有義有尊而有舊内外相維綱紀畢張聖人制禮以垂範者如此作樂之本寧不在於斯乎由是觀之聖人之治天下必先序之以禮乃可和之以樂此所言者序之以禮也下文所謂正六律以下之事和之以樂也周子曰聖王制禮法修教化三綱正九疇叙百姓大和萬物咸若乃作樂以宣八風之氣以平天下之情意蓋本此任制作者其可忽諸

天降時雨山川出雲

閻鉦

同考試官教諭包批（健筆寫出天人相應之旨擢冠本經允協公論）

考試官教諭朱批（發越明暢殊可雋永佳士也）

考試官教諭陳批（文有關鍵理亦明瑩似此杰作可多得乎）

即天澤之將降必有其兆明王業之將興亦有其兆夫王業之興不偶然也將興之兆必見於賢佐之豫生豈不猶時雨之降有兆於山川之出雲哉何則聖王無私之德默契乎天地故天地無私之道自應乎聖王烏有聖王嗜欲之至而無其兆耶有如彼蒼者天將降時雨也非降於卒然之間而山岳必先爲之油然作雲以布其絪緼之氣焉皇矣上帝將雨時雨也非雨於倏然之頃而川澤必豫爲之藹然出雲以啓其霡霂之徵焉夫天降時雨不猶王業之興爲聖人之嗜欲乎山川出雲不猶賢才之生爲興王之朕兆乎故天欲文王之肇造區夏必爲豫生二老以爲心膂其與時雨降而山川出雲者同一機天欲武王之永清四海必爲豫生十臣以爲股肱其與時雨施而山川作雲者同一致吾夫子托喻以告子夏則三王參於天地之德豈不於斯而可見哉抑考此篇始論爲民父母之道終論參於天地之德致五至而行三無者爲民父母之道也奉三無私以勞天下者參於天地之德也然必得賢佐有令聞然後可以施爲故此與下文又以崧高江漢之詩申言之夫子所以告子夏之意不既深乎

論

孟子有大功於世

陳祥

同考試官教諭段批（立論正大一氣呵成非胸中吞雲夢者曷克臻此）

考試官教諭朱批（議論層出筆力蒼古杰作也）

考試官教諭陳批（論孟氏言性善之大功至精至密文勢滔滔有若長江大河一瀉千里非老於學者不能健羡）

天豈徒屈大賢哉實所以爲世道計耳蓋身屈則道伸也道伸則有以扶世教淑人心而有大功於世也身達不過股肱王室柱石廟堂建一時之事功且不可期况能有功於後世乎此天生大賢身雖屈於一時而道實行於萬世其有功於世豈不大矣哉夫孟軻氏生丁戰國負泰山岩岩之氣象挹秋陽皜皜之光輝未嘗有人民社稷之寄亦未嘗有官守言責之任適梁而不用於梁游齊而不遇於齊言不聽矣道不行矣名實未加於上下德澤未及於生民身之窮也如是謂有絲粟尺寸之功且未可况可謂之有大功於世乎噫不然也

古之聖賢不以其身之達爲有功而窮無功亦不以其世之泰爲有功而否無功身達而有功特一時之功耳不若窮而有功者之爲久世泰而有功特功之小耳不若否而有功者之爲大孟子雖斂身于窮而有大功於時雖遭時之否而有大功於世孟子之功卓乎其不可及矣是其功何功哉彼戰國之時杏壇迹蕪木鐸響息厚幣招賢者以利爲問罷兵息民者以利爲名爲君者慕桓文爲臣者慕管晏天下遑遑焉卒無所定人心貿貿焉莫知所之斯時也道學不明人性鑿喪有以杞柳言性者有以湍水言性者又有以食色爲性者焉噫及門之徒尚不知性之本善況他人乎有以功利壞性者有以縱横壞性者又有以刑名壞性者焉噫當時之人且不知性爲固有況异世乎軻非不欲緘其口也但邪説害人之心甚於洪水猛獸之□不言性善則一世之蒙誰與剖乎亦豈好辯也但异端戕人之性慘於夷狄篡弑之禍不道性善則一世之愚孰與開乎於是上畏天命下悲人窮明白□篇之仁義斬艾异説之荆榛時方有以兼愛寇吾性之仁者則曰墨氏兼愛是無父也所以排之凛乎秋霜之嚴而天下後世皆知兼愛之非仁此其有功於世也大矣時方有以爲我賊吾性之義者則曰楊氏爲我是無君也所以斥之威然斧鉞之誅而天下後世皆知爲我之非義此其有功於世也至矣以惻隱羞惡辭讓是非□仁義禮智之端示人因情以見性也不惟一鄉一國之人昭然知人性之善而千萬國之衆亦莫不然孟子之功果尺寸之功乎以事親從兄爲仁義智禮之實啓人良心之真切也不但一世百世之人曉然知人性之善而千萬世之下亦莫不爾孟子之功果絲粟之功乎論道德則必稱堯舜蓋以堯舜性此性者也稱之使後世之人皆知堯舜爲可法不有功於世之人歟論征伐則必稱湯武蓋以湯武身此性者也稱之使百世之下皆知湯武爲可師不有功於世之人歟其曰人性之善也猶水之就下也人無有不善水無有不下則其言性善也昭昭然矣世之聞者莫不感發興起皆求復其本然而充其善果誰之功歟其曰孩提之童無不知愛其親及其長也無不知敬其兄則其言性善也彰彰然矣世之聞者莫不勇猛奮發皆知所以自警而不流於惡抑誰之力歟湍水食色之論恐亂吾性之真也則深排而力辯之使天下之人皆知湍水食色也之非性而吾性之真了然不昧奚翅掃雲霾而睹青天也其功之大孰可倫乎有性善有性不善之説戕吾性之天也則明拒而直斥之使天下之人咸知性善性不善之非真而吾性之善斷然可行奚翅闢荆榛而循大道也其功之大誰可及乎爲人臣者懷仁義以事其君有大功於世之君臣也爲人子者懷仁義以事其父有大功於世之父子也爲人弟者懷仁義以事其兄又有大功於世之兄弟也是孟子

之有功也不但一世而百世之下此性之善常明而不晦者孟子之功也非直百世而千萬世之下此性之天恒存而不泯者亦孟子之功也夫孟子之有大功於世如此彼有勛勒鼎彝名書太常者其功非不偉矣視孟子之功徑庭也股肱王室柱石廟堂者其功非不美矣視孟子之功懸絶也是何也蓋以勛勒鼎彝股肱王室之功皆有人民社稷之寄有官守言責之任而後有功蓋易易耳況其功止可及於當時而未能垂於後世孟軻氏無此□無此任而有此功又能垂异世而不泯是豈不誠爲大功乎設使孟子達而在上亦不過行一時之事業建一時之功耳豈能有大功於一世而至於千萬世耶嗟夫性學不明久矣荀之惡習也非言性也楊之善惡混氣也非言性也愈之上下品才也非言性也表表三子尚不知性是無怪乎申韓黄老竊吾仁義道德之似嘵嘵然於天下後世也雖然夫子止言仁而軻則兼言仁義夫子止言志而軻則兼言志氣軻豈好辯哉爲戰國憂也爲道學計也繼而濂溪周子浚其源太極一圖有以會吾性之天地孟子發之也伊洛程子導其流大易一傳有以揭吾性之日月孟子發之也横渠張子助其瀾訂頑砭愚有亞聖性善養氣之論紫陽朱子集其成訓釋群經有宣聖删述繫作之功何莫不自孟子有以發之耶子程子謂孟子有大功於世夫豈欺我哉

表

擬宋進士王堯臣謝聞喜宴賜詩及中庸篇表

王存禮

同考試官教諭夏批（駢儷可觀）

考試官教諭朱批（典雅）

考試官教諭陳批（得體）

伏以聖神御世宏開泰運之基奎壁聯輝應兆文明之象以賢門而四闢納黎獻於萬邦斯道增光吾儒大幸恭惟聖由天縱德與日新丕承三聖之洪庥永建萬年之皇極心存恭儉溥懿德以均霑治洽雍熙廣殊恩而覃被斂奢靡之流俗回淳厚之仁風君子盈立於朝賢才無遺於野一朝盛事千載奇逢臣堯臣等一介微生三才末品質本草茅之賤材同樗櫟之庸學業黌宫幸際風雲之會名題金榜親依日月之光方感荷之弗勝何恩榮之累洽宴開瓊苑具陳龍鳳之珍詩錫金鑾光燦珠璣之美顧惟中庸之繼賜以見大道之宏敷致極中和丕闡聖神之功化潜包費隱擴充性理之精微褒寵自天戰兢無地臣敢不盡心竭力酬德報恩雖無董賈之才敢效伊周之志伏願皇圖鞏固同山岳之奠安聖壽遐增共天地而悠久臣無任瞻天仰聖激切屏營之至謹奉

表進稱謝以聞

策

第一問

張拱端

同考試官教諭王批（策問古今聖賢立言异同此篇剖析明白殆嘗存心理窟而不止於記誦者歟）

考試官教諭朱批（此篇能知河圖爲理數之祖且文詞順暢必策手也）

考試官教諭陳批（條答詳悉文思沛然蓋非稚學所能到者）

對論聖賢之制作同一理原聖賢之制作同一心蓋同此心則同此理也前乎千萬世之既往而制作垂訓者此心此理也後乎千萬世之方來而制作垂訓者又非此心此理乎然欲知古今聖賢制作之理豈可以泥其言之异而不究其心之同哉粤自伏羲王天下也河出圖而則之以畫八卦神禹治洪水也洛出書而則之以叙九疇河圖之數十雖爲偶而以五生數統五成數則偶之中有奇焉洛書之數九雖爲奇而以五奇數統四偶數則奇之中有偶焉動静相乘奇偶相配此河圖洛書所以相爲表裏也先天八卦乾兑生於老陽之四九離震生於少陰之三八巽坎生於少陽之二七艮坤生於老陰之一六其卦未嘗不與洛書之位數合後天八卦坎一六水離二七火震巽三八木乾兑四九金坤艮五十土其卦未嘗不與河圖之位數合此先天後天所以相爲表裏也周公爲尊王而作爲六篇之周禮記三百六十屬之官屬故冠之以惟王之一辭孔子爲尊王而簡嚴一字之春秋載二百四十二年之行事故首之以春王之特筆二聖之時雖殊而其心則一故盧植謂周禮春秋相爲表裏者以此曾子傳大學以教人而始終不出乎此心之一敬子思作中庸以明道而樞紐不外乎此心之一誠中庸之明善即大學格物致知之功中庸之誠身即大學誠正修身之要二書之旨雖异而其理則同故朱子謂大學中庸相爲表裏者以此洪惟我太祖高皇帝應天啓運慮人昧此心之理也故有大誥三編之條太宗文皇帝繼體守□慮人戾此心之理也故有爲善陰騭孝順事實之頒宣宗章皇帝嗣守洪圖欲人知此心之理故有五倫書之作洪謨大訓昭示海宇是皆本之躬行心得之餘發於精神心術之奥所以迪民彝扶皇極躋斯世于雍熙泰和之域者至矣觀夫大誥申明五常其與五倫書教以人倫同一致也陰騭敦德勸善其與孝順事實教人以孝同一旨也嗟夫古今一理聖賢一心前乎聖賢之制作垂訓固不外乎此心此理而我朝列聖涣頒垂世之典又豈外於此心此理哉愚也學問荒疏不足以探聖賢之藴姑述此以復明問焉

第二問

王存禮

同考試官教諭夏批（場中此策作者多演問目而已惟此篇條答詳明宜居高選）

考試官教諭朱批（隨問而答整整有條可佳也）

考試官教諭陳批（答述無遺足見平日學力之到）

三代以前之文主乎理而無可議三代以後之文騁乎辭而有可議蓋主乎理者渾厚醇正固無容議矣騁乎辭者醇駁不一抑豈無可議者哉甚矣文者載道之器所以關乎氣運也三代以前氣運隆盛渾渾噩噩而六經之文純乎道德垂憲萬世邈乎其不可尚矣自秦漢而下世道日降氣運不古若而世之文人墨客操觚灑翰馳騁浮藻蓋竊糟粕之餘而文之可議者未易枚舉姑以一二言之如歐陽永叔作醉翁亭記東坡稱其平生最爲得意者也而秦少游則以用賦體譏之范文正公作岳陽樓記世嘗稱之以爲佳作者也而尹師魯則以傳奇體誚之曾子固之記六經閣而張伯玉以爲終不愜意陳鐸之批答魯仲明而謂其非詔語東坡之作醉白堂記王荆公以爲韓白優劣論王金陵之作處州學記蘇公謂其爲學校策然而稱贊之意不足而正救之辭有餘者豈諸公之自相短哉無非以其文相切磋耳至若樂天之詩沈存中喜其識趣之可尚而張子厚則譏其識趣最淺杜陵之詩黄山谷稱其爲靈丹一粒而楊大年則薄其爲村夫子昌黎之文歐公平日甚推重也以其家藏萬卷惟以韓文爲舊物萬世所尊而蘇穎濱乃譏之愚溪之文蘇東坡晚年最愛也以其碑文絶妙今古而歐公乃薄之然而去取之見不同而優劣之論亦异者豈諸公之自相反哉亦無非以其文而相詰難耳數子之文皆含英咀華當時之杰然者也然而皆不三代鄒魯若者以時不三代人不孔孟而專騁乎詞不本於道德而然耳肆惟我朝值氣運之隆盛正文運之亨嘉儒風丕振而文章本乎道德誠有以比隆三代以前六經之文而超越漢唐宋矣猗歟盛哉

第三問

胡宗道

同考試官教諭熊批（一見初場已知爲有學之士及考論策筆力雄健而此策尤有發明取冠多士允以爲宜）

考試官教諭朱批（有考據有識見蓋群士中之杰出者）

考試官教諭陳批（考究明白斷制切當）

觀天討有罪之謨於書而知爲治不可以無刑觀無敢折獄之辭於易而知

任刑必在於得人蓋刑者輔治之法固非先王所恃以爲治也然非任刑者之得其人焉其何以致刑罰之平而使民之無訟也哉謹因明問所及而陳之昔舜於嗣位之始而申欽哉恤刑之訓虞之恤民固已至矣而又有皋陶爲士師明刑弼教故能致民協于中之治成王於立政之初而發庶獄庶慎之訓周之恤刑亦已至矣而又有司寇蘇公式敬由獄故能成囹圄空虚之效此其豐功偉績卓乎不可尚已自是而後掌刑之官表表於漢廷之上者若張釋之爲廷尉守法平恕天下無冤民于定國之爲廷尉罪疑從輕民自以不冤然考之於史如犯蹕罰金之議釋之之守法可謂善矣惜文帝不悟而反怒也趙盖韓楊之誅宣帝之刑名可謂慘矣由定國隱忍而不諫也自是而降執法之臣挺挺於唐室之間者若唐臨縱囚歸耕斷獄無冤方之定國爲無愧徐有功持平守正犯顔廷諍賢於于張爲甚遠雖然朝廷立法不可不嚴有司行法不可不恕蓋不嚴不足以禁天下之惡不恕不足以通天下之情漢唐典獄之官以恕求情而不一於法者有如釋之固當以爲法也一於用法而不參於情者有若常衮是又豈不可以爲戒乎洪惟我聖朝法古圖治尤重用刑之典内設刑部都察院以總天下之刑憲外置按察司以清一道之刑獄宜乎政平訟理刑措不用可也然而犯者接踵繫者盈獄豈但人心之不古飢寒之所迫哉良由上之人不能正其本清其源而惟務治其末塞其流耳誠能正本清源於未犯之先則民皆知法度可守而不犯於有司矣間有冥頑不率而罹於刑罰者使執法之人皆如皋陶之明刑弼教蘇公之式敬由獄以恕求情而法乎釋之一於用法而戒乎常衮殆見政平訟理而致有虞民協于中之治感召和氣而臻成周囹圄空虚之效庶上有以副朝廷刑期無刑之盛意也愚也管見如斯未知執事以爲何如

第四問

閻鉦

同考試官教諭包批（此策以時與具字括盡問意且前後照應文采爛然其獨步場屋者歟）

考試官教諭朱批（策能答所問終篇歸美今日制作同符虞周尤的然有見佳士也）

考試官教諭陳批（策有條理可佳）

論禮樂於三代之前而虞周爲極盛論禮樂於三代之後而聖朝爲尤盛夫禮樂之作必有其時又有其具然後可也叔孫通欲興禮樂而無其具孔明可興禮樂而無其時當制作之時有制作之具此虞周與今日之禮樂而獨盛所以亘古今而不可及也歟夫安上治民莫善於禮移風易俗莫善於樂是禮

樂二者誠治天下之大本也然有情焉有文焉於情而知之悉則能察事物之幾微而建立其規模故作者之謂聖於文而識之詳則能因前古之遺緒而修明其遺闕故述者之謂明若黄帝堯舜之造律吕垂衣裳皆聖者之作也周公經制盡取前代之禮樂兼明聖之述作也季札觀樂各有所論非明者之述乎夫子之聖述而不作有其德無其位故爾夫作者之聖莫盛於有虞尤莫盛於有周以言乎虞之禮樂如伯夷后夔之所典天人以格而三禮之攸叙神人以和而五音之克諧此虞之禮樂所以盛也以言乎周之禮樂如宗伯司樂之所掌五禮防民僞而教之中六樂防民情而教之和此周之禮樂所以盛也周衰而東文勝而弊禮樂之存僅見于魯韓宣子適魯見易象春秋而曰周禮在是自魯之外無見焉吴季札聘魯聞韶箾風雅而各有論贊自魯之外無聞焉文武之禮樂周公之經制於是浸以衰微委巷之禮桑濮之音始壞於戰國大壞於嬴秦矣炎漢之興去古□□正當一新末習上師虞周以成一代之制奈何兩生泥古而不通今叔孫通徇時而不聞道故綿蕝之習因襲秦故而不足以復先王之制者諒以叔孫通人物之污下宜其見却於魯兩生也孔明之生當漢之季乃王者之佐實伊吕之儔足以興禮樂而繼虞周奈何渭上之田方屯而營中之星已殞使天祚漢假之以年而先王禮樂可興者蓋以孔明人物之正大宜其見許於文中子也是則叔孫通有制作之時而無其具孔明有制作之具而無其時此漢之禮樂所以止於漢而虞周之禮樂超越千載有待於今日也肆惟我國家應天啓運肇造洪業于今垂者百餘年乾清坤寧風淳俗美有唐虞三代功成治定之時元首明哉股肱良哉有堯舜文武制禮作樂之具是以大禮之制與天地同節大樂之作與天地同和今日之禮樂即虞周之禮樂也視彼區區秦漢曷足以彷彿其萬一哉

第五問

陳祥

同考試官教諭段批（考據精切處置有方知古知今高齊豈能專美於前歟）

考試官教諭朱批（書生知兵非碌碌者得士如此主司能不爲之慶幸）

考試官教諭陳批（禦戎備邊之術滔滔寫出有學有識之士也）

固封疆之守者必有賴乎兵操兵備之柄者必有資於將蓋兵所以衛國而將所以統兵也然國而非兵不足以固封疆之守兵而非將抑何以成制敵取勝之功哉愚也習俎豆於泮庠非知兵者然有文事必有武備況明問彰彰敢不悉心以條陳其萬一乎夫善用兵者不急於治兵而急於擇將將之勇怯

兵實係焉故天下無必勝之兵而有不可犯之將古者兵出於農故用民兵然既募之後則有紀律焉如馬燧之練成精卒是也方募之始則有差擇焉如馬隆之立標揀試是也兵法曰凡步兵與車騎戰者必依丘陵險阻林木則勝如唐李克用使步兵陣於契丹之後以解幽州之圍此非以步戰而勝者乎凡騎兵與步兵戰者須得平易之地進退無礙則克若晋周德威遣騎兵三百扣梁營挑戰而敗其軍此非以騎戰而克者乎兵法曰欲戰者無迎水流觀楚司馬子魚之伐吴而曰我得上流遂敗吴師此則以舟戰而勝者也廣地則用軍車觀晋馬隆依八陣圖作二車而戰于河西遂平凉州此則以車戰而克者也秦王翦以六十萬衆而虜楚王負芻晋謝玄以八千兵而破秦王符堅衆戰寡戰雖不同而取勝則同虞翊增竈而示羌人以强孫臏減竈而示齊人以弱强戰弱戰雖不一而剋敵則一晋符彦卿乘風與契丹戰於陽城唐李愬冒雪入蔡州討吴元濟是戰貴乎勝敵故風戰雪戰不拘也囊沙壅水以擊龍且有如韓信束苣縱火以討黄巾有如皇甫嵩是戰在於成功故水戰火戰不泥也我國家以仁立國不專在兵然安不忘危治不忘亂故凡天下大鎮必屯兵用固萬年不拔之根本聖謨睿筭深遠莫測今關中三邊密邇奈何蠢兹醜虜投隙而入潛據河套數爲邊患用兵無虚歲而擁鉞者興嘆饋餉無寧時而荷鋤者含嗟則其兵困于戰民疲于餉莫此若也是以廑當寧西顧之慮者良以此矣雖然禦戎無上策自治爲上策備邊無良謀選將爲良謀爲今之計要在閫帥得人而已得其人如曹公瑋則陜西皆良兵得其人如种世衡則清澗皆善射將既得人兵何慮焉但犬羊之性出没不常誠能設險以絶其竊掠伏兵以伺其長驅來則合兵以禦之而强戰弱戰不拘去則堅壁以守之而風戰雪戰不遑如趙充國之坐困西羌諸葛孔明之屯田渭上可也如是則兵不困於戰民不疲於餉彼潛據之醜虜久而必老則腥膻之氣一掃而不復疆埸之擾於此而靖輯久安長治之策疑不出此矣然而廟堂之上伊周重臣帷幄之中范韓名將又豈待愚生之贅言哉兹因明問下臨不敢不以所聞者對

陜西鄉試録後序

世運興則文運興儒道盛則治道盛此學校之教科舉之制所由設也唐虞三代邈矣不可尚也已洪惟我太祖高皇帝龍飛淮甸平一天下之初即建學育才設科取士太宗文皇帝紹而述之爲之表章群經法制益備厥後列聖相承用賢圖治凡若干科矣其總朝綱樹藩屏爲百司庶職者多出於兹是以

文運與世運俱隆治道與儒道俱盛足以追唐虞而比隆三代豈區區漢唐而下可言哉今成化辛卯又當大比陝西藩臬重臣式遵舊事偕謀於巡撫左副都御史馬文升巡按監察御史劉瑀禮聘師儒以司衡鑑又推二司之儒雅者以統領其綱擇百執事以分綜其務重闈列棘守以虎士合八郡三邊之士而嚴試之於是與試者莫不揚眉吐氣争先决勝不啻鏖六軍而奪堅城焉既竣得文之符程度者如制所謂金之躍冶珠之媚川者也復拔其精之精焉者鏤梓以傳僉謂予宜序諸後切惟士之德器不齊所長互异故古有三物之舉近代以來獨取其文辭何歟蓋所以經綸天下者道也所以闡明斯道者文也文莫古於六經六經之文聖賢之道也六經而下有關於治教之文皆道之所在也故曰道之顯者謂之文又曰文者載道之器也觀其文有以知其道文而倍乎道其於治教也無補奚取焉夫關輔之士秀鍾河華靈藴西庚襲有周之遺風沐列聖之作養兹當抱藝而來吐辭爲文文必本於經合乎道其登名賢科也宜矣行將奏捷禮闈敷對清問以魁天下之豪杰又有可必者然傳説氏有言非知之艱行之惟艱尚當涵泳乎其所已知敦篤乎其所已能以裨益夫恭己無爲之化充拓夫雍熙泰和之治則運祚益隆於道無忝矣謹序

江西撫州府臨川縣儒學教諭崑山朱旻書

成化十年陝西鄉試録

陝西鄉試録序

聖天子眷念關陝實國家□□□地爰□□子少保左都御史□□總制諸軍而保障之總八郡而巡撫之者則有左副都御史馬文升分三邊而巡撫之者則有右都御史余子俊右副都御史朱英張鵬鎮守則有太監劉祥都督白□□巡按則有監察御史王毓强珍焉維兹大臣暨諸臺憲夙夜祗□□謹咸求仰答上心□□厥職又以□□風化之原兹内不理非急先□□也乃協心作興激昂而抑□□而藩臬重臣右布政使宋有文□參政梁璟右參政龐勝孫仁副□吴玘任璽嚴憲□瀛左參議李□右參議魯能張琳僉事楊冕左鈺李進王繼劉謙姚明亦悉力於外而冀臻盛美至若□□□約時其懲勸則提學副使伍福寔專任之用是八郡之内文風丕振猗歟盛哉維成化甲午歲□□□之期藩臬以試事白于巡撫巡按既得請遂責選士于提學□□務于提調乃具禮幣聘志良□□□□邑俾□鑒衡志良等被聘戰競惕息慮弗□勝兹重負讓至再至三不果辭□就聘八月朔胥會于省邸於是□□執事之職八郡抱藝之士蓋□然來至矣越□□己丑入院□□其事者則巡按監察御史王錦而提調監試則左布政使干璠按察使王朝遠副使胡德胜右參議崔忠也既鎖院乃相與戒飭曰賢俊登庸兹惟朝廷重典有所容心是負朝廷也□□用心亦負朝廷也毋私毋怠庶副乃任既戒誓已又□□于神明遂命題辛卯試之□□□之丁□又試之合三試之文而觀之華□□則所造雖殊如有戾乎道焉□否也於是遵制額録其尤深於□者六十五人又會萃其姓氏及□□優等者以爲録□□事申告□□士曰朝廷録□□科目者豈獨惟文是取而已哉士之自是致身者亦非售其文□□利禄也上以誠求下不得不假夫科目下以忠事上不能不於科目焉進之故夫百餘年來下□□□上賴其忠上下交而世道泰者胥用此道故今求賢之途非一□□以科目爲重者豈無所□□□□爾多□兹甄録於主司父兄親族重之□□邦重之矣將大對天廷取重於國天□□不知所自重矣乎知所自重□德可久業可大

□□□□終其□□司之見録家邦之□□庶無負焉不然斯污矣斯無取於國於天下矣於乎可不敬哉□□戒哉故事録成有序用書終始以引于端焉

河南開封府鈞州儒學學正侯志良謹序

成化十年陝西鄉試

監臨官

巡按陝西監察御史□錦（絅之河南襄城縣人　己丑進士）

提調官

陝西等處承宣布政使司左布政使干璠（廷玉浙江嘉善縣人　壬戌進士）

陝西等處承宣布政使司右參議崔忠(誠之直隸新城縣人　甲戌進士)

監試官

陝西等處提刑按察司按察使王朝遠(朝遠江西進賢縣人　甲戌進士)

陝西等處提刑按察司副使胡德盛（尚愚江西德興縣人　甲戌進士）

考試官

河南開封府鈞州儒學學正侯志良（公善四川宜賓縣人　丁卯貢士）

湖廣德安府隨州應山縣儒學教諭游邦貞（正固江西豐城縣人　己卯貢士）

同考試官

直隸蘇州府嘉定縣儒學教諭□尚彝(嘉猷江西吉水縣人　癸酉貢士)

四川重慶府黔江縣儒學教諭李通（文達湖廣郴州人　甲子貢士）

應天府儒學訓導朱試昌（永吉湖廣桂陽縣人　癸酉貢士）

山西太原府代州崞縣儒學訓導孔謳(覲伯山東曲阜縣人　丙子貢士)

浙江紹興府儒學訓導孫宏（崇裕四川華陽縣人　癸酉貢士）

印卷官

陝西布政司經歴司經歴李鏞（鳴遠直隸山陽縣人　癸酉貢士）

陝西按察司經歴司知事張雲（騰霄山東利津縣人　監生）

收掌試卷官

西安府知府秦紘（世纓山東單縣人　辛未進士）

鳳翔府同知劉璵（鍾美直隸上海縣人　己卯貢士）

受卷官

臨□□□同知黄琥（瑩之江西豐城縣人　己卯貢士）

延安府鄜州知州李瓚（仲璋河南湯陰縣人　癸酉貢士）

彌封官

鞏昌府□州試知州傅鼐（天和直隸新河縣人　丙戌進士）

西安府耀州三原縣知縣□□繁（邦泰河南儀封縣人　己丑進士）

謄録官

西安府耀州知州鄧真（本誠河南息縣人　己卯貢士）

慶陽府寧州知州延定之（正静山西平定州人　癸酉貢士）

漢中府金州平利縣知縣趙賢（惟善直隸内黄縣人　癸酉貢士）

對讀官

臨洮府通判郭鏞（克振直隸滄州人　己卯貢士）

漢中府鳳縣知縣秦臻（世隆直隸定興縣人　丙子貢士）

鞏昌府通渭縣知縣董敬（克恭河南鈞州人　監生）

巡綽官

西安左衛指揮使榮鎰（重衡直隸陵懷縣人）

西安後衛指揮同知吴琮（廷璽浙江烏程縣人）

搜檢官

西安後衛指揮使王昇（景暘直隸邳州人）

西安□衛指揮同知尹幹（克能直隸宿州人）

供給官

西安府通判□□本（宗元湖廣江夏縣人　癸酉貢士）

西安府長安縣□□郁鑑（孔昭湖廣江陵縣人　監生）

西安府咸寧縣主簿曲經（履常山東聊城縣人　監生）

西安府税課司□□王璣（齊政山東汶上縣人　吏員）

鞏昌府徽州□□陸榮（寵之湖廣江陵縣人　監生）

掌行科舉文卷

陝西布政司禮房令吏張鎧（富平縣人）

陝西按察司禮房書吏齊威（河南偃師縣人）

謄録對讀生員朱璋等一百二十五名

第一場

四書

知及之仁不能守之雖得之必失之知及之仁能守之不莊以涖之則民不敬知及之仁能守之莊以涖之動之不以禮未善也　如此者不見而章不動而變無爲而成天地之道可一言而盡也其爲物不貳則其生物不測天地之道博也厚也高也明也悠也久也今夫天斯昭昭之多及其無窮也日月星辰繫焉萬物覆焉今夫地一撮土之多及其廣厚載華岳而不重振河海而不泄萬物載焉今夫山一卷石之多及其廣大草木生之禽獸居之寶藏興焉今夫水一勺之多及其不測黿鼉蛟龍魚鼈生焉貨財殖焉詩云維天之命於穆不已蓋曰天之所以爲天也於乎不顯文王之德之純蓋曰文王之所以爲文也純亦不已　舜明於庶物察於人倫由仁義行非行仁義也

易

君子學以聚之問以辨之寬以居之仁以行之　六四外比之貞吉象曰外比於賢以從上也九五顯比王用三驅失前禽邑人不誡吉象曰顯比之吉位正中也舍逆取順失前禽也邑人不誡上使中也　擬之而後言議之而後動擬議以成其變化鳴鶴在陰其子和之我有好爵吾與爾靡之子曰君子居其室出其言善則千里之外應之况其邇者乎居其室出其言不善則千里之外違之况其邇者乎言出乎身加乎民行發乎邇見乎遠言行君子之樞機樞機之發榮辱之主也言行君子之所以動天地也可不慎乎　爲君爲父爲玉爲金

書

庶績其凝無教逸欲有邦　恭默思道夢帝賚予良弼其代予言乃審厥象俾以形旁求于天下説築傅巖之野惟肖爰立作相王置諸其左右命之曰朝夕納誨以輔台德若金用汝作礪若濟巨川用汝作舟楫若歲大旱用汝作霖雨啓乃心沃朕心　越三日戊申太保朝至于洛卜宅厥既得卜則經營越三日庚戌太保乃以庶殷攻位于洛汭越五日甲寅位成　相我受民和我庶獄庶慎時則勿有間之自一話一言我則末惟成德之彦以乂我受民

詩

君子來朝何錫予之雖無予之路車乘馬又何予之玄衮及黼觱沸檻泉言采其芹君子來朝言觀其旂其旂淠淠鸞聲嘒嘒載驂載駟君子所届赤芾在股邪幅在下彼交匪紓天子所予　凡周之士不顯亦世世之不顯厥猶翼翼　肆筵設席授几有緝御或獻或酢洗爵奠斝醓醢以薦或燔或炙嘉殽脾

膢或歌或咢敦弓既堅四鍭既鈞舍矢既均序賓以賢敦弓既句既挾四鍭四鍭如樹序賓以不侮　是斷是度是尋是尺

春秋

莒人伐杞取牟婁（隱公四年）戎伐凡伯于楚丘以歸（七年）　楚人侵鄭　楚人伐鄭（僖公二年）公會齊侯宋公陳侯衛侯鄭伯許男曹伯侵蔡遂伐楚次于陘　楚屈完來盟于師盟于召陵（四年）公及齊侯宋公陳侯衛侯鄭伯許男曹伯會王世子于首止（五年）　陳侯使女叔來聘（莊公二十五年）衛侯使甯俞來聘（文公四年）楚子使椒來聘（九年）秦伐晋（十年）鄭伐許（成公三年）晋伐鮮虞（昭公十二年）　宋人伐曹　楚人敗徐于婁林　晋侯及秦伯戰于韓（僖公十五年）晋人及姜戎敗秦于殽　晋人敗狄于箕　晋人陳人鄭人伐許（二十三年）

禮

天子建天官先六大曰大宰大宗大史大祝大士大卜典司六典天子之五官曰司徒司馬司空司士司寇典司五衆天子之六府曰司土司木司水司草司器司貨典司六職天子之六工曰土工金工石工木工獸工草工典制六材　侍射則約矢侍投則擁矢勝則洗而以請客亦如之不角不擢馬　感於物而后動是故先王慎所以感之者故禮以道其志樂以和其聲政以一其行刑以防其奸禮樂刑政其極一也所以同民心而出出治道也凡音者生人心者也情動於中故形於聲聲成文謂之音是故治世之音安以樂其政和　以正君臣以親父子以和長幼此衆人之所難而君子行之

第二場

論

天子垂萬世之基

詔誥表（内科一道）

擬漢以公孫弘爲丞相封平津侯詔　擬唐以□□伽爲諫議大夫誥　擬宋歐陽脩辭侍讀學□表

判語（五條）

事應奏不奏　出使不復命　官文書稽程　主將不固守　造作不□法

第三場

策

問　天□□□□之君作之師惟欲其扶世立教也粤稽諸古若舜之慎徽五典湯之肇修人紀武王之重民五教是□□朝太祖高皇帝御製大誥三編太宗文皇帝□□爲善陰騭孝順事實宣宗章皇帝御製五倫書頒布天下嘉惠臣民其扶世立教□心至矣然大誥所載無非欲人厚□倫而已抑可指其實而言歟爲善陰騭所載有關于五倫如娶啞娶瞽□□嫁孤者誰歟孝順事實所載有關於五倫如忠孝孝忠廢□廢詩者誰歟五倫書所載嘉言善□而克盡五倫者又誰歟三誥三書轉示于世其與舜之慎徽湯之肇修□□□重教同歟异歟爾諸士子欽□聖訓非一日矣其悉心以對

問　郊□□□□之大事不可以不講也具載於郊特牲祭法大司樂諸説詳矣可□而數□舜典謂類于上帝周禮謂□□昊天上帝曰類曰禋有其義歟魯之郊禘成王□賜也何謂而非禮歟漢祀天□不於南北郊而於甘泉汾陰河東□□行之禮又皆匡衡劉向鄭玄之□講論也何爲而非正歟唐祀天地□至於圜丘上辛祈□孟夏雩于南郊□□於明堂其後有大□廟南郊之祀其所行之禮又皆許□宗王□丘蕭嵩之所定議也何謂而非宜歟六天五帝分祭合祭之□□□□紛不一亦可得而折衷歟諸士子皆達禮樂者願求至當之説

問　廉者□□□大閑也吏不廉則治道衰是不獨有以律其身抑亦大有關於治□也周禮天官冢宰以聽官府之六□弊群吏之治一曰廉善二曰廉能三曰廉敬四曰廉正五曰廉法六曰廉辨其義□得聞歟三代而上吏不稱廉至漢□下庶吏之名始著者何歟以廉吏□言有畏四知而暮夜却金者有飲□泉而志愈烈者誰歟平蜀東歸惟有圖書身平江南止載圖□□誰歟田園貧相惟富詩書入蜀□官琴□自隨者誰歟愧市白集靖節可仰不持一硯高風可慕者誰歟□□□謂廉吏之名有三曰自然曰矯□曰勉强可指其人而言其實歟洪惟聖朝屢下廉□□□有自外職而登廊廟者有自卑官而升崇職者廉者既舉貪者自□致治之美頡頏古昔諸士子進用□□景慕前哲將以何人爲法歟明言之無隱

問　富國足兵莫要□屯田歷代沿革不一而皆有法制□焉古有所謂募民階而有苗格薄□□于大原而玁狁遁先王馭夷狄□□有自來矣自是以還德威不立而夷狄之患始滋熾焉試□□陲之密邇者與諸生講之自夫民室東遷□逼諸夏列國諸侯亦有能合師征討以尊周室者矣果得馭□□□否

歟地捐靈夏國無藩垣當時將帥亦有能守邊備塞以匡宋祚者矣果能終致其服否歟我朝受天明命德威并施固已稽顙呼韓接踵屠耆矣邇□虆爾醜虜肆其蜂蠆擾攘我邊境□□我人民致廑聖慮恭行天討神謀□筭出自淵衷宿將元臣布列邊□□能殲厥渠魁大獻捷功狼藉餘孽望風遠去矣此誠萬萬□太平無疆之休也慮恐醜虜變詐復懷覬覦□謀不可不豫也伊欲息兵士之疲省轉輸之勞而坐使犬羊□□□犯邊庭其策何長萬一肆侮□□前日兵威不可不用也伊欲奮鷹揚之勇遏亂略之始使豺狼不得□□□土其術何在昔周宣王得備邊之策其後變也乃出於不備之方□武帝通西域斷匈奴右臂而單于□□所置之郡而入備邊之策蓋亦難矣諸士子生長于斯籌之稔矣幸悉告我將□而獻之于上

中式舉人六十五名

第一名　李璽　鳳翔府學生　詩
第二名　田孔昭　麟遊縣學生　書
第三名　閻仲宇　隴州學增廣生　易
第四名　于濬　蘭縣學軍生　禮記
第五名　張鐸　鞏昌府學生　春秋
第六名　郭鼐　朝邑縣學增廣生　詩
第七名　秦文佐　鳳翔府學生　書
第八名　趙通　西安府學生　易
第九名　劉經　長安縣學生　春秋
第十名　雷璿　同州學生　禮記
第十一名　吴禎　河州衛官生　詩
第十二名　王瓚　通□縣學生　書
第十三名　陳震　慶陽府學生　易
第十四名　王紀　隴西縣學生　禮記
第十五名　王章　膚施縣學生　詩
第十六名　韓儒　□城縣學生　書
第十七名　鄭昭　延□縣學生　詩
第十八名　馬文魁　澄城縣學生　易
第十九名　粟旻　寧州學生　春秋

第二十名　韓紹宗　朝邑縣學生　書
第二十一名　□□　吴堡縣學生　詩
第二十二名　楊禧　寶鷄縣學生　易
第二十三名　張罄　朝邑縣學生　書
第二十四名　□□禎　鳳翔府學生　詩
第二十五名　馮義　韓城縣學生　書
第二十六名　陳純　鳳翔府學生　詩
第二十七名　井奎宿　白水縣學生　禮記
第二十八名　劉永　朝□縣學生　易
第二十九名　孫讓　城固縣學生　書
第三十名　韓福　長安縣學軍生　詩
第三十一名　王汝安　邠州學生　春秋
第三十二名　顔九成　蘭縣學增廣生　詩
第三十三名　張弦　三原縣學生　書
第三十四名　夏景華　寧夏等衛學軍生　書
第三十五名　萬爵　西安府學生　詩
第三十六名　張謹　□南縣學生　易
第三十七名　□□　河州衛學生　禮記
第三十八名　何溥　涇州學生　詩
第三十九名　劉英　寧州學生　書
第四十名　□鉞　同州學生　詩
第四十一名　郝輔　綏德州學生　易
第四十二名　彭鑑　陝西行□□依親監生　書
第四十三名　王昱　同州學生　禮記
第四十四名　羅經　慶陽府學生　詩
第四十五名　郝志仁　清澗縣學生　書
第四十六名　李翰　延安府學生　春秋
第四十七名　李泰　膚施縣學生　詩
第四十八名　謝文　金州學生　書
第四十九名　劉綸　乾州學生　易
第五十名　王玠　藍田縣學生　書
第五十一名　王鑑　安定縣依親監生　詩

第五十二名　王志　西安府學生　易
第五十三名　□□　臨洮府學生　春秋
第五十四名　孫延　長安縣學生　詩
第五十五名　楊夔　華陰縣學生　書
第五十六名　□裔　山丹衛學軍生　易
第五十七名　高汝元　清澗縣學生　書
第五十八名　高智　臨洮府學生　詩
第五十九名　趙佐　興平縣學生　書
第六十名　楊範　洛□縣學生　詩
第六十一名　張珣　朝邑縣學生　易
第六十二名　尹玉　秦州依親監生　詩
第六十三名　施溥　平凉縣學增廣生　禮記
第六十四名　梁文盛　朝邑縣學生　詩
第六十五名　安鵬　咸寧縣依親監生　易

四書義

知及之仁不能守之雖得之必失之知及之仁能守之不莊以莅之則民不敬知及之仁能守之莊以莅之動之不以禮未善也

田孔昭

同考試官訓導□批（此題□體認不真惟是作得之）

同考試官教諭李批（此題本論爲學場中作者皆無定□□□始終以學之已至未至講貫成文宜録爲學者式）

考試官教諭游批（能以傳注融會成文可取）

考試官學正侯批（明簡可佳）

聖人論人之爲□□□其所已至勉其所未至焉蓋人之爲學不可以不勉也苟不能隨其所已至而勉□□未至又豈爲學□□哉思□聖人之意若曰有□於此本心□然無微不燭此知□以知此理也知足以知此理是學之已至矣使其一爲私意所蔽物欲所累則仁不能守之仁不能守之是學之未至也必隨得而隨失豈能有諸□乎知既及矣方寸之間又能不爲私欲所間此仁□守此理也仁能守此理是學之已至矣使其臨民□際衣冠不正視瞻不尊則不莊以莅之不莊以莅□是學之未至也則民慢易寧有畏敬之心乎

知既及矣仁能守矣其臨民也有威而□畏有□而可象□莊以莅之也莊以莅之大學之已至□□其鼓舞斯民也不以義理之節文□□斯民也不以義理□當然是動之不以禮也動之不以禮亦學之未至也又豈爲盡善之道哉然學之已至則□□□□□學之未至可不致其勉乎大抵知及仁守學至於仁則善有諸己而大本立矣莅之不莊動之不以禮乃其氣禀學問之小疵亦非盡善之道也□□□□言之以示人始則使知德之全而責之備終則使知德愈全而責愈備不可以小節□□之也學者勉諸如此者不見而章不動而變無爲而成天地之道可一言而盡也其爲物不貳則其生物不測天地之道博也厚也高也明也悠也久也今夫天斯昭昭之多及其無窮也日月星辰繫焉萬物覆焉今夫地一撮土之多及其廣厚載華岳而不重振河海而不泄萬物載焉今夫山一卷石之多及其廣大草木生之禽獸居之寶藏興焉今夫水一勺之多及其不測黿鼉蛟龍魚鼈生焉貨財殖焉

詩云維天之命於穆不已蓋曰天之所以爲天也於乎不顯文王之德之純蓋曰文王之所以爲文也純亦不已

李璽

考試官教諭游批（中庸題長而難於包括此篇分析明白講貫切當杰作也）

考試官學正侯批（此題頭緒頗多場中作者往往分截失當措辭簡而析理明者僅見此篇録出以示□□）

中□□聖人至□之功用既即天□以明之復釋詩詞以明之蓋聖人功用之自然者以其至誠無息也苟不即天地以明之於前釋詩詞以明之於後抑何以知之哉且夫聖人之德至□無息故其博厚有以□乎地之博厚高明有以□□天之高明其博□□□之悠久又有以配乎天地之無疆焉惟聖人至誠有如此者故以配乎天地而□之其功用也不待見而自然章著不待動而自然變化以配天地無疆而言之其功用也不見不動而□也變也自然成化焉聖人功用配乎天地如此不即天地以明之果何以見□□是故天地之道可□言而盡不過曰誠而已其爲物也誠一不貳故其生物之多有莫知其所以然也天地之□□□□也故博厚極其博厚高明極其高明而博厚高明又極其悠久也今夫天地以其一處而言昭昭□□亦天也撮土之多亦地也及其無窮則日月以□□□□□萬物於是乎覆焉及其廣厚華岳載之而不重河海振之而不泄萬物於是乎載焉今□□□以其一處而言□□之多□

山也勺水之多亦□也及其廣□□草木以生禽獸以居而寶藏□於是乎興焉及其不□黿鼉蛟龍之所生魚鼈之所息而貨財又於是乎殖焉夫天地之道不貳不息而能生物知此固足以見聖人之至誠矣□不引詩而釋之又何□明天地聖人同一至誠無息□□□□□□□□□夫維天之命於穆不已蓋謂□□所以爲天以此誠也□乎不顯文王之德之純□謂文王之所以爲文亦此誠也然天道不已文王純於天道亦不已是則文王之純□天之於穆不已者同一機天之不已與□□之純無二□□亦文王也文王亦天也豈可以差□□哉抑考此章言□□也自至誠無息以至無爲而成是言聖人至誠無息之功用也自天地之道可一言而盡□□□□天地以明至誠無息之功用乎終篇引詩而□□又以明至誠無息之意焉天地也聖人也一而二二而一者也夫何間然之有

易義

六四外比之貞吉象曰外比於賢以從上也九五顯比王用三驅失前禽邑人不誡吉象曰顯比之吉位正中也舍逆取順失前禽也邑人不誡上使中也

趙通

同考試官訓導朱批（此題場中作者多以君臣剛柔爲説惟此篇主□□□比而得公正足之取爾）

考試官教諭游批（得本義之旨可嘉）

考試官學正侯批（此篇説出上下相比以公正之道文理平順可觀）

下之比上得其正上之比下一於公此爻象所以各著其占而申其義也蓋比之道固□□正而尤貴乎公□□之四五如此爻象□人得不各著其占而申其義以示人哉□夫比之爲卦以親輔爲義爻至六四以陰居陰□□□□初六而今也外惟九五陽明是比蓋以陰從陽比得其正何有不吉乎以柔處柔不近比於六三而□也上惟九五中正是輔蓋以下輔上輔得其□□□□善乎占者如是則正而吉矣爻易之旨如此象復申之曰六四所以外比於賢者由□□有剛中之德賢而□上而然耳惟其在上是以□之者非阿□也下之比上乃□之宜焉從之者□曲從也□之從上乃理之一焉夫下之比上如此而上之比下何如爻至九五一陽居尊剛健中正卦□群陰皆來比已顯其比民□道而無私公其比民□道而無蔽如天子不合□□一面之網來者撫之而不拒去者舍之而不追是□王用三驅失前禽而□人不誡之象蓋雖私屬亦□上意不相警備以求□得凡此皆吉之道占者如是則無不吉矣爻易之□如此象復申之曰九五所以顯比而吉者由其得□□之正居

上□之中而然耳謂□□失前禽者蓋以□□而去者舍之順而□□者取之也謂之曰邑人不誡者蓋由其在上之德使之而不偏也爻象聖人互明其義可□□□□矣抑考比之六爻皆以比五爲□初六比之□先於比者故有他吉上六比之□後於比者故有無首之凶二以應五而内比四以承五而外比比□□□□皆曰貞吉惟三不知比而反應於上故有匪人之傷也不然何□謂九五曰以一人□□萬邦以四海而□□□之象學易者觀之

擬之而後言議之而後動擬議以成其變化鳴鶴在陰其子和之我有好爵吾與爾靡之子曰君子居其室出其言善則千里之外應之况其邇者乎居其室出其言不善則千里之外違之况其邇者乎言出乎身加乎民行發乎邇見乎遠言行君子之樞機樞機之發榮辱之主也言行君子之所以動天地也可不慎乎

閻仲宇

同考試官訓導朱批（此作□擬議之旨其亦善於學易者歟）

考試官教諭游批（明潔可録）

考試官學正侯批（此作能發明擬議之例且行文精潔特表出之）

大傳論人之言□□於易而妙其用必釋爻辭以示其例也蓋人□□□□乎有以法於易也苟言動而不法之於易又何以妙其用哉是□聖人舉爻辭而釋□□示其例也且夫□□象有辭學易者將有言也□不觀象玩□擬之於易而後□乎易有變有占□易者將有爲也可不觀變玩占議之於易而後動□言焉而擬之於易則淺深詳略各當其理而易之變化成於我之言矣動焉而□之於易則仕止久速□適其時而易之變化成□□之動矣然人之言動□於易而妙其用者如此不□爻辭而釋之何以見□例哉蓋中孚九二曰鳴鶴□陰其子和之者以其□之同無隱顯之間也曰我有好爵吾與爾靡之者□其心之欲無物我之殊也聖人於此謂誠信感通□大乎言行□子居其室出其□善也人皆以爲善□千里之外應之□□邇者有不應乎居其室出其言不善也人皆以爲不善雖千里之外違之况其邇者□□□□言出於身若無與於民也而即加乎民行發乎□若無與於遠也而即見乎遠是言行也乃君子之樞機如户之有樞而闔闢係焉弩之有機而弛□□□□機之所發者善則致應而召榮所發者不善則致違而取辱不特此耳若極其至一□□之善天地以之而□□一言行之不善天地以□而降殃是□動乎天地矣學□□可不擬議於□以致其□乎吁言行感通之大如此聖人發明以□擬議之例其意深矣抑考易之此章言卦

爻之用□下七爻皆欲人之畏謹也□鶴言處隱之誠同人□同心之一白茅貴慎有終□謙亢龍惡亢户庭以□密負乘以戒慢皆所以養□之敬心也皆所以爲擬議之例也學者當玩而有□焉

書義

恭默思道夢帝賚予良弼其代予言乃審厥象俾以形旁求于天下説築傅巖之野惟肖爰立作相王置諸其左右命之曰朝夕納誨以輔台德若金用汝作礪若濟巨川用汝作舟楫若歲大旱用汝作霖雨啓乃心沃朕心

田孔昭

同考試官教諭李批(此題場中作者多於托喻一節講貫□□□□□□能主蔡傳發明必熟於本領之學宜冠本經)

考試官教諭游批(此題本平易作者多冗泛不切惟此説出高宗人□□□□意宛然在目宜置前列)

考試官學正侯批(理明辭□□□命説之意瞭然見矣)

□王誠以格天而□夫非常之賢必任以輔相而望□納誨之切夫君德之修有賴賢臣納誨以成之也□焉賢王既格乎天而得其□□得不命其輔相以□誨哉宜史臣有以詳紀之□昔高宗告群臣以不□之意若曰以台正于四方□德弗類故恭敬淵默□思治道之所在沉潛反覆□惟化理之所存由是□寐之間昭然上帝與我以良弼其將代我出令矣□寐之際儼然上帝錫予以賢輔其將代予作命矣高□念慮所孚□神所格如此於□詳其所夢之人旁□□四方繪其所夢之□□訪于天下惟説也居於傅巖之野與夫所繪之形同一形也隱於虞虢之間與夫所圖□□同□像也於是舉而任之以輔相之職置諸左右之□命之若曰相臣之職莫先於納誨爾朝夕之間要必嘉謀嘉猷之入告以輔我德之不及可也旦暮□□□□□□言讜論之前陳以弼予德之不逮可也金而非礪無以成器今我望汝納誨以成德若□□汝作礪焉巨川而□□楫無以濟艱今我望汝納□以成德若濟□川用汝作舟楫□然猶未也歲而□旱非霖雨無以滋物今我望汝納誨亦若歲之大旱用汝作霖雨望汝之切如此汝説也要必竭忠輸忱知無不言有以沃我心而厭飫可也陳善責難言無不盡有以溉我心而充足可也如是則爾相臣之職爲無負□高宗之命傅説如此自非□□分明亦孰能然哉嗟夫天之生賢將欲以用世賢□處世將欲以得君而高宗求賢之心不惟有以合□天生賢之心而又有以合□人用世之心也觀其求誨輔德拳拳不已亦可謂知所□矣厥後傅説□告以爲治之説□勉以爲學之功必□□協於先王成德而□□亦可

謂無負高宗矣

越三日戊申太保朝至于洛卜宅厥既得卜則經營越三日庚戌太保乃以庶殷攻位于洛汭越五日甲寅位成

秦文佐

同考試□□□□批（此題本召公營洛創始之事作者於經營位成處體認不真此作詳明切當可羡）

考試官教諭游批（此篇發明召公營洛之事切當可嘉）

考試官學正侯批（此作説理□□非老於文者不能也）

□□紀大臣之定都也既紀日稽卜以定其位復紀日役民以成其位夫洛邑之作謀於天而成於人也大臣營洛而得天得民如此□臣安得不詳紀之哉且夫作洛之事武王之志而□理其事召公實先之□當三月戊申之日朝至洛□之地誠以宅中圖治立天下之本在是建萬世之□在是可不稽諸卜以足其吉凶乎由是昆命元龜以卜夫何者而可以爲□城朝會之地爰□爰謀以卜夫何者而可以爲下都□商民之所□其澗東瀍西而□□正食其墨瀍水□□而龜兆亦食其墨□焉相其陰陽而規度其城廓宗廟之所定其原隰而經營其郊社朝市之位焉此仰而契□□而□意有所屬也經營既定力役可興故越三日之庚戌乃以居洛庶殷之民藉其斧斤之力而闢其□□率其已遷在洛之衆資其版築之勞而平其□□越□五日時值甲寅左而祖右而社其基確然有其所前而朝後而□其位秩然有其序□□俯而契乎人而人□□樂從也夫召公作洛□□所以配周□於無窮者信有□天抑考洛邑之□武王之志周公成王成之召公實先經理之周召一人同心同德其作洛也固以義所當作武王之志不可以不成也周公以至公□待召公召公以至公而符周公故周公托召公以□宅而無疑召公先周公以相宅而無嫌噫周召忠□蔑以加矣

詩義

君子來朝何錫予之雖無予之路車乘馬又何予之玄衮及黼觱沸檻泉言采其芹君子來朝言觀其旂其旂淠淠鸞聲嘒嘒載驂載駟君子所届赤芾在股邪幅在下彼交匪紓天子所予

李霆

考試官教諭游批（此題本平易但場中作者多於天子所予一句體認不真惟此篇詞氣舂容理意貫徹且能寫□□□□□諸侯之氣象是宜録出）

考試官學正侯批（此形容有周君臣相得氣象殆盡必老於葩經者）

□□因諸侯來□而行錫予之禮□諸侯來至而申□予之由蓋來朝者臣之忠錫予者君之愛也君愛□下而臣忠於上非有周盛時其能然乎此天子所以答魚藻也意謂魚藻君子□焉遠處封國錫予之禮固嘗曠矣今也執介圭而□王將何以錫予之□□焉恪守藩服寵賚之恩固□缺矣今也執大琛而□享將何以寵賚之乎今雖□以錫之然已有金路□路之車兩服兩驂之馬矣車也馬也果足以盡錫□之心乎又將何以錫之然已有玄色畫衮之衣刺綉□□之裳矣□也黼也果足以□□賚之意乎其言□□好之無已意猶以□薄也於是遂興之曰觱沸之檻泉則言采其芹矣君子之來朝則言觀其旂矣觀其旂而□□動□貌聞其鸞而有和鳴之聲又見其驂馬之既來□馬之畢至則知君子之至於是焉來朝如此覲君□如有芾焉則赤芾在股矣盡臣道而不敢以□□□□焉而邪幅在下矣昭王度而不敢以略也服是芾而交際於君□極其恭敬而怠緩□不形是以允契淵衷□錫予之典所由頒也輅□□馬何過乎□是逼而朝見於□極其齊遬而慢□之無有是以袛若德意而寵賚之恩所由降也玄□及黼何侈乎吁非諸侯來朝固無以致天子之錫□非天子之錫予又何以答□侯之敬哉嗟夫君臣相遇自古爲難今觀上篇□□之詩諸侯所□□□□也但言樂飲安居而不敢□其德者尊之至也采□之詩天子所以答諸侯也□極寵錫之厚而不吝具物者愛之至也下尊乎上上愛乎下有周明良相□之盛於此可見

凡周之士不顯亦世世之不顯厥猶翼翼

李璽

考試官教諭游批（此篇能組織成文詞理俱到□□□□□□□□□舍子其誰）

考試官學正侯批（是作説出天眷文王不惟及其子孫而又及其臣庶之子孫且於厥猶翼翼處講得明白□□□□多士）

詩人述天眷盛世群臣傳世之顯□言傳世之所以顯□蓋上天之於周無往□不敷錫之也則其群臣傳□之顯者夫豈無自而然哉宜□人反覆咏歌之□歟周公追述文王之德明周家所以受命而代商□皆由於此以戒成王謂夫惟文王有不已之德故□天有無窮之命非特使其□宗百世爲天子□□□及其臣子使凡我周之士□附而先後者非□□也莫不赫然顯明世濟其美□與國同休焉不特使□支庶百世爲諸侯也而又□其臣庶使凡我

周之士奔走而禦侮者非一士也莫不奕然炫耀世修其□而與國匹美焉詩人言之不足而又言之曰周之□□其傳世也□不顯明矣乎周□臣子其繼世也豈□炫耀矣乎彼疏附先□之士在我周室其謀猶固嘗勉敬矣而其以世繼世者嘉□嘉猶亦皆鞠躬盡瘁不敢怠□□□□世之顯爲何如奔走禦侮之士在我周家其□猶亦嘗勉敬矣而其以德繼德者訏謀遠慮亦皆□心戮力不敢荒寧焉其傳世之顯又何如夫文□□□□盛而宜其傳世之顯如此謂非天眷有周其能然乎抑考成王□幼冲之資撫盈成□□其於受命之由得□之故或未之知也周公□□室至親寧□深爲之慮乎故□□作詩以告戒□其欲其修德得人以保天命也爲何如哉噫傳世二十歷年八百蒼姬之籙遂過其曆者豈不基於此耶

春秋義

楚人侵鄭　楚人伐鄭（僖公二年）公會齊侯宋公陳侯衛侯鄭伯許男曹伯侵蔡遂伐楚次于陘　楚屈完來盟于師盟于召陵（四年）公及齊侯宋公陳侯衛侯鄭伯許男曹伯會王世子于首止（五年）

張鐸

同考試官訓導孔批（此題本平易作者多分截不明略無主見惟此□深□□□意且又行文條暢可佳）

考試官教諭游批（此篇理明文順得麟經之旨）

考試官學正侯批（此篇鋪叙簡潔詞語新奇可取）

遠人横而春□□□□主致討於外遠人服而春秋復美伯主明義於内此可見齊桓□楚於楚人侵鄭伐□□後會首止於于師召陵之餘也春秋得不備□□美之哉且□楚入春秋僭陵□□故今日起侵□之兵明日興伐鄭之旅干戈擾攘乎中華人民疾苦於强楚楚人之横如此使齊桓不能仗義以攘之是不急於先務也桓也有知□此乃率八國之師遂□伐楚之舉潛師掠境先事□蔡蔡人既潰長驅而□堂堂之陣大伐于漢水正□之□直抵于方城進□于陘按兵不動宣威討罪□問以包茅之不貢仗義執言而責以王祭之不共桓公之攘楚也爲何如□是楚人震恐屈完惠來則謝罪於行陣之前納欵於□門之下楚□其義而求盟于□□退召陵而以禮□□楚人之服若是使齊桓不能明義於内是又不知所重也桓也有見乎此乃因□王溺愛之私遂爲首止之會□□□□文是講世子之命駕寔臨尊以非常之禮昭□翼戴之義大義一申大本遂定若内若外而舉知世子之所當尊無小無大而咸知子鄭之不可易□□□□義也又何如吁楚人未服而齊桓仗義以伐楚楚

人既服而齊桓明義於天下此盛□□舉也雖然齊桓今日之仗義以伐楚固可美矣□□楚伐黄□不能恤敗徐于□□而莫能救義□在哉今□之會首止以明大義亦可美矣其後屬□公於宋而致伐齊之役四子爭亂而于甗有戰其義又安在哉一齊桓也何始□之相戾耶詩曰靡不有初鮮克有終齊桓是已讀□不可不知

陳侯使女叔來聘（莊公二十五年）衛侯使甯俞來聘（文公四年）楚子使椒來聘（九年）秦伐晋（十年）鄭伐許（成公三年）晋伐鮮虞（昭公十二年）

劉經

同考試官訓導孔批（此行文齊整寓□□法之意必有學之士可取）

考試官教諭游批（□□□篇豐贍宜置前列）

考試官學正侯批（此題場中作者□□泛泛然令人厭觀惟此篇貫□□□措辭不窘杰作也）

中國修好而外夷□之者同一褒外夷肆虐而中國效之者同一貶□春秋既以三聘同其書而又以□伐同其録也□□□□爲何如哉且夫殷聘世朝邦交之禮也今也三恪之陳首遣□□來結姻連之好康□之衛復遣甯俞來修睦鄰之義冠蓋照臨乎曲□□□交錯乎□觀陳衛是舉可□能修邦交之典□然陳衛舉之固爲可嘉孰意遠人亦能效之者耶□南海陸梁之楚而慕我中國之風特遣越椒之使而聘我秉禮之國舍蠻夷之習□效諸夏之禮□豺狼□心而修聘魯之儀則是出□谷而遷喬木也聖人以爲夷狄而中國□中國之□於越椒來聘其君書□其臣書名而與女叔甯俞□來無异詞者豈非中□修好而外夷效之者同一褒乎若夫貪利忘義夷□之道也今也秦因仇晋之故而大舉伐晋之師逞其□暴之勢而取其北徵之地亟□□民惟以貪得爲□□顧禮義惟以報復□事秦人斯行得非徇利而忘義歟然秦人行之固爲可責□期中國而反效之者耶彼擕□□□□興兵而爲伐許之舉唐叔之晋又用詐而爲□□之行一則憑弱犯寡而中國之義何在一則滅人宗社而夷狄之事是行則是下喬木而入幽谷□□□□爲中國而夷狄則狄之故於鄭晋稱國以伐與秦之伐晋無异□者又非外夷肆虐□中國效之者同一貶□吁不觀楚椒來聘於女叔甯俞之後無□知外夷效中國□禮不即鄭晋□□於秦伐晋之下又何以見中國效外夷之事者乎大抵中國之爲中國禮義而已一失禮義則夷狄矣□楚本中國之後而春秋夷□之者以其僭

號稱王□耳今楚能慕義則中國矣□鄭見利忘義則夷狄□聖人一進之一退之夫豈□然者哉故曰吾之於□也誰毁誰譽

禮記義

天子建天官先六大曰大宰大宗大史大祝大士大卜典司六典天子之五官曰司徒司馬司空司士司寇典司五衆天子之六府曰司土司木司水司草司器司貨典司六職天子之六工曰土工金工石工木工獸工草工典制六材

雷璿

同考試官教諭蕭批（此題本平易但頭緒頗多難於包括惟此篇融會傳注組織□□誠場中之翹楚也）

考試官教諭游批（曲禮一題本不難作學者多欠發明此篇詞理俱優宜在所取）

考試官學正侯批（文理平實當是作者）

□君既設官以奉天地之道復分職以成天地之利□天地之道不可以不奉而天地之利不可以不成也然非設官分職又烏能盡□道哉且夫天子爲治□莫先於建天官而建天官□莫先於六大焉蓋六□重於他職故必先之如大□以亮天工大宗以事□神掌天文者大史也奉宗廟者大祝也大夫所以□祲祥之變大卜所以辨吉凶之事焉六者各有書以□□道故曰典司六典然天道□□之以天官而地□□可以無職故次之以五官如司徒以掌邦教司馬以掌邦政掌邦事者司空也□群臣者司士也司寇以詰邦□□□□暴亂之事焉五官各率其屬以奉地道故曰典司五衆夫天官先大宰而奉天道地官先司徒而奉地道人君於是又可不急於成物以養民乎故□□□□典司六職六工典司六材焉蓋土也木也水也草也器也貨也□之於人則曰六府□之於所治則曰六職□之典司六職者以見六府□官而分治也土也金也石也木也獸也草也造□於人則曰六工見之於用則曰六材謂之典制六材者以見六材待人而後成也吁此人君所以裁成□道輔相其宜以左右民者□抑考此一節以治外而言也先王治天下必自内□凡人人嬪妾莫不各有所司上文歷序其名號而□言司者以其主於内而已夫先王之爲治必内外□兼備如此是以當時□隆於上俗美於下宜哉

侍射則約矢侍投則擁矢勝則洗而以請客亦如之不角不擢馬

于濬

同考試官教諭蕭批（發明□□投壺之禮殆無餘藴□□）

考試官教諭游批（深得少儀之旨）

考試官學正侯批（理明詞暢杰作也）

觀射與投壺□□□□長優賓之儀蓋卑者之侍射投固當致敬於所尊矣然主人之□□豈可不盡天優賓□□□哉見於少儀之篇□旨如此且夫凡射之禮□□人爲耦二□更進各取楅之□矢者以其體敵□今卑者侍射豈可抗其禮乎但一時并取四矢而不敢更迭取之焉此侍射則約矢然也投壺之禮亦□四矢賓主各委之於地□□取而投之者以其尊同也今少者侍投豈可敵□□乎□悉擁抱四矢而不敢委置於地焉此侍投則□□然也然射與投壺□禮必有勝負之分彼常禮□行勝者之弟子酌酒□於豐上不勝者跪而飲之若卑者得勝則不敢徑□當前洗爵而請行觴也客若不勝則主人亦當洗爵□請所以優□也至若角者罰□之兕觥也因投射□□勝行兕觥之罰爵□施於敵己者然也今飲尊者及客不敢用角但當如常獻□之爵焉馬者投壺之勝筭也□□□□一馬足成己之三馬此行於同等宜也今卑者雖得二馬不敢取尊者之一馬以成己勝焉吁先王□射投之禮孰有加於此哉抑論射者男子之□□投壺射禮之細也故其容體比□節奏比樂志正體直□矢審固□□中者同一所以觀□□焉苟非因人情而□之節文又何足以爲禮□□□者著此於少儀之篇無非□人知射投之中□又有尊卑之等賓主之分而敬讓之節不可以廢□歟

論

天子垂萬世之基

李璽

考試官教諭游批（論垂萬世之基本諸禮樂深得本旨議論滔滔秋闈首薦舍子其誰）

考試官學正侯批（立論精密措詞雄健杰作也擢冠多士孰曰不□）

聖人□□□□□而衍無窮之業必自一身始焉蓋身也者制作禮樂之本也惟一身之極建於上故以之制禮而禮備以之作樂而樂和統攝人心者□□□□天慶者在是培植國本者在是其規模蓋已綽綽乎弘遠□彼其工文章制度者曰吾之禮可以垂萬世也然禮之末節耳謂徇一時□矣而遺之後世□□焉工□音節奏者曰吾之樂可以垂萬世也然樂之粗迹耳謂徇一時可矣而遺之後世則未焉然則天子垂萬世之基者果何在□漢儒倪寬曰天子建中和之□以□成天慶而垂萬世之基意蓋如此愚請得而詳其説天□□聖人也既付之以莫大之德又畀之以莫大之位豈徒私於聖人而尊榮其身哉蓋將以

爲天地立極爲生民立命爲萬世開太平也聖人者出□天立極而父母斯民將何以仰答上天付畀之意耶□□建中和之極以制禮作樂而已中和者吾身未發之禮樂禮樂者吾身已發之中和也静焉而無□偏倚則中極其中而大□□□□立也動焉而無少差謬則和極其和而遠道之所以行也大本以立則中之極建矣達道以行則和之極建矣由是而制禮則大禮□□□□其節由是而作樂則大樂與天地同其和制爲彝倫立爲□節秩秩乎其有予也流爲德澤形爲□頌雍雍乎其有章也于以定民志於無爲之際而家國天下皆囿於吾禮之中所謂至禮不讓而天下治者是已于以和民心於不言之表而家國天下舉歸於吾樂之内所謂至樂無聲□天下和者是已禮一制而民志以定樂一□而□心以和刑□不用而兵革不試也萬國□寧□四夷來王也以禮事上下而上下以格□樂和神祇而神祇以和陰陽順序而海岳受職也黎民於變而鳥獸咸若也諸福之物可致之祥莫不畢至矣人心附順沛乎居高屋而建瓴水也王業奠安屹乎□南山而坐平原也□惟尊安於一日可以悠久而無虞非□尊安於一身□以燕翼而不替自一世□□□□世百世猶一日也基統之垂何遠哉自□□而至於千萬世千萬世猶一時也基統之垂何邈哉禮樂之澤不泯則治道不泯而基□□□泯焉禮樂之傳無窮則天慶無窮而基業亦無窮焉商之□□有震且業矣然成湯置天下於禮樂之中其澤未泯也故高宗□然用武卒有以成中興之□非垂萬世之基而何歟周之□遷不絶如綫矣然文武周公制作大備禮樂未息也故其衰弱之餘爲天下之共主者數十百年又非□萬世之基而何歟聖人制禮作樂而垂統之□如此何莫不本於一身中和之極之建乎若□□□金撿玉之儀禮之儀文似矣然而内多□欲如中之極何作芝房寶鼎之歌樂之節奏似矣然而外假仁義如和之極何此武帝之雄才大略雖足以致外觀之美而中和之極未建不足以垂萬世之基也□寬言此可謂達禮樂者矣其不能用也惜哉是則中和之極建則禮樂不□於興而自興禮樂之□□□□□不期於永而自永二帝三王所以享國悠久者用此道也漢唐宋之所以治不古若者□□道也洪惟我朝列聖建中和之極以衍慶於前我聖□□建中和之極以承□於後是以制作度越於□百王禮樂涵濡於四海垂萬世之基端在於今日矣愚何幸躬逢其盛

表

擬宋歐陽脩辭侍讀學□表

井奎宿

同考試官教諭蕭批（□可觀□□□□□）

考試官教諭游批（□體□□□）

考試官學正侯批（豐贍）

伏以地論思寔□清華之職宸侍讀玆惟貴近之□君德由成王言是□□□□常之任必資特异之才豈意凡庸猥蒙寵□玆蓋伏遇齊莊中正□武聖神□體守成克纘三王之緒勵精圖治弘開萬世之基有虞舜之知而好問躬大禹之聖而克勤以道具載於六經朝夕劘切謂文莫衰於五代蚤夜□張日進鴻生圖惟治理時親舊學討論書□□經筵者十有四人□侍讀者迨居其半誠□□有□之□君稽古右文之□主也若臣者草茅賤士樗□庸材學未成章遽起家於□第德不滿位尚□列於班行以鑾坡待□之餘授□講讀之職雖皇上日月之照不遺於疏庸而下□螻蟻之軀奚堪於負荷□□□□豈乏名賢館閣之中亦多碩□乞納絲之命旁求經濟之材爰授斯人俾□是位庶吏遴選之清職不同例受之冗員賢俊彙□□□□睹尚冀日升川至進聖□於光明□天長衍□圖於悠久臣無任瞻天仰聖激切屏營之至謹奉表辭謝以聞

策

第一問

田孔昭

同考試官教諭李批（此策能歷述前人事行其嘗究心於世教者歟）

考試官教諭游批（條答不遺）

考試官學正侯批（能悉答問意）

聖人作而繼天立極之功□□經作而扶世立教之道□□□之所在道之所在也前聖後聖制作雖有不同而扶世立教之心亦曷嘗有不同哉知乎此則可以復明問之萬一矣請申言之天佑□□□□君以治之作之師以教之無非欲納斯民於□極也稽之□古若舜之慎徽五典此心此道也□□肇修人紀此心此道也武王之重民五教庸非此心此道乎是以當時學校興而教化明人倫厚而風俗美夫豈無自而然哉洪惟我朝太祖高皇帝慮人之戾此倫□乃□萬機之暇條成大誥三編太宗文皇帝恐人之道此倫□乃於繼述之餘采古人爲善行孝者作爲爲善陰騭孝順事實二書宣宗章皇帝恐人之昧此倫也采輯古今嘉言善行作爲五倫書三誥三書頒布天下使之家傳而人誦嘉惠臣民使之□濡而目染其立教之心至矣然大誥所載如原人心□有之善以正綱常舉□□君□之懿以明□則正婚姻以厚□立鄉飲以勵俗無非欲人厚於五倫也爲善陰騭所載如娶啞娶瞽則有叔通廷式焉葬友

嫁孤則有□□□□焉是皆爲善者也善者衆理之會五倫豈外於此哉孝順事實所載如忠孝孝忠則有高登岳飛焉廢寢廢詩則有蔡邕王□焉是皆行孝者也孝者百□之本五倫又豈於外是哉五倫書所載無非嘉言善行觀其克盡君臣之道者堯舜伊傅也能盡父子之道者周公伯奇也盡夫婦之□者非冀缺之與共姜乎盡兄弟朋友之倫者□□齊之與管鮑乎然三誥三書雖有先後之□然昭回雲漢垂萬世而無窮燦如日星歷萬□而無弊納天下於皇極之中置斯民於彝倫之内其與舜之慎徽湯之肇修同一揆也其與武王之重民教同一轍也夫何間然之有愚生佩服聖□□玆有年謹述所聞以對惟執事進而教之

第二問

閻仲宇

同考試官訓導朱批（五策皆佳而郊祀一篇尤悉其積學有待之士也）

考試官教諭游批（事□而辭不窘）

考試官學正侯批（敷答□□□）

對國之大事莫大於祀典而尤莫大於郊禮故聖人盡心極慮以立其制者□所以答洪庥昭景貺也有天下國家者其可不知所重哉何則郊祭之禮古先哲王以萬物資始於天故於冬至之日祭天於圜丘以□物資生於地故於夏至之日祭地於方澤考□郊□牲曰郊之祭也迎日之至也大報天而□日也兆於南郊□□位也掃地而祭於其質□器用陶匏象天地□性也牲用騂犢貴尚赤而貴誠也祭法曰有虞氏禘黄帝而郊嚳祖顓頊而宗堯夏后氏禘黄帝而郊鯀祖顓頊而宗禹商人帝嚳而郊箕祖契而宗湯周人帝嚳而郊稷祖文王而宗武王則郊祭之禮於是而可見□□若舜典謂類于上帝以□□□郊祀而□之故曰類周禮謂禋祀昊天上帝以其精悉以享之故曰禋其意各□在矣及□成王□□□有大勛勞賜魯以郊禘之□□□□□弊於□啓矣故曰魯之郊祭非禮也周公其衰矣自是□□漢之祭天不於□郊而於甘泉祀□□於北郊而於汾陰河東其所行之禮乃是匡衡劉向鄭玄之所講論也宜若無所乖矣然較之古者祭天於圜丘在國之南祭地於方丘在國之北所以順陰陽之位因高下之勢豈不失其□乎唐貞觀初冬至祀昊天上帝於圜丘正月□日□上帝于南郊以祈穀孟夏雩于南郊季秋大□于明堂天寶以後有大清廟合祭於南□所行之禮乃許敬宗王仲丘蕭嵩之所定議也宜若無所戾矣然較之古者以大裘袞冕以祭天而祭地者有异所以明天地之异用昭郊社之□議者又豈不失其宜乎以至六天五帝之説諸儒雖有不同之論而朱子以爲一國三公□□可况有六

天五帝乎以□□□則六天五帝之謬爲可見合祭分祭之説諸儒雖有一一之議而朱子以爲古者天地不合祭日月□□百神亦無一時共享之禮由□□之則合祭之謬爲可知然郊以祭天于圜丘明天道也社以祭□□方丘明地道也天地之道既明則□本反始之禮無餘藴矣方今明御極法古爲治郊天祀也藹然禮樂之明備肅然誠敬之交孚禮儀焕然制度一新有非區區漢唐所能企及矣愚也□何言哉尚何言哉

第三問

張鐸

同考試官訓導孔批（□吏一策條答詳明出而爲政其亦持廉者乎）

考試官教諭游批（所答問目節節明白）

考試官學正侯批（五策能答所問足稱前場）

廉者士君子持身之□也此而或虧他美莫贖孰謂持身不本於廉哉執事□策爲問其期望後學之□□□愚雖不□敢不悉心以對且是廉也不獨有以律其□而抑亦有以關於治道焉稽諸周禮□官□□□聽官府之六計弊群吏之治□□廉善謂善□□有稱譽也二曰廉能謂才能足以辦事也三曰□敬豈非不解於□之謂乎四曰廉正□行無□邪也五曰廉法謂守法不失也六曰廉辯又非見事不疑之謂乎然三代而上布列庶□者皆三德六德之士置諸廊廟者咸即宅即俊之才人人有士君子之行比屋有可封之俗□吏之名未聞矣三代而下在上者非堯舜湯□之□在下者非□夔稷契之臣不能不待於□勸而廉吏之名始著焉彼畏四知而暮夜却□者楊震之清白杰然也飲貪泉而志操愈烈者吴隱之之操節孤立也平蜀東歸惟有圖書非沈淪乎身平江南止載圖籍非皆彬乎至於田園□相惟富詩書此富弼之清節也入蜀之官琴鶴自隨此趙抃之廉介也李及之□市白集□□至今可仰焉包拯之不□□□高風至□可慕焉先儒謂廉吏之名有三曰自然之□□胡質之清惟恐人知□也曰□□之廉如□□之去官留犢是也曰勉强之□非□□貪鄙□□宣之名而改節者乎洪惟我朝聖□在上致治之美超軼唐虞而頡頏虞周矣是以有官□者凛凛然古人之清節有言責者藹藹然先正之高風率皆自然廉介而無矯激勉强也彼詩書自富琴鶴自□者雖皆可法等而上之要必與聖賢同歸而□已焉管見如斯希進而教之幸甚

第四問

王紀

同考試官教諭蕭批（場中答屯田策多得此失彼惟是獨得其詳故用

録出）

考試官教諭游批（策善答）

考試官學正侯批（切實□□）

歷代□□□□有不同□□時措之宜亦有在蓋古之屯田各有其□而今也酌古準今又豈不有時措之宜乎知□此則明問可得而復矣且夫田□□□國有兵□□以漕運士有飢色欲爲富國足兵之計者豈□□屯田之法哉然而屯田之設各有不同文帝募民耕塞下已有屯田之説武帝遣士田燉煌□有屯田之規漢通西域始於校尉將卒而田以兵唐因軍府以置屯田而屯以民諸葛之田□水羊祜之田荆州此漢人之制任峻之□田隋人之立堡此唐人之制田許下從棗祗□計歲得數萬石而素有謀者曹公其人也淳□間承矩建屯田之議上意頗向之而沮其議□黄懋其人也方今國家稽古爲治屯田一事惓惓以仁愛體恤之意行於法制條目之中民服其饋運兵服其戰事兵民無不便制法無不良明□又謂何代可法何人之説爲當愚請以古人經久利便之法斟酌其可行者行□毋執於□□古人良法美意之議參□□□取者取□毋謬於狹聞古者寓兵于農無事則爲比□族黨之民有事則爲卒旅行伍之衆□□□□□後之爲兵者專從事於兵□□者亦不復以□□之此兵自兵而民自民也若果邊地以兵屯内□以民屯兵責之將帥民責之守令□□雖殊亦無不濟矣古之屯邊往往資于國用今之邊地豈有不可屯乎但衆議易摇成法莫定甲可乙否彼是此非故有議者曰春務方殷邊塵復警秋禾方熟胡騎復蹂之惑誠能如郭子儀之躬耕百畝軍士不勸而耕婁師德身衣□□士卒樂爲之田則邊地之可屯斷乎可行矣□也□不足以博古才不足以通今姑述其概□對進而教之幸甚

第五問

李璽

考試官教諭游批（答馭戎之道而不爲問日所窘其有用之學歟）

考試官學正侯批（馭戎一策□□□用世之才是作詳悉且有定見他日嚮用必不□所言矣科目得人如此寧不爲之敬羡）

蓋聞爲高必因丘陵□□必因川澤爲政而不□先王之道可謂智□□馭戎而可以不法於先王哉□先王之馭戎□□德以來其慕義之誠威以懲其不恭之罪使□□威并施而已苟或德之不修威之不立又豈能使海宇寧謐華夷一統哉且夫中國之有夷狄猶晝之有夜陽之有陰自古不能無也有夏之時三苗負固不服禹則誕敷文德舞干羽于兩階而七旬致其來格焉是

以德撫之也□宣之時玁狁匪茹至於涇陽宣王爰命吉□□伐至于大原而逐之遠遁焉是以威慑之也□是以還文德不修威武不振而夷狄之患始□熾焉姑以西陲之密通關陝者言之自夫乎王東遷戎逼諸夏時至春秋□洛戎强或□居於王城或來寇於京師當是時也前有齊桓之徵諸侯後有晋文公之會秦兵固嘗合師□□以尊周室矣然而外假仁義内濟其私豈能終格其□□唐末以來西戎漸盛□□趙□方務□□始畀以靈夏之地終受侵掠之侮□□□也幸有狄青种世衡之備邊韓琦范仲淹□□略固嘗守邊備寨以□宋祚□□□内治無□□亡政息豈能終致其服乎洪惟我朝受天明命汛掃胡元文德之修比隆乎虞周威武之振超軼乎唐宋用是四□來王蠻夷率服所謂□韓稽顙屠耆接踵者有不足言矣奈何近年以來西北虜酋肆其蜂蠆入我河套擾我疆埸而士卒有征戍之□人民有轉輸之勞致廑□宁軫念西陲命將出師聲□致討殲厥渠魁大獻俘捷狼藉餘孽望風遠□矣此誠太平無疆之休也第恐醜虜窮恚復懷覬覦今日豫爲猶謀莫如□將練兵以待之則彼犬羊知我有備必不敢再犯我邊庭矣萬一肆□效尤必須出奇制勝以擊之則彼豺狼畏威遠遁必不敢竊入我疆土矣雖然周惟其中衰□故其後變乃出不備之□□□其窮兵□故單于入自其所置之郡是皆失其馭之□□也方今聖人在上德并春生威同□□居左右者皆皋夔之儔守邊□□□韓范之□馭戎之術一法古人德以來其慕義之誠威以懲□不恭之罪蠢兹小虜將格心而自附矣又何邊患之足慮哉管見如斯未知可否惟執事進裁之

陝西鄉試録後序

人君代天理物莫先於求賢而求賢莫先於科目焉者是蓋以豪杰之士胥此焉出非科目不足以得人也欲求真才舍科目奚以哉洪惟我朝列聖相承養士以學校取士以科目良以□□故百餘年□□咸寧四夷來王豈非得人而致之歟其間奠安宗社足以匹休伊□保乂王家足以媲美韓范者摩肩接踵詩所謂濟濟多士文王以寧書所謂九德咸事俊乂在官是已猗歟盛哉成化甲午歲當□比陝西藩臬重臣先期謀于巡□左副都御史馬文升巡按監察御史王毓走禮幣聘邦貞等爲考試官至期畢集于時監察御史王錦繼任其事而總理□暨凡百執事□精白一心期得真才以副盛典合八部三邊之士一千有奇循例□群試之者三□其言之純乎理者取之如額録成僉謂邦貞宜序諸後予惟諸

士子生逢聖明亨嘉之運際此雲龍風虎之會誠千載奇遇也行將策名禮闈進對大廷顯融有日矣心思夫朝廷之御我也設□學校立之師傅豐其廩餼教養之心至矣盡矣恩莫大焉主司之選我也鑒空衡平妍媸自見錙銖不爽遴選之心精矣密矣公莫過焉與斯選也何其榮□幸哉□玆以□□有禄位要必爲上□德爲□爲民不堯舜吾君不堯舜吾民□忠也不伊周德業□韓范事功□□也始焉此心終焉此心弼成治化比隆於前代追配於古人庶無負皇明教養之恩無負王司選舉之公無負己之所學所志矣苟或言與行違志與道違終與始違則非予輩所望爾多士矣□其勖哉

湖廣德安府随州應山縣儒學教諭游邦貞謹序

弘治八年陝西鄉試録

陝西鄉試録序

弘治乙卯當天下開科取士之期巡撫陝西都察院右副都御史張敷華巡按陝西監察御史李翰臣奉命而來宣示上意以風厲一方士氣丕振維時鎮守陝西太監劉琊都督同知陳瑛皆愛禮文儒巡撫三邊右副都御史孫仁熊繡左僉都御史許進巡按監察御史張泰張恕連盛郭珠皆崇重文教左右布政使陳道鄭銘左右參政高弼韓重汪奎左右參議耿文睿丘璐翟通李僩按察使仰昇副使李遜朱漢李隆陶琰李旻馬龍韓明僉事謝顯陳珍張貫馮允中董寧潘盛孟準宋禮葛萱雖各有司存而作興文事其志一也至於甄別去取拔其尤以進于場屋者則提學副使楊一清有專職焉先是御史瀚以進賢朝廷第一事謀諸藩臬聘四方儒紳典文柄百凡政務稽按條格而慎行之又以校文之室幽隘弗展乃飭所司拓而新之試期且届八郡三邊之士所嘗簡拔於提學者後先繼至籍數之得千三百人有奇御史瀚仍覆試焉已而文原等應柄文之聘者偕至御史例爲監臨官提調官則道重領之監試官則明顯領之考試同考試官則文原及教諭聰讓拱辰訓導玉暟一鳳領之與凡爲掌卷爲受卷爲彌封謄録對讀官者咸擇其人以充試期前二日入院籲天矢辭聞者色動越二十日撤棘遵制額拔士六十有五人故事試畢必録其所取士姓名以獻而及其百執事者紀所嘗與力也及其文之合程度者示士子知所嚮方也必有序者言録之所爲作也於是文原當序諸首簡慨惟古帝王設爲庠序學校以居天下之學者化理之隆率於是焉致我國家兩畿十三省荒陬絶徼莫不有學田野戎伍間有佳子弟皆得籍名於學三代而降未有若是其盛者養之也無遺法矣取士之制虞夏敷納商無方周賓興之典大備自漢以來則有科歷晋隋唐宋其爲科代各不同我太祖高皇帝起而兼采之著爲令百三十年莫之有改取之也無遺術矣小大之臣祇承法令慎關防嚴條貫蕆事庀物科增歲加行之也無遺力矣比占仕籍自朝著藩臬下逮郡若邑政教長貳惟科目是崇他途幾廢即有之不倚以爲重是其用之也又可謂無遺愛矣然則士之所以圖報於後來者智所不及力所不逮位所不與則亦已矣

智及而有遺謀力逮而有遺才與其位而有遺政則亦奚以自諉哉昔人論漢之治者謂孝武好儒術而其效顧出於文景崇尚黄老者之下遂以爲儒術不足貴也又孰知孝武所好非真儒而公孫弘輩曲學阿世尚奚足名儒乎哉今日朝廷之所養所取與士子之所應非帝王之道不陳非孔孟程朱之學不講固已陋孝武公孫弘於不足齒矣其進而措之於用乃使後世復有儒術不足貴之譏以遺羞於學校遺玷於科目其可乎是則有司者之所大懼也夫自鄉試有録孰不以辭勵士要所聽受或不盡然且豪杰之士固有不待夫人者矣窮年之所養一朝之所拔顧不以豪杰自待又并人言莫之省也此真何如人何如心哉文原濫從主司後亦承久養精取之餘者感朝廷待士之盛而懼士之報有弗稱故即其所激者爲諸士子告嗚呼抑亦可謂無遺言哉

江西南康府都昌縣儒學教諭孫文原謹序

弘治八年陝西鄉試

監臨官

巡按陝西監察御史李瀚（叔淵山西沁水縣人　辛丑進士）

提調官

陝西等處承宣布政使司左布政使陳道（德脩直隸盱眙縣人　甲申進士）

陝西等處承宣布政使司右參政韓重（淳夫山西絳州人　戊戌進士）

監試官

陝西等處提刑按察司副使韓明（惟遠浙江餘姚縣人　乙未進士）

陝西等處提刑按察司僉事謝顯（時榮浙江會稽縣人　己丑進士）

考試官

江西南康府都昌縣儒學教諭孫文原（宗道浙江慈谿縣人　己酉貢士）

直隸鳳陽府鳳陽縣儒學教諭羅聰（廷謨浙江桐廬縣人　丁酉貢士）

同考試官

河南河南府陝州閿鄉縣儒學教諭焦讓（允恭直隸束鹿縣人　己酉貢士）

直隸廣平府鷄澤縣儒學教諭郭拱辰（敬之山西高平縣人　己酉貢士）

山西澤州陽城縣儒學訓導姚玉（德美直隸德州衛人　庚子貢士）

直隸保定府祁州深澤縣儒學訓導黄暟（明遠雲南臨安衛人　庚子

貢士）

浙江嚴州府桐廬縣儒學訓導談一鳳（文瑞直隸無錫縣人　壬子貢士）

印卷官

陝西等處承宣布政使司經歷司經歷崔友能（好賢直隸藁城縣人　監生）

陝西等處提刑按察司經歷司經歷楊通（文達山西蒲州人　監生）

收掌試卷官

西安府知府嚴□濬（宗哲湖廣華容縣人　戊戌進士）

慶陽府知府丁紳（大章山西朔州衛人　戊戌進士）

受卷官

西安府同知張昶（孟明直隸長垣縣人　辛丑進士）

臨洮府同知徐昌（廷言湖廣石首縣人　丁酉貢士）

鳳翔府同知王鸞（鳴世直隸鎮朔衛官籍　甲午貢士）

西安府推官袁經（大倫湖廣寧鄉縣人　庚戌進士）

彌封官

延安府葭州知州沈理（伯一河南通許縣人　戊子貢士）

平凉府涇州知州陳智（士達山西陽曲縣人　甲午貢士）

西安府華州華陰縣知縣孫傑（時英河南鄢陵縣人　辛卯貢士）

鞏昌府隴西縣知縣栗鉦（静之山西潞州人　辛卯貢士）

謄録官

西安府商州知州蔡相（元鼎浙江錢塘縣人　戊戌進士）

延安府綏德州知州王倞（元節山西平定州人　丁酉貢士）

漢中府金州漢陰縣知縣唐希介（景賢山西陽曲縣人　丁未進士）

西安府同州郃陽縣知縣趙維藩（价夫直隸元氏縣人　庚戌進士）

對讀官

西安府咸寧縣知縣孫傑（朝用山西平定州人　庚戌進士）

西安府長安縣知縣沈瓚（君錫浙江慈谿縣人大興縣籍　丁未進士）

延安府宜川縣知縣張倫（崇理山西澤州人　辛卯貢士）

西安府商州洛南縣知縣秦安（□山湖廣容城縣人　甲午貢士）

巡綽搜檢官

西安左衛指揮使楊宏（希仁直隸海州人）

西安前衛指揮使劉鏞（大器直隸邳州人）

西安後衛指揮使張鎬（宗周山東武定州人）
西安左衛指揮僉事田忠（以誠河南武安縣人）
西安前衛指揮僉事蔣琛（清玉浙江諸暨縣人）
西安後衛指揮僉事劉欽（敬之直隸合淝縣人）

供給官

陝西都指揮使司經歷司經歷張銘（克新山西翼城縣人　辛卯貢士）
陝西等處承宣布政使司照磨所照磨楊昪（從高河南汝陽縣人　監生）
陝西等處承宣布政使司理問所理問衛霈化（至膏山西浮山縣人　監生）
西安府經歷司經歷許謹（寅之山東夏津縣人　監生）
西安府照磨所照磨李郁（從制四川雲陽縣人　監生）
西安府藍田縣知縣石山（邦瞻河南裕州人　甲午貢士）
西安府臨潼縣知縣杜璘（文玉山西洪洞縣人　丁酉貢士）
西安府興平縣縣丞袁昂（伯顒四川西充縣人　監生）
西安府華州蒲城縣主簿霍敦（本厚山東單縣人　知印）
西安府咸寧縣典史劉潭（文淵河南儀封縣人　吏員）
西安府長安縣典史劉聰（思明山東曹縣人　吏員）
西安府京兆驛驛丞楊深（廷邃山西應州人　承差）
西安府西安遞運所大使林崇新（尚德四川眉州人　吏員）
西安府華州華山驛驛丞張文澤（德潤河南信陽州人　承差）
西安府咸陽縣渭水驛驛丞阮英（世傑河南汝陽縣人　承差）

第一場

四書

行夏之時乘殷之輅服周之冕樂則韶舞　唯天下至誠爲能經綸天下之大經立天下之大本知天地之化育夫焉有所倚肫肫其仁淵淵其淵浩浩其天苟不固聰明聖知達天德者其孰能知之　人有鷄犬放則知求之有放心而不知求學問之道無他求其放心而已矣

易

得尚于中行　君子以言有物而行有恒　是故著之德圓而神卦之德方以知六爻之義易以貢聖人以此洗心退藏於密吉凶與民同患神以知來

知以藏往其孰能與於此哉古之聰明睿知神武而不殺者夫是以明於天之道而察於民之故是興神物以前民用聖人以此齋戒以神明其德夫　功業見乎變

書

輯五瑞既月乃日覲四岳群牧班瑞于群后　終始惟一時乃日新任官惟賢才左右惟其人臣爲上爲德爲下爲民其難其慎惟和惟一德無常師主善爲師善無常主協于克一俾萬姓咸曰大哉王言又曰一哉王心克綏先王之禄永底烝民之生　乃有室大競籲俊尊上帝　用賚爾秬鬯一卣彤弓一彤矢百盧弓一盧矢百馬四匹

詩

知子之來之雜佩以贈之知子之順之雜佩以問之知子之好之雜佩以報之　其車三千師干之試　經營四方告成于王四方既平王國庶定時靡有争王心載寧江漢之滸王命召虎式辟四方徹我疆土匪疚匪棘王國來極于疆于理至于南海王命召虎來旬來宣文武受命召公維翰無曰予小子召公是似肇敏戎公用錫爾祉釐爾圭瓚秬鬯一卣告于文人錫山土田于周受命自召祖命　昊天有成命二后受之成王不敢康夙夜基命宥密於緝熙單厥心肆其靖之

春秋

公及邾儀父盟于蔑（隱公元年）及宋人盟于宿（隱公元年）鄭人來輸平（隱公六年）公伐邾（隱公七年）庚午宋公齊侯衛侯盟于瓦屋（隱公八年）齊侯衛侯胥命于蒲（桓公三年）會于蕭魚（襄公十一年）　遂伐楚　公至自伐楚（僖公四年）公會齊侯宋公陳侯衛侯曹伯伐鄭圍新城楚人圍許諸侯遂救許公至自伐鄭（僖公六年）公如京師　公自京師遂會晋侯齊侯宋公衛侯鄭伯曹伯邾人滕人伐秦　公至自伐秦（成公十三年）天王狩于河陽（僖公二十八年）　遂伐楚　楚屈完來盟于師（僖公四年）公會齊侯于夾谷齊人來歸鄆讙龜陰田（定公十年）

禮記

天子祭天下名山大川　春誦夏弦大師詔之瞽宗秋學禮執禮者詔之冬讀書典書者詔之禮在瞽宗書在上庠　五者天下之大教也　凡人之所以爲人者禮義也禮義之始在於正容體齊顔色順辭令容體正顔色齊辭令順而後禮義備以正君臣親父子和長幼君臣正父子親長幼和而后禮義立

第二場

論

王者無外

詔誥表（内科一道）

擬漢賜民今年田租之半詔（文帝二年）　擬唐以同州刺史姚元之爲兵部尚書同中書門下三品誥（太極元年）　擬宋以趙抃爲殿中侍御史謝表（至和二年）

判語（五條）

漏使印信　賦役不均　私借官物　服舍違式　關津留難

第三場

策（五道）

問　自古帝王之創造天下必制禮明刑以新天下之耳目唐虞三代載諸經秦漢而下備諸史其所因所革或寬或猛概可見矣漢高帝以蹙秦之功開炎劉之運當時非不急於禮也若祠祭一詔則蹈襲如故其後雖有叔孫綿蕝之制亦未之變非不究於刑也若入關一諭乃反苛以寬其後遂使官吏論决之獄亦不之報史稱高祖寬仁大度又曰以馬上得天下良謂此也故嘗以是驗諸當代竊有疑焉我太祖高皇帝垂統貽則明明有訓定鼎之初嘗合祭天地矣而其制文有曰南北之壇終不會祀於禮未然是蓋裁自聖心以義而起至於他所刋定一剗有元之陋無少襲也即位之久嘗肆宥臣民矣而其聖詔有曰詿誤盡赦若果真犯雖笞不原是蓋用其義殺以威而治至於他所刑戮一反有元之縱無少假也由是薄海内外仰日月之麗天拱雷霆之在上百年之腥穢一旦去而爲衣冠文物之世矣説者謂漢高帝之起沛中我太祖之龍飛淮甸其開基創業大略可擬矣然而因革寬猛之間相去甚遠有如此者蓋天縱聖神宏謀淵筭度越千古其所以救時垂遠雖三代以來亦不可誣也爾諸士子頌用夏變夷之駿功講天冠地履之嚴分非一日矣其敬述以對以觀億萬年太平之盛

問　王祀夫子而以名賢大儒爲之配蓋所以崇德報功古今之禮莫大於此請以所疑與諸士子論之四配十哲之議定於何時東廡西廡之數據夫何代以顓孫補十哲固也然則言行氣象彷佛聖人者不及乎以名教出揚雄是也然則以性爲惡以禮爲僞者猶賢乎以二十二人并爲先師以六十七人

并爲列伯皆盛舉也而今則有因有革矣石室所載七十二賢宋祀因之通典所載八十三賢唐祀因之而今則增至百有餘人矣自漢而上有爲季孫之愬者有宗莊老之學者或建議短喪或黨附勢家皆得與俎豆之列何若是其易由宋而下有文章節義名配昌黎者有忠孝大節爲第一等人物者元自許吴之外有清修高節之徵士欲列之而不果我國家百年以來有文學直躬之名臣嘗議及而報罷何若是其難或謂通天下配祀者惟顔曾思孟餘雖七十二子止當於國學及其鄉祀之其説然歟或謂子雖齊聖不先父食而顔曾子思偃然其父之上爲非宜者其論當歟夫議禮朝廷事也而參考折衷不能不資天下之公論不知今日定制之外因革損益誠有可議者乎請遂言之勿讓

問　御史古官也在成周時猶記事之任爾歷秦至漢始以圖書兼彈劾之事自是以至魏晋則專以糾察爲職焉唐自彈糾之外得兼獄訟之事宋自彈劾之外得兼諫諍之職由是觀之莫加備者唐貞元以後制也而或者以爲未若任兼諫諍者之爲善豈前此皆咯至是而始備乎莫善擊者蕭望之以後諸人也而或者又以未若得言人主者之爲難豈前此皆默至是而有言乎昔人論御史之職要不輕受必居之以人責之以言假之以拳豈其然乎歷代之君皆必任是以救内重之弊其間知是道者可類舉乎我國家稽古爲治建都察院有都御史以爲之長又分十三道監察御史以爲之屬蓋仿秦漢之官名兼唐宋之職任内以振舉朝綱外以總領諸道法制不爲不備矣委任不爲不專矣嘗竊思之在内之職莫難於諫諍然犯顔則有逆鱗之懼循默則有仗馬之嫌若之何其兩全歟在外之職莫先於糾察然尚風力者或貽過中之譏崇寬厚者或來不及之誚若之何其盡善歟夫今之御史多取之科目之杰諸士子繇此乎進也如或知爾則何以哉

問　進賢退不肖天下大事也治忽之機常必由之粤稽諸古虞闢四門商立無方卓不可及已自漢而下郡守公府皆得舉士直指金吾皆得薦賢爲君者或以久無所舉咎其臣爲士者或以獨少明揚責其相薦賢之路若是其廣也然觀寧受百欺之語則賢者不能無誤觀使人求己之譏則下吏不免私謁所謂進賢者安能一一皆當乎小宰六計太宰八柄邈不可及已自漢而下有以六條按郡國有以六條制守令有以五術察風俗有以八計聽吏治黜陟之典若是其嚴也然郡民知化者或以催科政拙考其下三年無囚者或以官無异稱書其殿所胃退不肖者安能一一無失乎我國家之用人也專委吏部大者擬升小者注授委任責成固無容議矣然行之既久則賢愚同滯涇渭混淆之弊或不能無故曩歲輔臣建白欲令三品以上各舉所知毋循資格蓋以

嬌積習之弊也然論者又病其起奔競之風開偏私之徑將來流弊殆有甚焉伊欲所進必賢君子滿朝以上企有虞之盛如之何其可我國家之課吏也要諸三載考績有殿最朝覲有黜陟綜核名實固無遺法矣然法久弊乘則是非出傳聞愛憎生毁譽之誚或未能免故比者天語丁寧欲撫按藩臬之臣備陳實迹且被黜而枉者聽其自訴蓋深懲偏聽之失也然識者又恐執筆之人難乎爲辭而貪婪之徒因以幸免姑息遷就將自兹始焉伊欲退皆不肖不仁者遠以比隆帝王之治如之何其可夫公道大行風俗醇厚當其薦者無親讎退避之嫌罹其黜者無流言疑似之惑亦爾諸生所當與聞而獻于上者也毋徒諉曰此廟堂大計則吾豈敢

問　殆天下之道有二曰興學曰勸農夫學以崇教化農以厚民生此古帝王已然之迹行之萬世而不可易者也然三代之學莫備於成周以言其教法也有六德六行之數有樂語樂舞之節以言其考校也有三年九年之條有小成大成之類可歷舉乎由周而下或建學郡國或大召名儒或遍立學舍或月書歲試其於興學之意似矣然不知當時近乎古者安在三代之農莫重於成周其在君上也有躬親稼穡勤於疆理出入田畝而不爲屈者矣其在臣下也有教以土宜勸以時器相忘豆觴而不爲耻者矣可悉數乎由周而降或多方勸率或蠲罪給符或法駕親視或繪圖左右其於勸農之意似矣然不知當時復乎古者奚在我國家立養士之法内而胄監外而庠序無一地而非學上而公卿下而庶人無一人而不學歷年既久宜其人材之倍出也夫何攻于業者未必皆體驗乎身心致于用者未必皆通達乎政事甚至出入經史之莫講砥礪名節之罕聞士習如此豈今日振起之者尚未至乎我國家立養民之法田有差等口分世業無不授田之人賦有限期夏斂秋征無不出賦之家歷歲滋久宜其農事之大修也夫何去南畝而游市井者官不禁載未耜而適四方者關不譏甚□富者田連阡陌貧者囊無錙銖民力如此豈今日勸相之者尚未周乎兹欲使士勤于習而咸咏乎菁莪之化農勤於耕而胥服乎襏襫之事稽古而不泥於陳腐濟時而不近於鄙俗非疏通知遠之才孰能與於斯執事者願有聞也

中式舉人六十五名

第一名　張子渭　西安府學生　易

第二名　楊槮　西安府學生　詩

第三名　羅循　白河縣學生　書
第四名　温應壁　涇州學生　禮記
第五名　張守　涇陽縣學生　春秋
第六名　閻侃　隴州學生　易
第七名　羅琛　慶陽府學生　詩
第八名　李盛　西安府學生　易
第九名　石鼐　鳳翔府學生　詩
第十名　史紀　華陰縣學生　書
第十一名　宇文鍾　乾州學生　詩
第十二名　周熊　長安縣學生　易
第十三名　蕭鳳岐　蘭州學生　書
第十四名　王億　鳳翔府學生　詩
第十五名　李朝陽　莊浪衛學軍生　春秋
第十六名　白晟　宜川縣學生　詩
第十七名　劉澄　邠州學生　禮記
第十八名　趙繼宗　同州學生　書
第十九名　王傑　郃陽縣學生　易
第二十名　王文麟　秦州學生　詩
第二十一名　田賦　蒲城縣學生　書
第二十二名　段炅　蘭州學生　易
第二十三名　王麒　鳳翔府學生　詩
第二十四名　程紳　鳳翔府學生　書
第二十五名　胡汝楫　寧夏等衛學軍生　易
第二十六名　侯自明　白水縣學生　詩
第二十七名　張時　澄城縣學生　書
第二十八名　張時雍　涇陽縣學生　詩
第二十九名　許資　咸陽縣學生　易
第三十名　王佑　鄠縣學生　書
第三十一名　桑价　安東中護衛儒士　詩
第三十二名　魏臣　鞏昌府安定縣人監生　易
第三十三名　王師古　澄城縣學生　詩
第三十四名　錢貫　岷州衛學生　書

第三十五名　韓守愚　慶陽府學生　詩
第三十六名　張儒　蘭州學生　易
第三十七名　蘇民　長安縣學生　詩
第三十八名　王元吉　臨洮府學生　禮記
第三十九名　王綸　秦安縣人監生　書
第四十名　楊從禮　長安縣學生　詩
第四十一名　張鳳簫　韓城縣學生　易
第四十二名　胡鳳庭　扶風縣學增廣生　春秋
第四十三名　党文英　藍田縣學生　書
第四十四名　董繡　環縣學生　詩
第四十五名　張原　三原縣學生　易
第四十六名　王贇　華州學生　詩
第四十七名　王鐸　通渭縣學生　書
第四十八名　孟醇　岐山縣人監生　詩
第四十九名　賀有年　臨潼縣學生　易
第五十名　劉寶　興平縣學生　書
第五十一名　范澤　盩厔縣學生　禮記
第五十二名　張鬲　咸寧縣學生　詩
第五十三名　李寧　靖虜衛學武生　易
第五十四名　孫璲　韓城縣學生　書
第五十五名　高良弼　臨洮府學生　春秋
第五十六名　侯仁　鄠縣學生　詩
第五十七名　楊舟　寶鷄縣學生　易
第五十八名　吳孜　郃陽縣學生　詩
第五十九名　夏輝　漢中府學生　易
第六十名　桑佇　平凉府學生　詩
第六十一名　馬昊　寧夏等衛學軍生　春秋
第六十二名　劉璽　長安縣學生　詩
第六十三名　劉琛　長安縣學生　易
第六十四名　高恕　白水縣學生　禮記
第六十五名　王琛　西安府學生　易

第一場

四書

行夏之時乘殷之輅服周之冕樂則韶舞

張子渭

同考試官訓導黄批（説出聖人斟酌四代禮樂之意纖悉明白蓋嘗究心於用世之學者）

考試官教諭羅批（融會傳注獨异衆作是用録出）

考試官教諭孫批（通篇鋪叙平正當是作手）

禮取諸三王之所制者樂取諸大聖之所作者聖人爲大賢告然也蓋三王制禮代各不同而韶樂則非虞舜之大聖不能作也斟酌其間而取用之於致治也何有哉顔淵問爲邦聖人以治天下之法告之如此意謂禮樂治之法也古先帝王孰不有所制之禮亦孰不有所作之樂顧擇而用之者何如耳是故頒朔授民惟時是急求之於古吾得夏時焉蓋周正建子則生物之功未著商正建丑則改歲之義未明惟夏正建寅以人爲紀盛德在木而生物於是乎□□莫有正焉者也三陽始備而歲事於是乎新令莫有善焉者也兹欲表歲首以定統瞻斗柄而紀年可不行夏之時乎繼夏而王者商商之所制有輅焉朴素渾堅而等威已辨爲質而得其中者矣古非無車也太朴則無文過侈則易敗不若商之輅爲可乘也繼商而王者周周之制有冕焉華不爲靡費不及奢爲文而得其中者矣古非無冕也制度之未詳儀等之未備不若周之冕爲可服也夫三代之禮其可取者如此禮備則樂作樂之用當孰取乎彼商之大濩猶有慚德周之大武猶未盡善惟虞舜以大聖之人作大韶之樂暢中和於九德之歌文備而情亦備也宣至德於九韶之舞善盡而美亦盡也故欲薦之郊廟必用帝舜之韶于以治神人和上下無感不通矣欲奏之朝廷必用韶舞之樂于以定民志育人材無用不達矣是則取帝王之制酌可用之宜治天下如指諸掌爲邦何足言哉抑爲治必用禮樂古之帝王率是道也□時异則勢殊法久則弊生當時固加損益而後世寧無可否聖人有憂之特取歷代之制而斟酌之擇其經久可行者以立萬世常行之道爲百王不易之法焉然惟顔子得聞之而卒不得位又徒托之空言然則欲措孔顔之道之法而達之天下者必有聖人之德而在天子之位

唯天下至誠爲能經綸天下之大經立天下之大本知天地之化育夫焉有所倚肫肫其仁淵淵其淵浩浩其天苟不固聰明聖知達天德者其孰能知之

楊椮

同考試官訓導談批（説至誠之道非至聖不能知之意殆無餘藴必潛心於理學者）

考試官教諭羅批（題長而辭不贅佳作也）

考試官教諭孫批（理明詞簡可嘉）

論誠之至者功用極其妙惟聖之至者爲能契其妙蓋至誠之道至聖之德本非二物也然而至誠功用之妙非至聖其孰能與知哉中庸三十二章推言大德敦化以明天道如此且夫誠者天之道也謂之曰天下至誠豈非聖人之德極誠無妄舉天下莫能加乎誠不可加用斯妙矣是故人之秉彝有大經焉於天下大經爲能經論之各盡人倫當然之實而爲天下後世之法者在是大經所由出有大本焉於天下大本爲能建立之全具性分本然之體而爲千變萬化之原者在是大本所從出有化育焉爲能與之默契一誠吻合而聞見俱泯全體渾融而形迹不露是皆至誠自然之功用夫豈有所倚著於物而後能哉然自經綸言之五品之倫一天理之純全肫肫懇到是仁而已矣自立本言之所性之中爲物理歸會之地淵淵静深是淵而已矣自知化言之一念之運爲萬物資始之妙浩浩廣大是天而已矣至誠之功用一至此哉夫是道也苟非固聰明聖智出於天性而具生知之資仁義禮智由於自然而達天德之奥則體之未至見之未真不免裂事物爲殊途岐性命於二致其於天下大經已不知所以經綸之矣孰知所謂肫肫其仁乎天下大本已不知所以立之矣孰知所謂淵淵其淵乎天地化育已判乎不相契矣孰知所謂浩浩其天乎吁至誠之道惟聖人而後知則至誠之道盡聖人之能事畢矣大抵自爲而言曰誠誠非聖不能知自知而言曰聖聖非誠不能爲名异而道不异德同而妙亦同若是者其視溥博淵泉猶以爲小德焉莫不尊親猶以爲有迹焉上天之載無聲無臭極矣至矣不可以有加矣中庸發明聖人之天道至是其無餘藴矣哉

人有鷄犬放則知求之有放心而不知求學問之道無他求其放心而已矣

石鼐

同考試官訓導談批（孟子有餘不盡之意朱子於集注足之是篇善發出而結尤警策讀之令人自奮）

考試官教諭羅批（立論在至重上且詞語謹嚴是必知所求者）

考試官教諭孫批(講有輕重足見所學)

大賢嘆人不知求其所重必示人當知求其所重蓋人心至重而或放之則當知所以求之也然則爲學之道其要豈外是哉昔孟子論仁義之切於人及此謂夫天下之事有重有輕重者當急而輕者在所緩也然人亦有不審而倒施焉者何邪彼鷄犬特一物之微耳得之不足以爲重失之不足以爲輕其所繫甚小也人有鷄犬之放則皇皇焉即知所以求之焉心乃一身之主也存之則進於聖賢失之則入於禽獸其所繫甚重也人於此心之放顧貿貿焉不知所以求之焉是豈愛其至輕而忘其至重哉弗思而已矣彼學問之事若博學若審問固非一端也然其道則在於静而存養之于以斂放心於一腔不使頃刻之間有所馳騖於外焉是要領所在而爲學者持循之地也若慎思若明辨固亦多術也然其道則在於動而省察之于以約放心于方寸不使須臾之際有所牽引於外焉是樞機所在而爲學者據守之方也能如是則志氣清明義理昭著而可以上達不然則昏昧放逸雖曰從事于學終亦不能有所發明矣大抵人有生則有心而心實身之主也能求放心則不違於仁而義在其中矣此孟子開示學者之深意也然所謂求放心者亦正謂此心既存則學之爲有益耳如以求放心之外更無餘事遂廢讀書窮理爲無所用之則是陸象山之教其徒者所以卒流异端禪學而莫之覺也此又朱子發明孟子言外之意學者其服膺而勿失之哉

易

君子以言有物而行有恒

閻侃

同考試官訓導黄批(君子體易以修身治家之道此作發揮明白録之以範後學)

考試官教諭羅批(文理切當)

考試官教諭孫批(善言體易之事)

君子體易卦之象必盡修身之道焉蓋家之本在身而謹言行所以修身也言行既謹此身之所以修而家之所以治也歟昔吾夫子傳象之意謂夫巽上離下卦名家人有風自火出由内及外之象君子體之知風自火而出則知家之本自身而出故欲治其家惟在謹言行以修其身焉彼出諸口者謂之言言而無物則爲虚言非修身也君子則無稽弗言所言者鑿鑿皆實而無妄非法不道所道者恂恂可信而不欺言必中倫否則寧艮其輔也言必顧行否則寧括其囊也言有物如此則言修於身而教於家者有持循據守之則矣見於

身者謂之行行而無恒則爲僞行非修身也君子則凡行己也體夫當然之道不以今昔而有間凡處物也循其一定之理不以彼此而或渝踐履有常確然其篤實也力行不怠毅然其持久也行有恒如此則行修於身而刑於家者有觀感興起之機矣君子修身治家其道若是則倫理以正恩義以篤一家之人焉有不治者哉聖人示人體易之意至明切矣雖然謹言行者固修身之要而身也者實家國天下之本能修其身則推之無不準動之無不化國以之而治天下以之而平不但家齊而已故孟子曰君子之守修其身而天下平

是故蓍之德圓而神卦之德方以知六爻之義易以貢聖人以此洗心退藏於密吉凶與民同患神以知來知以藏往其孰能與於此哉古之聰明睿知神武而不殺者夫是以明於天之道而察於民之故是興神物以前民用聖人以此齋戒以神明其德夫

張子渭

同考試官訓導黄批（説聖人具易理與作易用易處貫徹無遺工於易者也宜冠本房）

考試官教諭羅批（造理精潔可取）

考試官教諭孫批（通暢得旨）

易具於聖人而有作易之本易作於聖人而極用易之妙甚矣聖人之心易理之所具也既具此理以爲之本則夫作易以妙其用者抑豈外於此哉且夫易非聖人不能作亦非聖人不能用而其所以作易則有其本焉是故蓍乃神物也變化無方其德則圓而神卦乃易象也事有定理其德則方以知以至效天下之動者爻也六爻之義變易告人非易以貢乎聖人體具三者之德而無一塵之累方其無事也則退藏於至静之中而人莫測其機收斂於至密之地而人莫窺其妙及其有事也吉欲民趨凶欲民避惟患趨避之不知知來以神藏往以知隨其所感而必應是可謂得夫蓍卦爻之理而不假夫蓍卦爻之物矣其孰能與於此哉惟古之聰明天賦睿知夙成之聖存其神武而不假殺伐之器者能之也聖人具所以作易之本如此是以上焉天道如陰陽消長之理無一而不明下焉人事如云爲吉凶之故無一而不察明天道故知神物之可興察民故故知民用所當前于是興蓍之神物而立夫揲之之法以前吾人未至之吉凶興龜之神物而制爲鑽之之法以先斯民未來之趨避聖人既作易以教人豈但己哉又於此焉湛然純一而致齋以考其占使吾之清明在躬亦如鬼神之能知來也肅然警惕而致戒以稽其占使吾之志氣如神亦若蓍龜之能前知也如此可謂極用易之妙

矣是知易之未作而其理已具於聖人之心易之既作而其理亦不外於聖人之心聖人其有心之易乎雖然易爲卜筮之書卜筮未立易在造化而具於聖人卜筮既立易在卜筮而周於民用天下之志以通天下之業以定天下之疑以斷厥功大矣彼以卜筮小吾易者烏足以語此

書

輯五瑞既月乃日覲四岳群牧班瑞于群后

羅循

同考試官教諭郭批(場中率以斂玉頒玉分析作義其於徵諸侯盡詢察隨先後以與正始之意皆略而不講惟此篇辭氣豐贍形容殆盡可嘉可嘉)

考試官教諭羅批(言虞廷統御諸侯氣象宛然在目)

考試官教諭孫批(義整齊而氣亦春容)

聖人徵諸侯必詳於詢察而與之正始也蓋天下不可一日無統也聖人於諸侯既徵之詢之而復與之正始焉其所以統御之者一何至哉昔史臣紀大舜於攝位之初行朝覲之事意謂人君之錫命也有五等之爵諸侯之受命也有五等之圭若桓圭若信圭若躬圭公侯伯之所執者也今則發綸音而輯之于以徵其來朝若穀璧若蒲璧子男之所執者也今則涣大命而斂之于以召其入覲夫國有大小固皆以一時斂而地有遠近不能以一時來故既盡正月則四方之諸侯有至者矣至則日日見之而詢察之致詳無遠無近一皆冒圭頭之斜鋭而刻之長短於是乎别焉九州之牧伯有來者矣來則日日覲之而考核之必審無小無大一皆合瑞玉之符信而刻之廣狹於是乎驗焉既見之後審知非僞則桓也信也躬也載頒于陛辭之頃穀也蒲也載錫于言旋之時來之先者頒之先與之正始而飭遣就國使知統御之有在來之後者頒之後與之更始而往即乃封使知宰制之有歸天下之耳目自是而一新天下之心志自是而一定聖人撫世酬物居重馭輕之道有如是哉抑是玉也舜既驗之於攝位之初矣其後巡狩四方而諸侯復執此以各朝于方岳至於夏禹南巡塗山之會諸侯執玉而來者萬國是知王者人臣受命于上朝覲會同之所有事者也君人者之所以示大信於天下可不慎重之哉後世以玉爲節篆刻文字而中分之彼此各藏其半有故則左右相合以爲信者亦其遺意也

乃有室大競籲俊尊上帝

史紀

同考試官教諭郭批(言詞平正有不盡之意)

考試官教諭羅批（詞語豐贍不爲題意所窘其善作者乎）

考試官教諭孫批（能言大禹事天之意可嘉）

當國家之極盛而求賢以事天惟前王然也夫賢才乃天生之以遺人國者也然則當國家極盛之時而求賢以爲事天之實非前王之知恤能然乎昔周公戒成王以任用賢才之道至此乃舉有夏知恤之君以告之謂夫有夏之時文命四敷聲教訖于無外矣弼成五服封疆至於無際矣巡狩舉也來塗山之會者殆萬國其多征伐行也感有苗之格者殆七旬其速九功惟叙而天下之大皆不距於朕行九叙惟歌而億兆之衆皆無有乎反側庶土之財賦納于王畿者蓋异地而同心遠夷之貢篚入于王國者蓋殊方而一志王室之大强有如此斯時也有夏之君以爲明明在朝百官若修輔矣而三事之長所繫尤重也可不慎擇其人乎濟濟在廷群后若德讓矣而三宅之官所任尤難也可不旁求其人乎由是顯于有位惟克俊之是舉揚于側陋惟即俊之是求以之任天事也以之子天民也以之守天法也而所以尊乎上帝者無貳爾心焉與之共天位也與之治天職也與之食天禄也而所以事乎上帝者不遺餘力焉恭敬奉持之心常存於夢寐得賢之頃齊明盛服之念不忘于側席見賢之時王者之事天有如此吁不以國家之極盛爲已足而以賢俊之當籲爲未至此有夏之君所以爲不可幾及也今王可不知所重哉嗟夫成王賢君也周公作立政以戒之既舉禹湯文武得人之盛復言夏桀商紂用人之非至於篇終則又以去憸人用吉士爲言蓋公之意以成王爲守成之主也使用人一有所失則必將有如暴德罔後帝欽罰之之者矣故舉得人之盛者欲其以先王知恤爲法也言用人之非者欲其以夏商□正不知恤爲監也老成事少主忠愛之心如此噫三代而下有君如是其忍負之可勝嘆哉

詩

其車三千師干之試

楊椮

同考試官訓導談批（字義森然氣象雄壯真王者萬全之師也捧誦令人凛然）

考試官教諭羅批（形容方叔車徒之盛不浮不艷足以超諸作矣）

考試官教諭孫批（文整氣昌蓋必熟於經學者宜取以魁多士）

詩人於大將南征必極道其車徒之盛焉蓋兵事所尚則威也大將之威而備見於車徒宜詩人咏以爲言也歟昔宣王之時蠻荆背叛王命方叔南征

故詩人作此謂夫出師必以車車焉不盛不足以言戰方叔莅止其車何如其盛邪戎車既飭如霆如雷馳驅於新田葘畝之間嘽嘽乎三千其衆也戎車既駕如輊如軒閒關於遠牧近郊之外烝烝乎三千其多也輕車重車前後相襲不但元戎十乘而已臨車衝車遠近相續不但革車三百而已車之盛也如此吾知所至無敵所謂有不攻攻必取者有矣有車必有徒徒焉不盛不足以威敵方叔莅止其徒何如其盛邪我師我旅奮武以捍外者一皆教閲有素而肄習乎坐作進退之節我徒我御畜勇以待戰者一皆訓練有常而夙閑乎攻殺擊刺之方或爲甲士或爲步卒貔貅山立無失伍也或以御輕或以將重介胄雲屯無離次也徒之盛也如此吾知所向無前所謂有不戰戰必勝者有矣吁車盛則有無敵之勢徒盛則無可乘之隙此所以雖未至蠻荆之地而風聲氣焰先已懾其心矣不戰而收來威之功宜哉抑考先王之於夷狄也撫之以仁馭之以義雖獻琛納贄而不弛固守雖跋扈跳梁而不事窮追故玁狁内侵而文武之吉甫止於薄伐蠻荆背叛而元老之方叔但使來威後世不知乎此以雄才大略之君而專事窮兵以龍姿日表之主而甘爲可汗使輪臺之詔不下遼東之役未息竟不知其何如也嗚呼吾於是有取乎宣王

經營四方告成于王四方既平王國庶定時靡有争王心載寧江漢之滸王命召虎式辟四方徹我疆土匪疚匪棘王國來極于疆于理至于南海王命召虎來旬來宣文武受命召公維翰無曰予小子召公是似肇敏戎公用錫爾祉釐爾圭瓚秬鬯一卣告于文人錫山土田于周受命自召祖命

羅琛

同考試官訓導談批（約繁就簡而文理充足此必明經之士高薦何忝）

考試官教諭羅批（融會詩人大意而一時成功報功之盛藹然可見）

考試官教諭孫批（鋪叙齊整意脉流通非老筆不能到此）

詩人美世臣成平夷之功必備述王者厚報功之典蓋懋賞所以報大功也今世臣平夷而克成其功王者厚褒賞以報之不亦宜乎昔宣王命召穆公平淮南之夷詩人美之至此謂夫淮夷來求所以經營四方也其功既集穆公則歸告于王庭焉淮夷來鋪所以經營四國也厥績既成穆公則入奏于天子焉王國以四方爲安危四方既平則王國其庶定矣王心以天下爲憂樂時靡有争則王心其載寧矣江漢既平王又命召虎以爲四方之侵地未闢也爾其闢之四方之疆土未徹也爾其徹之然非以病乎民也惟欲其取正於王國非以急其欲也惟欲其歸極於我周於是遂疆之以正其大界盡南海而止焉遂

理之以别其條理極海濱而已焉夫以穆公之成功如此則宣王之報功當何如邪又言王命召虎來此江漢于以遍治乎王事于以敷布乎王命而曰昔我文王受命惟爾祖召公爲翰今女無曰以予小子之故但自爲嗣女召公之功耳昔我武王爲君惟爾祖康公是依今女無曰以予小子之爲但自爲纘女康公之績耳且女能開敏其功以爾祖之事文武者事我則我當大建厥福以我祖之報康公者報爾是故報功當推恩也必釐爾圭瓚秬鬯一卣使得以祀其先祖報功當加地也必告于文人錫山土田使得以廣其封邑然又使爾往受策命於岐周從爾祖康公受策命之所以昭爾之世功也使爾往受册書於祖廟自其祖康公受册書之地以彰爾之世美也吁臣有盛大之功君有盛大之賞此功此賞可謂兩無愧矣大抵人臣以建功爲忠國家以報功爲禮故康公有闢國之功而武王封以北燕周公與敦商之功成王建其元子明良德業之盛卓乎其不可及至若穆公成經營疆理之功而宣王又有策命寵錫之厚蓋亦明良相逢功賞交盡真有得祖宗之家法也噫君臣上下誠意交孚此所以内修外攘光復舊物而成中興之大業也歟

春秋

天王狩于河陽（僖公二十八年）

李朝陽

同考試官教諭焦批（意本胡傳而文氣老成宜取爲本房之冠）

考試官教諭羅批（以尊周全晋立説最當）

考試官教諭孫批（得旨）

春秋假天王巡狩之名寓尊王全霸之意此狩于河陽之書有以見春秋之忠恕也何則五載一巡狩有虞之制也十二年王乃時巡成周之法也時而春秋王靈不振而巡狩之禮不行久矣今僖公之世胡爲而有狩于河陽之書哉蓋是時晋文繼伯威合諸侯因衡雍罷朝之餘欲再舉朝王之典乃自嫌强大不敢擁衆於京師故請王出狩天王俯從以就見以人臣之卑坐致萬乘之寵臨以天子之尊俯就諸侯之请召鑾輿至止諸侯盡尊事之儀而實非天王之意也警蹕載臨列辟肅會朝之禮而實由晋文之召也以尊臨卑而王室之屈辱已極以下召上而臣子之不恭已甚名分于焉而蕩然禮制于焉而掃地聖人修經垂憲萬世以爲周室雖衰人主之名猶在也晋文雖强人臣之義當存也以臣召君名義隳矣其可訓乎以君就臣綱常易矣尚忍言乎故原其自嫌之心嘉其尊王之義不據事以直書乃變文而書狩使若天子自至而有虞巡狩之制復見於天下非無事而空行也萬乘自臨而成周時巡之法再舉於

今日非無故而慢游也上焉王室無降尊之失下焉晉霸免不臣之罪天冠地履之分不泯上衣下裳之義猶存而周之與晉豈不於是乎兩全也哉春秋原情爲制以誠變禮之意至矣雖然于温之事無异於踐土事同而書法异者何哉蓋踐土之會王實自往非晉罪也故爲王諱而足矣温之會晉則有罪而其情順矣故既爲王諱之又爲晉解之春秋之忠恕何如哉噫非聖人莫能修此類可見

遂伐楚　楚屈完來盟于師（僖公四年）公會齊侯于夾谷齊人來歸鄆讙龜陰田（定公十年）

張守

同考試官教諭焦批（聖人以天自處之意此作能發明之是用録出）

考試官教諭羅批（胡傳意正如此）

考試官教諭孫批（能推原聖人之心是善觀春秋者）

聖人修經既因霸主以義服夷而特序其績復因在己以禮化强而自序其績此見聖人以天自處而序績之文無嫌於人己之分也且春秋夫子之筆削而以天自處夫子之本心何以見之有如僖公之時暴横中國者莫如楚能攘之者功無大於此也齊桓身安攘之任仗大義以責之八國雲集鼓勇而南包茅不貢之問其義正矣王祭不供之徵其義明矣楚雖不義寧不有所動邪由是屈完惠來請服恐後徼與同好之歡藹然於納欵之餘敢不供給之對怡然於聽命之下曾何敢有向日之暴横哉然桓公義以服楚如此使人之自私者觀之孰不爲服楚之功功之在人者也已何與焉聖人之心天也功在可序則序之初何知其在人没而弗序焉故於屈完之服特書曰來所以序桓之績也若夫定公之世凌駕我魯者莫如齊能化之者功莫加於此也聖人攝相事於夾谷之會秉大禮以責之兩君就壇禍在不測聖人歷階而升不盡一等裔不謀夏夷不亂華之言禮何謹也俘不干盟兵不逼好之語禮何嚴也齊雖無禮寧不有所感邪由是愧悔不遑謝過以質鄆讙之田雖昔爲齊有也今則章章而來歸龜陰之地雖向爲齊奪也今則唯唯而獻納曾何敢有昔日之凌駕哉然聖人禮以化齊如此使人之避嫌者處之孰不爲化齊之功功之在己者也何足紀焉聖人之心天也功在可紀則紀之初何計其在己而嫌於弗紀焉故於三邑之歸亦□曰來所以序己之績也吁聖人會人物於一身萬象异形而同體通古今於一息百王异世而同神於土皆安而無所避也於我皆真而無所忘也一惟天之至公耳夫何避嫌之有哉雖然聖人修經以天自處豈特

序績一事而已哉他如褒善貶惡命德討罪與夫尊君而抑臣内夏而外夷或婉其辭或章其實一皆天之至公無我之心也豈有一毫私意於其間哉故曰春秋非聖人莫能修

禮記

天子祭天下名山大川

温應壁

同考試官訓導姚批（此題作者多失於冗泛能認理明白而措詞詳整者僅見此篇）

考試官教諭羅批（文贍意足讀之可愛）

考試官教諭孫批（得天子祭山川之旨）

以天下生民之主祀天下生物之神所以報其功也蓋山川以生物爲功而天子以生民爲心也天子主萬民而祭及乎山川則所以報其功也爲何如哉王制著先王祭祀之禮其旨如此謂夫天子以一人之尊主百神之祭故既郊社於天地矣而名山之祭豈可緩乎既禘嘗於宗廟矣而大川之祀豈容後乎是故名山不外於五岳而五岳之在天下寶藏興焉材木出焉利民之生宜有以祭之也故必視三公饗餼牢禮之數而爲牲器之數于以陳其犧牲設其鼎俎將誠於對越之際焉大川不外於四瀆而四瀆之在天下魚鼈生焉貨財殖焉資民之養當有以祀之也故必視諸侯饗餼牢禮之等而爲牲器之等于以薦其薦俎備其禮樂致敬於昭假之頃焉然所以祭乎名山者非諂也報功之禮當如此也所以祀乎大川者非瀆也報功之典當如是也噫以天下之主而後得祀天下之神非惟重民之意可見而名分之正一何嚴哉抑天子固祭天下名山大川矣下文又曰諸侯祭名山大川之在其地者蓋在上者可以兼乎下故天子祭天下名山大川在下者不可兼乎上故諸侯止祭山川之在其地者于以見天子君天下而其所報者衆諸侯君一國而其所報者寡一祭祀之間而名分攸在先王制禮之意可謂詳且盡矣

凡人之所以爲人者禮義也禮義之始在於正容體齊顔色順辭令容體正顔色齊辭令順而後禮義備以正君臣親父子和長幼君臣正父子親長幼和而后禮義立

劉澄

同考試官訓導姚批（大義明盡而辭不煩瑣蓋熟於作經者録之以式後學）

考試官教諭羅批（文理切實可嘉）

考試官教諭孫批（體認禮義最明白）

記者論人當全夫人道必推言人道所由全也蓋義以爲質禮以行之人之道也人於禮義也而或未能盡焉則人道豈能全於己哉記冠義者知其然謂夫天地之性人爲貴人之行禮義爲先人之所以爲人不在四體之既正也不在膚革之充盈也亦惟有禮義存焉耳是故禮義始於謹容辭也容體欲其可度當有以正之顔色欲其可觀當有以齊之辭令欲其可從當有以順之今焉容體正而不失足於人顔色齊而不失色於人辭令順而不失口於人則容辭之著見禮以文乎質而蔚然其可美矣禮義其有不備乎禮義始於正彝倫也君臣欲其有義當有以正之父子欲其有恩當有以親之長幼欲其有序當有以和之今焉君臣正而朝廷之儀肅父子親而閨門之分定長幼和而宗族之有禮則彝倫之交際禮以行乎義而燦然其可觀矣禮義其有不立乎禮義備則人道以備禮義立則人道以立人道之全孰有外於禮義者哉考之下文有曰冠於阼醮於客位三加彌尊者所以備其服而示以成人之禮也又曰見於母母拜之見於兄弟兄弟拜之奠摯見於君遂以摯見於鄉大夫鄉先生者所以正大倫而責以成人之禮也故曰冠者禮之始也嘉事之重者也聖王重之其以是歟

第二場

論

王者無外

張子渭

同考試官訓導黄批（筆力蒼古而議論層出如長江大河一瀉千里滔滔有不盡之勢此必積學有待之士也春闈戰藝子必先登矣）

考試官教諭羅批（其言博其事核其氣昌絶不類科場文字）

考試官教諭孫批（論有發揚踔厲之氣而不逾矩矱蓋嘗究心於古文者與）

論曰合天下之大而一視之王者之所以能一天下也王者豈有外哉夫天下誠大矣其地有中國有四夷其風氣有寒暑燥濕之不同其人殊好而异尚以無外視之則一一則華夷各得其分而大一統之治成矣以有外視之則貳貳則争争則紛紛藉藉弱之肉强之食而禍患將自兹始焉王者亦安能晏然於天下之上而無所置其慮哉故曰王者無外荀悦之言春秋之義也且所

謂王者孰立之乎天立之也既爲天所立其所舉措宜有不違夫天者矣夫天覆乎上凡物之在其下者無遺覆也天何嘗有外乎惟地亦然地載乎下凡物之在其上者無遺載也地何嘗有外乎王者與天地參焉者也使以戎狄爲外而不一視之則與天地不相似矣或曰春秋之法内中國而外夷狄惡在其無外也曰凡吾之所謂無外而一視之者非謂純以中國之禮禮之以中國之治治之也隨其分而處之因其俗而施之馭之得其道俾不失其常而已一視而無外者王道之體内夏而外夷者王道之用二者并行而不相悖春秋之所以爲春秋也歟嗚呼聖人之道理一而分殊自其分之殊者觀之則雖王畿之内朝廷之上貴賤賞罰死生奪予雜施而并用不能一律齊也而况於夷狄乎自其理之一者觀之則民吾同胞物吾與也故一物不得其所王者與有責焉而夷狄亦夫人耳而謂其無與於天道無關於人事可乎蓋嘗求之經矣蠻夷率服與萬邦咸寧并載於虞典堯舜何嘗外之哉淮島萊夷之方物與青徐内郡并列於禹貢夏禹何嘗外之哉蠻夷鎮蕃與侯甸男采衛并隸九畿之籍文武周公又何嘗外之哉比其弗率則虞帝不能無三苗之征商宗不能無鬼方之誅周王不能無玁狁昆夷之伐彼堂堂全盛之世豈利其地讎其人以勤我師旅乎哉將以一天下之不一亦大不獲已焉者耳萬彙皆榮而一木獨枯則造化非全功滿堂燕笑而未免向隅之泣則君子非全仁聖王在上忍使蠻夷猾夏延及平民爲玉石之焚乎吾故曰有大不獲已焉者耳是故王者之於戎狄正朔不必加也瑞信不必通也同軌同文同倫之化不必其一一不倍於我也其慕義也則進之其猾夏也則膺之其入貢也則禮之其悖慢也則絶之先之以文告繼之以甲兵薄伐之而已矣羈縻之而已矣固不肯置之度外亦不必留之度内固未始不以中國視之亦未嘗純以中國視之於無外之中實寓夫外之之法以殊視之義而行夫一視之仁則上下相安遠近協和邪氣不奸頌聲斯作王者大一統之氣象固如是哉嗟乎中國之有夷狄猶陽之有陰君子之有小人也内陽外陰然矣陰可盡决乎内君子外小人是矣小人可盡去乎内中國外四夷得矣夷狄可盡殄乎後世此義不明始有欲窮兵黷武獸獮而草薙之者卒之夷未及懲而華民已先敝矣至於漢宣帝因匈奴欵塞納蕭望之議待以不臣之禮亂常失序其何以爲訓乎以若所爲較諸受徵令於夷狄致金繒之奉如賈誼之所譏置羌胡於塞内無出入之防如江統之所論其事雖殊其爲起釁召患虧中國之體納外夷之侮一也是皆昧於春秋之義惡足與論夫王者無外之氣象哉洪惟我朝聖祖神宗受天命爲四海九圍之主炎鄉瘴海日出日入之地前代聲教所未通者皆納貢修朝禮世膺封册比

諸藩翰龍沙以北東西數千里建置衛所幾二百餘署之官屬給以印章小大聯絡不相爲用廟謨睿略可謂極於無外者矣朝廷以大字小之仁中覃外流無有間隔徵之近事如交南之欲并占城□□奴則辭命加切責焉必悔過乃□□□叛臣雖厚貢求内附然非反其侵地受其約束則不之許至於哈密之見殘於速□也尤軫宵旰之慮未嘗以其無預於中國而置之不問噫視天下猶一家隆古帝王將復有過於今日者乎請以是頌我國家大一統之盛

表

擬宋以趙抃爲殿中侍御史謝表

楊椮

同考試官訓導談批（駢儷之文艱於雄渾此作得之）

考試官教諭羅批（用事切當措詞整潔可嘉）

考試官教諭孫批（讀此文者有宋君臣之美可以想見不知清獻當時有如此作否）

伏以柱後惠文作君王之耳目殿中執法振綱紀於朝廷仰頒非分之恩俯切殞身之懼臣抃誠惶誠恐稽首頓首竊惟黑豸峨冠在蘭臺獨難其選彤騶行道於烏府尤謂之雄非徒整肅乎官儀職以修明於國是側陛而坐九級爲之生風簪筆以書百僚望之屏息行成荷補愧非廊廟之材韋絢叙遷謬接夔龍之武兹蓋伏遇堯舜欽恭禹湯勤儉以文明而行健體柔克以居高薄賦輕刑務農閔雨捨末争而納戎帳之欵捐餘積以撫遼袛之和萬物皆受曲成匹夫咸得自盡四十年休養生息之化千萬世重熙累洽之辰然而視民則無傷如傷圖治則雖盛未盛拾遺補闕將求蹇諤之七人并蓄兼收罔弃芻蕘之一得臣抃朴忠天與戇直性成始通籍以隨行因仍何補繼分符而出牧蹟效無聞遲徊瘴癘之鄉躑躅孤危之迹不圖妙簡進厠中司供奉赤墀參陪法從綉衣行部雖非持斧之威白簡繩違已專横榻之寵幸免呈身而就列敢言正色以立朝惟是君子小人之分最關理亂興衰之運全才難得必須含垢而掩瑕餘蘖尚存勿令投間而抵隙使衆賢得安其位斯庶績可無不凝至于王道之或弛或張衆論之有得有失謹當徐陳利害公舉是非務殫尺寸之愚以答便蕃之眷苟臨危授命尚當不顧以捐軀况爲善有徵何惜盡忠而報國臣無任瞻天仰聖激切屏營之至謹奉表稱謝以聞

第三場

策

第一問

羅循

同考試官教諭郭批（鋪陳前代事實及歸重我朝用夏變夷之功詳整無遺）

考試官教諭羅批（事實不遺揄揚得旨可録）

考試官教諭孫批（揄揚有據不爲問目所窘）

治法之行於前代者歷世有不同治法之盛於今日者垂遠爲無弊甚矣自古帝王之有天下未有不制禮明刑以爲治者禮之因革刑之寬猛則以時异世殊不能無其弊也然而修五禮以變壞亂之風嚴五刑以救寬縱之失如我聖祖之制作更新規模宏遠鑿鑿乎其不可易者質之往古固無可儗而垂之後世亦豈復有其弊哉請因明問而陳之禮與刑相爲表裏要在使民同歸于善而已粤自伯夷降典折民惟刑皋陶明刑以弼五教二者并用在唐虞之時有可見也逮至成周大宗伯掌五禮以吉禮事鬼神以凶禮厚邦國以賓禮親邦國以軍禮同邦國以嘉禮親萬民先王之禮秩然其有序也然一存於魯而季札之嘆興再廢於秦而蕞蕞之剌作禮於是乎日隳矣成周大司寇掌五刑野刑上功糾力軍刑上命糾守卿刑上德糾孝官刑上能糾職國刑上愿糾暴先王之刑井然其有條也然自魏文侯師李悝而科條始繁秦孝公用商鞅而蔓延無際刑於是乎日增矣三代而下經國垂遠蔚然可稱者曰漢曰唐曰宋唐之禮制於貞觀者多蹈隋人之遺轍宋之禮成於開寶者多拾五季之餘燼皆有因而無革也至如漢高帝以開基之英主而於祠祭一詔則固因秦之舊矣其後雖有叔孫綿蕞之制猶未之講而亦何嘗變乎我太祖之於禮也革之而無遺今伏讀大祀之文有曰南北之壇終不會祀於禮未然於是以義而起合祭之典蓋肇行於定鼎之初焉不特此耳若禮之壞於元者則盡取而去之觀其彰祭祀之禮則神祇之號正定喪服之禮則父母之衰同正婚姻之禮則同姓之辯嚴復衣冠之禮而服色改明上下之禮而品制修是皆斷以大義行之天下燦然若日月之麗天也唐以仁義而縱死囚之四百宋以大辟而行貸死之法令皆去嚴而尚寬也至如漢高帝以創業之雄材而於入關一論則固反苛以寬矣其後雖有官吏論决之獄猶未之報而亦何嘗究乎我太祖之於刑也執之而無縱今伏讀大赦之詔有曰詿誤盡赦若果真犯雖笞不原於是以威而治尚嚴之意蓋益謹於即位之久焉不特此耳若刑之壞於元者則

盡剗而滌之觀其刑里閭之豪俠刑閨闥之混淆刑州縣之廢格官吏之貪墨者必刑舊染之未革者必刑是皆不拘章程施之天下赫然若雷霆之動物也其視前代繼世之君制禮明刑夐乎莫能及矣而説者乃謂漢高之起沛中與我太祖之龍飛淮甸肇造基業大略可儗而其因革寬猛之間何相去若是之遠噫是蓋有其故矣元以夷狄入主中國化冠裳爲胡服污腥膻於俎豆豪家棟宇上儗王公同姓婚姻内連兄弟先王之禮至是而盡亡矣安得不變乎故漢繼秦後猶存前代之制禮之因者不害其同也比附异制曲赦無時奸吏盗舞文之拳西僧恣釋囚之説先王之刑至是而大壞矣安得不嚴乎故漢懲秦暴悉起膏火之餘刑之反者不害其寬也雖然制度相沿歷數世而復改寬仁未幾一再傳而已刻此漢高之治止於馬上而垂統可繼之道終未盡善焉由是論之則知宏謀淵筭上冠乎百王聖德神功下表乎萬世以刑之嚴者爲救時之務以禮之革者爲垂遠之規至於典章文物既備見于制書而守成尚寬復昭示于祖訓則又有以廓造化之至仁弘範圍之大典質之三代以來不可誣也聖子神孫恪遵成憲百餘年間朝廷上下從容乎禮制之中普天率土循行乎法度之内天休滋至宗社奠安用夏變夷之功蓋自是以至億萬斯年與太平之基業同一無疆惟休也愚何幸躬逢其盛

第二問

張子渭

同考試官訓導黄批（不拘拘於問目當是策手）

考試官教諭羅批（引斷切當必究心於策學者）

考試官教諭孫批（斷功罪如指諸掌雖起數子於九京當必心服）

從祀定於前代者不可輕議其黜從祀加於後代者不可輕議其進蓋前代所定從祀皆有深意如洙泗及門之徒躬受聖教故雖姓名之外他無可考亦不敢遺漢唐專門之師傳授聖經故雖學行之疵實有可指亦不敢弃若後世所論從祀之賢雖不能無可取然非真有發揮聖經維持聖道之功又安敢輕進之哉嗚呼孔廟從祀朝廷大禮也既有定制矣而執事舉以下詢得無禮求之野之意乎顧愚何足以知之雖然亦嘗聞之矣且孔門諸徒如家語所載七十四賢史記所載七十七賢文翁石室則但七十二賢而唐祀因之杜祐通典則有八十三賢而宋祀因之以賈逵等二十二人并爲先師則始於唐之貞觀以曾參等六十七人并爲列伯則昉于唐之開元至以孟子繼顔曾思爲四配升顓孫師於十哲則又至□而始定焉若其封爵名位之增進代各不同我朝準前代之制自國學達於天下其禮無貳正統間禮官復得旨詳定東廡增

至五十四人西廡增至五十五人而胡文定真西山蔡仲默吴幼清皆前代之所未及也夫與祀於前者若是其多增祀於後者若是其寡難易之間誠若有可疑者請竟其説世衰道微火於秦黄老於漢佛於魏晋之間而所謂經師者守其遺編轉相付授講説注釋各竭其材使後之學者得見先王詩書典籍之盛其功固不小也故雖劉向之無威儀王肅之好諛佞宗莊老之王弼忽細行之賈逵杜預建短喪之策馬融甘附勢之耻君子不敢輕議其黜焉逮夫五緯聚奎諸儒闡道之後則非其識足以明至理於毫厘行足以希往聖之絶迹功足以爲遺經之羽翼者不得而與也故雖范希文之忠孝歐陽永叔之節義游楊謝蔡之於學不爲無傳何王金許之於道不爲無見君子不敢輕議其進焉蓋共選滋艱矣若乃元儒劉静修德性剛正學識明悟進退安於義命志節拔於流俗不可謂之非賢矣我朝薛文清直躬慕古談道淑徒進無附麗退不留戀亦可謂之名臣矣言者遽欲儕之從祀吾不知二公之學之功較之楊龜山諸儒果孰先孰後哉廷議報罷良有以也夫從祀之典參定於古今不可易者如此然一得之愚竊有獻焉有若之賢游夏謂其似聖人誠非矣然必其言行氣象有過人者如論語所載論孝弟論禮和數章良非群弟子可及彼宰予晝寢短喪之失見斥於其師顓孫堂堂未仁之病見短於其友宰予名列四科猶有可諉者以顓孫補孟軻吾不知較諸有若爲孰賢也公伯寮他無所考惟以愬子路一事厠名魯論得參俎豆之列夫景伯在當時尚欲肆之市朝萬世之下顧從而祀之夫子之庭其可乎至所謂荀況者以性爲惡以禮爲僞以古先聖王爲不足法以子思孟軻爲亂天下且其所事者奸邪之黄歇所教者坑焚之李斯定罪行辟當不在揚雄之下然卒未有能建議黜之者此又不可曉之甚也草野之見所未安者如此至於郡學削兩廡縣學并削十哲大儒嘗有是議然自後人景行仰止者言之不病其爲贅也子雖齊聖不先父食昔人嘗有是疑然自後世報功崇德者視之不容以其私論也是或一道而不足以爲典禮之疵者故愚不及致詳噫言及之而不言謂之隱執事采其所極言者達之朝委其所未詳者以俟後之君子幸甚

第三問

楊榕

同考試官訓導談批（光明正大之氣委曲忠厚之風於是乎兩見之他日進用必將爲真御史也）

考試官教諭羅批（如此議論是知其器局矣）

考試官教諭孫批（其氣勃勃可概以循行數墨士待邪）

御史之設厥惟舊矣戰國以前御史掌書傳命而兼記事之任是其官尚輕也秦漢而降平章報奏之外得兼彈擊之任而拳始重矣自唐以來御史職專察劾而兼訟獄之事是其拳固重也由宋至今彈劾訟獄之外又加言事之責而任愈難矣請陳其故曰察劾不過指摘群臣之過失凡嚴於疾惡者皆可爲之曰訟獄不過平反刑名之過悞凡明於聽訟者皆可爲之至兼言事則上焉以正君心下焉以正百官而綱紀之在朝廷賴以匡扶風俗之在天下賴以救正非諸司百執事之比矣况劾人臣之過易攻人主之失難萬鈞之壓何物得全人非喪心孰不惜死君天下者不擇其人以任之重其拳以假之員雖具也治奚益乎若其得人則蕭望之之按延壽嚴延年之劾霍光王義方之抗奏奸人温造之威望稱職是名於漢唐者率於彈擊爲多仲淹道輔之諫廢郭后吕誨大防之諫尊濮園唐介之論除四使明道之論沮公議是名於宋者率於諫諍爲顯而其事勢之難易人品之優劣又自不言可知矣洪惟我國家稽古爲治建都察院分十三道監察御史内以振舉朝綱外以總領諸道仿前代之官而名實不紊兼前代之任而付托加重體勢加嚴焉夫簪筆於内天下事皆得言之御命於外天下事皆得行之士誠有負抱居是官能無有以自見哉故百餘年來直躬之臣後先輩出抗疏論列堂陛森嚴持斧巡方山岳摇動雷霆之威屢加而蹇諤之風未衰貶斥之行相繼而清勁之烈愈奮得人之盛度越前代遠矣執事猶以舉職之難爲憂而求所謂兩全盡善之術愚也不在其位惡足與議此雖然亦嘗得之聞見而思所以處之矣大抵振舉朝綱則諫諍乃其職也顧今之言者務竭其能危言激論以爲忠發隱摘細以爲直則非事君之體矣默者務全其身事關社稷而不恤患切生民而不念則失守官之義矣夫然則默固非矣而言者亦豈皆是乎先正有言事君者必誠意交孚而後可以有爲又曰凡進言於君者須從容委曲庶幾其言易入故職諫諍者積誠以先之竭忠以發之審事幾之利害揆治體之重輕鑒太易納約自牖之義服孔子勿欺而犯之戒當言而言務從容以開導當默而默不矯訐以干名則諫行言聽國體以全物議以息朝廷尊嚴儼然太阿之出匣矣在内之職寧有不舉者乎統領諸道則糾察乃其職也顧今之嚴者或過于苛急其弊使人無所容無以全渾厚之治體寬者或流于縱弛其弊使人無所忌難以立精明之治功夫然則縱固失矣而苛者亦豈爲得乎先正有言責人者必求吾之所能行又曰治道去太甚察察非善政故任糾察者公以處之恕以行之觀民情之向背廉吏治之臧否明大體而略細故扶君子而抑小人善有當勸不見遺於疏遠過有當懲不見沮於貴近則己正物正嚴而不峻寬而不弛縉紳畏憚凛然嚴

霜之在望矣在外之職寧有不盡者乎夫御史所以舉其職者如此若事有所必争人有所必去勢不能以兩全情不能以曲盡則與其爲不言之仗馬孰若爲朝陽之鳴鳳與其沽鸞凰之美名孰若取鷹鸇之勁力時至于是則死生禍福悉置之度外矣又安用別求所以處之之術哉愚也蹈出位之咎以復明問然則達之所施即窮之所養究古人已然之迹備今日將然之用亦學者分内事耳如有用我者執此以往

第四問

張子渭

同考試官訓導黄批（五策皆豐贍而用人一策尤有斷制所謂識時務者竟非徒録其文他日效用吾有望於子矣）

考試官教諭羅批（援古人之言斷今日之事是非博洽多聞者不能可嘉可嘉）

考試官教諭孫批（議論正大而處置詳密他日從政端不負所學矣）

對進賢有道公薦舉是已退不肖有道嚴考課是已蓋進賢退不肖天下之治忽□繇係也天下之賢吾不能盡知而賢者人難於自售則必公薦舉以來之天下之下不肖吾不能盡識而所謂不肖者又巧爲誕謾以投吾間隙也又必嚴考課以察之聖人復起不易斯言矣執事以天下大計下詢承學將謂章縫之士亦有以天下爲己任如范希文者乎而愚也非其人也請因明問所及而略陳之四門之闢見於虞則衆賢爲之和朝無方之立著於商則後人賴之啓迪自漢以來其途益廣如賈誼王褒之文學則郡守所薦也辛湯段會宗之政事則公府所薦也雋不疑之經義直指薦之龔勝之高潔執金吾薦之至於房玄齡爲相而久無所舉則太宗加之詰責王曾執政而獨少明揚則希文攻其所短是庶府皆得薦賢而宰相尤其所急也然知人聖哲所難君子求其在已盡吾心焉雖不中不遠矣彼吕正獻誤常秩之薦明道則教其寧受百欺不可怠好賢之心韓持國怒下吏之謁伊川則譏其不能求人而使人求己豈不以大臣之當務莫急於此且其機固有不係於人者乎周官小宰以六計弊群吏則廉善廉能廉敬廉正廉法廉辨是也以八柄御群臣則爵禄廢置生誅予奪是也自漢而下其法益嚴刺史以六條按郡國所以督責二千石者甚至宇文周以六條制守令所以稽察民事者甚詳至於唐陸贄之教黜陟使以五術察風俗而八計則聽吏治焉曰户口豐耗曰墾田盈縮曰賦役薄厚曰案積繁簡曰囚數盈虚曰奸濫有無曰選舉衆寡曰學校興廢法無復加矣然法之用也存乎其人任法任人有不可偏廢者若陽道州爲刺史郡民知化而以催

科政拙書下考何易于爲縣令三年無囚而以官無异稱書殿績是奉法者之非其人也而豈法之過乎我國家之用人也專委吏部大者擬升小者注授妙簡端揆之任垂拱責成固無容議矣然天下之大負才抱藝之多豈一人二人所能周知故行之既久任年勞則有賢愚同滯之譏循資格則有涇渭混淆之弊朝廷知其然曩歲納輔臣之議詔三品以上各舉所知毋循資格蓋以矯積習之弊也而論者復恐植桃李於多門失人之弊將有甚焉嗚呼有是哉誠使司銓衡者公心以端其本明目以達其用廣詢博訪以求之平心易氣以待之以資格遇常流而不易其法以不次拔异等而必嚴其選雖仍舊貫可也其或耳目所不逮則各舉所知之故事參而行之亦可也何必逆探其弊邪且今之所謂三品以上者皆卿相重任豈復有所謂憸人曲士參厠其間顧因薦舉以爲苞苴請托之媒乎是不得爲法之累矣我國家之課吏也要諸三載考績有殿最朝覲有黜陟稽合庶僚之論綜核名實固無遺法矣然四海之廣伏讒廋慝之巧豈一言一事所能盡見故法久弊生是非或得之傳聞愛憎或生於毁譽朝廷知其然比歲當述職之期詔自今考績當黜者皆須備陳實迹果有枉抑聽其自訴蓋深懲偏聽之失也而識者又恐招反訐之尤姑息之風將自兹始焉嗚呼豈其然哉誠使典黜陟者存愛惜人才之志嚴課功核實之令一人之言未必信也而參諸衆人焉今日之考未足據也而驗之前日焉又量其所書之人酌其所書之事出於賢者爲可憑出於庸者爲未信雖仍舊規足矣若衆論之未合則人才難得姑亦存之耳何至一一必求其實邪且今貪吏罪狀暴露者理官按之猶爲摭拾况考課之舉苟聽其自理孰肯甘伏其辜乎是反爲不肖者之地耳嗟乎天下之人才天實生之天不能自爲進退而付之大君君不能自爲進退而責之大臣使大臣當薦舉之任秉黜陟之柄者誠得其人則將擇人以任庶府以任藩憲由是所進皆賢何有親讎退避之嫌所退皆不肖何有流言疑似之惑然則君道之急務亦慎擇其人以居大臣之位焉耳不然則其法屢變其弊屢生所禁在此所失在彼欲進退之必協公論不可得也執事以爲何如

第五問

李盛

同考試官訓導黄批（興學勸農先王固有定法此策能發明之而參以時宜真有識之士也）

考試官教諭羅批（策有考據有議論有斷制非博古通今者不能爲此言也）

考試官教諭孫批（議論出問目外真是策手）

成周教養之法大備而後世未能舉當代教養之法益備而得人爲易行夫教養之法固莫備於成周尤莫備於當代也苟得其人則教養之政以行而隆古之治可復不得其人則徒法不能以自行矣尚何望其治之古若哉書曰立政惟人禮曰爲政在人良有以也請因明問以對夫今之天下即古之天下而其致治之法亦不外於古之興學勸農也粤稽諸古上下有庠東西有序農殖嘉穀蒸民乃粒二者并用虞夏已然之迹卓乎不可尚已逮至成周教人則有六德以立其本有六行以觀其行有樂語以導其性情有樂舞以養其血脉考校則自三年以至七年視其所爲謂之小成自七年以至九年因其所立謂之大成先王之興學至精至備無遺法也嗣是若漢武帝嘗建學郡國矣然創置之初諸生或困厄而不自激厲選士或賃作而無以資貧唐太宗嘗大召名儒矣然未幾再傳而論堂之庭或墾爲園圃助教之職或躬任犂鋤以至宋太宗之遍立學舍真宗之月書歲試其制固有在矣始則舍法行而郡縣之學有實政終則舍法廢而郡縣之學爲具文所謂近乎古者少而不能近者多也成周勸農既以親稼穡勤疆理爲家法之相傳復以教土宜勸時器爲田畯之職任天子所命者農百辟所重者農朝廷之所嘉惠者農官府之所分作者農下至州閭里巷婦人女子賤隸小夫歌咏贊頌無一而不在於農先王之重民至周至密無遺術也自是若漢之多方勸率可謂勤矣惜夫限民名田之説不行於時唐之蠲徭給符可謂詳矣惜夫進退登耗之數不驗於民以至宋以法駕親視以人耕繪圖其心固有在矣而經界之制未推於浙右誘耕之説未行於荆襄所謂復乎古者少而不能復者多也夫□學固莫備於成周矣循至于今胄監庠序之并立公卿大夫之皆學其興學也視成周爲益備焉法之備也如此宜其人才聿興倍於往昔可也而或者猶有俊民用微之嘆者蓋以教之者或略養之者或疏擇之者不精語之者不詳故耳聖天子尊居九重所托以養賢成德不在於司俊造者乎誠使司俊造者重體驗身心之士擇砥礪名節之人經義治事之兼授諸家百子之旁通警其輕浮躁進之心培其光明正大之學則即孟子所謂輔之翼之又從而振德之矣何患賢俊之不興哉勸農固莫重於成周矣循至于今口分世業之并行夏斂秋征之有節其勸農也視成周爲益備焉法之盛也如此宜其農事大修倍於古昔可也而或者猶有黎民阻饑之嘆者蓋以務本者少逐末者多生之者寡食之者衆故耳聖天統御萬方所托以仁民愛物不在於任守令者乎誠使任守令者勸相□時而賦税以平優恤其財而愛養其力游市井者繩以互知丁業之法適四方者科以荒蕪田

土之條則即孟子所謂老者衣帛食肉黎民不饑不寒矣何患農事之不舉哉是則興學也勸農也二者咸在於得人焉愚也固非疏通知遠之才亦不敢爲泥古近俗之論第以濟時之術舍得人無可言者故曰待其人而後行敢誦以爲治天下者之龜鑒

陕西鄉試録後序

陝自曩歲八郡告饑凋敝之餘百凡所須爲場屋經費者率多苟簡乃弘治乙卯秋八月再當試士之期先是巡按監察御史李瀚博詢于衆知其事因仍且久當改觀易聽遂謀于巡撫右副都御史張敷華相與協志修舉幣聘之儀校文之室餼廩之供與夫鹿鳴之宴饗勸駕之條格視昔有加焉試録成當并所取士之姓名與文之合程式者獻于朝夫惟古賓興賢能之書作選舉之道無容議矣洎乎文氣漸薄士風不振乃有疾時態之流宕考材能於端實斯二者歸之何哉亦存乎操是柄者之正與否爾且士嘗學於家絺章繪句聲動郡邑自以爲足擅一方蓋一世也至有體性輕薄文詞浮艷如唐之張昌齡輩或不免於誘毁後生故當時王師旦謂其將變朝廷風雅而黜之吕渭欲結附裴延齡知其子操文詞非工因擢之登第士君子咸鄙其謬濫夫均之知舉選也一以執持顯一以詭隨敗正邪失得之判彰彰如此與兹事者其亦慎所擇而知夫適從耶史稱得賢者有賞得不肖者有罰况今日之事有監臨有提調有監試相與裁抑浮華稽核幸進不遺餘力暨諸執事又無匪人厠乎其間聰輩以徵聘而來濫司文柄其所責與所負亦云厚且重矣顧敢自爲汚賤以得罪於名教得罪於清議哉嗚呼精鑒徇公正之發也不敢不勉矯枉過當正之病也聰豈忍爲是哉其或爲文者詞纇理通而亦在所必取焉斯又崇本抑末之論非正之疵也諸士子能以正自處而復自度焉則知評品之高下與收録之先後一皆出於正而非所謂弃實務華雜良以苦者矣即是而往亦惟畢趨以正上爲所事下爲所學使人皆望之爲端士爲正人斯則曰科目之出也有光無忝其毋苟焉頽墮以重取邪媚之誚哉聰不佞用是自勵而復以勵諸人

直隸鳳陽府鳳陽縣儒學教諭羅聰謹序

弘治十一年陝西鄉試録

陝西鄉試録序

聖天子觀文麗正十一年于兹深惟治理之本才賢是急而進賢惟科目是重申敕所司祇循成法而行之加嚴焉弘治戊午寔天下鄉試之期先一歲丁巳禮部疏科場條格以聞制曰可乃下其事於四方瑩與領教事嘗從郡大夫得竊觀焉責小試于提學憲臣而他官不與專委任也以藩司提調臬司監試而御史則監臨之嚴防範也文取純雅務黜浮華險怪艱澀之辭崇渾厚也校文必御史藩臬公舉其人并舉主氏名以上重衡鑒也至於命題必祖經傳而戒鑿説録文必紀其實取士不問其方品式粲然鉅細靡間自有科目以來孰有若是其密者哉先是皇上念陝西天下重鎮詔起太子太保都察院左都御史王越節制三邊軍事武功載戢文德益光陝之藩臬爰以部檄請于巡撫都察院右副都御史熊翀巡按監察御史馬碁規畫經費作新試院百凡之務既庀罔缺維時太監劉瑯都督同知陳瑛同鎮守于兹右副都御史周季麟王嵩右僉都御史張禎叔同巡撫于兹監察御史周琰張濬曹玉弋福同巡按于兹按察使仰昇左右參政李瀜馬銓李瓚副使李隆李旻陶琰韓明張泰楊縉左右參議馬輅李思明楚麟胡玉僉事陳珍張貫馮允中宋禮蘇泰胡倬李端澄同藩臬于兹是雖各有司存其作興文事志慮一也於是集諸公論聘校文者七人如期而至至則巡按監察御史仇仁職在監臨乃屬瑩暨教諭冠爲考試官學正中思明教諭春陽鸞訓導濟爲同考試官右布政使王儼右參政章玄應爲提調官副使馬龍僉事孟準爲監試官他若掌卷受卷彌封謄録對讀諸執事推擇維謹八月七日偕入院合提學副使楊一清所簡士千三百有奇而三試之卷册浩穰至寶滿前應接不暇竊嘆三秦之士能文者若是其多益以見我國家同文之化之洽也嘗怪宋蘇洵以文名世其論取士謂胥吏之賢優而養之文士有所不若意深詆夫繩趨尺步華言華服者夫所謂文儒者豈直繩趨尺步華言華服而止哉審如是而正則迂不適於用誕非所宜用其斥也固宜且漢世以文儒鳴者惟董仲舒賈誼爲近道使二子得究其用其所建

明樹立顧出趙廣漢尹翁歸之下哉洵不是之求獨指平津樂安以濟其説何待斯文之淺也雖然士始以文自見而其終也弃倫蔑義無益乎人之世者亦恒有之洵之言或有所激而云然也諸士子學于家庭者文作育于庠校者文今日群超萃拔于人人中者亦以文耳由今占後將亦有飾華言以欺人終無益於人之世者乎嗚呼對揚休命有司職也萃千百人之辭藝二十而選一勢有所不易盡然別去取差高下不敢有容心焉因言以測其心因文以卜其行不敢有遺力焉持此從事庶幾乎無遺賢哉而復失之則非有司之所及矣瑩不敏用是僭序諸首簡

四川雅州儒學學正劉瑩謹序

弘治十一年陝西鄉試

監臨官

巡按陝西監察御史仇仁（元善密雲後衛軍籍揚州府泰州人　甲辰進士）

提調官

陝西等處承宣布政使司右布政使王儼（民望湖廣華容縣人　己丑進士）

陝西等處承宣布政使司右參政章玄應（順德浙江樂清縣人　乙未進士）

監試官

陝西等處提刑按察司副使馬龍（汝霖河南陽武縣人　辛丑進士）

陝西等處提刑按察司僉事孟準（仲平山西遼州人　甲辰進士）

考試官

四川雅州儒學學正劉瑩（廷輝湖廣麻城縣人　丙午貢士）

直隸大名府清豐縣儒學教諭徐冠（士元直隸涇縣人　壬子貢士）

同考試官

直隸真定府深州儒學學正趙中（大本山東鄆城縣人　乙卯貢士）

河南汝寧府光州儒學學正劉思明（睿之山東嘉祥縣人　乙卯貢士）

直隸鳳陽府泗州盱眙縣儒學教諭李春陽（元暉湖廣襄陽縣人　癸卯貢士）

直隸廬州府六安州霍山縣儒學教諭葉鸞（鳴和江西貴溪縣人　丙午

貢士）

江西饒州府餘干縣儒學訓導王濟（汝楫直隸丹徒縣人　壬子貢士）

印卷官

陝西等處承宣布政使司經歷司經歷崔友能（好賢直隸藁城縣人　監生）

陝西等處提刑按察司經歷司經歷郭鄘（國器直隸東光縣人　癸卯貢士）

收掌試卷官

西安府知府嚴永濬（宗哲湖廣華容縣人　戊戌進士）

延安府知府李延壽（宗仁山東新城縣人　己丑進士）

受卷官

西安府同知徐昌（廷言湖廣石首縣人　丁酉貢士）

慶陽府同知張賢（堯臣河南祥符縣人　甲辰進士）

平凉府涇州知州陳智（士達山西陽曲縣人　甲午貢士）

漢中府金州漢陰縣知縣唐希介（景賢山西陽曲縣人　丁未進士）

彌封官

西安府推官熊飛（萬里四川合州人　丁酉貢士）

鳳翔府隴州知州劉章（德潤直隸隆慶州人　丁未進士）

漢中府寧羌州知州張簡（敬之江西弋陽縣人　乙酉貢士）

西安府商州知州王瑀（佩之湖廣襄陽縣人　庚子貢士）

謄録官

漢中府同知郁敬脩（惟善四川成都前衛人　丁酉貢士）

西安府華州知州鍾永（世昌直隸吴縣人　庚戌進士）

西安府耀州知州任奎（文曜直隸鹽山縣人　甲午貢士）

延安府鄜州知州鄧淳（敦夫山東平陰縣人　庚子貢士）

對讀官

西安府同知張昶（孟明直隸長垣縣人　辛丑進士）

延安府同知張鑄（廷範順天府平谷縣人　辛卯貢士）

臨洮府通判劉仲綱（廷憲河南羅山縣人　庚子貢士）

西安府華州華陰縣知縣孫傑（時英河南鄢陵縣人　辛卯貢士）

巡綽官

西安左衛指揮使楊宏（希仁直隸海州人）

西安左衛指揮使任璽（國用陝西澄城縣人）

西安後衛指揮使張鎬（宗周山東武定州人）

搜檢官

西安後衛指揮同知吴鉉（鳴遠浙江烏程縣人）

西安前衛指揮僉事殷雄（仲威直隸宜興縣人）

西安後衛指揮僉事張鵬霄（圖南直隸江都縣人）

供給官

陝西都指揮使司經歷司經歷張銘（克新山西翼城縣人　辛卯貢士）

陝西等處承宣布政使司照磨所照磨王序（天秩直隸平山縣人　庚戌進士）

陝西等處承宣布政使司照磨所照磨楊昇（從高河南汝陽縣人　監生）

陝西等處承宣布政使司理問所副理問吉善（應禎山西介休縣人　丁酉貢士）

西安府咸寧縣知縣梁璞（琢之山西襄陵縣人　庚子貢士）

漢中府城固縣知縣華崙（具瞻山東德州人　戊子貢士）

西安府臨潼縣知縣杜璘（文玉山西洪洞縣人　丁酉貢士）

西安府涇陽縣知縣宋鑑（治隆河南鞏縣人　庚子貢士）

西安府白水縣知縣陳紀（淑振四川岳池縣人　庚子貢士）

西安府興平縣底張村遞運所大使于淮（東之山東章丘縣人　吏員）

西安府華州華山驛驛丞張文澤（德潤河南信陽州人　承差）

西安府華陰縣潼津驛驛丞宋顯（東昭山東臨清州人　承差）

西安府華陰縣潼關驛驛丞趙洪（德裕山西忻州人　承差）

西安府邠州宜禄驛驛丞孫珮（廷玉山西代州人　承差）

延安府清澗縣石嘴岔驛驛丞宋璽（信之山西應州人　承差）

第一場

四書

君子不以言舉人不以人廢言　追王大王王季上祀先公以天子之禮　居天下之廣居立天下之正位行天下之大道

易

安貞之吉應地無疆　天地相遇品物咸章也剛遇中正天下大行也

易無思也無爲也　乾陽物也坤陰物也陰陽合德而剛柔有體以體天地之撰以通神明之德

書

帝光天之下至于海隅蒼生萬邦黎獻共惟帝臣惟帝時舉敷納以言明庶以功車服以庸誰敢不讓敢不敬應　立愛惟親立敬惟長始于家邦終于四海　乂用明俊民用章　舉能其官惟爾之能稱匪其人惟爾不任

詩

溯洄從之道阻且長溯游從之宛在水中央　天子命我城彼朔方　雝雝在宫肅肅在廟　奄有下國俾民稼穡有稷有黍有稻有秬奄有下土纘禹之緒后稷之孫實維大王居岐之陽實始翦商至于文武纘大王之緒致天之届于牧之野無貳無虞上帝臨女敦商之旅克咸厥功王曰叔父建爾元子俾侯于魯大啓爾宇爲周室輔

春秋

公及邾儀父盟于蔑（隱公元年）天王使南季來聘（隱公九年）宋人執鄭祭仲（桓公十一年）蔡季自陳歸于蔡（桓公十七年）王人子突救衛（莊公六年）秦伯之弟鍼出奔晋（昭公元年）　齊侯宋公江人黄人盟于貫（僖公二年）齊侯宋公江人黄人會于陽穀（僖公三年）楚人伐黄（僖公十一年）楚人滅黄（僖公十二年）　公會齊侯伐萊　秋公至自伐萊大旱（俱宣公七年）　同盟于平丘（昭公十三年）

禮記

外言不入於梱内言不出於梱　虞夏商周有師保有疑丞設四輔及三公不必備唯其人語使能也君子曰德德成而教尊教尊而官正官正而國治　樂之隆非極音也食饗之禮非致味也清廟之瑟朱弦而疏越一倡而三嘆有遺音者矣大饗之禮尚玄酒而俎腥魚大羹不和有遺味者矣　心不苟慮必依於道手足不苟動必依於禮

第二場

論

天下一家

詔誥表（内科一道）

擬漢戒二千石修職事詔（景帝後二年）　擬唐以王珪爲侍中誥（貞觀二年）　擬宋以胡瑗爲國子監直講謝表（皇祐四年）

判語（五條）

漏泄軍情大事　丁夫差遣不平　費用受寄財産　子孫違犯教令　詐教誘人犯法

第三場

策（五道）

問　帝王之道莫大於正心心一正則理欲邪正之辨自明白而天下萬事萬化可從出矣堯舜禹大聖也傳天下大事也授受之間一心之外無餘論其要可得聞與湯曰纘舊服武曰政由舊湯承禹武承湯宅心之學可謂密矣亦可言與先正謂聖人相傳只是一個字可舉其實與我太祖高皇帝肇造區夏重修人紀載整衣冠太宗文皇帝纘紹舊服中靖家邦傳心之妙匹休隆古蓋嘗伏讀太祖聖諭有曰人君一心致化之本存於中者無堯舜之心而欲施於政者有堯舜之治不可得也太宗諭皇太子曰昔堯舜相傳唯允執厥中帝王之道貴乎知要便足爲治大哉王言一哉王心真可與二帝三王曠千百世而同符者矣可陳其概與列聖相承心學之功前後一道宣宗章皇帝有五倫書英宗睿皇帝有一統志憲宗純皇帝有宋元綱目無非聖心運用之有在也亦可聞其略與三代之後國朝之前享國長久者莫如漢唐宋其間若高帝之豁達大度光武之親幸大學唐文皇之討論文義宋藝祖之洞開諸門亦不易得者傳心之學其亦有聞與説者謂漢雜伯唐雜夷宋未純於王然則純於王者舍今日何以哉諸生涵育聖化有年矣幸究言之將示乎日用而不知者

問　有天下者不患用人之不當惟患知人之不明明則君子進而小人退天下之善治可以望成否則未有不疚焉者也三代而上君明臣良治道固無容議矣下是若雄才大略者似能有爲也然相非其人布被誠詐也且以爲謙讓而益厚之勉强之言力行之語多欲之戒皆不能見用是道果能盡與若聰明果敢者似可有爲也然相不得人陰狡誠奸也且以爲不覺而獨信之賣直之怒輕己之嫌直諫之貶皆不能見免是道果能行與又若刻意圖治者似亦有爲也然相誠偏執三不足之説新法之行誠禍天下後世者且以爲知經術排衆論而力任之道學之盛数學之精史學之卓越者曾無一人登相臣之位也是道果能得歟烏乎諸君孰不欲用人皆當而知人惟明與然而往往如彼者誠無真知之道也洪惟我朝稽古爲治聖聖相承於執政之臣用之未有不當於鑒别之際察之未有不精蓋遠法帝王之明而陋漢唐宋之諸君也兹欲使所進者恒君子而野無遺賢所遠者必小人而位無留慝太平之治于以

垂於悠久是或有道也諸士子博古通今其將善於輔治者願著于篇用轉而獻之上

問　關中爲自古帝王都會之所國朝垣藩重地豪杰之生無代無之實人物之淵藪也昔人取友四方尚論千古况生長其間得其遺馨芳躅於聞見之親切者可不知所以觀法向慕哉請舉其尤者與諸士子評之保輔幼冲赤舄几几循行南國甘棠蔽芾格天勛業固不可尚矣而囓雪咽毛不辱君命同心輔政深知相業者其亦可稱歟西銘一篇前聖未發藍田鄉約百世可師道學淵源固有自來矣而關西夫子清白傳家學專春秋平吴預績者其亦可取歟屯田定邊圖形麒麟决計河北繪象雲臺功亦奇矣其見稱於時君者何以淹貫載籍續父漢書才高博洽諸生千数志亦壯矣其見貶於當時者何在忠貫日月再造邦家與决策澶淵親扶日轂者功孰爲得涵渾汪洋號爲詩史與才思飄逸寓情詩酒者學孰爲優西州豪杰耻不與黨其高風可想也而狼狽虎口爲志士笑者得無忝於家世歟朱泚克平社稷是賴其孤忠可敬也而雪夜入蔡擒吴元濟者得無光於若翁歟諸士子繼晷螢窗窮年蠹簡蓋嘗参互考訂鄉邦人物某也可師某也可友某也功業炳焕某也學問純懿口誦而心惟之有定論矣居則曰古人事業吾所優爲不吾知也今正見知之時矣盍各言其慕望之所在乎

問　財賦國用之所需古今君天下者未有不取之民者也然其制之善者莫過於成周故當時有掌於地官者有掌於載師者有掌於太府者其何征與有取於鄉遂都鄙者有取於園廛漆林者其何賦與有斂以九賦者有均以九式者其何司與制固善矣壞之者起於何君極於何時與裔是而漢或十五而税一或三十而税一或口賦或筭賦制果重於周與中葉取民抑有無經者與而唐有田則有租有户則有調有身則有庸制果過於周與中葉取民抑有無藝者與而宋或二十而税一或去江南之沿征或除江西之外增制果輕於周與中葉取民抑有多端者與元制不足言矣肆惟我國朝酌古準今因地而异其賦因時而取於民良法美制誠紹成周之遺意而陋漢唐宋於下風也惟法久而弊必生習安而事易廢奉征斂者常賦外有不一之誅求奉轉輸者定数外有無窮之耗費民困以之而漸生國用以之而欠裕此誠廑當道者之深意也諸君積學待用其必有利國惠民之長者幸吐露以觀經世之大

問　有大抱負者必有大設施有大設施者必有大事功矧陝獨當西北二邊密邇虜地分鎮董師者苟非其人則未有不受其寇者也試徵諸古人匈奴不敢入也非驃騎將軍孰敢出代右北平二千餘里鹵獲甚衆而使幕南無

王庭其所恃者何能而後有何封先零未易服也非後將軍孰能詣金城罷兵屯田降斬甚衆而使帝王之兵以全取勝其所貴者何謀而後有何封涇陽之圍京師震駭汾陽王一出虜悉爲之遁還其所以服其心者何道見稱於史臣者何言乾州之圍人心揺兀西平王一出泚竟以之伏誅其所以成其功者何恃見稱於人主者何言築城自守環慶以之而寇少其策何居而軍中謡之者何説益兵出戰秦鳳以之而盜平其請何長而軍中謡之者何謂天厭胡元篤生真主我太祖高皇帝受命而興開國諸勛應期而出有奉天兵而長驅崤函直抵潼關者有張良弼以之而遁李思齊以之迎降者有窮追蕃部直至崑崙山者有抵崑崙而闢地数千里者其所著者何勇而後與何封列聖深惟邊備分鎮以重臣董師以名將百餘年來邊塵不動朝廷賴之而無西北之憂者其必皆有大抱負有大設施也請并及于篇將以助采集於紀功者

中式舉人六十五名

第一名　吉時　長安縣學增廣生　詩
第二名　周錫　西安府學生　書
第三名　党汝蘭　三原縣學生　易
第四名　馬理　三原縣學生　春秋
第五名　楊秉中　武功縣學生　禮記
第六名　曹蘭　咸寧縣學生　書
第七名　康海　武功縣學生　詩
第八名　周奎　西安府學生　易
第九名　方良弼　隆德縣學生　詩
第十名　趙銘　西安府學生　易
第十一名　陳大綱　慶陽府學生　春秋
第十二名　楊璉　潼關衛學軍生　詩
第十三名　劉慶　寧夏等衛學軍生　書
第十四名　邵履　蘭州學生　禮記
第十五名　胡重德　布政司承差　易
第十六名　沈源　咸寧縣學生　詩
第十七名　石禄　華州學生　書
第十八名　張績　同州學生　詩

第十九名　趙斌　平凉府學生　易
第二十名　王宣　華州學生　詩
第二十一名　王顯　長安縣學生　書
第二十二名　師皋　長安縣學生　詩
第二十三名　宋儒　慶陽府學生　易
第二十四名　黄葵　西安府學生　春秋
第二十五名　趙廷章　邠州學生　禮記
第二十六名　魏繼盛　涇州學生　詩
第二十七名　劉臣　武功縣學生　書
第二十八名　南鶴　延安府安定縣學生　易
第二十九名　吴廷璧　乾州學生　詩
第三十名　熊子英　臨洮府學生　書
第三十一名　王忠　澄城縣學生　詩
第三十二名　師夔　長安縣學增廣生　易
第三十三名　靳曇　醴泉縣學生　詩
第三十四名　東漢　華州學生　書
第三十五名　魏文政　狄道縣學生　易
第三十六名　張濟　鞏昌府安定縣學生　詩
第三十七名　王汝翼　寧州學生　書
第三十八名　吴鼒　乾州學生　詩
第三十九名　王廷珮　西安府學生　易
第四十名　屈銓　蒲城縣學生　詩
第四十一名　楊性直　西安府學生　禮記
第四十二名　閻欽　隴州學增廣生　春秋
第四十三名　王龍　扶風縣學生　書
第四十四名　秦隆　郃陽縣學生　詩
第四十五名　申理　鎮原縣學生　易
第四十六名　孫景福　臨潼縣學生　書
第四十七名　梁鼎　咸寧縣學生　易
第四十八名　王敷　涇陽縣學生　詩
第四十九名　田英　蘭州學生　易
第五十名　管楫　咸寧縣學增廣生　詩

第五十一名　雷雨　蒲城縣學生　書
第五十二名　邵璉　長安縣學生　詩
第五十三名　東陽　朝邑縣學生　易
第五十四名　孫昂　高陵縣學生　書
第五十五名　張舉　鳳翔府學生　詩
第五十六名　白霖　三原縣學生　易
第五十七名　胡大用　三原縣學生　書
第五十八名　劉鉞　寧州學生　春秋
第五十九名　王用中　長安縣學生　詩
第六十名　張鳳　延安府安定縣學生　易
第六十一名　陳瑚　同州學生　詩
第六十二名　劉時蘭　高陵縣學生　易
第六十三名　曹毓　邠州學生　禮記
第六十四名　張冕　鳳翔府學生　詩
第六十五名　秦偉　三原縣學生　易

第一場

四書

君子不以言舉人不以人廢言

曹蘭

同考試官學正趙批（學者多信近時刻本主意謂兩人字是指一人其説牽合不通只如此作顧不平易邪）

考試官教諭徐批（理致純正文采不浮可録）

考試官學正劉批（意明辭健誠不易得）

聖人論君子之取人也不于其言而其用言也不于其人蓋君子之心公而已矣其於取人用言也初何倚於一偏哉聖人之論君子如此且君子何如而不以言舉人邪蓋常情因言而失人者多矣有若人焉持論鯁鯁足以起人之聽聞出語便便足以致人之喜説若可因是而舉其人矣君子則不然以爲言雖足聞未嘗考其所履語雖足説未嘗稽其所行將謂善人與恐其不能志仁無惡寧姑舍之不以累吾之藻鑒焉將謂信人與恐其不能誠善於身寧姑置之不以病吾之權衡焉其不輕於信言也可見抑君子何如而不以人廢言

邪蓋常情因人而失言者多矣有若人焉行實未孚於宗族而或言論之適宜譽望未著乎里閭而或詞藻之中節若可因是而忽其言矣君子則不然以爲行雖未孚不失之於便佞名雖未著不害其爲説辭芻蕘至賤也言且見用苟片長可取則取之何拘其迹乎工瞽至微也誦且見采苟寸善可録則録之何泥其人乎其不輕於弃言也可見夫不以言舉人則空言無幸進之階不以人廢言則嘉言無攸伏之嘆非君子之心公而無蔽何以能然哉嗟夫堯何人也而姑試伯鯀宣聖何人也而不信宰予以言舉人者獨何心哉虞舜之大知而好察邇言陽虎之不仁而孟子有取其言彼以人廢言者又何心哉使人皆堯舜孔孟則聖人無庸於言也而人不皆堯舜孔孟也此所以不能不廑聖人之憂而立言以示人也

追王大王王季上祀先公以天子之禮

吉時

同考試官教諭李批（作中庸義者率多重複此篇詞嚴誼正宜録出以爲來學式）

同考試官學正劉批（此題似易而難場中作者多舛錯枯淡令人厭觀此作詞語詳整文氣沛然必有學之士也）

考試官教諭徐批（鬯達詳整説得周公心事出）

考試官學正劉批（中庸義貴明净此其庶幾乎）

聖人之於先世有加以尊號者有隆以大祭者蓋追王饗祀有天下者之先務也周公推先意而舉行之其報本追遠之意抑何周且密哉中庸明費之大而言周公之事如此且夫人熟無所自出亦孰不欲崇其所自出况以元聖之周公而操制作之大柄則夫定義起之禮以廣因心之孝者豈無所事乎彼周之王業雖成於文武然肇基王迹者古公也再傳而得季歷又能勤以繼之文王武王向未膺王號則已今既王於天下矣彼於其父祖寧能若是恝然乎周公乃推原其意定爲禮制古公也追稱之爲大王季歷也追尊之爲王季昭徽號於宗廟之中非復五等之邦君也表尊稱於祖禰之上非復列國之辟公也夫然則祖功宗德之報其少罄乎而文王武王之心將於是乎慰矣然周之王迹雖起於大王王季若夫建邦啓土者后稷也十数傳而至組紺又皆嗣以守之大王王季向爵爲諸侯則已今既隆以王號矣彼於其上世寧能若是漠然乎周公又推原其意制爲禮法天子之祀上及於組紺溯流而源直至於后稷清廟有奏樂用八佾之数也四時有饗徹歌雍詩之辭也夫然則水木本源

之念其少紓乎而大王王季之心將於是而安矣夫周公成文武之德如此此其所以善繼善述而盡中庸之道也歟抑論萬物本乎天人本乎祖此報本追遠之禮後人所當盡也然而追崇之典振古未聞至於周也文王欲爲而未得武王得爲而未成周公特以義起之焉以至明堂一祭則尤前世所未有者故曰三代之禮至周大備觀此益信

居天下之廣居立天下之正位行天下之大道

周奎

同考試官訓導王批（題意宏闊場中作者類皆浮冗厭觀此篇明白通暢字字句句出人意表故用録出）

考試官教諭徐批（雋永有味）

考試官學正劉批（認理真遣辭順佳製也）

宅乎仁體乎禮由乎義大丈夫然也蓋仁禮義皆人所同有之理也能於此而全焉夫豈不得爲大丈夫也哉宜孟子言之以闢景春也歟何則人之一身至理具焉全之則大失之則小是故爾家我室皆居也何者爲天下之廣居乎曰仁而已是仁也存乎内而爲心之德發乎外而爲愛之理仁統萬善廣莫有廣焉者人皆有之而居之者少今則廓然太公心不狹隘以天下爲一家而町畦不立也以中國爲一人而限隔不生也方寸之微與天地同其量則所居者真天下之廣居矣公卿大夫皆位也何者爲天下之正位乎曰禮而已是禮也大而爲天理之節文小而爲人事之儀則禮本大中正莫有正焉者人皆有之而立之者寡今則履繩蹈矩身不苟安從容乎品節之中無偏倚也優游乎程度之内無傾側也一身之小建天地而不悖則所立者真天下之正位矣以至千蹊萬徑皆道也又何者而爲天下之大道乎義是也義而曰天下之大道吾知其爲人心之裁制處事之權衡義公於人天下之道又孰有大於此乎但人舍之而不行者有矣兹焉秉彝循理事不苟從若辭若受無適無莫垂百世而無礙若取若予不信不果放四海而皆準則所行者非天下之大道而何夫然則大丈夫之事備矣彼儀衍何人烏足以語此抑所謂大丈夫者豈人所易至乎時人不知徒以儀衍二子持從衡捭闔之説横行於世遂以爲大丈夫不知由君子觀之真妾婦之道也噫戰國之君於所謂妾婦者相率而奔走之世有大丈夫如吾孟子者其去其就固漠然不之問也此戰國之所以終於戰國也夫

易

天地相遇品物咸章也剛遇中正天下大行也

周奎

同考試官訓導王批（造化人事之遇宜以卦體九五發揮理明詞到氣充如此作者亦不多見也録之）

考試官教諭徐批（孔子立言之旨發明殆盡）

考試官學正劉批（得作易義體）

造化得所遇而化功著聖人得所遇而治功成蓋天地有生必相遇而後化功著也聖人有德必遇位而後治功成也彖傳發姤之理寧有餘藴哉昔吾夫子傳姤彖上文既釋其名辭矣至此又以卦體九五兩盡其藴意謂品物之章以天地之相遇也姤以一陰而上遇五陽以五陽而下遇一陰非天地之相遇乎天地既遇吾知其二氣絪緼而萬物化醇上下交感而品物流形生意齊乎巽熙熙然其章著也化工見乎離燁燁乎其光輝也天地得所遇而化功著如此天下之治以聖人之得遇也姤以九五之陽剛而位乎中正是聖人以天德而居乎天位非聖人之得遇乎聖人既遇吾知其申命行事之治化於是而敷宣博施濟衆之治功於是而振舉由朝廷以及其國無一地非王政之所行也由其國以及天下無一民非王化之所被也聖人得所遇而治功成如此彖傳聖人發明姤之藴至是可謂曲盡矣抑論陰陽造化之本固可相有而不可相無者然聖人於消長之際未嘗不致意於扶陽抑陰也故姤之爲卦一陰雖微而漸盛文王彖辭所以曰勿用取女五陽雖消而尚盛吾夫子彖傳所以曰天地相遇品物咸章也剛遇中正天下大行也抑之者慮其時之方來扶之者喜其時之可行贊化育者保其可行而杜其方來則二聖之意不在易而妙於吾之一心而世道可常治矣不然下文何以曰姤之時義大矣哉讀易者須要識得

易無思也無爲也

党汝蘭

同考試官訓導王批（易指蓍卦言傳注明白作者不知泛引辭變象占入講殊無意味是篇得旨且寓敷腴於枯淡之中文從理順亦本房之杰然者）

考試官教諭徐批（語簡而意盡易義當如此）

考試官學正劉批（理致精密）

大傳論蓍卦一無心之物而已蓋蓍衍於揲而卦成以畫易用由之而行

也然亦一物自不物於物而已何嘗有思慮作爲哉昔大傳論易道不外乎辭變象占上文既兩詳其實至此遂言蓍卦之至妙意謂易用必顯於蓍卦蓍卦一本於無心何則蓍数衍於五十而四十有九之用以行其德則員而神卦變歷乎十八而六十有四之名以出其德則方以知辭占極天下之精必於此焉數陳象變極天下之變必於此焉顯設易用固以之有行而行非假於有心彼天下之物有心則有思也蓍之数不過五十之枯莖卦之形不過奇耦之兩畫其爲物也凝然至静惟不倚於静而已何嘗似乎人具一心有知有覺事理必假於思慮而後得哉天下之物有心則有爲也蓍之用不過四十有九之朽策卦之畫不過六十有四之法象其爲物也塊然不動自能神其動而已何嘗類乎人具此心有運有動事功必待乎作爲而後顯哉惟其無心此其所以寂然而立易道之體感而遂通易道之用而極天下有心之妙也歟抑論聖人未生易在天地聖人既生易在聖人聖人不常生使天不生蓍而聖人不畫卦則易道自聖人而知亦自聖人而止天下後世貿貿焉將安適從惟蓍既生而数以起卦既畫而理以見蓍之神寓於卦未成之先卦之神顯於蓍已動之後用易者觀象玩辭觀變玩占聖人之情于是乎見天地之能于是乎行則蓍卦有功於聖人聖人有功於天地可以類想矣

書

立愛惟親立敬惟長始于家邦終于四海

周錫

同考試官學正趙批（題本正大士子類能言之但於立愛立敬處多欠發揮此作理明詞簡伊尹訓太甲忠愛之意宛然在目宜録出以示來學）

考試官教諭徐批（説大臣進告之意明白痛快）

考試官學正劉批（伊尹告太甲意此作得之）

端孝弟之本廣孝弟之化大臣告君然也蓋孝弟者人心之順德也能端其本焉則其化豈不以漸而廣哉昔伊尹告太甲以謹始之道如此意謂人君者天下之標準舍愛敬何以率人哉彼愛莫先於愛親是愛也人心之同然不必人人教詔之也于焉立之惟自吾親始爾吾能祇服父事惟鞠育是重不忘乎昊天之恩共爲子職惟承順是安永言乎色養之樂則愛之道以立而天下於此取則焉敬莫先於敬長是敬也亦人心之同然不必人人訓告之也于焉立之惟自吾長始爾吾能克念天顯舉手足同氣而有相遜之誠克篤天倫致好惡同情而有相猶之戒則敬之道以立而天下於此取法焉夫立愛敬於此而形愛敬於彼親吾親以及人之親長吾長以及人之長始而家也凡得於觀

法者莫不各愛其親各敬其長家何有於殊俗乎中而國也凡感乎儀刑者莫不各孝其親各弟其長國何有於异習乎以至終而措之天下若東若西相距遼邈未易遍也藹然一愛敬之流行無分於東西焉若南若北相望綿亘未易治也蔚然一孝弟之旁達無間於南北焉夫是則所謂行乎上者法乎下應乎彼者感乎此謹始之道如斯而已吾王可不念之哉嗟夫伊尹當太甲祗見厥祖之時而即以孝弟爲嗣德謹始之道以告之者豈無意哉蓋謂成湯既以德威而得千萬人之心太甲當以孝弟而通千萬人之心是知人君一身乃萬化之本原也孔子曰立愛自親始教民睦也立敬自長始教民順也合此而觀則知伊尹之言乃有商傳天下之家法而孔子之言實萬世帝王治天下之大法也聖人垂世立教之意何其先後吻合哉

乂用明俊民用章

曹蘭

同考試官學正趙批（此作本休徵中來甚爲得旨且氣能充之是宜録出）

考試官教諭徐批（發得休徵意出可嘉）

考試官學正劉批（箕子之意正如此）

舉休徵所感有寓於治道者有寓於賢才者蓋治道賢才有關於天時也尚矣然欲治道舉而賢才用抑豈易致哉箕子演庶徵之疇至此而言休徵所感意蓋曰人君法天而圖治治道豈有不明乎然五事失而咎徵應亦或由之而晦盲矣惟歲月日時之無易也則萬幾顯設舉有邦而同一亮采之休八政昭宣合有家而均一浚明之盛若禮樂若刑政也物以類舉燦若日星之麗乎天若工虞若教養也事以條分賁若草木之麗乎土所謂乂用昏不明者奚至哉人□□天而求賢賢才豈有不章乎然五氣乖而人事繆亦或由之而退藏矣惟歲月日時之不失也則賢智彙征皆欲際乎亨嘉之會譽髦輩出皆願立乎清明之朝天位共矣九德咸事不括囊以善其身天職分矣百工惟時不含章以秘其用所謂俊民用微者奚有哉吁政不自舉因天時而後舉賢不自用因天時而後用人君五事修而致感應之效有如此夫大抵天人一理相爲流通感應之機實不外此嘗觀有周盛時明我造邦治效可謂赫然矣明我俊民賢才可謂顯庸矣而箕子因武王之訪道乃猶告以天時人事反覆致意於休徵咎徵之間何哉蓋箕子之心恐其世已治而廢儆戒之餘功君已聖而忘省驗之微意拳拳忠愛之無已也孰謂箕子之不臣周而君道自我絶哉

詩

天子命我城彼朔方

吉時

同考試官教諭李批（南仲傳命令衆之辭當時王者述而勞之之意摹寫殆盡當是作手）

考試官教諭徐批（善述詩人之意）

考試官學正劉批（理明詞暢可録）

大將之令衆必表其命有所承行有所在也夫命出於天子則命有所承矣城在於朔方則行有所在矣大將於令衆之際必表而示之其知責任之重者哉此勞還率之詩至此述南仲傳上命以令軍衆之意蓋謂兵出無名事故不成我之出車效牧建設旂旐者豈佳兵以病爾哉誠以瞻天威於咫尺近清光於斧扆寵擢超出於從班恩禮俯臨於專閫綸音秩秩涣發於九重之間天語諄諄宣布於朝堂之上宵旰之慮於我乎是托西北之憂於我乎是寄廟謨宸斷經緯於臨遣之時委任何重也睿策淵衷指揮於啓行之際屬望何隆也以爲玁狁匪茹時肆陸梁朔方之民苦其毒久矣汝其往城之思慮必極其精詳備防莫遺於纖悉高其垣深其池使聳然有難犯之威扞乎外衛乎内使隱然有不測之勢養鋒畜鋭不貪乎略地屠城之功嚴堠謹烽不事乎窮追遠討之舉固葺根本而潛消乎外寇之萌無令朔方之區如昔之擾攘也肅清邊塵而坐享乎成功之樂罔俾朔方之民如向之荼毒也若然則是行也可以盡守備之責而副朝廷之委任矣夫君命如此其嚴也朔方如彼其重也爾衆士其可不知所以出師之意而懷敵愾之心乎南仲傳天子之命以令衆如此其真所謂大將者哉大抵王者之師以萬全爲勝禦戎之策以守備爲本此不易之論也有周天子之命將也先守備而後攻戰南仲之爲大將也先戒懼而後奮揚其真可謂計出於萬全功成於自治者歟宜其玁狁于襄之功可坐而奏也秦漢而下君不擇將將不知兵或窮兵而黷武或邀功而啓釁驅無辜之元元而使之肝腦塗地其視先王全勝之師備禦之策重民命之意何如哉吁

雍雍在宫肅肅在廟

康海

同考試官學正劉批（此篇體認親切措詞典雅文王和敬之氣象宛然在目可謂善説詩者）

考試官教諭徐批（詞氣春容有不盡之意想其人必温柔敦厚者）

考試官學正劉批（充蔚無疵）

至和於常處之所至敬於有事之所聖人然也甚矣聖人之德固無往而不極其盛也自非詩人隨所在而形容之又何以知其純亦不已有如是哉此詩亦歌文王之德及此謂夫聖人之德其存也無不盛其施也無不宜彼閨門之中所當和也人得其髣髴者或有之矣孰能雍雍其和乎惟我文王雖不期於和而和自至從容於宫闈之内温然如良玉之無疵容與於閨壼之間煦然如陽春之可掬含弘之氣象浩乎無涯寬裕之襟懷淵乎莫測刑于寡妻此和也友于兄弟此和也何有於拂戾乎暇豫之時此和也造次之時此和也何有於間斷乎和而謂之雍雍則無所勉而爲和之至矣豈有一毫之矯揉哉宗廟之中所當敬也人竊其近似者或有之矣孰能肅肅其敬乎惟我文王雖不期於敬而敬自至儼恪於阼階之下赫乎若祖考之監臨整飭於廟庭之上凛乎若神靈之陟降肅恭之容貌望之儼然矜莊之儀刑仰之顒若對越其神此敬也奔走其主此敬也何有於作輟乎始事之際此敬也終事之際此敬也何有於懈弛乎敬而謂之肅肅則無所勉而爲敬之至矣豈有一毫之强爲哉吁文王之德隨寓而盛如此斯其所以爲純亦不已也歟抑又論之和敬之行豈惟文王爲然堯之恭讓舜之温恭夫子之申申夭夭踧如躩如率是道也曷嘗外此而有高遠難行之事哉後世學不師古肆志妄爲回視和敬之説目爲陳迹而躬行實踐鹵莽甚矣三復雍雍肅肅之詩尚可想見文王之德之盛

春秋

公及邾儀父盟于蔑（隱公元年）天王使南季來聘（隱公九年）宋人執鄭祭仲（桓公十一年）蔡季自陳歸于蔡（桓公十七年）王人子突救衛（莊公六年）秦伯之弟鍼出奔晋（昭公元年）

馬理

考試官教諭徐批（文字謹嚴得作春秋法）

考試官學正劉批（題固人所常談舉筆而得其要領者絶少例之常變道之中正包括無遺者獨有此篇用是録之）

春秋於人之稱字常例書者道之正變例書者道之中此見聖人修經隨其道之所在而常變不居也歟何則春秋多變例吾嘗聞之矣有謂以常例書者曰道之正其意云何誠以常者天下之大經正道於此乎寓也例在可常縱欲易之而有難能者聖人不易也如中國之附庸王朝之大夫例當稱字者也則於盟蔑而稱儀父聘魯而稱南季不少别焉列國之命大夫諸侯之兄弟例當稱字者也則於見執而稱祭仲於歸國而稱蔡季不少异焉所以然者是豈

偏私於数子而相假借邪毋亦紀其實以辨等列耳例之常道之正也何容心之有哉至若春秋興常典吾亦聞之矣有謂以變例書者曰道之中其旨安在誠以變者天下之大權中道於此乎寓也例在可變雖欲拘之而有不得者聖人不拘也如王朝之大夫稱字下士書人例也則於奉命救衛例當稱人之子突超從大夫之列而書字不少吝焉諸侯之兄弟稱字下士書名亦例也則於懼選奔晋例當稱字之秦鍼降從下士之等而書名不少縱焉所以爾者是豈假手於二子以亂名實邪毋亦按是非而定褒貶耳例之變道之中也何徇情之有哉抑又論之春秋化工也隨事立義其變無窮誠不容以例視而淺吾聖人之用也若概以例觀是何异於擬化工於畫筆不相干涉矣後之學者能以心通觸類而長取證於本例之外則無所書而不爲例也以之處大事决大疑也何有

齊侯宋公江人黄人盟于貫（僖公二年）齊侯宋公江人黄人會于陽穀（僖公三年）楚人伐黄（僖公十一年）楚人滅黄（僖公十二年）

陳大綱

考試官教諭徐批（説得責齊桓憫江黄意思出蓋善於斷制者）

考試官學正劉批（按胡傳主江黄説爲是人多不究其旨此卷獨得且文足以發之故録）

慕義而從伯主小國之美昧義而弃小國伯主之非考齊桓貫穀之會盟則見江黄有慕義之善即黄人之被伐滅又有以見齊桓昧義之罪也在昔齊桓患楚圖惟厥征江黄其服屬者介在東方寔楚人之右臂也江黄不來則楚徑終不得而通矣桓也思致彼同庶孤其勢于斯之時爲江黄者少懷前却之思不赴齊人之請亦且奈之何哉所幸厭彼陋俗慕我華風貫澤之盟既協心以定交陽穀之會復傾心而决策周旋載書而嫌疑不蓄奔走道路而險阻不辭卒之兵威大振而南伐成功者大端多二國之力也詩曰出自幽谷遷于喬木江黄有之矣君子原其情而取之者以此迨夫楚國既寧思惟報復黄最其密邇者國居宇下殆蠻荆之縣鄙也黄讎不雪則夷心終不能以懌矣成也親帥其師往問其罪于此之時爲齊桓者少伸簡書之義以赴黄人之急夫豈有不能哉奈何不念同盟罔思舊好始焉被伐告命已及而援師不出繼焉被滅企望既久而聲息蔑聞室如懸罄而朝夕就盡野無青草而寢處弗寧卒之屠戮已酷而厥紹不續者大抵繇齊桓之故也易曰比之匪人不亦傷乎黄之謂矣君子矜其志而憫之者以此抑考于貫之盟管敬仲言於桓公江黄遠齊而

近楚楚爲利之國也若伐而不能救則無以宗諸侯矣桓公不聽遂與之盟使能結之於始亦能恤之於終夫豈不可孰知背信弃義一至於此視諸成湯之征葛文王之遏密爲何如此所以爲伯者之心而仲尼之徒不之取也噫

禮記

虞夏商周有師保有疑丞設四輔及三公不必備唯其人語使能也君子曰德德成而教尊教尊而官正官正而國治

楊秉中

同考試官教諭葉批（題本正大上一截是引證上文下一截亦是承上文説來學者往往忽焉殊失本旨此作得之録之以釋群疑）

考試官教諭徐批（詞氣厭飫從容無辛若刻削之態亦難得者）

考試官學正劉批（有鋪叙有源委）

記者證言帝王教有職而職不備之由指言世子德有成而德漸被之效蓋教不備職在使能也世子德有成而漸被實賴乎教者之能耳先王烏得不慎其職哉記禮者言三王教世子備二傅師保以成其德此則引古記證之蓋謂帝焉而有虞舜氏之盛王焉而有夏商周之隆於斯時也有師有保于以開發乎世子之聰明有疑有丞于以薰陶乎世子之德性有師保益之以疑丞則四輔設而教有所專矣輔不必四惟其人不失其爲簡員有師保益之以傅則三公設而教有所統矣公不必三唯其人不患其爲缺職古記之言如此蓋語使能之義耳固不必一一備其職也然輔導既得其人則世子必獲其效將見曰慈曰孝而今則著乎父子曰仁曰敬而今則著乎君臣所謂君國者在是所謂子民者在是德既成矣而父子之教本諸心體諸身者自足以聳人之敬慕君臣之教有諸内形諸外者自足以起人之信從德成而教自尊也教既尊矣故凡百僚庶尹觀感乎父子之教焉亦莫不以慈以孝自處觀感乎君臣之教焉亦莫不以仁以敬自持教尊而官豈有不正乎官既正矣故凡群黎百姓有异地而無异人藹然慈孝之風行有异人而無异心翕然仁敬之俗作官正而國豈有不治乎向使君父不慎其職而欲責成世子亦難矣大抵世子君之儲貳國之本根先王知其然有小樂正大樂正教之於其始有大傅少傅師保成之於其終自幼至長所近者正人所聞者正道及其久也與之俱化此其所以克勝負荷而享有國祚者歟考之成王周公爲師召公爲保概可見矣有輔導之責者尚審於斯

樂之隆非極音也食饗之禮非致味也清廟之瑟朱弦而疏越一倡而三嘆有遺音者矣大饗之禮尚玄酒而俎腥魚大羹不和有遺味者矣

邵履

同考試官教諭葉批（大注本明白作者失於體認往往勾小注雜用之牴牾殊甚此作了然是用録出）

考試官教諭徐批（婉曲悠揚讀之令人躍如）

考試官學正劉批（主大注作最是）

論樂有不主乎聲而禮有不主乎味者必各舉其實以明之也蓋極音致味此特禮樂之末節耳夫豈至隆至重者之謂哉觀夫清廟之瑟大饗之禮有可見矣記禮者因言禮樂皆得謂之有德至此則承其意謂夫宣五聲而播八音極夫人耳目之欲者世所謂樂也樂之隆者主於移風易俗耳豈謂極是聲音之美而已哉列九鼎而羅八珍極夫人口腹之欲者世所謂禮也食饗之禮主於報本反始耳豈謂致是滋味之美而已哉以樂之隆者言之彼清廟之瑟練朱絲以爲弦其聲濁矣疏瑟底而爲孔其聲遲矣倡者一而和者三其和之者寡焉然音雖不足而和則有餘移風者在是易俗者在是所謂不音之音也彼徒極音者何足言哉故曰有遺音者矣以禮之重者言之大饗之禮尊以玄酒爲尚則酒醴下矣俎以生魚爲薦則熟體後矣大羹無滋味之調和則甘美者不得并設焉然味雖不足而敬則有餘報本者在是反始者在是所謂不味之味也彼徒致味者何足道哉故曰有遺味者矣抑通下文考之先王之制禮樂也非以極口腹耳目之欲也將以教民平好惡而反人道之正也後世不知出此厚味以爲禮繁音以爲樂其於先王制作之本意則漠然而莫之省無怪乎臨祭而跛倚聽古樂而唯恐卧也歟然則欲識禮樂之本者盍於吾心中求之

第二場

論

天下一家

周錫

同考試官學正趙批（我聖祖之得天下拳拳以窮民無告宣諭輔臣且自責以代天之工有所未盡此作能悉其實至揄揚聖德亹如湧泉篇末又寓以儆戒之意非但鋪張文字而已亦足見有用之學）

考試官教諭徐批（天下一家古人有是言矣而責任君相之意則我聖祖超出千古獨得之見也場中作者率多不知牽引浮泛此篇詞贍氣充不煩

繩削而自合矩矱蓋嘗留心聖製而有志於用世者乎）

考試官學正劉批（科場士子率知仰佩聖訓而能揭出君相一言如此篇之雄渾層叠隱然寓揄揚儆戒之意於其中者蓋不多見）

論曰大君主宰乎天下而大臣爲之輔相皆當思所以包括乎天下而無遺焉何者天下一家也君相一體也君代天之工以安養天下爲心相體君之心以安養天下爲事君相各盡其道而置天下於一家也不難矣不然則視一家爲一家視天下爲天下舉一隅之小勢且不能包括焉况望其包括天下而無遺哉我太祖高皇帝之諭臣下有曰天下一家大哉皇言乎真萬世君相之所當體念者乎夫所謂一家者有庶人之家有天子之家子弟之多臧獲之衆庶人之家也茫茫九州棼棼八極天子之家也以庶人之家較之天子其勢大小若不相侔使爲君相者之安養天下皆能如庶人之安養一家則亦何患之有哉且庶人之家慮子弟臧獲之不得其所也猶必爲之置千金之産易百畝之疇寒與之衣飢與之食務使一家無蹙額之苦無向隅之泣無俯仰之憂及乎倉廩日殷基業日拓則一家之衆安矣人君之於天下何异是哉蓋自唐虞三代降而至治之澤泯聖君賢相遠而至仁之道衰後之家天下者往往如秦人視越人之肥瘠判然略不加之意焉而所謂飽暖安逸乃或見之於閭里田野之間何邪彼庶人者力微事眇凡丈帛斗粟寸甓尺椽皆可以力自致也若天下之大固非一家之自爲者可比然而坐視其人人仆斃焉則吾一家之根本蹷矣其如天下何哉是故君有君之責其責伊何曰代天之工是也相有相之責其責伊何曰體君之心是也蓋天以天下付之君君以天下資之相凡天下之有血氣者皆吾一家之同胞也吾何爲而弃之不問凡天下之有蠢動者皆吾一家之同體也吾何爲而置之度外仁政不舉無以保吾家也于焉發政而施仁德惠未及無以利吾家也于焉布德而施惠鰥寡孤獨吾一家之赤子懸懸也饑寒困踣吾一家之赤子皇皇也流離相藉吾家不無蕭索之患矣吾何以使之不至於流離水旱相仍吾家不無杌棿之虞矣吾何以使之不厄於水旱於是給之衣食使吾坐榻之下無饑寒啼泣之聲則一家之飽暖有備也給之屋廬使吾衽席之側無溝壑展轉之嘆則一家之休息有賴也一人不獲不可以言一家矣必人人皆獲而後一家之責始盡一物不遂不可以言一家矣必物物皆遂而後一家之情始通由是四方無虞若可以高枕一家矣然朽索之馭猶凛凛焉代天之工得無有未盡乎萬民咸和若可以宴笑一家矣然深淵之臨猶栗栗焉體君之心得無有未至乎君曰無告相亦曰無告不以天下既富而忘吾家也君也怨咨相亦曰怨咨不以天下既王而墜吾家也一日

念之一日之天下在吾一閫之内也一歲念之一歲之天下在吾一室之中也推而至於百歲以至萬有斯年則天下之大又何莫而非吾一家之所包括也哉抑斯言也古之人惟成湯知之惟武王知之成湯曰輯寧邦家然必伊尹克左右厥辟宅師武王曰永清四海然必亂臣十人同心同德此湯武之所以能家天下也故古之君天下者不憂天下之不一而憂輔相者之不能同其心能同其心而使肝膽之相照欣欣然有如家人父子之相語則不但視天下爲一家將并億兆之衆又合而爲一人矣不但爲一人將臂動指隨合天下之大又皆運用於吾之一心矣奚必衡石程書衛士傳餐以自勞乎哉嗚呼此我聖祖神謨大訓我宣宗章皇帝著之五倫之書以示天下後世者也列聖相承守而不失百餘年間四海一統六合同春猗歟盛矣書曰敕天之命惟時惟幾又曰元首明哉股肱良哉愚請以是爲今日獻

表

擬宋以胡瑗爲國子監直講謝表

吉時

同考試官教諭李批（温厚微婉得告君之體）

考試官教諭徐批（典則豐縟）

考試官學正劉批（表佳）

皇祐四年某月某日仰蒙聖恩擢臣爲國子監直講誠惶誠恐稽首頓首上言伏以儒道亨嘉正仰右文之治英才樂育尤嚴翼教之司位望亞於成均衣冠率乎胄子四方師表六館儀刑詎謂鴻休誤收駑鈍循墻下走履薄中兢伏念臣山野庸流海陵學究未領史氏傳心之要强探春秋直於之歸蚤歲窮途處泰山而荒於舊業壯年仕路在蘇郡而玷於範模溯洙泗之源流望洋既久聳橋門之觀聽待問奚堪稽古無能愧在桓榮之後陳言務去嗟非韓愈之徒經義治事之齋僭立名而訓迪棟梁榱桷之用遂借譽以揄揚私切懷慚徐圖引去叨塵寵眷薦進賢關豈能接武於陽城况冀追蹤於穎達始非意及終與願違自顧凡庸難酬涣渥兹蓋伏遇睿資天縱聖學日新體堯舜禹湯文武之心明易書詩禮春秋之旨人文宣朗治教休明納諫若漢帝之轉圜望道如周文之未見念終始典于學繼高宗之中興於緝熙單厥心勉成王之基命俗歸禮義士服忠淳國學乃教化之源賢才爲致治之本方虛蒲座爲延宿德之儒猥以樗材濫畀司成之佐謂臣皋比未撤必能謹夫教條鉛槧雖勞尚可資其論説臣敢不益據素蕴彌礪初誠吾道敷陳期有裨於丹扆乃心啓沃庶少洽於青衿文增龍德之光士重虎闈之選授其業解其惑務成俊乂之材修乎

身治乎人用廣聖明之化臣無任瞻天仰聖激切屏營之至謹奉表稱謝以聞

第三場

策

第一問

馬理

考試官教諭徐批（鋪叙帝王及我列聖事實歷歷如指諸掌且惓惓於正心主敬之説臣子忠愛之誠藹然充蔚於言外有識之士也）

考試官學正劉批（我朝列聖接乎堯舜禹湯文武之傳而陋漢唐宋之英君於不居者正惟有得於宅心之學耳此策鋪張祖五宗心學相傳本乎一中宛然在目且辭鋒炳焕庶幾繪高厚於萬一若是者其亦聖化中之秀民乎）

帝王之道有傳心之學有持敬之功蓋道本於心而心外無道心主於敬而敬以直内聖學之所以成始而成終者也自古帝王與我朝列聖之兢兢業業精一相傳爲天地立心爲生民立命爲萬世開太平者孰有出於此心此敬之外者哉請因明問而試陳之君至於堯舜禹湯文武事至於以天下授受放伐不可尚矣然堯舜之允執厥中禹湯之執中建中武王之建極皆此心之運用也堯曰欽明舜曰温恭湯曰聖敬日躋武曰篤恭而天下平皆此敬之相傳也我太祖高皇帝復帝王之中國得帝王之心學疏尚書洪範於座右書大學衍義於廡間太宗文皇帝紹聖祖之洪猷接群聖之道統表章六經以發聖賢之閫奥采摭群言以明性理之淵懿觀其諭群工諭太子拳拳於存心致治之説諄諄於理欲公私之辨而即帝王傳心之學也遠述乎允執厥中之論明示乎精一知要之言即帝王持敬之功也宣宗章皇帝有五倫書之輯至誠盡性神道設教之理著矣英宗睿皇帝有一統志之修天文地理之道著矣憲宗純皇帝有宋元綱目之續褒善貶惡之道著矣睿藻天葩輝耀後先無非此心此敬之相傳也猗歟盛哉所以緝聖學光聖謨在是矣豈尋常摘章綴句無益於用者可同年語邪愚嘗考於漢唐宋之英君誼辟矣漢高祖豁達大度知人善任使五載而成帝業規模宏遠也然不事詩書襲秦故敝傳心之學何有焉光武投戈講藝親近儒生数年而光復故物中興可嘉也然不任三公吏事深刻傳心之學何有焉唐文皇討論文藝納諫如流三代而下不易得也惜其好尚功名而不及禮樂家庭之間慚德多矣又何望其心學之傳乎宋藝祖不爲言語文字之學而方寸之地正大光明庶幾乎其有聞者然陳橋之立出於素謀其可稱者乃其天資之暗合而可議者乃其學力之未至也亦何有心學之傳

哉先儒以爲漢大綱正而萬目未張其治雜伯唐萬目張而大綱未舉其治雜夷宋體統過漢唐而國勢差弱所以皆有歉於王道也我國家聖聖相承有隆無替設學校以儲養人材即古庠序之教也定田賦以課計百姓即古貢徹之法也以六卿分職務而百官有統屬之意以内閣總代言而左右無竊政之私藩封有定制戚里無過則内外有章宫庭有度即四門之穆穆也宫府一體上下一心即百揆之時叙也分設郡縣尊卑相臨崇尚名器華夷有等凡紀綱之布置皆仁義之流通所以維持國本固結人心者百三十年猶一日也王道之行巍巍皇皇有光千古抑豈外於此心此敬哉皇上日御經筵刮劘政治學一於道道一於心心一於敬不爲外誘所移不爲物欲所累斂之方寸以立其體散之萬事以達其用遠以追帝王之統近以紹祖宗之業我皇明千萬世無疆之休端有在矣愚生荷蒙作養幸際昌期鋪張鴻休揚厲偉烈豈非所願乎然以度量而測天地之大以繪畫而摹日月之明多見其不知量也唯執事進而教之

第二問

楊秉中

同考試官教諭葉批（用人本乎知人類能言之而知人之本則少有能及之者此策發明殆盡其固自明者歟）

考試官教諭徐批（用人非難知人爲難知人非難取人之則爲難根本之論也場中作者類多忽此且於昔人事實漫不一省獨此條答整飭略無滲漏篇終数語尤有根據其亦充養有素者哉）

考試官學正劉批（此策正欲觀士子才識非徒以其辭而已子於用人知人處卓有定見其博古通今之士歟他日輔治未必無可觀者矣）

爲治不難而難於用人用人不難而難於知人蓋知人則哲自古爲難苟能知人則邪不得以間正小人日退而君子日進矣内而三公九卿外而百司庶府必無瘝官曠職者天下之善治豈不由之而成哉否則未有不疚焉者也請因執事用人本於知人之問而詳言之三代而上上有明君下有良臣其治尚矣下是若漢武帝雄才大略似能有爲者然相公孫弘弘爲布被誠詐人也武帝無真知且以爲謙讓而益厚之董仲舒勉强學問之言申公爲治力行之語汲黯外仁義内多欲之誠皆善言也反不能見用其能盡知人之道乎若唐德宗聰明果敢似可有爲者然相盧杞杞多陰狡誠奸人也德宗無灼見且以爲不覺而獨信之怒姜公輔之賣直嫌蕭復之輕己貶陽城之直諫皆直臣也反不能見免其能盡知人之道乎又若宋神宗刻意圖治似亦有爲者然居相

位則偏見曲學之安石也安石天變不足畏人言不足恤祖宗之法不足守之説青苗保甲保馬助役供輸之法誠禍天下後世者神宗誤用其言且以爲通經術排衆論而力任之道學之盛有周茂叔程明道程伊川張横渠数學之精有邵堯夫史學之卓越有司馬君實皆真儒也曾無一人登相臣之位其於知人之道何如也烏乎諸君豈不欲用人皆當知人惟明而成天下之治也哉然往往背馳者由知之不能悉也洪惟我國家稽古爲治於執政之臣用之皆當於鑒别之際察之必精誠遠追帝王而陋漢唐宋於下風矣兹欲以君子恒進小人恒遠保天下之治於悠久愚竊以爲中庸曰爲政在人取人以身身也者家國天下之本也誠能格物致知誠意正心以修其身則身無不正由是正朝廷正百官正萬民推之有本行之有序放之四海而有準賢者有所視效益勸而爲善而君子恒在位不賢者有所感化相勸而爲善而小人若遠去矣上下一出於正天下之大豈不久安而長治也哉管見如斯不識執事以爲然否

第三問

周錫

同考試官學正趙批（關中人物事實纖悉不遺而去取品題師友之間皆灼見有衡度且詞氣紆餘曲折含蓄不欲盡暴讀其文可知其人矣）

考試官教諭徐批（考據鄉邦人物事實詳明而文采燁然可誦師友之求又步趨於所問之外西州豪杰吾於子有取焉）

考試官學正劉批（三春人物記憶無遺兼能評品而定去取之志繞朝之言吾於子乎誦之）

豪杰之生鍾山川之靈秀用舍之際關時運之盛衰理固然也是故有志者不以豪杰自負而甘於隨波逐流不可也爲治者不以豪杰望諸人而使之握瑾懷瑜亦不可也愚嘗搜經傳考地志徘徊顧瞻挹桑梓之餘芳慨前修之遐躅竊欲尚論其世以爲立身行己之的而未之暇也執事較文西藩首以關中人物下詢其所望於承學者厚矣請略陳之功業不本於學術則流於刑名術数學術不見諸事功則溺於口耳糟粕惟學術有淺深故功業有鉅細不可誣也是故豐功偉績照耀古今如周公盡篤棐之忠召伯盡旬宣之責學術之發越可見矣學古力行聖道己任如張子厚之西銘吕大鈞之鄉約功業之根柢在是矣蘇武持節於匈奴使命有光魏相秉鈞於漢室相業不負謂其不知學術不可也楊震教授生徒而東漢之相震爲第一杜預學專春秋而平吴之績預爲稱首謂其不能事功不可也屯田定邊圖形麒麟趙充國之持重可嘉也宣帝璽書辨難卒從其議决計河北繪象雲臺耿弇之明决可取也光武璽

書褒美比之韓信其所以見稱於時君者可知矣淹貫載籍續父漢書班固之文章可稱也然昧於大義竇氏之禍駢首就戮才高博洽諸生千数馬融之師道可仰也然喜於豪俠生徒在前女樂在後其所以見貶於當時有在矣郭子儀扶唐室於再造寇忠愍佐真宗於中興其功一也子儀能保全於晚節而萊公有天書之誣其得失判矣杜子美之詩上薄風雅李太白之詩凌駕古今其才一也子美皆忠君憂國之詞太白盡風雲月露之句其優劣見矣黨錮之禍如爐如網名不與我規實耻之其高風可想也皇甫嵩舍格天之業就匹夫之諒卒困於賊不亦有忝於家世哉外多强敵内無救援轉危爲安晟寔當之其孤忠可敬也李愬冒大風盛雪而不止孤軍深入而不懼卒以成功不亦有光於若翁哉夫學術功業可相有而不可相無者也然而才器不同用舍有异其本深者用之有餘暗合者亦隨試而輒效其積厚者無施不可竊取者亦近似而可觀要之皆英雄舉動未易言也惟其所得有淺深故其人品有軒輊當各取其長不可摘其短各從其是不可徇其非若必求所謂師與友者豈可以一鄉一國自拘乎故考功業之炳焕孰與周召論學問之純懿孰與吕張固萬世之師表也亦愚生之所願學也若漢唐以後諸君子隨世以就功名豈非一邦之豪杰也哉愚慕之重之不敢以其所至者自處也孟子曰乃所願則學孔子也不識執事以爲何如

第四問

吉時

同考試官學正劉批(以窮居士子能知國家財賦稽諸古而有據酌之今而合宜亦可謂識時務者矣)

考試官教諭徐批(財賦一策士子多爲所窘獨此作考索精詳思致周密不戾於古而鑿鑿可行於今蓋抱足國惠民之策於夙昔者吾儒有用之學端不負矣况前二場及餘策皆出人一頭地關中人物子其穎脱者邪)

考試官學正劉批(財賦源流邃難考索場中士子多爲所窘獨此卷自成周以迄當代援筆寫出略無遺漏且分析得失如指諸掌體用之學於此可占將來效用必有大過人者)

讀禹貢一書而知財賦之制大讀周官一書而知財賦之制詳蓋財賦國用之所需者亘古今不能不取之民也取之有經百姓足君孰與不足國用以之而充取之無經百姓不足君孰與足國用以之而匱財賦之重如此治天下者可不加意於取之之制也哉夫財賦之制起於夏商大備於成周故掌於地官者則田畝穀米之征掌於載師者則園廛布縷之征掌於大府者則金帛貨

泉之征鄉遂用貢十分取一都鄙用助九分取一田賦之輕可知也園廛無過二十取一漆林無過二十取一雜賦之輕可知也大宰以九賦斂財賄而斂之有度大府以九式均財賄而用之有節制固至矣盡矣自天王求車天王求金而其法壞於周自宣公税畝哀公田賦而其法壞於魯凌遲至於秦阡陌之令開頭會箕斂之法行而其法壞之也極矣裔是而漢高帝量吏禄度官用以賦民於是十五而税其一也景帝賜半租之明年則又三十而税其一也高帝民年三歲至十四歲賦口錢二十民年十五歲至五十六歲賦筭錢一百二十雖非周法也要之亦不爲太重中葉以武宣桓靈爲之君以桑弘羊孔僅卜式之徒爲之臣有造白鹿皮幣法有筭舟車法有管鹽鐵榷酒酤法有均輸平準法取於民者毫髪不遺至是則高景之良法變矣唐太宗有田則有租歲輸粟二斛稻二斛有户則有調歲輸絹二匹綿三兩有身則有庸歲役二十日閏加二日不役者日爲絹三尺固非周制也要之亦不爲大過中葉以玄肅代德爲之君以宇文融楊炎裴延齡之徒爲之臣有兩税法有借商賈法有税間架法有除陌錢法取於民者錙銖必計至是則太宗之良法變矣宋太祖掃五代之煩苛天下之田二十而税一真宗去江南之沿征仁宗除江西之外增制雖非周然亦輕矣中葉以神宗爲之君以王安石興利之徒爲之臣常賦外有青苗法有免役法有坑冶榷貨法取於民者非一端又豈如太祖真宗仁宗之良法乎元制不足言我國朝酌古之制準今之宜因地而异其賦因時而取於民良法美意可以上追成周下陋漢唐宋而傳之萬世者也然執事猶以法久弊生習安事廢者下詢承學是誠先天下之憂重祖宗之法者也生不敏何足以稱其問然爲今之計惟罷無名之征而征其所當征亦不以重權大量取其嬴餘官課不并吏胥不擾則所謂征斂者有不一之誅求可以免矣民困不由是而甦乎省不急之費而輸其所當輸亦不以加耗折色掊其剩餘漕運有方會計有法則所謂轉輸者有無窮之耗費可以免矣國用不由是而充乎區區保法之一端如是而已安敢謂之利國惠民之長而經世之大也幸進教之

第五問

党汝蘭

同考試官訓導王批（禦戎一事國家大計存焉悉数前人之績鋪張當代之休隨事發明略無滲漏且防微杜漸意寓篇終愛國憂民子蓋有諸中而形諸外者歟）

考試官教諭徐批（邊務事實援古證今皆卓有定見而關塞之要害處置之得失又皆得之於心而形之於言非若目不知兵孟浪於口談古法者也

抱負如此他日之設施亦可占矣）

考試官學正劉批（我朝先達豐功偉烈藏之盟府答者往往罣漏不能兼舉獨子於風簷雨席之下縷数不休屬望之必復不容已殆諳文事武備者尚可以白面書生目邪）

有天下之才智斯有天下之事功君子不患無事功而患無才智苟才智出於人則事功隨所往而可建矣所謂本深而末無不茂體立而用有以行必然之理也豈患天下之事功有不立者乎苟爲不然則識見不足以過人力量不足以動人風聲威望不足以懾人其欲自守且不可得况望其能有以立天下之事功也哉易曰長子帥師弟子輿尸此之謂也夫陜當西北二邊而莊浪甘肅蘭靖寧夏平涼諸處去虜地尤密邇者螳螂禦轍之心不時而有動使分鎮者非碩德重望之臣董師者非老成練達之將安保其無西北之憂且以漢言之匈奴强虜也難深入其地非善騎射之霍去病孰敢出代右北平二千餘里鹵獲甚衆致其遠遁而使幕南無王庭後封爲冠軍侯宜也先零悍夷也未易服其心非先計後戰之趙充國孰能詣金城罷兵屯田降斬甚衆致其死滅而使帝王之兵以全取勝後封爲營平侯當也涇陽之圍虜勢大振京師爲之震駭當是時平生伏忠信者郭子儀出而禦之虜素服其威名故悉遁去後裴垍稱之曰功蓋一世非以是與乾州之圍賊勢大張人心爲之摇杌當其時感激以忠義者李晟出而破之賊衆敗以奔潰故泚竟伏誅後德宗稱之曰天爲社稷非以此與范仲淹築城自守環慶之寇日益少其必以賊地非城賊必争所以築馬鋪寨而爲大順城也軍中有一范西賊聞之驚破膽其謡豈幸致乎韓琦益兵出戰秦鳳之盜日以平其必以并力擊賊賊必屈所以擊之於舉動之時而掠之於未集之際也軍中有一韓西賊聞之心膽寒其謡豈浪得乎天厭胡元篤生真主我太祖高皇帝受命而興開國諸勛應期而出奉天兵而直抵潼關長驅崤函者則言簡兵精中山武寧王徐達也張良弼畏威而遁李思齊望風而迎降者則勇冠三軍開平忠武王常遇春也窮追蕃部直至昆侖山者則勇力過人寧河武順王鄧愈也抵昆侖而闢地数千里者則沉毅有智略黔寧昭靖王沐英也聖聖相承深惟邊備分鎮以重臣則皆如趙如郭如李如韓范者董師以名將則皆如霍如徐如常如鄧如沐者百餘年來所以邊塵不動而虜皆帖首懾服也所以朝廷無西北之憂也執事謂有大抱負者必有大設施有大設施者必有大事功不於是而可驗乎雖然愚則又有説焉豐亨豫大之秋而否由伏宴安暇逸之際而蠹自生易曰安不忘危邵子曰君子貴未然之防此深有望於今日之分閫籌邊者

陜西鄉試録後序

一代之治必百年而後成以聖繼聖亦必累數十年而後治上古稽賢聖之君繼作者莫如殷而其明良相逢稱千古之曠典者六七傳而始得高宗然荒遁而諒陰繪夢而講學亦有年矣其次莫如漢而昭宣丁其時霍金丙魏之徒各以其所長見内而文學外而循吏其著稱者獨盛一代漸摩之功不可誣也是以孔孟計歲論期卓卓可考皇上改元戊申屬皇祖創業之昌期越今十有一年四詔天下取士豐芑遺仁躬種而穫者多矣文明之會禮樂之典其不尤在於兹時哉陜西古都雄藩人物之所萃也自唐末東徙漸淪于夷至我皇明始歸一統而今八府三邊之士彬彬如也要亦際其時哉冠應所司聘典試事而有以恭睹其盛矣分經而治隨體以應條事以陳皆有用之實學鮮或有戾於道者制于額拔其尤得六十五人制于故事拔其可爲程式者得二十篇共爲一録并録其所嘗與力於試事者皆官氏名以獻其不於是而凡宣力兹土者皆極一時之選而共佐成其盛者也嗚呼四海仰德伊誰之風而欽承旁招對揚休命固有宣夢于詔繪象于文者矣三代之盛可多讓哉若夫持大體核名實漢以下諸賢擇而施之可也是則區區所望於今日之進以成一代之盛者惟后非賢不乂惟賢非后不食尚無負于兹時也夫謹載拜稽首以贊

直隸大名府清豐縣儒學教諭徐冠謹序

弘治十七年陝西鄉試録

陝西鄉試録序

道在天地間載而行之者人也行於己則聖行於世則治自周之季上不知以是教下不知以是學至宋是學始講於下而上之教未聞也我太祖高皇帝以是道受天明命建儒學於天下而非儒若律筭等學皆罷太宗文皇帝以是道纘國大統頒五經四書於天下而非聖若百家諸書皆黜俾天下之名爲儒者非經書不讀非孔孟程朱之業不講列聖相繼逮我皇上其揆惟一百三十餘年來上無异教下無异學治化之盛直追唐虞三代與之并而漢唐以下弗數焉有由然哉然取士之法不全用周人考德行道藝之典而以文不論其賢能之實於鄉大夫州長黨正族師閭胥而以科舉者勢不行也唐宋科舉所謂文者詩賦今則非析經書之義明兼策論表判之成章不取漢法近古其徵吏民曰明當世之務習先聖之術非是之謂與然漢一行而止我國家成憲萬世是遵又非漢比也是雖不全用周人之典而本之德行道藝一也弘治甲子秋爲取士之期巡按監察御史季春當監臨下教凡試事稽于故而加重禮文一新焉乃以參政李贇參議倪天民提調按察副使王雲鳳張鰲監試琛與學正張茝考試學正張焕教諭吴夔王宣訓導刁毅陳頊何宗源同考試暨諸執事皆合僉議擇以充萃提學副使李遜學所選士而試之三士凡一千四百有奇取六十五焉限于額也先是總制軍務太子少保户部尚書秦紘鎮守太監劉雲武安侯鄭英督理馬政都御史楊一清巡撫陝西都御史孫需巡撫各邊都御史文貴畢亨劉憲盤粮給事中王宸巡按監察御史杜旻李高見關中之士之盛也皆將有得人之慶琛濫竽較文之列因其言以知其藴雖不無遺材之嘆然是六十五人者固有可慶者矣事既竣當有録以第其名氏表其文録既成琛當序諸首琛當何言哉嗟乎士生斯世得以孔孟程朱所以繼往聖開來學之書而讀之雖才有强弱志有遠近學有淺深皆與聞乎大道之要視漢唐之世雖有通經學古明睿卓越之士而惟知訓詁之精爲高辭章之工爲奇茫不識道爲何物者豈不大相遠哉然則今之士一何幸也譬之飲食朝夕于是而味焉罔察以至終身由之而不知則有負盛世之教者矣爾

諸生其以平日之所業而反之身進而有職有位則以所業者施之政反之身致謹於隱微而不以名利動其心施之政以修於家而壞於天子之廷者爲戒夫如是則雖遇有亨蹇秩有崇卑功有大小而自處或有戾於道焉者寡矣此固今日之所爲慶者也諸士其以予言爲然乎相是役者參政史簡李思明胡瑞參議張勛錢敬邵棠按察副使馬懋李端澄王寅燕忠高崇熙蕭翀僉事任鑑李葵胡經官賢唐希介丁翊賈時劉道立曹玉也

江西瑞州府儒學教授方琛謹序

弘治十七年陝西鄉試

監臨官

巡按陝西監察御史季春（體仁山西振武衛人　丙辰進士）

提調官

陝西等處承宣布政使司左參政李贊（惟誠直隸蕪湖縣人　甲辰進士）

陝西等處承宣布政使司右參議倪天民（秀夫武功中衛軍籍　丁未進士）

監試官

陝西等處提刑按察司副使王雲鳳（應韶山西和順縣人　甲辰進士）

陝西等處提刑按察司副使張巘（廷儀山西陽城縣人　甲辰進士）

考試官

江西瑞州府儒學教授方琛（廷獻湖廣咸寧縣人　壬子貢士）

順天府涿州儒學學正張莔（子卿山西安邑縣人　乙卯貢士）

同考試官

順天府薊州儒學學正張煥（文煥江西浮梁縣人　戊午貢士）

直隸蘇州府吴縣儒學教諭吴夔（學夔浙江西安縣人　壬子貢士）

山西平陽府解州安邑縣儒學教諭王宣（德敷河南内鄉縣人　乙卯貢士）

山東東昌府高唐州儒學訓導刁毅（景仁直隸東鹿縣人　丙午貢士）

直隸蘇州府吴江縣儒學訓導陳頊（子敬廣東東莞縣人　己酉貢士）

湖廣荆州府荆門州儒學訓導何宗源（東瀾四川通江縣人　辛酉貢士）

印卷官

陝西等處承宣布政使司經歷司經歷孫子賢（繼善直隸固安縣人

乙酉貢士）

陝西等處提刑按察司經歷司經歷郭英（士傑湖廣京山縣人　甲午貢士）

收掌試卷官

西安府知府馬炳然（思進四川内江縣人　辛丑進士）

漢中府知府周東（伯震直隸阜城縣人　甲辰進士）

受卷官

延安府同知孫璽（國信山東青城縣人　庚戌進士）

西安府同州知州崔璽（□用直隸騰驤左衛人　丙辰進士）

西安府咸寧縣知縣何亮（文明山東登州衛人　壬戌進士）

鳳翔府岐山縣知縣江玠（廷搢四川巴縣人　己未進士）

彌封官

慶陽府同知張賢（堯臣河南祥符縣人　甲辰進士）

臨洮府河州知州吴璇（世美山東高唐州人　丁酉貢士）

西安府商州知州桂相（廷佐湖廣麻城縣人　丁酉貢士）

西安府華州華陰縣知縣冀九齡（子仁山東益都縣人　丙午貢士）

謄録官

慶陽府同知趙楫（洪濟山東濟寧州人　癸卯貢士）

西安府乾州知州秦志（養志山西臨汾縣人　辛卯貢士）

漢中府鳳縣知縣蘇玹（彦器河南懷慶衛軍籍　丙午貢士）

西安府三原縣知縣林洪博（宗學河南都司官籍　丙午貢士）

對讀官

鳳翔府同知竇祥（文瑞河南鞏縣人　辛丑進士）

平凉府固原州知州洪恩（君錫四川成都縣人　庚子貢士）

平凉府涇州知州岳思忠（良臣河南儀封縣人　甲午貢士）

西安府藍田縣知縣任文獻（國光山東郯城縣人　癸丑進士）

巡綽官

西安前衛指揮使丘鉞（朝用山東滕縣人）

西安後衛指揮僉事張鵬霄（圖南直隸江都縣人）

西安前衛指揮僉事蔣存禮（敬夫浙江諸暨縣人）

搜檢官

西安後衛指揮使王昭（德新直隸合肥縣人）

西安前衛指揮同知周道（依中直隸江都縣人）

西安左衛指揮僉事田鉞（德威河南武安縣人）

供給官

陝西都指揮使司斷事司斷事盛才（大用湖廣長沙縣人　監生）

陝西等處承宣布政使司經歷司都事章甫（元相四川銅梁縣人　吏員）

陝西等處承宣布政使司照磨所照磨楊瑄（瑞之山西渾源州人　監生）

陝西等處提刑按察司照磨所檢校張廷佑（世禄山東商河縣人　監生）

西安府經歷司經歷王雄（孟英河南南陽衛人　監生）

鳳翔府照磨所檢校李廷弼（良佐山西代州人　監生）

西安府華州同知張瓚（禮器直隸宿州衛人　監生）

西安府臨潼縣知縣丁相（希説四川巴縣人　丙午貢士）

西安府永壽縣知縣李綱（宗紀山西定襄縣人　監生）

西安府咸寧縣縣丞鄒錦（文繡遼東都司人　監生）

西安府長安縣縣丞王鑑（克明山西襄垣縣人　監生）

延安府膚施縣縣丞陶以榮（仁夫湖廣黄岡縣人　監生）

西安府涇陽縣縣丞王馴（仲良山西大同縣人　吏員）

西安府華陰縣主簿郭淮（宗源山西陽曲縣人　監生）

西安府高陵縣典史李秀（時榮山西澤州人　吏員）

西安遞運所大使殷宣（時宜山東東阿縣人　吏員）

延安府魚河驛驛丞任文達（伯通直隸任丘縣人　吏員）

第一場

四書

夫如是故遠人不服則修文德以來之　故君子語大天下莫能載焉　且一人之身而百工之所爲備如必自爲而後用之是率天下而路也

易

九二包蒙吉納婦吉子克家　順而麗乎大明柔進而上行　變化者進退之象也　若夫雜物撰德辨是與非則非其中爻不備

書

無教逸欲有邦兢兢業業一日二日萬幾無曠庶官天工人其代之　念終始典于學　百姓王人罔不秉德明恤小臣屏侯甸矧咸奔走　獄成而孚

輸而孚

詩

二之日鑿冰冲冲三之日納于凌陰　既立之監或佐之史　文武受命召公維翰無曰予小子召公是似肇敏戎公用錫爾祉釐爾圭瓚秬鬯一卣告于文人錫山土田于周受命自召祖命　奄有四方斤斤其明

春秋

及宋人盟于宿（隱公元年）　會齊侯宋公陳侯衛侯鄭伯許男滑伯滕子同盟于幽（莊公十六年）　宋公曹伯衛人邾人伐齊　師救齊　宋師及齊師戰于甗齊師敗績　狄救齊（僖公十八年）　公會劉子晋侯齊侯宋公衛侯鄭伯曹伯莒子邾子滕子薛伯杞伯小邾子于

禮記

群居五人則長者必异席　司寇正刑明辟以聽獄訟　故聽其雅頌之聲志意得廣焉執其干戚習其俯仰詘伸容貌得莊焉行其綴兆要其節奏行列得正焉進退得齊焉　間歌三終合樂三終

第二場

論

主敬便是爲善

詔誥表（内科一道）

擬漢罷苑馬賜貧民詔（建元元年）　擬唐以魏徵爲侍中誥（貞觀七年）　擬宋諫臣謝詔儆悉心獻替表（景德三年）

判語（五條）

濫設官吏　私借官物　冒支官粮　擅調官軍　詐假官

第三場

策（五道）

問　先王之世以道治天下後世只是以法把持天下程子有是言也我太祖高皇帝嘗御奉天門諭群臣曰治天下之道禮樂二者而已若通於禮而不通於樂非所以淑人心而出治道達於樂而不達於禮非所以振紀綱而立大中必禮樂并行然後治化醇一大哉皇言以禮樂爲治天下之道蓋即程子之意古帝王之所未發也於戲非天下之至聖其孰能與於此哉若唐太宗以

禮樂爲聖人緣物設教而非由於治之隆替者安足與論治也是禮樂也有欲興於漢而其君謙讓未遑有欲行於唐而其臣愧無素業宋則君或有意而未及營表臣或有見而未獲施行然當時或作於叔孫通司馬相如或作於房玄齡祖孝孫或作於劉温叟和峴實亦未嘗無禮樂而不得爲道之治何歟又有以立太學爲禮以大射養老爲禮以興辟雍設庠序爲禮以封泰山祀汾陰爲禮者有以鏗鏘鼓舞爲樂以隆雅頌之聲爲樂以鑄鎛鐘編鐘爲樂以度帝指定黄鍾爲樂者是果有得於禮樂否也且禮樂亦有全體本末之可言乎我聖祖制禮作樂達於天下列聖相承逮我皇上授受此道禮樂之化洋洋乎充塞兩間矣近者從大臣之請又有議於樂焉盛世大制作草野之下何足以知之然樂之故亦有聞乎諸生蓋皆有志於禮樂者果有志也言及之又何讓焉

問　廉者君子守身之常法然非細行末節也故古人以是爲重焉今舉其甚著爲學士大夫之所傳誦者言之有爲相而不別治生以長尺寸者甚至妾不衣帛待賓客蒸豆兩器食而自拔其葵有爲將而辭齊三萬户者甚至車惟薏苡橐惟衣書夫人裳不加緣有爲守而以清白遺子孫者甚至不持一硯愧市白集載米之郡有爲令而清身苦體者甚至笥餘一縑單車就路留犢以去有爲士而辭封却金者甚至非其力不食饋於師弗食并日而食是皆問學之力資禀之高有不待文王而興者然非道義不取一介行於伊尹畜馬乘不察鷄豚稱於獻子魏以食二卵弃將宋禁種蔬以賣則人安得不砥礪克治而肯甘爲污濁之歸乎兹欲立心者令聞廣譽不願文繡宫室妻妾輕於身死如孟子之所稱有位于朝以饋遺爲耻受任于外以包苴爲羞如真西山之所論以金珠爲脯醢以契券爲詩文免於朱晦庵之所譏必有道焉二三子固所謂士者盍各言爾志

問　不讀天下之書則無以窮天下之理不窮天下之理則不敢論天下之事然理之在書者雖罄南山竹不能盡也姑錯舉萬一以勤二三子其明以告我三皇五帝當據何説七十弟子當考何書孟子見時君隨事以答而朱子必曰誠意正心論語記聖言始於學習而周子著書首太極圖公仲有進士而槍石之田止絳灌選長者而竇君皆退讓何以有助不見黄生而鄙吝復萌見紫芝而名利都盡何以能感北軍不左袒周勃何以處之龐涓不燭書孫臏何以敗之韓琦何言歐陽脩爲己之文章范鎮何視司馬光如己之事爲教熊羆貔貅貙虎與驅虎豹犀象獸何以能戰借突厥起兵與北貉燕人助以梟騎夷何以可邇井田封建肉刑古可復於今乎郊社宗廟樂律今有合於古乎薄昭當殺與不當殺何所折衷濮王稱親與不稱親何所取正佛之禪何學仙之丹

何物圍莒不拔或不以爲非完璧歸趙或不以爲是是皆主司所疑者

問　人有恒言皆曰今之將不如古然將才各有所長雖古良將亦各用其所長耳非有甚异於人也救韓救趙皆避敵而擣虚擊魏擊趙擊齊皆因水而出奇或將六十萬滅楚置郡用四十萬破秦入關或精鋭八千敗苻堅背嵬五百走兀术或御下以恕寬厚得人行無部伍人人自便或天下威名將不敢視吏治軍簿軍不得休又有將騎而馮敬不能當將步而項它不能當用車而樹機能不能當皆各用其所長也若斬王愛姬可赴水火斬君寵臣三軍振慄似未易窺其長卧不設席行不騎乘進食十數所友百數似無以見其長諸葛亮爲天下奇才霍去病不學古兵法張巡行兵不依古法似非可目其長然亦有可窺可見可目者乎今之握邊兵而建將旗者亦有如前所云者乎近者虜薄榆林擾遼東掠大同入固原不但有諸將也而又有主將焉不但有主將也而又有大將焉卒未有能多爲奇陳大敗匈奴十餘萬如李牧以大斧斷其臂碎其首如劉錡者其故何歟豈皆劣才無所長歟抑雖有才而兵非常試亦不敢自見其長但彼此相諉功不可幸而得則罪可幸爲免歟古人有言兵死地將死官故將受命而曰臣不敢生還士聞命而無不涕泣以必死故也今敗軍之將往往得以分地爲解守城爲辭不曰勢不可戰則曰時不可出卒置身於無過之地彼此相效習以成風將無援枹忘身之心無以令其下士無敢死樂傷之氣無以助其上則無怪其將士聚如兒戲勝敗付之儻來也兹欲使將皆牧錡之輩隱然爲西北長城以紓宵旰之憂何以識其才而用之此正今日當路者之所欲聞也

問　陝西地廣而有强弓健馬之産民貧而有忘生輕死之心且北鄰於狄西近於羌故古人以天下之首譬之言所當重而不可使有污陷骫㕦也我朝防胡大鎮六而陝西三焉其重可知也三鎮之兵素號充足近者虜來如蹈無人之境掠饜而自引去食盡而又欲來論者曰軍少也嘗遣廷臣以募軍矣然急一時取盈之數有未能不爽實者兹欲軍不益而兵不乏何以致之三鎮之兵素號勇健近者師興多爲閉門之計敵至不能遏敵去不敢追論者曰馬少也今簡大臣以督馬矣然起百年已廢之政有不能不煩民者兹欲馬不增而兵益强亦有道乎古人有使匈奴寇邊少利希復犯塞者有敵入寇必能先知預爲之備者彼皆何人也然則軍亦當講而不專在多者邪有言養馬太多虚耗國力者有言馬少則騎精步多則鬥健者此豈無稽也然則馬亦有當講而不必欲多者邪兵與馬乃今日之急務而三鎮之事亦諸生所目睹者寧能默然

中式舉人六十五名

第一名　胡鎰　同州學生　易
第二名　韓邦奇　朝邑縣學生　書
第三名　王龍山　靖虜衛學軍生　詩
第四名　焦思明　盩厔縣學生　禮記
第五名　蹇賢　涇陽縣學生　春秋
第六名　劉儲秀　西安府學生　易
第七名　田登　長安縣學生　詩
第八名　尚班爵　同州學生　書
第九名　李澍　咸寧縣學生　易
第十名　劉守臣　高陵縣學生　詩
第十一名　楊天錫　涇州學生　禮記
第十二名　王瑜　西安府學生　易
第十三名　康浩　武功縣學生　詩
第十四名　穆世傑　涇陽縣學生　春秋
第十五名　楊樞　西安府學生　書
第十六名　韓奕　慶陽府學生　詩
第十七名　王九叙　鄠縣學生　易
第十八名　張彦杲　三原縣學生　書
第十九名　吴璟　潼關衛學軍生　詩
第二十名　袁彤　涇陽縣學增廣生　易
第二十一名　閻宏　華州學生　書
第二十二名　張附羽　盩厔縣學生　詩
第二十三名　喬遷　咸寧縣學生　易
第二十四名　曹鏜　邠州學生　禮記
第二十五名　彭璘　固原州學生　詩
第二十六名　牛斗　朝邑縣學生　易
第二十七名　杜大江　臨洮府學生　書
第二十八名　張廷用　澄城縣學生　詩
第二十九名　丁繼文　秦安縣學生　易
第三十名　吕渭　寧夏等衛學軍生　春秋
第三十一名　姚遜　鳳翔府學生　詩

第三十二名　高傑　平凉府學生　易
第三十三名　唐臣　平凉縣學生　書
第三十四名　王大夏　漢中府學生　詩
第三十五名　惠儒　長安縣學生　易
第三十六名　周紹　高陵縣學生　書
第三十七名　張廷瑞　臨潼縣學生　詩
第三十八名　史正　山陽縣學生　易
第三十九名　王相　平凉府學生　書
第四十名　章憲　平凉府學生　詩
第四十一名　王相　商州學生　易
第四十二名　吴世瞻　武功縣學生　書
第四十三名　南漢　渭南縣學生　詩
第四十四名　高堂　米脂縣學生　春秋
第四十五名　王道　蘭州學生　易
第四十六名　李森　膚施縣學生　詩
第四十七名　暢華　隴西縣學生　書
第四十八名　田荆　蘭州學軍生　易
第四十九名　王昱　漢中府學生　詩
第五十名　侯一元　秦安縣學生　禮記
第五十一名　陳善　秦安縣學生　書
第五十二名　張鐙　咸陽縣學生　詩
第五十三名　褚錦　郃陽縣學生　易
第五十四名　吴冕　寧夏等衛學軍生　書
第五十五名　許世昌　澄城縣學增廣生　詩
第五十六名　閻傅　隴州學生　春秋
第五十七名　李文　醴泉縣學生　易
第五十八名　張縉　華州學生　詩
第五十九名　劉欽　西安府學軍生　書
第六十名　馬隆　中部縣學生　詩
第六十一名　張永福　平凉府學生　易
第六十二名　郭田　長安縣學增廣生　詩
第六十三名　張道　鎮原縣學生　易

第六十四名　張舜舉　武功縣學生　書
第六十五名　劉綱　延川縣學生　詩

第一場

四書

夫如是故遠人不服則修文德以來之

胡鎰

同考試官教諭吴批（題本平易作者分截欠明及講遠人處殊失輕重此篇組織當時事入講且理氣充蔚讀之令人心目豁然）

考試官學正張批（詞理俱到宜録）

考試官教授方批（説出孔子責冉求以抑季氏意）

既有以修乎内治當有以感乎遠人蓋内治修而文德敷感人之本也有國有家者舍是其何以哉夫子抑冉求顓臾之謀其意蓋以爲治莫先於自修服遠無外於文德誠使吾國家之中彼此各得分願而無貧寡之憂則既以均而和矣上下不相疑忌而無傾覆之患則既以和而安矣夫如是宜乎遠人之服也乃或聘問之使弗通而負固之自若事大之禮罔修而不恭之自如於焉置彼度外修我文德敬老慈幼而興仁讓之風庶幾動傾向之誠而負固之志爲之潜消也惇禮崇信而修先王之教使之被觀感之餘而不恭之心爲之默化也嘉矜有道磨歲月以致之何患乎人各异心耶撫字有方推赤心以待之奚慮乎民罔常懷耶夫文德修而遠人服其易若此彼顓臾之未服抑惟自盡焉耳尚奚以勤兵爲哉抑冉求之謀僭叛之事孔子之言湯文之舉其大小順逆之間不待智者知也使求也能用是言以輔季氏季氏能因是言而易道改轍焉則其事業之所就必能王魯以朝諸侯不至厠於晋六卿之列以爲天下後世之不齒也嗚呼硜硜斗筲之徒亦豈足以知此耶

故君子語大天下莫能載焉

韓邦奇

同考試官學正張批（中庸説理之學作者不略則泛此篇就題化出略無冗語一結尤有深見豈亦用心於道者耶）

考試官學正張批（講道之大是）

考試官教授方批（理明詞順）

中庸論道之大而世無復有大者焉蓋大而至於天下莫能載其大也極矣道之大也有如是夫中庸言道之费隱以明不可離之意如此謂夫道無往而不在則無物而不該往古來今何者而非道之所寓天高地下何者而非道之所形彼物之大者莫天地若也天地謂之物則亦有所盡矣有所盡非大之極也故君子語道之大無得而比擬焉人之至者莫聖人若也聖人同乎人或有拘於命矣拘於命非大之至也故君子語道之大無得而指陳焉洋洋乎流通而無間蓋不可以限量窺也優優乎充足而有餘有不容以涯際測也雖天地爲物之大也然道生乎天地而天地亦道中之一物耳及其至天地尤有所未盡道之大也舉天下豈能載之哉雖聖人爲人之至也然道修於聖人而聖人特吾道之一人耳舉其全聖人尤有所未能道之大也豈天下所能载之哉道之大而無外其用廣矣而其所以然者則非見聞所及非所謂费而隱乎嗟夫道雖極於至大而實具於吾心彼寂然不動者心之體感而遂通者心之用心之體用道之體用也但人心爲形役於道始相遠而自小耳苟能静而存養以存其體動而省察以達其用則大者庶於我全也後之學者與其求道於道盍先求道於心

且一人之身而百工之所爲備如必自爲而後用之是率天下而路也

王龍山

同考試官教諭王批（孟子一題作者類能言之率浮冗厭觀此篇剖析明白詞氣老健儼然當時闢責氣象故録）

考試官學正張批（得孟子闢許行之旨）

考試官教授方批（頗學孟子文法）

一身資乎藝也衆一人兼乎藝也難夫百工交易固其理也然則以一人兼爲而始用焉豈理也哉昔孟子因陳相述許行之言闢之至此意謂子之所謂農夫陶冶之相易正猶君子小人之相須且即子之道而論之一身之需衣焉褐焉冠與屨焉何者而非工之所爲一人之用耒焉耜焉甑與釜焉何者而非工之所制不止於衣褐冠屨也尤有不可以枚舉者使一工缺則一用缺矣百工不亦備乎不獨於耒耜釜甑也尤有不可以數計者使一工乏則一用乏矣不亦備百工乎夫一身之用資乎衆藝如此若曰百工之所成者非其力也於凡用之物而自爲之不以有無而相通必自爲其工而後用之不以彼此而相濟吾見一身有限衆藝無窮力乎農者苦技藝之不能工於此者顧他藝之不暇卒使天下之人衣無成也褐無成也冠屨亦無成也擾擾焉奔走道塗疲精神於無用者我倡之耳寧能休息乎釜無爲也甑無爲也耒耜亦無爲也紛

紛焉往來道路劳人力於無益者我率之耳豈能寧止乎噫百工爲藝之小者且不可兼於一人如此矧夫天下甚有大於此者尚可耕且爲哉抑論之孟子所言天經地義聖賢之常道許子所論旁蹊曲徑异端之小説觀其所學之陋不惟不能害吾之正道而在彼之時亦自難於行矣外此又有楊墨孫韓之説交煽於當時使非孟子出而排之則人心爲其所溺也久矣嗚呼豈天未欲後世蒙先王井田之澤而處士横義一至此耶

易

九二包蒙吉納婦吉子克家

劉儲秀

同考試官教諭吴批（爻義頭緒頗多作者不知爻已具象隨句分析破碎可厭此篇挑剔明白詞義兼美蓋嘗究心於易者宜置前列）

考試官學正張批（作爻辭當是如此）

考試官教授方批（得潔净旨）

聖人於蒙九二之爻著其所具之象而示其所應之占蓋象具於爻而占之善以之九二所以備蒙之善者豈非本於象所具之自然者哉蒙之九二以陽剛而爲内卦之主統群陰而當發蒙之任剛而不過有包蒙之象焉以陽受陰有納婦之象焉又居下位而能任上之事有子克家之象焉聖人於是爻也觀是象也以爲占者有其德而當其事亦必如是而後可耳若童蒙求我也則敷教以寬而優柔以俟其化寬柔以教而漸漬以待其成天下之蒙由之以發而其道也廣矣治蒙之功因之以成而其施也博矣吉何如之若往求婚媾也則納闚觀之女而無不有躬之嫌取愆期之妹而無歸以娣之賤得男女之正而室家宜也適婚姻之時而交相愛也吉何似之至若當克治其家也則肯構肯堂而有富家之道善繼善述而成前人之業嚴勵整肅所謂裕父之蠱者無有也飭治振起所謂幹父用譽者在是也吁爻之有善而聖人歷著其象占如此蒙九二之義於斯盡矣抑象具於蒙爻如此然豈無當之者乎若孔子之教人包蒙之吉也文王之配后納婦之吉也武王之纘緒子之克家者也要之三聖人者亦偶然與之合耳推之天下之事萬物之理何者不可體而爲之乎説者猶以卜筮小吾易是豈知易者哉

變化者進退之象也

胡鎰

同考試官教諭吴批（繫義人多泛説理此篇本聖人作易立説而據理

精到必老於易者取冠本房)

考試官學正張批(講進退人不能到)

考試官教授方批(理學極明白)

論剛柔之相易者乃消息之可見者甚矣卦爻陰陽迭相變易也即是觀之則進退之象豈不於是而可見乎大傳論聖人作易上既言剛柔相推以生變化此復明變化之義意謂觀卦爻於易則剛柔有定位求卦爻於蓍則剛柔無定居是故陰而耦者卦爻之柔也柔或有時而推夫剛則柔不一於柔矣陽而奇者剛也剛或有時而推夫柔則剛不專於剛矣六而之七勃然浸長之莫遏也非所謂變乎九而之八默然形迹之莫窺也非所謂化乎是皆具於分掛揲扐之後參伍錯綜之餘者也易之所謂變化者以此然是變化也則爲進退之象焉柔者陰之退也退極而進爲剛凡天下之由退而進者皆此理也剛者陽之進也進極而退爲柔凡天下之由進而退者皆是物也數盈於十柔退而至於六其後之五乃生數無可退者自息而至於七以進之焉柔之變非進之象乎數起於一剛進而至於九其前之十乃極數無可進者自消而至於八以退之焉剛之化非退之象乎是皆出於理勢之自然而非人之所能損益者也變化之爲進退之象如此吁聖人以進退而明變化其義無餘藴矣抑是變化也極而復爲剛柔流行於一卦六爻之間占者得因所值以斷吉凶者蓋與剛柔相推以生變化循環而無端也然變化剛柔微者也進退晝夜顯者也非至著之象固無以明其理然非理以主之幾何而不至於無且誕耶故曰六爻之動三極之道也噫易爲人謀於此尤可見云

書

無教逸欲有邦兢兢業業一日二日萬幾無曠庶官天工人其代之

韓邦奇

同考試官訓導陳批(皋陶之學極純粹故見於陳謨如此此篇能模寫之其壁經中之翹楚者乎)

同考試官學正張批(能體認皋陶陳謨之意而發揮之無逾此作)

考試官學正張批(意語俱到)

考試官教授方批(明白)

大臣之於聖君戒其謹於率下而言其所當謹戒其公於用人而言其所當公甚矣萬幾不可忽天工不可廢也人君於此顧可不以縱逸欲用非才爲戒哉昔皋陶陳知人之謨至此蓋謂百辟視君身以爲儀刑率之有道也當以勤率之不可教之以逸以儉率之不可導之以欲要必兢兢其心而戒謹之不

忽業業其念而危懼之恒存所以然者蓋以一日二日之間而事幾之來有萬其繁于焉不察則禍患之所由生今日明日之際而事幾之至有萬其多于焉不審則怠荒之所由起是萬幾也君惟兢業以圖之豈可一日而縱欲乎庶官輔人君以理萬幾任之有要也當無用非才而使庶官曠其職勿任非人而使百僚瘝厥官要必嚴於遴選務登崇俊良慎於簡擇惟進用賢哲所以然者蓋以人君代天以圖萬幾庶官分圖者無非天之事官曠則廢其事人君代天以理萬物庶官分理者無非天之工官曠則隳厥工是庶官也君惟任賢以宅之豈可一職之或曠乎吁皋陶陳知人之謨而终之以此可謂善導君者矣抑考有虞之時四方有風動之休萬邦有咸寧之美若無待於戒飭矣良臣爲國之心猶有覆盆遺照之慮此知人安民之謀切切而陳於當時也奈何後世僅底小康便忘戒飭君日驕而臣日諂此治道所以终愧於古也可勝嘆哉

百姓王人罔不秉德明恤小臣屏侯甸矧咸奔走

尚班爵

同考試官訓導刁批（講内外得人與秉德明恤矧咸奔走處極爲明著是用録出以式將來）

考試官學正張批（文無剩語）

考試官教授方批（整潔）

職列於内者有其人職列於外者有其人大臣言前代然也甚矣賢才有關於人國也有商之臣合内外而皆賢焉則其國有人而實矣宜周公舉之以留召公也且其意蓋謂成王幼冲公固不當去天命未凝公尤不可去盍觀有商之事乎上天有佑命之纯故當時生賢才之盛其在内也百官著姓位之尊者也與夫王臣之微位之卑者也尊卑雖有不同罔不秉持其德確乎貞良而不回凛乎節義而不變忠懇爲之拳拳也顯微雖有不一無不明致其憂上懼天命之靡常下慮小民之無賴誠意爲之切切也則在内者無不賢矣其在外也凡百執事職之小者也與夫藩屏侯甸職之大者也大小不一其職矧皆奔走王事或致身而宣力或鞠躬而盡瘁爲之不厭其勤也遠近不一其地矧咸趨承王命或承流而宣化或折衝以禦侮任之不憚其勞也則在外者無不賢矣内外皆賢則商國有人而實今日公可求去使我周空虚而無人哉雖然周公此言有商得人之盛以留之下文又言文武得人之助致拳拳之意不一言而足蓋其憂之深故留之切其留之切故言之詳無非欲其輔成王而凝固天命也宜乎召公之心油然而感幡然而留厥後既相成王又相康王再世尤未釋其政有味於周公之言也夫

诗

二之日鑿冰冲冲三之日納于凌陰

王龍山

同考試官教諭王批（藏冰備暑莫大于節陽薦祭此作得之且措詞整潔脱去冗腐必佳士也葩經之冠舍子其誰）

考試官學正張批（説出豳民忠愛之意）

考試官教授方批（有詩人風味）

豳人觀趨乎冰役有以時取之者有以時藏之者蓋冰所以爲君備暑者也豳人兩及其時而勸趨是役焉忠愛其君之心爲何如哉昔周公以成王未知稼穡之艱難故陳后稷公劉風化之所由使瞽矇諷誦以教之至此謂夫冰爲吾君之用大矣所以節陽氣者在是所以薦寢廟者在是取藏容可以失時乎故於斗柄建丑之候二陽已動之時斯時也栗冽之氣正寒冰可取也不於此而取之何以給我君之用乎於是我豳人當無小無大而奔走於深山窮谷之間凡冰之所在則伐之冲冲而不憚其力焉從事於固陰沍寒之際凡冰之所萃則鑿之冲冲而不辭其勞焉懽心以從而惟恐不及也同聲以應而惟恐或後也伊誰迫哉皆吾民分所當然耳迨夫斗柄建寅之日三陽用事之時斯時也堅凝之凍未解而冰可藏也不於此而藏之何以備我公之需乎於是我豳民則同心同力以向之所取者是任是負納之于凌陰之中以昔之所鑿者筐之筥之藏之于冰室之内備之以其時而不使缺也藏之得其所而不使解也伊誰驅哉皆吾民義所當爲耳吁豳人雖勸趨藏冰而忠愛之心寓焉周公述之以啓成王意亦深矣哉抑論之上以誠愛下下以忠利上此自然之符也大王都邑一遷而從者歸市文王靈臺一作而庶民子來豳公冰役一興而民樂趨事有周篤於愛民而民之從之自不容已周公述是爲成王告可謂善於啓迪者矣厥後成王果能基命宥密以爲一代守成之令主意者有得於此

既立之監或佐之史

田登

同考試官教諭王批（監史皆察儀之官作者類多分破似與朱注背馳此篇體認真切辭亦嚴正必熟于是經者高捷何忝）

考試官學正張批（寫出當時警戒氣象）

考試官教授方批（用祭射飲酒立説良是）

賢候之燕飲必兩設官以察其儀焉蓋飲酒易至有過也苟非設官以交

察之安能肅其儀而保其無過哉昔衛武公飲酒悔過而作此詩吾想其意謂夫我之燕賓有因祭而飲之禮焉有因射而飲之禮焉然群飲每至於喪儀也不設官以察之可乎彼司正之屬有所謂監焉乃察儀法者也監焉不立則在燕者無所警矣故必立是官以察其儀使旁觀乎賓主或醉或否無一而不察焉遍覽乎左右曰臧曰否無一而不監焉孰能敬慎威儀而禮度之是守孰爲亂我籩豆而荒湛之是耽一觸目之間使凛然知所警也然一官不能以獨理也不設官以佐之可乎彼司正之屬又有所謂史焉亦察儀法者也史焉不佐則與席者無所戒矣故必佐之史以察其儀使醉否之情狀必書之而無隱臧否之實迹必紀之而無遺某也令儀令色有德之孔嘉某也載號載呶伐德之可耻一載筆之頃俾肅然知所戒也夫以一燕飲之間而防範之嚴有如此武公其善於悔過而果於進德者歟抑論飲酒細事而聖狂分焉書曰不矜細行終累大德又曰惟公懋德克勤小物其以此歟武公深知乎此故荒湛于酒既陳於自警之篇飲酒悔過又形於賓筵之雅殆與大禹之所惡周公之所誥者异世而同符也衛之賢君武公稱首焉

春秋

會齊侯宋公陳侯衛侯鄭伯許男滑伯滕子同盟于幽（莊公十六年）

穆世傑

考試官學正張批（得春秋家法）

考試官教授方批（胡傳兩言齊桓始霸之意作者多狃於穀梁尊周一偏之説殊失本旨此卷體認真切而文足以發揮其邃於經學者歟）

霸主仗義以講信春秋諱望國失信之非著諸侯同欲之美此齊桓于幽之盟諸侯皆同而魯獨异焉春秋一惡之一美之無非爲世道計歟何則春秋中葉王政不綱列國兵争人心無統幸而齊桓始霸倡盟于幽肇糾合之洪圖講尊王之大義夷狄以之而攘中國以之而安桓公是盟其義舉也我魯莊公中國人望使能堅守桓信以成其美不亦賢乎奈何雖聽載書實懷疑貳卒之鄭詹一受大義虧矣如同盟之信何聖人以爲生有可捐食有可去而信則不可無者况桓霸仗義之信而我莊失之是豈知所重哉故春秋諱公不書以惡其失信蓋如此維時宋陳七國俱齊友邦使亦猶豫桓信以僨乃事奚足取耶所幸尊事同心推戴無异卒致桓霸一匡厥功懋矣非同盟之力歟聖人以爲上無明王下無方伯而霸亦不可無者况齊桓霸事之美而諸侯與之非所欲之善哉故春秋特書同盟以美其同欲又如此吁聖人於一盟事足間所以惡魯公而美諸侯者蓋以齊桓始霸世道攸繫雖拳以與之可也抑考盟幽之後

自貫澤迄于葵丘桓業可謂盛矣惜乎震矜一萌叛者九國伐黄會卞皆不足道故曰五霸假之也若夫勝夏而罪予一人湯之所以無荒也克商而大賚四海武之所以不息也量淺志溢之桓公安足與語此

宋公曹伯衛人邾人伐齊　師救齊　宋師及齊師戰于甗齊師敗績　狄救齊（僖公十八年）

蹇賢

考試官學正張批（知褒貶）

考試官教授方批（題雖一事而伐戰兩役作者多體認不明此作融會傳意得於章句之法且抑揚開闔如斷案然春秋家數也允宜鶚薦）

春秋因大國兵起於不義善内救以著其罪責大國兵成於不義許外救以甚其罪蓋長幼之義不可廢也宋襄昧此而奉少奪長于齊春秋得不詳書法以深罪之哉慨昔齊桓不禄國嗣未立於是宋襄伐齊戰甗亦爲之圖其後嗣以安定其國家也春秋深罪之何歟蓋無虧長子孝公幼支使宋襄正名定分則爲義兵之舉也夫何首樓三國忍伐齊喪廢無虧之正納孝公之逆借曰舍長立幼桓仲之命然制命非義邪正不分宋罪大矣逐致東魯之救何善惡之相遠邪故於四國伐齊之下特善魯師之救以著宋襄之罪也然無虧雖爾就戮孝公尚未即君使宋襄悔過息師則無怙終之刑也夫何復帥三軍鬩戰甗地力敗齊師之衆卒定逆孝之位雖曰折北不支齊臣之罪然大義不明戰鬥是逞宋曲甚矣再致北狄之救何夷狄之不若邪故於罪宋及戰之下責齊敗績以見宋襄之曲許狄救齊以甚宋襄之罪也吁聖人於一書法之間責宋之詳如此蓋奉少奪長於罪爲大不得不明大義以深罪之耳嗟夫黜宜臼以召犬戎者周幽也廢魯括以禍懿公者宣王也黔牟蒙刃寵孽朔也奚齊授首易申生也桓公君臣顧不鑒此乃欲以私愛紊長幼之節哉是則齊國争亂非特宋襄之罪實桓公啓之也春秋謹嚴於此正倫之意豈過乎嗚呼以此爲防猶有欲立幼庶以釀人彘之變如漢高之於趙王如意者

禮記

司寇正刑明辟以聽獄訟

焦思明

同考試官訓導何批（場中講刑辟處多混此作體認明白非深於禮者不能也録之）

考試官學正張批（文得三易法）

考試官教授方批（講結俱整）

大臣謹治天下之法以平天下之情焉蓋刑與辟治法之大者也大臣之司法者得不正之明之以爲聽獄訟計哉王制記此謂夫司寇詰邦禁之官而刑辟其所司之事司寇欲聽人之獄訟可不先有以謹其刑辟乎是故刑有五而我五用之或不能以皆平也則從而正之使其曰墨劓曰剕宫以及大辟之類一皆大中至正而枉撓無容於纖悉辟有八而我八議之或不能以皆當也則從而明之使其曰親故曰賢能以及功貴勤賓之屬一皆鑒空燭照而疑貳不蓄之毫芒司寇正刑明辟如此豈他爲哉蓋民情不能無訟也訟不決而繫於囹圄則爲獄今則以刑辟而聽其獄焉不能無争也争靡定而言於公則爲訟今則以刑辟而聽其訟焉悉聰明於辭色之間于以察其孰可居墨劓孰可居剕宫又孰可居大辟而上附下附之不失其情致忠愛於言意之表于以審其何者當議之親故何者當議之賢能又何者當議之勤賓功貴而一輕一重之皆麗於事夫如是則刑無不當辟無不宜在野無嗟怨之聲而在獄無冤抑之嘆矣司寇之職庶其盡矣乎抑論刑之□□重矣死者不可復生斷者不可復屬先王不得已之用也故有三刺三宥八議五聲以至附從輕赦從重欽恤之仁無往不在奈何後世慘刻之徒有著法經者有爲連坐者有請峻刑罰者緩深故之罪急縱出之誅而刑益壞矣作詢刑之法開密告之門而法益敝矣先王之良意安在哉噫爰制百姓于刑之衷司刑者尚當加之意焉

故聽其雅頌之聲志意得廣焉執其干戚習其俯仰詘伸容貌得莊焉行其綴兆要其節奏行列得正焉進退得齊焉

楊天錫

同考試官訓導何批（題本正大而詞不均此作獨能鋪叙無偏一結尤備是宜録出以爲讀樂者式）

考試官學正張批（雅贍而和學禮者之言也）

考試官教授方批（説出樂有益於人本意可佳）

聞正樂之聲有以擴其心習正樂之容有以檢其身夫正樂有聲有容本爲世教作也在人聞之習之豈不有補於身心哉今夫先王之樂聲莫先於雅頌容莫先於干戚其要皆歸於感動人之善心而已故以其聲而言之則雅所以陳王政之大小而頌所以美盛德之形容也是聲也文足論而不息聲足樂而不流父子兄弟而聽焉則能蕩滌其邪穢和親之心油然生於中志意以之而充廣也君臣上下而聽焉則能消融其查滓和敬之心藹然發於中志意以

之而舒暢也所謂聞正樂之聲有以擴其心者蓋如此以其容而言之干者直兵而其形欲立戚者勾兵而其形欲倒者也是器也俯仰詘伸各有其度綴兆節奏各有其儀故執其干戚而習俯仰以爲容詘伸以爲舞則肅然於心而不過越其度矣容貌不於是而得莊乎行其綴兆之位要其節奏之數則惕然於心而不雜亂其儀矣行列進退不於是而得正且齊乎所謂習正樂之容有以檢其身者蓋如此雖然禮樂二道不可相離樂非禮則一於和禮非樂則一於嚴有偏廢之弊無相濟之功甚非先王制作之良意也故記者既言樂之和禮復言禮之節樂意其有攸在哉而孔子亦曰禮之用和爲貴儒先亦曰聖人履中正而樂和平又曰等級至嚴也失禮樂則不威山河至險也失禮樂則不固是禮樂之益於人益於事益於造化也以其有相濟之妙也歟

第二場

論

主敬便是爲善

胡鎰

同考試官教諭吴批（程子言主敬於鷄鳴而起之時蓋以一心收歛而言所謂爲善亦言敬則非僻不□而天理常存耳作者類皆掇拾浮泛動輒數千言而不知敬爲何等工夫善爲何等氣象又有以敬爲静者然此時雖未接物固已屬之動矣晚得此卷起語數句便已中的而通篇無一言冗長非嘗究心理學者不能以是進焉雖聖賢真可學而至科場一第之先不足爲子多也）

考試官學正張批（説得敬善是如此）

考試官教授方批（此題正欲觀諸士子用心於内之學連日閲卷誇多者枝辭蔓語寫盡幅不了卒不省其爲何説其務實者又往往筆端艱澀數言而止獨此篇以時文格調檃栝自家道理取以魁多士夫豈幸耶）

論曰爲善於未接物之時無他亦惟存此心而不放焉爾蓋善雖散在萬事而其本具於吾之一心心存則欲不萌而理無壞之者何往而不善若以鷄鳴而起無所事事而不知有事於吾心則身在此而心在彼身不出户庭而心千里其奔心既不存何往而非不善此敬所以爲存心之要而主於敬所以使存者益堅而不放則爲善也豈有外於是哉且人何以有是善也天之道也又何以有是敬也人之道也人道之敬也奈何性之有禮也存於心則爲敬心之所存爲敬而敬又能存是心也以一日言之自朝至暮敬不可去也以日日言之自少而壯壯而老老而一息之尚存敬不可去也以一事言之徹頭徹尾敬

不可去也以事事言之無小無大敬不可去也天道之善也奈何天地之大德曰生孔子於化育之功而稱之曰善言其純粹而無惡也天有是善故其所生之人於是善也無所不具所生者必肖其所以生之者理自然也君臣父子夫婦長幼朋友之道視聽言動周旋食息之則皆善也夫敬雖本於心而不可去然世多忽之人不能以皆敬也故必以是爲主焉主之云者在兹而不舍之意也善雖得於天而莫不具惟聖者全之人不能以皆善也故有待於爲焉爲之云者修治而復初之謂也是故鷄鳴而起之時正屋漏獨處之地交於我者人則無焉至乎前者物則無焉措於外者事則無焉反而視吾之心固在也蓋心動物也或出入之無常而存亡之機係於是或彼此之無定而善惡之分肇於是必也正其衣冠肅其容體端莊静一凛乎神明之在側整齊嚴肅儼然上帝之對越彼强者猛以厲不足語敬吾必兢兢然不猛以厲也愚者昏以冥不知有敬吾必惺惺然不昏以冥也狂者倨以肆不屑於敬吾必收斂焉不倨以肆也弱者頹以惰不能以敬吾必喚醒焉不頹以惰也主一而無二三之雜極專而無内外之間如是則心管攝乎血氣之軀而爲一身之主宰者常存而不放矣雖人未交於我物未至乎前事未措於用反而視吾之善不壞也蓋善完物也氣之决驟如奔駟善隨氣而失今敬以爲之銜轡矣情之横濫若潰川善隨情而失今敬以爲之堤防矣由是人欲之邪穢退聽於萬事之外天理之純粹昭著於方寸之中善之方萌於夜氣之所息者得長養之功猶木之蘖而灌溉也善之原於民彝之所秉者無戕賊之害猶木之根而培植也不猛以厲善即以不猛厲而在不昏以冥善即以不昏冥而在不倨以肆善即以不倨肆而在不頹以惰善即以不頹惰而在喜怒哀樂未發之中於斯乎藴藏仁義禮智本然之體于斯乎備具是則爲善必在乎主敬而主敬即所以爲善譬之居焉固其室廬而外寇不至無待於東西之逐也譬之物焉實其瓶罌而他水不入無患於江海之浸也潛心以居而萬慮之不起其敬至矣所以爲萬慮之本者有沛然莫遏之勢存理之固而百邪之不干其善得矣而所以閑邪之至者確乎有不變之守夫然則雖未至於聖人而作聖之功實在於此豈非舜之徒哉夫舜之於善也得之聞見而若决江河亦不過以温恭之敬爲之本耳人能進而不已其功擴而益大其施持吾鷄鳴之敬無往而非敬使吾敬所爲之善無一之或遺焉則亦舜而已矣然舜之聖大矣而蹠之惡亦大矣孟子舉而對言之乃在善利之分程子既以主敬爲爲善則不敬者必入於利明矣善利之分在敬與不敬一心毫釐斡轉之間耳學者豈可以不謹哉必格物致知以講之熟見之明使不迷於理欲之疑似而表裏交正動静弗違乃爲敬之全體也此又

孟子之所未言而程子引而不發之意也

表

擬宋諫臣謝詔儆悉心獻替表（景德三年）

韓邦奇

同考試官訓導陳批（脱去塵腐）

同考試官學正張批（掇拾本朝事略盡）

考試官學正張批（駢儷可觀）

考試官教授方批（齊整）

景德三年三月己未伏蒙詔儆諫臣悉心獻替者臣某等誠惶誠懼稽首頓首伏以天地高厚人或有憾於灾祥海岳崇深時或不辭乎塵潦故孔子亦欲助我而大舜每樂取人若非決壅於四聰即是拒善於千里初諫院之肇置實昭代之宏規諫議大夫沿嬴秦而雖舊正言司諫乃端拱之更新寵錫嘉名令其顧而思義别敕供職俾之專以無他但重任畀於凡庸顧綿力何能振起事非食稱人與官違愧久濫於素餐譏難逃於清論幸道邦憲乃勞帝懷九重之詔下臨百僚之心皆竦謂未前聞諸古乃獲始見於今臣等目相視以厚顔手共舉而加額誓勉方來之績圖彌已往之愆兹蓋伏遇大君有爲至誠無息生質特异天字成文幼志非凡御榻升坐經書一覽成誦賓客每見降階北寇征誅獨斷於群議四方水旱不厭於屢陳真至聖之殊常故萬善之兼備轉對之典祖法遥傳直言之求父訓親受兹因星變之异益致天聽之卑虚受體易之咸大諫誦詩之板慕讜言之謇謇極聖德之謙謙臣等敢不許此官以是身堅赤心於白首閑邪陳善願隆堯舜之君補過進忠必以仁義之道若發令舉事之未當及賢良忠孝之可稱或廷議或上封皆稽故事雖犯顔雖逆耳敢賣直名夙夜匪躬惟期君正而國定寵辱無慮務見世治以民安伏願求諫非難思難於用初鋭雖易保易於终山藏疾川納污廣容狂誕而恕愚淺之量木從繩金作礪擴屏諛佞而除誹謗之心三事擇官爲社稷萬年之慶六弊絶念遺子孫百世之謨臣等無任瞻天仰聖激切屏營之至謹奉表稱謝以聞

第三場

策

第一問

李㴔

同考試官教諭吴批（我皇祖列聖皇上禮樂相傳一道所以致治之隆

歷數前代皆莫及此策能鋪張而揚厲之必涵泳聖化竊窺天地運用之妙有年者他日對大廷頌德教之盛尚有待於子）

考試官學正張批（通篇條答無遺於論樂處尤有考據必非徒言者）

考試官教授方批（五策皆善敷陳而此篇尤勝故録）

對觀禮樂於聖祖之諭則知欲復古之治者禮樂不可偏廢考禮樂於歷代之迹則知治之不古若者禮樂皆爲虛文禮樂者所以昭天地事鬼神諧萬民致百物者也今朝廷無一事而非禮樂率土無一處而無禮樂大夫士無一人而去禮樂百姓日用禮樂而不知盈天地間無非禮樂之道至矣盛矣無以復加矣草野之臣嘗莊誦我太祖高皇帝禮樂治天下之諭每竊嘆曰大哉皇言一言而隆唐虞三代之化定萬載太平之基彼漢以下諸君智皆不足以知此無怪乎有緣物設教之説也則其治又安得與先王并言也哉慨自文武之澤息而禮樂之道墜吕項之火熾而禮樂之書亡至漢賈誼嘗有志於是矣儀法已具而文帝謙讓未遑説者乃謂絳灌之徒害之則借曰有其君未必有其臣也唐太宗亦有志於是矣禮樂致問而房魏愧無素業説者又謂關雎麟趾之意安在則借曰有其臣未必有其君也宋朱子論宗廟而曰神祖慨然討論舊典遠迹三代之隆不幸未及營表而又欲修定禮書且以律吕新書審音協律皆未及就君臣難遇遂爲萬世闕典考之當時禮出於叔孫通房玄齡劉温叟輩之所修樂出於司馬相如祖孝孫和峴輩之所定雖亦未嘗無禮樂然大抵漢因於秦唐因於隋宋因於唐於五代禮多闕略樂雜俗鄭臨事之際指儀文器數而曰此禮也指鍾磬琴瑟而曰此樂也君臣上下之間皆梘之爲虛文長物何補於治間有一二明君學士未能忘情於此然不究其全體本末而徒曰禮云樂云亦將如之何哉蓋禮非徒用之祭享冠婚賓射之謂凡國家之辨方正位體國經野設官分職自宫室衣服器用以至飲食動止若周禮之所載三綱五常之教若夏殷之所因易象之決疑春秋之記事若韓宣子之所稱者禮之全體也若董仲舒以立太學劉向以興辟雍設庠序明帝以大射養老爲禮者則禮之一而真宗東封西祀乃禮之無稽者也樂非徒用之朝廷郊廟學宫之謂凡弦歌二南於房中不用鍾磬若鄭氏之所言大禹九歌之勸周禮九德之歌用之鄉人邦國沐浴膏澤咏歌勤苦若太史公之所論者樂之全體也若制氏以鏗鎗鼓舞劉向以隆雅頌之聲殷盈孫以鑄鎛鐘編鐘爲樂者則樂之一而蔡京度帝指定黄鍾乃樂之至繆者也禮以一心之敬异天下之分無不相敬爲本而見於升降揖遜者爲末樂以一心之和同天下之情無不和合爲本而見於音聲舞容者爲末禮樂本末不在是乎司馬遷稱子夏曰綱紀正

然後弦歌詩頌周子曰萬物各得其理而後和然禮又爲樂之本而樂又爲禮之末也夫欲爲禮樂而全體本末之不究安所取禮樂矣此三代而下治出於二而禮樂爲虚名所以致嘆於歐陽子也禮樂既爲虚名則其架漏度日牽補過時而把持一世者不以獄訟兵食簿書期會之法而何以哉下至胡元禮容樂音多用本俗而禮樂之壞極矣無往不復極否必治我太祖高皇帝以神聖之德在天子之位既以諭群臣之言治天下矣又徵耆儒分局以究禮樂然草創之初諸儒未足以當上意僅成大明集禮一書而樂書竟無聞焉我皇上承聖祖神宗重熙累洽之後正百年興禮樂之期乃者有議樂之舉豈不欲增光聖祖而續數千載既墜之典哉草野之下何足以知之然樂以定黄鍾爲先定黄鍾在截管候氣而候氣之法不易言也陰陽之氣距地面各有淺深而淺深之間不易測也能知陰陽氣之淺深則能以管候氣而黄鍾定十一律由是可損益而生矣伏惟皇上仁以用禮樂聖以作禮樂將見以一心之敬和著之禮文樂音舉而措之耳大禮與天地同節大樂與天地同和斯世斯人何幸際焉

第二問

韓邦奇

同考試官訓導陳批（策題雖偶及於廉然亦欲因是以觀諸士今日立志何如此卷敷對詳盡而終篇極有斷制如有用我執此以往他日幸無愧其言）

同考試官學正張批（以守令之廉不廉歸之風憲之振不振非知世務者不能且一篇之内抑揚起伏辭藻爛然必熟於策學者）

考試官學正張批（策卷極難得嘉者此卷五對皆出人意表録此其餘可知也）

考試官教授方批（初場得子已試目二場亦有人不能到者五策隨事而答如出諸囊中沛然有餘主司者以此等人貢於上寧不自慶）

對廉莫嚴於古法而後之人不可不知廉莫過於古人而後之人不可不學蓋廉雖一人之行而非一人之事也上者下之表官者民之表士者衆之表前者後之表紀綱之起廢風俗之美惡治道之盛衰皆係於是惡可以爲細行末節而不加之意乎然不知古法則無以知如何而後謂之廉不擇古人而學之則又何所依據如射者之的必中之而不敢不及焉也哉執事先生策諸士而及於廉欲以風動一世皆如孟子所稱文綉之不願而身死之不受真西山所論饋遺之耻而苞苴之羞不至如朱晦庵所譏金珠脯醢契券詩文者甚盛心也生不敏何知所對然嘗受教於有道者而竊有志於是矣稽之古非義非道一介不取乃盛德而伊尹行爲可見聖人檢身之密畜馬乘不察鷄豚蓋古

語而獻子述焉可見當時風俗之美苟變賦於民食二鷄子魏文侯弗用爲將雖若見譏於子思然近古論人之精如此非後世之所及也宋英宗禁官員種蔬以賣雖若微物不足計然賢君勸下之切如此歷數代而一見也此唐虞三代之盛所以貴賤窮達莫非節儉清介之人後世雖上下征利士風衰薄之日其秉彝好德天理在人心亦有未泯者以故清修苦節之士間一出焉以相言之諸葛亮有桑有田不別治生以長尺寸可謂廉矣而季文子相三君無衣帛之妾盧懷慎飯客蒸豆兩器公儀休食於舍而茹葵慍而拔其葵貴極而能此豈可及乎以將言之張良爲帝者師不敢當齊三萬户可謂廉矣而馬援擊交阯惟載薏苡一車曹彬伐蜀槖中惟圖書衣裳祭遵久在軍旅夫人裳不加緣武人而能此豈易得乎不肯開産業而曰使後世稱爲清白吏子孫者楊震也包拯歲滿不持一硯李及市白集終身爲恨鄧攸載米之郡惟飲吴水皆守之廉者省察至此無餘藴矣清身苦體而詔稱爲蹈羔羊之義者王涣也元德秀令滿笥餘一縑孔奮被徵單車就路時苗駕牸留犢以去皆令之廉者點檢至此無指隙矣却帝秦而辭封辭金於平原非魯仲連之廉爲天下士乎常自耕稼非其力不食者徐穉從胡翼之學饋以食弗受者徐積偃息窮巷并日而食者管寧也固窮至此其真可以久處約者邪是皆古人也皆可學也然論廉者又當深探其心而不當但觀其迹心無所爲而爲之則雖舜受堯之天下周公之富孟子受薛宋之金季儲之幣而不爲過若有所爲而爲之則公孫弘之布被實爲釣名飾詐之具耳故君子當學聖人之道學而至於義精仁熟則辭受取予不待較計論量而自無過不及之差矣方今聖天子張四維之廉耻以化天下輔弼大僚秉九德之簡廉以率百官獨若將若守令若士視宣德正統有差焉而不敢望洪武永樂之盛者其故何哉以愚所見某有令焉金帛爲家而有賢能之奬某有守焉賄賂爲市而有超逾之遷如是而求廉於天下豈不難也此無他係乎風憲之振與不振耳今所謂風憲巡按御史按察司官是也爲御史爲按察官者誠皆志范滂之澄清著朱子之風采登車攬轡而贓污守令望風解印綬輕車屏徒而官吏夙夜戒飭至自引去如是而欲求守令之不廉又豈不難也守令者民之師帥守令既廉則育於黌序之士熟於耳目之睹記久於彼此之漸染莫不歆羨向慕以爲終身之依歸矣夫今日之士固他日之居宰執而布庶位者也士風既清則上下莫不一於廉彼赳赳之夫不敢爲文官不愛錢之言以誚我輩而其心不難格矣又何患於不廉雖然監司者郡邑之所視效朝廷者天下之所視效本源之地則在我皇上正心以正左右正左右以正朝廷而已如是持以數年則今之廉者執事將稱數之不暇又何羨於

古之人古之人乎

第叁問

焦思明

同考試官訓導何批（此策本欲觀諸士之博而子乃以一貫爲言當讓子一頭地矣）

考試官學正張批（隨問以答而未歸之一心必博而能約者）

考試官教授方批（此策當録）

對多聞而疑之不闕則有不知之强博學而辨之不明則無新得之益然聞之不多固無由致其心之有疑而辨之不明則其學也是非錯雜真妄混殽尺焉無寸稱焉不星而已此君子之學所以雖貴於闕疑而尤貴於明辨也請因明問以爲疑者而辨之三皇五帝之名肇見於周禮外史後秦博士以天地人司馬貞以庖犧女媧神農梁武帝以伏犧神農燧人爲三皇孔子答宰我及史記皆以黄帝顓頊帝嚳堯舜其答季康子及月令皆以太皡炎帝黄帝少皡顓頊梁武帝以黄帝少皡帝嚳帝摯帝堯胡五峰據繫辭以伏犧神農黄帝堯舜爲五帝至朱子依孔安國以伏犧神農黄帝爲三皇少昊顓頊高辛堯舜爲五帝三皇五帝舍安國其何據乎七十弟子之説始見於太史公而史記世家乃曰身通六藝者七十二人至列傳自顔回至公西蒧則七十七人家語亦七十七人無公伯寮秦冉鄡單而别有琴牢陳亢縣亶文翁石室圖亦七十二人而内有申棖蘧伯玉林放唐據列傳以贈爵列祀宋仍唐數而增琴張陳亢申棖蘧伯玉林放爲八十二人至今因之昔孟子去孟獻子不遠其友五人乃忘其三况馬遷漢儒舛駁之學掇拾之書而可信乎蘧伯玉孔子稱爲夫子公伯寮愬子路於季孫恐非在弟子之列者且太史公自言悉取論語弟子問則其無他明據審矣然則非論語所載無年不見書傳者姓名未可詳也七十弟子舍論語其何考乎朱子告孝宗必曰誠意正心至有上所厭聞之戒然誠正實修身出治之本而齊王好勇樂好貨色孟子雖就事論事皆以格其非心即誠正之目也周子著書首太極圖蓋當聖學不講之後先示學者道體之大爲上達底止而論語先學習則下學而上達之意也牛畜荀欣徐越侍而趙烈侯止歌者之田賨長君少君與節行長者居而皆爲退讓君子大儒薰陶德性之説其此類歟陳蕃不見黄憲鄙吝復存房琯見紫芝眉宇而名利都盡詩人秉彜好德之咏於是見矣北軍或右袒則事必敗蓋此時當驅以義而勃之問謬也龐涓不燭書則弩不發蓋臏料涓之中智必看無疑也或謂韓琦文章不逮古人琦曰歐陽永叔爲學士天下文章孰大於是宰相之度何有人已之間邪

或勸范鎮辭召而鎮曰凡吾所欲爲者司馬君實已爲之何用復出忠臣之心在利國家而已矣黄帝教熊羆貔貅貙虎與炎帝戰似不可信然尋邑驅虎豹犀象助威則擾馴猛獸古有其術也唐高祖借突厥起兵乃先自屈若沛公北貉燕人助梟騎則夷狄畏服唐不可比也井田張子謂處之有術朱子謂須有機會封建程子謂出於不得已朱子謂實是不可行肉刑楊龜山論文帝曰不思教養而圖其末朱子謂傷肌膚以懲惡亦不忍人之政觀此則可復不可復者審矣郊社周禮天地分祭光武采元始故事合之今制亦合祀而燔犢於擅用牲於屋蓋兼泰壇明堂而一也宗廟古者天子七廟外爲都官内各堂室漢明帝遺詔無起寢廟後遂爲同堂异室之制今太廟總爲一殿即同堂之意也樂律蔡元定欲求律氣之元以定黄鍾之管以生十一律舜爲簫韶而儀鳳凰舞百獸者皆是物也今黄冠伶人甚至琴瑟捫而無音鍾磬識而後擊觀此則有合未有合者明矣薄昭之死史不言其罪狀李德裕以爲於義未安司馬光以爲法無所不行皆無據濮王之封當稱皇伯父濮國大王司馬光以爲當稱伯歐陽脩以爲當稱親皆未安禪乃佛氏欲其心收斂虚静有似儒者之敬以直内而無義以方外其心殆如死灰之不復然者而儒之心則穀種也丹乃仙侣欲其身延年益壽附會醫書之把握陰陽呼吸精氣不治已病治未病者非真有術以白日升天也樂毅圍莒不拔文中子以爲善藏其用然田單能守毅亦不能攻也藺相如完璧歸趙楊龜山以爲不合與秦争璧然秦雖强暴相如料其不敢害已也執事所詢盡於是矣愚復有説焉昔者孔子以子貢謂已多學而識而曰吾道一以貫之一者理也一理散在萬事故理亦萬焉不同而不外乎吾之一心學者誠能主敬以存此心於端莊静一之中以爲窮理之本則自天地之大古今之變以至一塵之微一息之頃如鑒至明而照人之妍媸如衡至平而稱物之輕重其有爽焉者寡矣豈但如前數端而已哉

第四問

王龍山

同考試官教諭王批（據古人見成説話斷今日事而時出已意亦非鑿空畫餅之言子之志則大矣他日用於世其可以是措之乎予雖老矣儻及見之豈不一快也哉）

考試官學正張批（此等論議雖出入史傳然能如此立意而發之筆下他日亦必擔當得起者）

考試官教授方批（讀子是策不覺神爽飛越吁子亦不凡矣）

對敵有萬變故兵之用有萬變兵有萬變故將之才亦有萬變將不變則

無以用兵兵不變則無以應敵然將才各有所長善符者就其所長而用之當變則以變爲變不當變則以不變爲變勇者不能奪辯者不能惑君命有不受己身有不恤戰必欲勝攻必欲取追必欲獲又豈有敗績之虞哉執事有感於今之事以古之將下詢承學筆硯書生嫠緯之不恤惡足以知此然嘗聞之孫臏救趙直走大梁而魏解邯鄲之圍救韓直走魏都而龐涓去韓歸魏此所謂攻其無備也非其才之長於擣虚安能再舉而再勝乎韓信陳船臨晋渡軍夏陽而虜魏王豹萬人背水輕騎立幟而擒趙王歇囊沙壅水佯敗决囊而擊殺龍且此所謂出其不意也非其才之長於出奇安能三戰而三克乎王翦滅楚置郡將六十萬項羽破秦入關用四十萬長於用多也謝玄以八千敗苻堅之百萬岳飛以五百破兀术之十萬長於用少也郭子儀御下以恕寛厚得人而身爲天下安危李廣行無部伍人人自便而未嘗遇害非其用寛之長寧不驕生而卒不可用邪李光弼天下服其威名諸將不敢仰視而戰功爲中興第一程不識吏治軍簿軍不得休而虜不得犯非用嚴之長寧不變生而身且不保邪漢高以灌嬰將騎而知馮敬不能當曹参將步而知項它不能當蓋騎乃嬰之長步乃參之長非後世步騎混殽而苟爲具數者也馬隆討凉州用車且戰且前而樹機能不能當隆告其君曰陛下若任臣當聽臣自任蓋隆自料必能用車取勝非後世不問其能否而畀之以車者也孫武斬二隊長而婦人兵整可赴水火穰苴斬莊賈而三軍之士振慄有人所不及知者然士有死心敵人先懼其長亦可窺也若或撓之則氣餒然而不可用矣吴起坐不設席行不騎乘趙奢進食以十數所友以百數有人所不能行者然視卒如子好謀而成其長亦可見也若自反之則心歉然而不能軍矣司馬懿按行營壘而嘆諸葛孔明爲天下奇才霍去病言顧方略何如不至學古兵法張巡行兵不依古法雖皆優於才然去病餘弃粱肉不知省士其屢建大功真有天幸而有氣敢往志滅匈奴是其長也巡令本將各以其意教戰使兵識將意將識士情此又欲諸將各用其長則其以孤軍六千而四百餘戰殺賊十二萬人非偶然也不自用其長而又用人之長以爲長也孔明則异於是用兵貴服人之心而不尚勇力貴萬全之計而不爲僥幸寧乏糧退師而不肯取之百姓寧身勞細務而不忍使一物失所若原上之星未墜渭南之軍得戰則取中原如反掌耳蓋孔明之師庶幾仁義而不可以才之短長論也夫孔明不可尚矣然萬古此天地萬古此人物其餘諸將今豈無若人者哉漢武征伐而衛霍之徒出建紹百戰而張韓之輩顯未聞求將於异代也但御之不得其道耳御之道賞罰是也賞罰者軍法也天德交兵僅餘一弓而唐憲宗不知南詔追擊全軍皆没而楊國忠奏

捷如比而欲求如李牧劉錡者豈可得也子反敗績而自殺括母先言而不坐覆軍者必誅其身且及其族軍法之來尚矣往歲彊場不慎胡騎縱横將兵者此曰虜之入非吾地也彼曰吾之計在城守也今日曰彼衆我寡吾圖以全師復命敵勢方張不可戰也明日曰一日二日彼將以力疲自去天時不利不可出也小勝掠其功於已大敗分其罪於人竟未有一如李光弼納靴中之刀示士卒必死將士一心上下相救而建牧錡之功者非真無才也非其才真無一長之可試也田單黄金横帶騁乎淄澠之間有生之樂無死之心而攻狄三月不下蓋將一人耳若軍法不足以制之則誰肯犯危涉險而試非所嘗試之才乎然則雖有其才自不敢保其必勝但互相戒以縱使無功得免罪已足聞戰鼙而神驚望敵塵而色變可勝嘆哉今擇將者必須論其才之所長如能將步者不强之以騎能將騎者不强之以步能將步若騎者不强之以車能將車者不强之以步以騎以至寬嚴多少及有他長論之必精務在舍其所短而不委以所不能論定然後用之將既將則必專其權不必主之中貴使心有所恃以爲窟穴之地不必參之文臣使責有所分以爲解説之機畀之以全軍寄之以全地戰勝則上賞事敗則顯戮寵之渥人人自愛罰之嚴人人知懼又誰肯不思惟計慮於平日而奮勇竭力於接戰之時以求生於必死之地哉將者三軍之心心怯則四肢靡心勇則四肢强將有必死之心則三軍操刀必割執斧必伐止如堵墻動如風雨聞命而感概激厲如坐漏船之中伏燒屋之下其有不隨將以致死者哉故愚以爲今日無將乃軍法之未講而非人之才不古若也此乃天下之公言愚不自揆敢告執事幸勿誚之曰是狂生也

第五問

蹇賢

考試官學正張批（近日各邊兵惟務多而不知練間知練兵者又不知習馬且士卒不畏將令騎兵但以具數敵來將何以戰此策有議論有斷制其言鑿鑿可行孰謂科目不足以得人耶）

考試官教授方批（得此策快誦數過令人斂衽生敬識時務者在俊杰敢謂秦無人）

對兵在精用兵在令之行不然雖百萬將何益馬在習用馬在卒之能不然雖一二亦爲累蓋兵精則擊刺進退無不閑習令行則無鼓之不前金之不却者矣馬習則不至外强中乾進退不可卒能則惟所納之無不如志矣反是兵雖多不爲用馬雖多反爲累比年千里饋粮而村落半空數月供億而府庫皆罄卒未繫單于之頸而犂幕南之庭者職是之故也兵馬之事愚未之學然

爲地方之切患執事有問不敢不盡焉且陜西昔人以爲天下之首者蓋以强弓健馬胥此焉出而人尚勇樂鬥忘生輕死諸羌繞其西匈奴瞰其北形勝甲於他處山川足以自固當如人首之常置於高且安之地以起天下之脊也我太祖高皇帝北走胡元乃設大同宣府甘肅遼東大寧五鎮以禦之永樂以來一革大寧而增寧夏再弃東勝而守榆林防胡大鎮六陜西有其三於是遂重於天下矣每鎮有主將以統治而若城若堡則偏裨以下居焉大小相維聲勢聯絡兵之充足勇健他鎮未能或之先也今困於擅科困於私役困於治裝買馬復加以逃故則虚其尺伍者十之三四矣其馬則以減芻秣耗以私差遣耗以被擄掠耗復加以病□則失其額籍者十之八九矣近者胡虜分寇我榆林而肆掠無阻深入我固原而長驅莫禦論者曰軍少也馬少也墩臺城堡各有守望巡鎮諸將各有統領兵分而力寡曰軍少誠是也朝廷屢詔巡撫官稽僉舍餘而未足嘗遣廷臣以募軍矣然一時取盈或老羸之相雜或名姓之作奸或非土著得賞遂逋或無户籍既死即缺其存者衣糧徒費技藝茫然未審臨敵果可用否也調遣之不時至追逐之不能前百里趨利徒每後期曰馬少誠是也朝廷屢詔鎮巡官買補又出太僕銀易買而未足今簡大臣以督馬矣然百年廢政或市於夷買於民而給地募軍以牧之或補已死計方生而作厩展營以居之官或興土木之役民未免愁嘆之聲不知馬盛果得用否也且軍多莫過於京營然所至束手而哺於人未嘗有冒刃陷陳之功軍何必多乎馬多莫過於山東河南兩畿然孳牧寄養徒遺小民之困給俵騎操秖爲奸猾之資馬何必多乎稽之古漢築五原塞□列□□烽火候望精明匈奴寇邊少利希復犯塞宋以趙贊屯延州姚内斌守慶州董遵誨屯環州馮繼業鎮靈武而養募間諜寇至先知設伏掩擊多致克捷此非當時將令素行而兵無不精安能使候望者致精明之勤間諜者有察敵之審而又能使寇而少利戰而多捷耶練兵不至雖有鐵馬徒瘠吾民故范延光言養馬太多虚耗國力與虜相攻非深入窮追故宋祁言馬少則騎精步多則鬥健此非真見卒在能騎而馬必須習豈敢以養馬耗國歸咎於練兵不至而又以騎精歸之馬少且馬少反有步多鬥健之益耶夫虜盗賊之智耳每聚犬羊之衆竊窺藩蘺之外然亦豈敢肆然相隨而入我疆埸哉其來也必導以擄叛之我民探我整怠先以數十之零騎試我勇怯若望之審而知之豫步兵有畏將畏法之心騎兵有且馳且射之材則麾而却之追而擒之逐而出之不難矣前既不利後雖千萬亦引而遁矣爲今之計兵之技或弓矢刀斧焉或矛盾鎗銃焉務各專其一而必得其巧如射則發必命中不能射者習他技他技亦然乘高而失望者必誅有敵而失哨

者必誅交鋒而不前者必誅黜姑息之説作勇敢之氣若馬則用其健者而習其馳逐閑其進止卒能乘者給爲騎兵不能者勿强與夫馬未必皆可戰而卒亦未必皆善乘故以曹操用兵如神而吕布不許其將騎馬豈易言者哉况小弱之人一概乘之以馬遇敵則狡者走而愚者死矣兵之技既精而將令無不行馬之性既習而騎卒無不能此克用騎軍三千所以當時兵勢最强而吴起人馬相親告文侯以横行天下也如是將見氈□之徒聞風而懼帖耳而遁非喘息於翰海之濱則跧伏於陰山之窟矣尚何侵擾之足慮哉又何必爲益軍增馬之擾哉愚見如此執事倘以爲有可采轉而聞之於上未必無小補也

陝西鄉試録後序

弘治甲子當大比莶不佞獲從鄉大夫後以觀於關中之文乃竊嘆曰美哉文乎其我國家百年之所養者乎土之積不厚而草樹之不茂山之積不厚而雲雨之不廣士之養不厚而英華之不著然兹土也文王之所化也自蒙古末北腥膻之與居射獵之與游戎馬之與馳逐尚勇力弃詩書之與朝夕典籍學士遷而之他故家遺風蕩無存者文之厄也極矣我太祖高皇帝起而挈以復周邦之舊德教之所衣被禮樂之所陶濡詩書之所漸摩百有餘年而文之盛至與天下争雄角勝未知孰先而孰後也雖然此所謂文以言之成章而名之文非文之全體也言之文有出於德有出於才有出於習者出於德若典謨訓誥是也出於才若屈平之騷韓愈歐陽修諸君子之作是也出於習若戰國之辯六朝之賦晚唐之詩及朱子所論東晋之末其文一切含胡又言專做時文人只就紙上説是也文之全體則孔子所論與不與而歸之天者是也諸士子今日之文其出於德乎出於才乎出於習乎玉光珠彩炫乎吾前求而愈奇探而愈深出於德者敢謂無人然亦未必皆出於才而習以然者亦或有焉今既録於有司豈可以是終身誦之而不知他所以用其力乎自處身治家以至應事接物之粲然自寢興食息以至升降揖讓之秩然自一事一爲之小以至建大謀立大功而焕然顯於天下皆文也夫是之謂全體于此得其一肢焉則言之文將益盛而况全體乎諸士子其勉哉思皇濟濟之咏予欲復聞於今以爲聖治之助諸士子其勉哉不然則言辭逞而神鑒昏於文奚取焉

順天府涿州儒學學正張莶謹序

正德十一年陝西鄉試録

陝西鄉試録序

正德十一年天下當大比舉士先是陝西鎮守太監廖鑾巡撫都御史蕭翀巡按御史常在王光皆夙籌兹事圖厥永觀既而御史師存智以巡按繼至益殫心力克循邦制乃與提調官左布政使王恩右參政劉安監試官按察使邵蕡副使孫脩萃提學副使秦文所選士千三百有奇圍棘鎖院三試之以慈與教諭李楚爲考試官教諭黄文雍潘廷憲王樞陳績訓導林公正彭祥爲同考試官讎校其文必慎必戒惟恐弗得真才上負國家禮賢求士之意而鎮守都督僉事趙文巡撫都御史邊憲陳璘李昆巡按御史趙永亨王汝舟李素暨使事給事中任忠郎中張鍵員外郎張正蒙右寺副周叙莫不諧志同懷樂成休美其右布政使王紹與參政柳尚義胡鏈王鑾副使邊億沈恩王潤何天衢郭韶李璋陳九疇羅玹參議孟春施訓蘇乾李天衢僉事許諫阮吉王忠閻鐸蔡需黎堯卿胡止劉舉又皆襄維防範期廣德心故叶聲易調合力易舉兩旬之間俊乂畢收如此故事當刻其姓名與文以上之天府傳之天下而慈以執事當序諸首夫士之英敏穎异者物不能隔也况數試而累校之即皆空言未視其行事其纖細委曲已彬彬然見矣主司因得舉而升之於時豈惟諸士子之私喜主司者又有以深喜之也然可不知自慎哉夫古之人以言語文字進爲時用者蓋未有不學孔氏談仁義也其得位行事或與孔氏异者非習之不精而談之未善所以用力者弗若也諸士子蚤作而夜思日就而月將其所以用力者固未肯弗若矣而吾猶以得位行事之後爲懼者蓋誠以操守之爲難矜持率循之未見也昔賈誼董仲舒公孫弘谷永揚雄皆以文學見用于漢其議論談説稱之于當時式之于後世是豈不美所能也夷考其行事若永與雄於其言卒大戾矣夫言者心之聲學之著者也其所以推述乎修己治人之道蓋若操冰而言寒執火而語熱也乃何使之大戾如此此非有隱故賾理弊在尊口耳而賤躬行耳即日日述孔氏談仁義於修己治人何有我國家造士養才之道士子生而由焉者百五十年其漸涵霑濡之所至雖三代之盛無以加也聖聖相承及我皇上一切以躬行是先則其觀法視效焉者蓋不獨言語文

字而已士固不肯爲谷永揚雄之自戾然亦豈可以賈董公孫之徒自止哉易曰飛龍在天大人造也今諸士幸有明天子作而造之于上矣伊尹周公之業不於是亟而圖之豈非其自弃乎夫由典册之所載者觀之其訓誥之文亦皆其所言耳然伊尹周公豈徒然爲是言哉諸士子當惕然省此而知所慎矣

山西平陽府蒲州儒學學正周慈謹序

正德十一年陝西鄉試

監臨官

巡按陝西監御史師存智（汝愚河南太康縣人　乙丑進士）

提調官

陝西等處承宣布政使司左布政使王恩（克承浙江餘姚縣人　丁未進士）

陝西等處承宣布政使司右參政劉安（以静山西大同縣人　壬戌進士）

監試官

陝西等處提刑按察司按察使邵蕡（文實浙江餘姚縣人　庚戌進士）

陝西等處提刑按察司副使孫脩（用吉直隸邯鄲縣人　乙丑進士）

考試官

山西平陽府蒲州儒學學正周慈（允寬廣東順德縣人　甲子貢士）

直隸河間府河間縣儒學教諭李楚（仲岳福建福清縣人　丁卯貢士）

同考試官

河南開封府祥符縣儒學教諭黄文雍（協和福建莆田縣人　乙卯貢士）

山東東昌府茌平縣儒學教諭潘廷憲（執夫湖廣巴陵縣人　癸酉貢士）

河南開封府歸德州寧陵縣儒學教諭王樞（守要山東魚臺縣人　庚午貢士）

河南彰德府湯陰縣儒學教諭陳績（汝熙湖廣興國州人　丁卯貢士）

湖廣永州府道州儒學訓導林公正（在仁福建莆田縣人　戊午貢士）

直隸揚州府高郵州儒學訓導彭祥（秉瑞河南光山縣人　庚午貢士）

印卷官

陝西等處承宣布政使司經歷司都事劉本澄（潔甫山東嶧縣人　乙卯貢士）

陝西等處提刑按察司照磨所照磨籍文（載道山西洪洞縣人　監生）

收掌試卷官
西安府知府趙祐（汝承直隸長垣縣人　壬戌進士）
平凉府知府鄭選（于衆河南光州人　壬戌進士）
受卷官
西安府同知易謨（嘉言河南固始縣人　乙丑進士）
臨洮府蘭州知州劉瑜（廷璧四川仁壽縣人　癸丑進士）
西安府華州知州伍箕（朝輝江西安福縣人　辛未進士）
西安府華州蒲城縣知縣劉大謨（遠夫河南儀封縣人　戊辰進士）
彌封官
鞏昌府通判郭綺（純甫山西襄垣縣人　壬子貢士）
西安府長安縣知縣王秀（士英山東□□縣人　甲戌進士）
西安府同州澄城縣知縣劉一中（貫道山西蒲縣人　辛未進士）
西安府鄠縣知縣程鵬（萬里山西解縣人　辛未進士）
謄録官
西安府咸寧縣知縣徐景嵩（伯瞻□□□人　甲戌進士）
西安府三原縣知縣鄭本公（直夫山西朔州衛人　甲戌進士）
慶陽府合水縣知縣李安之（嘉靖四川嘉定州人　辛未進士）
漢中府寧羌州略陽縣知縣馬翱（鵬舉四川忠州人　監生）
對讀官
延安府鄜州洛川縣知縣郁深（文淵直隸保定左衛人　戊午貢士）
延安府綏德州米脂縣知縣董時（元中山西大同縣人　辛酉貢士）
西安府同州韓城縣知縣蔡麟（天瑞山西代州人　乙卯貢士）
鳳翔府寶雞縣知縣田玠（時重四川内□縣人　乙卯貢士）
巡綽官
西安後衛指揮使周尚文（彦章直隸臨淮縣人）
西安左衛指揮使尹鳳（鳴岐直隸宿州人）
西安前衛指揮僉事烏浩（希孟順天府□□□）
搜檢官
西安前衛指揮使康壽（仁夫山後利州人）
西安左衛指揮同知張申（文珮直隸蕭縣人）
西安後衛指揮僉事劉啓（德明直隸臨淮縣人）

供給官

陝西等處承宣政使司理問所副理問湯鋭（汝勵四川陌陽宣撫司人　監生）

鳳翔府通判張琦（公潤直隸淶水縣人　監生）

西安府推官郭經（緯之山西陽曲縣人　戊午貢士）

西安府經歷司知事丘搴（廷實河南光山縣人　監生）

西安府耀州同官縣知縣張溥（宗仁直隸安州人　監生）

西安府耀州吏目趙弘（大□山西夏縣人　吏員）

平凉府平凉縣典史朱科（仕進河南洛陽縣人　承差）

西安府西安關市批驗所大使王臣（朝用河南洛陽縣人　吏員）

西安府咸陽縣渭水驛驛丞蔡夔（克敬江西南昌縣人　承差）

西安府臨潼縣新豐驛驛丞阮景暘（宗乾直隸清苑縣人　知印）

西安府興平縣底張馬驛驛丞申子齡（邦振山西屯留縣人　承差）

西安府華州陰縣潼津驛驛丞張元善（宗仁山東歷城縣人　承差）

漢中府鳳縣松林驛驛丞高逮（文勉山西繁峙縣人　承差）

第一場

四書

文莫吾猶人也躬行君子則吾未之有得　時使薄斂所以勸百姓也　居惡在仁是也路惡在義是也居仁由義大人之事備矣

易

謙謙君子用涉大川吉　女正位乎内男正位乎外男女正天地之大義也家人有嚴君焉父母之謂也父父子子兄兄弟弟夫夫婦婦而家道正正家而天下定矣　慎斯術也以往其無所失矣　知幾其神乎君子上交不諂下交不瀆其知幾乎幾者動之微吉之先見者也君子見幾而作不俟終日易曰介于石不終日貞吉介如石焉寧用終日斷可識矣君子知微知彰知柔知剛萬夫之望

書

帝曰咨四岳有能典朕三禮僉曰伯夷　南至于華陰東至于底柱又東至于孟津東過洛汭至于大伾北過洚水至于大陸又北播爲九河　自成湯咸至于帝乙成王畏相惟御事厥棐有恭　爾惟敬明乃訓用奉若于先王對

揚文武之光命追配于前人

詩

有敦瓜苦烝在栗薪自我不見于今三年　鶴鳴于九皋聲聞于天魚在于渚或潛在淵樂彼之園爰有樹檀其下維穀他山之石可以攻玉　食之飲之君之宗之　四海來假來假祈祈景員維河殷受命咸宜百禄是何

春秋

公及邾儀父盟于蔑及宋人盟于宿（俱隱公元年）庚辰公及戎盟于唐紀子伯莒子盟于密（俱隱公二年）齊侯鄭伯盟于石門（隱公三年）春王正月公如齊公至自齊夏仲孫蔑如京師（宣公九年）春公如齊公至自齊齊人歸我濟西田（俱宣公十年）　公子遂帥師入杞（僖公二十有七年）公子遂帥師伐邾（僖公三十有三年）公子遂會晋人宋人衛人許人救鄭（文公九年）　秦人伐晋（文公三年）　歸父還自晋至笙遂奔齊（宣公十有八年）

禮記

登歌清廟既歌而語以成之也言父子君臣長幼之道合德音之致禮之大者也下管象舞大武大合衆以事達有神興有德也正君臣之位貴賤之等焉而上下之義行矣　天垂象聖人則之郊所以明天道也　爲人君者謹其所好惡而已矣　故射者進退周還必中禮内志正外體直然後持弓矢審固持弓矢審固然後可以言中此可以觀德行矣

第二場

論

有子達禮樂之本

詔誥表（内科一道）

擬漢令禮官勸學興禮詔（元朔五年）　擬唐以長孫無忌爲太子師房玄齡爲太傅誥（貞觀十七年）　擬皇明重刊少微資治通鑒節要頒賜廷臣謝表

判語（五條）

官員襲廕　男女婚姻　上書陳言　申報軍務　聽訟迴避

第三場

策（五道）

問　自古帝王建設臣工以任分理之責必有謨訓典章以戒飭之洪惟我太祖高皇帝混一區宇董正百官爰命儒臣纂集諸司職掌以及大誥禮制諸書所以戒飭臣工者至詳且備矣列聖繼作率惟舊章是守宜無俟於紛更者我孝宗敬皇帝復作大明會典令上又梓行之豈於聖祖之制有所補乎簡帙浩繁未能悉舉姑以一二與諸生議之罷中書而任六曹建官之制善矣何以復隆三學士之任□詩賦而專經義取士之道得矣何以直增庶吉士之選海陸均可運也而會通之河獨開者何居律令皆可守也而條例之書復頒者何義邊立之鎮塞設之關備已嚴矣近年以來數有小警何以禦之三分城守七分屯種法則良矣極邊之地多有未闢何以廣之夫祖宗之典將以垂之子孫爲千萬世治平之計也伊欲推而行之何者爲要究其本乂安在乎願詳陳之以觀用世之學

問　祭祀國之大典也三代既衰禮失其舊世無定制人無定説故執經如讎議禮如訟群議譊譊莫知所適從矣試以一二可疑者興諸士子講究之然祭神之至尊者莫如郊祀神之切民者莫如蜡勸人君之德莫如追祀帝王激臣子之忠莫如饗答群臣且郊祀之禮歷代互有沿革矣或主以分祭天地之説或士以合祭天地之説或以三年一郊或以六年一郊其義固各有在也不知果孰爲得八蜡之祭歷代迭有更變矣或謂有昆蟲而無百穀或謂有百穀而無昆蟲或謂其謹民財或謂其皆若狂其説亦各有在也不知果孰爲當前古帝王崇德之祀宜也或乃制爲五等之饗亦有得失之可言歟一代功臣大烝之祀宜也或建崇德昭勛之閣亦有是否之可議與我朝稽古制禮損益百王之法斟酌諸儒之見郊祀上帝蜡祭先農追崇帝王饗答功臣其禮可謂明且備其義可謂精且嚴矣抑不知於歷代之制何所宗諸家之説何所準諸士子考訂古制會通今禮必有獨得於心者也秋闈有問幸無他諉焉

問　論道必溯諸源取善必先于鄉且關中之地聖賢道學之所自諸士子桑梓之所在也試摘其故實之大者而評之感華渚之异於先者何能發天地之祥其在當時亦有所取則乎感華渚之异於後者何能通山川之風其於當時亦有所制作乎澤及枯骨者何能因卦以繫辭其繫辭也感於可時保輔幼君者何能因爻以繫辭其繫辭也感於何事水濱之叟何所知於敬怠義欲之分渠上之儒何所取於訂頑砭愚之義悔過之誓霸者之文也天子何意而

取附於經黍離之作王者之詩也夫子何意而不入於雅夫子曰立於禮何名并周程者乃欲學禮以爲先夫子曰成於樂何比擬周公者乃曰緣物以設教諸士子論道於平日取善於古人必嘗究心於是矣知而不言其詳言而不斷其義可乎

問　天地之正氣散於兩間而人皆得之所望以養而全者獨有屬於士焉士而失此氣不足謂之士矣若巢許之遯逄干之忠夷齊之清遠姑勿論略近舉一二與諸士子評焉自分蹈海之心一青天白日也魏臣不許爲高士果確論乎不畏屠城之節一嚴霜苦雪也燕將特封其墓果知己乎黨獄方張自以西州豪杰耻不與者胡當時知而不問程學方禁自任學程不輕一出者胡當時强懋以官居言路者三見黜而不悔其於子文人品孰優隱洛川者兩被召而不赴其於子騫出處孰正金玉君子堯俞何道而廑是稱大冬松栢康侯何爲而來是贊叩閤力諍欲樹萬代之瞻仰以激何人而爲然梗介寡合不諱一言於諫署以慕何人而能此新室之初卓著清名之多士其各可備舉與建武之中不仕公孫述之數子其人可歷道與桐江一絲重於九鼎周黨與同謁而不屈果真其儔伍與常山孤節志欲萬全履謙與同事而討賊果真其流亞與寬易不可以爲剛也徐以一言折盛怒於宰執者奚當時不以爲柔尊大不可以爲敬也直欲連章議坐講於延和者奚後世不譏其慢之數子者丹心照夫汗青生氣流于海岳皆一時之豪杰也間亦有可議者乎參伍錯綜抑誰爲最乎爾諸生之取法於數子何所在乎將姑舍是而别有所取乎請言之以觀尚支之學

問　夷狄之患其來久矣故成周之時狄人内侵大王遷國玁狁入寇吉甫出師顧中國所以待之者何如也夫以漢高孝武撫全盛之業其富强視諸漢哀之季固非其所可侔矣何平城之師未集而白登之圍已合加以元朔之間今年議兵擊匈奴明年遣將出上谷大興師數十萬前後十餘年僅至幕南無王庭然必待益求與之和親而尤未得其臣服顧乃願朝稱臣之舉見於哀帝之朝者何邪逮至唐宋或益肆强横或結和修幣無足道矣夫豈夷狄之盛衰皆不足爲中國之有無與抑聖王所以制馭夷狄之道基本必有所在與洪惟我聖朝汛逐胡元肅清海宇誠萬世之功也但蠢兹醜虜遺類尚存猶煩盛秋之戎頗勤中夏之師揆吾之所以爲備典兵戎者羽檄方馳而動有單弱之請司儲餉者度支甫及而每懷匱乏之憂天安不忘危慮在圖遠今欲兵不益而武功競以戰則必使彼之無以勝如古人三表五餌之術可復施乎賦不加而儲蓄廣以守則必使彼之無以來如古之九賦九貢之法可復用乎然此皆

廟堂之至計亦諸士子鄉邦之急務也何以告之將以上聞用紓吾聖天子西顧之慮

中式舉人六十五名

第一名　劉序　西安府學生　易
第二名　劉仕　中部縣學生　詩
第三名　楊經　寧夏等衛學軍生　春秋
第四名　管律　寧夏等衛學軍生　書
第五名　王準　咸寧縣學生　禮記
第六名　盧昂　西安府學增廣生　詩
第七名　王獻　咸陽縣學生　易
第八名　胡來聘　三原縣學增廣生　書
第九名　丘鎧　乾州學生　詩
第十名　劉大綸　神木縣學生　春秋
第十一名　辛珎　耀州學生　詩
第十二名　孟塤　朝邑縣學生　易
第十三名　黄玉　長安縣學生　書
第十四名　吴山　臨洮府學生　詩
第十五名　李宗樞　富平縣學生　禮記
第十六名　楊珊　鳳翔府學生　詩
第十七名　趙儒　華陰縣學生　易
第十八名　牛兆祥　武功縣學生　書
第十九名　張用中　醴泉縣學生　詩
第二十名　李恳　三原縣學生　春秋
第二十一名　馬朋　西安府學增廣生　易
第二十二名　白鸞　澄城縣學生　詩
第二十三名　於敖　岷州衛學生　書
第二十四名　潘九齡　寧夏等衛學軍生　禮記
第二十五名　李長蕃　長安縣學生　詩
第二十六名　畢鸞　鳳翔府學生　易
第二十七名　李明綱　武功縣學生　書

第二十八名　董希會　隆德縣學生　詩
第二十九名　楊奇逢　長安縣學增廣生　易
第三十名　樊得仁　朝邑縣學增廣生　書
第三十一名　李涵　鳳翔府學生　詩
第三十二名　閻倖　隴州學生　春秋
第三十三名　韓景憲　西安府學生　易
第三十四名　張拱　鳳翔府學生　詩
第三十五名　趙輔　華州學生　書
第三十六名　白鋼　西安府學增廣生　易
第三十七名　趙彦之　涇陽縣學增廣生　詩
第三十八名　馬負圖　韓城縣學生　書
第三十九名　謝澍　漢中府學生　禮記
第四十名　董霆　同州學生　詩
第四十一名　朱憲　蘭州學增廣生　易
第四十二名　高仲福　三原縣學生　書
第四十三名　羅濤　平利縣學生　詩
第四十四名　雷時動　蒲城縣學生　易
第四十五名　王繼禮　文縣學生　書
第四十六名　郭從道　徽州學生　詩
第四十七名　杜璲　涇陽縣學生　春秋
第四十八名　盧曉　蘭州學生　書
第四十九名　王璐　西安府學生　詩
第五十名　羅肅　洵陽縣學生　易
第五十一名　趙科　盩厔縣學生　書
第五十二名　李絅　同州學生　詩
第五十三名　王朝塗　朝邑縣學生　易
第五十四名　何載　盩厔縣學生　禮記
第五十五名　王世臣　綏德州學生　詩
第五十六名　秦聘　寧夏等衛學軍生　書
第五十七名　种雲龍　咸寧縣學生　易
第五十八名　張時芳　涇陽縣學生　詩
第五十九名　廉介　白水縣學生　書

第六十名　蒲敏元　西安府學生　易
第六十一名　杜子華　咸寧縣學生　詩
第六十二名　高登瀛　醴泉縣學生　春秋
第六十三名　段續　蘭州學增廣生　書
第六十四名　劉鎜　鳳翔府學生　詩
第六十五名　張文奎　洛川縣學生　易

第一場

四書

文莫吾猶人也躬行君子則吾未之有得

劉序

同考試官教諭陳批（此題似易而實難開卷絶無當人意者是作平正明白不怪不腐寫出孔子謙己誨人之意故録之以範來學）

同考試官教諭王批（聖人從容不迫詞氣顧欲發之文字間吾見其難矣此篇體認親切下語快健且一結尤能推原立言本意録之）

考試官教諭李批（此題以道字立説方有歸著是篇識見卓然蓋用心於理學者）

考試官學正周批（峻整明潔）

道顯於言者疑其同於人道著於行者歉其無於己聖人自謙之詞也蓋聖人言行皆極其至者也今以言自附而不以行自居其欲人之勉其實也固如是夫且其意以爲道之在人顯於言者易爲力著於行者難爲功蓋言之無文行之不遠文固所當尚也彼以君子性命之懿發諸談論者皆能中其肯綮而秩然其順理以君子德義之善見諸詞説者咸能揭其藴奥而蔚乎其成章是道之顯於言者人固能之我或亦能之若詩書執禮形諸雅言雖不能超乎等夷也尚可以企而及焉人固優爲我或亦可爲若文行忠信舉以教人雖未至拔乎儔匹也猶可以比而同焉是何也以言闡道甚易吾故可以猶乎人耳然力行不逮空言何補行尤所當勉也凡措之躬行皆君子性命之真得之天者體于我而不虧見之蹈迪舉君子德義之實修于我者質諸天而不愧是道之見於行者雖嘗蚤夜以慨慕矣顧心欲其然而力有不足理與身猶爲二物如君子道者三何有於我哉雖嘗强勉以修爲矣但志欲其然而力有弗逮人與道終爲兩事如君子之道四何能於己哉是何也以身體道甚難吾故全未之有得耳夫言爲世法而謂之猶

人行爲世則而謂之未得聖人自謙如此無非欲人知言行之難易緩急而自勉也歟考之他章有曰君子恥其言而過其行又曰君子欲訥於言而敏於行聖人之不貴言者何哉蓋放言易而常失之有餘力行難而常失之不足況周末專事彌文而不知力行爲何事故聖人垂世立教每每以是爲防焉若六經之文昭如日星而斯道賴以不墜果言之終可少邪

時使薄斂所以勸百姓也

劉仕

同考試官教諭潘批（時使薄斂處士子類能言之至勸百姓處便窘澀不舒且率多以效入講殊不知此言勸百姓非百姓勸也此作説理詳明行文通暢允宜録出）

考試官教諭李批（時薄字説得明快而勸百姓上尤能發揮殆邃於本領者杰作杰作）

考試官學正周批（整潔可誦）

不盡民之力不盡民之財勸民之道在是矣蓋民之所賴以生者財與力也苟使之盡其力而斂之盡其財豈勸民之道哉孔子以九經之事告哀公而此言子庶民也其意若曰有天下國家者不患百姓之不勸惟患仁政之不行彼國有興作不能不使乎民也使之不時如民力之弗堪何必也視農功之餘而爲力役之舉城郭可修也而版築之施無所妨宫室可興也而經營之計有所待乃若春之耕夏之耘秋之收不一概而擾之焉國有經用不□不斂於民也斂之不薄如民財之弗繼何必也計歲出之數而爲歲入之常布縷粟米之征定以中正而不過鄉遂都鄙之制取以什一而不違所謂夏之貢殷之助周之徹皆率循而行之焉夫人情莫不欲逸若勞之而盡其力非所以勸之也今□時而使之則畎畝之中無舍我穡事之嘆而政之所發藹然爲民父母之心所謂勸民之道不在是歟人情莫不欲富若取之而傷其財非所以勸之也今薄而斂之則閭閻之下無室如縣罄之憂而仁之所施宛然如保赤子之念所謂勸民之道不在斯歟是則不外乎順民之情而自得乎勸民之道哀公宜知所務矣抑考之易曰損上益下曰益損下益上曰損又曰説以先民民忘其勞其意正與此合蓋上下相須之政莫有切於此者顧惟盡其在我者而已初何容心於人之勸而人自無不勸矣使哀公果能體而行之尚何有築臺囿用田賦之過舉哉惜其不足以語此

居惡在仁是也路惡在義是也居仁由義大人之事備矣

管律

同考試官訓導林批（作此義者於居路二字率多組織陳言冗雜厭觀且於尚志本旨漫無所見獨此篇措詞明潔認理精到立意宏遠宜録以範多士）

同考試官教諭黄批（尚志一題正見亞聖英發氣象此作得之而達以雄健之詞宛然如聆當時之謦欬矣子其尚志之上歟）

考試官教諭李批（仁義之用甚大孟子意正如此）

考試官學正周批（説得明盡）

盡修己之道全治人之道大賢論士之尚志也盡修己治人其道一而已矣孰謂士之修乎己者而非大人之事乎昔孟子告王子墊之意謂夫士之爲士論其勢大人之事若無與於己論其志大人之事實已具於身是故非仁之事士固不爲也而志之所之果惡在邪曰仁而已仁而曰居必其存主之間無一念而非惻隱之心矣譬諸室廬然蓋須臾而不離也非義之事士固不爲也而志之所向又惡在邪曰義而已義而曰路必其趨向之際無一念而非羞惡之心矣譬如道路然蓋往來而不違也夫居仁則心地高明而萬善之原以具由義則志趨正大而萬事之幹以立士之所志如此是雖未得公卿之位也而公卿之事醖藉於未遇之中者綽綽而有餘裕雖未有大夫之責也而大夫之事藏修於未達之時者恢恢而無不足蓋育萬民莫大乎仁也今所居之仁充之足以育之矣大人所施之事不于是而完具矣乎正萬民莫先乎義也今所由之義擴之足以正之矣大人所達之道不于是而全備矣乎是則無與天下之事而已具天下之理士之尚志如斯而已若夫小人之事則固非所當爲也彼王子墊者烏足以知此邪大抵道在天下不以易地而有顯晦士之體道不以易地而有加損故廊廟之經綸即江湖之志節初非二物也戰國之時名爲士者如淳于髡公孫丑之徒率不知此無怪乎王子墊之問也世之輕吾士而小吾仁義一至此哉嗚呼孟子之辯其亦不得已也噫

易

女正位乎内男正位乎外男女正天地之六義也家人有嚴君焉父母之謂也父父子子兄兄弟弟夫夫婦婦而家道正正家而天下定矣

王獻

同考試官教諭陳批（家人題不難於措辭而難於整潔場中作者不腐則雜令人厭觀是作理既詳明辭亦典則蓋邃於易者也三嘆之餘爲子斂衽）

同考試官教諭王批（斂華就實關鍵自明與專騁浮辭者异矣是宜録出）

考試官教諭李批（宛然正家氣象）

考試官學正周批（簡潔可愛）

彖傳釋卦辭而指正家之本象卦畫而推正家之化蓋女貞之辭由於卦體之二五而一卦六畫一家之人象焉彖傳指言其本而推言其化豈復有餘蘊哉昔吾夫子傳家人之彖意謂男女乃人道之始閨門實風化之原故内正則外無不正矣彼辭之所謂利女貞者何哉蓋以家必資女以治乎内也而卦之六二以陰居内體之中得婦道之正而位乎内家必資男以治乎外也而卦之九五以陽居外體之中得夫道之正而位乎外夫男正於外而屬乎陽天之經也女正乎内而屬乎陰地之義也今男女既正則陰陽之大分明矣非天地之大義乎内外既正則陰陽之大義明矣又非天地之大義乎然五正乎外非徒有家而已也爲嚴君以統治於外而爲父之尊焉二正乎内非徒中饋而已也爲嚴君以統治於内而爲母之尊焉是則家道之正非有本於是乎以卦畫推之上父初子父子之象也五兄三弟兄弟之象也五三夫四二婦夫婦之象也夫一家之中彝倫攸繫今父父子子而尊卑之有倫兄兄弟弟而長幼之有序夫夫婦婦而内外之有别是家道以之而齊閨閫以之而正既正其家則天下之爲父子兄弟者莫不各安其分矣天下豈有不定哉一家既正則天下之爲兄弟夫婦者莫不各得其所矣天下又有不定哉是則正家之化不有在於是乎吁夫子以是傳家人之彖則利女貞之義盡於是矣大抵家之本在身身修而家齊國治天下平刑于寡妻至于兄弟以御于家邦同是理也故男女正而爲天地之大義者即造端乎夫婦而察乎天地之意也正家而天下定者即關雎之風行而江漢汝墳之化成也有家有國之君子盍於是乎求之

慎斯術也以往其無所失矣

劉序

同考試官教諭陳批（揭書出題無分難易□作者類俗冗可厭明暢精切無逾此篇録之以爲易學式）

同考試官教諭王批（過慎無咎意人皆能言之就題説理明盡無遺如此作者絶少可與言易矣）

考試官教諭李批（善體認有發揮）

考試官學正周批（理明詞整）

持過慎之道以有爲則可以無過矣蓋敬慎不敗自然之理也能持是道以往尚何過之有哉大傳舉大過□六爻義而釋之以示擬議之例也其意若

曰人固不可以無術而擇術不可以不慎彼易所謂藉用白茅者慎之至術之善也人能假在易之慎爲吾心之慎所以防微而杜漸者必欲有周悉之圖法過慎之術爲吾身之術所以謹始而慮終者必欲有萬全之計戒懼存矣而隱微之地不可忽以之發言以之處事無往而非兢業之心也涵養敬矣而體驗之功不可少以之待人以之行己無適而非敬□之念也夫於術既無不慎則所往自無不宜殆見一念之謹百爲之機括所關履繩蹈矩種種周密自無滲漏之可言一敬之立萬事之根本攸繫循途守轍在在順適自無罅隙之可議以静制動周旋有中禮之機言滿天下無口過行滿天下無怨惡矣果何從而指其失邪以簡御煩左右有逢原之妙爲己也順而祥爲人也愛而公矣抑何由而舉其過邪是則術之取乎易者爲甚近而道之利乎用者爲甚周君子於此可不知所擬議也哉抑論天下之事成於慎而敗於忽故其亡其亡卒致苞桑之固而繻有衣袽不可無終日之戒也古之聖賢未嘗不以懈惰荒寧爲懼勤勵不息自强况其下者可不慎乎然則君子宜何如亦曰觀象玩辭觀變玩占斯得之矣此固聖人傳易之意也

書

帝曰咨四岳有能典朕三禮僉曰伯夷

管律

同考試官訓導林批（題平易甚作者多於咨岳僉曰處忽略殊失虞廷君臣致重求賢本意顧於典禮伯夷處樂入寅清尤覺疏謬此作不鑿不混詞意兩得模寫出當時雍容氣象真大方家作手也庸録以式後學）

同考試官教諭黄批（寫出虞廷慎重典禮氣象宛然在目且詞語紓徐爾雅愈讀而愈不厭有味之文固若是邪）

考試官教諭李批（虞廷命官之重薦賢之公此作模寫□□宜録之）

考試官學正周批（簡明可愛録之）

聖君之簡禮官也慎廷臣之舉禮官也公蓋知禮而後可以典禮也聖君慎簡其職廷臣得不公所舉以對之哉昔帝舜當即位之時求典禮之職意以職之仍舊者可以不咨矣事之或輕者可以泛咨矣顧兹典禮之重適當新命之初容可不咨于四岳邪誠以人君爲天地之主祀禮在所必行事莫有重焉者可無人以典之乎天子爲人鬼攸歸祀典不可或廢禮莫有大焉者寧無人以主之乎爾四岳也必遴選大小臣工果有誠足以格神可典朕禮者其爲我明揚之凡坎壇昭穆之類一付之綜理焉慎簡内外寮寀果有明足以究禮克堪是責者其爲我登庸之若牲帛祝號之儀悉委之叙次焉帝舜簡典禮之官

其慎也如此於是濟濟群臣拱聽於清問之下籍籍與論同聲於師錫之時謂求賢君之盛心薦賢臣之重責容可不協諸公論乎誠以三禮之典天地賴之以感格苟非其人必至於黷矣典禮之官人鬼賴之以歆享不得其人則幾於慢矣有伯夷者德無愧於天地有以洞達禮之本原以之典三禮也必足以感格神祇大小臣工孰有出其右乎行素合於神明有以深喻禮之大體以之充是官也必足以歆享人鬼内外寮寀莫能或之先也群臣舉典禮之官其公也如此吁虞廷於一典禮之官必簡之慎而舉之公尚何不得人之有哉抑伯夷之賢舜豈待問而後知邪蓋不自用其聰明而付之公論此舜之所以聖也後世乃有不博謀於卿相獨以私意用人或以讖兆或以資格而不察其賢否之實者視舜之用人公私何如也有虞之治卓乎不可及者以此

自成湯咸至于帝乙成王畏相惟御事厥棐有恭

胡來聘

同考試官訓導林批(此作重湯之垂統最是且頭緒許多子能不費詞説語明意盡其於君臣盡道辯析不爽佳士也)

同考試官教諭黄批(題意重有商盛時湯以迪畏垂統于前而歷世君臣無不維持其統蔡詳甚明但場中作者多昧深得此意辭足以達之無逾是篇故録)

考試官教諭李批(精當可録)

考試官學正周批(得旨)

有商君皆盡其道臣亦盡其道先王垂統所致也蓋迪畏天民商先王之垂統也則夫歷世君臣之盡道夫豈無所自邪宜武王述之爲康叔告也吾想其意謂夫今之所宜法者不外於古周之所宜監者莫近于商誠以畏天畏民之心見於□德秉哲之際者湯之垂統然也豈惟湯哉自成湯至于帝乙中間賢聖之君蓋六七作也皆知人君一身上焉天命攸繫下焉民心所關莫不憂勤惕厲無間其修德之功晋接謙恭每隆其敬臣之禮或懋德法祖也或成德允協也修己之道盡而德不愧于天一經德之矩度焉或不背師保也或夢賚良弼也親賢之道得而澤自下于民一秉哲之家法焉所謂君盡其道也如此豈惟君哉自成湯至于帝乙當時御事之臣非一二計也皆知人臣一身爲上而爲德爲下而爲民莫不夙夜匪懈養君德於密勿内外交修保王躬於左右恐君不能經德也有導以懋乃德者有啓以懷永圖者責難陳善之恭曷嘗斯須替邪恐君不能秉哲也有戒以遠耆德者有訓以若告民者任賢去邪之防

曷嘗頃刻置邪所謂臣盡其道也如此吁君盡君道是君以迪畏爲心臣盡臣道是臣以迪畏爲心皆不敢自暇逸也况敢崇飲乎抑觀武王告康叔毖酒而舉拳于商之君臣何哉蓋天下甫定民方思慕商先王之德而未艾使康叔之□□□遽更爲一切之法以整齊之民將駭而不信且不從矣汹汹之情何時已邪武王知其然一則曰商先王一則曰商御事蓋欲以商法化商民也卒之湎酒之俗革而允升于大猷有由然哉

詩

鶴鳴于九皋聲聞于天魚在于渚或潛在淵樂彼之園爰有樹檀其下維穀他山之石可以攻玉

劉仕

同考試官教諭潘批（指出誠明兩立愛惡不偏作破講者殊與朱傳不合士子乃翕然趣之何哉獨是作力矯其弊宜刻之以洗群謬）

考試官教諭李批（組織傳注爲文法度森嚴語意峻潔胸中所養概可見已他日居在諫垣必能進言如此詩矣明經待用非此謂邪）

考試官學正周批（縝密潔凈無逾此篇）

詩人歷喻以告君無非陳善納誨之意也蓋諫君之道亦多端矣不直指其事而惟托物以喻之周之臣子可謂善於進言者歟此詩之作不可知其所由然必陳善納誨之辭也且人君固以從諫爲貴人臣實以進諫爲難直指其事則徑情而不可入托喻以物則有味而或可悟周人之陳于王者何如哉蓋以鶴一羽族耳九皋之地至深邃也鶴鳴於其中而不期乎外之聞九天之高至穹窿也鶴聲聞于上而不以其地之遠然實有諸中必形諸外誠之不可掩也非此類乎魚一鱗屬耳水岐成渚魚之以游以泳或在于渚而非常止之處深水曰淵魚之或隱或伏又潛于淵而無一定之方然因革靡常損益達變理之無定在也非此類乎以至樂彼之園樹檀森鬱固嘉植也載瞻其下有穀交加寔惡木爲是人必有愛愛之而當知其惡也實如之他山之石物之粗厲若無用也玉之爲器資以磨礱則有成焉是人必有憎憎之而當知其善也實似之夫誠不可掩則身不可以不誠理無定在則善不可以不明愛當知惡憎當知善則好惡又可以或偏邪由是四者引而伸之觸類而長之天下之理其度幾乎周人以是陳善納誨於君可謂微而不露婉而不迫深得諷諫之道者矣大抵人君居安富尊榮之地侈心易縱逸心易生自非賢智大有過人抑烏能聽言納善如轉圜哉故旁入曲論者或可以感其心面折廷諍者徒逆耳而無益也鶴鳴詩人不顯言其事而惟托物以俟其自喻無乃得於是邪且其所陳

者皆聖賢大學之教蓋亦周召之流亞也豈後世能言之士所敢望哉

食之飲之君之宗之

盧昂

同考試官教諭潘批(食飲君宗作者多牽合纏繞且旁引立君立宗入講殊戾本旨觀朱傳亦自可見是作體認獨真且言意爾雅而當時氣象模寫殆盡故録以爲業葩經者式)

考試官教諭李批(詞氣春容且見公劉篤民之意要非苟作者)

考試官學正周批(作雅義是如此)

賢君之燕臣有以洽乎情而嚴乎分也蓋食飲所以洽乎情而君宗所以嚴乎分也賢君落成之燕何其恩禮之兼至也哉昔召康公以成王將莅政當戒以民事故咏公劉之事以告之及此謂夫我公劉之遷豳也宫室之制既成燕勞之恩斯溥于是進我群臣而食之執之於牢豕以御也或肆或將而牲禮之既備或燔或炙而嘉殽之載陳使凡濟濟登筵者皆荷既飽之恩昔事營度之勞今享鼎俎之奉矣速我群臣而飲之酌之以匏酒以行也獻酬交錯而上下之相歡勸侑慇懃而主賓之胥慶使凡蹌蹌依几者舉承既醉之惠向親經理之勤今適壺觴之樂矣然非徒燕以勞之而已彼貴賤具在于几筵統之必以君也君焉而公劉爲之則大夫仰承而等威以辨士庶欽若而名分以立是雖几席之上凜乎堂陛之嚴矣豈復草創之初而涣然無制也邪親疏咸預干□依莅之必以宗也宗焉而公劉爲之則尊處於上而兄弟依歸主臨於下而族黨繫屬是雖燕享之間截然冠履之分矣寧復胥原之始而混然無紀也邪吁一燕飲之間洽其情而不泯其勞嚴其分而不溺於恩公劉之厚民有如是哉抑嘗因是詩而知周道興隆之漸矣蓋自不窋失官至公劉始修其業觀其遷國之謀經國之務營建之美燕勞之情而規模宏遠固已駸駸乎帝王之治矣有周王業此其基也召康公以成王將莅政而繼成業告諭每諄諄焉其亦有所感也夫其亦有所警也夫

春秋

公及邾儀父盟于蔑及宋人盟于宿(俱隱公元年)庚辰公及戎盟于唐紀子伯莒子盟于密(俱隱公二年)齊侯鄭伯盟于石門(隱公三年)春王正月公如齊公至自齊夏仲孫蔑如京師(宣公九年)春公如齊公至自齊齊人歸我齊西田(俱宣公十年)

楊經

同考試官訓導彭批(華夷君臣孰不知之第叙事峻整而發揚清切者

殊不多見推此篇融會兩傳正意無贅無雜書日書月上宛然聖人内華外夷尊君卑臣口氣本房之冠不能外矣）

考試官教諭李批（發明聖人書日書月意殆無餘藴）

考試官學正周批（講不費力而詞理裕如可爲作見題義者式）

信迭講春秋獨謹華夷之辨事迭舉春秋獨嚴君臣之分此魯隱之交外魯宣之慢上不可與私盟私惠例論也聖人别而書之有以夫且春秋之初牲歃日煩内而魯也要邾宋講蔑宿之盟而于唐之盟亦魯戎之締好也外而紀也偕莒子爲于密之歃而石門之歃又齊鄭之合黨也夫數盟皆成於日各書其日宜矣經於他盟略之獨詳於唐盟者何蓋魯以東蒙之國華也戎本西方之類夷也華之於夷猶君子之於小人其辨可不謹乎隱乃謬從戎使之請輕結魯地之盟混衣冠於左袵雜侏偶於載書不知孰爲華孰爲夷矣若列國之盟雖曰命不請於天子約不由於周官然猶以類相從無損於國體之尊也比諸交外者不有間哉故他盟不書日獨於唐盟之上日以庚辰若曰戎入春秋以來盟誓未同於中國是日也大防决矣具罪隱公而謹華夷之辨爲何如迨魯宣之中邦交不絶九年之春一朝齊也而返國之夏仲孫將命以如京十年之春再朝齊也而旋軫之餘齊惠割地以歸魯夫兩朝皆成於月各書其月宜矣經於十年略之獨詳於九年者何蓋周室雖衰君也齊侯雖强臣也君之於臣猶天之於地其分可不嚴乎宣乃秦焉躬駕以朝齊夏焉遣使以聘周尊同列如共主等萬乘於庶邦不知孰爲君孰爲臣矣若十年之朝雖曰魯不以道而得地齊不以道而歸地然不過以利相結出於人欲之私耳比諸慢上者不有間哉故十年不書月獨於九年之下月以王正若曰周自文武以來正朔加於天下是歲也大統昧矣其罪宣公而嚴君臣之分又何如吁謹華夷所以爲世道慮嚴君臣所以爲王道憂謂春秋爲經世大法信夫抑是膺之訓夾輔之勛周公家法具在而其子孫壞之殆盡此尤可慨也雖然亦王靈不振故耳使周有帝王之威德則四夷來王群后四朝矣詎至此極乎端本澄源吾於周有望焉

秦人伐晋（文公三年）

劉大綸

同考試官訓導彭批（作者徒知以責備爲言而不體所以責備本意往往直寫傳文令人厭觀晚得此卷原秦穆始終之美以發明聖人責備之意其必精於是經者用是録之）

考試官教諭李批（原始要終錯綜成文當如此作）

考試官學正周批（繳書法甚有生意）

春秋於强國報怨必原其賢而責之備焉此秦穆伐晋一役爲全德之累也春秋備責之者豈非論其人哉且晋之伐何爲乎秦穆公懷三戰三北之耻而有是舉耳先之以濟河焚舟之誓而志在必逞繼之以王官及郊之取而怒猶未饜及晋人畏其勢避其鋒然後自茅津而濟封殽尸而還焉春秋貶而稱人説者曰責備賢者何歟觀大易損卦之象則知忿慾之在人克之足以修其德反之有以成其過也春秋諸侯求其過而悔悔而改而能進於德者穆公其庶乎自其始而論之殽函見敗之後歸作誓書追咎北門之計宜若過而知悔有修德之機矣然悔不終悔尋有今日之伐寧不負初心邪自其終而論之新城被圍之後力踐誓言遂絶東侵之念宜若悔而能改有修德之實矣然改不速改必有今日之伐豈得爲盡善邪以兹役一事之非爲始終全德之累是猶連抱之材而有寸朽連城之璧而掩微瑕不亦深可惜哉聖人修經至此將以常情待之歟而其素行也可取將以自弃絶之歟而其晚節也可稱原始要終誠賢君也以賢君而爲此可不備責之乎故貶而人之以此所以然者無非欲其亟於改過而爲全德之君也望之深者責之備其是之謂夫抑仲虺告成湯不稱其無過而稱其改過可見王者不以過爲嫌而以改爲貴也太甲之覆典刑成王之惑流言非不有過矣然怨艾以聽伊尹之訓感悟而迎周公以歸卒成王德爲商周令主改過之功豈不大哉此穆公之所以爲賢也此春秋之所以責備也此秦誓之所以附於四代之書也

禮記

爲人君者謹其所好惡而已矣

王準

考試官教諭李批（謹好惡字提掇精采是能斟酌輕重者可取）

考試官學正周批（題意自明白但士子筆粗氣猛一直寫去殊無啓發人意處求其婉曲詳盡能會子夏當時規戒之意者無逾此篇宜録之以爲讀禮者式）

居臨下之位慎感下之機賢者告時君然也蓋音之邪正最易感人也然則人君之好惡可不致其謹乎昔子夏因魏文侯厭古樂而好新樂故告之及此意謂感化之邪正雖繫於樂音好惡之公私實由於君上故爲人君者統馭四方匪崇高以爲樂也而臣民之觀法攸存主宰萬姓匪富貴以爲榮也而風俗之轉移攸繫以一心而應萬事宜乎無所不謹矣必于其先者而是務焉以

一身而萃百責宜乎無所不慎矣必于其要者而是圖焉其要維何謹好惡而已矣誠以德音之正在所當好也一或不謹則鑒别失精從而惡之者有矣溺音之邪在所當惡也少有不慎則取舍靡定從而好之者有矣要必審察於情動之時明辨於樂作之際有所好焉必擇其何者爲古何者爲新惟古樂可以修身而及人好斯隨之不可妄有所好以亂吾之聰明有所惡焉必擇其何者爲溺何者爲德惟溺音有以淫色而害德惡斯從之不可妄有所惡以壞吾之心術審聲審音務使順吾情而悦聽者允合乎義理之公審音審樂務俾排吾性而厭聞者不同乎流俗之弊夫如是則本原之地以端感應之機不忒謂之而已矣者以見人君之道無過於此也今文侯聽古樂則惟恐卧聽鄭衛之音則不知倦是好惡俱失其正而不自知矣謂之何哉抑嘗因是而深爲文侯惜也春秋之時去古未遠猶及見先王之樂文侯春秋之賢君也使于此而知所好則魏其庶幾矣夫何惑於鄭衛之音而不悟哉幸其本心之明猶未盡蔽故對舉而怪問之似若有未安於心者此治亂之一大幾也後世雖欲復古而先王之樂澌滅已盡則有志者孰從而考哉噫此所以深爲文侯惜也

故射者進退周還必中禮内志正外體直然後持弓矢審固持弓矢審固然後可以言中此可以觀德行矣

李宗樞

考試官教諭李批（辭氣清潤法度啓□讀之令人可愛）

考試官學正周批（士子於中禮觀德處多體認不真故文字輒繆此作見理精明發揮透徹必深於禮者録之）

記者論射原其所以中乎的著其可以驗乎賢蓋射以觀德也然則射者致謹而後能中的寧不可以驗其賢哉記射義者其旨如此且古者諸侯之射也必先行燕禮以明君臣之義卿大夫士之射也必先行鄉飲酒禮以明長幼之序然於將射之時一進退也或及階及物秩然升降之有節於禮乎何乖一周還也或取矢挾矢肅然揖讓之有容於禮乎何繆然主於内者志也必静專自守而心無雜念可謂正矣動於外者體也必戰兢自持而身無惰容可謂直矣夫志體之内外既正而直然後執我弓矢以運夫目力之巧必詳審而無遺持我弓矢以决夫膂力之强必堅固而不拔巧力有不全乎弓矢之執持既審而固然後彎弓而射則發彼有的而可以不失其正循聲而發則舍矢如破而可以不失其鵠正鵠有不中乎夫射者之所以中的如此果何以觀德行哉蓋習燕禮於無事之時而君臣之德行以立習鄉飲於燕安之日而長幼之德行

以修今於大射而能中焉則夫君臣之義諸侯得於心而見於事者可於是而驗之矣於鄉射而能中焉則凡長幼之序卿大夫士有諸中而形諸外者可於此而見之矣是則射雖一藝之小而所關甚大如此聖人務焉豈無意哉抑考弧矢之利以威天下聖人制射之初意也又慮夫天下後世徒知尚勇力其弊必至於喪德故因而節之以禮樂以養人於無事之時使之盡志於射以立其德行而觀德選士率不外此奈何後世教衰禮樂廢弃遂專爲武夫之小技可勝嘆哉

第二場

論

有子達禮樂之本

劉序

同考試官教諭陳批（近時士子作論往往掇拾陳語以自奇杜撰隱語以自古而論體幾壞矣是作立意精遠引據談切且步驟舂容詞氣鏗鏘宛乎朝祀之行韶濩之奏也見之者自爾神奪心駭矣得士如此良以自慶）

同考試官教諭王批（論場涉禮樂處動便數百言殊無愜人意者晚得是卷力去陳言盡脱俗調可謂禮之無體樂之無聲者矣他日效用禮樂其有興乎鄉闈首選固無以易子矣）

考試官教諭李批（義論嚴整讀之令人起敬佳士也録之以式來學）

考試官學正周批（近日論體多失之卑弱是作立意高古措詞雄健迥异衆作可愛可愛）

道非止於文也聖人以文教天下而天下以文觀聖人道於是乎病矣故君子揭其本以授之夫本其起于心乎道之本起於心而弗能弗散於事夫其弗能弗散于事也於是乎有文焉夫其本起于心也則固弗止於文矣是故有度數之文而禮制焉有聲音之文而樂作焉其本于心一也聖人以心教天下而假之乎文其流也徒習其文而遺其心爲吾道病君子始揭其本以授之曰度數非禮也聲容非樂也其于心乎心主於敬而用以和□不讓之禮無聲之樂矣由是天下之人咸知道非止於文也謂度數聲音之不足爲禮樂也將不進進焉以求於文之外與先儒范氏曰有子達禮樂之本愚謂有子之達其以天下爲達也乎蓋嘗考之唐虞以上其禮制不可知矣在春秋時夏則有夏時焉商則有坤乾焉而杞宋莫徵惟周禮僅存於魯而君臣交僭都城違制郊禘咈經暨于軍師蒐狩之典昏覲朝宴之儀漸失其舊孔子備書示譏而嘆其不

足觀矣至於樂之廢墜尤有甚焉幸而僅存者惟舜之大韶周之大武然且殘缺莫稽音律歌詞多失其序而軒宮之秩□舞之數淆置錯陳孔子雖嘗正之而所可知者惟翕純皦繹之節耳然則禮樂之在當時豈特本之則無而已哉將并其文而澌盡矣記曰無本不立無文不行有子之達何獨遺其文而專於其本哉蓋曰究其文而遺其本即使盡復上古之度數聲音固無補於禮樂之散失也探其本而略其文則所謂制度聲音者雖不可考吾將以義起之此有子之所以爲達歟故其言曰禮之用和爲貴于以見禮主于敬而不以敬拘也又曰不以禮節之亦不可行于以見樂貴于和而不以和蕩也敬不徒敬而拘必濟以和和不徒和而蕩必反于敬禮樂其有興乎是故婚冠以肅于家射飲以振于鄉朝遇會聘以序于邦國圭羔雁以贄敦璉瑚簋以禋豆介牢席殽胾醢醢以供賓燕秩秩然井井然謂之禮可也敬弗立于心焉雖不謂之禮可也二南以歌于房雅以賦于朝廷頌以奏于廟鍾鼓管磬以宣其聲羽□綴兆以狀其容咏嘆□泆發揚蹈厲以象其功德陶陶然怡怡然謂之樂可也和弗生于心焉雖不謂之樂可也聖人以心教天下而天下不能以聖人之心爲心於是乎假之乎文故習其文者亦求其心而已矣存其誠謹其幾神其用欽以承天夔夔以奉親凜若朽索之馭六馬以臨吾民惕然尊賢貴德而恐天下之議我也而敬於是乎立矣抑其剛伸其柔執其中奉若而不咈愉色婉容而不作包荒以納四海於時雍而不繼以暴折節下士而虚心以容天下之讜言和於是乎生矣敬立則儀臧儀臧則器秩器秩則典修夫其典修雖不謂之禮不可也和生則言協言協則音諧音諧則律明夫其律明雖不謂之樂不可也夫是之謂有子之達其諸异乎人之達歟抑斯達也誰其啓之孔子啓之也孔子曰言而履之禮也行而樂之樂也夫禮非敬不履夫樂非和不樂甚矣有子之達似聖人也在易有之曰上天下澤履君子以辨上下定民志又曰雷出地奮豫先王以作樂崇德殷薦之上帝以配祖考夫曰辨曰定將不在於敬乎曰薦曰配將不在於和乎甚矣有子之達似聖人也在書有之曰舜命伯夷典禮曰夙夜惟寅直哉惟清命夔典樂曰教胄子直而温寬而栗夫曰直曰寅其敬矣乎曰温曰寬其和矣乎甚矣有子之達似聖人也雖然有子之於禮樂僅止於達而已達之而不能行豈聖學之所貴哉蓋在孔門惟顔子可以當之觀其請事四勿而不遷怒貳過則有子之所達者皆其所身有也故孔子獨舉四代禮樂告之惜乎有子不能行其所達如顔子也若公西赤之可與賓客言而願爲小相可謂行矣而達不如有子乃若曾皙之舞雩咏歸而不規勢利其達而不能行猶有子也嗚呼叔孫通何人也而欲興禮樂宜魯兩生拒之而楊子許之

爲大臣矣然文中子謂孔明可興禮樂豈其然乎竊謂興禮樂者必如孔子而後可庶幾焉者其顔子乎惜乎有子不能行其所達如顔工也

表

擬皇明重刊少微資治通鑒節要頒賜廷臣謝表

趙儒

同考試官教諭陳批(寓莊重於駢儷斂華鐸於鋪叙且惓惓忠愛若有不能盡者豈可直以四六觀之)

同考試官教諭王批(我朝列聖重史之意揚厲殆盡削鎪鑿輪有難以言喻者)

考試官教諭李批(渾厚森嚴足刬尖新疏闊之弊)

考試官學正周批(典則可録)

臣某等言正德九年十一月日司禮監重刻少微資治通鑒節要成伏蒙頒賜臣等者離照崇謙亨宫監刻内廷之舊史乾符啓巽命朝班領中秘之新編丕闡人文永昭治鑒光騰奎璧慶協華夷臣等誠歡誠忭稽首頓首上言伏以時當儀鳳虞廷僅止於三謨世值獲麟孔筆特嚴於一字辭崇簡要史厭浮華入漢以來遡源而上作者連篇而累牘積之充棟而汗牛學問不在多言帝王尤貴知要蘇轍規是非於遷史頗識删繁朱熹定褒貶於光書尤爲近實續編繼作於憲廟書法遠宗乎素王咸便省觀尚憂浩瀚顧兹節要創自前人續以宋元述由後學備載治亂之迹深適詳略之宜然雖行于邪閭而未登于臺閣抑徒珍其簡帙而尚遺其舛訛豈或時有需歟宜于今斯顯矣恭惟皇帝陛下仁恩天覆敬德日躋重農事而耕籍田禮秩補周宣之闕振儒風而臨大學宫墻增孔聖之光竄犬羊而振旅息民殲狐鼠而虚懷禮士天地綱常之道勤聽納於經幃古今治亂之因廣咨詢於史館念先皇嘗輯修乎纂要謂今日宜翻刻乎少微出遺簡於秘書責鋟功於司禮收數千□之往事而萃以三長刊十九史之繁文而約於一帙仰承清賜頒及微臣喜溢豫鳴榮逾晋錫敢不焚香以誦篤藏修以潤身心充期掩卷而思精獻納以裨治化儗皋夔契稷而同道求濂洛關閩以爲師伏願覽兹成書式于古訓言切於政必書之幾屏事感於心或銘諸户牖某可懲而某可勸達虞舜之四聰孰爲正而孰爲邪登周文之三宅撫皇圖於薄海之外而守在四夷奠國祚如泰山之安而傳之萬世臣等無任瞻天仰聖激切屏營之至謹奉表稱謝以聞

第三場

策

第一問

劉序

同考試官教諭陳批（此策於我太祖貽謀之善與列聖繼述之美敷答詳明歸本於取人正身深爲有見而忠愛之意溢於言表必嘗究心聖□□知所以行法者他日效用事業豈無可觀）

同考試官教諭王批（我孝宗皇帝制作之美功業之盛蕩蕩難名何此策事核詞贍而宏綱大旨鋪張殆盡其亦涵咏聖化而有得者乎）

考試官教諭李批（善能發揚我聖朝制作之盛録之匪徒以其文也）

考試官學正周批（有議論有斷制得士如此主司可以慶矣）

對致天下之治者存乎法守天下之法者存乎人法者天下之公所以維持世道使常理而不亂不可以不明也任非其人則法不可明矣人者天地之紀所以推行典法使常伸而不撓不可不擇也君不修身則人不可擇矣然則任人其守法之要而修身尤任人之本乎帝王修吾身以立取人之則則天下之正人君子皆吾守法之助而天下太平之治可坐策矣執事以先帝所修大明會典下詢且欲求其行之之要與本者可謂仰窺先帝之心於是典之外矣敢據所聞以對粤自堯命四仲舜咨九官禹垂典則湯立誓訓逮周武王則又有周官周禮之書總天下之務而分列六職故稽古正名莫善於成周孔子所謂郁郁之文而從之者也自周以下秦廢先生之制妄事紛更漢因秦人之舊而一切苟簡雖唐有六典之式宋定會要之制似爲近之要皆雜以人欲而未純乎天理無足論也我太祖高皇帝既定天下乃因周制初作諸司職掌分列六曹而又纂輯皇明祖訓大明集禮洪武禮制儀定式神謨廟斷誠有以高出唐虞三代之上而陋漢唐宋於下風者也百餘年來吏習民安化成俗定列聖嗣服謹守成筭無事紛更誠有如執事所云者第以頒布日久簡帙散失郡邑學校未睹其全求治者憾焉我孝宗敬皇帝特命儒臣悉發中秘所藏諸書而參以新舊事例分館而類葺之於是乎大明會典成焉固將詔萬世聖子神孫以守祖宗之法示萬世臣子以知職分之常其於聖祖之制豈不大有補乎愚嘗伏讀是書而事事爲之籌矣革元之政罷中書而任六曹此太祖高皇帝設官之法誠合成周之制矣或以爲政權必有所歸故太宗文皇帝初選儒臣俾居内閣而三學士之任隆焉黜詩賦而崇經義此太祖高皇帝取士之制誠得夫朱熹之所議矣或以爲通才宜無不兼故太宗文皇帝初選進士俾讀秘書

而庶吉士之名立焉海陸二運古今之通行也然覆溺之禍推挽之勞有所未宜則會通之河創自勝國而成於我朝誠萬世之利也律令二書祖宗之良法也然事以時异例隨世更有所未便則條例之頒刊於孝宗之朝而斷自聖心又一時之宜也邊置寧夏等鎮塞設紫荆等關疆圉固矣然近年以來數有小警愚則以爲重分閫之權革監軍之令而積穀練兵堅壁清野可以收不戰之功也三分城守以資護衛七分屯種以積芻糧勞逸均矣然極邊之地多有示闕愚則以爲宜尋古人之迹合諸家之議而相土立營因田積穀可以省遠輸之勞矣然此特據明問而舉其概耳乃若究其大全豈可以言盡乎故愚嘗謂典之所載者法也非典之所能載者法外意也伊欲舉其法而不失其意不在於任人乎天下之人有正有邪視君身以爲進退故君身正則正人進正人進則典法彰而雍熙太平之治可保於無疆矣孔子告魯君曰爲政在人取人以身而濂溪周敦頤亦曰純心要矣用賢急焉愚敢以是爲聖天子獻

第二問

劉仕

同考試官教諭潘批（祭祀之問士人類多直書策目是篇獨能於上下數千年之禮考據不遺斟酌攸當博古通今無與爲儔者矣）

考試官教諭李批（有考證有識見擅場之策也）

考試官學正周批（拈出禮緣人情以義起歸結良是）

禮議於歷代者無一定之見禮制於當代者有一定之規蓋歷代之議互有得失當代之制適乎中正惟其互有得失故衆言易以淆而紛然不一惟其適乎中正故百世不能易而較若畫一然則當代之禮又豈歷代之所可望哉執事以古今之禮下詢承學愚敢不悉心以對粤夫舜初攝位肆祭群神洛甫告成肇稱殷禮祭祀之典誠禮之大者也且以郊祭言之分祭天地之説見於周禮而率循於秦漢合祭天地之説定於新室而復行於唐宋要之以合祭爲當也三年一郊乃漢武帝之陋習六年一郊乃宋真宗之鄙見然而歷代行之秦則分祭漢則分祭新室則合祭光武則分祭唐復合祭宋亦合祭而地之時祭自是鮮舉此非郊祭之沿革者乎以蜡祭言之鄭玄所叙有昆蟲而無百穀橫渠所叙有百穀而無昆蟲要之以橫渠爲是也記言八蜡不通所以謹民財蓋因其年不順成使民節費也子貢觀蜡而曰一國之人皆若狂蓋未知百日之蜡一日之澤也然而歷代行之夏曰清祀殷曰嘉平周曰大蜡秦始謂之臘尋更曰嘉平漢復曰臘而魏晋以來皆有其禮此非蜡祭之變更者乎前古帝王不可無崇德之祀也宋藝祖則制爲五等之饗可謂忠厚之至矣但品第之

間亦有可議若進曹操於成康漢文之列次朱温於景武玄憲之間不幾於倒置乎一代功臣不可無大烝之祀也宋寧宗則建崇德昭勛之閣可謂恩禮之篤矣但去取之際亦有可疑若岳武穆之忠烈而不録史彌遠之憸邪而得與不幾於錯亂乎伏惟我國家於郊天一祭惟最謹焉蓋國初天下甫定禮制未備即建圜丘于鍾山之陽以冬至日祭天建方丘于鍾山之北以夏至日祀地而中都亦有南北丘之制十年春始定合祀之禮列聖相承率皆合祀每歲親祀如儀仍以歲首行之夫前古天地多主分祀而我國家獨主合祀蓋斷自聖祖裁乎義而行之者矣何嘗拘拘于漢唐之陋習哉至於蜡祭尤有説焉蓋八蜡之神有先嗇焉而先嗇者入神之主也禮云主先嗇而祀司嗇是已國初以郊廟社稷先農俱爲大祀每歲祭先農遂耕籍田以后稷氏配先農即先嗇后稷即司嗇也列聖登極之初而行耕籍田禮則親祭每歲以孟春上戊日遣官致祭夫上古八蜡一皆通祭而我國家專祭先農裁自聖祖酌乎禮而舉之者矣又何嘗區區于秦隋之弊俗哉國初於歷代帝王擇其有德于民者若伏羲女媧以降凡三十五帝而皆追以崇德之祀而無德者不與焉其視宋藝祖之倒置無序者不亦甚异矣乎國初於當代功臣取其有功于時者若徐達常遇春而下凡十有二人而皆報以大烝之祀而無功者不與焉其視宋寧宗錯亂無别者不亦有間矣乎雖然禮緣人情而立者也不近人情不可以爲禮禮以義而起者也不合於義不可以爲禮今國家郊祀上帝蜡祭先農追崇帝王享答功臣稽古制禮損益百王之法斟酌儒先之見蓋所謂緣人情以義起者也傳曰質諸鬼神而無疑百世以俟聖人而不惑愚敢以爲我聖祖頌書曰至治馨香感于神明黍稷非馨明德惟馨愚敢以爲今日獻謹對

第三問

管律

同考試官訓導林批（道學一策蓋主六經□子泛然應之殊無該括獨此篇不拘拘問目而自得問者之意學識優於人遠矣）

同考試官教諭黄批（關中故實條答無遺尤能斷其義而不惑蓋積學待問者）

考試官教諭李批（五策俱優此篇尤能具悉道學之所自録之以概其餘）

考試官學正周批（願學孔子最是其不困于問目者乎）

道隱於天地自伏羲始發其藴道散於六經至孔子始折其衷蓋六經所以載道也其藴始發於伏羲其衷則折于孔子若求道而不本之六經不流於异端之差繆則涉於諸家之邪僻求之愈勤而道愈遠矣善求道者其必知所

持循也歟末學生長關中景仰前哲固嘗遡其道學之源矣兹承明問下及敢試陳之蓋洪荒之世斯道尚隱於渾淪人文未昭於天下聖神起而繼天立極以開萬世道學之源是豈偶然之故哉夫當混沌初闢之時茹毛飲血之日政尚結繩何有於文字乎惟伏羲生感華渚之异以木德而王也仰觀俯察始畫八卦以通神明之德以類萬物之情而文字於是乎著矣其曰畫卦取則於河圖亦一時理數之相感耳若無河圖之出道其能終藏乎然文字雖著何有於制作乎迨少昊生感華渚之祥以金德而王也無感不通建鼓制磬以通山川之風以作大淵之樂而制作於是乎立矣其曰作樂有感於鳳鳥亦一時神物之相契耳若無鳳鳥之至道其能終秘乎繼而至于有周文王之爲君也澤及枯骨而來諸侯之歸因卦繫辭以見囚羑里也然羑里不囚而吉凶消長之理其能外聖人之心乎周公之爲相也保輔幼君而來流言之謗因爻繫辭以避居東都也然東都不避而進退存亡之道其能出聖心之外乎若吕望著鷹揚之勇以佐武王伐商於其即位也進以敬怠義欲之戒真人主之心學也此蓋得於海濱垂釣之時武王納之如轉圜而銘諸几席觴豆固其所也横渠悟往學之非而從二程以講道於其學徒也示以訂頑砭愚之訓真造道之格言也此蓋得於精思力踐之餘程子謂其啓争端而更爲東銘西銘信其然也至若吾夫子六經之删述爲萬世之準繩於穆公悔過之誓乃附之經而備録其辭蓋欲以示戒不以伯而有所嫌取言不廢於人之意也平王黍離之詩乃降之風而不入於雅蓋傷其東遷不以王而有所諱正名必考實之之意也禮足以固人肌膚筋骸也故夫子曰立於禮而張子以學禮爲先誠得聖人之旨而善於教學者乎樂足以養人德性氣質也故夫子曰成於樂而唐太宗謂緣物設教何其發言之易而果於非聖人乎噫不有伏羲則斯道之藴曷自而發不有孔子則折衷之義何從而明是二聖人者大有功於斯道大有功於群聖大有功於天下萬世也秦穆唐皇姑所不論然少昊文王周公太公張子之數聖賢皆崛起關中倡明道學正三秦之桑梓所當景仰而慨慕者也今日所願學者則孔子焉耳蓋學六經即所以學孔子學孔子即所以學先哲其始也雖不專取善於一鄉其終也一鄉之善亦不外是而可以得矣妄意如斯未知執事肯與其進而教之否乎

第四問

王準

考試官教諭李批（豪杰之事非豪杰不能悉此篇於古人氣節之高處獨能據成説而低昂之三秦豪杰非子而誰邪）

考試官學正周批（士氣一策正以觀諸士子夙昔所養何如耳子能據經折傳敷答詳明且議論英發志節軒昂正大之氣溢於言表胸中所養概可見已他日當大任而不撓所志者必子也高薦高薦）

天下之大節士不可以不全天地之正氣士不可以不養夫成仁取義士大夫之大節也至大至剛天地間之正氣也士節不全固無以扶綱常而矯時弊士氣不養又無以配道義而塞天地矣安望其立天下之大節而無愧哉此節義之所以不可失而士之正氣不可不養也執事發策而以士氣下詢是蓋以完節正氣期待承學也顧愚匪人何足以當之雖然亦嘗讀曾子大勇之説誦天祥正氣之歌而知其概矣請爲執事陳之吾儒之在天下節欲其高毋或挫于利害氣欲其正毋或餒于私都然後天下之事或可有爲庶幾屋漏之心僅能無愧處則爲君子出則爲名臣矣我思古人具有成迹魯仲連處六國而不帝秦據當時而言亦可謂高士也孔斌特許爲坎是乃求全之説豈確論乎王蠋耻事二君而死於齊據其事而言誠可謂忠臣也樂毅乃封其墓實表盡忠之節其知己乎皇甫規慕黨錮之皆賢故以不與爲奪而自言其竟無所坐者乃桓帝厭夫染逮之多亦足以見直道之未必難容也尹和靖憤程學之見攻故以學程自任而不出其强有所命者乃高宗嘉其恬退之節亦可以見公道之終不能廢也吕獻可以熙寧碩輔三見黜而不悔方之僭王猾夏之子文特三已不愠頗相類耳人品之優可概言而無別邪邵堯夫以洛川隱逸兩被召而不起方之長於德行之子騫其堅辭費宰亦猶是耳出處之正何异世而同符邪清直一節終始不變傅侍郎之堅貞如此謂之金玉君子夫豈不宜風度凝遠瀟然塵表胡侍講之超脱如此擬之大名松柏夫何不可張説之黨昌宗元忠幾受誣矣宋璟自欲叩閣而力諍實則有以激之其名義至重數言至今讀之猶可以寒奸諛之骨魏徵之與李絳諫臣所當法者田錫爲人梗介而寡合實則有以慕之其封疏悉焚一事自今觀之又足以愧虚夸之心龔勝之守死善道薛方之貞而不諒郭欽蔣詡之好遁不污之數人者行若不同其耻立莽朝皆可謂清名之佳士矣李業之飲藥而死費貽之漆身爲癩任永馮信之托以青盲之數子者迹雖少殊其不受述命皆可謂苦節之吉人矣當陛謁而不屈周黨尚志誠爲可嘉然而子陵之年尊德邵實則過之若以黨而并子陵是無异躋爝火之光於日月之側也謀起兵而興復履謙勤王誠爲可取然而杲卿之指衣示意實則倡之若以履謙而比杲卿是無异置蚓竅之鳴於律吕之調也剛與柔而殊科明道之見安石不聞出一危言疑若近於柔矣而安石之怒自此乎折則兹柔也秖所以爲剛也是剛也非曾子所謂大勇者乎敬

與慢而异路伊川之於哲宗必欲坐講延和疑若涉於慢矣而不忍簡賢之名出於吾君則兹慢也適所以爲敬也是敬也豈景丑氏之所謂敬者乎之數子者凛然大節與山斗而争高浩然正氣塞乾坤而并大皆所謂一時之豪杰者也若欲求其可議者則獻可杲卿其人也觀其攻歐陽脩之賢而太迫降安禄山之後而始奮吹毛求疵是則爲可議已若欲求其最者則子騫堯夫兩程其人也觀其講明聖學承續道統是則不可尚已愚生之所師法者不在兹乎苟曰姑舍是而别有所取以吊名非惟生之所羞恐亦執事之所不與也抑愚於此又有説焉士固不可以無正氣矣而培養生成之方則在於義故曰是集義所生者非義襲而取之也士氣固當以自養矣而鼓舞化導之方則又在於上故曰周之士也貴秦之士也賤爲士者能用孟子之説以自養在上者能用楊子之説以作士則士之全正氣而完大節者將不可以勝紀矣世道之重輕顧不亦將有賴邪愚之聞于師友者如此兹以之復執事幸相與正之

第五問

楊經

同考試官訓導彭批（禦戎備邊正今日急務此作歷陳制馭之本備御之策精□無遺而經略大法又類長旁溢出人意表其士之夙抱經濟之才者歟）

考試官教諭李批（終場策士詳者多掇拾陳言略者率直書問目是豈主司策士之意哉此策宏博詳切識達時務且中無一長語足厭豈三秦豪杰之士乎）

考試官學正周批（不泛不略具見經濟之才策士中之佳者也）

對制馭有大本而後可以言待戎之道備禦有大具而後可以言安邊之策蓋待戎不專務乎威强而在於制馭之者有其本安邊不專恃乎攻戰而在於備禦之者有其具苟於此不立其本於無事之日而飭其具於有事之時吾恐内修之治既不足以消其桀驁强梗之心外攘之威又不足以折其凶暴侵凌之氣其何以圖治安而除禍亂也歟執事秋闈發策而以制戎備邊下問豈以是二者爲承學關輔之大患鄉邦之急務也然亦耿耿有懷久矣敢不悉心以對慨自干羽之化湮而烽燧之警熾夷狄之禍起矣且夷狄者一氣所生不可以剪而滅也五方异族不可以臣而畜也以在己之强弱爲去留視中國之盛衰爲叛服先王知其然惟圖内修之治以立外攘之威端治本以正朝廷圖治功以修德業飭治具以立紀綱初不計彼之盛衰以爲我之有無此固制馭夷狄之大本先儒論之詳矣姑請借漢爲喻而略爲執事陳之且漢高興業撫全盛之資孝武繼世負雄武之略當是時也群策獻謀群力效勇加以材良精

於休養士馬强於富庶大興平城之師屢致攘却之舉被二君者非不欲其稽首闕庭以雪其侵侮之憤納款邊塞以遂其喜功之心也然而白登之圍一合而中國之威靈以喪幕南王庭雖絶而海内之虛耗已極揆諸先王制馭戎狄之道其得失何如也迨至哀帝之時何時也治弛於内修權移於外戚其威强視之高武之世固萬萬不侔矣而匈奴單于乃上書願朝奉執國珍贄謁稽首前日狼貪虎噬之人今與鵷班鷺序之列高武所願欲而不得見者顧見之哀帝之世則是禦戎之道所以制馭於無事之日者不專事於外攘而在於修内治不必勤遠略而貴於謹邇圖亦甚明矣洪惟聖朝汛掃胡元肅清區宇雕題垂髻之俗一旦復而爲禮樂衣冠之區誠有以立萬世之功雪百王之耻矣奈何邇年以來蠢兹遺醜頗肆猖獗尚勞盛秋之戍頗勤中夏之師而今時將以爲有事邪抑無事邪昔賈誼以漢之全盛而太息山濤以晋之外寧而有憂然則今日之事蓋不能不勞執事之慮也且今日所恃以威敵者兵也兵則單弱而不振焉所恃以養兵者食也食則匱乏而不給焉何以言之蓋國初之選邊兵編戍之檄衛有定額未聞有不足之兵今也戈矛之士白藉相雜行列之師逃亡中半加以衣廪不足以厚其生賞犒不足以激其勸兵之不足有由然也國家之備邊儲會計之條歲有常數未聞有不足之食今也師旅之興日繁而營田頗廢譏饉之害相仍而賦税浸虧加以冗食之兵張頤待哺守庾之吏費出無經食之不足有由然也夫兵者國之爪牙兵之不足養之無道也食者國之元氣食之不足生之無道也兹欲兵足而司戎兵者無單弱之慮愚謂兵不在益惟在養之而已矣能公選閲以存精鋭嚴清理以實營伍厚衣廪以安其生優犒賞以作其氣而又統御之得人則養之有道三表五餌之術不必用而兵無不足矣抑欲食足而司儲餉者無匱乏之憂愚謂賦不必加在生之而已矣能廣營田以開其源裁冗食以節其流征斂有制而逋負之必核費出有經而侵漁之必究而又經理之得人則生之有道九貢九賦之法可不必厚而食無不足矣如此則戰勝守固又何夷狄之足患乎雖然此特因明問所及而略陳其概耳而愚生鄉邦之慮欲言之悃猶有望於執事者夫夷狄之爲患延寧甘肅三邊爲急腹裹之藩衛延寧二鎮爲重故虜騎深入每由於安定二邊備之所當嚴也愚欲修濬墻塹以固邊防可乎守備單怯莫甚於花馬池廣武營一帶處之所當預也愚欲增設衛所以壯邊兵可乎靈州環慶之要衝土人之無統紀久矣愚欲經理靈夏以安内附可乎韋州虜寇所出没保障之無恃賴甚矣愚欲整飭韋州以遏外侵可乎撤東勝而就延綏以一面而遮千里北虜之患莫能禦矣愚欲俟富强之餘復守東勝因河爲固可乎然此實備禦之良

法亦非草茅之私議也故特爲執事終篇陳惟執事其亟圖之謹對

陝西鄉試録後序

正德丙子楚不敏獲與閱陝西之士焉讀其文而嘆夫河岳之英之异也又嘆夫士之多不勝取也於是擇其尤者而取之如額焉祗録之以貢于上蓋録其士及其文及夫執事者焉兹鄉試録之所由名也夫録士以貢者何賓興之也故燕而後興使録者勸未及者知企而勉焉我聖祖酌古立法蓋如此其作人也不既多績矣乎夫士也生有自習有業舉有序録之故弗得而弗詳也夫陝西之域幅員萬里今屬之藩司非鄉矣曰鄉試云者仍鄉舉之舊也故士之未試也必於鄉考德而論行焉録則曰鄉舉之人也曰鄉舉之人者謂所録皆一鄉之士也使由此而進則其爲國士爲天下士爲百世士亦存乎人焉耳録其文者何謂士之所録者在是也蓋以言觀之也言可以觀人乎哉言也者心之聲也心有邪正則言有是非昧道之人其辭晦畔道之人其辭支談道之人其辭張褻道之人其辭侮知道之人其辭暢體道之人其辭醇有道之人其辭時時也者待扣而應無弗醇暢者也夫行有九德惟言也亦然寬而栗柔而立直而温獨不可言察之哉此又察諸言意之表者也故觀其文察其心由是而論其賢否焉斯庶幾矣其或不然則吾有司之不明非士之罪也孟子曰我知言又曰聽其言也人焉廋哉蓋謂是耳故録其文即所以録其行也道也德也又將以夷考之也徒文也乎哉録止於若干篇者不勝録也所謂擇其尤者耳録及于執事之人者何也謂録士其責也録之行得失不可掩已得則成其功否則來之議又否則朝野非笑之而譴亦隨之矣他日士大有功於名教千載而下有論其世者譬猶和于玉隋于珠同不泯矣苟爲反是則士也人將穢之而亦何顔哉書曰舉能其官惟爾之能稱匪其人惟爾不任亦謂是耳於戲執事者於士相關如是哉兹其所以録也兹其所以望於二三子者不淺也二三子大河泰華之英也二南之遺民也後乎周公召公張子而覺焉者也行且仕矣可不奮哉子夏曰仕而優則學學而優則仕此要言也古之人所以加于人者無他焉學與仕相資焉而已矣後之人修其天爵以要人爵既得人爵弃其天爵故學而仕者皆然仕而學者未之多聞也夫學也或非古人之學而仕亦或非其仕矣又從而偏廢焉則夫道不明而治不善也亦何怪哉愚於是爲二三子願焉必也學而入政仕而典學使先王之道於吾身見之而吾心之

極時萬時億者其淵也夫如是則學無不至道亦大行固將與河岳同流峙焉而周召之徒不得專美於先矣所謂由此而進爲天下士爲百世士者此也執事者嘗選於衆而獻之不亦有榮乎哉不亦庶幾托以不泯乎哉以愚從執事者之後是故望於二三子者不淺也是故於二三子不敢不告也

直隸河間府河間縣儒學教諭李楚謹序

嘉靖四年陝西鄉試録

陝西鄉試録序

嘉靖四年陝西鄉試巡按御史鄭氣睠兹令典夙夜在公先是貢院歲久弗葺乃申飭藩司周視荒度翼而新之而增厥美尤務修明品式表樹風聲士氣勃勃乎其興矣及期教授林同學正范維恭以考試官至而同考試官則教諭許選陳英周謐路子泰冀進方邦望以禮授館分經置局御史鄭氣寔臨其事凛于日是監惟公惟恪合提學副使唐龍所選士凡一千九百有奇明試其文概其德行而得六十五人蔚然三秦之良也古昔選士或十拔五或十取一抑以爲异矣兹乃不啻三十取一不亦尤异乎哉同作而揚言曰舉明揚之典者建揆序之功崇推讓之節者廣無斁之教古之人事君以人類如此今日大者亦惟以人已矣昔孔子語哀公曰人有五儀有庸人有士人有君子有賢人有聖人甚矣哉人之不同也况厲于色或荏于内言於静而恒庸之違抑亦有難知者乎愼始者辨志正極者定分考成者廣業子多士峨然而冠也裒然而衣也不可謂之非士人矣由是而君子履忠信之實茹仁義之美廣通明之用油然如可企也由是而賢人亮節砥行修辭廣業興道建治至不難矣由是而聖人宣明德敦敬典窮萬事協庶品撫五辰經國家和上下亦或其庶乎乃若見小暗大名實紛錯俯然而爲庸人是則可憂也已夫聖人踔乎不可及已曰君子曰賢人實邦之紀民之望也子多士均之乎若人則固以君子賢人事吾君吾責塞矣雖然聖人亦可爲也子多士奮而求之則名世之德格天之業如詩書所稱者罔獲專厥美矣又孰有大如吾事君者乎廟堂之上庶幾曰舉能其官惟爾之能榮之至也不幸而有庸人厠乎内又將尤之稱匪其人惟爾不任則何以逭厥咎乎而子多士亦重有責矣昔趙宣子言韓獻子於晋以爲司馬河曲之役克不隱焉宣子觴諸大夫曰吾舉厥也而中乃吾今知免於罪矣子多士毋爲庸人而及我等於罪哉時提督邊務少傅兼太子太傅兵部尚書楊一清昔嘗董學于斯遺澤動鼓篋之化文事兼憲邦之則鎮守太監晏宏則於斯文雅尚焉巡撫都御史王藎廣厲儒術懋勤風訓林琦張縉寇天叙都督僉事鄭卿繹同聲教而不遐遺巡按御史胡體乾吉棠王鼎協參同德聿相厥

成給事中曹懷劉祺監察御史藍田任佃郎中林文沛婁志德主事周詔胥將使事于境上式睹賓興共敦嘉樂提調則參政楊叔通參議李緋綜理惟勤監試則副使趙載僉事桑溥周防惟密布政使宋冕孫禎參政成文韓士奇副使陳鼎高公韶翟鵬張宏參議王汝舟周鎬僉事姚文清周汝勤鍾錫李孟旭王鈞宋璉郭鳳翱都指揮張鎬賴銘翼襄咸有力焉布政使劉思賢郭韶按察使袁擯參政潘塤嘗效厥勞既而遷秩行矣其餘百執事罔不慎選以畀而知府趙伸楊應奎則先之也夫庶正雍雍雖秩之不同事之與弗與要之以人事君之心孰不皇皇如乎子多士尚克念焉可也

浙江金華府儒學教授林同謹序

嘉靖四年陝西鄉試

監臨官

巡按陝西監察御史鄭氣（浩然直隸静海縣人　甲戌進士）

提調官

陝西等處承宣布政使司右參政楊叔通（静脩浙江鄞縣人　戊辰進士）

陝西等處承宣布政使司左參議李緋（廷章河南固始縣人　乙丑進士）

監試官

陝西等處提刑按察司副使趙載（文載山西垣曲縣人　辛未進士）

陝西等處提刑按察司僉事桑溥（汝公山東濮州人　甲戌進士）

考試官

浙江金華府儒學教授林同（宜正福建晋江縣人　辛酉貢士）

湖廣岳州府澧州儒學學正范維恭（以莊福建長樂縣人　丙子貢士）

同考試官

江西廣信府上饒縣儒學教諭許選（舜徵福建漳浦縣人　庚午貢士）

山東兖州府滋陽縣儒學教諭陳英（碩夫福建龍溪縣人　癸酉貢士）

山東登州府萊陽縣儒學教諭周謐（世寧河南鈞州人　丙子貢士）

湖廣岳州府臨湘縣儒學教諭路子泰（嚴夫江西安福縣人　壬午貢士）

河南汝寧府光州固始縣儒學教諭冀進（以正直隸唐山縣人　癸酉貢士）

浙江温州府樂清縣儒學教諭方邦望（表民福建懷安縣人　己卯貢士）

印卷官

陝西等處承宣布政使司理問所副理問陸城（界卿浙江鄞縣人　監生）

陝西等處提刑按察司經歷司經歷李瓛（良璽山東壽張縣人　庚午貢士）

收掌試卷官

西安府知府趙伸（道亨直隸德州左衛籍山東掖縣人　甲戌進士）

臨洮府知府楊應奎（文焕山東益都縣人　辛未進士）

受卷官

西安府同知王暘（明叔河南河内縣人　甲戌進士）

漢中府通判高光烈（承甫山東膠州人　庚午貢士）

西安府推官楊鋭（克成順天府房山縣人　癸未進士）

延安府鄜州知州杜蕙（維馨直隸任丘縣人　辛巳進士）

西安府盩厔縣知縣王聘（念覺山東利津縣人　癸未進士）

彌封官

延安府同知張志道（克心河南蘭陽縣人　丁卯貢士）

西安府華州知州甘爲霖（公望四川富順縣人　癸未進士）

西安府咸寧縣知縣何鏜（以宣四川富順縣人　辛巳進士）

西安府乾州武功縣知縣姜恩（君錫四川廣安州人　癸未進士）

鳳翔府寶雞縣知縣張瑩（潤之義勇右衛籍山東濱州人　庚午貢士）

謄録官

西安府同知喬遷岐（啓周山西安邑縣人　壬子貢士）

臨洮府蘭州知州陳約（廷博順天府通州人　戊午貢士）

西安府長安縣知縣陳謨（師禹四川巴縣人　癸未進士）

鞏昌府秦州清水縣知縣王彪（文蔚直隸雄縣人　庚午貢士）

西安府臨潼縣知縣于翺（騰遠山東臨清州人　癸酉貢士）

對讀官

鞏昌府同知丁璿（國器湖廣慈□縣人　壬子貢士）

西安府乾州知州趙時（中甫四川犍爲縣人　丁卯貢士）

西安府鄠縣知縣康天爵（汝脩山西臨汾縣人　癸未進士）

西安府商州商南縣知縣郝宗儒（繼文山東禹城縣人　庚午貢士）

西安府同州韓城縣知縣鄭越（叔度河南祥符縣人　庚午貢士）

巡綽官

西安前衛指揮使康壽（仁夫山後利州人）

西安左衛指揮使把鉞（朝用錦衣衛官籍山後人）

西安左衛指揮使任傑（文英西安府同州澄城縣人）

西安後衛指揮僉事弭節（希漢直隸永平府灤州人）

搜檢官

西安右護衛指揮同知王武（世英直隸壽州人）

西安左衛指揮使張鵬（騰遠山東武定州人）

西安後衛指揮使尤鳳岐（鳴周直隸臨淮縣人）

供給官

陝西都指揮使司經歷司經歷馮志隆（大用山西嵐縣人　監生）

陝西等處承宣布政使司理問所理問馮時正（守夏山東高密縣人　丁卯貢士）

陝西等處承宣布政使司照磨所檢校陳策(獻之山東益都縣人　官生）

西安府經歷司經歷胡上（仲達河南羅山縣人　監生）

慶陽府合水縣知縣周澤（公濟四川郫縣人　丁卯貢士）

西安府華州判官聶淮（東之直隸景州人　監生）

西安府咸寧縣縣丞周航（公濟直隸無極縣人　監生）

西安府長安縣主簿楊元明（德昭四川岳池縣人　監生）

西安府同州朝邑縣主簿陳廷珪（公執山西五臺縣人　監生）

西安府同州吏目岳溥（汝霖山西洪洞縣人　監生）

平凉府涇州吏目賈祜（君錫山西汾州人　監生）

西安府華州渭南縣典史劉鍾（世用山東陽信縣人　吏員）

西安府同州郃陽縣典史成鼎（太器山西文水縣人　吏員）

西安府三原縣建忠驛驛丞李玉（德純山東武定州人　承差）

西安府華州華山驛驛丞劉鐸（大振山東歷城縣人　承差）

西安府臨潼縣新豐驛驛丞屈程（惟遠直隸趙州人　承差）

鳳翔府寶雞縣陳倉驛驛丞馬瑄（宗器順天府武清縣人　吏員）

延安府鄜州張村驛驛丞郭綸（宗理山西陽曲縣人　承差）

第一場

四書

回也非助我者也於吾言無所不説　徵則悠遠悠遠則博厚博厚則高明　老吾老以及人之老幼吾幼以及人之幼天下可運於掌詩云刑于寡妻至于兄弟以御于家邦言舉斯心加諸彼而已故推恩足以保四海

易

初筮告以剛中也　女正位乎内男正位乎外男女正天地之大義也　顯諸仁藏諸用鼓萬物而不與聖人同憂盛德大業至矣哉　爻有等故曰物物相雜故曰文

書

地平天成六府三事允治萬世永賴時乃功　若虞機張往省括于度則釋　百穀用成乂用明俊民用章家用平康　萬年厭于乃德殷乃引考王伻殷乃承叙萬年

詩

被之僮僮夙夜在公被之祁祁薄言還歸　既見君子德音孔膠　伴奂爾游矣優游爾休矣豈弟君子俾爾彌爾性似先公酋矣爾土宇昄章亦孔之厚矣豈弟君子俾爾彌爾性百神爾主矣爾受命長矣茀禄爾康矣豈弟君子俾爾彌爾性純嘏爾常矣　駿發爾私終三十里亦服爾耕十千維耦

春秋

九月考仲子之宫（隱公五年）　六月雨（僖公三年）齊人來歸鄆讙龜陰田（俱定公十年）　楚子伐鄭（宣公四年）楚子伐鄭（宣公九年）三月取鄆（昭公元年）叔孫舍至自晋（昭公二十四年）有鸜鵒來巢秋七月上辛大雩　季辛又雩（俱昭公二十五年）

禮記

凡君召以三節二節以走一節以趨　禮樂刑政其極一也所以同民心而出治道也　盡其道端其義而教生焉是故君子之事君也必身行之　古之制禮也經之以天地紀之以日月參之以三光政教之本也

第二場

論

忠恕違道不遠

詔誥表（内科一道）

擬漢封丙吉等爲列侯故人阿保賜物有差詔（元康三年）　擬唐以褚遂良爲黄門侍郎參預朝政誥（貞觀十年）　擬宋以張詠知益州得便宜從事謝表（淳化五年）

判語（五條）

磨勘卷宗　别籍异財　奏對失叙　申報軍務　帶造段匹

第三場

策（五道）

問　帝王之道莫先於學帝王之學務得其要先儒之言是也逖求堯舜禹湯文武之君罔不典學不識要何在歟厥後英君世主稱制石渠臨決白虎甚者分夜觀書更日侍讀與夫肆力於隆冬短晷之際其學誠勤矣然治不隆古道非粹白毋乃不得其要乎洪惟我皇上以上聖之資撫中興之運朝御經筵退臨書幄卓乎不可尚已頃復申命侍臣次寫詩經周易中庸及舉歷代鑒書政要編集直解講章以備日覽及取尚書作爲文詞或詩賦以需燕玩允矣哉帝王之盛節祖宗之嘉謨也天下臣工罔不稽首揚言曰太平之業可立待乎夫詩書周易中庸皆聖賢之言無可去取然要自在焉歷代鑒書上下古今數千餘年不得其要尤不可也天語丁寧帝心經畫固惟要焉是求爾而非徒務博爲也子多士幸昌言于時將繹而獻之以爲聖學萬一之助

問　天有七曜地有四瀆七曜緯天而左旋其躔度有遲速順逆之殊而其變也動關人事之吉凶四瀆經地也而東逝其源委有曲折隱見之分而其變也每係公私之利害史册所載可得而考也夫變沴之來固由數之適然矣或者以爲禍福無門惟人所召人無釁焉妖不妄作欲君恐懼修省者果何見歟今聖明御極憂勤惕勵凡所以修德弭變者無乎不至固宜天心順應而地道底寧矣然而四方之以變沴告者且無虚歳其故何歟豈天心仁愛不忘儆動使聖德日進於無疆歟抑其理淵默不可得而測識也諸士子挾策而來不可謂無見矣試舉其變沴之見於往古何者關人事之吉凶何者係公私之利害代舉一二用著于篇以觀博洽之學且陳今日應變之方以徵用世之志

問　岳牧相讓用熙庶績庶官乃和大祛龐政臣道貴于和固也自夫非怨之風既興傾危之俗又作延蔓以迄于黨人虞周之盛遐哉微矣若夫引車以避者志先國家之急并坐而歡者亦以天下之未定則僅見焉至於公言廷諍私居乃相稱美之不暇伏閣直攻而又戮力於平賊之舉甚者反覆相非至

語人則以兄弟呼之其或庶幾乎夫衆臣和于朝萬物和于野固所深望于今日者然而世道升降之幾亦于此乎在也兹欲上而公卿下而百辟濟濟然師師以復乎虞周之盛如之何則可務詳言之毋曰位卑而言高固不敢也

問　非兵無以衛民非食無以養兵故兵制財用二者凡有天下國家之責不可以不講也三代之法兵農合一卓乎不可尚已然其法至周而始備降及春秋以至於秦其法大壞禁戍之卒俱自爲行伍供給之需多挽於漕運由漢而唐而宋皆遠不及古其始也或因前代之舊或從一時之宜規度經畫未嘗不善及其終也傳世既遠或涉於意見之偏或沮於時勢之厄而其法之善者遂淪没而不存矣故所行之失雖有不同而卒同歸於敗焉其詳可得言歟我祖宗創制立法於兵食二者盡善盡美聖子神孫世守之以爲法程夫何近之言兵者有行伍空虚兵威不振之患言食者有倉庾缺乏軍需不足之憂是必有其説也今欲隨事而立法因時而救弊以復祖宗之舊然抑豈無其道歟諸士子抱藝而來必嘗窮其得失之源究其成敗之迹試條陳之以觀有用之學

問　朔方河西之地自漢唐以來爲中國之版籍舊矣我國家混一區宇以河套廣野不復戍兵而朔方遂墟酒泉以東悉改衛所而燉煌不守是固王者務廣德而不務廣地之意也然戎虜盤據窺伺爲奸南牧之馬莫禁於頻馳西征之師徒勤於大舉有志之士恒竊痛心我思古人經營兹土開創之功保障之績邈乎其不可及矣試舉漢唐之盛者言之如長平之奮身奴僕七征而收薄伐之功驃騎之勇冠諸軍六舉而奏封山之捷築受降城而斥地窮荒佩四將印而控制萬里是皆功著北鄙折衝之虎臣也其人可歷數歟又如屯田制勝而振金城之旅投筆勵志而揚玉關之威洪源克敵大築京觀瓜州出守計摧虜衆是皆名顯西方奠邦之良帥也其人又可歷數歟宋人不競二方郡縣相繼淪於拓跋無足言者兹欲恢朔野之封疆因黄河爲塞以絶北虜復河右之城壘扼玉關之固以制西戎事出萬全爲久安長治之計功成一舉無師老財費之憂未必無其策與其人也諸生其悉陳之我將采之以獻

中式舉人六十五名

第一名　喬世寧　耀州學生　書

第二名　糟士奇　鳳翔縣學生　詩

第三名　沈麒　長安縣學生　易

第四名　賈正己　蘭州學生　春秋

第五名　王朝　三原縣學生　禮記
第六名　王乾元　寶雞縣學生　易
第七名　桑蓁　長安縣學生　書
第八名　劉景玉　長安縣學生　詩
第九名　張三畏　西安府學生　易
第十名　廉傑　城固縣學生　春秋
第十一名　劉儒　中部縣儒士　詩
第十二名　安夏　渭南縣學生　書
第十三名　高天衢　鳳翔縣學生　禮記
第十四名　康世隆　咸寧縣學生　詩
第十五名　劉維綸　清澗縣學生　易
第十六名　吕田　高陵縣學生　書
第十七名　党永　鳳翔府學生　詩
第十八名　梁廣信　西安府學生　易
第十九名　賈守正　三原縣學生　書
第二十名　劉九容　榆林衛學軍生　春秋
第二十一名　胡萬方　西安府學生　詩
第二十二名　侯郡　鳳翔府學生　易
第二十三名　宋宜　鄜州學生　書
第二十四名　張鉉　蘭州學生　禮記
第二十五名　翟吾道　同州學生　詩
第二十六名　劉衷　岷州衛學生　易
第二十七名　楊九澤　華陰縣學增廣生　書
第二十八名　王良臣　漢中府學生　詩
第二十九名　馬書林　高陵縣學生　易
第三十名　李朝陽　徽州學生　春秋
第三十一名　田雲　膚施縣學生　詩
第三十二名　趙芳　朝邑縣學生　易
第三十三名　王正人　秦安縣學生　書
第三十四名　劉天麟　慶陽府學生　詩
第三十五名　廖蘭　隴州學生　易
第三十六名　張九經　文縣學生　書

第三十七名　劉永　醴泉縣學生　詩
第三十八名　馬鐣　蒲城縣學生　春秋
第三十九名　王廷金　臨潼縣學生　書
第四十名　劉元登　朝邑縣學生　易
第四十一名　左思敬　耀州學生　詩
第四十二名　馬雲鵬　綏德州學生　易
第四十三名　税文臣　乾州學生　詩
第四十四名　劉登　咸寧縣學生　禮記
第四十五名　宋淮　臨洮府學生　書
第四十六名　楊秉忠　西安府學附學生　詩
第四十七名　王堯弼　華州學生　易
第四十八名　胡萬里　西安府學生　詩
第四十九名　李應辰　漢中府學生　書
第五十名　景鸞　岐山縣學生　春秋
第五十一名　劉鳳翔　咸寧縣學生　易
第五十二名　張環　長安縣學生　詩
第五十三名　邊永寧　狄道縣學生　書
第五十四名　周吉　西安府學生　易
第五十五名　李天賜　綏德州學生　禮記
第五十六名　劉坤　咸陽縣學生　詩
第五十七名　賈準　西安府學生　易
第五十八名　白世卿　秦州學生　書
第五十九名　米廷寳　咸陽縣學生　詩
第六十名　原宲　蒲城縣學生　書
第六十一名　陳養正　蘭州學增廣生　易
第六十二名　王朝弼　朝邑縣學生　春秋
第六十三名　劉機　白水縣學生　詩
第六十四名　何時昌　咸寧縣學生　易
第六十五名　白文魁　澄城縣學生　詩

第一場

四書

回也非助我者也於吾言無所不説

張三畏

同考試官教諭方批（論語難言子言之宛如當時語良工之心苦矣）

同考試官教諭陳批（語多出人意表説亦深矣）

考試官學正范批（自然之文可誦）

考試官教授林批（明暢）

聖人言大賢無所益於己以其深有契乎己也蓋助我由於疑問顏子默契之深而無疑問矣宜夫子致無助我之嘆也歟昔夫子之意蓋謂天下之理有疑則有問者問則有益若顏回殆不可以是望之乎故夫强意質疑者或得于言論之表用力辨難者時出諸志意之先夫助我誠多矣回也雖從游有年但見其坐忘而已未嘗窮詰問以開有助之益于是乎補吾聰明之所未逮俾因乎此遂悟乎彼也雖與言終日但見其如愚而已未嘗極辨説以發相長之端于是乎廣吾智慮之所未至俾因乎往遂知乎來也夫回豈真無知者哉蓋以深潛具至默之體明睿極旁照之用凡教之所施即歡然于不違之際由本以之末觸處皆通無有拒而不入者焉凡語之所及即怡然于不惰之中由始以之終萬境俱徹無有窒在而不化者焉我以言傳彼以心悟舉隅之論有以觸其類長之機雖口之耆芻豢不足以喻悦之至也我以口授彼以意逆成德之言有以達其通微之智雖物之遇時雨不足以喻悦之深也夫悦即深則疑自泯疑既泯則問自忘又何助我之有哉夫子言若有憾于回而喜之之意殆不可掩矣抑助之者其效淺説之者其功深是故顏子誠無助于夫子矣至於傳道之責卒歸之其諸起予之商知來之賜皆不預焉故君子曰發聖人之藴者顏子也然則顏子助夫子者又豈諸弟子之所能及歟

徵則悠遠悠遠則博厚博厚則高明

劉儒

同考試官教諭冀批（德到徵字已在功業上説了作者體認不真往往於博厚高明處將巍乎其有成功等語入講重復可厭此作只就字意上形容不假襯貼而其旨自見是用録出）

考試官學正范批（文具而意足）

考試官教授林批（疏剔字義務見本旨與概襲陳言者异矣）

中庸論至誠之德著於外者自馴致其盛焉蓋德實於中自著於外而爲事業也以誠之著不有以馴致其盛者哉中庸發明天道而有及於至誠之功用如此且天下之理未有誠而不著亦未有著而不盛者也聖人之誠既極其至故其徵諸事功内之所存者有以裕其外之所發漸漬□□而不淪於拘迫顯設于一時者足以加惠於百世而悠遠無窮矣中之所蓄有以符其外之所章優游暇裕而不狃於急促昭示於一旦者足以垂休乎千載而悠遠無既矣惟其徵之悠遠故其積也日引月長浩浩乎廣博而不可涯涘窺淵淵乎混淪而不可底止測既博而且厚也豈褊淺其局量者擬倫耶惟其積之廣博故其發也時异歲新巍峨掀揭而壯體勢於莫攀宣朗昭融而燦光輝於莫掩既高而且明也豈卑污其氣象者彷彿耶是則見於既足之時者有不容已之機故流於既溢之餘者有不容掩之妙聖人之德之盛如此此其所以載物覆物而與天地同其體用也歟大抵誠者無妄具實之體不貳之名物之所以成始而成終者也使天地而非此不足以爲天地聖人而非此則無以爲聖人矣何功用之足云子思作中庸論聖人之德而必有及於天地無亦以常物之□情惟此相爲表裏捨之則無可名狀乎嗚呼□子思者可以語誠矣

老吾老以及人之老幼吾幼以及人之幼天下可運於掌詩云刑于寡妻至于兄弟以御于家邦言舉斯心加諸彼而已故推恩足以保四海

喬世寧

同考試官教諭許批(此題本是心足以王説來運掌正應王字意與保四海同作者不知但指易説謬矣子獨有見且道出反本之意明白足破群疑録之)

考試官學正范批(不事雕琢而文采自見天下之至文也)

考試官教授林批(簡潔)

大賢既言推恩有序者易於王天下因明推恩有序者足以王天下甚矣推恩之有序也于是而不失焉豈不足以王天下而且易乎孟子因齊王之問此則以是心足以王者而告之蓋謂致王以推恩爲大推恩以親親爲始彼是心也何心也即不忍之心也盍自其及物者推之親□以仁民乎故吾有父兄必先推是心而以老□之然後推之以及乎人之老俾人之父兄無乎不安也吾有子弟必先推是心而以幼畜之然後推之以及乎人之幼俾人之子弟無乎不懷也以是王天下則由近以及遠而遠者自隨自易以及難而難者自舉不猶運於掌之易易乎故詩有云風化之本出於閨門而儀刑之道始於寡妻以之至兄弟則兄弟

睦焉以之御家邦則家邦治焉夫豈有他哉蓋舉乎不忍之心而加諸寡妻兄弟家邦之間特寡妻兄弟親而在所先也家邦疏而在所後也于是善治者誠能推此加彼各老其老而親疏之道洽以己及人各幼其幼而内外之分周吾見親親仁民不失其序老安少懷各遂其生四海尚有不保者乎四海既保則其王也誠運掌而已矣夫臣之言豈誣也哉其惟反而求之斯可矣抑恩自親親則無不易而齊王先諸愛物始有所難固也使能因孟子之言而得反本之道吾見不忍之心始於一物終於百姓發於齊國達於天下其三代矣乎奈之何一切倒行而逆施之無怪乎靦然而爲五霸之罪人也噫

易

初筮告以剛中也

沈麒

同考試官教諭方批（講剛中處錯綜有體文之至也）

同考試官教諭陳批（融會經語宛然天成得精微之體）

考試官學正范批（結本爻辭説來寓忠愛意）

考試官教授林批（易義如此至矣）

論辭得發蒙之宜以爻備發蒙之德蓋告者固難告而有節斯益難矣非九二有剛中之德而能然乎昔文王繫蒙之辭曰初筮告夫子以卦體釋之以爲學非誠則不至教非中則不倫故明者之告與不告顧蒙者之誠與不誠何如耳彼人之初筮盥而顒若精神則方聚也問焉以言誠意則未散也方童蒙求我至純無雜竭齋戒洗心之時儼如蓍龜之在前焉至一無二充有孚於盈缶之際宛如神明之在上焉是不有初筮之誠者乎由是扣之則鳴啓以果行育德之方受之如嚮示以正法禦寇之道夫告之如此而豈徒哉蓋君子之德以剛爲明剛之不足則無告之之本以中爲節中之不至則失告之之宜卦之二得乎九蓋有剛之德焉剛乃明之所由生也九居二二蓋有中之德焉中乃節之所由出也吾見因材而篤待問之資必加於積誠之士固未嘗不告然而妄告者然寡矣擇可而施不拒之教必授於篤信之人固未嘗吝教然而輕教者亦無矣夫學者以誠則學得其道教者以中則教得其道發蒙之道於斯至矣雖然蒙有君臣之道也是故幼衝之君迪知有德者勿疑勿貳盡誠以順聽之庶彼得以盡輔相之道翼之而爲百代之令主殆不難矣苟訑訑□□飾非拒諫之心則剛中之賢終亦必去而已乎是不可也故曰蒙有君臣之道也

爻有等故曰物物相雜故曰文

王乾元

同考試官教諭方批（文物處體認獨真蓋留心於理學者録之）

同考試官教諭陳批（曰物曰文亦見易書廣大悉備處此作良是結以聖人用易立説尤出人意表）

考試官學正范批（説理文字匪直辭達而已）

考試官教授林批（能發傳易者之旨）

大傳論易有即畫之殊而爲言者有即畫之殊而爲言者夫畫殊而物自分畫間而文自著也何莫而非道之所寓乎宜大傳言之以示人也其意蓋謂三才之道變動於六爻而六爻之變則各有所適即其畫之殊者而言之三五同功若無可區别矣然而一貴一賤凛然尊卑之攸分二四同德若無所差等矣然而一遠一近截然内外之蹟异爻之有等如此是蓋以不易之位而寓夫不齊之情一物各具一理焉因所變之名而隱乎至賾之象一物各取一義焉謂之曰物則理寓乎器而有可名器乘乎理而有可執是非道之散殊者乎即其畫之間者而言之三陰三陽雜布於六虚之間序不紊而體則殊一剛一柔錯陳於一卦之内位不出而質自异物之相雜如此殆見經之以陽而緯之以陰參伍以散其章錯之以奇而綜之以偶彌綸以合其變謂之曰文則無色之賁固非苟合暗然之章不假外飾是非道之昭著者乎吁爻之等物之雜而爲物爲文道之變動於六爻者如此易之廣大悉備不於是而益可見哉抑論天地之間陰陽而已爻之等陰陽不易之分也爻之文陰陽不秘之精也聖人因其等而辨上下定民志因其文而察時變化天下則易書與天地準聖人又與易書準也易其聖人彌綸天地之道者乎

書

若虞機張往省括于度則釋

喬世寧

同考試官教諭許批（儉德永圖必奠而後發子能就虞人寫出讀之不覺躍然）

考試官學正范批（假虞人之意寓告戒之私使伊尹自言不過如此）

考試官教授林批（整潔）

大臣告君謹德永圖之功必慮之善而動之時也蓋慮之能善則動之斯時也大臣啓告於君必譬諸射焉得非欲其易曉歟伊尹告太甲之意謂夫王之欲縱蓋奢侈失之而無長遠之慮者儉德永圖固當知所務矣然豈無所事

事哉譬之虞人然弦木爲弩其弩有機剡木爲矢其矢有括時乎有事於田也弩機既張矢可發矣然猶以爲奏功雖在於舉□之後營謀則始於拾决之初使括乖于度不致審焉能無空發乎時乎有事於獵也弩機既撇矢可捨矣然猶以爲擇全雖在於盈庖之後用巧實昉於釋掤之先使括違于度不加察焉能無虚捨乎故當其機之張也必殫厥心思于以審其括之合于度歟否歟謀出萬全務使低昂之勢不乖乎準望之宜然後發焉則中心應弦發斯不空矣當其機之既撇也必竭乃目力于以察其括之適于度歟否歟虞無遺巧務使疾徐之妙不違乎發動之由然後捨焉則中必飲羽捨斯不虚矣是則王之儉德永圖在於欽止率祖省括于度則厥止可欽乃祖可率矣其所事事尚有餘蘊哉大抵事必有法捨法則無可行省括于度射之法也欽止率祖謹德永圖之法也使德非欽止雖有賢聖無所庸其力射非省括雖有良工無以施其巧矣伊尹欲太甲修德悔過而必譬諸射豈非假粗明精俾其言得而易入歟厥後太甲果能克終允德爲商令王謂非伊尹告教之功不可

萬年厭于乃德殷及引考王伻殷乃承叙萬年

桑蓁

同考試官教諭許批（道出周公忠愛之意宛然可掬短晷之下有是哉子亦奇矣）

考試官學正范批（衝澹中能道出人所不到底意可録）

考試官教授林批（文有則而意亦完如子之言周公之心慰矣）

大臣祝願於君福之所及者遠責難於君化之所及者遠甚矣人臣之事君動以遠大相期也况周公之輔成王其所以責願之者不以是爲心哉昔周公因成王行命寧之禮而祝告於先王及此意謂王既不忘乎我我其敢忘乎王是故福之止於一人者不若及於家國之爲遠也我之祝福於王豈徒惠篤叙於今日而已哉殆必使繼王之後而爲之子孫者皆厭乎祖德之□瓜瓞綿綿麗以億計也而篤不忘以永孝思者非一世姦斯蟄蟄年以萬言也而引弗替以繩令武者如一時抑豈徒無遘疾於一身而已哉殆必使從王於周而爲夫殷庶者皆享夫壽考之休荷化國之日舒而葆真茹醇恒見其康强感和氣之時至而登耆躋耋罔罹乎短折若然則福之所及者遠矣然猶以治殷之責雖在於我而化殷之本實係於王故當介使之歸效責難之意以爲化之行於一時者不若垂之世代之爲久也彼比臣之義起殷民之節性邁矣而不能必其不遷王其懷可久之圖以躬行之實敷而爲條教之詳于以使之敬受而不

違則節性庶乎其日邁而奕世如一時也謹毖之命申殷民之放心收矣而不能保其不變王其思善導之術以心得之微形而爲訓典之懿于以使之傾聽而不忽則放心庶乎其永收而萬年同一日也若然則化之所及者遠矣吁祝願之誠方切而責難之意遂繼老成之輔幼主其忠愛有如是夫大抵人臣之事君貴忠愛之兩盡使徒知愛而不責難則爲婦寺之忠徒知忠而不愛則無惻怛之實名爲忠而實非忠也周公因成王之毖殷既爲之祝福而猶不忘責難之恭則忠本於愛此其忠所以爲至而非夫人之所能及也後之爲人臣者盍亦知所監哉

詩

伴奂爾游矣優游爾休矣豈弟君子俾爾彌爾性似先公酋矣爾士宇昄章亦孔之厚矣豈弟君子俾爾彌爾性百神爾主矣爾受命長矣茀禄爾康矣豈弟君子俾爾彌爾性純嘏爾常矣

糟士奇

同考試官教諭冀批（雅義場中類能言之語意鮮整而不失齋莊之體僅見此篇録之以範作者）

考試官學正范批（寫出召公阿上歆動成王之意讀之灑然噫吾子他日向□必知所從事者矣）

考試官教授林批（師保進戒之體正如此）

大臣之戒君必極言福壽之盛以歆動其心焉夫人君至願莫過於壽考福禄之盛也大臣極言以歆動之責望之意有在矣想昔召康公戒成王之意以爲吾王當國祚亨嘉之日爲游歌卷阿之舉是雖以舒暢其襟懷亦因以覘知其福履斯時也四方無事於經營而纍世之熙洽於爾乎是承其游也伴奂其游矣萬幾罔有乎曠廢而前人之燕翼於爾乎是及其休也優游其休矣然必俾爾豈弟之君子終其壽命無异於先公善始善終之美而伴奂優游之樂得享之於無窮焉吾王統馭華夷而尺地莫非有土宇何大明也撫綏萬邦而一民莫非其臣輿圖何孔厚也然必俾爾豈弟之君子終其壽考常爲天地山川鬼神之主而土宇昄章之大得承之於悠久焉吾王年方鼎盛而貴爲天子之尊受命不既長乎運際盈成而富有四海之廣茀禄不既康乎然必俾爾豈弟之君子終天年於有永享純嘏於無間命之長者而愈長福之康者而愈康焉是則今日福禄之盛固吾王之所深願然致之必有其由也是烏可不知所務哉考之因事納忠固人臣之事納約自牖亦進言之法周公欲成王知稼穡之艱難不激以危言之峻惟陳后稷公劉風化以諷之康公從游卷阿將戒以

用賢修德之事必先壽考福禄廣其心而歆動之皆所謂善引其君以當道視後世立談慟哭者异矣噫成王卒成中興之令主謂非二公之力而誰歸

駿發爾私終三十里亦服爾耕十千維耦

劉景玉

同考試官教諭冀批（頌題不過勸耕一事下筆便覺窘然此作只本朱傳組織成文理亦自足必老於葩義者録之）

考試官學正范批（周王戒農官之意模寫殆盡讀之自不能釋手）

考試官教授林批（理到之言家數自别）

王者戒農官之治田盡所耕之地無不耕之人蓋治田貴乎地利盡而人力協也否則廢厥事而曠厥官矣奚可哉此戒農官之詞其意謂夫國家以農爲重農事以耕爲先彼卿遂之地皆私田也私田不耕則西成失望農斯廢矣爾當命彼甸徒于以大發其私田可焉溝洫之間皆爾私也爾私弗治則士女何穀民斯疾矣爾當率彼農人于以駿發乎爾私可焉載芟載柞必盡夫萬夫之所受此疆爾界可使有荒蕪者乎啓之辟之必遍乎一川之所有上原下隰可使有污萊者乎然人力有未齊則務廣地者失之荒廢時事者失之怠故必主伯耕也亞旅耕也凡百畝所受者無非服事之人勸課之下無惰農焉比閭耕也族黨耕也凡爾職所司者罔非力農之輩巡省之餘無游氓焉田以一川則人以萬計櫛風雨而嬰良耜者固非一耦也然并力齊心之勤有如一耦而并耕也里方三十則夫以十千秉耒耜而澤澤其耕者固非二人也然通力合作之勞有如二人而并治也是則舉耕事而盡其地則地無遺利矣服耕事而盡其人則人無遺力矣如是而後豐年可必則成王之昭假於爾者不負爾農官之職亦庶乎其少盡矣是可以不知所勉哉大抵周家以農事開國故自后稷至於成康重農之意著於無逸之書歌於雅頌之什不一而盡誠以生民命脉之所係捨此而欲言治皆末也周之所以久安長治以至歷年八百者未必不肇基於此後世人主不此之務游心异術以求安天下之策甚至有不辨菽麥而來人譏誚者宜乎治莫古若也

春秋

九月考仲子之宫（隱公五年）

康傑

同考試官教諭路批（題本易知作者類能言之但傳意錯綜難於分析此篇體認真切議論明當而詞又足以發之是用録出）

考試官學正范批（謹嚴文字）

考試官教授林批（析傳合經明整可誦）

春秋紀望國祀事之失不惟謹夫禮而又正其名此考宫一舉而魯之典禮紊矣宜春秋特書以譏之也歟且仲子者惠公之妾桓公之母也我隱嗣封適追先志既爲之立祭享之宫又爲之舉告成之祀宜若愛親而友弟矣君子以爲非禮者何歟蓋宗廟之制典禮所嚴魯在當時奉周公之祀祔群公之主者吾聞其有閟宫也仲子何人乃今堂寢極規制之宏土木耀輪奐之美果昭耶穆耶而宫以奉之耶借曰禮緣情制斯舉可謂義起者矣殊不知諸侯之廟五一定之制也今五廟之外而復有仲子之宫是魯有六廟矣成先君之邪心也壞望國之家法也苟不謹之則奸典悖禮豈可以爲訓哉故經於宫廟之作合禮者則不書此而書考宫者以其爲仲子之宫不當立也非禮之罪不於是而見乎然又謂之正名者何歟蓋嫡妾之分人倫所重魯在當時配惠公之食享小君之祀者吾聞其有孟子也仲子何人乃今俎豆陳備物之豐祼獻肅如在之敬果嫡耶繼耶而祀以尊之耶借曰母以子貴此心可謂善推者矣殊不知諸侯不再娶三代之禮也今孟子之外復有仲子之祀是惠有二嫡矣啓桓公之逆志也紊天叙之大倫也苟不正之則亂名犯分其何以示法哉故經於夫人之稱必姓謚號之兼舉此而單舉姓字者著其爲惠公之妾非夫人也正名之義不於是而見乎噫考宫書而後宗廟之禮嚴仲子書而後嫡妾之名正聖筆之精有如是哉大抵有國家者不可不謹於禮也惠公滅禮而徇於愛隱公越禮而成其惡卒致羽父之謀桓公之弑其禍有不可勝言者故聖人嚴於嫡妾長幼之禮以垂戒於後世可謂深切著明矣猶有溺愛不悟如晋獻公者亦獨何心歟

楚子伐鄭（宣公四年）楚子伐鄭（宣公九年）

賈正己

同考試官教諭路批（傳意甚明作者罔知歸者牽引别傳冗雜可厭晚得此篇簡嚴整潔讀之使人悚然可敬可敬）

考試官學正范批（論楚事美惡詞正而嚴作手也）

考試官教授林批（善發傳意）

外夷討貳國春秋予之外夷虐貳國春秋貶之此聖人於楚再伐鄭詞同而予奪异者討罪謹辨之義其嚴矣哉在昔春秋中葉我宣當國晋霸浸微於諸夏楚莊崛起於南荆戎馬交横干戈迭逞蓋無日不以争鄭爲事也乃今楚

也憤鄭人之未服率師徒而往問虔劉其人民震蕩其郊保與後此之伐鄭志固同矣何春秋書爵而以爲予之耶彼歸生者犯無將之戒負不道之□中外環視未聞有討罪之舉也而楚子乃能投袂而奮其威援枹而聲其罪文告播於溱洧三綱之重賴以復明義聲揚於江漢九伐之典由兹不墜戡亂鋤凶師何壯耶苟不予之則人將以弑逆者爲常情而君臣之彝泯矣經故稱爵者取其仗義也誅亂討賊之善不於是而見乎傳所謂治亂賊之黨者此也既而楚也追懷于厲之憾復舉駕鄭之兵國君親將大衆偕行與前此之伐鄭事若等矣何春秋書爵而又以爲貶之耶彼鄭人者居晋楚之衝負懿親之望上下安輯未聞有可聲之罪也而楚莊無故驅犬羊之群張崩沸之勢三軍悉力播虐焰於中原兩廣揚威鼓妖氛於上國恃强憑弱師何悖耶苟不貶之則人將以猾夏者爲常事而内外之防決矣經故稱爵者見其自將也重兵陵暴之惡不於是而著乎傳所謂謹華夷之辨者此也噫同一楚子也同一伐鄭也而善惡之不可掩如此者此春秋所以非聖人莫能修也歟抑又論之楚以僭竊之夷頻年内擾無足較者獨惜晋景奕世之霸始則不能討鄭繼而不能討陳使楚人得以假義號召諸侯於辰陵縣陳入鄭大敗晋師伐宋滅蕭雷動諸夏於是盟主之權屬之楚矣獨不深可咎乎先儒謂景公無制中夏之略於此益信

禮記

凡君召以三節二節以走一節以趨

王朝

同考試官教諭周批（三節以一節二節互講得旨且淵然之光蒼然之色奪諸人目擊節於子深矣）

考試官學正范批（組織經語炳炳有文且能道也敬君之意可誦）

考試官教授林批（深得禮家之旨）

君傳命節以時用臣赴命儀以節施夫節有疏密赴有疾徐皆敬君命故也古之人臣事君有禮哉記玉藻者謂夫君臣固有尊卑之分亦有往來之禮是故王事勞乎咨詢而綸音布於在官在外之日于是乎有二節之時焉合二於一正遇三而齊矣國政俟其揆序而涣命布於在府在朝之地于是乎一節之時焉加一於二亦以三而止矣不可多也不可寡也等威明於惟稱之間不可損也不可益也度數秩於有文之際人臣于此何如其爲容耶必也二節之至則曰事固急乎不然何其節之密也于是乎不以走不幾於以怠緩爲心者耶故靡及之慮已形而欲發之端即起濟濟于官者而今惕惕于道接武繼武不暇拘矣是若有失容之誚殊不知當急而承之以急實所以敬君也一節之

臨則曰是固緩乎不然何其節之疏也于是乎不以趨不幾於以奔走爲事者耶是故將事之敬雖形而失措之儀不設剡剡于室者而今翔翔于朝如矢如流不必務矣是若有修容之嫌殊不知當緩而承之以緩亦所以敬君也夫一節二節命雖异而以走以趨敬則同當時君臣藹然可想見矣雖然二節以走一節以趨以緩急爲敬者也一命而僂再命三命而傴而俯而循墻而走以多寡爲敬者也君子事君敬固無所不在至於趨走疾徐之間傴僂隆殺之際尤有節焉斯不僕僕矣夫爲國何貴乎臣之僕僕哉是故禮之所以作也

古之制禮也經之以天地紀之以日月參之以三光政教之本也

高天衢

同考試官教諭周批（曰經曰紀曰參就從上文象天地日月三光説來殊有源委尚謂不深於禮經者乎）

考試官學正范批（從有經有紀有參講政教之本深得旨讀之聳然）

考試官教授林批（結云鄉飲與王制相表裏道人所未道）

聖人制禮備造化而出治道也夫鄉飲之禮大矣天地日月三光無不象而備之則政教豈不由是出乎記鄉飲者至此其意蓋謂禮制由造化而作政教本禮制而行古之聖人因會聚之常以制飲食之節致尊讓之義以遠鬥辨之非于是乎有鄉飲酒之禮焉夫非經則無本故立賓主以象天地天地乃所以爲經也但見賓以義主以仁一天地之綱維截然有本而不離焉豈非經之以天地乎非紀則無文故設介僎以象日月日月乃所以爲紀也但見介從賓僎從主一日月之分次秩然有文而不雜焉豈非紀之以日月乎非參則無輔于是乎立三賓以象三光而三光非即所以爲參歟故三賓參居以輔乎衆賓一三光參列以輔于天焉則又參之以三光矣是若無預於治而何以謂之政教之本也蓋曰政曰教有大綱焉經叙則大綱以立有萬目焉紀布則萬目以張又有衆輔焉參備則衆輔以具由是名分定於等威賓介交而貴賤别祭飲行而隆殺辨不必家至之油油然而治自出也風俗成於禮讓敦和樂弟長燕安之儀極不流不遺不亂之美不必日見之勃勃然而化自行也孰謂政教之本猶不在是乎故曰觀于鄉而知王道之易易也益可見矣雖然是禮也三年大比興賢者能者與夫諸侯之卿大夫貢士於其君類如此有志於復古者果能舉而行之則孝弟日興造士以告于王而升諸司馬者固濟濟如也然則鄉飲與王制殆相爲表裏者乎

第二場

論

忠恕違道不遠

糟士奇

同考試官教諭冀批（櫽括中庸一篇之意殆盡又且句句不離道與忠恕間有道出前人所未嘗道者於理深矣關西之學倡自横渠若子豈非勃然而興者耶筆力千鈞姑未暇論）

考試官學正范批（論題涉性理最難下筆此作滚滚千餘言開闔抑揚變化萬狀讀之使人忘倦固以至文説至理耶噫亦奇矣）

考試官教授林批（本動以天説來有味哉）

道者天而已乎君子修其人以至之則幾矣夫天人之勢至遠也而理尤至近也勢固不可以遽合理亦不可以終離苟徒執其勢而强諉之曰吾未幾于天斯求諸天而已矣人何爲哉是欲一蹴而至道者耶道可一蹴而至天下無愚人矣吾見其愈不幾也君子則曰天之未幾惟人可至理也人之大者孰有如忠恕乎于是充之乎一心之間達之乎萬事之表則人至人至則天至天至則道至何也道不遠人其理固合而不離也吾以人求之則人亦不遠道人不遠道而違道也又豈遠乎吾見其幾矣忠恕違道不遠天人之謂也且道何以謂之天也以其出於天故謂之天也天命之謂性率性之謂道性出於天道非出於天而出於性是即出於天矣則謂之天固宜是故子之孝臣之忠弟之敬朋友之先施皆道也皆天命之所以不可已者也夫道雖出於天尤有自率性而得之性也者我之所固有反而求之昭昭如焉固非奪諸彼以與諸此取諸塗而强置于懷也則豈遠于人乎故曰其理合而不離也聖人不思不勉厥勤以天與道一而已矣夫何形生智發氣質雜揉有智有賢者愚者不肖者愚不肖瞠乎不及于道賢智則又逾而過之而道始遠矣天人之勢始出矣于是乎不得不求諸人而况天亦有待于人耶人者何忠恕之謂也忠者何盡己之謂也恕者何推己之謂也忠恕者何盡己以推己之謂也忠主於内以立其恕恕達於外以行其忠人斯盡矣苟求道者但知道者天也道失乃遽皇皇然于天焉求之忠恕之在人者則曰卑矣近矣是不足以至道殆猶望泰山之高輒捐其階超足而登之吾見其幾者幾希君子于是惟盡己乎爾惟推己乎爾又惟盡己以推己乎爾盡己則忠立推己則恕行盡己以推己則忠恕并至忠立天下之大本之所存也恕行天下之達道之所發也忠恕并至則天命之必性率性之道亦無不幾焉曰違道不遠至矣哉憂之遠而言之切也今夫吾之子

若臣若弟若朋友强施我以不欲吾艴然矣則盡其心以推之吾父吾君吾兄與夫朋友不欲猶夫吾也乃勿施諸父勿施諸君勿施諸弟勿施諸朋友是即忠恕之事也由是而之焉孝不遠矣忠不遠矣敬不遠矣先施不遠矣斯其明效也是則直求天於天者始不可及勢離而理亦離也反而求諸人則可以幾之理合而勢亦合也然則君子豈弃天者哉正欲盡人以至乎天孳孳焉使天爲可以幾也他日子貢問所以終身行之者亦曰其恕乎蓋終身行之者道也忠恕違道不遠故特以是命之即中庸之意而不及忠者恕自忠出言恕則忠在其中矣曾子又曰夫子之道忠恕而已矣此正動以天之謂也動以天則已無待於盡且推矣君子誠能盡之又盡至於無所不盡無所盡推之又推至於無所不推無所推則至乎夫子之忠恕而渾然與道爲一矣由是乎可以致中和之極即天地無不位萬物無不育焉夫不遠者殆又奚足論耶雖然惟忠恕可以至道惟誠可以語忠恕何也蓋有誠而後有忠有忠而後有恕一不誠則皆虚器矣是故純亦不已聖人所以爲忠恕也惟夫曾子真積之久夫後能得之然則君子欲以至乎忠恕者抑惟誠之爲貴乎

表

擬宋以張詠知益州得便宜從事謝表（淳化五年）

喬世寧

同考試官教諭許批（通篇皆組織忠定及蜀郡事焕若指掌至便宜處尤歸尊于朝廷子固頃刻不忘君者耶博學工文抑餘事耳）

考試官學正范批（婉而有則雅而有文洋洋巨篇皆出天然語昔温公嘗謂不能四六子固能之耶）

考試官教授林批（麗而有則是工於四六者）

臣咏言伏蒙聖恩以臣知益州得便宜從事者寵溢韜鈐特倍表方之任令優節鉞尤專制閫之權顯服龍光私憂蚊負臣咏誠惶誠恐頓首頓首竊以强立功名偶占負俗之士優當盤錯終資利器之賢官在惟人任求厥稱故賢主益書屏之慎明王極推轂之嚴伏念臣咏骯髒迂流乖崖拙品少甘學劍長略知書貧賤客游獨抱下人之耻剛方自許因成任氣之嫌初試乙科歷躋膴仕强幹誤聞當寧朴忠偶薦同朝夢協三刀遽徵符於明府地凌九折幸擊節於忠臣雖猥貽不拘小節之稱詎敢嬰自當一面之寄兹蓋伏遇沉謀淵默英斷雷行北漢揚旗力遽剪其孤壘東遼破竹聲復震乎三關昭文武之丕資恢帝王之遠略睠彼靈關之地昔稱天險之區玉壘參儀咽喉諸郡銅梁重阻襟帶兩川竊憤凶殘深憑險固肆脅民而爲盗敢鼓衆以興訛亡命争依堅城遂

陷游魂突釜覬公孫躍馬之長怒臂當車逞劉闢發兵之計一方滋毒釁已積於逾年三帥屯軍機每妨於愒日星書告急旰食軫懷遂謂紓朕之憂私計非卿不可尚謬六條之政乃承千里之師尤以救變須出於常經謀大難膠於小節毋拘文法龔遂安渤海之民外决軍功李牧滅儋林之寇特委推心之信預消掣肘之艱發許後聞動忘中制展布得由四體精白矢盡一心息民則文翁之遺軌惟稽定亂則諸葛之前規是繹省文弛禁計欲出於萬全赴會投機功必成於一舉益盡寅恭而將事務處置之得宜劍閣馳驅願畢枕戈之志華陽底定用成傳檄之休尤念尊在朝廷專惟社稷一張一弛雖微臣之智無常作福作威終明辟之公有在臣無任感天荷聖激切屏營之至謹奉表稱謝以聞

第三場

策

第一問

沈麒

同考試官教諭方批（正心之論先儒嘗言之作者亦往往宗其旨至以進君子退小人爲輔則未之及夫君子不進小人不退心亦安能正耶子可謂善告君者得士如此可以賀矣）

同考試官教諭陳批（敷陳聖學而拳拳於天理人欲之分君子小人之辨因事納忠子誠得其道乎）

考試官學正范批（結用主敬窮理尤爲吃緊子欲堯舜吾君者耶）

考試官教授林批（忠愛之意自方寸流出）

大哉人君之學乎正心術以植其本辨人材以廣其助斯可以語要矣政不能以自行于是乎有本德不可以孤立于是乎有助無本則雜雜則靡無助則離離則陋學至於雜且離而靡而陋焉經生學士猶或耻之矣彼心術者事物之宗也故正心術而謂之本也人材者君身之輔也故辨人材而謂之助也人君之學誠能嚴理欲以清治亂之源别忠邪以定取捨之極則本立於上而下之翼而助之者衆矣猶曰非要焉固不可也范氏曰人主學與不學係天下治亂故道惟學而已矣程子曰帝王之學苟得其要無難也故學惟要而已矣西山真氏又曰惟學可以養此心惟親近□涪陵之禍其於心術何如也或縱許史干政或寵馬竇專國或蔽宇文士及而殺張藴古或狎李林甫而疏張九齡或任盧多遜而疑趙普其於人材何如也夫學之要數君者皆罔罔然則玄宗得免於亡餘免於亂幸矣而欲企隆古之治窺粹白之道不亦難乎哉洪惟

皇上聰明齊聖躬上聖之資嘉靖興邦撫中興之運兹者特降睿旨爰命侍臣彪分詩易類次中庸析尚書之大旨以爲詩賦詞章之體輯通鑒之要語以爲直解講章之文用進日覽兼備燕觀典學之勤望道之切皇皇如也夫衆目紛紜提綱則順群言糾錯舉要則精而其要若詩之毋貳爾心及夫青繩刺讒緇衣好賢易之直内方外與履霜剥廬之戒鶴鳴鴻漸之休書之惟精惟一與簡修進良之法塈説殄行之事至於中庸戒君子可以維持此心故要惟正心術辨人材而已矣何也蓋心術之微天理人欲之攸分也天理長則開清明之化人欲肆則甚蔽固之私是以不可不正也人材之衆君子小人之攸聚也君子用則廣忠諫之益小人進則興蠱惑之端是以不可不辨也昔堯舜禹湯文武之爲學也慎危微之戒合義禮之防崇緝熙之功服敬怠之訓孰不以正心術爲本乎陟明德黜幽去凶顯忠遂良刑愆覆暴用吉士屏憸人灼俊心斥利口孰不以辨人材爲助乎其要固各在也沿及漢宣帝臨石渠以决五經之异同章帝登白虎以析諸儒之講議唐太宗分夜觀書於櫜鞬之餘玄宗更日侍讀於閤門之内宋太宗日讀大平御覽三卷隆冬短晷必足其數孰謂其學之不勤也哉然或好刑名之術或湛宮闈之禍或假仁盗名或窮欲致亂或渝金匱之盟以懼慎獨以入道去讒貴德以勸賢孰有大於正心術辨人材者耶若無通鑒所載大者如董仲舒曰正心以正朝廷正朝廷以正百官柳公權曰用筆在心心正則筆正皆正心術之謂也孔明曰親賢臣遠小人先漢所以興隆親小人遠賢臣後漢所以傾頽李德裕曰致理之道在於辨群臣之邪正正人如松柏小人如藤蘿皆辨人材之謂也斯固其要乎伏望皇上九重之上萬機之餘於夫詩易尚書中庸通鑒諸書師意以求端省躬以踐實正心術以爲之本凡天理必行私欲必去而又行之惟恐不至去之惟恐不盡也辨人材而爲之助凡君子必進小人必退而又進之惟恐不先退之惟恐復集也夫然則學得其要而此心有正而夫偏人臣有忠而無枉行政有是而無瑕天下有理而無亂可以出於唐虞三代之上漢唐諸君抑每下矣捨是而言要吾見其雜而靡離而陋皆非所知也雖然難御者心必居敬夫後可以言正難知者人必窮理夫後可以言辨不易之理也苟不居敬則濁源以求清不窮理則反鑒以索照欲其正且辨焉毋乃不可乎故大居敬貴窮理尤正心術辨人材之要也執事倘與其進則大廷之對執此以往矣

第二問

同考試官教諭許批(修德弭變雖儒生之常談要之亦止此爲是洪範庶徵豈欺我哉此策言多剴切足認忠愛謹録之以爲當寧獻)

考試官學正范批（參常應變具見才識三秦之良屬之子矣）

考試官教授林批（策警他日立朝肯默然而已乎得子可爲是舉慶矣）

對天地之道其行也有常度而考之者當因其已然之迹其變也有异徵而當之者難諉之適然之數蓋天地之道隱而難究也其安之而爲常變之而爲异誠有不可得而忽焉者考其常而參其變使在我者不迷其感通之故善計天下者可不素定而豫講之乎請因明問所及而陳之粤自太極肇分萬象流布爲文于天者有日月五星之迭運所謂七曜也爲經于地者有江淮河齊之交流所謂四瀆也然天浮陽旋轉於外而日月五星逆天而左行故即其天體之運轉而其躔度之遲速順逆有可得而言之者蓋三百六十五度有奇者固天之數也天行健故日周其數而又過之日月五星皆隨之以動而惟日之行健次于天然視天退一度矣月之行又次於日視天退十三度矣其餘五星之行則又各有遲速焉進數順天而左退數逆天而右而順逆實於此乎見矣地純陰凝聚於内而江淮河濟就下而東逝故即其地勢之所在而其源委之曲折隱見有可得而言者蓋四海九州流泒之异趨者水之勢也江水發源於岷山而東至於澧淮水發源於桐柏而東會于泗沂自積石至於龍門東至於底柱以及於大陸者河也自況水流爲濟入于河溢爲滎東出於陶丘者濟也其經流之地各有曲折焉伏流隱而難尋見處顯而易見而隱見實於此乎分矣夫七曜之在天其行固有常度矣然二氣之錯行或不能薄蝕飛流之慘天之變徵雖微而人事之吉凶每由之大之關於國家之興亡君臣之禍福次之關於民生之休戚感應之理誠有不可得而誣者姑舉其一二言之彗星見西方而商鞅入秦五星聚東井而漢高興沛七國將變月出北辰矣大宗靖内太白經天矣他如流星燭地而夷狄有竊發之虞星孛西方而衣冠蒙禁錮之慘此其人事吉凶之應固也四瀆之在地其流固有常道矣然世代之相仍或不能無騰涌决嚙之患地之變徵雖微而公私之利害實因之上之係於國家之盛衰君臣之勞逸下之係於民居之蕩析利害之著誠有不可得而掩者姑舉其一二言之耿圮於河而殷都遷岷山壅江而西漢滅王莽竊命濟水竭澤矣武后專制洛水溢河矣他如黄河决而天下爲厲濟漕通而關中不給此其公私利害之係固也則是七曜之運四瀆之流或安之而爲常變之而爲异常者安之而不知變者避之而不可參常應變恐懼修省誠有國者所當究心乎昔胤侯誓師有曰先王克謹天戒臣人克有常憲而周公之詩亦曰徹彼桑土綢繆牖户儆戒相成自古然也我皇上以至聖之德際中興之運臨御以來憂勤惕厲不遑寧處凡所以修德弭變者無乎不至固宜七曜循軌而乾符無反正

之愆四瀆安流而坤輿無失馭之忒矣然而天心仁愛每寓於譴告之中而天灾地沴或關人事或係公私守臣之所奏報言官之所論列時有聞於中外若此者豈非欲聖德日進於無疆歟是知恐懼修省在今日尤所當究心而未可諉之適然之數也殆必肅然於未變之前而竦然於遇變之日凡其所以夙夜祇懼以感格天心者不徒崇徹樂減膳之虚文而必孚之以實德如洪範之五事能修也雲漢之八章能舉也則灾者且將轉而爲祥矣否則將玩之以爲常吾之瀆慢方深而彼之酷烈愈熾其如國患何哉瘏瘵堤防以綱維地道者不徒爲鑿渠障流之近功而必行之以大計如賈讓之三策能用也蘇子之水學能行也則沴者且將反而爲福矣否則恃之以無恐吾之怠弛方仍而彼之奔潰愈甚其如民告何哉唐魏徵因旱暵欲太宗修省乃曰禍福無門惟人所召人無釁焉妖不妄作蓋以天人之交感應之理微妙莫測惟反躬自咎庶乎可回爾是豈無所見而云乎夫畏天者興習天者亡雖儒生之常談而今日弭變之道端不外此幸進而教之

第三問

糟士奇

同考試官教諭冀批（洋洋正論至誠惻怛之意真若可掬憂時愛國慨焉深矣子之言得行天下國家之福也）

考試官學正范批（秦中山川崛奇閎壯故士生於中多負剛直之氣子固其人耶）

考試官教授林批（昔賢謂希文做秀才時便理會天下事于子亦云）

人臣果貴于和乎曰忠臣不和不貴于和也抑貴于不和乎曰同寅和衷不貴于不和也非不貴于和也不貴于和而同也非不貴于不和也不貴于和不和而争也夫開辨難之端以定國是者是謂之不和持求勝之必以快己私者亦争爾非不和也不和公也進而極辨退而交歡始而相非終而相濟又何害其爲和而不同者耶争私也怒于室色于市訟于朝若讎若水火然不至甘心不已也是故不和與争公私之間也君子于是乎存公天下國家之心是非之公吾不和勝負之私吾不争則和讓之風蔚然興矣執事之意蓋以不和憂天下國家者也愚生以爲不和不足憂也争斯憂之至大者歟自夫虞廷師師岳牧有相讓之美周官董正庶官有乃和之風邈乎不可尚已周之叔季在朝公卿相非相怨水騰山易灾异頻仍固其所也由是降之戰國張儀惡軫犀首傾儀傾危之風成矣之漢之唐周房部起牛李怨深黨人之釁作矣夫是固争之甚者乎乃若廉頗病藺相如居己上輒興廷辱之言賈復耻寇恂戮其部將

欲爲手劍之事是皆幾乎争矣既而相如降心頗即引罪寇恂折節復終納歡刎頸以赴國家之急結友以匡天下之未定卒之皆能不争者也至宋慶曆明道間杜衍韓琦富弼諸臣爲國議事則公言廷諍而無私平日閑居則私相稱美之不暇吕夷簡范仲淹二人者先持异於廢后之事扣環大呼後戮力於討賊之舉焚書不問及司馬君實與范景仁論鐘律尺寸之法在館閣既以奕棋决之在留臺又以投壺決之反覆相非始終不合然君實語人曰景仁吾兄弟也景仁亦曰君實子莫逆之交也夫數君子者私居和矣公事不和則不同公事不和矣私居和則不争此所以爲宋室之純臣乎祖宗立國儼爾在位相師以善相規以過相推以誠相布以公未之有改也夫何數年以來大夫君子共濟之意浸微而分争之隙屢啓包荒之量猶鬱而攻擊之術彌繁引咎之節不宣而文辨之言日蔓推誠之悃偶忘而相持之勢益急若是者果不和乎争乎夫出乎公者則持理以求伸故但不和出乎私者則負氣以取勝故不能不争于是乎有辨矣愚願大夫君子日念吾身與天下國家孰重吾之事與天下國家之事孰急誠有關于天下國家之大若闕政之臧否國勢之安危人材之忠枉民命之休戚則力辨之不已則庭諍之又不已則面折之是特爲不和而已公也夫奚損其諸身之得失責諸己則不争言之是非付諸公論則不争位之進退委諸國則不争功之成敗利鈍聽諸天則不争吾不争而争之者且至則油油然惟山林已乎又何往而不得也由是尊嚴之體端於朝廷正大之行出于士夫和讓之化昭于天下庶幾乎虞周之可復也或者不然則比周興而縉紳殆觀聽駭而國體傷是則可憂也豈惟是哉攻訐頻則疑貳起同類戕則窺伺生吾懼因而利其柄者且衆矣是則可憂也抑豈惟是周季以怨非衰戰國以傾危弱漢唐以黨人離是又可不爲之寒心者乎大夫君子興念及此則先公後仇其何能辭釋嫌并濟猶以爲晚矣孔子曰大臣者人之表也不可不敬也邇臣者人之道也不可不慎也轉移消弭之機信乎有在焉夫危言興有道之世先憂積窮居之時愚生慨然于中久矣况今言已及之矣敢曰位卑言高罪也而猥以自默乎惟憂國者其念之

第四問

王朝

同考試官教諭周批（究古人之成迹爲今日斷案動中肯綮末復歸本於君心尤爲知要子之説行不獨三秦之兵食足矣）

考試官學正范批（法久弊生豈獨兵食顧今日之急務莫先於此者究極之精區處之當即此可覘其餘矣子嘗留心於世故者耶）

考試官教授林批（古今利弊不貴乎能知而貴乎能處子能處矣請爲我執此以生）

爲治之道其始也貴乎立經久可行之規其終也貴乎有隨時救弊之術夫爲治之所當務不外乎兵食二者而已始焉不能立法未免顛倒迷惑而有差錯悖謬之患固無以傳之於遠終焉不能救弊未免因循廢弛而有潰亂喪敗之失亦無以善之於後執事發策下詢承學而舉兵食二者爲問可謂急先務矣敢不摭平日之所聞者以復明問之萬一夫兵之用所以折衝禦侮其來也遠矣三代之征伐皆所以爲兵也而其制至周而始備觀其方里爲井四井爲邑四邑爲丘四丘爲甸甸方八里出兵車一乘馬牛士卒各隨其數此都鄙出兵之制也五人爲伍五伍爲兩四兩爲卒五卒爲旅五旅爲師五師爲軍此鄉遂出兵之制也至於百乘千乘莫不有數屬長連帥重正州牧莫不有人兵無坐食之費民無常屯之憂當時未有兵農之分也降及春秋列國爭雄各以技勝至秦則築邊防胡大驅少壯以戍邊塞而古之兵制遂亡矣漢因秦舊賦兵以丁外兵則有材官騎士之制内兵則有南軍北軍之屯爲騎士者居田畝爲材官者業農桑南軍則守護王宫北軍則巡綽京城漢之初制猶爲近古夫何武帝之世制東南之樓船西北之車騎臨淄之弩手荆楚之劍客增置外兵數多厥後耿恭將北軍五校擊羌鄧鴻將北軍五校擊胡外兵既不足恃内兵疲於奔戰而漢祚因以不支矣唐改惰舊設爲府兵於是有下府中府之制焉以八百人及千人爲之有上府之制焉以千二百人爲之諸府六百三十四所關中六百三十一所得强幹弱枝之法有居重馭輕之術唐之初制猶爲可取夫何開元而後府兵之籍缺而不補折衝之將久而不遷致使兵威不振厥後一變而爲彍騎始於張説再變而爲方鎮始於林甫方鎮既强京師單弱而唐祚因以頓衰矣宋之兵制多變五代之舊内有三衙四厢司外有總管鈐轄諸將天下之兵本於樞密而樞密有發兵之責無握兵之權京師之兵總於三衙而三衙有握兵之責無發兵之權易世而後保甲造於熙寧而兵始變義勇創於治平而民始怨康定之間元昊陸梁而兵疲於西崇宣之季女真犯京師而兵躓於北天下之民困於供兵天下之兵敝於應敵而宋室因以南遷矣此漢唐宋兵制之大略也食之用所以養兵安民其來也尚矣三代之貢賦皆所以爲食也而其法至周而始詳觀其掌財之官有太府有小府有内府有職幣焉會財之官有司書有司會有職歲有職内焉鄉遂用貢十分而取一都鄙用助亦十分而取一取之既輕用之不得不省園廛二十而取一漆林三十而取一取之既少用之不得不廉太宰以九賦斂財賄太府以九式節財賄當時未有

漕運之名也降及春秋間用漕挽迨秦罷侯置守大舉飛挽以供軍餉而古之貢賦遂亡矣漢初兵革既平京師之用仰給近郡諸侯之粟不供天子關中之漕不過數十萬石猶未至於甚廣也武帝以來漸覺多事山東漕益而爲百萬石下河漕益而爲四百萬石後從桑弘羊之請又益而爲六百萬石雖曰漕政之舉蓋惟恐其運之不廣矣宣宗之世耿壽昌請糴三輔等郡之粟以供京師之用而省關東之運似不專尚漕運者矣君子或有取焉唐初府兵方立平居無事自居田畝一有征行自爲調度故關中之粟亦不過十餘萬石猶未至於甚多也明皇以後每歲增置天寶歲轉至二百餘萬石廣德歲轉亦不下一百餘萬石後裴耀卿上便宜三歲而漕七百萬石雖曰漕道不滯蓋惟恐其運之不多矣代宗之世劉晏使淮船不入於汴汴船不入河河船不入於渭可謂善於漕運者矣君子或有議焉宋都於汴爲四方輻輳之地東南之粟三百萬石自汴河而入陝西之粟五十萬石自黄河而入陳蔡之粟四十萬石自惠民河通焉京師之粟十二萬石自廣濟河通焉既而徽宗之末改轉搬之規而爲直達之法始則江船不達於汴汴船不達於江自直達之法行而船之壞不可整矣始則船回以載鹽借鹽以償費自直達之法行而民之勞無所酬矣後雖有范旻許元之請各主漕計爲一時稱美而漕運之法已至不可收拾矣此漢唐宋財用之大略也洪惟我朝法古爲治鑒前代之失創一代之制盡善盡美誠足以爲萬世之法程矣以兵制言之内之所設有錦衣等上十二衛以衛宫禁有留守等四十八衛以衛京師而又有京營之兵以爲征調之備外之所設有都司留守司以衛方隅有護衛守禦所以衛郡縣而又有邊鎮之兵以爲夷狄之防彼此相制上下相維於居重馭輕之中寓防微杜漸之意誠經久之良法也夫何近年以來議者有營伍空虚兵威不振之患是豈無其故耶誠使司兵柄者遴選其將而所任者皆良將簡閲其兵而所用者皆精兵嚴科斂之禁以養其鋭氣立操演之法以熟其技能而又能禁其私役精鋭者不占於權門革其投充奸猾者不混於行伍則兵豈有不勝者乎以財用言之制度精密而海舟罷直沽之運常盈列淮浦之倉計慮周詳而轉兑用坐食之兵督運授分閫之寄閘壩相次舳艫相接於上下節制之中寓遠近輻輳之妙此實宏遠之善謀也夫何近年以來議者有倉廪缺乏軍食不足之憂是豈無其故耶誠使司國計者處置有方而使無陪賍之苦往來以時而得遂室家之願沿途有禁不爲旗甲之科索上納有方不爲官吏之阻措而又使官有正員耗農之人不在於位用有常度無經之費必在所革則財豈有不克者乎此特隨時救弊之術耳若夫探本之論則又在於人君一心始誠能正心以正朝廷正朝廷以正百

官正百官以正萬民將見推之無不準動之無不化兵不期勝而自勝財不期克而自克與三代之治同驅并駕區區漢唐宋真有不足言者矣愚生學不足以稽古才不足以濟時姑舉所聞以塞明問倘執事與而進之尚當有所舉以爲明天子獻焉

第五問

賈正己

同考試官教諭路批(邊務一策場中放筆者動餘千言率老生之常談耳此篇援古證今區畫斟酌如指諸掌讀之使人有勒石燕然之志不獨文之工也高薦也何忝)

考試官學正范批(五策皆善答此篇議論滔滔不窘而識見尤出人意表殆若老於邊事者謂識時務之俊杰豈非子歟)

考試官教授林批(有議論有處置安攘太略鑿鑿可行他日經濟事業可以占子矣)

成天下之事功者在於得天下之才又在於審天下之勢才未得固無以寄經綸康濟之任勢未審則無以適舉措變通之宜亦何能震耀王靈大啓土宇而建萬世之功也哉執事發策秋闈以西北邊防詢之承學豈非以陶鈞之下亦有識時務之俊杰歟請借往事籌之小雅之詩有云王命南仲往城于方是嘗設邊防矣而城必興於玁狁于襄之日方叔元老克壯其猶是嘗治夷狄矣而兵必舉於天保全盛之餘蓋由宣王内修而振中國之勢外攘而消夷狄之横故一用南仲而版築成保障之功再用方叔而江漢揚撻伐之武其所以建中興之功業復文武之境土者不在於有天下之才因天下之勢耶知乎此則執事所謂恢朔野之疆復河西之土可以得其大概矣考夫朔方河西經營始末蓋自漢武帝用主父偃張騫之計河南則立郡城而阻大河河西則據二關而列四郡自漢迄唐置屯遣戍所以却匈奴制羌氐是中國之巨防也當時諸臣有事於朔方者則有衛青霍去病之勇張仁愿王忠嗣之忠或犁庭掃穴而振揚威武或築城設險而斥地窮荒執事所謂折衝之虎臣者是也在河西則趙克國班超之良唐休璟張守珪之武或持重效節而成綏定之功或出奇制勝而奮剿平之捷執事所謂奠邦之良帥者是也故漢得之而成開創之功唐得之而著安攘之績宜矣然究其時則幕南無王庭漢之勢盛矣胡越一家唐之勢盛矣夫數子者豈無所因而成其功哉自宋以來武功不競國勢日削二方州縣悉淪夷狄中國失控扼之險疆場無藩籬之固馴致靖康之禍南渡偏安不可言矣我國家混一之初屬戎虜百年之運鑒前代遠戍之弊重西北

近邊之防是以弃受降於河外而衛東勝已而又撤東勝之守而就延綏立哈密於西邊而衛沙州已而又徙沙州於内而守嘉峪執事所謂王者務廣德而不務廣地之意其言良是也然河套一弃燉煌再捐漢唐之疆土不復夷狄之巢穴已成韋鞲毳幙哨聚域中乘羊射鼠出没境上往歲南牧之馬直抵涇邠西域之戎再犯甘肅使中國之將士疲於奔命小民之困於轉輸關隴騷然遠近摇震憂勤宵旰元老臨戎其爲我中國之患亦已極矣是宜執事慨往哲之經營悼險阻之淪弃欲爲國家求久安之計畫萬全之策也愚嘗反覆古今之變窮探事理之極求昔人安攘制馭之略其成大功者本於人因於勢二者之外無他道也勢者夷夏盛衰之勢也勢在中國則中國盛勢在夷狄則夷狄盛惟知者能審之勢未可爲也則遵時養晦以蓄必勝之威勢可以爲也則經營四方而爲全勝之計逆其勢而先舉失其勢而後圖是皆不足以論天下之務者也然則今日之勢愚固嘗審之矣國家撫四海之富强據上游之形勝騎士材官雲屯百萬利兵堅甲猬集三邊中國之勢可謂盛矣而維持此勢於内者有孝友之張仲也振揚此勢於外者有文武之吉甫也主張此勢於上者則又有中興之宣王也居帷幄者抱良平之器司爪牙者負韓白之才守邊鎮者奮李牧魏尚之志士飽而歌馬騰于槽固有聞鼙而踴鳴劍而嘻者矣中國可謂有人而天下之勢在我宜無不可爲者也况北虜分争自相屠戮而統屬之權未專西戎方懲彼此猜忌而連結之盟未固是宜相時而動計定而師一舉而定朔方守黄河也則按統萬之故城復受降之殘壘分閫授兵必委之如衛青去病之徒據險阻隘必委之如仁愿忠嗣之輩假之以便宜遲之以歲月則堅壁之屯坐消其侵侮之心精鋭之卒可制其死生之命雖哭匈奴於陰山繫頡利於闕下可也又豈但用肥饒之地以足軍食廣孳牧之利以厚民生轉輸可省財力可寬卒伍可蘇息而已耶再舉而復燉煌靖青海也則開四郡之屯田阻二關之要害撫綏征討則委之如克國班超者簡練完守則則委之如休璟守珪者付以閫外之權任以心膂之寄則招攜懷遠而樹英聲於异域鋤强討叛而壯國勢於殊方雖毋寡首懸於漢市焉者頸斷於軍門可也又豈但葱嶺龍堆奉揚聲教名王貴相奔走臣服積湟中之穀斷匈奴之臂固關隴之藩籬而已耶嗚呼乘閑暇之時因可爲之勢還已失之版圖據必争之地利以守則形勝可用以耕則膏腴可居以威北虜則北虜可遠以制西戎則西戎可服一勞而久逸暫費而永寧執事所謂治安長計無有出於此者亦何憚而不爲哉雖然天下之大可必因才而後成天下之大勢必因才而後盛是人才之用捨係國勢之重輕故廉頗在而趙重樂毅去而燕輕古今之明驗也後世人主不

知所重每以疑似之言而使豪杰不安其位功未竟而求去者多矣非宣帝之明則克國必惑於浮言非憲宗之斷則裴度必摇於群議故先王拒關張之間而後孔明得以盡其才符堅斬樊世而後王猛得以畢其功四君者其知所重矣乎區區草茅之言萬一有關於時政敢因執事者以聞于上

陜西鄉試録後序

嘉靖乙酉秋八月甲寅陜西鄉試録告成維恭當序諸末簡惟兹盛舉巡按監察御史鄭氣暨藩臬守臣心所以昭上意式舊典綱維周密教授林同前既言之以爲諸士子勖矣夫何容贅竊惟陜之爲藩所隸郡州若衛設學百四十有二士之陶育其間者無慮萬人髫丱初學馳志場屋而未逮者半之其五千人皆抱負藝能跂足以待選者也提學副使就五千人中拔其所負之優可以備選者千九百人其餘不能盡取焉御史以千九百人覆詳以定而群試於場屋加察詳而拔其可以中選者六十五人其餘不得而盡取焉始不能盡取之者拘於場屋之隘終不得而盡取者遵制額也士之得與兹選者亦難矣哉方其試之也通試以四書而人試一經一經雖若專而徵辭引類非旁出乎他經則意不能達而文不能以敷腴又通試以論以判以策而詔誥表隨科其一文兼乎衆體而道該天人事包今古非學博識精而優游有餘者則叙事不能悉而議論斷制不能當其可坐試不能始試之且不得與乎千九百人之列試之終又豈得與乎六十五人之列乎士之欲工是業者不可謂之不難也夫以難工之業由難進之途於是業以工進以道焉則卿辟公孤之位經綸參贊之業皆于是乎基此諸士之在選者皆謂不可以易視之而維恭亦竊羨夫諸士之難得也雖然非得之爲難而能行其所學於既得之後者斯難之至也故古之君子不以得天下之名爲榮而以成天下之功爲樂維恭將以其難行者望諸士使人謂諸士非屑乎天下之名實有志於成天下之功皇皇然惟匡世育物是務也蓋士未舉學而已矣既舉則人覘其學之能行行矣而遠遠矣而無不至則經綸參贊固翕而張之乎然則諸士宜不忘今日之所已難者而益勉乎他日之所尤難者焉維恭不敏不能知言辱諸士爲集門杞梓得逃夫牖下窺龍之誚故不敢以其近易者淺望之

湖廣岳州府澧州儒學學正范維恭謹序

嘉靖十六年陜西鄉試録

陜西鄉試録序

嘉靖丁酉實維多士賓興之期陜西巡按御史唐錡修明品式荒度章程乃戒衆介展幣乘傳聘壁等司考試俄而御史戴璟來柄其事章志貞教以暢休風葺棼苴罅以厘秕政設儀稽聲以昭物采士欣欣焉思奮乃以右布政使楊最右參政張羽惠職提調按察副使李珣王鴻漸職監試自知府而下咸慎簡乃僚司局莅事無敢弗虔既而壁暨教授翁繼榮劉東教諭黄守謙張全章錦自潼華至學正毛鳳來自褒斜至教諭彭參自商於至咸袚除厥心兼程方軌無敢弗共維時八郡三邊之士雲集會城合二千二百有奇皆提學副使龔守愚所校選也先是霖雨浹旬百廛涵潦及八月癸丑將入院雲陰解駁日馭皦然御史矢于衆曰竊聞名相登科瑞雲色映賢士舉用少微體明兹天相陜士將不有名世者出乎百爾君子所弗公且慎者有如日乃進諸士而三試之啓書頒題分曹閲卷悉心殫力崇雅黜浮簾以内秩如也科條整暇徼衛深嚴饔飧蠲潔繕録精明簾以外翼如也拔其尤得六十有五人并梓其文之優者爲録以獻壁當序諸首嘗觀商實得於純佑周翰本於降神其生其出若有主張是者天以皇明克肖先生之德河岳精聚豐鎬澤延皇上憲天齊聖籲俊賚弼其所以右文作人者至矣諸士沐浴膏澤噣嚌道真詞修而譽廣言揚而志達行將陳謨宣力代天工而治天民故休徵嘉祥見於恒雨新霽者如此諸士毋諉之適然也古今稱名世必曰周召夫二聖者皆雍産也其德則篤棐矣其功則海隅率俾矣其言則周禮召誥彪炳顯著三不朽實備矣今諸士之延登非直立德立功未遑稽也雖所謂立言者亦不過藉手解書爲見君之羔雁耳夫羔雁者依贄以效誠也而司貢舉者紹介以厚别也方其未相見也固惟羔雁之尚紹介之求及其既見則有周行之示焉有德音之則效焉有四牡以觀其忠孝焉有皇華以觀其咨諏善道焉遇之者日益隆而責之者日益厚遇可樂也責亦可虞也弗樂猶可弗虞僨我繼自今其蜚聲騰實邪其曲學懷諼邪國典丕昭公評無情諸士盍亦式周召之猷訓使可虞者勝可樂者集則無愧於天無負於國無忝於鄉先正無貽辱於執事者而諸士亦永有令聞矣御史

方陳詩協樂以樂嘉賓君子大其復古故壁之告成事也亦以古道勖諸士焉是舉也總督軍務左都御史劉天和五官于兹振鐸有餘波之及仗鉞有寧宇之賴巡撫副都御史先于湛今任忠廣勵儒術茂宣功令副都御史牛天麟僉都御史路迎張珩都督僉事任傑巡按監察御史先胡守中今楊時泰李復初繹同文教聿相厥成給事中張守約石遷高監察御史王汝楫周南郎中李允升奉使于兹嘉樂盛舉左布政使袁擯按察使今升江西右布政使劉雍左參政吕陶右參政龐浩劉彭年及宦副使吴瀚張璽劉從學王邦瑞喬英左參議李文中右參議郗元洪僉事紀常劉珂譚閶須灡蔡賢白鎰署都指揮同知詹祥僉事高尚志歐綱皆崇獎周防無乎不至法得備書

直隸揚州府儒學教授林壁謹序

嘉靖十六年陝西鄉試

監臨官

巡按陝西監察御史戴璟（孟光浙江奉化縣人　丙戌進士）

提調官

陝西等處承宣布政使司右布政使楊最（殿之四川射洪縣人　戊辰進士）

陝西等處承宣布政使司右參政張羽惠（鵠舉直隸泰興縣人　甲戌進士）

監試官

陝西等處提刑按察司副使李珦（五瑞山東清平縣人　丁丑進士）

陝西等處提刑按察司副使王鴻漸（懋德河南南陽縣人　癸未進士）

考試官

直隸揚州府儒學教授林壁（茂東福建候官縣人　己丑進士）

四川成都府綿州儒學學正毛鳳來（應韶湖廣常德衛籍浙江海鹽縣人　壬午貢士）

同考試官

江西瑞州府儒學教授翁繼榮（汝厚福建閩縣人　己卯貢士）

河南懷慶府儒學教授劉東（百川四川内江縣人　庚午貢士）

江西九江府德化縣儒學教諭黄守謙（文鳴廣東揭陽縣人　戊子貢士）

浙江紹興府上虞縣儒學教諭張全（德卿直隸婺源縣人　辛卯貢士）

湖南常德府桃源縣儒學教諭彭參（天瑞江西安福縣人　辛卯貢士）

山東兗州府泗水縣儒學教諭章錦（少樸廣西護衛籍湖廣黄梅縣人　辛卯貢士）

印卷官

陝西等處承宣布政使司經歷司經歷郭雲（子卿山東濮州人　監生）

陝西等處提刑按察司經歷司經歷趙以祥（應和福建古田縣人　監生）

收掌試卷官

西安府知府周祖堯（宗道山東東平州人　癸未進士）

漢中府知府陳璣（天儀河南郾城縣人　癸未進士）

延安府知府李涵（容之直隸遷安縣人　癸未進士）

受卷官

臨洮府同知楊珉（伯堅山西陽曲縣人　癸酉貢士）

西安府咸寧縣知縣葉懋賞（功甫四川綿州人　乙未進士）

西安府華州華陰縣知縣王時雍（允化山西垣曲縣人　丙子貢士）

西安府耀州富平縣知縣高義（宜之河南葉縣人　癸酉貢士）

彌封官

廣陽府同知李經（引之府軍前衛籍直隸華亭縣人　庚午貢士）

鳳翔府隴州知州張經綸（以時山西振武衛籍陽曲縣人　辛巳進士）

延安府延長縣知縣余昇（德□直隸營州右屯衛籍激江□化縣人　癸未進士）

西安府邠州淳化縣知縣陳爵（仁甫雲南臨安衛籍湖廣宜都縣人　乙酉貢士）

謄録官

鞏昌府同知王景明（道熙直隸清苑縣人　癸酉進士）

鳳翔府推官楊賢（公薦山東濟寧州人　壬辰進士）

平凉府静寧州知州李必敷（達卿四川南充縣人　己卯貢士）

漢中府金州知州楊順明（晋甫四川南充縣人　丙戌進士）

對讀官

西安府邠州知州許朝聘（莘夫四川成都縣人　庚午貢士）

西安府乾州知州刑倫（伯明山東丘縣人　丙子貢士）

寧夏左屯衛經歷司經歷吴本固（道深河南商城縣人　己丑進士）

西安府盩厔縣知縣李承恩（天錫直隸新樂縣人　癸酉貢士）

巡綽官

西安前衛指揮使康壽（仁夫山後利州人）

西安前衛指揮使夏繼武（祖承直隸定遠縣人）

西安右護衛指揮同知陳光祖（裕後直隸順義縣人）

西安後衛指揮僉事弭節（希漢直隸灤州人）

搜檢官

西安左衛指揮使張鵬（騰遠山東武定州人）

西安左衛指揮使戴恩（君澤直隸壽州人）

西安前衛指揮同知邢朝聘（國用直隸灤州人）

西安前衛署指揮僉事張一元（本乾直隸合肥縣人）

供給官

陝西等處承宣布政使司照磨所照磨張倧（守成直隸寶應縣人　吏員）

陝西等處提刑按察司經歷司知事田應亨（嘉會直隸慶雲縣人　監生）

西安府同知劉致中（執卿山西榆次縣人　庚午貢士）

西安府同州朝邑縣知縣王班（汝鄰四川資縣人　壬午貢士）

慶陽府安化縣知縣劉志道（善本直隸故城縣人　庚午貢士）

西安府咸寧縣典史魏國（惟翰西川樂至縣人　吏員）

西安府長安縣典史楊永壽（仁夫四川南充縣人　吏員）

西安府涇陽縣典史曹焕（堯章直隸真定縣人　吏員）

西安府同州澄城縣典史杜志通（公溥四川西充縣人　吏員）

西安府盩厔縣典史劉廉（士清直隸邯鄲縣人　承差）

西安府京兆驛驛丞宋希顔（汝學山西樂平縣人　承差）

西安府興平縣白渠驛驛丞駱裕後（光祖直隸清豐縣人　承差）

第一場

四書

君子之道孰先傳焉孰後倦焉　致廣大而盡精微極高明而道中庸

心之所同然者何也謂理也義也聖人先得我心之所同然耳故理義之悦我心猶芻豢之悦我口

易

六五黄裳元吉　王假有廟利見大人亨利貞用大牲吉利有攸往　制

而用之謂之法　參天兩地而倚數

書

予欲左右有民汝翼予欲宣力四方汝爲　惟學遜志務時敏厥修乃來　不役耳目百度惟貞　則克宅之克由繹之

詩

麟之趾振振公子于嗟麟兮　樂只君子德音是茂　何以舟之維玉及瑶鞞琫容刀　是生后稷降之百福黍稷重穋稙稚菽麥奄有下國俾民稼穡有稷有黍有稻有秬奄有下土纘禹之緒

春秋

春王正月（隱公元年）春公會戎于潛（隱公二年）　邾人鄭人伐宋（隱公五年）狄救齊（僖公十有八年）冬楚公子結帥師伐陳吴救陳（哀公十年）秋郳黎來來朝（莊公五年）　秋七月己未同盟于亳城北　公會晋侯宋公衛侯曹伯齊世子光莒子邾子滕子薛伯杞伯小邾子伐鄭會于蕭魚（俱襄公十有一年）

禮記

故人者天地之心也五行之端也　禮者殊事合敬者也樂者异文合愛者也禮樂之情同故明王以相沿也故事與時并名與功偕　事君先資其言拜自獻其身以成其信　有行之謂有義有義之謂勇敢

第二場

論

君子以人治人

詔誥表（内科一道）

擬漢除田租税詔（文帝十二年）　擬唐以左光禄大夫陳叔達爲禮部尚書誥（貞觀六年）　擬宋以范仲淹兼知延州謝表（康定元年）

判語（五條）

濫設官吏　欺隱田糧　失占天象　從征遠期　冒破物料

第三場

策（五道）

問　自古帝王之興必有道德以建極有文章以昭訓于時名臣相與吁

咈一堂以成雍熙迓衡之治嗣後若沛上大風之歌靈州立石之句華陰日出之詩亦以寵示群臣不知與帝王之道純駁何如也我太祖高皇帝稟聖神文武之資憲天經世而尤親注洪範揭書衍義至以義利諭蔡哲以文體示詹同真得千聖以來不傳之秘而漢以下不足言矣是故若皇陵碑閲江樓記天葩燦爛聲格鏗鏘一時文臣斂衽閣筆誠有不能爲者且以敕賜劉基以誥賜湯和與醉學士歌意相同也可得而敬述歟列聖相承益隆繼述若陰隲事實諸書萬世臣民之至寶及莊誦聖諭燕對等録雖謂之上下交泰可也逮我皇上孝追舜大文并堯安則若平臺有詩翊學有集謁陵有賦咸以頒賜内閣諸臣而諸臣仍賡和成章豈惟昭我皇上敬一之功而明良一德以基億萬載靈長之休端在是矣大小臣工正當將順贊襄之不暇爾多士敬舉所聞而鋪張之毋曰天地日月之難於繪描也

問　周禮乃萬世帝王治天下之嘉謨要法誠非大聖人不能作也然火于秦附會于漢稽古者庸無疑乎始舉一二言之既曰九職任民矣又謂九賦斂賄不知所斂何財歟既曰八統馭民矣又謂九兩繫民不知所繫何法歟閭師讀法比卿大夫何數歟保氏設教比師氏何詳歟以調人和難則孝子復仇之志何伸歟以仲春聽奔則烈女守身之節何勸歟曰春搜夏苗秋獮冬狩以講事則耕耘收藏果皆廢歟曰天神六變地祇八變人鬼九變以致物則毛鱗羽介蠃果畢至歟泉府有收息之令不幾於啓青苗之邪説歟山澤有虞衡之征不幾於開鹽筴之權謀歟王府供玩好賜予之用與瓊林大盈何异歟太宰總百官兵衛之事與丞相職任何殊歟嗣後后蒼曹褒諸儀貞觀開元諸禮開寶慶曆諸編豈無與六典相表裏歟議者謂劉歆諸人誣之康成諸儒壞之又何説歟爾諸生居則曰不吾知也今欲知爾其何以告我

問　盈天地間陰陽法象而已矣克周而不可禦爲氣清通而不可象爲神然自孔孟没而荒唐怪誕之説盈天下苟於理一有未窮何以折殽亂盡精微哉姑舉諸子造化之論言之天如蟻磨且分九野十端似也至謂斷鰲補石何歟日若燭龍且謂行九州七舍似也至謂麾戈弃杖何歟析木地之紀也而浣紗婦何以得支機且客星犯牛斗何所卜歟曰輪水之精也而游嵩生何以得玉斧且嫦娥化蟾蜍何所筮歟星以五錯落而且有疾徐至謂彗孛飛流陵門諸星足一萬二千五百二十名數然歟否歟風以八扶摇而且有離合至謂谷凱泰暴頽噎諸風换七十二番花信是歟非歟或曰石牛桐魚商羊黑蜧雨之兆也不知雨果何從而降歟或曰仙火香車石室金門雷之徵也不知雷果何自而鳴歟雲以辨五祲矣而謂堯璧漢鼎金枝玉葉之形亦有可稽歟雪以

協六出矣而謂玉馬銅駝蜉蝣柳絮之象亦有可信歟凡此管窺蠡測之談於吾聖賢之道亦有互相發明而不相悖者歟其悉陳之以觀博約之學

問　天地精英之氣賦之人是謂砥節礪貞佩仁握義乃士夫立身行己之要道也下之則決堤壞紀狐□爲群何可對人言哉且以陝右氣節之士評之嚙雪何有翔雁之咏彼一□卒也而欲死大難何私淑乎借劍何有折角之歌彼一太学生也而敢劾奸臣何默契乎賣藥辭纁與不見龐参孰爲正乎辟穀焚筆與不見喬玄孰爲高乎有避地河西者有避地茂陵者其與隱太白不受博士隱箕山不受館職孰是乎有不屈仁杲者有不學尉佗者其與甘潰腹不事黑闥甘斷腕不阿貽範孰優者乎舉案齊眉其行清矣使之守安慶不知能挈妻赴井以成名乎惡僧批頰其性剛矣使之遇朱泚不知能舉笏擊賊以全忠乎夫數子皆全陝士林之山斗也不知隱者果皆漸上九之羽可儀乎抑亦沽虚名索高價尋捷徑也死者果皆蹇六二之匪躬乎抑納陷阱莫之知避昧姤壯莫之過防也諸生景仰有素尺寸低昂必有成説矣乃所願以何人爲師哉吾因是以觀子之志

問　陝西爲患曰三邊頃者犬羊大肆猖獗來則荼毒邊氓去則屯住河套此真門庭之寇而防禦之策不可不熟講也試舉古人建白陝西事宜與諸生商之李侍御論增忠勇何議者爲五可誚之説以奏減邊兵上官生論争塞地何議者爲四不可之説以諫止城渭范舍人何爲而請罷監牧營田畝文樞密何見而請急熙州緩洮河知涇州者教習强弩其與增修弓箭以立社户同也而何邊臣反以爲怯知慶州者修築馬鋪其與增築招安以斷賊路同也而何輔臣反以爲迂王學士欲分屯環慶與城寨清野俟其機會計孰爲奇司馬公欲屯駐永興與招兵擾賊使自困弊筭孰爲勝夫一關中也在漢唐則土沃兵悍號百二形勝先臣馮勝與余子俊輩亦驅醜虜成駿功矣而今師旅疲於攻守財用耗於調發郡邑困於應辦何今昔天時地利人和不相同歟昔吕陶有言三邊之地可施賈晁趙張之術其詳可得而縷數歟由前所言諸臣建白之策亦可采擇而施諸今歟爾多士生長邊陲懷漆室之憂久矣其敬陳之毋略

中式舉人六十五名

第一名　董大經　臨潼縣學生　詩

第二名　解中建　膚施縣學生　書

第三名　强書　涇陽縣學生　易

第四名　劉應熊　隴西縣學生　禮記
第五名　吉來獻　興平縣學生　春秋
第六名　韓希　西安府學生　詩
第七名　張嘉孚　安定縣學生　書
第八名　王孟陽　咸寧縣學附學生　易
第九名　楊廷亨　三原縣學附學生　禮記
第十名　朱録　涇陽縣學附學生　春秋
第十一名　李希顔　西安府學生　詩
第十二名　張九思　寧夏縣衛學軍生　書
第十三名　張訓　西安府學增廣生　易
第十四名　王士吉　慶陽府學生　詩
第十五名　趙廷瑞　盩厔縣學生　易
第十六名　劉涇　蘭州學增廣生　書
第十七名　成印　耀州學生　詩
第十八名　俞鸞　靈州所學軍生　書
第十九名　申嘉言　安化縣學生　詩
第二十名　祁玳　臨洮府學生　春秋
第二十一名　王仲輔　蘭州學生　易
第二十二名　唐倫　漢中府學生　書
第二十三名　郭治　咸寧縣學生　詩
第二十四名　張汝枏　涇陽縣學附學生　易
第二十五名　花山　臨洮府學生　詩
第二十六名　王表　蒲城縣監生　書
第二十七名　王溢　咸寧縣儒士　詩
第二十八名　李結　三原縣學增廣生　禮記
第二十九名　紀官　咸寧縣學增廣生　易
第三十名　葛廷章　蘭州學生　書
第三十一名　薛邦靖　長安縣學生　詩
第三十二名　趙忻　盩厔縣學歲貢生　春秋
第三十三名　黄宬　西安府學生　易
第三十四名　張朗　涇陽縣學附學生　詩
第三十五名　馮吉　臨潼縣學生　書

第三十六名　胡潏　西安府學附學生　易
第三十七名　方策　城固縣學生　詩
第三十八名　李光祖　蘭州學生　書
第三十九名　李學易　延安府學生　易
第四十名　閻司衡　隴州監生　春秋
第四十一名　田部　長安縣學生　詩
第四十二名　劉遷　高陵縣學生　書
第四十三名　許光宗　乾州學生　易
第四十四名　李楫　漢中府學生　禮記
第四十五名　馮朝用　臨潼縣學生　詩
第四十六名　楊縉　隴州學生　春秋
第四十七名　劉禋　西安府學增廣生　易
第四十八名　曹汝葵　富平縣學生　書
第四十九名　劉承寬　慶陽府學生　詩
第五十名　王養民　隴州學生　易
第五十一名　黄槐　南鄭縣學生　詩
第五十二名　李微　寧夏衛學軍生　書
第五十三名　楊環　長安縣學附學生　易
第五十四名　杜桂　富平縣學生　詩
第五十五名　雍焯　臨洮府學生　書
第五十六名　王訓賢　綏德州學附學生　春秋
第五十七名　王于民　漢中府學生　詩
第五十八名　李逄春　平凉縣學生　書
第五十九名　王尚質　鞏昌府學生　易
第六十名　孫光　鞏昌府學生　禮記
第六十一名　劉稃翀　華州儒學訓導　詩
第六十二名　白豸　南鄭縣學生　書
第六十三名　李邦正　渭南縣學增廣生　易
第六十四名　張紹芳　鄠縣學生　詩
第六十五名　南軒　渭南縣學生　易

第一場

四書

君子之道孰先傳焉孰後倦焉

强書

同考試官教授劉批（論語義詞雅意足説出子夏立言之旨且結尤有味宜録以示今之務浮怪者）

考試官學正毛批（典雅可誦）

考試官教授林批（説理之文）

論君子教人之道非勤于始而怠于終也蓋君樂與人爲善者也則其爲教亦順以導之耳而豈有异心哉昔子夏釋言游之譏意謂天下之道無一非吾之所當學則無一而非吾之所當教言游之意蓋以我語其末而遺其本也豈知君子之道乎誠以洒掃應對之節近小者也末也所以爲初學入德之門誠正修齊之事遠大者也本也所以爲精義入神之地以先知覺後知蓋欲三隅并舉而躍如於吾前俾自易其惡至其中耳矣以先覺覺後覺蓋欲兩端竭盡而洋洋於左右俾皆明其體適其用耳矣顧非曰童子之教我易施而彼易曉也於是傳之於先以收式穀之效亦非曰大人之學我難言而彼難悟也於是倦之於後以來有隱之疑立必俱立之中而自有因物付物之妙何喜其先之易以誘人之入哉成不獨成之内而每寓以人治人之機何苦其後之難以阻人之進哉是知君子之道何思何慮其心也無行不與其教也因材而篤其術也子游以成人之學而責之小子非惟不知本亦不知末矣雖然學以致聖人之道也聖人之道如天然而實一以貫之者也是故顔淵之希舜程明道之學孔皆自幼衝而志上達然則言游之言豈可盡廢哉子夏心悦紛華明喪索居則見道未必分明而病於其近小可知矣不然何性與天道唯端木賜所獨聞哉噫商未聞性道而不以教人尤見其篤信聖人也夫可尤

致廣大而盡精微極高明而道中庸

解中建

同考試官教諭張批（場中作此題者類多浮冗可厭純雅精到無逾此篇）

考試官學正毛批（順叙明暢）

考試官教授林批（文理可觀）

不蔽於私而析理明不累於私而處事當修德凝道者然也蓋人心無私而後可存也然使析理之差處事之謬又何以修德而凝道哉昔子思子之意

蓋謂聖人之道非存心無以會其博非致知無以體其全是故吾心本自廣大也以私意乘之則狹隘矣於是克之於發動之初使客感消而真性湛會萬象於溥博之天囿於物而不滯於物包衆理於含弘之地寓於形而不滯於形是之謂致廣大矣然事物有精微之道也又必研幾探賾通孝弟而造於窮神明物察倫探禮樂而底於知化夫精微盡則無毫厘之差而廣大之體其不匱矣乎人心本自高明也以私欲攻之則卑暗矣於是窒之於紛擾之際使虚靈徹而查滓融所立如是卓爾純一充峻極之精所存莫非瑩然篤實涵光輝之鑒是之謂極高明矣然事物有中庸之道也又必因時制宜化以裁而不膠其故隨事觀理順以應而不愆其常夫中庸道則無過不及之謬而高明之體其不窮矣乎是則始而存心則德性非粗淺也繼而致知則學問非空疏也君子其善於修德凝道者乎抑論之明善而後誠身知至而後意誠聖學之序也故書之精一易之敬義爲萬世心學之源子思子以此詔後之學者蓋憂道學之失傳也以此爲訓而後世猶有因文見道爲學入禪如韓陸者嗚呼軻死無傳信矣

心之所同然者何也謂理也義也聖人先得我心之所同然耳故理義之悦我心猶芻豢之悦我口

董大經

同考試官教諭章批（場中作者於同然處多失浮泛此義辭理精達允宜録式）

同考試官教諭黄批（得孟子發明性善之旨）

考試官學正毛批（新健明快是亦文之悦心者）

考試官教授林批（平順）

大賢著理義爲人心之所同然而必喻同然之妙也蓋均善無惡者性也曠一世而相孚者情也自非大賢詳著同然之道而申喻之則何以知聖人與人同一性哉昔孟子之意謂夫耳目口鼻具於人固有同然者矣至於人心萬化之權輿其所以同然者何哉蓋有物必有則以立天下之有謂之理也是其與生俱生而非自外鑠者矣有事必有宜以效天下之動謂之義也是其與形俱形而非自外求者矣人徒知聖人超出庶物也而不知但能先知其所當然耳夫豈與人頓异哉人徒見聖人卓冠群倫也而不知但能先覺其所以然耳夫豈與人差殊哉夫人心同然也理義如此抑何以見其同然耶蓋理義道之至也上智悦之矣而下愚與之相符其有不然者必不盡其才而陷溺其心者也猶芻豢味之美也秦人嗜之矣而楚人與之相契其有不嗜者必不同其類

而鮮知其味者也天下之心相同則悦義理亦相同豈非天性之自不容遏者哉天下之口相似則悦芻豢亦相似豈非真情之不待强者哉是知理義爲人心之同然則聖人與塗人一也豈可自視太卑而甘於陷溺哉大抵性學難言久矣若有恒性發於湯繼善成性闡於孔子天命之謂性衍於子思可謂盡矣而孟子復爲此論蓋息邪説放淫辭而欲人從事盡心知性之學也然則學者當如之何必真知悦義理如悦芻豢斯得之矣

易

六五黄裳元吉

王孟陽

同考試官教授劉批（講黄裳字意足且造語典實佳作也）

考試官學正毛批（坤爻義精瑩如此篇者不多得）

考試官教授林批（善作）

聖人於坤六五著中順之象示大善之占蓋德以中順爲至也六五居尊而有是德焉其大善也宜哉昔周公繫爻之意謂夫人心惟危道心惟微是故以中爲難位不期驕禄不期侈是故以順爲難坤六五柔順中正以居尊位則是齊戒以明德固莫非大中之藴籍也舉而措之則無然畔援無然歆羨而高明有柔克之風神智以洗其心固莫非至順之退藏也推而行之則汝惟不矜汝惟不伐而居尊有謙光之度不但有虞自天而法以至誠也雖大臣小臣猶虚懷以敦延攬之禮厥或告之天道顯思則佛時仔肩而已矣何傲慢之有不但言念爾祖而隆以孝思也雖匹夫匹婦猶小心以擴懷保之仁厥或告之以小人怨詈則皇自敬德而已矣何驕縱之有擬其象則以黄爲裳可謂中順之至也占者果能如是則豈不大善而吉哉蓋温温恭惟德之基若無關於天下也然而惟皇之極一建則克明克類而四方有風動之機抑抑威儀維德之隅若無預於治道也然而純王之政一施則克長克君而八荒有雷行之化不但至治馨香克鞏昊天也惟臣欽若弼乃后於彝憲之天所謂維垣維翰適觀厥成有矣其大吉何如哉不但衆善匡敕昭假烈祖也惟民從乂彌爾性於純嘏之地所謂如珪如璋永孚于休有矣其大善何若哉是則中順之道暢四支而發事業固如此治天下者寧可捨是而他圖哉抑論之周公公孫碩膚有中順之德者也故黄裳之象深切著明蓋親見成王夙夜宥密若閔予之念祖訪落之紹庭小毖之懲患皆中順也而黎民醇厚幾致刑措元吉益昭昭然矣嗚呼後世欲盡君道者盍以黄裳二字書之紳

參天兩地而倚數

張訓

同考試官教授劉批（發明聖人作易之功語精而意暢必理學之士也）

考試官學正毛批（詞理俱到作易義當如此）

考試官教授林批（切當）

因造化奇偶之數起蓍策老少之數蓋易書之作皆因乎造化也然則聖人制蓍策之數夫豈有出於天地之外哉且易之作也固以聖人幽贊而生蓍矣而數抑何所倚而起邪是故積陽之氣而輕清上浮者爲天是天則陽之純也然陽主動動則旋轉不窮而其體圓積陰之氣而重濁下凝者爲地是地則陰之純也然陰主静静則堅定有質而其體方夫唯天之體圓也於是陽用其全參天而三爲奇之數其所以全之者非私智也蓋純陽之分固如是耳夫唯地之體方也於是陰用其半兩地而二爲偶之數其所以半之者非臆見也蓋純陰之理固如是耳若然則蓍策之數不倚之而起邪蓋揲蓍三變之餘過揲之策不能無多寡也而皆因此以肇其端分掛揲扐之際歸奇之數不能無老少也而皆藉此以托其始蓍之數有七與八也兩二一三則爲七兩三一二則爲八所以參伍以成文錯綜以定象何莫非合天地而得之哉蓍之數有九與六也三奇則爲九三偶則爲六所以極數以成占通變以成事豈非分天地而得之哉是則蓍策之數通神明之德類萬物之情其功用妙矣哉雖然參兩固皆起數之法也然天文地理之蕴亦盡之矣何也圓者星也曆數之學也方者井也分野之法也然天地所以參兩一太極兩儀而象之性剛柔男女而效之法也是横渠康節之言雖非説卦之本意然聖人之言上下皆通於此亦可見矣噫安得起二子於九泉而與之談易哉

書

惟學遜志務時敏厥修乃來

張嘉孚

同考試官教諭張批（是得傳説論學之旨者）

考試官學正毛批（精確）

考試官教授林批（典實）

大臣啓賢王能盡爲學之要則其益無窮矣蓋爲學之事唯謙與勤盡之矣反是而欲求益安可得哉昔傳説告高宗謂夫人君求多聞以建事固不若學古訓以有獲然學問之功不可易言者是故學而不遜則自足之心生向進之志阻矣王必擴咸之虚體坤之順有焉若無常如望道而未之見卑以自牧

每若寡過而猶未能豈可有一毫驕矜乘之耶學而不勤則自怠之心興將成之功弃矣王必法乾之强勵蒙之果近述遠稽汲汲乎勇往以踐其實瞬存息養孳孳乎奮發以要其成豈可有一毫怠惰參之耶知斯二者則爲學之要盡矣其所造將何如哉夫修己治人之道甚大固未能精義入神而造其奥也然心虚則取人以爲善而能謙有受益之地明德新民之學甚廣固未能裁成輔相而止其極也然時敏則致曲以有誠而克念有作聖之階安勉雖曰殊科然日就月將之下駸駸乎有資深逢原之機也其來孰能禦耶天下雖曰异致然日積月累之餘源源乎有淵泉時出之勢也其來惡可已耶夫遜志足以發得師之基時敏可以蹈得師之實爲高宗者其亦懋於斯哉雖然高宗舊學甘盤若無俟於教詔者而傅説之論學甚詳何也蓋學猶殖也不學將落故以成湯謹於盤銘武王勉於丹書皆已聖□自以爲聖也是知商道中興固傅説啓沃之功而高宗勤學一念有不可誣者噫後之君臣可以觀矣

則克宅之克由繹之

張九思

同考試官教諭張批（知明任專意甚是明切可録可録）

考試官學正毛批（條暢）

考試官教授林批（平正）

聖世之用人任其職而盡其才也夫得賢任職固難而能盡其用尤難也三聖以之其知恤爲可見矣宜周公舉以告成王歟想其意謂夫前者後之規古者今之鑒用人之道吾於三聖有徵乎是故三宅之賢三聖固知之矣知之而不能用與不知等耳今則論既定而任以官是祇是庸之悉盡才不同而使以器有鞠有恭之皆欽居常伯者必能厚民之生而非多辟者也居常任者必能熙帝之載而非尸官者也居準人者必能敕王之法而非瘝君者也觀禹之籲俊尊帝湯之即宅即俊文之克俊有德而其克宅也可見矣夫三宅之賢三王固用之矣用之而不盡其才與不用等耳又必翕受敷施之咸事抽繹之以達其材名言允出之在兹任用之以展其志子民者盡其誠和而引養引恬也理事者盡其服采而有猷有爲也守法者盡其陳臬而惟齊非齊也觀禹之忱恂不疑湯之嚴惟丕式文之罔知罔兼而由繹爲可見矣夫曰克宅則無匪人之比曰由繹則無曠官之咎此夏之大競商之丕厘周之并受丕基有由然哉雖然周公繫易爻曰虎視眈眈謂下賢而專也又曰鼎黄耳金鉉利貞謂任賢勿疑也此與由繹之義互相發明曾不數傳而師尹不自爲政皇父亶侯多藏

噫此國家治亂安危之所以分也君人者其鑒于斯

詩

麟之趾振振公子于嗟麟兮

韓希

同考試官教諭章批（是作點化瑞字意甚佳可式）

同考試官教諭黄批（此題作者多以公子麟趾對講似失輕重惟是作得旨録之）

考試官學正毛批（得周南之意）

考試官教授林批（爾雅）

詩人興聖嗣之克肖而深嘆其爲瑞也蓋麟乃仁厚之物也而公子之德似之則聖人過化存神之妙豈不足徵哉宜詩人興而嘆之也想其意謂夫我文王後妃備徽柔之儀刑盡思齊之家法其德之盛固難名矣而化之所及不有可言者乎是故麟以至仁而其趾亦至仁我公子濡德之至則宜其敏德之速貴不驕而富不侈蓋有不言而喻之機觀化之久則宜其感化之深不作好而不作惡蓋有不動而變之妙慈祥愷悌體仁足以長人凡其本之身心而達之事爲之著藹藹乎太和之洋溢也易直子諒而厚德足以載物凡其始于幾微而擴之行事之頃洋洋乎至愛之流通也公子之德如此不但如麟之趾而已于嗟其即麟也乎誠以太平無象麟出以象其象今既與之同仁則興王之業有所基至治無形麟出以形其形今既與之同德則靈長之祚有所賴自其迹而觀物之不可以爲人人之不可以爲物而形類大有不同矣奚可比擬哉自其理而論人之未始不爲天天之未始不爲人而禎祥則一致矣奚啻彷佛哉是則以物爲瑞瑞之瑞也以人爲瑞不瑞之瑞也若詩人者亦可謂善言天德而善觀王化歟抑論之周家以仁厚立國故本支百世不顯亦世皆文王亹亹令聞爲之也是故一索而得武王之伐暴救民再索而得周公之制禮作樂若毛衛魯聃曹滕之賢不可勝數則詩人麟趾爲不虚矣説者謂此詩爲關雎之應觀於此益信

是生后稷降之百福黍稷重穋稙稚菽麥奄有下國俾民稼穡有稷有黍有稻有秬奄有下土纘禹之緒

李希顔

同考試官教諭章批（深得詩人推本之意録之）

同考試官教諭黄批（天爲民生稷稷奉天粒民此作發揮透徹刻之）

考試官學正毛批（得頌體）

考試官教授林批（正而葩）

詩人原聖人之生受天休而國有所啓立民命□業有所承甚矣聖人之生不偶然也受天休以立民命魯之封國有自來矣哉閟宫之詩魯僖公修廟而作也意謂我魯之爲國封建雖基於周公而肇造實由於后稷誠以后稷應期而誕生正天之所資以立民也苟爲民而不降之以百福則稷亦何所爲哉故黍稷重穋之殊名命之以爲降育之惠植稚菽麥之异種貽之以爲開麗之仁是皆百福之降也但見天以是而錫之申嘉貺於衡漠之表稷以是而荷之膺寵命於昭格之中故有邰之封在堯無所於吝而室家之即在稷不以爲貪是稷雖封於堯而實受福於天者矣然稷之膺命而有國正以奉天以澤民也澤民而不教之稼穡則民亦何所立哉故匪且有且而遍若黍若稷於天下載耕載穫而溥曰稻曰秬於域中是皆稼穡之事也但見無適而非耕則無適而非稷之奄有無往而非土則無往而非稷之成能故六府允修之功在禹雖不可及而生民粒食之績在稷實有所承是稷不唯有功於魯抑有功於禹矣是則古人其生有自其出有爲如此此周人之所由生而我魯之所以有國也歟抑論之魯人頌稷而追及於禹何也傳曰微禹吾其魚乎是功之大莫過於禹與稷也故孟子以禹稷并稱而周公尊之以配天不亦宜哉然魯終不能纘禹之緒蓋僖公以私勞寵其臣而卑公室以私恩崇其母而輕宗廟則不復伯禽之魯矣噫此夫子一變至道之言其有所感也夫

春秋

春王正月（隱公元年）春公會戎于潜（隱公二年）

吉來獻

同考試官教諭彭批（王德王道發明殆盡得聖人垂憲要旨）

考試官學正毛批（謹嚴）

考試官教授林批（得旨）

聖人修經大一統以明王德之體外四夷以明王道之用蓋王德施之以仁體也王道制之以義用也自非聖人豈能修此哉慨自黍離既降王德之不明久矣經於正月之上而書王何也蓋王德莫大於覆載之無私也周德既衰天下已不知有王而况望其能覆載耶聖人懼王德之衰也故爲此書若曰天下皆王朔之是遵而無違焉者可不有以全其體哉必也合八荒於我闥之中自内以至於外囿萬象於同胞之内由親而及其疏以賓禮親諸侯則若侯甸至鎮藩之頒政職以文德格遠人則若甸采至蠻流之被聲教若海外一有失

所則興滅繼絶治亂持危以撫綏之如此則至德洽於民心非明王德之體乎自徐戎雜處王道不明久矣經於會潜之戎而舉號何也蓋王道莫先於華夷之有辨也魯君既會天下已不知有夷而况望其能膺懲耶聖人懼王道之微也故爲此書若曰徐戎實族類之异而非可會者可不有以全其用哉必也以鳥獸不可與群則外而不内以豺狼不可相昵則疏而不親九畿雖許之來享而必設溝塗以固其防六服雖與之來王而必奮武衛以正其限若夷人一有不恭則殷武入阻元戎薄伐以震懾之如此則大防嚴於天下謂非王道之用矣乎噫以王德爲體以王道爲勇聖人何惓惓於王哉人君而知此義則知所以爲王矣抑論之仁義之道可相有而不可偏廢也春秋立教亦詳切矣而漢唐宋諸君乃有結婚姻於外夷處羌胡於境内正朔不及於燕雲教化不行於河北則并王德王道而失之矣噫爲人君者何莫學夫春秋

秋七月己未同盟於亳城北　公會晋侯宋公衛侯曹伯齊世子光莒子邾子滕子薛伯杞伯小邾子伐鄭會于蕭魚（俱襄公十有一年）

朱録

同考試官教諭彭批（盟而書同本以責鄭作者類釋鄭罪晋而蕭魚之會亦徒勦成説可厭是篇依傳成文詞氣典雅宜録）

考試官學正毛批（褒貶有則）

考試官教授林批（明健）

貳國從霸而渝信可譏霸主服貳而推誠可予蓋以小事大貴乎信以大事小存乎誠此春秋於亳北之盟蕭魚之會其書法有不同歟夫自北林師集諸侯之怒鄭甚矣鄭伯要晋而結盟亳北人固喜子展之謀也春秋何以同刺之哉蓋晋自悼公復霸君明臣忠上懷下競鄭若能仗信而果於從之則晋猶前日之晋也夫何欲致晋師之伐則出師伐宋以開兵端既爲亳北之盟又從楚伐宋以背前約唯依違於子囊之歸向慢鬼神所不辭展轉於晋人之從違蹐國家所弗顧詩曰士也不類二三其德又曰君子屢盟亂是用長其鄭之謂矣故夫亳北之盟而書同蓋以爲既同而復畔久矣哉鄭之渝信矣乎逮夫東門觀兵楚人之北駕敝矣晋悼納鄭而講會蕭魚人謂墮子展之計也春秋何以會美之哉蓋鄭自簡公當國伐蔡怒楚從楚畔晋使晋無誠以待之則鄭猶前日之鄭也所幸納斥堠而禁侵掠仗智瑩敝楚之謀遣叔肹而告諸侯從魏絳息民之策故雖陳牲而不歃血逾二紀而鄭不敢貳心雖結言而不加兵歷三駕而楚不敢争霸易曰信及豚魚又曰有孚盈缶終來他吉此之謂矣故夫

蕭魚之役而書會若曰不盟而自信偉矣哉悼之推誠矣乎噫惡鄭者欲天下之守於信也美晋者欲天下之進於誠也而二君之得失昭然矣抑論之悼公此會雖城濮之役有不是過誠善之善矣然工於撫鄭而拙於謀陳明於治楚而暗於通吴何也蓋天資固美而學問未充故歟然以春秋專尚詐力之時而有此會亦空谷之足音也悼亦賢矣哉

禮記

禮者殊事合敬者也樂者异文合愛者也禮樂之情同故明王以相沿也故事與時并名與功偕

劉應熊

同考试官教授翁批(發明詳盡深達禮樂之本者)

考試官學正毛批(禮樂情同處是如此講)

考試官教授林批(疏通)

記者原禮樂之本同稽諸古而無不同也蓋人心同乎愛敬也然則聖人之制作雖异而何嘗不同哉樂記之旨如此謂夫禮樂之情固本乎和序之妙然先王之制作通其意而已而何嘗泥其迹哉是故大之三百小之三千禮也禮極節文度數之詳其爲事固殊矣然以虔恭寅畏爲之綱可以固肌膚之會以整齊嚴肅爲之紀可以中周旋之規禮非殊事合敬矣乎被之五音播之六律樂也樂有清濁疾徐之倫其爲文固异矣然而歌咏以養性情宣優柔平中之趣舞蹈以養血脉敷欣慕歡樂之容樂非异文合愛矣乎是則禮同於敬樂同於愛禮樂之情同如此則制作其有不同乎哉是故明王御世固嘗制禮以昭度也而敬之寓於禮者則因其故而無所紛更聖人立極固嘗作樂以新政也而愛之寓於樂者則襲其舊而無少變易見於設施之間者事也時以作事事之不同時之殊也而敬未嘗殊也事不與時而并乎發於稱述之間者名也功以成名名之不同功之异也而愛未嘗异也名不與功而偕乎吁禮樂之所以同者本然之妙也禮樂之所以异者制作之末也君子欲行禮樂可不求其所同哉抑論之揖讓見於唐虞放伐出於商周此事與時并也大章大韶之盡善大濩大武之盡美名與功偕也然必聖人在天子之位建中和之極而後禮可制樂可作故始也法天地以爲禮樂終也又贊天地之所不能嗚呼是豈可易言哉

事君先資其言拜自獻其身以成其信

楊廷亨

同考試官教授翁批(講先資成信處明盡可嘉)

考試官學正毛批（明暢）

考試官教授林批（充裕）

人臣之事君始有以藉其言終有以踐其言蓋言非艱而行唯艱也苟不於其言而踐之則豈善事其君者哉叙表記者意謂君臣之相遇自古爲難而君子之進身以正爲貴是故幽居而不淫固無心於仕進也然幼學所以爲壯行之基而凡經綸事業有至有義有考以造其精篤行而不倦固無意於南征也然窮經所以爲致用之地而凡參贊規模有槈有聚有安以究其極如欲致君於堯舜之君歟則先資其言曰如何而陳善如何而閉邪凡多聞質而守之者鑿鑿乎皆有定説矣豈待見君而後思爲之贊襄哉如欲澤民於堯舜之民歟則先資其言曰如何而熙載如何而亮工凡精知略而行之者斷斷乎已有成算矣豈待臨民而後思爲之康濟哉夫事君先資其言則量而後入非入而後量者矣夫然後拔茅而進以投魚水之歡人未必不以先資之言爲筌蹄也君子曰事君可貴可賤可富可貧而吾之信不可亂觀光而往以際風雲之會人未必不以先資之論爲敝屣也君子曰儒有可親可近可殺而吾之信不可辱以君不及堯舜若撻之市也故怠則張而相之廢則埽而更之凡廟堂之弼亮皆岩穴之修藏也敢曰匪彝慆淫修之家而壞之國耶以民不如堯舜若推之溝也故修六禮以節之明七教以興之凡朝著之經綸皆山林之講貫也敢曰播敷造譽守於窮而變於達耶夫未仕也言以發其藴既仕也行以踐其實此古之事君受禄不誣而受罪益寡歟我思古人若莘野數語傅岩三篇真資言成信者也後世若孔明之出師表亦庶幾乎然進以禮退以義道也行或使之止或尼之命也使時不我遇而必於成信則若昌黎之三上相書楊龜山之晚年一出皆足爲盛德之纍噫此出處誠聖賢之大節也安可不自珍重也哉

第二場

論

君子以人治人

張九思

同考試官教諭張批（君子治人教也教修於道道率於性性命於天此作終篇不離此意要是本色議論騁浮詞而鮮真味者風斯下矣録之以式作者）

考試官學正毛批（題本平易顧場中作者率浮泛膚謭使人讀永終篇而止此作獨高古雅健且無一字無來歷乃大手筆也秋闈高選非子其誰）

考試官教授林批（有發揮）

君子修道以教人所以畏天命而悲人窮也夫人受天地之中以生是人無弗具乎道也無弗率乎性也而何俟君子之立教也哉蓋二氣交運五行雜揉於是氣質有昏明强弱紛然雜出於天下矣就其中言之昏弱者固戾天拂性而不可與爲道其明者强者亦質之近似而陷於一偏至此則人道於是乎窮而君子修道之教自不容已矣然君子豈樂爲如是之勞心哉天以聰明睿智之資而私厚之是以經綸事業纍之也是故率性以澄源修道以昭軌而人之弗若於訓弗協於極者鮮矣吾是以知人不知所以自治也而望諸天天不能以治人也而責之君子之一身則君子者負範圍曲成之責蓋有推之而不能去者矣而人之所以翕然大順者亦皆能知能行之道自然而然顧豈强其所本無而責之以所難從哉請擴子思子未發之説乾剛坤柔天地定矣屯難蒙昧人物出矣需以飲食訟以争鬥師以征伐此風氣漸闢事變多奸而人道於是乎窮矣然有一人則有一人之道雖其私欲横流之中而本體之澄徹元真之渾厚何嘗遽爲之泯滅澌盡哉故聖人序卦師之後必次之以王用三驅之比蓋謂天佑下民故作之君師以相上帝歟且人之道何道也吾見其衝然穆矣淵然深矣燦然析矣渾然噩矣是乃天之載乎地之紀乎日月之精乎山川之秀乎鬼神之能乎陰陽之用乎洪纖之化乎然道發揚詡物者也故精也而實粗也遠也而實近也大也而實細也微也而實顯也今夫人之道其倫君臣父子夫婦長幼朋友唯厥中其情惻隱羞惡辭讓是非唯厥和其用則絲麻布帛鐘鼓黍稷醴酪魚禽唯厥文其事則俯仰進退升降闔闢張弛動静唯厥質無是人則無是道有是道未嘗不寓於人也使君子事事物物不爲品節裁制而立法於天下則相賤相靡相攻相取而勢窮矣而况能代天理物以對于天下哉然則天之所以厚我者何如而可若此也嗚呼此君子之立教其綱領安得不大節目安得不詳哉是故教父子以蓼莪教上下以淇澳教夫婦以關雎教兄弟以棠棣教朋友以伐木猶未已也而教之以知仁聖義中和以正其趨教之以孝友敬敏任恤以善其則教之以禮樂射御書數以博其趣猶未已也而以祭祀教敬以婚姻教親以鄉飲教讓以燕享教和太師陳詩以教能命市納賈以教信考時同律以教同以宫室車旗教辨以鄰都鄙里教聯以保葬賙賓教恤若此似可率民而歸之道也君子則曰禹之民已不及堯舜矣世變猶江河也容可不先事爲堤防哉故又東膠上庠以作之有讀法木鐸以震之有保氏司諫以匡之有宵雅以誘之有鼓篋以警之有射侯以明之有夏楚以記之有宅里風聲以樹之有造士選士以彰之有移郊移遂以懲之有五禁八成以威之如是而以人治人之道盡乎曰未也天下之人不皆誦詩讀書之人

也農工商賈嬪婦臣妾是亦人也而所以治之亦必教之生九穀毓園圃蕃藪牧飭八材通貨賄化絲枲斂疏材轉執事凡此其事最粗淺也而亦皆量其人稽其叙辨其能趨其功修其政是精粗微顯大小遠近皆兼體而不偏是故可以惇典可以定倫可以陶情可以粹性可以厚生可以錫類故乾無亢坤無戰屯無邅蒙無寇需無灾訟無逋師無次是故公卿大夫式於朝主伯亞疆媚於野元適俊秀興於學夫婦昆季諧於家賓旅男女讓於途工匠商賈平於市蠻流鎮藩賓於庭敷天之下其教昭如其化沛如故凡仁敬慈孝和義柔婉友恭信規庶幾不違之謂中矣凡忿懥恐懼憂患親愛畏敬哀矜庶幾不愆之謂和矣凡犧牲鼎俎簠簋籩豆琴瑟管磬庶幾成章之謂文矣凡祭祀喪蜡射獵吉凶軍賓庶幾中節之謂質矣是真所謂不識不知順帝之則遵王之路無當無偏者矣豈惟人也天地昭其觀日月麗其明山川永其寧鬼神顯其歆陰陽布其順洪纖遂其育皆以人治人之克拓也君子經綸之功如此則可以答天心立民命矣是豈求之性分之外哉蓋道人之所有也以其所固有而教之則觸之即應感之即通固有莫之爲而爲者矣記曰人情聖王之田也人情之田即道也性也君子以人治之是乃修禮以爲耕陳義以爲種本仁以爲聚播樂以爲安而要之實講學爲耨之所致也向使君子恃天聰明之盡而不加戒謹慎獨之功則安能修道立教之明效大驗至此哉雖然堯舜性之也湯武反之也然堯學於務成昭舜學於君疇則雖大聖亦從事於學矣是故爲治則曰帥仁曰德先曰綏猷曰陳常而其效至於時雍風動不距輯寧永清蓋有天德則有王道自有不可誣者而要之皆天爲之也竊怪後世佛老以虚無寂滅鳴管商以權謀術數顯道於是而益晦民於是而益窮豈天無意於斯人哉天之所以責望君子時蓋有待也而君子之能當其責以答天心以立民命者亦豈可以多得哉吾於是乎有感

表

擬宋以范仲淹兼知延州謝表（康定元年）

王士吉

同考試官教諭章批（撰語忠壯激奮有吞元昊舉西夏之勢使希文自爲之不過如此）

同考試官教諭黄批（表中説出仲淹經理西事故實詳悉而忠愛溢於言表且駢儷得體宜録以式作者）

考試官學正毛批（寓規諷稱謝中表之可式者也）

考試官教授林批（表佳）

康定元年某月某日具官臣仲淹比蒙聖恩以招討使兼知延州者臣誠惶誠恐稽首頓首上言伏以玉帳銅符飛風霜乎重鎮隼旟熊軾施雨露於專城老將鳴劍馳伊吾欲驅榻邊之鼾睡循吏解繩平渤海將救赤子於潢池顧文武之兼官亶軍民之重柄非壯猷之方叔幾於野鶴乘軒必全節之郭公是謂熊羆當道方今西事燃眉之急萬竈雲屯顧此延州纍卵之危孤城斗絶稽分野昔爲白翟至天寶更延安郡之名慨元昊今益跳梁雖范雍坐保安軍之敗游土門之寨嘆李將軍之不得封侯登祁仙之臺思霍驃騎之無心治第鄜川漾秀忍聽采花之歌延水涵清怒觀救鴿之怪彼重圍解於雪夜强虜遁於燈宵是蓋天心降康欲挽銀河以洗甲兵之穢詎期日旰忘食乃聞鼙鼓而思將帥之遺哉鐃方受神環遽參外閫至陝未温坐席復辱彤襜喜溢逄瀛光生草木玆蓋伏遇晋明出地離照當天繩祖武而重道崇儒固邦本而忍飢却貢寧用購首二千錢之將深知稼穡之艱難何信蟠桃胸十萬兵之名繆降絲綸而寵叠是固神武不殺兩階舞干羽之儀豈知夷狄無情數載困疆埸之備在丈夫當鷹揚鷙擊直擣賀蘭山頭彼醜虜益豨突狼奔反取金明寨口此志欲長驅席捲及此時宜固守堤防唯充國謀在萬全是謂老成持重若諸葛兵至七縱益長亂賊奸雄在聖明已洞燭乎邊情故愚臣乃濫叨乎兵柄循墻莫遂覆餗何堪竊念臣性唯粗直饘粥亦已備嘗志在先憂園林胡敢封殖顧迂疏而效瑩爝何增日月之光明乃荏瞽以披龍鱗頓喜雷霆之開霽調官京兆益懷蹇蹇之匪躬落職江南將效優優之布政愧四圖空獻誤厠四賢之歌甘一筆行勾遑恤一家之哭烏昧草進宫莫再慚葵藿之忱久違天章閣賜筆無爲甘江湖之夢終廢仰荷納污藏垢容試錯節盤根大要建堡修城出其不意以斷來路更兼練兵積粟先爲莫勝以老逆鋒若細腰胡盧等營欲遣部將以增築如明珠滅藏諸族可推赤心而招徠移庫絹之三千散挾纊之軍以作其氣推麥舟之五百頒善飯之將而結其心第恐樂羊子一篋謗書難逃投杼欲如趙韓王半部論語深切銘盤憶萬言空達於王曾孤晏殊握髪之雅慚六丈過稱於富弼幸韓琦擊楫之同臣敢不彌勵忠貞約五路而著律宏恢遠略分六將以訓兵唯恤窮民以固本根請蠲榷酤酒税若革僭號而正名分許易繒帛駝羊蓋擴造化好生之仁抑敦王師無戰之義誓不共鯨鯢戴紫蓋心隨江水流西切欲隨鴛鷺拜丹墀情與塞鴻向北必使膽驚鶴淚萬里烟絶烽墩庶幾名協龍圖三農影鋤桑柘伏願清心慎德外寧獨抱乎内憂制治保邦文事兼資乎武備拓列聖未成之業華夷一家開纍世太平之基玉帛萬國臣無任瞻天仰聖激切屏營之至謹奉表稱謝以聞

第三場

策

第一問

强書

同考試官教授劉批（模寫我祖宗及我皇上製作之盛宛然虞廷喜起氣象非沐菁莪樸棫之化而有得者未易及此）

考試官學正毛批（揄揚妙極足以傳示天下後世矣録之）

考試官教授林批（善鳴今日之盛）

大哉聖人之道乎剛柔交錯天之所以爲文也是故天地交而能養萬物文明以止帝王之所以爲文也是故上下交而能綏萬民夫聖人作民君師唯其相上帝以憲聰明故以春夏秋冬之四府見於政則見其潔以齊和以讓清以肅貞以固以元亨利貞之四德播於文則見其温以啓莊以則英以毅疏以達而要其本不外乎一心焉爾矣是故嚴肅不可間者敬也純粹不可淆者誠也瑩徹不可蔽者靈也充周不可涯者神也敬誠之輿也誠靈之牖也靈神之樞也神聖之奥也此帝王之文可以興可以觀可以徵可以範而豈若書生尋章摘句循行數墨云乎哉請因明問所及而具陳之夫帝王之所以建極昭訓則若堯舜浚其源禹湯文武揚其瀾于時名臣之所以賡歌矢音則若皋夔諧其聲伊傅周召振其響嗣後豁達若漢高英明若唐太宗仁恕若宋太祖固皆三代以下之令主矣然不知執中精一德先制心慎德之道而况以不學無術如蕭何房喬趙普爲股肱彼豈能沃心輔德而致之王道哉故大風有歌矣而戛釜之怨弗可克也立石有句矣而巢刺之慚弗可洗也日出有詩矣而袖文之詐弗可飾也此其駁亦甚矣而何文之有欽惟我太祖高皇帝以聖明文武之資立帝王自有之中國而尤不自滿假親注洪範朝夕省覽又揭書大學衍義於兩廡皆所以憲天經世以明王道以錫民極也至諭参政蔡哲則曰公即無私與觀心亭數語互相發明諭起居注詹同則曰文以明義理通世務若典謨及出師表之誠意溢出可以爲文所以風天下之端趨向也及莊誦皇陵一碑首言骨肉流離之情次言干戈困苦之狀末言金陵定鼎之吉蓋謂創業甚艱而守成當不易也豈非所以啓佑後人咸以正無缺者哉至閲江樓記大略謂歷代建都之有异乃氣數循環之未周次言奔騎織梭之備佳景黄旗赤幟之收成功所以狀龍灣山形勝之奇也末言構樓於上以鎮遐邇均地之中以利公私所以申建都金陵之故也二篇文不相蒙而意若相貫真明問所謂天葩燦爛聲格鏗鏘文臣閣筆有不能爲者也豈盤庚遷都成王營洛佶屈聱牙

之文可同日語哉若夫以敕賜劉基回鄉諭以歸老桑梓盡考終之道以誥賜湯和封國示以人臣無將威福不專之訓非大聖人手筆不能若是之簡核也至於賜宋濂醉學士歌雖詞臣代言而君臣同德之義豈不可窺測哉夫湯和武臣之翹楚也劉基宋濂文臣之巨擘也而賜以敕賜以誥賜以歌所以保全功臣之恩寵遇儒臣之禮兩盡之矣豈漢唐宋諸君彷彿其萬一耶列聖相承繼述益隆若爲善陰隲孝順事實皆首紀以事中繫以斷末咏以詩真萬世臣民之至寶也至於三朝聖諭録燕封録乃大學士楊士奇李東陽等所撰因以知列聖體道謙衝大臣因事納誨誠明問所謂上下交泰之時也逮我皇上入紹正統與舜孝堯文并隆矣而又憂勤惜大禹之寸陰終始念高宗之舊學故爲敬一箴以頒示學宫此誠天德之本王道之端也是故矢口成章吐詞爲經蓋嘗捧誦平臺賜輔臣諸詩有曰聖學朕所勉焕乎慕堯章又曰日與聖賢伍外誘難相嬰至於翊學有集大略因輔臣講大學衍義而賜是詩首言帝王所圖治務學當爲先末言萬化修身始朕念方拳拳大哉王言真可謂往聖繼絶學萬世開太平矣今春恭謁七陵紀述七言律以賜輔臣御筆淋漓頃刻立就豈唯氣象閎闊叙事詳悉涣天下之至文而大孝精誠感格天地讀之令人感動此豈武王之達孝所可企及哉且諸臣各爲賡和成帙此又數百年以前之所曠見者故嘗莊誦聖製有曰地天既交泰民物咸平康又曰君臣上下俱一德庶政唯和洪業成信斯言也所以肇宗社億萬載靈長之休不在兹乎抑嘗合而論之聖祖也列聖也皇上也所以文之至治之極皆以務學爲本正心爲要真可謂得千聖以來不傳之秘也中庸曰辟如天地之無不持載無不覆幬辟如四時之錯行如日月之代明此之謂歟愚生仰瞻天地日月不能繪描竊效擊壤康衢歌咏太平久矣執事倘與其進敢舉王假日中爲當宁獻

第二問

解中建

同考試官教諭張批（周禮周公經制之書也疑之者自古而已然矣是篇條析無遺疏邑能達蓋得聖人之心於數千載之上者文中子謂如有用我執此以往子今可執此以往哉拭目以俟）

考試官學正毛批（辨析周禮如此詳盡者絶少）

考試官教授林批（得周官之意）

讀周禮者非仰高鑽堅不足以得聖人之心用周禮者非謨明弼諧不足以語帝王之治夫周禮一書乃周公親治太平之迹凡天文地理之所以範圍華夏夷貊之所以怙冒禮樂刑政之所以敷賁昆虫鳥獸之所以曲成皆等之

討之以盡變播之摭之以盡數經之綸之以盡利鼓之舞之以盡神誠巨不可倫細不可破遠不可禦邇不可泄者也奈何烈焰未寒穿鑿尤毒於是數有所不周變有所不通利有所不流神有所不運矣然而聖經昭如日星固無恙也向微君子抱遺經究終始何以闡絶學開群疑哉請具陳之周禮何爲而作也聖人見天下之賾擬其物宜而曲爲之制見天下之動秩其會通而預爲之防是故列之九職九賦以廣其蓄申之八統九兩以嚴其馭聯之讀法保氏以作其勤厘之婚姻和難以洽其歡紛之田獵樂舞以昭其度纖之泉府山澤以阜其用總之玉府太宰以制其權蓋莫不有妙道精義存焉者而可輕議乎哉夫太宰既以九職任民矣而復有九賦者蓋九職所貢出於農圃藪牧工商嬪婦臣妾閑民是乃任民之税也九賦所斂出於邦中郊甸家削邦縣邦都關市山澤幣餘是乃任地之税也然地之所供何莫非民之所出者哉既曰八統馭民矣而又謂九兩繫民者蓋統曰親親敬故進賢使能保庸尊貴幸吏禮賓此以治王畿之民也兩曰牧長主吏師儒宗友此以治畿外之民也然兩之所繫何莫非統之所馭者哉卿大夫以正月頒法是亦足矣閭師每歲二十五家讀法二十餘次蓋中人之性常必有過彼其异日將有賓興之期故以讀法書德行道藝孝弟姻睦敬敏任恤之實正所以寓陶鎔之術也雖繁數何厭哉師氏教三德三行亦已足矣保氏既教以六藝又教以六儀蓋世禄之家鮮克由禮彼其异日將有任子之用故以儀藝責之中和孝友動容中禮節奏比樂之學實所以運玉成之機也雖嚴密何過哉吾聞父母仇不共天兄弟仇不同國今設官和難誅其先動禁其怒鬥若相悖矣不知先王重民物之命唯欲攘無臂執無兵故爲此制且辟之則仇可以釋不辟則法可以執是亦伸孝子之情矣豈若唐人議殺汪黄之忍耶吾聞野麇惡無禮蝃蝀耻淫奔今設法聽奔限以仲春會以途次若相違矣不知先王行多婚之政不忍男有鰥女有怨故爲此制謂凶喪不可爲悦納采不能親迎是亦存烈女之節矣豈若鄭人桑間濮上之淫耶以田獵言之所謂春搜夏苗秋獵冬狩以講武是蓋鄉遂之民隨遠近而量征或春搜則夏不苗或秋獮則冬不狩但言其名當如是耳豈必盡致於司徒而聽教於司馬以廢農業哉以祭祀言之曰天神八變地祇六變人鬼九變以致物是蓋樂舞之妙達洪纖而皆格或六變而致祇不致物或八變而致物不致神但言其理當如是耳豈必毛鱗在囿沼而介羽哉臺池以獻奇怪哉泉府有收息之令蓋謂先王既不禁商賈之務末亦不縱民以趨末彼王安石借此爲名而行青苗乃神宗之能臣三王之民賊也山澤有虞衡之征蓋謂先王既不争民之利亦不縱民以趨利彼管夷吾假此爲詞而興鹽筴乃桓公之功

臣三王之罪人也玉府供玩好賜予之用明問比之瓊林大盈非也蓋九功九賦不入玉府若獸魚之皮毛筋骨則入以爲賜予玩好之需遂師之野職野賦則入以爲佩服貨賄之用是斂有藝入有經此豈後世天子私藏可并論哉太宰掌百官兵衛之事明問比之丞相職銜非也蓋小宰司會分理財計況吕伋雖掌兵必宰臣而後發召公雖制命必二卿而後行是道有揆法有守豈若後世宰相專權可彷佛哉夫以周禮本無可疑也而執事舉數條爲問豈以是書爲瀆亂不經戰國陰謀如何休諸人之説耶噫可嘆也嗣後漢有后蒼曹褒諸儀唐有貞觀開元諸禮宋有開寶慶曆諸編皆承訛襲謬非片言可盡者夫后蒼以下諸臣何人也而敢議禮如此之易真以管窺天以蠡測海可謂不知量之甚矣若夫誣周禮曰劉歆壞周禮者曰鄭康成夫歆之郡置市官以得罪名教夫人皆知之彼康成傳注之誤以貽患無窮人不得而知也蓋其説周禮有五失而諸儒寧道孔誤諱言鄭非此葉文康謂歆之罪小康成之罪大也而要之康成羽翼六經之功豈可相掩哉生非求知於人也姑述所聞以求解疑也謹對

第三問

董大經

同考試官教諭章批(場中士子多難此問吾子不唯事實詳悉而道理精明宏博之學通達之才可羡可羡)

同考試官教諭黄批(天文一策正以觀士子窮理之學此作考據精到足破後世怪誕之説佳士也)

考試官學正毛批(是正人心息邪説文字)

考試官教授林批(見理詳明)

聖經貫天地之道是故衆言無可信折諸經天地妙太極之精是故聖經無可考折諸理夫太極者動静之源也陰陽者法象之本也陽以陰爲基陰以陽爲唱是故闔闢互爲其根體用互藏其宅也别而言之陽以燥爲性以奇爲數以剛爲體其爲氣炎其爲形員浮而明動而吐皆是也凡陰以濕爲性以偶爲數以柔爲體其爲氣凉其爲形方沉而暗静而翕皆是也是故象起於形也數起於質也名起於言也意起於用也而莫非一理之磅礴也論造化者權衡於此而已矣苟於理一有未窮則荒唐妖誕之言鴉鳴蟬噪以貫耳横胸其何以精一自信卓然不爲其所動摇哉執事發策舉諸子論天文者以質諸生蓋以考諸生之究心理學何如也顧生不見异人與异書其何以知之蓋嘗聞其梗概矣今夫一元之氣周流太虚之間未有天地先有水火此一則神兩故化

之理也唯火極清則爲天爲日星爲風雷水極濁則爲山岳爲雨月爲霜雪此明問所謂發微而不可槩爲氣清通而不可象爲神是也盈天地間孰有離陰陽而克以爲造化者哉夫輕清上浮曰天乃陰陽法象之最大者也晋天文志謂天如磨形日月蟻行於上蓋惑於日月右旋之説彼吕氏春秋及繁露分九野十端皆妄也而况謂斷鰲煉石尤爲不經天一氣也可以鰲而立石而補有是理耶懸象著明曰日乃陰陽發見之尤盛也屈原天問謂西北無光燭龍銜火以照此蓋惑於天不足西北之説彼淮南子謂行九州七舍皆妄也而况謂揮戈弃杖尤爲不稽日一火也可以戈而麾杖而逐有是理耶倬彼雲漢昭回于天詩之論天河是也蓋析木形如匹練在箕斗之間故絶漢曰天潢抵艮曰地紀若彼圖記之謂得支石博物志之謂乘仙槎皆小人無忌憚之言也彼君平雖善卜吾不知所卜何理哉三五而盈三五而闕記之論月然也蓋月形如水輪乃太陰之精故借光曰銀凡黑子曰地影若酉陽書之謂得玉斧五經通義之謂化蟾蜍齊東野人之語也彼有黄雖善筮吾不知所筮何理哉以星言之乃結在地五行之氣又受在天大明之光者也星以五錯落若太白熒惑鎮辰歲星與天日謂之七政吴澄謂有疾徐則謂金水附日鎮星最疾辰星最遲理或然也若夫妖星曰孛絶迹而去曰飛迹相連曰流其詳見於漢書至於足萬二千五百二十之名數者與物數相當也吾不能諳星官豈敢遽以爲定數耶以風言之乃陰之周旋不捨如天之旋轉不停者也風以八扶摇若明庶清明條景閶凉與廣莫不周謂之八風陸機謂有離合謂列子御風來而草生去而木落理所無也若夫上下曰頽日出曰暴陰風曰曀其詳見於爾雅至於换七十二番花信者與七十二候相當也然吾不能曉風角豈敢遽以爲實信耶兩之所以降以陰陽相和而成故詩曰朝隮于西崇朝其雨而豕涉波月離畢皆以爲雨之兆是可信也至朱子謂雨如飯甑極爲著明若董仲舒之用桐魚仲尼之識商羊吾尚以未真彼石牛黑蜧之説好事者爲之者也何足辨乎雷之所以鳴以陽在内不得出而奮故易曰動萬物者莫疾乎雷而驚百里震夷廟是可信也至朱子所謂雷如爆杖最爲親切若宋史之謝仙火輿地記之往金門吾尚以爲未確彼石室仙車之説好辨者爲之也何足難乎雲之所以興者吾聞時雨將降山川出雲觸石而出膚寸而合戴記公羊傳有是焉矣保章氏以五祲辨吉凶則青爲蟲白爲喪赤爲兵荒黑爲水黄爲豐於理有之若尚書中候及漢書之謂堯璧漢鼎繆矣若夫金枝玉葉見於崔豹古今注皆道聽塗説者也是何足較是非哉雪之所以凝者吾聞上天同雲雨雪紛紛天地陰温則爲雨寒則爲雪周詩大戴禮有是言矣韓詩外傳謂凡草木花多五出雪

獨六出以應太陰之數於理有之若毛詩之咏蜉蝣謝道藴之咏柳絮近矣若夫銅駝玉馬見於真定記皆喪心病狂者也是何足辨真僞哉大抵天地間無一物而非造化之迹無一物而非陰陽之理故嘗合而論之日隨天而轉月隨日而行星隨月而見天之半明半晦日之半贏半縮月之半盈半虧星之半動半静皆陰陽之相兼相制欲一之不能也若雪隨雨而凝雨隨雲而降雲隨風而飛風隨雷而烈雷之出入風之上下雨之作止雲之升降雪之消息何莫非陰陽之其來幾微其究廣大哉明問乃謂諸子之言有互相發明愚謂五星八風五祲六出之外皆哉門墻當麾之者也孟子曰盡信書不如無書此之謂矣然則學者果何以折群疑乎本之繫辭以窮其原合之太極圖以盡其藴參之經世以極其變約之正蒙以知其化終之晦翁語録以會其全則造化之意言象數皆哉我矣而奚必旁搜博采以玩物喪志哉敬以是爲明問復

第四問

吉來猷

同考試官教諭彭批（評品古人具有典則而猶以尚友天下士爲心他日所就可是占矣）

考試官學正毛批（論人盡道尚友不凡杰士杰士）

考試官教授林批（考核精當）

觀周詩考槃之咏而知隱居之志貴真不貴僞觀春秋孔父之褒而知守死之義貴正不貴偏夫人孰不欲富貴而所欲有甚於富貴者是故塵視軒冕銖視金玉而不屑與鷄鶩争食是之謂隱居之道人孰不欲壽考而所欲有甚於壽考者是故肉視虎狼水視鼎鑊而不屑與草木同朽是之謂守死之道就其中而論之游關入壁狗苟蠅營固非也而追踪洗耳階爵媒禄亦不可也隨波逐流裂冠毀冕固非也而擬迹結纓墜坑落塹亦不可也士君子不幸而處此寧爲召忽之死勿爲管仲之仁寧爲伯夷之清勿爲下惠之和不然其不畔道者幾希請詳陳之夫天有至粹地有至精見之造化則明爲日星秀爲華岳瑞爲麟鳳馨爲芝蘭其在於人名曰浩然之氣執事所謂砥節礪貞佩仁握義是也外此在朝不可以爲臣在家不可以爲子矣是節氣豈非士君子立身行己之要道耶陝西自昔號多材之地然事勢有難易人品有污隆不可不并論也夫蘇武使匈奴而取雪嚙之忠則忠矣然與叛臣繾綣於臨别之頃至有兩雁俱北飛一雁獨南翔之句是非疾惡之不嚴也亦故舊之情耳彼張吉舉忠義勉人欲死西夏戰争之難以烽卒而若此非私淑子卿之教矣乎朱雲劾張禹而借劍誅之正則正矣然與小人争論於談經之時至有五鹿岳岳朱雲折

其角之謡是非撝謙之不至也亦月旦之評耳彼雍衡無上事而進疏欲誅元祐紛更之臣以太學生而若此謂非默契朱雲之心矣乎以賣藥隱霸陵而辭上玄纁者韓康也隱居教授而不見太守龐參者任棠也以二人較之棠既不往見矣又何抱兒獻薤有類於持筐男子耶必若康之乘柴車而遠遁斯謂之正矣以辟穀隱終南而致母焚筆者种放也隱居守道而不見太守喬玄者姜岐也以二子評之放既不願仕矣又何耽酒營利見劾於手搏狀元耶必若岐之脅嫁母而益堅斯謂之高矣王莽以紫色蛙聲簒漢于時申屠剛自避河西孔奮自避茂陵亦人所難者若夫孫思邈隱太白而不受國子博士田游岩號東鄰而不受崇文館職其疾風之勁草乎夫思邈知隋之必亡終隱而不肯出是也游岩初若有隱居求志之風矣何爲母言所移而乘傳受官自取坐黨裴炎之辱哉太宗以龍姿日表興唐于時劉感不屈仁杲李襲志不學尉佗亦世所罕者若夫李玄通不事黑闥而潰腹有不辭韓偓不阿韋貽範而斷腕有不避其烈火之真金乎夫劉感李玄通知唐之必興寧死而不苟合是也李襲志初若有亡國圖存之節矣何爲子言所揺而在唐北面卒受异姓茅土之封哉梁鴻與妻同隱耕山自娱是能以清刑寡妻也余闕見安慶孤危能血戰自裁妻子赴井忠貞凛凛至今尚有生氣闕可謂不負所學矣使鴻而處此則將同舉案之妻死安慶乎蘇良嗣惡僧無道批頰不撓是能以忠事賊后也段秀實見朱泚稱帝唾罵不屈擊笏遇害氣節昂昂至今令人毛竦秀實可謂不負天子矣使良嗣而處此則將推批頰之忠事朱泚乎就數子而通論之若蘇武余闕劉感李玄通真得蹇六二之匪躬也大丈夫可死則死之朱雲甘與龍逄同游矣而何恐恐然攀檻求生哉人臣無將將則必誅秀實見泚之叛逆有漸矣何至稱帝而後擊笏哉韓偓見南北司如水火况朱温睥睨神器之時何不急流勇退哉此明問所謂驅陷穽莫之知避昧女壯莫之過防其數子之謂也若梁鴻韓康孫思邈清操不虧是真漸上九之羽可儀也彼种放田游岩則沽虚名索高價尋捷徑信如明問所言者凡此皆陝中人物之表表者而是非高下又如此明問謂何人爲師豈以生齊人知管晏耶昔仲尼之論曰用之則行捨之則藏又曰國有道不變塞焉國無道至死不變此愚之所以銘盤而書紳也寧學聖人而未至豈敢以一善成名哉此愚之志也亦執事之所責望也

第五問

劉應熊

同考試官教授翁批（陝西之患惟三邊爲急此策於致弊之由救弊之法酌古準今歷歷條議無遺經世務之士也）

考試官學正毛批(守備留屯乃經略第一義使子之説行三邊晏然矣)

考試官教授林批(識時務者)

治國有大經而以容民蓄衆爲先務禦戎無上策而以貴謀賤戰爲良圖蓋兵者國之大事勝負變於斯須存亡繫於呼吸是不可不慎也故未戰則以決勝爲難既勝則以制勝爲難或謂先王耀德不觀兵唯布威戰之令陳文告之詞而勿勤兵于遠也不知教笞不可廢於家刑罰不可弛於國誅伐不可偃於天下唯曰疆場之事慎守其一而備其不虞夫狄人之擾邊其中非有大志者皆可以謀勝而氣奪也至求其爲變之始其積之皆有漸也其所以擾邊無虚月爲吾兵之不能苦戰而金帛子女之所交會也夫狄人擁親戚畜牛馬長子孫安居而欲保軀命無异於華人也而沿邊之民惴惴然不敢解甲又况兵刃相接安能勇氣百倍而有投石超距之樂哉此三邊之所以紛紛多事也執事發策而以是下詢承學蓋亦有見於此也今夫陝西之患非止於夷狄也水旱之頻仍賦役之繁重盗賊之竊發鬥訟之紛紜風俗之偷薄老莊之逃散財用之空乏藩禄之浩繁是皆可長慮也然尚可徐而圖之也而事之急且大者孰有過於三邊哉先朝自馮勝余子俊驅虜出套自後乍來如風兩也而今春烽火接於秦隴胡馬飲於涇泉蓋有不可忍言者矣今屯駐河套而不去此其志豈有厭勢豈有已哉夫三邊者陝西之藩籬也陝西者中原之門户也制治於未亂保邦於未危此豈非今日第一義耶姑舉往事言之李鳴復謂關外忠勇自備衣糧器械當增額爲攻守之圖是矣而宋祁乃建五可誚之説則曰騎多馬少也河決不塞也兵罷大習也重任懦將也探候間諜無財募召也至謂邊將不知休兵當宁不授成筭而欲抽減邊兵是蓋有見當時之冗兵太濫也而豈定計哉上官均謂蘭州塞地皆控戎馬要路當積穀爲固守之策是矣而劉敞乃建四不可之説則曰規小利也種落懷疑也築城濫費秦州空竭也虜怨益深兵必不解也至謂大舜不伐有苗漢武不征車師而乃諫止城渭蓋見當時之支費太多也而豈良圖哉起居舍人范純仁欲罷監牧營田畝彼非以監牧之馬可以盡去也蓋陝西四塞之地漕運不通若沙苑牧地募民耕種則所獲穀食既可贍軍所得芻稚亦可秣馬此一舉而兩得之計也樞密使文彦博欲築熙州綏洮河者彼非以洮河之備可以盡撤也蓋西番初附之時撫綏未盡若進築河州漸恢遠略則積粟未豐恐壞根本番心未定幾喪前功此不欲速見小之説也知涇州者夏竦也竦上十策請習强弩以爲奇兵其與蘇軾之增修弓箭以立社户相同也然邊臣以竦爲怯蓋于時元昊僭號西陲將帥正當枕戈必滅此而後朝食而爲此策不過遷延自全耳不然何羌人榜得竦

首賞錢二千如此其侮狎哉知慶州者范仲淹以馬鋪寨旬日築城而名大順氣與龐籍增築招安以斷賊路相同也然輔臣反以爲迂蓋于時文正經理西事羌人皆呼老子真軍中一范驚破膽者也而謂之迂不過夷簡挾私造謗耳不然何宋朝人物以范仲淹爲第一哉學士王堯臣欲屯兵環慶大略謂各寨兵寡勢分賊至不能追擊願益團土兵分屯渭涇慶秦四路所以防衝突也至畢仲游謂城寨清野俟其機會此先爲不可勝之説是或一道也司馬光乞留諸州屯兵蓋謂腹内地廣兵稀緩急不能控禦故願抽取邊兵屯駐永興所以重根本也至韓琦謂招兵擾賊使自困弊此多方以誤之之説是或一策也凡此諸臣爲國建明大抵皆忠謀勝筭惜乎仁宗諸君苟一時之安而不爲國遠慮此洛陽無寧枕之日而關中無息肩之期也明問有曰關中之地在漢唐土沃兵精號百二形勝而先朝諸臣亦成駿功矣今師旅疲於攻守財用耗於調發郡邑困於應辦誠哉是言也豈果天時地利人和不同哉非也夫謂陝西軍糧之匱竭有由矣虜騎不時劫掠屯田往往不秋一也三邊初沠年例固原一鎮繁近年增設而未之及二也連年修堡築墻糜費不貲三也全省每因灾傷蠲免租税而軍糧無所處補四也貪官污吏百計侵削五也若夫兵威之不振其機在上不在下夫誠濮無功子玉即戮新秦無徼太守必誅潘美從征誓以匣劍陳曙失律斬之軍門此古之制也今也進不責之以成功退不加之以嚴憲彼何苦而以死犯豺狼之鋒哉故賊來則退縮賊去則佯追失事則破調相推同事則裝點相庇害幾村幾堡則欺瞞獲數馬數級則誇大此三邊積弊蓋有年矣明問又舉賈晁趙張之術可施於今可謂慮遠而詳説矣夫以賈誼三表五餌之術而設官是緣木以求魚也以晁錯徙民塞下之策以徙民是張羅以驅鳥也謂趙克國分屯要害賦農積穀之策張敞輸粟贖過增修守具之言可行於今至於李嗚復諸人之説在今亦有采而行之者矣而我食終不富兵終不强夫宋事可鑒也意者難得頗牧韓范之臣司干城者歟昔歐陽脩言於朝曰國家所憂不在於無兵也無將也無財也無禦戎之策也無可任之臣也唯在謹號令之頒明賞罰之施責功效之實以是施之於今而實行伍寬力役省糜費廣屯蓄禁侵漁重犒賞正刑威嚴簡閲則師旅何疲於攻守財用何耗於調發郡邑何困於應辦哉几此必有大斡旋而後能運事幾大力量而後能壓人心大識慮而後能消變故此在廟堂必有成算矣愚也白面書生止知俎豆之事也倘得進而立玉階方寸地亦惟曰明王慎德四夷咸賓以效梓人之忠謹對

陝西鄉試録後序

嘉靖丁酉秋八月壬申陝西鄉試録成巡按御史戴璟以末簡授鳳來乃揚言曰蔚乎休哉關中人文之盛一至是乎初鳳來之膺聘戒途也遵漢中逾鳳翔歷二千餘里而後税駕因得縱觀吴岳太白終南九嵕之勝東望泰華隱隱天表呈奇貢异綿亘不絶可不惟雄矣乎逾汧浒褒絶汧沿渭皆波濤洶洶瀠洄萬狀凝睇之頃渺不知其所之東會黄河環抱若帶可不謂秀矣乎夫天地不能秘其靈淑之氣始融結而爲山川則山川者天地之英華也矧關中形勝甲天下固宜其锺於人者剛毅正大軒偉而不群也既乃得其文而遍觀之則見其語意簡古弗溺時好蒼然黯然不可迫視者猶山之雄也其筆勢豪宕理致醇深繩引珠貫纚纚不絶者猶河之秀也顧限於制額取之弗能盡録之弗能周耳所謂蔚乎休哉者信矣信矣於是御史忻然謂鳳來等曰以人事君璟之責也得士如此責庶塞乎復瞿然曰以言取人惟聖其難之庸詎知無静言庸違者奸其間乎夫安得不憂於是鳳來乃進多士而諗之曰今日之事以言求者以言應之夫言固可以曼詞詭辨而僥倖聲華也若心術之邪正操履之污隆則天地鬼神實臨之可無憂乎夫不知其人徒信其言以健羨而引重而借譽者是謂不明徒飾其言以衒鬻而憒眊而滑稽者是謂不忠不明之罪小不忠之罪大則爾多士之所自憂固有甚於諸執事者矣傳曰周之士也貴秦之士也賤夫周秦所都均是地也其所養所用均是士也山川之雄秀如舊也而士習之貴賤頓殊盍亦反其本哉夫審取捨者存乎介礪進修者存乎誠樹經濟者存乎才揚忠貞者存乎節以是四者而文之以禮樂則可謂大丈夫矣豈但與周之士并駕爲陝之山川增重哉行將勒之鼎彝垂之聲歌曰此某科鄉試士也豈非諸大夫主司之大快哉貽我令名紓我隱憂是哉爾多士矣是在爾多士矣

四川成都府綿州儒學學正毛鳳來謹序

嘉靖二十八年陝西鄉試録

（此處底本缺頁——編者注）御史率以入院登堂肅衆曰是役也朝廷求賢之科學士發身之途也庸私且怠非惟失士乃上負聖天子衆其念哉所不精白既厥心者有如皎日既飭簾内外惟謹遂進巡按陝西監察御史邢尚簡提學副使顧四科所選士二千五百有奇三試之拔其俊六十有五人列名氏并録其文之粹者既成書將獻履中乃作而叙曰維兹雍域天地之所開先是故蓄精發奥神聖迭生其在輔世若皋益伊吕周召光昭萬世無尚次若乘時策勛于今輝映簡編者亦代不乏人所謂誕奇之靈區而産材之巨藪也非乎履中始有知識即聞天下有關中之勝而寤寐成紀豐鎬者有年乃今幸睹華岳終南之亘天都而昆侖大河之有源委信壯游也既得讀多士之文倬乎崒嵂浩乎汪洋往往與河山比盛此其甲天下士者耶夫部右侍郎謝蘭保釐底績文事聿興今右副都御史傅鳳翺交承撫綏嘉樂登俊巡撫延綏右僉都御史楊守謙寧夏右僉都御史先王邦瑞今張鎬甘肅右僉都御史楊博撫治鄖陽右僉都御史任瀛胥敕彝憲振起士風巡茶監察御史先盛汝謙今劉侖巡鹽監察御史劉應熊風紀丕揚士習以正督造太監孟忠總兵署都督僉事成勛户部郎中王太平王光宇有事兹土樂觀成事右布政使徐守義左參政汪尚寧彭大有右參政張愚江東謝存儒王儀左參議李維藩右參議劉世用副使茅鑿郭朝賓王廷李磐石永劉儒朱用張鈇江濬胡汝輔僉事許樾孫梯栗應麟劉燾蘇志皋署都指揮僉事崔汝成王延鶴何淮素裨士誨綜理協恭先後有勞遠邇無間行太僕寺卿唐寬王鎬少卿李棨苑馬寺卿陳錠少卿李紳同寀一方與舉賓興者也因備書之

山東東昌府濮州儒學學正丘履中謹序

嘉靖二十八年陝西鄉試

監臨官

巡按陝西監察御史程軏（信甫山東臨清州人　戊戌進士）

提調官

陝西等處承宣布政使司左布政使葛守禮（與立山東德平縣人　己丑進士）

陝西等處承宣布政使司右參議李延康（允吉山西長治縣人　壬辰進士）

監試官

陝西等處提刑按察司按察使賈應春（東陽直隸真定縣人　癸未進士）

陝西等處提刑按察司僉事孟顔（汝學山西澤州人　戊戌進士）

考試官

山東東昌府濮州儒學學正丘履中（伯時直隸太倉州人　丁酉貢士）

四川重慶府巴縣儒學教諭盧奎（子文湖廣蘄州人　癸卯貢士）

同考試官

直隸大名府儒學教授馬懋元（仁卿河南陝州人　辛卯貢士）

山西潞安府壺關縣儒學教諭王宸（以瞻太醫院籍江西永豐縣人　癸卯貢士）

江西饒州府萬年縣儒學教諭蔡汝漢（子行廣東饒平縣人　癸卯貢士）

河南開封府扶溝縣儒學教諭熊世英（文華貴州畢節衛籍湖廣通城縣人　丙午貢士）

直隸淮安府海州贛榆縣儒學教諭魏希古（汝學廣西桂林中衛人　癸卯貢士）

湖廣永州府道州永明縣儒學教諭廖紹裕（思光廣西蒼梧縣籍藤縣人　丁酉貢士）

印卷官

陝西等處承宣布政使司理問所理問宋明（子誠湖廣沅陵縣人　監生）

陝西等處提刑按察司經歷司經歷顧萬石（期奮直隸興化縣人　監生）

收掌試卷官

臨洮府知府張鵬翼（雲程河南虞城縣人　己丑進士）

平凉府知府高尚志（德崇山東冠縣人　壬辰進士）

漢中府知府劉夢元（伯始直隸安州人　辛丑進士）

受卷官

西安府同知閻登（從善順天府東安縣人　己卯貢士）

延安府同知張大中（子用山東臨清州人　甲辰進士）

西安府同州知州李懿（美卿直隸吴橋縣人　甲辰進士）

西安府長安縣知縣閻繩芳（世武山西祁縣人　丁未進士）

西安府三原縣知縣甘茹（征甫四川富順縣人　丁未進士）

鞏昌府安定縣知縣張世昌（道伸山東平原縣人　戊子貢士）

彌封官

西安府同知李用中（與善山東樂安縣人　丙子貢士）

鳳翔府同知楊謨（汝承山西澤州人　辛丑進士）

平凉府静寧州知州于玭（子真山東東阿縣人　戊子貢士）

平凉府固原州同知劉楝（仲隆直隸任丘縣人　乙未進士）

漢中府金州平利縣知縣何承禩（汝誠四川南充縣人　壬午貢士）

延安府宜川縣知縣符仕（汝登河南寧陵縣人　戊子貢士）

謄録官

慶陽府寧州知州賈曉（寅仲河南臨潁縣人　戊子貢士）

西安府咸寧縣知縣張可述（惟孝四川洪雅縣人　丁未進士）

西安府藍田縣知縣吕好古（景先山西平定州人　甲午貢士）

西安府盩厔縣知縣黄嘉樂（德仲湖廣鍾祥縣人　辛卯貢士）

西安府淳化縣知縣郭儒（鴻儒山西祁縣人　丁酉貢士）

西安府武功縣知縣朱裒（崇晋湖廣鄖西縣人　丁酉貢士）

對讀官

漢中府推官陳觀衡（養静山東東平州人　丁未進士）

西安府乾州知州李應庚（仲西山西平定州人　乙酉貢士）

鳳翔府隴州知州甄偉（子奇順天府固安縣人　壬午貢士）

西安府涇陽縣知縣屈諫（正父山西長治縣人　丁未進士）

西安府商南縣知縣李鴻漸（于磐山西蒲州人　甲午貢士）

慶陽府真寧縣知縣張國政（允治山東濰縣人　壬午貢士）

巡綽官

西安左衛指揮使張鵬（騰遠山東武定州人）

西安右護衛指揮同知王化（德政直隸江陰縣人）

西安前衛指揮僉事張敷教（在寬河南杞縣人）

漢中衛指揮僉事秦邦大（世藩直隸壽州人）

搜檢官

漢中衛指揮使賈斌（廷英山東棠邑縣人）

蘭州衛指揮同知方晨（汝東浙江烏程縣人）

西安前衛指揮僉事王紹先（伯昌山東金鄉縣人）

西安後衛指揮僉事劉啓（德明直隸臨淮縣人）

供給官

陝西等處承宣布政使司理問所副理問張登龍（季膺山西鄉寧縣人 監生）

陝西等處承宣布政使司雜造局大使童楨（植夫浙江慈谿縣人 吏員）

延安府延川縣知縣金棟（隆仲四川富順縣人 戊子貢士）

鳳翔府麟遊縣知縣張應時（律卿河南懷慶衛人 辛卯貢士）

慶陽府合水縣知縣趙璧完（藺輔直隸武强縣人 辛卯貢士）

西安府商州判官陳遺（以忠遼東定遼後衛人 監生）

西安府耀州判官馬應利（尚義山東平原縣人 監生）

西安府長安縣縣丞李恕（宗貫山西祁縣人 監生）

西安府咸寧縣縣丞白和（介夫山西馬邑縣人 監生）

西安府澄城縣縣丞孫繼宗（紹先山東德平縣人 吏員）

鳳翔府鳳翔縣主簿楊永寧（脩吉山西長子縣人 監生）

西安府長安縣典史雷宗遠（惟明湖廣藍山縣人 史員）

西安府咸寧縣典史張玥（廷輝四川資縣人 史員）

西安府渭南縣豐原驛驛丞李廷舉（國用直隸蠡縣人 承差）

延安府延長縣干谷驛驛丞王永禎（應兆山東樂陵縣人 承差）

第一場

四書

多聞擇其善者而從之多見而識之知之次也　誠身有道不明乎善不誠乎身矣　夫志氣之帥也氣體之充也夫志至焉氣次焉故曰持其志無暴其氣

易

大君有命以正功也　六二鴻漸于磐飲食衎衎吉　乾以易知坤以簡

能易則易知簡則易從易知則有親易從則有功有親則可久有功則可大可久則賢人之德可大則賢人之業易簡而天下之理得矣天下之理得而成位乎其中矣　六爻相雜唯其時物也

書

惟動丕應徯志以昭受上帝天其申命用休　若金用汝作礪若濟巨川用汝作舟楫若歲大旱用汝作霖雨　初一曰五行　文王惟克厥宅心乃克立兹常事司牧人以克俊有德

詩

樹之榛栗椅桐梓漆爰伐琴瑟　吉甫燕喜既多受祉來歸自鎬我行永久飲御諸友炰鱉膾鯉侯誰在矣張仲孝友　于周受命自召祖命　赫赫厥聲濯濯厥靈壽考且寧以保我後生

春秋

柔會宋公陳侯蔡叔盟于折　公會宋公于夫鍾　冬十有二月公會宋公于闞（俱桓公十有一年）公會宋公于虛　冬十有一月公會宋公于龜（俱桓公十有二年）　秋九月齊侯宋公江人黄人盟于貫（僖公二年）　六月公會宋公陳侯衛侯鄭伯許男曹伯晋趙盾癸酉同盟于新城（文公十有四年）　春王正月季孫宿叔老會晋士匄齊人宋人衛人鄭公孫蠆曹人莒人邾人滕人薛人杞人小邾人會吴于向　夏四月叔孫豹會晋荀偃齊人宋人衛北宫結鄭公孫蠆曹人莒人邾人滕人薛人杞人小邾人伐秦　冬季孫宿會晋士匄宋華閲衛孫林父鄭公孫蠆莒人邾人于戚（俱襄公十有四年）

禮記

命大師陳詩以觀民風　大羹不和貴其質也大圭不琢美其質也　禮樂之説管乎人情矣　夫孝置之而塞乎天地溥之而横乎四海施諸後世而無朝夕推而放諸東海而準推而放諸西海而準推而放諸南海而準推而放諸北海而準詩云自西自東自南自北無思不服此之謂也

第二場

論

君子深造之以道

詔誥表（内科一道）

擬漢春和議賑貸詔（文帝元年）　擬唐以魏徵爲太子太師誥（貞觀十六年）　擬宋賜輔臣御製瑞聖園觀稼城南觀麥詩謝表（祥符九年）

判語(五條)

官吏給由　收養孤老　奏對失序　飛報軍情　聽訟迴避

第三場

策(五道)

問　帝王之文二曰詔令曰製作我太祖以天從之聖當創業之始好古右文昭一人之大制涣天下之至文千古獨盛矣試竊舉所知一二與爾諸士闡揚之以言乎詔令也諭安南有詔諭雲南有詔有赦宥之詔有存恤之詔或諭刑官或諭審决或親諭舉到人材或詔免天下田租其文焕然與咨四岳諸典同歸矣可得而各撮其要與以言乎製作也則有七曜循環之論有鬼神有無之論有時雪之篇有春光之篇問心有擬省顽有文保身有説勤惰有説其詞燦然與敕天命諸歌并美矣不審能盡達其旨與二者之文亦各有所本與我皇上聖智之資同符聖祖經緯之作于前有光如大享禮成詔大狩龍飛録敬一箴四箴注仲夏寫懷之什欽天記頌之作其旨其本復可得而知與夫聖人有作而臣民不知耻也生今之世而昧今之典非士也爾諸士固菁莪樸棫中人矣幸齋心滌慮相與敬陳之勿忽

問　六經聖人致治之迹也炳如日星以詔後世自宋儒理闡明易程朱書蔡氏詩朱子春秋胡氏禮陳灝今世宗之自漢以降經師有不能識其名者果諸疏傳訓詁可盡廢耶易有田何焦贛費直數傳之後王弼爲注説者謂爲老易何歟書有孔惠伏勝武帝之時屋壁之藏既出孔安國以隸古定之説者謂舜典獨闕何歟詩有申公轅固韓嬰自毛傳之行而三家微韓詩雖在恐非美刺之旨矣禮失而求之野后戴諸儒補綴成篇三鄭王肅尤精其學不可盡謂之附會也春秋鄒夾之學漢已無傳左氏穀梁公羊三家詞旨各异則夫表章尊信參别异同當何所折衷哉或者去古未遠擬之臆决於千百載之下者恐相懸也諸生明經既有年矣試陳其概以驗博綜古今之藴

問　生民休戚係守令之賢否以職親而澤易究耳自古以來表循良於史册代不乏人獨稱漢世爲盛何與今列傳所載其人與政班班可考可歷指而言之與史稱文景之世吏安其官民樂其業當時未聞以循吏稱嗣是厥後吏治競爲苛刻離散民心斲喪元氣由是循吏出焉而俗吏習猶未已觀於章帝詔戒可知其稱循吏安静不擾悃愊無華乃木强之人而止耳當時何所導化而民安之何所據依而殿最之與方今談龔黄之化理罔不慨然嚮慕乃吏

習骫靡愈趨愈下將何修而可以挽回古之休風與説者謂文景之世居官者長子孫以爲姓氏今弊在數易邇來當塗之士建議久任夥矣卒不果行豈古之法不可行於今與抑别有其故與諸士子行將服官理民幸昌言之勿讓

問　地靈人杰理所不誣關隴之産可稽矣粤若神聖詩書所稱不俟名言其他多才多藝更僕未易盡數姑以漢唐而下功在社稷名流邊徼經術相授節介獨行表著簡册者舉而詢之多士乎且如總領衆職雅與丙吉同心裁處無滯善資玄齡之斷以至正直行而天下以肥渡河决而澶淵取勝皆相業之卓然者也孰爲最乎屯隍中而服罕开入虎穴而質鄯善至於大振軍威以身爲天下安危用師無犯弃家以再造社稷皆威武之杰然者也孰爲難乎他如博通經籍而設帳授徒問事不休而世稱通儒以至長曆作而武庫取名訂頑訓而聖學丕著固皆當世之儒宗也孰近道乎隱居谷口而清風足以勵俗牧豕上林而咏詩聊以娱日以至泉石膏肓帝幸其門而比之四皓雲溪退士帝嘉其節而命之存問固皆一時之逸民也孰爲固乎多士之素處固必以節介經術相高今將穎脱而出矣出將入相亦丈夫之所有志者也幸備論往哲歸所願學是不忘其尚友之實有司將以審所從也其勿曰方人不暇

問　足食莫善於屯田强兵莫要於畜馬此籌邊者之所當講也歷觀往昔或耕於塞下或田於燉煌或屯兵城或雜耕渭水此古人屯田之政有可考者或牧之於官或牧之於民或官民通牧或始牧於官而終牧於民此古人牧馬之政有可考者其法制之詳區畫之善可詳言與我國家屯田專監司之職馬政設寺苑之官立法善矣其在今日亦有利病當講以爲興革者與夫屯田膏壤猶夫舊也不知何如而可致紅腐之積苑圉沃野猶夫昔也不知何如而可致雲錦之富探本塞源之論權宜救弊之方必有在也諸士皆關輔之英籌之熟矣請著於篇以觀經世之學

中式舉人六十五名

第一名　張旂　慶陽府學生　易

第二名　劉希皋　延安府學生　春秋

第三名　王希堯　安化縣學生　詩

第四名　楊吉　延安府學生　書

第五名　姜蓋　渭南縣學生　禮記

第六名　王制　西安府學生　詩
第七名　周宇　咸寧縣學增廣生　易
第八名　周之奭　咸寧縣學生　書
第九名　馮顯　咸寧縣學增廣生　詩
第十名　謝滄　咸寧縣學生　易
第十一名　東棐　華州學生　書
第十二名　李光鸞　鞏昌府學生　春秋
第十三名　杜實　安化縣學生　詩
第十四名　張翰　綏德州學生　易
第十五名　喬邦瑞　武功縣學附學生　書
第十六名　和天秩　寧州學增廣生　詩
第十七名　宋承郊　咸寧縣學生　易
第十八名　李羔　富平縣學生　禮記
第十九名　張民範　秦州學生　詩
第二十名　張士龍　鳳翔府學生　書
第二十一名　張達生　西安前衛儒士　易
第二十二名　李從教　同州學生　詩
第二十三名　楊侃　鳳翔府學訓導　易
第二十四名　李轍　鳳翔府學增廣生　詩
第二十五名　任頴　紫陽縣學生　春秋
第二十六名　陳生　咸陽縣學教諭　書
第二十七名　周威　西安府學附學生　易
第二十八名　丁登　鳳翔府學生　詩
第二十九名　邵蕙　寧州學生　書
第三十名　王天寵　西安府學生　易
第三十一名　左思聰　耀州學生　詩
第三十二名　王弘訓　藍田縣學生　書
第三十三名　孟秋　潼關衛學軍生　詩
第三十四名　張近思　金縣學增廣生　易
第三十五名　王命　同州学生　诗
第三十六名　艾杞　米脂縣学生　春秋
第三十七名　趙崇儒　宁夏等衛學軍生　書

第三十八名　任道　西安府學生　易
第三十九名　邢子嚴　漢中府學生　詩
第四十名　梁棻　郃陽縣學增廣生　書
第四十一名　張仕　高陵縣學生　詩
第四十二名　王三益　朝邑縣學生　易
第四十三名　王完　乾州學增廣生　詩
第四十四名　黄鵾　寧夏等衛學軍生　□
第四十五名　韓天衡　涇陽縣學附學生　詩
第四十六名　廉汝爲　城固縣學生　春秋
第四十七名　王惟寧　興平縣學增廣生　詩
第四十八名　袁禛　淳化縣學生　書
第四十九名　李學詩　延安府學生　詩
第五十名　楊四知　咸寧縣學生　禮記
第五十一名　楊伸　西安府學增廣生　詩
第五十二名　陳大夏　蘭州學增廣生　易
第五十三名　徐佃　寧夏等衛學官生　書
第五十四名　王轍　隴西縣學生　詩
第五十五名　楊翀　西安府學生　易
第五十六名　高衍慶　西安府學附學生　詩
第五十七名　王植　鞏昌府安定縣學生　易
第五十八名　葛大紀　潼關衛學軍生　書
第五十九名　李守成　鳳翔府學生　詩
第六十名　吴登高　咸陽縣學附學生　春秋
第六十一名　奈邦奇　鳳翔府學生　易
第六十二名　薛鍾嶽　渭南縣學生　詩
第六十三名　吴讜　高陵縣學增廣生　禮記
第六十四名　李用和　三原縣學附學生　書
第六十五名　張經　咸寧縣學附學生　易

第一場

四書

多聞擇其善者而從之多見而識之知之次也

王希堯

同考試官教諭熊批（聖人謙己誨人之意最難體貼是作平平發揮無一字艱澀録之以正文體）

同考試官教授馬批（平正通達）

考試官教諭盧批（明净無疵）

考試官學正丘批（平順）

聖人自言盡求知之功亦可以近於知矣夫聖人生而知之也乃自言其下學之功而不敢以上知自居其亦謙己誨人之意歟其意蓋謂無知妄作我固未嘗有是矣我之所以有知者抑豈無所本哉誠以事理之在天下惟博學能通其故知識之在吾心必窮理斯盡其極學貴多聞固矣多而不擇無以臻日益之效故於善者則樂取諸人不善者在所略焉學貴多見固矣見而不識無以備參考之資故於善者則默識於心惡者亦不遺焉夫多聞能擇則理有得於所聞多見能識則理有得於所見雖未能神以知來知以藏往與聖人之知同也造詣以强學而進明能燭物庶幾不眩於有事矣雖未能知周萬物旁燭無疆與生知之聖等也聰明以聞見而廣隨事觀理庶幾不昧於所從矣不亦次知已乎是則理以能學而明事以見理而當我之無妄作者蓋以此耳學者其尚知所從事以盡求知之功也哉抑聖人天聰明之盡一以貫之者也何有於聞何有於見哉世固有厭進修爲卑近以頓悟爲超越卒之無所持循弊流於蕩不免冥行取咎是故夫子之憂之也博約之誘講學之憂好學之智所以惓惓不能已於言也歟

誠身有道不明乎善不誠乎身矣

張旂

同考試官教諭廖批（誠明二義是篇要領此作發明意義犁然有會於心録之）

考試官教諭盧批（辭精確而意渾融場中義似此作者絶少）

考試官學正丘批（切理）

中庸推言思誠者惟在於窮理所以明素定之意也夫學莫先於窮理也理明則誠身之道盡矣又豈有多術也哉中庸進哀公以誠明之學其意蓋謂

推原獲上之治固本於身之能誠欲誠其身豈無所當豫者乎是故天命人心本自無妄而知誘物化乃失其初兹欲虚中以主夫静所存一天理之本然無我以大其公所發皆天則之至當要不可以襲取强爲也其道在明善而已蓋必先明諸心知所往而不蔽於其始然後力行以求至而克篤於其終苟格物之功不加未能析理以致精隱微之間不免於真妄之錯雜也至知之力弗至未能觀物以察則趨向之路尚涉於從違之靡定也吾見知之不真則爲之不力雖勉强從事終沮於他岐之惑欲其真實無妄動以天而不以人也得乎擇之不審則行之不至雖竭力求誠終流於鹵莽之歸欲其至善渾全去自欺而求自慊也得乎是則誠明有合一之妙學者貴功用之全知所先後則誠身之道盡而獲上治民可以馴致矣抑誠明之説其聖學之心法帝王之要道乎内聖之德外王之業要皆不外是矣是故精一而執中緝熙而敬止風動之休怙冒之化合内外而一之者也夫子以是告哀公其所以期望之者不亦深且重哉然則明善之功當何如博□□□慎思明辨中庸固已言之矣惜乎哀公不足以語此

夫志氣之帥也氣體之充也夫志至焉氣次焉故曰持其志無暴其氣

劉希皋

同考試官教諭蔡批（此題作者類繁搜可厭是□□精語新意見超然不窘）

考試官教諭盧批（辭氣沉著蓋精思而有得者豈膚學所能到耶）

考試官學正丘批（脱去冗俗）

大賢推言志氣之分而皆不可以失其養也夫志主之氣承之固定分也然則兼所重矣而養之可以偏廢哉孟子答公孫丑之問若謂告子所謂不得于心勿求于氣者是徒有見于心無見于氣也謂之可者未極言之耳要其極則氣之在人豈其可輕者耶且人之有志所以決吾心之趨而制天下之動者也然而斡運之效其能酬酢之通其變固曰氣之作用而非志之發縱不可也是作其氣而使之有所爲者志主之也志非氣之帥乎人之有氣所以爲成形之具而鼓一身之動者也故夫耳目之善其官手足之舉其力雖曰體之良能而非氣之貫通不可也是浹於膚而俾之無所虧者氣運之也氣非體之充乎夫志爲氣帥則人之所以妙經綸之功以參天地之大者於是乎在尊於一身莫得而加矣是志固爲至焉氣爲體充則人之所以配道義之用而塞天地之間者於是乎在比之於心亦實相副矣是氣即爲次焉故曰人之志不可以不

持也必敬以守之而操存之念常爲邪僻之防出之以虚明而主之爲克一知止有定不亂於形氣之私斯可矣氣亦不可以或暴也必安以養之而涵育之心常謹均調之節本之以和順而培之以常直循其自然不傷於忿戾之害斯可矣此固志氣交養之功而舉一廢一之不可也告子偏于制心豈知此理者哉噫孟子之不動心真有道與抑不動心之理自孔子發之其曰内省不疚夫何憂何懼不動心之本也又曰敬以直内義以方外不動心之功也彼波蕩風靡是固失其爲心而不顧是非恃其力制者終亦歸於頑悍焉爾孟子防其流也而特出知言養氣之論心學淵矣理本於孔子而指氣爲言於義方益顯斯其所獨得者耶故曰擴前聖所未發

易

六二鴻漸於磐飲食衎衎吉

張旂

同考試官教諭廖批（爻旨中正有應發明殆盡可與言易者矣）

考試官教諭盧批（理明辭暢）

考試官學正丘批（辭不費而意自足）

漸爻具臣道上進之善聖人擬其象而善其占也夫安其位而行其志仕進者莫善於此矣此聖人於漸之六二而著其象占以明臣道也且夫君子非無位之患而以無德爲患亦非無德之患而以得遇爲難漸之六二柔順中正天下之至德也而進上以漸上有九五剛健居尊天下之大君也而下應於己則是有諸己者具熙績亮工之體而及時向往以適其用獲乎上者際籲俊登庸之會而行義達道不失其機由是而進焉吾見建官定位而豐爵我加上膺錫命之隆下係具瞻之望負乘不得而誚之高而不危也因能授禄而大享我養退有委蛇之適公無覆餗之懼食浮不得而議之受而不愧也其象遵渚之鴻漸于大石飲啄自如氣象衎衎者乎占而有此吾見道因時顯修之於家者施於天子之庭利用大作而功在社稷由是朱紱方來固將長守其貴於不替矣行以位成藴之爲德者發爲事業之大底綏四方而澤潤生民由是天寵兹承固將長享其富於無窮矣何其吉也是則往而有功本諸有德而成諸有應君臣之際固君子盛遇也周公著於漸之六二以善臣道其有嘉於此與大抵德也時也有應也三者備而後漸道全匪聖人孰能明之孰能行之是故三聘至而伊尹興後車載而吕望出有應而進斯爲有德保衡弼成之勛所由致也下若壯趾浚恒冥升摧晋者亦復紛紛然則漸磐之鴻得象寡矣是故周公著之爲臣道法也

六爻相雜唯其時物也

周宇

同考試官教諭廖批（場中發揮時物多欠分明此作得之）

考試官教諭盧批（深於易者宜録以式）

考試官學正丘批（得潔凈精微之旨）

大傳論易爻之迭用一陰陽之適值者也蓋時也者陰陽所乘之運也然則六爻之所以迭用者夫豈有外于此哉昔吾夫子大傳意謂易之原始要終卦固所以爲質矣然則爻之所以爲義何如耶是故奇而實者陽爻也以陽居陽固定分矣然而非可專也陽居之而陰亦居之不可以典要拘偶而虚者陰爻也以陰處陰亦常理矣然而非有恒也陰處之而陽亦處之不可以方體求發揮於内外之間奇或間偶偶或間奇紛然其交著也變易於貞悔之内剛或錯柔柔或錯剛雜然其不齊也夫爻之所以爲爻如此豈有他哉蓋陰陽之具體者物也變化之靡常者時也以具體之物而趨靡常之時卦一成質爻亦隨之以定位矣六位有恒而待虚也二體無端而流布也以虚待之宅而棲流布之體卦有變通爻亦以之而定名矣客形於二物時乎陽也而陽趨之時乎陰也而陰趨之承乘比應之間而陰陽相錯之反復顧所遇也否則其機息矣何以相禪於無窮哉旅次於六位時乎六也而六主之時乎九也而九主之貴賤遠近之地而九六迭處之交互唯所適也否則其化滯矣何以引以伸於不已哉是知相雜者其數也趨時者其理也數無止極而理無盡藏此爻之可以至數萬而天下之能事畢也抑論時之義大矣哉天不能違故寒暑運物不能違故代謝彰天地之所以不已物生之所以不窮職此故也聖人取而著之於易然後道化泄而人事盡善體之則天命物理斡旋之機在我矣萬物不能逃陰陽陰陽不能違其時易深矣乎論者曰説天者莫辯乎易足之曰説易者莫辯乎時

書

惟動丕應徯志以昭受上帝天其申命用休

楊吉

同考試官教諭魏批（天人感應之妙在徯志中命是作闡揚得出明經士也取之）

考試官教諭盧批（辭典雅而意精到）

考試官學正丘批（氣渾語潔可式）

大臣舉天人協應之妙所以廣慎位之意也夫君心天人之會也苟慎位

而交修焉天人之妙應也固其理哉大禹陳慎位之謨于舜復推其意如此蓋曰人君之御天下也慎位以爲本交修以爲功允若茲夫豈無其應耶是故民罔常懷其心未易得也夫惟其交修也則明明之后德既允協乎人心而有所敷也有所爲也自潜孚乎衆志吾見言莫不信罔越厥志矣而媚兹之誠若將徯其所欲爲焉行莫不悦咸一乃心矣而孚感之速殆有先于其所動焉所謂不言而信不令而行者是矣民能外君以爲心乎天難諶斯其命不于常也夫惟其交修也則遲遲之昭假既克享乎天心而受于上也膺于下也靡不靈承乎帝眷吾見貴爲天子純佑命矣而多益之俾申錫無疆焉富有四海綏其禄矣而滋至之休有隆無替焉所謂惟日不足以莫不增者是矣天能外君以爲命乎吁觀于天人相與之際而内外交修之功可弗至與慎乃在位帝其念哉抑嘗論之帝德如舜不可尚已而慎位之儆禹復拳拳于告君者豈曰過計矣乎蓋憂治世而戒無虞大臣愛君無已之心敕天命而謹時幾固虞廷之心法也他日慎乃有位之訓舜亦以命于禹矣天禄永終之戒又非堯之所以授舜乎故曰三聖相授守一道

文王惟克厥宅心乃克立兹常事司牧人以克俊有德

周之奭

同考試官教諭魏批（知人而孚其心是文王得人之本此作能發之宜録以式）

考試官教諭盧批（文思精練優於衆作）

考試官學正丘批（平通）

前王于三宅惟能得其心斯能得其用焉夫知人者官人之本也前王能得三宅之心則能得斯人以爲用也宜哉周公進戒成王及此謂夫立政以擇長爲要用人以知人爲先我周得人之盛文王固有道矣文王于三宅不惟稽之於貌也視所以而察所安蓋已得其隱微之奥不徒諜之於面也精與契而神與合蓋已略其形迹之粗才何所宜德何可用知之不爽若懸諸藻鑒而纖悉畢照也三宅之有心乎文王之心矣德可懋官言可底績相得而章殆亮其衷悰而群疑俱亡也文王之爲心以三宅之心矣夫既克厥宅心則豈不能立兹宅俊乎蓋知之至則心不眩而取捨之極定信之篤則心不貳而委任之志專是以立之爲常事者必其經綸内藴足以成天下之務而贊帝載於咸熙立之爲司牧者必其豈弟中涵足以立天下之愛而奠民生於丕冒即宅即俊卓乎王國之楨表儀朝著者固以馮以翼者也位之浮於德者何有耶義德容德

允矣邦家之基潤澤生民者固令聞令望者也實不稱其名者何有耶由是官長賢矣而擇屬宜無不賢我周所以得人之盛者職此耳文王知恤之實於此昭然矣抑知恤之説原於虞廷皋陶曰在知人禹曰惟帝其難之又曰知人則哲能官人垂萬世用人之法也而夏而商迪知忱恂嚴惟丕式惟是之宗耳周公言文武之知恤而舉夏商爲言即其近而承者乎嗚呼自唐虞夏商以及有周皆以知人爲恤後世又可推矣惜乎猶爲知恤之鮮也然則宜如何孔子告哀公曰取人以身修身以道揭其本矣

詩

吉甫燕喜既多受祉來歸自鎬我行永久飲御諸友炰鱉膾鯉侯誰在矣張仲孝友

王希堯

同考試官教諭熊批（詩旨重燕喜是作意格融貫辭采爛然故録之）

同考試官教授馬批（模寫凱還燕樂之意宛然在目）

考試官教諭盧批（氣昌詞達）

考試官學正丘批（純正）

詩人原大將燕飲之慶因賢其與燕者以美之也夫歸遠行久凱旋之慶也燕喜而孝友之賢與焉豈不足以益重斯燕哉宜詩人之善之也昔周尹吉甫伐玁狁有功而歸詩人叙其事以美之蓋曰我吉甫也太原之師既捷玁狁之難于襄其旋師也獨無可言者乎吾見其國難夷而兵權釋雍雍于樽俎之陳純嘏其時斂矣膚功奏而王心寧衎衎于燕樂之需多福其聿懷矣是蓋敵五愾以爲功安社稷以爲福也受祉不既多耶然是燕也問其來則爰歸自鎬旅而即安寧無陶然于中矣乎問其時則嗣續我日涣而復萃寧無暢然于懷矣乎兹燕之不可已也由是進厥諸友酒以飲之而奠獻酬酢之禮行洽彼朋好肴以將之而炰鱉膾鯉之羞備然豈伊异人哉時則有若張仲之賢克敦孝友之實順德之行允一國之良也令德之譽錫初筵之光也則夫同心之比同氣之求固其所必至者矣斯燕也不亦善乎即是而觀則知凱旋之樂非游佚也功之所以宣嘉會之賢非私昵也德之所以就吉甫得友以成德宣王得臣以成功功以德立德以助成其既也君以臣明友道也臣道也君道也是詩備焉中興之盛有由然矣詩人之善于序功者如是厥祈父歌興履霜操作則宣王之所以得臣吉甫之所以資友者毋亦有遺憾與噫

赫赫厥聲濯濯厥靈壽考且寧以保我後生

王制

同考試官教諭熊批（赫赫濯濯四字講者多欠分曉此作足以發之）

同考試官教授馬批（語意精到結尤雋永）

考試官教諭盧批（典則可誦）

考試官學正丘批（雄渾）

詩人于前王必贊其聞望之隆而本其垂裕之遠也夫德威所以隆聞望而久道足以裕後昆也商人廟頌以是繹思其功至矣哉此祀高宗之樂歌也蓋曰帝王之御世也有撥亂之功有垂裕之澤吾于高宗徵其盛矣是故荆楚服而多辟懼商邑建而萬國宗由是播之爲王猷也豐功盛烈巍乎其有成義問休聲沛然其莫禦一人御天下之極畿甸要荒罔非厥聲之洋溢矣是何其赫赫爾耶振之爲王靈也無兢不回丕顯日中之治不僭不濫孔昭風動之休天子爲天下之綱中華蠻貊莫非厥靈之炳耀矣是何其濯濯爾耶又且耆艾引其休而年所多歷令聞既長世矣康寧大其福而天壽平格純嘏且爾常矣則熙洽之治永孚休于邦家有秩斯祜我後人藉之以爲安者曷其極耶燕翼之圖大貽謀于孫子無疆惟休我後人引之以自庇者烏乎窮耶是知聲靈之盛自一身而沛之天下者也垂裕之休自一世而遞之萬世者也高宗之大造有商如此其侈之登歌也宜哉抑高宗功德之盛固矣然致之何所自耶蓋甘盤之學端其始夢賚之弼相其成終始典學可久之道不敢怠遑有恒之心是故德修罔覺而治底中興有不已之學而後有不世之功也嗚呼惟其有不世之功是以有不遷之祀

春秋

柔會宋公陳侯蔡叔盟于折　公會宋公于夫鍾　冬十有二月公會宋公于闞（俱桓十有一年）公會宋公于虛　冬十有一月公會宋公于龜（俱桓公十有二年）

劉希皋

同考試官教諭蔡批（聖人公天下之志發明殆盡宜録以式）

考試官教諭盧批（得經意）

考試官學正丘批（精確）

春秋詳紀内外之盟會而示公天下之志焉蓋大道爲公盟會不足恃也魯宋之盟會有足恃乎昔鄭宋交惡魯之與鄭也舊矣于郎有戰宋伺其隙而通好于魯先與柔有于折之盟既與公有夫鍾之會又恐其好之不篤也再會

于闞于虛于龜焉斯亦盟會之常耳何備存而不削耶蓋先王以信率天下而設官以司盟實有不得已焉者于人不足信而求信于神風已下矣況屢盟而卒叛者乎宋之于魯欲通好于君先結信于臣于心可謂誠矣何尋取伐國之師耶言猶在耳甘蹈背盟之罪信不由衷徒爲長亂之階吾恐神不足恃將何所恃爲信耶先王以禮御天下而時會以發禁實所以懲不義者禁不發于上而私會于下典已干矣況數會而卒離者乎魯之于宋一會不已而至于再再會不已而至于四于情可謂密矣何即有戰宋之舉耶壇坫未掃而即事夫兵戈揖讓方興而即變爲仇敵吾恐禮不足恃將何所恃爲敬耶聖人懼夫世道之愈趨愈下也故于魯宋之盟會備存而不削者若曰大道爲公講信修睦爲事何至于盟會之煩如此耶吁于以見聖人憂世之心焉于以見聖人公天下之志焉又以見先王望天下之厚焉何也先王非不知盟會非古道也謂人心雖不古而天理之在人心者未泯故不得已設盟會之典使天下因盟以思信因會以思敬庶亦不失乎大道之公也夫子之心其先王之心乎不然何葵丘之盟束牲載書而不歃血獨深取于齊桓耶

六月公會宋公陳侯衛侯鄭伯許男曹伯晋趙盾癸酉同盟于新城（文公十有四年）

李光鸞

同考試官教諭蔡批（尊王之義場中作者類多冗瑣厭觀是作詞不繁而意自足可以占所養矣）

考試官教諭盧批（結説趙盾功罪明白）

考試官學正丘批（謹嚴）

春秋予列國之從霸臣所以重尊王之義也蓋晋雖不兢猶以尊周爲心何靳于諸侯之從之此新城之盟所以書同以予之也何予夫新城之盟之同也同外楚也蓋周室衰微天下安危係于霸王室安危係于霸而梗王之化與中國爲讎者莫楚若也文襄以來晋主夏盟城濮戰而内外之防嚴踐土盟而尊王之義著周室固恃以無恐矣維時楚莊强盛日懷窺伺浸浸乎有北圖之勢何幸有新城之盟耶事出于懼心之生信講夫禦楚之謀蓋有不約而同者雖曰晋靈幼弱霸業弗振斯盟也若無敵于楚也然即此可以見人心之有周焉中國之有人焉雖曰趙盾主盟諸侯聽命是舉也若不可爲訓也然即此可以見無主霸之君焉有輔霸之臣焉春秋重周屬于重晋惡楚深于惡盾故于新城之盟而特書同者若曰天下多趨于勢而昧夫義晋楚强弱之勢雖殊諸

侯向背之義甚明使楚人知之而窺鼎之心或少息矣是故予諸侯者非予其盟盾也予其外楚以從晋也非予其從晋也予其從晋以尊周也否則列國之盟亦屢矣何獨于新城而予之抑是盟也固可爲世道喜亦可爲紀綱惜周室恃以無恐中國恃以少安謂非盾之功不可也内專國政而外主會盟盾之權日重而晋靈之勢孤矣桃園之禍寧不兆于此乎吁君子于盾乎何誅

禮記

禮樂之説管乎人情矣

姜蓋

同考試官教諭王批（中正和平得禮樂之説者録之以範多士）

考試官教諭盧批（發揮管人情處明盡）

考試官學正丘批（平順）

記者論禮樂之用而切于人焉夫易流易離者人情也統同辨异而流離之失免矣禮樂非人情之至切者哉樂記君子示天下之坊也蓋謂不一者禮樂之體合一者禮樂之功是故本于事理之著而爲品節之詳禮固不可易矣然使人制節謹度秩然而不亂者皆禮之序爲之也禮之説辨异盡之矣由于人心之動而爲中和之感樂固不可變矣然使人和順道德純然而罔間者皆樂之和統之也樂之説統同盡之矣夫若此者何以爲人情之管耶蓋人情相親而易至于流也惟禮以辨异則有義以相維而情不敢以自肆親疏有序也貴賤有等也撙節退讓之心而得於制度文爲之表矣是不一者人之情隨時而有异也至一者禮之制防範而不過也禮固緣情而制情寔由禮而中矣禮之道非檢束人情之大節矣乎人情相敬而易至于離也惟樂以統同則有恩以相與而情不容以或乖佚能思初也安能惟始也忻喜歡愛之情而得夫優柔中平之正矣是無常者人之情感物而多變也有常者樂之理統紀而不亂也樂固以情而作情寔因樂而治矣樂之道非管攝人情之大端矣乎是則禮能飾貌而不流則□皆不争矣樂能合情而不離則人皆無怨矣孰謂禮樂而可斯須去身也哉抑禮樂之道雖切於人情而禮樂之本則在於吾心吾之心正則天地之心亦正吾之氣順則天地之氣亦順天地位而禮樂興矣是故無體之禮禮之至也無聲之樂樂之至也後世知不出此而徒從事於儀文度數之末失之矣此綿蕞野外之習徒襲秦之陋而桑間濮上之音實足爲導欲增悲之助耳於人情何有哉然則欲明禮樂之教者必建中和之極而後可

夫孝置之而塞乎天地溥之而横乎四海施諸後世而無朝夕推而放諸東海而準推而放諸西海而準推而放諸南海而準推而放諸北海而準詩云自西自東自南自北無思不服此之謂也

李羔

同考試官教諭王批（孝爲人心同然故推無不準此作辭約而意盡）

考試官教諭盧批（得曾子論孝之旨）

考試官學正丘批（通暢）

大賢言孝道之大達無不順而明以詩焉夫其大無外者孝也然推之無不準者豈非以人心之所同哉昔曾子之意蓋謂立人之道有孝焉天性無俟于外求至理不假於强合其至大者乎彼莫大于天地也惟孝無限量極乎天而蟠乎地上下同流充周而不可窮矣莫廣于四海也惟孝無方體足于此而充于彼溥博無涯廣大而不可禦矣莫遠于後世也惟孝無終窮立于百世之上驗于百世之下悠久無疆貫今古於不息也何朝夕之間乎夫孝在天下雖至大而無外然理在人心則至順而無違故推而放諸東海也西海也同此心則同此孝效法以事親者不過率其性分之良耳丕應徯志之化固不因地而有殊矣推而放諸南海也北海也此心同則此孝同觀感以盡孝者不過充其固有□善耳秉彝懿德之好罔不异地而同乎矣詩不云乎自西自東自南自北無思不服蓋言民心之服王化文德所被一出于心悦之誠其即人心之從孝道風聲所暨同率乎順德之應者之謂歟夫原其始本乎事親之常要其終極乎感化之大如此君子可不充吾孝之大而立人紀之極哉抑底豫之道盡而大定之化成四方攸同乃適追來孝者以先之也然舜文豈爲天下以孝其親而天下亦豈以孝悦舜文哉雖聖人固不能强天下以所性之無而天下亦不能加毫末于性分之外道本至足各足焉爾矣聖人不過先得民心同然者以導之耳况良心真切莫先于孝而天經地義莫大于孝導之豈有不從者哉故曰聖王以孝治天下

第二場

論

君子深造之以道

謝滄

同考試官教諭廖批（孟子示人造道之方自得處極難模寫此篇發揮明盡且純正爾雅亦深造自得者敬服）

考試官教諭盧批（脱去奇僻語自是大家數文字）

考試官學正丘批（典重不浮）

論曰君子入聖之學無他亦惟有不容已之功不可紊之序而已何謂功有定向也何謂序有定守也相須并用不可缺一者也功深而乖其序則誕誕則滯序章而闕其功則疏疏則廢君子之學荒矣求以入聖也不亦難乎立志以定其趨而弗躐於進取循序以要其成而弗惰於中道優游涵泳默識心通由是而居之安由是而資之深由是而取之左右逢其原推人以之天優入於聖域斯理之所必至者也兹其爲君子之學也請竟其説理之在天下廣大悉備其用也静深玄妙其體也可以力造不可以淺求可以漸進不可以驟入可以神悟不可以强得自夫天下之大聖聰明睿知而神化通成性存存而道義出静與天俱動天游固不假於學習矣人不皆聖人也下學之功可容已乎君子學聖人者也使學聖人而不得其所以學則亦徒焉而已求以至於聖人也得乎君子亦審之素矣是故有深造之功焉有以道之序焉有自得之妙焉爲入聖之學焉自夫人之不知君子之學也用力於皮膚之粗責效於旦暮之間從事於虚無之中妄意於言意之表或欲速以求達或急遽而躐等夫造道之功弗深則悟道之機弗露造道之序弗循則會道之神弗融吾見齟齬扞格鑿鑿乎其不相入矣君子之學不若是之疏且誕也以聖人爲標準以至善爲歸宿以剛毅爲己任志奮於必爲功期於必就不安於小成不狃於近利如射者之的也行者之家也江漢之歸宗也一息尚存此志不容少懈也又能步趨不失其則仰止必守其度功有所當加智有所不用知可致也精義入神不可驟也行可力也利用安身不可遽也大可爲也化不可爲也優游以俟其入也漸漬以待其成也下學之功盡而上達之自致也成章而後達也盈科而後進也君子之學不亦善於入聖矣乎夫惟其有入聖之學也自得之效斯有不期然而然者矣道明於發憤强學之餘理融於真積力久之後處之安固而不摇也資之深遠而無盡也取之左右逢其原無所往而不值其所資之本也於父子值吾自得之仁也於君臣值吾自得之義也於賓主值吾自得之禮也於賢否值吾自得之智也天道高遠難測亦無不與之吻合也自食息起居之微推極於事物無窮之變家國天下之异地也親疏貴賤之殊等也常變經權之异施也無所往而不值其所資之本也一本而散於萬殊也萬殊而歸於一本也所謂從心所欲不逾矩也所謂溥博淵泉而時出之也所謂施於四體四體不言而喻也至是不知其孰爲君子也孰爲聖人也合安勉於同歸貫天人於一致也君子之學會其全矣兹其爲入聖之學也抑求之孔門善入聖之學者顔曾

之外不多見也心齋坐忘未見其止真積力久竟以魯得造斯深矣博約之訓忠恕之旨能以道矣卒之見道體於卓爾悟一貫於無疑自得之妙可容已耶他如悦道而畫不可以言深見小欲速不可以言道仰視顔曾瞠若乎其後矣欲其自得以入聖也不亦難哉孔子曰譬如爲山未成一簣止吾止也又曰中人以下不可以語上也兹固深造以道之教也孟子之論其亦善學孔子者乎

表

擬宋賜輔臣御製瑞聖園觀稼城南觀麥詩謝表（祥符九年）

東棐

同考試官教諭魏批（於觀游賦咏中發重農意謝不忘規心乎忠愛者也欽服）

考試官教諭盧批（佳麗而謹嚴得體）

考試官學正丘批（典潤鏗鏘）

祥符九年某月某日某官臣某等伏蒙聖恩頒賜御製瑞聖園觀稼城南觀麥詩臣等謹拜受者百穀順成上帝溥明昭之賜六飛豫動聖人敷茂對之章頒布臣工昭回籞禁臣等誠歡誠忭稽首頓首上言伏以貽我來牟詩頌思文之德先知稼穡書垂無逸之規無麥特筆于麟經有秋載書于月令粤惟前哲均重民天多黍多稌之篇風斯厚矣于耜于茅之咏善可稽焉大道既荒醇音不作間有摛詞而振響或忘務本以力田汾水秋風蘭菊何裨于艱食蒲津曉渡山河未切于厚生焉知小人之依豈念先民之作兹蓋伏遇道由學植德本天成心弘穀種之仁治取嘉禾之喻養賢四簋耕籍三推澶淵兵振以康民梁父祀成于禱歲蝗飛溟渤聽億兆之謳歌雨降星壇信穹蒼之感格惟登聞妙于一德故大有協乎三農嘉生并衍于近郊協氣攸同于上苑芃芃惟麥將銍艾之奄觀彧彧其禾知億秭之盈止乃命倌人而夙駕爰諏穀旦以來游天仗遥瞻式副何休之望龍輿至止庸舒省斂之懷皇覽欣榮帝心嘉悦肆永言而見志因即事以陶情一豫一游上繼卷阿之盛迹以南以雅遥追良耜之徽音寫風物以入瑶篇掇英華而歸藻思霞光日麗宣五色以成文玉振金聲諧八風而從律蓋天地淳和之化不言而四時行乃聖人精藴之神有作而萬物睹將竹史傳之永世忽珍賜出自尚方宜九奏以入鈞韶先十行而頒御札丹書乍啓光分黼座之前白雪高吟慶溢掖垣之直竊念臣等職慚素食分擬明農擊壤興歌載咏農夫之慶含嬉戴德仰歸天子之功欽大雅而三復彌深思賡歌而一詞莫措未伸芹獻愧同草木之無知願竭葵誠誓答乾坤之有造伏願化弘允殖道法資生虞帝五弦永念民財之可阜豳風七月重惟王業之攸

基萬年綿瓜瓞之徵自今伊始九有擊苞桑之固裕後無疆臣等無任瞻天仰聖欣戴屏營之至謹奉表稱謝以聞

第三場

策

第一問

馮顯

同考試官教諭熊批(敷政以仁典學以心此聖人文之有本者子能鋪張揚厲而詞藻蔚然聖化作人之深可仰見矣)

同考試官教授馬批(體裁峻整敷揚明備忠愛之心博洽之學具見之矣録之不獨以其文也)

考試官教諭盧批(揄揚具悉是涵濡聖化而有得者)

考試官學正丘批(敷對詳明)

聖人之御天下也有經世之文有範世之文經世之文詔令是也而莫非仁政之敷範世之文製作是也而莫非心學之著何者治本于道而仁固道之實也學以基治而心則學之源也修道以仁則如天之化成而大業裕典學以心則如天之於穆而大道神是故積厚而章本植而茂英華發焉絲綸之音秩矣光輝著焉經緯之文宣矣炳然焕然可久可大而世爲天下法矣知此則我太祖高皇帝及我皇上之文所以布之爲經垂之爲範者有不可得而揄揚其萬一矣乎請敬陳之夫帝王之有詔令也所以涣大號而一民之趨也其有製作也所以明聖學而端物之軌也四岳之咨敕天之歌載在虞書遐哉邈矣秦漢以降孰其嗣之粤自天厭胡元篤生真主我太祖高皇帝以聖神之資當貞元之會恢廓氛祲肇造區宇功德之隆同符堯舜文章之盛照耀古今其布之詔令也諭安南則曰朕統天下惟願民安而已無强陵弱衆暴寡之爲待遐方之夷何仁也諭雲南則曰人心轉移之機在人自審而已曰令爾君臣同享承平之福諭梗化之夷何仁也赦宥之詔則曰肆赦于眚灾爲善良者圖其用仁審矣存恤之詔則曰朕當會居存養使不失所其用仁廣矣曰刑官無私邪政平訟理曰獄清而無事心静而神安所以諭刑官也曰□其所宜□榮其□□□□□慎法凋榮毋獲罪於人神所□命御史也欽恤之誠好生之德藹然□□□下矣曰天之所以命人主者爲蒸民之衆曰爲朕福民乃受命之利諭舉到人材也曰倉廪盈府庫充皆民之所供曰非致吾民于仁壽之鄉將何以答天心之永顧詔免天下秋糧也愛民之真聚人之惠藹油然洽于民心

矣天光昭回赫著簡素四岳之咨其道同歸是豈特感南粤稽首之誠啓河西明見之懼而已哉其形之製作也七曜循環之論則曰天大運而左旋一晝夜一周三百六十五度小運之旋一晝夜西行一度一年一周天太陽同其數太陰一晝夜行十三度一月一周天是心達天道之精矣鬼神無之論則曰鬼神之事未嘗無甚顯而甚寂所以古之哲王立祀典者以其有之而如是是心契鬼神之妙矣時令貴正也時雪之論則曰均調四時其機在乎生靈之主富貴貧賤當有守思之道其慎修匪懈之心乎寸陰可惜也春光之記則曰今春既往學業未周雖有來春非今之新春也其自强不息之心乎曰心也者中虚而不實以居神靈曰人之于世多神役心非心役神問心之擬也曰今人之心法古賢善者少效古愚惡者多曰古人以卑而致高以愚而致賢捨此而取彼守虧而樂安省頑之文也善惡之幾决擇之術蓋有以正乎人心矣曰全順其宜而爲之則身乎蕩蕩曰若完其肌膚而全其體則運用陰陽此常道不過則無虧矣保身説也曰勤者當色而不色爲慮有三惰者奉且薄却乃顔色美爲忘志而不慮曰博學匪行不若無簡藝精專以爲用勤惰之説也存養之嚴取捨之辨真足以警乎人心矣宸章炫耀播在臣工敕天之歌厥旨無二是奚假于丹扆六箴之陳千秋金鑒録之進也哉愚也以是知太祖之道體仁之道也太祖之學盡心之學也太祖之文虞舜之文也列聖相承是彝是訓肆我皇上聰明睿智文武聖神仁溢海隅心契冲漠是故情深而文明誠中而形外其著之訓典彰之話言者尤爲不可殫述焉然大虚之量管固難窺滄海之涯蠡亦思測固嘗服習之而若有所知矣何者大享之禮崇報本之典也禮成一詔恩覃臣民推尊親之心以及天下之親澤普而不私惠流而靡竭矣承天之狩展謁陵之孝也蠲租一詔德沛多方推孝親之心以及所經之地道光而不匱恩洽而無餘矣其詔令抑何仁也至若仲夏寫懷之什重小人之依思田功之即憫農之心溢于言表其仁之隨感而應者乎是皇上之仁即太祖之仁也虞舜咨四岳之心又繼太祖而紹之矣以至敬一之訓所以事心而立極也則衍而爲箴以彰身教如曰肅于朝廷慎于閑居曰行顧其言終如其始罔非允迪之思布之學宫聖學之本昭矣程氏四箴所以克復而求仁也則翼之以注以廣其旨如曰弗使外物蕩其中常使中制於外曰必求合諸道理準諸經傳罔非研幾之訓風之天下聖學之精著矣是製作一本于心也至若欽天記頌之作切時保之心嚴昭事之道對越之誠儼然如在其心學之大者乎是皇上之心即太祖之心也虞舜敕天之學又繼太祖而紹之矣嗚呼匪開厥先無以繼不傳之統匪紹厥後無以永開後之心是仁也心也一本也道統之所在也我太祖

克紹于創業之初我皇上大闡于中興之日續千載之真傳衍將來之心法信乎聖人繼作非蕩蕩巍巍者不足以擬之也夫惟如是故沛之詔令則爲仁言發之製作莫非心學觀于聖人之文而全體大用可窺矣愚生學未通經言敢述聖誠不自知其淺且妄也惟進而教之幸甚

第二問

張旂

同考試官教諭廖批（六經聖人所以詔世者本明且備自厄于秦火雜于漢儒而窮經者迄無定論子能究極源委而折衷于宋儒之見是深于經者矣高薦允宜）

考試官教諭盧批（不冗不浮參酌諸儒异尚□一斷以理是博而精者佳士佳士）

考試官學正丘批（明經之言）

善稽古者探始博遠而闕其疑善明經者置謬存真而弗戾乎古夫煩訓散經白首而眩于從違稽古難矣識其大而闕其疑釋經不泥可也腐舌翳目管窺而易乎古昔明經難矣從其善而識其餘互爲參考可也何也道可以知窮事必以實著事之既往跬步難尋况生于千載之下而臆决然于千載之上乎哉是知經以漢儒而雜亦以漢儒而傳理明于宋儒而亦不可盡廢乎訓詁也即是可以復明問矣嗚呼六經孰明之孔子明之也抑孰晦之多言晦之也蓋多言則義微多异則真隱眩于前者中人皆趨之而藏于幽者上知或昧聖人者核乎華實之辨安其先後之倫終審而動參驗而言夫然後情以綜物而文以綱世矣百家之紛若不猶依太山之尊而誤游丘垤者乎後儒之臆决不猶病子孫之弗類而索其似于途之夫也乎請卒言之易肇于伏羲連山歸藏夏商之易不可見矣文王係卦辭孔子作十翼之辭而易定焉其後以卜筮得不火于秦漢興而易分爲三焦贑易林外道而衍數竊其一偏昧厥全體既非聖人之作田何傳之子夏得卦象爻彖文言説卦十二篇之真雖易之本經而今則莫可考矣衍其説而傳之今者非費直耶其徒陳元鄭康成等揚其波而其學遂盛及王弼爲注高談理致而學者益宗之然以彖象文言參解易爻使彖象文言雜入卦中者直始之也故先儒謂古經始變于費氏而目弼爲老易者非以其抗高論而衍玄談乎然經雖變于費氏而未遺乎經弼論雖過玄而經不隨之晦也迨宋程子作傳亦惟觀其理而略于卦畫之分屬于是朱子本義始集其成而行于世矣書出于史官羲皇之上三墳不可見矣孔子斷自堯典迄于秦誓而書成焉其後燔于秦火漢興而書分爲二伏勝今文本出耄昏

口授之書而謬合之篇艱澀之語不無舛訛之憾古文出自孔壁本孔惠科斗之傳安國隸古之定而辭皆平易固爲近之矣然雖盛傳于今而不能無疑者非以舜典之獨闕耶其後東晋梅頤取王肅所注今文舜典足其篇而其書始完及孝明帝更以今文而學者愈便之然伏生離書口授乃盡得其所難而安國考定于古書磨滅之餘反得其所易此又不可解者也故宋儒謂訓誥誓命有難易之不同而不以是概先秦所引之文豈非以記録之語難工而潤色之辭易美乎迨宋蔡沉授自朱子釋其章句頗爲明悉而古注疏遂廢矣詩之興也采之列國貢之天王夫子删之而六義四始于是乎名漢興而詩分爲四申公訓詁于魯轅固述傳于齊作内外傳者韓嬰也作詁訓傳者毛萇也四詩并列學官厥後馬融賈逵鄭康成之徒皆發揮毛氏而魯齊之詩微矣韓詩僅存外傳十篇已非全集而其遺論時見于他書又與經傳不合如關雎正風之首乃目爲康王政衰之刺詩也謬孰甚焉然則今日所當表章而考証者捨毛詩奚以哉而宋儒謂小序非子夏之筆復不滿于毛萇之所述焉噫作詩微序關雎何以知爲后妃之德也鵲巢何以知爲夫人之德也雖聖人必不能逆知于千載之上矣毛氏之祖之也豈果謬耶今集注多宗其所傳又摘其一二以疵之不亦過乎然綱之以章句紀之以訓詁察之性情總其領要固朱子之大功矣禮之教也事爲之制曲爲之防孔子定之而三千三百于是乎著漢興而禮出淹中然正禮已亡于諸侯之去籍雜述各成于孔門諸子月令有出自公孫尼子之疑也王制有作于吕不韋之疑也后蒼傳魯高堂生所授禮十七篇厥後戴德戴聖慶普之徒皆闡明之又共爲補綴得百餘篇由是三家俱列于學官矣三鄭王肅諸人爲之注訓雖各精其學而説多不同如閑居燕居表紀緇衣自成一書而小康之嘆德怨之報又涉于老氏則夫今日所當厘正而宗主者捨儀禮曷以哉宋儒謂宜以儀禮爲經禮記爲傳而致望于當時焉其説謂儀禮有冠禮二記有冠義儀禮有婚禮禮記有婚義至燕射之類莫不皆然況韓昌黎讀儀禮亦謂文王周公之法制在于是耶今觀陳澔之注禮記也于其舛且謬矣未嘗不指而駁之所見不亦同乎然風傳俗習裔制蝕器禮賴以猶存後因之可考諸子則信非附會矣若夫孔子春秋之作尊王賤伯内華外夷將以正誼明道章往考來也故言高而旨遠辭約而義微學之而能極其説者鮮矣鄒夾最微漢已無傳明其説而并傳至今者非左氏公羊穀梁乎然三氏之説所見互异如齊人歸田滕子來朝與墮三都之類是也古謂左氏以當世之見决當世之事事雖詳而義鄙公穀傳聞率多謬誤辭未鄭重情雖疏而明道宋儒胡氏參伍以定之博其旨趣閫閾有條而不無牽强之議是將安所從

乎今觀左氏之文也或先經以始事或後經以終義或依經以辯理或錯經以合异非窺聖道信嚮不如是之篤非身見國史本末不如是之詳捨之益荒謬矣以之爲案不亦可乎嗚呼方輿异言履其地者定輕重匿形懸其權者分不志于聖人無以知其言也不知其言而能辯物者寡矣諸子固非知聖人之道者然謂之不志于聖人之道不可也六經之文缺訛雖有間矣近古者不猶得其音塵哉是故易廣矣大矣爻象可一一而拘之耶本之王弼而會之程傳本義斯不泥乎書精矣微矣獨見能一一而盡之耶主之以孔傳而參之以諸疏蔡注斯盡善乎小序説詩之祖也捨毛詩則莫之考矣誦朱傳而參之序焉可也儀禮實踐之文也朱子注之謂有小補于世矣經儀禮而列記爲傳焉可也若夫春秋既以左氏爲案則參之以公穀會之以胡氏不亦免于虚且臆之罪耶故曰茂木之叢多美材焉獨鳴之鳥寡和音焉闕疑識大之學願有望于稽古明經之士也狂僻之見如斯敢贅陳以就正于執事

第三問

楊吉

同考試官教諭魏批（吏治之卑弊在遷代速而德教薄知其弊而善反之僅見此篇）

考試官教諭盧批（援古證今卓有定論他日服官是必以循良稱者）

考試官學正丘批（有用之學）

馭守令之道在重久任以責其成崇德化以正其習而已夫道久化成帝王所以長世以德化民循良所以培植國脉者也任弗久則苟且遷延之政行化弗崇則簿書期會之責塞雖欲言治皆苟而已明主知其然以久任爲馭吏之權以德化爲倡導之機鼓舞於廟堂之上而風行於海宇之廣運是道焉耳孔子曰道之以政齊之以刑民免而無耻道之以德齊之以禮有耻且格言政刑不如德化也董仲舒曰守令者民之師帥言師以教導之帥以督率之兼治教之責者也今之守令顧急於刑而緩於德弃師道而專以督率爲事何哉是故崇德化以漸漬之所以正其習也重久任以優游之所以定其志也習正而俗吏之患祛志定而天下之治成矣昔三代盛時純任德教上下相親淳風汮穆弗可尚已自有郡縣以來英君誼辟嘉三代之治慕隆古之化者曷可勝數率駁而不純格而弗遇所鼓舞倡導者非其機也漢興除秦煩苛與民更始文景清静恭儉愛養元元七十餘年之間網疏而民富家給而人足人自愛而重犯法先行義而後絀辱人知文景富而知教矣不知其以德化民既能正其習居官長子孫又能定其志故風移俗易比隆成康也當是時吏皆循良安有循

良之名乎逮乎建元永平之間法理之士咸精其能競爲苛刻以避誅責民輕犯法俗流世壞由是文翁興學於成都黄霸宣德於潁川龔遂化盗於渤海信臣興利於南陽倪寬以課最稱卓茂以寬仁著魯恭以三异顯張堪以兩岐謡廉范以五袴歌布美化於當時表循良於列傳迨景星麟鳳之希闊矣百五十年俗吏離散民心鬥喪元氣豈少也哉蓋由當時專尚法制既非化民之本數易守宰又非久任之道良吏雖盛安能如文景之淳厚哉觀於章帝詔戒苛刻忠厚惻怛懇懇然溢於言表當時吏治可知矣宋人有言在位者數徒則上不能狃習而知其事下不肯服馴而安其教賢者功不可以及其成不肖者罪未至於著若夫迎新將故之勞緣絶簿書之弊固其害之小者嗚呼久任責成崇化正習真帝王馭吏之要乎我明稽古定制内外官率三年一考六年再考不稱職者復其職以冀後效俟九年通考然後黜陟行焉外官善政著聞即旌异之秩滿者增秩仍其舊任即久任責成之法也有大誥三編教民榜文爲陰騭資世通訓等書頒布天下家習人誦即崇尚德化之意也百餘年間吏治安静民物熙恬仕者無奔走之勞閭閻鮮愁嘆之聲庶幾乎成康文景之治矣邇年以來選法壅滯少變其初守令視府爲傳舍百姓爲秦越甫及一考即興淹滯之嘆矣以德化爲迂闊速化爲捷徑簿書期會之餘他弗遑恤矣俗漸流失習漸敗壞挽淳風以倡鼓舞之機不有在於此時乎兹欲復久任之法必先明立條格頒布天下俾爲守令者安其位而定其志毋奔競躁進毋諂諛黩貨三年一考量加之禄六年再考量增之秩有善政則賜璽書以褒美俟九年報政破常格以超遷或晋以卿寺之階或錫以崇品之服如漢之褰帷行郡增秩賜金則守令不病於久任矣若病其迂滯難行試質以弘治成化間猶有州守擢府守府守擢京卿九載加秩仍復舊任者奚取法於异代乎欲崇德化必先申明禮教風示郡邑毋爲察察之明毋尚赫赫之政敦尚孝悌廉耻之行作興里社庠序之教督之以勤而匡其不逮行之以漸而俟其自化如文翁之在蜀黄霸之治潁川務愷悌廉平之習鷙悍陰酷之戒則德化不患其不行矣若病其迂闊難行試質以通訓等書布在方册里社庠校遍滿天下者果何爲乎雖然久任可矣内外輕重之勢不可以不均今之列京職者以外補爲左遷處郡邑者以親民爲卑辱若權其重輕均其勞逸更迭出入如唐制官人之法無軒輊過甚則守令重而久任可行矣崇尚教化得矣寬假便宜之權不可以不行今學古之士或短於簿書卓犖之才或苦於文法苟優以便宜隆以體貌如漢時褒旌之典俾得從容展布則守令尊而德化河流矣泥古之士學未通今狂斐之言罔知忌諱唯執事進而教之幸甚

第四問

劉希皋

同考試官教諭蔡批（權衡古人輕重不爽末復進之三代之前可以觀尚友之志矣）

考試官教諭盧批（才氣雄渾議論精確定低昂于取捨之間是策之擅場者）

考試官學正丘批（有識見）

考古人之所建立者惟當取其大節要古人之所成就者則當歸諸盡善夫致治戡亂務學亮節卓然有所建立者皆君子之偉行論世者所宜亟稱奚暇究其餘也至於要其成就則庸言細行小過不及皆聖人之所責備者是則不容於無所歸矣知此則我雍土漢唐而下先哲炳然大節可觀者固均非所敢誣然而醇乎其中要之不詭於聖人者又當表而極言之也執事以關隴人物下詢承學蓋欲觀其尚友之志也敢不掇所聞以復崧高之詩曰維岳降神生甫及申言山河之靈往往鍾人出爲彦聖也維關陝爲古雍州形勝甲於天下華岳終南苞其靈黄河涇渭衍其秀故發而爲聖爲賢者詩書所稱無容論矣其他多才多藝歷代紛紛亦姑捨是試舉漢唐而下明問所及者言之彼大臣宗子之家相所賴以調元贊化者也雍之相業有若總領衆職之魏相焉去壅蔽而力諫匈奴之伐和陰陽而屢陳灾异之狀知大體之丙吉遇其配也故稱之者曰丙魏有聲顧不偉與有若裁處無滯之杜如晦焉參帷幄之而剖决如流官臺閣而規模創定善謀之房玄齡資其斷也故賢之者曰前有房杜顧不美與守正不阿嘗見推於宋璟峭直不避復見重於明皇天下必肥此韓休所以忠於唐也忠義兼資首建親征之策忘身徇國耻爲城下之盟澶淵却狄此寇準所以顯於宋也之四公者功在社稷而澤潤生民相業之表著不有光於西土也乎將者三軍之司命所賴以攘夷安夏者也雍之將略若廣屯田以困先零不煩兵革而罕開之衆以降老成之趙充國可尚也入虎穴以斬虜使餘威所及而鄯善之子入質投筆之班超可嘉也郭子儀當安史之亂大振軍威而收復兩京單騎見虜亦所不辭非以身爲天下安危乎李晟當奉天之變用師無犯而殄除反寇賊質其家亦所不恤非弃家以再造社稷乎之四公者威著華夷而勞定國家將略之卓犖殆爲殊絶百代者也君子以通今博古爲高窮經致用雍有其人矣天賦俊才而三傳諸書并行於世設帳授徒而鄭盧諸子皆出其門高才馬融其漢世之通儒也詔撰詩書同异爲帝深嘉著書百萬餘言傳父本業多聞之賈逵其漢世之儒宗也杜預通明興廢而長曆一書所以衍春秋之義名之武庫可不謂之博耶張載精思力踐而西

銘一篇所以明仁孝之理律之聖學可不謂之純耶數君子者儒術可稱蓋亦關西之鄒魯矣君子以砥礪名節爲尚隱居求志雍有其人矣鄭子真躬耕谷口而王鳳之聘不屈激貪厲懦可謂近古之逸民梁鴻牧豕上林而長者之稱見异琴詩自娱足稱儒者之高蹈泉石盲田游岩之自道也高宗幸其門而比之四皓不亦清乎雲溪退士種放之自述也太宗嘉其節而賜之存問不亦高乎數君子者節介并著蓋亦後世之巢許矣夫即其建立卓然固皆三秦之杰而要其成就所歸豈無一定之論蓋出而用世者期於建功而心術之微不可不察矣處而求志者期於明道而禮義之中不可不究矣要之大節可稱固不宜吹舉其細而責備賢者則亦不可盡委之無言也對事可白矣而必因許伯此何爲者雖言欲其行恐非聖人不比匪人之義也兹於弱翁不能無不滿焉善乎韓休不干榮利守正不阿中外信其賢天下允其望卒之玄宗委任而社稷是托其殆近古之遺直乎外夷可討矣而要功於塞外亦可已者雖遠欲其服恐非光武閉關謝西域之訓也兹於仲升不能無過求焉善乎郭子儀忠誠體國至公無我功蓋天下而上不疑權傾天下而朝不忌卒之三朝倚重而完節令名其殆當時之大人乎子厚之爲儒猶夫傳經也然逃佛老而學有本原撤臯比而一變至道君子謂廣居之示得孔門傳心之要也馬融亦曰傳經矣設帳授徒而後列女樂何其放乎奏頌之義果五經之旨與雖謂之五經掃地可也子真之隱居意避王氏也名震京師而隱不逃世清激貪鄙而貞不絶俗君子謂岩石之耕亦聖人可止之訓也田游岩亦曰隱居矣聞召辭疾而深入箕山何其固乎膏肓之對非聖人之中也雖謂之鳥獸同群可也雖然此就數子言之也論治者必稽諸古考德者宜法乎上韓休遺直矣而制禮作樂尚有岐周之元聖子儀大人矣而相湯伐夏尚有莘野之天民壤駟赤秦州之産也游孔門而長於詩書方諸子厚其見而知之者乎夷齊鞏昌之隱也登西山而采薇以食較諸子真其百世之師矣乎於乎心術之微難知久矣禮義之中難言久矣據其陳迹而方諸大道雖不能無指於其中而皎皎白璧掩其微瑕則固珪璋瑚璉之器也是故如晦諸君子所不概論也子厚曰求爲賢人而不求爲聖人秦漢以來學者大病然則定尚友之極可不於三代之前哉謏聞劣識未足方人敬以復明問焉爾

第五問

姜蓋

同考試官教諭王批（區畫精詳皆切實用可以薦矣）

考試官教諭盧批（革弊興利井然有條是識時務者）

考試官學正丘批（可行之言録之）

天下之事有其法無其人弊不可與革也有其名無其實利不可與興也夫弊不革者非法不立也不得其人則法弛而弊斯生矣利不興者非名不存也不核其實則名虚而利斯匱矣是故修廢法者在得人緣虚名者在核實得人則勵精之政施而弊自革矣核實則修復之務舉而利自興矣執事以足食足兵之策下詢承學是欲聞經國之遠猷籌邊之至計也草茅之士何足以知之然言及之而不言可乎請悉心以對夫禦戎之道二戰守而已矣預備之道二兵食而已矣古人慮饋餉不足以供軍士也於是有屯田之政焉無事則散之而爲農有事則合之而爲兵内以紓轉輸之苦外以足邊餉之需足食之道未有逾於此者文帝海内致富庶矣募丁民以耕塞下君子每以務本而稱其賢武帝幕南無王庭矣遣戰士以屯燉煌君子不以黷武而略其善趙充國屯兵金城用以破先零也卒收坐困之功諸葛亮雜耕渭濱用以圖中原也遂致羸餘之積朱子謂屯田實邊最寬民力者誠爲不易之論也屯政不有可稽者乎古人恐乘騎不足以給行伍也於是有牧馬之政焉司牧必專其職孳息以致其富上以壯萬乘之威下以給三軍之用足兵之道莫有過於此者漢制内地則勸民養馬以復卒邊地則縱民畜牧而不禁此則牧之於民而用之於官唐制官出其直令兵以自買及不任戰許賣以更市此則牧之於官而用之於民宋制英宗以前始置諸監給地牧馬而牧之於官神宗以後諸監既廢仰給市馬而牧之於民若周制八軍之馬牧之民公家之馬養之校人者始爲不易之法耳馬政不有可考者乎仰惟我國家稽古定制建衛置兵屯田專監司之職馬政設寺苑之官立法可謂詳且密矣但時易而人玩法久而弊生屯田馬政固有不能如前日者矣貧者鬻於富室以救目前之急弱者侵於豪右以失身後之産占役於私門以奪其力侵漁於科尅以盡其有甚至那移出納藉名支領屯田之政廢矣欲食之足得乎牧地淪於兼并埋没而不清牧夫苦於征求逃亡而未復損折者失於清查孳息者事乎虚報甚至狡猾巧蔽豪强怙恃馬政之弊滋矣欲兵之足得乎噫當此因循之後而安於常之習其何以爲禦戎之計哉要之在重屯田馬政之職使之得以展布而不撓其法則修復之政興而廢弛之患袪核實之政舉而虞文之弊革琴瑟更調而大化可張矣誠於司屯田者假之以便宜之權如充國之在漢孔明之在蜀久任以行其法私鬻者必復侵占者必治私役者必革侵漁者必禁而又稽其出入禁其冒破如此則權重而令行令行而弊革行之數年其效必有可觀者雖紅腐之富不可以驟致而邊餉亦不至告匱矣尚何屯政之不可行哉司寺苑者假之以便宜之權如非子之在秦萬歲之在唐專職以行其志埋没者必清逃亡者必復虚報

者必究損折者查而□點閲有法牝字以時如此則政專而法□法立而利興遲之歲月其政必有可徵雖雲錦之盛難以遽得而騎操亦不致告乏矣又何馬政之不可修哉夫屯田不足以盡食馬政不足以盡兵而執事特以二者爲問者無乃舉其重以例其餘乎□于此則足食足兵之計猶有可言者矣□鬻鹽之法廣水田之利去冗食之費□□者衆而用之者舒則倉廩無不充矣繕器械之利勤簡閲之法明賞罰之格養之者厚而蓄之者鋭則軍伍無不足矣以如是之兵有如是之食而又得人焉以爲之用以戰則勝以守則固何夷狄之足患哉此固執事未發之意而狂瞽無已之誠也不識執事以爲何如

陝西鄉試録後序

嘉靖己酉陝西鄉試録成奎當序諸末簡謹叙曰上古羲皇毓秀成紀繼天立極仰觀俯察則河圖以畫卦泄天元之秘開聖學之源大哉萬世之文祖也是故有伏羲而後有神農黄帝堯舜禹湯文武周公孔子傳道之統有易卦而後有詩書禮樂春秋載道之文易畫於伏羲辭繫於文王周公書載二帝三王之治而文武成康周召吕畢之政詳矣詩首二南正以二雅王迹基于豳風成于周頌美哉泱泱乎舉周之德也禮樂至周大備春秋自魯史之法孔子修之夫非憲章文武繼述周公者耶是可以觀雍之人文矣謂不有本於雍之地之靈乎洪惟我皇上崇文申命紹道統之淵微著心學之奥旨海内文學弟子訢訢嚮風矧全陝肇闡人文之地漸被尤著丕應益宏有不振揚奮厲彬彬濟濟超越菁莪棫樸之化者乎乃得其文而校閲之見其雄深而典則渾厚而廣遠敷腴而冲贍雖具體人人殊要之閎中肆外發揮六經之旨曲暢旁通各極其趣沈浸醲郁燦如也乃於其文之潔静精微而徵易教焉於其文之疏通知遠而徵書教焉於其文之温柔敦厚而徵詩教焉於其文之屬辭比事而徵春秋教焉於其文之恭儉莊敬廣博易良而徵禮樂之教焉猗歟休哉其周之舊乎斯其爲國楨歟斯其爲地之靈人之杰歟猶未也今日之所以徵諸士者文也由是而之焉明經以致用不緣經以媚世步趨往哲靡易前修及其至可以希周召吕畢之勛充其養可以成楊張蘇吕之學以無負掄擇之公仰稱登庸典則信乎爲國之楨而主司亦得以與榮矣雍之人文不亦永有譽哉尚相與勖諸

四川重慶府巴縣儒學教諭盧奎謹序

嘉靖三十一年陝西鄉試録

陝西鄉試録序

皇上統天御極之三十一年是爲嘉靖壬子當大比興賢之期惟西土克慎厥事則巡按監察御史姚一元寔監臨之御史按部竣事復奉命簡留逾再歲茲於揚教貞憲備矣乃夙遣介幣延招儒官舉等遂階至焉於是以舉與教諭袁廷椿司考試賈拱禄王納議孫國隆孫繼武周以魯王室賓司同考試提調則左布政使張臬左參議張鐸監試則按察使李冕副使殷學其諸執事咸秩如虔如惟式晝既已昭矣乃進巡按監察御史劉世魁提學副使謝少南所簡士二千有奇三試之得中式六十有五人文二十一篇遵制録獻舉謹叙其義曰夫興賢所以求俊乂也今俊乂之選慎矣慎則將必得若人焉然其究也信哉否歟夫必慎茲毋敢射主司能自信之惟俊惟乂諸士有弗自信者乎夫信者實有諸己而無惑於志故信己可以信人中心疑者動必窒焉者昔者子使漆雕開仕曰吾斯之未能信子説説其能考所信魯欲使樂克爲政孟子喜之喜其學在善信之中良以此也皇上大中和之極久聖神之化甄陶萬類涵育群材巍巍乎蕩蕩乎與天同運甚盛夫四時行焉百物生焉以從天也諸士沐浴鼓舞藹藹彬彬效庸熙事疇不誠俊乂哉然弘道惟艱緝學無止體而信之當自茲始矣夫九德之行三物之教皆古之俊民所以列位然其道非虚談僞作可以緣飾要之天德之良本固有之惟真識允蹈信而不疑斯廣大流行亮采而用章是雖德有九物有三而所以行之者一也譬諸淵泉方圓惟所注矣昔有虞命官相事以平水土命禹禹惟服以播時百穀命稷稷惟服以掌布五教明五刑命契與皋陶契與皋陶惟服以典禮命伯夷典樂命夔伯夷與夔亦惟服何也皆自信其所能孔門論志仲由任治賦冉求任足民公西赤任學禮樂蓋亦舉所自信今諸士抱藝抒藻析理陳道著之成篇又雍容楫遜式禮不愆其威儀文辭儼然俊乂亦略可表見即且登用岩廊策名委職大受如虞庭小試如仲尼之徒則何如哉夫亦慎所以體之矣故無實而好名未信而干進君子耻之舉稱得進匪幸君用其所養臣行其所學化光溥焉人文茂焉聖世之所樂觀也茲其究必信而有徵諸士其可以不慎乎是時太子少保兵部

尚書兼都察院右僉都御史王以旂總督軍務都察院右副都御史賈應春拊循內地都察院右副都御史張珩右僉都御史張鎬王誥沈良才各拊循重鎮巡按御史王本固先蔡揚金今孫永思尚維持各按歷地方咸統理方略垂範樹風而户部郎中張子順刑部郎中陳棐并有事兹土觀厥成焉右布政使孔天胤左參政蘇志皋右參政李乘雲何其高石永吕時中右參議劉光文楊濂副使朱用張玭榮愷張渙范瑟楊賢劉世用錢泮張松僉事陳其學王光宇薛尚義趙彦章崔峨潘璵咸與綜理防範而行太僕寺卿王朝賢少卿李檠苑馬寺少卿王教都指揮僉事王延鶴畢文并以文事武備相厥成焉先期入賀則副使茅鑾右參議李延康都指揮僉事潘鎧夙與有勞於録并得書之

山東濟南府肥城縣儒學教諭楊舉謹序

嘉靖三十一年陝西鄉試

監臨官

巡按陝西監察御史姚一元（惟貞浙江長興縣人　甲辰進士）

提調官

陝西等處承宣布政使司左布政使張臬（正野江西進賢縣人　丙戌進士）

陝西等處承宣布政使司左參議張鐸（叔鳴南京留守後衛籍直隸常熟縣人　辛丑進士）

監試官

陝西等處提刑按察司按察使李冕（端甫山東章丘縣人　丙戌進士）

陝西等處提刑按察司副使殷學（成甫山東東阿縣人　壬辰進士）

考試官

山東濟南府肥城縣儒學教諭楊舉（直夫福建莆田縣人　己酉貢士）

四川成都府温江縣儒學教諭袁廷椿（壽天湖廣黄岡縣人　己酉貢士）

同考試官

直隸廬州府廬江縣儒學教諭周以魯（得之富峪衛籍江西安福縣人　戊子貢士）

湖廣德安府雲夢縣儒學教諭孫繼武（懋功貴州清平衛籍直隸安東縣人　丙午貢士）

河南汝寧府上蔡縣儒學教諭賈拱禄（舜用湖廣均州人　丙午貢士）

直隸徐州蕭縣儒學教諭王納議（亦贊廣西融縣人　庚子貢士）

直隸真定府晉州安平縣儒學教諭孫國隆（碩卿福建懷安縣人　癸卯貢士）

河南汝寧府確山縣儒學教諭王室賓（象忠直隸成安縣人　丙午貢士）

印卷官

陝西等處承宣布政使司理問所理問崔瀛洲（汝登山西沁源縣人　監生）

陝西等處提刑按察司經歷司經歷談崇文（簡之浙江德清縣人　監生）

收掌試卷官

西安府知府李文昇（子蔚直隸寧山衛籍山東昌樂縣人　乙未進士）

漢中府知府劉夢元（伯始直隸安州人　辛丑進士）

慶陽府知府汪來（伯陽直隸天津衛籍寧國縣人　辛丑進士）

臨洮府知府方啓參（叔前湖廣巴陵縣人　戊子貢士）

受卷官

延安府同知李華魯（季榮河南祥符縣人　甲辰進士）

鳳翔府推官宋繼先（子孝山東濰縣人　庚戌進士）

西安府咸寧縣知縣王用賢（伯純直隸祁州人　庚戌進士）

西安府乾州武功縣知縣朱袞（崇晋湖廣鄖西縣人　丁酉貢士）

西安府商州商南縣知縣李鴻漸（于磐山西蒲州人　甲午貢士）

西安府臨潼縣知縣盧奎（應文湖廣蘄州人　癸卯貢士）

彌封官

西安府同知李應庚（仲西山西平定州人　乙酉貢士）

漢中府同知徐瀾（道甫雲南臨安衛籍武進縣人　壬午貢士）

鳳翔府通判吴嵐（汝秀山東汶上縣人　丁酉貢士）

西安府盩厔縣知縣黄嘉樂（德仲湖廣承天府鍾祥縣人　辛卯貢士）

漢中府城固縣知縣白桂（一卿貴州前衛籍錦衣衛人　甲午貢士）

鳳翔府扶風縣知縣楊洞（子晦山東濟寧州人　戊子貢士）

謄録官

鞏昌府同知焦希程（師正河南泌陽縣人　己卯貢士）

西安府通判馮九韶（宗虞河南鈞州人　丁酉貢士）

西安府涇陽縣知縣樊鍾岱（東望直隸清苑縣人　庚戌進士）

西安府華州渭南縣知縣張廷鳳（朝儀直隸魏縣人　癸卯貢士）

漢中府金州平利縣知縣何承禩（汝誠四川南充縣人　壬午貢士）
鞏昌府安定縣知縣李世相（良佐遼東蓋州衛人　庚子貢士）

對讀官

延安府同知何尚賢（汝思山西猗氏縣人　甲辰進士）
西安府推官王極（仲福順天府薊州人　庚戌進士）
西安府華州知州胡惟學（行甫湖廣承天府人　甲午貢士）
西安府三原縣知縣馬斯臧（遠謨河南鈞州人　庚戌進士）
西安府鄠縣知縣宋廷琦（國賢山東城武縣人　甲午貢士）
西安府耀州富平縣知縣何通衢（道行四川巴州人　丁酉貢士）

巡綽官

西安左衛指揮使楊餘慶（本善直隸海州人）
潼關衛指揮使盛愈謙（伯光直隸鳳陽府定遠縣人）
西安後衛指揮同知吴徵（信甫浙江烏程縣人）
鳳翔守禦千户所指揮僉事郝騰（伯升河南懷慶府河内縣人）

搜檢官

西安右護衛指揮同知王化（德政直隸壽州人）
寧羌衛指揮同知趙宗獻（希清直隸徐州人）
西安前衛指揮僉事烏豸（直卿山後人）
鞏昌衛指揮僉事李偉（國英山東萊州府即墨縣人）

供給官

陝西等處承宣布政使司經歷司經歷韓禄（文爵直隸廣平縣人　監生）
陝西都指揮使司經歷司都事吕昇（德初錦衣衛籍浙江麗水縣人　儒士）
陝西等處承宣布政使司照磨所照磨劉墇（廷寶山西太原府榆次縣人　吏員）
西安府同知周尚志（伯高直隸吴橋縣人　辛卯貢士）
西安府邠州知州萬化（醇甫山西太原右衛籍山東即墨縣人　丁酉貢士）
西安府華州蒲城縣知縣邳贇（國賓直隸寶坻縣人　甲午貢士）
延安府鄜州宜君縣知縣陳嘉言（子行山西臨汾縣人　庚子貢士）
漢中府金州白河縣知縣李僑（仲瞻河南光山縣人　辛卯貢士）
西安府乾州醴泉縣知縣馬雲雷（子鳴山西祁縣人　監生）

延安府鄜州判官楊傑(士英河南汝寧群牧所人　甲午貢士)
西安府乾州醴泉縣主簿楊朝用(國相直隸獻縣人　吏員)
陝西布政司西寧茶馬司大使王大淵(躍之浙江錢塘縣人　吏員)
西安府咸寧縣典史張玥(廷輝四川資縣人　吏員)
西安府長安縣典史張良臣(廷佐直隸任丘縣人　吏員)
西安府華州蒲城縣典史宋宇(克弘山東德州人　吏員)
西安府盩厔縣典史周世威(廷振河南沈丘縣人　吏員)
西安府京兆驛驛丞林祥(叶之福建龍溪縣人　承差)
西安府華州渭南縣豐原驛驛丞李廷舉(國用直隸蠡縣人　承差)

第一場

四書

好仁者無以尚之　博學之審問之慎思之明辨之篤行之　其爲氣也至大至剛以直養而無害則塞于天地之間其爲氣也配義與道無是餒也是集義所生者非義襲而取之也

易

彖曰大畜剛健篤實輝光日新其德剛上而尚賢能止健大正也不家食吉養賢也利涉大川應乎天也　利有攸往中正有慶　易有四象所以示也　物畜然後有禮故受之以履履而泰然後安故受之以泰

書

九德咸事俊乂在官百僚師師百工惟時撫于五辰庶績其凝　德無常師主善爲師善無常主協于克一俾萬姓咸曰大哉王言又曰一哉王心克綏先王之禄永底烝民之生　是之謂大同身其康强子孫其逢吉　三后協心同底于道道洽政治澤潤生民

詩

采采芣苢薄言采之采采芣苢薄言有之采采芣苢薄言捋之采采芣苢薄言將之采采芣苢薄言袺之采采芣苢薄言襭之　允矣君子展也大成　受福無疆四方之綱　武丁孫子武王靡不勝龍旂十乘大糦是承邦畿千里維民所止肇域彼四海四海來假來假祈祈景員維河殷受命咸宜百禄是何

春秋

夏公會鄭伯于時來　秋七月壬午公及齊侯鄭伯入許(俱隱公十有

一年） 晋人敗狄于箕（僖公三十有三年） 秦人伐晋（文公三年） 吴子使札來聘（襄公二十有九年） 夏楚子蔡侯陳侯鄭伯許男徐子滕子頓子胡子沈子小邾子宋世子佐淮夷會于申（昭公四年）夏公會齊侯于夾谷 齊人來歸鄆讙龜陰田（俱定公十年）

禮記

故人者天地之心也五行之端也 凡侍於君紳垂足如履齊頤霤垂拱視下而聽上視帶以及袷聽鄉任左 樂者心之動也聲者樂之象也文采節奏聲之飾也君子動其本樂其象然後治其飾 用之於禮義則順治

第二場

論

士不可以不弘毅

詔誥表（内科一道）

擬漢令具親耕桑禮儀詔（文帝十三年） 擬唐以韓休爲黄門侍郎同平章事誥（開元十九年） 擬宋以左諫議大夫陳恕爲河北東路招置營田使謝表（端拱二年）

判語（五條）

擅用調兵印信 出納官物有違 禁止師巫邪術 承差轉雇寄人 長官使人有犯

第三場

策（五道）

問 古之帝王盛德大業際天覆地雖無遠邇之分而本根之地恒惓惓致意焉故再過覃恩詩章肆發或感舊以抒情或觸景而念昔歷歷簡編有足徵矣如漢帝沛上之歌太宗慶善之咏慷慨宏壯真可見一時英雄之氣然協之典謨媲之風雅殆有不足觀者其故何歟我太祖高皇帝龍飛淮甸鼎定金陵每恤應天廬鳳之地輒下蠲租之詔及宣諭父老見諸御製文集諸書甚備其亦可指而言歟經滁有感舊之作上追黄虞下逼三五其意旨之所在可得聞歟漢唐之製亦有相合否歟皇上肇迹興都入繼大統始緣寢園之視再賁江漢之光而恩詔蠲免承天湖廣等處田租及思恩有賦尤深罔極之懷閟純德山顯陵有作逆睹長發之慶一時睿製輝映古今昭回雲漢幽致神欣明乎

人望真經綸參贊之緒餘而典謨訓誥之極致也可仰窺聖藻悉數而言之歟抑淵衷達孝韋布不同非常情測識其概歟諸士涵泳德化贊述皇休行將有珥筆之寄唯悉心揚厲之

問　古之帝王皆崇先聖先師之祭考諸文王世子王制諸篇可徵已然其名有釋奠釋菜釋幣之不同其亦可指而言歟古人謂釋奠有六通立學師還四時而言之也釋菜有三通入學釁器皮弁祭菜言之也而不及釋幣何歟婦之見廟亦行釋菜而士之喪禮亦行釋菜與弟子之見先師果同一禮歟或曰蘋藻堇萱各异其用而不知舍萌之禮當致何物歟禮曰釋奠必有合而不知山川廟社有合否歟釋奠非始立學不必用幣而不知山川廟社奠必有幣何歟有奠先聖先師者有奠先師者其亦有説歟鄭氏以王制之釋奠爲釋菜釋幣以文王世子之釋奠者必有合爲與鄰國合孔氏以學記之釋菜爲釋奠其果皆孚于禮而無失歟漢高過魯以太牢祠孔子猶釋奠之遺意也而武帝雖稱興學而獨無釋奠之禮何歟豈缺而未講歟明帝章帝安帝各祠闕里古禮未之復也而反行于正始之際晋武孝文周武各加封號諸子未之逮也而極備于貞觀之時其亦可悉言歟自漢以來先聖先師有停周公而進孔子有崇孔子而升顔回其亦各有説歟不知三代之時更將誰祀歟即欲篤精禋以饗神備典禮以彰教當以何儒之説爲定何代之禮爲全歟抑亦在誠敬而不在儀文之悉具歟諸士佩服聖教久矣請備言之毋讓

問　史學浩博由來久矣近世稱爲良史動以資治通鑒爲準而司馬温公自謂平生精力盡在此書可謂萃百代之故實爲群史之總裁矣然猶不足于諸儒之議何歟欲中傷者有利取賜與之謗妄推詳者有錯亂年月之譏起自威烈非不知前此尚可沿也而通鑒外紀補其世次之遺是歟非歟迄于五季非不知後此尚可續也而通鑒長編表其當代之績然歟否歟或謂一事首尾不相綴屬而紀事本末于以錯綜之而成章或謂四書分析間有异同而通鑒綱目于以提挈之而盡制果與温公之通鑒互有裨益歟請悉言之以觀讀史之學

問　北狄之患從古有之而右地河湟號稱曠遠地形雖云險塞而名臣巨將代不乏人蓋皆生長西北諳歷邊謀委任責成均有勞勩試舉其最著者言之城朔方者有薄伐之績平玁狁者標文武之稱河内守備胡是矣何以擅真將軍之號長平侯北伐是矣何以致大將軍之封禪姑衍臨瀚海可謂直窮虜巢矣而死謚景桓果譽當其實歟襲定襄入西海可謂遠振國威矣而終謚景武果名稱其情歟拜北平者目爲飛將軍其意安在獲西祁者擢爲後將軍

其功何居築受降三城者絶虜南寇之路築靖邊二城者斷虜盜塞之謀捍外衛内其策果相符歟浪給賊遁在閿商州之軍果與用間之法同歟否歟遥斷賊臂漸復横山之險果與地形之勢合歟非歟斯皆明明史册立邊徼之奇策爲關洛之巨防可悉指而叙其勛烈之實歟諸士生斯地也景行久矣請備言之毋諉曰文武不同道也

問　帝王之所以臨御天下兵食是圖而其要則在恤民節用而已稽之于古散財薄征之政見于司徒之所掌而詰爾戎兵乃于司馬之屬備載焉洪惟我太祖高皇帝迅掃胡元廓清函夏登極之後群構荒度經費不貲而兵强將足天下帖然不知當時何以致是歟自我皇上臨御以來詢求民瘼德音屢下所以嘉惠元元者至矣近年以來邊境多事供億浩繁轉輸因敝或設鹽法之重職或添屯牧之憲臣或行冗員之革或督守令之逋可謂曲盡其制矣而猶稱匱乏何歟分官催課也而百姓驚召商備儲也而諸郡擾豈恤民節用之道尚未周歟近者關中旱灾相仍八府邊儲原有定規也而兹倍于昔矣常徵則有難繼之患加賦則有不足之民其何道以輸其急歟三鎮兵馬各有定額也而屢缺于今矣欲守邊則城堡空虚欲補伍則丁壯逃竄其何法以善其終歟恤民節用之外尚有别策歟或曰足兵由於足食食足而兵自强矣然則恤民節用雖皆足食之事而兵之所以强者謂不在是歟斯皆至切之務所當講求者也諸士積抱有年矣其各悉敷所藴以觀經濟之學

中式舉人六十五名

第一名　周鑑　平凉府學生　詩
第二名　楊南　岐山縣學生　書
第三名　寇靖　安定縣學增廣生　春秋
第四名　段邦寵　朝邑縣學增廣生　易
第五名　邢子深　漢中府學生　禮記
第六名　吕師顔　高陵縣學生　詩
第七名　張汝脩　南鄭縣學生　書
第八名　朱擢　渭南縣學生　春秋
第九名　王墀　西安府學附學生　易
第十名　趙守憲　三原縣學增廣生　禮記
第十一名　劉欽　南鄭縣學生　詩

第十二名　王大任　保安縣學生　詩
第十三名　張敬　南鄭縣學生　書
第十四名　趙邦奇　鞏昌府學生　易
第十五名　紀會　洋縣學生　詩
第十六名　盛訥　潼關衛學軍生　春秋
第十七名　周詔　鳳翔府學增廣生　詩
第十八名　薛承範　韓城縣學生　書
第十九名　廖大位　慶陽府學增廣生　詩
第二十名　康朴　西安府學增廣生　易
第二十一名　李世達　涇陽縣學增廣生　書
第二十二名　張崇德　金州學生　詩
第二十三名　李大觀　西安府學生　易
第二十四名　王鸖　西安府學增廣生　詩
第二十五名　寇來庭　乾州學生　詩
第二十六名　王來賓　華陰縣學生　書
第二十七名　任朝臣　洋縣學增廣生　易
第二十八名　吴朝　長安縣學生　詩
第二十九名　葛舜臣　淳化縣學生　書
第三十名　崔鏞　榆林衛學官生　詩
第三十一名　馮乾　西安府學生　易
第三十二名　張車　長安縣學生　詩
第三十三名　忽鳴　蒲城縣學附學生　詩
第三十四名　胡嘉謨　涇陽縣學附學生　書
第三十五名　曹鑑　金州學生　易
第三十六名　任仕　盩厔縣學增廣生　春秋
第三十七名　師古　長安縣學生　詩
第三十八名　張稽古　蒲城縣學生　書
第三十九名　仵坤　鳳翔縣學增廣生　禮記
第四十名　王學謨　朝邑縣學增廣生　詩
第四十一名　趙佩　平凉府學生　易
第四十二名　劉好生　高陵縣學增廣生　詩
第四十三名　黄策　咸寧縣學附學生　書

第四十四名　劉家相　慶陽府學生　詩
第四十五名　郭泙　咸寧縣學增廣生　易
第四十六名　魏學思　紫陽縣學生　詩
第四十七名　梁棟　西安府學生　詩
第四十八名　周斯美　寧州學增廣生　書
第四十九名　朱璉　河州學生　春秋
第五十名　陳葵　涇陽縣學附學生　易
第五十一名　蕭文璧　延安府學生　詩
第五十二名　毛雲翔　西安府學生　詩
第五十三名　賈崇儒　寧羌州學生　書
第五十四名　段補　蘭州學生　易
第五十五名　楊守信　高陵縣學生　詩
第五十六名　陳識　乾州學增廣生　詩
第五十七名　常廷圭　蒲城縣學生　書
第五十八名　雍鎬　清水縣學生　易
第五十九名　孫光祖　徽州學生　春秋
第六十名　王學古　朝邑縣學增廣生　詩
第六十一名　孫丕揚　富平縣學生　禮記
第六十二名　張九錫　臨潼縣學生　書
第六十三名　郭淶　咸寧縣學生　易
第六十四名　王之弼　涇陽縣學附學生　詩
第六十五名　李茂春　洋縣學生　易

第一場

四書

好仁者無以尚之

周鑒

同考試官教諭賈（拱禄）批（無尚正見好仁士子類皆分講殊失聖人本旨此作認理真切措詞渾融蓋嘗用力於仁者宜録以式）

考試官教諭袁（延椿）批（典雅温粹）

考試官教諭楊（舉）批（平順）

聖人言好仁之極其誠以見難其人也蓋好仁而無以尚則其好也可謂誠矣此成德之事夫豈得而易見哉夫子言此欲人之力於仁也其意蓋謂仁者天下之公理好仁者夫人之同情我謂未見好仁者豈固厚誣天下哉夫亦以爲仁者見之不真知矣而未必能好守之不固好矣而未必能篤此仁之難成久矣乃若好仁者非徒好之而已也真見夫仁爲心德之全而爲之不厭凡天下之物有可以悦吾心者舉不足以動其其中深知夫仁爲人道之大而悦之不已凡天下之物有可以適吾意者舉不足以易其好其爲器也重舉之而欲其勝焉仁與心契而念慮之所急者惟在於仁而已而是仁之外無餘好也其爲道也遠行之而欲其至焉心與仁依而向慕之所切者惟一於仁而已而好仁之外無餘事也是非物無可好也仁爲己任則可好殆有甚焉而於外之可愛可求者夫固所志之不存矣豈得而尚之耶亦非物無可加也誠好仁則爲樂蓋莫大焉而於物之至尊至貴者夫固所性之不存矣豈得而加之耶是蓋好至於此斯爲篤好人至於此斯爲成德此固夫子之所願見而今難其人焉其致嘆也寧容於已哉抑嘗考之記曰無欲而好仁又曰中心安仁天下一人而已孔門顔氏之子猶不能無違於三月之後况其他乎信乎仁之難全而知德者鮮矣然則仁豈爲絶德而終不可幾及耶夫亦學者之自畫耳使能因夫子用力於仁之言從事於克復之訓則由不違而安仁可幾矣安仁可幾而夫子之望斯慰矣

博學之審問之慎思之明辨之篤行之

楊楠

同考試官教諭王（納議）批（學之道不外知行二字子能知所先後而歸重於行且講義深醇體帖精到殆深達思誠之要者場中得子真可以自慶矣）

考試官教諭袁（廷椿）批（功夫相因説最是理明詞約可以爲文矣）

考試官教諭楊（舉）批（明暢）

中庸歷叙求誠之目見其功之當交盡也夫知以明理行以履事功之所當交盡也求誠者可不是務乎中庸言此蓋示人以思誠之學也意謂道必兼體而後誠可幾功必循序而後道可入誠之者固在於擇善固執矣而其事非可以一端盡也彼萃天下之理存乎學學匪博或失則陋矣必大心以體天地之撰遜志以探古今之頤遠稽近述而於學無不博也決天下之疑存乎問問非審或失則略矣必周咨達順憤悱之機就正盡參伍之變考德問業而於問

無不審也問則發其端而可思矣思之則貴於慎沉潛以繹其精微優游以玩其旨趣近裏著已不失之泛而亦不過於苦也其慎思以立聖功之本乎思則有所得而可辨矣辨之則貴於明參衆善而協於一折兩端以求其中極深研幾必欲實見得是而亦實見得非也其明辨以精天下之義乎君子盡此四者而知斯致矣然使知而不行固無體驗之實行之不篤卒致作輟之弊亦非有得之學也必允迪以成其功而敦復之不怠果行以育其德而視履之無虧斯則惟一要惟精之止知終收知至之功而知爲真知矣篤行其可已耶是故曰學曰問曰思曰辨曰行序之不可亂而博而審而慎而明而篤功之不可缺功序相因知行進尚何誠之不可至乎抑兹説也即虞廷精一之旨也蓋惟精則善無不明惟一則身無不誠惟精一擇善固執同一理也夫子有得於堯舜故以之而告哀公蓋以堯舜望其君也惜乎哀公不能自振卒使東周之望無以慰夫子之心焉吁魯之不競其有以夫

其爲氣也至大至剛以直養而無害則塞于天地之閒其爲氣也配義與道無是餒也是集義所生者非義襲而取之也

段邦寵

同考試官教諭孫（繼武）批（氣本難言而文字形容曲盡浩然旨趣其知養氣者録之）

考試官教諭袁（廷椿）批（善言浩然之氣）

考試官教諭楊（舉）批（理明氣足佳士也）

大賢詳言浩然之氣而因著夫始養之功焉夫塞天地而配道義浩然之氣本如是也然非集義以養之則其氣亦何自而生哉孟子告公孫丑之意蓋曰浩然之氣固有難於名言而亦不容以終秘吾嘗有以識其端矣其爲氣也乾坤廓其量充周而不可窮陰陽萃其精果確而不可屈是則所謂本體浩然者也人惟失養焉則與天地不相似矣誠使順其自然之勢而無事夫作爲之私則至大者適得吾體也至剛者不失吾常也不亦充塞而無間耶吾又有以觀其成矣人能實有是氣也則見義必爲皆此氣以爲之贊助聞道必行悉此氣以爲之勇决是則所謂功用自然者也夫苟無是焉則與道義不相侔矣將見效動之無原則機括之自阻舉之而有不勝也行之而有不至也何以克配而有所爲耶然養之之功伊何始乎在集義焉耳矣蓋必利物和義而事皆合宜精義致用而行皆當可然後理直剛氣壯而剛大者克復其初義正則志果而道義者能爲之配氣由之以生矣若曰事偶合義遂可以襲取焉則義非積

槩功自難於速成事由矯强效終無以幸致謂可以塞天地而配道義豈理也哉是則觀於氣之體用而其浩然者可識矣觀於生由集義而其功之自始可知矣善養氣者亦惟有事集義而已矣孟子以是告公孫丑其覺之也至矣哉雖然此實孟子自道之耳而當時不見諸侯藐説大人蓋亦氣之不可屈者而要諸義焉故歷聘列國而不合亦有以裁之矣不然礙於迹者執而不通溺於時者流而忘返其於養氣之要遠矣哉公孫丑徒知其氣而莫究氣之所以克卒之在齊事功靡靡不足稱許而流爲游説之亞吁其不知本也夫

易

利在攸往中正有慶

王塀

同考試官教諭孫（繼武）批（場中講攸往辭繁下句重疊此作提掇既明發揮又切可以式矣）

考試官教諭袁（廷椿）批（辭藻峻整意旨悠長殆時文之有得者）

考試官教諭楊（舉）批（講中正有慶於益道明切）

彖傳釋卦辭益民之利而原其益民之德焉夫中正備而益道行矣卦辭之所以利有攸往者豈不以是哉彖傳之意蓋謂君子固貴有仁天下之心而尤難于協天下之德益之所謂利有攸往者何哉蓋推恩之餘不特王道小康而已而存心于天下者擴之至大而不遺廣濟之下不特近者胥悦而已而加志于窮民者漸之至微而必達發邇見遠而養恬之政弘故在彼在此無偏澤也蓋行無不通通無不廣者矣出身加民而怙冒之仁溥故一弛一張有餘恩也蓋惠而不費費而不傷者矣卦辭宜于益民如此而豈徒哉原于卦德之中正焉爾蓋九五中正以居尊而六二中正而上應是其君臣同道以出治而相遇之艱者得相濟之宜上下合德以敷猷而克一之心者成克綏之治不偏不倚而精神心術一皆皇極之建中固未嘗拂民情以從己之欲由是兆民殖焉九有歸焉而普無疆之恩者錫無疆之慶矣益道不大行哉無反無側而參贊經綸一皆種德之克邁亦未嘗布私惠以壅國之施由是百工懷焉四方戴焉而廣有孚之心者惠有孚之德矣益道其攸利哉此卦辭之所謂利有攸往者實本于此外是而求治皆歡虞之術小補之政耳而又奚足尚歟雖然益道之不明也久矣三代君臣惠鮮懷保之後不多見焉故施小惠者鄭之孫僑歸私恩者齊之敬仲君子惡之矣謂其純王之蠹也而聖人釋益必以中正言之豈非挽天下而知王道之大哉以此爲防後世猶有謙恭仁讓而需民之譽者

物畜然後有禮故受之以履履而泰然後安故受之以泰

段邦寵

同考試官教諭孫（國隆）批（此題作者多以教養立意殊失本旨求其辭理精純發揮明浄此篇得之）

考試官教諭袁（廷椿）批（文簡浄而意雋永佳士也）

考試官教諭楊（舉）批（潔浄淵微善發序卦之旨者）

有禮之所由具者有禮之所由行者履泰相承之序然也蓋禮也者秩諸天而不强諸人者也具之行之而王道在是矣此履泰相承固自然之序歟大傳之意蓋謂君子固貴于萃民之心尤貴于定民之志小畜固次于比矣而履之承畜者豈無謂哉蓋以類聚之中而歡然有恩以相愛天倫是正而定分之不移群生之内而燦然有禮以相接人紀是修而百度之皆美人情之合而品節詳焉非從天降非從地出也天叙之良而儀物著焉于以統同于以辨异也此物畜而禮之所由生矣不畜焉則涣而無統散而無文而禮斯泯焉爾故小畜之後而履卦次之蓋亦理之不容間者聖人不過因而序之耳而何心于其間哉履固次于小畜矣而泰之所以承履者豈無謂哉蓋以威儀顯設非作意以致其情各安乎分而矯揉之不生動容周旋非緣物以飾其教各止于所而舒徐之自適行之可久而怡悦生焉以之凝神以之定體也順之則裕而從容出焉由是和情由是率志也此履泰而禮之所由安矣使非泰焉則强而後合勉而後成而禮斯僞焉爾故履之後而泰卦次之蓋亦理之不容已者聖人不過因而承之耳而豈有意于其間哉由是觀之禮之具者禮之生也禮之行者樂之實也其事若判而其義相須者矣知乎此斯達禮樂之本乎雖然此聖人以禮樂教天下耳故于大傳發之至于他章曰履和而至又曰履以和行皆是道也而陰陽之奥天地之端咸備焉後世不知岐而二之嗚呼陋矣宋儒謂陰陽理而後和此則序卦之意云

書

德無常師主善爲師善無常主協于克一俾萬姓咸曰大哉王言又曰一哉王心克綏先王之禄永底烝民之生

張汝脩

同考試官教諭王（納議）批（詞藻清新理趣完具關陝之杰士也宜録以式）

考試官教諭袁（廷椿）批（詞理兼到讀之蔚然是亦知博約之功者）

考試官教諭楊（舉）批（詳悉無一閑字可録）

大臣論取善之要而及其應驗所以勉君之一德也蓋博而能約善協而德一矣則其應驗有不可必哉昔伊尹告太甲至此蓋謂用人固一德之助取善實一德之功然其始也當求一本於萬殊其終也則會萬殊於一本是故德統天下之善者也求之不博失則狹隘其能盡萬殊之理乎故德不可以常師必凡人之有善也廣虚受之量而大小兼收開樂取之誠而彼此并蓄斯則博取之下無遺善矣善原天下之一者也斂之不約失則紛雜其能達一本之妙乎故善不可以常主必即善之在人者會衆理於吾心以裕敦化之原貫百慮於一致以成易簡之能斯則反約之餘無二理矣博以爲協一之地約以收主善之功吾王之德至此一矣未有一德而不感諸人者也將見德之發於言也萬姓口誦心惟莫不曰大哉王之言乎立極立命萬世不能易矣德之藴於心也萬姓因言知心又莫不曰一哉王之心乎不貳不雜萬化不能外矣是非强之也民心孚於一德頌之不容已爾至若先王之禄賴後王以保之也自是受命孔固社稷獲靈長之慶何有於永終乎烝民之生賴一人以厚之也自是容保無疆九有蒙樂利之澤何有於失所乎是非誣之也天人歸於一德勢之有必至爾夫以一德應驗之大有如此王於一德也盍亦是務乎抑尹之斯言真與堯舜君民之志始終不爽主善協一即精一之旨要其效歸於永底民生焉所謂時雍風動之化不在兹耶孟子曰伊尹聖之任者也信哉

三后協心同底于道道洽政治澤潤生民

楊楠

同考試官教諭王（納議）批（才思醇正文體整肅宜冠多士）

考試官教諭袁（廷椿）批（精細明切善言老臣協心之治可録）

考試官教諭楊（舉）批（典實得旨）

賢王於三臣之化殷必要其同能成治焉甚矣治道本於心也三臣同心而出治道如此治之成也何有哉康王命畢公保厘東郊此以成終之責望之也謂夫化理每得於相濟治功有難於速成夫以東郊之衆周公始之君陳中之我公又終之矣今昔殊時先後迭出心若未可以語協也然其所以殊者特不相沿之迹爾若其化殷之心曠世相感圖惟於和中者猶其圖惟於慎始也汲汲於我公者猶其汲汲於二公也迹雖殊而不失其爲協矣寛嚴异政威惠并行道若未可以語同也然其所以异者特其不相襲之具爾若其適治之道殊塗同歸時有所必趨道存乎通也政有所必救道存乎變也具雖异而不害其爲同矣三公之心一道同如此由是以言乎道也一張一弛鼓舞而盡神蓋深孚於積纍之餘而合

同之化益浹何有於不洽乎以言乎政也之綱之紀并行而不謬蓋相成於三紀之後而經綸之迹悉備何有不治乎夫道洽則可久政治則可大是以至仁洋溢於東郊昔之以蕩凌德者咸沾其涵濡之恩舊染於是乎革矣膏澤流衍於下土向之怙侈滅義者均被其沐浴之休風俗於是乎同矣是則以三后圖治之同而後殷人之化成如此今日成終之責謂不有望於公耶康王命畢公之意斯其至矣抑論周公君陳畢公相繼爲東郊之政而始道洽政治君陳畢公可無論也以周公之才美亦有所不能耶蓋政因時而立時有所未宜雖聖人亦不能違也噫此其所以爲王道而非伯功之可比也與

詩

受福無疆四方之綱

吕師顔

同考試官教諭賈（拱禄）批（祝君及於後嗣且以永福統治爲願忠愛至矣此作發揮明盡録之）

考試官教諭袁（廷椿）批（詞氣春容周臣祝君之意藹然可誦）

考試官教諭楊（舉）批（典雅）

詩人願王者之嫡嗣永享天禄而大君天下焉蓋錫福久而治化隆天之所以厚其君者至也詩人以是願王者之子孫亦忠愛無已之意歟此公尸所以答鳧鷖也蓋曰福以全盛爲難治以永保爲貴吾王之嫡嗣修德以基命誠心以任賢如此則天心之眷寧容已哉是以纘承大統而貴爲天子福莫有大焉者矣又衍兹福於弗替萬有千歲不見其終窮君臨大邦而富有四海福固無以加此矣又申爾嘏於有常於萬斯年莫知其紀極儀譽并隆則天休滋至仰承保定之眷有惟日不足者也何有乎限量耶治功益懋則景福益增永綏有秩之祐有歷世皆然者也又曷有窮已耶夫福德在君則天命可徵也天命在君則治化可知也於焉萃百神以爲主一人總理有以垂下國之綴旒聯四海以爲家百辟仰承有以攝萬方之綱紀以統其同以合其异際天遠近皆安於統馭之中所謂建其有極者此矣寧復有涣散者乎以正百官以正萬民薄海内外盡屬其維持之内所謂式於九圍者是矣寧復有携貳者乎夫然則君之道不以治而少弛君之福將因此而益保矣詩人願王者之嫡嗣而以是焉感激之情忠愛之意可謂無所不用其極矣抑論有啓以敬承繼禹之道而夏祚以永有成王以續文武之傳而周室以隆蓋守成之難誠有係於嗣續焉者詩人感王者鳧鷖之燕而願其嫡嗣之賢又必本其威儀聲譽之隆純心用賢之要其亦美不忘規之意歟故曰觀鳧鷖既醉之歌可以見太平有道氣象

武丁孫子武王靡不勝龍旂十乘大糦是承邦畿千里維民所止肇域彼四海四海來假來假祈祈景員維河殷受命咸宜百禄是何

周鑑

同考試官教諭賈（拱祿）批（高宗中興全在武德作者多略之此篇得其肯綮而氣象渾厚不獨以文也録之）

考試官教諭袁（廷椿）批（語莊而義密商人頌德之意正如此）

考試官教諭楊（舉）批（典實）

詩人頌賢王繼統之休以見世德之盛也蓋武德以一天下有商世濟其盛者也然則所以承天休者不亦至哉此亦祭祀宗廟之樂也蓋謂一代王業不有所開固無以啓永世之休不有所繼亦無以大光前之烈今日撫有盈成而祖宗之功德寧無可追述者乎誠以成湯受命固以武德而開於先矣今襲湯號而爲武丁孫子者秉乾德以爲治足以勝大任而有餘率乃祖以攸行足以繼世德而無替故語其諸侯之助祭也則建龍旗以于邁而十乘偕行奉大糦以是將而群辟戾止人心之趨向何如也語其幅隕之廣大也則千里邦畿固以列兆民之居處而四海封域盡以屬一統之輿圖土宇之版章何如也夫商邑四方之極也群后畢朝祁祁然協恭以相祀視諸方命厥后者其一揆矣景山殷命之始也大河旋列翼翼乎居中而制外視諸奄有九有者其一致矣若此者固我武王乾道之致抑孰非我商世德之貽者乎蓋正域四方天之眷命於湯者宜矣而武丁克纘舊服視於先而有光作民元后湯之受命於天者固矣而武丁撫有成業質諸天而允合故世德所以爲基命之原而萬福攸同即其人心歸附者可徵也配命所以肇無疆之慶而繁祉大介即其海宇清明者可知也然則今日得以享無窮之利而致有廟之格者皆祖宗功德之所留爾升歌之頃豈能忘其所自也耶雖然裕後以基命者祖宗之澤也修德以保業者守成之道也武丁學於甘盤任於傅説其造就輔翊之功不淺矣故能克紹先業而爲中興令主者良有以也百世不遷之廟人心寧容已哉故當報本之時稱宗德而本祖功推福澤而原帝命詩人之意遠矣

春秋

夏公會鄭伯于時來　秋七月壬午公及齊侯鄭伯入許（俱隱公十有一年）

寇靖

同考試官教諭周（以魯）批（士子類以鄭魯并看殊戾本旨此篇融會傳意不綴不遺可以式矣録之）

考試官教諭袁（廷椿）批（親切簡嚴殆深於春秋者）

考試官教諭楊（舉）批（意足詞暢諸作不及）

春秋紀兵好辨内外之志而著内君之罪焉此見時來會而許入雖鄭之志實魯有以成之也春秋所以罪之者至矣且鄭莊要魯會講時來已而公及齊鄭連兵入許許君奔衛焉夫曰會見圖許者鄭之志曰及見入許者魯之欲也是鄭之罪不減於魯而君子獨罪夫隱者何耶蓋封建天下之公許太岳之裔先王之建國也莊欲侵以自廣久矣想其好講時來必曰許鄰於敝邑敝邑將有事焉請君率車賦以徼福於先君孤之願也爲隱計者盍辭曰列國疏封各有分守凌弱犯寡王法不容則鄭莊雖雄焉攸逞夫何感其利己遂其兼人許國是入也而民人弗遑於啓處許君是逐也而鬼神弗享其禋祀周麾一呼人見鄭師畢登也而不知揚其威者魯實有以助之孫獲處西人知魯不與聞也而不知歸於鄭者隱實欲以報之以許不入不足以酬鄭之德曾何思保恤寡小鄰之仁也徒厚於鄭許何以堪耶以君不逐不足以剪鄭之忌獨不思謹守王度臣之義也縱不恤許獨不念周耶觀禮廢而不修變禮慢而不舉君子已謂其無王以若所爲則惡極不可掩矣甲兵興以擅土田取以專君子已議其不臣今又已甚其罪大不可解矣昔周公夾輔之勛固不如是而羽父寪氏之變其自貽之感也故春秋時來書會而入許稱及以見伐許者雖莊之志而成其志者實隱之欲也其罪於是乎著矣雖然隱蓋入於鄭莊術中而不知也大宫授兵莊之謀定矣蝥弧先登莊之兵鋭矣其會魯者懼掎角之不成而魯擬其後也及其得許使許叔居許東偏使公孫獲處許西偏許固鄭之内臣矣而又外假存許之義内結許人之心莊真小人之雄哉而左氏謂之知禮其失誣也夫

秦人伐晋（文公三年）吴子使札來聘（襄公二十有九年）

朱擢

同考試官教諭周（以魯）批（發明聖人責備秦穆季札意親切典雅其學春秋而深有得者乎録之）

考試官教諭袁（廷椿）批（思致精深筆力清健）

考試官教諭楊（舉）批（詞意莊重宜録以式）

觀春秋之責備有伐國以遂過者有讓國以階亂者此秦穆封殽之役季子去吴之行春秋皆責備焉其亦深惜之意與且于殽啓釁彭衙構兵久矣秦穆之不忘於晋也今濟河焚舟將以甘心亦當時報復之常也經於斯役而人

之者何蓋君子嘉復之不遠者苟有厭德既不足因之以著義又不足藉之以示懲聖人何責焉唯穆也于殽潰北之後作誓自新所貴者良士懇惻周邦家之慮所思者彦聖諄復重治理之圖將來之善蓋可冀矣何意其復有是舉耶易言有不善未嘗不知知之未嘗復行所以重顏氏之子者惟其不二過耳穆蓋未之能也故必待新城之圍方悔前事之誤噫何其晚乎是故書人所以責秦穆者以此諷示世及光請歸正甚矣季子之不屑有吴也乃去之延陵將以削迹固一時志節之優也經於來聘而名之者何蓋君子達節而不守者苟執小諒大之不足以康國家次之不足以奠宗胄聖人奚取焉若札也夷昧既終之後幡然改圖語其序既協人紀之常論其賢尤堪社稷之托光僚之變斯可弭者抑何意其勢而不變耶書載唐虞傳賢而三代傳子所以高帝王之義者惟其不有已耳札固莫之省也是以致窖室之甲成叛亂之禍噫誰所貽乎是故書名所以責季札者以此吁知責穆則貳過者有所警而不憚于改知責札則執一者有所懲而自處以中聖人致望之意微矣雖然删書而序秦誓過吴而吊季子夫子于穆與札待之甚恕又如此于以見聖人之心可以訓後世則取善不遺可以勵風節札固未嘗深論也不然以人廢言病守身而資亂臣之口將不紛紛矣乎

禮記

故人者天地之心也五行之端也

趙守憲

同考試官教諭王（室賓）批（心端二字以理氣言此篇體認精切蓋究心於造化者）

考試官教諭袁（廷椿）批（純正）

考試官教諭楊（舉）批（詞理雅健）

記者原人之有生具造化理氣之全焉夫人不能外造化以有生也而皆具理氣之全焉可不知所以自盡乎宜記者推原其故以示人也想其意曰人之有生也固爲天地之貴而實具造化之全然造化之具于人者理氣而已矣何也天地無心而成化人亦奚爲而心天地之心耶蓋天地主宰而其心淵焉夫物咸受之也惟人則有以會其精而虚靈之具一清寧之本也明覺之真一易簡之良也曰仁與禮誠之通也反之吾心而自足曰義與智誠之復也求之吾性而有餘即夫一心之感通寔爲兩儀之秘藏也天地無心而人爲之心矣無心之心其諸异象而同體者乎五行循環而無端人亦奚爲而求端于五行耶蓋五氣順布而其端大焉夫物咸受之也惟人則有以得其全動静之爲根

一屈伸之相感也剛柔之异質一變化之無窮也曰視曰聽而得于妙合之凝者有以顯諸仁曰貌曰言曰思而本于絪緼之感者有以藏諸用即夫一身之運動寔爲五氣之流行也五行無端而人爲之端矣無端之端其諸异形而同用者乎由是觀之則天地之塞吾其體天地之帥吾其性君子可不踐形盡性以自充耶雖然此章論禮而發蓋必如是而禮之本立禮之用行矣故古之聖人建極以爲天下正合德天地合明日月合序四時而後操制作之權以明禮蓋無不當者然其源不外理氣克全而已矣善乎程子之言曰論性不論氣不備論氣不論性不明知此説者其達大禮之本乎

樂者心之動也聲者樂之象也文采節奏聲之飾也君子動其本樂其象然後治其飾

邢子深

同考試官教諭王（室賓）批（由本及文之意此作發明精透是學樂而有得者可録）

考試官教諭袁（廷椿）批（格健詞雅）

考試官教諭楊（舉）批（簡重）

記者論樂有本而有文君子之作因之焉甚矣本文兼備樂之所以全也而君子之作其能外是哉今夫樂之爲道也固非出于僞爲而君子之于樂也亦不容以强作夫樂何爲而生也心之動也蓋性真既感雖因物以有遷而平中所由亦順應而不射根于静者發于動者也斯樂之所以始乎夫聲何爲而作也樂之象也蓋辭意相應而一元有以導其機和順允宣而五音有以兆其節得之寂者妙之感者也斯樂之所由顯乎以至德盛而文采以明情深而節奏自著動乎容也成文而可觀播乎器也從律而不亂而樂之飾也其盛矣乎是以君子之作樂也知樂有本矣于是反情以適志審一以定和而吾心爲之順動焉知樂有聲矣于是平清濁之宣適高下之變而大音莫之惉滯焉由是不但已也治其容以飾其威而干戚羽旄之用備治其聲以飾其喜而琴瑟管籥之象昭著于有節者始于無形者以本之也發于極文者根于至質者以先之也而作樂之序斯其不紊乎由此言之無心固不足以爲樂而無物亦不足以爲全先王之樂可謂盛矣而君子之作也豈苟焉而已哉抑此章本文内外之樂即道器之説也蓋道形而上者器形而下者可相有而不可相無要之先後之序不容紊耳奈世之作樂者徒事其文而不求其本此季子所以有感于韶而乙也曠也涓也之告其君者恒切切也噫當時悟而究其本焉樂其可興乎

第二場

論

士不可以不弘毅

周鑑

同考試官教諭賈（拱禄）批（詞理精明氣象宏遠真得曾子心法録之）

考試官教諭袁（廷椿）批（雄渾精深）

考試官教諭楊（舉）批（氣昌辭偉）

論曰君子之道極於其盡性故不容不大其心以體之性出於天而具於人心統乎性以合乎天天其宰也性其命也心其包廓而運用也故天至大性亦至大性至大心亦至大其理一其道同也故君子不大其心不可以言性不盡其性不可以言天不合乎天不可以言道是故言天下之弘而不可量也言天下之毅而不可抑也而後可以言心之大言天下之重而不可載也言天下之遠而不可極也而後可以言性之大心以體性性以達天斯其至矣夫天則不可測也以求諸性性則不可窮也以求諸心故君子之道一惟審其端而已矣曾子曰士不可以不弘毅意蓋如此夫天生人而賦之性豈偶然哉固將使之盡焉以行其道所謂盡己之性以盡人之性盡人之性以盡物之性者也所謂贊天地之化育以與天地參者夫物芸然萬矣夫人夥然億兆夫化育灝然廣矣夫天地隤然確然神矣而予兹藐然混乎其中則亦物而已矣而盡之贊之參之何爲而屬之吾亦何爲而遂盡遂贊遂參而無歉哉此天下百慮而一致萬象异形而同體者也故觀物於百萬則不容以不殊觀性於一同則統有宗而會有元而舉世無餘藴焉性之所以爲大也易稱乾元資始雲行兩施品物流形乃統天元者善之長也君子體仁足以長人又曰天地之大德曰生聖人之大寶曰位何以守位曰仁其言性之德乎故天德莫大乎仁人道莫大乎體仁天無私故廣運而不息丕冒而無外聖人無欲故任重而不傾道遠而無蹶其寂衝漠無朕而無所不具其感大通而無所不達故情有喜怒哀樂愛惡則達之以和性有易直子諒恭敬辨别則制之以中禮有制度文章車輿衣服宮室飲食吉凶軍賓之文則本之以質樂有鍾鼓磬管琴瑟羽旄聲音律吕之變則合之以節刑有賞慶征伐政有紀綱名物之序則陳之以彝物有山林川澤原隰鳥獸草木昆蟲之化則裁之以宜民有田廬樹畜術黨學習老幼姻恤之生則育之以順天地有施有養有寒暑灾祥之异覆載生成之殊則通之裁成而匡之輔相蓋自天地人物以反之吾身由吾身以極乎天下咸一體也咸一體則咸一心也咸一心則咸一仁也天地以仁普萬物而爲心聖人以心體

萬物而爲仁故天下之繫乎我者若是其重也而任之若是其遠也而道之然任之不可以力勝道之不可以步致則亦本之吾心以體之以寬廣則謂之弘焉以强忍則謂之毅焉而何與於仁乎仁即心也其本然則至静而無欲者也無欲則寬裕温柔足以有容發强剛毅足以有執而所謂重且遠者於是乎出焉非此心之外别有一仁也非仁之外别有一弘毅也非弘毅之外别有一重遠也惟人心本大而形氣梏之故形生而役之者衆矣知發而誘之者繁矣以衆繁之欲塞虚靈之舍幾何而不小哉故其弘誠大矣貪競鄙詐用知自私之念入焉而隘其毅誠大矣回利怵威頽靡怠惰之習入焉而萎其重且遠者誠大矣褊陋廢墜之敝入焉而阻故君子省察所以審微克治所以敦復存誠所以袪妄主敬所以立誠隘者以去而吾之弘自如也萎者以去而吾之毅自如也阻者以去而吾之重且遠者自如也即因其本然之心以盡吾固有之性因其固有之性以廣吾大同之仁本諸身則性情理焉見諸事則禮樂光焉刑政憲焉施諸物則品彙若焉徵諸民則元元惇惇遂焉參諸天地則大順大化相爲官焉夫人物化也者盡性之大也天地參焉者大之極也而君子之心視一德之未修曰吾之憂也視一物之未遂曰吾之恫也視一民之未安曰吾之傷也視一灾一沴之未消曰吾之愆也不曰吾任是是已舉矣吾道是是已及矣曰吾已舉者有驕乎其心者也驕則不可以爲弘曰吾已及者有吝乎其心者也吝則不可以爲毅故惟弘則有見於重而不知其能舉也惟毅則有見於遠而不知其能及也故曰仁以爲己任不亦重乎死而後已不亦遠乎言心之無窮已也必無窮已而後可以爲大心故性可盡也心不可滿也天可合也心不可極也天垂象日月明四時序星辰行萬物昌天之性誠盡矣維天之命於穆不已則天之所以爲天也堯舜垂衣而治由明德親民以至萬邦協和四方風動光於日月格於上下聖人之性有不盡哉然其慎修思永者孳孳不少替也則聖人之所以爲聖人者概可知矣蓋於穆者天之心孳孳者聖人之心天道高明帝德光大高明者積之盛也光大者載之隆也觀其所積載則天與聖人之弘毅一也故天任道而不已聖人任仁而不已士者學爲聖人者也故求仁於其重者遠者則不容不大其心求心於其大者則不可以不弘毅程子曰弘而不毅則無規矩而難立毅而不弘則隘陋而無以居之自下學立心之始言也然其實則在察識仁體以廣吾心而充之所謂寬以居之勇以行之者也聖門之學以求仁爲要學者各得其資之所近故子張才高意廣則失之難立子夏篤信謹守則失之無以居之皆未知所以求仁曾子存誠而有得焉故其説仁似夫子也大學言修齊治平博矣而其道以絜矩施至於得失之際則歸之

忠信與驕泰而天命之從違因之合弘毅而觀之可也故君子知所以大心則知所以盡性知所以盡性則知所以合天亦曰仁而已矣謹論

又

邢子深

同考試官教諭王（室賓）批（此作發揮題義有開闔有變化如明珠走盤恍無滯迹真奇士矣）

考試官教諭袁（廷椿）批（機軸不凡語意活潑）

考試官教諭楊（舉）批（理精而文明）

論曰道之在天下也至大也而具于人人惟充其大也而道斯禮之矣何也養也道之所由充也不養則道也散失無紀無紀斯紊矣是故廣博者滯之淵微者塞之顯者晦之高者卑之蔽之褻之窒之迫之淆而惑之震而慴之拂而抑之蕩而不止隕墜而不能舉而君子任重道遠之功荒矣故養斯急焉而有以容之而有以達之弘毅焉爾矣惟弘則道之重者容之任之惟毅則道之遠者達之致之而能事畢矣是故養諸心者也心安而德滋嗚呼體仁之功至矣哉雖然是非曾子之言也堯舜禹湯文武相傳之心法也故于九德于六德曰寛曰剛曰義曰和寛也和也弘也剛也義也毅也德之所以體而行之也聖人授受之妙也吾常觀諸天地之所以生萬物矣嫗煦覆育絪緼交通而有所謂物所謂人焉所謂物物人人者焉而有所謂萬物之物萬人之人者焉人也人人也者知之而不養養之而不充者也而萬人之人斯士矣體仁者也天下後世望而責焉者也其于物也同相生也則同相感也同相感也則同相仁也而仁之爲德廣矣君子之體仁非物物而育之事事而恤之而渾淪磅礴之勢純粹惻怛之精天理周流人欲不雜焉者自其心焉養之而已矣心也所以具弘毅之本而弘毅焉者不能外心有所容有所立焉者也自夫拘者狹其量不能容而仁以偏惰者懈其守不能立而仁以廢物以蔽之私以褻之忿以窒之勢以迫之愛惡以淆惑之利害以震慴之事變以拂抑以滯其廣溥塞其淵微晦其顯者卑其高者而仁之重且遠者斯莫之體矣是故曾子之所以憂也而于天德致意焉曰弘毅而已矣弘毅非由外鑠也士之所以養其心以達天地之全也曰仁也一弘毅也非弘毅之外而别有所謂仁也寛裕温柔仁之有容也而弘矣發强剛毅仁之有執也而毅矣仁非弘毅無以體而毅而非弘弘而非毅偏焉而已矣而烏足以語仁是故性之德也合一之道也天地盡之矣故乾知大始非弘乎運行不息非毅乎坤作成物非弘乎承天時行非毅乎天地

之道也人善反之而天地之理存焉者也吾見廣大而不竭强幹而不撓兼衆善而不繁納萬有而不隘包括乎造化而不盈特立乎風流而不靡貞之以至一之性確之以至堅之守而凡物之可喜可虞可疾可懼可驚可愕者錯雜于前而不動而仁之所以體者至矣是故德之元也吾其運之善之長也吾其履之包四德者吾其括之統百行者吾其蓄之渾淪磅礴者吾其充裕之純粹惻怛者吾其蹈諧之勿物以蔽之勿私以褻之勿忿以窒之勿勢以迫之勿愛惡以淆惑之勿利害以震懾之勿事變以拂抑之廣博者勿滯之淵微者勿塞之顯者勿晦之高者勿卑之可以還天地之元可以復萬物之始可以踐形惟肖可以視履無虧其遠也可任其重也可致斯之謂父母之宗子而參贊化育出入古今對越上帝幽贊神明同天地之貞觀合日月之貞明盡人道之貞勝不依形而立不恃勢而存不待通而行不隨塞而亡物化而道不匱身逝而理俱恒斯反之心而無歉矣吁是道也何道也聖人傳授之心法也聖斯至矣賢其次焉而士也者由賢以希聖者也百姓無與焉者也而後世异端者出煦煦爲仁弘也蔽矣孑孑爲義毅也荒矣而兼愛之弊其于君子之仁遠矣夷之隘也惠之和也願之恪也棖之剛也似弘毅而非弘毅者也道其道而非聖賢之所謂中道也蔽之褻之窒之迫之淆惑之震懾之拂抑之之所由起也曾子謂弘毅求仁者教天下者也善乎顔氏之子乎不遷怒不貳過弘毅備之矣而夫子奠楹參也易簀其達任重道遠之義乎宰我之從魯子貢之説齊半塗而廢焉嗚呼是未究弘毅之説者敝也久矣吁安得弘毅之士出而與之語體仁之功哉謹論

表

擬宋以左諫議大夫陳恕爲河北東路招置營田謝表（端拱二年）

王埠

同考試官教諭孫（繼武）批（表貴典麗而意在忠愛此作鋪叙嚴整而忠君恤民之意藹然言外且詞藻璀璨讀之令人感動是用録之以式）

考試官教諭袁（廷椿）批（得人臣稱謝之體）

考試官教諭楊（舉）批（駢麗典則）

端拱二年某月某日左諫議大夫臣恕荷蒙聖恩以臣爲河北東路招置營田使者伏以紆謨保大適嚴夷夏之防因事置員克重兵民之寄煥龍章而錫命效虎拜以揚休循揣迂疏局慚簡授臣誠惶誠恐頓首頓首竊惟聖朝開國寔沿五季之衰黠虜戒鄰時軫三軍之恖顧河北襟帶之地爲燕南鎖鑰之關險固足憑戎宜克詰白溝畫守更番聯乘障之夫東路臨衝接壤彌不耕之

土矧于游民無業貴在招徠若其附籍有人允資戰守自井田之法廢什伍無稽故郡邑之政繁供城叢出敵人壓境借懸磬以肆嘲惟士無田乏置錐而興慨容民畜衆在古則然居重馭輕于今爲烈聖王周四海之慮恫瘝乃身小人非百畝之依怨咨多口預圖有備衹慎無虞屬廑淵衷試先要害昔韓信成功于傳檄亦藉趙師而光武吹爐以揚麾首資冀鎮土風猶故士氣寧殊處置在于得宜號召協其攸願一官增設兩利俱存玆蓋伏遇體元則大得一奉宸授受法舜承堯道光三極勛業如文繼武威振八埏三晋削土以奏功兩浙獻圖而剖爵言思安集甲兵遥指天山勵意經營農戰近資河界策左則資人于敵筭遺斯委利于田爰開廣募之科兼授常生之業且耕且戰庶不易民足食足兵可期裨國訂弘議于廊廟是曰遠猷付重任于草茅豈堪大受臣忿知敵愾有歉通方志在安民未諳審勢虜云可賈方金革之繼侵性本無恒煩鉞旄之屢授于斯舉動胥屬觀瞻惟召穆之平夷疆理遍區于滄甸逮充國之禦寇便宜條上於金城信好謀而有成斯受任而無忝臣荷來章于五位愧同德于二臣辭避莫諧寵榮爲懼何以報酬高厚庸詎羞稱富强瘏寐鴻恩支吾蚊力敢不勉圖奔走惠我德于撫綏效法循行定民志于經界改弦審局雖微心計之優捍塞臨邊冀鼓蹶張之勇伏願無輕民事謹畏嚴于載舟愈慎伐功戒佳兵于戢火神州十六早傳恢復之期寶曆億千永奠綿長之祚臣無任瞻天仰聖感激屏營之至謹具表稱謝以聞

第三場

策

第一問

周鑑

同考試官教諭賈(拱祿)批(形容聖祖及皇上仁孝兼隆天地氣象無逾此篇其涵濡聖化而有得者乎)

考試官教諭袁(廷椿)批(氣昌辭達)

考試官教諭楊(舉)批(揄揚宏偉佳士佳士)

帝王之道猶天然天煦煦其運和則雲也者雨也者沛濡而霑足朗朗其發霽則日月也者星辰也者耀彩而騰芒故雲雨之施也于是乎鼓而嬉飽而呴恬熙于充裕而不知其時行之爲功日月星辰之麗也于是乎蕩其精神與其志意游泳于照臨而莫測其日新之爲盛猗與休哉然則我太祖高皇帝與我皇上恩詔之汗渙賦咏之天灑使天下士庶鼓舞其澤泳嘆其美焉爾已則

亦安能知其所以然哉且夫二聖人何以有是恩詔也傳曰寬裕温柔足以有容容斯無不覆幬是仁之發見也何以有是賦咏也傳曰文理密察足以有别别斯無不昭晰是智之發見也故善觀天者觀其雲行觀其雨施而茂長養之德則知聖人所以育民物而蠲租賜貸者此其道矣觀其日月而明星辰而著而顯法象之神則知聖人所以御奎翰而掞章振藻者此其道矣從古以來若堯舜禹湯文武之聖見於典謨播於雅頌而天下後世景仰其盛德思惟其大業如曰利用厚生烝民乃粒如曰誕降嘉種惠此中國孰非所謂寬裕温柔者乎又如敕天之歌喜起之賡如思文之頌訪落之篇孰非所謂文理密察者乎寥邈曠絶數千百年唯我皇祖唯我皇上于其所謂盛者而匹休之于其所謂大者而弘邁之愚嘗伏觀御製文集諸書知聖祖踐祚金陵也蠲租恤民之詔屢下而際天覆地之惠無窮一則曰創業之初軍國取辦有應天太平諸府税糧之免則曰供給有先後豐歉有不同又有徽州至廬州九郡税糧之免斯詔也足以仰窺皇上之仁者也亦嘗伏讀大狩龍飛録見我皇上躬謁顯陵也推念承天百姓賜詔免租制曰本根所在百姓繫懷勞擾久時民艱當□又有曰見朕懷恤之意兹詔也足以仰窺我皇上之仁者也夫一施應天諸府一施承天諸路人皆曰本根之故也愚則曰二聖之仁無不厚也渾淪瀰漫其因地而發則有然者辟如雲雨之滲漉或在此或在彼天豈有意哉至于經滁感舊之記皇祖之製也有曰祝天以保衆利劍以除精又有曰既定亂以安民猶得思往以閲今足當年之初志蔚蔚乎上追黄虞而下邁三五矣及觀思恩有賦閲純德山有詩顯陵有歌我皇上之製也有曰祇聲容之去耳目兮惟心聲心容則未忘有曰南幸湖襄地陵寢切衷腸有曰恭惟皇隧既孔安曰祇有思親獨苦心渢渢乎幽致神欣而明孚人望矣夫一著于滁陽一著于江漢人亦皆曰本根之故也愚則曰二聖之智無不涵也包羅揆序其觸機而應則有然者辟如日月星辰之華艶或于晝或於夜天豈有意哉是其盛德大業雖非此可盡而仁者見之謂之仁智者見之謂之智亦可以稍得其萬一矣乎雖然此又有本焉我皇祖嘗語會魯以執中之道語宋濂以觀心之理宫中無事則誦孔子之言内殿新成則書衍義于壁聖學之緝熙有如此者我皇上敬一有箴紹虞廷之真傳五箴有注闡孔門之心法明倫大典成而人紀以正欽天記頌作而天道以明聖心之純粹有如此者是以或見而仁普或見而智光夫豈偶然之故哉彼漢高帝未除伯習唐太宗不免假之其沛上之歌徒思猛士慶善之詩下同文人安在其爲文理密察者哉噫無足言矣愚獨慶夫自堯舜而下至于我明有皇祖以作于前有皇上以繼于後先聖後聖德茂業光真有如昊天之

廣大高明運用無迹雲雨日月星辰之光澤被之窺之者由由然其相忘而已愚生所謂日用而不知者顧嘵嘵然曰某事也仁也某事也智也不幾于繪天者無所用其設色者哉惟執事進而教之

第二問

段邦寵

同考試官教諭孫（國隆）批（考據精詳評議典雅蓋濃於禮者録之）

同考試官教諭孫（繼武）批（議論斷制宛然禮經奇士也）

考試官教諭袁（廷椿）批（古雅之文該博之學）

考試官教諭楊（舉）批（是達禮之本者）

先王崇禮以教敬其爲聖則祀之弗敢忽也其爲師則祀之弗敢忘也聖其作乎立極以開世而天下後世蒙其德師其述乎明教以淑人而天下後世紹其學蒙其德則報祀之敬不可已也紹其學則報祀之敬亦不可已也而禮於是乎起焉乃先王崇之以教天下之敬而非虚文繁飾而無別故有弗敢忽者雖不相襲禮而不以爲隆有弗敢忘者雖因之不改而不以爲略要之建諸天地而不悖質諸鬼神而無疑百世以俟聖人而不惑斯其至矣執事綜禮發策大哉聖師之祀之問豈惟原道德之宗實考禮之隆以垂憲而定經然不敢不對以禮也請陳其略乎夫自鴻蒙肇判人紀叙修必有聰明睿哲之才仁義禮樂之英出焉於以繼天而立極於以弘文而闡教所謂作之君師以爲法於天下以作之則謂之聖以述之則謂之師而先聖先師之號蓋繇是而起矣夫自圓方載祭祈薦有殷有雩社郊禘之儀享祀崇報之典列焉於以别宜而居鬼於以敦和而率神所謂制爲祭祀以教敬於天下而因廣之以明堂廓之以辟雍則先聖先師之祀其所來者遠矣夏商以前不可稽已周禮稱大司樂掌成均之法以治建國之學政而合國之子弟焉凡有道者有德者使教焉死則以爲樂祖祭於瞽宗則五帝之遺法乎蓋成均者五帝之學而禮樂之故可想也故傳曰殷因於夏禮所損益可知也周因於殷禮所損益可知也考之禮書言釋奠者六所謂凡始立學必釋奠於先聖先師一也春釋奠秋冬如之合四時之奠通前五也天子出征反釋奠於學以訊馘告六也言釋菜者三所謂春入學舍菜合舞一也始立學者既興器用幣然後釋菜二也大學始教皮弁祭菜三也言釋幣者一則興器用幣是也然所謂釋奠則有牲幣合樂之陳所謂釋菜則止於溪澗沼沚之毛而已蓋禮以簡爲敬物以儀爲享猶婦之見廟也弟子之見師也雖執堇萱而登之皆可以爲摯至其釋奠而樂有合也山川廟社而幣有庸也則自王國而舉之故必備其飾焉故吾觀於禮書之文而知先

王之祭義如是其美也抑又考之周立四代之學虞庠以舜爲先聖夏學以禹爲先聖殷學以湯爲先聖東膠以文王爲先聖而先師則取左右四聖以成其德業者而爲之焉如皋陶明刑后夔典樂之類是已漢尊尚儒術自高帝過魯以太牢祀孔子嗣世之禮雖未合經大略專以孔子爲先聖而先師則取左右六經以傳述其藝業者而爲之焉如樂有制氏詩有毛公禮有高堂生書有伏生之類是已由是而魏而晋而宋而隋遂代用古禮益崇先聖焉矣故吾觀歷代之文而知聖師之道如是其不泯也及觀於唐以求執事之所謂備禮者則三復有餘思焉夫聖賢之生以明道也帝王之道以明統也故人無幽顯也道在則爲尊禮有崇卑也統承則爲重古之聖賢身負道德而位列君師則達而在上其道亨其所謂先聖先師者皆生都顯位而没祭大烝則自有國者行之而非學官弟子之敢與也或身負道德而不得君師之位則窮而在下其道屯其所謂先聖先師者必扶世立教以繼往而開來則自學官弟子祭之而有國者得以追而崇之焉故聖師之義不可以無辨報祀之禮不可以不明故以周公爲先聖而以孔子爲先師者武德之所以爲失也蓋周公之道乃堯舜禹湯文武之所傳周公特明之耳聖臣而遺其君焉可乎以孔子爲先聖而以顔回爲先師者貞觀之所以爲得也而猶不知堯舜禹湯文武之道賴孔子而有傳顔子特宗之耳師弟子而儕其聖焉可乎若以道統而言則孔子爲作之故謂孔子爲聖之師可也爲師之聖亦可也以學術而言則顔子諸賢爲述之故以顔子而配享可也以群弟子而從祀可也然當時釋奠之舉依禮記之經文師儒之叙酌成康之注説或以周孔而迭爲先聖或以孔顔而互作先師又或以左丘明而下以至賈逵二十二人并作先師而從祀雖屢用建白數有增修然未及推原道統之功講明學術之正故經生不可以爲儒人師始可以配聖故以親炙言之則莫如十哲與七十二賢以傳授言之則莫如子思與孟子而一時皆未之明也豈非執禮之過泥文之偏者歟然自是而後禮無代而不隆人非賢而弗祀歷宋而元亦又弘矣求其斟酌百王表章萬世正定禮樂著明法象大中至正而不可議則有祖宗之大典皇上之聖作昭焉愚生誦詩書而聞俎豆服膺聖師之訓久矣如其禮樂則願學焉

第三問

楊柟

同考試官教諭王（納議）批（通鑒總裁群史當補遺于紀事折中於綱目此篇斷制明備卓有史筆豈傳相馬而得驥者乎）

考試官教諭袁（廷椿）批（總括群書而折衷之是究心史學者）

考試官教諭楊（舉）批（良史之才）

作史者難爲功君子當取其體裁之正論史者易爲力君子當考其編續之公體裁正而法例嚴矣編續公而考核備矣斯一代之全書而百世之恒鑑也顧以一事一時而疵議其通史之大是謂舉鉦以喻日而指管以窺天吾見其泯泯焉而已矣而詎知史學者哉執事以資治通鑑爲問可謂闡温公之功而一洗世儒之陋見者也請掇拾始末而陳之古者列國皆有史官而統會于左丘明司馬遷班固之筆歷代皆有史職而分見于荀悦袁宏范曄陳壽魏收崔浩柳芳諸人之書其事則詳以核其文則簡以明其義例則嚴而有辯其年月則合而無訛雖其進退取與之間正閏分離之際間有未明均之裨益世教扶植綱常而亦春秋之所不弃者也歷宋以來史學久廢而司馬温公振而起之作稽古録以驗治道之規撰通志以考歷代之實可謂國之經矣而參互之下猶疑簡帙遺逸歲月浩繁不行編摩終至脱漏于是奉詔命以首事辟官屬以稽謀果餌出大内之供書籍假秘閣之用六遷冗官而書局自隨三易藁本而筆硯罔輟斯資治通鑑所由成焉晁氏謂略舉事目年經國緯以備檢閲别爲目録參考异同俾歸一途而古今之要樞莫以過也胡氏謂記事編年成敗安危之迹莫或能逃調元宰物輔相彌綸之業因之可見而典刑之總會無以尚也或謂賢于荀悦或謂陋夫子長真爲不刊之書矣而諸儒之説猶有不同者何哉自論青苗之法而小人之怨興于是有書久不成緣利上方絹帛之資御府金錢之物耳而不知始雖有旨而終則未請也中傷之者不亦愧哉自定後統之年而拘儒之議作于是有紀年未合緣武德開平之時大業義寧之號耳而不知年雖稍殊而事則有源也推詳之者不亦泥哉起自威烈前非無王也而尊經以明始續統以表年固温公之意矣而劉恕之外紀自三皇五帝而下及共和謂補通鑑之遺恕嘗爲屬官同撰國史固亦觀聆不可續之之旨矣而乃自比國語之稱外傳豈得無議歟迄于五季後此非無王也而據變復之會乘歲月之存固温公之意矣而李燾之長編自靖康隆興而上進建隆謂續通鑑之缺燾嘗言卷數細事前輩尤嚴固已心服其不可增之之實矣而乃自附春秋之正時豈得無譏歟至于事之首尾或出本紀列傳數千百年之間不相綴屬讀者病之朱子嘗言之矣兹袁機仲紀事本末之所由著也分門類意别目盡凡始終離合之間各有微意于以錯綜通鑑之事可謂温公之益友矣或者謂春秋之國語此書似之謂非有裨于全史歟至于書之异同或出于目録舉要補遺之卷極其檃括以就此篇朱子嘗言之矣兹文公通鑑綱目之所由成也大書提要分注備言詳略异同之際如指諸掌于以修輯歷代之言可

謂温公之忠臣矣或者謂國語之春秋此書近之謂非有益于全史歟是則資治通鑑之所以爲難也是則資治通鑑之所以爲備也一十九年晝夜不廢温公之心何心也而且助于劉貢父劉道原范純甫之手雖身備三長而未嘗自是之誠可知矣二百餘家掇收殆盡温公之心何心也而且有目録舉要補遺之增雖其學兼衆善而惟恐或遺之志可見矣兹固資治通鑑會粹群史絶冠前人而疵之議之補之續之者皆未得其心耳或曰前不可續蓋遵春秋也而編年通載大古通曆何以一起帝堯一始五帝而不諱耶是殆撮其梗概言之也非全史也全史則近聖人之筆矣後不可補蓋尊當時也而紀年通譜運曆圖何以一終雍禧一止慶曆而不革歟是殆總其歲月言之也非時史也時史則譏當時之事矣是故爲紹運圖者爲續稽古録者皆言一時一事之詳而不及其全爲讀書譜者爲紀年統論者皆備一時一人之見而非得其要是特西子之顰邯鄲之步握壤以益太山浚流而增滄海皆無補温公之史而適致繁文之重叠矣惡乎可哉雖然温公之史不可及者蓋緣其忠誠之心謙衝之量卓特之見考究之詳是以當時稱之後世誦之使私如陳壽偏如范曄天下物議將紛然起矣其可掩乎以是知温公之所以爲賢不獨史焉而已矣

第四問

寇靖

同考試官教諭周（以魯）批（關中古多名將今豈乏若人耶子能旁搜遠考著之話言他日必能指陳以舒當寧拊髀之思矣録之）

考試官教諭袁（廷椿）批（謂諸將勛烈本於委任有見）

考試官教諭楊（舉）批（博覽將傳通儒也）

古之爲將者上有以任之下有以承之而功業可建矣任之者非隆其禮貌重其爵賞而已也而委之心承之者非遵其約束畏其簡書而已也而授之心上下一心可與之死可與之生而不畏危斯其勛垂宇宙名貫古今或一事之見而即爲四方之綱或一時之謀而允作萬世之策群醜順德外夷憚威而天下無復騷動之患矣吁任將之道豈易言哉執事以關中名臣巨將下詢承學愚不敏常考典籍而得其説矣試敬陳之夫天地陰陽之不可易也而華夷之所由分山川風土之各异齊也而内外之所由辨三代以前莫可究已夏商之時建都不一防範未嚴憑陵尚阻逮周以來黠虜猖獗侵鎬及方至于涇陽薄伐玁狁至于太原而中國之所以捍禦之者蓋不容不講矣是故歌皇華也而知遣使之所以勤咏杕杜也而知待臣之所以厚上下交孚君臣一德用其人而不疑其心建其功而不望其報而奇勛碩績赫赫流之千萬年而不朽者

皆是道也且自關中之最著者言之玁狁孔棘此何時也而南仲有朔方之城外難除矣旋師而西戎是征故出車以薄伐美之蓋亦喜中華之奠安而與之者也玁狁内侵此何時也而吉甫有帥師之伐京景邑寧矣有功而萬邦是憲故六月以文武稱之蓋亦幸敵人之威附而與之者也使當時任之者無專寄之責而承之者持携貳之心抑何以揚鴻休著丕烈如此之盛哉以是而觀古人任將之道可推矣自漢以來委任雖專而事權不一忠實雖著而疑懼益增或全其始而不保其終或隆于前而實替于後此任之承之者不逮昔人蓋有由也周亞夫初守河内因匈奴入邊也而使備之屯軍細柳而士吏戒嚴天子先馳而詔令不受此文帝直將軍之稱所以許之也而大尉之拜未幾廷尉之詣隨至豈用將之道哉君子蓋有以知私憾之難酬矣衛青受爵長平因匈奴入寇也而使征之統軍三萬北抵邊陲率士親臨大致捷獲此漢武大將軍之印所以受之也而驃騎之秩漸隆門下之人日去豈厚將之道哉君子有以知邊功之難立矣禪姑衍臨瀚海獲醜七萬益封五千去病之在當時其功可謂茂矣然自冠軍之時即受大將之拜獲休屠渾邪之長陟祁連狼胥之山自少至老無一敗北及其薨也謚以景桓而食邑之實不加焉譽固當其功矣而酬勞之典或者其未盡歟襲定襄入西海總管行軍决策深入李靖之在當時其功可謂茂矣然自從秦之後遂獻圖銑之謀領突厥頡利之征致吐谷自經之死自始至終無或邅迴逮其薨也謚以景武而賻臨不聞焉名固稱其情矣而酬功之典或者其未隆歟李廣拜北平之守虜人目之爲飛將軍矣水草連營刁斗自衛猿臂善射飲餐必同可謂破虜人之膽得軍士之心矣而失道之故遽令自盡豈不哀哉趙充國獲西祁之王昭帝擢之爲後將軍矣立國定册營侯是封屯田上書便宜從事可謂致帝王之勝極老將之謀矣而留屯金城歲久不召豈不惜哉築受降三城者張仁愿斷虜南寇之路也而韓國之爵乃錫焉一時稱之爲文武兼著信不誣矣築靖邊二城者王忠嗣斷虜盗塞之謀也而節度之授乃及焉一時誦之爲控制萬里信有徵矣閱軍商州威震關中滻民給虜令公復至而吐蕃大潰矣此其威望素著而豈潛用間諜之計乎漸復横山以斷賊臂遠援秦隴近飭涇原而仲淹有見矣此其忠實素孚而豈全仗地形之險乎斯皆上以得君下以委命事權不移于群小而功業大著于當時雖或優禮之未周刑責之間而忠貫日月名垂宇宙豈委委瑣瑣與草木腐朽而已哉雖然用勇將易用智將難用裨將易用大將難何也勇將者可鼓舞而遣之而智將者非誠實以待之仁恩以結之不得其心所以籠絡之者有未至矣裨將者可奔走而令之而大將者非禮貌以隆之盛權以授之不得其心而

所以駕馭之者有不行矣惟其德之也篤是以報之也專惟其寵之也深是以承之也至必開誠布公盡武侯待下之宜而信賞必罰又立宣帝稽臣之實赦過宥罪寬周易憫勞之心而開國承家又重先王厚臣之典夫如是則上下一心而邊防定矣不然雖授之節鉞假之事權名曰禦邊實以病邊而天下之患滋矣故人君惟在馭將而將臣惟在盡忠此關中名巨鉅將之所以不可及者實在于此外是而求平戎之策御下之方豈不遠甚矣哉

第五問

邢子深

同考試官教諭王（室賓）批（兵食正今時急務每患足之無長策耳子欲端本塞源審究精詳條畫明當可以觀經濟之學矣録之以獻）

考試官教諭袁（廷椿）批（切實可行有用之士）

考試官教諭楊（舉）批（有學識有區畫）

當謂欲實邊者有隨時之權宜有不易之常道夫足食足兵邊防至要然隨宜以盡制者一時之權也恤民而節用者不世之經也故制有時而可變道無時而可違必也本吾仁儉之心以施補偏救弊之術夫然後連量不窮而邊需常裕矣禦戎之策何以加此執事以三邊兵食下詢蓋以識時務者待承學愚非其人也然亦嘗講求而有概于中矣請以所聞爲對今夫天生五材兵不可無師行糧從食不可去由來久矣黄虞以前難以殫論粤自成周采薇之戍杕杜之往蓋不得已焉然而軍寓于六鄉將取于六卿伍兩卒旅之分茇舍大閲之講坐聽作止之節掌于大司馬之九法然又土會土宜土事土均以制斂征徭九賦九貢九式九職以均節財用年不順成即有荒政之施一曰散利二曰薄征統見于司徒太宰之分職是故玁狁于襄膚公以奏而周爲得策矣降及漢唐非無誼辟然事窮黷者不曰海内虚耗則爲十道置兵失富强者不曰上谷被紿則爲隴西失利迄宋則安於承平略於制禦聲容盛而武備衰議論多而成功少于兵于食舉無足論矣又何策之有哉洪惟我太祖高皇帝迅掃胡元除凶千古廓清華夏雪耻百王定鼎金陵逼崇群構朝市陵寢宫室官署一時荒度費出不貲然且徵兵集餉尚未息肩而蠲租之詔無歲不下今年免太平應天之租明年免四郡三州之賦蘇州屬邑水灾免租至四萬九千廣德等州旱灾免租至七萬六千由此言之當時之食可知矣況連歲用兵不暇征戰叠出雖曰天授神聖豪杰奮興人皆爲戰兵不求强而自强財因于敵食不期足而自足要亦我聖祖躬行節儉勤恤民隱之所致也如浣衣之服隙地之種大内宫殿之作惟取堅實亭館臺榭之禁恐傷民財至諭中書省臣有曰善

治者視民猶已愛而勿傷不善者徵斂誅求惟日不足又諭翰林吴沈有曰人君理財之道視國如家一家之内父子不异貨异貨而家必隳君民猶父子也損民以益君君獨享富有是理哉當時食足兵强厥有由也迄我皇上入繼大統臨御天下已逾三紀其體聖祖之心以爲心法聖祖之治以爲治求恤民瘼嘉惠元元無所不至因灾而憫有感而興蠲免税糧凡八下詔又不啻賑荒施藥散材惠窮而已也夫如是宜乎財足兵集比隆皇祖之盛矣夫何邇年以來醜虜不靖邊事頗殷征調不時轉輸坐困廟堂之上集議决策隨時立制劑量非不周詳措置非不曲盡凡以爲兵食之計也顧鹽法設重職矣勢要之請托本折之乾没存積利微而商不來私販禁弛而公不售鹽課其能復昔時之舊乎屯牧添憲臣矣田在屯亡而隱占典賣者多糧入籍削而侵欺移貸者半牧地兼并於勢豪孳息盜損於圉苑屯牧其能平百姓之情乎冗員裁矣將士出境而還一人兼三人之給額外無名孔多一歲預三歲之辦以冗兵動冗費何侈也逋負督矣頻年拖欠或難責于十室九空之家比屋逃亡不易招於百孔千瘡之日以峻法處窮氓不可也至於分官催課原非得已也而望風順旨者曾石壕吏之不殊召商備儲本以兩便也而减值增斗者將國門盜之尤劇夫是數者或代民輸而卒不能繼其始或求國足而殊不見善其終所謂雖有愛民之心而民不被其澤者無亦恤民節用之道猶未盡耳乃切切望于民富而財充食足而兵强不亦難矣哉愚不敢通論天下之勢姑以生長所目擊者言之夫關中百二之地四塞之國形勝不必較矣陸海膏壤務本力穡地不改先秦之闢也帶甲環衛勇于公戰民不改先秦之聚也當時以一隅而招八州史固以富强稱之其在於今三邊列戍八府供傜兵食似非昔日之盛矣何者國初邊儲總計不下一百七十餘萬歲不告乏也近則月計不足矣雖增派倍昔旱灾相仍可盡諉之適然之數耶故追償逋負未免貽牧羊日剪之憂加添歲額正恐坐抽絲見蛹之患執事慮之誠是也然將何所措乎夫京運可乞也不可必也贖金可借也不可盈也礦場可開也不可訓也傳曰無政事則財用不足又曰有治人無治法兹欲足食亦惟有司得其人焉爾已昔唐遣何庾等爲黜陟使行天下陸贄説以八計聽吏治内曰計户口豐耗以稽撫字視墾田羸縮以稽本末視賦役薄厚以稽廉冒而又以四賦經財實曰閲稼以奠税度産以差征料丁壯以計庸占商賈以均利足食之方莫備于此今官于秦者誠如贄之言而行之是其可圖者乎國初軍數原額二十一萬有奇各邊有定也今則行伍日空矣雖故絶難勾調遣無常可盡付之無可奈何耶然議處民壯以居守則剜肉醫瘡者何裨遵照糧石以抽丁則疾首蹙額者必竄執事憂之非

過也策將何所出乎夫逃亡可解也不可久也班軍可常也不可用也銀兵可借也不可數也史曰久守之計須用土兵又曰兵貴精不貴多兹欲足兵亦惟查抽丁之例調稍緩之兵暫以役之俟内援既徹而兵漸充焉爾已昔勝國以蒙古軍居山東河南者戍甘肅當時之臣有言甘肅動涉萬里每行必鬻田産甚者或賣妻子戍者未歸代者當發困苦日甚虚殫兵力乞以近甘肅之兵戍之足兵之計當究于此今領邊計者誠鑒前説而行之是其可爲者乎雖然兵食一道用本相須故强國者常患乎財少富國者不憂其勢弱無已則有晁錯之策乎募民徙塞屯營于中使高山遠望部曲相保塹壘木樵校聯不絶便兵弩飾鬥具烽火一通并力合拒以守禦則有人而外無常戍之勞以屯種則有食而内無轉輸之費一舉而兩利存充國之所用以却先零者也是或一道乎要而論之恤民節用者其本也隨時經制者其權也發乎此而動乎彼感於上而應於下者其機也故衡誠設則不可欺以輕重繩誠陳則不可欺以曲直端本鏡機則綱紀肅而威惠孚黜貪墨之吏以正風絶夤緣之私以表俗振寬弛之習以作明懲玩垢之漸以祛弊名實相舛者置以必罰之刑功能未效者嚴以必禁之令如邊儲也嚴出慎入官吏不侵其常例而後完納者無停期如軍需也核實稽丁將領不列其詭名而後關支者有實用無窮之浮徵不出而後民以蘇不時之浪催免行而後人不竄果如是則邦本可固内地可安縱有不虞之變則子弟之衛父兄手足之捍頭目將無不至者矣又何憂邊防之不靖而狂虜之未恭如執事之切切者哉草茅之見如此執事儻與其進尚有程顥廣費之四説蘇軾爲國之三計以爲當寧獻

陝西鄉試録後序

嘉靖壬子秋陝西鄉試録成廷椿以執事寔序天簡諦覽式文若干篇始焉以喜既而惕然懼乎爾也乃言曰關洛之英其在是乎自夫稽訓之道邈矣拘學抱咫尺之見迂儒懷淺僿之慚咸無當焉據今所撰表訓敕經典則閑雅循循不詭于聖謨溯論理源雜陳時誼弘深奥衍上下數千百年外史令甲犁然各具有司馬遷政固之逸軌嗟乎文之盛也夫摭幹以摘繁則敷揚者碩浚淵以析支則沿流者長三輔歷代故都類多豪宕出群之士而國朝培養篤至鴻宗碩學踵繼肩連第其稟賦沉厚樸外深中無幾微現諸顔色而含毫授簡掞藻吐詞往往發舒崛奇縱横之思雲翔霧擁見者駭神海内以文章名家者率不能下兹其華實并著云古人有言曰文貌繁情欲省禮之隆也文貌省情

欲繁禮之殺也文貌情欲并行而雜禮之中流也質植文宣言焉益遠其先民之遺則中流之凖乎或謂浮習罔諧焉謬也故其希聲茂采金石鏗鍧可以廉頑可以肅衆而武以揚矣從容暇整紞紞而思斷斷而辯也而文以明矣贍洽而浩博廣賁而清通出之無窮用之不究可以經國之治而不泥焉雕蟲之技文質之中士之紀也四方將訏謨是度以遵厥成其疇能易之雖然文以飾治質以敦本飾治則物用昭敦本則思言永將不虞文之靡稱而鮮克有終行也敝矣諸士玆彬彬爾而敝之行焉能無貽主司之懼也歟哉是用勖之

四川成都府温江縣儒學教諭袁廷椿謹序

嘉靖三十七年陝西鄉試録

陝西鄉試録序

嘉靖戊午秋八月實維天下大比之期巡按陝西監察御史崔棟職司監臨夙夜敬毖先期馳幣禮聘文學至是咸集御史乃齋沐矢於衆曰國家致治養士爲先人臣效忠薦士爲急吾儕幸際昌時躬逢盛典惟圖俊乂永昭令名學正吴泮陳希登爲考試官教諭韓以孚吴國用蔣國賓秦秀民胡乘陳仕爲同考試官簾以内慎之哉左布政使郭乾右參議徐光啓爲提調官按察使程軏僉事馮惟訥爲監試官乃若檄簡諸僚分局莅事簾以外慎之哉於是進巡按御史鄭存仁提學副使徐南金所選士二千四百有奇三試之得六十有五人梓其文之優者爲録以獻泮當序諸首簡惟陝爲雍州之地山川形勝古者稱雄紀傳所云士多豪杰夫山川者地之靈奥也豪杰者山川之靈奥也緊昔有周鎬京在兹文王武王以大聖人繼作君師周公召公佐命弼諧其制禮作樂之功菁莪樸棫之化融液充牣才賢誕發當時奮庸諸臣濟濟蹌蹌有羔羊素絲之節兔罝野人著干城腹心之咏詩曰思皇多士生此王國言得賢衆盛也又曰周王壽考遐不作人言久道化成也仰惟我聖祖開天建極首重賚序取士之法監於成周列聖纘承人文輝耀迨我皇上聖兼作述道盡倫制崇德右儒敻出淵純三十七年以來化機旁敷飆行電發凡幽逖有生亦思嚮勵而况章縫之士久濡渥澤者乎乃今縱觀多士之文闡經析理立義修辭摧古揚今章志辨物莫不明正通達浩博閎深端影相形即已知其爲豪杰之流矣泮等校文之責庶幾少逭矣乎或者謂舉業之文繁華鮮實可以得士不可以必得豪杰之士泮大惑焉夫張網以羅雀一目之網無時得雀矣科目以求豪杰遴選不博豪杰或遺矣且漢之董仲舒唐之裴度宋之范仲淹韓琦文章學術將相勛業彪炳赫奕媲休古哲孰非科目士邪究在其志其力定於豫而已是故先資者文也實志也終譽者力也實文也諸士子對揚伊邇將有浚明亮采之責其思所以審擇豫定也邪苟或臨險易趨誘欲變節斯乃静言庸違不有其躬科目之玷者也易曰包荒用馮河不遐遺朋亡得尚于中行言勇於治泰歸□大公已爾曰勇曰公定志定力之謂也諸士惟慎勖仰報明時毋貽我執

事之差是舉也仗鉞臨邊振武修文則兵部右侍郎兼右僉都御史王夢弼拊循關陝風勵膠庠則右副都御史殷學靖綏戎黎胥揚聲教則右僉都御史王鎬董威陳枼劉學易秉憲宣猷作士惟均則巡按御史甄敬梁汝魁周滋裴天祐奉使入關共敦嘉樂則定遠侯鄧祖錫武安侯鄭崑尚寶司卿王有壬給事中何奎户部郎中陳志郝守業飭新棘院綜畫周詳則右布政使張永明協恭同德襄翼防徼則左參政趙希夔右參政遲鳳翔張玭楊賢右參議周瑤趙紳劉自强按察司副使謝孟金陳其學譚棨王楠孟養性王繼洛李懿邊洵蔡揚金王之臣僉事高尚志王三接畦明才吕廕王用賢喬應光苑馬寺卿沈科署都指揮僉事高鵬郝騰先是右參政沈宏副使馮時雨行太僕寺卿黎堯勳少卿范充濶以表賀出右參政謝淮以考績出皆嘗預贊議者例得備書

直隸真定府趙州儒學學正吴泮謹序

嘉靖三十七年陝西鄉試

監臨官

巡按陝西監察御史崔棟（孔材順天府薊州人　庚戌進士）

提調官

陝西等處承宣布政使司左布政使郭乾（孟陽直隸任丘縣人　戊戌進士）

陝西等處承宣布政使司右參議徐光啓（叔賢江西貴溪縣人　丁未進士）

監試官

陝西等處提刑按察司按察使程軏（信甫山東臨清州人　戊戌進士）

陝西等處提刑按察司僉事馮惟訥（汝言山東臨朐縣籍遼東廣寧左衛人　戊戌進士）

考試官

直隸真定府趙州儒學學正吴泮（廷造福建莆田縣人　壬子貢士）

直隸鳳陽府壽州儒學學正陳希登（子漸福建莆田縣人　壬子貢士）

同考試官

山西平陽府曲沃縣儒學教諭韓以孚（在中河南汝陽縣人　癸卯貢士）

浙江衢州府開化縣儒學教諭吴國用（道亨廣東程鄉縣人　丙午貢士）

直隸安慶府太湖縣儒學教諭蔣國賓（尚卿雲南廣南衛籍應天府句

容縣人　丙午貢士）

河南河南府偃師縣儒學教諭秦秀民（子進廣西桂林右衛籍應天府江寧縣人　乙卯貢士）

四川順慶府蓬州儀隴縣儒學教諭胡乘（伯載貴州衛官籍山西大同縣人　己酉貢士）

河南汝寧府新蔡縣儒學教諭陳仕（惟學湖廣黄岡縣人　壬子貢士）

印卷官

陝西等處承宣布政使司經歷司經歷林勤(學禹福建莆田縣人　吏員）

陝西等處提刑按察使經歷司經歷遲昂（尚志直隸涿鹿衛人　監生）

收掌試卷官

西安府知府劉芹（子獻四川宜賓縣人　丁未進士）

延安府知府田汝麟（子仁順天府涿州人　庚戌進士）

慶陽府知府梁明翰（維憲山西孝義縣人　丁未進士）

西安府同知沈應時（子易河南河南衛人　庚戌進士）

受卷官

西安府同知殷仁（静夫龍驤衛官籍順天府懷柔縣人　癸丑進士）

漢中府寧羌州知州馬自强（用脩直隸江都縣人　辛卯貢士）

西安府同州同知黄墱（元登四川富順縣人　丁未進士）

西安府興平縣知縣朱文（質卿應天府上元縣人　庚子貢士）

西安府同州白水縣知縣王簡（子敬直隸趙州人　丙午貢士）

漢中府西鄉縣知縣周一鳳（應文四川綿州人　辛卯貢士）

彌封官

慶陽府推官王得春（一元山西安邑縣人　丙辰進士）

西安府同州知州梁恩（子承湖廣巴陵縣人　甲辰進士）

西安府耀州知州江從春（觀卿福建莆田縣人　癸卯貢士）

西安府涇陽縣知縣朱友達（尚孚四川彭山縣人　癸卯貢士）

西安府華州渭南縣知縣王宫用（近臣直隸成安縣人　癸丑進士）

鞏昌府西和縣知縣劉良宷（寅之湖廣監利縣人　癸卯貢士）

謄録官

漢中府推官羅奎（拱辰湖廣巴陵縣人　庚子貢士）

西安府華州知州朱茹（以彙四川瀘州人　癸丑進士）

鞏昌府徽州知州葛之奇（子才直隸沐陽縣人　歲貢）

西安府三原縣知縣熊迥(叔遠四川富順縣人　癸丑進士)
西安府盩厔縣知縣黎元(叔期四川涪州人　丙辰進士)
西安府臨潼縣知縣趙宇(參之貴州衛籍江西廬陵縣人　丙午貢士)
對讀官
西安府乾州知州李嘉猷(獻可直隸隆平縣人　丁酉貢士)
慶陽府寧州知州彭冀衡(孟癸湖廣江夏縣人　丁酉貢士)
西安府咸寧縣知縣劉永寧(以德山西長子縣人　丙辰進士)
西安府乾州武功縣知縣劉相(元夫順天府三河縣人　庚子貢士)
西安府華州華陰縣知縣李冲漢(仲高直隸欒城縣人　癸卯貢士)
鞏昌府通渭縣知縣胡德陽(體乾四川富順縣籍榮昌縣人　己酉貢士)
巡綽官
寧羌衛指揮使岳喬(伯遷山東章丘縣人)
西安右護衛指揮同知陳圖(伯河直隸順義縣人)
平凉衛指揮同知杜龍(文化直隸合肥縣人)
西安左衛指揮僉事丁振(伯起湖廣漢川縣人)
搜檢官
寧羌衛指揮使胡大節(汝操山東曲阜縣人)
西安右護衛指揮同知曹澤(子仁直隸陸安州人)
西安後衛指揮僉事劉芳(子春直隸臨淮縣人)
寧羌衛指揮僉事丁守中(重禮直隸南樂縣人)
供給官
陝西等處承宣布政使司理問所理問楊遷(子喬山西太原縣人　吏員)
西安府通判王賓賢(子興直隸交河縣人　丙午貢士)
漢中府通判王一奇(正夫山東登州衛人　歲貢)
西安府同州韓城縣知縣王思學(行之四川潼川州人　歲貢)
鳳翔府鳳翔縣知縣康一元(乾□直隸滿城縣人　丙午貢士)
漢中府洋縣知縣王言(子行四川宜賓縣人　丙午貢士)
西安府邠州判官張九思(子敬直隸景州人　監生)
鳳翔府隴州判官田有(克脩四川彭縣人　吏員)
西安府盩厔縣縣丞張崇德(尚仁山東日照縣人　歲貢)
西安府耀州富平縣主簿杜經(子庸直隸萬全右衛人　歲貢)
西安府咸寧縣典史聞賢卿(子美浙江鄞縣人　吏員)

西安府長安縣典史楊璽（國寶河南陝州人　吏員）
西安府興平縣典史劉新（希陽山東掖縣人　吏員）
西安府高陵縣典史劉邦直（子忠山東平原縣人　吏員）
漢中府金州漢陰縣典史衛瞻（子寬湖廣江夏縣人　吏員）
西安府京兆驛驛丞王允新（伯周直隸鹽城縣人　知印）
鳳翔府扶風縣鳳泉驛驛丞張遜（汝碩直隸任丘縣人　吏員）
漢中府鳳縣松林驛驛丞葉文譽（尚謙浙江慈谿縣人　承差）

第一場

四書

君子以文會友以友輔仁　唯天下至誠爲能經綸天下之大經立天下之大本知天地之化育夫焉有所倚肫肫其仁淵淵其淵浩浩其天　爲人臣者懷仁義以事其君

易

大哉乾元萬物資始乃統天　大壯大者壯也剛以動故壯　乾之策二百一十有六坤之策百四十有四凡三百有六十當期之日二篇之策萬有一千五百二十當萬物之數也　是以立天之道曰陰與陽立地之道曰柔與剛立人之道曰仁與義

書

帝德廣運乃聖乃神乃武乃文　王懋昭大德建中于民以義制事以禮制心垂裕後昆　歲月日時無易百穀用成乂用明俊民用章家用平康　德威惟畏德明惟明乃命三后恤功于民伯夷降典折民惟刑禹平水土主名山川稷降播種農殖嘉穀三后成功惟殷于民士制百姓于刑之中以教祇德穆穆在上明明在下灼于四方罔不惟德之勤故乃明于刑之中率乂于民棐彝

詩

彼其之子邦之彦兮　如跂斯翼如矢斯棘如鳥斯革如翬斯飛君子攸躋　君子萬年介爾昭明　至于海邦淮夷蠻貊及彼南夷莫不率從莫敢不諾

春秋

秋郳黎來來朝（莊公五年）　齊師宋師曹師次于聶北救邢（僖公元年）春王正月公會齊侯宋公陳侯衛侯鄭伯許男曹伯侵蔡蔡潰遂伐楚

次于陘（僖公四年） 公至自伐齊（襄公十有九年） 秋九月楚子圍宋（宣公十有四年）夏五月宋人及楚人平（宣公十有五年）秋七月齊侯使國佐如師己酉及國佐盟于袁婁（成公二年）

禮記

考禮正刑一德以尊于天子 窮本知變樂之情也著誠去僞禮之經也 禮樂偩天地之情達神明之德降興上下之神而凝是精粗之體領父子君臣之節 君子不自大其事不自尚其功以求處情過行弗率以求處厚彰人之善而美人之功以求下賢是故君子雖自卑而民敬尊之 氣如白虹天也精神見于山川地也

第二場

論

上下與天地同流

詔誥表（内科一道）

擬漢親耕籍田詔（文帝二年） 擬唐以張玄素爲銀青光禄大夫誥（貞觀十四年） 擬宋賜九經于州縣學校儒臣謝表（咸平四年）

判語（五條）

官吏給田 收支留難 禁止迎送 申報軍務 聽訟迴避

第三場

策（五道）

問 貽謀燕翼佑啓罔缺文武之所以垂謨烈也遐哉豐芑之澤綿蒼姬有道之長雖其世守之良抑亦謀謨之善也我明受命遠紹成周而謨訓昭垂詳于往牒惟成祖文皇帝纘承太祖之丕基光潤太平之鴻業思欲繼前王之軌範示法誠於後人乃研精蓄思遠稽旁取作爲聖學心法一書暨我皇上赫然中興明備禮樂集先聖之大成垂百王之龜鑒立心之極闡道之精作爲敬一一箴昭揭綱維窮析奧義非獨以示聖子神孫亦足以逮成人小子兹以聖學心法言之其綱有四曰君道父道子道臣道試可以言其概與其目二十有九有統言之者有專言之者亦可以舉其詳與以敬一箴言之有享祀臨民獨處應事之節可以陳其端乎有指言其先務之所在者可以舉其要乎諸士漸摩聖訓將無有概於心沉潛敬一之學以子臣之道自勖而以君父之道出而

效之上乎請著于篇

問　師古尚友析疑辨异學之大方也夫關中自周文而後聖人之學敝矣有宋則横渠張子崛興遠紹洙泗并驅濂洛爲關中學士所宗其著格言而光信史爛然方册具存也然稽之當時或予或否質之往議或异或同學者可無以辨之乎試舉一二正蒙一書范育以爲立乎大中至正之矩矣而程子則曰横渠之言誠有過者乃在正蒙胡宏以爲極天地陰陽之本窮神化一天人矣而朱子則曰正蒙所論稍覺源頭有未是者兹果何以見之與清虚一大太和太虚之説可謂語道之精矣而或曰是形而下者非形而上者何以辨其微與知禮成性變化氣質之學可謂立教之詳矣而或曰其流之病將使人溺於刑名度數之間而困無所見亦果何以折其非與諸士横渠之鄉人也服膺其教久矣試相與切磋究之其必毋淆於衆説之异而折衷於至理之歸乎爰是以觀窮理之學

問　易大傳曰五位相得而各有合書洪範曰初一曰五行其始生流行氣質之論朱子與周子同矣但分陰分陽亦有所未合者可得聞與黄勉齋曰生之序即行之序而以圖解氣質之説爲不然且分言陰陽又與周朱异蓋造化本原初無二致而物之始生莫不由微而盛黄氏之言似爲近理李希濂詆其創立孤論以行其獨見是乎否也氣屬陽質屬陰固矣陰陽之在五行略無間斷而周子始生專以質言流行專以氣言是氣質可分而陰陽或相離與朱子曰五行者質具於地而氣行於天者也張横渠曰水火氣也故炎上潤下與陰陽升降土不得而制焉信斯言也則木金土爲質而水火獨爲氣矣張朱之見果不相通如此耶土寄旺於四時何惟季夏之土爲能生金金遇火而鑠曰火生金是相剋者反相生矣二者抑何所解與諸士子讀書窮理者請参合理氣之原而折衷同异之辨

問　文以載道古之聖賢將以明道不得已而立言非有心於爲文也故六經之文所以明天道正人倫垂世致治之成法渾渾噩噩其文至矣而説者謂三代無文人六經無文法何也春秋戰國之時去古未遠一時之文皆簡直精明渾厚之氣未漓先儒之論乃深貶而不取其説何所指與漢興名儒輩出雄文杰作馳騁古今而説者謂漢無文章惟孔明出師二表晋之文雖不及漢而一代制作可稱者亦多説者謂晋無文章惟淵明歸去來辭其説果足信與唐文三變至韓子排逐百家力追古作稱之者謂文起八代之衰乃柳子之文亦與韓相頡頏也顧不得與韓并稱何耶宋文亦三變而歐蘇獨擅名家説者謂宋有四篇文字乃不及於歐蘇何耶夫文章與時高下而亦因人以爲高下

其崇尚抑揚之間豈無歸一之論乎諸士固以文進也願明言之以徵嚮往焉

問　外禦四夷内撫百姓此爲治之常經也而在關中尤今日之急務蓋自河套失守而邊墻之外爲虜人住牧之地每秋高馬肥乘間竊發即侵掠之患不免其守邊固圉之策固不容緩矣自曩歲地震之後閭井遷易生理盡廢而小民之轉徙失業者十之二三其撫綏安輯之計固不容後矣議者謂修城堡以遏其衝嚴烽堠以防其入練士馬以强兵威峙芻粟以壯士氣此籌邊者之不可已也招流移以復其業寬逋負以蘇其困給閑田以制其産減均需以節其力此安民者之不可已也兹數事者果足以盡安攘之道乎抑尚有可言者與兹欲守備修而邊境無事生養遂而小民得所諒必有根極領要之論矣諸士秦産也目擊時艱於斯二者必計之熟矣其悉言之執事者願有聞焉

中式舉人六十五名

第一名　王言　南鄭縣學生　書
第二名　楊汝奎　咸寧縣學生　易
第三名　柴應期　白河縣學生　詩
第四名　江櫓　蘭州學生　禮記
第五名　李怡如　秦安縣學生　春秋
第六名　胡養正　漢中府學生　書
第七名　孟學易　平涼府學生　易
第八名　李嘉賓　洋縣學生　詩
第九名　王之士　藍田縣學生　禮記
第十名　陳嘉謨　伏羌縣學生　春秋
第十一名　賈緣　韓城縣學生　詩
第十二名　石湛　鳳翔府學增廣生　書
第十三名　段朝宗　朝邑縣學生　易
第十四名　謝明教　藍田縣學生　詩
第十五名　孫代　扶風縣學生　書
第十六名　李蕚　臨潼縣學附學生　詩
第十七名　王元吉　寶雞縣學生　易
第十八名　游豸　南鄭縣學生　書
第十九名　單濱　固原州學生　詩

第二十名　孫光裕　咸寧縣學生　易
第二十一名　王惟康　鄠縣學增廣生　禮記
第二十二名　劉時達　金州學生　詩
第二十三名　閻枰　長安縣學附學生　書
第二十四名　白若璨　咸寧縣學生　易
第二十五名　馬負圖　徽州學生　春秋
第二十六名　郭郛　涇陽縣學生　詩
第二十七名　席上珍　南鄭縣學生　書
第二十八名　蒲彬　西安府學增廣生　易
第二十九名　李暘　慶陽府學增廣生　詩
第三十名　王治　韓城縣學增廣生　書
第三十一名　王思治　同州學附學生　詩
第三十二名　陳諫華　華陰縣學生　書
第三十三名　李承薰　淳化縣學生　詩
第三十四名　李賦愚　延安府學生　易
第三十五名　岳汴　延安府學生　春秋
第三十六名　秦時吉　南鄭縣學生　書
第三十七名　趙維屏　臨潼縣學增廣生　詩
第三十八名　王元　寧夏等衛學軍生　書
第三十九名　侯一位　長安縣學生　詩
第四十名　張學道　盩厔縣學增廣生　易
第四十一名　石麒　蘭州學生　禮記
第四十二名　劉經　鳳翔府學生　詩
第四十三名　賈萬鎰　寧夏等衛學軍生　書
第四十四名　宋承殷　鳳翔縣學生　詩
第四十五名　杜鴻　涇陽縣學生　易
第四十六名　胡來縉　秦州學生　春秋
第四十七名　李召　鳳翔府學生　詩
第四十八名　張汝麟　涇陽縣學增廣生　書
第四十九名　雙鳳鳴　慶陽府學生　詩
第五十名　王淑民　西安府學生　易
第五十一名　侯大化　金州學增廣生　禮記

第五十二名　任秉乾　鄜州學生　詩
第五十三名　杜文錦　寧夏等衛學軍生　書
第五十四名　李體艮　高陵縣學增廣生　易
第五十五名　董大衆　鳳翔府學生　詩
第五十六名　許東　徽州學生　書
第五十七名　馬希龍　榆林衛學軍生　易
第五十八名　楊守介　高陵縣學附學生　詩
第五十九名　柳自省　寶雞縣學生　春秋
第六十名　馮禮　慶陽府學生　書
第六十一名　張學禮　盩厔縣學生　易
第六十二名　李貞　鳳翔府學生　詩
第六十三名　喬應萃　清水縣學生　書
第六十四名　李賦直　延安府學生　易
第六十五名　薛同術　韓城縣學生　詩

第一場

四書

君子以文會友以友輔仁

柴應期

同考試官教諭陳批（平正典則一掃塵詞發揮會文輔仁意極爲詳盡是宜録之）

考試官學正陳批（純雅明潤無一字不就規矩者）

考試官學正吴批（思精詞暢深得曾子語意取之）

大賢論君子之明道進德皆有資於友焉夫會文則道明輔仁則德進學之所由成也而皆資於友焉取友之爲益也如是夫昔曾子之意若曰君子之學也進爲之功固當責成於己而交修之益尤必有賴於人是故文也者道之散見於天下者也會友而不以文則燕僻之習勝而友之日損者胥此矣故君子以文會友焉蓋必思麗澤之義而群居之所講習無非博學審問之功慎有道之交而類聚之所討論一皆格物致知之要驗之人倫日用之常凡性道之流行而秩然不紊者咸相與以窮其至當之歸也稽之聖賢載籍之奥凡彝則之垂訓而燦然具備者咸相與以究其精微之藴也如是則見聞之益無窮而

吾心之知日裕道不因之而益明乎若夫友也者德之所資以切磋者也輔仁而不以友則感發之無機而仁之難成者胥此矣故君子以友輔仁焉蓋必即群居之所講習者反之於身以爲迪德之規因類聚之所討論者體之於心以盡求仁之實仁之爲器至重也必取夫友之弘者而資之焉漸涵浸漬所以大其受者固皆其善道之寓矣仁之爲道至遠也必取夫友之毅者而資之焉匡直引翼所以要其極者莫非其相觀之益矣如是則爲仁既力於己而取善復廣於人德不因之而日進乎夫會文雖所以明道而崇德者有其基輔仁雖所以進德而悟道者徵其實内外交修知行并進君子之所資於友者如此學者其亦知所務哉抑孔門之學未嘗一日而無友也彼其與孔子相周流處窮厄而未始相離雖所以服從孔子之教而其實諸子之中誾誾侃侃相觀而化日入於善而不知雖得之於師亦未嘗不取之於友也後之學者燕朋逆其師固無足責矣乃若日與賢者游顧獨師心自用而無取善之義其亦有愧於曾子之學也夫

唯天下至誠爲能經綸天下之大經立天下之大本知天地之化育夫焉有所倚肫肫其仁淵淵其淵浩浩其天

王言

同考試官教諭胡批（題入精微不浮則略讀子之作可與進於誠矣）

考試官學正陳批（講聖人天道之極致最爲精確）

考試官學正吴批（詞理兼得）

中庸極言聖人之能事而必申贊其盛焉蓋聖者誠而已矣此功用一出於自然而極其盛也與中庸明天道也意謂道之在天下也散之爲大經藴之爲大本根柢之爲化育而盡之則存乎其人耳故誠有未至者斯無以成其能矣唯夫天下之至誠也太極之體純粹以精天德之全真實無妄而凡倫物之理性命之源固無不統會於一心矣由是倫自我盡也於大經而經綸之以辨其异以統其同焉而天下之人極在是矣性自我盡也於大本而立之一於理不淆於欲焉而萬化之從出在是矣命自我立也而天地之化育不能違焉純一之妙於穆之機殆合一而不測矣是蓋誠精而應自妙其得也非有所倚於思也體信而達自順其中也非有所倚於勉也非至誠之能事乎故以言乎經綸也則人倫之至良心之切也恩每聯於類聚而愛各達於群分聖心之仁肫肫其懇至矣乎以言乎立本也則淵泉之地時出之基也一性立含弘之體而萬理會敦化之原聖心之淵淵淵其□深天乎以言乎知化也則性天之内萬

物皆備焉涵太虚而範圍無際也貫一元而充塞無間也聖心之天浩浩其廣大矣乎是語其功用固極盛而莫加要其本原一至誠而無息非至聖之德其孰能與于此哉吁此所以爲天道之極致也已雖然仁也淵也天也皆吾固有之實理也是故大經者率性之道大本者天命之性化育者性道之所自來也君子能由思誠之功而盡心知性以知天存心養性以事天則見之大經而仁可至也存之大本而淵可深也進之知化而天可爲一也思誠之功用不在我哉故曰思誠者人之道也

爲人臣者懷仁義以事其君

李怡如

同考試官教諭吴批（義利之辨只在一心懷仁義説者多不屬人臣身上殊失本旨獨此作發明精切取之）

考試官學正陳批（懷字説得良是）

考試官學正吴批（發明爲臣之義殆盡）

人臣純心以事上而其道斯盡矣夫心以仁義而後純也人臣懷是以事君焉臣道不其庶幾乎昔孟子曉宋牼以言利之非也其意豈不曰道莫大於仁義而倫莫重於君臣自仁義道塞而臣節始鮮矣子以仁義説君而上下悦之則其所以感者豈但已耶彼凡有一命者孰非王之臣乎是臣也者以從王事者也凡有人心者孰不有仁義之理乎是仁義也者本諸天性者也今爲之臣者良心觸於有感而樂善之念自生義理得於同然而懷德之機莫禦但見嚴理欲之辨於幾微而靖共以事上者未始萌一毫自私之慮審義利之介於一心而精白以承休者未嘗存一念自便之圖將有爲也愛君之仁根於中而不可解爲之自我者當如是而已非有所爲而爲之也將有行也敬君之義由諸衷而不可遏天之與我者本如是而已非有所利而行之也職之所在崇卑以之分雖不一而因位以勵其匪躬之節者均之抱仁處義而徇國家以爲心焉耳矣事之所在險易以之遇雖不同而隨時以紓其篤棐之忱者均之居仁由義而安社稷以爲悦焉耳矣是知仁義原於固有而良心易以感通人臣之義固自如此其視説之以利者相去當何如也牼也曷足以知之大抵義利之所關大矣機雖甚微而人之聖狂治之王霸胥此判焉是故匡世之仁尊周之義管晏之在當時非不可以竊伊周之緒而功烈如彼其卑者心之公私异也孟氏七篇拓仁義之途陳堯舜之道其所以望天下後世之爲人臣者至矣噫豈獨爲宋牼告哉

易

大哉乾元萬物資始乃統天

楊汝奎

同考試官教諭蔣批（得潔净精微之旨是邃於易者宜冠本房）

同考試官教諭韓批（精確渾成）

考試官學正陳批（資始統天處發揮明盡）

考試官學正吴批（剖析分明經生之最優者）

彖傳贊乾元之大必自其兆群物而宰萬化者言之也夫盈天地之間者皆萬物而亦莫非大化之運行也物兆其始而化統其全不可以見乾元之大矣哉昔父子彖傳之意謂夫凡道之有外者不足以語大而理之有遺者亦不足以見其大之實乾元之德其至大而無以加者乎蓋其通極於無外茫乎衝漠不可以爲名兼體而不遺穆乎亭毒孰能窺其際然果何以見之哉彼萬物之生言有始也乾元則一氣潛萌於方復而歸根者即於此而開其眹兆之先微陽初動於黄鍾而復命者即於斯而肇其發生之始鼓橐籥於玄眇而泄閉藏於無象露機緘於微茫而動有生於未形由此而物之通也由此而物之遂且成也皆始于斯因而達其長養之天爾其孰有外乾元以爲之始者乎四德之行言有統也乾元則運動直於静專之後而混闢之無窮者實於此而尸其柄者顯仁於藏用之餘而變通之不已者實於此而宰其機主綱維於一氣之先化工以之而分布轉鴻鈞於四序之首天德以之而運行由此而氣之亨也由此而氣之利且貞也皆統于斯因而异其生成之序爾其孰有外乾元以爲之統者乎夫萬物盈於兩間非乾元無以資其始則乾元其品彙之根柢而丕冒於無外者乎四德運乎於穆非乾元無以統其全則乾元其萬化之樞紐而兼總於不遺者乎其斯以爲大也已抑乾道之元雖貫乎天德而非其始萬物則無以見其統天之妙猶之君道之仁雖包乎四德而非其育萬民亦何以見其治功之全故生物之功不可見則造化或幾乎息而君子體仁以長人必其覆冒天下舉一世而皆遂其生養之天然後爲仁之至也是故體元居正者當以乾元爲法而乘龍御天萬國咸寧殆由此而推之爾

是以立天之道曰陰與陽立地之道曰柔與剛立人之道曰仁與義

孟學易

同考試官教諭蔣批（講三才立極之旨真切可誦）

同考試官教諭韓批（發揮三與字婉曲有味）

考試官學正陳批（老成峻整）

考試官學正吴批（理明辭粹）

大傳原三極之所以立性命之理備矣夫三極不同而性命之理則咸備焉者也大傳列而言之以見易之所由作與其意若曰道不貫徹乎三才不足以言大理不通極于性命不可以言精昔者聖人之精因易以發也固將以順性命之理矣而其理何居耶彼輕清爲天言乎其象也究其宰於穆之運而恒久不已者何曰陰陽盡之矣夫天之極一而已動而生陽鼓萬物之出機也静而生陰鼓萬物之入機也凡其顯晦异象升沉异度皆陰陽之迭運而不已者也缺一則天道或幾乎息矣何以成象耶重濁爲地言乎其質也究其奠含弘之德而悠久不息者何曰剛柔盡之矣夫地之極一而已其静也翕柔于是乎生焉其動也闢剛于是乎生焉凡其原隰异勢流峙异形皆剛柔之并立而不偏者也缺一則地道或幾乎毁矣何以成質耶至若混然中處者爲人充其量固可以肖天地也其所以綱維人道之始終者何在乎亦曰仁義焉盡之矣夫心之極一而已慈愛而仁形焉而萬民以育裁制而義形焉而萬民以正凡其恩威异施弛張异用皆仁義之并行而不悖者也否則仁義名偏於一豈天地降衷之全德而人之所以參天地者耶夫析而觀之三才各具乎一理統而觀之三極同出于一原易之所以順性命之理也豈外是哉抑論天地爲萬物之父母而人終天地之功則夫仁義者又參贊之所尤係焉者也常人則拘於氣禀不能無太過不及之偏惟聖人則定之以仁義中正而主静以立人極由是陰陽順軌剛柔奠位而有相之道歸焉耳故曰聖人三極大中之矩

書

帝德廣運乃聖乃神乃武乃文

胡養正

同考試官教諭胡批（講廣運聖神文武處明晰渾融是潛心於經學者宜冠本房）

考試官學正陳批（典雅俊潔）

考試官學正吴批（明暢得旨）

大臣極贊聖德之盛以見其能克艱也甚矣堯之德不可及也大臣極言以贊之而克艱之盡有由然矣昔伯益贊堯之德所以致責難之意也謂夫君道莫大於克艱而帝之所以能盡其道者由於德之盛耳何以言之彼大之有外者不足以言廣行之有息者不足以言運以帝之德言之溥博至於不禦充塞極於無間被四表格上下莫非是德之所及其廣也蓋與天同其大矣非聖

德之全體乎純一妙不已之機至誠有不息之用貫始終歷久暫莫非是德之流行其運也蓋與天同其健矣非聖德之大用乎夫廣而能運是以變化不測故自其大而化者而言之不思不勉從容自中乎道何思何慮從心不逾乎矩夫固謂之聖矣然不止於聖也發微不可見而心思所不能測充周不可窮而方體所不能拘聖不可知而又何其神耶曰聖曰神聖德非有心於變化也而人之見者自异其名耳自其威之可畏而言之神武不殺而有以起人心之讋服德威惟畏而有以肅百辟之具瞻夫固謂之武矣然不止於武也人文之著而焕乎其有章至德之光而炳然其莫掩英華發外而又何其文耶曰武曰文聖德非有意於變化也而人之見者自不可測耳夫以帝堯之德極其盛如此則其所以能克艱者固有所自也帝也可不勉之哉吁益之所以贊美乎堯正所以致勉於舜也虞廷之臣其責難也如此抑帝堯之德至矣而推其要不外於一敬而已書叙放勛之盛而首以欽爲言蓋敬則充塞無間所謂廣大無外流行不息者莫非此敬之所推也中庸論至誠而推極於博厚高明悠久論篤恭而推極於平天下同天載皆此義也噫以堯之聖而猶不自滿足孜孜於克艱之道然則敬者固聖學成始成終之要而不容自已者也後之論堯之聖者當觀諸此

歲月日時無易百穀用成乂用明俊民用章家用平康

王言

同考試官教諭胡批（休徵感應之妙其理甚微是作發揮明盡取之）

考試官學正陳批（精煉醇正宜録以式）

考試官學正吴批（平通）

天道順於上治效著於下此休徵之所感也夫天人一理也天道順而治效著固理之必然者耳箕子陳休徵之所感以見省驗之不可已也今夫天人之分雖殊而感通之理則一君臣既隨分而省驗矣而其感應豈無可言者乎誠使大而一歲之間小而一月一日之内雨也暘也各以時至而推行有漸者不失夫先後之宜燠也寒也風也各以順布而迭運有常者不乖夫節候之序是五氣之運於天者既無不休而五事之省於人者亦無不得矣其效當何如哉吾知元化既調則治化爲之自隆天道既順則人道爲之攸利以言乎百穀也和氣所感則品物於是咸亨實堅實好而稼穡遂有秋之望矣有不用成者乎以言乎治也政不失時則庶績於是咸熙惟修惟和而治功有昭明之美矣有不用明者乎俊民相時以行道也今則時際亨嘉而君子道長行義達道咸

切夫帝臣之願吾見其用章矣國家因時以爲治安也今則時升大猷而四方無虞各保厥居咸底於寧謐之休吾見其平康矣夫五氣順於天者其機微而徵驗應於人者其效大推其本焉則由於五事之修而感通之理不可誣也然則君臣省驗之功奚容以自已哉抑天人相與之際感而必應者必然之理感而不應者或然之數故中和位育固爲聖修之極而水旱之憂在堯湯亦所不免是以君子惟修德以爲感召之本不以或然之數而懈吾事天之常也後之論者以爲必應者失之鑿以爲不足畏者失之妄徒以啓人心之惑而不足以明天人感通之故又烏足以語於斯耶

詩

如跂斯翼如矢斯棘如鳥斯革如翬斯飛君子攸躋

柴應期

同考試官教諭陳批（嚴整壯麗善模寫當時□制之盛）

考試官學正陳批（説出中興氣象宛然用是録之以式）

考試官學正吴批（明暢精潔自非淺學可到）

詩人極狀堂制之美而表其爲一王聽政之地也蓋堂以聽政固王者圖大之規也詩人歷狀其制之美焉不有以見中興之盛乎此詩宫室既成而燕飲以落之也及此謂夫吾王賡似續之大孝而弘締造之丕基其築室也豈惟垣墻之美而已自其堂制而言之大勢貴於嚴正但見宏規奠矣肅然凝重之形如人之跂而翼也廉隅貴於整飭但見準式昭矣較若直方之度如矢之棘而直也以棟宇則峻起飭材之美已隆乎大壯之規殆與鳥之警而革者無异焉以檐阿則軒翔丹臒之施益昭乎文明之賁殆與翬之矯其翼者不殊焉是蓋壯麗以示威不惟有以章一時述作之盛而規畫以盡制誠有以改百年弊陋之觀矣若此者豈非君子之所躋以聽政者乎吾見正位以凝天命而爲涣汗之頒居重以萃人心而爲紀綱之布嚮離明而天下治所以順陰陽理萬物者在此也中和之建其四方之所取極者歟垂衣裳而天下平所以莅中國撫四夷者在此也定保之謨其萬代之所瞻仰者歟夫王者之堂所係之重如此則其制度誠不可以不備吾人於落成之際寧能已於揄揚矣乎嘗謂王者以仁義爲麗道德爲威而何取於宫室之崇也蓋宣王以中興之令主鼎新國運創造之勞誠有所不得已者况鴻雁之安宅無羊之室家其所以勤恤民隱者無不至矣考之詩書太王治岐文武作豐卜鎬皆有以動民然其民方且相率而歌咏頌禱之周之世德然也詩曰匪棘其欲遹追來孝其宣王之謂歟

君子萬年介爾昭明

李嘉賓

同考試官教諭陳批（昭明二字最難形容此作近之）

考試官學正陳批（詞意清婉可謂得詩人忠愛之旨者矣）

考試官學正吴批（簡潔明浄蓋不求工而自工者）

周人願君永保乎光大之福也蓋福以光大爲盛也周臣祝君而申之以萬年其忠愛之心何如哉此父兄答行葦之詩也意謂君之於我懷以敦睦之仁而隆以燕射之禮其恩意誠優渥矣將何以致其祝耶誠以吾君亶聰明而作元后運當熙洽聿昭夫丕顯之光繼離照以臨四方時際亨嘉適隆乎昌熾之慶今日之福固極其昭明矣然而天之于君不但己也其必會帝王之全曆而庶徵之時敘者引而爲恒久之休履元運之始終而百順之寵綏者推而爲有秩之祜大業丕承固維新之景命也方且衍之以萬年而永貞夫顯比之吉蓋有與天地相爲昭矣孝思不匱固克昌之繁祉也方且引之于勿替而益鍾乎長發之祥蓋有如日月之重光矣是雖萬年之期若難以預卜也惟大君之感通有道則天心之昭格無疆而吾人仰高明以爲覆者亦寧有窮乎有道之長若難以易致也惟王者之凝承有基斯上帝之降鑒彌篤而吾人竊餘光於筵几者又何有極乎必如是而後爲君人全備之福臣子祝望之心庶乎其少盡矣周人之所以愛其君者不既隆耶嘗考是詩説者以爲成王時作也夫成王履豐亨豫泰之會福禄治安盛矣詩人方拳拳以昭明令終祚胤之説反覆歌咏于篇使其君深思而得之則保泰之謨不得不慎圖之矣是之謂美不忘規親親之至也蘇子曰既醉非徒享是五福必將有以致之是誠知言者哉

春秋

秋郳黎來來朝（莊公五年）

陳嘉謨

同考試官教諭吴批（聖王制馭遠人必仁義并行是爲經世大旨吾子獨悉此意可以式矣）

考試官學正陳批（不縱不苛得聖人微旨）

考試官學正吴批（謹嚴得體）

春秋于遠人修禮必辨其類而嘉其事焉夫春秋用法嚴而宅心恕也觀其抑揚於黎來之朝而聖人經世之大法見矣且我莊之世郳有名黎來者自遠而來朝夫固其感召之有由矣然國嘗不稱名也而此以名書何歟君子曰貴華賤夷名之所由正也先王以疆里正天下而定爲侯甸要荒之制者凡以

异類之當辨耳今郳之建國介居海隅而名迹猥寄于殊方遠阻華風而習染久迷于异俗夫固夷狄之與也苟不辨之則外疑于内而職方氏之籍舛矣何以嚴界限而昭名實哉是故擯之而書名若曰是雖朝于魯也而實則屬于夷也夫豈邾儀父之輩可等倫耶此義行則内夏外夷而王道之用彰矣夷嘗不與朝矣而此以朝書又何歟君子曰用夏變夷事之所爲善也先王以賓禮親邦國而通之朝會聘問之典者惟以中國之能行耳今郳之黎來載潔爾贄不安于荒陋之習式觀我光聿進于冠裳之列夫固禮義之儔也苟不進之則以逆待順而懷方氏之職隳矣何以羈遐域而柔遠人哉是故進之而書朝若曰是雖屬于夷也而實則進于夏也夫豈介葛盧之輩可同語耶此義行則兼容丕冒而王德之體弘矣是知名之者非作惡也以其當名而名之也與之者非作好也以其可進而進之也聖人何心哉亦惟順應之而已爾乃若後世窮追遠討者恒殄滅之使無遺育而請質納幣者又退却之弗振焉是皆不知嘉其慕義而有戾于仁不知懲其淫慝而有詭于義均之于黎來之義未之講也吁有經世之志者其知取鑒于斯云

齊師宋師曹師次于聶北救邢（僖公元年）春王正月公會齊侯宋公陳侯衛侯鄭伯許男曹伯侵蔡蔡潰遂伐楚次于陘（僖公四年）

李怡如

同考試官教諭吴批（桓伯功過士子類能剖决此講并其心術不遺殆學春秋而有得者）

考試官學正陳批（詞嚴義正）

考試官學正吴批（得聖人慎重用兵意）

春秋紀霸兵緩於恤患者貶之慎於討罪者褒之夫事固有同行而异情者也霸兵兩次而得失异焉春秋寧不褒貶於其間耶昔狄人伐邢桓也率二國以救之而有聶北之次若有得於恤患之誼矣而春秋貶之何耶蓋趨人之急兵貴神速維時邢被狄難其禍孔棘矣使能鋭意直前鼓三軍之衆而撫一邑之危特一引手之力耳顧乃成師以出中道而止持危扶顛之志淪而爲長惡玩寇之私則是拯人之困不足以爲功而稔人之亂適足以爲累耳何其不勇于義耶噫救患分灾於禮爲急也而桓實昧之吾懼其無以宗諸侯矣是故書次于救邢之上以貶之云楚人伐鄭桓也率八國以攘之而有陘亭之次若有嫌於畏敵之意矣而春秋褒之何耶蓋行師之道戒于亟戰維時蔡潰楚恐其師甚鋭矣使其乘勝長驅并八國之力以挫兩廣之鋒寧無暴骨之慘乎乃

能戢我兵戎用修文告戰勝攻克之勇斂而爲長慮却顧之圖則是重民之命不折馘以爲功而執言之利惟攻心以爲上耳何其能志於仁耶噫好攻樂殺於罪爲大也而桓克慎之吾固知其有以匡天下矣故特書次于伐楚之下以褒之云夫兵一也施之于救惟恐其不速而用之于伐惟恐其不緩凡以固邦本全王德耳聖人用兵之情不亦可見也哉大抵聶北之次可譏也而邢以自遷爲文卒有城邢之功于陘之次可予也而經以伐楚爲遂乃有擅興之罪是何其美惡相兼而是非之半若此也使其城邢之功施於未遷之前而伐楚之役請於天子之命則救邢也爲王師而伐楚也爲天吏矣惜乎桓無王者之心而仲非王者之佐是以功烈如是其卑也噫

禮記

考禮正刑一德以尊于天子

江檜

同考試官教諭秦批（考禮正刑一德本是三事説者不察而以一德貫禮刑非也此作得其肯要可以式矣）

考試官學正陳批（忠敬之意藹然）

考試官學正吴批（是達於王制者）

記者舉人臣之修職而著其爲敬君之義也甚矣敬君者人臣之大義也使來朝而弗修其職焉何以盡其義哉記王制者意謂治以大同爲盛勢以不移爲尊自此道不明而嚴上之義微矣諸侯之來朝也則何如哉是故王者禮以序天下頒於邦國有常制也諸侯則考之稽其章服之辨别其嫌疑之微凡所以觀會通而行典禮者莫非品節以自防而使無違僭之失焉刑以威天下布之朝堂有定律也諸侯則正之盡其明允之公察其阿黨之蔽凡所以即天倫而麗郵罰者莫非欽恤以爲念而俾無偏枉之私焉以至德者臣子所以自靖自獻之心使二三焉則雜矣諸侯則一之極其精白之念而秉執有恒懋乎篤棐之忱而真純無間俾志同於上下之交斯已矣夫若此者何爲也哉蓋天子統尊于上而建維皇之極百辟承尊於下而守儀刑之典義莫大焉者也今禮惟其考則禮自天子出而一王之制定矣刑惟其正則刑自天子出而紀法之宗明矣德惟其一則心在王室志媚一人而不貳之忠又有以傾共戴之誠矣謹侯度以效藩服而權不下移守王章以承休德而尊無二上天下雖大知有天子已焉爾不曰尊天子矣乎即此則知天下之治咸出於一矣此天子制之而諸侯務焉僭逾之所以不作者有由然也雖然兹朝禮也而君之於臣又錫以燕禮之温文焉是何也蓋君臣之義等于天地故朝禮未始不嚴君臣之

情親同父子故燕禮未始不和和嚴相濟順氣交感太和熏蒸宇宙間矣此所以爲盛世之君臣也

窮本知變樂之情也著誠去僞禮之經也禮樂偩天地之情達神明之德降興上下之神而凝是精粗之體領父子君臣之節

王之士

同考試官教諭秦批（偩天地之情以下只是渾言禮樂之道之大故能感治人情如此此作得其旨矣故録）

考試官學正陳批（情字經字發揮語有斟酌）

考試官學正吴批（發明治情之道讀之令人躍然）

記者論治情由於禮樂而必原其道之大焉夫禮樂貫乎天人其道大矣則夫人情之治豈能外於是哉樂記之意蓋謂大哉禮樂乎斂之本於人情之微而充之則冒乎天下之大然則治情之道捨禮樂其奚以耶是故人情理同而氣异斯本一而變多矣今思惟之極適得其性真之初而知識之融不迷於物交之引此其化何所自耶蓋樂以統同者也太和之感通自有以啓其固有之良一默而成之者耳非樂之情乎人情理微而欲危斯誠隱而僞生矣今天理常明克全乎真實之體而物欲無蔽盡黜其僞妄之私此其功豈易能耶蓋禮以辨异者也至序之修爲必有待於克復之力其機存乎我耳非禮之經乎夫禮樂之所以切於人情者何哉亦曰道之大而已彼天地設位而情見焉同和异序之有常者禮樂之所以體其撰也人心神明而德具焉至虚至靈之不昧者禮樂之所以奮其光也二氣運而屈伸殊矣禮樂則降興之居鬼而從乎下率神而從乎上也一理分而道器別矣禮樂則凝之達諸天者未始爲精淆諸物者未始爲粗也以至愛莫切於父子而不使之掩義敬莫大於君臣而不使之掩恩則禮樂之道領焉耳是通乎性命之源而幽明無間會乎道器之妙而倫物不遺生民之道禮樂爲大矣則夫統同以反本辨异以存誠人情之得其治也不有自哉大抵禮樂之用雖廣而其理不外乎人之一心是故吾心之序無體之禮也吾心之和無聲之樂也君子誠能致禮以治身而不少間其莊敬嚴威之功致樂以治心而馴極乎久安天神之妙則精粗隱顯將一以貫之矣噫禮樂其可以斯須去身哉

第二場

論

上下與天地同流

柴應期

同考試官教諭陳批（文有體要詞復典則其深于王道而有得者乎宜録之以式）

考試官學正陳批（理到之言自別）

考試官學正吴批（自是大家文字）

聖人所以合造化而無間者亦惟本之無心之德而達之無爲之治而已夫無心之德微妙不可測而究之則浩蕩而難名斯其所謂神乎無爲之治融浹不可窮而求之則渾淪而無迹斯其所謂化乎造化行乎兩間周乎萬類莫非神化之運而聖人舉天下而丕冒之亦莫非神化之妙行乎其中兹其所以同乎天地而神功聖德不可以易言也與且自功利之治興而道德之風微小康之治形而恬熙之化遠久矣夫隆古之盛不可復見於天下也故不觀王道之大孰知霸功之小乎不觀諸天地之神化孰知王道之大乎試以天地言之今夫天穹窿冥漠穆然而運乎上也今夫地含弘貞静凝然而處乎下也二曜於是乎代明五氣於是乎順布萬物於是乎生長而收藏宰之以無心而兩在不測渾渾乎灝灝乎孰知其所以然乎而其於穆不已之中則固運之以無爲而流行不禦茫然塞乎兩間悠然被乎群生萬物囿於其中而以生以長以收以藏而不可名其功生而無恩殺而無害混兮龐兮咸若其天而莫可測其機此天地之神化之所以爲妙也今夫帝王之治天下也弛張异宜而仁義之殊其用慘舒异致而文武之殊其施其道若是乎不一也而惡能以無事哉抑何以侔德于天地也哉而不知聖人之道固一天地之道也天地至神而聖人無心以建極其所存者即天地之神天地至化而聖人無爲以成功其所過者即天地之化聖人之撫世御物固不能泰然無事也夫人知之矣其所以制禮作樂修明教化慎飭兵刑整齊不率者夫固未嘗不汲汲乎其圖之也而豈能一日忘情於天下也哉然而聖人實非有意以爲之也何也聖人因卑高自然之序以制禮故五禮爲天秩也因虚無自然之聲以作樂故五音爲天元也因天性固有之良以立教故五品爲天常也因斯人之弗若于天以制法故五罰爲天□也因斯人之弗畏于天以制兵故九伐爲天討也而聖人實未嘗有意以爲之也其無體之禮無聲之樂無言之教不用之刑不戰之兵藴之於渾然之

中而時出之於應感之際淵然至静而感孚自極於無間湛然常虚而融通自妙於不窮故民之被刑而受兵者非私惡之也因其弗率于天道而加之也夫何怨民之安於禮和於樂而相忘於樂利之天者非私好之也因其自序自和者而順成之也夫何庸民之漸濡於善教者因其性之良知良能者而導之也夫孰知爲之者故其道大同而無私其民各足而無求恬然熙然而呿呿而吁吁耕鑿嬉游而帝力之罔知此皡皡之風蓋大順之極和之至也而聖人之心則固淵然湛然而實未嘗有所爲猶之天地生成于萬物而不居其德萬物咸若於覆載之内而不知其功生而不有長而不□□包兼被而不遺此聖人之神化所以與天地同流而無間者也是故黄帝得之以御明堂而契鴻濛顓帝得之以處玄宫而治八荒堯舜得之以垂衣裳而光四表大哉帝王之道乎其先天地而契其妙後天地而成其功者乎非至德其孰能形容之雖然聖人德業之盛此猶未足以盡之也何也至誠盡性之極不獨可以參天地而實有以贊化育天地設位而聖人成能蓋后以裁成天地之道輔相天地之宜則固有以贊其化工之所不及而天地之能聖人且有以成之則其功用之盛豈特參乎兩儀而已哉故天地之神不可知聖人則有以窮神而善繼其志天地之化不可見聖人則有以知化而善述其事此聖人之德業所以爲至大至盛而無可以名言之者與嗟夫聖人之神化固極其盛矣然果何修而得此而抑豈終爲絶德而夫人不可以幾之乎蓋天命之性其靈明者自虚圓而不倚其流行者自應感而無滯神化之妙固非有出于所性之外也惟牿之以私欲而蔽之以有我則靈明者倚於物而不神流行者滞於迹而不化而其去聖人也遠矣君子爲能性性則其所存者自神物物則其所過者自化蓋私欲净盡而能全其性之本然則靈明者於物無所倚而天載之神在我人我兩忘而能順其物之自然則流行者其機無所滞而大順之化不窮由是則存之爲無心之德而達之爲無爲之治而聖人之神化不亦可幾而至也哉彼霸者役志于功利存諸其中即非大公廓然之體而施諸其外又非順應無私之用雖致詳於禮樂刑政之間而不無小惠之及民然天下之人能歡虞於其惠之所及而不能歡虞於其惠之所不及而其惠亦有時而窮甚矣夫霸功之小也學者欲知王霸之辨當於何而觀之孟子曰堯舜性之也湯武身之也五霸假之也噫此王霸之辨誠僞之分也治天下者審此其亦務存純王之心乎則純生之政神化之妙亦不外乎一心而得之矣

表

擬宋賜九經于州縣學校儒臣謝表（咸平四年）

楊汝奎

同考試官教諭蔣批（援據詳明措辭典切篇末復寓忠愛之意表之佳者也宜録以式）

同考試官教諭韓批（叙當時頒賜及陳謝之意宛然在目子蓋留心經籍久矣取之）

考試官學正陳批（駢麗中有典則可取）

考試官學正吴批（氣昌格雋）

咸平四年某月某日伏蒙聖恩頒賜九經于州縣學校者伏以經法天行列聖著傳心之典極惟皇建一人弘造士之規方四海之同文示千年之正學教存簡策慶溢寰區臣某等誠歡誠忭稽首頓首竊惟天啓鴻濛托雲章而垂象聖成書契因鳥迹以興文易首乾坤創述載更於四聖書傳堯舜綱維撮舉於百篇雅頌兼二代之文春秋備一王之法載觀儀禮周禮之籍以及大戴小戴之篇經傳犂然典章大備天經地義孝悌通於神明善行嘉言篇次分於齊魯是皆列聖之纂述以爲萬事之法程義雖析於九經道則同於一軌自先王之澤遠而典樂之教微秦焰方張孔函未啓至孝武表章之日立學官已近百家及孝成校録之餘副中秘總爲七略鄴郡之縹囊雖富空取摛詞江表之赤軸徒多何關沃德隋開嘉則唐創集賢中間雖抉隱而探奇大抵皆采華而忘實天啓皇朝之祚適當星聚之期惟藝祖之開基暨太宗之承統荆南江左并歸圖籍之珍秘閣崇文備極儒紳之選懿德陳常于時夏豐功克配于思文文已在兹事猶有待兹蓋伏遇道軼姬謨神凝羲畫青宫正位瞻日月之重光紫極端居大春秋之一統納宰相皇王之對增翰林講讀之官動罔不師言微必史謂九經之該治道倬雲漢以麗天在多士之職前言譬衢樽而酌海聖朝搜輯畢萃於濯龍先帝匪頒僅一行於白鹿顧此栖岩之士不無鼓篋之難乃開三館之秘藏用播萬方之昭訓琅函雲捧驚鳳詔之從天芝檢霞封憶龜圖之出洛念彼勒碑於東漢摹範未弘亦嘗鏤板於後唐貿遷奚取在明王述而不作惟聖人善與人同臣等質本面墻才非入室徒煩挾策多岐何益於亡羊漫事操觚寡學竟慚於半豹詎意天章之賁鬱然泮水之臨敢不悉此俊髦日勤占俾以言以立竊孔鯉之异聞道事道和取莊周之篤論求玄珠於赤水測大義於微言頌之而得象得名祗拜明君之賜推之而治家治國式遵大聖之猶伏願精一執中始終典學樂堯舜周孔之道必見之躬行考詩書禮樂之文務

徵諸實用君道與師道而并懋國運與文運而咸亨臣等無任瞻天仰聖感戴屏營之至謹奉表稱謝以聞

第三場

策

第一問

王言

同考試官教諭胡批（我成祖心法一書暨我皇上敬□箴真足以繼堯舜心學之正統子能鋪張揚頌無餘其亦涵育聖化而有得者宜録以式）

考試官學正陳批（辭氣昌大足以發揚大聖人制作且忠愛溢於言表有養之士也取之）

考試官學正吴批（有藴藉有考據佳士）

帝王所以永天命而保鴻圖也必有裕後之謨帝王所以敕天命而謹時幾也必有事心之學是故曆數之傳雖所以垂無疆之大統也而非謀謨之善則和所於承訓誥之昭雖所以示不刊之大典也而非心學之傳則孰知其本知此則我成祖文皇帝聖學心法之篇我皇上敬一之箴可得而敷陳其概矣且夫三皇之相禪也本無言以示教而純德自全五帝之相繼也敷典謨以爲經而聖學斯啓逮于成周紹黄唐而鑒夏殷備經制而明述作故文王以緝熙敬止之德垂丕顯之謨武王以不泄不忘之德著丕承之烈于是守文繼體成憲是遵而蒼姬之籙遠過其歷雖不必其世守之皆良也然其燕翼之垂典章之備苟嗣服不愆可幸無墜此周家所以爲有道之長也我明受命紹三五之遐躅膺靈運之貞符其纍積功德質之有周而無愧而昭垂謨訓比之有周爲益詳我太祖高皇帝以道除殘寧一區夏神戈指而妖氛净靈弧戢而寰宇清樹宏業以厚基昭大經而垂統將俾聖嗣是遂是承暨我成祖文皇帝繼承歷服光潤鴻圖既游精萬機興舉百度以飾太平之治復玩心六藝彙總百家以垂裕後之謨乃於幾務之暇博采六經諸子之言編輯爲書名曰聖學心法以爲創業之君經歷艱難故慮事周而制法詳可以傳之萬世而無弊使後世遵而行之則大業永固而四海攸寧大哉聖謨真可以考諸三王而不謬俟諸後聖而不惑者與兹以聖學心法言之其綱有四曰君道父道子道臣道所以舉其凡也其目二十有九有專言之者有統言之者所以盡其詳也謂之統言以其言之廣大非一事之可名謂之專言則可以一事而名之者也故言君道則首之以統言君道繼之以學問敬天法天祀神法祖謹好惡勤勵戒謹德化正

内治睦親仁政育材用人納諫辨邪正修禮樂正名分禮臣下明賞罰慎刑理財節儉馭夷征伐二十有五之目焉言臣道則首之以統言臣道繼之以忠勤廉謹四者之目焉言父道則首之以大易家人嚴君之傳而終之以黄光大之論言子道則首之以蓼莪之詩而終之以真德秀之言蓋聖學心法一書專爲聖子神孫而作故獨詳於君道愚也竊嘗莊誦而敬繹之蓋帝道莫先於敬學故先之學問而敬天法祖勤勵戒謹則皆學問之功也治道莫先於建德故次之以德化而仁政育材修禮樂正名分則皆德化之事也輔治莫要於禮賢故繼之以禮臣下明賞罰保治莫急於攘夷故終之以馭夷狄事征伐焉其所以示聖學之綱維備矣臣道莫要於竭誠以事君而忘私以體國故忠則不欺勤則不怠廉則不苟謹則不妄合斯四者其所以示臣道之典章詳矣君父一道也知君道而父道可推子臣一道也知臣道而子道可舉故以心法之全書而言之綱領具而體用不偏節目詳而本末兼備大之則天地之奥神化之理無不燦然而畢陳如日月昭垂星辰炫爛足以涣天下之至文小之則起居之微動息之節莫不犂然而具載如木之有枝絲之有條足以盡天下之微義此聖學心法所以爲帝王之全書貽後之明訓萬世所當敬承而毋忽者乎暨我皇上赫然中興凝神保極既更定禮儀備舉述作以藻飾文明之治復游思玄默妙契淵微以發揮聖學之精乃於端拱之暇檃括六經諸儒之義著爲敬一之箴以爲元后受天付托承天明命作萬方之君一言動政令實理亂安危之所繫若此心忽而不敬則此德豈能純而不雜哉昭哉聖訓真可以建諸天地而不悖質諸鬼神而無疑者與故序引其端所以發箴之意也箴約乎詞所以盡意之精也曰兢懷畏慎於郊禋之時儼神明之鑒是敬一之存於享祀也曰發政臨民端莊戒謹惟恐拂乎人情是敬一之見於臨民也曰獨處之時思我之咎何如改之不吝思我之德何如勉而不懈是敬一之持於燕居也曰事至物來究夫至理惟敬是持惟一是協所以盡爲天子之職是敬一之徵於應事也故箴曰郊致恭誠廟嚴孝趨肅于明廷慎于閑居則言約而義盡矣而舉其先務之所在則曰虚心寡欲驅除邪逸信任耆德敷求哲人則堯舜精一之傳時幾之訓禹湯逸欲之戒弼諧之謨無以加諸則言愈微而義愈精矣此敬一之箴所以爲聖學之要義心法之奥言萬世所當服膺而勿失者乎蓋嘗反覆求之成祖之聖學心法中存敬一之旨而極其規模之全我皇上之敬一箴盡闡心法之精而舉其要歸之實聖聖相承後先同揆使奕葉重光悉遵成訓則裕後之謨可以保鴻圖於無疆而事心之學足以謹時幾於無忽寶曆之綿益衍而彌昌也寶訓之垂益昭而不替也而我明光大之業於萬斯年將無有紀豈

特與周室比隆也哉愚生久濡聖化竊嘗有概於心而粗知其義先儒有言曰敬也者聖學之所成始而成終者也故心法備乎君父子臣之道而敬一則貫乎始終本末之全彼君臨萬邦撫御群動紹堯舜精一之傳繼周文緝熙之學固不外乎主敬以爲之本而委質爲臣策名事主義急於事君志專於體國使非敬焉則遷惑其志烏睹夫不拔之操二三其德何有於純臣之義而子臣之道微矣此皇上所以頒敬一箴於學宫雖獨詳於君德而臣子靖共匪懈之道亦具於其中則夫本之不二以急事君之忠行之無私以盡體國之義其亦臣子之所當祗承聖訓者乎

第二問

段朝宗

同考試官教諭蔣批（橫渠所造甚高未易指摘此作議論醇正是亦學鄉先哲而有得者允宜高薦）

同考試官教諭韓批（條達詳明氣格高古子其三秦之豪杰矣乎）

考試官學正陳批（考核甚詳折衷有見積學之士也）

考試官學正吴批（敷對確有斷制）

道無二致也儒者立言之异則以其見悟之殊耳夫自孔子没而斯道裂百氏興而正學乖秦漢以來諸儒緣飾己見家自爲言而孔孟之道不絶如綫有宋真儒輩出互相考證而聖人之學於是乎焕然如日中天嗟乎宋儒可謂有功於斯道矣然而其論不能以皆同也學有疏密見有淺深言有醇疵今其載籍具存也誦之則兩端具陳參之則群言互异學著將何取衷哉執事以子厚秦産也諸生秦士也獨舉正蒙一書諸儒論議之异同爲問於乎此析疑窮理之大端也愚生何足以知之雖然敢不竟所聞今夫正蒙之爲書也精思妙契窮索幽微闡發性原貫通三極研天人神化之機析形氣感通之理此門人范育所以謂張子之爲此書也有六經所未載聖人所未言語大至於無間語小入於無朕要之立乎大中至正之矩而胡宏則以爲先生極天地陰陽之本窮神化一天人所以息邪説而正人心其志大其慮深而遠矣此其推尊之誠是也然而程子則以爲張子之言誠有過者乃在正蒙朱子則以爲正蒙所論稍覺源頭有未是者果何以見之與請言其所以辨張子曰太虚爲清清則無礙無礙故神反清爲濁濁則礙礙則形凡氣清則通昏則壅清極則神程子曰子厚以清虚一大名天道是以器言非形而上者是以清虚一大未足以語夫天道之全也程子之言是也何也天道之神體物不遺神氣相極周而無餘而清濁虚實同運并行於其中謂清者爲神則濁者獨非神乎是以神氣分而兩

之也非所以語神氣之妙也張子曰太和所謂神中涵浮沉升降動静相感之性是生絪緼相蕩勝負屈伸之始又曰太虛無形氣之本體其聚其散變化之客形爾朱子曰正蒙以太虛太和爲道體止説得形而下者皆是發而中節之和此以太虛太和未足以語夫斯道之體也朱子之言是也何也道固未始不和然謂之和則終爲流行之用而非所以語無朕之體道固未始不虛然謂之虛則有實可對而非所以語形而上者之妙故以太虛太和兼言體用可也而專以言夫體則固有可議者也噫此亦自程朱二夫子之言而折之也夫君子之立言也各有所指故爲論不同同歸於明道而已今夫天之道大也人之言天有指其一端一事而言者有舉其全體而言者其言全體者是矣豈可謂指一端一事而言者謂之非知天乎故横渠之言道固自舉其所見而程朱之論則固語道之精欲使人知夫斯道體用之全也是亦明道立教之心也然横渠之精思妙契發前賢所未發則其合乎道者多矣顧可以是而少之乎夫横渠立言之未醇固未免滯於見趣之未融而程子立論之精則固悟夫性道之原者也故語道於孔子之後當折衷於程朱二子蓋見之與悟其分自不同焉耳他日程子告横渠曰所論大概有苦心極力之象而無寛裕温柔之氣非明睿所照而考索至此故意屢偏而言多窒其以是進之誠是矣蓋横渠志在立言故極意窮索有得則書之而未暇乎沉涵之思也使其少加優游涵泳則當粹然而無以議爲矣至其教人則以知禮成性變化氣質則其於立教可謂不畔乎聖人之道矣而上蔡則曰横渠以禮教人其門人只溺於刑名度數之間而困無所見以此病乎横渠非矣何也知禮即孔門約禮之功也成性即孔門盡性之學也變化氣質即孔門克己求仁之事也禮既知則邪僻自遠性既成則天德自全氣質既變化則偏駁盡去三者備而聖學之功至矣其有溺於刑名度數之間而困無所見則不善學著之罪也而豈其立教者使之然哉此上蔡之論所以不能無偏也雖然張子生乎絶學之後鋭然自力於聖人之道剛毅勇決特立不回卒之有得乎孔孟之傳而與周程朱子并鳴於有宋正蒙一書根極天人之奥西銘一篇發明仁孝之全蓋自秦漢以來未之有也執事發策下訊乃指摘其微言以爲問蓋亦責備賢者明道立教之心也愚生所陳蓋亦折衷群言要乎至理之歸也非敢以是而疵乎先賢也然而正蒙之立言其可議者亦僅止乎此矣他固純乎無以議爲也學者第當師其精思妙契以求會乎天人性命之原法其剛毅勇決以期至乎踐形惟肖之實夫然後清虛一大太虛太和之旨可以神解心悟而默然有契於中否則雖有聞也猶未免於影響形似之見譬之蔽幕而觀天非不知其爲天也而求其所以爲蒼蒼之正色

則固未之知也此虚見之與實悟其不同如此也

第三問

江櫓

同考試官教諭秦批(諸儒之論五行各有真見非博考研思莫能辨識此篇折衷同异該括始終成於風櫓宛如夙構可謂精邃理學者矣録之以式多士)

考試官學正陳批(性理之學最難體察而場中作者類多浮泛子能窮其奥蘊且辨是與非昭然可據蓋不徒爲文章士也敬服敬服)

考試官學正吴批(説理詳明爲文清麗學力筆力之俱到者高薦允宜)

天下之物歸諸理理窮而物可格矣天下之理會於心心明而理可窮矣蓋人之一心衆理具焉惟其心有未明則徇象喪心理不可得而窮也心之有理萬物備焉惟其理有未窮則泥迹病理物不可得而格也善知道者不觀之以物而惟窮極之於理雖窮之以理而猶會通之於心則得心忘象得理忘物真見在我而是非定於一矣執此以往則於五行變合之妙諸儒同异之旨不有以折衷乎哉敢因明問而詳復之易大傳曰五位相得而各有合蓋以天地自一至十之數言之也天一生水三生木五生土而地以六八十成之地二生火四生金而天以七九成之故變化成而鬼神行矣書洪範曰初一曰五行蓋以水火木金土爲序也比之大傳言雖未詳觀其序而生成可類推矣此河圖洛書所以相爲經緯也周子論五行以質之所生而言水本陽之濕氣初動爲陰所陷而不得遂故水陰勝火本陰之燥氣初動爲陽所掩而不得達故火陽勝木則陽之濕氣浸多以感於陰而舒故發而爲木金則陰之燥氣浸多以感於陽而縮故結而爲金土則陰陽之氣各勝相交相搏凝而成質者也以氣之所行而言一陰一陽而往來相代木火金水各由少而老土則分旺四季而位居中也是蓋以水火木金土爲生之序以木火土金水爲行之序水曰陰盛火曰陽盛木曰陽稚金曰陰稚始生流行皆然也此周子立圖之本意也故曰陽變陰合而生水火木金土五氣順布四時行焉朱子圖解曰以質而語其生之序則曰水火木金土而水木陽也火金陰也以氣而語其行之序則曰木火土金水而木火陽也金水陰也是亦以水火木金土爲五物之生出而歸之質以木火土金水爲四時之流行而屬之氣二子所見同矣但曰水木陽也火金陰也似與周子説陰陽有未合者然天以一生水三生木故謂水木爲陽地以二生火四生金故謂火金爲陰朱以天地奇耦之數而語其變之生周以陰陽妙合之理而語其化之成言雖异而不害其爲同也黄勉齋曰天得奇而爲水故一生水一之極而爲三故三生木地得耦而爲火故二生火

二之極而爲四故四生金是論始生則曰水木火金矣冬水太陰春木少陽夏火太陽秋金少陰是論流行亦曰水木火金矣彼所謂生之序即行之序而以圖解氣質之説爲不然者此也夫天地之間未有不以兩而化也本質而原其生出之始曰水火木金以陰陽相間言猶曰東西南北所謂對待也就氣而探其運行之常曰木火金水以陰陽相因言猶曰東南西北所謂流行也質固一定而不易氣則變化而無窮二者相次以成造化所謂生之序即行之序而以氣質之説爲不然者祇見其誣矣又曰生物之始自是幼嫩如陰陽始生爲水火尚自微弱至生木金蓋已强盛矣如此則水陽稚也木陽盛也火陰稚也金陰盛也蓋五行始生水火以陰陽之盛而居先木金以陰陽之稚而居後陰陽之稱盛稚猶人曰長幼然斯固理之不可易者勉齋分言陰陽既非周子陰陽妙合之理亦非朱子天地奇耦之數其不可信也審矣李希濂總詆其創立孤論以行其獨見得非以周朱爲準者與五行有氣有質概而論之凡氣皆陽也凡質皆陰也專而言之無形體而默運於冥冥之表者氣也有形體而顯布於昭昭之間者質也周子始生以質言語其有形體者陰也而默運於一元者非氣而陽乎流行以氣言語其無形體者陽也而顯布於萬物者非質而陰乎是氣質未嘗分而陰陽果不相離也張子曰水火氣也故炎上潤下與陰陽升降土不得而制焉木金者土之華實其性有水火之雜朱子曰五行者質具於地而氣行於天者也二言若有未通然以理推之滔滔不窮灼灼有光枝幹旁達體段堅剛皆質也皆具於地者也一潤一燥之所自來一散一聚之所由起皆氣也皆行於天者也觀之星辰麗於天浮而生明殞於地沉而爲石益可見矣横渠專詳五行之性朱子别清濁而言之所見曾何不相通乎土無定位寄旺於四時辰未戌丑之月土旺皆可生金而何惟季夏乎火金反剋而又何相生乎蓋戌丑陰也陰則不生辰未雖皆陽也然春木之氣盛則土爲之傷夏火之氣盛則土爲之息惟至季夏土性最旺又加之以火則爲尤旺矣故能生金而爲秋也言而不詳其理遽謂之曰土旺生金火能生金亦惑矣月令以中央土繼於季夏之後素問於四時之外以長夏屬土皆此意也論而至是則五行始生流行之序氣質陰陽之分明諸心而似是者無所惑周子朱子之言勉齋希濂之辨歸諸理而同异者不能岐所謂圖書經緯有不在吾方寸中耶吁五行達而天地萬物之理備矣謹對

第四問

胡養正

同考試官教諭胡批（權衡古人之文不爽尺度而歸重於道德子其可與論文者矣）

考試官學正陳批（議論精當）

考試官學正吴批（論文有定見）

文之與道一而已矣聖賢之學出於一而其爲文也本於道後世之學出於二而其爲文也離夫道夫文者道之發道者文之本文之於道非二物也古之聖賢非有心於爲文也即其心之所自得者而托之於言將以明斯道之大而開示天下之人心故文即道也道即文也播之彝典而天下可服以爲訓布之方册而後世可守以爲經譬之菽粟之於食布帛之於衣耒耜陶冶之於器用一不制則生人之道或幾乎息矣後世馳騁於藝文之末而無道德之實刻意於辭章之務而非和順之發故語其文非不蔚然可觀也然有之無所裨無之靡所闕是則空言而已而道與文爲二矣安可以擬於聖賢之文乎粤自渾淪未鑿六籍未啓斯時也未有所謂文也迨夫聖人者出焉慮斯道之弗明憂人心之無覺闡天命人心之秘以立人之極發民彝物則之懿以示人之趨閑中而肆外篤實而光輝於是人文著焉六經作焉是故作易以道陰陽而天地鬼神之奥昭焉作書以紀政事而經世宰物之典陳焉詩以理性情而美刺勸懲所由章焉禮以謹節文而威儀升降所由明焉樂以明節奏而平心宣化之教著焉春秋以正名分而榮辱予奪之義嚴焉所以爲天地立心爲生民立命爲千聖啓心學爲萬世開太平是故日月星辰之奠麗天之文也山川草木之森列地之文也六經之昭明宣著聖人之文也故曰觀乎天文以察時變觀乎人文以化成天下故當其時無文人者非無人也開物成務莫非作者之聖而人皆能文也無文法者非無法也言出爲經者不煩繩削而非有意於法也是六經者伏羲堯舜禹湯文武周公之所作孔子之所述而筆削者也聖聖相承斯文在兹所謂治世之文何其盛也自孟軻氏没聖學失傳而所謂文者日趨於敝一降而爲國語功利之習勝道德之意微委靡繁絮而周道日衰故朱子以爲衰世之文再降而爲戰國策縱横之術興捭闔之謀滋揣摩狙詐而正道盡裂故朱子以爲亂世之文漢興名儒輩出若董賈以策舉班馬以史名相如楊雄之詞賦匡衡劉向之經述其文非不可稱也然而申韓之學灾异之陳是非之多謬浮誇之不實擬之以聖賢之道則未聞焉故蘇子謂漢無文章惟孔明出師二表蓋以忠貞不二之心明復漢討賊之義其言簡而盡直而不肆與伊訓説命相爲表裏豈非三代之遺才乎繼漢而晋名士迭出若曹劉之豪逸謝鮑之俊潔徐庾之華麗沈江之綺藻其文非不可觀也然而風雲之狀月露之形曠達而無關於世教清談而無裨於實用質之以聖賢之道則相遠焉故歐陽子謂晋無文章惟淵明歸去來辭蓋以高世自適之心發而爲平淡自然

之辭而其清修之節忠義之心尤有出於塵俗之表者豈非百代之偉人乎唐興文章無慮三變初則絺章繪句而王楊爲之伯繼則崇雅黜浮而燕許擅其宗及至韓愈倡之力追古作宛然爲一王之法矣評韓子之文者謂其奥衍閎深與孟軻相表裏而有以起學者山斗之仰文起八代之衰固矣然柳子之雄深雅健其一時文名與韓蓋頡頏也而顧不得并稱何也蓋人品有不同耳韓子原道之篇足以明前聖之統佛骨一表足以斥异端之非蓋粹然一出於正也若柳子附邪佞之叔文交浮誕之禹錫不識節義而文亦刻削烏能以并稱耶宋之文亦稱三變淳厚見於立國之初中正作於慶曆之際矯激起於熙寧之後統而論之莫過於歐蘇矣歐子之文謹嚴簡古變鈎棘而爲渾厚革軋茁而爲平易而蘇子之雄深環偉如千里之駒御以王良其文固奇矣然劉子澄謂宋有四篇文字而顧不及於歐蘇何也蓋自理學言之耳周子太極之圖發聖賢未發之藴横渠訂頑之篇闡理一分殊之旨而程子之易傳春秋傳二序則又推性命之奥明聖人之志蓋純乎道德之文也若歐蘇之文雖足以擅一代之奇爲諸家之冠然詞章有餘而道德不足安可以并論耶雖然究而言之三代以下若屈原離騷之作有愛君憂國之忠有幽憤悲傷之志朱子嘗稱其千載一人矣未可以戰國而概訾之也董仲舒尊王賤霸之論有功學者正誼明道之言度越諸子程子嘗稱其有儒者氣象矣未可以晁賈而并貶之也歐蘇之文固同時矣而歐陽子以救時行道爲賢以犯顔敢諫爲忠先儒謂荀楊而下皆不可及固非蘇子之可比肩者矣周程張之文固粹矣而朱子集諸儒之大成紹鄒魯之墜緒其所著述論者推其功不在孟子下固與三子同歸者矣大抵文章與時高下而亦因人以爲高下三代以降以文名家者多矣而求其不詭於聖人之道者自孔明數公而下無幾焉此無他蓋不以文章論而以道德論不以詞華論而以人品論是故道德本也文辭藝也務道德以植其本則有德必有言而文之所在即道之所在也所謂根之茂者其實逐膏之沃者其光燁若不知務道德以充其内而汲汲乎徒以文章爲事業則人非聖賢之人心非聖賢之心而文亦非聖賢之文矣愚非知道亦非知文者也安敢妄議古人哉惟摭述所聞而就正有道焉耳謹對

第五問

陳嘉謨

同考試官教諭吴批（以書生而談邊計民情條列無遺其所區畫皆鑿鑿可行是究心於時務者）

考試官學正陳批（議論周悉殊切實用可以録矣）

考試官學正吴批（有用之學）

執事發策以籌邊安民之事下詢承學愚非識時務者也然明問所及不敢不攄一得之愚以效其略焉夫天下之事多玩忽於承平之時而因循於積弊之後玩忽而不已則其事益壞而非久安長治之策因循而不已則其勢益潰而非通變宜民之道振其壞而使廢者以舉通其變而使潰者以固非有任事之誠體國之忠不足以與於斯此有治人無治法雖書生之迂談而自古論治者咸莫之外焉請得而申言之夫我國家之置邊也自東勝而西因河爲塞幾二千里而河南之套地即古朔方之故區也其後東勝内移備禦浸疏而虜遂得竊據焉夫拒河爲守尚謂與虜共險而今乃盤結内地安爲巢穴則吾之所以爲險者僅一邊墻而已每秋高馬肥乘間竊發西侵寧夏甘凉東擾延綏南犯固靖而沿邊之民不得安枕矣此守邊固圉之策不可以不亟圖矣夫今之備虜猶富家與盗爲鄰也彼其志在竊取日伺吾之便而欲肆穿窬之計則吾之所以待之者當慎扃鑰固藩垣不失其防而使彼無間可乘矣故愚以爲王者之於夷狄來則有備以守爲戰而已然守之之要其有外於執事之所言者乎是故城堡不修非設險守國之義也因厄塞之闕順形勢之便乘士卒之暇及時而修築焉然今歲修之來歲復圮則歲歲勞費無已也不若稍緩其工寧多其費而堅厚以築之則一勞而永逸暫費而永安而藩籬自固矣烽堠不嚴非乘障慎防之制也然以方丈之墩臺十數之羸卒持數日之糧出數百里之外其孤危甚矣苟非地險而逕迂勢高而食足其能以自固乎審其形便據其險要使墩堡相聯迂險可守則斥候□嚴矣兵馬守禦之具也今邊防之兵馬疲矣尺籍徒存老弱過半甚則轡無鞍之馬持無刃之器自衛且不能况能拒敵乎簡其精壯汰其老弱給以器械兑以馬匹而或又謂藉客兵以守不若募土著之爲便蓋窮邊之地艱苦萬狀土著之兵生於其域習於其風不見樂土而不遷而又有室家之顧累撫之有恩練之有法皆邊隅之勝兵矣芻粟士馬之命也今邊防之芻粟乏矣鹽法中更而芻粟以匱屯田不講而邊儲益空歲派之糧多闕掊剋之患不免枵腹以忍饑張口以待飼救死且不贍况望其禦侮乎復鹽法而商人之中鹽者皆輸粟於邊防修屯田而軍士之乘閑者皆盡力於農畝徵逋負之糧嚴掊剋之禁而邊儲自足矣於是數者而審擇以行之務舉實用而不爲虚文則邊備庶乎其修矣夫邊備修則緩急用備由是於虜之來也或堅壁以拒其入或伏險以邀其歸可戰可守而永無侵掠之虞矣關中沃野千里昔稱樂土而今則大异矣以小民言之陶穴以爲居賃作以爲食無瓶粟之儲無立錐之産其貧已甚矣而邇歲地震之灾廬舍丘墟閭井變遷老弱者爲溝中之瘠强壯者半徙於四方若加以官司之追呼均輸之督責如

之何不益掉臂而去也此撫綏安輯之計不可以不亟講矣夫今之民猶大病之人也喘息雖存元氣已憊於是而飲食之休息之以徐俟其氣體之復若復攻之以藥石擾之以勞事其不斃者幾希矣故愚以爲治今日疲困之民在撫之而已然撫之之要其有外於執事之所言者乎夫民之逃移必有糧差之遺也而居者代爲之輸然一人之賦且逋而兼之以二人則益逋逋而不已則并其居者而逃矣此流移之所以當招也夫招而來歸生理未復衣食猶艱而一切征輸且緩之若以舊時之逋負而并征於一時則其力不堪而生愈困矣此逋負之所以當寬也荒蕪之田皆逃民所遺不然則力之不能耕者也於此而量其力以給之即使納其所耕之税則官税既有所供而小民又不至於失業此閑田之所以當給也均需之供固役之不可已也然常税不可減均需豈無可減者乎酌其緩急可省者省之於不可省者則又較各郡縣之貧富繁簡而通融以處之毋使有所偏累所謂寬一分則民受一分之賜矣此均需之所以當減也於是數者而次第以舉之務求實效而不事彌文則民生庶乎其遂矣夫民生遂則民志以固由是而樂歲既安於無事儉歲亦足以相保以生以養而永無流移之患矣夫是數者皆其具也而其要存乎人而已是故欲邊備之修在於將領苟將領得人則據形勝擇利便簡士卒興屯營攻守有要緩急有備而何憂於邊之不寧如李牧備雁門而匈奴不敢近塞趙充國田金城而先零卒以坐困非將領得人之效乎欲民生之安在於守令苟守令得人則招流移勸農桑恤饑寒救疾苦撫字有方催科不擾而何患於民之不安如黄霸守潁川而致户口之歲增張堪守漁陽而致百姓之殷富非守令得人之效乎此愚所謂治人之説也雖然究而言之安民者又備邊之本也蓋民生既安則邦本自固地方既富則保障自堅親上死長之義篤則制挺可以敵愾室家親戚之念重則團結可以禦侮又况以供芻粟則輸之易以修城堡則役之易是故兵民無二道而安攘非二機也愚也衡藿之士不足以與國家之大計而時事得於目擊者竊有概於中亦久矣因明問而敷陳其略以復惟執事其裁擇焉

陝西鄉試録後序

今歲戊午秋陝西鄉試舉如制既届期告成事希登當以職事申言于後希登聞之秦隴之西昆侖之墟玉之所從産也璆琳琅玕玫珉珷玞雜然而并翳焉良工者必博采而精辨之其皆美且良而非其似者也然後以獻焉磨礱追琢惟所用之而圭璋琮璧之器以成今夫論士猶乎是也士之賦受秉植詭

趨殊方乃其文亦純駁雅浮各判能而异曲有司絜以尺度校論短長必其皆雅而純也然後取之于以登諸天府惟皇上所升庸而器使之俾小大各效其能以熙庶載此國家取才典制人臣以人事君之義也然或者竊疑之夫璞之未發也在山而木澤韞石而山輝其精光之所表見閟不能藏故望而求之可得也士固有言修而行違文盛而質敝者執之而迷真信之而眩實亦惡乎辨之然希登固亦有所以信之也彼周之砥厄宋之結緑梁晋之懸黎垂棘固爲世所珍奇然而非一朝一夕之所能産也陰陽之所委和山澤之所儲精不知幾何年而成其寶也惟我皇上聖道御極三十七年于兹久道化成其湛恩之所汪濊教澤之所漸摩士之沉浸涵育薰蒸而化亦既有年懷瑾握瑜之士將不有抱孚尹之德負特達之器各底於成材矣乎况文者又道德之輝光而心術之精華者也執是以取之寧不足信其爲真材爾乎兹希登所爲信之以此也抑希登又聞之鍾山之玉投諸大冶經以燔灼而色澤不變何者其天地之精全故不受變於物也士之窮居學古莫不姱然自附於好修比其出也馳騖於紛華聲利之場則志劂而中劌矣原其自固繇未能全夫所性之本故外物得而遷之抑豈知性本清明純潔惟君子自昭明德以還所性之真則堅白在我外至之物夫惡得而磷緇之故必能全其性生之美而後能達其成器之用無所染於物而後足以貴乎物即使連城之璧荆山之璞汩没於泥滓之中瑕垢玷缺則匠氏揮斤而不顧矣今諸士挾藝而來明晰奥義敷陳理要推原性命其瑩然者潔而無瑕其燦然者光而不可掩其純然之色則膚理咸中其度其鏗然之聲則不待扣之而其音清越以長若是者咸取之固自謂無留良矣然兹所謂文也華也其施之用將無受變於物否乎昔唐西域有獻玉者二置諸水則虹霓出焉抵諸山則紫光迸逸而百獸懾伏其真天下之寶乎故其見异也如此士之出也必將投之流靡震蕩之中而不摇納之艱大叢劇之中而不亂温懿粹美足以潤飾皇猷而堅固貞純又足以弼成乎悠久之化則言不徒華而用徵其實斯信其爲真材已爾諸士無亦務完其美以徵於實用乎故珉玉雜陳有司者之罪剥琮璜以爲鍼柲則論材者之過汩没瑕玷澮然自失其美而無當於用則諸士無亦重有咎乎今皇上方新朝堂而治希登等敬以諸髦士爲圭璋以獻故以是申敷告之義

直隸鳳陽府壽州儒學學正陳希登謹序

隆慶四年陝西鄉試録

陝西鄉試録序

我國家稽古選士之典令天下有司計三歲大比而賓興焉維時今上臨御四載適當其期巡按陝西監察御史郭庭梧寔司監臨乃以前巡按御史王君賞禮聘四方黌序之秩俾董校事越八月四日魁等趨聘至自四方御史雅注遴才禮遇殊格魁等謝弗任滋懼比入簾乃以魁曁教諭張師載司考試教諭粟保民李奇彭程孟齊賢謝邦泰司同考試提調則左布政使曹金右參議申佐監試則按察副使張一霽范懋和曁百司御事罔不愼簡以充既鎖院之夕列炬焚香盥手籲天肅禮魁等于庭而誡之曰惟聖天子寤寐求賢奚啻饑渴惟多方内外望治需才奚啻雲霓惟八郡三陲抱藝之士所視軒輊脱穎奚啻神明厥惟慎哉已復進大小百司誡之曰孔子不云乎執事敬惟吾與爾事在薦賢可無敬乎詩曰夙夜匪懈今日之謂矣尚其同心哉于時魁等百司罔不稽首再拜奉誡惟謹厥明乃進巡按陝西監察御史潘民模今御史劉堯卿提學副使徐善慶前後所取士二千有奇三試之矢心甄别得士六十五人録其姓名及文之純者以獻魁以職事當叙諸首簡因僭言曰維兹關陝古雍州也河岳孕靈是生英俊故世稱豪杰輒首三秦厥惟舊哉因憶往爲諸生間嘗披閲圖經夢寐秦隴思欲泛洪河闚巨靈陟二華盱秦嶺一慰溯洄仰止之願無從也乃今服官黌校應聘而來始浮于河達于渭已而歷潼關逾華陰至止長安時秋水方盛澎湃淪漣仰瞻華岳終南出没雲漢曰美哉山河此天下之奇觀也昔人所稱隩區不其然哉豪杰者將在是乎既而偕諸同事入棘院縱觀多士之文其立言雖殊類皆明於經術之故察於性命之微通於時務之變其氣昌而不肆其志遠而不迂其辭達而不支美而非誇質而不俚咸可以儕于作者之塗而鳴我國家之盛焉因語諸同事者曰於戲休哉此西土之善鳴者也昔人所云岳降非虚語哉豪杰者非其人耶唯我國家二百年于兹菁莪棫樸之化達於天下漸漬淪浹曁我聖天子御極文教維新黎獻共臣薄於海外矧兹岐豐之舊猶有聖王之遺化者宜彬彬翼翼若是乎其盛也抑余于多士尤有所忠告焉昔傳稱雍州土厚水深其民厚重質直無驕惰浮靡之習凡

民猶然矧士人哉故其士人皆果敢剛毅無巽懦軟美之風是以其文亦皆卓犖雄偉無骳骫萎薾之氣异日者祗奉大對布列庶司當必有忠藎之士不二心之臣出于其間以仰副聖主側席之求以共成輯寧之治也已乃或忘其先資虧厥素履顧自諉曰謀適不用也人將訾之矣尚得謂之秦有人哉主司者何以逭其罪也聞之周人以玉爲璞宋人以腊爲樸周人聞宋人有璞也禮而索觀之宋人藏之什襲己而出之乃腊也周人掩口而笑今多士爲腊乎爲玉乎無使主司若宋人然俾周人之掩口也多士幸相與毖之是舉也總督軍務前右都御史兼兵部右侍郎王崇古今右都御史兼兵部左侍郎王之誥相繼殫猷靖域綏厥士類巡撫陝西右副都御史張師載保厘底績文教以興屬候代届行今右副都御史楊思忠風猷丕著士心夙嚮巡撫右僉都御史延綏李尚智今何東序寧夏沈應時甘肅王輪撫治鄖陽汪道昆相與屏翳中外雅重文教監察御史茶馬楊相河東鹽法部永春稽餉蕭廩洪敷風紀士習丕振兵科左給事中楊一魁户部郎中張體乾王基趙大倫中書舍人孫惟清行人司左司副唐文燦有事兹土嘉樂敷惠左參政温如春右參政于錦梁明翰馮舜漁楊衍慶左參議沈人种右參議楊樞副使祁天叙張守中劉應時張志孝楊柏僉事栗魁周馬文健都司署都指揮僉事張一正詹恩皆綜理防範協恭于外右布政使楊守魯按察使王元春趨事始至樂觀厥成行太僕寺卿周京許東望少卿劉時舉苑馬寺卿侯東萊少卿黄襄同事一方法得書

山東兖州府東平州儒學學正高魁謹序

隆慶四年陝西鄉試

監臨官

巡按陝西監察御史郭庭梧（子材河南新鄉縣人　乙丑進士）

提調官

陝西等處承宣布政使司左布政使曹金（汝礪河南祥符縣人　丁未進士）

陝西等處承宣布政使司右參議申佐（懋良直隸永年縣人　丙辰進士）

監試官

陝西等處提刑按察司副使張一霽（天光河南睢陽衛人　丙辰進士）

陝西等處提刑按察司副使范懋和（中吾四川富順縣人　丙辰進士）

考試官

山東兗州府東平州儒學學正高魁（文選直隸蔚州左衛官籍六安州人　乙卯貢士）

河南汝寧府光州固始縣儒學教諭張師載（志銘湖廣江陵縣人　戊午貢士）

同考試官

河南歸德府夏邑縣儒學教諭粟保民（以德四川巴縣人　乙卯貢士）

河南汝州魯山縣儒學教諭李奇（正伯四川巴縣人　壬子貢士）

山西太原府太谷縣儒學教諭彭程（天翼河南淇縣人　戊午貢士）

直隸順德府唐山縣儒學教諭孟齊賢（師聖浙江錢塘縣人　乙卯貢士）

直隸真定府井陘縣儒學教諭謝邦泰（道亨福建邵武縣人　丁卯貢士）

印卷官

陝西等處承宣布政使司經歷司經歷史傳（良才浙江鄞縣人　監生）

陝西等處提刑按察司照磨所照磨賀謹所（思止江西永新縣人　監生）

收掌試卷官

西安府知府邵畯（子喜浙江餘姚縣人　己未進士）

鳳翔府知府黄翼（子南湖廣長沙衛人　己未進士）

漢中府知府何尚賢（汝思山西猗氏縣人　甲辰進士）

西安府同知宋之韓（元卿河南武安縣人　乙丑進士）

受卷官

延安府推官梁承學（師顔山東聊城縣人　戊辰進士）

西安府耀州知州望廷臣（汝忠湖廣夷陵州人　壬子貢士）

西安府渭南縣知縣梁許（君可河南孟津縣人　戊辰進士）

西安府三原縣知縣李仕華（邦憲四川叙南衛官籍宜賓縣人　戊辰進士）

漢中府漢陰縣知縣文簡（伯敬湖廣衡陽縣人　乙卯貢士）

慶陽府安化縣知縣婁烔（星融河南懷慶衛人　癸卯貢士）

彌封官

臨洮府推官李文運（伯亨湖廣黄岡縣人　己酉貢士）

西安府商州知州陳璐（士彦河南河南衛籍直隸來安縣人　己酉貢士）

西安府涇陽縣知縣楊歸儒（季中河南洛陽縣人　戊辰進士）

西安府乾州永壽縣知縣杜可教（子愚四川德陽縣人　戊午貢士）

漢中府洋縣知縣閻邦寧（仲謐河南原武縣人　戊辰進士）
漢中府金州洵陽縣知縣楊作舟（弘濟湖廣江陵縣人　辛酉貢士）
謄録官
西安府推官劉世賞（功□四川巴縣人　戊辰進士）
鳳翔府隴州知州嚴三省（希曾山西文水縣人　己酉貢士）
漢中府寧羌州知州鍾湛靈（子一山西澤州人　己酉貢士）
西安府咸寧縣知縣賈待問（學叔直隸威縣人　戊辰進士）
西安府長安縣知縣薛綸（汝爲山西天城衛人　戊辰進士）
延安府延川縣知縣毛儲元（伯善湖廣常德衛人　乙卯貢士）
對讀官
慶陽府通判劉滂（箕川河南杞縣人　己酉貢士）
西安府華州知州王汝梅（德和直隸安肅縣人　壬戌進士）
慶陽府寧州知州王秉彝（性甫直隸新樂縣人　己酉貢士）
西安府盩厔縣知縣羅良禎（應泰四川内江縣人　戊辰進士）
西安府鄠縣知縣李守經（克濟山東濮州人　庚子貢士）
鳳翔府寶雞縣知縣劉闊（德涵直隸邯鄲縣人　壬子貢士）
巡綽官
西安後衛指揮同知劉天叙（典伯直隸蕭縣人）
西安前衛指揮僉事烏翔（千翀山後人）
慶陽衛指揮僉事李忠（事君山東陽信縣人）
鳳翔守禦千户所副千户郭永壽（汝福直隸盧龍縣人）
搜檢官
西安左衛指揮使任官（以政陝西澄城縣人）
西安後衛指揮使白彬（子中河南考城縣人）
西安右護衛指揮同知陳圖（伯河直隸順義縣人）
西安前衛指揮同知殷誥（君龍直隸宜興縣人）
供給官
西安府通判謝鋭（節之湖廣醴陵縣人　丙午貢士）
西安府邠州知州沈紹先（孝甫直隸安州人　乙卯貢士）
西安府華州華陰縣知縣侯封（君藩山西盂縣人　己酉貢士）
西安府商州山陽縣知縣黎黔（邦本河南羅山縣人　甲午貢士）
西安府同州白水縣知縣趙翰（憲甫山西解州人　己酉貢士）

漢中府金州平利縣知縣崔廷楓（公直山東平度州　監生）
鳳翔府麟遊縣知縣壽表（子賀湖廣蘄州人　甲子貢士）
西安府經歷司經歷王知化（敬述山東曹縣人　監生）
西安府同州判官杜綸（汝言山東莒州人　歲貢）
西安前衛經歷司經歷尚評（議之山西陽曲縣人　吏員）
西安府三原縣縣丞李鵬（子騫河南柘城縣人　歲貢）
西安府同州朝邑縣縣丞陳謨（子順直隸安肅縣人　監生）
西安府興平縣縣丞張舜民（遜之山東壽光縣人　吏員）
西安府咸寧縣主簿李中節（文權河南鄭州人　監生）
西安府藍田縣主簿李瓊（希玉山西潞州衛官籍山東章丘縣人　監生）
西安府同州郃陽縣主簿顧廉（邦威山東濱州人　監生）
西安府華州蒲城縣主簿馬驥（惟良河南輝縣人　監生）
西安府涇陽縣主簿王三聘（自重山東費縣人　監生）
西安府同州澄城縣主簿王慎（子敬山東朝城縣人　監生）
西安府耀州同官縣主簿郭繼榮（惟仁山西行都司大同後衛人　監生）
鳳翔府鳳翔縣主簿王克弟（仲友河南淯川縣人　監生）
西安府咸寧縣典史方价（志藩湖廣黄岡縣人　吏員）
西安府長安縣典史衛邦輔（汝翼山西猗氏縣人　吏員）
西安府臨潼縣典史吴守智（克明山東茌平縣人　吏員）
西安府乾州武功縣郃城驛驛丞周守己（思謙山東濰縣人　承差）

第一場

四書

樊遲問仁子曰愛人問知子曰知人　唯天下至聖爲能聰明睿知足以有臨也　其爲氣也至大至剛以直養而無害則塞于天地之間其爲氣也配義與道無是餒也是集義所生者非義襲而取之也行有不慊於心則餒矣我故曰告子未嘗知義以其外之也必有事焉而勿正心勿忘助長也

易

内陽而外陰内健而外順内君子而外小人　當位以節中正以通　夫易廣矣大矣以言乎遠則不禦以言乎邇則静而正以言乎天地之間則備矣夫乾其静也專其動也直是以大生焉夫坤其静也翕其動也闢是以廣生焉

廣大配天地變通配四時陰陽之義配日月易簡之善配至德　黄帝堯舜垂衣裳而天下治

書

后克艱厥后臣克艱厥臣政乃乂黎民敏德帝曰俞允若兹嘉言罔攸伏野無遺賢萬邦咸寧　厥土惟黄壤厥田惟上上　嚴恭寅畏天命自度　穆穆在上明明在下灼于四方

詩

鳲鳩在桑其子在棘淑人君子其儀不忒其集資不忒正是四國　豈敢定居一月三捷　思皇多士生此王國王國克生維周之楨　敬之敬之天維顯思命不易哉無曰高高在上陟降厥士日監在兹維予小子不聰敬止日就月將學有緝熙于光明佛時仔肩示我顯德行

春秋

春鄭人來輸平（隱公六年）　春王正月公會齊侯宋公陳侯衛侯鄭伯許男曹伯侵蔡蔡潰遂伐楚次于陘楚屈完來盟于師盟于召陵（俱僖公四年）冬公會晋侯宋公衛侯曹伯莒子邾子滕子薛伯杞伯小邾子齊世子光伐鄭十有二月己亥同盟于戲（襄公九年）　冬十有二月祭伯來（隱公元年）春王正月公會王人齊侯宋公衛侯許男曹伯陳世子款盟于洮（僖公八年）楚子蔡侯次于厥貉（文公十年）六月公會宋公陳侯衛侯鄭伯許男曹伯晋趙盾癸酉同盟于新城（文公十有四年）　公會晋侯及吴子於黄池（哀公十有三年）

禮記

忠信禮之本也義理禮之文也　春作夏長仁也秋斂冬藏義也仁近於樂義近於禮　天子者與天地參故德配天地兼利萬物與日月并明明照四海而不遺微小其在朝廷則道仁聖禮義之序燕處則聽雅頌之音行步則有環佩之聲升車則有鸞和之音居處有禮進退有度百官得其宜萬事得其序　先勞而後禄不亦易禄乎

第二場

論

爲政貴有以來天下之善

詔誥表（内科一道）

擬漢令州郡舉茂才异等可爲將相詔（元封五年）　擬唐加左僕射

房玄齡太子少師誥（貞觀十三年）　擬三殿工成欽定名額頒示中外廷臣賀表（嘉靖四十一年）

判語（五條）

官員赴任過限　人户以籍爲定　禁止師巫邪術　邊境申索軍需　修理橋梁道路

第三場

策（五道）

問　古者嗣服守文之主所以撫成業而致盛治者其道非一也然詩書所載則于敬天法祖三致意焉豈二者守成之要與粤若夏商代有令主而説者何獨以成王爲首稱與載觀周公戒成王曰無念爾祖曰永言配命是矣乃其所自爲佐武王觀兵開創不知於文王以服事殷昭事上帝得無异與抑創守果二道與及孔子論武周則又概以達孝稱之抑又何與歷漢唐宋英君誼辟非無克盡其道者彼其崇泰畤守斜封何又以爲不足敬且法與至如宋臣有謂人君若不畏天何事不可爲者有謂祖宗法度不可廢者又有謂天不足畏祖不足法者果孰爲正與我太祖高皇帝肇造區夏開天統人上謹明畏下垂法守存心有録昭鑒有録可爲萬世不易之法程矣我成祖文皇帝誕膺鴻運以其所以欽若憲章者著爲聖學心法文華寶鑒暨我世宗肅皇帝纘承丕基欽天有頌敬一有箴祖德有詩謁陵有述固宛乎三聖相授受一道也可得而揄揚其萬一與我皇上踐祚以來郊廟必躬必親於諸臣章奏動求祖宗舊制所謂嚴恭寅畏作求世德者亦既至矣而頻年灾祲屢聞治效未臻豈圖治之道抑有進于敬天法祖之外與子諸士抱致君之猷求試于有司願畢所蘊以爲聖天子新德之助云

問　天地之道易知簡能古未有文也自儒者各抒所見以立言而道始紛然多岐矣由今考之易曰河出圖洛出書聖人則之謂伏羲則之以畫八卦神禹則之以叙九章似也而或謂則龍馬爲圖非爲卦則洛龜爲書非爲疇果何所見與有謂十爲河圖九爲洛書似也而或謂九爲河圖十爲洛書抑何所據與有謂河圖爲體洛書爲用者體用不一源與有謂河圖主常洛書主變者常變果二道與又有謂河圖天道而洛書人道河圖天道無心而洛書聖人有憂然與否與同一造化也河圖以相生順布于五位而洛書以相制逆施于八方同一象數也河圖之數五十有五而洛書之數四十有五其旨可得而聞與易本自河圖何以爲周孔之易其義則洛書疇本自洛書何以爲洪範之用不

出于河圖此皆道統所由傳治道所攸繫者不可以無辨也子諸士研理待問久矣竊願有聞焉

問　人才之盛衰古稱氣運之隆替世道之治忽繫焉信斯言也運隆化洽宜莫如唐虞三代之初而于稽其才則舜五人武王十人何若是少耶乃孔子稱才難則又獨以爲盛焉何耶且阿衡以匹夫興湯而三仁不能以存殷亦有三治保衛三杰啓漢而人龍不足以延劉治忽果無關于人才之多寡耶謂養之貴豫矣而岩穴肇中興之業垂綸啓清明之化養之果何校也謂求之貴廣矣而岳牧之諮視辟舉制科之所取廣狹有間而才不加多抑又何耶我聖祖奮起淮甸除穢伐暴王師所向豪杰景從一時翊運佐命元勛方之舜武可得而歷數其盛與我皇上嗣守洪圖勵精化理辟德行舉遺佚虛心求才奚啻饑渴而又數詔内外臣工各舉所知可謂望治之極矣屬者南北多事疆埸未靖司銓者將慎簡以充而是臨事有乏才之嘆其故何耶諸士子夙以古才賢自期待繼自今將服寀有位其何所施措以比隆唐虞三代之盛惟勿諱勿讓

問　理財之道其來遂矣考之周禮所載理其財之出而已而國不見其不足乃後世理其財之入隨事立法而國用恒歉焉此其故何與無論三代以上即在叔世有患年饑用不足者而或告以薄税斂有賀租賦歲倍者而辭以爲反裘負薪果足國之道有不在于厚征與亦有歲蠲田租之半已而罷除十年者一時號稱殷富其後言利之臣筭無遺利乃不免爲虚耗豈賦斂之厚薄無關于財用之充詘與嗣是以還有多方進者而國用愈困有上會計録者而撙節未聞抑又何與我國家稽古定制田有定賦賦有常法可謂纖悉具備公私兼利矣嗣我皇上登極之初崇儉恤民罷不急之役停采辦之科詔下所司有曰天下軍民十分窮困國用雖詘豈忍照常徵派有曰朕加意節省用自有餘除民今歲田租十之五逾年建儲禮成又詔賜民田租十之三至哉王心古堯舜禹湯文武之仁天下不啻過也何頃歲郡國空虚邊鎮饋餉所需大司農每告匱焉至請下廷臣條上封事彙爲理財集議一書檄行中外覆議以聞者夫事窮則變變則通不知當何如而後可以爲足國足民之策也爾諸生雅抱經國之猷願明以告我

問　方今天下之務可言者多矣其最重且急者莫先於備邊而備邊之道莫要於兵將二者古今言任將制兵之法載在往籍亡暇論已先是玁狁匪茹憑陵我城郭虔劉我人民秉樞者有憂焉請詔下中外臣工各陳所爲禦戎之策其論將有曰求之貴廣任之貴專儲之貴豫是矣乃今選之世胄出之囚縶拔之行伍辟之武科不可謂不廣也與之生殺貸之小過以血戰爲功而不

以損傷爲罪不可謂不專也自襲廕之士以至於廢閑之録列之將牒需次而拜不可謂不豫也其論兵有曰養之貴優選之貴精練之貴熟是矣乃今屯粒之外繼之民運又繼之内帑養之不已厚乎汰其老稚補其逋亡惟其人不惟其數選之不已精乎操習有期教演有法聖天子大閲以振作于上憲臣分閲以激勵于外練之不已熟乎如此者固宜將識士情士識將意昔人所謂如身之使臂臂之使指以戰則克以守則固可也夫何頻年以來醜虜内侮長驅深入而兵將迄無成功其故可得而聞與抑任將制兵之法或有出于群議所未及與其在陝西四鎮雖運歲烽燧稍寧而徹桑土以爲陰雨之備不可以不講也諸士生長密邇邊陲籌之稔矣盍詳著于篇以觀爾經濟之藴

中式舉人六十五名

第一名　文在中　三水縣學生　詩
第二名　高士徵　西安府學生　易
第三名　邢鳳毛　咸寧縣學生　書
第四名　周策　商州學生　春秋
第五名　閻應儒　寧州學生　禮記
第六名　戴廷禮　蘭州學附學生　易
第七名　侯于魯　渭南縣學生　詩
第八名　張允升　南鄭縣學增廣生　書
第九名　張薇　同州學生　詩
第十名　侯賓家　秦安縣學生　禮記
第十一名　劉國憲　韓城縣學增廣生　書
第十二名　李時芳　武功縣學生　詩
第十三名　楊信　咸寧縣學增廣生　易
第十四名　郭光祖　西安府學附學生　書
第十五名　楊起潜　盩厔縣學生　書
第十六名　郭然　咸陽縣學生　易
第十七名　許守恩　涇陽縣學附學生　詩
第十八名　邊自化　咸陽縣學生　春秋
第十九名　單行　蒲城縣學生　易
第二十名　尉在廷　延安府學增廣生　書

第二十一名　文養浩　耀州學生　詩
第二十二名　王之藩　三原縣學附學生　易
第二十三名　張日　新沔縣學生　詩
第二十四名　毛一鳳　南鄭縣學生　書
第二十五名　姚來鳳　三原縣學附學生　易
第二十六名　李呈瑞　西安府學生　詩
第二十七名　喻於信　金州學生　書
第二十八名　張大綱　長安縣學附學生　易
第二十九名　周三聘　三原縣學附學生　詩
第三十名　王訢　盩厔縣學增廣生　書
第三十一名　楊炳　三原縣學附學生　詩
第三十二名　段懷禮　延川縣學生　易
第三十三名　李崇教　靈臺縣學生　詩
第三十四名　徐希進　金州學生　春秋
第三十五名　陳嘉猷　武功縣學生　書
第三十六名　南憲仲　渭南縣學增廣生　易
第三十七名　李永年　涇陽縣學附學生　詩
第三十八名　舒鵬翼　南鄭縣學生　書
第三十九名　王昌期　咸寧縣學增廣生　易
第四十名　楊希古　安定縣學生　禮記
第四十一名　楊淳　耀州學生　詩
第四十二名　張所慎　朝邑縣學生　書
第四十三名　劉卿　金州學生　詩
第四十四名　惠可久　咸寧縣學增廣生　易
第四十五名　王興詩　華州學附學生　詩
第四十六名　尹作賓　漢中府學生　書
第四十七名　魏奉璋　鄠縣學增廣生　詩
第四十八名　黄道見　咸寧縣學附學生　易
第四十九名　侯正邦　長安縣學增廣生　詩
第五十名　雷士煌　朝邑縣學附學生　書
第五十一名　張安吉　西安府學附學生　詩
第五十二名　黄元卿　西安府學生　春秋

第五十三名　史應奎　韓城縣學生　詩
第五十四名　楊希震　岐山縣學生　詩
第五十五名　吴過　寧夏衛學附學生　書
第五十六名　李思誠　澄城縣學附學生　詩
第五十七名　張堯輔　宜川縣學生　詩
第五十八名　王元柄　蒲城縣學附學生　書
第五十九名　毛卮　鳳翔縣學生　詩
第六十名　閻勵　寧州增廣生　禮記
第六十一名　王道　榆林衛學附學生　書
第六十二名　王養賢　高陵縣學增廣生　易
第六十三名　姚登　長安縣學生　詩
第六十四名　王境　咸寧縣學附學生　易
第六十五名　王養心　蒲城縣學生　書

第一場

四書

樊遲問仁子曰愛人問知子曰知人

文在中

同考試官教諭彭批（發明愛人知人精切渾融深得夫子語樊遲之意）

考試官教諭張批（題本平易諸作騁浮襲舊殊戾本旨此作詞簡義影蓋邃于養者）

考試官學正高批（明順精確模寫夫子語氣宛然佳士佳士）

聖人因賢者志於仁知而教以善用其心焉蓋德愛曰仁通曰知人皆有是心也於此而知所用焉仁知豈外是哉且道莫大於仁知夫固原於一心而達之天下者也是故樊遲之在聖門也以仁爲問焉夫子恐其近利之心易蔽以私也乃告之曰仁主於愛而愛莫先於愛人其必篤同類之誼而以恩相與務盡乎維持培植之意擴民胞之度而以德相臨不失乎易直子諒之衷一體以爲心也四海以爲家也而分之親疏有不得而間之焉是雖仁統萬善若不盡於愛人即此而天下之至公在我所謂唯仁人能愛人者此也不謂之仁而何哉又以智爲問焉夫子慮其粗鄙之心易淆其真也乃告之曰智主於知而知莫急於知人其必秉權度之精而因言以考德務嚴夫淑慝之辨廣甄别之

鑒而緣迹以求心不爽乎是非之極以明覺則有常也以品藻則不眩也而情之真僞有不能以逃之焉是雖知周萬物若不盡於知人即此而天下之至明在我所謂惟知者不失人此也不謂之知而何哉要之愛人仁也非知人則無以成其愛知人知也非愛人則無以行其知夫子一言而盡天下之道矣惜乎樊遲不足以語此抑考書曰知人則哲能官人安民則惠黎民懷之夫子此言固帝王治天下之要道也豈止爲樊遲答問之教哉雖然不有子夏富哉之論則夫子枉直之教將終晦矣昔人謂發聖人之藴教萬世窮者顔子也斯於子夏亦云

唯天下至聖爲能聰明睿知足以有臨也

邢鳳毛

同考試官教諭謝批（聰明睿知一涉發用即非生質此作專主藴蓄在心且下句以有臨取足於聰明睿知非造理精密曷有是作允宜高薦）

考試官教諭張批（體認精到發揮明徹）

考試官學正高批（瑩潔純正足冠多士）

聖人質超乎天下而君道豫焉蓋居上克明君道也聖人獨稟乎生知之質有不足以居上而臨下也哉中庸明天道意謂天地聖人相爲一體者也觀天道之小德者亦觀之聖人而已矣何則聖人者同賦于天而爲天之獨厚者也同具于人而爲人之特出者也故自其質而言之清淑之畀于太和者既獨鍾夫純粹之正虚靈之凝于保合者又克全其明覺之常内境昭融而不睹不聞之中聰明具焉一天道之清通而無所蔽也神靈天啓而無思無爲之地睿知存焉一日月之貞明而不可眩也夫然則萃繼明于一心而所以照四方者取之淵微而自足會明哲以作則而所以君萬邦者資之静存而有餘以之兼聽而聰足焉以之并觀而明足焉是雖藏用而用之斯顯凡以理萬幾而宰群動者將無所事作而足乎已矣其諸天之光明下濟而旁燭于無疆乎以之思微而睿足焉以之遍物而知足焉是惟無感而感之斯通凡以式百官而御萬民者將無事自用而有餘裕矣其諸日月之重明麗天而照臨于無外乎夫生知之質具而知臨之宜得如此由是四德之良皆從此出而以容以執以敬以別莫非有臨之資矣非天下之至聖其孰能與于斯哉雖然生知至堯舜極矣書紀堯之欽明舜之濬哲而必繼之允恭允塞蓋有誠敬之實而後生知可充也况乎孔子告哀公以誠之之功而終之以雖愚必明氣質之不足恃且拘也審矣故曰人主務聰明之實

其爲氣也至大至剛以直養而無害則塞于天地之間其爲氣也配義與道無是餒也是集義所生者非義襲而取之也行有不慊於心則餒矣我故曰告之未嘗知義以其外之也必有事焉而勿正心勿忘勿助長也

高士徵

同考試官教諭孟批（辭簡理足且莊嚴中有順題錯綜者在心思筆力俱到宜録以式）

考試官教諭張批（渾融充健是養浩然有得者）

考試官學正高批（善發孟子之藴）

大賢詳論浩然之氣惟在所養而已矣甚矣氣本浩然也善養之則塞天地而配道義矣集義養氣之功寧容已哉孟子告公孫丑之意若曰浩然之氣固難言矣然豈終無可言耶吾嘗反而觀之但見其爲氣也至大而不可禦焉至剛而無所撓焉蓋天地與我之正氣也人患無以養之耳苟能直養而無以害之則氣之剛大者適得吾體自與天地相似而充塞之無間矣豈特爲體之充耶氣之流行者不失吾常道義所在自相資而互發矣苟無是氣道義豈可以虚行耶夫氣之養成也如此然始養也何如哉蓋必精義之功已得於積纍之久是以浩然之氣自生於養盛之餘耳固非可以襲取於外而得之也若行一不得於心則氣自不充於體矣義豈在外乎彼告子以義爲外者正不知所謂義也亦安知所謂集哉是故善養氣者要必以集義爲事而所以戒襲求慊者務事事之合宜至於效之未臻也則不可先焉其或未充也尤必以集義爲心而所以去餒思充者惟亹亹而匪懈至於功之未致也則不可强焉夫有事勿忘既盡夫直養之功勿正勿助又無所謂作爲之害如是而剛大之氣自全於我矣尚何天地之不塞而道義之不配哉抑論性不論氣不備蓋性者天地之原而道義之統也理氣相須所以塞而配之者氣之能也所以集而養之者理之宰也然則善養氣者固所以善養其性歟彼告子不得於心勿求於氣至於杞柳湍水之喻□指氣之失養者爲性焉寧不暴氣而害性乎噫此孟子所以好辨也

易

當位以節中正以通

戴廷禮

同考試官教諭彭批（節天下之道在位與德之全而德尤其本作者往往拘兩平説此作大旨歸重于德蓋知要之言也取之）

考試官教諭張批（認理精切構詞典雅）

考試官學正高批（簡當可式）

卦具君人之節而德以行之見其所由亨也夫節必以位而德所以行之也卦體爲能兼隆焉節之亨也宜哉彖傳本卦蘊以明亨也意謂聖人之所貴于節者謂其坊天下之流而救其弊也但以立節者係于位以善節者係于德兹于卦體備之矣卦惟九五居乎尊位而有中正之德焉是其陟元后以臨民盡天下而皆歸于統馭之内總乾剛以獨斷舉斯世而咸囿于宰制之中由是乘此可節之權以立乎經世之法數度自我制焉惟所範圍而不能外也德行自我議焉惟所命令而不能違也此則天王爲紀法之宗而位之所在其節也非天下之所共仰者乎且非徒以其位已也緣大中以立極而措之經綸適得乎宜民之術本至正以作則而章之軌物丕昭乎盡制之休由是以此善節之道而協夫人心之宜數度之制民咸用焉而推之無不準也德行之議人共守焉而達之無不順也此則天子建中和之極而道之所在其節也非天下之所通行者乎夫以節而至于通亨孰尚焉推其所自固本于德位之兼全而德尤其要矣聖人示辭之意微矣哉抑是節也于義爲止道在節天下而不過也且必本諸中正而後可行焉况于一時之規畫與天下增益于經常之外苟不揆諸中正之原而謂惟其所得爲將何以示天下而導之從乎噫是不可不慎也然中正之道豈易言哉精一以執中無爲以守正此帝王相傳之要法皆自心焉求之也

黄帝堯舜垂衣裳而天下治

高士徵

同考試官教諭彭批（三聖神化無爲之妙正以衣裳之制出于通變非强作也此作直探邃古而詞意足以發之真潛心于易學者取之）

考試官教諭張批（識精詞雅迥异常作）

考試官學正高批（純正）

大傳論三聖興文明之化而變通之妙見矣蓋衣裳之制文教之始也三聖興之而天下化成焉不可以見通變之妙哉大傳明聖人制器尚象之事及此蓋謂聖人之治與天下相安于無爲者其心也而不容不有所爲者時也時之所宜而與民通之則亦無爲而已矣昔者黄帝堯舜之繼神農而王也風氣雖漸闢矣而樸陋之尚存天下不能無變革之心法制雖漸備矣而文教之未興人情不能無更化之願三聖本風會之所趨而象服之制創焉質極而示之以文初非强人以不欲也緣群情之所向而華躬之章立焉儉極而導之以禮

初非容心以紛更也由是以辨上下則禮讓之風斯興舉天下鄙陋之習而相率于雍容之美有不知誰之所爲矣以别等威而文爲之盛斯著舉一世渾樸之俗而相忘于熙明之天有不知帝之爲力矣我無所爲而四方協從欲之治風俗自是其可同矣所謂一通變而民不倦焉非以此哉上無所作而萬邦成於變之化治教自是其休明矣所謂一神化而民自宜焉不以是哉謂之曰垂衣裳而天下治信乎一乾坤變化而無爲也三聖所以繼天立極者蓋如此雖然天下有得與民變革者制也有不得與民變革者道也三聖衣裳之制猶之網罟耒耜而已乃其河圖之受精一執中之旨上溯犧皇之秘下垂道統之傳夫寧有二哉厥後非天子不制度而欲制度者其可不求諸道乎

書

后克艱厥后臣克艱厥臣政乃乂黎民敏德帝曰俞允若兹嘉言罔攸伏野無遺賢萬邦咸寧

邢鳳毛

同考試官教諭謝批（治至虞廷爲極乃其君臣猶交儆于克艱之義正聖人無窮之心也此作闡明殆盡其神契聖謨者哉宜式多士）

考試官教諭張批（發都俞之意藹然）

考試官學正高批（明净雅健宜冠本房）

大臣言君臣盡道之效聖君契其言而廣其效焉蓋君臣萬化之原也誠能各盡其道而效之所致不亦廣乎宜大臣言之而聖君契之也且昔有虞之世君明臣良治隆化洽矣然大禹圖治之心未已也乃言于帝曰主天下之治者后也而后道唯艱矣輔天下之治者臣也而臣職不易矣必也欲爲君盡君道而代天之責兢兢焉期以克舉之也欲爲臣盡臣道而代終之義業業焉求以克勝之也君臣克艱如此吾見修政之功足以振精明之治而綱舉目張上無不乂之政矣化民之術足以速觀感之機而遷善協中下皆敏德之民矣豈非效之必至者哉然大禹祗承之心即帝舜保治之心也於是帝聞其言而俞之曰德業成於上下之交事功起於明良之會信能克艱其效豈但已哉將見延納既廣而嘉謀起樂告之誠善無不言言無不盡也寧有隱伏者耶明揚有道而黎獻遂登庸之願知無不舉舉無不先也奚有遺佚者耶道化孚而兆民得所膏澤究而天下舉安萬邦奚有弗寧者耶蓋至是而政乂民化之效益廣矣豈非君臣克艱之所致哉是則大禹之謨責難之敬也帝舜之言樂取之誠也虞廷都俞之盛如此此其治之不可及歟抑舜禹君臣艱罔弗克治罔弗隆而其相戒之辭恒惴惴若不及者是豈作而致其情哉其心誠以天下至廣萬

民至衆有一不得其所皆予責也故曰危微曰儆戒曰兢業其言不同其旨則一矣故曰聖人之心無窮又曰聖人不以吾治爲已足有以哉

穆穆在上明明在下灼于四方

張允升

同考試官教諭謝批（虞廷君臣去此時遠矣吕刑蓋追叙之□此作形容穆穆明明宛乎面挹且文詞典則非凡格□取之）

考試官教諭張批（不襲時套雅有矩度）

考試官學正高批（精切不浮）

聖世君臣德容之盛而達於無間者也蓋穆穆明明德之著於容者盛矣而光輝四達焉自非虞世君臣能如是乎宜穆王申言以訓刑也蓋謂聖人之御世也不徒任法以維治而惟尚德以化民吾嘗上嘉有虞而想見其盛矣是故穆穆者和敬之容也惟帝舜之爲君也而德威德明焉則純粹之懿著之爲雍肅之儀大和洋溢藹乎其可親也至敬流通儼乎其可象也在上何穆穆乎明明者精白之容也今三后之爲臣也而恤功于民焉則憂勤之心彰之爲昭融之象勵精煥發而熙載者日宣也明作奮揚而亮工者日嚴也在下何明明乎君臣之德徵諸容者如此由是有道之氣象自宣夫赫奕之休而合四方以勤施初不見其或禦令德之威儀自著夫輝煌之盛而盡四表以光被殆不見其或遺和敬形于一人而英華達於四訖自邇以及遠旁燭其無强焉浩浩乎遍及之神何者不在其文明之中乎精白凝於群后而光輝至於四敷由中以達外於其無間焉蕩蕩乎廣運之妙何者不在其照臨之下乎吁此君臣昭德以化民殆有出於法制之外而不徒恃乎刑者矣典獄者其尚覽之抑帝王之治法天者也天之道先陽而後陰故聖之治先德而後刑而協中之化萬古稱隆焉後世任法律而不知有仁義者不罪於帝王寧不愧於吕刑乎此吕刑之所以見録於書也

詩

鳲鳩在桑其子在棘淑人君子其儀不忒其儀不忒正是四國

侯于魯

同考試官教諭李批（不忒正四國處塲中類多浮泛可厭此作真切精當善形容風人之意是宜録出）

考試官教諭張批（體裁嚴整詞氣明亮正身率物之意儼然溢目蓋潛心於經學者）

考試官學正高批（莊重温雅）

詩人美君子而興其身之爲度焉蓋威儀者身之章也君子有不忒之儀則可以爲度矣謂不足以正四國哉鳲鳩之詩美君子用心之善也想其托興之意若曰心者萬化之原而身者四方之極也吾兹有感於君子矣彼鳲鳩在桑其子在棘焉是不以子而易其所止之常也在物固有然者矣况我淑人君子耶本之以如結之心既立夫方外之體形而爲有常之度自協乎中正之觀施於四體不惟其儀之一也致禮以治躬者則淑慎而不愆焉殆秩然於規矩之中者乎見之一身不惟其帶弁然也率履之不越者又俾臧而俾嘉焉殆儼然於瞻視之表者乎夫其儀不忒如此吾知道範既端而彰之軌物自足以動丕式之衷表儀克正則樹之風聲自足以廣維新之化仰維德之隅而非僻之念可潛消焉君子雖不期於心法之昭而四國群然其革心矣蜉蝣之習不於此而丕變耶睹令望之孚而匪彝之從可默奪焉君子固無意於身法之立而四國翕然其向風矣赤芾之僭不於此而改觀耶是可見正乎己者即所以正乎人而欲方外者尤不可不直乎内也噫君子其賢乎考之召公成王曰令聞令望四方之綱抑之自戒曰敬慎威儀維民之則蓋威儀所以定命而民之具瞻係焉鳲鳩詩人之言固有所本也説者以爲此詩指僖負羈而言嗚呼曹之赤芾乘軒者三百人以斯人而不用何以望四國之正也有正人之責者尚鑒兹哉

思皇多士生此王國王國克生維周之楨

文在中

同考試官教諭李批（王國□作盛世天下維楨多涉下以寧句殊戾本旨是篇獨就周邦言且發揮維楨切當明健允邁多士可録）

考試官教諭張批（贍整醇□善作雅義者）

考試官學正高批（和平流亮）

詩人美周室之多賢而有輔國之忠焉夫賢才之生以爲國也有周人才之盛則其爲國之楨也固其所周公述天之福文王此自其臣庶言之也蓋曰我周之興翊之者賢也生之者天也周士傳世之顯豈偶然哉蓋美哉此多士也勉敬之猶有以發至治之精華而乘時以出咸萃于聖作之時勵翼之謨有以昭文德之宣朗而應運以生畢集于周邦之内貞元會而豪杰興一時師師之彦殆匹休乎唐虞之盛矣氣化隆而賢哲奮一代藹藹之英誠遠邁乎夏商之世矣夫以王國而能生此多士如此豈不有益於國哉吾見秉精白以承休所以顯其經綸之□者自足以成夫保障之功殫忠貞以自效所以弘其贊相

之能者自足以建夫屛翰之績自其德之所培植也扶國運而繫人心有以鞏皇圖子有永我周植本之固孰非其夾輔之力哉自其才之所樹立业保人民而安社稷有以奠國祚于無疆我周郟鄏之鼎孰非其底定之勛哉夫以王國克生乎多士固足以見天厚有周之意多士能忠乎國家又可以見多士承天之心則其傳世之顯也宜哉雖然周士生固本于天而文王菁莪棫樸之化所以涵濡之者久矣其始也純德以作人其終也任賢以佐命此文德之所以盛而天命所由歸也周公欲成王法祖以用賢而拳拳于周士傳世之顯及召公卷阿之咏又以得賢自輔終之老成之告君類若此厥后成王爲有周令主者周召之功偉矣

春秋

春王正月公會齊侯宋公陳侯衛侯鄭伯許男曹人伯侵蔡蔡潰遂伐楚次于陘楚屈完來盟于師盟于召陵（俱僖公四年）冬公會晋侯宋公衛侯曹伯莒子邾子滕子薛伯杞伯小邾子齊世子光伐鄭十有二月己亥同盟于戲（襄公九年）

周策

同考試官教諭孟批（場中作者類多剿説此作於桓悼服楚心事義正詞嚴是有自得之學者録之以式多士）

考試官教諭張批（謹嚴得體）

考試官學正高批（純正可誦）

春秋於二霸兵好而皆美其得善勝之道焉此桓之服楚悼之敝楚皆不戰而屈人兵者也其斯以爲善之善者與夫自聃伯見俘孔叔勤德八國之衆所爲集於陘也維時奇兵掠境而蔡潰正兵聲罪而楚恐齊之兵力亦章章乎其無敵矣使驕暴者處此鮮不動其好勝之念方城漢水之險安能保其必克乎所幸節制之師仲父素定而桓也任之修文告以威敵而用之有律亟退舍以結盟而下之有禮雖不必戰勝攻取而徼好承願楚已帖然服矣不謂之善勝可乎春秋取其近王事也是故美召陵焉展謀不從駢任其咎三駕之役所爲講於戲也維時鄭待二境以請盟楚肆北圖而力競晋之伯業亦落落乎其難合矣使忿疾者處此將不勝其求逞之心荆尸兩廣之椎安能保其必捷乎所幸善陣之法武子能明而悼也聽之分軍逆來而於我未病還師許盟而彼不能從雖不必暴骨以争而大勞未艾楚已索然屈矣不謂之善勝可乎春秋取其能駕外也是故下書蕭魚以美焉凡此皆慎用兵重民命而惡以兵刃相接聖人之情見已惜乎召陵之後濤塗執陳見侵桓志已盈蕭魚之績偉矣釁

啓通吴政委大夫事日非焉不然以桓公正而不譎晋悼君子之資幾何而不進於王德哉此管仲知罃所以終於伯佐而已噫觀文匿武之訓顧取威定霸者所能久假耶

公會晋侯及吴子于黄池（哀公十有三年）

邊自化

同考試官教諭孟批（聖人治御之意見諸書法此作發明透徹謹嚴莊重誦之令人斂衽三秦杰士也高薦允宜）

考試官教諭張批（識見迥别是深於春秋者）

考試官學正高批（簡切有味）

春秋紀兩伯之會而嚴其詞所以示治内御外之道也夫兩伯自黄池始也先晋子吴而言及聖人於夷夏盛衰之際其嚴乎且貴華賤夷而冠屨之分正扶陽抑陰而天地之義明斯則春秋傾否之書聖人經世之略其謹嚴固如是也晋定失霸夫差暴横托伯父之尊屬襲僭王之餘威黄池會而侈然肆其雄長之争魯衛同而儼然厭於宗盟之上岌岌乎内外潰决而經常倒置矣經斯世者寧弗加之意耶是故吴固主會序晋爲先蓋盟主之常尊非僭夷之所得加也春秋内中國而外諸夷不以是夫吴已稱王正名爲子蓋一人之大號非命圭之所可假也春秋四夷雖大皆曰子不以是夫然晋雖居前吴實并霸先吴不免於拂經列書尤嫌於泯實特書曰及而天地之大經以順會盟之霸迹足徵使吴不得自遂其强晋不至終底於弱聖人立法垂訓之嚴如此夫然後防立而中國有常勝焉名正而四夷有定守焉要無事乎持衡争長大經一順而抑鋒止鋭亦自有餘策矣後世乃有顛倒冠屨以有天下者將欲保國而免其侵暴得乎噫由不講於治内御外之道故耳撥亂世反之正非聖人其孰能之雖然聖人之不得已也使中國猶有人焉蕞爾夷吴猶不能拒於越之入何至主盟上國哉乃魯甘百牢之徵衛懼國狗之□非獨晋俯首東向而聽命也若夫持節旄以尊漢争獻納以伸宋者其亦聞黄池之訓而興起者與

禮記

天子者與天地參故德配天地兼利萬物與日月并明明照四海而不遺微小其在朝廷則道仁聖禮義之序燕處則聽雅頌之音行步則有環佩之聲升車則有鸞和之音居處有禮進退有度百官得其宜萬事得其序

閻應儒

同考試官教諭粟批（此題場中作者不難於措詞而難於體認是篇有

斟酌有含蓄且於序宜處即以仁聖禮義發揮深得經旨宜録以式）

考試官教諭張批（發養盛處明確可誦而忠愛之意溢於言表取之）

考試官學正高批（莊重得體）

記者贊君德之極盛必言其養之純而及其驗也夫德侔造化不易致也苟非隨寓而純其所養之功焉又何以獲其驗乎記者之意若曰德之未盛者不足以同天養之未純者不足以昭德惟天子得天之厚而爲民之主也吾見其道參天地而兩儀之克配者有以兼濟萬物而無外道何大也明并日明而四表之光被者有以旁燭微小而不遺德何明也夫天子道德之盛如此然豈自治之疏者所能致哉蓋無適而不得其養者矣是故其在朝廷則仁聖迭運也禮義時出也而所由不紊其序豈非備道於大觀之地乎其在燕居則二雅必奏也三頌必陳也而所聽不濫其音何嘗自肆於幽獨之地乎不寧惟是其致樂以治心者雖行步升車不廢焉而環佩鸞和相繼也其致禮以治躬者於居處進退必謹焉而有禮有度不爽也如是而豈無效之可言耶但見元首明而股肱爲之自良大臣法而小臣廉也百官於是乎宜矣是宜者義也而天子道義之效不可徵乎股肱良而庶事爲之自康大綱舉而衆目張也萬事於是乎序矣是序者禮也而天子道禮之效不可徵乎合是而爲樂之和爲仁聖之用日月同明天地同德由此其致矣天子之德一何盛哉抑考古之帝王盛德大業未有不先於治己之功者故無怠荒而克勤儉虞夏所以得天也制事心敬勝義勝商周所以受命也故古之大臣所以告戒其君者一則曰天難諶斯一則曰克享天心誠以人君繼天而爲之子其精神與天通一無間理固如是耳匪引天以懼之也然則有志於參天配天之治者其尚慎所以修身養德以無忘記禮者之言哉

先榮而後禄不亦易禄乎

侯賓家

同考試官教諭粟批（理明詞到深得人臣敬事後食之心録之以式多士）

考試官教諭張批（發明易禄字懇切詳盡許國之忠已預悉其蘊矣敬服敬服）

考試官學正高批（理緻精切）

君子敬其事而後其食此禄之所以易也蓋儒者之心知盡其職而不謀利者也故先勞而後獲其禄之也不亦易乎儒行載孔子告哀公之意若曰純臣行義以達道不爲干禄之私明君儲禄以養賢專爲勸事之報自夫下臣爲

利禄而效忠其道浸薄矣所謂儒者之易禄者果何所見乎彼人臣效力於君者謂勞也勞吾所當自盡人君恤臣之私者有禄也禄吾不敢自必故儒者之事君以義之不可逃也而力有所必竭焉惟知勞於王事志必先之以責之不可諉也而心有所必殫焉是雖禄有常秩而意不及之始焉不敢憚於勞也所以奮庸熙載者必敕其初若夫禄以養廉惟君所命而已而未始萌夫覬覦之私繼焉不敢倦於勞也所以圖成代終者必虔其後若夫禄以代耕惟上所賜而已而未始起夫期必之念夫如是不亦易禄乎蓋其正誼而不謀利則廉静之操本無厚望之私先事而能後食則忠懇之懷不暇自營之計雖禄以天下當與賢者共之然事專報主而禄不入心不惟以功詔禄之易也即使代耕之食不給焉亦勿恤矣豈曰得之難也而禄之不易哉雖養賢之禄不爲儒者靳之然志存立功而利不遑計不惟以事奠食之易也即使養廉之具未周焉亦相忘矣豈曰畜之難也而禄之遂難哉是蓋處則爲純儒出則爲純臣者也豈與徇私謀利之臣可同日語乎大抵持身事君無二道而忠廉一心也故忠臣不私而家之厚者於國必薄三代以下若晏平仲季文子者亦庶幾約己爲國者乎然而功烈日卑公室自弱吾不知其先勞者何義也無已其惟鞠躬盡瘁而不以餘財負主者歟先儒許其有儒者氣象良以是哉

第二場

論

爲政貴有以來天下之善

文在中

同考試官教諭粟批（宏博以藻彩□愈文充贍以琢裁而益粹且一結渾脱先秦語意蓋工於篇而邃於思者敬服）

同考試官教諭李批（議論會叠古雅充潤題義無餘藴矣讀之令人三復不忍釋手子其三秦之杰歟）

考試官教諭張批（體格正大辭氣衝融可與論政矣宜録以式）

考試官學正高批（明暢可誦）

天下之道忘其在我者常裕而矜其所長者必隘君子不自足其所已能而以其所不能者取諸人則天下之治成矣何則天下不可以徒治也所以爲之綱維而整齊之者有政焉政以綱維整齊乎天下則其務誠繁而吾以一人之智力聰明役役焉圖之將見智力愈竭聰明愈困而天下之治卒不可得而理矣故善圖治者以爲吾既以一身操可治之權則天下之才皆吾之才天下

之善皆吾之善吾惟延之以誠接之以禮休休焉以廣其度則衆善畢集而天下有餘治吾何爲敝精疲神以自用爲哉此好善所以優于天下而朱子所以謂爲政者貴有以來天下之善也且夫君子之爲天下國家也猶工師之爲巨室也引繩墨運規矩操斧斤以爲□櫨榱桷栒楔户牖有非一手一足之所能致者使工師事事而自用之則天下之拙工也此猶其小者也天以於穆尸其柄而日月以司暄雨露以司潤風雷以司鼓霜雪以司斂五氣四序以司推行夫然後天得以成其化使天而自爲之暄爲之潤爲之鼓斂推行則天道亦幾乎息矣况乎天下之大兆民之廣所以寄頼乎我者饑寒昏墊之欲得其所顓明强弱之欲復其性禮樂欲其明備政教欲其修舉天地欲其位育日月星辰欲奠麗雨暘燠寒風欲其時若昆日蟲鳥獸草木欲其茂對四海八荒九夷百蠻欲其撫御其責不既重哉以如是之責而萃于吾之一身將貴以智慮乎智可以解紛也而一人之智何以周天下之務將貴以强乎强可以有爲也而一人之强何以勝天下之繁將貴以聞識乎聞識可以給辨也而一人之聞識何以盡天下之聰明故君子于此欲有以稱天下之責則必深長思曰謂吾足智矣而視天下以愚可乎謂吾强矣而視天下以弱可乎謂吾多聞識矣而視天下以聾瞶可乎又必深長思曰大智如舜而好問察多才藝如周公而三吐握天縱多能如孔子而好敏求此三聖人者豈不自知其能而好爲是屑屑然之不憚煩哉無亦以天下之善無窮而一人有不足恃者乎故智不如舜吾何爲而不好問且察才藝不如周公吾何爲而不吐握天縱不如孔子吾何爲而不敏求易曰山上有澤咸君子以虚受人言山澤之氣乘虚而通也彖曰觀其所感而天地萬物之情可見矣感之義大矣哉詩曰采葑采菲無以下體言葑菲小物也猶有足采焉况于善之大乎故使爲政者必其自智自强自聞識而後用之則山澤不相通也菲葑不足采也吾恐滿假之態一彰而天下之智者强者多聞識者必將曰彼智矣而何有于吾之智彼强矣而何有于吾之强彼多闻識矣而何有于吾之聞識由是天下之懷才抱德者皆將裹足不敢入境孰肯甘心降氣以聽彼訑然之拒哉夫以天下之政待我而修天下之治待我而成而吾方拒人于千里之外以自用其所長則是暄不以日月也潤不以雨露也鼓不以風雷也斂不以霜雪也推行不以五氣四序也其何以爲天道則是繩墨不以衆任而以工師規矩斧斤不以衆任而以工師□櫨榱桷栒楔户牖不以衆任而以工師其曷以爲巨室君子知其然以爲吾有天下國家之政吾治天下國家也吾治天下國家則吾之善天下國家之善也天下國家之善吾之善也何我非人何物非我由是體澤山之虚以立其感法地山之謙以廣其

益廓太公之量以弘其受誠心以延之緩辭以導之和顔色以接之皇皇焉如不及已未善吾捨焉人有善吾從焉芻蕘可詢則不以人廢葑菲可采則不以物遺禹聞之而拜吾益以旌焉周公三吐握吾百焉由是戴仁負義之士近而州里遠而四海之廣小而一才一藝大而馮翼孝德皆將裹糧載質以游于吾之庭如商賈之趨市行旅之赴家吾不有其智而天下之智歸焉吾不有其强而天下之强歸焉吾不有其聞識而天下之聞識歸焉譬則昆山之玉隋和平之寶明月之珠大阿之劍鮮離之馬翠鳳之旗靈鼉之鼓夜光之璧犀象之器所謂不産于秦而皆秦之有也夫然後以天下才治天下事吾惟宰其功而已矣以天下事付天下之能者吾惟觀其成而已矣我無專智而有餘智我無專强而有餘强我無專聞識而有餘聞識由之以禮樂則明備以刑政則修明以饑寒昏墊則無不安其所以顯明强弱則無不適其性以裁成其道輔相其宜則天地可位萬物可育日月星辰可以順軌雨暘燠寒風可以時若昆蟲草木鳥獸之繁可以時育四海八荒九夷百蠻之在撫御者可化而歸其始也以天下之責而統之爲一人之責其既也以一人之責而分之爲衆人之責其究也至于衆人之責舉而一人之責以塞故以此而君則爲堯舜爲禹湯文武而君道成矣以此而相則爲皋夔爲伊傅周召而相道得矣君德修則萬民化相道得則萬國理天下不足治矣嚮使自矜而不虚拒人于千里而不受則雖堯舜禹湯文武之爲君皋夔伊傅周召之爲臣亦不能治矣何也捨好善而望治是猶適越而北轅也驅馳雖勤其曷能及乎雖然不好善無以來天下之善固不足言矣亦有好善而不足以來天下之善者何哉天下有陽好而陰嫉者有始好而終疏者其失也僞有實好而不知其善者其失也愚有知而不能舉舉不能先者其失也命有一于此皆非所謂能好也天下豈肯輕身而來告以善哉故僞則拒人甚于訑訑人將有惟恐其影嚮之不幽矣愚則碔砆進而和璧去矣命則利餌者進而冥鴻遠矣孟子稱樂正子以好善而許其優于天下非以其爲信人乎書秦誓言大臣一個人也徒以其斷斷好善不特足以利黎民而后世子孫皆能保焉至于娼嫉之人非不知善之當好徒以其好之不誠非特遠而子孫不我能保雖近而黎民亦危而不安矣由是觀之天下後世之利與不利而在乎一人好善之實與不實爲政者其可以弗早辨哉

表

擬三殿工成欽定名額頒示中外廷臣賀表（嘉靖四十一年）

高士徵

同考試官教諭謝批（土懋鼎新名崇三極先皇弘功深意未易揄揚子

能敷詞章以宣盛美而祝願數言尤徵忠愛非徒藻麗爲工已耳是用表出）

考試官教諭張批（美□宏詞鋪張盛事子其身伏畎畝而心游廊廟者耶日且觀光尚占敷對）

考試官學正高批（以忠愛之意敷典則之詞可以爲文矣）

嘉靖四十一年某月某日恭遇大工告成欽名三殿曰皇極中極建極左右樓曰文昭武成門曰會極歸極弘政宣治頒示中外者伏以宸宇輝煌弘規奠萬年鞏固璇題昭揭奥義超千古維新制尤斷于睿謨工實創于帝造臣民快睹朝野欣騰臣等誠歡誠忭稽首頓首竊惟明堂日御垂衣正八表之瞻蒼闕天開懸法儼一王之制爰自合宫啓構都俞攸存粤若斯干興歌芋寧有在慨卑宫于禹夏緣茅茨之肇除仰考室于周宣繇威靈之丕振蓋大聖有作非無事以疲民而群情所鍾自率工以興事彼黄龍白虎徒侈美于游觀追飛羽披香曾何關于政治兹蓋伏遇皇帝陛下御極統天宅中法祖秉一敬以慎五事道備衡和齊八政以厚群生功成位育作威作福乾綱正而百度惟貞無黨無偏風俗同而萬國以理白鹿玄龜符景貺壽域宏開于無疆瑶芝玉兔會昌辰醇氣蔚然蒸于有象屬者皇穹陰騭顯示革舊之機后德欽承懋建鼎新之業謀及卿士及卜筮人神胥孚乃召司空召司徒經營聿始雖聖慈屢戒乎勿亟而人心自悦于忘勞九有貢珍斂五材而駢萃百靈默佑甫三載以克成丹壁映朱閣之嶔崟巍然雲起鑫爵列玉觚之璀璨美矣星羅樓觀山峙于東西掖館霞披于左右撫兹偉構本丹書以受玄符錫厥嘉名因洪範而闡精藴惟正殿爲正朝之地謂皇極應紫極之尊從殿以建以中期祇德以宰物傍扉乃歸乃會協衆志以遵王文德昭而武功成弛張之義以立弘其政以宣其治順化之美斯彰是蓋萃仁孝明聖之全格天凝命盡通變繼述之善知化窮神近以擴居重馭輕之圖遠以爲光前裕後之計臣等慚同樗櫟叨厠岩廊幸就日於堯天共仰九重之涣汗想呼嵩於漢國遥聞四海之歡忻匪徒戴北極而傾心惟深慶忭宸將擬南山以獻祝曷罄揄揚伏願昊眷益隆聖祚彌篤闢四門之耳目萬壽日躋乎公堂舞兩階之羽干衆星環拱于帝座天合高地合厚日合臨月合照丹扆斂五福之有常民用睦穀用成國用乂家用康清禁綿百順于無替臣等無任欣躍屏營之至謹奉表稱賀以聞

第三場

策

第一問

邢鳳毛

同考試官教諭李批（證經典以釋聖訓具見淵源之學且敷張明備而嗣守遠猷□規懇切忠愛之忱展卷藹然識之）

考試官教諭張批（以大本大智立意發揮精邃詳盡可佳）

考試官學正高批（敷陳明切具見忠愛）

人君之世守鴻業也有保天下之大本而後可以盡仁孝之實有周天下之大智而後可以成繼述之功何則天人無二理仁孝無二道人君之事天也猶乎其事親也未有不實其心而能悦乎親者則亦未有不實其心而能格乎天者也其法祖也猶乎其法天也未有不達乎理而能法乎天者則亦未有不達乎理而能法乎祖者也故心以誠立則動爲實事而所以祈天永命者有其木理以智研則事無膠固而所以嗣大歷服者有其具夫然敬不假于靡文之飾孝有得夫化裁之妙有不足以保天下于可久綿世業于無疆也哉竊聞詩大明有曰明明在下赫赫在上假樂曰不愆不忘率由舊章斯二者以言乎創守則均也而君子獨歸之守成蓋首出之君備歷艱苦則憂勤之心必至固有不待敬而自無不敬不待法而自我作則者也迨夫纘緒之主坐享成業則惕厲之念易忽固必知敬天而後可以格天知法祖而後可以守祖也稽古夏啓首膺傳子之統而謳歌訟獄歸焉非不足稱也然當二帝傳賢之後茅茨之風未遠而菲食之家法猶存以其所習見而能勿失焉未可以爲難也商之大甲當處仁遷義之後而四方諸侯歸焉非不足稱也然方其踐祚之初未聞顧諟之伊訓而允德之不終雖其復歸于亳而後增修厥德焉未可以爲有初也至于有周自后稷肇封千有餘年其豐亨非一日也成王以襁褓而奉耆定之統其豫養非有素也然當其廟見之始曰念兹皇祖曰率時昭考是一念法祖之意既已皇皇如不及矣及其既受群臣之戒曰日就月將曰佛時仔肩是一念敬天之忱若猶以爲未足焉此其在開創猶以爲難而况于撫已成之業在長君猶不可必而况于當富有之年此夏商之所以不可及而首稱之所以爲無愧也自是以還漢之文帝玄默恭儉而海内殷富似矣然禮樂則未遑唐之高宗尊禮大臣而庶幾貞觀似矣然履□則弗戒迄有宋真宗寬仁慈愛帝王之量似矣然矯誣上天而祖德亦隳曾何以望有周之萬一哉肆我太祖高皇帝受命啓運混一區宇嘗諭輔臣曰人心乘氣機出入操存爲難又曰朕上畏天

地兢兢業業不敢自逸于是録存心以著敬天而又思所以爲燕詒之訓乃采歷代諸王善可爲法惡可爲戒者輯爲嗣君昭鑒録以教諸王其所以謹天命而垂典則視古帝王之用心何异哉我成祖文皇帝奉天纘序統御方夏嘗自謂天之視聽相爲感通人心之敬忽有間則天命之去留無常于是因存心録爲聖學心法而又謂繼世之君謹守祖法則世祚延長乃命儒臣集爲文華寶鑒以貽世範其所以殷敬畏而裕後昆視我太祖之宏規寧有二哉我列聖相繼握符主鬯上有以順皇天鑒佑之心遠有以追二祖德業之盛率是道也暨我世宗肅皇帝聖神文武欽明允恭位彌久而道彌隆德愈盛而化愈光以昭事上帝嘗諭群臣有曰知所尊以尊焉几一言一動以至于予賞刑罰不敢私一己之欲于是欽天有頌敬一有箴凡可以奉天則謹天戒者蓋匪徒托之空言而已也以繩祖武則又曰知所親以親焉凡出入語默以及于民彝物則不敢作纖毫之惡于是祖德有詩謁陵有述所謂繼序思不忘者真有一舉足而不敢懈也至于去昊天之名恭上皇天上帝尊號發皇祖所未發也祀皇祖于圜丘宗皇考于明堂備皇祖所未備也有保天下之大本而又有周天下之大智此其所以度越成周而卓然擅中興之美豈偶然哉我皇上聰明天啓聖學日新爰自踐祚以及今日經筵每資于啓沃萬幾不憚乎躬親饗帝饗親則務竭乎誠信大政大禮則動求乎成法禱旱而甘澍時若荷天心之感應不啻速也因澇而間架免税務損上以益下惠何渥也若此者成王之訪落陟降無以尚矣乃者灾沴頻疏于四方治效未臻于咸亨此明問之所由發也然自愚言之古人君之保天下者其心嘗自思曰天下者天之所以子我祖之所以燕翼我者也天之所以子我則不可不務修德以爲承藉之地祖之所以燕翼我則不可不務法守以爲永保之圖又嘗自思曰保天下之道有情有文有經有權人而不惟其情惟其文不惟其權惟其經是膠柱而鼓瑟也故謂燔柴燎望敬天在是矣而致嚴于圭璧祝史之間如漢武之泰畤西畤非不虔也而或以爲瀆焉謂不改其道法祖在是矣而不達乎因陋襲舊之弊如唐睿宗之用斜封非不述事也而或以爲過焉至于理所當因則守王季之舊而不爲執理所當革則改文王之德而不爲變不然孔子豈以達孝私一武周哉故君人者有保治之實心而又有研幾之大智其敬天也非特文之而已必也昊天曰明而無敢馳驅□天曰旦而無敢戲豫天道好生而不殺天道恒久而有常天以大虚爲體而法之爲翕受天以行健爲用而法之爲自强五材天所生也制爲取用之節四氣天所序也律爲時措之宜因福善以親賢懲禍淫以遠奸發號施令罔有不臧一天之風霆雨露各當其可也左右前後罔匪正人一天之衆星旋

繞罔不順軌也自深宮大内以至接禮賢士大夫之際儼乎大祭之是承由嚮晦宴息以至禮樂刑政之大昭乎上帝之臨汝夫然則一敬達于上下而天人一致所謂下有明明之德斯上有赫赫之命在我矣有不足以安天下乎其法祖也非特守之而已必也祖考以憂勤開基而不遑暇逸祖考以敬義憲天而邁種厥德祖有功而繼序其功焉宗有德而作求其德焉心法可考用之爲直内之方身法可鑒資之爲飭躬之準納諫咈咈祖德之捨己也而法之爲虚已望道未見祖德之謙己也而法之以戒盈以其所以應天者而祈乎天以其所以順人者而安乎人敬以事神和以接物一肅肅雍雍之遺也不狃近利惟懷永圖一不泄不忘之舊也自食息起居以至于恭己南面之上非先王之法行不敢行自燕封近習以至于顧問大廷之際非先王之法言不敢言夫然則一道揆于先後而祖孫同德所謂作室而肯堂塈播而肯穫在我矣有不足以綿世業乎夫仁以事天則詒謀不孤而事親之孝以得孝以事親則成命可凝而事天之仁以盡善乎宋臣司馬光曰人君若不畏天則何事不可爲羅從彦曰祖宗德澤不可恃法度不可廢可謂深得守成之道矣彼有謬爲天變不足畏祖宗不足法如安石者豈非天下后世逢君之罪人哉方今聖天子勵精于其上而又有賢宰執篤棐于其下所以翊成一代光明俊偉之業端有在矣雖然頌成王者言周公之功不衰此又賢宰執今日之事也於愚生何有哉

第二問

文在中

同考試官教諭粟批（圖書理數原非淺學所能測識篇中探溯本原究析同异且惟極天人合一之妙聖神功化之全真所謂獨觀其深者可以徵夙蘊矣録之）

考試官教諭張批（闡發理數之學洞悉無遺可謂潜心有素者）

考試官學正高批（理數微旨作者多所未悉獨子得之）

造化有一定之體聖人因數以察理而天地之秘以彰造化有自然之用聖人顯道以祐神而天地之化以成夫天下之物天下之數爲之也天下之數天下之理主之也理隱於無形而其朕莫測數呈於有象而其幾未著聖人不得已而本其數以見道體之全推其義以盡裁成之妙此天地聖人相待以成而後天地有全能聖人有全功矣請因明問而敬陳之夫道何爲而始也由天地而始也道何爲而終也由聖人而終也易大傳曰河出圖洛出書聖人則之蓋昔者庖犧氏之繼天而王也有龍馬負圖出于河其文一六居北二七居南三八居東四九居西五十居中本天地自然生萬之數也伏犧于其

一三五七九而識其爲奇也陽也天道也于其二四六八十而識其爲耦也陰也地道也于是則之以畫卦陰陽錯綜而乾兑離震巽坎艮坤立焉此天地之化育所由肇也大禹之治水功成也有神龜載書出于洛其文戴九履一左三右七二四爲肩六八爲足本天地自然貞勝之數也大禹于其一三五七九而識其爲奇嬴也陽當有餘也人所宜扶也于其二四六八而識其爲耦乏也陰當不足也人所宜抑也于是則之以第疇因天責人而五行事八政五紀皇極三德稽疑庶徵福極陳焉此天地之化育所由成也夫圖本無卦也而卦之理已寓書本無疇也而疇之理已存伏羲則圖以畫卦大禹則書以叙疇孔安國劉向父子非無見也苟謂圖以龍馬而制則龍馬所載爲何圖書以洛龜而成則洛龜所負爲何象無乃以易言伏羲仰觀俯察以畫卦不言龍馬而因以例書乎然安知龍馬非俯察之一事也河圖呈于伏羲而十以揭其全體洛書錫于神禹而九以著其大用關子明邵堯夫諸人未爲無見也苟謂以九爲河圖則泄其秘于先者何以不舉其全以十爲洛書則闡其用于後者何以反益以十無乃以圖書互藏其用而托言于陳希夷以爲二者皆出于伏羲乎然不知圖書數各有定而理有攸當也要之圖書殊時而列數其象不能以不异圖書本數以載理其究不能以不同故自其异者而觀之河圖天數五地數五一陰一陽之道也積之則天數二十五地數三十而五十有五具焉天地之常陽不足而陰有餘也洛書天數五地數四陽以統陰之義也積之則天數二十五地數二十而四十有五具焉天地之變陰宜消而陽宜長也河圖以五生數統五成數同處其位陰陽合而後生道備獨陽不生獨陰不成也洛書以五奇數統四耦數而各處其方陰陽錯雜而後有制陽得以兼陰陰不得以兼陽也河圖運行之序始東次南次中次西次北左旋一周而復起于東木火土金水生生之本然也此兩儀四象八卦而六十四而四千九十六萬事萬物之所從出也故曰天地之大德曰生洛書推行之序始北次西南次東南次東次中次西北次西次東北右旋一周而復究于南水火金木土相制之妙用也此一消一長一闔一闢一進一退四時日月所以相禪于無窮也故曰無易則乾坤幾乎息矣河圖以六七八九附于生數之外以盡陰陽進退饒乏之正而其九者生于一三五之積六者生于二四之積七者九之自西而南八者六之自北而東蓋至是而陰陽老少互藏之變備矣洛書以七八六九縱横十五以盡陰陽消長之理而其虚五分十則以一含九以二含八以三含七以四含六蓋至是而陰陽參伍錯綜之妙舉矣是固圖書之所以异也而异者未始不同自其同者而觀之河圖之一二三四各奠其方而常居内六七八九各以其類而附于外是

以内者爲主而外爲客也洛書之一三七九各本其氣而正其位二四六八各從其合而附于側是以正者爲主而側爲客也此圖之未始不抑陰而書之未始不尊陽也河圖之以五居中也五生數之象實在焉下則天一之象也上則地二之象也左則天三之象也右則地四之象也中則天五之象也洛書之以五居中也五奇數之象實在焉下亦天一之象也左亦天三之象也中亦天五之象也右亦天七之象也上則天九之象也此圖之虚中而太極以立即書之虚中而五氣以萃也圖之一六同宗而位乎北二七爲朋而位乎南三八同道而位乎東四九爲友而位乎西五十相守而位乎中生成五位之相得也其五獨居中而分十者則外陰之義耳書之一正乎北而六從之七正乎西而二附之三正乎東而八隨之九正乎南而四因之是奇耦之各有合也其五獨正乎中而黜十者則滅陰之義耳此圖之生成未始不爲書之奇耦書之正側未始不爲圖之内外也圖之虚五與十者太極也奇數二十耦數二十者兩儀也以一二三四合六七八九者四象也析四方之合以爲乾坤坎離補四隅之缺以爲兑震巽艮者八卦也義固有所在矣而書之虚五其中者是亦太極也奇偶各居二十者兩儀也一二三四五合六七八九縱横十五爲七八九六者四象也以四方之正爲乾坤離坎以四隅之偏爲兑震巽艮者亦八卦也是圖之體未始不含書之用而書之用未始不具圖之體也此固圖書之所以同也而同者不能以無殊易曰顯諸仁藏諸用鼓萬物而不與聖人同憂天道也河圖之所由出也裁成天地之道輔相天地之宜以左右民人道也此洛書之所以爲有憂也後之儒者有見于其同則謂圖書皆出于伏犧有見于其异則謂洪範不由于洛書他如楊雄之太玄關朗之洞極司馬之潜虚延壽之訓詁京房之氣數王弼之理致皆穿鑿附會而造化自然之功用始紛然不可窮矣大抵理一而已有天地之造化有聖人之造化天地之造化鬼神生成之本也聖人之造化酬酢有相之道也不觀天地之化則無以見聖人之道有所本不觀聖人之道則無以見天地之化有所終故天無二日民無二王陰晴治亂君子小人多寡之不齊者天地之常也聖人以其常而通其變撥亂而反之正尊君卑臣進君子退小人内中國外夷狄所以扶陽抑陰贊天地之化育也是故明此而帝堯舜之所以闢洪荒奠永賴去四凶進元凱則治統立而道統以正明此而師則周孔之所以彖易繫辭擴天理戒人欲因河圖之體本洛書之義則道統明而治統以彰蓋天地以無心而成化聖人雖有心而無爲無爲者非一無所爲也盡人以合天也至于盡人以合天則亦天道之無爲而天下國家可坐而理矣執事策士以研理之學無亦欲其究圖書之旨歸以求盡夫聖神功化之

極乎顧愚何足以及此

第三問

周策

同考試官教諭彭批（人才之盛衰係于時而所以致多才者尤係于用至于純心焉要矣作者見未達此率亦未有定論子其通達有□者乎可以觀才矣）

考試官教諭張批（考論古今人才及用人之法□係□悉具有要論可採録之）

考試官學正高批（用人要務得子有確見矣宜録以爲式）

執事有感于廟堂需才之議以古今人才下策末學而欲得卓犖雄渾之才以拔出魁壘用佐我聖天子昌熙之運意甚隆也顧愚才未脱乎㩭桷形未超乎驪黄曷足以與于此哉雖然竊聞之漢史有云蓋有非常之功必有非常之人然而非常之人其功率弘于草昧之初何哉蓋草昧之初法制未定才將則將焉才相則相焉無所謂例簿也而開創之君惟其賢不惟其迹惟其稱不惟其資無所謂牽制也若夫承平既久則規格科條森然昭布而守文之世雖欲郤例顯庸如吏議何知乎此則古今人才之盛衰始有可言者矣易曰雲從龍風從虎聖人作而萬物睹言君臣感應之不忒也詩曰鳳凰鳴矣于彼高岡梧桐生矣于彼朝陽菶菶萋萋雍雍喈喈言人才感召之有道也粤稽古有虞以重華之德膺帝堯之禪當時相與共治者有禹稷契皋陶伯益爲之平水土教稼穡明人倫飭五刑烈山澤以翊成萬世永賴之功古今稱才之盛者莫加焉迨至有周本執競之德爲吊伐之舉當時相與興事者有周公召公南宫适散宜生太顛閎夭吕望諸臣爲之疏附爲之先後爲之奔走禦侮以弼成清明之化古今言才之繼舜而盛者莫加焉夫上有舜武之爲君而後下有五臣十人爲之佐下有五臣十人爲之佐而後永賴清明之化成人見五臣十人之治獨异于古而不知舜武相遇之難有如此者故由周而前大禹承舜禪之後一時共治之臣固當時同事于虞廷也雖謂爲有夏之盛焉可也迨夫成湯不憚三聘之煩而伊尹奏阿衡之勛高宗信帝賚之夢而傅説成鹽梅之治向使成湯以五就疏尹而高宗以版築弃説欲其成伐夏中興之業其可得乎由周而後當列國分争之餘秦以戎狄承之當時諸臣要皆權術游説之客也雖謂之無才焉可也迨夫高祖得三杰而以之興漢昭烈得孔明而以之三分向使高祖以刀筆弃蕭以跨下弃韓以亡命弃張昭烈以草莽惜三顧欲成一統三分之業其可得乎故論才于三代之上者當以才之大小爲優劣不當以數之多

寡爲盛衰彼五臣者以一人而當億兆人者也盛之盛也十人者以一人而當千百人者也盛之次也不然孔子嘆才難而曰唐虞之際于斯爲盛豈非有見于此哉其論人才于三代之下者當究其遭時所遇之主而不當以成敗爲優劣彼三杰之于漢高也遇也孔明于昭烈也不遇也使三杰當昭烈之時而遭漢高之主烏知不易地皆然哉况乎人才各有所長譬則規可以爲圓而不可以爲方矩可以爲方而不可以爲圓是物理且然人才可知矣雖在唐虞聞稷以教稼穡矣而未聞兼乎教與刑也聞禹以平水土矣而未聞兼乎益也是聖臣且然其下可知矣故用才盡其所長則以靈公之無道而王孫賈仲叔圉祝鮀之徒猶足以存衛苟用矣而信之不篤則以箕子比干微子之仁而不能以延商用不用之間而國之存亡以之孰謂人才無關于治忽哉洪惟我太祖高皇帝奮迹南服迅掃腥膻奉天命以行天討悲人窮以順人心取天下于戎濁之秋不啻比迹湯武而已然義旗一揮而豪杰雲集如徐中山之征討四方智勇超絶常開平之克復中原戰勝攻取鄧寧河湯東甌之撫定八州所至無敵沐黔寧李岐陽之討平諸夷所向有功他如胡大海趙德勝桑世杰張德勝耿再成俞通海諸臣著勛勞于督戰之日又如劉基之運籌决勝宋濂之學貫天人章溢之忠孝兩盡吴訥之臣僚讓德固皆一代佐命之元勛視十人之廓清弘化何以异哉自非我聖祖求之有道而信之不疑使之以器而任之不貳其何以收削平之功乎逮我列聖光紹景命旁招俊彦可謂先後一揆矣而海内耆碩之士靡不向風景附雖不越乎吏議之常而去古未遠辟召屢行真才接踵而出有由然哉我皇上嗣登大寶撫有成業謂明良交而德業成則敦禮耆舊輔弼之臣信之必專謂賢才輔而天下治則博開登崇俊良之門而立之無方謂野有遺賢也而辟舉之政行焉謂遺佚可録也而起用之詔下焉方今賢俊滿朝而士寸長片善之必録忠良顯遂而一才一藝無不庸宜乎用有餘才官不乏人矣夫何頃者邊陲多事南北騷然當事之臣試之寡效司銓者將慎選以充而臨事怕致有乏才之嘆此執事所以欲得跅弛之才以佐成亨嘉之會也自今言之天生一代之才自周一代之用未聞藉才於异代者也必也在廊廟之上則于公孤之才而隆其禮焉時勤訪問如古之都俞吁咈于一堂而伊傅周召之才端可見矣在邊陲之遠則于封疆之臣而盡其能焉責之以成功而不束以文法則李郭韓范之才端可見矣于郡邑之吏而重其任焉假以歲月期以成績如漢之贈金增秩則不必寤寐循良而龔黄卓魯之才有不可見乎于將師之臣而優其權焉厚供饋以恤其私貸小過以圖其大如古之謗書盈篋而不惑則不必拊髀思將而頗牧起翦之才有不復見乎制科善矣而空言無補不有鄉舉里選之遺

意可兼舉乎大比校藝之外俾有司録其德誼之實與夫才之所優而參考之則德成而上藝成而下真才有不輩出焉否也養道豫矣而記誦徒勤不有三物之教蘇湖治事之遺法可兼舉乎月省歲會之餘而又必任其才之所宜志之所欲如星曆戰陣營田水利之類士以此而優劣以此而殿最真才有不豫養焉否也至于奔逸不羈之才冥飛遐舉之士有不囿于庠序之所養制科之可羅者則載之于垂綸可也起之于築岩可也三聘而陟阿衡之任一舉而登大將之壇亦可也雖然求才固有其道而用才尤有其本又必純心以任之則讒諂不得以亂正而貴德之義盡夫然後可以感會風雲以翊成昌熙之治以比隆唐虞三代之盛矣故曰純心要矣用賢急焉

第四問

閻應儒

同考試官教諭孟批（裕財需效於久剔冗先務其大議對雅達政源且探事獻説言中肯綮而復標以顯義約以正詞所謂治練而文工者也楚珠桂櫝斯爲均稱宜冠諸作）

考試官教諭張批（贍裁藻斫偉識遠猷隱然見於言外蓋其詞婉其旨邃者也宜式多士）

考試官學正高批（敷叙閎於藴藉區畫超人意表）

天下有事若反而相濟言若迂而實切者固衆人之所疑而達者之所信善謀國者不可以弗辨也今夫足國之道固貴乎竭智畢慮以拯一時之急尤貴乎深思長顧以爲攸久之圖然人情喜于欲速而厭于持久則未有不以一時爲切而持久爲迂者也殊不知國之病財譬人之病殤也殤有療之以峻削則悦有告以葆艾元和則咈然怒曰此庸醫也曾何足以謀吾殤卒之殤愈劇而元和日耗其曷能及乎易有之曰何以聚人曰財書八政一曰食二曰貨此財用民食天下國家之大計也在昔成周兵以私田而不餉士大夫以公田而不廪歲時經費不越乎祭祀宴饗服輿匪頒好用數者而已周公方且憂之總其權于冢宰而又有司會司書職幣職歲以防其微有參互日要歲會以考其成是周之所以理財者理其財之出而已非以理其財之入也理之于上者不欲虐取之于下而已非固屑屑然如彼不憚煩也自是茅茨之風遠而土木繁興禮讓之俗易而征役不息此財用之所以日詘而徵輸之所以日亟也逮漢之文帝玄默躬修仁厚待下非無所事財也然惜中人之産以罷露臺□上書之囊以爲帷幕歲蠲田租輒復除去與天下生養而休息之雖賈誼之建議禮樂未遑而當時海内殷阜府庫充溢史稱其漢家享國長久皆文帝所留有由

然矢至于武帝聰察强毅喜于有爲非不知重民也然泰畤作而禱祀頻瀆兵革黷而工役紛擾仁義外施多欲内存舉天下之力而盡敝之雖其任用桑弘羊之徒筭及商車而得不償失海内虚耗史謂其蠹國罷民靡費元氣不爲虚語矣夫文帝不有其利而財用以贏譬則窶裘之子雖無所猷爲而恪守節儉故業自有餘裕也武帝以利爲利而國事日蹙譬則巨積之室雖善于摧榷而驕奢亡度故難與長守富也是則節與不節之間而崇本逐末之效已昭然矣唐之財賦有劉晏以司度支而又有裴肅以刺史進蕭綬以判官進裴延齡皇甫鎛以聚斂進要之專利于上爲國之蠹孰若李翺所謂人知厚斂之可以富國而不知薄斂之爲富愈大爲有見哉宋之財賦有陳恕以董磨勘而又有景德會計録皇祐會計録治平會計録雖皆所以總括邦計孰若蘇轍之元祐録其要主于節用以厚民生爲有得哉肆我聖祖當順天革命之初而蠲民田租之合無歲不下然國無廢典民有餘貲是我聖祖之所以結人心而凝天命者端有在矣我列聖承重熙纍洽之運而任土作賦之外一無所括然賦不加增而用不加損是我列聖之所以撫鴻業而致盛治者必有道矣恭惟我皇上踐阼五位保有萬方當臨御之始首罷不急之役大黜非經之科登極有詔建儲有詔一則曰天下生民十分困窮一則曰朕加意節省用自有餘蠲田租停間架凡所以征諸民者可謂薄矣夫何頃歲以來閭閻一歉遂至相食邊鎮告急恒欲脱巾大司農瞻度無策時稱匱乏至請下廷臣條爲理財集議一書檄行天下各陳所見無非廣忠益集衆思求所以爲足國裕民之計也今觀其書曰錢法曰山礦曰屯鹽曰增税凡以關財之源者至矣曰清邊費曰計經費曰裁冗費凡以節財之流者至矣爲謀不同而同于籌國家之用籌用不一而一于紓目前之急然自今言之田有履畝之租户有丁口之役門有事産之徵商有行貨之税昔人所謂兵役興而邊民困賦役煩而農民困鹽鐵筭緍而商民困貴爵免罪而富民困入財爲郎而世家困今皆有之誠有如天語所謂天下十分困窮者也其諸繅絲者非特見蛹將并其蛹食之矣其諸漁者非特絶魚將并其澤揭之矣昔魯哀公以年饑爲憂而孔子告之以薄斂彼聖人豈固好反其所見而爲是迂闊之論哉無亦深探其本而導以利之大者乎至如魏文侯于賀增賦者則以爲貪其賦税而不愛人是虞人反裘負薪而不知皮盡毛將安附也彼文侯豈不欲專利自殖而爲是矯飾之言哉無亦有見于國本所在有不可斁者乎今之言曰邊餉有定額朝廷有定費宗室有常禄官廪有常供此而益之猶患不給賦而不加其何以濟愚竊以爲不然蓋常觀之行者策疲羸之馬于千里之途策愈急而疲愈甚曾不知少休焉將不至于蹶不止也今

民之將蹶亦久矣可不思所以少息乎爲今之計田之正額不可省也而塞下之荒屯郡國之蕪田可不任民所墾乎今誠使民曰不清丈不起科行之數年將中外無不墾之田矣中外無不墾之田則粟米狼戾邊人得以倍食游民得有常業是不轉餉而餉自足不賑貸而民無失所也况地闢則人聚將又有不待召募僞增而邊戍户口有餘裕矣當年之賦不可已也而均徭之提編逋税之帶徵可不輟而蠲乎今誠示民曰民間一歲所入止有此數其可忍并徵以盡人財如此則所紓民力皆國之力所裕民財皆國之財也况新税不逋則歲有常盈前者不加則後者可繼矣至如鈔法者國家所以操利權于上而不制于天不聽于人者也此法廢而財源始聽命于下矣今之鈔法既不可復可不通其變而易之爲泉布乎鹽法者國家所以因地之利以代飛挽以充軍實者也自鈔法廢而餘鹽不輸于官私鹽日益廣矣今泉布可舉則可不復其舊制而厚償以收其餘乎謂宗室爲天潢所宜厚是矣然爵不可降而禄與時宜在太祖初年已議裁省今法其意而因世以定殺可也謂社倉爲荒政之義舉是矣然以官强之則不勝其騷然在昔家給人足興發自藉今任其便而勿煩其政令可也不但已也蘇軾所謂三冗其在于今非尤所當去者乎其曰冗吏非特郡邑佐幕丞使之微所當裁也由丞幕而上凡中外鄉大夫武廕常侍之屬試取祖宗之列簿而考之不有所當議乎其曰冗兵者非特郡國之兵所當抑也内而宿衛之士外而邊陲之徒試取國家之尺籍而檢之不有所當汰乎其曰冗食非特闤闠僭侈不經所當禁也由内外百司庶府之所需以至于無名徵誅掊克之所括有不可裁者乎夫如是爲之在我者既以制節謹度不爲耗利之端施之在上者又以導利于民而不爲專利之計是雖不足以給目前一時之急而民富則國不至于獨貧實所以爲萬世悠久之利也此在吾君吾相一心以爲天下而不爲自便之圖凡謀有合于遠大勿嫌于更張言有裨于社稷勿遺于芻蕘然後群策群力之畢集而足國足民之道或庶幾矣愚生狂瞽之見如此執事其勿以爲迂焉

第五問

戴廷禮

同考試官教諭謝批（時論邊事何多竟之無當于用凡以襲浮談鮮實見也子能考古任將馭兵之舊策今儲將足兵之宜起弊振頹切中機要其先天下之憂者乎宜録以式）

考試官教諭張批（博古宏才切時確見氣骨之雄偉文詞之藻贍不暇論也佳士佳士）

考試官學正高批（論馭將兵之道條悉古今籌運終始執此以往邊不足備矣胸中數萬甲兵當於子亦云）

竊聞易之蠱曰先甲三日後甲三日說者謂前事將壞當自新以謹其後後事方始當丁寧以監其失夫今之邊事蠱已極矣所恃自新丁寧以爲善後之謀者必上有安攘之誠而後法有所主下有負荷之忠而後治有可圖蓋人情狃于故常而憚於紛更況法立而行有未善又因以究其所繇則利害懸焉自非上不規規于因仍下不屑屑于利害其曷以爲振蠱之永圖哉夫夷狄之爲中國患雖在盛世能使天地之平成而不能亡徂征之師能致海内之嚮風而不能亡薄代之役其所賴以爲克敵制勝之本者寧有要于兵將哉在昔文武一而已矣無事則將歸卿列有事則卿莅戎行故召虎以文德而平淮夷方叔以元老而征荆蠻無專將也兵農一而已矣居常則負耒而耕遇變則荷戈而戰故居有積倉行有裹糧無養兵之費也厥後有智將賢將儒將才將千萬之將所貴乎求之廣者世胄可使也而穰苴以典司馬囚縶可使也而夷吾以佐九合仇讎可使也而雍齒封于列侯行伍可使也而李廣起于都尉良家子可使也而奉世拜以光禄亡命可使也而馬援授以大中俘虜可使也而敬德納于幕下武科可使也而子儀共荐位中令老可使也而非熊以之興周稚可使也而甘羅以之佐秦吏可使也而蕭何拜以相漢儒可使也而馮异封以應國貧可使也而齊王起于淮陰賤可使也而衛青發于人奴凡所以求之者不既廣乎然求之既廣而任之不專則亞夫以抗命疏何以平七國之反郭進以誣訟弃何以釋北顧之憂任專矣而儲之不豫緩急將何賴焉故霍去病之以侍中甘延壽之以羽林郎皆其所嘗試而素識者也此古之所以任將者則然耳而所以駕馭倡導之術不存焉至于兵之爲制有六軍三軍二軍一軍之分初皆自爲之食至漢之三變唐之三變以及民兵募兵義勇之設而其食皆仰給于官矣歷代所以優其養者鹽筴可資也而管仲以富青齊轉漕可資也而相國以給關中入粟可資也而晁錯以實塞下屯種可資也而充國以戍金城委積可資也而食其以守成皋市租可資也而魏尚以給雲中田税可資也而寇恂以移屬縣糴粟可資也而耿中丞以給湟中貿易可資也而張咏以給益州充羨可資也而左藏以發饑饉錦綺可資也而慶曆歲出百萬珍珠可資也而竇元以市軍儲進獻可資也而許玄豹以充邊餉中禁可資也而内侍省以贍軍旅凡所以養之者不既厚乎然養之既厚而擇之不精則車下虎士何以勝合淝之役丹陽青巾何以收陷堅之功選精矣而練之不熟則節制將安恃焉故春夏舉以搜苗秋冬舉以獮狩皆所以振旅而服習者也此古之馭兵者

則然耳而所以推赤感動之道不存焉要之將者兵之統兵者將之衛均之所當重也而將爲要蓋天下無必勝之兵而有不可敗之將不然李信以二十萬而不勝王剪以六十萬而勝獨非秦士哉洪惟我太祖高皇帝應天順人闢乾坤于腥穢之餘而漠北一掃我成祖文皇帝靖難定鼎揭日月于繼明之後而虜庭三犁當時所以鼓舞一世之豪杰綱維仁義之師旅固非特比迹湯武而已我列聖相承撫耆定之業際亨嘉之運歸馬放牛韜兮戢戈武備之不講久矣狂虜抵隙投間非時肆侮寧一朝一夕之故哉頃歲東潰薊垣西逾雁代焚戮之慘致廑九重西顧之憂于是詔下廷臣上陳經略之方又遣使行邊以求邊臣所不敢言所不能爲之事一時條具封事凡馭將論兵之策誠有如執事所云者及輔臣陳大閱之典以爲積弊之餘非聖天子躬率于其上不足以爲多方之表我皇上欣然嘉納乃躬御戎服親駕六飛率勛戚大小臣工以講武事殆遠追瞻洛之盛而陋馳射上林于不足言矣風聲所感固宜將懷敵愾之心士增踴躍之氣内有以銷奸宄之萌外有以落腥膻之膽而廓清之績乃猶未見焉無亦因襲之弊未易卒更乎夫以虜之爲患昔也止于秋防今四時并禦矣昔間數歲一犯今歲以爲常矣昔止于野掠未攻堡也今不特攻堡而攻州郡矣昔所得止于芻畜布帛今則寶玉綺綉無所不掠矣大入則大利小入則小利未聞一遭挫焉竊恐犬羊之性易逞而溪壑之欲未艾其或妄肆匪茹則可慮孰大于是哉顧吾所以禦之者尚復狃于故常而無肯能任其責其諸病者日損月削坐視其困而莫一投劑焉此賈生所謂可爲長太息者也自愚言之欲救弊者不可窮其源欲證今者不可不求諸古以言乎馭將古者推轂而寄以閫外授劍而許以副將今之將有不行于士矣矧偏裨乎古者將有便宜置吏收市租于幕府不問所出矣今稽餉之使交馳于道矣况置吏乎古有軍中不奉詔而天子按轡者今事機在邊陲而文法由中制矣古有日擊牛饗士而大破匈奴者今不以爲玩愒則咎以靡費矣古者賞不逾時罪疑惟輕本以示勸也今經歲而功罪不决可乎古有終日鞭七人貫三人耳而知敗有試以婦人寵臣而知成今之教習有是嚴焉否耶古有十六年而屯青州十七年而守關西今之任將有是久焉否耶今之督撫非古卿士修我戎乎既命以節制一方矣爲其可信也乃功罪不信以爲功罪必察焉出納不信以爲出納必察焉古郡守之不如是贅員而已矣夫以馭將之道浸不如古而欲求功業之無前胡可得哉以言乎馭兵古者天子之于戍士出則歌采薇以遣之歸則歌杕杜以勞之今且不恤于有司矣安望其上優于朝乎古將帥之于士卒未食不先飯未卧不先寢今視之如犬馬矣安望其共甘苦乎古士飽馬騰而後可

以利戰今一斛之粟將不免于枵腹矣古畏我而不畏敵今紀律亡素退則有生之望矣古者秦以鋭士强齊以技擊勝今則有不辨金鼓之節幟文之度矣可乎古者帶甲千人則有明習占候通曉夷情扛鼎超關健步巧詞可爲先鋒嚮諜者今之部曲動以萬計不知備此數者否耶古有養以國士則報以國亡養以衆人則報以衆人今則一切視之且無選鋒之養矣而一旦臨敵不知有能奮勇前驅否耶入衛之兵非延寧之勁卒乎然千里裹甲經歲始還困敝憔悴人所共知而徒以憚其撤兵之嫌無肯力任其責而主之者是土苴而已矣夫以馭兵之道浸不如古而欲求安攘之攸賴胡可得哉此明諭所謂邊臣不敢言不能爲之事意者其在兹乎或曰將必試戰而後可知也其誰與儲今内地衛士且分番以戍邊矣則中外百夫長以上可無分番習戰于儲邊之幕乎或曰客兵尚不足胡也而撤之其誰與防今土著之兵視客兵既不侔矣則附邊州縣可無易而爲衛所抽之以分戍乎雖然儲將足兵固所以爲振蠱之圖而其要尤莫切于理財其本尤莫先于務實善乎宋臣蘇轍有言曰苟無其財雖聖賢不能自致于跬步苟有其財雖庸人可以一日而千里方今聖天子賢宰執蚤夜圖惟化理所以爲籌邊之計者可謂有務實之心矣乃司事者可不思爲體國之忠而應之以實乎愚生密邇邊陲竊嘗有概于中而不能以自達敢僭言之以爲明問復

陜西鄉試録後序

隆慶四年秋八月陜西當大比所部士維時巡按監察御史郭庭梧袛率百司共服厥役綜理内外纖悉周悉始七日癸卯鎖院越甲子告竣事凡二十有二日御史躬執扃鑰蚤夜罔或暇逸録成將報之天府師載得有言于後用諗厥多士曰師載不敏竊聞之虞庭納言必試功而後庸周官言揚必任事而後禄夫言之不易取在盛世已然矣今師載所爲試爾與爾所自爲見揚既咸惟其言而所謂功與事者又在爾多士他日非吾所能與焉師載曷言哉矧兹西土山川炳靈古帝王所更居賢哲挺出歷我明二百有餘歲道化旁浹人文宣朗士生其間涵育漸被策勛茂實以凌軼前碩自制科以還章章明備師載又何言哉雖然事有出于習見而可以相證者君子恒藉以反觀焉請以余道途所感藉以爲喻可乎始余之發渭水也屬時秋陽敷烈鬱暑蒸炎塵囂紛沓縈紆閃爍求片雲之覆一沾清澍不可得也迨膏車叩關西南望見終南太白之巔烟嵐四塞觸石蜂起竊心欣然以爲將雨之候也少焉飄颻掀揭而杲然

日出矣詰朝渡潼津跋華山之麓褰帷四望其雲猶是也已而頹飆怒號冰雹蕩薄脱木偃禾惟民之灾又明日顧瞻豐原雲峰千叠氤氲瀰漫余爲此懼方將戒徒疾馳而霡霂漸零寔稱甘霖嗟乎天下事幻化曷常疑信亡從獨雲乎哉易曰雲從龍京房飛候占曰西方有大雲五色下有賢人甚矣雲之象類吾賢也抑余又聞終南太白盤亘西極昆侖爾多士非鍾諸山之秀而毓者耶始余讀子所爲文見其詞鋒絢爛耀然奪目者則以爲景雲敷華揚采郁郁紛紛者則以爲卿雲磅礴雄渾一瀉千里者則以爲有渰之雲至和所發縱横昭回足以爲文治之光者則以爲慶雲紆徐龐雅潤澤春容者則以爲不崇朝而雨是曰泰山之雲爾多士繼自今以往將摶空扶摇而上從六龍遍八極驅策風雷霖雨萬方此余嚮所謂竊心欣然以爲將雨之徵也是惟爾多士其或覆日而爲□雲積陰而爲霃雲汩没芬華與時升沉迴翔滅軌而爲浮雲又其或獵聲寡實尺寸靡所自樹靦焉抱三有負如吾嚮所見西郊之雲甚或憑藉矯假鼓迅烈以自封殖爲冰爲雹是謂暴雲兹亦惟爾多士方今聖天子寤寐求賢匪徒曰得夫才而已蓋誠欲得夫若濟大旱之商霖也師載以謭陋謬膺兹典日惴惴懼不克任亦匪徒曰得夫才而已蓋誠欲得夫瑰瑋廊廟之器异日對大廷聽臚傳五色横空覆蓋使天下後世指其名曰此某所舉卿雲士也師載將有餘榮焉不爾則將有餘咎焉夫爾諸士平居所稱述時雨之化受之于師而習之已者非一日矣使一出而旋悖焉上無以仰成當寧之懷下有以詒主司者之□人其謂何師載寡昧不能旁引古昔聊述吾所感以爲二三子忠告語云以小喻大此之謂矣爾多士尚其勖諸

河南汝寧府光州固始縣儒學教諭張師載謹序

萬曆元年陜西鄉試録

陜西鄉試録序

萬曆癸酉天下又當大比士于鄉寔我皇上龍飛之初之第一舉也在三秦抱藝而思利見者飆奮雲烝盛矣巡按陜西御史蔡廷臣司監臨祗奉明命矢公矢慎有加往昔而考試提調監試以及諸執事亦罔弗公焉罔弗慎焉既得士爲録且獻太和作而言曰思皇多士生此王國王國克生維周之楨此非豐鎬岐周間詩乎太和嘗誦此詩輒慨然興感有慕於其地焉思見之矣維兹關中固昔之王國地也太和既幸酬夙願又幸獲叨與掄材則嘆關中人才之盛而竊有國士之期焉何者詩稱西周之才不曰才曰楨此其意嘗於版築之間而知之矣版築者之築墉也救度畚鍤秩然具矣苟楨幹弗峙庸詎能言言仡仡高且堅乎是故墉有楨幹則震撼不摇墉乃固國有賢才則窺伺不作國乃寧詩蓋稱其巨者哉故夫楨幹者木之碩大而堅實者也非凡材倫也乃若楨國之才豈以彼文具緣飾追趨逐耆者所可幾哉要必有淳厚端實宏碩剛毅之士斯可以借彈壓而托倚毗也夫淳厚端實宏碩剛毅固西周之士之素稟而恒習者其能楨國也固宜士至於楨國斯足以語國士矣周而下士不見重然發爲文辭猶深厚雄偉千載之下稱爲秦漢間文字與魏晋以降數代者不同日道也關中風土所從來其盛如此明興二百餘年祖宗培養澤深巨才代起其以道德節義功業擎柱岩廓擅名海寓者後先相望信方古國士之駕諸士生於其鄉而習聞之矣况又自得於風土者厚也故今諸士之文時文也而奇氣古意往往見於筆墨畦徑間謂依俙有先秦西漢之風非耶寧獨如是意必有負淳厚端實宏碩剛毅如西周者在所收之中而爲我明之楨矣乎誠望之也然又竊慮之世代既逖僋爵王途紛華易奪安知淳厚者不化而爲靡薄端實者不化而爲曲譎宏碩剛毅者不化而爲委瑣選耎矣乎苟有之則文雖近似實失其所以爲關中者而有負兹士之産國家何賴焉聖天子紹統御極方在衝年即數召輔臣平臺非風雨罔不夙臨經幄親賢圖治日亹亹不倦真不世出之主也頃者搜拔四方摧廢之士至數十百人且申嚴大比科條意至惓切者凡以冀獲巨才如周之楨國者而用之也諸士幸際兹奇遘忍負之

乎誠能感時思奮亢志前修益培其淳厚端實宏碩剛毅之體於凡靡薄由譎委瑣選耎諸流俗卑卑者心賤之而足不蹈焉養成忠義之幹异日者疏附後先鬱爲時棟詎直嗣芳近哲即周之多士不得專美於前矣主司且自慶得國之楨而又何暇於异代慕也雖然尤有辨焉朱紫之間毫厘千里苟或好高自負大言無當以血氣事事而不要諸理甚至恣睢剛愎怒喜异同若此者自許國士去國士霄壤矣苟能底厲名節沉浸道德貞義徇國不有我不利害怵毁譽摇即不自負國士人以國士歸之矣是故爲士者非名之貴而無實之患取士者非無士之患而得國士之難丘陵之原易爲崒嵂渥洼之種可屬纖離何者有其具也關中之士其淳厚端實宏碩剛毅者是國士之具也故兹於諸士始進雖其文有先秦西漢之風不具論論所以楨國者蓋本其風土之素而以國士爲諸士期諸士勖之哉主司者固緦緦日冀幸之矣是舉也太和與學正宋崇獻司考試教諭何宏賓仲秬唐廷燦阮純如司同考試乃巡按御史陳文焕先期所禮聘左布政使侯東萊右布政使秦鈁司得調副使張大忠李良臣司監試而六十五人者則巡按御史暴孟奇董石暨提學副使劉有誠陸光祚先後所選士二千有奇而拔其俊云時總督軍務兵部尚書兼右副都御史戴才閲視邊務兵部左侍郎兼右僉都御史王遴巡撫陝西右僉都御史部光先巡撫寧夏右僉都御史先朱笈今羅鳳翺巡撫延綏右僉都御史張守中巡撫甘肅右僉都御史廖逢節撫治郧陽右副都御史湯賓綏宇宣猷咸興文教巡按監察御史茶馬趙焕清軍李采菲許乾河東鹽法張道秉憲肅紀丕振士風若奉命有事兹土則尚寶司少卿石星刑科都給事中烏昇户部郎中張體乾崔行可兵部主事劉竞成協恭綜理於外則左參政朱卿徐節左參議劉伯燮梅友松右參議胡定姚繼可副使程鳴伊吕鳴珂張夢鯉蔡可教孫坤王惟善楊起元晋應槐平康裕李承式陳廷芝僉事侯居坤劉之蒙翟繡裳原森行太僕寺卿陳耀文祁天叙少卿衷貞吉賀賁胡維新苑馬寺卿馬出圖少卿馬文健孫光祖先期入賀則右參政楊旂副使郝杰署都指揮使李學詩而署都指揮使僉事梁文毛斐然與有防範之勞例得備書焉

湖廣常德府儒學教授劉太和謹序

萬曆元年陝西鄉試

監臨官

巡按陝西監察御史蔡廷臣（藎卿江西德化縣人　乙丑進士）

提調官

陝西等處承宣布政使司左布政使侯東萊（儒宗山東掖縣人　庚戌進士）

陝西等處承宣布政使司布政使秦紡（鳴和浙江慈谿縣人　庚戌進士）

監試官

陝西等處提刑按察司副使張大忠（同楨浙江秀水縣人　壬戌進士）

陝西等處提刑按察司副使李良臣（直甫貴州普安衛籍直隸江寧縣人　乙丑進士）

考試官

湖廣常德府儒學教授劉太和（道甫四川嘉定州人　壬子貢士）

山西汾州儒學學正宋崇獻（汝徵直隸武功衛籍山東武定州人　辛酉貢士）

同考試官

河南開封府陳留縣儒學教諭何宏（仁甫四川温江縣人　己酉貢士）

湖廣德安府安陸縣儒學教諭竇仲秬（汝馨廣西全州人　庚午貢士）

湖廣承天府潛江縣儒學教諭唐廷燦（明夫廣西全州人　甲子貢士）

四川敘州府宜賓縣儒學教諭阮純如（聖成貴州貴陽府民籍江西新昌縣人　甲子貢士）

印卷官

陝西等處承宣布政使司經歷司經歷張相（卜卿江西南城縣人　監生）

陝西等處提刑按察司照磨所照磨朱大典（伯敦直隸寧國縣人　監生）

收掌試卷官

西安府知府安嘉善（體亨山西代州人　乙丑進士）

延安府知府陳燁（光宇山東諸城縣人　壬戌進士）

鳳翔府知府鄒廷望（道吾湖廣新化縣人　壬戌進士）

臨洮府知府邢邦（維翰山東臨清州人　己未進士）

慶陽府知府郭邦驥（德甫山西長治縣人　丙午貢士）

受卷官

西安府同知史邦直（中厚山東樂陵縣人　戊辰進士）

延安府同知張孔脩（允治直隸大名縣人　乙丑進士）

西安府推官吴道卿（名輔山東平山衛人　辛未進士）

鳳翔府推官許東漸（應教山東平山衛人　丙午貢士）

漢中府推官馮楷（正夫直隸安肅縣人　戊午貢士）
平凉府推官劉啓源（德深直隸順德守禦所籍山西興縣人　乙卯貢士）
彌封官
西安府華州知州傅霖（應期山西忻州人　壬戌進士）
臨洮府河州知州趙于敏（訥甫山西長治縣人　辛未進士）
西安府咸寧縣知縣趙九思（一誠山西澤州人　辛未進士）
西安府長安縣知縣賈如式（孝徵直隸武强縣人　辛未進士）
西安府三原縣知縣顧問（汝備湖廣咸寧縣人　辛未進士）
西安府涇陽縣知縣翟廷楠（棟叔山西渾源州人　辛未進士）
西安府咸陽縣知縣賀愈（子抑山西崞縣人　辛未進士）
謄録官
西安府耀州知州望廷臣（汝忠湖廣夷陵州人　壬子貢士）
延安府綏德州知州毛儲元（伯善湖廣常德衛人　乙卯貢士）
西安府渭南縣知縣帥祥（履卿四川安居縣人　辛未進士）
西安府同州朝邑縣知縣李梧（士任四川瀘州籍納溪縣人　戊辰進士）
西安府華州蒲城縣知縣胡其高（汝升四川井研縣人　辛未進士）
延安府鄜州洛川縣知縣李廷儀（國瞻山西霍州人　辛未進士）
鞏昌府會寧縣知縣戴光啓（仲升山西祁縣人　辛未進士）
對讀官
西安府同州知州丁有周（克宗湖廣武陵縣人　甲子貢士）
西安府乾州知州李維祐（子受貴州清平衛直隸徐州人　辛酉貢士）
平凉府鎮原縣知縣高自治（思勉山西太原右衛人　辛未進士）
鳳翔府扶風縣知縣陳子需（以子四川宜賓縣人　辛未進士）
延安府甘泉縣知縣邵寵（子荷山西河津縣人　丁卯貢士）
鳳翔府岐山縣知縣馬彦卿（次彰四川内江縣人　戊午貢士）
鳳翔府寶雞縣知縣師嘉言（行甫山西河津縣人　丁卯貢士）
巡綽官
西安左衛指揮同知趙安（欽明直隸永平府人）
西安前衛指揮同知殷誥（君寵直隸宜興縣人）
西安後衛指揮同知尤梁（國用直隸丹徒縣人）
潼關衛指揮使孫仲金（礪夫山東鄒平縣人）
西安前衛鎮撫辛守臣（克忠直隸懷來縣人）

搜檢官

慶陽衛指揮使張子乾（叔順直隸合肥縣人）

延安衛指揮使岳守讓（仲實直隸舒城縣人）

河州衛指揮同知長略（中謀直隸滑縣人）

金州守禦千户所副千户魯自勉（遵道湖廣武陵縣人）

西安左衛前所百户馬繩武（從文湖廣沔陽州人）

供給官

陝西等處承宣布政使司理問所副理問宋杭（汝渡直隸威縣人　監生）

陝西等處承宣布政使司經歷司都事歐陽宇（參甫江西泰和縣人　監生）

陝西等處提刑按察司經歷司經歷葉健（原發直隸婺源縣人　監生）

西安府同知沈紹先（孝甫直隸安州人　乙卯貢士）

西安府耀州同官縣知縣吴洸（至大四川威州人　歲貢）

慶陽府寧州真寧縣知縣劉坤亨（汝厚山西洪洞縣人　戊午貢士）

漢中府石泉縣知縣曾選（公甫湖廣郴州人　戊午貢士）

西安府華州同知張濟世（博之山西平陸縣人　監生）

鳳翔府隴州同知吴良億（以明直隸宜興縣人　監生）

西安前衛經歷司經歷汪士欽（道安直隸績溪縣人　吏員）

西安府咸陽縣縣丞楊科（時漸順天府昌平州人　歲貢）

鳳翔府扶風縣縣丞李果（君實四川黔江縣人　歲貢）

西安府涇陽縣主簿徐汝華（子秀江西南城縣人　吏員）

西安府醴泉縣主簿曹宗善（克一順天府霸州人　歲貢）

西安府同州朝邑縣主簿申時寵（子崇山西屯留縣人　歲貢）

西安府咸寧縣典史王基（成吾浙江會稽縣人　承差）

西安府涇陽縣典史石胤芳（汝錫山東恩縣人　承差）

西安府藍田縣典史齊景嵩（宗嶽直隸昌黎縣人　吏員）

西安府華州華陰縣典史劉廷臣（惟欽湖廣潛江縣人　吏員）

西安府高陵縣典史王希賢（汝士山西垣曲縣人　吏員）

鳳翔府岐山縣典史孫繼光（汝孝四川金堂縣人　吏員）

西安府臨潼縣新豐驛驛丞王和（汝節浙江仁和縣人　承差）

西安府咸陽縣渭水驛驛丞郭邦憲（廷綱山西陽典縣人　承差）

慶陽府寧州政平驛驛丞樊一中（子執河南靈寶縣人　承差）

第一場

四書

夫子焉不學而亦何常師之有　見而民莫不敬言而民莫不信行而民莫不説是以聲名洋溢乎中國施及蠻貊　孟子曰仁言不如仁聲之入人深也善政不如善教之得民也善政民畏之善教民愛之善政得民財善教得民心

易

大君之宜行中之謂也　用見大人勿恤有慶也南征吉志行也　六爻之動三極之道也是故君子所居而安者易之序也所樂而玩者爻之辭也是故君子居則觀其象而玩其辭動則觀其變而玩其占是以自天祐之吉無不利　齊也者言萬物之潔齊也

書

彰厥有常吉哉日宣三德夙夜浚明有家日嚴祗敬六德亮采有邦　念終始典于學厥德修罔覺　三八政一曰食二曰貨三曰祀四曰司空五曰司徒六曰司寇七曰賓八曰師四五紀一曰歲二曰月三曰日四曰星辰五曰曆數　亦越成湯陟丕釐上帝之耿命

詩

星言夙駕説于桑田　夜如何其夜未央庭燎之光君子至止鸞聲將將夜如何其夜未艾庭燎晣晣君子至止鸞聲噦噦夜如何其夜鄉晨庭燎有輝君子至止言觀其旂　修爾車馬弓矢戎兵用戒戎作用遏蠻方　受小球大球爲下國綴旒何天之休

春秋

秋八月壬午大閲（桓公六年）　鄭人侵宋（莊公十有五年）夏宋人齊人衛人伐鄭（莊公十有六年）　五月癸丑公會晋侯齊侯宋公蔡侯鄭伯衛子莒子盟于踐土（僖公二十有八年）晋侯伐衛（文公元年）秋七月己未同盟于亳城北（襄公十有一年）　三月公會劉子晋侯宋公蔡侯衛侯陳子鄭伯許男曹伯莒子邾子頓子胡子滕子薛伯杞伯小邾子齊國夏于召陵侵楚（定公四年）

禮記

農乃登穀天子嘗新先薦寢廟　天則不言而信神則不怒而威　孝子之有深愛者必有和氣有和氣者必有愉色有愉色者必有婉容　此衆人之所難而君子行之故謂之有行有行之謂有義有義之謂勇敢故所貴於勇敢者貴其能以立義也所貴於立義者貴其有行也所貴於有行者貴其行禮也

故所貴於勇敢者貴其敢行禮義也

第二場

論

堯舜之仁急親賢

詔誥表（内科一道）

擬漢定賑窮養老之令詔（文帝元年） 擬唐以魏徵爲太子太師誥（貞觀十六年） 擬宋尚書左僕射司馬光進稽古録表（元祐元年）

判語（五條）

官員赴任過限 人户以籍爲定 致祭祀典神祇 軍民約會詞訟 修理橋樑道路

第三場

策（五道）

問 先儒有言明君以務學爲急聖學以正心爲要是心學之懋固治業之所由基也粤自虞廷肇精一之傳而危微之幾始判孔門衍誠正之旨而慎獨之義斯昭淵乎聖學宗旨矣漢唐而下英君誼辟代有作者其功業非不有卓然可觀也而正心之學亦有庶幾者歟洪惟我太祖開天立極究心經史評論最爲精確成祖繼天纘緒博極群書又頒布以廣其傳于其燦然者觀之洋洋乎皆丕顯之謨也而本之淵微著之綸綍以諭宋濂解縉諸臣者即心學之根極要領也亦可得而殫述之歟暨我世宗運際中興資兼神聖功業極巍煥之盛制作炳經緯之章夷考其箴注所謂相授守一道者可備舉而揚厲之歟其與聖學所以傳心者亦均有合歟我皇上英資天縱盛德日新經筵日講亟懋緝熙宸翰召詢時勤眷諭典學之心固烝烝然日之方升也而所以紹休祖宗繼統帝王者信在兹歟抑當有進於此者歟昔漢儒召對三策首正心之條宋儒告君四字盡平生之學諸士固欲等而上之也行将效用明時其何所獻以爲聖學之助乎願敬陳之毋隱

問 聖帝明王必登崇儒俊以恢弘化理所從來遠矣古昔盛時九德咸事士生其際者類皆瑰偉卓犖而未嘗以儒自命及考其德業後世卒莫及焉所謂崇本之學不假聲稱者非耶周官以九兩繫萬民儒居其一至與牧長主吏并稱儒何重也及班氏著九家論乃以儒者與陰陽墨道概列又何其泛濫

而不經歟儒行不同仲尼之告魯君者甚悉儒效至大楊子之述法言者甚詳然其事果何在而其人果何指歟漢立儒林傳潛心大業者何以不與唐立儒學傳語本六經者何以見遺至宋史於儒林之外别爲道學一傳豈儒與道果有二歟得中原文獻之傳謹屋漏夢寐之際亦一代碩儒也顧不獲與濂洛關閩諸賢爲伍何歟我國家稽古右文名儒輩出其可以範今而傳後者抑有其人歟邇者文勝質漓名實易眩儒之以似爲真者或不能盡無也諸生潛心儒業其從違固有定向矣幸詳言之以觀辯志之學

問　書曰監于先王成憲其永無愆言法之當守也易曰易窮則變變則通言更化之宜民也蒼姬以前凡家天下者所守所變載之紀籍班班然可考矣繼是若漢若唐若宋其始之制作貽謀未必盡還三代之舊也然傳之後嗣亦有不可以少變焉者是故三章之法租庸之制與夫忠厚立國之規其繼體之君循之者安違之者敝既敝矣即救以昭宣之君大中元祐之政而皆不能善其後何歟當其時獻納之臣如賈誼董仲舒李翱劉蕡余靖宋綬之徒争上更化善治之請而霍光魏相陸贄李泌司馬光吕公著諸賢則皆以成法爲當遵此又何居果先世之所貽本有可繼之道無待於紛更歟抑易轍改弦勢所必至而召敝階亂或不善變者之過也我國家創制立法酌古準今宏綱細目靡不具備誠軼漢唐宋而過之也二百年來治久弊乘容有少异其初者而建議之臣思爲救偏補敝之策乃稍起而更新之此其所規畫者甚詳而爲慮至深遠也顧議論日繁收效則鮮豈奉法者之未得其人歟抑議法者尚有遺慮歟兹欲救今時之弊以復典章之舊必何如而後可諸士究心世務必有所概於中者願明以告我毋徒剿説爲也

問　關中古稱百二之國并張炳曜河岳秘英其清淑萃之於人是生文武全材之士若躬耕莘野而一德陳謨垂釣磻溪而鷹揚爲烈文經武緯猗歟盛矣嗣是而後有抱文學於西河而人以聖人目之者有作史記於西京而人以良史稱之者有爲漢書而討前史之失者有上書切諫而補時政之缺者有著經傳集解而稱爲武庫者有作玄晏春秋而號爲書窑者有賦月秘書而後主謂謝莊不得獨美於前者有咏詩杜陵而元稹謂詩人以來所未有者此皆飛翰茹精彪炳藝苑以文而鳴當世者也有節傲雪霜圖形麒麟者有威寒沙漠立功西域者有輕兵掠敵足澡渭水之耻者有單騎入壘卒下回紇之拜者有示虜目中而矍鑠以收交趾之迹者有運籌幄内而談笑以却澶淵之師者有挺戈擒敵上書忠勇之旗以褒嘉者有乘電擊營人望順昌之幟而奔潰者此皆樹節輸忠鎸銘彝鼎以武而鳴當世者也其人可悉數歟概其人而論之亦有高下之可言歟而其所

謂文武者視商周之佐亦可若是班歟諸士産於是鄉皆儲文武之材以需國用者景仰前修將誰取衷乎願究言之毋曰方人則不暇也

問　書曰惟事事乃其有備有備無患蓋言豫也昔人謂救荒無奇策固矣然荒匪救之難而惟豫之貴是故堯之久溢湯之恒暘當其時未聞有捐瘠之民夫豈無其道耶至於周代荒政尤詳大司徒之聚萬民司救之以王命施惠此特救之有事之日者也而其所以先事爲之備者如遺人廩人鄉師之所掌又多散見於六屬之中備之豫也如此王制又謂三年耕必有一年之食九年耕必有三年之食以三十年之通雖有凶旱水溢民無菜色夫救荒如周可謂得策矣但其所謂一年三年之積果何以爲制置之法而使凶旱水溢之無患耶後之言荒政者有平糴常平義倉社倉之法以爲之備而移粟如梁就食如漢助貸及於相臣廩給遍於郡國降度牒發封樁諸所設施視周奚若而行之當時亦不知實有益於濟荒否也邇者臺臣上言司農覆奏欲修舉國初建倉之制而責成守令量里積穀其於古昔預備之法同與否與備荒之政邦國首務誠不可諉之無策者諸生挾策而來願以其素所講求者而著之於篇

中式舉人六十五名

第一名　趙爾守　盩厔縣學生　春秋
第二名　馮祥　長安縣學生　易
第三名　趙完　邠州學生　書
第四名　張問達　涇陽縣學生　詩
第五名　王櫃　盩厔縣學生　禮記
第六名　張永錫　洛南縣學生　詩
第七名　屈灼　蒲城縣學增廣生　書
第八名　雷大道　朝邑縣學生　易
第九名　馬愷　同州恩貢生　春秋
第十名　楊光訓　渭南縣學附學生　禮記
第十一名　王可嘉　平凉縣學生　詩
第十二名　任禄　南鄭縣學生　書
第十三名　楊登雲　蘭州學生　易
第十四名　武志冲　同州學附學生　詩
第十五名　郭如魯　朝邑縣學生　書

第十六名　王嗣蕃　朝邑縣學附學生　詩
第十七名　張志　延安府學生　易
第十八名　王道純　長安縣學生　詩
第十九名　田疇　盩厔縣學增廣生　書
第二十名　孔延祥　商州學增廣生　詩
第二十一名　紀雲鶴　邠州恩貢生　書
第二十二名　趙世德　潼關衛恩貢生　春秋
第二十三名　杜應强　三水縣學生　詩
第二十四名　王言　同州學增廣生　易
第二十五名　文顯　蘭州學生　詩
第二十六名　白希繡　延安府學增廣生　禮記
第二十七名　張志久　中部縣學生　詩
第二十八名　王訓　蒲城縣學生　書
第二十九名　張應詔　咸陽縣恩貢生　詩
第三十名　張邦敬　韓城縣恩貢生　書
第三十一名　孫瑋　渭南縣學生　易
第三十二名　柳烺　榆林衛學附學生　詩
第三十三名　胡叔嶲　咸寧縣學增廣生　書
第三十四名　梁九賦　長安縣學生　詩
第三十五名　談應春　安化縣學生　易
第三十六名　張獲吉　涇陽縣學附學生　詩
第三十七名　張嘉績　韓城縣學增廣生　書
第三十八名　王國　耀州學生　詩
第三十九名　董大科　咸寧縣學生　易
第四十名　王致中　南鄭縣學生　詩
第四十一名　葉期化　漢中府學生　書
第四十二名　韓希仁　涇陽縣學生　詩
第四十三名　屈自貞　蒲城縣學生　易
第四十四名　陳大廷　渭南縣學生　詩
第四十五名　朱衣　岷州衛學生　書
第四十六名　王邦俊　鄜州恩貢生　禮記
第四十七名　馮惟賢　咸寧縣學附學生　易

第四十八名　王勉學　城固縣學生　詩
第四十九名　高位　華州學生　易
第五十名　劉重光　鳳翔府學生　詩
第五十一名　馮本立　三原縣學增廣生　書
第五十二名　文字健　三水縣學生　詩
第五十三名　楊汝翼　金州學生　春秋
第五十四名　唐文　鳳翔縣學生　詩
第五十五名　郭性之　華州學生　書
第五十六名　侯侶　長安縣學增廣生　易
第五十七名　仝枝　鳳翔縣學增廣生　詩
第五十八名　馮汝極　涇陽縣學增廣生　書
第五十九名　黄簡　西安府學生　易
第六十名　傅中　慶陽府學生　詩
第六十一名　李士達　三原縣恩貢生　書
第六十二名　趙國俊　蒲城縣恩貢生　易
第六十三名　王正己　盩厔縣學生　書
第六十四名　張執中　咸陽縣學生　易
第六十五名　薛應元　咸陽縣學生　詩

第一場

四書

夫子焉不學而亦何常師之有

趙爾守

同考試官教諭阮批（子貢形容聖人學無常師語意極爲圓活此作體認精到而詞亦足以發之是可式矣）

同考試官教諭何批（發聖人無學不學無師不師處詞不費而理自躍如是善作者）

考試官學正宋批（精邃雅馴録之）

考試官教授劉批（詞旨渾融）

聖人不專於學而亦不專於師也蓋聖人之所學者道也道無不在而學因之矣又何泥於師哉子貢之曉公孫朝也意曰斯道隨寓而各足聖心體道而不

遺夫子之學得統於文武者也子疑其焉學將謂其有專師矣豈知其天縱之資雖不假於學習而斯道之未墜者莫非憲章之所稽生知之質雖不藉於見聞而文獻之足徵者要皆敏求之所及道有識其大者焉則於賢者學之矣而散殊之用亦博觀以究其極學固不專於賢也道有識其小者焉則於不賢者學之矣而統體之大又多識以會其全亦不專於不賢也是其虚受以爲心凡道之所在即學也孰得其淵源之所自樂取以爲善凡學之所在皆師也孰知其統緒之攸傳道之屬於人也無窮而兼體之志亦無窮師其道不泥其迹則或大或小皆聖學之相承也亦何嘗有專承乎哉人之寄乎道也無常而主善之師亦無常惟其道不惟其人則賢與不賢皆聖心之翕受也亦何嘗有專受乎哉要之夫子未嘗不學而亦未始有定學也故夫子雖無所不師而實未嘗有所師也焉學之疑淺之乎其觀聖人者矣嘗謂千聖一心萬古一道文武之統紹自禹湯而亦臨亦保不泄不忘則固以心爲師者也豈假於人哉孔子曰文不在兹乎蓋其道固文武之道則其心亦文武之心此之謂能自得師也善學聖人者即是求之有餘師矣

見而民莫不敬言而民莫不信行而民莫不説是以聲名洋溢乎中國施及蠻貊

馮祥

同考試官教諭唐批（中庸義不難於騁詞而難於説理此篇甚有體貼而過接處識見筆力俱到必學有本源者録之）

同考試官教諭竇批（聖德時出感民而聲名之達因之非有二理是作最爲得旨且結出聖人神化配天尤有獨見）

考試官學正宋批（氣格昌大詞理精純）

考試官教授劉批（典麗有雋味）

聖德各當乎民心而譽自達於中外焉甚矣譽之因於民心也聖德之發見者當其心矣而譽之隆也固宜中庸之言天道也蓋至聖以生知而備四德其充積者既極夫天淵之盛矣而發見之妙何如哉是故時出之而爲見一德輝之動也而瞻大觀之度者咸起夫欽崇之念民孰有不敬者乎時出之而爲言一德音之昭也而仰巽命之申者咸致夫尊從之願民孰有不信者乎時出之而爲行一德行之敷也而睹藝極之陳者咸興夫媚兹之忱又孰有不説者乎斯則聖德之覃敷皆人心也人心之協應皆聲名也是以衆志潜孚於無間而聲聞具達自妙乎風動之神群情允洽於大同而名譽孔彰自昭夫暨及之化内而中國則洋溢焉被德既深而誦德益切即其敬信説之情莫不曰此其

明明之天子乎而順治者有同心矣外而蠻貊亦施及焉去聖雖遠而慕聖則同聞其敬信説之風莫不曰此其中國之聖人乎而望治者爲無外矣是其發見之當可也既以昭充積之盛而其聲名之遠被也益以驗發見之時所謂配天者亦在是矣非至聖其孰能之雖然至聖固有同於天矣然維天之命於穆不已而至聖之聲名此又何以稱歟要之可得而名者化天之道也不可得而名者神天之德也昔夫子贊堯之無能名也而可見者惟巍然煥然焉然則發見之時聲名之著無亦成功文章之盛乎此堯之所以則天而爲聖之至者歟

孟子曰仁言不如仁聲之入人深也善政不如善教之得民也善政民畏之善教民愛之善政得民財善教得民心

趙完

同考試官教諭何批（兩不如處最難發揮善政下四名尤易纏擾思精理瑩爽健數語而義旨淵涵者僅見此篇）

同考試官教諭竇批（峻整中有温潤簡勁中寓華藻時義之不多得者）

考試官學正宋批（婉悉得旨一結尤見言外之意）

考試官教授劉批（雅練之文）

治道之感人者不同而其應因之矣甚矣民情係於所感也觀於聲教而其得民者深矣豈言與政所可及哉孟子之意蓋曰王道貴於得民人心徵於類應爲治者盍亦慎所以感之者乎彼人君以仁育天下則仁言仁聲均之足以入人也然感人以言者僅足以動乎其聽而未必能洽乎其衷空言之徒施固不若實德之下究矣而孰與夫仁聲之入人深也人君以善養天下則善政善教均之可以得民也然道民以政者能率於法之所及而不能率於法之所不及外以嚴其防固不若内以一其志矣而孰與夫善教之得民也然政之所以不如教者何哉蓋政所以彰紀法也法立而民不犯不過致其畏焉耳至於善教則惠德所孚民情其大順焉孔邇以致其懷固有愛之而不忍離者矣而奚止於畏也哉政所以定經制也制定而用不匱不過得民財焉耳至於善教則道化所洽民志其允孚焉好義以終其事固有維之而不可解者矣而奚止於得財也哉夫使民之畏也不若使民之愛況愛之而未有不畏者乎得民之財也不若得民之心況民聚而財未有不聚者乎信乎善政之不如善教而仁言仁聲可例見矣雖然人君一心萬化從出心苟純矣則皇極敷言德惟善政其所以感民者與聲教奚异哉不然即仁聞具達庠序弦歌亦歡虞粉飾之具耳於治化又何裨也故曰王道本於誠意君人者尚亦求端於心哉

易

大君之宜行中之謂也

雷大道

同考試官教諭唐批（行中義於任賢見之場中作者率語涉迂泛此篇體認真切可以式矣）

同考試官教諭阮批（本題因用賢以見中因行中以見宜最難發揮此作直探肯綮而詞復瑩暢録之）

考試官學正宋批（意精詞雅）

考試官教授劉批（深純得旨）

論人君之當務惟在於任賢而已蓋中道莫要於任賢也以是行之謂非大君之當務者哉且夫人君之臨天下得其道則用天下而有餘不得其道則爲天下用而不足玆周公繫六五之辭曰大君之宜者豈徒以崇高富貴足以宰制天下而已乎亦豈以才術智力足以服役斯民而已乎必其執簡以御煩能先乎識體之治守約以該博適得當務之圖者而果何在哉亦曰行中之謂耳蓋道之所貴者中中之所貴者任賢也自用則小既溺於所私而偏聽則蔽又不知擇謂之行中則未也六五以柔中而應剛中知虚已來天下之善中之所在也樂取以大其公而恒持乎勿貳之念謂純心用天下之賢即所謂中也翕受以弘其度而不參以有我之私以溥容保之澤賢者之養道可行也禮隆於晋接而信之專任之篤養其賢以及於民焉爲天下而得人君道其有不宜耶以敷教思之功賢者之教道可行也敬篤於乎嘉而言必聽諫必行用其中以達於民焉急親賢以爲務治道孰大於是耶是其始也以已之中任乎賢而中之體已立其既也取人之中達乎治而中之用以行此六五之知臨而夫子申之非以立君道之極乎大抵中之爲道也無不該而施之用賢也爲甚切四岳之舉五臣之任在唐虞獨際其盛者而其相傳不過曰允執厥中而已中固所以爲賢也大哉君哉之稱無亦大君之宜歟周子曰純心要矣用賢急焉欲法堯舜者必知所從事而後可

六爻之動三極之道也是故君子所居而安者易之序也所樂而玩者爻之辭也是故君子居則觀其象而玩其辭動則觀其變而玩其占是以自天祐之吉無不利

馮祥

同考試官教諭唐批（三極屬之君子此心易也非造其奥者未易語此

此作詞約義該精蘊具見殆不當以經生概之矣）

同考試官教諭阮批（君子成位乎中乃題本旨此作得之宜録以式）

考試官學正宋批（體裁簡當）

考試官教授劉批（整潔）

大傳論易具乎至理因表學易者之得天也夫易通乎三極而皆天之理也君子盡學易之功寧不爲天之所祐哉大傳之意蓋以聖人之作易流通於三極而貫徹於身心者也兼體之者不有望於君子乎彼剛柔變化之極流行於一卦六爻之間初二之動即地之剛柔迭用也三四之動即人之仁義時出五上之動即天之陰陽迭運也其時成於六位者一三極之散見焉至著之象孰非至微之理乎而不可典要拘矣其周流於六虚者一三極之統體焉形下之器孰非形上之妙乎而不可典常求矣君子固將成位乎其中者而可無會極之學乎自身之居安而自得也則在於易之序焉所以立身極者不能外也自心之樂玩而不窮也則在於爻之辭焉所以立心極者不能外也是以未動之先則觀其象也玩其辭也而所居所樂於静者皆易矣方動之際則觀其變也玩其占也而所居所樂於動者皆易矣夫易之理即天也君子不違乎易焉則静與天俱動與天游隨在昭眷德之應思若啓之行若翼之無往非順適之休一理感通而天心助順不有以統會乎三極耶吁君子其善於體易也夫嘗聞善言天者曰天不變則道亦不變易貫三才而變動不居何歟蓋天之不變以其變也惟化斯神易之變以不變也而通則可久此君子學識其變而三極會於一心也若楊氏之太玄關朗之洞極司馬氏之潛虚亦爲不善變矣謂得於居樂之妙可乎

書

彰厥有常吉哉日宣三德夙夜浚明有家日嚴祗敬六德亮采有邦

屈灼

同考試官教諭竇　批（此題論觀德之要下日宣日嚴浚明亮采即是此作融貫精當是深于經義者）

考試官學正宋批（發成德宜于用處雅確瑩徹）

考試官教授劉批（語意邃密）

大臣贊恒德之美而因著其宜于用焉夫德者適用之具也彰而能外則用之家國無不宜矣非吉士而何皋陶陳謨至此若曰求賢以圖治者明哲之君也度德而論材者觀人之要也九德以人固以不偏爲貴矣吾何以稽之哉彼德而弗彰則無以徵其美彰而弗久亦何以驗其成必其具此德也隨事以

效其動固顯夫篤實之華矣而且經德不回非徒襲取于旦夕因行以露其真固達夫和順之美矣而且執德不變爲能實踐于始終則盛德日新而富有之業已豫允爲邦家之楨也體道恒久而可大之用已基足當俊乂之選也謂之吉士信非名浮其實矣而措之邦國又孰有不宜哉故九德而有其三不徒藴諸身已也緝熙以會其全而至德之光日益奮焉則三德彰而有常矣以之爲大夫必能出其宣著者以趨事而夙夜匪懈明作之功可成也不爲有家之吉士矣乎九德而有其六不徒備諸身已也嚴翼以慎其防而敬德之功日益純焉則六德彰而有常矣以之爲諸侯必能出其祗敬者以旬宣而經緯有章寅亮之績可熙也不爲有邦之吉士矣乎至是則乃言采采者爲可徵而亦有德者非無據人君即此辨之而知人之道豈外是哉雖然未可易言也蓋必君德清明而後鑒觀不眩唐虞之際衆賢和朝雖其觀德有要亦浚哲克明以豫其感也苟取人無本而徒于行事者求之則徇迹遺心邪正難辨其不至于失人者幾希故曰純心要矣用賢急焉

三八政一曰食二曰貨三曰祀四曰司空五曰司徒六曰司寇七曰賓八曰師四五紀一曰歲二曰月三曰日四曰星辰五曰曆數

趙完

同考試官教諭賨批（八政五紀最難次叙是篇對待峻整剪裁有法且詞典而粹録之）

考試官學正宋批（格整義精氣昌詞健）

考試官教授劉批（體認敬天勤民意親切）

君子演三四之疇而勤民敬天之道備矣蓋人君奉天以惠民者也八政行而五紀協俯仰其無愧矣乎箕子演之以告武王也若曰人君建極以圖治固將一天人而贊化育也洛書之三四固第以八政五紀矣其目何如彼惟天生民而人君牧之所以裁成輔相者其責也故因之有八政之疇以開養道之原食固居其一矣而貨以利用祀以報本政之列于二三者此焉以貽奠安之澤司空固居其四矣而司徒以立教司寇以明刑政之列于五六者此焉至若天秩有禮爲之賓以親邦國天討有罪爲之師以平邦國非政之欠于七八者乎隨其分願之各足而因事厚生所謂作君作師法天以經政得至此其克盡矣惟天垂象而人君則之所以治曆明時者其責也故列之爲五紀之疇觀陰陽以盡變歲功于是乎用成矣而晦明之代禪者必紀其弦望之實故以歲爲首而次以月焉配天行以貞度日候于此乎不爽矣而經緯之异名者必紀其

次舍之詳故以日居三而次以星辰焉至若辨叙事而立數以步其常志灾祥而錯綜以占其變又非曆數之次于五者乎因其氣運之推遷而察器觀象所謂先天後天奉時以不違者至此其無愧矣是則八政行則俯以立民之命五紀協則仰以憲天之心于此而兼舉焉彝倫有不叙哉抑有本焉皇極是矣蓋極者民之性也天之精也君人能慎厥身修則萬物咸若乾道以清八政五紀皆舉而措之無難者使身極未端規規焉于政令象數之末亦何以聯屬天民而成其治哉有志于叙倫者當知所以崇本矣

詩

夜如何其夜未央庭燎之光君子至止鸞聲將將夜如何其夜未艾庭燎晣晣君子至止鸞聲噦噦夜如何其夜鄉晨庭燎有輝君子至止言觀其旂

張問達

同考試官教諭何批（模宣宣王儆惕之心宛然在目且筆力簡勁不落俗是深於詩者）

考試官學正宋批（發周宣勤政之意婉曲殆盡）

考試官教授劉批（語雅健有次第）

周王屢審視朝之期而心益慮其晚也夫視朝有常期也周王屢致問而心惟恐晚焉不可以觀無逸之衷乎想其不安于寢而發問若曰君向明而出治當未明以求衣今夜如何哉夜其未央乎然夜雖未央而庭燎之設于門内者爛然其有光矣則凡百君子志急在公而鳴和鸞以至止者已將將而有聲此其乘時靖共之心爲甚殷也予獨安于寢焉其如朝會之盈何哉既而又問曰君身日有萬幾當夙興以始事今夜如何哉夜其未艾乎然夜雖未艾而庭燎之設于門内者晣然其小明矣則凡百君子敬篤上交而鳴和鸞以至止者已噦噦而可聞此其待旦分猷之念爲至勤也予獨安于寢焉其如朝會之昌何哉終而又問曰君日出而視朝臣别色而始入今夜如何哉吾意東方欲明而庭燎將盡見其烟光之相雜矣則凡百君子精白承休而建淑旂以至止者已物采之可觀此其宣序民事之願又更切也予尚安于寢焉其如群工之望何哉是則由晦而明時以漸而頓异自聞而見心以漸而益勤周王其賢矣乎抑考時幾之敕昧爽之規古之明君所以宵衣求理而不遑寧處者誠有見於宴安之習勝斯治化之所由隳也宣王之問夜其庶幾路寢聽政潔粢盛以即安之風乎則其成車攻復古之治而爲中興之令主有以也

受小球大球爲下國綴旒何天之休

張永錫

同考試官教諭何批（題旨得人得天本由一理此作詞甚融透而氣復博大蓋頌義之精者録之）

考試官學正宋批（莊重典雅）

考試官教授劉批（健朗）

大一統以承天眷商王受命之實也蓋人君以得天下之心爲福也商王有一統之治則所以承天眷者不在是哉商人袷祭而推及此蓋曰帝王之凝命本于德而帝王之受命徵于人我祖以敬德而承式圍之命也試徵之來朝之人乎誠以九圍之中其國不一其勢若難比也兹焉仰明王之建極而修瑞恪職合萬國以攸同慕商命之維新而執玉來王盡庶邦而畢至以朝小國則於小球而受之涣者以萃離者以合而趨向之恐後者若有聯之而不能間也以朝大國則於大球而受之近無不悦遠無不來而歸附之争先者若有繫之而不可解也不爲下國之綴旒乎而天休之何不外是矣蓋天命主於人心而歸德者既同斯祗承乎眷德者爲益至人心莫非天意而助信者無外斯昭受乎助順者爲益隆群后之肆朝固上天之示以行事也人與之即天與之而所以仰藉乎休徵者胥此焉在矣百辟之載見固帝命之顯於不違也得乎人即得乎天而所以寵膺乎景福者胥此焉寓矣吁此有商王業之所由以成也登歌於袷祭之頃烏容已乎抑此後人之頌湯也而非湯之所以自待也蓋其制心制事不邇不殖惟欲純一敬以爲昭格則其荷天休而聯下國固有不自知其然者後世徒謂以鳴條之師得之嗚呼是豈知湯之心者哉

春秋

五月癸丑公會晋侯齊侯宋公蔡侯鄭伯衛子莒子盟于踐土（僖公二十有八年）晋侯伐衛（文公元年）秋七月己未同盟于亳城北（襄公十有一年）

馬愷

同考試官教諭阮批（此題三霸之業皆重尊周而場中作者不泛則略詳雅嚴正僅見此篇）

考試官學正宋批（説也聖人責晋平意婉悉録之）

考試官教授劉批（嚴整）

觀霸國世著尊王之業而嗣霸者當知所承矣此見晋平之忘本業而忝厥祖也君子溯文襄悼公之勛寧不於平而重有慨哉且城杞之役春秋譏晋

平之輕弃諸姬而夏肄是屏矣不有文襄悼公之所以尊周者乎故城濮之績成而踐土之宫作文於是有獻俘之禮焉是雖天王下勞若屈其居尊之體而叔興授策式昭夫天命之榮當是時出入三覲稽首對揚不猶爲一時之盛事哉觀於文而晋之能勤其業者基於此矣既祥以聲罪而輯旅於南陽襄於是有朝王之舉焉是雖因伐以行圖免效尤之禍而且居獻計允協覲王之典當是時于温一朝諸侯景從不猶爲叔世之僅見哉觀於襄而晋之能勤其業者爲可繼矣及晋悼之復霸適鄭人之行成而亳北之信講焉質以司慎司盟監以名山名川要以先王先公而布之載書曰同奬王室則三駕之功雖未成而一念之忠不可泯其視文襄之業不益有光乎吁晋之世勤其業而功在王室如此使平而能尊周則可以文可以襄可以悼而霸業其不墜矣奈之何惟杞是城而不三霸若也其可以宗諸侯而主夏盟哉宜春秋直書其事而貶之也雖然平固不足責矣文襄之行譎而不正悼雖有君子之資而苟營諸人鮮格心之學三君功利之在人者淺矣所以不數世而失諸侯也然則爲國者其尚敦不息之誠而後可

三月公會劉子晋侯宋公蔡侯衛侯陳子鄭伯許男曹伯莒子邾子頓子胡子滕子薛伯杞伯小邾子齊國夏于召陵侵楚（定公四年）

趙爾守

同考試官教諭阮批（題内侵字乃聖人陋晋書法知者甚少此作發揮明盡蓋潛心經學而有得者）

考試官學正宋批（辭義凛然）

考試官教授劉批（得聖人陋晋之旨）

霸主奉天討而沮於利春秋陋之也夫霸者之所以行乎諸侯義也晋定奉命攘楚而顧以利沮春秋陋之也宜哉昔蔡求釋憾於楚晋人請命於周上勤元老下合列國同會召陵以討之焉宜有美詞以揚其事而書侵者何哉蓋霸者之奉王命將大義是伸而不可以利沮者也以楚之横而仗義以攘之以蔡之辱而仗義以安之夫誰曰非王者之師而何可以荀寅之求貨遂止哉乃師未行於江漢而即有蔡人之辭威未加於荆楚而遽返諸侯之旅國家本無虞也而借口於水潦之方降不過以求之未遂而已攘楚而無及於楚何以懲拘囚之横吾不意行義而舉者以求利而隳也蓋不待召陵之後而已知楚之重禍于蔡矣諸侯本無貳也而托辭於中山之不服不過以貨之未得而已救蔡而無補于蔡何以慰沈玉之衷吾不意討罪而行者以無功而返也蓋不待

柏舉之戰而已知蔡之轉望于吴矣噫召陵城濮之役君子嘗以無命咎桓文矣定之請命宜陋二霸於不足尚者而顧出其下也是役也不惟無以撫蔡而且重失諸侯矣其何以爲盟主哉故春秋特書曰侵若曰天討未明是亦潜師掠境而已所以陋之者爲何如抑天下不患無時幾之會而患無識時之俊杰召陵之師正晋霸復興之一機也而荀寅鄙夫竟以利敗天下之勢去而不可挽者寅實爲之貨之易于溺人而其弊至於莫救有識者可以鑒矣

禮記

天則不言而信神則不怒而威

楊光訓

同考試官教諭唐批（格正氣昌意精詞練發明天神之妙殆無餘藴而結處歸本于心尤見體認取之）

考試官學正宋批（充暢古雅究極淵微）

考試官教授劉批（典則可式）

記者極言天神之妙一無所爲而然也甚矣樂化感人心于無間也信不以言而威不以怒天神之妙斯其至矣記者推之見君子致樂之極功也蓋謂樂之爲道所以合神明協造化而貫通乎人心者也君子致樂以治心固馴至于天神矣其妙果何如哉是故人心本具乎實理苟德未達諸天信未必其不言也今惟易直子諒之心妙于天則天在吾心即信在吾心也而推誠于天下皆取足于此心之天焉故不必修詞以立誠而無聲之默會一無妄之流通不必寡言以成信而至静之淵涵一至誠之貫徹時顯諸言天真之發固信也時藏于默精誠之藴亦信也蓋惟其信不惟其言其諸天道默運而化機自爲之不爽者乎人心本自有可畏苟德未入于神威未必其不怒也今惟易直子諒之心妙于神則神在吾心即威在吾心也而顯道于天下皆取足于此心之神焉故神武不假于奮揚而有嚴有翼自儼莊敬于無形神威不假于震厲而惟玄惟默自顯赫奕于有象怒通諸感凛然者固可見也怒涵諸寂肅然者亦如在也蓋惟其威不惟其怒其諸鬼神莫測而百衆自爲之畏服者乎是知天固不言而信所以成其信者從天之樂致之也神固不怒而威所以成其威者率神之樂啓之也樂之功用如此君子其可須臾離哉雖然天也神也豈吾心所本無哉蓋心之虚靈即天也心之通變即神也能致樂以養之則德備而吾心固有之天復義精而吾心自然之神具矣否則空虚徂伏又何足語治心之功

孝子之有深愛者必有和氣有和氣者必有愉色有愉色者必有婉容

王櫕

同考試官教諭唐批（和氣愉色婉容最難形容是作衝融温粹更無痕迹佳士也）

考試官學正宋批（發揮孝子深愛之形精純瑩徹）

考試官教授劉批（婉確細潤）

人子愛乎親者至斯發于外者順矣蓋孝子愛親無所不用其極也則夫辭氣容色之形孰非順德之不容掩者哉見于祭義如此蓋謂人子之於親孰不有愛也愛而弗深則發于聲徵于色而動于身者斯難乎其順矣惟孝子也至情素篤于天性而二人之懷結諸心而無所解天親不假以人爲而一本之念體其志而不敢違致愛致慤無物可以易其衷也克敬克孝無時可以間其誠也夫是之謂深愛矣而形見于外豈容以自已哉言乎其氣非有心以求和而心和則氣和自藹然其可掬焉處之順逆不必同而出之爲詞殆見其温而不見其厲矣深愛之形于和氣有如此言乎其色非有心以求愉而根心則生色自粹然其可即焉親之好惡不敢必而著之于面殆見其悦而不見其戾矣深愛之形于愉色有如此言乎其容亦未嘗有心以求婉也然一德極其誠則四體安于化而動容自協于禮焉周旋進退雖不同而彰之于躬殆見其順而不見其違矣深愛之見于婉容又如此是知曰氣曰色曰容順德著于外象之皆可見者也和也愉也婉也順德根于中機之不可遏者也外盡其禮内盡其誠孝子事親之道無餘藴矣雖然人子之事親也亦盡其心而已故心苟盡焉玉食萬方而夔夔齊栗固孝也菽食飲水而日盡其歡亦孝也心或未盡則大本已失雖日用三牲奚益哉噫此曾參之養志閔損之承順皆聖賢所嘉樂也然則欲盡其孝者宜何如亦曰自色難中求之而後可

第二場

論

堯舜之仁急親賢

趙爾守

同考試官教諭阮批（以幾字立意而推極于同天亹亹千言圓轉流暢末復歸于任相尤爲得旨是學識兼至者）

同考試官教諭何批（有開闔有昭應古雅精練不蔓不膚可以式士矣）

考試官學正宋批（思致精切筆勢雄渾）

考試官教授劉批（説出二聖仁天下之心取□）

聖人之仁覆天下不必其自已出也惟於其幾焉運之而已蓋聖人之心視天下民物猶吾身也而况以一身立乎天下民物之上則其所以憂天下而欲行其愛者甚於天下之自愛其身夫聖人愛天下之心如此其急苟無幾焉以運之則天下民物至衆理道至繁悉欲取足於聖人一人之之身亦難矣聖人有見於此不以一人爲天下役而急欲爲天下得其人其人既得則吾之憂天下者有人以代吾憂而吾之愛天下者有人以行吾愛吾惟垂衣拱手天下自理自安此聖人仁天下之要幾也是天道也孟子舉堯舜之仁而推其急於親賢其知聖人之仁達諸天者乎今夫天窿然虚而已矣穆然寂而已矣初何心於萬物也而二氣尸其柄五行布其令日月雨露風雷霜推移以節宣其序然後歲功畢而萬物以生以成焉世之言生成者不曰二氣五行日月雨露風雷霜雪之功必歸之天道何也所以宰其幾以運於上者天也其他不得而與也此天道所以無爲而成化也堯舜中天而興繼天以出治而其幾則法乎天當是時堯舜之爲君也視天下民物即其身也視其身即天下民物也故不以天下累其心亦不以其心遺天下不遺天下故其憂天下也深憂之也深故其仁天下也至不累其心故蕩蕩乎無能名巍巍乎有天下而不與夫其憂天下仁天下如此其切而乃至於不與不可名焉非其法天之幾舉賢任才以共成天下之治安能不勞而仁覆天下也哉是故方其賢之未得也吾見堯舜憂天下之心至急也洪水横流則憂之黎民阻饑則憂之百姓不親不遜則憂之蠻夷猾夏則憂之曆象失紀人時忒序則憂之以至一民一物一有失所若恫瘝之在身而憂之不已憂之必思所以爲之所也欲爲之所豈能以其身自爲之哉又豈能以一人而兼其事哉如以其身自爲之則是以天而下行二氣五行日月雨露風雷霜雪之職無是理也如以一人而兼之則是以日月雨露風雷霜雪而皆責望於天欲求化工之成不可得也如是而安在其爲如天之仁好生之德哉惟堯舜知其然堯不自用其仁也惟汲汲求舜而已矣舜不自用其仁也惟汲汲求禹皋陶而已矣舜與禹皋陶之既得則又不必自用其仁也凡稷契益夔龍工垂之屬及四岳九官十二牧之儔莫不交相舉讓合天下以共成堯舜之仁由是隨山浚川而萬世永賴之仁成焉洪水之憂以釋也樹藝五穀而粒我烝民之仁成焉阻饑之憂以釋也敬敷五教而勞來其匡直之仁成焉不親不遜之憂以釋也象刑惟明而風動率服之仁成焉猾夏之憂以釋也治曆明時協月正日而庶績咸熙之仁成焉失紀忒序之憂以釋也以至幽而天神地祇微而草木鳥兽凡在覆載之内者靡不各得其所而堯舜之憂可以

少釋至是則不自用其愛而天下莫不被其愛不自用其仁而天下莫不受其仁堯舜之在當時吾見其垂衣裳而已矣恭己南面而已矣不猶天道窿然穆然獨運於上而無所作爲矣乎五臣四岳九官十二牧之各效其職不猶二氣五行日月雨露風雷霜雪之各呈其化者乎其地平天成時雍風動太和在唐虞宇宙間不猶萬彙熙然生成於覆載之内者乎至於平成雍和之績天下後世不以歸之效力宣勞之臣必曰大哉堯焉君哉舜焉不猶萬物以生以成二氣五行不能專其功必歸諸無爲之天道矣乎堯舜配天之業其大如此非得其幾舉天下之賢共理之安能仁覆天下如此哉雖然代天而仁萬物者大君之道也代君而仁萬民者家相之責也君道不遍求賢而專其心於任相相道不親衆職而專其心於求賢譬之爲巨室焉專任大匠而責之成者君道也掄衆工而示之繩墨者相識也揮斧運斤而執趨勤事者庶官之事也豈惟唐虞爲然風牧任而皇運昌伊周相而王業盛前後乎此者何莫不由斯道哉故善理天下者在任相善相天下者在求賢賢才聚而相道得相道得而萬國理矣有宗子家相之責而欲仁覆天下者其亦於幾焉急之

表

擬宋尚書左僕射司馬光進稽古禄表（元祐元年）

馮祥

同考試官教諭唐批（用古人本色語意組織成章不事絺繪而渾雅中自有藻麗是工于四六者）

同考試官教諭竇批（叙述有體締構有法發宋臣忠愛之悃精切懇到録之）

考試官學正宋批（典則駢麗表之佳者）

考試官教授劉批（温雅得體）

元祐元年某月某日臣司馬光恭進纂成稽古録者伏以乾符啓運式宏保泰之圖離象繼明爰重得師之義欲久安而長治必酌古以準今載輯遺編用昭成憲臣光誠惶誠恐稽首頓首竊惟勛華肇統虞書垂紀事之文筆削傳心魯史立編年之法學古訓而有獲旨哉説命之詞率舊章以不愆允矣假樂之咏殷惟鑒夏漢豈續秦蓋先朝言動之詒瑕瑜莫掩而後代循違之則方策是憑晋乘楚檮義咸有指孔林汲冢傳豈無因朝代遞遷纂修修愈富蘭臺芸省日華燦毫素之章玉笥琅函雲彩簇汗青之麗萃石渠之藏貯勞天禄之校讎詞約事該荀悦見褒于漢紀傷繁溢實劉昫貽誚于唐書奇炫葛洪焉取西京之記博歸希白虚煩南部之編何物最善益人魏主發李先之對聚書屬膺

聖世隋文納牛監之言開局莫盛于明皇懸購亦勤于顯德勸懲無補述作徒蕃玆蓋伏遇體道繼天右文憲祖前星涵瑞元德夙著于青宮永日承暉孝道懋隆于紫閣閲論語究精微之藴經蓺同歸誦寶訓識創守之艱繼述兼善讜議時聞嘉納定國是以不疑正人叠見登庸快廟謨之允協如臣光者甘棲遲于洛社望絶岩廓被寵召于臺垣榮生劍履扶趨丹陛感刻赤衷矢心犬馬之餘齡勉圖報稱藉手蟲魚之小技謹用編摩憶事先皇曽承明詔合衆史以爲通鑒藏副本可備進呈但聖主政總萬幾豈屑尋章摘句而微臣慮攄一得當爲挈領提綱必姑摭其大凡刊落俳諧黄石庶少裨于清暇比同敬義丹書由昊義臨御以來迄英廟治平之末序運祚推移之次上下餘數千年鈎紀載體要之玄首尾僅二十卷歷年圖百官表并會輯以成書三君德五治才仍僭逾而著論心懷惻隱剛斷畢照乎忠邪運值艱難弘濟常師乎賢智理亂明如指掌應感易于噬膚取義尚書命名稽古研丹鉛而抱槧青藜散太乙之精積緗縹以充囊彤管應文昌之宿謝三長之上乘學愧左狐立兩漢之下風才非班馬雜組何資于衮職薄櫨敢壯乎宸居忠效傾葵寶鑒千秋之撰恩祈采菲瑶編塵乙夜之觀避覆轍而仰高山深惟華衮斧鉞肹宵衣而廑旰食有取穀粟桑麻伏願緒纘執中惟精惟一道宗建極是訓是行法不貴新更化必期于善治人惟求舊稽謀自裕于格天聖德集乎大成帝業隆于富有覲耿光而揚丕烈長爲仁義禮樂之宗凝景命以迓洪庥永作夷夏臣民之主臣無任瞻天仰聖激切屏營之至謹奉表隨進以聞

第三場

策

第一問

趙完

同考試官教諭阮批（帝王道統精邃之傳祖宗心學淵微之妙綜括對揚章章悉著而陳善矢謨有裨君德宜録以聞）

同考試官教諭何批（聖學心法敷對精詳且弼成至言諄諄見于篇末忠愛藹如可誦也）

考試官學正宋批（得聖學體要取之）

考試官教授劉批（叙學有據）

帝王之道一心焉盡之矣本諸心以懋學則其學也憲乎天而昭日新之盛由是心以出治則其業也格乎天而顯富有之隆何謂學凡稽乎古訓往牒

者是已苟非心以端其原則雖炳然蔚然亦詞章之習耳無以成經緯之能何謂業凡著之成功文章者是已苟非學以大其基則雖巍然焕然亦粉飾之具耳何以弘參贊之用惟純天以端懋學之本而憲天以隆建業之基則心外無道道外無治而帝王之能事畢矣嗚呼此心學之傳一盛於唐虞再盛於我祖宗也其在今日尤當遠宗近守者乎執事首策諸生而舉董仲舒正心之言朱熹誠正之學爲問計欲采芻蕘意也敢不摭拾以對乎宋儒胡安國有言曰明君以務學爲急聖學以正心爲要甚哉有味乎其言也觀書之始終典學詩之緝熙光明信乎非正心不足以言學非務學不足以語明也羲皇以前遐哉邈乎不可尚已自堯傳曆數虞庭紹之有惟精惟一之旨焉其曰惟危惟微者言幾之當辨也嗣後若禹之祗台德先湯之聖敬日躋文之敬止緝熙武之敬勝義勝而心學之源開矣天啓斯文孔門衍之有誠意正心之訓焉其曰必慎其獨者言幾之當謹也於時若顔子之四勿曾子之一貫子思之戒謹恐懼孟子之知言養氣而心學之流遠矣是數聖賢者雖言有詳略時有先後淵乎皆聖學宗旨矣三代而下英君誼辟代有作者治業非不卓然可觀也然不事詩書如高帝徒騁乎馬上之風表章六經如武帝無救於輪臺之悔語治最爲近古者且然矣况唐之大綱未正而治雜於夷宋之萬目徒舉而勢終不振者耶雖率邇者踵武逖聽者風聲而心學概乎未聞焉其與古帝王之治逕庭矣洪惟我太祖高皇帝開天位極置天下於仁義禮樂之區創造之業隆矣乃於萬幾之暇究心經史其載諸日曆政要者如悟頤卦養民之職識家人誠嚴之旨語無逸兢惕之心講洪範類應之理此皆得於論經者也謂漢文帝當制禮樂以復三代謂唐玄宗當廣視聽以任賢能謂宋真宗以天書媚悦侈其心謂元季以宴安跋扈失其柄此皆得於論史者也評騭精詳凛乎衮鉞之嚴矣而其諭宋濂有曰人心虚靈乘氣機以出入操而存之爲難朕罔敢自暇自逸於曾魯則曰人君一心治化之本存諸中者無堯舜之心欲施諸政者有堯舜之治不可得也是其端聖學之本者固此心也成祖文皇帝繼天纘緒還天下以紀綱法度之正繼述之業偉矣乃於靖難之餘怡神典籍其見於纂述編摹聖學心法而帝王之學弘輯性理大全而載道之文顯編爲善陰騭而天人之理會纂孝順事實而百行之原修此則頒布以廣其傳也謂侍臣以前代大儒皆以積造勤其基謂儒臣以置書不難須常覽閲因進講義而悟克明峻德因進經書而言披閲不倦此則博極以會其精也議論精嚴昭然典則之垂矣而其諭解縉則曰人心一有好樂不返則欲必勝理若心能静虚事來則應事去如明鏡止水自然純是天理其序書則曰治本於道道本於心六經之道明則天地聖

人之心可見而致治之功可成是其端聖學之本者亦此心也即其燦然而推其所以然所謂根極體要者非耶列聖相承契合無間曁我世宗肅皇帝兼神聖之資撫中興之運因講大學衍義則著翼學詩如曰帝王所圖治務學常爲先萬化修身始朕念方拳拳是端本善則之道也因講經史則賦備覽詩如曰靈臺虚而明燭物别垢臧好善而惡惡罔非本其良是體用一源之學也而敬一有箴獨契執中之旨五箴有注遠稽心法之精天葩璀燦炳耀日星睿藻輝煌昭回雲漢誠極經緯之章而擅巍焕之盛矣蓋其心即二祖之心故其學即二祖之學而四十餘年之治業至於今耿耿爲烈者謂非相授守一道不可也而質之帝王奚异哉我皇上英資天縱盛德日新臨御以來嘉與百執事共圖理道凡納忠諫任賢能飭吏治謹邊防規模恢恢乎宏遠矣是以海内乂安蠻夷率俾懷生之類靡不沾濡浸潤協氣横流武節飄迅治業之隆將遠軼唐虞而與祖宗同一轍者猗歟盛矣然我皇上典學之心方且烝烝然如日方升也故經筵日講之制亟懋於緝熙宸翰召詢之儀益勤於眷諭是所以務學者固聖聖相傳之心執事欲求進於此焉則召對進講之制不有可言者乎夫帝王繼明於離纘緒也多識於畜師古也而泰交其輔焉心學之懋所繇也是不可不講也今御門聽政辨色而入日出而視之非不肅肅然有禮也然分嚴於天澤時限於須臾凡政事得失人才進退邈乎一未之聞焉則與唐虞之都俞吁咈者尚還也請於聽治之後一弘召對之規如韓琦每日奏對務竭忠猷以裨實政可也如魏相每於御前必條故事以補政缺可也况先朝有已試之效乎故欲計屯田鹽法之宜而臨淮洛陽得畢慮焉欲定邊備虜情之筭而均陽華容得决策焉亦可仿其意而行之歟今講讀備官循次而進展卷而陳之非不秩秩然有章也然書有定限講有定期則德性所知氣質所就意者未能擴充焉其於程子所謂涵養薰陶者尚缺也請於進講之餘一開規諫之路如范氏善惡之説其本在君心所養可也如朱子誠敬之勉其要在聖心克正可也况先朝有已行之驗乎太祖謂侍臣旦夕在左右凡政治得失生民利病當知無不言弘治中於經筵講罷召閣臣詣文華共閲章奏亦可循其事而舉之歟雖然有本焉於穆不已天之所以爲天也純一不已聖人之所以爲心也虞庭精一而辨於危微孔門誠正而歸之慎獨言幾也故幾之不審則一日萬幾毫厘千里雖講臣日集於前經史日接於目何所用之哉必自深宫燕閑之暇以及大庭廣衆之中由食息起居之微以至昭祀臨莅之大持之以純天之心則發爲聖學之日新措爲聖業之富有者裕如矣此固祖宗心學而其旨歸則敬一也是在聖明加之意焉耳草茅芹曝之獻不識可爲聖學之一助否

第二問

張問達

同考試官教諭何批（辨析吾儒名實卓有確論至所云正心端習尤爲今時切務自待可知）

同考試官教諭竇批（歷舉今昔儒紳而折衷之乃權度不毫髮爽蓋尚論有素者也）

考試官學正宋批（識趣端純於所評驗之）

考試官教授劉批（品隲精當）

儒所以明道也窮經而或詭于道則僞得以亂真亦所以體道也侈言而不適于用則名得以眩實夫道者學之所視以爲的也譬之射者之鵠焉弓矢是習而不期于彀雖力能貫革弗謂之善射矣學之易惑于多岐也譬之越人之適國焉冥行疾趨而不知所向即涉歷日多其去國益遠矣然則所貴乎儒者亦豈徒以誇多而炫博也哉固將責以繼往開來之實而使道統于我乎攸屬也故謏聞寡識不足以達觀蕩檢逾節不可以盡性表飾浮華非所以適用支離汗漫有難以翼經學儒者要諸此而從違之極定矣論儒者準諸此而是非之辨明矣苟徒徇其名與迹而稱於天下曰儒則于聖學治化又何裨益也哉嘗謂三王之世光岳氣完賢聖迭作所以樹内聲流顯號者莫非儒也而不以儒名非無儒也夫人而有之也三代以還淳樸日散名世間出于是始以儒名于天下然則儒之有名其起于實之衰乎粵自周官太宰以九兩繫萬民而儒因以著今考其目曰牧曰長曰師曰儒曰宗曰主曰吏曰友曰藪夫儒而與主吏牧長并稱固以其貫乎九兩之中爲聯屬人心之本也儒之道不其重哉班固作藝文志有九家之論而儒居其一今考其説曰儒學曰道家曰陰陽家曰法家曰名家曰墨家曰縱横家曰雜家曰小説家夫儒而與陰陽名墨概列殆不知儒道精粹渾全非一家所能限也固之言不其繆哉孔子之述儒行嘗于魯君而發其義矣蓋曰其自立也固其備豫也素不隕獲于貧賤不充詘于富貴斯儒者功用之全也夫周道日衰學術棼裂孔子不得已而鳴其道于齊魯之間殆有憂世之思乎楊子之述儒效嘗于法言而指其大矣其曰周公一用而四海皇皇奠枕于京孔子一用而齊人章章歸其侵疆信哉效不可誣也夫二聖德業固萬世君師之極也雄乃妄加評隲而目之爲儒焉殆未窺聖人之閫奥者乎漢史立儒林傳載丁寛而下諸人而潛心大業若董仲舒者乃獨不與豈丁寛輩賢于仲舒耶蓋漢儒以訓詁爲學者也待詔公車者或取罪于圖讖學宗書旨者以賕敗于汝南他可知也惟仲舒以正誼明道爲心計功謀

利爲戒似不專于訓詁者史氏置而不録宜矣唐史立儒學傳載文遠而下諸人而學本六經若韓愈者乃又見遺豈文遠輩優于愈耶蓋唐儒以聲律爲學者也南郊建議而謟事女后春宮侍讀而黨附叔文他可知也惟愈則以起衰濟溺爲期以闢邪崇正爲任似不事于聲律者史氏置而不及宜矣至儒林傳之作于宋也紀聶崇義邢昺諸人而濂洛關閩諸賢又有道學傳以紀之焉惟時若吕伯恭得中原文獻之傳陸子静謹屋漏夢寐之際乃顧不得與程朱并載焉豈非以金華之學傷于巧金溪之學流于禪而難與諸賢爲伍歟此固史氏別傳之微意也詎謂道與儒判然爲二哉要之諸儒之論辨非不欲以闡道也顧識見有通蔽焉則窮經而失諸汗漫者多矣諸儒之行事非不欲以體道也顧造詣有純駁焉則空言而無當于用者多矣惟聖人德性渾全義理融洽由是而上繼絶學下開隆平夫是謂儒者之德由是而尊主寧邦拯民扶世夫是謂儒者之功由是而統括六籍潤色百家夫是謂儒者之言周公達而在上其道行孔子窮而在下其道明要皆兼此三者固萬世儒道之的也下是而濂洛關閩遠宗周孔之傳者乎董子韓愈儒之杰出而未醇者乎丁寬文遠邢昺崇義諸家儒之宫墻外望者乎或擇焉不精或語焉不詳所謂似儒而非儒者此也論儒者欲辨其真似之幾惟于其心焉察之而已使心術醇矣無論事業文章皆卓犖不群也即二者不可得兼而根本已無愧于聖學不害其爲儒也苟飾而僞矣無論功業文詞皆卑也即功著一匡詞雄百代亦何取于儒哉故君子之明道也來以復吾心也攬今徹古遐睇博觀非徒以徇象矣君子之體道也求以達吾心也砥行植節策勛澤民非徒以樹聲矣本之六經以求其端率之彝倫以踐其實約之幽獨以豫其本擴之天下家國以大其施由董韓以會濂洛之傳由濂洛以溯周孔之緒則名實相符而道統之傳屬之我矣豈漢唐諸儒所能及哉我國家闡揚經術褒崇儒教一時任道之臣後先相望如薛瑄以復性爲學有稱其踐履篤實者矣胡居仁以主敬爲學有稱其不愧屋漏者矣其餘起于徵召則有若吴與弼陳獻章列于科目則有若羅倫章懋出處去就雖各不同其立言制行要皆不詭于聖人而以豪杰自期待者乎聖天子崇教右文以飾經表俗海内之士喁喁向風固知碩儒雲集足以闡聖真而揚王化矣然習俗相沿名實易眩則似之亂真者行無有如執事所憂者乎故崇論閎議浮游無當暴能市譽弗本悃誠而托之曰弘博拘方守隘伐异黨同剿襲詞章附會穿鑿而托之曰窮理文奸飾貌匿智隱端閃爍狡獪不可方物而托之曰藏用惡衣樸躬程趨朱履小廉曲謹見色豆羹而托之曰喻義援引禪寂溺志玄虚繆大言以惑人喜高論以駭俗而托之曰超悟依阿澒涊希寵邀

榮儇佻周章巧于趨避而托之曰通變用罔冥行喜功鋭進不量可否以國事爲嘗而托之曰勇敢有一于此固聖世之所必弃也即漢唐諸子且駕出其上矣又安能與先賢比隆也哉雖然葉公好龍斯真龍入室燕昭好馬斯駿骨來庭儒道之轉移亦在上者示之趨耳明經術以正人心簡師儒以端士習則固司教者責也愚生于今日有厚望焉

第三問

趙爾守

同考試官教諭唐批（法有以變爲因者化而裁之視其時與人爾此策権古酌今動中肯綮是嘗究心於經世之略者）

同考試官教諭竇批（議法達時變而不狃拘攣不膠同异指切通患一疏窒源即賈董復興無以易此）

考試官學正宋批（究觀敏對贍博不迂）

考試官教授劉批（通方策士之文可録）

善守法者察其幾而慎持之斯不至于滋弊善救弊者審其勢而慎修之斯不至于擾民故治道勿安于無爲也亦勿喜于有爲也安于無爲則逡巡畏縮而事幾日見其舛繆喜于爲則督責迫促而人情益眩于見聞其以弊天下者均也夫自昔帝王之興更事多而慮患密其所創法必權其利害得失之故而詳爲之計亦何有于弊哉惟其行之久而玩愒生其勢必有廢墜而不舉者于此而隨時消息去其太甚斯亦足以順治而安民矣今夫琴瑟不調必解而更張之以鼓之成聲可使人聽而悦也若瓮缶箏髀雜然并奏則聞之者反惑矣車轍或敝飭而新之以軌之利用可使人御而前也若輪轅徒飾製不中規則致遠恐泥矣人君之圖治期以改弦而易轍幾固不可以不慎也三代盛時其沿革損益曷嘗不因時以通變哉而其經制立國之本則固相授守一道矣後世若漢高祖懲嬴秦之虐以寬仁爲治三章約法十五税民誠繼體者所宜率循也乃孝武好大喜功任用新進張趙入而法令滋多桑孔入而横征無藝卒致海内虚耗漢家之元氣索然矣迨至昭宣勵精圖治綜核名實罷榷酤減租賦一時吏稱民安而文景之後于斯爲盛焉是昭宣之再變非紛更也鑒武帝之弊以復高祖之舊焉耳唐太宗乘剪亂之餘文武并用以府衛寓兵法租庸調定均田誠繼體者所宜敬承也乃玄德間宿衛漸逃版籍浸壞張説之議行而府兵變爲彍騎楊炎之説行而租庸變爲兩税卒致天步艱危唐祚之不絶如綫矣迨至宣宗明察沉斷用法無私戢禁兵蠲歲賦以致政治不擾而大中之治比迹于貞觀焉是宣宗之再變非紛更也鑒玄德之弊以復太宗之舊

焉耳宋祖承五代之亂勸課以重農桑覆奏以恤刑獄其立國一依于忠厚誠子孫所宜繩武焉者也夫何神宗刻意求治任用非人青苗助役之法日擾擾焉以更新起敝爲事而海内已騷然矣幸承其後者有元祐焉安石罷而新法盡除惠卿竄而老成復用于是乎人心收屬而基業賴以不墜是元祐之再變非紛更也鑒神宗之弊以復藝祖之舊焉耳由是觀之其成法之當遵固彰彰明矣然當時獻納諸臣乃言人人殊焉故自其謂法之當變者在漢則賈誼董仲舒等有定經制更教化之請在唐則李翱劉蕡輩有興文德持兵柄之請在宋則余靖宋綬輩有攬乾綱振積衰之請即諸臣之所條議豈厭故喜新騁私智以惑主聽哉蓋或因其先德之未備或鑒于釁孽之將萌故欲潤色修明以恢大前王之業是之謂變而不失其因者也自其謂法之不可變者如條陳便宜以修復漢家故事則有若霍光魏相之于漢置衛屯田均節財賦則有若李泌陸贄之于唐調停新法次第舉行則有若司馬光吕公著之于宋即諸臣之所建明豈因陋就簡狃小康以忽遠圖哉蓋有見于繼體之紛更浸失創業之遺意故欲修飭舊章以求復先世之法是之謂守而不失其正者也大抵法者所藉以爲安民之具耳民苟安矣而曰吾何以新天下之耳目不猶厭菽粟而求之珍羞捨布帛而索之錦綉者乎法已敝矣而曰吾且與天下相安于無事不猶懼烏毒之殺人而并弃夫良藥慮風波之覆溺而并擯夫舟楫者乎此二者皆法之所忌也而吾且犯之又何以治天下故曰不可以不慎也我太祖神聖統天經緯盡制宏纖具備小大相維非若漢唐宋之偏舉而不全也列聖相承率循彝典又非若漢武宋神之紛更中變也良法美意信當千萬年世守而勿失者奈何熙洽既久蠹弊潛滋勢固不能聽其敝而莫爲之所矣以故畢智之士獻計而陳謨竭忠之臣采議而集事是誠救偏補敝之不容已者顧申令日勤實效未獲文具徒飾弊孔旋生其視立法之初已不能盡如其舊矣愚請得以誦言而無諱可乎里甲有定役也憫其疾苦而易以官支之法于民誠得矣乃或有陽爲奉法陰便私圖使逐末者代其勞而應役者享其逸豈因賦定役之意乎田税有定額也慮其低昂而議以清丈之法于事誠便矣乃或有吏售其奸民滋其僞使富者益其膏而貧者甚其困豈則壤成賦之意乎官制有定秩也時值多故或因事以增設焉顧事未收專責之效而民已受多牧之擾矣不有如所謂厩長立而馬益癯者乎律例有定制也奸僞滋起而科條日以煩焉顧摘發及于毫芒而吞舟漏于密網矣不有如所謂絞繩急而勢欲絶者乎京邊諸衛軍有定籍始固未嘗借兵于他境也顧行伍日虚不得已而爲召募調遣之策矣然士著之操練無期而客兵之寄寓者終無足恃豈創立軍政

之初意乎財用裒益本有定數始固不必旁斂以取盈也顧司農告匱不得已而爲鬻爵加税之計矣然民間之藏已空而國用之經費者又不可省豈量入爲出之初意乎屯政之設因農寓兵法莫善於此者今則西北多曠土而邊卒日惰矣東南多包佃而豪猾兼并矣視諸藉耕爲守者何如也鹽政之行輸納本色法孰便于此者今則改折議而開中者因以罷耕矣超支立而常股者因之積滯矣視諸就邊輸粟者何如也諸如此類不可悉數人皆謂議法者之有遺慮也抑孰知非法之咎哉患在奉法之未得其要耳故愚以爲法之壅也有四弊焉夫政以畫一而成法以多言而亂今則心心有主意見各殊一利興議如聚訟一弊革發言盈盈不暇計其利之及于民而先求其説之勝于己此病在議論者一也守令最爲親民循良貴在核實今則違道干譽逞智炫奇民俗本相安也而必欲更爲一令前政本無弊也而不屑蹈其故常聽其言則美考其效則疏此病在好名者二也材各有長用宜器使今則諳于錢穀者乃或責以刑名閑于文學者又或寄以戎務枉其才而用之鮮不至于僨事此病在更調者三也夫豪杰之士不可以形迹拘近民之政不可以旦夕計今則約束太嚴而法網日密立功者或志隳于避謗報國者或計沮于全身稍逸繩墨群起而議其後矣此病在文法者四也四弊不去而欲法之行也得乎故謀事者虚中無我則議論省而國是定矣親民者休養生息則實惠流而耳目一矣任人者各盡所長則才智畢見而事功集矣馭吏者寛其文法則施爲有序而治效臻矣由是本精明之心裕敦大之體操縱損益無施不可而祖宗之法雖萬世守之可也又何至於滋弊而擾民也哉

第四問

王樍

同考試官教諭阮批（人物策叙述之贍非難權度之精爲難此篇論雍産賢豪悉其行實醇疵莫遁而尤能進取於文武之兼材子其善學鄉先哲而思集其成者乎）

同考試官教諭唐批（論人貴恕取友貴嚴此尚論者之準也是作剖析同异評騭不苛究極始終決擇不苟可以觀尚友之學矣）

考試官學正宋批（上下古今綜核詳確）

考試官教授劉批（鑒別人品卓有定衡）

君子之稽往哲也其尚論也貴恕而尚友也貴嚴夫天之生才二氣紛糅間值其淳甚矣才之不易兼也如必兼才而後與之則將曠千載其一遇也而偏長之士舉無以自見於時豈君子節取之道乎然取宜恕也而論人欲盡論

可貸也而責己欲嚴是故人才盡于文武而文武各擅其長操觚藝苑者風雲之陣未閑建標戎幕者月露之形罔識世兼兩端而時出之者幾何此固造物所靳振古云難於是而求之備也抑過矣第體道者必會其全立己者當用其極通俎豆干戈之肄集隨陸絳灌之成而章逢介胄初不判爲二焉夫是之謂兼才君子所以表裏人物者其斯以爲至乎維關中古雍州域星分井鬼度析柳張東壁臨于燉煌斗魁耿于積石其地則華岳崚嶒終南聯亘昆侖河渭形勢靈長允矣金城天府百二之勝而清淑盤礴磅礴鍾爲人豪詎無以文武著稱其間者邪兹試以文言之傳聖學師魏侯而西河目以聖人者卜子夏也續左國作史記而劉向稱爲良史者司馬遷也班固著漢書以討前史之失范氏嘉其詳而有體魏相上書奏以止無名之師胡氏贊爲經國遠猷通明興廢作經傳集解而當武庫之稱者非杜預乎而袁朗月賦清灑出塵後主嘆謝莊不得獨美於前者此也沉潛典籍作玄晏春秋而盛書窑之號者非皇甫謐乎而杜甫詩史羽翼風雅元稹謂詩人以來所未有者此也夫數子者學優辭贍均以文鳴其皆足以潤色乎太平者與以武言之仗節穹廬而圖形麟閣者蘇武也振威西域而封侯燕頷者班超也李靖輕兵邀敵遂摧突厥以澡盟渭之耻郭子儀單騎入壘卒屈回紇以沮猾夏之謀示虜目中據鞍矍鑠以收交趾之績者非馬援乎而韓世忠之挺戈擒敵賊黨就俘此忠勇之旗所由褒也運籌帷内飲博笑談以却澶淵之師者非寇準乎而劉錡乘電擊營兀术破膽此順昌之幟所由讋也夫數子者勁氣精忠咸以武著其皆足以戡定乎禍亂者與夫修文奮武昔人固各擅一長矣而執事猶欲指其人而上下之顧愚非康成也敢輕議哉雖然按往迹拾定論亦嘗得其概矣遷固之博綜古今良史才也然是非頗繆於聖人阿附則甘於貴戚袁杜這鏗鏘金石亢詞宗也然狎客僅江孔之伍迂士非稷契之倫魏相爲中興賢輔而霸王之雜申韓之崇則無能改於其治士安爲季世逸民而誦説之勤著述之富則奚有補於其時其惟莒父乎芻豢生色詩易研精由是而列文學之賢乎無愧矣若元凱之指授方略功冠平吴則又文之未始不爲武也忠勇如子卿定遠壯矣乃詭傳雁札而釁啓玉關疢之不終無也勞伐如伏波衛國偉矣乃謗累明珠而蹀血虜庭疵之不相掩也世忠振威金虜社稷攸賴而莫須有之詰竟不能直武穆之冤劉錡廓氛姑鞬干城是寄而何必問之答卒無以伸愧死之憤其惟汾陽乎勛塞宇宙信行蠻貊由是而應虜占之大人誠宜矣若平仲之齠齡咏華弱冠登科則又武之未始不爲文也高下相懸偏全互异此三代而下之才君子每節取焉然論世不可不盡友善不可不嚴緬惟三代之英豈無有進於是者乎是故躬耕

莘野者伊尹也阿衡啓佑謨訓具存文孰加焉然升陑之師天下無敵此尤其聖武之布昭矣垂釣磻溪者太公也燮伐鷹揚永清四海武昭孰加焉然丹書之戒聖學以明此尤其文德之振修矣之二子者詎非間氣之鍾兼才之選也哉然則尚友者捨此將誰歸也是必窮而在下則學伊吕之所學而涵養其敬義誦讀其詩書達而在上則志伊吕之所志而堯舜其君民商周其事業又溯之子夏以端其軌參之遷固以博其趣肆之魏杜袁皇以鬯其思融數子之英華而澤之於道德醇如也天下之至文不在是哉溯之郭寇以效其忠持之蘇韓以勵其節奮之班馬韓劉以壯其猷袁數子之智力而約之於韜略淵如也天下之大武不在是哉允若兹則合德業而會其全兼文武而時其出庶幾尚友之極而於豐鎬思皇之士星躔河岳之靈爲無負矣雖然此固士之自待也而非所以語國家之待士也蓋律身如良冶用人如大匠故太阿鑄于洪爐必堅鋼百煉而後可以試盤錯巨室成于衆美必寸朽不弃而後可以樹崇高此造履貴精而掄材者當器使也若求文武於天下必欲如士之責己者而求備焉斯下有遺才上多廢事矣必也法虞廷之翕受敷施如周官之因能授任以兼才者握樞機以偏才者典職守于凡濡毫投石之士足以贊文德翼武功者舉得以自效其技庶濟濟多士熙載奮庸鷹揚之杰不終老於磻溪一德之英不躬耕於莘野以至文如班馬武若蘇韓者莫不攄猷宣力奮勇效謀則安攘得人而經緯益著所以鋪張鴻業建威銷萌者不特雍士爲然矣又安有乏才之嘆也哉

第五問

馮祥

同考試官教諭竇批（遠稽古制近酌時宜内畫上中二計責在得人而篇終復歸本朝廷皆不易之論也孰謂救荒無奇策乎）

同考試官教諭何批（爲國者不患歲祲特患無以備之此策指陳荒政根極源委而尤惓惓於監司守令是責備荒無遺筭矣）

考試官學正宋批（條答成周各代救荒之法甚悉而歷陳時政皆鑿鑿可行真俊杰之才也）

考試官教授劉批（論賑貸在豫詳確可行）

嘗聞先時而計者易爲力後時而謀者難爲功蓋計苟先矣則事立於豫即有卒然之變可恃以無恐若謀之不先而變之來也徒苟且以應之其曷以濟譬諸理家者勤於力本積貯豐矣素封之樂豈問於祲歲哉否則其本撥其用易窮即有小歉不至於枵腹啼寒也者幾希知此可以策救荒復明問矣昔

人謂救荒無奇策固矣然九年之水堯不能必天之不久溢也而堯之民卒無捐瘠者非以協和時雍備之豫乎七年之旱湯不能必天之無恒暘也而湯之民卒無捐瘠者非以子惠輯寧備之豫乎嗣是而後語救荒者莫過於周禮王制二書周禮所載遺人掌鄉里之委積以恤民之艱厄縣都之委積以待凶荒廩人掌九穀之數以歲之上下數邦國以詔年之豐凶而又有鄉師以歲時賙民其詳蓋錯見於六官之書當其時民皆受田矣又有田畯以率甸人匠人以治溝洫遂人以興水利稻人以祛水害是以三年耕有一年之食九年耕有三年之食以三十年之通雖有凶旱水溢民無菜色誠有如王制所云也其爲先事之防者何豫哉迨夫旱溢適遭則發倉廩行荒政焉既出夫鄉里縣都之積矣而司徒之聚萬民者其法爲尤詳既食其三年九年之蓄矣而司救之宣王命者其惠爲尤溥散利薄征未已也而緩刑弛力與夫捨禁去幾者無弗至焉眚灾殺哀未已也而蕃樂多昏與夫索鬼神除盜賊者無弗至焉太宰九式之掌均節物用有喪荒之式具在秋官班班可考其爲遇變之計者何至哉顧井田廢於阡陌王籍去於兼并卒有饑歲即困流離故臨事而曲爲之制亦有不可廢者如平糴之法肇自李悝其糴也視歲稔以爲之等其糶也視歲饑以爲之則蓋仿管仲之平準者常平之倉建自漢耿壽昌穀賤則增價而糴以利農穀貴則減價而糶以濟民蓋仿李悝之平糴者義倉始於唐戴胄其法欲王公以下輸穀賑民厥後太和纍增其儲備宋祖復鋭於修置焉社倉昉於隋長孫平其法酌户上中下入粟充賑厥後朱熹請建於浙東真德秀踵行於長沙焉凡此皆權宜濟變之術雖未能先事豫圖然其因時區畫拯賴元元猶不失周官之遺意者乎乃若河内凶則移民河東河東凶則移粟河内此惠王之行於梁也關中饑則徙民蜀漢山東水則徙民關西北高武之行於漢也丞相而下入穀助貸非漢宣帝之詔乎郡國富室給廩煢獨非漢光武之令乎宋神宗以空名度牒付兩浙鬻米賑濟蘇軾請令轉運司約度諸郡米數下諸路封樁雖其救灾憫患非不懇惻周悉顧帑竭藏空智窮力絀亦豈得爲救荒之長策耶合而觀之堯湯不可及已周禮王制策之上者平糴之法霸術之餘耳常平至東漢時已有劉般之議若曰豪右因緣爲奸小民不得其平而義倉社倉在朱子建安之記亦曰里社不皆可用之人欲聽其所爲恐計私以害公欲謹其出入則上下相遁其害爲尤甚誠如是若無一可者然與其移粟就食助貸給廩於臨時毋寧權貴賤平豐歉如平糴之爲愈乎與其降度牒發封樁於臨變毋寧廣儲積便貸藉如諸倉之爲愈乎肆我皇明立法定制悉仿周禮天下郡縣咸有預備即廩人之掌九穀也鄉有四倉即遺人之掌委積也灾傷一聞蠲恤

隨及即賑民施惠之意也列聖相承靡不注念於是至我皇上嗣服泰運洪開崇節儉寬宿逋停不急之工罷非時之獻祗德格天時和歲稔若無可過計者乃臺臣上言司農覆奏申明先朝故事責成守令量里積穀豈非有見於豫之道乎愚聞之蘇軾曰九年之蓄常閒而無用者萬世之計也一歲之入纔足一歲之出一時之也量出爲入用之不給則取之益多此不終月之計也夫不終月之計計之下者一時之計計之中者萬世之計計之上者此非策士之至言而籌國之石畫歟是故計之下者非聖世所宜有不足以瀆執事之聽矣乃若懇荒僻之田通水泉之利復故額於屯營厘宿蠹於鹽法追呼不擾催科以時而去三冗酌三盈則計之上者其可行乎尋四倉之制裁斂散之規在社者不得轉而爲縣在縣者不得轉而爲郡民見其出亦見其入則計之中者其可行乎雖然世無王良則騕褭非异足時無子野則玉徽鮮奇音用法非人則亦徒法耳昔人有曰天下之本在於郡縣郡縣之責付之監司又曰君者父母民者赤子郡縣乳保也是故在郡縣者必主以撫摩之心而出爲平易之政不曰歲稔可喜也爲不世之謀而不計目前之勞費不曰無事可安也爲不世之利而不計今日之怨尤未荒則以飭倉廩以慎出納如劉晏之月察豐歉可也將荒則酌其盈縮悉其貧富如趙抃之書問屬邑可也既荒則計口發粟里胥不得售其奸華腴不得侵其利如曾鞏所謂艱乏得濟可也斯稱乳保之任乎在監司則巡行郡邑而廉察之計其大不責其細取其實不采其華時政未飭者則申令以昭其度如李膺刺青州守令畏服可也實績已著者則酌賞以昭其勸如賈琮刺冀州群吏望風可也事難固滯者則毋拘文法許其便宜如汲黯之矯制可也斯稱表率之任乎苟非其人則郡縣之倉雖建也而或上下其手或漁獵其利虛文簿以罔上者不終無矣量里之穀雖積也而悖入以取盈嚴威以重贖開騙局於私囊者不終無矣雖有良法將安用之是故不惟其法惟其人不惟其人惟其心則常平義社即周之荒政即堯湯之所以救民於當時者也魏漢叔季之制奚足言哉抑又聞之天子不言有無諸侯不言多寡爲之臣者順五行修五事以安百姓興學校明禮義以厚風俗而聖天子端拱穆清執中以立其道叙倫以立其教分職率屬以立其官修明紀綱以立其法培植基本以立其國譬諸善理家者不徒豐其財貨而且本仁由義淪禮浹樂則精神所及德化所通天不能爲之灾地不能爲之害薄海内外舉樂利於熙皞之域蘭臺螭蚴之手屢書大有之不暇奚必救荒爲哉

陜西鄉試録後序

皇上嗣命聖哲謙思曰若古初惟得人理咨于舊章時求俊乂以康叙四方乃元年癸酉秋八月詔天下貢士與計偕而崇獻具員陜西考試官乃以大夫執事之意申告于諸偕計士曰嗟而士也而亦聞曩者人之詆訾而文士者乎人之言曰畫楮爲纈非纈也有衣者纈也刻木爲驥非驥也有駕者驥也夫文亦畫楮之纈刻木之驥也非异日士所以效之君者具也仕則弃之耳噫使上不信士士學而忘其本必繇斯言矣夫士布衣發畎畝而來也卒一旦不可官而使也誠未有以嘗之不一考其言其道無繇故使有司者召問而置對焉曰而士也其諷析於聖人之言也其伏而習於國家之故策於當世之務也紬之以觀其業辯之以觀其志錯而問之以觀其蓄引端而詰射之以觀其智曰吾以此測士幸不失矣豈曰文而已哉而士也亦既以其所誦法聖人討論當世者而稍薦陳之矣固曰吾將以其所聞共之乎吾君也夫寧曰吾直用爲介藉而已乎如曰徒介藉耳吾且有所奉吾君者或乃倍而謾之是賈人之智也賈之爲市也炫其貨美以翹於人已乃易而售其惡轉爲巧謾以偷逐什什之利弗耻也士固亦若此乎非吾故所謂文者也士不若是雖然工人不爲直木而廢繩射者不爲良弓而輟檠崇獻不佞請得一言爲繩檠可乎昔者子貢謂子夏曰吾他日見子有菜色今見芻豢之色何也子夏曰鄉也吾入見夫子之義則悦之出見紛華則榮之二者交戰乎中故菜色今吾戰勝故也賢者之於内外固戰而後勝之耶夫士方其未遇粢糲蒙褐穴牖而闚夫子之義守之易耳故今者吾見諸士指經術占對言循循然入而見諸大夫而趨僂然其質全也其未見紛華之時乎少焉逾函谷陟都邑過睨蓋駟涉乎利害得失之途而戰紛華矣吾願諸士之戰而勝之也蓋昔有二人者并之市一人顧見邪僞愀然而返其一人者悦而效之所見同而好惡趨捨致相遠不可不慎也士自愛毋回謬其途域毋利害失得而滑其室毋没没于俗而離而質毋身是謀而不殫于國使人謂而爲畫纈木驥也有如一不當即忠信之士見不信而蒙詆嗤矣抑語有之深山大澤龍蛇生焉詩不云乎鳳凰鳴矣于彼高岡梧桐生矣于彼朝陽夫陜固岐豳豐鎬之都而天府之國也士生兹地際聖時亦既敬應矣尚思自效以鳴國家之盛哉

山西汾州儒學學正宋崇獻謹序

萬曆七年陝西鄉試録

陝西鄉試録序

上萬曆之七年天下復當大比士於鄉巡按陝西監察御史張憲翔銜上命晨夜馳入關無何廹試事乃以前御史沈涵禮聘學正宗湯教諭王居仁爲考試官學正劉淑唐教諭涂案方思賢薛彦卿訓導石珮竇中孚爲同考試官提調則左布政使朱炳如右布政使張國彦監試則副使李時漸王體復諸執事靡弗慎擇充者於是合河西巡按御史趙楫提學副使李維楨所選士一千九百有奇三試之遵制額舉六十五人録其氏名若文以獻宗湯宜序首簡蓋漢人之言曰秦形勝之國也帶河阻山縣隔千里持戟百萬秦得百二焉秦之雄於天下自古記之矣宗湯則請言今日自國家建都于燕俯而臨天下如北辰然分野萬里郡縣星列天下有相制之形而無偏重之處秦雖大直當之一隅安所名其雄乎秦不能以其大而雄天下則將奚以夫人固有以地重地亦有以人重必得士焉與天下絜長比大而秦得百二而後可也今夫天下非小狹也秦士非益多而天下非少也有人於此遽而號於衆曰秦之士與天下之士絜長比大而得百二衆有不失笑者乎宗湯請譬之鄧林之植也不必皆干霄拂雲蔽青天而蔭原畝之木也然而求干霄拂雲蔽青天而蔭原畝之木非鄧林無有也燕代之馬不必皆追風掣電一日而千里然脱有追風掣電一日而千里者必燕代馬也秦亦士之鄧林之圃而燕代之野也渠寧無士昔人之論曰才過千人謂之豪過萬人謂之杰夫此一人耳而才度越千萬人則豪杰之名歸焉矣豪杰之士雖無文王猶興矧生於文王之鄉而爲思皇之遺者乎方今神聖在御日出之地光耀明德治登乎大猷唯是勸學育才招延茂异勤於中懷誠幾得豪杰之士而用之士誰有不敬應者乎秦渠寧無士蓋宗湯之初應聘而來也私睹夫挾策懷器雲翔而待校於車下者無慮數千百人也進而觀其所爲文辭陳之以疑以觀其學雜設之事以觀其才紛難之以觀其識漫引之以觀其守旁詰射之以觀其辯如此而不失得六十五人而止爾夫此六十五人者一旦而穎脱於數千百人之上若所謂豪杰云者而言者曰是不離爾之鄉爾早暮續食偕計與四方名下之士角於春官更進而踐文石

履赤墀奉臨軒之制對稱曰子大夫也當此之時不佞即不敢過望爾人人而舉顧豈無絶塵而奔者於其間乎有之謂足當豪杰非耶而言者又曰是藝止爾可以爲先資而未可以成信則所爲豪杰者大略可睹矣太上立德其次立功其次立言周召尚矣自周而漢而唐宋窺前聖之奥樹將相之勛富名山之藏者何可指數然太半炳烺於爾秦之圖籍也爾如不以豪杰自命則可如以豪杰自命典刑具在奚所擇而處焉夫遇光華之旦圖不朽之業修此三者故全也德不至而功立功不至而言立隨性之所近而務臻其極流聲無窮者名世之軌也而總之不在名高而在敦實不在材具而在所養爾多士勉矣氣欲完神欲定心欲密才欲練措之爲德行發之爲事業擬議之爲變化則養盛而實至實至而名隨之矣上之與周召爲徒次無墜爾先哲之典刑矣先資成信而不第爲一鄉士矣昔宋太宗嘗言士非望拔十得五得一二人亦可爲致理之具蓋其難也宗湯不佞業以爾多士進多士寧無意乎俾談者曰三秦豪杰唯爾多士曰秦無人亦唯爾多士曰豪杰則以一人而度越千萬人雖謂秦士於天下得百二亦宜曰無人則太華誠高洪河誠深安所托其重于天下耶宗湯自度淺薄無以相長爾多士第借形勝之輕重述才賢之所産明主上之至意闡豪杰之名實以與爾多士勖焉多士耳目所睹記至孰必有能辨此矣是舉也總督軍務則兵部左侍郎兼右僉都御史部光先久弘文德雅厲士習巡撫陝西地方則右副都御史近升户部右侍郎傅希摯風教淪浹今右僉都御史李堯德聲猷夙暨甘肅則兵部右侍郎兼右僉都御史侯東萊寧夏則右副都御史羅鳳翱延綏則右副都御史宋守約撫治鄖陽則先右副都御史徐學謨今右僉都御史楊俊民綏宇右文巡茶御史先李時成今羅應鶴巡鹽御史先尹良任今房寰秉憲作士而兵科都給事中戴光啓奉命閲視四鎮其以督餉至者則户部郎中譚啓高時其以使事至者則尚寶司司丞沈玄華工部主事王謙行人司行人刑孔陽王世揚樂觀人文譽髦感奮其綜理於外者右參政陳蕖李汶董汝漢左參議徐汝翼韓應元右參議徐學詩洪忻袁弘德文作副使張更化李日强姚繼可張孫繩覃應元張九一朱孟震解學禮僉事桑維高周有光賈舘王君賞李冋苑馬寺卿趙焞少卿梁許申維岱行太僕寺卿武尚賢馬出圖少卿馬時泰石櫃其防範於外者參將何極署都指揮僉事卞永辛守臣趙繼祖而左參政李歲副使李貴和行太僕寺少卿李承選署都指揮僉事許登瀛以先期按察使孫坤以先任皆入賀萬壽副使王湘以遷秩僉事咸懷良以調任近方出闈皆始事有勞者得備書云

直隸滁州儒學學正任宗湯謹序

萬曆七年陝西鄉試

監臨官

巡按陝西監察御史張憲翔（肖雛山東青州衛籍河南靈寶縣人　戊午貢士）

提調官

陝西等處承宣布政使司左布政使朱炳如（仲南湖廣衡州衛籍桂陽縣人　己未進士）

陝西等處承宣布政使司右布政使張國彦（熙載直隸邯鄲縣人　壬戌進士）

監試官

陝西等處提刑按察司副使李時漸（伯鴻山東壽光縣人　丙辰進士）

陝西等處提刑按察司副使王體復（陽父山西太平縣人　戊辰進士）

考試官

直隸滁州儒學學正任宗湯（子中浙江蕭山縣人　癸酉進士）

直隸大名府滑縣儒學教諭王居仁（克備河南河南衛籍直隸望江縣人　庚午貢士）

同考試官

湖廣黄州府蘄州儒學學正劉淑唐（汝述江西安福縣人　癸酉貢士）

山東東昌府高唐州恩縣儒學教諭涂案（士平江西進賢縣人　甲子貢士）

直隸保定府慶都縣儒學教諭方思賢（德孚廣東順德縣人　丁卯貢士）

四川成都府安縣儒學教諭薛彦卿（良甫貴州前衛籍浙江嘉興縣人　丙子貢士）

河南開封府儀封縣儒學訓導石珮（子鳴湖廣盧溪縣人　癸酉貢士）

山西平陽府岳陽縣儒學訓導竇中孚（子誠山東益都縣人　壬子貢士）

印卷官

陝西等處承宣布政使司經歷司經歷賈文泗（道象山東莒州人　選貢）

陝西等處提刑按察司經歷司經歷王光國（汝觀直隸寧國縣人　監生）

收掌試卷官

西安府知府羅惟垣（少辰四川嘉定州人　乙丑進士）

延安府知府党馨（季芳山東益都縣人　戊辰進士）

鳳翔府知府王元賓（國賢山東滕縣人　乙丑進士）

臨洮府知府曹時聘（希尹直隸獲鹿縣人　辛未進士）
鞏昌府知府鄭國仕（彦夫直隸魏縣人　戊辰進士）
平凉府知府張崇謙（思光山西蒲州人　戊午貢士）

受卷官

慶陽府知府劉守仁（□居山西洪洞縣人　戊辰進士）
漢中府知府羅節（聘夫山西蒲州人　乙卯貢士）
西安府同知楊允中（祖堯直隸遵化縣人　乙丑進士）
西安府同知張第（汝登山東茌平縣人　辛未進士）
西安府推官吴中傳（汝和山東朝城縣人　甲戌進士）
漢中府推官周夢暘（啓明湖廣南漳縣籍江西吉水縣人　甲戌進士）
鞏昌府推官田一麟（道徵河南祥符縣人　丁丑進士）

彌封官

西安府華州知州石元麟（君定雲南永昌衛籍直隸丹陽縣人　甲戌進士）
鞏昌府秦州知州郭居易（平輔山東膠州人　戊午貢士）
臨洮府蘭州知州郝字（子育四川宜賓縣人　乙卯貢士）
漢中府金州知州李裕（理之湖廣黄岡縣人　丁卯貢士）
西安府耀州知州李一經（公起直隸内黄縣人　選貢）
西安府咸寧縣知縣戈大本（中輔錦衣衛籍直隸吴縣人　甲戌進士）
西安府長安縣知縣張巍（子高直隸任丘縣人　甲子貢士）
西安府盩厔縣知縣顧連璧（伯温山東博興縣人　甲戌進士）

謄録官

延安府推官楊德耀（克明山西蒲州人　甲子貢士）
西安府涇陽縣知縣傅好禮（子讓直隸固安縣人　甲戌進士）
西安府三原縣知縣陳濟（道行河南祥符縣人　甲戌進士）
西安府華州蒲城縣知縣田蕙（應芳山西應州人　甲戌進士）
西安府咸陽縣知縣傅霈（應霔山西忻州人　丁丑進士）
西安府興平縣知縣劉騰霄（子翀直隸安肅縣人　甲戌進士）
漢中府洋縣知縣馬崇謙（子益山西安邑縣人　丁丑進士）
平凉府鎮原縣知縣陳遇文（鳴周山西安邑縣人　丁丑進士）

對讀官

鳳翔府推官范宗鎮（定國湖廣黄岡縣人　戊午貢士）

慶陽府推官曾泮（樂道四川井研縣人　丁卯貢士）
延安府鄜州知州閻思孝（諧甫河南新蔡縣人　辛酉貢士）
西安府渭南縣知縣和震（起甫河南祥符縣人　丁丑進士）
西安府同州郃陽縣知縣謝志伊（大公直隸深州人　丁丑進士）
鳳翔府扶風縣知縣徐三畏（子敬直隸任丘縣人　丁丑進士）
延安府甘泉縣知縣蔣桐（子培錦衣衛籍浙江諸暨縣人　戊辰進士）
延安府鄜州洛川縣知縣孫瀾（子源河南洛陽縣人　丁丑進士）

巡綽官

西安左衛指揮使楊光胤（叔啓直隸海州人）
西安後衛指揮使顧正（克明直隸江都縣人）
西安左衛指揮使費甲鐸（子聲直隸定遠縣人）
西安前衛指揮同知尤梁（汝材直隸丹徒縣人）
西安右護衛指揮同知王表（子端直隸壽州人）

搜檢官

西安左衛指揮同知王道誠（理復山後小興州人）
西安後衛指揮同知劉德懋（崇階直隸蕭縣人）
西安後衛指揮僉事王又愉（子和江西廬陵縣人）
西安後衛鎮撫王賦業（承之直隸合肥縣人）
西安右護衛中所副千户魯學孔（希聖直隸梁縣人）

供給官

陝西等處承宣布政使司理問所副理問崔錫（中極直隸太平縣人　監生）
陝西等處提刑按察司照磨所照磨方燁（元輝直隸歙縣人　知印）
西安府同知賈明遠（惟精山西汾州人　辛酉貢士）
鳳翔府寶雞縣知縣陳以忠（貞甫直隸無錫縣人　丁卯貢士）
平凉府隆德縣知縣陳栗（閏夫四川鄷都縣人　辛酉貢士）
漢中府南鄭縣知縣張明（子誠四川成都縣人　壬子貢士）
鞏昌府秦州同知張國翼（以敬直隸來安縣人　恩貢）
西安府同州韓城縣縣丞張彦甫（好之直隸内黄縣人　監生）
鳳翔府郿縣縣丞任仕宗（紹先山西澤州人　吏員）
西安府咸寧縣主簿趙汝激（勵夫山西高平縣人　監生）
西安府耀州富平縣主簿趙汴（叔京山西岳陽縣人　選貢）

西安府長安縣典史石萬良（從善山西霍州人　吏員）
西安府高陵縣典史徐詔（惠吾直隸江都縣人　吏員）
鳳翔府鳳翔縣典史余鳴鶴（九皋四川内江縣人　吏員）
鳳翔府岐山縣典史吴崇業（汝修山東嘉祥縣人　吏員）
西安府灞橋遞運所大使王正念（以成四川青神縣人　吏員）
西安府商州秦嶺巡檢司巡檢張士進（子正河南陝州人　吏員）
西安府華州羅汶橋遞運所大使季含（汝章直隸任丘縣人　吏員）
西安府邠州宜禄遞運所大使賈紹先（堯夫直隸吴橋縣人　吏員）
西安府三原縣建忠驛驛丞張嵩（具瞻四川渠縣人　承差）
西安府乾州威勝驛驛丞布景虎（世威直隸永清縣人　吏員）
西安府邠州新平驛驛丞楊欽（敬之河南沈丘縣人　吏員）
西安府乾州永壽縣永安驛驛丞湯萬元（廷真四川彭山縣人　吏員）

第一場

四書

子曰吾十有五而志于學三十而立四十而不無惑五十而知天命六十而耳順七十而從心所欲不逾矩　苟不固聰明聖知達天德者其孰能知之　孟子曰禹惡旨酒而好善言湯執中立賢無方文王視民如傷望道而未之見武王不泄邇不忘遠周公思兼三王以施四事其有不合者仰而思之夜以繼日幸而得之坐以待旦

易

聖人作而萬物睹本乎天者親上本乎地者親下則各從其類也　王假有家交相愛也　乾知大始坤作成物乾以易知坤以簡能　百官以治萬民以察

書

野無遺賢萬邦咸寧　有言逆于汝心必求諸道有言遜于汝志必求諸非道　曰其稽我古人之德矧曰其有能稽謀自天　小大之臣咸懷忠良其侍御僕從罔匪正人以旦夕承弼厥辟

詩

南有樛木葛藟縈之樂衹君子福履成之　靡室靡家玁狁之故不遑啓居玁狁之故采薇采薇薇亦柔止曰歸曰歸心亦憂止憂心烈烈載饑載渴我

戍未定靡使歸聘采薇采薇薇亦剛止曰歸曰歸歲亦陽止王事靡盬不遑啓處憂心孔疚我行不來　迺慰乃止乃左乃右乃疆乃理乃宣乃畝　儀式刑文王之典日靖四方

春秋

春正月己卯烝　夏五月丁丑烝（桓公八年）　八月公會齊侯宋公鄭伯曹伯邾人于檉（僖公元年）秋齊侯宋公江人黄人會于陽穀（僖公三年）春王正月公會齊侯宋公陳侯衛侯鄭伯許男曹伯侵蔡蔡潰遂伐楚次于陘　楚屈完來盟于師盟于召陵　齊人執陳轅濤塗　秋及江人黄人伐陳　冬十有二月公孫兹帥師會齊人宋人衛人鄭人許人曹人侵陳（俱僖公四年）　三月作丘甲（成公元年）春用田賦（哀公十有二年）春王正月季孫宿叔老會晋士匄齊人宋人衛人鄭公孫蠆曹人莒人邾人滕人薛人杞人小邾人會吴于向（襄公十有四年）

禮記

凡爲君使者已受命君言不宿於家　天下大定然後正六律和五聲弦歌詩頌此之謂德音德音之謂樂　君子之所謂義者貴賤皆有事於天下天子親耕粢盛秬鬯以事上帝故諸侯勤以輔事於天子　天下莫不貴者道也

第二場

論

佐贊乾坤化育之功

詔誥表（内科一道）

擬漢戒俗吏矯飾者詔（元和二年）　擬唐以陸贄爲中書侍郎同平章事誥（貞元八年）　擬河工告成廷臣賀表

判語（五條）

官吏給由　收支留難　禁止迎送　優恤軍屬　帶造段匹

第三場

策（五道）

問　古今稱極治者必曰虞周以今觀之重華之勛始於厘降二南之化肇自關雎風教本原顧不重耶我太祖高皇帝肇造區宇成祖文皇帝誕膺鴻運創述巍焕流鬯八埏即舜文無异揆焉乃皇明祖訓聖學心法二書所以貽

厥孫謀者至爲閎具可指而言與我高皇后母儀天下嘉言懿行載在方策嗣我文皇后作内訓以教宫闈蓋厘降關雎一轍也略亦可殫述與我穆宗莊皇帝睿明恭儉祇續先猷仁聖懿安慈聖宣文二皇太后貞静徽柔昭示宫則視我二祖二后貽謀規範不先後同符與我皇上皇后躬親訓迪今二載于兹矣其熙洽寓内維持陰教光祖烈而軼虞周者必有本也願鋪張而揚厲之以鳴今日之盛

問　秦罷封建置郡縣法甚具也而禁網益密奸僞萌起漢除秦苛與民約法惟三章耳而郡若縣兢兢守之何與夫漢法行漢吏業已稱盛矣乃班之叙傳也僅僅見五六抑以何道取之與夫定儀披籍者聲稱有赫投巫擿伏者民畏如神而乃不得與五六人并傳何與士平居譚治道輒欲姑捨漢吏而近世法令益修未見超越漢治豈吏之未盡良耶抑所以馭吏者道未盡也頃言官建白謂久任不行吏數更易以故鮮實效耳今任不爲不久矣何效之不可睹與此其法必有不盡于此者而補偏救弊之説不可不亟講也諸士習世故亦必有概于中矣願相與揚榷之以俟經世者擇焉

問　道德文章事功節義士論褒然重之全雍以姬教穠沃河山鬱蒸才臣碩彦鱗砌而出諸列在詩書毋贅已嗣是有總衆職稱上意者參帷幄剖决如流者守正不阿者忘身徇國者坐困先零者克復兩京者三傳并行於世者著書百萬餘言者有長曆作而春秋之義著西銘出而仁孝之理明者躬耕谷口者牧豕上林者泉石膏肓雲溪退士者之數子者於道德文章事功節義可别而言之與歷時既邈載籍可稽數子嘉言善行果信然與夫學者談唐虞而述三代率卑漢唐宋曰勿論也能自得師即美惡錯居亦多砥淑先哲如數子後事標矱自在吾將以諗諸士之所適

問　馬政軍國重務載在周禮纖悉具備今可舉而言之與由周而來言馬政者凡幾變矣漢初稍爲復古遂致阡陌成群唐制府兵貞觀後天下以一縑易一馬今其法固在可仿而行之與宋初有官馬户馬戎馬之設至熙寧吏保馬之法而民翻以病其視漢唐之制有優劣與我國朝馬政計地課駒牧不稱苦馬不稱乏與周制有异同與弘正嘉隆之間先後有題屢爲清補屢爲厘革未復其舊近牧臣目擊而條議省臣熟計而上陳皆亹亹數千言甚爲激切今皆下其議於所司將次第其吃緊者以復冀備廟堂采擇萬一第不知國初之舊法尚可復行以濟牧軍之急近日之節議亦可少損以救馬政之敝與無已尚有經國籌邊之略如昔丘文莊李文正楊文襄之議更酌漢唐宋之中而上求周官之遺意俾夫有定役地有常數輸直有規差撥無苦内以重邊關之

勢外以寓制虜之機諸士生長百二之鄉習聞而籌之熟矣願著于篇將采以轉聞于上

問　北虜爲患中國往牒所載甚詳由周以降漢唐之强竟莫能摧輪而繫其頸者豈其時謀國者乏馭戎之上策耶迨我太祖高皇帝汛掃胡元成祖文皇帝三犁虜庭鴻猷駿烈曠古稱盛然倏順倏叛奄入奄遁虜情桀黠亦未帖然傾心也邇者俺酋納款輸貢其部落往來内地我皇上猶赤子視之邊臣不以塞垣限之豈非千古一時國家之極盛哉然狼子野心中懷叵測頃以禮佛建寺盤據河外往來張掖酒泉威劫屬番睥睨茶馬至亡厭也凡此豈效順者所宜有耶夫虜所駐足咸爲要塞儻久此不返猶枵腹而堅前好乎此地者全陝之屏翰而全陝省九邊之肩背也諸士生長於兹宜懷請纓之志願詳言之俟石畫者采焉

中式舉人六十五名

第一名　劉宇　金州學生　春秋
第二名　彪準　西安府學生　易
第三名　王守禮　延川縣學生　詩
第四名　南企仲　渭南縣學生　禮記
第五名　曹思聰　岷州衛學生　書
第六名　張鵾　西安府學生　詩
第七名　周南　三原縣學附學生　易
第八名　杜本益　米脂縣學增廣生　春秋
第九名　雷益　南鄭縣學生　書
第十名　張惟任　潼關衛學生　禮記
第十一名　康塤　武功縣學生　詩
第十二名　張美　安化縣學生　易
第十三名　趙賞瀛　禮縣監生　春秋
第十四名　王三策　郃陽縣學生　詩
第十五名　高數仞　寶雞縣學生　書
第十六名　李賦秀　延安府學生　詩
第十七名　梁光裕　洋縣學生　易
第十八名　袁應春　鳳翔府學生　詩

第十九名　甯時鏌　郃陽縣學生　書
第二十名　楊應魁　西安府學生　禮記
第二十一名　劉椿　耀州學生　詩
第二十二名　劉承勲　咸寧縣學生　易
第二十三名　李光祖　保安縣學生　詩
第二十四名　趙鳳　寧州學生　書
第二十五名　韓繼周　涇陽縣學增廣生　詩
第二十六名　田甸　長安縣學增廣生　易
第二十七名　王建亳　鄜州學生　書
第二十八名　李時茂　乾州學生　詩
第二十九名　王豫立　涇陽縣學增廣生　易
第三十名　王田　耀州學生　詩
第三十一名　李寮　蒲城縣學生　書
第三十二名　張執　富平縣學生　詩
第三十三名　李方升　咸寧縣學生　易
第三十四名　姚更生　潼關衛學生　詩
第三十五名　趙彦　延安府學生　書
第三十六名　趙性粹　静寧州恩貢生　詩
第三十七名　馬協　同州學生　書
第三十八名　雷雲衢　郃陽縣學生　詩
第三十九名　芮約　鳳翔縣學生　易
第四十名　李養中　鎮番衛學生　詩
第四十一名　張學易　同州學生　書
第四十二名　强思　郿縣學生　詩
第四十三名　文禮　綏德州學生　易
第四十四名　范垣　郃陽縣學生　詩
第四十五名　王建極　鄜州學生　書
第四十六名　石可大　安化縣學生　詩
第四十七名　張準　長安縣學附學生　易
第四十八名　楊逢春　乾州學生　詩
第四十九名　王蘭　扶風縣學生　書
第五十名　楊楝　乾州學生　詩

第五十一名　申宗德　蒲城縣學生　春秋
第五十二名　李敬　南鄭縣學生　易
第五十三名　劉民望　韓城縣學生　書
第五十四名　王承教　朝邑縣學生　詩
第五十五名　高夢禎　膚施縣學生　易
第五十六名　屈可賢　華州學生　書
第五十七名　單項　紫陽縣學生　詩
第五十八名　趙應裕　平凉縣學生　易
第五十九名　石允珍　同州學生　禮記
第六十名　姜文聘　盩厔縣學生　書
第六十一名　張養才　同州學生　詩
第六十二名　蕭應元　咸寧縣學生　易
第六十三名　趙之翰　邠州學生　書
第六十四名　唐鼎　西安府學生　易
第六十五名　陳洪訓　寧夏等衛學附學生　詩

第一場

四書

子曰吾十有五而志于學三十而立四十而不惑五十而知天命六十而耳順七十而從心所欲不逾矩

劉宇

同考試官學正劉批（起處即提出矩字通篇以不逾矩爲作用功夫至七十而化乃能從心所欲耳此特達之見非經生所能説到）

考試官教諭王批（格調高古非苟作者）

考試官學正任批（意精詞雅迥异時作）

聖學所以化由志而日新者也夫所欲即矩則化矣而必由志學以進焉學之不可已也如是夫夫子自述以詔後學蓋曰學以理爲矩以不逾矩爲能守以從心不逾矩爲能化今吾心之所欲矩自在矣然豈一朝一夕之故哉彼學未有無志而成者吾昔十有五也志於學焉學雖未至而志則已定不至於矩之從欲不止矣由此而三十操存其所志者又十有五年而吾始可與立也由此而四十研窮其所立者又十年而吾始能不惑也以所不惑者而上達焉

命可知矣時其在五十乎以所知者而一貫焉耳斯順矣時其在六十乎夫自志學以來固無敢一日逾乎矩者而未必從心所欲也今七十矣然後從其所欲而不逾焉無欲非矩無矩非心吾之志固如斯而今可無負也已向使未七十而助長或十五之後而中止焉何以有是哉過此以往吾將終身焉爾亦安知老之至也嘗觀易曰天行健君子以自强不息夫天豈待積纍而成然非健則造化或幾乎息矣聖人之道猶天然謂其至七十而後化謂其當十五而即化者皆非也故志學必稱十五其天人之介乎易之序卦乾坤屯蒙相次它日又曰後生可畏其旨深哉

苟不固聰明聖知達天德者其孰能知之

彪準

同考試官教諭方批（聖與誠原是一理此作開講即説破而開闔變化不出範圍末二股更奇絶不可易及）

考試官教諭王批（題難下手子顧不著意而發明透徹大雅之文也録之）

考試官學正任批（别是大家機軸非熟於秦漢文字其孰能知之）

中庸决言至誠之道非至聖不能知也夫聖之至者以其誠之至也非聖則非誠矣安能知其道哉中庸之意蓋曰知與能非兩事聖與誠非二物至誠功用能極其盛者謂其有聰明聖知之資達仁義禮智之德耳是豈可易知哉質之不敏無足論矣苟質美而非固有之者何以能窮其神德之不足不待言矣苟德備而非達諸天者何以能會其妙人曰至誠則大經之經綸也大本之立也化育之知也且不自知其所以然而欲人知其所未然誰則能之人非至聖於仁之肫肫也淵之淵淵也天之浩浩也既不能其所已能而欲知其所不能無是理矣聲名有共仰而所以爲聲名則民可由而不可知有能知之者必也即至誠乎尊親有同情而所以可尊親則百姓日用而不知非天下至聖孰能與於斯蓋論道之大即少有所窺謂之不能知固不可論道之精即未達一間謂之能知亦不可大哉誠乎斯其至矣抑夫子以生知爲上學知爲次孟子亦譬聖知於巧力子思所謂孰能知者蓋得之夫子而授之孟子非世儒所謂知也不然何以必曰聰明聖知此豈人力哉雖然性近習遠及其知之一也神而明之存乎其人耳

孟子曰禹惡旨酒而好善言湯執中立賢無方文王視民如傷望道而未之見武王不泄邇不忘遠周公思兼三王以施四事其有不合者仰而思之夜以繼日幸而得之坐以待旦

王守禮

同考試官訓導石批（説理貫徹非漫言者）

考試官教諭王批（詞氣老成疏暢取之）

考試官學正任批（發明心學不事浮詞宜録以式）

觀群聖不自逸之心可以知道統之傳矣夫聖人之傳道以心也由三王而周公孰非其不自逸之心乎孟子之意若謂道出於天而全於聖精一之統自舜開之而心學有傳矣是故禹受命於舜者也故嚴於理欲之防旨酒是惡善言是好儆怠荒而戒滿假蓋舜之所以爲心也已湯得統於禹者也故謹於人己之際執中弗失立賢無方昭大德而求哲人蓋禹之所以爲心也已文王繼湯而著丕顯之謨民已安矣道已至矣猶軫如傷之視焉懷未見之憂焉愛之深求之切其心何异於湯乎武王繼文而揚丕承之烈篤乎近矣舉乎遠矣猶敬慎而不泄焉慮周而不忘焉德之盛仁之至其心何异於文乎夫三王迭興而四事代作則思兼而施之者固周公任道之責也故未得而精思求之神會三王之心焉既得而敏行求以善述三王之事焉又安知繼日待旦之勞哉夫三王以聖人君天下者也周公以聖人相天下者也其心皆不敢自逸焉凡以全此幾希之理耳此道統之所由傳與雖然三代之治盛矣而其君相不自以爲盛何哉宜日中而敕時幾憂治世而戒滿盈道固然也是故禹湯文武周公同此憂勤惕勵之心乃所以益成其盛也斯義也萬世君相所當知也

易

聖人作而萬物睹本乎天者親上本乎地者親下則各從其類也

彪準

同考試官教諭方批（發明盛治宛然在目而結以贊治推之其臣尤爲有見取之）

考試官教諭王批（説理明切詞氣從容取之）

考試官學正任批（簡潔可誦）

聖人繫天下之望一類應之常而已夫物莫不以類相從也然則聖人作於上而天下之睹之也固宜文言釋乾九五爻義若曰君子觀於聲應氣求之機水火風雲之理而知感應之爲至神也何獨於聖人而疑之是故聖人者秉剛健中正之德而應運以握其符爲仁義禮樂之宗而得位以行其道是維皇

建極既以一人而撫萬邦則惟民歸極自以萬物而睹一人仰其乘龍之猷而觀光於朝者争快睹其休也荷其御天之治而觀化於野者咸樂睹其盛也若此者豈聖人有要於萬物哉亦從其類焉耳夫天以陽浮於上者也而動物之本乎天者皆仰而親之物何心哉得陽之氣從其類於陽而已地以陰凝於下者也而植物之本乎地者皆俯而親之物何心哉得陰之氣從其類於陰而已聖人之於民亦類也聖人以同然之德感天下而如天之覆如地之載也天下以同然之心應聖人而怙之如天依之如地也均之非有所强者也九五曰飛龍在天利見大人其此之謂乎觀此可以爲世道慶矣抑是聖人也將裁成天地之道輔相天地之宜舉親上親下之物而曲成之者也然代天弘化非能獨運於上而調元贊化不無望於其臣也堯舜在上而四岳九官助之以致唐虞之治古之明良相與以有成如此故周公繫乾之九五曰利見而於九二亦云

乾知大始坤作成物乾以易知坤以簡能

周南

同考試官教諭方批（剗去浮言惟發本旨蓋素嘗究心易學者取之）

考試官教諭王批（明白親切無逾此作取之）

考試官學正任批（善發乾坤之藴其學通造化者乎取之爲説易者式焉）

大傳論乾坤功用之盛而因本其無心之妙焉蓋知始作成乾坤之功用盛矣然不外於易簡焉其諸無心而成化者歟且夫統萬物而不遺者天地之全功也鼓萬物而無憂者天地之至德也善觀造化者觀諸此而已矣何則物必有始其孰始之惟乾有天道不特成男已也先天之化宰於是焉則顯仁於藏用之餘而萬有兆開先之漸矣乾非知大始乎物必有成其孰成之惟坤有地道不特成女已也後天之化贊於是焉則效法於成象之後而庶類獲各足之休矣坤非作成物乎夫物莫難於創始而乾盡物以始之若甚難矣不知乾健而動者也健則發之者無停機動則出之者有餘力故時至機行所以鼓萬物之出者自沛然莫之能禦也觀於其易而主始之妙不可知耶事莫煩於作成而坤盡物以成之若甚煩矣不知坤順而静者也順則恒委夫獨運之權静則惟守其代終之義故承天時行所以斂萬物之入者自隤然不見其迹也觀於其簡而作成之妙不可知耶夫生成异用者兩之所以化也易簡合德者一之所以神也神化合一而乾坤寧復有餘藴哉雖然乾坤者易書之法象也吾心者易書之精藴也善學者能以吾心而觀易以易而得乾坤之理則造化爲徒矣不然易爲粗迹而乾坤與我何相值哉嗚呼學易者惟於心焉求之

書

野無遺賢萬邦咸寧

曹思聰

同考試官教諭涂批（講不費詞而題意發明殆盡豈凡筆可到）

考試官教諭王批（以知人安民立説得帝舜推言之旨）

考試官學正任批（體裁整飭詞致秀雅）

賢盡用而民舉安克艱之效也蓋用賢安民治道之大端也群賢舉而萬邦寧克艱之效何如哉帝舜因禹陳謨而推言其效如此若曰君臣之相與也豈徒然哉凡以爲知人安民計也信能克致其艱豈止嘉言之罔伏耶彼賢者俟時于野嘗闢四門以來之矣然未必其無遺也今惟克艱則君純心于上矣臣引類于下矣由是切帝臣之思者共立于明良之朝懷奮庸之具者同升于喜起之會或以修政或以長民濟濟然九德咸事也觀于野而猶謂側陋之未揚者無益蓋朝廷不以易心待天下之賢而賢者忍自負明時乎萬邦望治于我嘗咨四岳以安之矣然未必其咸寧也今惟克艱則君奉天子民矣臣行君之令矣由是交泰以播休風所在霈樂利之澤協恭以昌理道敷天頌熙皡之仁政無不若德無不懷雍雍乎太和充溢也邦有萬而猶有一民之怨咨者無矣蓋朝廷不以易心擾天下之民而民生有不獲自遂乎吁無遺賢則知人哲矣萬邦寧則安民惠矣克艱之效豈其微哉嘗觀元愷登庸四方風動有虞之治不啻足矣而舜禹猶拳拳克艱之謨蓋群賢彙征尤小人易伺之會而大猷之世民生有隱憂焉况承庸之典未格于庶頑而有苗弗率猶爲有外之化乎虞廷君臣蓋非過計也噫此治之所以益隆也

小大之臣咸懷忠良其侍御僕從罔匪正人以旦夕承弼厥辟

雷益

同考試官教諭涂批（此題平講殊非獨此篇起處即歸重近臣而末講更有警句讀之令人醒目）

考試官教諭王批（清氣逼人自是妙手）

考試官學正任批（簡潔爽朗）

聖世得人之盛猶藉近臣以養德焉夫人君之德惟在所養也以文武之得人而猶藉于近臣如此况後世乎穆王命伯冏之意若曰人君以一身而立于臣人之上擇人其先務也近臣其尤要也我觀文武而知所重矣蓋聰明齊聖既開聖作之期而小臣大臣自極一時之選列爵雖不同而忠植于天者有

同懷焉精白承休畢效乎奉公之節受任雖不一而願爲良臣者無异懷焉靖恭體國各殫乎毗主之忱夫臣而忠良所以承弼厥辟者至矣雖無待于近臣可也乃當時之爲侍御僕從者又皆簡于迪知之日而非僻之罔干朝夕于王宫若胥倡于忠焉所以詔其嬺而格其非者無時非正人之助也得于忱恂之餘而憸邪之自遠出入乎禁闥若胥率于良焉所以美則承而違則弼者隨處皆大君之資也蓋外臣之勢隔無由效其旦夕之勤近臣之情親得以廣其薰陶之益故于今頌文武之盛而溯近臣之功不可誣也以予弗類視文武爲何如者承弼之責非近臣疇望哉抑考綴衣武賁列于三事膳夫寺人隸于太宰古之明君良佐慎于兹選者誠以外庭顯諍較之潜孚禁近難易蓋什伯矣不然克終允德豈必處仁遷義而敬義之主固基于不泄邇乎賈生云習與善人居欲使其爲不善不可得已蓋與伯冏之書相發與

詩

南有樛木葛藟縈之樂只君子福履成之

王守禮

同考試官訓導石批（場中作者類多浮泛此篇講樂衹及成之俱用本色語形容至咏嘆餘休及於開大運祚尤見學識敬羡）

考試官教諭王批（詞理温然得風人渾厚之體）

考試官學正任批（通篇無一閑語當是作手）

詩人興君子之德而以全福願之其所感深矣夫福以成而全也后妃以德獲之其成之宜矣斯爲全福乎此衆妾有感而稱願之曰天道祐德和氣致祥君子之德至矣豈惟福履綏之將之已哉彼南有樛木若或俯而就也而葛藟縈之自將依而附焉况我君子幽閑之性植於天者既純慈愛之心及於人也甚溥吾嘗於始至而友之矣謂其爲好逑爾已顧逮下之恩施於貫魚不圖可友之至於斯也於既見而樂之矣謂其爲母儀爾已顧同行之惠廣於群居不圖可樂之至於斯也如是而福有不成乎以正中宫此可以言福履矣然非止一身已也芣苢樂焉桃夭宜焉王化成於二南與君福之攸降媲美也餘休所被吾人且永賴之矣豈天將開靈長之運而特爲厚其祉耶以聽内治此可以爲福履矣然非止一時已也螽斯徵焉麟趾應焉王瑞成於百世與君福之聿懷匹休也餘慶所及吾人將并受之矣豈天將大姬籙之傳而特爲隆其祚耶是知樂衹一樛木也福履一葛藟也觀風人之咏而感應之理可誣哉抑妃匹之際生民之始萬福之原故讀樛木之詩而知后妃之感人深也由是小星進御江沱悔迎舉南國皆樛木之風矣然必有徽柔之聖而後成樂衹之賢成

周八百有道之長不有由哉

儀式刑文王之典日靖四方

張鵾

同考試官訓導竇批（講儀刑處渾然天成末復以爲綱爲則數語形容日靖四方句何等親切何等體認佳哉）

考試官教諭王批（調高詞古宜式多士）

考試官學正任批（文有體裁更見超脱）

周人宗祀自述其法祖以安民焉蓋文王以安民爲心而其典固在也後人法之以安天下則其格先也素矣想宗祀而登歌之意曰明堂之祀尊在昊天親在文考然在天者不可必而文考之右則有可自信者蓋文考有安民之心而布在方册者可考而知也文考有安民之典而貽于子孫者可循而治也我則幸家法之具存儀式而不愆凡周南召南之美意皆衍之爲定保之徵幸治法之大備儀刑而不忘凡治岐治豐之良猷皆守之爲敷錫之準惠鮮鰥寡典之所以怙西土也舉而行之日綏四方以惠鮮之澤而不使之顛連也懷保小民典之所以和有夏也率而由之日與四方以懷保之仁而必使之輯寧也幅員至廣也舉斯典以康濟之則家法之宏遠而四方爲綱之治可期矣以此纘緒庶克繼其求寧之志也豈專於將享之文乎民生至衆也推斯典以漸被之則治法之昭明而四方爲則之化有終矣以此紹述是適慰其觀成之心也不可諒昭格之素乎是故文考右而天可知也周上之格先有道哉抑此仁孝之道也孝不違於親則仁不違於天我將之祭不取必於天而取必於法典真可謂事親如事天矣四方日靖太和不在成周宇宙間乎嗚呼使周之子孫永守文王之典周至今存可也

春秋

八月公會齊侯宋公鄭伯曹伯邾人于檉（僖公九年）秋齊侯宋公江人黄人會于陽穀（僖公三年）春王正月公會齊侯宋公陳侯衛侯鄭伯許男曹伯侵蔡蔡潰遂伐楚次于陘　楚屈完來盟于師盟于召陵　齊人執陳轅濤塗　秋及江人黄人伐陳　冬十有二月公孫兹帥師會齊人宋人衛人鄭人許人曹人侵陳（俱僖公四年）

劉宇

同考試官學正劉批（桓仲方與楚盟而遂加於陳驕溢甚矣此篇以始勤終怠譏之當爲確論）

考試官教諭王批（詞嚴義正桓仲當自心服）

考試官學正任批（文有斷制可録）

霸者始勤而終怠春秋所不予也此見齊桓服楚之勤而加于陳者則甚悖矣欲無譏得乎嘗謂霸王之行乎諸侯也不徒始謀之善而貴終事之臧不徒有匡天下之名而貴有容天下之量孰意桓仲君臣見不及此方楚人未帖而鄭患孔殷也于檉有謀諸夏之威振矣而陽穀一會信復惇于遠人于陘有次文告之詞修矣而召陵一盟好遂協于敵國此其憂勤惕厲審已下人念何深而禮何謹也持此心以進善王道不庶幾哉奈之何楚方盟我不勝其驕溢之私陳一失謀遽張夫凌虐之慘濤塗執焉若可已也又連兵以問其罪執而伐焉若可已也又掠境以厚其毒雖軍道之誤法所當懲而國病之憂情實可憫已則不省而惟人之尤陳已不堪而怒猶未怠吁亦舛矣吾不知楚人未服之前何心而楚人既服之後又何心耶蓋量如桓器如仲能假于取威定霸之日而不能假于外寧内謐之時恣意妄行不自覺其猖狂至此耳回視東征而四國是王勝夏而隕淵是懼者何天壤也哉經于濤塗之執特以人稱罪齊侯也稱侵陳者深責之也此義行無復淺衷狹度如唐莊魏武之爲者垂訓之功大矣哉於乎桓之驕也以楚服也考于方城漢水之對楚何嘗帖然下齊哉況侵蔡而蔡未同勤鄭而鄭已去荆南虐焰日甚一日其目中似已無桓矣何驕之有雖然尊周攘夷猶幸有召陵之盟在也

春王正月季孫宿叔老會晋士匄齊人宋人衛人鄭公孫蠆曹人莒人邾人滕人薛人杞人小邾人會吴于向（襄公十有四年）

杜本益

同考試官學正劉批（使介自有體叔季并失□厥□均也此作能發明無遺義即二氏在其何説之辭）

考試官教諭王批（得屬詞□事之旨）

考試官學正任批（□鉞之筆嚴矣哉）

春秋于二臣并使特變文以著其罪焉甚哉使介之有體也二臣昧此故春秋罪之向曷會乎以謀楚也吾聞春秋之例使舉上客季與叔老并書者何蓋人臣之事君也必體統正而後國家之勢常尊必儀位昭而後人己之分兩得故卿使則大夫介大夫使則士介兹使人之體一定而不可移也胡二卿未達此歟一則班序未明而挾權以自大一則等威弗辨而俯首以相從季之意豈不曰事大交鄰有邦重務我使而叔介之無傷也曾不思叔何人哉非與我

同爲魯國之卿者乎并立于朝廷而降班于壇坫季何見也乃安于卿爲介而弗使之免耶叔之意豈不曰通吴制楚中國大事宿使而我介之無傷也曾不思宿何人哉非與我同秉魯國之政者乎備位于百乘而自處于三揖叔何見也乃甘心以介于宿而弗敢避耶要之季可使也而叔老介焉則外不免于失人君子以爲亢矣叔可介也而介於宿焉則内不免于失己君子以爲卑矣脱使在會諸人有能申使介之規而請魯無勤不識二臣將何辭以對然則今日之得免于會幸耳雖晋人輕其幣而敬其使何足多哉經特并書于策二臣之罪彰彰明矣嗟夫人君擅一國之名寵進退出入惟我所制叔季并使非也主之者誰歟三軍作而權不在公中軍捨而季日益肆欲宿之無亢而公室無卑不可得已叔老何爲噫中國且親吴矣列卿且專會矣奚魯事之足云

禮記

凡爲君使者已受命君言不宿於家

南企仲

同考試官教諭薛批（格正詞嚴發臣子敬慎意殆無餘藴而結復歸重君心尤見體認取之）

考試官教諭王批（簡明古雅宜録以式）

考試官學正任批（典則可誦）

觀使臣奉命之速而其敬可知矣甚矣人臣無以有已也則夫受命而即行孰非其敬心爲之哉記曲禮者蓋謂臣道莫大于敬敬君惟本於心自一心以爲國又一心以顧家則敬始不純而臣節虧矣凡爲君使者當何如今夫命也者君之所以承天道而鼓舞萬民者也使也者臣之所以奉君命而致之天下者也當君命未受之先則吾之家吾之所有也何可以不顧也及君命已受之後則吾之身乃君之身也胡可以自私耶殆必念君逸臣勞之分而綵綸下及惟敬應之弗遑思國爾忘家之義而涣汗方臨斯欽承之恐後或受命而表正乎萬民則汲汲焉思以致之民也推其敬事之心即過門不入猶以爲緩矣尚敢宿之于家乎或受命而輯和乎邦國則遑遑焉思以致之國也即其服勤之念雖行不俟駕猶以爲後矣尚知家之當恤乎是何也國爲重則家爲輕緩於家自急於國吾固諒之素矣况自委質之初而此身此家已捐之自效矣遲遲吾行可乎哉要之速命正所以敬命也敬命即所以敬君也否則其不至於辱君命者幾希雖然唯天子受命於天必爲之君者正身修德日兢兢焉上畏天命下酌民言凡所以發號施令者罔有不臧夫然後上天下施自有不行而至不疾而速者在也故曰君命順則臣有順命有制命之責者其慎諸

天下大定然後正六律和五聲弦歌詩頌此之謂德音德音之謂樂

張惟任

同考試官教諭薛批（發明古樂由盛處純正典雅是深於禮者録之）

考試官教諭王批（氣格簡古）

考試官學正任批（理明詞達可式）

世治而有作古樂之所由名也蓋樂非無因而强作也聖王當治世而後和樂興焉其斯以爲盛乎子夏即此以告文侯意豈不曰禮樂本出於一原君人貴審其所尚王知樂之不同於音矣抑知其所由作乎是故聖王值大當以正紀綱而天下至於大定焉則是上有道揆一人建中和之極下有法守萬邦協底定之休君臣正於朝舉凡天下之人合者莫不定於義也父子正於家舉凡天下之恩合者莫不定於仁也斯則至禮不讓而天下治矣和樂其可興乎夫然後審五聲于六律而清濁損益洋洋乎其盈耳被詩頌于弦歌而抑揚反覆渢渢乎其足聞夫是音也殆德音之音而今之所謂古樂者播比之間無非倫理之著而古先聖王所以格神人和上下者由此其選也其斯以爲咸英韶護之規模乎聲音之變一皆治化之形而自古帝王所以一天人贊化育者胥此焉出也其斯以爲清廟明堂之氣象乎是則觀德音所由作則紀綱其所急也觀古樂所由名則德化不可誣也王顧聽之而恐卧焉何哉大抵樂成于治治本於心唯先王心和則氣和氣和則形和故以此措之民物則爲雍熙之盛治以此見之聲容則爲和平之雅樂否則欲世之大治亦已難矣樂奚自而和乎故善論樂者固當求于世之治尤當求夫聖之心

第二場

論

佐贊乾坤化育之功

彪準

同考試官教諭方批（論以均利立説而開闔變化如珠滚盤觀者眩目驚心謂珠已出盤而珠固自在奇矣奇矣此宇宙内不朽文字藉令陸賈復出當揖讓矣敬服）

考試官教諭王批（命意造詞雄渾辯博條貫森然前無古人矣）

考試官學正任批（玄思雅詞詎當以經生視耶）

天地生聖人以利天下之民而聖人以天地之利利天下天地聖人者交相爲用者也何者天下之不得其治物之失所也物之不得其所利之弗均也

千金之貲匹夫匹婦相與坐而守之惟恐或失挈以與人不勝德色彼守之者與與之者皆一人之利也非治天下之道也蓋萬物爲體而一夫呰窳則萬物猶疾首矣六合爲家而野有溝塉則六合猶懸罄矣故恒人利其小聖人利其大恒人以利爲利聖人以天下爲利聖人以利與天下而未嘗不獲其利天下受聖人之利而未嘗以其利相競天下利之而不以競沕沕穆日用飲食含德之厚溢爲泰和豈不休哉胡氏以井田爲佐贊乾坤化育之功蓋言比也夫乾坤既已化育萬物矣而又舉夫佐贊之功屬之聖人使聖人無所利於天下即有所利於天下而必待聖人之身何益也是故聖人慮民之饑也爲火食粒食以養之慮民之寒也爲桑麻布帛以暖之慮其不能相助也爲婚姻往來以通之慮其不能遠害也爲宫室兵甲以衛之慮其不知好惡也爲禮樂刑政以正之是數者可以利天下矣然而聖人不能以其身爲之衣食使之必相助不相遠而齊一其好惡於是有井田之法井田者所以均天下之利也語曰天下壤壤皆爲利往天下熙熙皆爲利來士有不貲之軀而一旦受半通之綸則徇國忘家不惜捐糜者爲厚禄也武夫悍卒衽金革蹈白刃不避湯火之難者爲重賞也閭巷少年攻剽椎埋任俠借名捍文罔者爲厚利也吏舞三尺飾喜惡以作威福身不免者爲行賂也弋射漁獵蒙犯霜露馳驅坑谷者爲得味也百家衆技焦神極思求精其業者爲博稍也夫是亦天下之利也而聖人不以爲訓懼天下之各以其利自勝也以利自勝則富無經業而貨無常主天下逐于末矣逐末者衆必賤農人夫人不務本而徒争尺寸之利則大化何由而洽也故聖人之治莫先於均利均利之政莫先於井田是創自黄帝而三代遵之者也是故建步立畝正其經界息争端也六尺爲步步百爲夫夫三爲屋屋三爲井一里九夫八家共之協民力也二十畝爲廬舍春夏居之秋冬則去節其勞也士工商家受田五口乃當農夫一人平其法也種必五穀備其灾也民年二十受田六十歸田因其時也七十以上上所養也十歲以下上所長也十一以上上所疆也是天下之利也而聖人不使爲天下私有也其取之于民也校數歲之中以爲常則爲貢一井之地八家各私百畝同治公田則爲助不爲公田俟歲之成通以什一之法助于百畝則爲徹車馬兵甲士旅之役于焉取之府庫之充賜予之用于焉取之郊社宗廟百神之祀于焉取之百官之養庶民之費于焉取之非時者無藝者爲之厲禁是天下之利也而聖人不以爲私有也天下大利也聖人得之而不以自利聖人不以自利而亦不欲使天下之自以爲利天地不與萬物争利則物得其平江海不與百川争利則水得其平聖人不與百姓争利則民得其平雨露之施皇天主之長養之功后土主之分田之制

聖人主之不假稱貸而倉庾實不待家給而衣食裕不采樵百里而俯仰足不負販千里而饔飧饜少而不困多而不亂無貪暴并兼之事無流離凍餒之苦無呼號籲訴之聲衆寡强弱知愚賢不肖各食其力遂其生不壞植而散群治之以禮義而民歸其極矣率之以興事而民從其令矣統之以官府而民服其政矣斷之以刑威而民奉其法矣加之以兵甲而民奮其威矣薄海内外未傅之夫含生之類戴之如天履之如地環鄉稽首而稱曰不有聖人則天無全覆地無全載即所謂乾坤者亦退然不敢自尸其化育之功諸福之物可致之祥悉以萃諸聖人之身若曰彼能佐贊我也是故堯遭九年之水而其咨之民不變也禹定三壤之賦而昏墊之衆樂輸也湯之旱七年而荼毒之檗無菜色也文王爲西伯而岐周之鄙耕讓畔也大生大化比於乾坤協氣旁流休嘉砰隱而聖人所以佐贊之者寧有它指哉亦曰均利而已矣夫利世儒所諱言也而聖人知民之趨利猶水之就下不可止也而天爲之立君以防其淫爲之立聖人之君以平其施故井田而利均利均而物各得所物各得所而天下治其效至於贊化育參天地易曰乾始能以美利利天下不言所利此之謂也嗟呼乾坤之化育何所不均而必待井田以佐贊其功是去上古之時遠矣故井田之政歷數代更數聖至周而後大備豈一日而興耶自周轍一東而經界不正豪强亂作始開阡陌而古制蕩然亦豈一日而廢耶井田廢而有代田限田均田永業之制司田之官分口之業其法紛紛亂矣於化育何裨耶無亦天地自然之運不可强耶噫乾坤化育之功至今在也生財富民之道聖人所以利天下者非一端也有能舉而行之何必井田哉

表

擬河工告成廷臣賀表

劉宇

同考試官學正劉批（河流原非人力能障咸由我皇上一德格天神人受職故不逾□而告成子能推本而揄揚之且文直事核脱去粉妝豈亦竊比于長筆耶）

考試官教諭王批（衝詞雅調風度灑然）

考試官學正任批（模畫河上光景宛宛目中匠心獨運之妙至是耶奇哉）

伏以帝德格天懋贊川流之化神功兩地光昭河翕之祥萬國朝宗四方歌頌臣等誠歡誠忭稽首頓首竊惟黄河起於昆侖通乎淮泗溯九折而上始窮其源自屢遷以來蓋非其舊歷觀往迹殊异今時扼漕運之咽喉係京師之命脉既趨利而仍避害故舉事不易成功水漲秋濤訝風雷之相薄歲咨昏墊悲魚鱉之

爲鄰或塞或疏人心之區畫靡定隨築隨决河身之移徙無常况於政飾虚文加以事非專任使數載盈庭之議似三年作舍之謀生靈隱憂國家大計未有甚於此者也玆蓋伏遇皇帝陛下玄德淵涵睿謀渙發黻黼闡圖書之秘網羅畫舟楫之才大地遍恩波潤澤寧惟九里榮光浮德水澄清何啻三朝頃因河伯之横流特敕司空而平土行河使者首推九列之賢都水長丞畢簡諸曹之彦授之方略假以便宜謂千丈之陂易潰於蟻穴而八年之績必始於龍門思防四溢之懷襄當藉兩涯之盤束乃穿高堰再控遥堤詔令重申率作無煩於沉璧分頒三至歡呼實倍於投醪驚畚鍤之如雲快經營之不日蛟龍蜕骨應符漢帝之渠罔兩鏤形可考夏王之鼎地靈效順天塹增雄障狂瀾以東悉循故道自清河而北漸號坦途金斗吕梁銜尾見舳艫并進牙檣錦纜歌喉與榜枻同聲貢御府以駢填總海錯山珍之盛賦太倉而絡繹極墉崇櫛比之繁東南千里污萊爰玆稼穡西北九邊飛挽信若灌輸皆由我皇上深惟億兆之安有備無患排此二三其説惟斷乃成審勢操機利何争於尺寸知人善使事不襲乎尋常蓋禹勤由已之思德斯遠矣惟堯切儆余之慮功自巍然刻三犀牛宜勒碑而誦德來兩黄鵠合薦廟以揚休臣等久屬涵濡未酬涓滴皇猷允塞玄圭幸遘於虞庭史筆鋪張白馬羞稱乎漢代伏願心源常浚道岸先登修府事而九叙惟歌若雨暘而庶徵來備金繩玉牘百靈呈川至之符紫闕朱宫萬載紀河清之瑞臣等無任瞻天仰聖歡躍屏營之至謹奉表稱賀以聞

第三場

策

第一問

劉宇

同考試官學正劉批（我皇上皇后繼美列聖并駕虞周其本乃在監成憲嗣徽音而末以好問好察亦保亦臨爲聖修望王尤見忠愛無已之意宜録以式）

考試官教諭王批（對揚而不忘儆勸他日立朝必大過人者敬服）

考試官學正任批（敷陳詳悉剴切具見忠悃録之）

觀大哉之乾元則知帝道之所以爲大觀至哉之坤元則知后道之所以爲至夫乾天也父道也而萬物資始焉何如其大也帝則統天御宇舉天下之民物而皆屬於覆冒之中其道同也是一乾元之大也坤地也毋道也而萬物資生焉何如其至也后則翊天贊聖舉天下之民物而皆在於生成之内其道

同也是一坤元之至也知于此則我太祖高皇帝成祖文皇帝高皇后文皇后之所以貽謀穆宗莊皇帝二皇太后之所以纘序及我皇上皇后之所以善繼善述可得而鋪張揚厲萬一矣請遂陳之乾坤者萬物之大父母也帝也者體天之乾以爲天下父坤也者應地之坤以爲天下母者也是故帝曰皇后亦曰皇其尊同也君總萬幾以撫綏萬邦后總六宮以儀刑萬國其治同也君肅肅以主鬯后莫莫以薦豆其祀先同也天子親耕于南郊王后親蠶于北郊其率民同也此其相須相成之道固如此故人見重華協帝風動四方以爲虞舜之治若此其盛也而不知厘降曰嬪者則其升聞之自也人見丕冒西土咸和萬民以爲周文之化若此其隆也而不知關雎好逑者則其刑于之始也嗣是惟東京之美助於明德而貞觀之治佐於長孫以及高曹向孟之賢微有虞周之響其餘則寥寥無聞矣洪惟我太祖高皇帝肇造區宇攸叙彝倫而又得高皇后以主内治是以風教訖于四海熙然一虞周之盛也而猶欲即其明徵者世爲天下道故著皇明祖訓凡十三章首之以祖訓繼之以持守與夫祭祀軍國之事纖悉具備而高皇后亦有嘉言善行載諸方册如勸太祖以進學訓諸王以孝友者與祖訓之書相彪炳也美哉洋洋乎典謨之作何以异焉我成祖文皇帝誕膺鴻運肇修人紀而又得文皇后以主内治是以德教加于百姓沛然一舜文之業也而猶欲即其保定者世爲天下法故著聖學心法二十八篇始于君道終于臣道與夫禮樂名分之類本末具舉而文皇后亦作内訓二十篇首德性次修身以至慈幼逮下數千餘言與心法之傳相輝映也美哉纚纚乎訓誥之文何以殊焉肆我穆宗莊皇帝睿明恭儉祗纘先猷而天下享和平之福我仁聖慈聖二太后貞静幽閑昭示宫則而天下仰慈惠之宣蓋二祖之德即虞舜周文之德也惟皇考則善繼于不窮二后之德即英皇太姒之德也惟二后則善述于不替同符千古昭有烈光有由然矣我皇上毓德青宫已躬親夫嚴訓而嗣膺乾統又日保于慈寧我聖后大婚禮成既親膺夫寶册而正位中宫又時承乎温諭則不必著之典章垂之彝訓而我祖宗列后之相授受者已面命而心領之矣故言乎其内治也定省之儀修而兩宫之歡洽矣出閣之講設而友于之情著矣粢盛之禮恪而事先之孝昭矣嫡庶之分明而宫闈之體肅矣齊家之善章章較著不有以基天下之治耶言乎其外治也任賢之志專而相臣之職得矣核實之政行而吏治之績奏矣經費之制定而財用之需節矣馭夷之策勝而重譯之朝至矣治平之盛卓卓可紀不有以廣齊家之化耶信乎熙洽宇内維持陰教有以光祖烈而軼虞周雖甚盛德蔑以加矣而執事以爲必有本焉愚以爲内外之治本于君后之德而君后之德成于訓迪之

勤蓋祖訓之昭垂不一而足也惟于其傳之爲家法者日振勵焉則身修家齊而刑于之化出之有本而不窮列聖之遺範世守而在也惟于其傳之爲治法者日率由焉則篤近舉遠而風教之流施之有本而不匱人知聖德之修矣而不知皇上以天縱之資鑒于成憲此乾元之所以常大也人知后德之備矣而不知聖后以思齋之德嗣乎徽音此坤元之所以常至也内外交治遠邇同風位育咸臻陰陽合德寧非太平極治之主而萬世無疆之無休也哉雖然君之與后猶天之于地也天地并列而天之形則包乎地之外君后并治而君之道則兼乎后之全故獨觀萬化之原者不能不于吾君屬望焉蓋釐降之風温恭之塞先之也關雎之化敬止之純始之也其必好問好察以擴此心之明若舜之大知而不偏亦臨亦保以存此心之敬若文之緝熙而罔間經筵之御不徒爲聞見之資如我太祖與朱善講家人而曰朕觀其要衹在誠實而有威嚴者可繹思也顧問之勤不徒爲章句之末如我成祖與解縉論大學而得正心修身内外合一之義者可推類也始終務典學之勤自强法天行之健則聖德日懋而威如之吉永孚于休道揆以端而絜矩之施愈神于化矣一得之愚不識可轉聞于上否

第二問

王守禮

同考試官訓導竇批（今天下吏治病在亡實是作援古證今探見敝始末陳四事裨久任允推本之論録之）

考試官教諭王批（吏治得失與所以馭吏之法評核精詳是識治之士也）

考試官學正任批（吏治之敝世末有識者吾今聞探本之論焉）

君設官而任之職與官之受職而理民也可徒以法制爲哉要在崇實效而已矣上以實求下則殿最黜陟悉於民之利病核之而矯飾者無幸進下以實應上則其進者必其益於民者也其退者必其病乎民者也不必聲華譽聞之彰奇功偉績之紀而聲也譽也奇也偉也卒亦未有出此者何也不采名而采實者之效也實可以利民亦可以獲上然則爲吏者何必于見奇樹异而上亦何必以法制驅之哉達乎此則郡邑之民綏柔海寓之化寧謐唐虞三代之盛不難致矣何論漢吏也愚嘗考覽古人見守令之責爲至重焉古者分茅胙土建國親侯天子以民事托諸侯諸侯勤民事以答天子巡狩述職各以時行而君民之間不至闊絶者此道行也秦罷侯置守裂天下地郡邑之而謷然軒然以鎸磨其民天下吏治若救火揚沸然非武健嚴酷惡能勝其任而愉快乎哉是故吏如秋荼法如凝脂而奸有逸於法之外者法何可恃也漢興懲秦之

暴破觚而爲圜斫雕而爲樸而所與民約者法惟三章耳殺人者無赦傷人及盗抵罪而萬民説焉且不敢犯焉此豈有峻法繩之哉蓋上焉者令不煩而馭吏也有要下焉者法可守而治民也不勞漢之吏所以稱極盛而漢之治所以稱近古者本以此也積而至於宣帝之世而循吏者益可稱數試舉一二爲執事評之文翁察舉爲蜀郡守蜀僻陋有蠻夷風而翁誘進飭厲繇是大化此豈以嚴致理耶仁愛教化有以導之耳龔遂以丞相御史舉爲渤海太守時左右郡歲饑盗賊并起遂以單車至盗悉罷去此豈以武戡定耶其曰治亂民猶治亂繩不可急也固有所以安之耳黄霸歷河南潁川宣布詔令吏民鄉化興行治爲時第一矣而温恭有讓其本焉王成相膠東户口日增蒙顯賞矣而勞來不怠其本焉朱邑廉平不苛則所至愛敬信臣視民如子則召父興歌吏之稱良也固有所以致之矣夫漢氏尚吏治吏争自矜奮者不少而固之傳循吏也止此豈非以循良之政獨取奉法循理而武健材明者固無所稱數哉是故教民禮讓定著儀品可謂好古教化矣然而車服逾制失之僭奸邪有籍取一警百可謂譽滿朝廷矣然而披籍取人失之煩投巫鄴水長老傍驚禁令非不駭俗也而治化譎矣教吏鉱筩潁川構會擿發非不如神也而雅道傷矣即武健材明世所希艷而於所謂廩廩德讓者不類則吏之所以稱循者在彼不在此也今天子垂憫元元振興吏治明詔屢下一以六期爲斷而愛養撙節之政不時飭焉一時吏治視漢宜遠過之矣然而水旱頻仍公私告匱未臻富庶之效此何爲其然哉以鷹鸇之治爲先而鸞鳳之音寡以催科之政爲急而撫字之道乖又其甚焉則殘民以自逞瘠民以自殖而德澤之施且壅閼不欲下也是則大可懼矣嗟乎天之愛民亦甚矣選用賢良固將安之耳至使民不得蒙實惠而布在郡邑者往往皆是何耶嘗稽民情而得其故矣蓋下之利病有常而上之好惡靡定執有常之利病以求宜乎民而應靡常之好惡則必違忤抵拂叢猜怒以危其身於是婞嫛脂韋之術行焉而爲之上者忽不加察驟然而與之曰某良吏也其於民之利病豈惟秦越人之視肥瘠哉又不獨此也其最儇偷者則或勉飾初政以盗民譽而售上采及最薦一聞則遂磔然恣肆無復忌憚其誰能堪之是故薦列難盡據也夫守令之於郡邑若家長然細巨皆其事也苟身視乎民家視乎郡邑竭忠盡謀不辭勞勚民焉有不宜哉惟夫趾疏於草野目絶於蔀屋而田野之闢蕪閭顔不顰于孤惸慮不動於暵溢而歲入之豐凶罔問即簿書期會柱後惠文豈無一二稱善者要不過爲斷爲給而統之乎爲名焉耳心未必誠也而况未善者且十而九哉此執事所謂吏不盡良而馭吏之道亦有未盡者是也夫上之旌懲如彼吏之自爲如此而欲治之超越

於漢也可得乎凡此則虚文之爲害也爲今之計莫若略虚文而崇實效欲崇實效莫如先博大之令嚴貪贖之懲核舉刺之典重簡任之道而久任其要焉何也任不久則淑慝莫辨任既久則志意悉舒是故土風民俗久則習之規畫幾宜久則定之細微曲折久則窮之功勤勞閥久則驗之而言官所疏與銓曹所具列者義既備矣第千里之馭急銜轡者必蹶而急節繁響之樂清廟無取焉故汲黯守淮陽其治責大指不苛小而蓋公相齊無擾獄市此清净畫一無所變更之明效也今天下吏治率尚精敏而舞文巧詆以輔法者往往而是且日事於急切請易科條以表暴其能卒使民畏之而不愛將焉用父母爲也此博大之令所當先也周官六計弊群吏首以廉稱而今則度才品而虞速退者日爲囊槖之計其相習爲風也猶水之走下不重堤防之不止也奈何吏以賕敗乃罪止削仕籍令爲編氓其甚者又僅以計免矣夫人情噴嗜利也無厭即削籍且甘心焉而况其他哉近例貪有指驗者臺臣得按劾之甚則逮治此其法至善誠一一行之即貪墨之不懲未之有也若夫舉刺之未盡核前所言已概之矣然猶未盡也愛憎殊情則毁譽失實臧否任意則好惡違常甚亦有悃愊之吏德惠浹民而上之人遠不之察者未必盡無也是得爲太公之治哉是故司舉刺之權者不可不慎也至若簡任之不重則又有可言焉唐虞用人諸艱歷試而孔門高弟仕未有不爲邑宰都今士一釋褐即輕外任不欲就即就矣日夕惟遷改是冀此何异受人牛羊不爲牧之而惟主之謝牧事望哉此始于任之不重之過也且設官分職凡以爲民而况郡守縣令其於民爲尤親乎愚切謂宜仿國初故事新進之士悉試理民毋遽以清華授之而其委之以民也則假以便宜毋拘以文法而又隨其材器不必求備撫字果勞矣催科不過責寵辱無驚矣漕舸不苛求而一眚之吏不遂督過人未有不感焉思奮者此簡任之所當重也久任以主之慎斯四者以輔之而又以超遷考課變通之今之吏有不殫忠上之訏謨而奏安民之實惠者鮮矣不然則操切者競進而搏擊者争馳是龔黄文召之流有長不獲一表見也孰謂聖明在上而可使今之吏治不漢氏若哉雖然又有説焉名實之際辨之爲難若其廉與不廉惠與不惠則有可以自信者上方以實之不副虞我而我又以名之不達自虞乃舉其廉且惠者而弁髦之是又漢吏之所不與也故一意廉惠即民受賜多矣民受賜多即上意稱矣古有壺飧不發而餉耨如賓者彼豈以求知爲也故吏治之敝起於速化而速化之敝起於求知使夫人而不求知焉則上之知真矣此其責不專於上也

第三問

彪準

同考試官教諭方批（雍州人物品格殊科子能歷歷叙述□隅曲當豈尚友有素者耶宜録以式）

考試官教諭王批（品第昔賢而事功節義獨取汾陽道德文章獨取横渠可以占所藴矣）

考試官學正任批（譚諸賢行實如在掌上且斷案不爽毫厘有養之士也）

古之君子隨材以立事因時以明志要皆行其所自得而已君子當尚友之日奮好修之志孰不欲掩迹前猷炳丹青之業希光後模振金石之聲哉顧材之所賦通塞殊其具而時之所值顯晦偶其遭於是各因其所自得者而立之於事究生平之藴明之於志宣性分之真是故根極道原敷析大義非以肆辯也苞粹群史擷芳六藝非以炫博也亮猷炳績出將入相非以燁寵也幽棲嘉遁捐榮集枯非以名高也要皆行其所自得者而已學者即其所得而反觀以自樹則前哲之標矱後事之砥淑也奚必邃古之是而近世之非哉嘗聞穆叔有言太上立德其次立功其次立言是道德文章事功節義之所由著而垂之不朽者也三代以前毋贅已以雍自后稷而下文武成康培其基菁莪棫樸沃其化豐鎬岐隴之間詩所稱王國多士克生者也當其時碩彦雲蒸鴻才林萃元聖而篤棐者當制禮作樂之任隱居而屠釣者亮應天順人之師其他濟濟思皇藹藹吉士類皆潤色王猷張皇聖武敦詩説禮探性命之原秉義全仁植綱常之重人有全德士皆真才豈非千古獨盛哉迨夫光岳既分王教日遠士生其間非復成周之品而道德文章事功節義分而爲四矣至漢晋唐宋之世人才間出據其所得各有可述請因執事所及者而上下其議論可乎當宣帝之綜核名實也群臣無能佐下風矣弱翁身總衆職厲之以嚴所以賞信必克稱上意也孝宣中興丙魏有聲班氏豈溢美與當太宗之削除僭亂也軍興日爲之叢勝矣如晦任居帷幄濟之以斷所以人各稱職事無流滯也唐室賢相前稱房杜柳芳殆實録與韓休之相玄宗也數以直諫人主之貌雖瘦而天下則肥開元之治庶幾貞觀休之守正不阿有助矣此宋璟深嘆其賢也寇準之相真宗也力贊親征澶淵之役雖危而中國卒定景德之間契丹畏服準之忘身徇國居多矣此畢士安亟薦其義也先零肆侮漢廷無定畫矣充國上金城之略而罕幵坐困老成謀國初議不摇也營平其賢將哉回紇再入唐京非舊物矣子儀奮單騎之勇而社稷重安天性忠義神明扶持也汾陽真大臣哉此皆將相之表表者也以儒者言之教授生徒名震關西馬融也而作三傳以

行於世義何博乎隱居不仕號稱大儒賈逵也而著書百萬餘言志何篤乎杜元凱作長曆因編年以寓褒貶春秋之旨明矣蓋可稱武庫者與張子厚作西銘因事親以明事天仁孝之道備矣蓋前聖未發者與以隱士言之躬耕谷口慕采薇之風鄭子真也辭王鳳而不就身尤潔焉牧豕上林作五噫之歌梁鴻也入會稽而不返志尤峻焉田游岩安貧樂道而屢辭高宗之聘泉石膏肓蓋其所自命者豈終南之疾徑耶种司諫讀書養母而不赴太宗之辟雲溪退士若將終身者豈北山之移誚耶合而觀之數君子者材有通塞若難兼集所長時有顯晦未能并著于世要之行其所自得則一而已矣夫其所自得者何也堅貞其慮正固其守理義素明于中知識不眩乎外也是以輔成保泰則宣弼直之猷定亂扶傾則著匡襄之略當著述而立言以明道當退處而抗節以秉貞道德事功文章節義皆以垂不朽殆與華岳争高渭流并長矣執事欲别而言之且以觀先哲之標㯕則生何適從哉蓋君子之尚論貴博而其取則貴精不可不辨也今觀横渠之學精思力踐羽翼周程可以言道德矣至於西銘正蒙又文章之尤著者也汾陽之勛旋乾轉坤左右肅代可以言事功矣至於功成身退又節義之獨完者也下此則萊公大節斯其次乎若壯侯之長略韓林之峭直君子取節焉弱翁之刑名基禍如晦之贊成喋血蓋不能無遺議矣諸所立之事功所謂血氣用事非耶馬融開絳帳而身附梁冀之惡三傳何取焉賈逵專門君子以爲固矣杜預嗜學君子以爲癖矣豈聖門之文章哉子真也梁鴻也游岩也潔身避亂高矣實非通圓之軌种放遇有道之主而僞隱沽名他日變塞重以致嗣宗之笑節義又安在哉嗟乎慎别而嚴從者尚論之準也節取而并觀者得師之益也由弱翁而下皆人才之杰出者使其游於聖人之門則淵源所漸即以登求路游夏之科與逸民并列焉可也君子本其行事以定之矩考其立志以昭之的皆吾人砥淑之資也慎毋曰此非三代以上人物姑舍是哉

第四問

曹思聰

同考試官教諭涂批（馬政極敝而關陝爲甚諸生類能敷陳周漢唐宋及我國初舊法而於此中事多未之及即有議及者亦常談耳子能根究敝源真吃緊也宜録之以備采擇）

考試官教諭王批（叙事詳酌議當而豪逸之氣溢於筆端自是有用文字）

考試官學正任批（是策能發人所未發且鑿鑿可行豈直文□耶）

古今之策馬政者其説有二曰牧之官牧之民而已祖公馬之説者主於

官而不知典守非其人是以侵牟病法也襲國馬之説者主於民而不知法制有未盡是以多事病民也權衡於二者之間以求宜官宜民之道則得人要矣任法急焉是故慎簡以重其選變通以盡其利不徇乎今不泥乎古而法唯人焉任之則官可牧也民亦可牧也而於馬政有裨矣方今治教修明馬政具舉而當事諸臣圖維計畫者又復周至執事可容無慮矣乃復策諸生以經國籌邊之略甚盛心也愚請先言往事後及國朝新舊之制而終之以陜西唯執事擇焉夫馬之爲政載在周禮者甚詳蓋其以丘十六井出乘車而駕車馬牛皆有定數及馬之具也長帥牧正董其事而得牧者則賜姓賜邑傳之無窮以故成周之世藉國馬以行軍資公馬以稱賦而周官法度燦然具矣此豈有异故哉周公以關睢麟趾之意弘經綸制作之猷故法善而人可守耳由周以來蓋又有可言者漢牧于民而用于官則衆庶蕃育唐牧于官而用于民則賤可易縑此其效之可睹者而要所休息不專在于馬也至宋則畜監牧市邊關而官馬戎馬之名立矣散編户責孳生而户馬保馬之法興矣然妨政病民唯保馬爲甚而周之良法始無復有存焉者宜執事之重慨於熙寧而謂民翻以病也我國家稽古定制仰法周官國初謀議之臣殫忠竭猷固有不在周公下者豈於馬政爲不備哉是故計户以養馬計丁以課駒而生之内者富茶易于西番絹市于遼左而致之外者多其在陜西則地無頃畝計分論駒地之利雖廣而駒之課仍寬是以地得耕穫馬得飼養地漸沃壤馬漸蕃息所以養之於官與民者法至善已夫其養之官也所以給衛所之用也謂非周之設官分治不可也其養之民也所以備諸邊之乏也謂非周之寓兵于農不可也迨乎弘正之間屢爲疏議而牧地之以公用徵者銀以八百計矣嘉隆之際時爲厘正而牧地有山原坡川之等爲牧養多寡之數矣時則銀雖徵而軍未稱苦也唯加至萬餘而軍始病數雖限而馬未稱逋也唯定以一頃有半之地而法始嚴遂有遺馬數十匹弃地數十頃而散而之四方者此牧臣所以目擊而議而省臣不容已于言也是曷以故哉弊也久矣愚生更悉言之而執事聽焉漢世民牧姑毋論唐人所稱牧於官者監牧之官唯司芻牧一切孳養生息官爲董之今之監牧則但較其孳生之數徵其備用之馬而已而所以芻與牧者不問也但以養之監苑養之衛所者爲養于官而不知監苑衛所之軍之養與州縣之民之養法令不同要之均養于民而已矣嗟乎熙寧保馬之法固執事所爲長太息者而今日馬政之行其害則有甚焉何也宋人以馬給民唯其所願而又復其身給其草束折變緣納之錢今則唯問其丁不問其願矣飼養芻牧之費其餘無幾而其他賦役日益甚焉何望乎身之復也宋之保馬不供他設而今他設

如故矣監正圉長臨之群長小甲從而統之上下交征剥求無厭而養馬之外役復叢然加也既供糧税以給公家又備芻秣以養官馬視宋之害誠有甚焉者矣且馬之生也有報駒之令馬之損也有責償之條日有生日有斃而地之所出不勝其所償也况乎簿書啓科派之隙印俵開需索之門而軍之困也有不至流離轉徙不止者欲馬政之興也得乎昔宋文彦博謂户配一馬縶之維之不能蕃息今之牧不獨縶維已也望其蕃息可得哉故愚以爲欲馬之蕃不問其牧于官也牧于民也其議有三而得人任法其要焉周官趣巫牧圉之職皆以德行道藝之士爲之而今外之苑太非直趣巫牧圉也小之監正圉長亦非閽人關吏也遷其秩者以爲置身于散地而人之目之復以爲散而忽焉即屢申屢飭竟莫有改觀易聽者以故怨望之心生囊橐之私起矣是故比苑太以京寺之重處正長以科貢之途如楊文襄之議可行也唐牧地起隴右金城平凉天水東至樓煩外暨河曲内則涇寧豳岐坊監錯置牧養有法而牧地則堇千二百三十頃耳今邠涇寧州與汧渭之境即其故地而閑田不耕者何止一千二百三十也况洪永間所定草場自東勝至河西抵古北口蓋幾十萬里其饒水草便牧馬者又不啻如唐人而已是故擇地以立監牧設法以爲俵散如丘文莊之議可行也國初諸番納馬以茶酬之今番馬猶故而聖天子威德遠被即俺酋桀黠亦歲貢名馬唯謹斯固千載一時也已但金牌之制未復而商茶所易安得霜遞宣大延綏歲有互市然我以敝繒給之彼以玄黄償之足甫出邊而已不諳水草待斃矣欲以養之監苑而試之於行陳十而二三耳是故增馬直以啖群胡捐微利以收奇駿如李文正之議可行也乃其法之在西土者則又有可言焉諸臣所論疏上業已下有司議矣今欲减銀以寛之則軍餉何可缺欲增地以充之則銀額何可更法之弊也亡已時已計莫若仿國初之制而酌時宜行之屬公平通變之人修丈勘均齊之法某也督亢獲可畝一鍾某也磽确十不二三息者夫然後簡牧軍而以馬給之每地三頃令養馬一匹而又爲肥瘠搭配之法專令喂養諸以他故差者悉已之其以餘地徵銀者量减十七載之籍略如民屯故事兩限完徵以給軍餉斯地有餘利民有餘力牧不稱苦馬不稱乏上可以復國初之盛追成周之富而下陋漢唐宋於不居矣即不然而曰地不可倍增量加焉可也銀不可太减量蠲焉可也雖日一點印日一比徵而雇倩逃賣之奸終不可革又安望修丘文莊李文正楊文襄之議而行之今日也哉善乎李覺之言曰猗頓賈人子也朱公教以畜五牸十年之間其息無筭况以今日之馬而得人焉盡法以養之其所蕃息當與成周不异矣何虜不可制何九邊諸關之勢不可重乎雖然生所復執事者法耳張萬

歲王毛仲彼已何人然坊監畜牧勤勞不憚故貞觀至麟德間馬七十萬六千匹而王之牧也亦已至于四十三萬焉此其小者也魯僖思無邪而駉牡之盛車至千乘衛文公騋牝三千之富説者謂秉心塞淵基之彼直一國君小吏耳且猶若此况聖天子主持于上至誠所動天地可格而况于馬乎賢百執事交警于下忠敬所孚無勛不樹而况一牧事乎生固知天下之馬無不盛天下之馬政無不舉而不獨陝以西也

第五問

南企仲

同考試官訓導薛批（指陳虜酋情態洞然目中而長慮却顧訏謨遠略令讀者惕然有省持此以籌百不失一矣蓋不徒文字古也）

考試官教諭王批（亹亹數百言非敝諳虜情不能有此即老將不如也録之）

考試官學正任批（忠懇之情飆發之氣具見乎詞子以書生而富甲兵者乎）

今之計者曰俺酋耄年好佛率所部十萬衆而久牧河外張掖酒泉之間欲佛之福利而私其身耳非有他也不然則瓦剌之種彼所深讎三以其衆覆之而無一矢之利彼所欲甘心而一當焉者蓋鑒往時輕舉之誤而傾其巢穴移駐近境以示先聲然後伺其便以曳落何嘗之耳所謂夷狄相攻中國之利幸彼之愚不知自解耳亦非有他也不然則貢市之利已七八年憑藉寵靈而威行塞外彼豈匪茹而不以爲中國之惠且彼之所好者佛而中國爲之通其意彼之所希者賞而中國爲之順其情是我有大造於彼也虜雖狰獰豈不知中國之大雖不屑屑夷狄之治而紀綱法度可恃以維城者猶足爲萬年之固而敢無故自敗其約以僥幸萬不可必之擄掠而啓我疆埸之謀以爲彼肘腋之患哉必不然矣然明計者不以淺深而逃其情彼既以禮佛而來則當以禮佛而去佛既禮矣東西南北自在也即中國一家未有不畫野分州者如以爲辭不能號之而遽去胡能號之而畢來乎况互市之地益增屬番之挾益甚茶馬之請益驕凡此皆覬覦之萌或者有中行説之徒爲之煽誘又或有如喜寧之屬爲之蠱惑皆未可知也故天下有外痴而中黠者其情不可不察也遠料者不以强弱而爽其勢自古鄰國之交猶有假道之禮借云彼之有事於瓦剌也何不以情輸我而先爲乞哀乃遽載其穹廬驅其羊馬使投鞭之衆絡繹於國門之外比之蜂屯蟻聚我見其不足與校而彼以爲不敢誰何能必彼之慴然而内懼曰中國一旦逐我我且爲窮寇乎此其勢不可不虞也蓋嘗讀匈奴

傳而知彼之爲中國患自周以來即未有得上策者我太祖高皇帝汛掃胡元成祖文皇帝三犁虜庭然倏順倏叛奄入奄遁情態萬狀未嘗帖然傾心也我穆宗莊皇帝以天覆地載之恩爲宗社無疆之計遂使俯首稱藩誓堅貢市皇上内順治而外威嚴修二祖之政而揚穆考之烈所以赤子視之而不以塞垣限之者誠以守在四夷而兩階自舞且謂彼之未敢生心也然廟筭不可深測而封疆之臣念在多壘者亦惟示三可疑以使之必去講三可恃以待其不去而已何以故諸番之曲意於彼而爲之鄉導非無飲恨之情也積威所劫欲報而不能且無以爲歸耳今竭力事之且逾年矣能無怨望之意乎聞古人有能使回紇及攻吐蕃者因而撫之結之又爲之詗其隙而諜以間之若欲相糾而判虜者然虜能無疑乎虜衆離其巢穴已經寒暑射獵少獲且其習俗惡疫而畏痘獨不可以人力爲之乎聞昔人有毒涇上流者因而仿之或於糇糧或於水草善藏其用而不露其機使彼士馬喪亡而不得其故虜能無疑乎彼之切齒於瓦剌亦猶之瓦剌切齒於彼也古有鷸蚌之喻今其時矣厚募明辯有膽略者速之使鬥而又東西誤之或誑以巢穴之覆或誑以仇讎以至虜能無疑乎如是而又恩結藏僧許以虜退則優其禮利招通事約以虜退則賞之官皆聽彼之自爲術而吾不與焉虜其有維喙者乎不然則堅壁清野昔人已有定弄而預爲牧斂又朝廷不忍鋒刀之成法敕甘肅守臣熟計而預待之且今之城守視昔金湯矣今之堡寨視昔扃鑰矣此其定不可恃乎并邊要害稍增屯戍若慮糧餉不給首惟汰其老弱不必别爲調度而又時時飭之使之終日欽欽常如對陳即腹裏郡縣有苦饑寒欲流離者慎擇良守令以時撫定之不至輕爲摇動此其預不可恃乎然後威福在已緩急隨宜虜之有名號能統領者或隆殺之异禮或喜怒之异情而又慎烽火以節其勞嚴操練以精其技厚恩信以得其死簡文法以盡其才使兵識將意將識士情撫臣密之於内而無所撓鎮臣喻之於外而無所拂務若身使臂臂使指而元氣爲之常運焉此其威不可恃乎由是而有喜寧中行説其人者可以他事按矣雖然無慮焉昔武帝之登單于臺也使告匈奴曰單于能戰天子自將待邊而匈奴爲之遠遁其臣之使於匈奴者怵以頭懸北闕屠爲九郡數語匈奴即不敢動蓋兵貴先聲而北虜又故可恐喝走者今遼東大創露布屢宣此虜聞之其亦有嚴心而魄之褫也久矣况鎖鑰之嚴者不言而信爪牙之奮者不怒而威則聖天子之所誕敷真有出於借箸之外者愚生何足以知之

陝西鄉試録後序

萬曆己卯陝西既遵往例舉士而鄉書告成矣居仁以職事宜序簡末序曰夫人情自淳之漓易既漓而復淳則難由質趨文易既文而返質則難寰宇地勢原於西北而萬世之文肇自羲皇人人言之矣太華終南之雄峙黄河涇渭之浩流渾淪旁礴本固而源遠精英之所孕孰非惇大樸直士哉陝以西義羲皇而下文武之豐鎬今固有遺趾也恪守樸直豈獨其地氣然哉流風遺俗直道而行亦崇尚之不可誣也故比屋而考德道有夷隆要之歸於淳也執簡而譚藝學有粗密要之歸於質也蓋居仁既應聘而來以快睹其地遂得縱觀諸士之文既又接所拔之俊乂乃竊自幸曰美哉秦之産也瑞世之人文其在兹乎其在兹乎夫川谷异齊民生其間异俗士之所習尚不可强而同也彼括聚片言湊泊爛錦非不觀美苟窾言無當録用謂何今觀諸士所爲文本之乎天真出之以獨見洪纖意鑄好醜性形故觀其文如見其貌偉而偉妍而妍無秋毫爽也我皇上稽古右文作新士類頃者納言官之請布功令厘文體曾未逾年而秦人士所爲文輒已根極理要而歸之於純正亦本其所賦之淳而所習以質勝故變而之道有易易者覩所爲文而其所效用可諒也顧諸士所執以進者藝也素所服習也今羅而貢之南宫行且爲一人用矣效用將何以哉秦中之往哲鏗鍧炳耀以樹勛于前而垂光于後者居仁不遑縷陳近世涵濡聖真篤行古道動以賢聖爲期則有若吕文簡竭忠殫猷勒功鼎彝則有若王端毅抗節不撓奮争國是則富平于今稱之矣是皆秉誠矢公以淳樸質直之心出其身爲天下用故以表士類則道德稱高以弘建樹則勛庸耀世以出議論則聳聞振聽故海内望其人如麟如鳳目爲世之所罕覯也諸士且出而服官政矣職任雖殊要皆三君子所嘗有事也諸士自視其身與三君子所執持何如夫因阜爲高則崇基立就執柯施伐則取法不遠近取諸身既稟賦若此遠稽諸人又芳躅若彼故諸士之儀刑非不足也亦惟執淳質之心以往而罔弗濟矣今譚者謂補偏救弊莫若稍減其文而秦人士之自爲尚則莫若獨守其質乃或自厭其淳質之不文直欲從事于靡文縟節謂足以諧衆情而宜流俗也則弃其所不當無而慕其所不必有譬則售珠而還櫝其毋乃不善變乎守其常則兩得之渝所守則兩失之故習不可不慎也若曰先進彬彬斯稱全德篤實而輝光弸中而彪外此固諸士之自待而亦主司之所望也且發迹岐周流聲宇宙内爲政于國而外宣布於諸侯協心夾輔佐成周泰和之治兹又非秦産哉即諸士不敢侈言自負望前茅以爲依歸亦非异人任矣尚懋勉乎主司者更有厚望矣

直隸大名府滑縣儒學教諭王居仁謹序

萬曆十年陜西鄉試録

陜西鄉試録序

萬曆壬午監察御史陳薦以上命按行陜西單車馳至會歲當大比士乃進河西巡按御史吴定暨提學副使潘允哲所簡士一千九百有奇雲集待比於時先巡按御史龔懋賢所幣聘文學官亦相繼踵至乃部署諸執事闈以内廷龍與教諭田有年典試教諭高儀祝惟敬訓導鍾國芝李時芳蔡于周張偉同試闈以外副使張登雲右參議兼僉事□□□司監試左布政使孫坤右布政使李汶提調闈内外事而御史陳薦寔身臨焉齋祓乃心罔不勤毖於是乃大合士而三試之得雋六十五人文二十篇爲録以獻廷龍以職事當序序曰關中在昔爲形勝之地才俊之藪賢聖之所萃聚皇王帝霸之所更居於天下大勢爲首河山四塞得百二焉於國爲天府於物貨爲陸海於防禦之阻華實之毛爲隩區爲上腴談説家侈以爲雄圖詞賦家誇以爲巨觀其來尚矣蓋其水土深厚故其民俗惇龐純固而人文炳朗肇於成紀蓄於邠岐章於豐鎬恢於咸陽兆於東井由周而來歷漢唐二千餘年其漸被舊矣夫儒家稱鄒魯謂六籍在焉然易首庖犧詩書明文武禮樂成姬公春秋秉周禮則皆關中之故也廷龍由六籍遐思關中幾幸一至以觀其人文乃今得從校士之役私心甚幸既至觀所爲文率敦樸爾雅不離其質謹如額收之則又以聖明御宇厲學崇儒申布功令海内翕然嚮風關中故多豪杰士况有待而興乎然猶束於解額廑廑若此何也得無有不勝收者哉竊觀今昔之指亦稍稍异趣夫河山四塞百二之勢如故也其爲天府陸海隩區上腴不改於今也而稱關中者不周而秦豈非狃於晚近而功利之入人深邪請言周事大司徒以鄉三物教萬民而賓興之夫賓興於今則大比也乃其爲教不獨先德行即所謂藝獨文辭而已乎故周之盛也化行二南横被六合思皇輩出蔚爲國楨其在卷阿馮翼孝德藹藹多吉士至於罝兔之夫且腹心公侯一何盛也施及於秦雖創法更制然無衣之咏尚勤同袍偕作之思先公義而後私鬥以心附主上斯亦周之遺也漢唐因之補苴潤色矯秦故習名世將相之業不可勝數而龍門扶風隴西河東之儔其文亦閎廓超絶高視百世并稱不朽諸士習關中之故儻亦有意

乎行且上公車奉清問矣异日者金馬石渠赤墀文陛墨綬銅章方將待爾則何以哉以今六十五人視卷阿吉士兔罝武夫誠少若緣漢唐名世而上以溯周召得一爲重曠世如比肩尚多也廷龍誠得若人即太華爲高洪河爲深表裏四塞不在形勢天府陸海不在都會隩區不在防禦上腴不在華實所爲思皇而楨國者猶周也無論秦矣廷龍所幾幸至關中不虚語曰周之士貴秦之士賤夫地一而貴賤殊士固自貴自賤周秦何與焉六籍之教一也以之禮義則周以之功利則秦出於禮義則入於功利童而習之剽襲以博一第既得而弃之若弁髦焉此視秦無衣之民猶下况周士乎諸士其和所以自貴以無辱舉者念之哉是舉也總督軍務兵部左侍郎兼右僉都御史高文薦詰戎競武耀德揆文巡撫陝西右僉都御史蕭廩宣㘩風猷作率士類巡撫延綏右僉都御史王汝梅寧夏右僉都御史晋應槐甘肅右僉都御史王琁各綏靖疆圉振肅紀法俾士有寧宇得終其業巡茶御史赫瀛巡鹽御史邢侗凛憲維風遠訖聲教其奉命閲視四鎮則户科都給事中蕭彦以督儲讞獄轉輸先後至者則户部郎中田時秀王道刑部員外郎吴同春兵部員外郎羅奎其以使宗藩至者則定遠侯鄧世棟禮科右給事中姚德重刑科左給事中張養蒙行人司行人唐仲寅并虔度揚庥樂睹厥成其耦事厝畫於外者左參政暴孟奇右參政姚繼可解學禮賈仁元左參議王應吉右參議湯仰副使岳凌霜文作羅惟垣梁承學劉應元劉堯卿胡穗張孔脩趙雲翔僉事劉致中徐學詩焦子春劉養充行太僕寺卿馬時泰周大烈少卿李承選郭汝苑馬寺卿王體復少卿邢玠參將李秉德署都指揮僉事張惟忠高節方濟文藍汝忠先事入賀者則副使李琦右參議劉中立苑馬寺少卿張瀾署都指揮僉事高佩夙與有勞法得備書云

直隸真定府深州儒學學正蘇廷龍謹序

萬曆十年陝西鄉試

監臨官

巡按陝西監察御史陳薦（君俞湖廣祁陽縣人　辛未進士）

提調官

陝西等處承宣布政使司左布政使孫坤（順夫河南睢州人　壬戌進士）

陝西等處承宣布政使司右布政使李汶（宗齊直隸任丘縣人　壬戌進士）

監試官

陝西等處提刑按察司副使張登雲（攀龍山東寧陽縣人　辛未進士）

陝西等處承宣布政使司右參議兼按察司僉事高尚忠（藎卿河南祥符縣人　丁丑進士）

考試官

直隸真定府深州儒學學正蘇廷龍（虞弼福建莆田縣人　癸酉貢士）

四川順慶府西充縣儒學教諭田有年（子端四川忠州人　辛酉貢士）

同考試官

河南開封府新鄭縣儒學教諭高儀（可象湖廣羅田縣人　庚午貢士）

湖廣漢陽府漢川縣儒學教諭祝惟敬(以直江西德興縣人　丁卯貢士）

直隸廬州府廬江縣儒學訓導鍾國芝（世和貴州都勻衛籍江西萍鄉縣人　丙子貢士）

山東青州府益都縣儒學訓導李時芳(子實山東長清縣人　甲子貢士）

河南開封府儒學訓導蔡于周（望甫貴州永寧衛官籍直隸壽州人　庚午貢士）

山東東昌府臨清州館陶縣儒學訓導張偉（士奇山西孝義縣人　丁卯貢士）

印卷官

陝西等處承宣布政使司經歷司經歷陳嘉謨（輔之直隸長洲籍嘉定縣人　監生）

陝西等處提刑按察司經歷司經歷葉溶（有盛浙江昌化縣人　監生）

收掌試卷官

西安府知府周希畢（德懋四川忠州人　乙丑進士）

臨洮府知府夏鏜（聲伯四川大足縣人　壬子貢士）

慶陽府知府景嵩（惟中萬全都司宣府前衛官籍　戊辰進士）

延安府知府甍馨（季芳山東益都縣人　戊辰進士）

鳳翔府知府趙欽湯（師商山西解州人　戊辰進士）

受卷官

西安府同知楊允中（祖堯直隸遵化縣人　乙丑進士）

鞏昌府推官田一麟（道徵河南祥符縣人　丁丑進士）

西安府同州知州柳遇春（時芳山西沁水縣人　丙午貢士）

西安府渭南縣知縣張棟（士隆直隸安肅縣人　庚辰進士）

西安府同州韓城縣知縣吕一鳳（舜卿山東東平州人　庚辰進士）
鞏昌府隴西縣知縣李汝相（希説山東臨邑縣人　庚辰進士）
延安府宜川縣知縣周維翰（惠叔直隸阜城縣人　庚辰進士）

彌封官

西安府同知張第（汝登山東茌平縣人　辛未進士）
漢中府推官韓鵬（雲卿四川松潘衛籍德陽縣人　癸酉貢士）
西安府乾州知州賈光大（實甫河南杞縣人　乙卯貢士）
西安府長安縣知縣陳子需（以孚四川宜賓縣人　辛未進士）
西安府涇陽縣知縣杜希鵬（化甫河南靈寶縣人　甲戌進士）
西安府盩厔縣知縣顧連璧（日温山東博興縣人　甲戌進士）
西安府華州蒲城縣知縣李本固（叔茂河南固始縣人　庚辰進士）
平凉府鎮原縣知縣陳遇文（鳴周山西安邑縣人　丁丑進士）

謄録官

臨洮府同知田子堅（茂甫河南永寧縣人　戊辰進士）
鳳翔府推官范宗鎮（定國湖廣黄岡縣人　戊午貢士）
漢中府寧羌州知州甯錺（幼書河南河内縣人　乙卯貢士）
西安府咸寧縣知縣陳經濟（獻明河南禹州人　庚辰進士）
西安府三原縣知縣張大謨（希皋直隸□年縣人　庚辰進士）
漢中府金州洵陽縣知縣南兆（吉甫山東濮州人　丁丑進士）
平凉府涇州靈臺縣知縣金銓（衡卿直隸保定中衛籍完縣人　庚辰進士）
延安府鄜州洛川縣知縣陳惟芝（德禎河南孟津縣人　庚辰進士）

對讀官

平凉府推官李凌玉（琢巽山西安邑縣人　辛酉貢士）
延安府推官張天秀（允賢直隸深州人　戊午貢士）
西安府耀州知州李一經（公起直隸内黄縣人　選貢）
漢中府金州知州朱好謙（信之四川雲陽縣人　辛酉貢士）
西安府藍田縣知縣齊塘（維方山西榆次縣人　丙午貢士）
延安府甘泉縣知縣蔣桐（子培錦衣衛籍浙江諸暨縣人　戊辰進士）
鳳翔府扶風縣知縣徐三畏（子敬直隸任丘縣人　丁丑進士）
漢中府洋縣知縣馬崇謙（子益山西安邑縣人　丁丑進士）

巡綽官

西安後衛指揮使高胤（天寵直隸鳳陽府人）

西安右護衛指揮使崔國禎（七符直隸永平府人）

西安左衛指揮僉事張世勲（繼業直隸順天府人）

西安前衛指揮僉事李勲（汝功山後大寧人）

延安衛指揮僉事張詔（廷璽直隸淮安府人）

搜檢官

西安左衛指揮同知王道誠（理復山後小興州人）

西安後衛指揮同知尤梁（汝材直隸丹徒縣人）

西安右護衛指揮同知王表（子端直隸鳳陽府人）

西安前衛指揮僉事烏翔（子翀直隸通州人）

平凉衛指揮僉事任繼勲（懋忠山西太原府人）

供給官

陝西等處承宣布政使司理問所理問王泮(化民直隸吴橋縣人　吏員）

陝西等處承宣布政使司理問所副理問曹志學（時敏錦衣衛官籍直隸祁州人　甲子貢士）

陝西等處承宣布政使司照磨所照磨劉鳳梧（鳴陽江西廬陵縣人　監生）

陝西都指揮使司斷事司斷事錢梁（子政湖廣沔陽州人　監生）

西安府通判暢揚（守約山西大寧縣人　選貢）

西安府照磨所照磨烏繼善（汝成山東博平縣人　恩貢）

漢中府經歷司經歷陶胤恒（貞紹河南郾城縣人　監生）

西安府臨潼縣知縣劉應聘（天民山西翼城縣人　丁卯貢士）

西安府高陵縣知縣王曰可（與之山西懷仁縣人　恩貢）

西安府商州鎮安縣知縣蘇養蒙（以正山西安邑縣人　戊午貢士）

西安府同州朝邑縣知縣黄應科（用賓山西翼城縣人　丁卯貢士）

西安府耀州同官縣知縣楊光溥（文明萬全都司懷來衛籍山西蒲州人　恩貢）

延安府延川縣知縣劉貞寛（叔一山西安邑縣人　丁卯貢士）

鞏昌府會寧縣知縣高拱辰（宗極山西河津縣人　丁卯貢士）

西安前衛經歷司經歷廖麟（文瑞浙江杭州前衛人　吏員）

西安後衛經歷司經歷李舜臣（□皋四川大邑縣人　吏員）

西安府華州判官冉雰（豐瑞四川武隆縣人　恩貢）
西安府咸寧縣縣丞胡尚志（子高直隸定興縣人　恩貢）
西安府長安縣主簿蔣策（中猷河南永城縣人　監生）
鳳翔府扶風縣主簿高希古（子進山西趙城縣人　監生）
鳳翔府岐山縣主簿敖國詔（汝承湖廣襄陽縣人　承差）
西安府咸寧縣典史陳永吉（子剛河南固始縣人　吏員）
西安府長安縣典史石尚信（誠志山西聞喜縣人　吏員）
西安府京兆驛驛丞胡正宇（君泰浙江餘姚縣人　吏員）
西安府興平縣白渠驛驛丞孫守分（永承山東濮州人　吏員）
西安府華州華陰縣潼關驛驛丞張賢（希哲山東臨清州人　吏員）

第一場

四書

子曰述而不作信而好古竊比於我老彭　詩曰衣錦尚絅惡其文之著也故君子之道暗然而日章小人之道的然而日亡君子之道淡而不厭簡而文温而理知遠之近知風之自知微之顯可與入德矣　孟子曰人有不爲也而後可以有爲

易

天地養萬物聖人養賢以及萬民　説之大民勸矣哉　一陰一陽之謂道繼之者善也成之者性也仁者見之謂之仁知者見之謂之知百姓日用而不知故君子之道鮮矣顯諸仁藏諸用鼓萬物而不與聖人同憂盛德大業至矣哉　乾爲天爲圜爲君爲父爲玉爲金

書

咨十有二牧曰食哉惟時柔遠能邇惇德允元而難任人蠻夷率服　惟事事乃其有備有備無患　西旅厎貢厥獒太保乃作旅獒用訓于王曰嗚呼明王慎德四夷咸賓無有遠邇畢獻方物惟服食器用　其爾典常作之師無以利口亂厥官

詩

七月食瓜八月斷壺九月叔苴采荼薪樗食我農夫九月築場圃十月納禾稼黍稷重穋禾麻菽麥　大人占之維熊維羆男子之祥　鳳凰于飛翽翽

共羽亦集爰止藹藹王多吉士維君子使媚于天子鳳凰于飛翽翽共羽亦傅于天藹藹王多吉人維君子命媚于庶人鳳凰鳴矣于彼高岡梧桐生矣于彼朝陽菶菶萋萋雍雍喈喈　夙夜基命宥密

春秋

夏公子慶父帥師伐於餘丘（莊公二年）虞師晋師滅下陽（僖公二年）　秋及江人黄人伐陳（僖公四年）　秋杞伯來朝（成公十有八年）夏晋韓厥帥師伐鄭（襄公元年）六月會單子晋侯宋公衛侯鄭伯莒子邾子齊世子光己未同盟于雞澤（襄公三年）　五月公及諸侯盟于皋鼬（定公四年）

禮記

博聞强識而讓敦善行而不怠謂之君子　禮行於社而百貨可極焉合父子之親明長幼之序以敬四海之内天子如此則禮行矣　温良者仁之本也敬慎者仁之地也寬裕者仁之作也孫接者仁之能也禮節者仁之貌也言談者仁之文也歌樂者仁之和也分散者仁之施也

第二場

論

人主自爲社稷計

詔誥表（内科一道）

擬漢申明車服制度詔（永平十三年）　擬唐加左僕射房玄齡太子太師誥（貞觀十三年）　擬重修大明會典成進呈表

判語（五條）

講讀律令　欺隱田糧　鄉飲酒禮　盤詰奸細　盜决河防

第三場

策（五道）

問　帝王建鴻業而興盛治未有不繇躬裁庶政矣夫願治之切奚憚於事事之必親而談主術者往往稱有體有要將安所指歟或以國之治安和平成定引於六官而爲御政之體論吏正法而爲治國之要然歟否歟黄虞尚已周文王庸庸祇祇威威顯民而孔子亟稱之周公作立政以規成王亦拳拳述文王事文王之政其體要安在後世若量書日夜有程若欲按尚書事若臨朝

日昃能躬裁矣乃又有引之以爲誡者何歟洪惟我太祖高皇帝天挺聖神肇造區夏立國規摹載在聖政記諸書鴻纖具備所以統運天下導制天下者可鋪揚其概歟洪武中侍臣嘗奏言不滿旬之間而封章所白事蓋三千餘乃聖祖兼聽之而不勞何道而臻此今皇上富於春秋邇綜攬乾綱益勵精天下事設欲仿周公述文王事以規成王者而獻忠於上將安所具陳而可夫士學期以致主也遘明主孳孳宵旰寧不有願攄所見以仰裨聖政之萬一者乎其以質於執事者執事者將轉聞焉

問　立天之道曰陰與陽君德剛柔治道寬猛亦繇是然持論者每堅白不相下故有謂爲政要厲威嚴者惟克果斷乃罔後艱者火烈而畏之故鮮蹈水懦弱民狎而玩多溺者審是則剛嚴毋寧獨運也乎哉有曰常勝之道曰柔常不勝之道曰剛者兵强則滅木强則折者迴霜收電使不隕越者審是則寬柔毋寧獨尚也乎哉又有謂寬以濟猛猛以濟寬政是以和者新國用輕典亂國用重典平國用中典者大剛則折大柔則廢者審是則剛柔之用復兩利之而兼所重矣三代而下漢唐宋英君誼辟固未有外剛柔寬嚴以成郅隆化者其得失亦可概言歟我太祖肇造區夏獮剃胡腥成祖神武重光誕膺鼎命三德乂用超軼無前今重熙纍洽久矣政治修闕天人休咎尚可酌剛柔爲振飭計乎抱鉛槧業者幸謇謇言之當一士也

問　嘗考之禮以辯上下定民志禮猶體也體有大有小有顯有微經禮三百曲禮三千其致一也伯夷典之周公制之而散標於經傳之所紀注章章悉矣但僔沓僭逾者日隤趨焉而知禮教殘弛之所繇也姑自春秋論之平戎辭上卿之班君子謂不忘其上來聘却湛露之章君子謂有淑其儀宋之郜鼎信寵賂敗度乎莒之逋僕果賊虐奸禮乎相君而獲州田奚爲汰荷其禄入陳而益六邑何謂讓不失禮郊勞贈賄無忒晋臣既鄙其屑圖國難内訌未已齊臣復重其秉禮繁纓隧制懋功者無幾請也説者乃盩王章棠魚齊社莅國者無幾觀也議者大拂軌物禮與天地并矣而謂君令臣共父慈子孝兄愛弟敬其義何居聖主務行禮矣而謂朝聘有珪宴獻有璋小有述職大有巡功其旨安在藉此觀禮大政昭焉固非區區綿蕞與開元慶曆之鍛瀹浮靡相高也蓋當時觀禮者擷其根蟠今之譚禮多漫漶枝贅矣諸士沉浸禮教其晝一抒所素焉毋或剿襲爲也

問　天菑流行何代無之顧備之者貴豫耳今秦封亢陽作沴饑饉荐臻禾黍委疇隴矣延慶平凉滋事甚焉閭閻多流移思亂此非細故也救荒之法首急蠲征兹民税固軍餉也蠢爾匪茹矣戈甲戍卒盡嗷嗷需之以備晨炊是

可僧石缺耶均貸法裒有於無良便如諸荒僻山邑捐瘠徂出亡者十室而九埶窮雲漢將虚其邑嗟來何望罰鍰雖有存而額解取贏社庾非無積而簿陳多窾昔人謂移民移粟下也設糜粥最下也無以亦急則治標術耶粤考穀梁大侵之禮周禮荒政之聚汲長孺之發廩韓昌黎之罷税趙清獻賑饑吴越范文正給餉浙西朱元晦勸輸南康張忠定弛鹽余杭俯仰往鏡以濟荒流聲實者何可枚舉今黔首殫殘流離極矣往喆要略有可彷而行者歟亦有越拘攣别馳長策者歟願多士披瀝言之固恤民隱者所亟欲有聞矣

問　陝西三邊夙稱選將練兵諸注厝更僕未可殫述然其中亦扼腕未易譚也間者榆陽軍多不戢習鼓噪集飛矢於官司廳事者歲爲常河西允吾竞焚爇監司敢行稱亂靈州屬寧鎮者復以戕主將告變矣軍驕至此尚何論節制今虜詎止貪漢財物也乎哉收番部屯要害海上黠虜素乘間東渡窺伺洮岷間即諸旃部俱蠢蠢然陰蓄匪茹狀虜之情形至此尚何論款市諸鎮額餉市本歲苦不支往往廑宵旰每下大司農議即難之以告急故輒節發内帑皆埶所積漸有繇然矣今軍毋畏將一當虜每縮頸股栗僨帥者復飾説曰款市關九塞可黷然以犯不測寧啖之虜薄吾軍謹辟之即損衄不與校如此則自盡之術也軍何所振積習財何以實漏卮虜之磨吮我者憂方大哉諜聞韋方鞲方癰聚河西未遽解事急矣無暇稱引往緒直以振飭邊備可計虜者爲我敷陳之

中式舉人六十五名

第一名　劉復初　高陵縣學生　書
第二名　郭繼芳　長安縣學生　易
第三名　王皞如　朝邑縣人監生　詩
第四名　馮時盛　洋縣學生　春秋
第五名　劉養性　長安縣學生　禮記
第六名　張于廷　褒城縣人監生　易
第七名　賈璵　渭南縣學生　詩
第八名　張統　鄠縣人監生　書
第九名　李賦敏　延安府學生　詩
第十名　李爲芝　華州學生　易
第十一名　郝名　宦　清澗縣學生　詩

第十二名　劉訥　南鄭縣學生　書
第十三名　楊紹祖　隴州人監生　易
第十四名　李喬嶽　南鄭縣人監生　詩
第十五名　王紹先　三原縣學生　易
第十六名　薛一麟　咸寧縣學生　書
第十七名　周承儒　商州學生　春秋
第十八名　楊時亨　鞏昌府學生　詩
第十九名　費逵　西安府學生　書
第二十名　郭僑　渭南縣學生　禮記
第二十一名　雒于仁　三原縣人監生　書
第二十二名　劉光浩　咸寧縣學生　易
第二十三名　蔣嘉美　西安府學生　詩
第二十四名　王秉恩　三原縣學增廣生　書
第二十五名　汪兆龍　金州學生　詩
第二十六名　吴鍾英　高陵縣學生　易
第二十七名　徐明　岐山縣學生　詩
第二十八名　羅希益　淳化縣人監生　書
第二十九名　宗有功　西安府學生　禮記
第三十名　王邦翰　西安府學生　易
第三十一名　楊作孚　長安縣學生　易
第三十二名　車朴　郃陽縣學生　詩
第三十三名　韓明貢　延安府學生　春秋
第三十四名　許應科　南鄭縣學生　書
第三十五名　秦鄰晋　渭南縣學生　詩
第三十六名　王有容　朝邑縣學生　詩
第三十七名　王仲文　商州學生　書
第三十八名　張企程　洋縣學生　詩
第三十九名　馬御丙　綏德州學生　易
第四十名　張正化　富平縣學生　詩
第四十一名　趙邦璽　韓城縣學生　書
第四十二名　徐陟　鳳翔府學生　詩
第四十三名　王心　同州學生　易

第四十四名　屠治　金州人監生　詩
第四十五名　楊如松　延安府學生　書
第四十六名　武紹祖　涇陽縣學生　詩
第四十七名　王希文　咸寧縣學附學生　易
第四十八名　孫鵬翰　安化縣學生　詩
第四十九名　張邦俊　韓城縣學生　書
第五十名　辛濬　耀州人監生　詩
第五十一名　楊觀　西安府學生　春秋
第五十二名　楊大芳　洋縣學生　詩
第五十三名　蒉炤　郃陽縣學生　易
第五十四名　焦蕃　盩厔縣學生　書
第五十五名　梁松　三原縣學生　易
第五十六名　雷元善　朝邑縣學生　書
第五十七名　蒉曾三　鳳翔縣學生　詩
第五十八名　王嚮明　盩厔縣學生　易
第五十九名　余三畏　潼關衛學生　禮記
第六十名　龐源　盩厔縣學增廣生　書
第六十一名　楊恩　隴西縣學生　詩
第六十二名　甘學書　漢中府學生　易
第六十三名　王交如　朝邑縣學附學生　詩
第六十四名　曹烈　澄城縣學生　書
第六十五名　唐之龍　咸寧縣學生　詩

第一場

四書

子曰述而不作信而好古竊比於我老彭

劉復初

同考試官訓導張（偉）批（述而不作是聖人實語斯文得之詞復古雅可式）

考試官教諭田（有年）批（認理精徹構詞奇拔）

考試官學正蘇（廷龍）批（意真詞古大雅之文）

聖人志在於述而自附於古人也夫聖者作則明者述焉夫子不居於作而自附於述也其亦自道歟想其意謂夫天地之文章咸泄於聖人之制作皇王以來聖人迭興作者蓋大備矣丘也承未墜之統而興未喪之文非不有所垂訓矣然述舊聞也而非創始也間嘗有所發明矣然纘先緒也而非肇建也蓋天地間惟一理而千聖之心思既已盡泄其秘吾惟篤信好學是訓是行耳矣焉用作乎古今人惟一心而歷代之經制既已盡發其微吾惟好古敏求忘食忘憂耳矣安能作乎是道也我思古人而獲我心矣古之人有老彭者博物君子也道在既往不獲親聆其緒論而功在著述竊嘗私淑其遺風彼一時也上古之載籍未亡而故老之傳聞易以信今而垂後此一時也先王之文獻不足而遺經之删述猶可徵往而俟來吾竊自比焉以待後之作者而人其謂我何哉吁夫子之心亦甚戚矣斯言也其作春秋之時乎蓋王迹熄彝倫斁孔子不得已而作春秋以垂世教若曰吾繫魯史之舊文稱述王法詔來世耳非所謂作也故曰其義則丘竊取之亦竊比老彭之意歟

詩曰衣錦尚絅惡其文之著也故君子之道暗然而日章小人之道的然而日亡君子之道淡而不厭簡而文温而理知遠之近知風之自知微之顯可與入德矣

王皞如

同考試官訓導蔡（于周）批（發揮爲己知幾而約之於心體認真切有養之士也宜録以式）

考試官教諭田（有年）批（説理精明詞復峻發）

考試官學正蘇（廷龍）批（文澹旨遠足以式浮）

中庸引言君子之學以實心基之也夫學所以進德也爲己而知其幾德斯可入矣乎且夫聖賢之學不先論其造詣而先論其立心心者誠僞之端而得失之介也詩有之衣錦尚絅夫錦者文也而必尚以絅者惡其文之著也此可以觀道矣君子之道爲己者也惟反求諸己故其光外暗而無文惟實有諸己故其美内含而日著誠异乎小人之的然日亡者矣是故衝然淡也而其中腴焉渾然簡也而其中文焉粹然温也而其中理焉由是觀遠而知其由近以常用心于其近也觀風而知其有自以常用心于所自也觀微而知其莫顯以常用心于其微也蓋爲己故知其在己而幾非外得惟知幾則能謹其幾而功不外求沉潜收斂之意多而神化性命可與漸窺矣切近精實之功勝而中和位育可與馴造矣其入德何難哉彼虚文勝則實意微是以君子惡之也甚矣

尚絅之詩似君子也抑德天德也性也聖人達天則固其聰明睿智君子修德則斂其智識文章蓋枝葉愈盡則本根愈露此性體也中庸一書皆言有而終以無爲至真知性之學哉

孟子曰人有不爲也而後可以有爲

劉養性

同考試官教諭祝（惟敬）批（文詞雄古學識淵深邃養之士）

考試官教諭田（有年）批（格調莊重詞意精嚴）

考試官學正蘇（廷龍）批（醇雅不浮可式多士）

論有爲者必得于有守焉甚矣有爲之難也而惟有不爲者能之是以君子重所守歟孟子示人若曰天下之事待人爲之然有以爲成亦有以爲敗者顧所守謂何耳何則君子之有爲非曰爲之而已也其精神欲完以固而事不可先入于其心其器識欲宏以遠而心不可預必于其事故夫喜事躁動非致遠之器也必鎮静自居者而後有以建天下之功炫才矜能非任重之基也必堅忍自持者而後足以成天下之務剛大之氣不爲一節試功則其氣常完而臨事可以不懾遺大投艱惟所運量矣弘遠之才不爲偏長取效則其才常厚而當幾可以不撓持危定傾惟所斡旋矣其在君子以其素所不爲者信天下雖爲古今所不韙之事而無愧無怍直負荷而有餘其在天下以其素所不爲者信君子雖爲宇宙所未有之功而不沮不疑可對揚而無歉自古名世之士機會未逢事權未柄而人皆以大有爲卜之者謂其有不爲也彼妄爲者安能爲哉抑所謂不爲者非事也心也大禹平成周公兼驅雖功蓋天下曷嘗有爲之之心哉無心而爲故能有爲必不爲之士然後可則洗耳投淵者卒何補于世道也

易

天地養萬物聖人養賢以及萬民

郭繼芳

同考試官教諭高（儀）批（是題作者類多剿拾殊爲厭觀惟子一刊蔓語直發精義且詞音簡古不落常格易義之絶佳者允宜高薦）

考試官教諭田（有年）批（詞約義精發天地聖人之□□盡可録以式）

考試官學正蘇（廷龍）批（筆力簡勁文思精確）

彖傳極言頤道徵於天地聖人之所養焉蓋天地聖人有民物之責者也而各以其養盡之此可以觀頤之道矣嘗謂頤者養也約之則養身養德所不

能違而推之則天地聖人有不能外者何言之彼天下之物萬有不齊矣而不能自養也使天地無所以養之謂養之遺於天地可矣然天地者萬物之父母也物無一日不待養於天地而天地生物之心固有未嘗息焉者故陰陽以分其職五行以宣其氣爲之正性命焉保太和焉而養如此其至也蓋自有物以來而形形色色無一不得其所者皆天地之功矣養其天地之所以成造化者乎天下之民萬有不齊矣而亦不能自養也使聖人無所以養之謂養之遺於聖人可矣然聖人者萬民之父母也民無一日不待養於聖人而聖人惠民之心固有所以寄之者故以大烹優賢以重禄勸士俾之正民德焉厚民生焉而養如此其周也蓋自生民以來而樂樂利利無一不得其願者皆養賢之及矣養其聖人之所以成治理者乎夫民物盡於天地聖人而道在於養則信乎頤之爲道大矣要之天地無心之化必賴聖人爲之輔相裁成而後道濟天下曲成萬物然則天地者開其先者乎聖人者終其事者乎故曰聖人有功於天地

一陰一陽之謂道繼之者善也成之者性也仁者見之謂之仁知者見之謂之知百姓日用而不知故君子之道鮮矣顯諸仁藏諸用鼓萬物而不與聖人同憂盛德大業至矣哉

張于廷

同考試官訓導鍾（國芝）批（義本淵深詞則明練是得潔凈精微之旨者録之）

考試官教諭田（有年）批（理精詞典非深于易者不能）

考試官學正蘇（廷龍）批（詞意典切脉絡融貫）

大傳即氣名道而推其獨全于造化焉蓋陰陽氣也而道即此焉在矣非造化德業之至其孰能全之且夫道何爲者也太極本然之妙寓于動静所乘之機不囿于陰也即一陰而體斯具不倚于陽也即一陽而用斯行闔闢相因而化機有本道之全體則然也由是而繼之斯化育之功乎善也道其行于陽矣由是而成之斯天命之正乎性也道其具于陰矣是固合仁智百姓而一之者也而何得陽之動以成性者有見于仁也而不知離智之仁非仁矧百姓則又日用于仁而不自知焉得陰之静以成性者有見于智也而不知離仁之智非智矧百性則又日用于智而不自知焉宜君子之道鮮矣其惟造化乎蓋其顯仁以鼓萬物之出矣而顯無心也視聖人有憂以造天下之生者不同也生之而忘其所以生是德也其盛不亦至乎藏用以鼓萬物之入矣而藏無心也視聖人有憂以作天下之成者不同也成之而忘其所以成是業也其大不亦

至乎夫顯仁之盛德陽之事也藏用之大業陰之事也然則道也者其妙運于陰陽流行于賦予而統會于天地者乎抑嘗觀之程子曰陰陽氣也形而下者也道理也形而上者也離陰陽而言道固不可即陰陽而謂之道亦不可故又以動静無端陰陽無始言之而夫子亦曰陰陽不測之謂神噫其于道也深矣

書

咨十有二牧曰食哉惟時柔遠能邇惇德允元而難任人蠻夷率服

劉復初

同考試官訓導張（偉）批（精詣簡切無一贅語真大雅之作也可以爲式）

考試官教諭田（有年）批（渾厚冠冕是典謨之文）

考試官學正蘇（廷龍）批（典雅古健）

聖君咨牧安民而要其所及之遠也夫牧民之道在安之而已矣政善民安而遠人有不服哉昔舜之經理天下也别地而州之又建牧而治之所以廣德意而阜民生也故其咨十二牧者有曰牧之爲言以司養也何以養民其惟食哉食固民之天也不可不足也何以足食則惟時焉時又食之本也不可不恤也遠者有懷來之道雖聲教咸暨而未始迫之也惟優柔以俟其格耳矣邇者有漸摩之義雖立教在寬而未始縱之也惟馴習以要其能耳矣國有元德實治之紀則惇之信之所以造民福也國有憸壬是亂之階則屏之絶之勿使遺民害也夫養修而教舉矣賢進而奸退矣將見十有二師各迪有功而華夏之威明丕振九重垂衣而百蠻向風矣十有二州各安其理而遠方之觀望益隆兩階舞羽而四夷咸賓矣蓋内修而外自服遠格則邇益安此治之至也往哉群牧無替朕命矣嗟夫蠻夷猾夏自古有之然帝世敷文耀德率服之道咨牧安民而外無聞焉降而王采薇遣戍矣又降而后王强者黷武弱者和親甚則中原左衽首足倒懸則以内政不修而養民之道缺也

其爾典常作之師無以利口亂厥官

張統

同考試官訓導張（偉）批（詞莊氣健有周訓官之意發揮殆盡録之不獨以其文也）

考試官教諭田（有年）批（精瑩古雅經義之絶佳者）

考試官學正蘇（廷龍）批（老成練達經世之文）

賢王訓官惟遵王制而已夫周之典常王制也莅官者惟王制是遵而何

以紛更爲哉成王訓官若曰論治者貴識時便國者不泥古學古而必議以制爲其非時耳乃若爾之典常經綸備于三聖制度綜于六官此治官之紀也爾必考其典刑而遵之以爲成式稽其常憲而奉之以爲章程朝有道揆論道者師焉廟謨國體先世之規畫已詳吾惟條其便宜耳矣慎無以邪説而紊舊章也國有法守奉法者師焉吏治民瘼昭代之講明已熟吾惟咨其故實耳矣慎無以辨言而亂舊政也世際重熙新進喜事之人容有狹小制度而爲更張之説者此憸佞之臣也非惟無益于事適以僨事耳設官之謂何而乃有是耶時值承平讒説殄行之士容有變易國是而爲紛更之説者此干紀之臣也非惟無裨于政適以妨政耳莅官之謂何而可若是耶夫官不易朝常則國是定國不易紀律則民志一欽司慎令莫是過也爾其懋哉大抵祖宗法度始未嘗不善而末陵遲衰微也由繼世而後君逸德則臣玩法臣玩法則民違令于是議更制議變法如射失而修招何益于中故成王訓官而首曰祇勤于德其知所本矣

詩

大人占之維熊維羆男子之祥

賈璵

同考試官訓導蔡（于周）批（講男子之祥詞理躍如且忠愛溢於言表非徒作者可式）

考試官教諭田（有年）批（極得周臣祝願之意）

考試官學正蘇（廷龍）批（思精詞粹讀之灑然）

占周王之夢而昌後足徵矣夫儲嗣天下之本也周王感吉夢而其兆應之福之嚮用者隆哉歌斯于者志中興也若謂人君履運裕後爲祥臣子祈君多男爲福兹上下有至願焉而難以遽遂也今吾王也卜築甫成方安寢於簟管而精誠感召遂協夢於熊羆此豈耳目所習知邪大人占之曰惟男子之祥耳蓋男子毓德于陽常有臨馭之寄熊羆屬類于陽式昭震索之符以是物也形斯夢也意天所助順乃假之以彰其貺與主鬯有人而麟趾之禎交將于今而益盛以是夢也感斯物也抑神所效靈乃藉之以闡其朕與承祧有托而螽斯之慶將視昔而愈光不以物觀物而以理觀物寤寐所通元良斯建焉雖一德靈承預有以浚發其祥而必然之應則自今日兆之矣所綿郟鄏之鼎而勿替引之者孰非熊羆肇庥也哉不以象觀象而以數觀象機緘所露社稷有君焉雖大德垂裕默有以厚培其原而必至之福則自今日徵之矣所永豐鎬之業而申錫無疆者孰非夢兆習吉也哉蓋帝王之精神常關于國祚而宇宙之

和氣盡萃于成周爲王之臣者頌禱惡容已耶吁周臣之忠愛可謂至矣嗚呼熊羆之夢男子祥也版築之夢良弼賚焉天人相與若券符者而不得其故何史傳之所紀述多舛也噫武丁恭默宣王側身猗與商周盛際也而當世人情固夢卜賢也

夙夜基命宥密

李賦敏

同考試官訓導蔡（于周）批（形容宥密殆盡而詞氣春容治世之音不當如是邪録之）

考試官教諭田（有年）批（説成王監於文武處親切有味）

考試官學正蘇（廷龍）批（晰理真而鑄意遠杰作也）

賢王修德以凝命而底于純焉夫積德至于宥密德斯純矣以此凝命而何天眷之不固哉詩人歌以祀成王者若曰人君之膺曆數也建締造之規者每宵旰圖焉而撫運盈成者多宴安目隤矣成王繼文武君天下而安敢以自康邪思天之降鑒於我何難諶也充未艾之心而懋昭厥德就之不疑于泮涣念我之對越乎上何有赫也持無逸之敬而禀承帝貺約之以至于隱微無一時而非於穆之流衍也而時幾之敕昭焉蓋大命在我惟德之宥者基之而積累于夙夜之間所廓乎有容淵乎莫測者渾涵乎太極之精也已無一息而非造化之岀王也而臨保之誠存焉蓋鼎命在我惟德之密者基之而以夙夜真積之久所鎮静不憂純一無間者統會乎性命之正也已以覲文德則維新之命無忝於作求以揚武訓則臨汝之命有光於右序此固成王得統於敬止敬勝之傳而詒我以卜世卜年之祚者沐其遺澤有餘思焉其揄揚於登歌之際宜矣嗚呼以成王之幼衝踐祚負扆而臨六合治登上理説者謂文武之澤周召之輔有繇然哉然而基命之心法與古帝之明德明命實無以异也周之令主文武而後成王其莫與京也夫

春秋

秋及江人黄人伐陳（僖公四年）

馮時盛

同考試官訓導李（時芳）批（發揮齊桓制勝持勝之意殆盡且□格嚴整遣詞精確佳士也）

考試官教諭田（有年）批（□則莊重詞鋒熚然宜録以式）

考試官學正蘇（廷龍）批（謀楚驕陳披透齊桓心事）

春秋志伯兵因示制勝持勝之道焉此見江黄之始合兵也可以驗犄角之謀而陳人受伐桓德衰矣蓋聞桓公始制楚而定策也春秋善其遠結江黄爲助云夫陘之役諸侯連兵涉楚者八國而江黄曾未提偏師周旋於壁壘行陳之下功無取也奚驗其結之之助爲觀於此而桓公制勝得其道矣何也有奇有正兵政之善經也八國合而張江黄分而伏陽摧而陰讐之助其可少乎是江黄之從兵也不合於伐陳之役而合於會陽穀之時即非是役也彼固已戮力而佐下風矣武王牧野誓師之初遠及八國事亦同此又聞桓公既勝楚而討貳也春秋責其過治陳人爲驕云夫陘之役八國糾策翊齊者一心而陳人乃敢撓成筭規避於資糧扉屨之間罪有繇也奚徵其治之之驕爲觀於此而桓公持勝失其道矣何也有容有忍王德之大基也一怒虐人臣再怒虐人國謹始而暴終之驕之所滋乎是陳人之被伐也不兆於循海之言而兆於盟召陵之日即非是言也彼亦將淫兵以明得意矣成湯鳴條奏功之後不罪萬方心則异此然則桓公者才有餘而德不足故堇堇稱伯自後世論之英毅明哲之君以制勝什九以持勝什一豈持之顧難如此哉人情大抵無慮志滿於功成矣虚則慮常虔滿則常故斯尤悔之所繇召也嗟乎九合未幾而五争不競即桓公可以鑒焉

秋杞伯來朝（成公十有八年）夏晋韓厥帥師伐鄭（襄公元年）六月公會單子晋侯宋公衛侯鄭伯莒子邾子齊世子光己未同盟于雞澤（襄公三年）

周承儒

同考試官訓導李（時芳）批（晋能庇陳意士子類能剖析獨此篇鋪述君明臣良諸侯聽命處痛快人心自有不當背且不忍背者使陳侯復生亦必服罪而輸情矣）

考試官教諭田（有年）批（意悉詞燦讀之大怡心神）

考試官學正蘇（廷龍）批（精采焕發結罪二慶詞意稟然）

明良遇而人心協可以知伯國之宜從矣夫晋之君明卿睦而諸侯且聽命焉奈之何陳侯貳之哉小國之事大國也謂其德之足以芘蔭已也度其君度其臣又度其行乎諸侯者而從違審焉兹陳侯之貳晋而逃也豈未度晋之君乎返自清原而入盟乃悼公之賢嗣位也明君之命而勉臣共曰振廢曰匡乏曰欲無犯時官不易方爵不逾德昭昭乎若文公且再見焉夫以世主夏盟之晋而有方明之悼公司以臨之觀杞伯之朝魯而語晋君可知已又豈未度

晋之臣乎朝于武宮而命官乃韓知諸人爲卿也孚民之譽而襄君政或修法或訓義或親以聽命師不陵正旅不逼師濟濟乎於狐趙且有光焉夫以君德方明之晋而有和睦之八卿以佐之觀韓厥之伐鄭而偕荀偃可知已又豈未度諸侯之事晋乎歲之不易不虞之不戒文告方修而小焉若邾大焉若宋齊冠裳畢會一二兄弟相見而協其謀騤騤乎比踐土之業且庶幾焉夫以君明卿睦而又有聽命之諸侯以宗之觀雞澤之同盟而禦楚可知已然則晋非不能致力于陳者而陳侯顧逃之何哉故春秋罪之抑考陳侯之逃二慶之謀也人臣居守社稷不能殫忠衛主而至輸使于敵教之以虐而脅其君尚謂有人心乎楚用子囊晋范匄已知其必能有陳矣得人而强失人而弱國無小大皆然用捨之際可不慎哉

禮記

合父子之親明長幼之序以敬四海之内天子如此則禮行矣

劉養性

同考試官教諭祝（惟敬）批（題本平易而場中作者類多蕪蔓惟是作辭簡理明子其學禮而有得者允宜高薦）

考試官教諭田（有年）批（思精辭健佳士也取之）

考試官學正蘇（廷龍）批（體認親切）

人君盡倫以廣教禮之所以行也蓋禮不外於親長之倫也盡是倫以加於四海而禮有不行者乎樂記之意若曰禮樂之道同功而异用者也樂至固無怨矣而所謂禮至不争者則必於君身求之彼父子有親不合則離矣乃聯以一本之情而尊養之隆皆心之不可解者也長幼有序不明則紊矣乃辨以天秩之等而友于之篤皆分之不可渝者也然又親以及親因其本自親也而敬以推之四海之内有合愛焉長以及長因其本自序也而敬以推之四海之内有合敬焉如此者在天子也盡倫以建極而弘敷錫之化則在斯民也敦倫以歸極而效從乂之風始乎一人加乎百姓天下之爲父子兄弟者定矣禮之所以紀綱乎人道者此其四達而不悖矣乎御於家邦普於率土天下之能親親長長者同矣禮之所以賁飾乎人文者此其周浹而不遺矣乎吁天子大禮之用使民不争者固如此圖治者審諸考古帝王敦睦九族而萬邦協和肇修人紀而黎民用乂禮樂明備洋洋乎美德矣後世闊略於身心而致飾於器數之末卒之禮樂不興者無本故也噫本諸身徵諸庶民固有待於明明天子也哉

温良者仁之本也敬慎者仁之地也寛裕者仁之作也孫接者仁之能也禮節者仁之貌也言談者仁之文也歌樂者仁之和也分散者仁之施也

郭僑

同考試官教諭祝（惟敬）批（體裁嚴整辭藻豊贍禮義之最佳有録之）

考試官教諭田（有年）批（格正語精宜式多士）

考試官學正蘇（廷龍）批（典雅可誦）

論衆善之發外一心德之有於中也夫仁善之長也一仁立而衆善之發外因之矣其道不亦大乎且夫仁之難成久矣唯儒者能之欲知儒之兼有乎仁也盍先觀於仁之道乎蓋元善之良命之天者先衆理而統其宗故天德之懿具之人者隨應感而呈其妙藹然可親有温良焉是仁之根柢也翼然不放有敬慎焉是仁之踐履也爲和平爲寅畏何者而非懿德之流通恢乎有容有寛裕焉一仁之充廣也卑以自牧有孫接焉一仁之能事也爲優柔爲謙抑何者而非純心之發越動容中禮固仁之見於飾貌矣而出言有章又仁之成文而不亂焉德容之動與德音之秩其諸純粹者之顯其精矣乎直己陳德固仁之見於和聲矣而積財能散又仁之博施而不匱焉太和之形與大公之量其諸和順者之闡其美矣乎神明之捨心德涵焉而渾然者立天下之有應物之餘衆妙啓焉而燦然者效天下之動大哉仁乎斯其至矣儒皆有之而儒者不居也吁是不可以觀儒乎嘗考儒者之能仁非儒者之襲取也蓋夫子所陳儒行夥矣至如曰博學曰篤行曰忠信曰恭敬其功雖不言仁而所以事其心者豫矣故卒以仁歸之儒者良有以也乃若世儒昧此取時詬病非吾之所謂儒矣業儒者其尚務體仁無蒙詬病之辱哉

第二場

論

人主自爲社稷計

郭繼芳

同考試官訓導鍾（國芝）批（場中作此題者類設套語獨此篇思緻淵邃機軸圓融學識兩到之士也録之）

同考試官教諭高（儀）批（通篇意致精融詞藻燦爛開闔變化自成一家蓋邃養而有得者宜録以式）

考試官教諭田（有年）批（刊落蕪詞自出心見且浩博之氣變化無

窮佳士也）

考試官學正蘇（廷龍）批（發揮愛惜人才意諄懇精確可誦可式）

人君以身任天下必先知所重而後其計定計定而後有以厝天下之安昔者帝王懋綦隆之業未有不惟社稷是重者以爲社稷寄於吾身也上帝寔命之綜制群物統承萬祀罔敢失也重器是負宗祧是守罔敢易也故其以身與社稷相爲維繫而未嘗視社稷後于吾身誠重之矣知其重則其保之也不得不固保之不得不固則其爲計也不得不資之人而謂一己之聰明爲可以奠安而無虞必不然矣元城劉氏曰愛惜人才人主自爲社稷計誠有味乎其言之也今夫富人之家産于山陬海澨之區其未達理道也宜也然且惕創守之艱而自思其爲保家之計必親賢師傅以訓厥子弟必擇强幹廉愿者以調其厮僕司其庾帑而分任其一家之政又必察其欲惡節其勞逸心思志念聯爲一體而俾人人得以自效斯豈漫焉爲之者哉彼其身親拮据之苦以有室家恒思其得之之不易而凜凜然爲悠久之計者自如此其至矣君天下者何獨不然蓋其以一身而居于民上天下之待命於我者萬有不齊而欲帷墻不出階序不下東漸西被以暨朔南迹之發號施令之微而神之推準動化之機俾勛猷的皪於當時而社稷鞏固于磐石者顧可以淺鮮計之哉夫惟不可以淺鮮計則宵旰以晝寤寐以思所拊髀側身閔閔然震惕不寧者必有所重矣蓋君主社稷則社稷重社稷寄人才則人才重權所要而廑圖之斯國家之洪筭永錫可坐而策也而奈之何叔世不然也其君之熒惑蔽聰慆淫破義有輕用天下之心者無論已而間有稍稱賢智者亦以下士爲己伐而矜其臣以禮賢爲聖帝喆王所希有之事而抗其志以擔圭析爵爲所以榮吾臣者爲甚渥而曰胡可以薄報我也往往望之太殷責之過厚而一試之不效則轅轢之擯斥之視之如犬馬拔之如蕭艾而曾不一爲社稷致愛養顧惜之意遂使天下英雄豪杰靡不扼腕齟齬降意俯首於其下吁可慨已今夫材木之在山林也大者可以爲梁棟小者可以爲榱桷然必養之者有素不至旦旦而伐之而後材木不可勝用馬之奔踶泛駕者必與驊騮騄駬兼收并進不辱之奴隸伏之槽櫪斯乘風歷塊一日千里而靡不如意矣人才之有益于社稷也何以异于是彼其默守呫嗶根極聖道闡揚王略識古今善敗之因明邦國榮瘁之故抱帝臣王佐之猷而以其行能標稱于品彙儔伍之上其養之窮居者固甚豫也而人主之遇之也方且樂之如塤篪歆之如蘭芷用之惟恐不急而任之惟恐不專是故大臣弼直疇咨帷幄庶明展采吁俞殿陛外服侯甸而宣力王室者推心而置之腹焉不束以繩墨不窘以文法萋菲不行猜疑不作即少有不效

亦必存大節略小過不以一眚掩德焉而又奬恬退以勵其節賞激切以高其名弛黨錮以旌其義威足以鞭笞四夷而不加于林壑退藏之人勢足以奔走四海而不施于褒衣雅拜之士緩大夫之刑以存堂陛之體恕直戇之愚以作敢言之氣録俶儻之輩以開衆正之門即彼之隱微顧慮吾無不曲體周全而吾之意氣精神常與之流貫浹洽豁然無所于隔閡藹然無所于摧沮而猶恐恐然若有不罄人才之用者何也彼誠有益于社稷吾重之也重其有益于社稷是人主所以自爲之計而非徒爲人才也夫人主既以社稷之重重人才則人才亦以人主之重重社稷于是風動而從響應而合而向之以行能著稱者無不争自靖獻以爲人主之輔將羔羊在朝兔罝在野馮翼孝德布列在位舉虎賁綴衣携僕尹伯之屬罔匪吉人而左右後先惟其所任使而不可既是故賢者筦樞能者庀事智者獻謀勇者效力而跅驰之士犯義之臣亦皆幸文罔之寬益展伎發奇以共濟時紛施功宇内矣而宰社稷者方穆穆然于上役使群動口不煩言耳不煩聽手不煩揮九重宴如而登之上理畿甸帀洽要荒含戴而天下後世喁然稱盛治者歸之矣是計在君心而效奏天下愛惜在人才而動勩流社稷則信乎人才之有益而人主所自爲社稷計者捨此道無繇也嗚呼社稷之需才甚殷而人才之生也不數千里一士即爲比肩其得之亦至難矣長養成就而保全之猶懼不足以爲社稷用而可無意愛惜乎稽古唐虞之際萬世稱至治者歸之矣維時明揚之典岳牧之咨罔不備至乃其績用弗成者猶遲之九載而後加擯至於庶頑讒説何益於師師俊乂焉而亦必侯明撻記俟其格也而承之庸之蓋在堯舜且然矣夏商而後不可悉數即後世如秦穆公三用孟明而霸業以興齊桓公釋縶纍之管仲而一匡周室亦庶幾乎明此義者忘其過而紀其功捨東隅之失而責桑榆之效是長養成就之道人主所以自固其社稷者類如此雖然愛惜人才固人主自爲社稷計矣至於賢人君子亦有自爲之計者而人主之愛惜不與焉何也蓋立天下之大節者然後能辦天下之大事而可以有爲者自不爲始士之始進也其孰不以豪雋自負極思焜耀熙世彪炳載牒以流聲稱於無窮哉乃一旦役紛華投利害輒變其塞匪集詬亡節則弁髦禮義而其庸庸者又尸素自如靡所表竪人主愛惜之謂何其尚尊道義以自封殖勵廉隅以自高潔動無錯趾於禮道之防而持論無過自卑卑期之乎唐虞明良之盛相爲媲美焉斯則人才之所以自愛而社稷終必賴之者也此又元城未發之意云

表

擬重修大明會典成進呈表

王皞如

同考試官訓導蔡（于周）批（大明會典我國家彝章之大者未易揄揚此作抒思婉盡摛詞莊雅大似唐宋風度而惓惓祝願法祖之忱溢于言表知子之忠藎欲效者有日矣）

考試官教諭田（有年）批（敷宣得體不尚奇詭可以式矣）

考試官學正蘇（廷龍）批（典則莊重意亦精密録之）

伏以聖主詒謨寶録著臣民之懿範熙皇纘緒瑶編萃創守之洪規裒然群聖之大成焯矣明時之巨典輝騰黼帙藻溢縹緗臣等誠惶誠恐稽首頓首竊惟緊古神聖之當天咸建惟皇而錫極羲軒綿邈墳索昭混闢之鴻猷姚姒文明謨典紀勛華之駿烈玄圭錫命典則可因黃鉞凝圖風愆示儆聿開姬籙彌侈彝章丕顯丕承佑啓後昆有赫善述善繼對揚前烈於昭慨叔季之相尋乃聖明之罕作虚稱宏遠衹聞漢約三章聊取貞觀僅髣周官六典於維昭代茂建洪基緯地經天道法紹百王之統提綱振紀車書會萬國之同粤當孝廟之重熙肇起皇明之會典列聖因革損益美善兼該纍朝規制章程鴻纖畢舉顧創修於弘治壬戌之歲文獻有徵暨續編於嘉靖己酉之春纂輯中輟紀元中更四聖益善政善教之宏多守成又將百年可嘉猷嘉謨之罔録必乘時而有作斯垂範於無窮恭惟皇帝陛下德應真符道躋聖域晨鍾長樂隆孝養於兩宫書漏光華勤咨詢於三事邁商宗之學古時御經筵符周后之作求動繩祖武道必期於久大政尤謹於愆忘謂結綱更弦法多沿革而屬詞比事義取編摩肆廑淵衷爰申巽命發珍藏於石室開藝苑於仙曹上檢諸司職掌之編中探列祖纂述之要自宫壼以及藩國法紀凛乎森嚴由六卿而迨百司綱目昭然明備禮樂刑政熠景緯以賁臨綱紀文章麗山川而錯峙附歷年之條例折衆言之淆而歸諸衷黜好事之紛更削新説之偏而還之舊捻二祖八宗之矩矱玉潤金精示中朝外服之儀刑星羅日麗鋪張燕翼貽百祀之孫謨揚榷駿猷表千年之祖德彼搜舊聞於玉杯繁露奚補國乘若探奇迹於金馬石渠徒淹歲課豈若象魏陳其斧藻鸞綖錫以籤題起草而辨及异同成書而布在方册可尊可信經綸焕乎有文是訓是行遐邇服之無斁臣等學慚稽古識謝通今謬參筆劄之司濫與披讎之選海天崇闊知管蠡之難勝牛棟浩繁懼魯魚之或誤敢裝函而進御祈鍥鐫以頒行錫之臣鄰規矩準繩具在垂諸奕葉蓍龜衡鑒斯存伏願善以爲師政惟由舊恪守祖宗之法虔其始厚其終上咸

三五之隆推必準動必化金甌玉燭建盡倫盡制之極於八埏夏壤夷陬衍同軌同文之風於億載臣等無任瞻天仰聖激切屏營之至謹隨表齎進以聞

第三場

策

第一問

劉復初

同考試官訓導張（偉）批（任人賞罰誠爲治體要子能剖析群言揄揚我聖祖謨訓之遠而求端於心詳贍有體宜録以式）

考試官教諭田（有年）批（不事鉤棘而論議條暢亦詞之尚體要者）

考試官學正蘇（廷龍）批（識高旨遠懇以法祖養心爲聖政獻見忠讜矣）

蓋人主之職一而柄二焉職不紊之謂有體柄不弛之謂有要何也人主之於天下統運之者也而非所統運者也故其職第曰任人使天下分官而守則人人代工於上而衆材之用響臻矣導制之者也而非所導制者也故其柄乃曰賞功曰罰罪使天下象指而趨則人人競業於下而庶理之詳輻湊矣明主者不以己爲天下用而能立其體以用天下已不詳於天下而能操其要以天下爲之詳一人而兼聽天下有餘日而不足於治者非遵是之故哉蓋古今談主術者往往稱有體有要乃其感時揆事人人殊指矣較然揭兩者而著之宜莫如漢戴德之記禮焉以爲古之御政以治天下者天子三公合以執六官惟其所引而之而國以治安和平成定御政之體也是言體在於任人矣又以爲古者天子以德行能功論吏論吏而法行事治而功成季冬正法孟春論吏治國之要也是言要在於賞罰矣德蓋祖孔子六官六轡之説而演周官月令之義耳請略陳周事而稽諸孔子昔文王之造周也庸庸祗祗威威以顯示民斯可以想見其任人之體賞罰之要焉故孔子稱之曰審此三者而國不興未之有也文王不勞而治則詩人頌其寧洎成王親政周公作立政以陳規又拳拳言文王罔兼於有司牧夫之事惟克知三宅灼見三俊取其用命違命者而訓敕之云爾成王法之肴臑不徹於前鐘鼓不解於懸而六服承德其效如此標季暗於主術其佚豫不恤國者無論即圖治勵精而不得夫體要矻矻乎以身勞於天下而終鮮功焉若秦始皇帝量書日夜有程魏明帝欲按尚書事隋文帝臨朝至日昃而滋以害治此杜黄裳所爲慨嘆而諰諰引以爲誡也溯周而後太平之治綦於我明太祖高皇帝天挺聖神躬提三尺蕩乾坤之摻黷開

日月於鴻濛郁乎焕哉載在聖政記諸書者不啻軼成周之隆已愚間嘗仰窺規摹之大略蓋在先立其體以統運天下焉獨操其要以導制天下焉觀夫群雄逐鹿之秋聖祖之闢草昧而經營之也諭許琰曰予思英賢有如饑渴方當廣攬博收共成康濟其統運天下之體可見於此矣若達若遇春若文忠輩仗鉞以宣威若基若安若濂輩持籌而贊畫得人之盛太常則紀之迨後訪遺逸興孝廉開制舉歲歲以弓旌輿軫旁求於天下而才者賢者朝上公車暮召而對焉簡材以試之官辨官而任之事是故合天人調四時者四輔也衡鑒平明者冢卿也培邦本足國用者司徒也和上下治神人者宗伯也山川險易夷番歸附者司馬也體欽恤振紀綱者司寇憲臺也諸如此類不可殫述夫以聖祖之神智豈不欲遐燭乎萬方而獨審慎於任人如此其不自用者乃其所以用歟觀夫衆杰攀龍之日聖祖之提銜紲而駕馭之也諭范祖幹曰吾號令賞罰一有不平何以服衆其導制天下之要可見於此矣若和若永忠若勝輩封命不蓋愆若茂若通源若顯輩謫辭不忘勣勸沮之章盟府則載之迨後毖考課稽名實察毁譽時時以軒冕鈇鉞砥礪乎天下而功者罪者暮聞斧扆朝臨而斷焉善無微而不録慝有細而必懲是故在職公勤而復其家矣啓事一私而逮矣不受遺金而超遷矣詭脱囹犴而廷訊誅之矣持法繩奸而被文綺衣鈔璽書醴酒之勞矣問閭閻疾苦無所對而竄矣諸如此類未易僂指夫以聖祖之憂勤豈不欲周知乎百度而獨精嚴於賞功罰罪如此其不自詳者乃其所以詳歟當斯時也亨屯之際肇起經綸天下庶務至繁賾矣張文輔嘗奏言不滿旬之間而封章所白事以三千三百數我聖祖兼聽之兼照之而不勞何其易哉體要得而朝無曠位位無瘝官官無贋忠忠無遺諝夫是以廓綱恢紘而萬祀之鴻業乃建也代更十聖歷二百有餘年皇上以睿銜凝寶命赫然纂而光之方嗣服之初即嘉與賢公卿計論憲章興修聖緒蓋於今十年醲化日登而上春秋日富綜攬乾綱躬親裁斷引聖祖之鴻業而彌熾彌昌於兹乎在矣執事猶欲仿周公立政之陳而詢所以獻忠於上愚竊以爲今日聖心之所宜加者惟貴乎修一職而法聖祖統運天下之體提二柄而法聖祖導制天下之要政之委瑣細微者固不必盡關宸慮焉夫立政之書大抵規成王勿誤於有司牧夫之事而言必稱文王若曰此所受於文王之徽言而文子文孫之法已此矣今不有聖祖之謨訓在乎蓋聖祖臨御三十餘年間其覽斷所最重在任人賞功罰罪三者洋洋聖謨垂諸琬琰或喻物或評古數矣乃又標大指於祖訓首章愚兩恭誦而得其概焉謂委任重輕有梁棟栱桷之喻謂材具短長有莫邪騏驥之喻與夫曰試曰察而戒用捨之姑息其啓後聖以鏡材審官之體

何昭粲也謂勿私愛惡有丁公雍齒權萬紀李仁發魏徵之評謂勿掩功過有韓信彭越侯君集之評與夫曰當曰明而著天人之謹畏其啓後聖以彰善癉惡之要何肅毅也皇上第考謨訓之明徵修覲揚之令軌論官材於重輕長短之間得人焉而畀其所重如四輔九官之列不使禼司稼夷典樂用違其長四輔九官之任得人而其下無不得矣冕旒位寧穆然執大象以昭臨之以言試事以事察功塞險詖請謁之門絶諛佞逢迎之路使愛惡一出於正承天道順人情程量其功過而賞罰行焉是故拔舉而不失其能官施而不失其宜使天下咸仰上之明决擇不疑於邪正予奪不揺於是非使天下咸服上之斷賞一有功而千萬人之無功者奪使天下咸歆上之福罰一有罪而千萬人之無罪者戒使天下咸懾上之威如此則百吏勉盡而衆庶不偷賢者貢其能不肖者畢其力天子恭己南面拱揖指麾而四海之内莫不平均莫不治辯矣成王歌雍咏勺之盛寧逾此哉雖然愚尤進此而有獻焉荀悦之論政體也曰皇作極臣作輔而司馬光言治要必先以修心人主欲臣下之宿道鄉方而已不爲之端治本以建極則人無禀德之誠而事多具文之弊矣顧其本繫於人主之一心心弗正則好尚易移而嗜欲萌起左右近習棼然伺其所嗜而中之不入於逸豫必入於紛更其盭於治等耳徒屬任乎其臣而督責之曰此體要猶之立枉木而求景之直也詎不悖哉我聖祖嘗曰君心當謹嗜好不爲物誘如明鏡止水可以鑒照萬物此又修心建極之體要□惟明主幸謹於兹

第二問

賈璵

同考試官訓導蔡（于周）批（敷□三德之用援古證今不詭不激蓋非徒侈空鑿者取之）

考試官教諭田（有年）批（廣擷衆論而披瀝一得邃養士也）

考試官學正蘇（廷龍）批（削去塵筌究極本旨）

古之人君所以秉全德而臻至治者固必有剛柔寬猛之用以章翊世之規亦必有通變化裁之宜以措因時之政蓋治本晝一固不便於解更而道有張弛誠有難於膠故此拘方襲陋者方恬愉焉卑爲無甚高論而秉靈握圖之聖主所御幄而咨當扆而宵旰不遑者也試詳言之世道之變江河之日趨也文質淆焉隆污异焉綿遠於鴻荒樸略剥裂於封豕窫窳而中雜沓之以功利縱横堙塞汩没統緒相沿剥而復泰往而蹇來者何限也箕子衍三德之疇一曰平康正直二曰剛克三曰柔克夫聖人豈不願平康至治渾渾噩噩相忘無事哉其不得不變而异剛柔之用者勢也風會之流也故三德曰乂用誠旨哉

其言之矣上之遷下如冶之範金隨所鎔鑄官無定質泥之在陶也埏埴亦隨欲焉而未有偏閡者如曰剛可明作吾治也惟利用剛焉固有竭澤削之束濕操之辛螫如蠆而苛密如秋荼者矣以是爲理不草菅魚肉之乎柔可敦裕吾治也惟利用柔焉固有髖髀即折擁腫即廢奸回將睥公車縣官不具駒驅者矣以是爲理不黜嫚毁裂之乎今夫立天之道曰陰與陽陽以舒之而甲拆萌荄布濩蟬聯陰以慘之而繁林華藥搖落委脱互根交禪天道也時之所在天且弗違矣夫剛乾也陽也柔坤也陰也體固懸殊而用非軋别者故楊中立謂爲政要厲威嚴以陽剛聖人所尚而威嚴即陽剛之發耳周公謂惟克果斷乃罔後艱以乾健爲治道所先而果斷亦乾健之用耳其與火烈鮮蹈水弱多溺子産所爲子大叔飭者均之對柔而論而剛所急也安謂剛可獨運也乎哉列子謂剛爲常不勝柔爲常勝蓋祖常樅齒亡舌存之旨耳淮南子謂兵强則滅木强則折蓋襲老子柔弱堅强之説耳其與豈弟恩宥收電迴霜陸機所爲平原陳者均之對剛而論而柔不廢也安謂柔可獨先也乎哉寬猛相濟政是以和嘗聞之夫子矣隳交濟之義以覬和中之化吾未見其得也新國輕典亂國重典平國中典嘗考之周官矣誖權衡之正以收寧謐之績吾未見其得也不疑慎爲勝之戒而曰太剛則折太柔則廢其庶乎知此道矣是道也羹之鹽梅酒之麴蘖孰能廢之偏重專一政乃攸斁緣此而張弛錯事也洵其然與三代而上毋贅已漢高祖以神武蹙秦躓項其治也約法以和民再傳惠文則積漸太弛矣宣帝固挽之於精嚴乎而法網寔峻急也唐太宗以英哲除隋靖難其治也惠浸於萌生迨至天寳則醖釀兆釁矣宣宗固裁之於彊毅乎而督責過刻礉也如宋則禪受肇基在太祖已歉震叠之氣而忠厚貽脉至繼體俱多陵替之形三德更何稱焉我太祖高皇帝統天神聖埽氈裘而盡畀之冠裳成祖文皇帝應運明哲括華夷而總奠之衽籙猗與庥哉暨列聖纘承道有升降政每因之固重熙纍洽時也而至于今日爲萬盛遼陽獻馘雲谷來琛與咸賓重譯者有同化矣百官修輔庶政無闕與允厘咸熙者有同治矣朝而聽政晡而視學即古之昧爽日昃又曷以加焉剛明嚴畏之衡聖迥不世出而忠藎一得者尚餘杞慮此何以故也愚請以意見試謣謣言之可乎夫天子以一人垂拱斧扆之上固神州赤縣所翹首頓膝嚮澤而共主者也明則日月威則雷霆均喁切焉今抗章廷諍者幾人矣汲長孺之戇陸宣公之直盡撫牘而日鑒否耶礪世予奪者幾舉矣寵列笥章褫煩刑書者盡臨軒而清問否耶世方豫泰而南越剥紀西靈鼓釁其間潢池而嘯聚者往往告變人事可懼有若此天方降祥而孛彗生芒風霾兆异其中苦旱荒而籲訴者在在有之天變可畏又若此

其無乃于剛柔寬猛之間尚有調劑未適其宜者耶竊謂主上君臨萬邦元元待命誠宜軫念疾苦湔滌煩苛大霈休養之仁錫以和平之福而乾斷之用必不可弛者尤宜審時度勢運量之聖心而無緩圖可焉蓋皇綱在御太阿在持洪庥景炎將自是而烏奕之所以光紹二祖而永無替于熙洽之治者意在斯矣草茅愚生之見如此幸夫子之發愚覆也

第三问

馮時盛

同考試官訓導李（時芳）批（春秋論禮者多不究本原子能考據精詳評議典正得立論之權衡矣）

考試官教諭田（有年）批（統論得失復重責備四子是有筆法佳士佳士）

考試官學正蘇（廷龍）批（開闔變化矩矱森然）

禮可爲國乎天經地義之繇淑也禮可觀政乎大綱小紀之繇昭也蓋天下無一物無體君子不可斯須去禮天澤有定序緣飾者淆之矣敦庸有常經慆嫚者拂之矣知此則秉禮者不必司以總章而度可貞觀禮者不必察之象物而論可定古之人遠且湮矣千載而下令人撫卷咨嗟若親與之上下論議而得失如在者何爲其然哉嘗聞世之治也君子尚能而讓其下小人農力以事其上是以上下有禮而讒慝不興及其亂也君子稱其功以加小人小人伐其技以憑君子是以上下無禮亂虐并至易之謙以制禮書之寅以和衷禮存捭豚之節詩咏相鼠之章而麟經一書屬詞比事所致重於禮教者意甚殷焉如加牲載書以莅盟大搜執秩以比賦聘頫有雍貢藝程力凡征伐宴饗一有前茅簡璧舉也紹介煌將登歌報獻而禮度胥無愆隊也已故溯自二百四十餘祀以來邦幾榮懷殄瘁矣人孰蕭艾蕙芷矣暨事之符於道觖於法蹊徑多趨而判若鶩鷸者固不能終詭於禮焉以塗時人之耳目蓋禮防民僞猶堤之障洊潦也涓勺逾之蟻之朽壤得而隙之勢將盡隤其防而莫云闕止大哉禮乎則以觀德德以處事事以度功功以食民無可缺焉春秋亦叔世不古若矣其所名禮仰質伯夷周公之所典制孔子之所删定已爲土苴爲弁髦矧叔孫通起於桴鼓間一何綿蕞猥鄙也而開元慶曆聱牙訟聚竞何稱焉試即春秋之議禮者而析陳之管夷吾平戎於周饗以上卿之禮曰臣賤有司也陪臣敢辭是讓也真不忘其君者也甯武子來聘於魯賦以湛露之章曰臣爲肄業及也敢干大禮是恭也誠其儀有淑者也宋之郜鼎寵賂行也納於太廟章孰甚焉諫之以德臧孫達其有後於魯乎莒之逋僕凶盜極也屬以采邑誨孰甚焉

驅之出境季文子其崇勩於國乎伯石之汏也謂將及也一相禮而獲晋君之賜禮其荷禄之基也已子産之勛也謂上賞也一辭邑而多子展之績禮其執政之繇也已勞贈無愆晋侯美昭公矣女叔齊謂公室四分民食於他瑣屑習儀無當也信知言與慶父兆難齊侯省閔公矣仲孫湫謂親禮間携務寧内難盟府周禮尚存也良有見與繁纓名器寓焉朝隧王度重焉于奚晋文之請丱也孔子惜之天王飭之宜矣棠魚軌物章焉齊社朝會行焉隱公莊公之觀侈也僖伯諫之曹劌正之韙矣晏子謂禮與天地并尚何田氏之難已乎齊景自諉不能此君令臣共之論徒令簡册昭昭也薳啓疆謂聖王務行禮尚何大夫之厚辱乎楚子亦已樂聞然朝聘宴獻之規終共乾溪没没也春秋之所謂禮大都概此然伐异黨同嘵嘵相尚越禮自盭復援禮自文視先王之禮咸無徵焉中有焜耀時尚而爲議禮家所稱引者管子諸人其最著也然亦豈無訾議乎哉管子天下才也謂宜世祀乎内政懷譎塞門擁僭而易牙開方之并列何取焉時方隘其器矣子産古遺愛也謂誠惠人乎丘賦愎作謗政繁興而參辟刑書之禁禦何爲焉時方病其政矣季文子社稷之衛僑如亟稱然矣宣公簒立夷子改紀是可縮嘿雖後世不能無猜也晏子仁人之言景公省刑得矣三士起咏萊人播歌是孰貽釁即嗣世不能無憾也蓋偉其事而稱之則數之春秋之良也燁庥光垂後奕秉德嫻禮鄰國莫敢望焉若不宜索其眚詬以重掩之如數其事而責焉則言詩書動綱紀所蘧廬乎仁義而攘竊乎道德者名與實十九不相讎是則所謂寙也均之叛禮去矣噫嘻哉談禮者何易易也先王制禮本寅直而略其繁縟後世用之拾糟粕而弃其精華故雖魯以秉禮之國識者謂周禮盡在魯矣而吾猶見夫意如文姜之事乞羅歸身之請而悲魯之與禮俱亡也禮器曰先王之立禮也有本焉有文焉無本不立無文不行今而後知用禮者之汨陳其本也逢掖生非達禮者而願學之堇堇述其所睹記者若此惟執事折衷焉

第四問

李爲芝

同考試官訓導鍾（國芝）批（備寫窮民艱苦之狀令人惻□且圖事揆策條分縷悉救荒得此流移知免溝壑矣）

同考試官教諭高（儀）批（士子談荒政類襲常語子獨條議剴切鑿鑿可行是嘗抱先憂者録之）

考試官教諭田（有年）批（荒政粲陳末重守令確有識見）

考試官學正蘇（廷龍）批（意懇詞直時事在目經術世務于子覘之

矣敬羡敬羡）

菑异盛世不免也未菑而先事綢繆之有之不爲害方菑而多方勤恤之有之不爲害蓋天心未嘗一日弃遺斯民惟數之適然者所可惕民瘼未嘗不一日待命於上而政之必然者所當圖惕則乖沴可彌圖則捐瘠可蘇此古之莅政遇菑者切於瘝身急於救焚而歲不爲厲也夫嘗聞之天菑流行何代無之堯湯撫運且然矣淳汹之化綦隆難跂備之豫也泛舟之役秦兩輸粟以濟晋饑今秦猶古也固大有可慨者焉蓋秦封俗尚亢厲用多呰窳地産半確磽而桑稌者鮮一遇淋溢湯爲巨浸熯魃爲虐遂至無禾乃今則歲大侵矣而延平慶陽間爲烈焉所在田隴甌窶者已枯矣污邪者如燃矣比屋丘墟頹垣壞壁倏爲壞土矣逃移蔽野而下破釜敝帚老稚相將决踵曳裾形容枯立十步九躓倀倀莫知所之固輾轉爲溝中之瘠矣傷痍之狀見者茹酸愁咨之聲聞者飲泣賈誼不能盡其痛鄭俠不能繪其似斯民也何以生哉蓋歉歲多逋賦而荒政首蠲征况軍旅頻年徵發西北民力殫矣今即敲撲煩焉檄令亟焉亦何所折鬻以充儋石不若徼恩主上覃寛恤之條下盡蠲之令以蘇此元元雖軍有額共難以皋緩而夙所積貯如蘭肅等處獨不可搜括抵解一歲以緩路殣旦夕之命乎秦中郡縣固國家肢體也一肢莫舉則餘者難以獨運窮邑將至無民而肢膝殆浸淫入於廢矣郡縣長吏尚可析之而秦越异視耶私家厚藏徙有於無公廪歲積裒多於寡則涸鮒庶幾有斗水之望乎如曰已且未饇而轉輸者盡閉之糴歲均若侵而流寓者悉禦諸境則孑遺立阽之危矣爲人上者方蹙頞悔心而何此忍也不聞大侵之禮詳在穀梁者乎君食不兼味也臺榭不塗也弛候迎道不除百官修而不制鬼神禱而不祀修省昭虔制委悉矣而非窾示彌文焉已也不聞荒政之聚備存周禮者乎散貨利也薄征榷也緩刑弛力捨禁去幾索鬼神除盗賊省禮殺哀蓄樂多婚興祛覃惠政周密矣而非緣飾繁節焉已也汲長孺發倉賑貸矯詔不問得濟事之權韓昌黎請罷税糧逋負勿逮達恤民之體兩浙告饑增米價以通商趙清獻之見踔矣余杭歲僨弛鹽禁以便民張忠定之識偉矣范文正宴游興造疏者乃斥其非是乎而其惠則甚遍焉朱元晦依格請授斬者乃首示不信乎而其意則良殷焉蓋天心仁愛未忍遽絶斯民而諸臣者亦復傷民生之不辰慮國本之先撥左提右挈朝摹夕畫所大起屯蹇爲閭閻請命者斤斤不遺餘策卒也丕濟時艱斡旋氣運此其炳若較著者而移民移粟設糜給粥不與焉無乃吕祖謙謂之下策姑置之歟嗚乎此亦未可易言之也誠一舉之無慮蟻集無厭瑣委即一須臾之間可以起枯振槁而數萬之命方引而長抑下策云乎今尚艱虞之矣約

而論之其責在守令夫守令曰親民岩非徒假位號以奔走寰宇者凡斯民之悴苦湮鬱顛連噢咻皆稔習而備諳之故昕夕所有事催爾畊焉促爾織焉責爾賦輸豐爾於橐之委積寬爾如毛之法令焉呴沫然家人父子情相屬也即一旦不虞饑饉夭札之會逢豆區釜鍾之興發饘於是粥於是無不人人得而未見委溝壑膏草野者則以良長吏體恤傾至而所憑藉者厚也是故王制三年九年之蓄言備之貴豫耳荀卿本末源流之論言救之貴時耳微良守令吾誰與歸乎不然刻礉沾聞視民之痛癢若不相關爲獺爲鸇復驅而竄去乃有路殍遺骼枕藉相望萑苻不逞揭竿而起者棼如矣有牧愛之責者如之何自以其赤子擠之危而陷之盜也救荒果無善政哉得一賢長吏則福星滿路歲不爲饑故遴長吏者當致謹也然愚願有進焉省歲者在朝廷敬天勤民務舉其重且巨者省月日者卿士庶職也展采錯事亦未可後已斯則爲綢繆爲勤恤有堯湯之備而反沴爲和所大造三秦者其在今日乎夫民爲邦本愚也目睹其殢殘流離之狀政有懼焉即執事不以問固將請之

第五問

郭僑

同考試官教諭祝（惟敬）批（夷狄款貢國家大利也顧今邊事稍玩矣通篇條析利害兼陳振飭之策亦諳邊務者録之）

考試官教諭田（有年）批（備諳虜情籌畫曲當取之不徒以其文之麗也）

考試官學正蘇（廷龍）批（書生譚邊計而利害曲折言言中窾不凡材也）

中國統禦夷狄毋好戰慎勿忘戰毋黷兵慎勿弛兵戰數疲民連兵耗國不戢將自焚如之何可好且黷也然一有不飭則狡焉以啓封疆思者蠢蠢然矣奚所恃以來不庭今之邊備無乃偷玩而狃於忘且弛耶徹桑徙薪以大詰戎兵誠今日所當亹亹講圖者也在秦言秦籌邊急焉聊稱引往緒以及時事可乎夷狄跳患粤古有之其散陳於詩書之所睹記格三苗克鬼方于襄玁狁攘夷駿烈垂庥光舄奕神明者迄今震之其它無論已至漢孝武靈威顯鑠舉毛幕窮醜一時遣四大將軍出上谷雁門代隴間蹀血萬里空無王庭雖財餉士馬不無捐耗延再數傳積威所慴稽顙接踵未敢一矢相加遺撫卷繫思一何偉也與其忘且弛焉漢武可盡非耶我祖宗汛掃胡元電走雷驅鴻功茂烈超軼無前固將貽萬世治安而區區醜虜無足貽慮矣迨今乃有不然者陝以西朔方諸内地自火篩竊渡内訌吉囊猖獗日甚入我郭郛迭我郊坰蹂躪我圉牧屠僇我黔黎絶我保聚

夷庚擄掠凶慘銜恨者思滅此而後朝食矣頃俺酋以伊孫内質故屢上書乞守外藩時河西虜套遂彌伏如雲谷約十年生聚十年訓練封疆不聳稽人成功晋大夫之言明有徵哉一時肩事諸臣瀝肝攄藎不遺餘力而勛隆帶礪澤流寰宇生靈者載在盟府邇來卒伍忘戰日久不復計虜呼糧則衷甲攘功則裂眦匿榜於通逵矯矢於官邸此其小者也焚逼寺廨戕賊主將法已弁髦盡矣往者雲中白下變故譚之令人扼腕今可再熾耶誠所謂軍驕遺患者黠虜匪茹嘉隆間黄甫川之殘破安定塞之深入瓦楂梁全軍覆没跳踉情形曷可更僕盡雖縻以款貢羽檄少清然靖虜峽口之劫制頻仍洮岷中大掠番族酒泉絶域今擁腫剥膚勢孤懸而莫之支矣誠所謂虜縱莫制者額軍額餉舊有定衡但鹽挽折於減派實餉虧於增募侵年詘於取盈蝥邊食矣且也虜一歲市輒倍邀索質劑如榷賈强括如探囊其何厭之有如是不仰給内帑卒無爲計誠所謂財苦不足者近自順義物故虜心未一雖貢市如常而陽順陰逆且牧且掠譎謀叵測知者睹未形矧已著乎諸將固嬉然燕雀下也漫弗爲備惟思所啖之虜或薄吾軍至敗衄不可制方縮栗斂避謂款市在也惟覬朝夕移旃去耳孰有敢擱然奪臂一當虜者乃有私隴之蓖蓑多於對壘之旌旄土築之畚鍤盛於莅塞之戈甲卒不調習見豺而戰器不精利執冰而踞例辦諸索復歲削月朘如故假令一當虜猶投羜於餓虎之蹊即糜之盡必無幸者夫虜以款市邀我我終以款市亡備何無筭也爲今之策可膠執無更解耶德威明信則戍卒無敢群讙而彈壓行戰守戒嚴則梟獍無敢邀而漁索節人有怖死之心而駕言乎貢市其誰與戰則礪首功之賞捐啓釁之罪所當先也人稔蓄縮之習而首鼠乎損傷其誰與戰則録血戰之績貸損傷之失所當申也通丁多抱奇氣劍俠徂歲出絶漠搗巢趕馬寔藉其死綏力繼以不任版築悉解體逋亡去則汰老羸以收養武勇者非爲緩急備耶番族徼福内屬星屯近宇固不侵不叛之臣也黠虜鳩衆横劫之胥歸詛盟聽約束如驕醜鳴鏑不逞則肘腋之下皆貙貐矣奚以厝手夫虜入熟番將領觀望失策者罪與内地同例甚嚴也獨不可振飭之乎緩頰而哆談者此其大都也如選將練兵乘塞罷役所覼縷者不與焉嗚乎套虜舊列河外延慶不列亭障其來遠矣朔方固無釁也成化歲火篩入套竊據竟至釀禍不已文達首搜套之議阻於因循維揚肩驅埽之功格於急遽籌惟今昔之邊計輒掩卷有餘慨焉兹朔方部虜逼鄰塞上丙兔克臭諸酋每離西海倏忽東渡噫嘻哉我國家自開平之弃則遼左不接上谷自興和之徙則獨石不達雲中東勝不守即晋雲遠隔賀蘭是豈朝夕故哉今固憂其漸也戰可忘兵可弛也乎哉軍旅之事乃譚者悉經生語顧何以仰副明問

陝西鄉試録後序

皇上御極之十年陝西例當貢士有年以御史之辟典其事既從諸文學掌故盡讀多士所爲文則作而嘆曰嘻盛哉聖世之化乎夫岐豳豐鎬豈非文武成宣之舊哉自秦襄東徙蒙周爲秦而其國風亦由二南雅頌而爲小戎無衣兼葭諸什乃王國之生故所稱周楨者亦浸假而爲伯佐爲力臣未有師法周召而紹明吉甫諸臣之業者豈其風會使然抑亦有所作之者與夫思而不貳曲而有直體周聲也追琢其章金玉其相周德也乃兹多士勁氣和衷繁響急節無復粗厲猛起要已近之其所稱引理道剽剥王伯無論鞅儀起翦即百里孟明西乞術之流不能自解免又若溯游吉甫諸臣以溯洄周召者秦之士與夫非秦之士與何其聲之不爲秦也夫有文武成宣之君則有菁莪棫樸之化有其化矣而後有馮翼孝德之材有其材矣而後有肆好孔碩之聲其作之誠有自也惟我祖宗道化翔洽海宇惟我皇上紹統覲揚而光大之壽考作人於是乎始基之矣其所揚詡訢合即椎結雕剺之流且有釋侏而佔僤弦誦者矧兹多士生周之邦涵泳於聖世繼周之化者乎昔季札之歌秦曰此之謂夏聲又曰其周之舊夫以周之舊流而爲秦是秦之過也乃今以秦之風溯而之乎二千年有周之舊非聖世道化其孰與成之夫秦且爲二南風且爲雅頌抑何疑於士之不爲周乎有年是以重有感於聖化也士既録有司者歌鹿鳴諸什以燕樂之御史謂周行之義有年亦當有言有年乃言曰古者諸侯采詩以貢於天子天子納其貢則命太師領之今采詩之貢不行而録士以文是文也彬彬乎追琢之章矣可以貢矣抑亦有金玉其相者乎未可知也咨爾多士著之心聲嗣響周雅主司業已周士期之矣無言周召抑亦有吉甫其人者乎未可知也夫穆如清風共武服而定王國吉甫所以萬邦爲憲也爾多士信有是焉异日者矢其肆好孔碩而攄其馮翼孝德以我國家匹休文武成宣而收其菁莪棫樸之效允哉其爲周士矣萬有一者挾持浮説而非其質揣之無當措之用而罔效則聲猶周也吾意不若爲秦何者彼信粗厲猛起而兼葭之果於從人小戎無衣之勇於赴義猶其質也國家取士參合成周辨論官材必按其藝而考而其德行之實故清廟之樂依於和且平者而繁哇必删治世之材貴於端且碩者而浮詭必絀彼静言庸違文艶用寡登進者右之辨論者左之後之人且指是録而姍之曰秦無人録有餘辱矣又何敢望周之下隸乎有年爲此懼故爲是過計以告多士多士勖哉無負主司尚亦無負聖世之化也哉

四川順慶府西充縣儒學教諭田有年謹序

成化元年四川鄉試録

四川鄉試録序

賢才國家之禎祥也天佑我國家必賚賢才爲之禎祥輔相調元化理天下而隆太平之治於千萬載也肆皇上紀元之初適當賢才進用之期中庸曰國家將興必有禎祥蓋可驗於今日矣四川藩臬之臣恪循盛典禮聘儒官以忝校文合試七郡之士千五百有奇維時鎮靖地方有少監閆禮總兵芮成激昂士類有都御史汪浩外而贊襄則左布政使馬顯參政陳述姚昱參議王理高諒沈祥防範則按察使周文盛副使劉清王用僉事沈琮張畹陳良弼顔正馮進内而提調則右布政使鄭寧監試則副使宋欽僉事陳僎至於革宿弊杜僥幸公去取則巡按監察御史曹英監臨□故凡百職事一皆精白一心祇承惟謹三試得士七十人遵定額也既次其名氏又拔其文之優者成録以傳咸謂鐄宜有序竊惟岐山之鳳魯郊之麟人皆知异於禽异於獸可爲國家之禎祥也而不知天之所以佑國家而禎祥之者則不在乎麟鳳而在乎賢才也麟鳳不過希世之奇物賢才實盛世之禎祥故天之佑乎商也則生伊尹傅説巫咸甘盤之流爲之禎祥而開六百祀之業天之佑乎周也則生周公旦召□奭南宫括散宜生之輩爲之禎祥而延八百年之永然商周之歷年是豈無其故哉天運流行無往不復我國家荷天之眷佑而列聖相承皆生賢才禎祥國家以爲之輔也今皇上嗣登大寳而天眷尤厚皋夔稷契之賢才濟濟蹌蹌况諸士子又吐胸中之奇遇慎選之公進之大庭有服大僚則期伊傅者有之矣希周召者有之矣光昭禎祥之應輔翼聖化之大而隆太平之治於千萬載豈商之六百周之八百所可擬哉故序之以望諸士子抑以見我國家之得乎天者如此之盛也

山東青州府日照縣儒學教諭鄭鐄序

成化元年四川鄉試

監臨官

巡按四川監察御史曹英（文華陝西臨洮衛人　庚辰進士）

提調官

四川等處承宣布政使司右布政使鄭寧（志道河南祥符縣人　壬戌進士）

監試官

四川等處提刑按察司副使宋欽（克敬陝西乾州人　乙丑進士）

四川等處提刑按察司僉事陳僎（汝翼直隸吴縣人　辛未進士）

考試官

山東青州府莒州日照縣儒學教諭鄭鐄（孟聲福建閩縣人　辛酉貢士）

山東東昌府丘縣儒學教諭馮禎（天祥河南祥符縣人　庚午貢士）

同考試官

山西太原府儒學教授劉季禎（吉甫江西泰和縣人　庚子貢士）

江西南昌府奉新縣儒學教諭趙洪（元範浙江臨海縣人　庚午貢士）

陝西臨洮府狄道縣儒學教諭劉文生（叔焕江西豐城縣人　丙子貢士）

湖廣岳州府平江縣儒學教諭吴樂（泰武江西泰和縣人　壬午貢士）

山西太原府陽曲縣儒學訓導劉宗（崇本山東鄒縣人　癸酉貢士）

印卷官

四川布政使司署經歷司事理問趙贇（時濟陝西渭南縣人）

收掌試卷官

保寧府知府李正芳（彦碩湖廣麻城縣人　壬戌進士）

受卷官

順慶府廣安州知府吴寅（賓暘湖廣湘陰縣人　丁卯貢士）

成都府綿州羅江縣知縣盛昶（允高直隸吴江縣人　辛未進士）

彌封官

四川鹽課提舉司提舉陳紀（廷振浙江海寧縣人　庚午貢士）

眉州知州沈福（仲禧浙江德清縣人　庚午貢士）

謄録官

潼川州知州滕志學（希賢浙江建德縣人　庚午貢士）

重慶衛經歷司經歷周宣（明理湖廣華容縣人　監生）

對讀官

四川按察司經歷司知事尹暹（廷進河南西平縣人　舍人）

瀘州判官史翰（文奎陝西河州衛人　監生）

供給官

成都府知府張信（誠之湖廣江陵縣人　辛未進士）

成都府推官趙鑑（孟昭直隸沛縣人　監生）

成都右衛經歷司經歷王憲（彦章雲南昆明縣人　甲子貢士）

巡綽搜檢官

寧川衛指揮使陳玉（德潤直隸臨淮縣人）

成都前衛指揮僉事李昇（明遠直隸盱眙縣人）

成都中衛副千户劉越（伯越直隸定遠縣人）

成都前衛副千户陳杲（東暉直隸蒙城縣人）

成都前衛副千户賈誠（仲實順天府大興縣人）

寧川衛副千户宋琬（德輝直隸全椒縣人）

寧川衛副千户張昭（德明直隸江都縣人）

成都中衛百户嚴輔（廷相四川犍爲縣人）

掌行科舉文卷

四川布政司典吏李玉山（崇慶州人）

四川按察司書史陳芳（巴縣人）

謄録對讀生員王寬等二百名

第一場

四書

居之無倦行之以忠　物格而後知至知至而後意誠意誠而後心正心正而後身修身修而後家齊家齊而後國治國治而後天下平　鳶飛戾天魚躍于淵言其上下察也

易

君子黄中通理正位居體美在其中而暢於四支發於事業美之至也　大君有命開國承家小人勿用　是故法象莫大乎天地變通莫大乎四時縣象著明莫大乎日月崇高莫大乎富貴備物致用立成器以爲天下利莫大乎聖人探賾索隱鉤深致遠以定天下之吉凶成天下之亹亹者莫大乎著龜

有天地然後有萬物有萬物然後有男女有男女然後有夫婦有夫婦然後有父子有父子然後有君臣有君臣然後有上下有上下然後禮義有所錯

書

夔曰於予擊石拊石百獸率舞庶尹允諧帝庸作歌曰敕天之命惟時惟幾乃歌曰股肱喜哉元首起哉百工熙哉皋陶拜手稽首颺言曰念哉率作興事慎乃憲欽哉屢省乃成欽哉乃賡載歌曰元首明哉股肱良哉庶事康哉　汝陳時臬司師茲殷罰有倫又曰要囚服念五六日至于旬時丕蔽要囚　姑惟教之有斯明享　奉答天命和恒四方民居師惇宗將禮稱秩元祀咸秩無文惟公德明光于上下勤施于四方旁作穆穆迓衡不迷文武勤教

詩

俟我於著乎而充耳以素乎而尚之以瓊華乎而　我任我輦我車我牛我行既集蓋云歸哉我徒我御我師我旅我行既集蓋云歸處肅肅謝功召伯營之烈烈征師召伯成之原隰既平泉流既清召伯有成王心則寧　菶菶萋萋雍雍喈喈君子之車既庶且多君子之馬既閑且馳矢詩不多維以遂歌　思樂泮水薄采其藻魯侯戾止其馬蹻蹻其馬蹻蹻其音昭昭載色載笑匪怒伊教

春秋

公及邾儀父盟于蔑（隱公元年）庚辰公及戎盟于唐（隱公二年）　春公如齊（宣公五年）春王正月公如齊（□□）夏仲孫蔑如京師（宣公九年）　會齊侯宋公陳侯衛侯鄭伯許男滑伯滕子同盟于幽（莊公十六年）晋人宋人衛人曹人同盟于清丘（宣公十二年）　荆人來聘（莊公二十三年）荆伐鄭　公會齊人宋人救鄭（莊公二十八年）遂伐楚（僖公四年）　公會晋侯齊侯宋公蔡侯鄭伯衛子莒子盟于踐土　公會晋侯齊侯宋公蔡侯鄭伯陳子莒子邾子秦人于温（僖公二十八年）秦人晋人圍鄭（僖公三十年）狄圍衛　衛遷于帝丘（僖公三十一年）

禮記

以正君臣以篤父子以睦兄弟以和夫婦　淳熬煎醢加于陸稻上沃之以膏曰淳熬淳毋煎醢加于黍食上沃之以膏曰淳毋　此皆有功烈於民者也及夫日月星辰民所瞻仰也山林川谷丘陵民所取財用也非此族也不在祀典　命酌曰請行觴酌者曰諾當飲者皆跪奉觴曰賜灌勝者跪曰敬養

第二場

論

帝王一視同仁

詔誥表（内科一道）

擬漢高帝定元功十八人位次詔　擬唐太宗擢張玄素爲侍御史誥　擬唐裴度賀平淮蔡表

判語（五條）

市司評物價　僧道拜父母　詐冒給路引　威力制縛人　徒囚不應役

第三場

策

問　唐虞三代之世實録之名未有稽諸典謨訓誥誓命之文則帝王行實概可見矣迨漢唐宋之時始有實録之名若漢之本紀世家諸書所載亦詳矣何不足於漢之治歟唐之高祖太宗諸君其書亦備矣何不能直紀唐之事歟至於有宋其書益備其官益重其地益崇歷朝纂修其人書亦可言歟洪惟我朝列聖相承益隆徽典太祖高皇帝御製大誥三編太宗文皇帝御製爲善陰騭孝順事實二書宣宗章皇帝御製五倫書載諸實録昭揭宇宙方今皇上嗣承大統首命文臣纂修先帝實録以彰神功聖德仰詔前烈垂裕後世誠不刊之典也列聖制作之隆超越千古其與典謨訓誥誓命之文仰有同歟諸士子生際昌時目睹其盛請著于篇

問　蜀中人才自昔稱盛焉由漢至唐光映史牒若黄門奏賦白首草玄與忠孝一言有裨風教者孰優作頌漢廷賦詩沉香與秉心立朝有意規諫者孰愈迨宋混一日薰月染偉人碩德後光相望有羨其首决大議而勇敢不可及辨奸未形而先見不可及者誰歟有美其氣可以沮金石而凌雪霜其言可以質天地而動鬼神者又誰歟以至學粹優於明經文雅長於奏議孝稱今之曾子廉謂今之伯夷皆可歷舉其人歟諸士子生居是邦景行先哲宜取法何人明以告我毋隱

問　蜀古梁州之域號天府之國秦之守治水利勸民務農以足衣食漢之守興學校教民復性以美風俗宋之守又治之以嚴俾不犯法功德崇於當時廟祀綿於今日我朝聖聖相承治隆唐虞固非區區秦漢宋所能及也然而守蜀者亦非一人其間開塘深陂穿渠引水溝洫充滿而水利益增何家給人足之效未能多見鄉閭有學州縣有庠訓迪弗倦而學政益修何反薄歸厚之

俗未盡丕變繩强惡以法撫柔善以恩恩威兼施不專於嚴惡者宜知所懼善者宜知所勸而元元之衆何惡不加少善不加多歟諸生將有民社之寄況生於斯長於斯必能知其所以然當明以告我

問　叙戎恃險肆毒叛服靡常往年聲罪致討固未能盡其巢穴覃恩撫化又未能安於久遠是剿撫二者皆前人之已行而有可驗也爲今之計者有言竄徙鄰境以離其黨漢夷分屬以别其類扼險固守以待其斃其説果何折衷歟抑然歟否歟又有言宜設土官管束奉修職貢統屬既定自然順服其説果可行歟抑别有可處之術歟諸生皆蜀人深知地里熟察夷情當居一爲我言之以告諸執事者

問　盗賊起於貧窮理或然也四川所屬州縣山可樵水可漁田可耕未必皆貧窮也近年何盗賊之多歟抑聞漢之時群起廣漢唐之時逼近成都宋之時剽掠恣横是盗賊之多古亦然也當時何以弭之歟我朝切於安民故急於除盗所以操軍養士其法尤精昔者用之以討賊屢進屢挫而一捷未能其僨績之弊何由今者用之以討賊兵不再籍粮不再轉而一鼓盡擒其成功之術何自願直言之毋隱

中式舉人七十名

第一名　汪藻　成都府學生　易
第二名　陳蕭韶　内江縣學生　書
第三名　何宏　眉州學生　詩
第四名　張附翼　重慶府學生　春秋
第五名　陳俊　成都縣學增廣生　禮記
第六名　楊森　崇慶州學生　易
第七名　劉長春　瀘州學生　書
第八名　熊爵　眉州學生　詩
第九名　王寅　銅梁縣學增廣生　春秋
第十名　李文中　榮昌縣學生　禮記
第十一名　張賁　華陽縣學生　易
第十二名　陳鳳　保寧府巴縣學生　書
第十三名　曾鐸　井研縣學生　詩
第十四名　王伯琦　犍爲縣學生　春秋

第十五名　顧維　宜賓縣學增廣生　書
第十六名　石天麒　岳池縣學生　易
第十七名　黄輔　重慶府學增廣生　禮記
第十八名　王治　大邑縣學增廣生　詩
第十九名　程逵　永川縣學生　書
第二十名　龔衡　成都縣學生　春秋
第二十一名　徐行　華陽縣學增廣生　易
第二十二名　蔡和　合州學增廣生　詩
第二十三名　車韡　長寧縣學增廣生　書
第二十四名　楊廷貴　岳池縣學生　詩
第二十五名　胡積學　重慶府學增廣生　春秋
第二十六名　沈藻　成都縣學生　易
第二十七名　門貴　内江縣學生　書
第二十八名　方璧　漢州學生　詩
第二十九名　楊英　犍爲縣學生　禮記
第三十名　李璲　彭縣學生　書
第三十一名　楊春　新都縣學生　易
第三十二名　劉肅　嘉定州學生　詩
第三十三名　宫顯　安岳縣學增廣生　書
第三十四名　鄧林　眉州學生　詩
第三十五名　李茪　納谿縣學生　春秋
第三十六名　張善吉　涪州學生　易
第三十七名　馮誼　金堂縣學生　詩
第三十八名　楊徽　富順縣學增廣生　書
第三十九名　馬琴　内江縣儒士　詩
第四十名　李官　嘉定州學生　書
第四十一名　陳揆　合州學生　易
第四十二名　萬弼　崇慶州學生　書
第四十三名　先楷　瀘州學增廣生　詩
第四十四名　楊貴　合江縣學生　禮記
第四十五名　馮衡　合州學生　書
第四十六名　李用中　彭縣學生　易

第四十七名　沈思實　青神縣學生　詩
第四十八名　趙鶴齡　瀘州學軍生　書
第四十九名　陳緯　成都縣學增廣生　春秋
第五十名　劉珮　眉州依親監生　詩
第五十一名　羅九鼎　合州學增廣生　易
第五十二名　謝伯山　成都府學生　書
第五十三名　羅鐖　銅梁縣學增廣生　禮記
第五十四名　陳嘉章　敘州府學增廣生　詩
第五十五名　陳天元　敘州府學生　書
第五十六名　王璿　潼川州學生　易
第五十七名　凌昇　成都府學生　詩
第五十八名　許時勉　成都府學生　書
第五十九名　周良　資縣學生　禮記
第六十名　楊崧　合州學增廣生　詩
第六十一名　鄭倫　西充縣學生　易
第六十二名　王滋　榮慶州學生　書
第六十三名　李垚　重慶府學增廣生　春秋
第六十四名　黄東山　富順縣學增廣生　詩
第六十五名　堯卿　安岳縣學生　書
第六十六名　王舜天　新都縣學增廣生　易
第六十七名　周官　宜賓縣學生　詩
第六十八名　李實　成都府學生　書
第六十九名　陳直　重慶府學生　禮記
第七十名　朱光正　大足縣學生　詩

四書

居之無倦行之以忠

陳蕭韶

同考試官教授劉批（居與行本一串事場中得者蓋鮮此宜録出）

同考試官教諭劉批（此篇破講條貫而結子張之病甚切可當作者）

考試官教諭馮批（發明爲政之心一主於誠必深於本領者）

考試官教諭鄭批（此篇以教養立論優於衆作宜表出之）

聖人告賢者之問政惟欲立其本也不息而達諸用也不欺蓋用之達者即其本之立也苟能不息而不欺焉則爲政之心誠矣聖人以是爲子張問政告其意不既深乎且夫爲政之道有本焉非誠不能立有用焉非誠不能達如養民政之所當先者拳拳而弗失教民政之所當急者念念而不忘此其存諸心者也苟一有倦焉則非不息之誠而政之本或有時而不立矣必也始焉如斯終焉如斯則爲政之心誠而本其有不立乎然既有以立其本必將有以達諸用如心乎養民也則凡制田里教樹畜者莫非此心之設施心乎教民也則凡立學校明禮義者莫非此心之措置此其發於事者也苟一不忠焉則非不欺之誠而政之用或有時而不達矣必也表焉如是裏焉如是則爲政之心誠而用其有不達乎吁所存者誠則事之本以立所發者誠則心之用以達爲政之道孰有加於此哉抑論子張之在聖門其處已也少仁而政之本有所未立其愛民也少誠而政之用有所未達故聖人因其問政兼以無倦與忠而箴規之也設使子張於此而有得焉則五美必能尊四惡必能屏其於從政也何有

物格而後知至知至而後意誠意誠而後心正心正而後身修身修而後家齊家齊而後國治國治而後天下平

汪藻

同考試官訓導劉批（此題作者往往止往講順推功效而略不及知止得所止之序此作詞簡理明不戾经旨宜置前列）

同考官教諭馮批（大學一題本三綱領之條目作者但知明德新民之效而遺上至善之意此篇分截明白文理條貫獨爲得之）

考試官教諭鄭批（講貫明德新民各得所止處甚明可取）

大學序明德新民之事必知所止而後各得其所止也蓋明德新民皆當止於至善也然非知夫所止則豈能各得其所止之序哉此大學所以詳綱領之條目以示人也且大學之道有明德之所止焉有新民之所止焉然其學之也奈何蓋人心有知而物各有理故於天下之物自表而裏咸有以造其極由粗而精悉有以研其幾然後吾心之知語全體而全體以明語大用而大用以盡此物格知至而知所止矣夫知焉已至而後爲善去惡一無所欺而意可得而實矣意焉已實而後忿懥恐懼一無所偏而心可得而正矣此心既正然後親愛賤惡之有則哀矜敖惰之無偏而身無不修焉曰意誠曰心正曰身修豈非明明德得所止之序乎惟其身之修也而後一家之中怡然孝弟之行惟其家之齊也而後一國之

内藹然仁讓之風此國既治然後人人遂其願物物得其所而天下無不平焉曰家齊曰國治曰天下平豈非新民得所止之序乎大抵大學一書綱領有三條目有八規模宏大節目詳明誠聖賢相傳所以教人之法也慨夫道學不傳世有以愛身獨善爲足以明德而不屑乎新民者有以政教法度爲足以新民而不務乎明德者有知二者之當務顧乃安於小成狃於近利而不求止於至善者其能成己成物而不謬者鮮矣有志君子尚其考諸

鳶飛戾天魚躍于淵言其上下察也

何宏

同考試官教諭趙批（此篇體認親切其與蹈襲陳舊者大有徑庭矣）

同考試官教諭吴批（性理本難於講説此篇辭足以達意可嘉）

考試官教諭馮批（理明詞暢其亦知道者歟）

考試官教諭鄭批（作此題者往往以即物明道爲詞而不知鳶魚乃道體中一物耳此篇得之）

中庸引詩以明道也即其用之著而見其體之存焉蓋道體之微初不離於用之顯也苟非引詩以明之抑何以知其然哉中庸十二章子思言道之費而隱以明孔子道不可離之意乃引大雅旱麓之詩若曰鳶之爲物羽族也莫高匪天而鳶之飛則奮然而至于天焉魚之爲物鱗族也莫深匪淵而魚之躍則悠然而出于淵焉何也蓋天地之化流行不息彼鳶之飛而至于天者伊誰之所爲耶一化育之著於上爾其著於上也莫非此理之用而其所以然者則至隱存焉彼魚之躍而出于淵者抑孰之所致耶一化育之著於下爾其著於下也莫非此理之用而其所以然者則至隱在焉然則體雖微也未嘗不形於用之顯用雖顯也未嘗不存乎體之微體用一原顯微無間道之費而隱也豈不彰彰矣乎再考孔子於川上有曰逝者如斯夫蓋以川流而嘆道體之不息子思於此引詩而曰言其上下察又以鳶魚而明道體之無隱言雖不同而道無二致于以見子思之學出於孔子而其所傳者有自來矣吁中庸之作豈偶然耶

易

是故法象莫大乎天地變通莫大乎四時縣象著明莫大乎日月崇高莫大乎富貴備物致用立成器以爲天下利莫大乎聖人探賾索隱鈎深致遠以定天下之吉凶成天下之亹亹者莫大乎蓍龜

汪藻

同考試官訓導劉批（此題作者往往以六者平講而不知所重唯此作

能言以造化人事形容蓍龜之大蓋深於易者也）

考試官教諭馮批（講貫分明文有關鍵其究心於潔净精微之學者歟）

考試官教諭鄭批（詞理俱勝足見作手）

聖人歷言造化人事功用之大所以形容神物功用之大也蓋開物成務莫大乎神物之功用也苟非聖人歷言造化人事功用之大以形容之抑孰知其然哉何則萬物之生有顯有微皆法象也而資始以成象資生以效法則莫大乎天地焉萬化之運終則有始皆變通也而陰陽之闔闢寒暑之往來則莫大乎四時焉天文焕爛孰非縣象著明乎然相推而明生得天而久照其縣象著明之大者固無加於日月矣造化功用之大蓋如此若夫列爵惟五分土惟三莫非崇高之位然求其奄有天下尊履帝位舉一世而莫能及者孰有加於聖人之富貴乎知者創物巧者述之莫非利用之事然求其物無不備用無不致立成器以利天下者孰有加於聖人之制作乎人事功用之大又如此然則聖人借彼之大以形容蓍龜功用之大者何如彼謀及乃心謀及卿士或可以前事而知來未足以開物而成務唯蓍龜爲天生之神物以之而探索天下之物象則賾者陳而隱者顯以之而鈎致天下之事理則深者出而遠者至于以定天下之吉則事之得者告之以吉使人勉勉焉趨之而無疑于以定天下之凶則事之失者告之以凶使人亹亹焉避之而無害蓍龜功用之大若此大傳聖人得不明言以示人哉抑論是章專言卜筮或者以爲易專言卜筮易至於小吾易殊不知未有卜筮人皆憑虚失實茫昧臆度而已卜筮以立則物以開務以成而天下之道悉冒其中矣伏羲畫卦之法其綱領已備見於是而圖書爲作易之原亦因是而發也不可不知

有天地然後有萬物有萬物然後有男女有男女然後有夫婦有夫婦然後有父子有父子然後有君臣有君臣然後有上下有上下然後禮義有所錯

楊森

同考試官訓導劉批（此題本釋咸之義而不言咸作者茫然泛説此篇甚有發越聖人之微旨無餘藴矣）

考試官教諭馮批（講説夫婦所由所致處明甚是宜録出）

考試官教諭鄭批（析理分明行文簡當易中之巨擘也）

聖人序咸之義既原其夫婦之所由復推其夫婦之所致蓋夫婦人道之始也不有天地萬物男女固無由而成不有夫婦則父子君臣上下禮義又何自而致哉宜乎序卦聖人詳言以示人也且太極判矣兩儀斯立而乾元資始坤元資

生此有天地然後有萬物也萬物生生變化無窮而乾道成男坤道成女此有萬物然後有男女也既有男女則男屬陽而女屬陰陰陽配合然後夫婦之道成焉是則曰有天地萬物男女然後有夫婦豈非夫婦之所由乎夫婦合矣人道斯立而形交氣感遂以生育此有夫婦然後有父子也父子既定尊卑乃形而尊焉爲君卑焉爲臣此有父子然後有君臣也既有君臣然後君貴而上臣賤而下而上下有所辨矣既有上下然後行之必有文辨之必有理而禮義有所錯矣是則曰有夫婦然後有父子君臣上下禮義豈非夫婦之所致乎聖人序咸之義可謂至矣抑論吾夫子之序卦也上經首乾坤不言乾坤而言天地下經首咸恒不言咸恒而言夫婦何歟蓋乾坤天地也言天地而乾坤之義明咸恒夫婦也言夫婦而咸恒之義著初未嘗舉此而遺彼也學者豈可容議於其間哉

書

姑惟教之有斯明享

陳蕭韶

同考試官教諭劉批（他卷於有斯明享處多欠發揮見之真而文無滲漏者僅得此作）

同考試官教授劉批（此卷七篇俱可觀是篇尤能説出周家待殷臣忠厚之意可佳）

考試官教諭馮批（能形容武王告康叔化殷臣之意佳作也）

考試官教諭鄭批（題少難於鋪叙此作不爲所窘可佳）

聖君命諸侯之化殷臣既因可善而教之又因從教而勸之蓋可善而教所以格其非從教而勸所以彰其善聖君命諸侯之化殷臣其意至矣昔武王之告康叔豈不曰殷之諸臣百工雖湎于酒亦非群聚爲惡而可善者也汝其可嚴之以法而不姑教之乎必也諄諄乎毖酒之方以消其沉酣之俗拳拳乎謹德之訓以興其敬修之念則仁日以漸而向之染惡深者將由是而禁絶其飲矣義日以磨而昔之被化淺者將由是而懋進其德矣然康叔之於殷臣既因可善而施其教則殷臣之於康叔孰不翕然而從其教哉是故兢兢焉毖酒之方而惟酒是戒業業焉謹德之訓而惟德是循則彰明其善使之臣服以安其位而益勸其受教之心顯揚其德使之富有以享其禄而愈勉其遵教之意吁教之於湎酒之時勵之於既善之後則殷之諸臣百工其有不化者乎抑考商受酗酒天下化之妹土尤甚武王以其地封康叔於此言殷之諸臣百工而上文先言矧汝剛制于酒何歟蓋欲責在位之躬行以感商民之湎酒必當防己之欲而後可防人之欲也不然何以曰以身教者從

奉答天命和恒四方民居師惇宗將禮稱秩元祀咸秩無文惟公德明光于上下勤施于四方旁作穆穆迓衡不迷文武勤教

劉長春

同考試官教諭劉批（題本□□意作者多混而無別此篇剖析分明筆力高古誠壁經中之翹楚也）

同考試官教授劉批（此題場中作者於成王答周公及留之之意分截不明此作得之）

考試官教諭馮批（經旨分明文詞雄健其本房之挺然特出者歟）

考試官教諭鄭批（詞簡理明非淺學可窺其藩籬健□□□）

賢王舉明德輔己之實以答乎臣又叙德教加時之盛以留乎臣蓋奉天治民報功祀神宅洛之大事也賢王既賴大臣舉明德以輔之矣而大臣德教之加于時者賢王又安得不歷叙以美之乎觀成王之答周公及留之者可見矣且答公之意若曰天命靡常未易以奉答之也今焉奉承天休克享天心則仰不愧於天矣民罔常懷未易以和恒之也今焉和之使不乖恒之使可久則俯不怍於人矣然此豈我之自能哉賴公舉明德以輔之也惇厚功宗之禮凡功之尊者皆在所祀而功之最尊者則爲丞祭之冠大享群神之祀凡祀典所載者固有常祭而祀典無文者亦皆序而祭之然此豈我之自能哉亦賴公舉明德以輔之也成王之答公者如此而留公之意若曰公有丕顯之德而極充積之盛故輕清乎天重濁乎地上下也莫非是德之光輝自西而東自南而北四方也莫非是德之充周所以旁作穆穆而普遍和敬之容焉迎迓治平而方進圖治之心焉不特此也導迪彝教文王所勤之教也公則振舉之而常如文王之日重民五教武王所勤之教也公則修明之而常如武王之時成王之留公者又如此而周公豈可以言去哉抑考周公因成王之適洛拳拳以報功祀神爲宅洛之事成王知周公有明農之言而將欲留之又拳拳以此歸之明德輔我者答之於前德教加時者美之於後而示其留也爲周公者寧不動念而可以退休自處耶厥後誕保文武受命而久於留其亦□□於斯言也歟

詩

我任我輦我車我牛我行既集蓋云歸哉我徒我御我師我旅我行既集蓋云歸處肅肅謝功召伯營之烈烈征師召伯成之原隰既平泉流既清召伯有成王心則寧

何宏

同考試官教諭趙批（恭苗一詩本召伯將營謝也而作者多以爲已然

之事且破包括不盡其兩得之者僅有此篇）

同考試官教諭吴批（宣王封申伯於謝必命召伯營之者重其事也觀於此宛然如在當時者可嘉可嘉）

考試官教諭馮批（得召伯將營謝邑之意故録出以釋群疑）

考試官教諭鄭批（理明詞暢非潛心於詩者不能）

詩人歷言治邑之事舉而臣職有所歸必言治地之功成而君心有所慰甚矣君臣同一體也苟召伯徒舉治邑之事而未能成治地之功則何以慰宣王之心哉昔宣王封申伯于謝命召穆公往營城邑故將徒役南行而行者作此謂夫維我召伯勞我南行我有任焉則載之以輦矣我有車焉則駕之以牛矣于以舉營謝之役也必役事既成而後言還言歸焉此召伯之遇役夫也可見我徒我御而行者非一人我師我旅而從者非一士于以舉營謝之工也必工役既畢而後曰歸曰處焉此召伯之遇征夫也可見想斯時也謝功一舉肅肅而嚴正豈我役夫所自致耶惟召伯教護屬功而營治之有方師旅一舉烈烈而威武豈我征夫所自爲耶惟召伯簡閲訓練而成就之有素治邑之事固其職也而治地之功獨非其職乎蓋原隰不治則土利無由而興必也疆之理之使原隰之既平焉泉流不治則水利無自而通必也浚之導之俾泉流之既清焉且王命召伯豈但邑事之治而必欲水土之治也故召伯土治之功成矣王則深居於九重而宵旰之無慮水治之功畢矣王則端拱於五位而中心之無爲孰謂臣功之成而不足以慰君心之安哉詩人歌此於將行之際可謂真知其職分者矣抑考申伯之在周室原其生則爲岳之降神語其親則爲王之元舅故始而出封於謝在小雅有黍苗之咏而召伯營治之事備矣終而就封於謝在大雅有崧高之誦而宣王眷遇之情悉矣合而觀之則可見申伯體勢之重尚何南服之不鎮定也哉

菶菶萋萋雝雝喈喈君子之車既庶且多君子之馬既閑且馳矢詩不多維以遂歌

熊爵

同考試官教諭趙批（召公戒成王以待賢之禮不明於言而遽曰矢詩遂歌蓋欲其□得之耳此作善能形容宜録以傳學者）

同考試官教諭吴批（此篇形容召公欲成王禮賢其合經旨且詞理俱勝允宜録出）

考試官教諭馮批（場中作者往往於比興處分截不明此篇獨得之）

考試官教諭鄭批（經旨詳明文詞豐贍讀之不能釋手）

大臣既喻人君盛其禮而致賢才之集復因人君有其禮而實賡歌之意蓋賢才之集由人君之盡禮也苟徒有此車馬之美而不爲待賢之禮則豈賡歌之意哉此大臣即物爲喻而又興其事也昔成王游歌於卷阿之上而召公作詩以爲戒謂夫鳳凰非梧桐不栖賢才非治朝不出故必梧桐之生也有菶菶萋萋之盛則鳳凰之鳴也有雝雝喈喈之和若君之於臣交焉有道而媟嫚之不施接焉有禮而傲惰之不作將見藹藹吉人於我乎奮庸峨峨髦士於我乎效用此君臣之相感猶物類之相應也故又以爲梧桐菶菶而萋萋則鳳凰雝雝而喈喈吾王之於賢才將何以爲禮乎夫車所以載也今吾王之車則既庶且多而車非不衆矣馬所以乘也今吾王之馬則既閑且馳而馬非不習矣其意若曰以是車馬而待彼賢才亦何厭其多哉是必叠見於詩之章可也而我矢詩之章則不多焉維以繼王之聲而已爾是必屢形於詩之言可也而我矢詩之言則不富焉特以遂王之歌而已爾然則待賢之事雖不明於賡歌之間而勉其待賢之意實已寓於賡歌之表若康公者何其善於戒君也歟嗟夫天下之所可樂者莫如治之時而所可慮者亦莫如治之時何也蓋治之時以三光則得其明以四時則得其序以庶類則得其所是固可樂也然天地盈虚與時消息而謂治可以保其常治乎此虞廷所以有皋陶之賡歌而周家所以有召公之卷阿也

春秋

荆人來聘（莊公二十三年）荆伐鄭　公會齊人宋人救鄭（莊公二十八年）遂伐楚（僖公四年）

王寅

考試官教諭馮批（此作責楚美齊詞嚴□正得旨）

考試官教諭鄭批（題本平易作者多昧遠交近攻内安外攘之旨此篇不泛不略可取）

遠交近攻者外夷之術内安外攘者伯主之功此可見荆楚之强非齊桓不能抑也春秋得不備書之哉且夫楚以熊繹之裔嘗懷窺伺中國之志一旦謂鄭爲南北必争之國魯爲秉禮人望之邦圖中國莫先於攻鄭欲攻鄭莫先於交魯於是首遣介使將命爲聘魯之舉繼遣子元將兵爲伐鄭之行其聘魯也人徒見玉帛煌煌交錯於兩觀之間而不知其心已包藏乎伐鄭之禍其伐鄭也人徒見車馬彭彭肆暴於懿親之邦而不知其機已胚胎於聘魯之時遠交我魯近攻一鄭楚人之術何其狡耶幸而齊桓任中國之伯慨然有安夏攘

夷之心意謂不安内固無以宗諸侯不攘外則何以弭外患安内必先於救鄭攘外必先於伐楚於是首因鄭人告急則帥三國之師以救之繼因楚復虐鄭則合八國之兵以伐之其救鄭也人徒知楚師夜遁鄭免桐立之奔而不知由夫齊桓能明同惡相恤之義也其伐楚也人徒知文告一修楚遣納欵之使而不知由夫齊桓能伸膺懲撻伐之威也内安中國外攘强夷桓公之功何其偉耶春秋書荆人來聘於荆伐鄭之上于以見楚人懷詐諼之術書齊人救鄭於遂伐楚之上于以見齊桓著安攘之功愚故曰遠交近攻者外夷之術内安外攘者伯主之功者此也抑考之荆人聘魯而卒有伐鄭之師其與楚椒聘魯而遂有厥貉之次同一遠交近攻之術爾然伐鄭之舉猶幸齊桓躬率諸侯而成安夏攘夷之功以遏其暴横憑凌之勢厥貉之後特惜晋靈徒委諸大夫而講新城外楚之盟亦何以杜楚人圖伯中國之志哉噫五伯桓公爲盛而晋靈不與良有以也

公會晋侯齊侯宋公蔡侯鄭伯衛子莒子盟于踐土　公會晋侯齊侯宋公蔡侯鄭伯陳子莒子邾子秦人于温（僖公二十八年）秦人晋人圍鄭（僖公三十年）狄圍衛　衛遷于帝丘（僖公三十一年）

張附翼

考試官教諭馮批（此作體認明白必熟於麟經者）

考試官教諭鄭批（場中作者多不知晋文之報怨行私此篇寫出其心術之微非淺學所能到者）

貳國從伯而私於復怨者可譏外夷猾夏而私於縱敵者可責于以見晋文之伯始則不能修德以懷鄭終則不能却狄以安衛春秋得不備書之乎且夫鄭以懿親之邦嘗堅事楚之志今也因晋文城濮之繼伯乃幡然改轍而從晋踐土有盟六飛下臨鄭伯嘗用平禮以傅王于温有會群后咸集鄭伯又嘗偕列國以聽命鄭之從伯可謂勤矣文公獨不許其自新乎夫何懷出亡過鄭之私責其無厚贈將迎之禮既合諸國大夫以謀之復偕秦人之師以圍之杜其出入之路問以無禮之由大之字小果如是乎春秋上書踐土之盟于温之會下書秦晋圍鄭者于以見晋文私於復怨而失懷遠招攜之道也若夫狄以夷醜之邦嘗逞猾夏之志今也伺晋伯之業衰率醜類以圍衛荷氈被毳横行於康叔之邦陳師鞠旅環攻乎北州之國衛之被圍可謂急矣晋文獨無拯念之心乎夫何懷過衛不禮之釁念居狄日久之恩坐視衛國之受兵不啻秦越之肥瘠卒使衛之人民有塗炭之苦衛之宗社有帝丘之遷同惡相恤果如是

乎春秋上書狄圍衛下書衛遷于帝丘者所以責晋文私於從敵而失方伯連率之職也抑考五伯莫盛於桓文然考其行事而文終非桓匹何耶是故鄭逃齊盟桓公仗義而爲新城之圍非若晋文挾私怨以圍鄭也衛被狄難桓公恤患而有楚丘之城非若晋文之懷私惠以縱狄也噫齊桓公正而不譎晋文公譎而不正觀之於此爲尤信

禮記

淳熬煎醢加于陸稻上沃之以膏曰淳熬淳毋煎醢加于黍食上沃以膏曰淳毋

陳俊

考試官教諭馮批（□□題知養老之珍具而詞理簡明者僅見此篇）

考試官教諭鄭批（淳熬淳毋先王養老之珍也此作得之）

觀先王養老之珍饌而制之必極其佳也蓋稻黍之飯加煎醢非不美也養老之用又皆沃之以膏豈不極其佳而爲珍羞之品也哉内則之記謂夫先王養老非特愛之以敬而已必有淳熬之珍以充其口非特行之以禮而已必有淳毋之珍以供其饌謂之淳熬淳沃淳煎爲之膳也先王以淳熬之膳而養老果□以制之必也用陸地之稻爲之本焉煎肉爲醢加之于稻飯之上非不美也恐其味薄或更以牛羊之膏而沃之是之謂淳熬也曰淳熬非八珍之一而何以此而養夫老者則氣體由之而强焉謂之淳毋法象淳熬爲之膳也先王以淳毋之膳而養老抑何以制之必也用芬芳之黍爲之主焉煎肉爲醢加之于黍食之上亦非不美也恐其未佳或更以鷄犬之膏而和之是之謂淳毋也曰淳毋非八珍之二而何以此而養夫老者則血氣由之而盛焉吁古人於養老之際而盡心如此非徒窮口腹之欲極飲食之精也其亦示民以孝弟之教乎抑又論之八珍皆養老之饌此特其二者爾下文各詳記之焉以是而觀可見老者在所當尊而養之不可不備文王世乎亦曰適饌□醴養老之珍具即此意也是又不可不知

命酌曰請行觴酌者曰諾當飲者皆跪奉觴曰賜灌勝者跪曰敬養

黄輔

考試官教諭馮批（此作形容投壺之禮獻飲之際詞氣藹然其有得於恭儉莊敬之教者歟）

考試官教諭鄭批（投壺一題非講之有素者不能發明至此）

弟子承司射之命而行爵飲者受之以禮而不怨勝者獻之以禮而不矜

蓋投壺之禮有罰爵之行也司射命勝黨弟子既舉而行之則受者不怨獻者不矜其尊敬之意爲何如哉記投壺者謂夫主人樂賓舉行投壺之禮司射執筭以將主人之命及其卒也純奇有辨優劣有别司射乃命勝黨之弟子酌酒以行罰爵者焉弟子應之乃於西階上南面設豐洗觶升酌坐奠於豐之上斯時也當飲之人跪取豐上之酒手捧之而致其辭曰賜灌謂蒙賜之飲也雖飲罰爵能存服善之心而爲尊敬之辭如此其受之以禮而不怨也爲何如勝者之人因彼飲者之敬亦跪之而致其辭曰敬養言敬以此觴爲奉養也雖行罰爵猶爲尊敬之辭以答賜灌之辭如此其獻之以禮而不矜也爲何若噫投壺之禮乃射義之細故古人用之以樂賓此其所以不廢也歟抑觀此一節飲其不勝矣下文言正爵既行請立馬一馬從二馬以慶又以飲其勝者焉繼之曰正爵既行請徹馬非掩其不勝而何表其勝掩其不勝賓主之情藹然於阼階之間尊敬之意歡然於酧酢之頃投壺一用而禮義爲備也有如是哉

論

帝王一視同仁

汪藻

同考試官訓導劉批（發揮一視同仁之旨洞然明白且華勢滔滔若河流東注一瀉千里讀之殊快人意誠杰作也）

考試官教諭馮批（論有源委且識治體此其窮經而能致用者歟）

考試官教諭鄭批（發越本旨略無餘藴而議論叠出文勢雄健非老學不能及此）

論曰聖人之心何心哉仁天下之心也蓋天下至大也風俗有剛柔之不同人品有賢愚之不一而聖人仁天下之心果專於德化乎抑專於威制乎以爲專於德化也德但可以化賢而愚者未能使之懷吾德是未之以語聖人仁天下之心也以爲專於威制也威但可以制愚而賢者不可使之畏吾威亦未足以語聖人仁天下之心也然則聖人仁天下之心果若之何耶不專於德化不專於威制不泥於風俗不拘於人品德以化之而威以制之仁以育之而政以養之兼盡而無遺也并行而不悖也聖人仁天下之心夫豈外於是哉愚嘗鑒諸天地矣時而春夏也鼓之以雷霆潤之以風雨天地初何心哉顯諸仁而已耳其所以顯之者固天地生生之仁心時而秋冬也肅之以寒威慘之以霜雪天地亦何心哉藏諸用而已耳其所以藏之者亦天地生生之仁心然顯而弗藏則生者不能底於成藏而非顯則成者不能以復生必一顯一藏一生一成然後大以成大小以成小而天地生生之仁始周流而無窮也聖人心天地

之心者也首出乎庶物之表卓冠乎群倫之先其治天下也寧外於吾心之仁哉彼乃有人曰南方風氣柔弱可以德化也殊不知君子可以德化而南方之人未必皆君子亦未必不可以威制也是非善論聖人之治者矣彼復有人曰北方風氣剛勁可以威制也殊不知小人可以威制而北方之人未必皆小人亦未必不可以德化也亦非善論聖人之治者矣善論聖人之治者不限於南北風俗之有异必本於聖人德威之兼施彼地雖有南北也而民無兩心民雖有賢愚也而心無二理君子小人在在有之果孰可以德化而孰可威制耶聖人體天地生物之心施天地好生之德化民也則以仁義爲風霆以道德爲雨露漸之摩之甄之陶之使彼遵義遵道者皆歸吾德化之中而一視同仁之心即天地以生以育之心也制民也則以法制爲霜雪以禁令爲寒威摧之折之慘之剥之使彼反道敗德者悉歸吾大造之内而一視同仁之心即天地以肅以殺之心也千萬其民則千萬其心不必人人而化之化一人而千萬人化所以勸千萬人也非一視之仁能如是乎億兆其民則億兆其心不必人人而威之威一人而億兆人畏所以懲億兆人也非一視之仁能若此乎善者彰之惡者癉之一天地之陽舒而陰慘也君子德之小人威之一天地之春生而秋殺也視天下爲一家而不泥於風俗之不同視中國猶一人而不拘於人品之高下合德威而并施兼仁政而兩盡天下雖大也一心運之而有餘兆民雖衆也一心化之而無間但見耕田而食鑿井而飲相安於蕩蕩平平之域倫理以正恩義以篤咸囿於不識不知之天斯時也天下一統六合同春不寒威而民自畏也不霜雪而民自服也威不必施矣刑不必加矣聖人於此夫何爲哉恭己乎南面之尊凝旒於九重之上無爲而天下治也垂拱而天下平也熙熙乎太古之風皞皞乎淳龐之俗吾不知其孰爲南孰爲北孰爲君子孰爲小人又不知孰可以德化孰可以威制也論至於是則知聖人之心其天地之心乎聖人之仁其天地之仁乎天地以生物爲心聖人以生民爲心天地無弃物聖人無弃人天地即聖人也聖人即天地也豈可以差殊觀哉稽之於古唐虞之世堯推德以協和萬邦未嘗德施於此而刑措於彼舜命官以明刑弼教未嘗刑措於彼德施於此當時黎民於變四方風動非二帝一視同仁之明驗歟三代之時大禹之祗台德先成湯之子惠困窮宜無恃於威也而征伐之舉有不廢文王之惠鮮鰥寡武王之重民五教宜無假於威也而一奮之怒有不弛當時四海永清萬姓悦服非三王一視同仁之明驗歟洪惟我太祖高皇帝心天地之心仁帝王之仁德以化民而民已懷其德矣其心猶以爲未化也威以制民而民已畏其威矣其心猶以爲未服也乃於萬幾之暇與侍臣討論治道而曰地

有南北民無兩心帝王一視同仁豈有彼此之間大哉皇言乎一哉皇心乎其所以爲天地立心爲生民立命爲萬世開太平者乎噫太祖仁天下之心至大而難名矣其克紹前烈心同天地而德冠帝王者今幸有聖天子在上

表

擬唐裴度賀平淮蔡表

龔衡

考試官教諭馮批（典雅可觀）

考試官教諭鄭批（表佳）

伏以聖人御極恢弘萬世之皇圖大將臨戎克輔中興之事業況氣運寔符於泰運而兵機允合乎天機朝野同歡臣鄰胥慶恭惟聰明睿智文武聖神紹列聖之鴻基膺上天之寵命奮除積弊明離照於四方善用忠謀秉乾剛而獨斷凝旒當□數貢考圖顧彼淮蔡之微敢肆徂莒之惡僞傅三姓恃兵卒之利頑往伐四年慨兵威之挫損乃謀更討僉曰惠來群議紛紜而罔歸天討必加而無赦乃遴我將振如貔如虎之威乃張我師肅有嚴有翼之盛聲加四海威動八荒得其將輒釋而不誅用其策屢出以進戰啣枚卧鼓驚鵝以混軍聲折馘執俘乘夜雪而騰殺氣元凶械首醜類羈纍勢若洪流之决頹防狀同泰山之厭纍卯來蘇慰望率土歸心雖湯武吊民伐罪之師祖宗誅暴戡亂之舉不是過也臣度草茅下士樗櫟庸材昔拜殊恩待罪相臣之列近承明詔厠迹元戎之先夙夜勤勞於視師激勸將帥之用命逆謀既討恩命大宣震雷霆之威誅止魁首宏天地之德釋其下人睹師旅之凱旋馳心神而遥賀伏願皇仁天覆聖德日新偃武修文兆姓同躋於熙皡垂衣拱手萬方同樂於無爲宗社垂有永之休聖壽衍無疆之慶臣無任瞻天仰聖激切屏營之至謹奉表稱賀以聞

策

第一問

汪藻

同考試官訓導劉批（考據精詳且有斷制非敷演問目者比置之前列孰曰不宜）

考試官教諭馮批（答此問非博通古今者不能讀之令人起敬）

考試官教諭鄭批（隨問隨答不遺一言誠有學之士也）

嘗謂有一代之君斯有一代之典前乎唐虞三代之君其行事之實載於經後乎漢唐宋之君其行事之實紀於史載於經者固無罅隙之可議紀於史

者則有得失之可言矣然而超卓乎漢唐宋而可比隆於唐虞三代者其惟我朝之典乎甚矣實録之不可不講也請質諸古揆諸今以爲明問復焉粤自帝於唐虞者堯也舜也王於夏商周者禹湯也文武也當時雖無實録之典而已有紀事之官若典謨若訓誥若誓命巍乎帝王之德業焕乎帝王之事功想夫聖君賢臣都俞吁咈之雍容危微精一之授受齊天運有羲和之曆定地理有禹貢之書務學則説命爲入道之門論治則洪範爲經世之要他如周官之訓迪無逸之教戒大經大法胥此焉出嘉謀嘉猷於是乎存此帝王行實之載於經者豈容議於其間哉迨至漢人抽蘭臺之秘藏發金匱之舊籍鋪張一代之美而有實録之名其書曰本紀曰世家曰書曰表書非不詳矣然帝紀列吕氏不能無譏於房闥之政八書著封禪不能無憾於登封之舉漢之實録果足於漢之治乎唐沿漢制高祖之實録二十卷而太宗則六十卷焉憲宗之實録四十卷而德宗則五十卷焉書非不備矣然敬宗之曲筆未免有失實之嫌韓愈之直書又起後來竄定之議唐之實録果直紀唐之事乎降及於宋搜尋有詔訪求有命而實録之書益備矣提舉以宰臣修撰以侍從而實録之官益重矣或專置院或寓史館而實録之地益崇矣若太祖實録凡五十卷李昉輩之所獻也太宗實録凡八十卷錢若水之所修也然哲宗元祐之治多污於京卞之手徽宗崇觀之事亦出於蔡京之奸豈盡實録之真哉此漢唐宋之制作或業鉅而辭淺或文浮而實泯其得失不能無可言者矣洪惟天朝聖聖相承豐功茂德蕩蕩乎天地之大英聲美號昭昭乎日月之明我太祖高皇帝萬幾之暇御製大誥三編必親爲之摭拾而其勸善懲惡之實爲可見太宗文皇帝庶務之餘御製爲善陰騭孝順事實二書必親爲之詩斷而其勸善行孝之實又可見宣宗章皇帝推廣列聖之明訓采輯群書之所載類集爲五倫書則所以明人倫而美風化之實又可見矣英宗睿皇帝丕纘鴻休益隆治道神功聖德再植于宇宙宏規懿範久愜于人心嗚呼盛矣方今皇上嗣承大統首命文臣纂修實録其所以仰紹前烈而垂裕後世之意至矣誠萬世不刊之大典也由是而知列聖之制作雖先後不同而同一精神心術之所寓也同一仁義道德之所發也若君臣同游之誥其與書之虞廷賡歌同一歸申明五常之條其與書之敬敷五教同一致書謂作善降之百祥作不善降之百殃即陰騭之勸善也書載虞舜克諧之孝君陳孝恭之德即事實之行孝也五倫書之編輯與今實録之纂修又何异於書之所載乎此列聖之心一堯舜禹湯文武之心列聖之書一典謨訓誥誓命之書是即孟子所謂先聖後聖其揆一也愚也身際隆平之時目睹制作之盛謹拜手稽首而對揚王休於萬一焉

第二問

李文中

考試官教諭馮批（條答古人事實明白簡要而篇終一節尤佳可見學識之正）

考試官教諭鄭批（考事□斷制明策場中之表者）

品第乎人物者固當以德行爲先景行乎前哲者尤當以德行爲法蓋德行本也而文章乃其餘事耳則夫品第人物而景仰前哲者烏可不知所當先與所當法者乎知此則可以復明問矣試以西蜀觀之山川葱鬱氣象宏富其鍾於物也則爲青金丹砂之良其鍾於人也則爲光明俊杰之美故以漢唐宋言之司馬長卿黄門奏賦飄飄凌雲似也然臨邛失節而終身有虧焉楊子雲白首草玄甘心寂寞固也然劇秦美新而名教有玷焉若甘心肥遁不事土侯忠孝一言有禆風教此嚴君平也較彼二人則其優劣可見矣作頌漢庭誇詡君臣王褒善文辭也而彭祖喬松之語識者陋之賦詩沉香笑□風月李白善詩章也而失身黨逆之疏君子惜之若秉心立朝有意規諫奏論数章皆切大體非陳子昂乎較彼二人則其優劣可知矣此西蜀人物之在漢唐者果在於文章而不在於德行歟五季既衰有宋混一日薫月染教化相浹偉人碩德後先相望仁宗之無嗣難言也而范景仁首議之孰可及其勇决乎王安石之奸未形也而蘇老□能辨之孰曰及其先見乎稱東坡曰天下奇才而不知儋耳之游其氣可以沮金石而凌雪霜稱穎濱曰制策翩翩而不知新法之疏其言可以質天地而感鬼神范淳夫之經學非學也色和氣柔開悟上意其學粹矣田公錫之奏議非文也憂治世而危明主其文雅矣孝以事親甘露降祥彭公乘之孝而人曰今之曾參也廉以律己上悟帝意孫公抃之廉而人曰今之伯夷也此西蜀人物之在有宋者則在於德行而不在於文章矣雖然攻於文者或枝葉之是求若所謂孝乃其德行而不可以僞爲也强於學者或口耳之是習若所謂廉乃其實行而不可以矯飾也愚也生長西蜀景行先哲有文章者非在所輕而有德行者實在所重故乘之孝似可法也其果曾參之養志乎抃之廉若可法也其果伯夷聖之清乎嘗觀孔子之教人矣一則以德行爲首科而文學爲之後二則以德行爲先務而文藝爲之末必如是焉庶幾乎其無弊矣孟子曰乃所願則學孔子也請以是爲終篇獻

第三問

陳鳳

同考試官教授劉批（酌古準今處置當理使見諸用必有可觀）

同考試官教諭劉批（答教養任法而處之有方亦存心於時務者）

考試官教諭馮批（援引斷制深合時宜有用之學也）

考試官教諭鄭批（策有發越足見才識之高）

爲治務實者有以享其祀爲治徇名者無以臻其效蓋爲治固在於教養而法亦不可不任也古人爲治各務其實而今人徒徇其名此所以有常享乎祀與未臻其效者歟請條陳之西蜀之地古梁州之域號天府之國物之産也珍奇人之生也俊秀夫何難治爲哉觀夫秦李冰之爲守也因水患之未除則作石人以止江水作石犀以壓水精鑿離堆山分流灌溉欲民之足其衣也則勸之以治桑欲民之足其食也則勸之以治田此養民之務其實也爲何如漢文翁之爲守也因民性之未復則起修學舍選擇儒官遣小吏於京師皆卒業而歸招子弟於郡縣悉聞風而至文教之振彷彿乎鄒魯之風倫理之正一洗乎蠻夷之習此教民之務其實也又何如迨宋咸平淳化間而張咏兩治乎蜀剛方自任威惠并施嚴厲明斷以制奸暴公平信義以善風俗處按一發而百姓驚嘆號令一下而群情慰愜又非張咏治民之實務乎之三公者或教養或任法而各臻其實效所謂有功德於民者也是宜設廟貌以事之備祀禮以享之綿綿乎迄于今而不窮焉前代之守蜀者如此然則我朝之守蜀者何如其間有開塘深陂穿渠引水溝洫充滿而水利益增宜其有家給人足之效矣而其效未能多見者蓋以守此地者特徇治水之名而無勸農之實故耳爲今之計誠能體朝廷養民之心如李冰之治水利勸民農桑而實用其力尚何患衣食之不足哉鄉閭有學郡邑有庠訓迪弗倦而學政益修宜其有反薄歸厚之俗矣而其俗未盡丕變者蓋以守此土者特徇教學之名而無躬行之實故耳爲今之計誠能體朝廷教民之意如文翁之興學校教民復性而實盡其心尚何慮風俗之不美哉一蜀之民有善有惡彼强惡者繩之以法宜矣苟徒有繩惡之名而所施未盡宜焉則惡者且不知懼而欲其惡之加少得乎彼柔善者撫之以恩當矣苟徒有撫善之名而所施未盡當焉則善者具不知勸而欲其善之加多又可得乎故必公於繩惡若張詠之嚴厲明斷則將威一人而千萬人服蜀民之惡可去矣公於撫善若張詠之公平信義則將撫一人而千萬人勸蜀民之善可復矣此可見務其實者必得其效徒徇其名者又何效之可臻哉愚也生於斯長於斯其於古今治蜀之事略陳其梗概矣儻得膺民社之寄而竊一命之榮則豈無所取法哉敢以是復明問願恕其狂斐而進教之幸甚

四川鄉試小録後序

聖天子改元之初適當開科取士四川藩臬重臣恭循禮典幣聘儒官以司考較禎叨預其列協心秉公務精去取以副朝廷求賢圖治之盛心凡三試道藝文言得中式者七十人遵定制也小録既成僉謂禎宜序于後稽諸先王之世教民以德行道藝而賓興之故士皆謹其言行修己以俟之蚤夜孜孜惟慮德業之弗修不憂爵禄之未至夫子所謂言寡尤行寡悔禄在其中孟子所謂修其天爵而人爵從之者是已洪惟我朝列聖相承法古爲治每三歲舉行賓興之典亦古人修身謹行之遺意也然非試以道藝則賢否何由而分夫道藝者賓興賢能之根底道以文著藝以言宣文萃乎理言得於心以之潤色皇猷者此也之商訂時事者此也以之育德振民者亦此也推而至于順天揆序創制立度垂法萬世者亦莫不由於此也矧諸士子生逢重熙纍洽之世氣化醇龐之日涵養德行優游道藝文表於行言合乎道用是抱藝而來得雋而行又與天下士角勝南宫敷對大廷揚休稱制展采錯事索耦皋伊亦惟以道藝文言得之於心者措之於行也豈徒托之空言哉脱若静言庸違隳名爽實則有玷於科目而啓人之姍諷可不畏歟敢以是規勉之

山東東昌府丘縣儒學教諭馮禎謹序